CURSO DE DIREITO CONSTITUCIONAL TRIBUTÁRIO

ROQUE ANTONIO CARRAZZA

CURSO DE DIREITO CONSTITUCIONAL TRIBUTÁRIO

32ª edição, revista, ampliada e atualizada até a Emenda Constitucional 99, de 14.12.2017

MALHEIROS EDITORES

CURSO DE DIREITO CONSTITUCIONAL TRIBUTÁRIO

1ª ed.: 1986; 2ª ed.: 01.1991; 3ª ed.: 08.1991; 4ª ed.: 02.1993; 5ª ed.: 07.1996; 6ª ed.: 07.1994; 7ª ed.: 07.1995; 8ª ed.: 04.1996; 9ª ed.: 03.1997; 10ª ed.: 08.1997; 11ª ed., 1ª tir.: 02.1998; 2ª tir.: 08.1998; 12ª ed.: 02.1999; 13ª ed.: 08.1999; 14ª ed.: 04.2000; 15ª ed.: 10.2000; 16ª ed.: 04.2001; 17ª ed.: 02.2002; 18ª ed.: 08.2002; 19ª ed., 1ª tir.: 03.2002; 2ª tir.: 09.2003; 3ª tir.: 02.2004; 4ª tir.: 06.2004; 20ª ed.: 9.2004; 21ª ed.: 09.2005; 22ª ed.: 05.2006; 23ª ed.: 06.2007; 24ª ed.: 05.2008; 25ª ed.: 05.2009; 26ª ed.: 02.2010; 27ª ed.: 02.2011; 28ª ed.: 03.2012; 29ª ed.: 04.2013; 30ª ed.: 02.2015; 31ª ed.: 02.2017.

Direitos reservados desta edição por
MALHEIROS EDITORES LTDA.
Rua Paes de Araújo, 29, conjunto 171
CEP 04531-940 – São Paulo – SP
Tel.: (11) 3078-7205 – Fax: (11) 3168-5495
URL: www.malheiroseditores.com.br
e-mail: malheiroseditores@terra.com.br

Composição: PC Editorial Ltda.

Capa
Criação: Vânia Lúcia Amato
Arte: PC Editorial Ltda.

Impresso no Brasil
Printed in Brazil
03.2019

Dados Internacionais de Catalogação na Publicação (CIP)

C313c Carrazza, Roque Antonio.
Curso de direito constitucional tributário / Roque Antonio Carrazza. – 32. ed., rev., ampl. e atual. / até a Emenda Constitucional n. 99/2017. – São Paulo : Malheiros, 2019.
944 p. ; 23 cm.

Inclui bibliografia e índice.
ISBN 978-85-392-0444-1

1. Direito tributário - Brasil. 2. Direito constitucional - Brasil. I. Título.

CDU 34:336(81)
CDD 343.8103

Índice para catálogo sistemático:
1. Direito tributário : Brasil 34:336(81)
(Bibliotecária responsável: Sabrina Leal Araujo – CRB 8/10213)

À memória do saudoso
Professor GERALDO ATALIBA, *meu Mestre,*
chefe da "Escola de Direito Tributário da
Universidade Católica de São Paulo" e grande
incentivador dos estudos constitucionais.

À BETTY,
com o amor de sempre.

Às minhas filhas ANA PAULA *e* ANA BEATRIZ,
pela inspiração e alegria que me dão.

"Só conheço duas espécies de governos: os bons e os maus. Os bons que estão ainda por fazer; os maus, em que toda a arte consiste, por diferentes meios, em passar o dinheiro da parte governada à bolsa da parte governante. Aquilo que os governos antigos arrebatavam pela guerra, nossos modernos obtêm com mais segurança pelo fiscalismo. É apenas a diferença desses meios que constitui sua variedade. Creio, no entanto, na possibilidade de um bom governo em que, respeitadas a liberdade e a propriedade do povo, ver-se-ia resultar o interesse geral, em contraposição ao interesse particular."

Claude-Adrien Helvétius,
Carta a Montesquieu (1748)

PREFÁCIO

O Prof. Roque Antonio Carrazza, titular da cadeira de Direito Tributário da Faculdade de Direito da PUC/SP, após haver produzido obras de mão e sobremão (como *O Sujeito Ativo da Obrigação Tributária* e *O Regulamento no Direito Tributário Brasileiro*), oferece, agora, ao público leitor, estudo de maior fôlego e ambição: *Curso de Direito Constitucional Tributário.*

Nesta obra se exibem, à larga, as qualidades inatas do verdadeiro professor, pois correm parelhos o rigor científico e as virtudes didáticas, que propiciam alumbrar todos os desvãos do pensamento exposto. Assim, a nitidez dos conceitos, a clareza do texto, a desembaraçada fluência das ideias são obtidas sem qualquer sacrifício da profundidade do raciocínio ou da conspícua demonstração do suporte lógico dos enunciados. Este invejável ponto de equilíbrio resulta de que o autor tem pleno domínio do vernáculo, podendo manejar com desenvoltura seu cabedal jurídico pelos canais de um estilo rico, elegante e esclarecedor.

O próprio título da obra denuncia que o Prof. Roque Carrazza se encarta na sábia linha de trabalho que tanto deve às ensinanças do eminente Geraldo Ataliba; qual seja: a de considerar o direito tributário e seus institutos com diligente atenção ao enraizamento constitucional que obrigatoriamente lhes forja a compostura. O livro se divide em duas partes. Na primeira, são examinados princípios constitucionais tributários, tomando-se tento nos princípios republicano, federativo, da autonomia municipal, da anterioridade, da legalidade e da segurança jurídica, em suas relações com a tributação.

Assentadas suas fisionomias, o autor trabalha sobre suportes consistentes e abre a segunda parte alçado no pedestal sobranceiro que desvendou. Aí, então, examinará a "Competência Tributária", fornecendo-lhe o conceito, examinando-lhe as características, exibindo a classificação dos tributos e a discriminação de rendas tributárias, de par com questões paralelas igualmente importantes. De seguida, passa ao questionado tema das isenções tributárias, discutindo o conceito que melhor se ajusta a sua real natureza, para fazer-lhe aplicação aos problemas que suscita. Como fecho do livro, trata das normas gerais em matéria de legislação tributária, outro tema que dá ensanchas às mais vivas controvérsias.

Como se vê, os vários tópicos abordados são atraentes, mas prenhes de dificuldades. Longe de postergá-las, o autor as coligiu e enfrentou de face com seu espírito percuciente e animoso perante desafios. Apesar de vários destes temas já haverem sido versados por doutores de máxima suposição, o Prof. Roque Carrazza encontrou espaço para, enfileirando-se com os que o precederam, aportar contribuição valiosa que ora coloca à disposição dos estudiosos de direito público, para gáudio e proveito dos que, como nós, admiram sua lucidez e seriedade científica.

CELSO ANTÔNIO BANDEIRA DE MELLO

NOTA À 32ª EDIÇÃO

Esta edição contém algumas modificações de relevo. Nela, dando seguimento aos meus estudos, revi atentamente alguns capítulos, aumentando-os nas partes que me pareceram mais importantes, corrigindo-os nos pontos que se me revelaram falhos ou incompletos e ajustando-os às alterações constitucionais e legais ocorridas no último biênio.

Também levei em conta obras recentes, de grande valor científico, que as novas gerações de tributaristas têm dado à estampa, para grande proveito dos cultores da Ciência Jurídica. Seria por extremo tedioso indicar aqui todas as fontes que me forneceram valiosos subsídios. Apenas registro que elas certamente contribuirão para tornar este *Curso* mais útil aos operadores do Direito.

Por derradeiro, desejo e confiadamente espero dos leitores a sempre bem-vinda, salutar e construtiva crítica.

O AUTOR

NOTA À 31ª EDIÇÃO

Esgotada, há mais de um ano, a edição anterior, procurei, nesse entretempo, não só aperfeiçoar o *Curso*, como ajustá-lo às mais recentes emendas constitucionais e ao Código de Processo Civil de 2015. Por igual modo, revi alguns conceitos sobre a importância do Código Tributário Nacional, que acaba de completar 50 anos de profícua existência.

Dedico esta edição aos inesquecíveis Professores Alcides Jorge Costa e Alberto Xavier, falecidos no segundo semestre de 2016, que legaram ao mundo jurídico obras criativas e profundas, que seguramente continuarão a influenciar o pensamento dos estudiosos da Ciência do Direito Tributário.

Por fim, como sempre, agradeço de antemão os comentários críticos dos amáveis leitores, que me permitirão, numa próxima edição, corrigir mais alguns defeitos de que toda obra humana se ressente.

O Autor

NOTA À 30ª EDIÇÃO

Na presente edição cudei, como de hábito, de atualizar o livro, ao mesmo tempo em que procurei escoimá-lo das sempre inevitáveis imperfeições. Também reduzi a parte da obra dedicada, nas edições anteriores, ao estudo da CPMF, tendo apenas o cuidado de manter alguns raciocínios, que eventualmente podem revelar-se úteis ao desenvolvimento de outras teses jurídicas.

Enfim, renovo aos leitores o convite à suspensão do hábito, do qual eu próprio luto por me afastar, de cair na tentação das certezas absolutas.

O Autor

NOTA À 29ª EDIÇÃO

A presente edição não traz significativas alterações ao texto da anterior, mas apenas aperfeiçoamentos aconselhados pela experiência e por novos estudos. Todavia, em que pese ao cuidado que tive em atualizar o *Curso*, sei que equívocos nele não faltarão, pelo quê continuo a contar com as observações críticas dos leitores, pelas quais antecipadamente agradeço, prometendo considerá-las numa eventual próxima edição.

O Autor

NOTA À 28ª EDIÇÃO

A acolhida, cada vez maior, que o *Curso* tem recebido dos operadores do Direito animou-me a preparar esta nova edição, na qual fiz alguns aperfeiçoamentos e acréscimos, máxime no capítulo "Segurança Jurídica e Tributação". É mais uma tentativa para apontar caminhos que ajudem a solucionar, de modo adequado, os grandes problemas jurídico-tributários que afligem nossos contribuintes.

O Autor

NOTA À 27ª EDIÇÃO

Nesta 27ª edição pus ombros à tarefa de escoimar o texto de algumas imperfeições redacionais que suscitavam controvérsias. Depois, como a própria verdade científica se transforma incessantemente, refundi algumas partes do trabalho e nele acrescentei novas ideias, tudo em ordem a melhor atender às justas expectativas dos prezados leitores.

O Autor

NOTA À 26ª EDIÇÃO

Sempre com o propósito de aperfeiçoar a obra, nesta edição revi o subitem que trata das *contribuições* (cap. VIII) e ampliei o estudo da imunidade tributária dos templos de qualquer culto (cap. IX, subitem 4.2). A par disso, atualizei algumas referências doutrinárias, legislativas e jurisprudenciais – medidas que, segundo estou convencido, melhor ajudarão o leitor a compreender o intrincado fenômeno da tributação em nosso País.

O Autor

NOTA À 25ª EDIÇÃO

Nesta edição limitei-me a fazer alguns acréscimos doutrinários, fruto de meus mais recentes estudos como consultor jurídico, e atualizei as referências legislativas e jurisprudenciais, tudo em ordem a melhor atender às justas expectativas do público leitor, em suas atividades acadêmicas e profissionais.

O Autor

NOTA À 24ª EDIÇÃO

Nesta edição fiz ligeiros acréscimos e retrabalhei algumas ideias, além de haver sintetizado as referências à antiga e – segundo sempre sustentei – inconstitucional CPMF, em boa hora banida de nosso ordenamento jurídico. Também cuidei de rever o texto em pontos que, após sucessivas edições, ficaram como que datados e, nesta medida, careciam de atualização.

O Autor

NOTA À 23ª EDIÇÃO

Na tentativa de aperfeiçoar a obra e ser o mais útil possível aos amáveis leitores, procurei desenvolver melhor algumas ideias e acrescentar as teses com as quais ultimamente venho me ocupando. No mais, salvo algumas modificações de pormenor, esta edição está conforme a anterior.

O Autor

NOTA À 22ª EDIÇÃO

Rapidamente esgotou-se a 21ª edição do *Curso*. Em outras circunstâncias, teria me limitado a autorizar nova tiragem. Ocorre, todavia, que o sempre "operoso" Congresso Nacional, no exercício de seu *poder constituinte derivado*, deu à estampa, nestes últimos meses, as Emendas Constitucionais 49, de 8.2.2006, 50, de 14.2.2006, 51, de 14.2.2006, e 52, de 8.3.2006, que, embora não tratem de assuntos tributários, repercutem em algumas questões desenvolvidas no livro. Daí haver-me animado a preparar esta nova edição, na qual aprofundei o estudo de questões que, conquanto importantes, ainda não foram suficientemente desenvolvidas pela doutrina.

O Autor

NOTA À 21ª EDIÇÃO

A edição das Emendas Constitucionais 45, de 8.12.2004, 46, de 5.5.2005, 47, de 5.7.2005, e 48, de 10.8.2005, obrigou-me a atualizar vários trechos do *Curso*. A par disso, aproveitei o ensejo para refundir pontos da obra que careciam de ser mais bem explicitados.

O Autor

NOTA À 20ª EDIÇÃO

Esta edição emerge ainda sob o impacto das Emendas Constitucionais 41 e 42/2003, que ao final do ano passado abalaram nosso ordenamento jurídico-tributário, dando seguimento à paulatina e deplorável destruição das vigas mestras da Carta Magna de 1988. Mais que as anteriores, tais Emendas provocaram, a meu ver, grave erosão federativa, já que "impuseram" aos Estados-membros, aos Municípios e ao Distrito Federal modelos tributários que lhes vulneram, de modo irremissível, a autonomia político-administrativa. Não bastasse isso, "retiraram" – o que, por óbvio, não poderiam ter feito – direitos constitucionalmente adquiridos dos contribuintes.

Embora a aluvião de normas abstrusas esteja causando perplexidade aos profissionais da área (que, ao que tudo indica, não foram sequer consultados pelos "especialistas" do Governo), não deixa de ser alentador constatar que a violência do "temporal" não chegou a derrubar os princípios gerais do direito tributário.

Assim, dadas as características deste *Curso*, dedicado basicamente ao estudo dos alicerces constitucionais da tributação, as preditas *Emendas* ensejaram apenas mudanças tópicas no texto.

De qualquer modo, há uma questão preliminar que precisa ser posta: muitas das recentes alterações entram em conflito aberto com o núcleo imodificável da Constituição – e, portanto, não deveriam ser levadas em conta pelos operadores do Direito.

Contristado percebo, porém, que parte significativa da doutrina vem capitulando diante do que considera inevitável – ou seja, que, cedo ou tarde, o Poder Judiciário sempre acaba validando emendas constitucionais, ainda quando atassalham "cláusulas pétreas".

Em nome da verdade científica – e até por alimentar a esperança de que tal não mais ocorrerá –, senti-me confortável para criticar as inconstitucionalidades que, a meu ver, tisnam as referidas Emendas.

Registro, por fim, que serei grato a todos quantos me fizerem a gentileza de assinalar os infelizmente inevitáveis equívocos, que me comprometo a corrigir, assim que chegarem ao meu conhecimento.

O Autor

NOTA À 19ª EDIÇÃO

Nesta edição desenvolvi algumas novas teses jurídicas, além de haver comentado a recente Emenda Constitucional 39/2002, que acrescentou à Carta Magna o art. 149-A. Estou, como sempre, na aguarda dos preciosos subsídios dos estimados leitores, que, ao longo dos anos, tanto têm contribuído para o aperfeiçoamento do *Curso*.

O Autor

NOTA À 18ª EDIÇÃO

As Emendas Constitucionais 36 a 38, de 2002, introduziram ligeiras modificações em nosso sistema tributário, que me levaram a fazer alguns acréscimos. Também aproveitei o ensejo para retificar alguns equívocos, que me haviam escapado nas edições anteriores.

O Autor

NOTA À 17ª EDIÇÃO

O advento das Emendas Constitucionais 32 a 35, de 2001, obrigou-me a reescrever vários trechos do livro. A par disso, na busca da verdade científica, reformulei conceitos e fiz retificações, procurando, no entanto, manter a atual dimensão do *Curso*.

O Autor

NOTA À 16ª EDIÇÃO

Nesta nova edição limitei-me a fazer alguns acréscimos e retificações, em função especialmente das recentes Emendas Constitucionais 29, 30 e 31, de 2000. Antecipadamente agradeço as críticas e sugestões dos prezados leitores.

O Autor

NOTA À 15ª EDIÇÃO

Sempre preocupado em aperfeiçoar o *Curso* e em mantê-lo o quanto possível atualizado, procedi, nesta edição, a algumas revisões de seu conteúdo, além de nela ter feito os acréscimos que as recentes alterações legislativas tornaram necessários.

O Autor

NOTA À 14ª EDIÇÃO

Com a incerteza da Reforma Constitucional Tributária e atendendo a pedido do ilustre amigo e editor Dr. Álvaro Malheiros, preparei esta nova edição, com alguns acréscimos e correções, que, segundo espero, aperfeiçoam a obra.

O Autor

NOTA À 13ª EDIÇÃO

Nesta edição limitei-me a aperfeiçoar algumas partes da obra, explicitando um pouco melhor minhas ideias. No mais, analisei as novidades tributárias, máxime as introduzidas pela Emenda Constitucional 21/1999, que "recriou", a meu ver de modo inconstitucional, a CPMF.

O Autor

NOTA À 12ª EDIÇÃO

Nesta edição levei em conta as recentes alterações legislativas (especialmente as Emendas Constitucionais 19/1998 e 20/1998), além de ter procurado aperfeiçoar a obra, com novas considerações e pesquisas, que, segundo estou convencido, reforçam as teses que defendo e podem, eventualmente, ser úteis aos que militam na área do direito tributário.

O Autor

NOTA À 11ª EDIÇÃO

Nesta edição tive a oportunidade de fazer algumas correções e substanciais acréscimos – suscitados por meu trabalho de parecerista –, que colocam o *Curso* em sintonia com o atual estágio de meu pensamento.

O Autor

NOTA À 10ª EDIÇÃO

Nesta nova edição do *Curso* – lançada apenas alguns meses após a anterior – limitei-me a fazer alguns acréscimos legislativos.

O Autor

NOTA À 9ª EDIÇÃO

Embora ainda se fale em *reforma fiscal*, pareceu-me bem lançar, sem maiores delongas, esta nova edição do *Curso*, com as alterações e os acréscimos que minhas atividades de consultor tributário me sugeriram.

O Autor

NOTA À 8ª EDIÇÃO

Já que a reforma fiscal foi adiada *sine die*, julguei oportuno lançar esta nova edição do *Curso*, com algumas poucas alterações.

O Autor

NOTA À 7ª EDIÇÃO

Como a reforma fiscal continua indefinida, limitei-me, nesta nova edição do *Curso*, a fazer pequenos acréscimos, além das indispensáveis atualizações legislativas.

O Autor

NOTA À 6ª EDIÇÃO

Esgotada, faz algum tempo, a edição anterior, retardei propositadamente o lançamento de uma nova, porque estava aguardando a *reforma tributária*, na *revisão constitucional*.

Como, porém, nem uma nem outra acabaram se concretizando, tratei de atender a mais uma convocação do Dr. Álvaro Malheiros e preparei esta 6ª edição do *Curso*, na qual explicitei ideias apenas acenadas nas anteriores, além de ter procedido às atualizações legislativas que me pareceram indispensáveis.

O Autor

NOTA À 5ª EDIÇÃO

Com a promulgação da Emenda Constitucional 3, de 17.3.1993, vi-me na contingência de, uma vez mais, atualizar o *Curso*, o que fiz, introduzindo algumas poucas alterações no texto da edição anterior.

O Autor

NOTA À 4ª EDIÇÃO

Enquanto a propalada *reforma fiscal* não vem, resolvi, atendendo a pedidos de colegas e alunos, preparar esta 4ª edição do *Curso*, na qual fiz ligeiros acréscimos e correções, sem, no entanto, lhe modificar a estrutura.

O Autor

NOTA À 3ª EDIÇÃO

Em pouco tempo, esgotou-se a 2ª edição deste *Curso*. A pedido do Dr. Álvaro Malheiros, dei-me pressa em preparar esta 3ª edição, na qual me limitei a fazer acréscimos e retificações, que novos estudos me sugeriram.

Agradeço à Profa. Elizabeth Nazar Carrazza, tributarista e Diretora da Faculdade de Direito da PUC/SP, a leitura, acompanhada de oportunas sugestões, que fez das novidades jurídicas introduzidas nesta edição.

Agradeço, ainda, a meu aluno, Dr. Luis Fernando Nardelli, estudioso do vernáculo, pelas espontâneas observações, que contribuíram para a revisão ortográfica de algumas partes do texto.

O Autor

NOTA À 2ª EDIÇÃO

A generosa acolhida que a obra recebeu da doutrina e dos estudiosos em geral e a circunstância de haver entrado em vigor a Constituição de 1988 animaram-me a preparar esta 2ª edição, atualizada e significativamente ampliada.

Nela, sem alterar, em suas linhas mestras, o trabalho anterior, cuidei de fazer as necessárias adaptações ao novo *Sistema Tributário Nacional*.

Espero que este *Curso* continue a ser útil a todos quantos, profissionalmente ou por diletantismo, fazem do direito constitucional tributário um dos objetos de suas preocupações intelectuais.

O Autor

SUMÁRIO

TÍTULO I – PRINCÍPIOS CONSTITUCIONAIS TRIBUTÁRIOS

Capítulo I – **Princípios Constitucionais**

Capítulo II – **Princípio Republicano e Tributação**

Capítulo III – **Princípio Federativo e Tributação**

Capítulo IV – **Autonomia Municipal e Tributação**

Capítulo V – **Princípio da Anterioridade e Tributação**

Capítulo VI – **Legalidade e Tributação**

Título II – COMPETÊNCIA TRIBUTÁRIA

Capítulo VIII – **Competência Tributária – Definição – Características**

Capítulo IX – **Imunidades Tributárias**

Capítulo X – **Isenções Tributárias**

Capítulo XI – **Normas Gerais em Matéria de Legislação Tributária**

INTRODUÇÃO

Neste *Curso* analisamos os grandes princípios constitucionais que disciplinam o exercício das competências tributárias das pessoas políticas (União, Estados, Municípios e Distrito Federal).

Nele, evitamos fazer a crítica das normas jurídicas em vigor, bem assim apresentar propostas de como o assunto deveria por elas ser tratado. Sem menoscabo pela valia destes enfoques, situamo-nos – na trilha de Kelsen, embora com abrandamentos[1] – num plano estritamente técnico-jurídico, compreendendo e fazendo a exegese de nosso direito positivo, no que atina com a tributação.[2]

Damo-nos pressa em consignar que em nenhum momento tivemos a intenção de esmiuçar todos os princípios constitucionais que, de algum modo, influem na criação de tributos. Apenas perlustramos os mais relevantes para o exercício da competência tributária (*Título I*), que conceituamos, apontando-lhe os caracteres essenciais (*Título II*).

Pelejamos, também, por refugir ao retorcido, ao escultural, ao excesso barroco, evitando, destarte, construções bizantinas, bem ao gosto dos escolásticos, mas de pouca ou nenhuma utilidade.[3] Afinal, as teorias, como dizia Scialoja, devem ser presididas pelo critério da praticidade.

1. Embora adeptos de Hans Kelsen, queremos, desde logo, consignar que neste trabalho não levamos sua teoria às últimas consequências. Tanto é assim que, em mais de uma passagem, admitimos: a) a existência do *direito subjetivo*; b) a distinção entre *nulidade* e *anulabilidade*; c) a *inconstitucionalidade* das normas jurídicas; d) a *função axiológica* dos princípios jurídicos no sistema do Direito; e e) que só a *interpretação sistemática* é válida.

2. Para Kelsen – como agudamente observa Maria Helena Diniz – a Ciência Jurídica deve, dentro da complexidade de elementos jurídicos, por questão de método, considerar apenas a *norma* ou, mais precisamente, o conjunto de normas que disciplinam o comportamento dos homens, na vida social.

A Ciência do Direito, sempre segundo o Mestre de Viena, objetiva conhecer as normas jurídicas, e não prescrevê-las ou explicá-las. Ela estuda o Direito como ele é, e não como deveria ou poderia ser (*Teoria Pura do Direito*, 3ª ed., trad. de João Baptista Machado, Coimbra, Arménio Amado Editor, 1974, pp. 17 e ss.).

Acrescentamos que a Ciência do Direito não se preocupa em discernir o sentido mais justo ou correto de uma regra jurídica; apenas aponta suas *interpretações possíveis*. Como ensina Paulo de Barros Carvalho, a Ciência do Direito é *descritiva* (descreve as regras jurídicas), ao passo que o Direito posto é *prescritivo* (prescreve comportamentos) (*Curso de Direito Tributário*, São Paulo, Saraiva, 1985, p. 3). Para o mesmo jurista, a Ciência do Direito é regida pela *lógica clássica* (lógica apofântica, lógica das ciências), enquanto o direito positivo, pela *lógica do dever-ser* (lógica deôntica, lógica das normas).

3. Descartes observava, com fina ironia, que o escolástico, com seu estilo rebuscado, parece-se com um homem cego que, para lutar em igualdade de condições com o oponente, acaba por atraí-lo ao interior de uma caverna completamente escura. Ele alcança seu objetivo utilizando-se de expressões exóticas, de distinções sutis, conquanto inúteis, tudo para camuflar o pensamento.

Por outro lado, sempre tivemos presente que compor uma obra deste porte é aventura povoada pelos temores da desilusão e do esforço inútil.

E, realmente, não estamos certos de termos sido capazes de produzir trabalho de merecimento.

Ainda assim, não iremos logo nos defendendo das imperfeições do livro, afirmando que ele foi elaborado às pressas, como se o tempo fosse o único responsável pelos erros, omissões e incongruências do autor.

Ao invés, queremos afiançar que tudo quanto escrevemos – de bom ou mau, não importa – é fruto de nossas convicções, não havendo, neste *Curso*, nada que tenha sido lançado à ligeira, ao resvalo da pena, *currente calamo*, como diziam os antigos. Com verdade, o que expusemos é produto da meditação e do exame, ambos inimigos das precipitações.[4]

Ademais, nesta obra, várias questões de tomo ficaram por ser mais bem desenvolvidas. Também algumas dúvidas que tínhamos antes de redigi-la continuam a afligir nosso espírito. Isto, entretanto, não nos preocupa muito, seja porque de dúvidas só estão libertos os ignorantes,[5] seja porque *dubitando ad veritatem pervenimus*.[6]

Apesar de tudo, pedimos as devidas escusas pelas lacunas e imperfeições que a obra seguramente encerra. Serve-nos de consolo, todavia, a justificação do notável Rui Barbosa, que, pilhado em equívoco por Ernesto Carneiro Ribeiro, confessou a peito aberto: "uma verdade há que me não assusta, porque é universal e de universal consenso: não há escritor sem erros".[7]

Ainda em cima, não vemos mal em proclamar que os equívocos causados pelo arrojo intelectual são, quase sempre, mais úteis do que os acertos vulgares, justamente porque abrem espaços e propiciam novas e aprofundadas meditações.

Endossa esta ideia o prestigioso José Souto Maior Borges:

"Só quem não pensa está imune à contradição e ao erro. (...). É até preferível um erro que decorra de uma tentativa ousada e comprometida com uma construção teórica grandiosa, a uma verdade elementar e até superficial".[8]

Rematemos estas judiciosas ponderações, com as palavras do grande pensador Bertrand Russell: "todo conhecimento humano é incerto, inexato e parcial".

Mais não precisamos acrescentar para percebermos que a presunção é o pior inimigo do saber e, ao mesmo tempo, um dos mais inequívocos indícios de despreparo.

4. Estamos de pleno acordo com o pensador que disse que "o tempo não respeita as obras que não ajudou a construir". Por isso, os que nos honrarem com a leitura deste trabalho encontrarão o resultado de intermináveis vigílias, num exercício de solidão que, segundo estamos convencidos, é a única maneira de estudar, aprender e preparar-se para ensinar.

5. O ignorante não duvida, porque desconhece que ignora.

6. "Duvidando chegamos à verdade" – lema de Cícero, que adotava a dúvida como recurso metodológico.

7. Rui Barbosa, *Réplica* – 2ª tir. – separata das *Pandectas Brasileiras*, p. 21 (atualizamos a redação).

8. José Souto Maior Borges, *Obrigação Tributária (Uma Introdução Metodológica)*, 3ª ed., São Paulo, Malheiros Editores, 2015, "Prefácio", p. 16.

De uma pequena vaidade, porém, não abrimos mão: a de termos, ao longo de toda a obra, sempre procurado buscar amparo nos ensinamentos de autores de boa nota, quer nacionais, quer estrangeiros.

Seria por extremo tedioso indicarmos, neste preâmbulo, todas as fontes em que nos abeberamos, para a feitura do trabalho que ora damos à publicidade. Três monografias, no entanto, merecem de logo ser mencionadas, porque efetivamente tratam, com esmero, do assunto que fez nossos cuidados: *Princípios Constitucionais Tributários e a Cláusula "Due Process of Law"*, de Antônio Roberto Sampaio Dória, *Sistema Tributário Brasileiro*, de Amílcar de Araújo Falcão, e *Sistema Constitucional Tributário Brasileiro*, de Geraldo Ataliba. De fato, as lições contidas nestes clássicos (que mencionamos pela ordem em que foram editados) foram, para nós, valioso ponto de partida. E, como todos consentem, é importantíssimo ter um bom ponto de partida.

Queremos dizer, ainda, que, para escrevermos esta obra, fizemos um *corte metodológico* em nossa realidade jurídica e analisamos o *direito positivo brasileiro*, isto é, o Direito em vigor *hic et nunc* (aqui e agora). Assim, desconsideramos o *Direito de ontem* (que já foi), o *Direito de amanhã* (que não sabemos qual será) e o *direito ideal* (que só existe na mente dos homens). Adotamos, em suma, ao longo de nossa exposição, um enfoque *sincrônico* (e não *diacrônico*) do fenômeno jurídico da tributação.

Muito, ainda, teríamos para considerar, nesta introdução, tantos os assuntos que nela mereceriam ser examinados. Depois, sempre tendemos a dissertar longamente sobre aquilo que nos apraz. É chegado, porém, o momento de caçarmos as velas de nosso discurso inicial.

Ao fazê-lo, queremos apenas salientar que elaboramos esta obra com o escopo de trazer alguns subsídios ao repositório já bem enriquecido das letras jurídico-tributárias nacionais. Não vemos nisso nenhuma pretensão, que nas grandes messes há sempre que respigar, por mais numerosos e capazes que sejam os segadores.

Título I
PRINCÍPIOS CONSTITUCIONAIS TRIBUTÁRIOS

Capítulo I – Princípios Constitucionais
Capítulo II – Princípio Republicano e Tributação
Capítulo III – Princípio Federativo e Tributação
Capítulo IV – Autonomia Municipal e Tributação
Capítulo V – Princípio da Anterioridade e Tributação
Capítulo VI – Legalidade e Tributação
Capítulo VII – Segurança Jurídica e Tributação

Capítulo I

PRINCÍPIOS CONSTITUCIONAIS

1. Introdução

I – O ordenamento jurídico é formado por um conjunto de normas, dispostas hierarquicamente.[1] Das inferiores, criadas por particulares (os *contratos*), às constitucionais, forma-se aquilo que se convencionou chamar de "pirâmide jurídica". Nela, as normas ordenam-se segundo uma relação sintática, pela qual as inferiores recebem *respaldo de validade* daquelas que as encimam, até o patamar máximo, que é o constitucional.

Era precisamente isto que Kelsen queria significar quando apregoava que "o fundamento de validade de uma norma apenas pode ser a validade de uma outra norma".[2]

As normas subordinadas devem guardar harmonia com as superiores, sob pena de deixarem de ter validade no ordenamento jurídico. Assim, o ato interno da Administração (portaria, instrução, norma administrativa etc.) deve buscar *fundamento de validade* no decreto; este, na lei; aquela, na Constituição. Caso, por exemplo, o ato interno contrarie o decreto ou este entre em testilhas com a lei, ninguém poderá ser compelido a observá-los, porquanto estarão "fora" da supramencionada "pirâmide jurídica". O mesmo podemos dizer da lei, se em descompasso com a Constituição.

É que nos modernos *Estados de Direito* o exercício dos poderes normativos é sempre circunscrito pela Constituição.[3]

II – Conhecida a estrutura hierárquica do ordenamento jurídico, torna-se relativamente fácil ao intérprete ou ao aplicador do Direito dirimir qualquer conflito interno de normas. Tratando-se de normas de hierarquia diversa, prevalecerá a superior, isto é, a de mais alta hierarquia, porque à outra, exatamente por contraditá-la, faltará validade.

De fato, uma norma inválida não existe juridicamente falando, dada sua incapacidade de produzir efeitos de direito.

Salientamos, a propósito, que, sendo o Brasil uma Federação, a produção de normas jurídicas está a cargo não só da União, senão, também, dos Estados-membros,

1. As normas jurídicas não estão situadas no mesmo patamar, umas ao lado das outras, mas, sim, escalonadamente, de tal sorte que as superiores dão validade às inferiores, que, assim, não as podem contrariar.

2. Hans Kelsen, *Teoria Pura do Direito*, 2ª ed., vol. II, trad. de João Baptista Machado, Coimbra, Arménio Amado Editor, Sucessor, 1962, p. 2.

3. Cf. Norberto Bobbio, *Teoria dell'Ordinamento Giuridico*, Turim, Giappichelli Editore, p. 46.

do Distrito Federal e dos Municípios, tudo de acordo com as *competências* que tais pessoas políticas receberam, em caráter privativo, da Carta Constitucional.

III – A Constituição, conforme acenamos, ocupa o nível supremo da ordem jurídica, acima do qual não se reconhece outro patamar de juridicidade positiva. É ela que enumera os princípios fundamentais, organizativos e finalísticos da comunidade estatal, definindo as relações do poder político, dos governantes e governados e – respeitados os direitos e garantias individuais e sociais e o princípio da livre iniciativa – até das pessoas físicas e jurídicas.[4]

Lei máxima, a Constituição é o *critério último* de existência e validade das demais normas do sistema do Direito,[5] pelo quê condiciona o agir – como mais adiante veremos – dos próprios Poderes Legislativo, Executivo e Judiciário.[6]

Como se vê, a Constituição é o *limite* do Poder Público e o *fundamento* de todo o sistema jurídico. Logo, todos os atos normativos devem ser "lidos" – vale dizer, interpretados – ao lume da Constituição; jamais o contrário.

Em suma, a Constituição é, a um tempo, a lei suprema e o documento que limita o poder dos demais atos normativos (leis, decretos, sentenças, atos administrativos etc.), que são a ela inferiores. E a esses, evidentemente, compete preservar os valores que ela consagra.

IV – Nas Constituições rígidas, como a brasileira,[7] suas normas legitimam toda a ordem jurídica.[8] Bem por isso, as leis, os decretos, as portarias, os atos administrativos, os provimentos etc. valem, em última análise, enquanto se harmonizam com as normas constitucionais, devendo ser interpretados e aplicados de modo a se ajustarem aos seus ditames.[9]

As normas constitucionais, além de ocuparem a cúspide da "pirâmide jurídica", caracterizam-se pela imperatividade de seus comandos, que obrigam – reiteramos – não só as pessoas físicas ou jurídicas, de direito público ou de direito privado, como o próprio Estado.

4. É o que se dá quando impede que as empresas discriminem seus funcionários ou clientes em razão de raça, sexo, credo político etc.

5. Cf. Marcelo Neves, *Teoria da Inconstitucionalidade das Leis*, São Paulo, Saraiva, 1988, p. 63.

6. Num Estado Democrático de Direito, concebido como ordem jurídica legitimada pelo povo, com limites e fundamentos bem-definidos, a Constituição norteia não só a vida das pessoas, como a atuação dos órgãos encarregados do exercício das funções estatais, consubstanciadas nos Poderes Legislativo, Executivo e Judiciário.

7. A supremacia da Constituição brasileira vem resguardada por sua rigidez. Pode, é certo, ser emendada, mas somente por meio de um procedimento especial (art. 60, I-III, e §§ 1º-5º), respeitadas as *cláusulas pétreas* (cerne fixo e irremovível da Carta Magna, a teor de seu art. 60, § 4º, I-IV), inclusive as que consagram direitos do contribuinte e suas garantias. Sobremais, ela não pode ser emendada na vigência de intervenção federal, estado de defesa ou de sítio.

8. A Constituição da República Federativa do Brasil é *rígida*, na medida em que, além de ter *força formal* superior à dos demais atos normativos (leis, decretos, provimentos etc.), demanda, para ser modificada, processos especiais, nela expressamente previstos (votação bicameral e em dois turnos, *quorum* qualificado de três quintos, obediência às *cláusulas pétreas* etc.).

9. Especialmente as normas jurídicas infralegais (atos administrativos, instruções, portarias, provimentos etc.), para serem válidas, precisam observar a Constituição Federal e os grandes princípios que ela alberga (*v.g.*, o da *legalidade*).

O que estamos procurando ressaltar é que a Constituição não é um mero repositório de recomendações, a serem ou não atendidas, mas um conjunto de normas supremas que devem ser incondicionalmente observadas, inclusive pelo legislador infraconstitucional, pelo administrador público e pelo juiz. Afinal, são elas que protegem os cidadãos das eventuais arbitrariedades estatais.

A Constituição, em resumo, fixa as diretrizes, implícitas e explícitas, a serem observadas por todos (administrados e administradores, pessoas físicas e jurídicas, nacionais e estrangeiros que aqui residam ou mantenham negócios, membros dos Poderes Executivo, Legislativo e Judiciário etc.), sob pena de se tornarem sem efeito os atos praticados.

E o mais importante: as normas constitucionais devem ser interpretadas[10] de modo a permitir, ao máximo, a prevalência dos valores e interesses que elas protegem. Entretanto, não é dado ao aplicador usar de suas próprias idiossincrasias para "corrigir" o que, a seu sentir, está posto de modo inadequado na Lei Maior.

V – Abrimos aqui um parêntese para registrar que o Ato das Disposições Constitucionais Transitórias (ADCT) tem força normativa idêntica à do texto permanente da Constituição da República Federativa do Brasil, tendo sido com ela conjuntamente promulgado pela Assembleia Nacional Constituinte, em 5.10.2008.

Assim, as regras nele contidas possuem as mesmas rigidez e hierarquia dos preceitos insculpidos no texto básico da Lei Fundamental. Inexistem entre eles quaisquer desníveis ou desigualdades no que tange ao grau de eficácia e à posição que ocupam dentro da "pirâmide jurídica", já que ostentam o grau máximo de positividade[11] e, bem por isso, impõem-se à observância compulsória de todos, mormente dos Poderes do Estado.[12]

Em rigor, a única diferença de tomo entre as normas contidas no corpo da Constituição Federal e as encartadas no Ato das Disposições Constitucionais Transitórias reside na circunstância de que *aquelas* assumem foros de permanência, ao passo que *estas* vocacionam-se ao desaparecimento, pois se extinguem tão logo fluam os prazos que estipulam ou se reajustem ou liquidem os casos ou situações nelas previstos.

De fato, as disposições constitucionais transitórias perdem a eficácia em seu respectivo termo, que pode dar-se tanto pelo decurso do prazo indicado pelo constituinte originário (fluência do prazo prefixado de vigência) como pela realização total de seu objeto (adimplemento da condição resolutiva).

10. A interpretação das normas constitucionais não se afasta, em sua essência, dos esquemas propostos pela Teoria Geral do Direito e pela Metodologia do Direito.

11. Embora esta seja, em nosso País, uma prática corriqueira, a nosso ver não é juridicamente possível incluir novas *disposições transitórias* à Constituição Federal. Igualmente temos por injurídico restringir ou anular, ainda que por meio de emendas constitucionais, o conteúdo ou o alcance das normas constitucionais transitórias autoaplicáveis, como, por exemplo, as que conferem direitos, nas condições que elas próprias estabelecem. Tais normas fazem parte do *núcleo imodificável* da Constituição e, neste sentido, são equiparáveis às *cláusulas pétreas*.

12. Cf. STF, *RDA* 201/157.

A existência das disposições constitucionais transitórias justifica-se plenamente, porquanto são elas que estabelecem o *elo* entre o passado e o futuro – isto é, entre a ordem jurídica preexistente e a inaugurada com a nova Constituição. Parafraseando Luís Roberto Barroso, servem para "aplainar a travessia entre o velho e o novo".[13]

Realmente, as disposições constitucionais transitórias viabilizam uma transição mais tranquila entre a normatividade constitucional precedente – quase sempre ainda arraigada no espírito e na prática das pessoas – e a que acaba de vir à luz.

Portanto, as normas transitórias cumprem a importantíssima função de regular temporariamente determinadas matérias, até que as normas constitucionais permanentes possam incidir em toda a plenitude.

Nunca é demais insistir, no entanto, que as normas inscritas no Ato das Disposições Constitucionais Transitórias são formalmente constitucionais e, destarte, também expressam as aspirações do povo, captadas pelo constituinte originário. E justamente por esse motivo não podem ser amesquinhadas, muito menos por meio de normas infralegais.

A par disso, os dispositivos que integram o Ato das Disposições Constitucionais Transitórias, em que pese à sua enumeração autônoma, conectam-se com os contidos na Constituição Federal, devendo, assim, ser interpretados em compasso com os mesmos.

Noutros falares, as normas veiculadas no Ato das Disposições Constitucionais Transitórias não se apresentam isoladas no ordenamento jurídico, mas fazem parte do sistema constitucional como um todo – devendo, por isso mesmo, ser submetidas ao mesmo processo interpretativo aplicável à parte permanente da Constituição.

Agindo de modo diverso o aplicador solapa o próprio Estado de Direito, já que acaba por transformar-se em livre solucionador de litígios e – pior – em supremo corretor de costumes, segundo a realidade singular dos casos que aprecia.

Em suma, também as normas veiculadas no Ato das Disposições Constitucionais Transitórias expressam a vontade incontrastável do constituinte originário, e, caso sirvam à proteção de direitos amparados por *cláusulas pétreas* (*v.g.*, autonomia federativa), não podem ser alteradas, nem mesmo em parte, seja pelo constituinte derivado, seja pelo legislador, seja – e especialmente – pelo aplicador.

VI – Retomando a ideia central, a Constituição, longe de ser, na estrutura hierárquica do ordenamento, simplesmente uma *lex superior*, também é a "matriz de todas as manifestações normativas do Estado", já que regula o "processo de criação de normas jurídicas" e "traça os princípios, as diretivas e os limites para o conteúdo das leis futuras".[14]

É por esses motivos que dizemos ser a Constituição a *Lei Fundamental do Estado*.

13. Luís Roberto Barroso, "Disposições constitucionais transitórias (natureza, eficácia e espécies)", *RDP* 96/70.

14. Cf. Hans Kelsen, "La garantie jurisdictionnelle de la Constitution", *Revue du Droit Public* 1928, pp. 204-205.

Para Gomes Canotilho a superioridade hierárquica da Constituição revela-se em três perspectivas; a saber: "(1) as normas do direito constitucional constituem uma *lex superior* que recolhe o fundamento de validade em si própria (*autoprimazia normativa*); (2) as normas de direito constitucional são *normas de normas* (*norma normarum*), afirmando-se como fontes de produção jurídica de outras normas (normas legais, normas regulamentares, normas estatutárias etc.); (3) *a superioridade normativa das normas constitucionais implica o princípio da conformidade de todos os actos dos poderes políticos com a Constituição*"[15] (grifamos).

Note-se, *en passant*, que no Brasil esta *conformidade* exige não só que as leis, os decretos, as portarias etc. estejam em harmonia com a Constituição Federal[16] como, também, que não se omita a aplicação de suas normas, quando ela assim o exige. É que, ao lado da *inconstitucionalidade por ação* (art. 102, I, "a", e III, "a", "b", "c" e "d", da CF), temos, desde o advento da Carta de 1988, a *inconstitucionalidade por omissão* (art. 103 e §§ 1º, 2º e 3º da CF).[17]

VII – A localização no cume da ordem jurídica faz com que a Constituição não possa ser contrariada por qualquer outro ato normativo, que lhe deve, assim, obediência. Daí falar-se em "conformidade constitucional", ou seja, que as normas inferiores (fruto da interpretação de leis, decretos, portarias, provimentos etc.) carecem de estar em harmonia com a *norma normarum* da ordem jurídica.

Dignas de nota, acerca do assunto, estas agudas observações de Jorge Bacelar Gouveia:

"O *princípio da constitucionalidade*, colocando a Constituição acima de qualquer outra fonte, norma ou princípio jurídico, é a vertente substantiva da supremacia constitucional, destinando-se a esclarecer que há uma hierarquia na ordem jurídica e que todas as outras fontes e actos que não tenham valor constitucional lhe devem obediência.

"A desconformidade desses actos, fontes, normas ou princípios implica que os mesmos sejam inconstitucionais, por infracção daquele padrão com que devem conformar-se.

"E esta superioridade, inserta no princípio da constitucionalidade, é maximamente abrangente, por ser:

"– tanto uma prevalência em relação aos actos jurídico-públicos;

"– como uma prevalência em relação aos comportamentos jurídico-públicos."[18]

Pois bem. O descompasso entre uma norma inferior (lei, decreto, portaria, ato administrativo etc.) e a Constituição tem o nome técnico de "inconstitucionalidade"

15. Canotilho, *Direito Constitucional*, 5ª ed., Coimbra, Livraria Almedina, 1991, p. 141 (grifamos).

16. É o que José Afonso da Silva chama, com muita propriedade, de *compatibilidade vertical* (*Curso de Direito Constitucional Positivo*, 39ª ed., São Paulo, Malheiros Editores, 2016, p. 49).

17. A *inconstitucionalidade por omissão* (ou *negativa*) resulta, *grosso modo*, da inércia ou do silêncio de qualquer órgão de poder, que deixa de praticar, ou pratica apenas em parte, ato exigido pela Constituição.

18. Jorge Bacelar Gouveia, *Manual de Direito Constitucional*, vol. I, Coimbra, Livraria Almedina, 2005, p. 589.

– que, como predica a melhor doutrina, pode ser *material* (*intrínseca*) ou *formal* (*extrínseca*). *Material* quando o *conteúdo* da norma inferior é incompatível com regra ou princípio constitucional (a invalidade tisna o próprio *mérito* da norma inferior). E *formal* quando a norma inferior é editada por autoridade, órgão ou pessoa incompetente ou sem a observância dos procedimentos adequados (nos termos, é claro, da própria Constituição).

VIII – A matéria, porém, transcende estes postulados. De fato, para que a "pirâmide jurídica" não seja subvertida, o sistema normativo pressupõe a existência de mecanismos eficazes de verificação da compatibilidade das leis, decretos, portarias, provimentos etc. com os ditames constitucionais. A par disso, é indispensável que existam formas expeditas não só de expulsar, do sistema normativo, leis, decretos, portarias inconstitucionais, como de ilidir seus efeitos.

Realmente, caso não fosse possível afastar as consequências de uma violação constitucional, estar-se-ia diante de normas constitucionais sem sanção – situação incompatível com um diploma editado com o escopo de ser o *núcleo* do ordenamento jurídico.

IX – Frise-se, ademais, que a Constituição, mais que uma lei fundamental, representa o produto da vontade soberana de estruturação do Estado e da sociedade. Encerra escolhas políticas precisas.

De fato, a Constituição irrompe do chamado *poder constituinte* (ou, como querem alguns, *poder constituinte originário*[19]), que é inerente ao Estado e, bem por isso, nunca desaparece, mas, que, à moda de um "vulcão adormecido", entra em atividade, de tempos em tempos,[20] para reorganizar a estrutura social.

Em termos conceituais, o *poder constituinte*, expressão da soberania do Estado, leva ao surgimento da Constituição – ato legislativo supremo, que inaugura uma nova ordem jurídica. Cria um Estado *ex novo*.

X – Foi o que se deu no Brasil quando a Assembleia Nacional Constituinte,[21] convocada em 1986, acabou por promulgar, em nome do povo, a Constituição Fede-

19. Pessoalmente repudiamos a expressão "poder constituinte originário", por entendermos que inexiste um *poder constituinte derivado*. Este último, na realidade, não passa de um *poder constituído*: pode, é certo, modificar a Constituição, mas observados certos limites materiais e formais, implícitos e explícitos, conhecidos como "cláusulas pétreas" ("de pedra", irremovíveis por emenda constitucional).

Noutros termos, o impropriamente chamado "poder constituinte derivado" é subordinado, condicionado e secundário. *Subordinado* porque regrado pelas próprias normas constitucionais. *Regrado* porque seu exercício deve obedecer à forma prefixada na própria Constituição. E *secundário* porque seu fundamento de validade é a Constituição vigente, que atualiza e – desde que não esbarre em cláusulas pétreas – completa.

20. Significativamente, a Constituição portuguesa de 1976 contém, em seu Preâmbulo, a expressão "viragem histórica" para aludir à ocasião de crise, que faz emergir o poder constituinte originário.

21. Nunca é demais lembrar que o Estado é juridicamente criado pela Constituição, que, no mais das vezes, é votada por uma Assembleia Nacional Constituinte, derivada da soberania popular e da legitimidade democrática.

Dizemos "no mais das vezes" porque casos há em que a Constituição nasce da independência do Estado (que, assim, conquista sua liberdade política e cria, pela vez primeira, sua ordem constitucional) ou de um movimento revolucionário, que investe, material e formalmente, contra a ordem constitucional até então vigente, originando uma nova.

ral de 5.10.1988, que, apesar de algumas vicissitudes – que se traduziram em noventa (!) emendas constitucionais (consideradas as seis emendas constitucionais de revisão, votadas em 1993) –, ainda se encontra em vigor.

O mais importante é que ela colocou uma pá de cal sobre o regime autoritário que se havia instalado entre nós, em 1964. Construiu uma sólida ponte entre o *Estado de Polícia* (que tanto agulhou a carne e o espírito da Nação) e o *Estado Democrático de Direito* (no qual todos pretendemos continuar a viver).

Pode-se dizer que a Carta de 1988 constitucionalizou o ordenamento jurídico, já que abriu a possibilidade de aplicação direta das normas lá contidas e a interpretação a ela conforme, não só das leis, como dos atos normativos infralegais.

É claro que ainda há muito a realizar para que ela tenha real efetividade. Isso, porém, não é um defeito, já que nenhuma Constituição é uma obra acabada. Pelo contrário, é uma construção permanente, até porque, como predicou o Padre Antônio Vieira, o príncipe da palavra sacra, no *Sermão da Primeira Dominga do Advento*, "o tempo e as coisas não param".

De qualquer modo, não se deve perder de vista que as normas jurídicas mais importantes encontram-se na Constituição. É ela que indica quem detém os poderes estatais, quais são estes poderes, como devem ser exercidos e que direitos e garantias as pessoas têm em relação a eles.[22]

22. Tudo o que foi até aqui escrito, além de valer para a nossa Constituição Federal, que é a Lei Maior da União (*ordem jurídica parcial central*) e do Estado Brasileiro (*ordem jurídica global*), se aplica, *mutatis mutandis*, para as Constituições Estaduais e para as Leis Orgânicas dos Municípios e do Distrito Federal.

De fato, no Brasil os Estados-membros, os Municípios e o Distrito Federal (*ordens jurídicas parciais periféricas*), por força do *poder constituinte decorrente*, do qual estão investidos, também têm suas Leis Maiores; a saber: as Constituições Estaduais (no caso dos Estados) e as Leis Orgânicas (no caso dos Municípios e do Distrito Federal). Ao votá-las, estas pessoas políticas devem obediência, apenas, aos *princípios jurídicos sensíveis* da Constituição Federal, esta votada pelo chamado *poder constituinte originário*.

Importante assinalar, ainda, que as normas contidas na Constituição Federal podem advir do exercício quer do *poder constituinte originário*, quer do *poder constituinte derivado*, desde que, neste último caso, não venham feridas as *cláusulas pétreas* (âmago inalterável da Lei Maior).

De fato, a Constituição Federal brasileira, embora rígida, não é imutável. Pelo contrário, pode ser emendada pelo Congresso Nacional sempre que as forças políticas ou a realidade social assim o exigirem. Todavia, esta possibilidade de mudança tem limites materiais e formais, implícitos e explícitos, que atendem pelo nome técnico de *cláusulas pétreas*. As principais encontram-se arroladas no art. 60, § 4º, deste Diploma Supremo.

Sumamente felizes, a propósito, as observações do Min. Carlos Britto em seu voto prolatado no julgamento do RE 346.084-6, *verbis*:

"Não se pode, jamais, esquecer que a Constituição originária porta uma dignidade que não pode ser equiparada à da emenda a ela – Constituição originária –, porque esta tem um fundamento suprapositivo, supraestatal, metajurídico, ao passo que as emendas à Constituição são produzidas, gestadas juridicamente, vale dizer, segundo moldes já concebidos pela Constituição originária para elas, as emendas.

"Ora, as emendas existem (...) não para dialogar com o Direito em geral, mas para conversar com a Constituição em particular."

Logo, as emendas constitucionais não podem refundir o ordenamento jurídico, mas apenas atualizá-lo.

Consigne-se, ademais, que, desde que constitucionalmente válido, o texto novo (contido na emenda constitucional) revoga, a partir de sua promulgação (a menos que disponha expressamente de modo diverso), o texto velho (contido na Constituição Federal).

XI – Mas mesmo na Constituição existem normas mais importantes e normas menos importantes.

De fato, ao contrário do que pode parecer ao primeiro súbito de vista, as normas constitucionais não possuem todas a mesma relevância, já que algumas veiculam simples *regras*, ao passo que outras, verdadeiros *princípios*. Os princípios são as *diretrizes*, isto é, os *nortes*, do ordenamento jurídico. Não é sem razão que Prosper Weil afirma que "algumas normas constitucionais são mais diretrizes; outras, menos". A Constituição é, pois, um conjunto de regras e de princípios jurídicos, atuais e vinculantes. Os princípios possuem acentuado grau de abstração, traçando, destarte, as diretrizes do ordenamento jurídico.[23] Enunciam uma razão para decidir em determinado sentido.[24] É com eles que iremos agora nos ocupar.

2. *Noção de princípio*

Etimologicamente, o termo "princípio" (do latim *principium, principii*) encerra a ideia de começo, origem, base. Em linguagem leiga é, de fato, o ponto de partida e o fundamento (causa) de um processo qualquer.

Introduzida, na Filosofia, por Anaximandro, a palavra foi utilizada por Platão, no sentido de fundamento do raciocínio (*Teeteto*, 155 d), e por Aristóteles, como a premissa maior de uma demonstração (*Metafísica*, V. 1, 1.012 b 32 – 1.013 a 19). Nesta mesma linha, Kant deixou consignado que "princípio é toda proposição geral que pode servir como premissa maior num silogismo" (*Crítica da Razão Pura*, *Dialética*, II. A).

Por igual modo, em qualquer Ciência, *princípio* é começo, alicerce, ponto de partida. Pressupõe, sempre, a figura de um patamar privilegiado, que torna mais fácil a compreensão ou a demonstração de algo. Nesta medida, é, ainda, a *pedra angular* de qualquer sistema.

Convém aqui invocarmos Geraldo Ataliba, que, com precisão, observa:

"O caráter orgânico das realidades componentes do mundo que nos cerca e o caráter lógico do pensamento humano conduzem o homem a abordar as realidades que pretende estudar, sob critérios unitários, de alta utilidade científica e conveniência pedagógica, em tentativa de reconhecimento coerente e harmônico da composição de diversos elementos em um todo unitário, integrado em uma realidade maior.

"A esta composição de elementos, sob perspectiva unitária, se denomina sistema."[25]

Sistema, pois, é a reunião ordenada das várias partes que formam um todo, de tal sorte que elas se sustentam mutuamente e as últimas explicam-se pelas primeiras.

23. De revés, as normas constitucionais que veiculam simples regras possuem pequeno grau de abstração, impende dizer, referem-se a situações mais específicas.

24. Cf. Genaro Carrió, *Notas Sobre Derecho y Lenguaje*, 4ª ed., Buenos Aires, Abeledo-Perrot, 1994, p. 221.

25. Geraldo Ataliba, *Sistema Constitucional Tributário Brasileiro*, 1ª ed., São Paulo, Ed. RT, 1966, p. 4.

As que dão razão às outras chamam-se *princípios*,[26] e o sistema é tanto mais perfeito, quanto em menor número existam.[27]

Sendo o princípio, pois, a *pedra de fecho* do sistema ao qual pertence, desprezá-lo equivale, no mais das vezes, a incidir em erronia inafastável e de efeitos bem previsíveis: o completo esboroamento da construção intelectual, a exemplo, como lembra Geraldo Ataliba, do que ocorreu na "Abóbada", de Alexandre Herculano.[28]

Estas noções aproveitam ao nosso estudo.

3. *Princípios jurídicos. Princípios jurídico-constitucionais*

I – Usando, por comodidade didática, de uma analogia que é sempre feita por Geraldo Ataliba e Celso Antônio Bandeira de Mello, podemos dizer que o sistema jurídico ergue-se como um vasto edifício, onde tudo está disposto em sábia arquitetura. Contemplando-o, o jurista não só encontra a ordem, na aparente complicação, como identifica, imediatamente, alicerces e vigas mestras. Ora, num edifício tudo tem importância: as portas, as janelas, as luminárias, as paredes, os alicerces etc. No entanto, não é preciso termos conhecimentos aprofundados de Engenharia para sabermos que muito mais importantes que as portas e janelas (facilmente substituíveis) são os alicerces e as vigas mestras. Tanto que, se de um edifício retirarmos ou destruirmos uma porta, uma janela ou até mesmo uma parede, ele não sofrerá nenhum abalo mais sério em sua estrutura, podendo ser reparado (ou até embelezado). Já, se dele subtrairmos os alicerces, fatalmente cairá por terra. De nada valerá que portas, janelas, luminárias, paredes etc. estejam intactas e em seus devidos lugares. Com o inevitável desabamento, não ficará pedra sobre pedra. Pois bem, tomadas as cautelas que as comparações impõem, estes "alicerces" e estas "vigas mestras" são os princípios jurídicos, ora objeto de nossa atenção.

26. Portanto, para que se possa sustentar a validade de uma argumentação, o princípio deve ser verdadeiro ou, pelo menos, pressuposto verdadeiro.

27. Cf. Étienne Bonnot de Condillac, *Tratado dos Sistemas*, 2ª ed., trad. de Luiz Roberto Monzani, in *Os Pensadores*, São Paulo, Ed. Abril, 1980, p. 3.

28. Neste capítulo de sua *História da Inquisição*, Alexandre Herculano de Carvalho e Araújo, vulto máximo do romantismo português, relata-nos, com todo o vigor de seu estro insuperável, os singulares episódios que marcaram a construção do Convento da Batalha (ou Santa Maria da Vitória). Como se sabe, D. João I, Mestre de Aviz, tendo vencido os castelhanos em Aljubarrota (1385), mandou edificar, em cumprimento a um voto que fizera, o referido Convento. A obra foi confiada ao arquiteto português Afonso Domingues, que, ficando cego no curso dos trabalhos, viu-se, sem mais, substituído pelo irlandês David Ouguet, antes de dar início à formidável abóbada da casa capitular.

Ouguet, menosprezando a pedra de fecho concebida pelo antecessor, alterou o risco primitivo e, por isso, a abóbada ruiu, algumas horas depois de ser dada por concluída.

Chamado à presença do rei, Afonso Domingues, apesar de ressentido (a página que reproduz o suposto diálogo que manteve com D. João I, inscreve-se entre as mais belas e dramáticas das já escritas em língua portuguesa), retomou a direção dos trabalhos e, na data aprazada, deu por terminada a notável obra, que tem resistido ao peso dos séculos. Tão consciente estava da exatidão dos cálculos, que, retiradas as vigas que sustinham a abóbada, debaixo dela permaneceu, sem comer nem beber, durante três dias.

Mas, em termos mais técnicos, que vem a ser, afinal, um princípio jurídico? Será que a noção é tão vaga que somos incapazes de traduzi-la em linguagem mais rigorosa? Estamos que não.

II – Segundo pensamos, *princípio jurídico é um enunciado lógico, implícito*[29] *ou explícito, que, por sua grande generalidade, ocupa posição de preeminência nos vastos quadrantes do Direito e, por isso mesmo, vincula, de modo inexorável, o entendimento e a aplicação das normas jurídicas que com ele se conectam.*[30]

Não importa se o princípio é implícito ou explícito, mas, sim, se existe ou não existe.[31] Se existe, o jurista, com o instrumental teórico que a Ciência do Direito coloca à sua disposição, tem condições de discerni-lo. De ressaltar, com Souto Maior Borges, que o princípio explícito não é necessariamente mais importante que o princípio implícito. Tudo vai depender do âmbito de abrangência de um e de outro, e não do fato de um estar melhor ou pior desvendado no texto jurídico. Aliás, as normas jurídicas não trazem sequer expressa sua condição de princípios ou de regras. É o jurista que, ao debruçar-se sobre elas, as identifica e as hierarquiza.

A respeito do assunto, atente-se para este primor de lição de Celso Antônio Bandeira de Mello: "Princípio (...) é, por definição, mandamento nuclear de um sistema, verdadeiro alicerce dele, disposição fundamental que se irradia sobre diferentes normas compondo-lhes o espírito e servindo de critério para sua exata compreensão e inteligência, exatamente por definir a lógica e a racionalidade do sistema normativo, no que lhe confere a tônica e lhe dá sentido harmônico. É o conhecimento dos princípios que preside a intelecção das diferentes partes componentes do todo unitário que há por nome sistema jurídico positivo".[32]

Assim é porque os princípios constitucionais consagram *valores*,[33] muitos dos quais inscritos já no "Preâmbulo" da Carta Magna (igualdade, liberdade, segurança,

29. Por "implícito" queremos apenas significar que ele não se assenta em um único enunciado linguístico, mas em vários, que, tomados em conjunto, formam o texto jurídico, este de existência imprescindível.

30. Juízo semelhante emitiu Eduardo Couture: "principio es un enunciado lógico extraido de la ordenación sistemática y coherente de diversas normas de procedimiento, en forma de dar a la solución constante de éstas el caráter de una regla de validez general" (*Vocabulário Jurídico*, p. 489).

A generalidade dos princípios é maior do que a das demais normas jurídicas. Por isso, Maggiore, professor dos mais credenciados, diz que são "più che generali, sono generalissimi" (*Sui Principi Generali del Diritto*).

31. Para o jurista, em rigor, todos os princípios são explícitos, porque ele não se limita a ler, antes interpreta os textos normativos. Assim, por meio do labor exegético, e valendo-se do instrumental teórico que lhe é fornecido pela Ciência do Direito, acaba por trazer à clara luz do dia princípios que escapam à argúcia do leigo.

32. Celso Antônio Bandeira de Mello, *Curso de Direito Administrativo*, 33ª ed., São Paulo, Malheiros Editores, 2016, pp. 990-991.

33. Já se disse que o *valor* é um querer da sociedade e que sua relevância decorre do fato de ser um aglutinador de consenso. Para a Filosofia, é o objeto de preferência ou de escolha, e, por isso mesmo, como dizia Cícero, "digno de ser selecionado" (*selectione dignum*): (*De finibus*, III, 6, 20). Para Nicola Abbagnano, "a melhor definição de valor é a que o considera como *possibilidade de escolha*, isto é, como uma disciplina inteligente das escolhas, que pode conduzir a eliminar algumas delas ou a declará-las irracionais ou nocivas, e pode conduzir (e conduz) a privilegiar outras, ditando a sua repetição sempre

justiça etc.), motivo pelo qual – como adiante se verá – interferem na interpretação e boa aplicação de todos os atos normativos.

III – Resulta do exposto que um princípio jurídico é inconcebível em estado de isolamento. Ele – até por exigência do Direito (que forma um todo pleno, unitário e harmônico) – se apresenta sempre relacionado com outros princípios e normas, que lhe dão equilíbrio e proporção e lhe reafirmam a importância.

O jurista, ao examinar o Direito, deve considerar as ideias que mais se aproximam da universalidade dos princípios maiores; com isto, formará proposições e terá verdades menos gerais. Em seguida, tomará as ideias que mais se aproximem, por sua universalidade, das descobertas que acabou de fazer, concebendo novas proposições e continuando, desta maneira, sempre sem deixar de aplicar os primeiros princípios a cada proposição que descobrir. Descerá, então, pouco a pouco, dos princípios gerais às normas jurídicas mais particulares, caminhando, na medida do possível, do conhecido para o desconhecido.[34]

Realmente, mesmo sem detenças maiores, nota-se que o Direito, longe de ser um mero conglomerado de normas, é um conjunto bem-estruturado de disposições que, interligando-se por coordenação e subordinação, ocupam, cada qual, um lugar próprio no ordenamento jurídico (Ferrara). É precisamente sob este imenso arcabouço, onde sobrelevam os princípios, que as normas jurídicas devem ser consideradas.

IV – Evidentemente, os princípios são encontráveis em todos os escalões da "pirâmide jurídica".

De fato, há princípios *constitucionais*, *legais* e até *infralegais*. Dentre eles, os constitucionais, sem dúvida alguma, são os mais importantes, já que sobrepairam aos outros princípios e regras (inclusive às contidas na Lei Máxima).

É dos princípios jurídico-constitucionais que, a partir de agora, passaremos a cuidar, porque são especialmente eles que dirigem a atuação de todas as normas jurídicas, interferindo, por conseguinte, também no exercício da competência tributária. Encerram *mandados de otimização* (Alexy), que ordenam que algo seja realizado na maior medida possível.

V – Registramos, de logo, que os princípios constitucionais têm caráter normativo, como demonstrou, de forma brilhante e insofismável, Norberto Bobbio: "Os princípios são apenas, a meu ver, normas fundamentais ou generalíssimas do sistema, as normas mais gerais. A palavra 'princípios' leva a engano, tanto que é velha a questão entre os juristas se os princípios gerais são normas. Para mim, não há dúvida: os princípios gerais são normas como todas as outras. E esta é também a tese sustentada por Crisafulli. Para sustentar que os princípios gerais são normas, os argumentos são dois, e ambos válidos: antes de mais nada, se são normas aquelas das quais os argumentos são extraídos, através de um procedimento de generalização sucessiva, não se vê por que não devam ser normas também eles: se abstraio da espécie animal obtenho

que determinadas condições se verifiquem" (*Dicionário de Filosofia*, 4ª ed., 2ª tir., trad. de Alfredo Bosi e Ivone Castilho Benedetti, São Paulo, Martins Fontes, 2003, p. 993 – os grifos são do autor).

34. Cf. Condillac, ob. cit., p. 103.

sempre animais, e não flores ou estrelas. Em segundo lugar, a função para a qual são extraídos e empregados é a mesma cumprida por todas as normas, isto é, a função de regular um caso. E com que finalidade são extraídos em caso de lacuna? Para regular um comportamento não regulamentado: mas, então, servem ao mesmo escopo a que servem as normas expressas. E por que não deveriam ser normas?".[35]

Muito bem, em razão de seu caráter normativo, os princípios constitucionais demandam estrita observância, até porque, tendo amplitude maior, sua desobediência acarreta consequências muito mais danosas ao *sistema jurídico* que o descumprimento de uma simples *regra*, ainda que constitucional. São eles que estabelecem aquilo que chamamos de *pontos de apoio normativos* para a boa aplicação do Direito.

VI – Não é por outras razões que, na análise de qualquer problema jurídico – por mais trivial que seja (ou que pareça ser) –, o cultor do Direito deve, antes de tudo, alçar-se ao altiplano dos princípios constitucionais, a fim de verificar em que sentido eles apontam.[36] Nenhuma interpretação poderá ser havida por boa (e, portanto, por jurídica) se, direta ou indiretamente, vier a afrontar um princípio jurídico-constitucional.

Afinado por este diapasão, Jesús González Perez acrescenta:

"Os princípios jurídicos constituem a base do Ordenamento jurídico, a parte permanente e eterna do Direito e, também, o fator cambiante e mutável que determina a evolução jurídica; são as ideias fundamentais e informadoras da organização jurídica da Nação. (...)

"E, precisamente por constituir a base mesma do Ordenamento, não é concebível uma norma legal que o contravenha."[37]

A cita vem a calhar porque exprime a ideia, tão pouco difundida, de que o princípio cumpre uma função informadora dentro do Ordenamento jurídico e, assim, as diversas normas devem ser aplicadas em sintonia com ele. Todas, só encontram a correta dimensão quando ajustadas aos princípios que a Carta Magna alberga e consagra.[38]

VII – Tal se dá, porquanto os princípios jurídicos atuam como "vetores para soluções interpretativas" (Celso Antônio Bandeira de Mello) e os constitucionais compelem o jurista a direcionar seu trabalho para as *ideias-matrizes* contidas na Carta Magna.

35. Norberto Bobbio, *Teoria do Ordenamento Jurídico*, trad. de Maria Celeste Cordeiro Leite dos Santos, Brasília, Polis/UnB, 1989, pp. 158-159.

36. Esta preocupação em buscar as culminâncias dos princípios costuma ser o apanágio dos homens de saber. Assim, por exemplo, Henry Bergson, professor brilhante e filósofo de nomeada, sustentava que, "para penetrar nos mistérios das profundezas, é preciso, por vezes, visar aos cimos. O fogo que está no centro da Terra só aparece no cume dos vulcões" (*A Consciência e a Vida*, in *Os Pensadores – Bergson*, 2ª ed., trad. de Franklin Leopoldo e Silva, São Paulo, ed. Abril, 1979, p. 81).

37. Jesús González Perez, *El Principio General de la Buena Fe en el Derecho Administrativo*, Madri, Real Academia de Ciencias Morales y Políticas, 1983, pp. 45-46.

38. A Suprema Corte firmou entendimento no sentido de que as normas infraconstitucionais devem ser interpretadas e aplicadas em consonância com os princípios inscritos na Lei Maior (ADI 319, *DJU* 30.4.1993, e 491, *RTJ* 137/90).

Deveras, entende-se atualmente que a Constituição, além de ser o texto fundador e legitimador do ordenamento normativo, é um parâmetro[39] hermenêutico de construção e realização do Direito. O postulado da *interpretação conforme a Constituição* leva necessariamente a que, diante de várias possibilidades interpretativas de uma norma, inclusive constitucional, se opte pela mais consentânea com os princípios que a Lei Maior consagra.

Nesse sentido, de resto, pronunciou-se Karl Larenz, *verbis*: "Se uma interpretação, que não contradiz os princípios da Constituição, é possível segundo os demais critérios de interpretação, há de preferir-se a qualquer outra em que a disposição viesse a ser inconstitucional. A disposição é, então, nesta interpretação, válida. Disso decorre, então, que de entre várias interpretações possíveis segundo os demais critérios sempre obtém preferência aquela que melhor concorde com os princípios da Constituição".[40]

Vai daí que a *interpretação conforme a Constituição* é importante instrumento de superação de conflitos entre normas constitucionais (máxime as contidas em emendas constitucionais) e entre estas e outras normas jurídicas, a elas inferiores.

4. O princípio jurídico-constitucional e a interpretação

I – Sem outras considerações, que não vêm para aqui, a interpretação é uma atividade cognoscitiva que visa a precisar o significado e o alcance das normas jurídicas, possibilitando-lhes uma correta aplicação. Esta tarefa, voltada, precipuamente, à descoberta da *mens legis* (da vontade do Estado contida na norma jurídica), exige a constante invocação dos grandes princípios, mormente em face das disposições incertas e das palavras equívocas ou polissêmicas que costumam recamar nossos textos legislativos. Afinal, a procura pela verdade científica não pode terminar na simples leitura de um texto legislativo (ainda mais quando ele briga com texto legislativo hierarquicamente superior).

Realmente, a partir dos enunciados do direito positivo, o exegeta, valorando-os, constrói as normas jurídicas.[41] Não se nega que elas tomam como ponto de partida os textos do direito positivo; porém seu conteúdo é construído pelo intérprete, que se vale, para tanto, de sua própria ideologia, isto é, de sua *pauta de valores*.

As normas jurídicas são, pois, construções intelectuais do intérprete, efetuadas a partir da análise dos textos normativos. São elas que permitem que as realidades do universo venham – como observa Hans Kelsen – "apreendidas juridicamente".[42]

39. O termo "parâmetro", buscado na Matemática, tem o sentido de medida que serve de guia para o confronto dos diversos elementos de um problema.

40. Karl Larenz, *Metodologia da Ciência do Direito*, 3ª ed., trad. de José Lamego, Lisboa, Fundação Calouste Gulbenkian, 1997, p. 480.

41. A expressão "norma jurídica", como toda expressão linguística, padece de ambiguidade. Nesta obra, porém, vamos empregá-la no sentido da significação construída pelo intérprete, após o exame dos enunciados contidos nos textos legislativos *lato sensu*.

42. Este o pensamento integral de Hans Kelsen: "A Ciência Jurídica procura apreender o seu objeto *juridicamente*, isto é, do ponto de vista do Direito. Apreender algo juridicamente não pode, porém, sig-

Logo, as normas jurídicas defluem não da literalidade de seus suportes físicos, ou seja, dos textos em que se encontram positivadas (leis, decretos, portarias, sentenças etc.), mas da adequada interpretação que o operador do Direito deles faz. Devem ser entendidas, pois, como as significações construídas pelo intérprete a partir das palavras e frases contidas nos documentos produzidos pelos órgãos de criação do Direito.

Note-se que nem mesmo as normas constitucionais escapam destas diretrizes, como, aliás, bem o percebeu Michel Temer: "(...) a interpretação de uma norma constitucional levará em conta todo o sistema, tal como positivado, dando-se ênfase, porém, para os princípios que foram valorizados pelo constituinte. Também não se pode deixar de verificar qual o sentido que o constituinte atribuiu às palavras do Texto Constitucional, perquirição que só é possível pelo exame do todo normativo, após a correta apreensão da principiologia que ampara aquelas palavras".[43]

Sem dúvida, a Hermenêutica profliga o exame apartado de artigos da Magna Carta. Insulá-los, dissociando-os do todo harmônico a que pertencem, é encampar as ideias dos "tecnocratas", que, arvorando-se em juristas, superestimam o método literal para a interpretação do Direito.

II – A Constituição, porém, não é um ajuntamento de preceptivos, cada qual girando em sua estreita órbita, sem sofrer nenhuma atração dos demais. Pelo contrário, como dilucida Carlos Ayres Britto, eles "(...) se articulam em feixes orgânicos, em blocos unitários de sentido, como peças de uma mesma engrenagem e instrumentos de uma só política legislativa".[44] Em realidade, o jurista deve ordenar as normas constitucionais em grupos de fundamentação unitária, formando sistemas e subsistemas (como o tributário).

Daí este publicista preconizar o emprego preferencial do método exegético que há nome *sistemático*, com o quê o intérprete é conduzido aos patamares dos *princípios jurídico-constitucionais*, que, mais do que simples regras de comando, "são ideias-matrizes dessas regras singulares, vetores de todo o conjunto mandamental, fontes de inspiração de cada modelo deôntico, de sorte a operar como verdadeiro critério do mais íntimo significado do sistema como um todo e de cada qual das suas partes".[45]

Como nos ensina Pensovecchio Li Bassi, ilustre catedrático da Universidade de Milão, "o intérprete não deve esquecer que a Constituição contempla as opções políticas fundamentais de um dado sistema jurídico, devendo o intérprete das disposições

nificar senão apreender algo como Direito. Apreender algo como Direito, o que quer dizer: como norma jurídica ou conteúdo de uma norma jurídica, como determinado através de uma norma jurídica" (*Teoria Pura do Direito*, 3ª ed., trad. de João Baptista Machado, Coimbra, Arménio Amado – Editor, Sucessor, 1974, p. 109).

43. Michel Temer, *Elementos de Direito Constitucional*, 24ª ed., 3ª tir., São Paulo, Malheiros Editores, 2015, p. 25.

44. Carlos Ayres Britto, "Inidoneidade do decreto-lei para instituir ou majorar tributo", in *RDP* 66/45.

45. Idem, ibidem.

constitucionais atentar cuidadosamente para os valores políticos consagrados nos princípios fundamentais esposados pela Constituição"[46]

III – Conforme acima adiantamos, as próprias normas constitucionais, sempre que possuem pluralidade de sentidos, devem ser interpretadas e aplicadas de modo consentâneo com os princípios da Carta Fundamental, que, justamente por sua superior dignidade, lhes servem de balizas. Assim, para citar um exemplo, a regra do art. 146 do Código Supremo ("cabe à lei complementar: I – dispor sobre conflitos de competência, em matéria tributária, entre a União, os Estados, o Distrito Federal e os Municípios; II – regular as limitações constitucionais ao poder de tributar; III – estabelecer normas gerais em matéria de legislação tributária, especialmente sobre: a) definição de tributos e de suas espécies, bem como em relação aos impostos discriminados nesta Constituição, a dos respectivos fatos geradores, bases de cálculo e contribuintes; b) obrigação, lançamento, crédito, prescrição e decadência tributários; c) adequado tratamento tributário ao ato cooperativo praticado pelas sociedades cooperativas; d) definição de tratamento diferenciado e favorecido para as microempresas e para as empresas de pequeno porte, inclusive regimes especiais ou simplificados no caso do imposto previsto no art. 155, II, das contribuições previstas no art. 195, I e §§ 12 e 13, e da contribuição a que se refere o art. 239") só encontra a real dimensão quando devidamente cotejada com os princípios federativo e da autonomia municipal e do Distrito Federal.

Com efeito, a mera "interpretação literal" deste dispositivo – que mesmo um leigo em Direito pode levar a cabo – induz a supor que à lei complementar é dado até alterar o rígido esquema de repartição de competências tributárias das pessoas políticas. Todavia, uma interpretação que leve em conta os supraditos princípios revela que a lei complementar, mesmo a pretexto de veicular "normas gerais em matéria de legislação tributária", não pode interferir no modo pelo qual as pessoas políticas disciplinarão a criação e arrecadação dos tributos de suas competências. Pode, quando muito, como veremos em capítulo específico (cap. XI), melhor "iluminar" o campo tributário das pessoas políticas, sem, porém, restringi-lo ou ampliá-lo.

IV – Estamos a confirmar, pois, que o princípio influi na interpretação e na boa aplicação até dos mandamentos constitucionais. Repisamos que, se um mandamento constitucional aceitar várias interpretações, há de prevalecer a que estiver em sintonia com o princípio que lhe for mais próximo.

Compartilhando destas ideias, Paulo Bonavides, em seu festejado *Curso de Direito Constitucional*, chega a falar na existência, em nosso ordenamento jurídico, de um verdadeiro *Estado principiológico*, que interfere na aplicação das próprias normas constitucionais.

Em idêntico sentido, temos as didáticas ponderações de Luís Roberto Barroso: "O ponto de partida do intérprete há que ser sempre os princípios constitucionais, que são o conjunto de normas que espelham a ideologia da Constituição, seus postulados

46. Pensovecchio Li Bassi, *L'Interpretazione delle Norme Costituzionali*, Milão, Giuffrè Editore, 1972, p. 62.

básicos e seus fins. Dito de forma sumária, os princípios constitucionais são as normas eleitas pelo constituinte como fundamentos ou qualificações essenciais da ordem jurídica que institui. A atividade de interpretação da Constituição deve começar pela identificação do princípio maior que rege o tema a ser apreciado, descendo do mais genérico ao mais específico, até chegar à formulação da regra concreta que vai reger a espécie".[47]

Portanto, os princípios exercem função importantíssima dentro do ordenamento jurídico-positivo, já que orientam, condicionam e iluminam a interpretação das normas jurídicas em geral, aí incluídas as *individuais*,[48] com *efeitos concretos*,[49] como é o caso das decisões judiciais. A aplicação destes mandamentos deve dar-se de modo consentâneo com as diretrizes fixadas nos princípios.

Em suma, os *princípios* são normas qualificadas, exibindo excepcional valor aglutinante: indicam como devem aplicar-se as normas jurídicas, isto é, que alcance lhes dar, como combiná-las e quando outorgar precedência a algumas delas.

José Manoel de Arruda Alvim Netto foi sobremodo feliz ao observar que "os princípios exercem uma função de *orientar* e *amarrar* a ordem jurídica, mostrando-a íntegra, virtualidades que auxiliam o entendimento do intérprete e manifestam a unidade do sistema jurídico".[50]

Salientamos que os princípios constitucionais formam um conjunto cogente de comandos normativos, devendo, por isso, ser fielmente observados não só pelos Poderes do Estado, como por todas as pessoas que se encontram sob a égide do nosso ordenamento jurídico.

Evidentemente, quando princípios constitucionais colidem entre si, cabe ao aplicador efetuar uma ponderação, de modo a decidir qual prevalecerá no caso concreto.

Esclarecemos que ponderar princípios é determinar o peso específico de cada um no caso concreto, a fim de decidir qual prevalecerá.[51] Assim, por exemplo, se estiverem em conflito o direito à informação e o que manda proteger a intimidade das pessoas, caberá ao aplicador verificar qual, nas circunstâncias fáticas, tem maior peso. Se a informação for de relevante interesse público, o direito à intimidade deverá

47. Luís Roberto Barroso, *Interpretação e Aplicação da Constituição*, 1ª ed., São Paulo, Saraiva, 1996, p. 141.

48. Segundo Hans Kelsen, têm caráter individual as normas jurídicas em que "uma conduta única é individualmente obrigada" (*Teoria Geral das Normas*, trad. de José Florentino Duarte, Porto Alegre, Sérgio Antônio Fabris Editor, 1986, p. 10).

49. Norberto Bobbio ensina que as *normas concretas* contêm *prescrições de ação singular*, que garantem a *certeza*, ou seja, "a determinação, de uma vez por todas, dos efeitos que o ordenamento jurídico atribui a um dado comportamento, de modo que o cidadão sempre saiba antecipadamente as consequências de suas ações" (*Teoria della Norma Giuridica*, Turim, G. Giappichelli Editore, 1958, p. 234 – traduzimos).

50. José Manoel de Arruda Alvim Netto, *Comentários ao Código Civil Brasileiro – Direito das Coisas*, vol. XI, Rio de Janeiro, Forense, 2009 (os grifos estão no original).

51. Sobre o assunto, v., de Carlos Bernal Pulido, *O Direito dos Direitos: Escritos sobre a Aplicação dos Direitos Fundamentais*, trad. de Thomas da Rosa de Bustamante, São Paulo, Marcial Pons, 2013, pp. 91-107.

ceder passo. Todavia, se a informação girar em torno de questões de foro íntimo, sem maior relevância pública, o direito à intimidade é que haverá de ser resguardado.

V – Assinalamos que, entre os *princípios* e as *normas "stricto sensu"* da Constituição, como quer Jesús Leguina Villa, "não há diferença de natureza, senão de estrutura e de função; ambos os preceitos fazem parte do ordenamento jurídico e são, por isto, em igual medida, direito objetivo".[52]

Por isso, os princípios constitucionais devem ser sempre respeitados, conforme a lição de Konrad Hesse: "(...) aquilo que é identificado como vontade da Constituição deve ser honestamente preservado, mesmo que, para isso, tenhamos de renunciar a alguns benefícios, ou até a algumas vantagens justas. *Quem se mostra disposto a sacrificar um interesse em favor da preservação de um princípio constitucional fortalece o respeito à Constituição e garante um bem da vida indispensável à essência do Estado democrático.* Aquele que, ao contrário, não se dispõe a esse sacrifício, malbarata, pouco a pouco, um capital que significa muito mais do que todas as vantagens angariadas, e que, desperdiçado, não mais será recuperado".[53]

A importância do respeito aos princípios constitucionais também foi brilhantemente exposta por Geraldo Ataliba:

"(...) princípios são as linhas mestras, os grandes nortes, as diretrizes magnas do sistema jurídico. Apontam os rumos a serem seguidos por toda a sociedade e obrigatoriamente perseguidos pelos órgãos do governo (poderes constituídos).

"Eles expressam a substância última do querer popular, seus objetivos e desígnios, as linhas mestras da legislação, da administração e da jurisdição. *Por estas não podem ser contrariados; têm que ser prestigiados até as últimas consequências.*"[54]

Os princípios constitucionais dão estrutura e coesão ao *edifício jurídico*. Nenhuma norma infraconstitucional pode com eles atritar, sob pena de inexistência, nulidade, anulabilidade ou ineficácia (Gomes Canotilho).

De fato, se as simples normas constitucionais são criadas para serem integralmente cumpridas, por muito maior razão os princípios constitucionais que as iluminam.

VI – Cravadas estas premissas, sentimo-nos confortáveis para proclamar que as normas constitucionais veiculadoras de direitos fundamentais hão de receber a interpretação que maior efetividade lhes empreste. Daí falar-se em *princípio da interpretação efetiva* das normas constitucionais, máxime daquelas que consagram direitos fundamentais.

Outra não é a lição de Gomes Canotilho: "Este princípio, também designado por princípio da eficiência ou princípio da interpretação efetiva, pode ser formulado da

52. Jesús Leguina Villa, "Principios generales del Derecho y Constitución", in *Jornadas de Estudios sobre el Título Preliminar de la Constitución*, vol. V, Madri, Direción General del Servicio Jurídico del Estado, 1988, p. 3.016 (traduzimos).

53. Konrad Hesse, *A Força Normativa da Constituição*, trad. de Gilmar Ferreira Mendes, Sérgio Antônio Fabris Editor, 1991, p. 22 (grifamos).

54. Geraldo Ataliba, *República e Constituição*, 3ª ed., São Paulo, Malheiros Editores, 2011, pp. 34-35 (grifamos).

seguinte maneira: a uma norma constitucional deve ser atribuído o sentido que maior eficácia lhe dê. É um princípio operativo em relação a todas e quaisquer normas constitucionais, e embora a sua origem esteja ligada à tese da atualidade das normas programáticas (Thoma) é hoje sobretudo invocado no âmbito dos direitos fundamentais (*no caso de dúvidas deve preferir-se a interpretação que reconheça a maior eficácia aos direitos fundamentais*)".[55]

Deste modo, em face de qualquer tipo de dúvida quanto à interpretação de uma norma jurídica relacionada a direitos fundamentais consagrados no Texto Magno, a ela haverá de ser conferido o sentido que mais os prestigie.

Inconstitucional, pois, qualquer interpretação de norma jurídica que tenda a retirar ou, mesmo, a diminuir a eficácia de um princípio constitucional, mormente quando este diz de perto com um direito fundamental.

Obviamente, as fórmulas linguísticas de que se vale o constituinte para veicular princípios constitucionais sempre devem ser interpretadas, até para que venham corrigidas eventuais insuficiências redacionais do texto.

Mais a mais, é mister que, dado seu alto grau de abstração, as normas contidas na Lei Suprema – máxime as que veiculam princípios que protegem direitos fundamentais – passem por um processo de "construção", justamente para que alcancem situações que, embora *fora do texto escrito*, apresentam-se atreladas a seu *espírito*. Tudo para que prevaleça a *intentio constitutionis*.

Neste sentido a lição de Claus-Wilhelm Canaris, *verbis*: "(...) os princípios necessitam, para a sua realização, da concretização através de subprincípios e de valorações singulares com conteúdo material próprio".[56]

Portanto, o princípio constitucional deve ser continuamente "construído" (ou, se preferirmos, "descoberto") pelo aplicador e pelo intérprete, a partir dos valores consagrados no ordenamento jurídico como um todo considerado. Do contrário, com o tempo, fragiliza-se a própria vontade da Constituição.

O próprio Poder Judiciário, ao decidir casos em que eles estão em jogo, deve despegar-se dos métodos tradicionais de interpretação, para assumir uma atuação criadora, que concretize os princípios constitucionais, que – como observa José Carlos Vieira de Andrade – "não necessitam da mediação legislativa e não dependem, nem podem depender, por isso, das opiniões ou opções das leis ordinárias".[57]

O quanto escrevemos vale, como não poderia deixar de ser, para a tributação. De fato, também na esfera do direito tributário, a funcionalidade e a validade dos princípios têm sido sempre mais postas em evidência, a ponto de falar-se que eles moldam, interferem e, de certo modo, até antecipam o conteúdo das leis tributárias.

55. Canotilho, *Direito Constitucional*, cit., 5ª ed., p. 162 (grifamos).

56. Claus-Wilhelm Canaris, *Pensamento Sistemático e Conceito de Sistema na Ciência do Direito*, 3ª ed., trad. de A. Menezes Cordeiro, Lisboa, Fundação Calouste Gulbenkian, 2002, p. 96.

57. José Carlos Vieira de Andrade, *Os Direitos Fundamentais na Constituição Portuguesa de 1976*, Coimbra, Livraria Almedina, 1998, p. 139.

Todos os artigos da Lei Maior que tratam, direta ou indiretamente, da ação estatal de tributar só encontram sua real dimensão se conjugados com os princípios magnos de nosso sistema constitucional.

As normas infraconstitucionais, maiormente as tributárias, para terem validade, devem passar pelo crivo dos princípios constitucionais. Assim, o contribuinte somente estará sujeito à lei tributária quando esta for coerente com o conteúdo material dos grandes princípios que encontram morada na Constituição.[58]

5. O princípio constitucional como diretriz do sistema jurídico

I – O princípio possui, pois, uma função especificadora dentro do ordenamento jurídico; ele é de grande valia, como vimos, para a exegese e perfeita aplicação assim dos simples atos normativos, que dos próprios mandamentos constitucionais. O menoscabo por um princípio importa a quebra de todo o sistema jurídico.[59] E que o Direito forma um sistema é um postulado que sequer precisa de demonstração, já porque postulado (de universal acatamento, diga-se de passagem), já pela proibição lógica do *regressum ad infinitum* (da infinita reciclagem das premissas eleitas) (Geraldo Ataliba).

Jorge Miranda pensa do mesmo modo: "A ação mediata dos princípios consiste, em primeiro lugar, em funcionarem como critérios de interpretação e de integração, pois são eles que dão a coerência geral do sistema. E, assim, o sentido exacto dos

58. O Min. Celso de Mello, no julgamento do RE 346.084-PR, deixou bem patenteada a importância dos princípios na garantia do contribuinte contra os abusos no poder de tributar, *verbis*:

"A prática das competências impositivas por parte das entidades políticas investidas da prerrogativa de tributar não pode caracterizar-se como instrumento que, arbitrariamente manipulado pelas pessoas estatais, venha a conduzir a destruição ou a comprometimento da própria ordem constitucional.

"A necessidade de preservação da incolumidade do sistema consagrado pela Constituição Federal não se revela compatível com pretensões fiscais contestáveis do Poder Público, que, divorciando-se dos parâmetros estabelecidos pela Lei Magna, busca impor ao contribuinte um estado de submissão tributária absolutamente inconvivente com os princípios que informa e condicionam, no âmbito do Estado Democrático de Direito, a ação das instâncias governamentais. (...).

"Bem por isso, tenho enfatizado a importância de que o exercício do poder tributário, pelo Estado, deve submeter-se, por inteiro, aos modelos jurídicos positivados no texto constitucional, que institui, em favor dos contribuintes, decisivas limitações à competência estatal para impor e exigir, coativamente, as diversas espécies tributárias existentes.

"O respeito incondicional aos princípios constitucionais evidencia-se como dever inderrogável do Poder Público. A ofensa do Estado a esses valores – que desempenham, enquanto categorias fundamentais que são, um papel subordinante na própria configuração dos direitos individuais e coletivos – introduz, de um lado, um perigoso fator de desequilíbrio sistêmico e rompe, de outro, por completo, a harmonia que deve presidir as relações, sempre tão estruturalmente desiguais, entre indivíduos e Poder."

59. São de Celso Antônio Bandeira de Mello as seguintes observações:

"Violar um princípio é muito mais grave que transgredir uma norma qualquer. A desatenção ao princípio implica ofensa não apenas a um específico mandamento obrigatório, mas a todo o sistema de comandos. É a mais grave forma de ilegalidade ou de inconstitucionalidade, conforme o escalão do princípio atingido, porque representa insurgência contra todo o sistema, subversão de seus valores fundamentais, contumélia irremissível a seu arcabouço lógico e corrosão de sua estrutura mestra.

"Isto porque, com ofendê-lo, abatem-se as vigas que o sustêm e alui-se toda a estrutura nelas esforçada" (*Curso de Direito Administrativo*, cit., 33ª ed., p. 991).

preceitos constitucionais tem de ser encontrado na conjugação com os princípios e a integração há de ser feita de tal sorte que se tornem explícitas ou explicitáveis as normas que o legislador constituinte não quis ou não pôde exprimir cabalmente".[60]

Como se viu, são os princípios que conferem ao ordenamento jurídico estrutura e coesão. Estes princípios, de seu turno, entremostram-se hierarquizados no mundo do Direito. De fato, alguns deles, mais abrangentes, fulcram todo o sistema jurídico – são os princípios jurídico-constitucionais –, irradiando efeitos sobre outros, de conotação mais restrita. Estes, de sua parte, acabam condicionando novos princípios mais particularizados, e, deste modo, escalonada e sucessivamente, até as normas específicas, numa vasta cadeia, cujo enredo só o jurista tem condições de entender. A propósito, é o Cientista do Direito que cria o *cosmos* (ordem) *jurídico*.

II – Sem outros cuidados, podemos, agora, sustentar que um princípio jurídico-constitucional, em rigor, não passa de uma regra jurídica qualificada. Qualificada porque, tendo âmbito de validade maior, orienta a atuação de outras regras, mesmo as de nível constitucional. Exerce, tal princípio, uma função axiologicamente mais expressiva, dentro do sistema jurídico (Souto Maior Borges). Tanto que sua desconsideração traz à sirga consequências muito mais danosas que a violação de uma simples regra. Mal comparando, acutilar um princípio constitucional é como destruir os mourões de uma ponte, fato que, por certo, provocará seu desabamento. Já, lanhar uma regra corresponde a comprometer uma grade desta mesma ponte, que, apesar de danificada, continuará de pé.

Isto se patenteia, de forma insofismável, quando, por exemplo, contrapomos o princípio da igualdade (CF, art. 5º e seu inciso I) com o dispositivo da Lei Magna que estatui: "compete ao Ministro de Estado, além de outras atribuições estabelecidas nesta Constituição e na lei: apresentar ao Presidente da República relatório anual de sua gestão no Ministério" (art. 87, parágrafo único, III). Esta regra, evidentemente, nem precisaria constar da Lei Maior. É claro que, porque ali incluída, deve ser considerada, mas sempre com a ressalva de que sua importância, no contexto geral do sistema, é inquestionavelmente menor do que a do suscitado princípio, segundo o qual "todos são iguais perante a lei".

Portanto, tudo se congrega a indicar que as leis e demais atos normativos de igual ou inferior hierarquia, além de deverem obedecer às regras constitucionais, precisam ser interpretados e aplicados da forma o mais congruente possível com os princípios encartados no Código Supremo. À guisa de ilustração, se uma lei for equívoca, deverá ser aplicada em sintonia com os princípios que a Constituição acolhe.

6. A Magna Carta e a supremacia dos princípios constitucionais

I – A posição por nós assumida, e que procuramos deixar patenteada nas páginas anteriores, não é puramente ideológica. Muito pelo contrário: a supremacia dos

60. Jorge Miranda, *Manual de Direito Constitucional*, 3ª ed., t. II, Coimbra Editora, Coimbra, 1991, pp. 226-227.

princípios constitucionais está sublinhada na Carta Magna, que, em mais de uma passagem, impõe severas sanções pela desatenção de qualquer deles.

Se não, vejamos.

A CF, após traçar, em seu art. 34, a oportuna regra pela qual "a União não intervirá nos Estados nem no Distrito Federal",[61] com o quê reafirmou a pujança dos princípios federativo e da autonomia do Distrito Federal, prossegue estatuindo: "(...) exceto para: (...) "VII – assegurar a observância dos seguintes princípios constitucionais: a) forma republicana, sistema representativo e regime democrático; b) direitos da pessoa humana; c) autonomia municipal; d) prestação de contas da administração pública, direta e indireta".

II – Todas estas normas, a nosso sentir, podem ser reduzidas ao denominador comum de que a União intervirá nos Estados ou no Distrito Federal *só para assegurar o respeito aos princípios constitucionais*.[62] A infringência, por um Estado-membro ou pelo Distrito Federal, dos princípios constitucionais pode provocar, segundo a mesma Carta Magna, a cessação de suas *autonomias*. Como veremos (cap. III), os Estados, juridicamente iguais entre si, autogovernam-se "pelas Constituições e leis que adotarem". Já, o Distrito Federal reger-se-á "por lei orgânica" própria, que lhe garante – tanto quanto aos Estados – ampla autonomia. Muito bem, tal perda de autonomia, acarretada pela intervenção federal, evidentemente será sempre temporária, durando apenas o suficiente para que se restaurem o respeito e a obediência aos princípios constitucionais. Outra não poderia ser a interpretação deste dispositivo, em face dos princípios federativo e da autonomia do Distrito Federal, dois dos fanais de nosso sistema jurídico.

A mesma CF, ao permitir, em seu art. 25, que os Estados se organizem e rejam pelas Constituições e leis que adotarem, exige que observem os princípios consagrados na Lei Maior. São, portanto, nulas as normas de Constituições e leis estaduais que porventura venham a atropelar princípios jurídico-constitucionais.

É ainda nossa Carta Suprema que, em seu art. 35, IV, autoriza a intervenção do Estado em seus Municípios, quando "o Tribunal de Justiça der provimento a representação para assegurar a observância de princípios indicados na Constituição Estadual",[63] que, naturalmente, rimarão com os princípios albergados na Constituição Federal.

O Diploma Excelso, em outra passagem (art. 85), considera "crimes de responsabilidade os atos do Presidente da República que atentem contra a Constituição Federal" e, por maior razão, contra os princípios que ela contém. Este dispositivo, por analogia, aplica-se aos Governadores e Prefeitos. Deveras, também estas autoridades cometerão crime de responsabilidade, passível de perda do cargo, com inabilitação

61. Esta regra, conquanto implícita em nosso ordenamento jurídico, foi convenientemente trazida à clara luz do dia, para que ninguém possa desculpar-se, perante a Nação, no caso de feri-la.

62. Ideia semelhante foi sustentada por Ernesto Leme, no clássico *O Art. 63 da Constituição* (São Paulo Editora, 1926, tese de cátedra).

63. A representação para fins de intervenção do Estado em seus Municípios será promovida pelo chefe do Ministério Público local (cf. art. 129, IV, da CF).

para o exercício de funções públicas, sempre que atentarem contra a Constituição Federal, a Constituição Estadual e os grandes princípios jurídicos veiculados nestes Diplomas.

III – Prosseguindo em nossa rápida peregrinação pela Lei das Leis, podemos, ainda, invocar, em abono do juízo formulado no início do presente item, o art. 102, III, "a", da CF, que confere competência ao STF para "julgar, mediante recurso extraordinário, as causas decididas em única ou última instância, quando a decisão recorrida contrariar dispositivo desta Constituição". Ora, por muito maior razão o recurso extraordinário terá cabimento se a decisão recorrida contrariar princípio constitucional.

IV – Todos estes argumentos, que, por amor à brevidade, foram apresentados sem luxo de pormenor, reconduzem-nos à premissa inicialmente acenada, de que é a própria Constituição que quer ver respeitados e bem-cumpridos seus grandes princípios. Muita vez, uma lei é inconstitucional não por ferir a letra expressa da Constituição, mas porque está em antagonismo com os princípios (ainda que implícitos) insertos neste Diploma Excelso.

V – Há em nosso ordenamento jurídico, pois, mecanismos capazes de assegurar a prevalência dos princípios constitucionais, afastando ou negando aplicação, com força obrigatória geral, a normas jurídicas inferiores que os violem.

Como já sabemos, a Constituição é o fundamento de validade – quer material, quer formal – de todas as demais manifestações normativas (emendas constitucionais, leis, decretos, atos administrativos, sentenças etc.). Qualquer delas que eventualmente lhe seja desconforme não poderá prevalecer.

Todavia, quanto mais precioso o conteúdo de uma norma constitucional, menor valor será atribuído ao ato que a viole. Tanto que, se ela veicular um princípio, tal ato não produzirá efeitos desde a origem, não sendo passível de sanção quem lhe negue obediência. Demais disso, se causar dano passível de apreciação pecuniária a terceiro, o ato inquinado gerará responsabilidade civil à pessoa política que o praticou.

Resumindo: os princípios constitucionais são, a um tempo, *direito positivo* e *guias* seguros das atividades interpretativa e judicial. Em outros termos, *são fonte de direito* (Esser) e *ideias-base* de normas jurídicas.

7. *Outras considerações*

I – A Constituição, como já vimos, é o fundamento de todo nosso direito público, notadamente de nosso direito tributário. De fato, no Brasil, por força de uma série de particularidades, as normas tributárias são, por assim dizer, o *corolário* dos princípios fundamentais consagrados na Lei Maior.

Assim também se posiciona Humberto Ávila, em trabalho de excelente feitura, *verbis*: "(...) o Sistema Tributário Nacional, que regula pormenorizadamente a matéria tributária, mantém relação com a Constituição toda, em especial com os princípios formais e materiais fundamentais – independentemente de estarem expressa ou implicitamente previstos – e com os direitos fundamentais, sobretudo com as garantias de propriedade e de liberdade; os 'princípios sistematicamente fundamentais' (*systemtragenden Prinzipien*), que mantêm vinculação com o poder de tributar e atribuem significado normativo a outros princípios, são o princípio republicano, o princípio federativo, o princípio da segurança jurídica e o princípio da igualdade".[64]

Muito bem, indo um pouco além do talentoso jurista, pensamos que, dentre os princípios constitucionais que terão projeção e pertinência no que se refere ao assunto que faz nossos cuidados, merecem destaque seis; a saber: o *republicano*, o *federativo*, o da *autonomia municipal*, o da *anterioridade*, o da *legalidade* e o da *segurança jurídica*. Todos eles incidem de chapa sobre a *competência tributária* e, por isso, receberão um tratamento à parte. A fiel observância dos precitados princípios é *conditio sine qua non* para a criação de tributos, pelas pessoas políticas, em nosso País.

Neste particular, não devemos nos esquecer de que *todos os artigos da Lei Maior só encontram sua real dimensão se conjugados com os princípios magnos de nosso sistema constitucional*. E o mesmo era o pensamento de Francisco Campos, quando advertia que "cada dispositivo da Constituição deve ser entendido no condicional". Exemplifiquemos: a lei federal que instituiu um imposto é válida *se*, em tudo e por tudo, respeitar os princípios da Federação, da autonomia municipal, da anterioridade etc. (isto é, se respeitar os princípios constitucionais).

Não era por outro motivo que Oswaldo Aranha Bandeira de Mello, com toda sua autoridade de Mestre dos Mestres, já nos idos de 1934, salientava: "Voltemos os olhos para os primeiros princípios. O arquiteto, ao construir um prédio, mais se deve preocupar com a solidez dos alicerces que com as cores vistosas das paredes".[65]

II – Evidentemente, o rol dos princípios que estudaremos neste título não é exaustivo. Outros há – e importantes – que também orientam a tributação, protegendo os contribuintes das investidas do Estado. Ficaremos, no entanto, apenas com os de maior relevo, em nosso sistema jurídico.

Um, porém, dos que não serão especificamente estudados merece ser mencionado, ainda que de passagem, porque é o *pressuposto* dos demais: o *princípio da certeza do direito*.

Dissertando a respeito, Paulo de Barros Carvalho, com precisão, observa:

"Trata-se também (*o princípio da certeza do direito*) de um sobreprincípio, estando acima de outros primados e regendo toda e qualquer porção da ordem jurídica.

"Como valor imprescindível do ordenamento, sua presença é assegurada nos vários subsistemas, nas diversas instituições e no âmago de cada unidade normativa, por mais insignificante que seja. A certeza do direito é algo que se situa na própria raiz do 'dever-ser', é ínsita ao deôntico, sendo incompatível imaginá-lo sem determinação

64. Humberto Ávila, *Sistema Constitucional Tributário*, São Paulo, Saraiva, 2004, p. 21.

65. Oswaldo Aranha Bandeira de Mello, *A Teoria das Constituições Rígidas*, 2ª ed., São Paulo, José Bushatsky Editor, 1980, "Prólogo".

específica. Na sentença de um magistrado, que põe fim a uma controvérsia, seria absurdo figurarmos um juízo de probabilidade, em que o ato jurisdicional declarasse, como exemplifica Lourival Vilanova, que 'A possivelmente deve reparar o dano causado por ato ilícito seu'. Não é sentenciar, diz o Mestre, ou estatuir, com pretensão de validade, o *certum* no conflito de condutas. E ainda que consideremos as obrigações alternativas, em que o devedor pode optar pela prestação 'A', 'B' ou 'C', sobre uma delas há de recair, enfaticamente, sua escolha, como imperativo inexorável da certeza jurídica. Substanciando a necessidade premente da segurança do indivíduo, o sistema empírico do direito elege a certeza como postulado indispensável para a convivência social organizada.

"O princípio da certeza jurídica é implícito, mas todas as magnas diretrizes do ordenamento operam no sentido de realizá-lo."[66]

III – Observamos, ainda, que nossa Constituição, no louvável propósito de transformar a República Brasileira num Estado Democrático de Direito, submeteu a ação tributária das pessoas políticas a um extenso rol de princípios (federativo, da legalidade, da igualdade, da anterioridade, da segurança jurídica, da reserva de competências etc.), que protegem, ao máximo, os contribuintes, contra eventuais abusos fazendários.

Além disso, são os princípios constitucionais que, por assim dizer, direcionam o teor das leis tributárias e em seus modos de aplicação.

Pois bem. Com estas colocações, comecemos, agora, o estudo dos princípios jurídico-constitucionais que mais de perto interferem no exercício das competências tributárias.

66. Paulo de Barros Carvalho, *Curso de Direito Tributário*, 17ª ed., São Paulo, Saraiva, 2005, p. 149 (esclarecemos no parêntese).

Capítulo II

PRINCÍPIO REPUBLICANO E TRIBUTAÇÃO

1. Noções preliminares

Consta do art. 1º da CF que o Brasil é uma República.[1] As verdadeiras dimensões deste asserto devem ser buscadas, a nosso ver, não na História dos Povos (*v.g.*, o romano), nem no Direito do estrangeiro (*e.g.*, o Norte-Americano), mas em nossa própria Carta Magna. É ela – e só ela – que traça o perfil e as peculiaridades da República Brasileira.

De fato, juridicamente, eventuais semelhanças entre nosso modelo republicano e o de outros Países não acarretam consequências mais expressivas. Se presentes (o que só o estudo do Direito Comparado irá revelar-nos), podem, quando muito, ilustrar o pensamento do expositor, além de abrir-lhe os tesouros da doutrina alienígena. Mesmo neste caso, porém, elas devem ser encaradas com reserva e espírito crítico, pois que se referem a outro sistema normativo que, seguramente, nunca coincidirá, *in totum*, com o nosso.

O que podemos dizer, em termos genéricos, é que, numa República, o Estado, longe de ser o senhor dos cidadãos, é o protetor supremo de seus interesses materiais e morais. Sua existência não representa um risco para as pessoas, mas um verdadeiro penhor de suas liberdades.

Vejamos, agora, que é *República*.

2. Conceito de República. Seus elementos

República é o tipo de governo, fundado na igualdade formal das pessoas, em que os detentores do poder político exercem-no em caráter eletivo, representativo (de regra), transitório e com responsabilidade.

Analisemos, com alguma detença, os elementos desta definição.

a) *É o tipo de governo*: enquanto Federação é forma de Estado, República é forma de Governo. Ao lado da Monarquia, da Ditadura etc., a República é um dos meios que o Homem concebeu para governar os povos. Teoricamente, não é melhor nem

1. CF, art. 1º: "A República Federativa do Brasil, formada pela união indissolúvel dos Estados e Municípios e do Distrito Federal, constitui-se em Estado Democrático de Direito e tem como fundamentos: I – a soberania; II – a cidadania; III – a dignidade da pessoa humana; IV – os valores sociais do trabalho e da livre iniciativa; V – o pluralismo político".

pior que os demais regimes políticos, embora corresponda, ao que tudo indica, à vontade da maioria dos seres humanos, que almejam ser "donos da coisa pública". Em termos estatísticos, pelo menos, há, no mundo, mais "Repúblicas" (ainda que apenas no "rótulo") que, por exemplo, Monarquias. O Brasil, desde 1889, é uma República.

De um modo geral, os poderes supremos são conferidos, nas Monarquias, a uma única pessoa, que age em nome próprio, e, nas Repúblicas, a uma coletividade de pessoas ou a seus representantes jurídicos.[2]

Aliás, como observava Soriano, "(...) as diferenças de formas de governo procedem todas do maior ou menor grau de participação do povo no exercício da soberania e na gestão dos negócios públicos".[3]

b) *Fundado na igualdade formal das pessoas*: numa verdadeira República não pode haver distinções entre nobres e plebeus, entre grandes e pequenos, entre poderosos e humildes. É que, juridicamente, nela não existem classes dominantes, nem classes dominadas. Assim, os títulos nobiliárquicos desaparecem e, com eles, os tribunais de exceção. Todos são *cidadãos*; não *súditos*.[4]

De fato, a noção de República não se coaduna com os privilégios de nascimento e os foros de nobreza, nem, muito menos, aceita a diversidade de leis aplicáveis a casos substancialmente iguais, as jurisdições especiais, as isenções de tributos comuns, que beneficiem grupos sociais ou indivíduos, sem aquela "*correlação lógica* entre a peculiaridade diferencial acolhida (...) e a desigualdade de tratamento em função dela conferida", de que nos fala Celso Antônio Bandeira de Mello.[5]

Aceitando que todos os homens, indistintamente, possuem condições de pretender os mesmos direitos políticos, a República impõe o *princípio da igualdade*, como fulcro da organização política. E o princípio da igualdade, como é pacífico, tem um conteúdo prevalentemente negativo: a abolição e o afastamento dos privilégios. Evidentemente, esta igualdade é *formal*, e não substancial.[6]

Portanto, numa República todos os cidadãos têm a mesma dignidade social e são iguais perante a lei, sem distinção de condições sociais e pessoais.

Notável a forma pela qual Geraldo Ataliba captou este problema:

"Não teria sentido que os cidadãos se reunissem *em república*, erigissem um estado, outorgassem a si mesmos uma constituição, em termos republicanos, para con-

2. As Monarquias, embora quase sempre sejam hereditárias, podem também ser eletivas. Não é isto que as distingue das Repúblicas, mas a circunstância de que, nestas últimas, ao contrário daquelas, o poder pertence a todo o povo e é exercido por quem juridicamente o representa.

3. José Soriano de Souza, *Princípios Gerais de Direito Público e Constitucional*, São Paulo, Casa Editora Empresa d'A Província, 1893, p. 113.

4. A Constituição brasileira de 24.2.1891 fixou, com rara felicidade, esta diretriz, ao estabelecer, em seu art. 72, § 2º: "Todos são iguais perante a lei. A República não admite privilégio de nascimento, desconhece foros de nobreza, e extingue as ordens honoríficas existentes e todas as suas prerrogativas e regalias, bem como os títulos nobiliárquicos e de conselho".

5. Celso Antônio Bandeira de Mello, *O Conteúdo Jurídico do Princípio da Igualdade*, 3ª ed., 24ª tir., São Paulo, Malheiros Editores, 2015, p. 17.

6. Por não entender isso, Anatole France sarcasticamente dizia que a igualdade significa que tanto o rico como o pobre podem ter casa de campo ou dormir debaixo da ponte.

sagrar instituições que tolerassem ou permitissem, seja de modo direto, seja indireto, a violação da igualdade fundamental, que foi o próprio postulado básico, condicional, da ereção do regime. Que dessem ao estado – que criaram em rigorosa isonomia cidadã – poderes para serem usados criando privilégios, engendrando desigualações, favorecendo grupos ou pessoas, ou atuando em detrimento de quem quer que seja. A *res publica* é de todos e para todos. Os poderes que de todos recebe devem traduzir-se em benefícios e encargos iguais para todos os cidadãos. De nada valeria a legalidade, se não fosse marcada pela igualdade. (...).

"A isonomia impõe-se no sistema de direitos, diante das oportunidades que o Estado oferece, seja perante o gozo dos seus serviços, seja no uso dos seus bens, seja em relação ao poder de polícia, seja à vista de outras manifestações administrativas, ou de encargos que o Estado pode exigir aos cidadãos, como o poder de expropriar, de requisitar etc., seja relativamente às manifestações tributárias, disciplinares ou outras."[7]

Não sobeja repetir, portanto, que a República tem como lábaro irrefragável a exclusão do arbítrio no exercício do poder.

c) *Em que os detentores do poder político*: são detentores do poder político, sempre *secundum constitutionem* e *em nome do povo*, os legisladores (Senadores, Deputados Federais, Deputados Estaduais, Deputados Distritais e Vereadores) e os membros eleitos do Poder Executivo (Presidente e Vice-Presidente da República, Governadores e Vice-Governadores de Estados, Governador e Vice-Governador do Distrito Federal e Prefeitos e Vice-Prefeitos de Municípios).

Ressaltamos que, em caráter originário, o povo (isto é, o conjunto de pessoas físicas que possuem atributos de cidadania) é o verdadeiro detentor do poder político. Noutras palavras, todos os poderes têm sua origem no povo.

A origem popular do poder está proclamada no parágrafo único do art. 1º da CF, que cria, entre nós, a chamada "democracia representativa" ("Todo o poder emana do povo, que o exerce por meio de representantes eleitos ou diretamente, nos termos desta Constituição"). Não nos esqueçamos de que, agora, em alguns casos, pode haver, como veremos logo adiante, *práticas diretas de democracia*, quais o plebiscito, o referendo e a iniciativa popular.

Anda bem, pois, Gomes Canotilho quando sublinha que numa República de cunho liberal (como a brasileira) "(...) todo o poder reside no povo, quer quanto à sua origem, quer quanto à titularidade e exercício".[8]

Assim, em rigor, os legisladores e os membros eleitos do Poder Executivo só são detentores do poder político *em nome do povo, no exercício de um mandato*. É oportuno desde já esclarecermos que este poder político há de ser exercido em perfeita sintonia com a Constituição e as leis, sob pena de os infratores serem submetidos a sanções penais, civis, políticas e administrativas.

7. Geraldo Ataliba, *Instituições de Direito Público e República*, São Paulo, 1984, ed. mimeografada, pp. 175-176.

8. José Joaquim Gomes Canotilho, *Direito Constitucional*, Coimbra, Livraria Almedina, 1977, p. 120.

d) *Exercem-no em caráter eletivo*: na República Brasileira, pelo menos, os que desempenham funções representativas devem ser escolhidos pelo povo, por meio de sufrágios marcados pela lisura. Para que o princípio republicano não se desvirtue, é imprescindível que os detentores do poder político sejam designados, pelo povo, com mandato certo.

O que singulariza a forma republicana de governo é a eletividade, pelo povo, dos chefes do Executivo e dos membros do Poder Legislativo. Esta observação está calcada nas lições do grande Rui Barbosa, para quem:

"O que discrimina a *forma republicana*, com ou sem o epíteto adicional de *federativa*, não é a coexistência dos três poderes, indispensáveis *em todos os governos constitucionais, como a república ou a monarquia*.

"É, sim, a condição de que sobre existirem os três poderes constitucionais, o Legislativo, o Executivo e o Judiciário, *os dois primeiros derivem de eleição popular*."[9]

A noção de República faz surgir, naturalmente, a que lhe é correlata, qual seja, a da soberania popular. O poder já não se autojustifica, nem, muito menos, dimana da vontade de Deus, mas brota do povo e, no mais das vezes, em seu nome é exercido (art. 1º, parágrafo único, da CF).

Celso Antônio Bandeira de Mello exprimiu muito bem esta ideia, ao escrever: "Portanto, o regramento jurídico não tem mais o caráter de preceitos impostos pelo 'Príncipe', por uma autoridade externa ou estranha aos destinatários das regras e por isso estabelecida como instrumento de seus próprios desígnios. Passa a ser, reversamente, uma disciplina produzida em atenção, no interesse, e com vistas a produzir vantagens para os administrados, já agora concebidos como senhores últimos da coisa pública, *res publica*. Em suma: o título competencial para produção do Direito muda fundamentalmente, pois seus produtores agem por 'representação'".[10]

Na verdade, o povo, ao eleger seus governantes, participa, ainda que indiretamente, da vida e do governo do Estado. Tal participação pressupõe que: a) os cidadãos tenham o *direito de sufrágio*; b) haja real liberdade para os partidos políticos; e c) as eleições sejam marcadas pela lisura. A nova Carta procurou, da maneira melhor possível, garantir isto.

Enfim, também por causa das eleições, o ordenamento estatal tende a levar em conta as características, as necessidades e os desejos dos diversos segmentos da sociedade.

Em nossa República é inadmissível que o povo, em cujo nome o poder é exercido, possa ser lesado, até por meio de uma tributação voltada apenas para os interesses do Estado.

e) *Representativo (de regra)*: no Brasil, os que desempenham funções executivas ou legislativas representam o povo, do qual não passam de *mandatários*. Este juízo transparece cristalino já no precitado parágrafo único do art. 1º de nossa CF.

9. *Apud* Antônio de Sampaio Dória, *Princípios Constitucionais*, São Paulo, São Paulo Editora, 1926, p. 20 (os grifos estão no original; atualizamos a redação).

10. Celso Antônio Bandeira de Mello, "Controle judicial dos atos administrativos", *RDP* 65/28.

Na clássica definição de Cícero, *Republica est res populi* (*De Republica*). Neste regime político, os governantes não são *donos da coisa pública*, mas seus gestores.[11] O próprio étimo da palavra "República" contém a ideia de gestão da coisa pública (coisa alheia, pois), que em nenhum momento deve ser perdida de vista.

E o mesmo era o pensamento de João Barbalho quando estadeava que regime republicano é aquele "em que o governo é exercido por mandatários, representantes escolhidos pelo povo soberano e em nome dele".[12]

O Governo deve, numa República, ser *representativo* de todos os segmentos do povo. E deve buscar, acima de tudo, seu bem-estar, conforme, aliás, a máxima da antiga Roma: *salus populi suprema lex esto* ("que o bem-estar do povo seja a lei suprema").

Esta ideia foi endossada por Ronald Dworkin ao caracterizar o bom governo como sendo o que demonstra "igual consideração pelo destino de toda pessoa sobre a qual pretende ter domínio" e, ao mesmo tempo, respeita plenamente "a responsabilidade e o direito de toda pessoa de decidir por si mesma como fazer de sua vida algo valioso".[13]

Assim, não se compadece com a noção de República o favorecimento de apenas alguns setores da sociedade. Ao contrário, como o poder procede de todo o povo – já que, como pregoa Black, o governo republicano se baseia na igualdade política dos homens –, os agentes governamentais devem, *semper et ad semper*, zelar pelos interesses da coletividade, e não de pessoas ou classes dominantes. Isto vale especialmente para o Poder Legislativo, uma vez que o Executivo, em rigor, limita-se a aplicar a lei.

Sobre a correlação entre o princípio republicano e o Poder Legislativo, Thomas Cooley brindou-nos com luminoso comentário: "Toda a corporação legislativa deve legislar tendo em vista o bem público, e não o proveito individual de quem quer que seja, e o ato deve ser inspirado pela luz dos princípios gerais que constituem o fundamento natural das instituições representativas. Aqui, entretanto, atingimos a esfera da discrição legislativa. O que for para o bem público, e é o que exigem os princípios em que se apoia

11. A própria *ação popular*, que qualquer cidadão pode propor, visando "a anular ato lesivo ao patrimônio público ou de entidade de que o Estado participe, à moralidade administrativa, ao meio ambiente e ao patrimônio histórico e cultural (...)" (art. 5º, LXXIII, da CF), consona com o postulado segundo o qual, sendo este País uma República, os bens públicos não pertencem a um grupo de ungidos ou de cabeças coroadas, mas a todo o povo. Assim, qualquer do povo, desde que esteja no gozo de seus direitos políticos, tem assegurada, pela própria Carta Magna, a faculdade de, por meio da ação popular: I – velar para que o patrimônio público ou o de entidade de que o Estado participe sejam bem administrados; e II – tornar efetiva a preservação da moralidade administrativa, do meio ambiente e do patrimônio histórico e cultural. O cidadão tem iniciativa, pois, para pugnar pela anulação de qualquer ato governamental que considere detrimentoso a estes bens e valores, que, afinal de contas, existem para seu bem-estar. Os governantes não podem agir para si (*pro domo sua*), mas em nome e por conta do povo, a quem devem constante satisfação. São meros gestores da coisa pública.

12. João Barbalho, *Constituição Federal Brasileira – Comentários*, Rio de Janeiro, F. Briguiet & Cia. Editores, 1924, p. 407.

13. Ronald Dworkin, *A Raposa e o Porco-Espinho: Justiça e Valor*, trad. de Marcelo Brandão Cipolla, São Paulo, WMF Martins Fontes, 2014, pp. 4-5.

o governo representativo, compete à legislatura o decidir, sob a responsabilidade dos seus membros para com os eleitores".[14]

Portanto, em face da instituição republicana, que se baseia na perfeita igualdade de direitos das pessoas, nossos governantes são comissionados para tratar não de negócios próprios, mas de outrem, ou seja, de todo o povo. São delegados do povo, ao qual devem servir. Podemos dizer, enfim, com o grande Rui Barbosa, que são do próprio povo os atos legítimos que os Poderes Legislativo e Executivo, em seu nome, praticam.

Conforme assinalamos no item precedente, o povo é a fonte do poder político. Daí podermos inferir, apoiados no magistério fecundo de Manoel Gonçalves Ferreira Filho, que, em nossa República, "o povo é que é representado; não qualquer outra entidade, como a Nação ou Classe".[15]

Nestes termos, supomos oportuno registrar que a forma republicana de governo, sendo essencialmente representativa, contrapõe-se, por um lado, à *democracia plena* (como a que se praticou em algumas *Cidades-Estado* da antiga Grécia, dentre as quais merece menção a fabulosa Atenas),[16] em que todo o povo (ou, pelo menos, segmentos consideráveis dele) detém os poderes soberanos de governo, e, por outro, à *direção absoluta de um homem* (rei, imperador, czar etc.) ou de uma *elite de homens* (aristocracia). Pelo menos na República Brasileira, praticamente nenhum ato de governo chega a ser realizado, de modo direto, pelo povo, senão por meio de seus representantes, que ele elege.

No Brasil, salvo as hipóteses excepcionalíssimas do plebiscito, do referendo e da iniciativa popular, contempladas genericamente no art. 14 da CF[17] e regulamentadas pela Lei 9.709/1998, o povo não se autogoverna.

14. Thomas Cooley, *Princípios Gerais de Direito Constitucional dos Estados Unidos da América do Norte*, 2ª ed., trad. de Alcides Cruz, São Paulo, Ed. RT, 1982, p. 117.

15. Manoel Gonçalves Ferreira Filho, *Comentários à Constituição Brasileira*, 2ª ed., vol. 1, São Paulo, Saraiva, 1977, p. 51.

16. Nas Repúblicas da Antiguidade, o poder político pertencia a poucos. A maioria das pessoas não participava dos negócios públicos. Mesmo nas Cidades-Estado gregas nunca existiu uma verdadeira democracia direta. Fustel de Coulanges (*A Cidade Antiga*, trad. de Riolando Azzi, 2 vols., São Paulo, Ed. das Américas, 1961) dá-nos conta de que, nelas, só uma elite governava de fato.

Na própria Atenas, para muitos o berço da democracia, a população livre, participante da administração dos negócios do Estado, na praça pública (ágora), nunca excedeu a um quinto da população. Estavam excluídos das assembleias populares os estrangeiros, as mulheres, os escravos, os menores etc.

Em Esparta a situação era ainda menos democrática. Ouçamos, a respeito, o erudito autor da clássica *A Cidade Antiga*: "Enfim, acima de tudo isso (*da plebe, dos escravos, dos estrangeiros*), levantava-se a aristocracia, composta de homens que se chamavam *Iguais, hómoioi*. Esses homens eram, com efeito, iguais entre si, mas muito superiores a todos os outros. O número dos membros dessa classe é-nos desconhecido; sabemos apenas que era muito restrito. Um dia, um de seus inimigos contou-os em praça pública, e não encontrou mais que sessenta no meio de uma multidão de quatro mil indivíduos. Somente estes iguais podiam tomar parte no governo da cidade. 'Estar fora dessa classe' – diz Xenofonte – 'é ficar fora do corpo político'. Demóstenes diz que o homem que entra na classe dos iguais somente por isso se torna 'um dos senhores do governo'" (ob. cit., pp. 141-142 – esclarecemos no parêntese).

Em suma, a representação política é uma conquista dos tempos modernos. Alguns povos antigos, conquanto a tenham concebido, não chegaram propriamente a praticá-la.

17. CF, art. 14: "A soberania popular será exercida pelo sufrágio universal e pelo voto direto e secreto, com valor igual para todos, e nos termos da lei, mediante: I – plebiscito; II – referendo; III – iniciativa popular".

Na verdade, ele transfere, por tempo determinado, o poder que lhe é inerente aos representantes que elege. Isto se perfaz pelo sufrágio universal e pelo voto direto e secreto.

Lembramos que nos Estados modernos o direito de voto é, sem sombra de dúvida, o mais relevante instrumento de participação dos cidadãos na vida pública. Exercendo-o, não só cumprem um dever cívico, como contribuem para que as decisões governamentais sejam as mais adequadas.

Podemos dizer que o direito de voto está intimamente ligado à *soberania nacional* e à própria *democracia representativa*.

No Brasil, é pelo exercício do voto que o povo exerce a soberania de que está investido, manifestando, destarte, a real vontade da Nação.

Estas ideias foram muito bem desenvolvidas pelo eminente jurista José Horácio Meirelles Teixeira: "É pelo voto que se exerce a soberania, isto é, se adotam as decisões políticas fundamentais, os princípios jurídicos supremos de organização do Estado e de realização dos fins estatais, expressos todos na Constituição. É ainda pelo voto que se instituem os órgãos governamentais que, em nome do povo, devem exercer a soberania. É pelo voto que se concretiza, enfim, o governo democrático, como já vimos, baseado no *consentimento*, na adesão livre, da maioria dos cidadãos, por aqueles fatores de consciência, de eficácia psicológica, que um sistema de normas, ou um programa de vida comum, exerce na alma dos homens. É pelo voto, afinal, que se realiza no Estado aquele *status* de equilíbrio, resultante das diferentes tendências contidas nas vontades e opiniões de conteúdo político, existentes na comunidade estatal".[18]

Daí a importância sempre crescente de se criar um sistema eleitoral o quanto possível perfeito, que permita ao povo escolher conscientemente seus representantes. Afinal, a democracia, entendida "em seu valor formal de governo de base popular",[19] exige que a ação estatal guarde perfeita sintonia com as efetivas exigências da comunidade popular, manifestadas por meio do voto.

Em princípio, todos os cidadãos brasileiros maiores de 16 anos têm o direito público subjetivo de votar nas eleições, como, de resto, lhes garante o § 1º, I e II, do art. 14 da CF: "§ 1º. O alistamento eleitoral e o voto são: I – obrigatórios para os maiores de 18 (dezoito) anos; II – facultativos para: a) os analfabetos; b) os maiores de 70 (setenta) anos; c) os maiores de 16 (dezesseis) e menores de 18 (dezoito) anos".

Indiscutível, por outro lado, que votar, com ser a mais elementar expressão da cidadania, é um dos *fundamentos* da *República Federativa do Brasil*, *ex vi* do art. 1º, II, da mesma Carta Magna.

Mas, para que o voto atinja seus elevados objetivos, é mister que os eleitores sejam bem informados sobre os programas dos partidos políticos e as ideias de seus candidatos.

18. José Horácio Meirelles Teixeira, *Curso de Direito Constitucional*, 1ª ed., Rio de Janeiro, Forense Universitária, 1991, pp. 504-505.

19. Cf. Ferrari, verbete "Elezioni (Teoria generale)", in *Enciclopedia del Diritto*, vol. XIV, p. 610.

Fosse de outro modo, e o voto apresentar-se-ia despido de maior importância prática, pelo menos enquanto instrumento de afirmação da cidadania. De fato, mal-informados, os eleitores votariam ao sabor das paixões de momento, apenas para evitar as sanções que a fuga às urnas acarreta (multas, impossibilidade de participar de concursos públicos etc.). E, com isso, as eleições tenderiam a se transformar numa grande pantomima, coonestando manejos espúrios e dando ao País – ainda que só para efeitos externos – uma mera *fachada* de democracia.

Assim, não há duvidar de que os eleitores devem necessariamente receber informações detalhadas sobre os candidatos e os partidos políticos a que pertencem. Daí a imprescindibilidade da propaganda eleitoral e partidária gratuita, inclusive por meio das emissoras de rádio e televisão. É o chamado *direito de antena*, acolhido no art. art. 17, § 3º, segunda parte, da CF ("Somente terão direito a recursos do fundo partidário e *acesso gratuito* ao rádio e à televisão, na forma da lei, os partidos que alternativamente: I – obtiverem, nas eleições para a Câmara dos Deputados, no mínimo 3% (três por cento) dos votos válidos, distribuídos em pelo menos um terço das unidades da Federação, com um mínimo de 2% (dois por cento) dos votos válidos em cada uma delas; ou II – tiverem elegido pelo menos 15 (quinze) deputados federais distribuídos em pelo menos um terço das unidades da Federação").

Dando operatividade e plena eficácia ao dispositivo constitucional em tela, o Código Brasileiro de Telecomunicações, veiculado pela Lei 4.117, de 27.8.1962, estatui, em seu art. 39, que "as estações de radiodifusão, nos 90 (noventa) dias anteriores às eleições gerais do País ou da circunscrição eleitoral onde tiverem sede, reservarão diariamente duas horas à propaganda partidária gratuita, sendo uma delas durante o dia e outra entre 20 (vinte) e 23 (vinte e três) horas e destinadas, sob critério de rigorosa rotatividade, aos diferentes partidos e com proporcionalidade no tempo de acordo com as respectivas legendas no Congresso Nacional e Assembleias Legislativas".

Como vemos, as emissoras de rádio e televisão estão obrigadas, desde os idos de 1962, a ceder determinados horários de sua programação diária para divulgação de propaganda partidária e eleitoral.[20]

Não é por outro motivo que, a cada eleição, leis são editadas disciplinando como será levado a efeito o acesso gratuito, às emissoras de rádio e televisão, dos candidatos e partidos políticos, para que possam divulgar suas ideias e programas, tudo em ordem a fortalecer, sempre mais, as instituições democráticas.

20. Na medida em que a Constituição brasileira reconhece e garante o *direito de propriedade*, temos por indisputável que as emissoras de rádio e televisão têm que ser financeiramente ressarcidas pela perda de receita que a cedência de seus horários lhes acarreta.

Deveras, acutila o próprio *direito de propriedade* qualquer ideia que se possa acalentar no sentido de que apenas as emissoras de rádio e televisão devem suportar os ônus econômicos da propaganda eleitoral e partidária gratuita. Pelo contrário, tais ônus devem ser partilhados por toda a sociedade.

Este objetivo tem sido alcançado, concedendo-se legislativamente às emissoras de rádio e televisão a possibilidade de serem compensadas no campo da tributação, por meio de imposto sobre a renda, pela cessão compulsória de seus espaços comerciais. Isto se dá, no mais das vezes, autorizando-as a registrar como *despesa* o custo efetivo dos espaços cedidos.

Enfim, em toda eleição deve-se garantir uma boa propaganda dos candidatos e de seus respectivos partidos políticos, para que se concretize, o quanto possível, a expectativa otimista de José Soriano de Souza: "(*o povo*) (...) não podendo diretamente tomar parte no governo, sendo impossível que ele vote diretamente as leis, escolhe os indivíduos que reputa mais capazes por seus talentos e por suas virtudes, e assim aparece aquela aristocracia natural, que em toda parte governa as sociedades".[21]

Os eleitores podem fazer chegar ao eleito suas opiniões; podem, até, ameaçá-lo de não o reelegerem. Não agem, porém – pelo menos na quase totalidade dos casos –,[22] diretamente por si. É o eleito que, em nome dos eleitores, atua junto ao Governo.

21. José Soriano de Souza, *Princípios Gerais de Direito Público e Constitucional*, cit., p. 120 (esclarecemos no parêntese).

22. De regra, nas Repúblicas – e assim é na Brasileira – não há participação direta do povo no governo. Nelas, são muito raras as consultas populares, para integrar o processo político-decisório.

Realmente, o poder político, numa República, é exercido por representantes do povo, investidos de um mandato. Salvo os casos em que a Constituição expressamente as prevê, são proibidas as práticas diretas ou semidiretas de governo, quais o referendo, o plebiscito, a iniciativa popular e o veto popular. Em princípio, pois, no Brasil, não seria válida lei que vinculasse sua vigência e eficácia à ratificação popular, por via, digamos, de referendo.

Escrevemos *em princípio* porque, em nosso ordenamento constitucional, há exceções que confirmam esta regra geral.

Adotando uma técnica legislativa por demais conhecida, o constituinte brasileiro, ao depois de consagrar a *representatividade*, abriu algumas exceções, prevendo *práticas diretas de governo*. Este procedimento não nos deve causar mossa. Deveras, é corriqueiro, em sede constitucional, primeiro veicular a regra geral para, ao depois, restringir ou dilargar seu alcance.

Assim, no Brasil, o povo governa, quase sempre, por meio de seus representantes, eleitos "pelo voto direto e secreto, com valor igual para todos" (art. 14 da CF). Em alguns casos, todavia, poderá, nos termos da lei, governar diretamente, mediante plebiscito, referendo ou iniciativa popular (art. 14, I, II e III, da CF).

Aliás, a consulta plebiscitária foi expressamente prevista, entre nós, no art. 2º do ADCT, para o dia 7.9.1993, quando, através de plebiscito, o eleitorado definiria a forma e o sistema de governo que deveriam vigorar no País. Posteriormente, a Emenda Constitucional 2, de 25.8.1992 (de constitucionalidade, para dizermos pouco, duvidosa), antecipou o plebiscito para o dia 21.4.1993. Realizado, seu resultado foi: forma de governo: *república*; e sistema de governo: *presidencialismo*.

Assim, como o resultado do plebiscito coincidiu com o que já estava contido na Constituição de 1988, inviabilizou-se juridicamente a *revisão constitucional* a que aludia o art. 3º do ADCT.

É, ainda, por meio de plebiscito que a população diretamente interessada manifestar-se-á acerca de incorporação, subdivisão ou desmembramento (para se anexarem a outros) de Estados ou da criação, incorporação, fusão e desmembramento de Municípios (cf. §§ 3º e 4º do art. 18 da CF).

Também dentro deste assunto, cabe exclusivamente ao Congresso Nacional autorizar referendo e convocar plebiscito (art. 49, XV, da CF). Por extensão, esta prerrogativa, no que for aplicável, pertence, na esfera estadual, à Assembleia Legislativa, na esfera municipal, à Câmara de Vereadores, e, na esfera do Distrito Federal, à Câmara Legislativa.

No que tange à *iniciativa popular*, cuidam da matéria o § 4º do art. 27 ("A lei disporá sobre a iniciativa popular no processo legislativo estadual"), o inciso XI do art. 29 ("O Município reger-se-á por lei orgânica ... atendidos os princípios ... e os seguintes preceitos: iniciativa popular de projetos de lei de interesse específico do Município, da cidade ou de bairros, através de manifestação de, pelo menos, cinco por cento do eleitorado") e o § 2º do art. 61 ("A iniciativa popular pode ser exercida pela apresentação à Câmara dos Deputados de projeto de lei subscrito por, no mínimo, um por cento do eleitorado nacional, distribuído pelo menos por cinco Estados, com não menos de três décimos por cento dos eleitores de cada um deles").

Corolário indispensável deste asserto é que o eleito também não pode transferir, para terceiro, o mandato que o povo lhe conferiu; se por mais não fosse, em virtude do princípio geral de direito público pelo qual *delegatur*, *delegare*, *non potest* ("ninguém pode delegar o que recebeu por delegação").

Enfim, o povo (conjunto de pessoas dotadas dos atributos da cidadania) é a origem do poder, que é exercido em seu nome, por representantes, que ele investe de um mandato certo.

f) *Transitório*: um dos traços característicos da "forma republicana de governo" é justamente a temporariedade no exercício dos mandatos políticos.

Nela, a transferência do poder (que emana do povo) é sempre por prazo certo. Se perpétua, os governantes, longe de representarem o povo, formariam uma oligarquia. Não haveria mais República.

Já, no regime monárquico, o soberano é investido no poder de modo *permanente*. Só o perde com a morte, por vontade própria (renúncia ou abdicação em favor de alguém) ou pelas vias revolucionárias (deposição).

Este empenho, nas Repúblicas, em não perpetuar no poder os governantes não é novo. Pelo contrário, quando os antigos romanos aboliram a realeza (em 509 a.C.), seu maior cuidado foi estabelecer a temporariedade das funções de seu Cônsul, elevado à dignidade régia, por um ano (isto não impediu, no entanto, que Augusto fosse reconduzido ao poder, por quarenta anos consecutivos). Foi o temor da persistência do poder pessoal, pela manutenção prolongada das funções executivas nas mãos de um mesmo homem, que ensejou essa medida salutar, no dizer de Esmein.[23]

Madison, citado por Araújo Castro,[24] dá-nos conta de que também na República Norte-Americana "todos os poderes procedem direta ou indiretamente do povo e os administradores não servem senão durante um período limitado (*The Federalist*, ed. Lodge, p. 233)".

Na Argentina, por igual modo, como ressalta Rafael Bielsa, "o sistema republicano tem como princípio virtual a *duração limitada nos cargos representativos* dos funcionários de eleição popular, direta ou indireta".[25]

Antônio de Sampaio Dória teceu, a respeito, interessantes observações:

23. Tão grande era o receio de Roma em voltar a cair nas mãos de um monarca, que quando César – o maior vulto da Antiguidade – deliberou fazer-se rei, ela o matou (44 a.C.).

Tempos depois, a mesma Roma preferiu adorar Calígula, como um deus, a aceitá-lo como soberano. A propósito deste estranho episódio, o imortal historiador Cesare Cantú teceu estas considerações: "Se ele (*Calígula*) quisesse ser rei, Roma tê-lo-ia matado; contentou-se em ser um deus, e Roma adorou--o; o Senado deu-se pressa em levantar-lhe templos; ambicionou-se o título de 'sacerdote de Calígula'; prodigalizaram-lhe os sacrifícios de pavões, de faisões e de galos da Índia. Dá o nome de Cástor e Pólux aos seus porteiros, levanta-se de noite (não dormia mais de três horas) para fazer a corte à Lua, que ele convida a vir receber as suas carícias" (*História Universal*, vol. 6º, cap. III, São Paulo, Ed. das Américas, 1961, p. 67 – esclarecemos no parêntese).

24. Araújo Castro, *Manual da Constituição Brasileira*, Rio de Janeiro, Editores Leite Ribeiro & Mauríllio, 1918, p. 171.

25. Rafael Bielsa, *Derecho Constitucional*, 3ª ed., Buenos Aires, Roque Depalma, 1959, p. 156 – os grifos são do autor (traduzimos).

"Primeira: o representante não está algemado ao seu eleitor, não lhe recebe ordens nem instruções; cabe-lhe cumprir um dever nacional: o de legislar e dar ao governo os meios de administração pública. O instrumento do seu mandato é a Constituição que lhe traça e limita os poderes.

"Segunda: o seu mandato é irrevogável, ainda quando seja o mandatário uma grande desilusão para os cidadãos que o elegeram. A eleição é irretratável."[26]

Todavia, observa o mesmo jurista: "O corretivo (*para esta irrevogabilidade*) é a temporariedade curta do mandato. É irrevogável, mas se renova de breve em breve e, por esta forma, a nação, além de responsabilizar, não reelegendo, os que lhe traíram o mandado, está em sua vontade de escolher com mais tino os novos representantes".[27]

Percebemos, assim, que a transitoriedade dos mandatos permite que o povo *julgue*, periodicamente, seus mandatários, deixando de reeleger os que o decepcionaram. Com a liberdade do voto, o eleitor pode optar pelos candidatos que considere mais capazes.[28]

Na CF brasileira a temporariedade das funções eletivas vem expressa em seus arts. 27, § 1º; 28; 29, I; 32, §§ 2º e 3º; 34, VI e VII, "a"; 44, parágrafo único; 46, § 1º; e 82. Este é um princípio fundamental de nosso sistema jurídico e, por isso, não podem a União, os Estados, os Municípios e o Distrito Federal vir a desobedecê-lo, sob pena de rigorosas sanções.

A Emenda Constitucional 16, de 4.6.1997, deu nova redação ao § 5º do art. 14 da CF, estabelecendo que "o Presidente da República, os Governadores de Estado e do Distrito Federal, os Prefeitos e quem os houver sucedido ou substituído no curso dos mandatos poderão ser reeleitos para um único período subsequente". Este ato normativo quebrou uma tradição republicana, qual seja a de que os chefes do Executivo não podiam ser reeleitos para o período subsequente. Sobremais, aplicando-se já nas eleições seguintes, feriu a moralidade política, além de ter incidido em inconstitucionalidade, por haver alterado os limites do mandato popular recebido (os governantes foram eleitos para um único período, sem possibilidade de reeleição). Como quer que seja, a transitoriedade no exercício dos mandatos políticos continua presente.

Lembramos, a propósito, que a prorrogação de mandatos – prática tão corriqueira, em passado recente, no Brasil – briga com o princípio republicano, porquanto investe contra a temporariedade das funções eletivas.[29]

g) *Com responsabilidade*: em nossa República, os exercentes de funções executivas respondem pelas decisões políticas que tomarem. Daí, por exemplo, o instituto do *impeachment* (processo de responsabilidade), contemplado no art. 86 e seus pa-

26. Antônio de Sampaio Dória, *Princípios Constitucionais*, cit., p. 46 – atualizamos a redação.

27. Idem, ibidem, pp. 48-49 – atualizamos a redação e esclarecemos.

28. Na prática, nem sempre o chamado "tribunal das urnas" *julga* a contento. Com frequência, o poder econômico, a propaganda eleitoral, o despreparo dos eleitores etc. fazem com que a "vitória" sorria para os piores candidatos, máxime em eleições não majoritárias.

À medida, porém, que o processo democrático avança, aumenta a possibilidade de serem reeleitos os que se conduziram bem no trato com a coisa pública.

29. V., a respeito, *RDA* 83/133, *RT* 285/917-927 e *RF* 186/153 (pesquisa levada a cabo por José Celso de Mello Filho, in *Constituição Federal Anotada*, São Paulo, Saraiva, 1984, p. 11).

rágrafos da Carta Magna,[30] que, conquanto se refira expressamente ao Presidente da República, é aplicável, feitas as devidas adaptações, aos Governadores e Prefeitos.

Os chefes do Executivo respondem, também civilmente, pelos danos que, no exercício de suas funções públicas, causarem a terceiros.

Em outras palavras, podem ser chamados, perante os Tribunais, a indenizar as pessoas a quem acarretaram prejuízos, por dolo ou culpa (cf. art. 37, § 6º, da CF).[31]

30. CF, art. 86:

"Admitida a acusação contra o Presidente da República, por dois terços da Câmara dos Deputados, será ele submetido a julgamento perante o Supremo Tribunal Federal, nas infrações penais comuns, ou perante o Senado Federal, nos crimes de responsabilidade.

"§ 1º. O Presidente ficará suspenso de suas funções: I – nas infrações penais comuns, se recebida a denúncia ou queixa crime pelo Supremo Tribunal Federal; II – nos crimes de responsabilidade, após a instauração do processo pelo Senado Federal.

"§ 2º. Se, decorrido o prazo de cento e oitenta dias, o julgamento não estiver concluído, cessará o afastamento do Presidente, sem prejuízo do regular prosseguimento do processo.

"§ 3º. Enquanto não sobrevier sentença condenatória nas infrações comuns, o Presidente da República não estará sujeito a prisão.

"§ 4º. O Presidente da República, na vigência de seu mandato, não pode ser responsabilizado por atos estranhos ao exercício de suas funções."

Não é o caso de esgotarmos aqui o assunto. Apenas entendemos oportuno dizer que, numa República (e assim deve ser na República Brasileira), os governantes (mandatários do povo – este, sim, detentor da soberania) devem responder penal, civil e politicamente por seus atos.

Portanto, no sistema republicano vigente no Brasil, é elementar a possibilidade de responsabilização dos agentes políticos, inclusive e principalmente do Chefe do Executivo.

No âmbito federal, as denominadas infrações político-administrativas do Presidente da República devem ser definidas em lei federal e julgadas pelo Poder Legislativo. O assunto está superiormente regulado nos arts. 85 e 86 da Carta Magna.

A Lei 1.079, de 10.4.1950, prevê a possibilidade de *impeachment* do Presidente da República e define os crimes de responsabilidade.

Mas, que vem a ser *impeachment*?

Em apertada síntese, *impeachment* é o processo mediante o qual o Legislativo sanciona a conduta da autoridade pública, destituindo-a do cargo e impondo-lhe uma pena de caráter político (cf. Manoel Gonçalves Ferreira Filho).

A condenação por crime de responsabilidade não tem só conotação política. O *impeachment* é um processo político-jurídico. É político no espírito e jurídico na forma.

Porque político, a Câmara dos Deputados é que decide se manda, ou não, o Presidente da República a julgamento (isto é, pronuncia o Presidente, efetuando um *juízo de admissibilidade*) e o Senado julga. Mas há também a preocupação com o jurídico. Tanto que o Senado é presidido pelo Presidente do STF, que velará pela observância das formas e para que o Presidente da República possa exercitar plenamente seu direito à ampla defesa.

Se a conduta do Presidente da República enquadra-se em algum dos crimes descritos na Lei 1.079/1950, o Senado deve condená-lo.

Para a instauração do processo de crime de responsabilidade, indícios razoáveis são suficientes. Para a condenação é necessária a prova cabal.

Oportuno frisarmos que o Presidente da República (ao contrário do que supõem muitos) não goza de imunidades. Esta é uma prerrogativa dos parlamentares. O Presidente tem apenas foro privilegiado, sendo julgado, nos crimes comuns, pelo STF e, nos crimes constitucionais, pelo Senado Federal. Ao ser julgado, será afastado de suas funções, para submeter-se a atos cogentes sem poder coagir (por exemplo, requisitar a rede nacional de rádio e televisão, para pressionar seus julgadores).

31. Nos modernos Estados de Direito qualquer pessoa, pública ou privada, deve indenizar os danos que vier a causar a terceiros. Esta regra geral, evidentemente com alguns temperamentos, alcança o próprio Estado.

E, como não poderia deixar de ser, respondem, ainda – bem assim seus auxiliares diretos –, pelos crimes que cometerem no exercício das funções públicas. O Presidente da República e seus Ministros (e, por extensão, os Governadores, os Prefeitos e seus respectivos Secretários), ao comandarem o aparelho administrativo, podem praticar delitos (crimes de responsabilidade), que a lei deverá tipificar.

Estas ideias foram bem sintetizadas por Geraldo Ataliba, jurista afeito ao trato das grandes questões constitucionais: "Diversos matizes tem a responsabilidade dos mandatários executivos, no regime republicano; político, penal e civil. Quer dizer: nos termos da Constituição e das leis, respondem eles (presidente, governadores e, por extensão, prefeitos) perante o povo, ou o Legislativo ou o Judiciário, por seus atos

Hoje, no Brasil, em face do que estipula o art. 37, § 6º, da CF ("As pessoas jurídicas de direito público e as de direito privado prestadoras de serviços públicos responderão pelos danos que seus agentes, nessa qualidade, causarem a terceiros, assegurado o direito de regresso contra o responsável nos casos de dolo ou culpa"), está assentada a ideia de *responsabilidade objetiva do Estado*, isto é, independente da existência de dolo ou culpa, bastando, apenas, que se provem o *dano* e o *nexo causal*.

Ressaltamos que a parte final do parágrafo em foco prevê a responsabilização do próprio servidor que, por dolo ou culpa, causou danos a terceiro ("... assegurado o direito de regresso contra o responsável nos casos de dolo ou culpa").

Aqui chegados, é o caso de indagarmos: o terceiro lesado pode acionar diretamente o funcionário causador do dano, abrindo mão de responsabilizar o Estado? Pode, se preferir, acionar a ambos? Pensamos que *sim*.

Celso Antônio Bandeira de Mello, comentando o art. 37, § 6º, da CF de 1988, teve a oportunidade de ponderar:

"A fim de que os administrados desfrutassem de proteção mais completa ante comportamentos danosos ocorridos no transcurso de atividade pública – *e não a fim de proteger os funcionários contra demandas promovidos pelos lesados* – é que se instaurou o princípio geral da responsabilidade do Estado. (...)

"(...).

"Outorga-se aí, ao particular lesado, um direito contra o Estado, o que evidentemente não significa que, por tal razão, se lhe esteja retirando o de acionar o funcionário. A atribuição de um benefício jurídico não significa subtração de outro direito, salvo quando com ele incompatível. Por isso, (...) 'a vítima pode propor ação contra o Estado, contra o funcionário, a sua escolha, ou contra ambos solidariamente, sendo certo que se agir contra o funcionário deverá provar culpa ou dolo, para que prospere a demanda' [Oswaldo Aranha Bandeira de Mello, *Direito Administrativo Brasileiro*, vol. II, Rio de Janeiro, Forense, 1974, pp. 481-482].

"O direito de regresso é protetor do interesse do Estado. Prevê forma de seu ressarcimento pela despesa que lhe haja resultado da condenação. Também nele nada há de proteção ao funcionário. A indicação da via pela qual o Poder Público vai se recompor não é indicação, nem mesmo implícita, de que a vítima não pode acionar o funcionário.

"Na cabeça do artigo e em seu parágrafo só há preceptivos volvidos à defesa do administrado e do Estado, não se podendo vislumbrar intenções salvaguardadoras do funcionário. 'A circunstância de haverem acautelado os interesses do primeiro e do segundo não autoriza concluir que acobertaram o agente público, limitando sua responsabilização no caso de ação regressiva movida pelo Poder Público judicialmente condenado' (*Curso de Direito Administrativo*, 33ª ed., São Paulo, Malheiros Editores, 2016, pp. 1.069-1.071 – grifos no original).

Portanto, o lesado pode propor ação de indenização contra o Estado, contra o funcionário causador do dano (quando em sua conduta estiver presente o dolo ou a culpa) ou contra ambos, como responsáveis solidários.

À derradeira, pensamos que o Estado é obrigado a entrar com a ação regressiva contra o funcionário causador do dano, em função do *princípio da indisponibilidade do interesse público* e do próprio *princípio republicano*.

e deliberações. Nisso opõe-se a República às demais formas de governo, principalmente à Monarquia, regime no qual o chefe do Estado é irresponsável (*the king can do no wrong*) e, por isso, investido vitaliciamente".[32]

Neste ponto manifesta-se, portanto, mais uma diferença entre o regime republicano e o monárquico. Com efeito, sendo o monarca vitalício, não pode, em nenhuma circunstância, ser responsabilizado juridicamente pelos danos que causar ou pelas decisões políticas que vier a tomar. Nossa Constituição do Império (de 1824) materializava este pressuposto, ao estatuir que "a pessoa do Imperador é inviolável e sagrada: ele não está sujeito a responsabilidade alguma" (art. 99). Responsáveis pelos atos praticados ou pelos conselhos dados ao Imperador eram os Ministros de Estado (arts. 133 e 135) e os Conselheiros de Estado (art. 144).

Inteiramente aplicáveis ao nosso ordenamento jurídico as lições de Madison, quando enfatizava que os exercentes das funções públicas efetivas "não servem senão durante um tempo limitado ou *enquanto procederem bem*".[33]

Falar em República, pois, é falar em *responsabilidade*. A noção de República caminha de braços dados com a ideia de que todas as autoridades, por não estarem nem acima, nem fora do Direito, são responsáveis pelos danos a que derem causa, podendo, por conseguinte, ser compelidas a ressarci-los.

A irresponsabilidade atrita abertamente com o regime republicano. Cada governante deve ser mantido em suas funções enquanto bem servir. Se servir mal, deve ser responsabilizado, nos termos da lei.

3. *Proibição de vantagens tributárias fundadas em privilégios*

Retornemos da longa digressão para considerar que, diante do princípio republicano, é proibida a concessão de vantagens tributárias fundadas em privilégios de pessoas ou categorias de pessoas. Deveras, com o advento da República, foi-se o tempo, entre nós, em que as normas tributárias podiam ser editadas em proveito das classes dominantes, até porque, nela, extintos os títulos nobiliárquicos, os privilégios de nascimentos e os foros de nobreza, "todos são iguais perante a lei" (CF, art. 5º). Atentemos, a propósito, para este primor de relanço de João Barbalho: "Não há, perante a lei republicana, grandes nem pequenos, senhores nem vassalos, patrícios nem plebeus, ricos nem pobres, fortes nem fracos, porque a todos irmana e nivela o Direito".[34]

Logo, nos dias que ora correm, os tributos, no Brasil, devem ser instituídos e arrecadados sem se ferir a harmonia entre os direitos do Estado e os direitos de cada um do povo.

Não é porque o Estado, para sobreviver, precisa de meios pecuniários (dinheiro) que os contribuintes podem ter seus direitos atropelados.[35]

32. Geraldo Ataliba, *Instituições ...*, cit., p. 71.

33. *Apud* Araújo Castro, *Manual ...*, cit., p. 171 (grifamos).

34. João Barbalho, *Constituição Federal Brasileira ...*, cit., p. 407 (atualizamos a grafia).

35. Leia-se, sobre este interessante assunto, a obra de Celso Antônio Bandeira de Mello, *Ato Administrativo e Direitos dos Administrados*, São Paulo, Ed. RT, 1981.

Constitucionalmente, pois, um tributo não pode ter outro escopo que o de instrumentar o Estado a alcançar o bem comum. A nosso ver, qualquer exação que não persiga esta finalidade é inconstitucional. Tal se dá com o tributo preordenado a objetivos de ordem privada, como, *e.g.*, o que beneficia uma empresa comercial (que visa, precipuamente, ao lucro de seus acionistas).

O princípio republicano leva-nos necessariamente, como podemos notar, ao princípio da destinação pública do dinheiro obtido mediante a tributação, muito bem discernido pelo gênio de Aliomar Baleeiro.[36]

A lei que cria um tributo e que, nestes termos, exercita a competência tributária deve, em tese, atentar somente para os interesses do povo e para o bem-estar do País.

Desbravando, um pouco mais, estas sendas, ressaltamos que é da índole de nosso sistema jurídico que, em princípio, todos devem sujeitar-se à tributação (salvo, é claro, as pessoas imunes, nos termos da Carta Suprema).

Tanto é assim, que até os magistrados e os membros do Ministério Público, embora desfrutem da garantia da *irredutibilidade de vencimentos*, dela não escapam, conforme, aliás, expressas disposições constitucionais.[37]

O princípio republicano foi confirmado, não é demais repetirmos, com a abolição dos privilégios fiscais dos nobres (que desapareceram com a Proclamação da

36. Aliomar Baleeiro, *Limitações Constitucionais ao Poder de Tributar*, 3ª ed., Rio de Janeiro, Forense, 1974, pp. 265 e ss.

37. A CF de 1967/1969, em seu art. 113, III, estatuía: "Salvo as restrições expressas nesta Constituição, os juízes gozarão das seguintes garantias: (...) III – irredutibilidade de vencimentos, sujeitos, entretanto, aos impostos gerais, inclusive o de renda, e os impostos extraordinários previstos no art. 22".

Aperfeiçoando esta ideia de que todos os que se acham na mesma situação jurídica devem ser submetidos à mesma tributação, a atual Carta cuidou minudentemente do assunto.

Assim, seu art. 95, III, prescreve: "Os juízes gozam das seguintes garantias: (...) III – irredutibilidade de vencimentos, observado, quanto à remuneração, o que dispõem os arts. 37, XI, 150, II, 153, III, e 153, § 2º, I".

Já, seu art. 128, § 5º, I, "c", outorga, aos membros do Ministério Público, "irredutibilidade de vencimentos, observado, quanto à remuneração, o que dispõem os arts. 37, XI, 150, II, 153, III, 153, § 2º, I".

Seu art. 150, II, determina ser vedado à União, aos Estados, ao Distrito Federal e aos Municípios "instituir tratamento desigual entre contribuintes que se encontrem em situação equivalente, proibida qualquer distinção em razão de ocupação profissional ou função por eles exercida, independentemente da denominação jurídica dos rendimentos, títulos ou direitos".

Seu art. 153, III, confere, à União, competência para instituir impostos sobre "renda e proventos de qualquer natureza".

E, finalmente, seu art. 153, § 2º, I, estabelece que o imposto sobre a renda e proventos de qualquer natureza "será informado pelos critérios da generalidade, da universalidade e da progressividade, na forma da lei".

Lembramos que, de 1983 até a promulgação da atual Constituição (5.10.1988), apesar do que dispunha a antiga Carta, os magistrados, os promotores de justiça, os militares, os parlamentares etc., por força de uma série de atos normativos de nível legal (cuja constitucionalidade não chegou a ser apreciada pelo Poder Judiciário), não pagavam imposto de renda sobre uma parte de seus vencimentos, a saber, sobre a verba de representação e os adicionais que percebiam.

Pois bem, graças à atual Lei Maior, passaram a suportar a tributação, por meio de *IR*, sobre a totalidade de seus vencimentos.

Em relação a eles, os privilégios fiscais caíram e o princípio republicano, que não admite distinções, sem causa jurídica, entre contribuintes, foi prestigiado.

República), dos eclesiásticos[38] e dos exercentes de determinadas funções públicas (que, afinal, servem ao povo, o único *dominus* da *res publica*).

Logo, com a República, desaparecem os privilégios tributários de indivíduos, de classes ou de segmentos da sociedade. Todos devem ser alcançados pela tributação.

Esta assertiva há de ser bem entendida. Significa, *não* que *todos* devem ser submetidos a *todas* as leis tributárias, podendo ser gravados com *todos* os tributos, *mas, sim*, apenas, que *todos* os que realizam a situação de fato a que a lei vincula o dever de pagar um dado tributo estão obrigados, sem discriminação arbitrária alguma, a fazê-lo.

Assim, é fácil concluirmos que o princípio republicano leva ao princípio da generalidade da tributação, pelo qual a carga tributária, longe de ser imposta sem qualquer critério, alcança a todos com *isonomia* e *justiça*. Por outro raio semântico, o sacrifício econômico que o contribuinte deve suportar precisa ser igual para todos os que se acham na mesma situação jurídica.

Conveniente, nesse lanço, darmos a palavra a Heinz Paulick, para que ele reforce nosso pensamento: "O princípio da generalidade e igualdade da tributação é um dos princípios fundamentais da fiscalidade própria de um Estado de Direito. Seu significado pode resumir-se na afirmação de que os supostos econômicos iguais devem ser igualmente gravados. Trata-se de um postulado que enuncia uma evidência, se se pensa que a igualdade da tributação é um pressuposto da boa disposição tributária dos obrigados tributários, vale dizer, de sua inclinação a pagar o tributo e, portanto, de uma fiscalidade ordenada e eficaz".[39]

Em suma, o princípio republicano exige que todos os que realizam o *fato imponível tributário* venham a ser tributados com igualdade.

4. O princípio republicano e a igualdade tributária

I – Do exposto, é intuitiva a inferência de que o princípio republicano leva à igualdade da tributação. Os dois princípios interligam-se e completam-se.

De fato, o princípio republicano exige que os contribuintes (pessoas físicas ou jurídicas) recebam tratamento isonômico.

A lei tributária deve ser igual para todos e a todos deve ser aplicada com igualdade. Melhor expondo, quem está na mesma situação jurídica deve receber o mesmo tratamento tributário. Será inconstitucional – por burla ao princípio republicano e ao da isonomia – a lei tributária que selecione pessoas, para submetê-las a regras peculiares, que não alcançam outras, ocupantes de idênticas posições jurídicas.

Destacamos que o princípio da igualdade deve ser aplicado em compasso com outros, quais o da capacidade contributiva, o da vedação do confisco, o da proteção

38. Os antigos legistas, muito a propósito, lecionavam que, protegendo ao rei, os nobres, com sua espada, e os clérigos, com suas orações, não podiam ser submetidos a outros encargos, mesmo os tributários. O argumento, hoje, faria sorrir ao mais atamancado dos indivíduos.

39. Heinz Paulick, "La ordenanza tributaria de la República Federal Alemana. Su función y significado para el Derecho Tributario", trad. para o castelhano de Carlos Palao Taboada, in *Ordenanza Tributaria Alemana*, Instituto de Estudios Fiscales, 1980, p. 48 (traduzimos o trecho para o português).

à propriedade privada, o da promoção do equilíbrio do desenvolvimento socioeconômico entre as diferentes regiões do País etc., sempre tendo em vista um tratamento o mais possível racional e justo para os contribuintes.

II – Também o tributo, ainda que instituído por meio de lei, editada pela pessoa política competente, não pode atingir apenas um ou alguns contribuintes, deixando a salvo outros que, comprovadamente, se achem nas mesmas condições.

Tais ideias valem, também, para as *isenções tributárias*: é vedado às pessoas políticas concedê-las levando em conta, arbitrariamente, a profissão, o sexo, o credo religioso, as convicções políticas etc. dos contribuintes. São os princípios republicano e da igualdade que, conjugados, proscrevem tais práticas.

III – A propósito, o princípio da igualdade leva ao princípio da justiça tributária,[40] que exige uma tributação orientada primacialmente pela capacidade contributivo-econômica das pessoas. Em outras palavras: é a justiça – expressamente referida no Preâmbulo da Carta Constitucional – que concretiza o ideal de uma tributação marcada pela isonomia.

Assinale-se que a justiça tributária, para ser alcançada, também depende do respeito aos direitos fundamentais do contribuinte, como o de ver observado o princípio da proporcionalidade,[41] que bane qualquer tributação ditada pela irrazoabilidade ou pelo mero capricho dos operadores jurídicos.

IV – Também temos para nós que não basta que a arrecadação dos tributos leve em conta a capacidade econômica dos contribuintes para que se alcance a justiça fiscal. Para isso, é preciso também que os recursos obtidos sejam destinados à promoção da igualdade, ao desenvolvimento do País e à construção de políticas públicas voltadas aos mais necessitados, de modo a atenuar nossas assimetrias socioeconômicas.

Lamentavelmente, a pobreza no Brasil é muito pior que a existente na Europa e nos Estados Unidos da América. Entre nós o pobre é condenado à miséria absoluta, ao sofrimento constante e à absoluta exclusão social.

Pois bem. O mecanismo da tributação também pode e deve ser empregado para melhorar as condições de vida de quem, tendo carências de toda ordem, já nem se anima a sonhar com uma vida melhor, talvez para que o fracasso quase certo desse anseio não o leve ao desespero, por ter imaginado o impossível.

Como não há negar, todos têm o direito de construir uma história digna. E, sem dúvida, a aplicação conscienciosa do dinheiro público é o fator decisivo para a quebra do ciclo vicioso da desigualdade econômica e social em que vive grande parte do povo brasileiro.[42]

40. Para o aprofundamento do assunto, v., de Andrei Pitten Velloso, "Justiça tributária", in Humberto Ávila (org.), *Fundamentos do Direito Tributário*, São Paulo, Marcial Pons, 2012, pp. 35-86.

41. V., infra, cap. VII, item 10.

42. Aqui rendemos nossas homenagens ao Governador Flávio Dino, do Estado do Maranhão, que, como pudemos testemunhar em janeiro/2019, está liderando o *Plano Mais IDH* (Índice de Desenvolvimento Humano). Este projeto, graças à aplicação escrupulosa do dinheiro público, está trazendo saúde, educação, geração de renda e emprego à população dos 30 Municípios mais carentes daquela unidade federativa.

Logo, uma tributação justa pressupõe que ela respeite os direitos fundamentais, estimule condutas úteis ao progresso do País, tenha o produto de sua arrecadação adequadamente aplicado (máxime em favor das pessoas que vivem abaixo da linha da pobreza), considere, no caso dos impostos, as aptidões econômicas dos contribuintes – e assim avante.

Em suma, a tributação deve se desenvolver de modo a priorizar os economicamente mais capacitados, na distribuição dos encargos, e os economicamente mais débeis, na distribuição das riquezas.

V – Por vezes, também, para efetivar a igualdade tributária há de ser levado em conta o princípio da praticabilidade.

Apenas para nos situarmos no assunto, a praticabilidade (ou *princípio da praticabilidade* ou, ainda, *da praticidade*) recomenda que se evitem execuções muito complicadas das leis, sobretudo quando estas devam ser cumpridas *em massa* (caso das que se ocupam com os *tributos sem lançamento*, impropriamente chamados de tributos que aceitam *lançamento por homologação*[43]). Embora não encontre formulação escrita em nossa Carta Magna, está embutida em vários de seus comandos (por exemplo, no § 7º do art. 150), que sinalizam em favor da execução econômica, simplificada e viável dos atos normativos.

Em matéria tributária, a praticabilidade, com suas *abstrações generalizantes*, garante a potencialidade arrecadatória do Estado, ao mesmo tempo em que permite que os contribuintes atendam aos seus deveres sem custos econômicos adicionais ou desnecessárias perdas de tempo.[44]

Entretanto, há um limite intransponível para a praticabilidade no campo fiscal: a Constituição, com seus grandes princípios – dentre os quais se inscreve, sem dúvida, o da igualdade.[45]

Ora, é justamente por burlá-los que o § 7º do art. 150 da CF[46] padece de incontornável inconstitucionalidade.[47]

43. V. nosso *Reflexões sobre a Obrigação Tributária*, São Paulo, Noeses, 2010.

44. A respeito desse assunto, v., de Regina Helena Costa, *Praticabilidade e Justiça Tributária*, São Paulo, Malheiros Editores, 2007.

45. É o princípio da igualdade que impede a *máxima simplificação tributária*, que ocorreria, por exemplo, com a exigência de qualquer tipo de *imposto de capitação*, isto é, devido apenas em função da existência da pessoa.

De fato, o *imposto de capitação* é a forma mais simples de tributação, além da mais fácil de calcular e cômoda de arrecadar. Sob a exclusiva óptica da praticabilidade, é o tributo ideal. Mas também é o que mais afronta o princípio da igualdade, porque, desvinculado da capacidade contributiva, desconsidera por completo as possibilidades econômicas de quem o recolhe, já que trata os desiguais de forma paritária.

Registre-se, por oportuno, que este tipo de imposto, encontrável na Roma antiga (*tributum capitis, capitatio humana*), é ainda hoje cobrado em Países africanos (*v.g.*, na Nigéria), sob as denominações *imposto do mínimo fiscal*, *imposto pessoal* ou *imposto cívico*. Todavia, por pressupor um estado de desenvolvimento social pouco avançado, onde quase não existem diferenças de fortuna, é inaceitável no Brasil, justamente por violar o princípio constitucional da isonomia.

46. CF, art. 150, § 7º: "§ 7º. A lei poderá atribuir a sujeito passivo de obrigação tributária a condição de responsável pelo pagamento de imposto ou contribuição, cujo fato gerador deva ocorrer posteriormente, assegurada a imediata e preferencial restituição da quantia paga, caso não se realize o fato gerador presumido".

47. V., infra, cap. VII, item 7.

Sendo mais específicos, temos para nós que as razões de praticabilidade que levaram à inserção, por emenda constitucional, do § 7º, ora em exame, não têm primazia sobre a *segurança* e a *certeza da tributação*, postulados constitucionais que exigem que os contribuintes só se submetam ao recolhimento de tributos quando a eles tiverem dado causa, realizando seus respectivos *fatos imponíveis*; nunca antes. Do contrário haverá, da parte da pessoa política tributante, *enriquecimento sem causa*, fenômeno que, além de não encontrar guarida no ordenamento jurídico, a Teoria Geral do Direito repele e o senso comum inadmite.

5. O alcance do princípio republicano

Em virtude de tudo o que ficou exposto, segue-se que o princípio republicano alcança não só a União, como as demais pessoas políticas existentes no Estado Brasileiro.

Realmente, os Estados-membros "organizam-se e regem-se pelas Constituições e leis que adotarem" (art. 25 da CF), desde que observem os princípios básicos do Texto Supremo, como o republicano. Assim se pronunciaram (comentando a Carta de 1891, que, neste particular, obedecia à mesma estrutura) Ernesto Leme, Barbalho e Rui Barbosa, dentre outros.

Os Municípios, de seu turno, reger-se-ão por "lei orgânica" própria, por eles votada, que deverá atender aos princípios da Constituição Federal (art. 29 da CF). Estão, pois, jungidos pelo idêntico dever de levar em conta as exigências do princípio republicano.

O mesmo podemos dizer do Distrito Federal. Também ele "reger-se-á por lei orgânica" própria, que deverá obedecer aos princípios da Constituição Federal (art. 32 da CF), inclusive o republicano.

Logo, as pessoas políticas, obrigadas que são a adotar o princípio republicano, precisam, necessariamente, estabelecer a temporariedade das funções políticas e a responsabilidade (política, civil e penal) dos gestores da coisa pública. Ao exercitarem suas competências tributárias devem ter em mira, sempre, a consecução do "interesse público primário" (Renato Alessi).

6. A relevância jurídica do princípio republicano

O princípio republicano, embora não tipifique mais uma "cláusula pétrea", continua a ser um dos mais importantes de nosso direito positivo.

Atualmente, eventual proposta de emenda constitucional tendente a abolir a forma republicana de governo poderá ser objeto de deliberação e de aprovação. Já não há nenhuma cláusula constitucional proibitiva neste sentido, ao contrário do que se dava na Carta anterior.[48]

48. A propósito, escrevemos, quando vigia a Constituição de 1967/1969:

"(...) queremos enfatizar que o princípio republicano, ao lado do federativo, é o mais importante, em nosso Direito. Chegamos a esta conclusão com base no art. 47, § 1º, da Carta Magna, que prescreve: 'Art. 47, § 1º. Não será objeto de deliberação a proposta de emenda (*constitucional*) tendente a abolir a Federação ou a República' (esclarecemos no parêntese).

Além disso, o ADCT, em seu art. 2º, estipulava que no dia 7.9.1993 o eleitorado seria chamado a definir, pela via plebiscitária, que forma de governo o Brasil adotaria: se a republicana ou se a monárquico-constitucional.[49] Esta data foi antecipada para 21.4.1993, pela Emenda Constitucional 2, de 25.8.1992, que, sem embargo de decisão em contrário do STF, era inconstitucional. O plebiscito foi realizado e a forma de governo escolhida pela maciça maioria do eleitorado foi a republicana.

Portanto, nada impedia, pelo menos em tese, que o Brasil viesse a ter uma Monarquia constitucional. Mas esta possibilidade (já afastada) não anulava a importância do princípio republicano, no sistema constitucional pátrio.

"Portanto, o Congresso Nacional, apesar dos poderes que tem para emendar a Constituição, não pode sequer apreciar a proposta de abolição do princípio republicano (bem como do federativo). Outros princípios constitucionais podem vir a desaparecer, se esta for a vontade de dois terços dos congressistas. Os mencionados princípios, porém, só cairão por terra com o emprego de métodos revolucionários, que, como predica Balladore Pallieri, estão fora dos quadrantes do Direito.

"José Celso de Mello Filho, estudioso do direito constitucional brasileiro, dá bem a dimensão do assunto: 'esses dois princípios (Federação e República) são tão importantes que o legislador constituinte consagrou, nos diversos textos constitucionais, um núcleo imutável, um cerne fixo, consistente, precisamente, na forma federal de Estado e na forma republicana de Governo. No Brasil, a República e a Federação são formas político-jurídicas intangíveis e imodificáveis. Constituem, em essência, limitações materiais explícitas ao Poder Constituinte derivado ou de reforma. Nenhuma proposta de emenda constitucional tendente a abolir a Federação (forma de Estado) ou a República (forma de governo) poderá ser objeto de deliberação' (ob. cit., p. 11).

"Devemos distinguir o *Poder Constituinte originário* do *Poder Constituinte derivado*. Para o exercício do primeiro, não existem quaisquer limites jurídicos, porquanto ele, livre por natureza, navega ao sabor das forças sociais. É o que acontece, *e.g.*, quando uma revolução vitoriosa outorga uma Carta Magna. Ao assim agir, não obedece a qualquer regra imposta pela ordem normativa anterior, exatamente porque o Poder Constituinte originário está fora do sistema jurídico.

"O contrário acontece com o Poder Constituinte derivado, também chamado *Poder de Reforma Constitucional* (que corresponde a uma *competência jurídica*), outorgado pela Lei das Leis e que, por isso, está sujeito às limitações nela explicitadas. Dessas limitações, algumas são *circunstanciais* (como a mencionada no § 2º do art. 47 da atual Constituição, que proíbe a reforma do Texto Supremo durante o estado de sítio), outras, *formais* (é o caso da que constava do art. 174 da Constituição Imperial brasileira de 1824, que impedia a reforma da mesma no prazo de quatro anos, contados da data em que havia sido 'jurada'), e, outras, *materiais* (assim as citadas no art. 47, § 1º, já transcrito, que impede emendas constitucionais concernentes a determinados temas ou questões de fundo). Estas, as mais importantes, também conhecidas como *cláusulas pétreas*, podem ser *expressas* ou *implícitas*, conforme se exteriorizem numa norma constitucional ou emanem do sistema jurídico. Pertencem ao rol das cláusulas pétreas a apontada no Texto Maior (Federação e República) e, segundo os ensinamentos pioneiros de Nélson de Souza Sampaio (O *Poder de Reforma Constitucional*, 2ª ed., Bahia, 1961, p. 94), as relativas aos direitos fundamentais, as relacionadas ao titular do poder reformador, ao qual não é permitido delegar suas atribuições, tampouco renunciá-las em favor de outro órgão (idem, ibidem, p. 102). Pensamos que também é intocável o art. 19, III, 'c', primeira parte, da CF, que dá aos partidos políticos, regularmente constituídos, imunidade a impostos, pois que eles é que dão sustentáculo ao *princípio republicano*.

"Os atos porventura violadores do Poder de Reforma Constitucional são passíveis de impugnação, por meio do controle da constitucionalidade" (*Princípios Constitucionais Tributários*, 1ª ed., São Paulo, Ed. RT, 1986, pp. 30-31).

49. ADCT:

"Art. 2º. No dia 7 de setembro de 1993 o eleitorado definirá, através de plebiscito, a forma (República ou Monarquia constitucional) e o sistema de governo (parlamentarismo ou presidencialismo) que devem vigorar no País.

"§ 1º. Será assegurada gratuidade na livre divulgação dessas formas e sistemas, através dos meios de comunicação de massa cessionários de serviço público.

"§ 2º. O Tribunal Superior Eleitoral, promulgada a Constituição, expedirá as normas reguladoras deste artigo."

Aliás, agora é "cláusula pétrea" "o voto direto, secreto, universal e periódico" (art. 60, § 4º, II, da CF). Ora, é justamente ele que torna possíveis o sistema representativo e o regime democrático, decorrências naturais da forma republicana de governo. Podemos, assim, dizer que pelo menos os *reflexos* do princípio republicano não podem ser alterados por meio de emenda constitucional.

Como quer que seja, o desrespeito ao princípio republicano acarreta (ou pode acarretar) a declaração de inconstitucionalidade de todo e qualquer ato emanado do Poder Público (lei, decreto, portaria, ato administrativo etc.) que, de modo efetivo ou potencial, venha a lesá-lo. A par disto, a vulneração deste princípio pode ensejar a decretação de intervenção federal nos Estados-membros (art. 34, VII, "a", da CF), a propositura, pelo Procurador-Geral da República, de ação direta interventiva, perante o STF (art. 36, III, da CF) e a caracterização de crime de responsabilidade, caso seja tentada, pelo chefe do Executivo, a mudança, por meio violento, desta forma de governo (art. 85, IV, da CF).

7. O princípio republicano e a competência tributária

O princípio republicano vivifica cada artigo da Constituição, irisando-o e fazendo-o portador de sua mensagem de respeito pelo povo e por seus sagrados interesses. E é fundamentalmente no exercício da tributação que a ideia de República deve predominar, para que, contra este mesmo povo, não se cometam injustiças e arbitrariedades. Também no domínio dos tributos devem ser excluídas quaisquer distinções de classe, de casta ou de índole meramente política (Cardoso da Costa).

É sempre oportuno encarecer que a competência tributária é conferida às pessoas políticas, em última análise, pelo povo, que é o detentor por excelência de *todas* as competências e de *todas* as formas de poder. De fato, se as pessoas políticas receberam a competência tributária da Constituição e se esta brotou da vontade soberana do povo, é evidente que a tributação não pode operar-se exclusiva e precipuamente em benefício do Poder Público ou de uma determinada categoria de pessoas. Seria um contrassenso aceitar-se, de um lado, que o povo outorgou a competência tributária às pessoas políticas e, de outro, que elas podem exercitá-la em qualquer sentido, até mesmo em desfavor desse mesmo povo.

Não é fácil provar, reconhecemos, que um tributo afronta o princípio republicano.[50] Isto, porém, não significa que a exigência constitucional inexiste. Sempre haverá situações em que, com toda a certeza, o princípio terá sido desconsiderado.[51]

50. Também não é fácil provar o *desvio de poder* no ato administrativo. Tal não impediu, contudo, que se construísse uma doutrina exuberante a respeito deste tema, tanto no Brasil como no exterior e que, vezes sem conta, os Tribunais tenham dado guarida à pretensão de pessoas prejudicadas por atos administrativos baixados com "desvio de poder".

51. É noção cediça, unanimemente proclamada por pensadores da melhor suposição, que toda palavra (ou expressão) possui um ponto central, incontroverso, acerca de cuja significação as divergências são impossíveis. Era o que pretendia exprimir Jellinek quando prelecionava que "um conceito tem limites, do contrário não seria um conceito". Inexistisse uma área de inquestionável certeza sobre o cabimento de um conceito e as palavras não passariam de ruídos, despidos de qualquer conteúdo (Celso Antônio Bandeira

Tal ocorreria, por exemplo, se fossem dispensados – ainda que por meio de lei – do pagamento de tributos os professadores de uma dada religião, os altos funcionários (governantes, ministros, magistrados etc.), os filiados a um determinado partido político, as pessoas de uma certa raça, e assim avante. Temos para nós que, em todos estes casos, estaria ferido, além, evidentemente, do princípio da igualdade, o republicano.

A conclusão a tirar, portanto, é que a República reconhece a todas as pessoas o direito de só serem tributadas em função do superior interesse do Estado. Os tributos só podem ser criados e exigidos por razões públicas. Em consequência, o dinheiro obtido com a tributação deve ter destinação pública, isto é, deve ser preordenado à mantença da *res publica*.

Assim, a pessoa política, quando exercitar a competência tributária, deve ter a cautela de verificar se está acolhendo com boa sombra o princípio republicano.

de Mello). Portanto, todo conceito, ainda que vago e impreciso, é, por definição, uma noção finita, graças a que possui, necessariamente, um núcleo central incontestável.

Para melhor apurarmos estas ideias, convém façamos uma ligeira peregrinação pela *Teoria da Linguagem*.

Palavras há, do tipo "jovem", "alto", "calvo" etc., que possuem o atributo que Genaro R. Carrió chama de "indeterminação" (*vaguedad*) (*Notas sobre Derecho y Lenguaje*, 1ª ed., 5ª reimpr., Buenos Aires, Abeledo-Perrot, 1973, pp. 28 e ss.).

Segundo este renomado autor, todos sabem o que significam tais vocábulos, que, portanto, estão longe de ser ambíguos. Mesmo assim, é impossível alguém precisar, de modo induvidoso, a partir de que idade deixa-se de ser jovem, ou quantos fios de cabelo é preciso ter para não ser calvo, ou, ainda, quanto é preciso medir para ser havido por homem de elevada estatura.

Apesar disto – continua Carrió –, há casos centrais ou típicos, em que ninguém, em sã consciência, vacilaria em aplicar estes termos. Realmente, um homem com 20 anos de idade é, sem favor algum, jovem; uma pessoa com 2m de altura é alta; um indivíduo sem nenhum fio de cabelo é calvo. Em contranota, um homem com 80 anos é velho; outro com 1,50 de altura é baixo; um terceiro com vasta cabeleira não é calvo.

Entre um extremo e outro – observa o mestre platino – existem situações fronteiriças, penumbrosas, onde proliferam as incertezas, nas quais é temerário dizer se um homem é jovem, baixo ou calvo.

Aliás, exemplos deste tipo poderiam multiplicar-se, que são legião.

Afinal, como ensinava Max Black ("Definition, pressuposition and assertion", in *Problem of Analysis*, Londres, Routledge and Kegan Paul, 1954, cap. II), todas as palavras (ou expressões) que se empregam na linguagem, seja comum ou científica, possuem, *grosso modo*, as mesmas características de *vaguedad*.

Dito por outro modo, as palavras, de maneira geral, aceitam a metáfora, proposta pelo mesmo Carrió: "Há um foco de luz, de intensidade acentuada, onde se agrupam os exemplos típicos, aqueles diante dos quais não se duvida que a palavra é aplicável. Há uma mediata zona de obscuridade circundante, onde ficam todos os casos em que não se duvida que esta palavra não é aplicável. A passagem de uma zona para outra é gradual; entre a total luminosidade e a obscuridade total há uma zona de penumbra, sem limites precisos. Paradoxalmente, ela não começa nem termina em nenhuma parte e, no entanto, existe. As palavras que diariamente usamos para aludir ao mundo em que vivemos, e a nós mesmos, trazem consigo esta indefinida aura de imprecisão" (ob. cit., pp. 31-32 – traduzimos).

É sempre possível, pois, sabermos o que significa uma palavra, ainda que, para tanto, devamos invocar o que ela não significa. Nisto estamos com o preclaro administrativista lusitano Afonso Rodrigues Queiró, quando salientava que "muitas vezes não se pode dizer o que uma coisa é, mas pode-se dizer o que não é" (*Reflexões sobre a Teoria do Desvio de Poder em Direito Administrativo*, Coimbra Editora, 1940, p. 79).

Logo, mesmo percorrendo esta via negativa, sempre conseguiremos, em face do caráter logicamente finito dos conceitos, reduzir uma palavra ou expressão a um significado mínimo.

É o caso da expressão "princípio republicano", que há de ser sopesada sempre que o Judiciário for chamado a decidir se uma lei tributária rima, ou não, com esta pedra angular de nosso sistema jurídico.

8. O princípio republicano e a capacidade contributiva

I – Reforça o princípio republicano o da capacidade contributiva,[52] que determina a equitativa repartição dos encargos tributários entre os contribuintes. Também é instrumento hábil à adequada fixação da base de cálculo, seja *in abstracto*, seja *in concreto*, dos tributos.

O princípio em tela vem materializado na primeira parte do § 1º do art. 145 da CF: "Sempre que possível, os impostos terão caráter pessoal e serão graduados segundo a capacidade econômica do contribuinte, (...)".[53]

Da só leitura deste dispositivo constitucional emerge, de modo inequívoco, a necessária correlação entre os impostos e a capacidade contributiva.[54] De um modo bem amplo, já podemos adiantar que ela se manifesta diante de fatos ou situações que revelam, *prima facie*, da parte de quem os realiza ou neles se encontra, condições objetivas para, pelo menos em tese, suportar a carga econômica desta particular espécie tributária.

Realmente, as pessoas devem pagar impostos de modo a não verem comprometidos seus direitos fundamentais, bem como os de seus dependentes econômicos, à alimentação, à moradia, ao vestuário, à educação, à cultura, ao lazer – e assim avante. Cada contribuinte deve, na medida do possível, recolher impostos de acordo com sua respectiva *capacidade de pagar* (Adam Smith).

II – Acrescentamos que o princípio da capacidade contributiva hospeda-se nas dobras do princípio da igualdade e ajuda a realizar, no campo tributário, os ideais republicanos. Realmente, é justo e jurídico que quem, em termos econômicos, tem muito pague, proporcionalmente, mais imposto do que quem tem pouco. Quem tem maior riqueza deve, em termos proporcionais, pagar mais imposto do que quem tem menor riqueza. Noutras palavras, deve contribuir mais para a manutenção da coisa pública. As pessoas, pois, devem pagar impostos na proporção dos seus haveres, ou seja, de seus índices de riqueza.[55]

52. A expressão "capacidade contributiva", cunhada pelo economista germânico Von Iusti, ganhou foros de universalidade ao ser encampada por Adam Smith, em seu clássico *A Riqueza das Nações*.

53. O dispositivo prossegue estatuindo ser "facultado à Administração Tributária, especialmente para conferir efetividade a esses objetivos, identificar, respeitados os direitos individuais e nos termos da lei, o patrimônio, os rendimentos e as atividades econômicas do contribuinte". Tal norma confere à Administração Tributária o poder-dever de avaliar os sinais indicadores de riqueza do contribuinte, de modo a dar efetividade ao princípio da capacidade contributiva.

Portanto, o Fisco, desde que observe os direitos fundamentais do contribuinte e não se desgarre da lei, está credenciado a apurar se ele está escamoteando patrimônio, renda ou atividades econômicas, de modo a fugir do cumprimento de seus deveres tributários. Em caso afirmativo, deverá autuá-lo, exigindo-lhe os tributos devidos mais as multas e encargos de praxe.

A propósito, o constituinte de 1988, ao redigir o § 1º do art. 145 da Carta Magna, cometeu um erro de técnica legislativa, já que aglutinou num mesmo dispositivo duas normas jurídicas que, embora se complementem, são distintas. Não é à toa que Jean Rivero escreveu que o legislador, mesmo o constituinte, pode dar-se ao luxo de cometer erros que reprovariam até mesmo um estudante de Direito.

54. Nada impede que também as taxas e a contribuição de melhoria sejam graduadas segundo a capacidade econômica dos contribuintes, tendo em vista, afinal, o princípio da igualdade. Apenas, isto fica ao talante do legislador ordinário, não sendo uma exigência do art. 145, § 1º, da CF.

55. É conveniente e razoável que os contribuintes suportem cargas tributárias proporcionais aos seus padrões de riqueza.

A par disso, a própria interpretação das normas tributárias que visam a onerar financeiramente os contribuintes deve ser feita em perfeita sintonia com os princípios da *capacidade contributiva* e da *igualdade*. É o que acentua, com propriedade, Humberto Ávila, *verbis*: "A norma tributária que tem por fim obter receitas é denominada *norma com finalidade fiscal* (*Fiskalzwecknorm*) ou *norma repartidora de encargo* (*Lastenausteilungsnorm*) e deve ser avaliada de acordo com um parâmetro de justiça – a capacidade contributiva. Para a interpretação dessas normas tributárias a finalidade – obtenção de receita – não é adequada, porque não pode esclarecer por que determinado dispositivo foi configurado deste ou daquele modo. A persecução desse objetivo conduziria a uma ampliação ainda maior das obrigações tributárias. Por isso, essas normas devem ser medidas pelo parâmetro da igualdade".[56]

Insistimos que o princípio da capacidade contributiva, intimamente ligado ao princípio da igualdade,[57] é um dos mecanismos mais eficazes para que se alcance, em matéria de impostos, a tão almejada *Justiça Fiscal*. Em resumo, é ele que concretiza, no âmbito dos impostos, a igualdade tributária e a Justiça Fiscal.

Abonamos, pois, o entendimento de Renato Lopes Becho, *verbis*: "No caso do princípio da capacidade contributiva, o constituinte elegeu um valor – o valor justiça – para os impostos, no sentido de que cada contribuinte deve recolher os impostos de acordo com sua condição econômica, com sua capacidade de suportá-los, sem que, com a tributação, seja reduzido a uma situação incompatível com os direitos humanos, reduzindo-o a condição de penúria econômica ou de miserabilidade. Quem possui mais dinheiro deve recolher os impostos em valores superiores em relação àqueles que têm menos dinheiro".[58]

Dando curso à ideia, é jurídico e altamente louvável que as cargas impositivas das pessoas políticas sejam repartidas entre as pessoas de acordo com as possibilidades econômicas de cada uma. Realmente, seria anti-isonômico, além de irrazoável e atentatório ao direito de propriedade e à própria garantia do *mínimo existencial*, que os pobres e os milionários suportassem o mesmo peso econômico dos impostos, até porque aqueles não têm capacidade contributiva.

Nos Estados modernos o pagamento dos impostos deve ser feito com igualdade de sacrifícios entre os contribuintes. Os ricos devem proporcionalmente pagar mais impostos que os pobres, porque os efeitos da tributação são mais gravosos para estes últimos, que detêm – como ensinam os economistas – *maior utilidade de excedente* (quanto mais pobre for o indivíduo, maior será o impacto econômico da retirada de parcela dos seus haveres).

56. Humberto Ávila, *Sistema Constitucional Tributário*, São Paulo, Saraiva, 2004, p. 83.

57. Klaus Tipke manifesta-se no mesmo sentido: "O que num caso concreto é igual ou desigual não se pode estabelecer abstratamente ou de um modo geral, mas apenas através de recurso ao sistema e aos princípios de determinado ramo jurídico. (...) No direito tributário a capacidade de contribuição fiscal e econômica desempenham um papel especial. Quem não tem esta capacidade deve ser tratado de modo diverso de como se trata o que a tem. (...) Dentro de uma pirâmide de sistema distinguem-se princípios preferenciais e princípios secundários. Em um sistema monístico põe-se no ápice um princípio fundamental. Um sistema pluralístico é dominado por vários princípios fundamentais. Estes princípios fundamentais são, por exemplo, o princípio da tributação segundo a capacidade contributiva" ("Princípio da igualdade e ideia de sistema no direito tributário", in *Direito Tributário: Estudos em Homenagem ao Prof. Ruy Barbosa Nogueira*, São Paulo, Saraiva, 1994, pp. 520-521).

58. Renato Lopes Becho, *Lições de Direito Tributário*, São Paulo, Saraiva, 2011, pp. 251-252.

Ademais, a repartição equitativa, entre os contribuintes, da carga econômica dos impostos decorre logicamente do dever que o Estado tem de "erradicar a pobreza e a marginalização e reduzir as desigualdades sociais e regionais" (cf. art. 3º, III, da CF), tudo em ordem a "construir uma sociedade livre, justa e solidária" (cf. art. 3º, I, da CF). De fato, arremeteria contra estes "objetivos fundamentais da República Federativa do Brasil" (art. 3º, *caput*, da CF), a exigência de impostos que, ao invés de minimizar, agravassem as diferenças econômicas e sociais das pessoas.

Nesse sentido, como é fácil notar, o princípio da capacidade contributiva está conectado ao *princípio da solidariedade*, pelo qual aqueles que podem devem pagar impostos para o bem-estar de todos, inclusive daqueles que não podem fazê-lo, pois isso privaria estes últimos do mínimo essencial a uma existência digna.

Mas, evidentemente, os princípios da capacidade contributiva e da solidariedade não têm o condão de transformar em contribuinte a pessoa física ou jurídica que, mesmo tendo a aptidão econômica para suportar a carga tributária, não realiza o fato imponível (fato gerador *in concreto*). Ter riqueza suficiente não basta, pois, para figurar no polo passivo da obrigação tributária; para tanto é mister, ainda, realizar o evento que, de acordo com a lei da pessoa política competente, provoca a incidência da norma tributária.

III – Retomando nossa trilha de pensamento, salientamos que os impostos, quando ajustados à capacidade contributiva, permitem que os cidadãos cumpram, perante a comunidade, seus deveres de solidariedade política, econômica e social. Os que pagam este tipo de exação devem contribuir para as despesas públicas, não em razão daquilo que recebem do Estado, mas de suas potencialidades econômicas. Com isso, ajudam a remover os obstáculos de ordem econômica e social que limitam, de fato, a liberdade e a igualdade dos menos afortunados.

IIIa – É por isso que, em nosso sistema jurídico, todos os impostos, em princípio,[59] devem ser progressivos. Por quê? Porque é graças à progressividade que eles conseguem atender ao princípio da capacidade contributiva.

Melhor esclarecendo, as leis que criam *in abstracto* os impostos devem estruturá-los de tal modo que suas alíquotas variem para mais à medida que forem aumen-

59. Muitos estudiosos sustentam que só o imposto de renda (IR) e o imposto predial e territorial urbano (IPTU) devem ser progressivos (e que, mesmo no IPTU, a progressividade só é possível no tempo quando se implementa uma das situações descritas no § 4º do art. 182 da CF). Isto se deve ao fato de que só em relação a eles a Constituição expressamente determina sejam progressivos (arts. 153, § 2º, I, e 156, § 1º).

Com o devido acatamento, discordamos. A nosso sentir, com exceção daqueles poucos impostos (como o ICMS e o IPI) cujas regras-matrizes constitucionais os incompatibilizam com a progressividade, *todos* os demais devem ser progressivos, para que possam ter caráter pessoal e ser graduados segundo a capacidade econômica dos contribuintes.

É certo que o art. 153, § 2º, I, da CF estatui que o imposto sobre a renda e proventos de qualquer natureza "será informado pelos critérios da generalidade, da universalidade e da progressividade, na forma da lei". Note-se, porém, que aqui não está afirmado que *somente* o IR será informado pelo critério da progressividade; está afirmado simplesmente que ele *será informado pelo critério da progressividade*. Aliás, lá igualmente está referido que ele *será informado pelos critérios da generalidade e da universalidade*, e nunca se questionou que os demais impostos também devem ser informados por estes mesmos critérios.

tando suas bases de cálculo. Assim, quanto maior a base de cálculo do imposto, tanto maior haverá de ser a alíquota aplicável, na determinação do *quantum debeatur*.[60] Noutros falares, a legislação deve imprimir às alíquotas aplicáveis ao imposto um desenvolvimento gradual, de sorte que serão percentualmente maiores, quanto maior for sua base de cálculo.

IIIb – Lembramos, de passagem, que a *progressividade* não se confunde com a *proporcionalidade*. Esta atrita com o princípio da capacidade contributiva, porque faz com que pessoas economicamente fracas e pessoas economicamente fortes paguem impostos com as mesmas alíquotas. É claro que, se a base de cálculo do imposto a ser pago pelo economicamente mais forte for maior do que a base de cálculo do imposto a ser pago pelo economicamente mais fraco, o *quantum debeatur* do primeiro será maior. Mas isto desatende ao princípio da capacidade contributiva, porque ambos estão pagando, *em proporção*, o mesmo imposto. Não se está levando em conta a capacidade econômica de cada qual. Na tentativa de nos fazermos entender melhor, figuremos o seguinte exemplo: se alguém ganha *10* e paga *1*, e outrem ganha *100* e paga *10*, ambos estão pagando, proporcionalmente, o mesmo tributo (10% da base de cálculo). Apenas, o sacrifício econômico do primeiro é incontendivelmente maior. De fato, para quem ganha *10*, dispor de *1* encerra muito maiores ônus econômicos do que para quem ganha *100* dispor de *10*. O princípio da capacidade contributiva só será atendido se o imposto for progressivo, de tal arte que, por exemplo, quem ganha *10* pague *1*, e quem ganha *100* pague *25*.

IV – A progressividade das alíquotas tributárias, longe de atritar com o sistema jurídico, é o melhor meio de se afastarem, no campo dos impostos, as injustiças tributárias, vedadas pela Carta Magna. Sem impostos progressivos não há como atingir-se a igualdade tributária. Logo, o sistema de impostos, no Brasil, deve ser informado pelo critério da progressividade.

Impostos com alíquotas crescentes em função do aumento das suas bases tributáveis (bases de cálculo *in concreto*) levam corretamente em conta que o sacrifício suportado pelo contribuinte para concorrer às despesas públicas é tanto maior quanto menor a riqueza que possui (e vice-versa). Ademais, permitem que o Estado remova, pelo menos em parte, as desigualdades econômicas existentes entre as pessoas.

Realmente, impostos com alíquotas fixas agravam as diferenças sociais existentes, porque tratam de maneira idêntica contribuintes que, sob o ângulo da capacidade contributiva, não são iguais.

Em suma, salvo as exceções que a própria Lei Maior alberga, os impostos com alíquota fixa são inconstitucionais, por ofensa ao princípio da capacidade contributiva, que exige que cada contribuinte seja tributado de acordo com suas manifestações objetivas de riqueza.

60. Corretamente, Mary Elbe Queiroz observa: "Na imposição dos tributos, a progressividade sintetiza-se por meio de alíquotas crescentes e progressivas, em função do aumento das respectivas bases de cálculo, isto é, a incidência do tributo aumenta em percentuais à medida que aumentam as grandezas de valores que compõem a base de cálculo" (*Imposto sobre a Renda e Proventos de Qualquer Natureza*, Barueri/SP, Manole, 2004, p. 39).

8.1 Noções gerais

I – O princípio da igualdade exige que a lei, tanto ao ser editada, quanto ao ser aplicada: a) não discrimine os contribuintes que se encontrem em situação jurídica equivalente; b) discrimine, *na medida de suas desigualdades*, os contribuintes que não se encontrem em situação jurídica equivalente.

No caso dos impostos, estes objetivos são alcançados levando-se em conta a *capacidade contributiva* das pessoas (físicas ou jurídicas). A lei deve tratar de modo igual os fatos econômicos que exprimem igual capacidade contributiva e, por oposição, de modo diferençado os que exprimem capacidade contributiva diversa.

A capacidade contributiva à qual alude a Constituição e que a pessoa política é obrigada a levar em conta ao criar, legislativamente, os impostos de sua competência é *objetiva*, e não *subjetiva*.[61] É *objetiva* porque se refere *não* às condições econômicas reais de cada contribuinte, individualmente considerado, mas às suas *manifestações objetivas de riqueza* (ter um imóvel, possuir um automóvel, ser proprietário de joias ou obras de arte, operar em Bolsa, praticar operações mercantis etc.).

Assim, atenderá ao princípio da capacidade contributiva a lei que, ao criar o imposto, colocar em sua *hipótese de incidência* fatos deste tipo. Fatos que Alfredo Augusto Becker, com muita felicidade, chamou de *fatos-signos presuntivos de riqueza* (fatos que, *a priori*,[62] fazem presumir que quem os realiza tem riqueza suficiente para ser alcançado pelo imposto específico). Com o *fato-signo presuntivo de riqueza* tem-se por incontroversa a existência de capacidade contributiva.

Pouco importa se o contribuinte que praticou o *fato imponível* do imposto não reúne, por razões personalíssimas (*v.g.*, por estar desempregado), condições para suportar a carga tributária.

Exemplifiquemos: atualmente, muitos *shopping centers*, para estimular as vendas, estão sorteando, entre seus clientes, automóveis de alto luxo. Vamos admitir que o contemplado seja um jovem de dezoito anos, que ainda não tem economia própria. Acaso poderá eximir-se do pagamento do IPVA cabível, demonstrando que não tem capacidade econômica? É evidente que *não*. Ele terá que encontrar um meio de pagar o imposto ou sofrerá as consequências de seu inadimplemento, podendo, até mesmo, perder o veículo.

Aliás, nos impostos sobre a propriedade (como o IPVA, o IPTU, o ITR, o imposto sobre grandes fortunas etc.), a capacidade contributiva revela-se com o próprio bem.

A propósito, em uma conferência tivemos o ensejo de afirmar:

61. Em sentido contrário Sacha Calmon Navarro Coêlho, para quem a capacidade contributiva à qual alude o art. 145, § 1º, da CF é *subjetiva*, devendo levar em conta, pois, a *capacidade econômica* real do contribuinte, isto é, sua aptidão concreta e específica de suportar a carga econômica do imposto (*Comentários à Constituição de 1988*: *Sistema Tributário*, 2ª ed., Rio de Janeiro, Forense, 1990, p. 90).

62. Os juízos *a priori* são formulados sem necessidade de experimentação (ao contrário dos juízos formados *a posteriori*, baseados na experiência), sendo, pois, universais e necessários, embora não ampliem o conhecimento científico, pois nada acrescentam ao que já se conhece.

"Em relação aos impostos sobre a propriedade (imposto territorial rural, imposto predial e territorial urbano, imposto sobre a propriedade de veículos automotores etc.), a capacidade contributiva revela-se com o próprio bem, porque a riqueza não advém apenas da moeda corrente, mas do patrimônio, como um todo considerado. Se uma pessoa tem, por exemplo, um apartamento que vale um milhão de dólares, ela tem capacidade contributiva, ainda que nada mais possua. Apenas, sua capacidade contributiva está imobilizada. A qualquer tempo, porém, esta pessoa poderá transformar em dinheiro aquele bem de raiz.

"Todos haverão de concordar comigo que não tem sentido dizer que alguém que ganhou de presente um automóvel da marca Mercedes-Benz, modelo do ano, tem que pagar menos IPVA porque é pobre. Não. Se esta pessoa não tem como pagar o IPVA incidente sobre seu veículo de luxo, deve, na pior das hipóteses, vendê-lo. Nunca, porém, ser *dispensada* do pagamento do IPVA, por falta de capacidade contributiva. Até porque capacidade contributiva ela tem, já que, como disse, a capacidade contributiva se revela no patrimônio como um todo considerado, e não apenas por meio do exame da conta bancária.

"Conheci pessoa que, por herança de família, tinha valioso quadro de pintor flamengo do século XVII. Um dia, ela vendeu seu quadro e, com o dinheiro apurado, comprou belíssimo apartamento. Esta pessoa, que, tirante o quadro, poderia ser considerada pobre, tinha – graças ao mesmo quadro – capacidade contributiva. Tanto tinha que, transformando o quadro em moeda corrente, adquiriu um imóvel luxuoso.

"Tudo isto estou dizendo para reforçar a ideia, há pouco exibida, de que a só propriedade de um imóvel de alto luxo já indica a existência de capacidade contributiva."[63]

Em suma, a nosso ver, não fere o princípio da capacidade contributiva a *lei impositiva* que levar em conta a aptidão abstrata de suportar a carga financeira. Em termos mais práticos, pensamos que nenhum contribuinte poderá obter proteção judicial demonstrando, por exemplo, que, embora proprietário de imóvel luxuoso, não tem, em razão de sua situação pessoal, aptidão econômica para suportar o IPTU que lhe foi lançado.[64] Sendo a capacidade contributiva objetiva, ele terá que pagar o IPTU referente a seu imóvel ou será executado, correndo, até mesmo, o risco de perdê-lo, apesar da Lei 8.009/1990, que dispõe sobre a impenhorabilidade do bem de família e visa a garantir abrigo ao executado e sua família.[65]

63. Roque Carrazza, *Impostos Municipais*, notas taquigráficas de aula, em 5.4.1990, Centro de Estudos de Extensão Universitária, 10º Curso de Especialização em Direito Tributário, p. 22.

64. Reconhecemos que isto, em alguns casos, pode não ser justo. Ocorre, porém – dentro da visão que temos do Direito –, que nem tudo o que é jurídico é justo.

65. Dispõe o art. 1º da Lei 8.009, de 29.3.1990: "O imóvel residencial próprio do casal, ou da entidade familiar, é impenhorável *e não responderá por qualquer tipo de dívida* civil, comercial, *fiscal*, previdenciária ou de outra natureza, contraída pelos cônjuges ou pelos pais ou filhos que sejam seus proprietários e nele residam, salvo nas hipóteses previstas nesta Lei" (grifamos). A instituição legal do chamado "bem de família" (pela lei em pauta) é uma forma de afetação de bem a um destino especial. Entretanto, a impenhorabilidade cai por terra "para cobrança de impostos, predial e territorial, taxas e contribuições devidas em função do imóvel familiar" (art. 3º, IV).

II – Importante destacar, ainda, que o legislador deve, enquanto descreve a *norma jurídica* instituidora dos impostos de caráter pessoal (*v.g.*, do imposto sobre a renda), não só escolher fatos que exibam conteúdo econômico (*capacidade contributiva objetiva*), como atentar às desigualdades próprias das diferentes categorias de contribuintes, sejam eles pessoas físicas ou pessoas jurídicas. Noutras palavras, a norma jurídica tributária deve trazer em seu bojo elementos suficientes para que, no momento da aplicação ao caso concreto, as especificidades econômicas de cada contribuinte, isoladamente considerado, sejam levadas em conta (*capacidade contributiva subjetiva*). A Constituição Federal sinaliza neste sentido quando manda dispensar tratamento privilegiado às cooperativas (art. 146, III, "c", da CF), às microempresas e empresas de pequeno porte (art. 146, III, "d", da CF) etc.

A própria interpretação das normas tributárias, que visam a onerar financeiramente os contribuintes, deve ser feita em perfeita sintonia com os princípios da *capacidade contributiva* e da *igualdade*. É o que acentua, com propriedade, Humberto Ávila, *verbis*: "A norma tributária que tem por fim obter receitas é denominada *norma com finalidade fiscal (Fiskalzwecknorm)* ou *norma repartidora de encargo* (*Lastenausteilungsnorm*) e deve ser avaliada de acordo com um parâmetro de justiça – a capacidade contributiva. Para a interpretação dessas normas tributárias a finalidade – obtenção de receita – não é adequada, porque não pode esclarecer por que determinado dispositivo foi configurado deste ou daquele modo. A persecução desse objetivo conduziria a uma ampliação ainda maior das obrigações tributárias. Por isso, essas normas devem ser medidas pelo parâmetro da igualdade".[66]

Portanto, o princípio da capacidade contributiva exige que na repartição dos encargos impositivos se levem em conta as especificidades das várias categorias de contribuintes.

O Poder Judiciário, de sua parte, ao aplicar contenciosamente a lei que criou *in abstracto* este tipo de imposto, não pode deixar de levar em conta tais desigualdades (*isonomia negativa*). Noutros termos, a aplicação do *princípio da capacidade contributiva* pode e deve ser controlada pelo juiz, em cada caso concreto.

8.2 Destinatários do princípio da capacidade contributiva

O princípio da capacidade contributiva tem por destinatário imediato o legislador ordinário das pessoas políticas. É ele que deve imprimir, aos impostos que cria *in abstracto*, um caráter pessoal, graduando-os conforme a capacidade econômica dos contribuintes.

Com efeito, a hipótese de incidência dos impostos deve descrever fatos que façam presumir que quem os pratica, ou por eles é alcançado, possui capacidade econômica, ou seja, os meios financeiros capazes de absorver o impacto deste tipo de tributo.[67]

66. Humberto Ávila, *Sistema ...*, cit., p. 83.

67. Apenas a título de curiosidade histórica, não atendia ao princípio da capacidade contributiva o *imposto sobre a barba*, que Pedro, o Grande, instituiu na Rússia Imperial. Querendo abolir o uso de

Assim, o legislador tem o dever, enquanto traça a *hipótese de incidência* e a *base de cálculo* dos impostos, de escolher fatos que exibam conteúdo econômico.[68] Este conteúdo econômico, como bem observa Pasquale Russo,[69] deve ser *atual*, vale dizer, não pode estar situado nem em época remota (que já não revela uma razoável presunção de que o contribuinte tem os recursos suficientes para adimplir a obrigação tributária), nem em futuro distante (que não dá um mínimo de certeza de que o contribuinte dispõe de meios financeiros para honrar, no presente, o tributo).

A lei que cria *in abstracto* o imposto não precisa, no entanto, atender às desigualdades individuais do contribuinte.[70] No mesmo sentido, o Poder Judiciário, quando provocado, não pode deixar de aplicá-la, em face das condições econômicas pessoais do contribuinte.

8.3 Eficácia do princípio da capacidade contributiva

I – Obviamente, o art. 145, § 1º, da CF não encerra mera *diretriz programática*, incapaz de produzir efeitos, seja junto ao legislador, seja junto ao juiz. Hodiernamente, a doutrina, de um modo geral,[71] está de acordo quanto à natureza obrigatória do vínculo decorrente das normas constitucionais ditas "programáticas" e, destarte, quanto à inconstitucionalidade das leis que as afrontem.

Geraldo Ataliba, depois de citar Rui Barbosa, Cooley, Araújo Castro, Victor Nunes Leal, Pontes de Miranda, Zanobini e Giuseppe Chiarelli, borda, a respeito, oportunos comentários: "Ora, como deixar de reconhecer caráter jurídico a uma disposição constitucional? Na pior das hipóteses a disposição constitucional mais abstrata e vaga possui, no mínimo, a eficácia paralisante de todas as normas inferiores, se contrastantes com seu sentido, bem como determinadora de importantíssimas consequências na compreensão do contexto constitucional e de cada disposição que o integra, bem como determina relevantes consequências exegéticas, relativamente a todo o sistema normativo (incluídas as leis ordinárias e normas inferiores)".[72]

José Souto Maior Borges, em obra marcada pela originalidade e pela preocupação científica, detalha o assunto, *verbis*:

barbas, para que o País se ocidentalizasse também na maneira de vestir, e percebendo que as proibições legais eram insuficientes para extirpar hábitos centenários, criou um imposto altíssimo, que alcançava quem as quisesse conservar. Atingidos em seu bolso, os russos, em sua grande maioria, cederam. Conta-se, porém, que muitos homens mandaram fazer barbas postiças (com os fios das barbas naturais que haviam raspado), usando-as em determinadas ocasiões (*si non è vero...*).

68. Só para ilustrarmos a ideia, seria inconstitucional um imposto sobre os celibatários, já que esta condição não revela, por si só, a existência de riqueza tributável.

69. Pasquale Russo, *Manuale di Diritto Tributario*, 1ª ed., Milão, Giuffrè, 1994, pp. 52-53.

70. Isso não significa, porém, que em alguns impostos a lei não possa determinar deduções ou abatimentos, dependendo das características juridicamente relevantes de cada contribuinte. Tal se dá, por exemplo, no imposto sobre a renda da pessoa física, em que a lei autoriza a dedução, da base de cálculo do tributo, das despesas médico-hospitalares do contribuinte.

71. Por todos, v. Vezio Crisafulli, *Lezioni di Diritto Costituzionale*, 2ª ed., vol. II, Pádua, CEDAM, 1970, pp. 60 e ss.

72. Geraldo Ataliba, *Lei Complementar na Constituição*, São Paulo, Ed. RT, 1971, p. 18.

"Normas programáticas no texto constitucional não são simples 'recomendações', 'conselhos' ou 'promessas' dirigidos à legislação integrativa. Como já exposto, efeitos típicos se lhes há de reconhecer. A negativa de efeitos jurídicos às normas programáticas deve-se à pretendida, embora inocorrente no sistema do direito positivo brasileiro, ausência de sanção para o descumprimento das diretrizes das normas constitucionais que instituem os vínculos da legislação integrativa. Como essa anomia constitucional era historicamente condicionada, hoje essa carência de sanção não mais se verifica, porque poderá ser decretada a inconstitucionalidade por omissão, na hipótese da falta de norma regulamentadora dos direitos e liberdades constitucionais (CF, art. 5º, LXXI). (...).

"Não são as normas programáticas meramente declaratórias, mas revestem efeitos constitutivos 'positivos' (se mandamentais), ou constitutivos negativos (se proibitórias), ou seja, condicionam a legislação integrativa, vinculando-a aos limites da autorização e pela autorização mesma ou pela proibição. Sob esse aspecto, a sua eficácia é plena".[73]

Com o abono de tão ilustres juristas, parece-nos incontendível que o art. 145, § 1º, da CF vincula os órgãos legislativos e, também, os judiciais.

Aliás, Aliomar Baleeiro, apreciando o art. 202 da Constituição de 1946 ("Os tributos terão caráter pessoal sempre que isso for possível, e serão graduados conforme a capacidade econômica do contribuinte"), nega o "caráter programático" desta disposição (praticamente idêntica à contida no § 1º do art. 145 da atual Lei Maior brasileira), sustentando que tal mandamento "vale como princípio constitucional, ou *standard*, também para o juiz".[74]

II – Depois, podemos perceber a influência do princípio da capacidade contributiva em outras normas constitucionais tributárias. É o caso da que declara imunes à tributação por via de ITR os proprietários de glebas rurais (art. 153, § 4º, II, da CF), da que protege da tributação por via de IR os rendimentos provenientes de aposentadorias e pensões recebidos por pessoas com idade superior a 65 anos (art. 153, § 2º, II, da CF)[75] e das que obrigam o legislador a tornar seletivos o IPI, em função da essencialidade dos produtos industrializados (art. 153, § 3º, I, da CF) e o ICMS, em função da essencialidade das mercadorias ou dos serviços (art. 155, § 2º, III, da CF). Em relação a estas duas últimas normas constitucionais, temos que elas exigem que as operações com os produtos ou gêneros de primeira necessidade venham a receber tratamento tributário mais brando do que o dispensado às operações com produtos ou gêneros menos essenciais. Demoremo-nos um pouco sobre esta ideia.

IIa – Os tributos, de um modo geral, são utilizados como instrumento de *fiscalidade*, servindo basicamente, pois, para carrear dinheiro aos cofres públicos.

O IPI e o ICMS, pelo contrário, devem necessariamente ser instrumentos de extrafiscalidade, a teor dos já citados arts. 153, § 3º, I, e 155, § 2º, III, da CF. Salien-

73. José Souto Maior Borges, *Curso de Direito Comunitário*, São Paulo, Saraiva, 2005, pp. 218-219 (os grifos estão no original).

74. Aliomar Baleeiro, *Limitações Constitucionais ao Poder de Tributar*, cit., 2ª ed., 1960, p. 337.

75. V., infra, cap. IX, subitem 6.2.

tamos que estas normas constitucionais, mandando que tais impostos sejam *seletivos*, não estão dando uma mera faculdade ao legislador, mas, pelo contrário, estão lhe impondo um inarredável *dever*, de cujo cumprimento ele não se pode furtar.

Ademais, o IPI, por força do disposto no art. 153, § 3º, IV (acrescentado pela Emenda Constitucional 42, de 19.12.2003), da CF, "terá reduzido seu impacto sobre a aquisição de bens de capital pelo contribuinte do imposto, na forma da lei". Cabe, agora, ao Congresso Nacional dar operatividade a este dispositivo, que estimula a modernização da indústria nacional e, por via reflexa, alavanca o progresso do País. De qualquer modo, enquanto a legislação não é dada à estampa, as situações de dúvida deverão ser solvidas em prol do contribuinte que adquire tais bens.

Portanto, a seletividade, no IPI e no ICMS, é obrigatória. Ou, seguindo a trilha constitucional, estes tributos devem ser *seletivos, em função da essencialidade* do produto industrializado (IPI) ou das mercadorias ou serviços (ICMS).

Estamos confirmando, destarte, que o IPI e o ICMS devem ser utilizados como instrumentos de ordenação político-econômica, estimulando a prática de operações (com produtos industrializados ou mercadorias) ou serviços havidos por necessários, úteis ou convenientes à sociedade e, em contranota, onerando outros que não atendam tão de perto ao interesse coletivo. Exemplificando, é por isso que em algumas operações com produtos industrializados supérfluos as alíquotas aplicadas ao IPI são extremamente elevadas, e em outras, com produtos industrializados essenciais, não há incidência da exação (isenção ou *alíquota zero*[76]), ou, quando pouco, as alíquotas baixam para patamares reduzidos.

IIb – Acrescentamos que a *seletividade* no ICMS poderá ser alcançada com o emprego de quaisquer técnicas de alteração quantitativa da carga tributária: sistema de alíquotas diferençadas, variação de bases de cálculo, criação de incentivos fiscais etc.[77] Já, no IPI, somente pela variação das alíquotas, para que se cumpra também o disposto no art. 153, § 1º, da CF, cujo alcance estudaremos no capítulo "Legalidade e Tributação".

IIc – Ainda a propósito do IPI, é importante termos presente que ele se destina, fundamentalmente, a ordenar comportamentos dos contribuintes. Nesse sentido, é um tributo extrafiscal, servindo, destarte, para regular comportamentos dos virtuais contribuintes.

Tal regulação, todavia, deve dar-se exclusivamente em função da essencialidade dos produtos industrializados; não do local em que são produzidos (*v.g.*, Zona Franca de Manaus);[78] tampouco do objetivo de regular o comércio exterior.[79]

76. Para alcançar a isenção tributária vários caminhos jurídicos podem ser percorridos. Um deles é o da adoção da chamada *alíquota zero*. De fato, reduzindo-se a alíquota do tributo ao valor *zero*, não surgirá nenhuma quantia a pagar. Este, diga-se de passagem, é o recurso mais empregado no caso do IPI e os produtos industrializados de primeira necessidade (óculos, calçados, aparelhos ortopédicos etc.).

77. Temos, porém – o que acaba sendo confirmado na prática –, que por meio da manipulação das alíquotas mais facilmente se alcança a seletividade no ICMS.

78. Por aí se vê que o Decreto 7.567/2012 é inconstitucional, pois majorou em 35% as alíquotas do IPI incidentes sobre operações jurídicas praticadas com micro-ondas, aparelhos de ar condicionado e motocicletas produzidos fora da Zona Franca de Manaus. De fora a parte haver superado, em 5%, o limite máximo de variação das alíquotas de IPI, previsto no Decreto-lei 1.199/1971 (30%), afrontou o *princípio*

III – Assim, as alíquotas do IPI e do ICMS deverão variar, para mais ou para menos, podendo chegar até *zero*, em razão da *essencialidade*, respectivamente, dos produtos industrializados e das mercadorias e serviços. Vai daí que a carga econômica do IPI e do ICMS haverá de ser distribuída diversamente, conforme o tipo de operação ou prestação que estiver sendo realizada.

IV – Em face do que até aqui expusemos, já está clara a ideia de que as operações praticadas com *produtos industrializados de primeira necessidade* deverão ser exoneradas da incidência do IPI ou, quando pouco, menos gravadas do que as realizadas com produtos voluptuários. O mesmo podemos dizer, no caso do ICMS, das operações mercantis com produtos que compõem a chamada *cesta básica do trabalhador* e das prestações mais essenciais de serviços de transporte transmunicipal e de comunicação.

Portanto, o *princípio da seletividade* é atendido adotando-se um *processo de comparação* de produtos industrializados (no caso do IPI[80]) e de mercadorias ou serviços (no caso do ICMS). Nunca, evidentemente, discriminando-se contribuintes, em função de raça, sexo, ocupação profissional, local em que exercem suas atividades etc., que a isto obstam os arts. 5º, I, e 150, II, ambos da CF.

V – *Evidentemente, o* ***princípio da seletividade*** *tem por escopo favorecer aos consumidores finais, que são os que, de fato, suportam a carga econômica do IPI e do ICMS.* Daí ser imperioso que sobre produtos, mercadorias e serviços essenciais haja tratamento fiscal mais brando, quando não total exoneração tributária, já que em relação a eles o adquirente, em rigor, não tem liberdade de escolha.

Demais disso, na medida em que, quanto mais pobre é a pessoa, mais ela compromete seu orçamento com a satisfação de suas necessidades básicas, é justo e razoável que estes impostos que oneram o consumo sejam mais brandos sobre operações que envolvem bens de primeira necessidade.

VI – Do exposto podemos concluir que toda e qualquer manipulação do IPI e do ICMS que importe modificação ou variação do *valor a pagar* (*quantum debeatur*) deve, sob pena de irremissível inconstitucionalidade, ser direcionada de modo a garantir-lhes o caráter de *impostos seletivos*, em função da *essencialidade* dos produtos industrializados (no caso do IPI) ou da *essencialidade* das mercadorias ou serviços (no caso do ICMS). Qualquer outro objetivo visado pelo legislador ordinário que importe descaracterização do IPI ou do ICMS como *impostos seletivos* viola esta diretriz constitucional obrigatória.[81]

da seletividade, já que a essencialidade destes produtos independe do local onde foram industrializados (se dentro ou fora da Zona Franca de Manaus).

79. Para regular o comércio exterior, protegendo o mercado interno, o Governo deve valer-se, dentro dos limites que lhe foram reservados pelos tratados internacionais dos quais o País é signatário, do imposto sobre a importação e das contribuições de intervenção no domínio econômico.

80. A nosso ver, não obedece ao princípio da seletividade o IPI incidente sobre operações com cigarros. Sendo este produto comprovadamente nocivo à saúde (valor que a Carta Magna prestigiou ao máximo), não faz sentido jurídico que a alíquota do tributo seja de apenas 20% do preço do maço de cigarros, mormente se levarmos em conta que em 1999 tal alíquota era de 42,5%. Tal mitigação estimula o consumo e, destarte, arremete contra o disposto no art. 153, § 3º, I, da CF.

81. Pensamos que andou mal o legislador ordinário ao prescrever que "os estabelecimentos produtores de açúcar de cana, localizados nos Estados do Rio de Janeiro e Espírito Santo e em Estados das

Regiões Norte e Nordeste, terão direito a crédito presumido, calculado com base em percentual fixado pelo Poder Executivo em virtude do diferencial de custo da cana-de-açúcar entre regiões produtoras do País, a ser aplicado sobre o valor do produto saído do estabelecimento e compensado com o IPI devido nas saídas de açúcar" (art. 42 da Lei 9.532/1997). Com isto, desatendeu aos reclamos instantes do *princípio da seletividade*, que incide sobre tal imposto.

É que estas alíquotas diferenciadas (a) somente beneficiam os produtores do Norte e Nordeste do País e dos Estados do Rio de Janeiro e do Espírito Santo; (b) não propiciam o desenvolvimento socioeconômico destas regiões; (c) ofendem o *princípio da igualdade* (*isonomia*); e (d) penalizam as camadas mais pobres do povo.

Realmente, (a) não se está, no caso, diante de um incentivo fiscal regional (porque elegeu, arbitrariamente, os Estados do Rio de Janeiro e do Espírito Santo, como regiões do País, em detrimento de outras unidades federativas, algumas, inclusive, mais pobres); (b) a *isenção* em tela, longe de beneficiar as regiões mais carentes do País, apenas favorece os produtores de determinadas áreas do território nacional; (c) o *incentivo* privilegia, arbitrariamente, alguns produtores (justamente os que atuam nas regiões ou Estados favorecidos), em prejuízo dos demais; e (d) os consumidores finais que habitam os Estados não alcançados pela "isenção" acabam *pagando mais* pelo açúcar que consomem, circunstância que viola o *princípio da seletividade*.

Aprofundando esta última ideia, as alíquotas diferenciadas de IPI – que o art. 42 da Lei 9.532/1997 estabelece – acabarão por penalizar, se não houver a efetiva intervenção do Poder Judiciário, os consumidores finais das regiões do País que não foram privilegiadas, já que, pelo fenômeno da translação da *carga econômica* deste *imposto indireto*, acabarão suportando um *preço final* maior do açúcar de cana. Ora, sendo o açúcar de cana um *gênero de primeira necessidade*, ele não admite tal oscilação de preço (consequência natural da adoção do sistema de alíquotas diferenciadas). Com isto restará irremediavelmente atropelado o *princípio da seletividade* do *IPI*.

Como se tudo não bastasse, a distinção criada pela Lei 9.532/1997 afronta os princípios *da igualdade* e da *discriminação tributária*.

Melhor explicitando, o legislador federal – desconsiderando o princípio constitucional da isonomia – atribuiu tratamento jurídico especial às operações de industrialização que tenham como objeto açúcar produzido em certos Estados das Regiões Norte e Nordeste, bem assim no Rio de Janeiro e no Espírito Santo, em dissonância com as realizadas nos demais Estados. É o que, em síntese, estipula o art. 42 da referida Lei 9.532/1997.

Ora, inexiste *nexo causal* entre o local onde é produzido o bem industrial e sua essencialidade. Noutros termos, o local de produção do bem industrial é elemento ou aspecto imprestável para evidenciar o grau ou o nível de essencialidade do produto.

Logo, nas normas da Lei 9.532/1997 há ofensa à igualdade em relação aos produtores de açúcar e aos próprios consumidores finais. De fato, uns e outros serão mais ou menos onerados simplesmente em função do local onde operam (os produtores) ou estão domiciliados (os consumidores finais).

Demais disso, o art. 42 desta lei também atrita com o *princípio da igualdade*, porque o fator de *discrímen* adotado acarreta consequências *dissonantes dos interesses prestigiados pela Constituição*.

É que a Carta Suprema proíbe a instituição de tributo não uniforme em todo o País, "ou que implique distinção ou preferência em relação a Estado, ao Distrito Federal, ou a Município, em detrimento de outro" (art. 151, I, da CF).

Por isso, o local de produção do açúcar jamais poderia ter sido utilizado como fator de discriminação para modulação das alíquotas do IPI.

E nem se diga que isto foi feito para "promover o equilíbrio do desenvolvimento socioeconômico entre as diferentes regiões do País" (art. 151, I, *in fine*, da CF). É que, como já escrevemos, este tratamento desigual apenas favorece os produtores de açúcar das regiões ou Estados beneficiados pelo *incentivo*. Por isso, admitir este fator de *discrímen* é violar a igualdade e apoiar a *não uniformidade*, subvertendo a ordem constitucional.

Registramos, no entanto, que o art. 146-A da CF, introduzido em nosso ordenamento jurídico pela Emenda Constitucional 42, de 19.12.2003, permite que lei complementar estabeleça "critérios especiais de tributação, com o objetivo de prevenir desequilíbrios da concorrência, sem prejuízo da competência de a União, por lei, estabelecer normas de igual objetivo". Deixando de lado a manifesta inconstitucionalidade do dispositivo (já que uma emenda constitucional não poderia ter autorizado a União a indicar, ainda que por meio de lei complementar, como as demais pessoas políticas deverão desenvolver sua tributação),

VII – Ainda a respeito da seletividade, estamos convencidos de que ela alcança igualmente as embalagens que servem de "acessórios" aos produtos que, em atenção a este princípio, tenham sido isentados de IPI ou de ICMS. Melhor esclarecendo, as embalagens que acondicionam tais produtos (lata, papelão, plástico, poliuretano, madeira, isopor, papel aluminizado, papel celofane etc.) – mesmo que submetidas à incidência destes tributos quando negociadas isoladamente – devem, no caso, deles serem consideradas isentas, sob pena de restar anulado o benefício constitucional.

8.3.1 Capacidade contributiva e não confiscatoriedade

I – O *princípio da não confiscatoriedade* (ou do não confisco), insculpido no art. 150, IV, da CF (pelo qual é vedado "utilizar tributo com efeito de confisco"), proíbe usurpar, simulando tributar, o patrimônio do contribuinte.[82] Assim, as leis tributárias não podem compelir os contribuintes a colaborar além da monta com os gastos públicos. Entremeia-se com os princípios *da igualdade* e *da capacidade contributiva*, e, nessa medida, define, tanto quanto estes, *garantia fundamental*, que, além de ter eficácia plena e aplicabilidade imediata (cf. art. 5º, § 1º, da CF), pertence ao núcleo imodificável da Carta Magna (cf. art. 60, § 4º, IV, da CF).

De fato, especialmente as leis que criam impostos devem levar em conta as forças econômicas dos contribuintes, não podendo, assim, compeli-los a colaborar com os gastos públicos além de suas possibilidades.

II – Mas quando um imposto é *confiscatório*?

A nosso sentir, confiscatório é o imposto que, por assim dizer, "esgota" a *riqueza tributável* das pessoas, isto é, que passa a largo de suas capacidades contributivas, impondo-lhes ônus que vão além do que se entende por razoável.[83] Se preferirmos, confiscatória é não apenas a tributação que faz perigar o direito de propriedade, senão, também, a que extrapola os limites do aceitável, segundo critérios ditados pelo senso comum.

III – Logo, o conceito de *confisco* – ainda que o termo padeça da ambiguidade e da imprecisão características da linguagem do direito positivo – pode ser singelamente definido como a situação que revela, *prima facie*, que o contribuinte está sendo gravado além da conta, a título de tributo.

uma lei (complementar ou ordinária federal) poderá estabelecer "critérios especiais de tributação" por meio de IPI, "com o objetivo de prevenir desequilíbrios da concorrência".

82. É certo que a tributação acarreta a transferência aos cofres públicos de porções do patrimônio do contribuinte. Isto, no entanto, deve ser feito com estrita observância dos ditames constitucionais e sempre com o propósito de dar às pessoas políticas (ou a quem lhes faça as vezes) os *meios econômicos* que lhes permitirão atingir os objetivos que lhes são assinalados pela Constituição da República e pelas leis.

83. Esta é também a opinião de Sacha Calmon Navarro Coêlho, *verbis*: "No entanto, é bom frisar, o princípio do não confisco tem sido utilizado também para fixar padrões ou patamares de tributação tidos por suportáveis, de acordo com a cultura e as condições de cada povo em particular, ao sabor das conjunturas mais ou menos adversas que estejam se passando. Nesse sentido, o princípio do não confisco se nos parece mais com um *princípio de razoabilidade na tributação*" (*Curso de Direito Tributário*, 10ª ed., Rio de Janeiro, Forense, 2009, p. 282 – os grifos são do autor).

Aliomar Baleeiro, debruçando-se sobre os enunciados dos §§ 1º, 11 e 22 do art. 153 da Constituição de 1967 (com a redação que lhes foi dada pela Emenda Constitucional 1/1969), que tratavam do assunto em pauta, entendia por confiscatórios "os tributos que absorvem parte considerável do valor da propriedade, aniquilam a empresa ou impedem o exercício de atividade lícita e moral".[84]

Uma coisa é mais que certa: a tributação, máxime por meio de impostos, não pode agredir a propriedade privada, a ponto de colocá-la em risco.

Daí Hugo de Brito Machado haver aduzido: "Há quem sustente ser a vedação aos tributos confiscatórios uma decorrência da garantia constitucional da propriedade. Em sendo assim, mesmo sem um dispositivo constitucional vedando, especificamente, o tributo com efeito de confisco, *essa vedação seria decorrência lógica em todas as Constituições que garantem o direito de propriedade. Qual seria, então, a significação da norma contida no art. 150, item IV, da vigente Constituição? Seria ela meramente explicitante?*".[85]

E, logo adiante (na pág. 35), trata de responder às indagações por ele próprio formuladas, *verbis*:

"Colocando entre as limitações ao poder de tributar a utilização do tributo com efeito de confisco, a Constituição em vigor evitou controvérsias a respeito da questão de saber se a garantia do direito de propriedade estaria, ou não, preservada pelo fato de serem os tributos instituídos por lei. E da questão de saber se a adoção do regime da livre empresa implica realmente, como sustentamos, uma implícita proibição ao tributo confiscatório.

"Assim, o tributo com efeito de confisco, no regime da vigente Constituição, está proibido sob todos os aspectos, seja qual for a interpretação adotada para os dispositivos pertinentes ao direito de propriedade (art. 5º, XXII) e ao regime econômico prevalente (art. 170, II e IV). O disposto em seu art. 150, item IV, não permite dúvidas a este respeito".

Isso explica – pelo menos em parte – por que nossa Carta Suprema disciplinou de modo tão rígido o *mecanismo de funcionamento da tributação*, ao mesmo tempo em que amparou os contribuintes com grande plexo de direitos e garantias contra eventuais excessos do Fisco.

IV – O *princípio da não confiscatoriedade* limita o direito que as pessoas políticas têm de expropriar bens privados. Assim, os impostos devem ser graduados de modo a não incidir sobre as fontes produtoras de riqueza dos contribuintes e, portanto, a não atacar a consistência originária das suas fontes de ganho. É confiscatório o tributo que incide sobre correções monetárias, que, como se sabe, não revelam aumento de riqueza (e, nesta medida, aumento de *capacidade contributiva*), mas simples recomposições do valor de troca da moeda. Também padece desta inconstitu-

84. Aliomar Baleeiro, *Limitações Constitucionais ao Poder de Tributar*, 7ª ed., atualizada por Misabel Derzi, Rio de Janeiro, Forense, 1997, p. 564.

85. Hugo de Brito Machado, *Os Princípios Jurídicos da Tributação na Constituição de 1988*, São Paulo, Ed. RT, 1989, p. 66.

cionalidade o tributo que alcança meros sinais exteriores de riqueza, ou seja, indícios, não confirmados pelos fatos, de aumento da aptidão econômica do contribuinte.

Também o tributo tem conotações confiscatórias quando extrapola o necessário para o atingimento de suas finalidades – como, por exemplo, no caso das taxas, quando vão além do custo da prestação do serviço público específico e divisível.

V – Estamos confirmando, destarte, que a norma constitucional que impede que os tributos sejam utilizados "com efeito de confisco", além de criar um limite explícito às discriminações arbitrárias de contribuintes, reforça o *direito de propriedade.* Assim, por exemplo, em função dela, nenhuma pessoa, física ou jurídica, pode ser tributada por fatos que estão *fora* da *regra-matriz constitucional* do tributo que lhe está sendo exigido, porque isto faz perigar o direito de propriedade.

Portanto, o *princípio da não confiscatoriedade* exige do legislador, conduta marcada pelo equilíbrio, pela moderação e pela medida, na quantificação dos tributos, tudo tendo em vista um direito tributário *justo.*

VI – Destacamos que, para as empresas, o confisco está presente, quando o tributo, de tão gravoso, dificulta-lhes sobremodo a exploração de suas atividades econômicas habituais. Mais ainda, o fenômeno está presente quando a carga tributária inviabiliza o desempenho destas mesmas atividades.

Efetivamente, os tributos (todos eles, mas maiormente os impostos) devem ser dosados com *razoabilidade*, de modo a valorizar a *livre iniciativa*, um dos fundamentos de nosso Estado Democrático de Direito, a teor dos arts. 1º, IV, e 170, *caput*, ambos da CF. É, em síntese, requisito de validade das normas jurídicas tributárias, a necessidade delas não atassalharem a liberdade de exercício das atividades produtivas lícitas.

Destarte, o Estado deve buscar um ponto de equilíbrio, nem sempre fácil de encontrar, já que não pode nem tributar além da conta, de modo a inviabilizar a empresa, nem tributar de menos, ficando sem recursos para fazer frente às inúmeras atribuições que a Constituição lhe confere.

VII – Por outro lado, os recursos econômicos indispensáveis à satisfação das necessidades básicas das pessoas (*mínimo vital*), garantidas pela Constituição, especialmente em seus arts. 6º e 7º (alimentação, vestuário, lazer, cultura, saúde, educação, previdência social, transporte etc.), não podem ser alcançados pelos impostos. Tais recursos devem ser salvaguardados pela cuidadosa criação de situações de não incidência ou mediante oportunas deduções, legislativamente autorizadas.

Nos dias atuais não mais se discute que todos os seres humanos têm o direito fundamental de conservar a própria existência, pelo quê lhes deve ser garantido o suficiente para atenderem às suas necessidades primárias. Assim, a tributação deve passar ao largo das pessoas mais carentes, cujos parcos recursos servem, quando muito, para manter-lhes uma vida digna.

Também estamos convencidos de que os tributos indiretos (cuja carga econômica é suportada pelo consumidor final) não devem incidir sobre os bens essenciais (*v.g.*, os que integram a chamada "cesta básica"), que garantem às pessoas o mínimo existencial.

Ainda nesta linha, devem ser preservados da tributação (direta e indireta) os gastos relevantes e legítimos (com alimentação, vestuário, remédios etc.) experimentados pelas pessoas que se encontram em situação de extrema carência, para manter suas famílias e dependentes econômicos.

Confiscatório, portanto, é o imposto que não revela a *capacidade contributiva* da pessoa que o suporta – o que se dá, por exemplo, sempre que a base de cálculo da exação extrapola sua regra-matriz. Sempre que este fenômeno ocorre resta ferido o *mínimo vital*, isto é, a porção de riqueza que garante ao contribuinte e a seus dependentes uma existência digna de cidadão.[86]

Em suma, há de haver um ponto de equilíbrio entre o mínimo existencial e as fronteiras além das quais o tributo se torna confiscatório.

Concordamos, pois, com Carlos Augusto Daniel Neto quando anota: "O mínimo existencial hoje é acatado mundialmente pela doutrina tributária como uma garantia do poder de autodeterminação do indivíduo e da sua liberdade de ação. Por outro lado, da mesma forma que esse princípio decorrente do direito de propriedade e da dignidade da pessoa humana limita 'para baixo' o âmbito tributário, os mesmos princípios influenciam a proibição do confisco, como um limite 'para cima' da atividade tributária".[87] Também não se pode, em homenagem aos princípios da capacidade contributiva e da não confiscatoriedade, assujeitar um mesmo fato econômico à incidência de tantos impostos, que acabem por retirar do contribuinte o *mínimo vital* a que estamos a aludir.

VIII – Entendemos, outrossim, que a ab-abrupta e excessiva majoração de sua base de cálculo, a ponto de dar ao contribuinte a impressão de que está sendo sancionado, agride o *princípio da não confiscatoriedade*, porque trará sérias repercussões em seu orçamento familiar (caso da pessoa física) ou em suas atividades e patrimônio (caso da pessoa jurídica), que levarão considerável tempo para serem neutralizadas.

Subscrevemos, pois, a observação de Fábio Brun Goldschmidt, *verbis*: "Na perspectiva dinâmica, a ofensa ao art. 150, IV, pode ocorrer pelo repentino e excessivo alargamento da base de cálculo do tributo pela nova legislação. O aumento excessivo de tributos, como vimos, é também objeto de controle pelo princípio do não confisco. Ainda que não se excedam as fronteiras possíveis da hipótese legal de incidência ou da materialidade constitucionalmente desenhada, o tributo poderá atingir o efeito de confisco quando houver uma abrupta e substancial majoração da sua base, que resulte em um aumento tal de seu montante, que o contribuinte tenha a nítida sensação de penalização, de inadequação, de excessividade e – por que não dizer? – de injustiça do aumento".[88]

De fato, é requisito de validade das normas jurídicas que criam impostos que não criem inesperados e pesados encargos para os contribuintes, a ponto de golpear

86. A nosso sentir, uma pessoa não tem capacidade contributiva, mesmo possuindo patrimônio e renda, caso estes apenas lhe garantam o *mínimo vital*.

87. Carlos Augusto Daniel Neto, *Tolerância Fiscal*, São Paulo, Editora CEDES, 2018, p. 179.

88. Fábio Brun Goldschmidt, *O Princípio do Não Confisco no Direito Tributário*, São Paulo, Ed. RT, 2004, p. 132.

o *mínimo vital* (no caso das pessoas físicas) ou pôr em risco a liberdade de exercício das atividades produtivas lícitas (no caso das pessoas jurídicas).

IX – É certo que, *a priori*, é extremamente difícil, se não, mesmo, impossível, precisar a partir de que ponto um imposto passa a ser confiscatório.[89] É igualmente certo, porém, que isso se saberá analisando cada caso concreto, ou seja, averiguando – como lucidamente observa Estevão Horvath[90] – se ele foi "criado com finalidades extrafiscais", qual sua "natureza intrínseca", qual o "tipo de riqueza gravada", e assim avante.

Logo, a análise de cada caso concreto, tendo em conta os princípios da igualdade, da capacidade contributiva, da função social da propriedade e da dignidade de pessoa humana, tem força bastante para revelar se um imposto atingiu as raias do confisco, hipótese em que o Poder Judiciário, quando devidamente provocado, declarará inconstitucional a lei que o criou.[91]

X – Destacamos, em adendo, que para as empresas o confisco está presente quando um imposto, de tão gravoso, dificulta-lhes sobremodo a exploração das atividades econômicas habituais. Efetivamente, os impostos devem ser dosados com razoabilidade, de modo a valorizar a *livre iniciativa*, um dos fundamentos de nosso Estado Democrático de Direito (cf. arts. 1º, IV, e 170, *caput*, da CF).[92]

89. Quando sustentamos ser impossível, *a priori*, precisar a partir de que ponto um imposto passa a ser confiscatório, queremos significar que este conhecimento não pode ser obtido apenas por meio de raciocínios lógicos, mas, pelo contrário, depende da experiência, isto é, do conhecimento da realidade, feito pelo operador do Direito.

90. Estevão Horvath, *O Princípio do Não Confisco no Direito Tributário*, São Paulo, Dialética, 2002, p. 148.

91. Renato Lopes Becho resumiu muito bem estas ideias, *verbis*: "a) a Constituição Federal de 1988 proíbe que os tributos tenham efeito confiscatório; b) as leis que instituam ou majorem tributos podem ou não conferir-lhes efeitos confiscatórios; c) somente é possível definir se uma tributação é confiscatória, ou não, analisando-se sua lei de criação ou modificação; d) se possuírem tais efeitos, tais leis devem ser retiradas do sistema jurídico; e) o conhecimento que permite afirmar que uma lei é confiscatória, ou não, é um conhecimento *a posteriori* ou *empírico*" (*Lições de Direito Tributário*, cit., p. 425).

92. Tudo o que foi escrito vale para as multas fiscais, advindas do descumprimento de deveres jurídicos tributários. De fato, também elas devem ser razoáveis, sob pena de se burlar o princípio constitucional que veda o confisco. É o que pensa Sacha Calmon Navarro Coêlho, *verbis*:

"(...) uma multa excessiva, ultrapassando o razoável para dissuadir ações ilícitas e para punir os transgressores (caracteres punitivo e preventivo da penalidade), caracteriza, de fato, uma maneira indireta de burlar o dispositivo constitucional que proíbe o confisco. (...).

"A aplicação de uma medida de confisco é algo totalmente diferente da aplicação de uma multa. Quando esta é tal que agride violentamente o patrimônio do cidadão contribuinte, caracteriza-se como confisco indireto e, por isso, é inconstitucional" (*Curso de Direito Tributário*, cit., 10ª ed., p. 681).

No mesmo sentido já se posicionou o Pleno do STF ao julgar a ADI 551-1, assim ementada:

"Ação direta de inconstitucionalidade – §§ 2º e 3º do art. 57 do Ato das Disposições Constitucionais Transitórias da Constituição do Estado do Rio de Janeiro – Fixação de valores mínimos para multas pelo não recolhimento e sonegação de tributos estaduais – Violação ao inciso IV do art. 150 da Carta da República.

"A desproporção entre o desrespeito à norma tributária e sua consequência jurídica, a multa, evidencia o caráter confiscatório desta, atentando contra o patrimônio do contribuinte, em contrariedade ao mencionado dispositivo do texto constitucional federal.

"Ação julgada procedente" (rel. Min. Ilmar Galvão, *DJU* 14.2.2003, Ementário 2.098-1).

8.4 *Análise jurídica do tópico "sempre que possível (...)" (art. 145, § 1º, primeira parte, da CF)*

I – O dispositivo em exame reza: "sempre que possível (...)". Vamos entendê-lo devidamente.

A nosso ver, ele não está fazendo – como já querem alguns – uma mera recomendação ou um simples apelo para o legislador ordinário. Em outras palavras, ele não está autorizando o legislador ordinário a, se for de seu agrado, graduar os impostos que criar, de acordo com a capacidade econômica dos contribuintes.

O sentido desta norma jurídica é muito outro. Ela, segundo pensamos, assim deve ser interpretada: se for da índole constitucional do imposto, ele deverá obrigatoriamente ter caráter pessoal e ser graduado de acordo com a capacidade econômica do contribuinte. Ou, melhor: se a *regra-matriz* do imposto (traçada na Constituição Federal) permitir, ele deverá necessariamente obedecer ao princípio da capacidade contributiva. Vejamos.

II – Impostos há, porém, que, por sua natureza, não permitem que se atenda ao princípio da capacidade contributiva. É o caso do ICMS, que, positivamente, com ele não se coaduna. De fato, a *carga econômica* deste imposto é repassada para o preço da mercadoria. Quem a suporta não é o contribuinte (o comerciante, o industrial ou o produtor que praticou a operação mercantil *ou* o prestador do serviço de transporte transmunicipal ou de comunicação), mas o consumidor final da mercadoria *ou* o fruidor dos serviços. Este, ao adquirir a mercadoria ou ao fruir o serviço, vê repassada no preço a carga econômica do ICMS. Ora, tal carga é idêntica para todos os consumidores finais, sejam eles ricos ou pobres. Exemplificando, se um milionário e um mendigo comprarem, cada um para si, um maço de cigarros, da mesma marca, suportarão a mesma carga econômica do imposto.

Vemos, portanto, que não é da índole do ICMS ser graduado de acordo com a capacidade econômica dos contribuintes. Nem dos impostos que, como ele, são chamados, pela Ciência Econômica, de *indiretos* (*v.g.*, o IPI).

São tributos que, por injunção constitucional, devem ter seu encargo financeiro repassado a terceiros (em geral, o consumidor final).

Assim, em relação a esses impostos é impossível atender à determinação da primeira parte do § 1º do art. 145 da CF.

A propósito, como sempre lembra Paulo de Barros Carvalho, "o Direito só opera no campo do possível". Daí podermos dizer que o tópico em questão é totalmente inócuo, já que, quando, nos termos da Constituição, não fosse possível, o imposto não teria, mesmo, como ser pessoal e graduado segundo a capacidade econômica do contribuinte.

III – A maioria dos impostos, todavia, precisa necessariamente observar o princípio da capacidade contributiva.

Em suma, o *princípio do não confisco* veda excessos seja na tributação, seja na apenação de condutas de contribuintes que não cumprem a preceito suas obrigações tributárias (principais ou acessórias).

Na verdade, quando o legislador ordinário tiver opções, deverá, obrigatoriamente, ao criar *in abstracto* o imposto, atender aos reclamos do princípio da capacidade contributiva, isto é, deverá imprimir à exação caráter pessoal, graduando-a segundo a aptidão econômica do contribuinte, respeitado, no entanto, o *mínimo vital*. Daí falar-se em *reserva do mínimo vital* ou *imunidade do mínimo vital aos impostos*.

Expliquemo-nos melhor.

À primeira vista, o princípio da capacidade contributiva parece limitar-se a exigir que cada um pague impostos proporcionalmente às suas rendas e riquezas. Ocorre, porém, que nem sempre rendas e riquezas iguais representam equivalentes manifestações de capacidade contributiva. Pelo contrário, vezes há em que, embora tenham potencialidade econômica – ou seja, aptidão para o consumo –, as condições pessoais do contribuinte (*v.g.*, suas deficiências físicas, que lhe exigem tratamentos médico-hospitalares onerosos) indicam que ele não possui capacidade contributiva.

É por isso que nossa Carta Magna implicitamente manda excluir do campo material de incidência dos impostos, por antecipação, determinados sujeitos ou situações, de modo a preservar a dignidade da pessoa humana. A propósito, cai bem a lembrança da sábia máxima *primum vivere, deinde tributum solvere*. Definitivamente, as pessoas não existem para sustentar o Estado; ele é que existe para ampará-las e desenvolver-lhes as aptidões.

Assim, correndo-nos de posição anteriormente assumida, hoje estamos convencidos de que no Brasil *capacidade contributiva* não é o mesmo que *capacidade econômica*.

Enfim, capacidade contributiva não é qualquer manifestação de riqueza, mas aquela força econômica passível de concorrer às despesas públicas. Conquista do Estado Moderno, ajuda a realizar a justiça fiscal, porque tem por escopo fazer com que cada pessoa colabore com as despesas públicas na medida de suas possibilidades.

Em resumo, onde há campo para a criação de imposto pessoal não pode surgir imposto preocupado apenas com o montante de dinheiro a arrecadar.

IV – Do exposto, facilmente percebemos que, também por burla ao princípio da capacidade contributiva, são inconstitucionais os chamados *impostos fixos*, isto é, aqueles cujo montante é apontado pela lei, de modo invariável, sem qualquer preocupação com as condições pessoais do contribuinte. É o caso, em certos Municípios, do ISS incidente sobre os serviços advocatícios, fixado, pela lei local, em X *unidades* (salários-mínimos, unidades fiscais, valores de referência etc.) *por ano*, para cada advogado. Antes mesmo da ocorrência do *fato imponível tributário*, já se tem condições de saber o montante deste tributo, que será o mesmo quer o profissional tenha uma banca florescente, quer esteja ensaiando os primeiros passos na profissão. Com isso, nestes Municípios, o ISS deixa de ter caráter pessoal, não sendo graduado segundo a capacidade econômica do contribuinte. Manifesta inconstitucionalidade, porquanto o ISS deve necessariamente obedecer ao princípio em exame.

V – Decorre do princípio da capacidade contributiva que a hipótese de incidência e a base de cálculo dos impostos devem ter inequívoca dimensão econômica (*v.g.*, a obtenção de rendimentos, a propriedade de um imóvel, a prática de uma operação financeira etc.). Assim, seria inconstitucional, por exemplo, um imposto sobre o celibato.

VI – Também o chamado "imposto único" (que, segundo o parlamentar que advoga sua instituição, seria cobrado de todas as pessoas que descontassem *cheques*), com ser, na prática, absurdo, feriria, acaso instituído, o princípio da capacidade contributiva, porquanto teria a mesma alíquota, independentemente da capacidade econômica do contribuinte.

Nesse sentido, o IPMF – que, embora não fosse o "imposto único", nele se inspirava – violava o princípio em exame. De fato, criado pela Lei Complementar 77/1993 (que se fundava no inconstitucional art. 2º, com seus parágrafos, da Emenda Constitucional 3/1993),[93] obrigava todas as pessoas (físicas ou jurídicas) a recolherem, aos cofres da Receita Federal, 0,25% (vinte e cinco centésimos por cento) do montante das movimentações ou transmissões de valores e de créditos e direitos de natureza financeira que viessem a realizar. Tal exigência, que nivelava contribuintes que tinham capacidades econômicas distintas, feria o princípio da capacidade contributiva e, com ele, a própria isonomia. Este imposto, conforme estipulava a predita Emenda Constitucional 3/1993, deixou de existir em 31.12.1994.

Igualmente a *antiga* CPMF ("contribuição provisória sobre movimentação ou transmissão de valores e de créditos e direitos de natureza financeira"), criada pela Lei 9.311/1996 (que buscou fundamento de validade na Emenda Constitucional 12/1996) e "prorrogada" pela Lei 9.539/1997, padecia de idêntica inconstitucionalidade. De fato, o art. 7º da Lei 9.311/1996 estipulava que a alíquota deste tributo – que, apesar do nome (*contribuição*), tinha a natureza jurídica de imposto – seria, para todos os contribuintes, de "vinte centésimos por cento". É certo que houve uma tímida tentativa de atender-se ao *princípio da capacidade contributiva*, na medida em que o art. 17 desta mesma Lei 9.311/1996 previa mecanismos de compensação para os pequenos assalariados. Ainda assim, a nosso ver, esta inconstitucionalidade estava presente.

Malgrado, a CPMF "criada" pela Emenda Constitucional 21/1999 continuou afrontando o *princípio da capacidade contributiva*, pois previu que a alíquota da contribuição seria de trinta e oito centésimos por cento, nos primeiros doze meses, e trinta centésimos nos meses subsequentes (art. 75, § 1º, do ADCT).[94]

93. A Emenda Constitucional 3, de 17.3.1993, pretendeu ampliar a competência tributária da União, autorizando-a a criar, por meio de lei complementar, o "imposto provisório sobre a movimentação ou a transmissão de valores e de créditos e direitos de natureza financeira".

No exercício dessa nova competência tributária (inconstitucional), a União Federal criou, por meio da Lei Complementar 77, de 13.7.1993, o "imposto provisório sobre a movimentação ou a transmissão de valores e de créditos e direitos de natureza financeira – IPMF" (art. 1º), que alcançava, indistintamente, aqueles que emitiam cheques ou praticavam as operações financeiras elencadas no art. 2º do ato normativo em pauta. Os sujeitos passivos deste tributo deviam recolher, aos cofres da União (por intermédio das instituições financeiras nas quais operavam), 0,25% dos valores movimentados (art. 7º). Com uma alíquota única, o IPMF não tinha caráter pessoal e não era graduado segundo a capacidade econômica dos contribuintes.

94. Em função da Emenda Constitucional 31, de 14.12.2000, que introduziu no ADCT um art. 80, I, a alíquota da CPMF voltou, retroativamente a 18 de junho de 2000, a ser de trinta e oito centésimos

O mesmo podemos dizer da "nova" CPMF, "criada" pela Emenda Constitucional 37, de 12.6.2002, que "nasceu" da *prorrogação* (!!!), até 31 de dezembro de 2004, da Lei 9.311, de 24.10.1996. A alíquota do tributo foi de trinta e oito centésimos por cento, nos exercícios financeiros de 2002 e 2003, e seria de oito centésimos por cento, no exercício financeiro de 2004. Escrevemos "seria" porque em 2003 foi aprovada a Emenda Constitucional 42, que, inserindo um art. 90 no ADCT, novamente prorrogou – agora até 31.12.2007 – a cobrança do tributo e a vigência da Lei 9.311/1996, ao mesmo tempo em que lhe aumentou a alíquota para trinta e oito centésimos por cento, já para o exercício financeiro de 2004.

A ausência de graduação de alíquotas e a incidência sobre a mera movimentação financeira manteve o total descompromisso da exação com a capacidade contributiva.

Deveras, a existência de quantias, na conta corrente do contribuinte, em si mesma considerada, não exterioriza nenhuma manifestação objetiva de riqueza, já que elas podem ser fruto de empréstimos, pertencer a outras pessoas etc. O que se está tentando significar é que a CPMF deveria ser graduada de acordo com critérios certos e específicos de exteriorização de riqueza, e não, como vinha acontecendo, com base em indícios, por vezes irreais, de existência de recursos financeiros. Em suma, a falta de graduação de alíquotas e a incidência sobre a mera movimentação financeira (que pode até mesmo decorrer de receitas alheias) tornavam inconstitucional o tributo em tela.

Para nosso gáudio, a CPMF deixou de ser exigível em 31.12.2007, pelo exaurimento do prazo de vigência da Lei 9.311/1996, determinado pelo art. 90 do ADCT.

VII – Por força do disposto no art. 155, § 6º, I e II (§ e incisos acrescentados pela Emenda Constitucional 42, de 19.12.2003), o imposto sobre a propriedade de veículos automotores (IPVA) "terá alíquotas mínimas fixadas pelo Senado Federal" (inciso I) e "poderá ter alíquotas diferenciadas em função do tipo e utilização" (inciso II). A nosso sentir, a locução "poderá ter" há de ser considerada sinônima de "deverá ter", já que tal interpretação vem ao encontro do *princípio da capacidade contributiva*, informador da tributação por meio de impostos. De fato, apenas para exemplificar, revela maior disponibilidade de riqueza o proprietário de veículo automotor estrangeiro de alto luxo, que o de automóvel nacional modesto. Ora, é jurídico que o primeiro, por revelar maior aptidão econômica, venha proporcionalmente mais tributado, por meio de IPVA, que o último.

VIII – Mas, retomando nossa ideia principal, a quase totalidade dos impostos arrolados na Carta Magna (inclusive os da competência residual da União) deve obedecer ao princípio em tela. É o caso do IPTU e do IR, com os quais nos ocuparemos, em seguida.

8.4.1 O IPTU e a capacidade contributiva

I – Exige obediência ao princípio da capacidade contributiva o IPTU (imposto predial e territorial urbano). Agora, com a vigência da nova Carta, o proprietário de

por cento. Trataremos de mais esta inconstitucionalidade quando, no Título "Competência Tributária", cuidarmos especificamente do tema.

amplo e luxuoso imóvel, situado em bairro residencial, deve proporcionalmente ser mais tributado, por via de IPTU, do que o proprietário de casa modesta, localizada em bairro fabril.

Quando dizemos "deve proporcionalmente ser mais tributado", queremos significar que deve ser submetido a uma alíquota maior. Assim, se o imóvel urbano de "A" vale *1.000* e o imóvel urbano de "B" vale *10.000* e o primeiro paga *1* e o outro, *10*, ambos estarão pagando, proporcionalmente, o mesmo imposto, o que fere o princípio da capacidade contributiva. A Constituição exige, *in casu*, que "A" pague *1* e "B" pague, por hipótese, *30*, já que, só por ser proprietário do imóvel mais caro, revela possuir maior capacidade contributiva do que "A". Se ambos forem tributados com alíquotas idênticas, estarão sendo tratados desigualmente, porque em desacordo com a capacidade contributiva de cada qual.

Enfatizamos que a capacidade contributiva, para fins de tributação por via de IPTU, é aferida em função do próprio imóvel (sua localização, dimensões, luxo, características etc.), e não da fortuna em dinheiro de seu proprietário. Não fosse assim, além de incerteza e insegurança, proliferariam situações deste tipo: pessoa hoje pobre, mas que adquiriu caríssimo imóvel em período economicamente faustoso de sua vida profissional, estaria a salvo do IPTU.[95] Ou deste: num prédio de alto luxo, com um apartamento por andar, cada proprietário pagaria um IPTU diferente (assim, *v.g.*, o banqueiro bem-sucedido pagaria o imposto no grau máximo e o aposentado, que recebe pensão previdenciária do INSS, nada pagaria). Não nos parece seja este o espírito do dispositivo constitucional. A nosso ver, a só propriedade do imóvel luxuoso constitui-se numa presunção *iuris et de iure* de existência de capacidade contributiva (pelo menos para fins de tributação por via de IPTU). Estaria inaugurado o *império da incerteza* se a situação econômica individual do contribuinte tivesse que ser considerada na hora do lançamento deste imposto.

Portanto, a capacidade contributiva revela-se, no caso do IPTU, com o próprio imóvel urbano. Do contrário, não se teria mais mãos a medir.

Apenas à guisa de exemplo, dois proprietários de imóveis urbanos idênticos pagariam IPTUs diferentes só porque um deles é rico industrial e o outro, modesto aposentado. Não é isto, obviamente, o que a Constituição quer.

Em suma, o IPTU deve obedecer ao princípio da capacidade contributiva, nos termos do já estudado art. 145, § 1º, primeira parte, da CF. E, para isso, deve ser progressivo. Esta é uma *progressividade fiscal*, de existência obrigatória.

95. Não raro, uma pessoa é proprietária de imóvel luxuoso, adquirido enquanto trabalhava. Atualmente, aposentada, recebe minguada pensão. Outra pessoa, apesar de pobre, é proprietária de riquíssima casa, havida por herança.

Nada disso importa, a nosso pensar, para fins de tributação por via de IPTU. Por quê? Porque a propriedade de imóvel luxuoso encerra uma presunção absoluta de que o contribuinte possui capacidade contributiva.

Com este raciocínio podemos chegar, é certo, à conclusão de que o proprietário que não tem condições de pagar o IPTU incidente sobre seu imóvel deve, em última análise, aliená-lo. Esta é, reconhecemos, uma situação dolorosa, mas juridicamente válida. Não vemos, ao lume do direito positivo brasileiro, como diminuir a carga econômica do IPTU porque o proprietário do imóvel urbano, por razões pessoais, não tem como suportá-la.

II – Mas há uma outra progressividade do IPTU, que poderíamos chamar de *extrafiscal*,[96] que tem dado margem a inúmeras controvérsias. Vejamos.

O § 1º do art. 156 da CF prescreve que o IPTU, "sem prejuízo da progressividade no tempo a que se refere o art. 182, § 4º, inciso II (...), *poderá*: I – ser progressivo em razão do valor do imóvel; e II – ter alíquotas diferentes de acordo com a localização e o uso do imóvel" (grifamos).[97]

Aliás, este *poderá*, como aguisadamente observou Souto Maior Borges, em parecer,[98] equivale a *deverá*.

É que, como averbava Rui Barbosa, todo poder encerra um dever. Quando a Constituição confere a uma pessoa política um *poder*, ela, *ipso facto*, lhe impõe um *dever*. É por isso que se costuma falar que as pessoas políticas têm *poderes-deveres*.

Assim, o § 1º do art. 156 da CF, juridicamente interpretado, estabelece que o IPTU, além de dever obedecer ao *princípio da capacidade contributiva* ("ser progressivo em função do valor do imóvel"), terá "alíquotas diferentes de acordo com a localização e o uso do imóvel" (inciso II). É interessante notar que este inciso II do § 1º do art. 156 da CF nada tem a ver com o *princípio da capacidade contributiva*. Mas também deve ser obedecido, uma vez que não conflita, mas convive harmonicamente, com o art. 145, § 1º, da CF, adaptado para o IPTU pelo inciso I do § 1º do art. 156 do mesmo Diploma Magno.

III – Estamos tentando significar que o princípio da capacidade contributiva, no IPTU, não se revela no inciso II do § 1º do art. 156 da Carta Magna. O princípio da capacidade contributiva, também no IPTU, revela-se no já mencionado art. 145, § 1º (cuja aplicação a este imposto é declarada no inciso I do § 1º do art. 156 da CF), da CF. O IPTU não depende da edição de qualquer *plano diretor* do Município (art. 182, §§ 1º e 2º, da CF[99]) para poder ter caráter pessoal e ser graduado de acordo com a capacidade econômica do contribuinte.

São coisas diferentes, que, portanto, não podem ser coligadas. Na verdade, o IPTU deve: a) ter alíquotas progressivas, em razão do valor do imóvel; e b) ter alíquotas diferentes de acordo com a localização e o uso do imóvel, o que, a nosso

96. Há extrafiscalidade quando o legislador, em nome do interesse coletivo, aumenta ou diminui as alíquotas e/ou as bases de cálculo dos tributos, com o objetivo principal de induzir os contribuintes a fazer ou a deixar de fazer alguma coisa. Por aí se vê que a extrafiscalidade nem sempre causa perda de numerário; antes, pode aumentá-lo, como, por exemplo, quando se exacerba a tributação sobre o consumo de cigarros.

97. Redação dada pela Emenda Constitucional 29, de 13.9.2000. A redação original era: "§ 1º. O imposto previsto no inciso I poderá ser progressivo, nos termos de lei municipal, de forma a assegurar o cumprimento da função social da propriedade".

98. Souto Maior Borges, "IPTU: progressividade", *RDTributário* 59/73.

99. "Art. 182. A política de desenvolvimento urbano, executada pelo Poder Público municipal, conforme diretrizes gerais fixadas em lei, tem por objetivo ordenar o pleno desenvolvimento das funções sociais da cidade e garantir o bem-estar de seus habitantes.

"§ 1º. O plano diretor, aprovado pela Câmara Municipal, obrigatório para cidades com mais de vinte mil habitantes, é o instrumento básico da política de desenvolvimento e de expansão urbana.

"§ 2º. A propriedade urbana cumpre sua função social quando atende às exigências fundamentais de ordenação da cidade expressas no plano diretor."

ver, depende – agora, sim – da edição do *plano diretor* do Município, que efetuará a *ordenação da cidade*.

O que não se pode mais sustentar é que enquanto não houver um *plano diretor* as alíquotas do IPTU têm que ser as mesmas: tanto para o imóvel de alto luxo, localizado em bairro estritamente residencial, como para o imóvel modestíssimo, localizado em bairro da periferia. Estas ideias, muito do agrado das elites, que já não se sustentavam com a redação original do § 1º do art. 156 da Carta Fundamental,[100] agora positivamente não colhem.

A Constituição quer que, *além de obedecer ao princípio da capacidade contributiva*, o IPTU tenha alíquotas diferentes de acordo com a localização e o uso do imóvel, de forma a assegurar o cumprimento da função social da propriedade (nos termos do *plano diretor*). Em outras palavras, além de obedecer a uma *progressividade fiscal* (exigida pelo § 1º do art. 145, c.c. o inciso I do § 1º do art. 156, ambos da CF), o IPTU deverá submeter-se a uma *progressividade extrafiscal* (determinada no inciso II do § 1º do art. 156 da CF). Somente a *progressividade extrafiscal* depende da edição do *plano diretor*, que indicará qual a melhor localização e o uso mais adequado do imóvel urbano.

Portanto, o IPTU pode e deve ser um instrumento de extrafiscalidade.

Assim, a alíquota do IPTU pode variar de acordo com o índice de aproveitamento do terreno, com o tipo de construção, com suas dimensões, com sua localização, com o número de pavimentos do imóvel, com sua destinação, e assim avante. Tudo vai depender – agora, sim – do *plano diretor*. Por exemplo, numa região onde, de acordo com o *plano diretor*, for desaconselhável a edificação de prédios de apartamentos, pode a alíquota do IPTU ser elevada, por meio de lei, de modo a desestimular este tipo de construção. A alíquota do IPTU pode, ainda, ser exacerbada – sempre com base no *plano diretor* – para quem mantenha, em suas casas, jardins ou quintais imensos (especialmente se estes imóveis estiverem localizados na zona central do Município). Ou, ainda, a alíquota do IPTU pode ser maior se o proprietário do imóvel o mantém vazio, sem cumprir sua função social (então, num mesmo prédio, em havendo plano diretor nesse sentido, o proprietário que mora em seu apartamento, ou o

100. Em fins de 1995, o STF, julgando recurso extraordinário (n. 153.771-0-MG) interposto por contribuinte de Belo Horizonte, decidiu, por maioria de votos, vencido o Relator (Min. Carlos Mário da Silva Velloso), que a instituição de alíquotas progressivas na cobrança do IPTU dependia de regulamentação por lei federal, que, embora prevista no art. 182, *caput*, da CF, ainda não fora editada.

Convém notar que a referida decisão do Pretório Excelso – não tendo sido prolatada em ação direta de inconstitucionalidade, mas em mandado de segurança – só operou efeitos no caso concreto, isto é, só beneficiou o contribuinte que se insurgiu contra tal progressividade. Em relação aos demais contribuintes, todas as leis municipais que criaram o IPTU progressivo (inclusive a lei belo-horizontina em questão) continuam valendo e, portanto, em pleno vigor. Em linguagem mais técnica, tal decisão não produziu efeitos *erga omnes*, mas apenas *inter partes*. Revelou uma tendência da mais alta Corte do País, mas não interferiu nem muito menos revogou as leis municipais que criaram o IPTU progressivo.

Em razão disso, não se pode falar – como fazem alguns – que a Emenda Constitucional 29/2000 veio desconstituir a coisa julgada. Ela apenas – sem embargo da decisão em contrário do STF – veio explicitar o que estava implícito na redação original do art. 156, § 1º, da Lei das Leis.

mantém alugado, pagará menos imposto do que o proprietário que o mantém fechado, apenas para fins especulativos).

IV – Mas, voltamos a insistir: não há necessidade de editar-se um *plano diretor* para que o IPTU seja graduado de acordo com a capacidade econômica dos contribuintes.

Temos, aí, duas situações distintas.

A *primeira*: o princípio da capacidade contributiva exige que o IPTU tenha alíquotas diferençadas, conforme os imóveis urbanos sejam mais ou menos valiosos.

A *segunda*: o inciso II do § 1º do art. 156 da CF exige que o IPTU tenha alíquotas diferentes, de acordo com a localização e o uso do imóvel, ou seja, de acordo com as conveniências locais, expressas no *plano diretor* do Município.

Nesta última situação não está em jogo o princípio da capacidade contributiva, mas a função social da propriedade.

Digamos que, nos termos do *plano diretor* do Município, exista interesse em que, no bairro "X", se instalem apenas indústrias. A lei tributária pode perfeitamente, nesse caso, estabelecer que, se alguém construir um imóvel residencial em tal bairro, suportará uma alíquota de IPTU muito superior à que suportaria se o construísse no bairro "Y" (bairro que, sempre nos termos do *plano diretor*, interessa ao Município seja ocupado exclusivamente por residências). Haverá, aí, tributação mais gravosa *não em função da capacidade contributiva* do proprietário do imóvel, mas da *conveniência do próprio Município*, expressa em seu *plano diretor*.

Em suma, para que, no IPTU, restem atendidas as exigências do *princípio da capacidade contributiva* não é necessário seja editado um *plano diretor*. Se editado, é possível, sem embargo do cumprimento ao § 1º do art. 145 da CF, usar um sistema de alíquotas diferençadas, para estimular ou desestimular comportamentos dos munícipes, proprietários de imóveis urbanos, sempre tendo em vista o cumprimento da função social da propriedade.

Talvez mais um exemplo esclareça melhor o que estamos tentando demonstrar.

Digamos que duas pessoas tenham imóveis idênticos (com as mesmas dimensões, o mesmo material, as mesmas características). Elas devem pagar – é claro – o mesmo montante de IPTU. Por quê? Porque ambas têm a mesma capacidade contributiva (pelo menos em relação a este imposto).

Mas admitamos que, nos termos do *plano diretor* do Município, um dos imóveis esteja localizado em bairro estritamente residencial e o outro em bairro destinado ao comércio. Nada impede – agora com apoio no inciso II do § 1º do art. 156 da CF (que não tem relação com o *princípio da capacidade contributiva*) – que o proprietário deste último imóvel seja mais tributado, por via de IPTU, que o proprietário do imóvel que está situado no bairro residencial. Por quê isso? Porque este último imóvel está cumprindo melhor a função social da propriedade que o outro.

Em suma, o princípio da capacidade contributiva, independentemente da existência do *plano diretor* do Município, exige que a tributação por via de IPTU seja maior ou menor, de acordo com o maior ou menor valor venal do imóvel urbano.[101]

Já, o inciso II do § 1º do art. 156 da CF exige que, havendo tal *plano diretor*, as alíquotas do IPTU variem, para menos ou para mais, conforme o imóvel urbano preencha melhor ou pior sua função social.

V – Ainda a respeito do IPTU, há uma questão pouco estudada: nada impede que suas alíquotas aumentem progressivamente, à medida que o proprietário do imóvel urbano for perseverando em seu mau aproveitamento (é a chamada "progressividade no tempo"). Tal aumento – é o que estatui o inciso II do § 4º do art. 182 da CF – pode redundar, até, na perda da propriedade. Sempre com base em lei (agora *lei sancionatória*, e não tributária). De fato, isto será feito exatamente para punir o proprietário do imóvel que renite em não ajustá-lo às diretrizes do *plano diretor*.[102]

Gostaríamos, a respeito, de fazer mais algumas ponderações.

Va – O art. 182, § 4º, da CF faculta "ao Poder Público Municipal, mediante lei específica para área incluída no plano diretor, exigir, *nos termos de lei federal*, do proprietário do solo urbano não edificado, subutilizado ou não utilizado, que promova seu adequado aproveitamento, sob pena, sucessivamente, de: I – parcelamento ou edificação compulsórios; II – imposto sobre a propriedade predial e territorial urbana progressivo no tempo; III – desapropriação com pagamento mediante títulos da dívida pública de emissão previamente aprovada pelo Senado Federal, com prazo de resgate de até 10 (dez) anos, em parcelas anuais, iguais e sucessivas, assegurados o valor real da indenização e os juros legais" (grifamos).

Como vemos, embora sua ausência não iniba o Município de disciplinar legislativamente o assunto, é dado à *lei federal* (lei ordinária) estabelecer as *diretrizes urbanísticas*, aptas a melhor possibilitar que o IPTU seja utilizado para induzir os contribuintes a atender à função social da propriedade urbana.

Pois bem. Pretendeu-se regular a matéria por intermédio da Lei federal 10.257, de 10.7.2001 (*Estatuto da Cidade*), que, em seu art. 7º, estabelece:

"Art. 7º. Em caso de descumprimento das condições e dos prazos previstos na forma do *caput* do art. 5º desta Lei, o Município procederá à aplicação do imposto so-

101. Em 1989 criticou-se muito o Poder Executivo do Município de São Paulo porque, apesar da inexistência de um *plano diretor*, aplicou as leis locais de IPTU, que estabeleciam um sistema de alíquotas diferençadas para os imóveis mais ou menos luxuosos ou localizados em bairros mais ou menos residenciais.

Não vemos razão jurídica para tais críticas. De fato, as tributações distintas foram realizadas com apoio no art. 145, § 1º, do Diploma Excelso.

Equivocavam-se os que apregoavam que, à falta de *plano diretor*, as alíquotas do IPTU tinham de ser as mesmas, tanto para os proprietários de imóveis luxuosos quanto para os proprietários de imóveis modestos.

A faculdade contida no predito art. 156, § 1º, II, CF não interfere no princípio da capacidade contributiva, que irradia efeitos sobre o IPTU e independe da edição de qualquer *plano diretor* para atuar.

102. V., a propósito, de Elizabeth Nazar Carrazza, *Progressividade e IPTU*, Curitiba, Juruá, 1992.

bre a propriedade predial e territorial urbana (IPTU) progressivo no tempo, mediante a majoração da alíquota pelo prazo de 5 (cinco) anos consecutivos.

"§ 1º. O valor da alíquota a ser aplicado a cada ano será fixado na lei específica a que se refere o *caput* do art. 5º desta Lei e não excederá a duas vezes o valor referente ao ano anterior, respeitada a alíquota máxima de 15% (quinze por cento).

"§ 2º. Caso a obrigação de parcelar, edificar ou utilizar não esteja atendida em 5 (cinco) anos, o Município manterá a cobrança pela alíquota máxima, até que se cumpra a referida obrigação, garantida a prerrogativa prevista no art. 8º.

"§ 3º. É vedada a concessão de isenções ou de anistia relativas à tributação progressiva de que trata este artigo."

Sem entrar no mérito do dispositivo – que revela a louvável preocupação de evitar que o IPTU seja utilizado como instrumento de confisco, mesmo quando o contribuinte descura da função social de seu imóvel urbano –, temos para nós que o art. 7º, supra, é inconstitucional, por haver se internado em seara própria das *normas gerais em matéria de legislação tributária* (art. 146 da CF). Com efeito, ao invés de tratar simplesmente de questões urbanísticas, a aludida *lei federal* "ditou" regras tributárias aos Municípios, desbordando de seu campo de atuação.

Vb – A Emenda Constitucional 29/2000 não redefiniu, em detrimento do contribuinte, o alcance do IPTU (hipótese em que se poderia cogitar de inconstitucionalidade por ofensa a *cláusula pétrea*), mas apenas explicitou o que já se continha na Constituição – ou seja, que este tributo deve ser graduado segundo a capacidade econômica do contribuinte, a qual, independentemente da existência de *plano diretor* no Município, revela-se com o próprio imóvel urbano. Noutros termos, a emenda constitucional em questão, dado seu caráter meramente declaratório, limitou-se a reforçar a ideia, consagrada em nosso sistema tributário, de que, para fins de IPTU, quanto maior o valor do imóvel urbano, tanto maior haverá de ser sua alíquota.

Vc – A mesma Emenda Constitucional explicitou que a localização e o uso do imóvel urbano ensejam tributações diferençadas, por meio de IPTU, justamente para que se estimule o cumprimento da função social da propriedade, revelada no plano diretor do Município.

Tudo isto, evidentemente, depende da edição de leis municipais ajustadas a estas diretrizes.

8.4.2 O IR e a capacidade contributiva

I – Outro imposto que exige obediência ao princípio da capacidade contributiva é o IR (imposto sobre a renda e proventos de qualquer natureza).[103] E, para isso, deverá ser progressivo. É o que estabelece o art. 153, § 2º, I, da CF: "o imposto previsto no inciso III (*imposto sobre a renda e proventos de qualquer natureza*) será informado

103. Para detalhamento do assunto, v. nosso *Imposto sobre a Renda (Perfil Constitucional e Temas Específicos)*, 3ª ed., São Paulo, Malheiros Editores, 2009, pp. 111 e ss.

pelos critérios da generalidade, da universalidade e da *progressividade*, na forma da lei" (esclarecemos e grifamos).[104]

104. Em decorrência destes critérios e princípios, o imposto sobre a renda não comporta tributação em operações isoladas que possam ser praticadas pelo contribuinte. Dito de outro modo, não pode levar em conta senão a *totalidade dos resultados de suas atividades*, quer se traduzam em aplicações financeiras, quer decorram de outros desempenhos, operacionais ou não, que o contribuinte venha a realizar.

Tal o ensinamento de Ricardo Mariz de Oliveira: "Entenda-se generalidade como a submissão de todos os gêneros e espécies de rendas e proventos à incidência do imposto, preceito este que se espraia por outros dispositivos constitucionais, assim como o da universalidade, que significa a abrangência do universo das pessoas adquirentes de rendas e proventos no campo da tributação" (*Cadernos de Pesquisas Tributárias* 14/177, São Paulo, CEEU/Resenha Tributária, 1989).

Melhor explicitando, a técnica consistente em tributar *exclusivamente na fonte* os rendimentos auferidos numa única operação jurídica atropela o comando constitucional de que a base de cálculo do imposto sobre a renda deve levar em conta a *totalidade* dos resultados alcançados pelo contribuinte em cada período de apuração.

As distorções que esta praxe acarreta foram muito bem captadas por Hugo de Brito Machado: "É sabido de todos que a empresa muitas vezes realiza determinada operação que não lhe enseja lucro, mas lhe propicia a disponibilidade de dinheiro para aplicar em outra, esta, sim, rentável. Outras vezes, vende determinadas mercadorias, com prejuízo, apenas para atrair clientes. A tributação isolada de cada operação, com a quebra do sistema operacional da empresa, inviabilizará tais procedimentos, sendo, por isto mesmo, contrária à livre iniciativa econômica, além de ser desprovida de validade jurídica" ("Tributação autônoma de operações de renda fixa e operações em Bolsa", in *Repertório IOB de Jurisprudência* 8/162, abril/1993, 2ª quinzena).

Também Misabel Derzi esclarece o assunto, ao tecer estas oportunas considerações: "(...) por meio da comparação dos balanços do início e do fim de um determinado período, *apura-se a renda tributável como lucro real*, realizado no período, que corresponde ao aumento de patrimônio líquido gerado pela própria empresa durante o mesmo período. Determina-se a renda tributável (lucro) pela comparação entre patrimônios líquidos da pessoa empresarial, pois pressupõe-se que o 'patrimônio líquido é estabelecido no início e no fim do período de apuração do lucro através do balanço inicial (que coincide com o de encerramento do período anterior) e final' (Tipke, K., ob. cit., p. 225). Se, no início do exercício, no balanço de abertura, correspondente ao balanço de encerramento do ano anterior, o patrimônio líquido era de 70 (...) e no final do período continua sendo de 70, então não houve acréscimo de valor real, renda gerada pela pessoa, não houve lucro tributável. *O patrimônio não pode ser atingido pelo imposto de renda*" (*Os Conceitos de Renda e Patrimônio (Efeitos da Correção Monetária Insuficiente no Imposto de Renda)*, Coleção Momentos Jurídicos, Belo Horizonte, Del Rey, 1992, p. 26 – os grifos constam do original).

As passagens ora colacionadas deixam evidenciado que, tratando-se de pessoas jurídicas, os resultados relevantes para determinação da base de cálculo do imposto sobre a renda não podem ser compartimentados em razão da origem das operações que lhes tenham dado causa, mas devem ser considerados como componentes de um universo que se consolida apenas ao término de cada período de apuração, seja este anual, semestral ou, até mesmo, mensal.

Sujeitar à tributação exclusivamente na fonte (isto é, sem possibilidade de compensação) o produto de uma ou de algumas operações isoladas ocorridas nestes períodos, com total desconsideração dos demais eventos relevantes que, no seu transcorrer, venham a se verificar, significa, em última análise, admitir a ocorrência da absurda hipótese de o contribuinte ser obrigado a pagar imposto (que, tornamos a repetir, incide sobre a renda, isto é, sobre o acréscimo patrimonial, num dado período) ainda que se encontre, ao termo do período de apuração correspondente, em situação de manifesto prejuízo.

Em outro contexto, mas que guarda pertinência com o assunto em análise, assim se manifestou Wagner Balera: "A nós parece que a incidência exclusiva na fonte, mediante alíquota fixa, por não levar em consideração toda uma série de dados que determinam o significado do valor auferido a título de renda para o indivíduo que deve o tributo, não é compatível com o caráter pessoal previsto no § 1º do art. 145 da CF. Entendemos, mais, que essa metodologia de arrecadação constitui manifesta afronta ao princípio da isonomia, pois redunda em distribuição desigual da carga fiscal entre os contribuintes. As recentes alterações efetuadas na legislação do imposto de renda, em nosso País, ao reduzirem a quase nada a consideração sobre o caráter pessoal do tributo em questão, quando tais dados já poderiam ser apreciados segundo técnica fiscal conhecida, podem ser acoimadas de inconstitucionais" (*Cadernos* ..., cit., p. 262).

Este inciso encerra uma norma cogente, isto é, de observância obrigatória. A lei poderá regular o *modo* pelo qual se dará a progressividade no IR. Mas não poderá *anular* esta exigência constitucional.

No caso do IR-Pessoa Física, quem, com efeito, tem rendimentos mais expressivos deve ser proporcionalmente mais tributado, por via de imposto sobre a renda, do que quem tem rendimentos menores. Não nos parece excessivamente arrojado sustentar que, em função deste art. 145, § 1º, da Lei das Leis, quem tem parcos rendimentos, apenas suficientes para sobreviver (digamos, ganha o *salário-mínimo*), está *imune* a tal tributação. Por quê? Simplesmente porque o assalariado mínimo, por injunção constitucional, ganha o mínimo indispensável para manter-se e a seus familiares. Sendo assim, não tem capacidade contributiva e nada lhe pode ser retirado, nem mesmo a título de imposto sobre a renda.

Atualmente (início de fevereiro/2019), por força da Lei 13.149, de 21.7.2015, que deu nova redação ao art. 1º da Lei 11.482, de 31.5.2007, há no Brasil cinco alíquotas para o IRPF: a) 0% (*alíquota zero*) para quem tem rendimentos mensais de até R$ 1.903,98; b) 7,5% para quem obtém rendimentos mensais entre R$ 1.903,99 e R$ 2.826,65; c) 15% para quem experimenta rendimentos mensais entre R$ 2.826,66 e R$ 3.751,05; d) 22,5% para quem aufere rendimentos mensais entre R$ 3.751,06 e R$ 4.664,68; e e) 27,5% para quem tem rendimentos mensais superiores a R$ 4.664,68.[105]

Já é uma tentativa, tíbia embora, de imprimir ao IRPF caráter pessoal, graduando-o de acordo com a capacidade econômica do contribuinte. Escrevemos "tíbia" porque cinco alíquotas e, ainda por cima, sobre valores pequenos[106] e extremamente próximos entre si[107] é, segundo estamos convencidos, muito pouco para abarcar, de modo satisfatório, o universo de rendimentos mensais possíveis das pessoas físicas. Ademais, tal "equiparação" agride o próprio *princípio da isonomia*, já que, nos rendimentos mensais superiores a R$ 4.664,68, pessoas em situações econômicas diversas são tributadas sob a mesma alíquota de 27,5%.

Podemos concluir, pois, que negar-se a compensação do imposto sobre a renda incidente na fonte sobre os rendimentos auferidos pelas pessoas jurídicas é inconstitucional porque (a) desatende aos critérios da generalidade, da progressividade e da universalidade, que devem informar este tributo (art. 153, § 2º, I, da CF); (b) contraria o *princípio da igualdade tributária* (art. 150, II), além de atentar contra o caráter pessoal de que o tributo em tela deve revestir-se, por imperativa determinação do *princípio da capacidade contributiva* (art. 145, § 1º, da CF); e (c) incide sobre resultados que podem não refletir o conceito geral e universal de renda tributável, levando, deste modo, ao confisco, vedado pelo art. 150, IV, da CF.

Em suma, o que estamos aqui combatendo não é a tributação na fonte dos rendimentos, mas eventuais obstáculos à sua compensação.

105. A progressividade no IRPF não se manifesta, porém, na simples aplicação destas alíquotas nominais à base de cálculo, mas quando entra no processo de apuração um terceiro fator: a parcela a deduzir deste produto. Aí, sim, as *alíquotas nominais* passam a ser *efetivas*.

106. Meros rendimentos de R$ 4.664,68 mensais já ensejam a aplicação da alíquota máxima de 27,5%.

107. As diferenças entre uma faixa de alíquotas e outra são (i) de R$ 922,67 para que a alíquota suba de 7,5% para 15%, (ii) de R$ 924,40 para que a alíquota suba de 15% para 22,5%, e de R$ 913,62 para que a alíquota suba de 22,5% para 27,5%.

É certo que a cinca vem um tanto quanto atenuada pela adoção do engenhoso artifício que há nome "parcela a deduzir" (R$ 142,80 para rendimentos mensais entre R$ 1.903,99 e R$ 2.826,65; R$ 354,80 para rendimentos mensais entre R$ 2.826,66 e R$ 3.751,05; R$ 636,13 para rendimentos mensais entre R$ 3.751,06 e R$ 4.664,68; e R$ 869,36 para rendimentos mensais superiores a R$ 4.664,68). Tal "parcela a deduzir", aplicada à *alíquota nominal*, leva o IRPF a atender um pouco melhor ao critério da progressividade. Mas, apesar destes *redutores*, o fato é que, a partir de certos ganhos experimentados pelos contribuintes, a alíquota efetiva do imposto, por eles suportada, acaba sendo praticamente a mesma.[108]

Anote-se que até o momento (início de fevereiro/2019) não se efetivou a pretendida correção da Tabela do Imposto de Renda.[109]

Portanto, o sistema poderia e deveria ser aperfeiçoado, aumentando-se o número de alíquotas do IR-Pessoa Física. Afinal, não devemos perder de vista que em alguns países as alíquotas desse imposto oscilam entre 5% e 55%. Esta última alíquota, isoladamente considerada, pode parecer escorchante, mas, na verdade, só acaba alcançando alguns poucos contribuintes, megamilionários. Em tais países a classe média é submetida a uma tributação de aproximadamente 10% sobre os rendimentos líquidos (contra os 27,5% da classe média brasileira).[110]

108. Paulo Ayres Barreto ("Imposto sobre a renda: pessoa física, pessoa jurídica e regime de fonte", in *Curso de Iniciação em Direito Tributário*, São Paulo, Dialética, 2004, p. 129) apresenta-nos tabela que comprova que a partir da remuneração mensal de R$ 30.000,00 as alíquotas do IRPF acabam sendo praticamente as mesmas:

Remuneração (R$)	**Alíquota nominal (%)**	**Alíquota efetiva (%)**
6.000,00	27,5	20,4
30.000,00	27,5	26,1
100.000,00	27,5	27,1
1.000.000,00	27,5	27,46

109. De acordo com estudos realizados pelo Sindicato Nacional dos Auditores Fiscais da Receita Federal/SINDIFISCO NACIONAL, a defasagem da Tabela de Incidência do Imposto de Renda da Pessoa Física acumulou, entre 1996 e 2018, o expressivo índice de 95,4%.

Só para se ter uma ideia dos prejuízos que, pela incúria da União, os contribuintes estão a sofrer, a atual faixa de isenção do IRPF (rendimentos mensais de até R$ 1.903,98) subiria para R$ 3.689,57.

110. Esse sistema de alíquotas, como já vimos, só aparentemente atende ao critério da progressividade do IRPF. Garante, quando muito, uma progressividade parcial. É que a partir de certo patamar de renda a progressividade praticamente deixa de existir.

Tal distorção, a nosso sentir, somente poderia ser corrigida aumentando-se a faixa isentiva (para que os contribuintes de menor renda fiquem a salvo do tributo) e, ao mesmo tempo, criando-se um maior número de alíquotas aplicáveis às rendas mais elevadas. Com tal providência os contribuintes com ganhos realmente expressivos viriam, em termos proporcionais, a pagar mais imposto sobre a renda que aqueles que, embora não os aufiram de modo tão elevado, atualmente também são postos na faixa dos 27,5%.

Mas não só: haveria necessidade, também, de aumentar as parcelas a deduzir, para que não continue a acontecer de, contas feitas, inexistirem substanciais diferenças de imposto a pagar entre pessoas que auferem diferentes rendas brutas.

Ainda acerca do tema, registramos que, conforme dispõe o art. 1º da Lei 11.482/2007 (com a redação dada pela Lei 13.149/2015), a pessoa física que recebe vencimentos ou salários mensais deverá ter descontado o imposto sobre a renda na fonte (IR/Fonte) caso eles ingressem na faixa dos 7,5%, isto é, sejam superiores a R$ 1.903,99. Na hipótese, deverão ser aplicadas as preditas "parcelas a deduzir" (de R$ 142,80, de R$ 354,80, de R$ 636,13 e de R$ 869,36, conforme as alíquotas a aplicar sejam, respectivamente, de 7,5%, 15%, 22,5% e 27%).

Assinale-se, por fim, que os rendimentos provenientes de aposentadoria e pensão, de transferência para a reserva remunerada ou de reforma pagos pela Previdência Social da União, dos Estados, do Distrito Federal e dos Municípios, por qualquer pessoa jurídica de direito público interno ou por entidade de previdência privada a maior de 65 anos ficam, sem prejuízo da parcela isenta prevista na tabela de incidência mensal do imposto, isentos de IRPF até o valor de R$ 1.903,98 mensais, no ano-calendário de 2019 (cf. art. 6º, XV, "i", da Lei 7.713, de 22.12.1988, com a redação dada pela Lei 13.149, de 21.7.2015).

Também é permitida para o ano-calendário de 2019 a dedução, da base de cálculo do IRPF, de: a) R$ 189,59, por dependente, na incidência mensal (cf. art. 4º, III, "i", da Lei 9.250, de 26.12.1995, com a redação dada pela Lei 13.149, de 21.7.2015); b) R$ 1.903,98, por mês, aos contribuintes maiores de 65 anos cujos rendimentos provenham de aposentadoria, pensão ou reforma (cf. art. 6º, XV, "i", da Lei 7.713, de 22.12.1988, com a redação dada pela Lei 13.149, de 21.7.2015); c) R$ 3.561,50, por ano, com instrução própria e de cada dependente (cf. art. 8º, II, "b", 10, da Lei 9.250, de 26.12.1995, com a redação dada pela Lei 13.149, de 21.7.2015); d) R$ 2.275,08, por dependente, na incidência anual (cf. art. 8º, II, "c", 9, da Lei 9.250, de 26.12.1995, com a redação dada pela Lei 13.149, de 21.7.2015); e e) R$ 16.754,34, na *Declaração de Ajuste Anual Simplificada*, isto é, sem a comprovação da despesa e a indicação da sua espécie (cf. art. 10, IX, da Lei 9.250, de 26.12.1995, com a redação dada pela Lei 13.149, de 21.7.2015).

II – Insistimos em que, para que a progressividade no imposto de renda se cumpra, é preciso que a legislação autorize, às pessoas que auferem rendimentos, certas deduções, que lhes garantam a subsistência e a de seus dependentes (deduções com estudos, alimentação, vestuário etc.).[111]

É certo que a legislação autoriza deduções com educação, tratamento de saúde etc. Sobre bases, porém, absolutamente irrealistas. Assim, por exemplo, os valores dedutíveis com educação são extremamente baixos, muito distantes dos gastos usuais numa escola particular de bom nível. No caso das despesas médico-hospitalares, não são aceitas deduções com medicamentos, quando é por meio deles que usualmente se alcança a recuperação da saúde, um dos valores prestigiados pelo art. 6º da CF.

Recordamos, a propósito, que a apuração do montante a pagar a título de IRPF é feita mediante a aplicação da alíquota sobre a base de cálculo *in concreto*, subtraindo-se, em seguida, do resultado obtido, a parcela a deduzir.

111. V. nosso *Imposto sobre a Renda ...*, cit., 3ª ed., pp. 68-73.

A propósito, a Emenda Constitucional 26/2000, dando nova redação a este art. 6º, acrescentou aos *direitos sociais* a "educação" e a "moradia". E a Emenda Constitucional 64/2010 também a "alimentação". E a Emenda Constitucional 90/2015 também o "transporte". Agora, todas as pessoas têm direito a estes bens da vida.

Anotamos que os acréscimos dos direitos à educação, à moradia e ao transporte – aparentemente inócuos e que têm provocado as chacotas de muitos – acarretam, no mínimo, uma consequência jurídica: permitir que as despesas com educação regular (aí incluída a universitária), alugueres de imóveis para moradia e transporte básico venham integralmente deduzidas da base de cálculo do IR-Pessoa Física.

IIa – Os direitos constitucionais subjetivos à educação e à moradia merecem considerações à parte. Com efeito, se todos têm jus à educação e à moradia e se, para usufruí-lo, uma dada pessoa vê-se compelida a, respectivamente, pagar uma escola particular e locar um imóvel urbano, a ordem jurídica garante o *total abatimento* destas despesas, por ocasião do *ajuste anual*. E isto independentemente do que vier a dispor, a respeito, a legislação do IR, que, por óbvio, não se sobrepõe à Constituição Federal. Nem se diga que esta é uma norma meramente programática, já que, nos dias atuais, a moderna Ciência do Direito ensina que todo dispositivo constitucional encerra norma de observância obrigatória, tornando, pois, inconstitucionais as leis, decretos, portarias, atos administrativos etc. que com ele se ponham em contraste.

Admitamos que duas pessoas têm exatamente os mesmos rendimentos brutos. A primeira, porém, é solteira, não tem dependentes e goza de boa saúde. Já, a outra, casada, tem filhos em idade escolar e, ainda por cima, despende grandes quantias com o tratamento da saúde do cônjuge. Se a lei não permitir que esta última deduza do imposto de renda a pagar todos estes gastos, o tributo tenderá a ser *sobre rendimentos brutos*, ferindo, assim, o *princípio da capacidade contributiva*.

III – O imposto de renda não pode ser transformado num mero *imposto sobre receitas brutas*, o que ocorre quando a lei não permite abatimentos de *despesas necessárias* do contribuinte.[112] Ao contrário, a lei deve – em atenção ao princípio da

112. Feria, a nosso ver, o princípio da capacidade contributiva a Lei 7.713/1988, que previa apenas duas alíquotas para o imposto de renda (pessoa física): 10% e 25% da *renda líquida*. Outros Países, que adotam um sistema mais completo de alíquotas (*v.g.*, de 5% a 55%, passando por vários percentuais intermediários), graduam melhor o imposto sobre a renda, às condições pessoais dos contribuintes.

Como se isto não bastasse, a lei em questão, a pretexto de facilitar o cumprimento de deveres instrumentais tributários (por exemplo, o dever de fazer a declaração anual de rendimentos), desconsiderava as condições pessoais do contribuinte, já que eliminava praticamente todos os abatimentos e deduções de *despesas necessárias* com encargos de família, tratamento de saúde, gastos com educação, moradia etc., que, segundo a legislação anterior, eram possíveis. Suprimindo ou, quando menos, reduzindo sensivelmente os abatimentos e deduções de *despesas necessárias*, equiparava, de fato, a *renda líquida* à *renda bruta*, impedindo, assim, a individualização da renda e transformando o tributo num imposto *impessoal*. Inconstitucionalidades flagrantes, por burla manifesta ao art. 145, § 1º, da CF.

A Lei 8.134/1990 e as que a ela sobrevieram (*v.g.*, a Lei 13.149/2015) mitigaram tais inconstitucionalidades, mas não as eliminaram de todo. De fato, elas permitem deduções necessárias à mantença do contribuinte e seus dependentes, mas não autorizam outras essenciais à realização da dignidade da pessoa humana. Também limitam, de modo irrealista, os gastos com educação, com alugueres, com roupas profissionais etc. Andaria bem o Poder Judiciário se, invocando o § 1º do art. 145 da CF, anulasse, sempre que provocado, estas cincas legais.

capacidade contributiva – garantir que a *renda tributável* seja obtida subtraindo-se, da renda global, os gastos necessários do contribuinte, máxime os representados por seus encargos familiares.

IIIa – Observe-se que o "Preâmbulo" da Constituição Federal consagra extenso rol de *valores supremos* (a liberdade, a segurança, o bem-estar, a justiça etc.) a serem alcançados com a colaboração de todos, nomeadamente do Estado. De fato, este deve empenhar-se ao máximo para proporcionar às pessoas condições elementares de sobrevivência digna. Assim, não lhe é dado tributar, inclusive e principalmente por meio de imposto sobre a renda, o *mínimo vital* do contribuinte, vale dizer, a parte de seu patrimônio indispensável ao atingimento daqueles elevados objetivos.

Roberto Quiroga Mosquera foi ao ponto, com rara felicidade, *verbis*:

"Nas dobras dos princípios fundamentais e basilares acima comentados é que se revela a necessidade de se dar ao cidadão brasileiro condições mínimas de existência, isto é, supri-lo de bens materiais que atendam às suas necessidades básicas e que lhe permitam assegurar a vida, a saúde, o bem-estar, a dignidade e a liberdade.

"*Dar condições mínimas de existência consiste, outrossim, em não tributar os valores recebidos e utilizados na consecução desse objetivo. O mínimo vital, portanto, é insuscetível de tributação.*"[113]

A tributação por via de imposto de renda deve, pois, deixar intocado o *mínimo vital* do contribuinte, isto é, aquela porção de riqueza que lhe garante, e a seus dependentes, uma existência digna de um cidadão.[114]

IIIb – Vale anotar, a propósito, que a doutrina alemã sustenta existir uma correlação entre a dignidade da pessoa humana (*Menschenwürde*) e o mínimo existencial (*Existenzmininum*). Na mesma linha, Ricardo Lobo Torres[115] observa que o mínimo existencial está ligado ao conceito de liberdade, porquanto sem condições materiais mínimas de existência é sobremodo difícil falar em dignidade da pessoa humana.[116]

113. Roberto Quiroga Mosquera, *Renda e Proventos de Qualquer Natureza – O Imposto e o Conceito Constitucional*, São Paulo, Dialética, 1996, p. 127 – os grifos são do autor.

114. Ana Paula de Barcelos, em original e erudita monografia (*A Eficácia Jurídica dos Princípios Constitucionais*, Rio de Janeiro, Renovar, 2002, pp. 247 e ss.), demonstra que o *mínimo existencial* torna efetiva a dignidade da pessoa humana, o que só se consegue garantindo-lhe o acesso à educação fundamental (1ª à 8ª séries), à saúde básica (inclusive com transplantes de órgãos, atendimento no parto, controle de doenças típicas da terceira idade etc.) e à Justiça. Também o *mínimo existencial* pressupõe que se deem às pessoas condições elementares de subsistência (alimentação, vestuário, abrigo etc.).

115. Ricardo Lobo Torres, "O mínimo existencial e os direitos fundamentais", *RDA* 177/20-49, 1989.

116. Temos dificuldades, pois, em aceitar a chamada *reserva do possível*, segundo a qual a escassez de recursos do Estado justifica o desatendimento de direitos fundamentais (*v.g.*, o direito à obtenção de medicamentos caros que salvarão a vida de uma pessoa). Nisso estamos com Vicente de Paulo Barreto quando sustenta que a noção de *reserva do possível* parte de duas premissas equivocadas, quais sejam: a) que os direitos sociais são direitos de segunda ordem; b) que não alcançam os países, como o Brasil, de economia fraca ("Reflexões sobre os direitos sociais", in *Direitos Fundamentais Sociais: Estudos de Direito Constitucional, Internacional e Comparado*, Rio de Janeiro, Renovar, 2003, pp. 117-121). Na realidade, negar eficácia a direitos fundamentais com base no *custo* conflita abertamente com nosso Estado Democrático de Direito.

IV – Também o imposto sobre a renda da pessoa jurídica deve obedecer ao princípio da capacidade contributiva. Destarte, a lei deve autorizar venham deduzidos da base de cálculo do tributo os gastos e despesas *necessários*, *usuais* e *normais*[117] à manutenção do patrimônio da empresa (pagamento de funcionários, aquisição de matérias-primas, renovação da frota, do maquinário etc.). Reduzindo a ideia à dimensão mais simples, só enquanto aufere lucros é que poderá ser validamente tributada a esse título. Ou, como quer Klaus Tipke, "o princípio da capacidade contributiva determina, em seu conteúdo: (...) toda empresa deve pagar impostos de acordo com o montante de seu lucro".[118] Não é dado a este imposto absorver, ainda que em parte, o patrimônio da empresa, mas, apenas, uma *parcela razoável* de seu lucro.

É importante termos presente, neste passo, que só deve compor a base de cálculo do IRPJ o dinheiro que ingressa nos cofres da empresa em razão do exercício da sua atividade principal e com foros de permanência.

Aprofundando a ideia, temos que o princípio da capacidade contributiva está a exigir que também no IRPJ o contribuinte deduza da base de cálculo do tributo o montante de imposto pago antecipadamente, as despesas com vale-transporte, as despesas com o Programa de Assistência ao Trabalhador/PAT, e assim por diante.

Assim, a lei de regência do IRPJ não pode, sob pena de incontornável inconstitucionalidade, transformar em matéria tributável indenizações recebidas, que apenas recompõem o patrimônio da empresa lesada; tampouco perdas sofridas (ou parte delas), que lhe acarretaram diminuição patrimonial; ou, ainda, créditos (ou parte deles) que, embora vencidos, não foram satisfeitos pelos deveres ou cuja realização se mostre incerta.

Realmente, submeter indenizações, perdas sofridas ou créditos de liquidação duvidosa à tributação por meio de IRPJ é impor à empresa sacrifícios econômicos superiores à sua *capacidade contributiva*, que fatalmente levam ao comprometimento de seu patrimônio – o que é vedado pela Constituição Federal.

Em suma, o IRPJ estará irremediavelmente descaracterizado se sua base de cálculo levar em conta qualquer ingresso que não se incorpore ao patrimônio da empresa, aumentando-lhe a riqueza. Isso obrigaria a empresa a magoar uma parcela de seu patrimônio, recolhendo imposto sobre "lucro que não existiu" e, assim, prejudicando suas atividades produtivas, desrespeitando seu *direito de propriedade* e tendendo a levá-la à insolvência.

Também as alíquotas do IRPJ devem levar em conta a capacidade contributiva da empresa. Para tanto, as alíquotas desse tributo devem ser progressivas, isto é, ir crescendo à proporção em que for aumentando o lucro da pessoa jurídica.

Isso, todavia, na prática não se dá.

117. Os requisitos da *necessidade*, *usualidade* e *normalidade* encontram-se previstos nos §§ 1º e 2º do art. 299 do Decreto 3.000, de 26.3.1999 (RIR).

118. Klaus Tipke, "Sobre a unidade da ordem jurídica tributária", trad. de Luís Eduardo Schoueri, in *Direito Tributário – Estudos em Homenagem a Brandão Machado*, São Paulo, Dialética, 1998, p. 64.

Com efeito, a legislação fixou uma única alíquota para o IRPJ: 15% sobre o lucro experimentado no período de apuração. É fácil perceber que tal *simplificação* está longe de atender aos ditames constitucionais. Positivamente, não será uma única alíquota que imprimirá ao tributo caráter progressivo, graduando-o de acordo com a capacidade econômica da empresa.

É certo que, a partir de determinado lucro havido, a lei fixou um adicional de 10%, com o fito de tornar a *alíquota efetiva* do IRPJ sempre crescente à medida que a empresa for exibindo ganhos mais expressivos. Tal artifício, no entanto, está longe de tornar progressiva a exação, como não escapou à argúcia de Paulo Ayres Barreto: "A título exemplificativo, a pessoa jurídica que aufere um lucro de R$ 1.000.000,00, num determinado ano, estará sujeita à alíquota efetiva de 24,8%. Se o lucro for de R$ 10.000.000,00, a alíquota real será de 24,98%, se for de R$ 100.000.000,00, a alíquota será de 24,99%. Dessa forma, indaga-se: está atendida a progressividade do imposto? Jamais se poderia admitir que o acréscimo de uma casa decimal na alíquota refletiria efetiva progressividade, de tal sorte que a resposta a esta indagação só pode ser negativa".[119]

Concordamos com este jurista. De fato, o tortuoso caminho percorrido pela legislação do IRPJ briga com o *critério da progressividade*, com o quê torna letra morta o princípio da capacidade contributiva, pois faz com que as grandes empresas, que obtêm lucros expressivos, suportem, em termos proporcionais, praticamente a mesma carga fiscal das menores, cujos ganhos são mais modestos.[120]

8.5 Síntese conclusiva

Em síntese, sempre que isso é constitucionalmente possível, todos os impostos devem atender ao princípio da capacidade contributiva, que, repetimos, se afina com o princípio republicano.

119. Paulo Ayres Barreto, "O imposto sobre a renda: ...", cit., *Curso de Iniciação em Direito Tributário*, pp. 129-130.

120. Tal despautério jurídico é mitigado pela chamada *tributação pelo lucro presumido* – assunto que, no entanto, não vem para aqui.

Capítulo III

PRINCÍPIO FEDERATIVO E TRIBUTAÇÃO

1. Colocação do tema

Para que saibamos, de modo seguro e científico, até onde vai a competência tributária da União e dos Estados-membros, devemos conhecer, preliminarmente, as reais dimensões do princípio federativo, no Brasil.

O art. 1º da Carta Suprema já se ocupa com o assunto, tanto que estipula ser o Brasil uma República Federativa, "(...) formada pela União indissolúvel dos Estados e Municípios e do Distrito Federal (...)".

Pondo de parte o dissídio que lavra na doutrina sobre se os Municípios e o Distrito Federal integram a Federação, a ideia-chave deste dispositivo não é meramente retórica, nem é uma realidade a ser alcançada um dia, quando a ocasião propícia surgir. Muito pelo contrário, este é um princípio sobre cujas exigências não podem os intérpretes disputar, porquanto, a cada passo, o texto constitucional se encarrega de desdobrá-lo e reiterá-lo, estabelecendo suas balizas.[1]

Desde agora, queremos deixar assentado que, embora reconheçamos a magnitude do tema, não nos anima o propósito de esgotá-lo ou de reproduzir as lições dos mais conspícuos autores, nem, muito menos, de contar a História da Federação. Desejamos, simplesmente, fazer um apanhado que nos instrumente a verificar em que medida o princípio federativo influencia o exercício da competência tributária da União e dos Estados.

Fixados nossos objetivos, vejamos o que vem a ser um Estado Federal.

2. A natureza jurídica do Estado Federal

Não entram em acordo os autores no apontar os traços característicos do Estado Federal. Assim, *v.g.*, Duguit nele vislumbra a existência de dois governos no mesmo território e a impossibilidade de alterarem as competências de cada um deles, sem a anuência de ambos. Já Hauriou sustenta que, no federalismo, há diversidade de leis

1. É o caso, por exemplo, de seu art. 25, onde se encontra exibida a regra segundo a qual os Estados "organizam-se e regem-se pelas Constituições e leis que adotarem". Este artigo se refere ao direito que cada um dos Estados-membros tem de instituir seu organismo jurídico-político, respeitada, naturalmente, a Constituição Nacional.

e várias soberanias secundárias, sob uma soberania comum. Jellinek, sempre rigoroso, aponta como da essência do Estado Federal a autonomia, salvaguardada pela Constituição, das unidades federadas. Le Fur, de sua parte, considera existente uma Federação quando as unidades federativas entram na formação da vontade do Estado. Kelsen, com sua visão formalista do Direito, distingue o Estado Federal dos demais pela existência, nele, de três ordens jurídicas: duas *parciais* (a União e as unidades federadas) e uma *global* (a da Constituição, que as domina, delimitando-lhes a competência e encarregando um órgão de fazê-la cumprir).

Desta amostra, notamos que poderíamos, com a maior facilidade, compor um grande mosaico, com excertos ou citações de renomados juristas, e, ainda assim, não chegaríamos a uma conclusão definitiva sobre a natureza jurídica do Estado Federal. Por quê? Em primeiro lugar indubitavelmente porque, no mundo infinito e ondeante do pensamento, cada autor acaba por captar alguma peculiaridade que escapou à argúcia dos demais. Mas, acima de tudo, porque cada Federação tem uma fisionomia própria: a que lhe imprime o ordenamento jurídico local.

Halina Zasztowt Sukiennicks, citada por Oswaldo Aranha Bandeira de Mello,[2] percebeu a inexistência de dois Estados Federais absolutamente idênticos e, por isso, escreveu: "Nenhum Estado se assemelha a outro, de tal forma que se possa dizer que os seus respectivos regimes sejam idênticos. Eles, quando muito, podem ser análogos. Para classificar um organismo estático nos quadros da noção *Estado Federal*, subsiste a mesma dificuldade. Os Estados que iniciaram o regime federativo, e que serviriam, portanto, de base para a elaboração das diversas teorias sobre a natureza jurídica do Estado Federal, são os únicos que nunca têm contestada a sua estrutura federal. O mesmo não se dá com os outros Países, pois os seus regimes, embora modelados sobre os dos primeiros, deles sempre se afastam e, muitas vezes, de maneira importante".

Na mesma linha, George Anderson expõe: "As Federações diferem bastante quanto à composição social, econômica e institucional. Incluem Países muito grandes e muito pequenos, Países ricos e pobres, com população homogênea ou muito diversificada. Algumas Federações são democracias bem sedimentadas, ao passo que outras têm histórias mais recentes e processos conturbados de democratização".[3]

Logo, os que buscam um conceito definitivo, universal e inalterável de Federação supõem, erroneamente, que ela, aqui e alhures, tem forma única, geométrica, recortada de acordo com um molde inflexível. Para estes, os Estados só são federados quando se ajustam, como verdadeiras luvas, aos "arquétipos eternos", cujas origens e contornos lutam por precisar. Mas, normalmente, são os Estados Unidos da América do Norte tomados pelos estudiosos como exemplo consumado de Federação.[4]

2. Oswaldo Aranha Bandeira de Mello, *Natureza Jurídica do Estado Federal*, cit., p. 11.

3. George Anderson, *Federalismo: uma Introdução*, trad. de Ewandro Magalhães Jr. e Fátima Guerreiro, Rio de Janeiro, FGV, 2009, p. 18.

4. Sobre a História do Estado Federal, leia-se a excelente monografia de Oswaldo Aranha Bandeira de Mello, *Natureza ...*, cit., especialmente pp. 5-9.

Olvidam-se de que Federação é apenas uma forma de Estado, um sistema de composição de forças, interesses e objetivos que podem variar, no tempo e no espaço, de acordo com as características, as necessidades e os sentimentos de cada povo. É por isto (e não por outras razões) que a Federação Norte-Americana difere da Argentina; a Venezuelana da Austríaca; a Mexicana da Brasileira; e assim por diante. Debalde delas alguém conseguirá extrair todos os traços comuns.

De qualquer modo, podemos dizer que *Federação* (do latim *foedus*, *foedoris*, aliança, pacto) é uma associação, uma união institucional de Estados, que dá lugar a um novo Estado (o Estado Federal), diverso dos que o integram (os Estados Federados ou Estados-membros). Nela, os Estados Federados, sem perderem suas personalidades jurídicas, despem-se de algumas tantas prerrogativas, em benefício da União. A mais relevante delas é a *soberania*.

2.1 A soberania e o Estado

Soberania é a faculdade que, num dado ordenamento jurídico, aparece como suprema. Tem soberania quem possui o poder supremo, absoluto e incontrastável, que não reconhece, acima de si, nenhum outro poder.[5] Bem por isso, ele sobrepaira toda e qualquer autoridade (daí: *supra*, *supramus*, *soberano*, *soberania*). É atributo da soberania "impor-se a todos sem compensação" (Laferrière).[6]

Atualmente, o Estado é a única instituição soberana, porquanto *superiorem non recognoscens*. De fato, dentre as várias pessoas que convivem no território estatal, apenas ele detém a faculdade de reconhecer outros ordenamentos e de disciplinar as relações com eles, seja em posição de igualdade (na comunidade internacional), seja em posição de ascendência (por exemplo, em relação às entidades financeiras), seja, até, em posição de franco antagonismo (*v.g.*, com as associações subversivas). Para Balladore Pallieri, o Estado tem a "competência das competências", já que fixa sua própria competência, sem depender de outras entidades.

Vezio Crisafulli pugna neste mesmo sentido: "Soberania significa que cada sistema de direito estatal se legitima por si mesmo, achando, em si mesmo, a própria justificação jurídica e o próprio fundamento: em contraposição aos ordenamentos *derivados*, que pressupõem, acima deles, um ordenamento superior, que lhes condiciona a existência e a validade".[7]

A soberania, como qualidade jurídica do *imperium*, é apanágio exclusivo do Estado. Se ele não tivesse um efetivo predomínio sobre as pessoas que o compõem,

5. Esta ideia, embora familiar aos antigos gregos, ganhou na Roma imperial, por intermédio de Próculo, jurista do século I da era cristã, a primeira formulação que se conhece: *liber populus extremus est is qui nullius potestari esta subiectus* ("uma livre potência estrangeira é aquela que não está sujeita ao poder de nenhum outro povo").

6. Os Estados estão protegidos pelo *princípio da não ingerência*, vale dizer, um não pode interferir nos assuntos internos de outro. Nada impede, no entanto, haja luta entre soberanias, o que se dá pela guerra, eventualidade regulada pelo Direito Internacional.

Também é possível a coexistência de soberanias, mediante a edição de tratados internacionais, criando, entre os Estados, relações horizontais e paritárias.

7. Vezio Crisafulli, *Lezioni di Diritto Costituzionale*, cit., p. 62 (traduzimos).

deixaria de ser Estado. Daí concluirmos que a soberania é inerente à própria natureza do Estado (Giorgio Del Vecchio). Ou, como queria Bluntschli, “o Estado é a encarnação e a personificação do poder nacional. Este poder, considerado na sua força e majestade supremas, se chama soberania”. E continuava este incomparável mestre: “(...) a soberania supõe o Estado, não podendo estar nem fora, nem acima dele”.

Cabe a Jean Bodin a glória de ter ensinado, já no século XVI, que o traço mais característico do Estado é a existência, nele, de um poder supremo, de uma autoridade que se faz obedecer. Mais recentemente, Duguit, seguindo na mesma vereda, sintetizou: “ordenar e fazer-se obedecer são as funções essenciais do Estado”.

Aí está: só o Estado é soberano. Com o fim da Idade Média, foi-se o tempo em que soberanos eram igualmente o clero, o imperador, o papa, o Colégio dos Nobres, as corporações de ofícios, as comunas etc. Hoje, repetimos, só o Estado goza deste atributo, porque, como pontifica Santi Romano,[8] independe de outro ordenamento jurídico, já que a eficácia e a validade de seus atos não provêm de fora, mas de si próprio, importa sublinhar, de sua Constituição.

O mesmo assinala Eduardo García de Enterría: “O Estado é uma pessoa jurídica originária, não criada por nenhum outro sujeito, nem dependente da vontade de qualquer outro, o qual o diferencia das demais administrações, que devem sua personificação precisamente a outra administração ou eventualmente à lei. Este caráter originário não quer dizer que a administração estatal tenha surgido do nada, ou que participe do atributo divino de não ser criada, mas sim que surge juridicamente da Constituição, como ato fundamental de um ordenamento”.[9]

Temos aí, pois, que, *juridicamente*, o Estado é soberano porque, senhor de sua conduta, só ele decide sobre a eficácia de seu Direito (Kelsen). Insistimos que a soberania é inadmissível num Estado dependente. A independência, como toda negação, repele graus e, bem por isso, a comunidade que está subordinada a outra, ainda que em parte, não possui soberania (Marnoco e Souza).

Independente, a soberania é, também, *una*, *originária*, *indivisível* e *inalienável*. *Una*, porque exclusiva, já que, num mesmo Estado, não podem habitar duas ou mais soberanias. *Originária*, porque ela tem sua própria fonte e, destarte, não se apoia, direta ou indiretamente, em ordenamentos superiores ou anteriores, que a estabelecem ou podem modificá-la ou ab-rogá-la. *Indivisível*, porque, fracionada, desaparece.[10] E *inalienável*, porque o Estado não a pode renunciar; não, pelo menos, em circunstâncias totalmente desvantajosas.[11]

8. Santi Romano, *Principi di Diritto Costituzionale Generale*, Milão, Giuffrè, 1974, pp. 68-69.

9. Eduardo García de Enterría, *Curso de Derecho Administrativo*, vol. I, Madri, Civitas, p. 196.

10. A soberania é logicamente incindível. Se pudesse ser dividida, seria um *simulacro* de soberania: mera soma de poderes menores. Tal não impede, entretanto, que, para fins didáticos, nos demoremos em seus *critérios ou aspectos*.

11. Ao Estado é interdito alienar sua soberania, do mesmo modo pelo qual o indivíduo não pode desfazer-se de sua liberdade. Qualquer ato do Estado que implique renúncia de sua soberania é nulo de pleno direito.

Portanto, o traço distintivo e específico do Estado é a soberania, entendida como o poder supremo autônomo e originário. No passado, este poder era chamado *maiestas*, *imperium*, *supremitas* etc. Hodiernamente, é conhecido por *soberania*, para – como refere Carlo Ceretti[12] – distingui-lo dos poderes das outras pessoas, mesmo de direito público, que não se impõem a todos, sem possibilidade de resistência (a não ser dos abusos, na forma do Direito), nem, muito menos, usam de coação para fazerem atuar seus próprios comandos.

Por tais fundamentos, concluímos que o Estado distingue-se das demais pessoas pela *soberania* que lhe é inerente. Só ele detém a faculdade de autodeterminar-se, demarcando, *sponte propria*, seu campo de atuação.

Para o Direito, o Estado nada mais é do que o ordenamento jurídico, originário e soberano, de um povo (grupo social independente), estabelecido num dado território (base territorial fixa). Este ordenamento é *originário*, porque não depende, nem deriva, de nenhum outro, e *soberano*, porque superior a qualquer pessoa ou instituição que nele viva ou exista. O poder que rege o Estado denomina-se *governo* e se resolve numa faculdade de comando (*imperium*) a que a coletividade deve obediência.

O Estado, pois, no exercício de sua atividade legislativa, pode modificar o Direito existente e regular a própria soberania. A par disso, ele pode não só comandar, como fazer cumprir o próprio comando, com seus próprios órgãos e com sua própria força.[13]

Como em seguida teremos a oportunidade de verificar, não só os Estados *simples* mas, também, as *Uniões* de Estados mantêm intactas suas soberanias.

2.2 Os Estados simples e as Uniões de Estados

Os Estados simples não se confundem com as Uniões de Estados. Vejamos.

Os Estados *simples* – também chamados *unitários* – são aqueles que possuem um organismo político único, não estão ligados a outros Estados, exercitam o direito de legação e, assim, mantêm, sem peias, relações diplomáticas com os Estados estrangeiros. A esta categoria pertencem, por exemplo, a Itália, a França e a Espanha.

Admite-se, porém, que um Estado, em nome de seus interesses, abra mão de sua soberania para, unindo-se a outro ou a outros Estados, dar origem, seja a uma União real de Estados, seja a uma Federação.

12. Carlo Ceretti, *Diritto Costituzionale Italiano*, 7ª ed., Turim, UTET, 1966, p. 247.

13. No final do século XX e nestes primórdios do século XXI tem-se notado uma sempre crescente tendência de superação da divisão do mundo em Estados nacionais zelosos de sua soberania. Com o advento da União Europeia, por exemplo, já é possível a pessoas físicas ou jurídicas fazer valer seus direitos perante uma jurisdição internacional, caso venham desrespeitados pelos Estados onde residem ou estão sediadas. Também os crimes contra a Humanidade agora são julgados pela Corte de Haia, que, em última análise, é um Tribunal Mundial. Fala-se, ainda, numa provável União Latino-Americana, que certamente terá um diploma magno, oponível aos dos Estados que irão integrá-la.

Tudo caminha, pois, para a submissão dos Estados a um governo supranacional ou, mesmo, mundial.

Por enquanto, no entanto, ainda é prematuro afastar a ideia de que o traço característico do Estado moderno é sua soberania.

Já, as *Uniões de Estados* são aquelas em que vários Estados se unem de modo estável, sem, porém, perderem a própria individualidade, isto é, mantendo, cada um deles, o próprio povo, o próprio território e o próprio governo (que, segundo Jellinek, são os elementos constitutivos do Estado).

As Uniões de Estados podem ser classificadas de diversos modos, conforme o critério que escolhermos.

Assim, se levarmos em conta o surgimento, ou não, de uma nova pessoa, elas se dividem em: a) *meramente políticas* (quando, como na *União Pan-Americana*, criam, apenas, um vínculo político entre os Estados que as compõem); b) *simples* (quando, como nos *Protetorados Internacionais*, embora criem vínculos jurídicos entre os Estados-membros, não dão origem a uma nova pessoa, diversa daquelas que as integram); e c) *institucionais* (quando, como nos *Estados Federais*, dão lugar a uma nova comunidade estatal).

Se, pelo contrário, atentarmos para a natureza do vínculo jurídico que une os Estados que as formam, as Uniões de Estados dividem-se em: a) *internacionais* (quando se sujeitam apenas ao ordenamento internacional); e b) *não internacionais* (quando se sujeitam ao próprio direito constitucional). As Uniões Internacionais subdividem-se em: I – *Uniões iguais* (*Confederações de Estados*); e II – *Uniões desiguais* (*Protetorados*). As Uniões não internacionais, também chamadas "Estados Compostos", subdividem-se em: I – *Uniões pessoais*; II – *Uniões reais*; e III – *Estados Federais*.

Os Estados simples têm poder para disciplinar, através da edição de normas jurídicas, a própria atividade soberana.

Também em dois tipos de *Uniões* de Estados – as *Uniões pessoais* e as *Confederações de Estados* – está presente a soberania. Neles, os vários Estados, embora ligados por um governo comum, conservam sua personalidade internacional e, nesta medida, não dão origem a um Estado a eles superior. Vamos estudá-los, ainda que superficialmente.

2.2.1 As Uniões pessoais

As Uniões pessoais de Estados têm em comum a pessoa física do monarca. Tal coincidência – é bom salientarmos – não apresenta nenhum interesse jurídico, pois é meramente acidental.

A União pessoal deriva *ou* da circunstância de uma mesma pessoa ser chamada, de acordo com a ordem sucessória, ao trono de diferentes Estados (*v.g.*, Hannover – Inglaterra, entre 1714 e 1837; Holanda – Luxemburgo, entre 1815 e 1890), *ou* em razão do oferecimento da Coroa, por parte de um Estado, ao soberano de outro (por exemplo, Saxônia – Polônia, entre 1697 e 1793), *ou*, ainda, por outras causas jurídicas (*e.g.*, Bélgica – Congo, entre 1885 e 1908).

Os Estados partícipes da União pessoal mantêm intacta sua personalidade internacional, a tal ponto que têm o direito de, cada um por sua vez, firmar tratados, manter corpo diplomático e consulados e regular livremente seus interesses com os demais Estados. Portanto, os Estados que integram a União pessoal permanecem juridicamente distintos e independentes. De comum, têm, apenas, a *pessoa física* do monarca; as Coroas não se confundem, continuando a pertencer a ordens jurídico-políticas independentes.

Em suma, com a União pessoal não nasce um novo Estado, nem uma nova pessoa internacional.

A circunstância de as Uniões pessoais terem o mesmo soberano pode, é certo, exercer uma ponderável influência sobre a *conduta política* dos Estados; nenhuma relevância jurídica, porém, surge disto, porque a União não foi desejada pelos Estados que a compõem e, assim, nenhum vínculo *de iure* existe entre eles.

Tanto isso é verdadeiro, que, cessada a causa que determinou a União pessoal, ela invariavelmente cai. Foi o que se deu, por exemplo, com a União pessoal entre Luxemburgo e Holanda, que se dissolveu, por força da lei sálica, em 1800, quando ascendeu ao trono holandês a rainha Guilhermina. Aliás, o mesmo ocorreu com a União pessoal entre a Inglaterra e Hannover, dissolvida, também em função da lei sálica (vigente em Hannover), quando a rainha Vitória subiu ao trono inglês.

Algumas vezes, porém, da União pessoal acaba nascendo um novo Estado, fruto da vinculação que, de fato, acaba se formando entre eles (foi o que se deu na União pessoal entre os Estados de Castela e Aragão).

2.2.2 As Confederações de Estados

Confederação é a aliança de dois ou mais Estados soberanos que, mesmo unidos para a consecução de objetivos comuns, conservam a liberdade de se autogovernarem. No mais das vezes, nasce de um *tratado* entre Estados independentes que, sem se apartarem de suas respectivas soberanias, deferem ao órgão central algumas atribuições, tendo em vista a defesa comum, a segurança de suas liberdades, a manutenção do bem-estar de seus habitantes etc.

Na Confederação há uma permanente relação jurídica internacional entre vários Estados independentes, que, conquanto não deem origem a um novo Estado, permanecem unidos, por força de um tratado internacional entre eles celebrado, para a consecução de objetivos comuns.

Logo, as Confederações são uniões internacionais em que os Estados confederados, mesmo tendo instituído um órgão central que os representa, conservam intacta a própria personalidade, em suas relações com terceiros Estados. Melhor esclarecendo, podem exercitar o direito ativo e passivo de legação, podem firmar tratados (desde que, obviamente, não entrem em choque com os interesses do ente coletivo), e assim por diante.

Os Estados confederados, obedecido o pacto que celebraram, comandam por autoridade própria e asseguram – com o emprego da força, se preciso – o cumprimento de seus comandos jurídicos. Como ressaltado por Cooley, na Confederação "cada Estado conserva a sua soberania, a sua liberdade e a sua independência e todo o poder, jurisdição e direito".[14] Tal se dá porque os Estados confederados pairam juridicamente sobre a própria Confederação, o que, a menos que haja consenso entre eles, dificulta, quando não impossibilita, a tomada de decisões que a todos alcancem. Com esta fragilidade, as Confederações costumam ter duração efêmera.[15] Os Estados que a compõem, uma, de duas: ou recuperam sua total soberania, ou – na hipótese de continuarem presentes os motivos que os levaram a se associarem – acabam formando um Estado Federal (foi o que se deu com os Estados que integravam a Confederação Norte-Americana, que acabaram constituindo os Estados Unidos da América).

Enfatizamos que a Confederação de Estados não cria um novo Estado, mas, somente, uma sociedade internacional de Estados, que decide por intermédio de um Congresso de *delegados* (Dieta ou Assembleia). As deliberações deste Congresso, para se tornarem obrigatórias, devem ser convertidas em *direito interno* de cada um dos Estados confederados.[16]

A Confederação, pois, é dirigida por um Congresso, formado por representantes de cada um dos Estados confederados. Todos eles são obrigados a acatar as deliberações do poder central, as quais, porém, não podem ser executadas, senão por obra do poder local. Esta independência dos Estados confederados faz com que as deliberações mais importantes permaneçam, muita vez, sem execução. Aliás, é exatamente em virtude desta debilidade intrínseca que várias Confederações de Estados acabaram se transformando em Estados Federais.

Em face do que afirmamos, podemos proclamar, com Pietro Virga, que "não existe um território confederado, não se encontram súditos ou cidadãos confederados, nem existe um poder de império da Confederação, enquanto tal".[17]

2.2.2.1 Diferenças entre a Confederação de Estados e o Estado Federal – A Confederação de Estados e o Estado Federal são entidades diversas e, assim, inconfundíveis. O traço distintivo entre eles repousa na *soberania*, presente nos Estados confederados, não, porém, nos federados (Le Fur).

Na Federação, os Estados que dela participam (Estados-membros) estão subordinados a uma Carta Magna, que lhes confere *competências*, tanto quanto ao Estado Central (União). Nela, a União e os Estados-membros são *autônomos*, mas não soberanos, já que encontram limites em seu agir na Constituição, que, encimando-os, dá validade aos atos jurídicos que praticam. Em rigor, soberano era o *poder* que deu à

14. Thomas Cooley, *Princípios Gerais de Direito Constitucional dos Estados Unidos da América do Norte*, cit., p. 9.

15. A História nos revela (e *Historia magister vitae*) que as Confederações tendem, cedo ou tarde, a desaparecer. O fenômeno verificou-se assim na Antiguidade (*v.g.*, com a Confederação de Delfos), que em tempos recentes (por exemplo, com a Confederação Norte-Americana, que durou de 1781 a 1787, com a Confederação Germânica, que existiu de 1815 a 1866, e com a Confederação Suíça, que perdurou de 1815 a 1848). Os versados em Política entendem que o fenômeno se deve aos sentimentos nacionalistas de cada um dos Estados confederados, que acabam sufocando as aspirações comuns. O tema, entretanto, não é jurídico, daí por que nos eximimos de aprofundá-lo.

16. Nada obsta, todavia, a que, no tratado que une os Estados confederados, exista uma norma prevendo a conversão automática em *direito interno* das deliberações do Congresso de delegados.

17. Pietro Virga, *Diritto Costituzionale*, 9ª ed., Milão, Giuffrè, 1979, p. 82.

estampa e fez obedecida a Constituição (Poder Constituinte). Exercitada, a soberania acaba devolvida ao povo, seu único senhor, nos regimes democráticos.[18]

Enfatizamos, ainda, que, nas Federações, geralmente há absoluta igualdade jurídica – enquanto pessoas de direito constitucional interno – entre os Estados federados e entre estes e o Estado Federal (a União). Tanto que, na clássica definição de Antônio de Sampaio Dória, "Federação é a autonomia recíproca entre a União e os Estados, sob a égide da Constituição Federal".[19] *Autonomia*, neste contexto, tem o sentido de faculdade da pessoa política para regular normativamente os próprios negócios.

Já, nas Confederações, como vimos de ver, os Estados confederados são iguais entre si, mas ocupam posição de preeminência jurídica, diante da Confederação.

2.3 O Estado Unitário Descentralizado e o Estado Federal

Não devemos confundir o Estado Federal com o Estado Unitário Descentralizado, embora em ambos coexistam, num mesmo território, sobre o mesmo povo, duas esferas de governo: a geral e a local. Tiremos isto ao claro.

No Estado Unitário Descentralizado as competências dos governos locais estão subordinadas ao governo central, que, por seu Poder Legislativo, pode restringir-lhes a autonomia. Na Federação, pelo contrário, a autonomia dos governos estaduais está a salvo das incursões do Poder Legislativo federal. Dito por outro modo, as leis ordinárias da União não podem lanhar a autonomia dos Estados-membros, garantida pela própria Constituição Federal.

Depois de pesquisas apuradas e cuidadosas, C. F. Strong, citado por Victor Nunes Leal,[20] percebeu que as Federações típicas possuem três características: 1) *rigidez* na Constituição, que pode ser *absoluta* (imutável) ou, hipótese mais frequente, *relativa* (modificável, mas de forma mais trabalhosa do que as leis ordinárias); 2) partilha, pelo texto constitucional, das competências federal e estaduais; e 3) existência de um poder supremo – geralmente a Suprema Corte do País – para resolver, com base na Constituição Federal, as controvérsias que vierem a surgir entre os Estados federados ou entre estes e a União.[21]

18. A ideia de que a soberania pertence ao povo (como consta, por exemplo, do art. 1º, parágrafo único, da CF brasileira) significa, principalmente, que ele, na qualidade de *corpo eleitoral* (órgão constitucional do Estado), participa, por meio do voto, do exercício do poder do Estado.

19. Atentemos, a respeito, para este comentário de Antônio de Castro Assumpção:

"Autonomia significa governo próprio.

"Na técnica do direito público moderno, pode ser tida, em sentido amplo, como a faculdade, reconhecida a uma coletividade pública subordinada, de organizar, dentro de certos limites, o seu governo, para a administração do que respeite aos seus peculiares interesses" (*Estado Federal*, Rio de Janeiro, 1963, p. 9).

20. Victor Nunes Leal, "Leis federais e leis estaduais", in *Problemas de Direito Público*, 1ª ed., Rio de Janeiro, Forense, 1960, pp. 110 e 111.

21. Em toda Federação existe um Tribunal Supremo "que se encarrega de resolver, com regras de Direito, os conflitos que se produzam entre a Federação e os Estados federados (...). Parece que a Magistratura reúne os requisitos de objetividade e preparação técnica necessários para realizar as missões de assegurar a supremacia da Constituição, interpretar o direito e decidir nas controvérsias jurídicas ante-

Resumamos. O essencial é que, num Estado Unitário Descentralizado, o legislador central pode mutilar (ou até anular) as competências locais, ao passo que, num Estado Federal, o Legislativo da União não está autorizado a usurpar as competências estaduais, que, repitamos, estão perfeitamente gizadas, no texto da Constituição.

O Estado Federal Brasileiro, como logo veremos, foi erigido, por nossa Constituição, basicamente nestes moldes. Com efeito, nele, o texto constitucional é rígido (art. 60), discriminou as competências federais (arts. 21, 22 e 153) e estaduais (arts. 25 e 155) e previu uma Corte Suprema, para dirimir eventuais conflitos entre os Estados federados e entre estes e a União (art. 102, I, "f").

2.4 As Uniões reais e o Estado Federal

As Uniões reais de Estados ocorrem quando dois ou mais Estados acham-se ligados, não apenas pelo fato de terem o mesmo chefe (ou monarca), mas em razão de as respectivas Constituições terem sido adaptadas a acordos internacionais firmados por eles (disciplinando tais Uniões).

Vemos, pois, que a União real não nasce da coincidência, mas da vontade dos Estados que dela participam. Surge de um pacto deliberado e consciente, entre Estados.

Nela, a identidade do monarca junta-se à de outros órgãos constitucionais, bem assim de órgãos que auxiliam o soberano, no desempenho de suas funções.

Os Estados que formam a União real conservam, em suas relações internas, plena autonomia, mas, diferentemente do que ocorre nas Uniões pessoais, sua personalidade diante de outros Estados quase sempre é absorvida pela da entidade coletiva. Deste modo, não podem exercitar o direito de legação, nem firmar tratados com terceiros Estados.

A União real tem personalidade internacional, qualidade que falta aos Estados que a integram.

Houve dois notáveis exemplos de União real: a União real entre a Suécia e a Noruega e a União real entre a Áustria e a Hungria.[22]

As Uniões reais de Estados têm, no mais das vezes, caráter transitório, sendo fadadas ao desaparecimento, para dar lugar ou a um Estado unitário ou a vários Estados independentes.

riormente citadas. O Tribunal Supremo da Federação examina a validade das leis federais e estaduais, no caso de se haver a ele recorrido, invocando a inconstitucionalidade das mesmas" (P. Lucas Verdú, *Curso de Derecho Constitucional*, p. 371 – traduzimos).

22. A União real entre a Suécia e a Noruega foi criada pelo Tratado de Moss, firmado em 6.8.1815, segundo o qual o rei da Suécia (e seus sucessores) passou a ser também rei da Noruega. Os dois Estados tinham o mesmo Ministro do Exterior, os mesmos agentes diplomáticos e consulares e deviam firmar, juntos, os tratados internacionais. Portanto, diante de outros Estados, a Suécia e a Noruega agiam como um único Estado: a Suécia-Noruega.

Já, por força do Compromisso de 1867, o imperador da Áustria era, também, rei da Hungria. Os dois Estados tinham em comum os Ministérios dos Negócios Exteriores da Defesa Nacional e das Finanças. Tinham, ainda, um único exército, uma única marinha e uma única representação diplomática e consular. Demais disso, seus tratados internacionais eram comuns, até porque, perante os demais Estados, não havia Áustria e Hungria, mas a entidade unitária do Império Austro-Húngaro.

E é justamente aí que elas começam a apartar-se dos Estados Federais, que, constituídos para perdurar no tempo, assumem um caráter de perpetuidade.

Por outro lado, os Estados que formam a União real conservam suas próprias Constituições, adaptadas, evidentemente, ao tratado internacional que entre si celebraram. A Federação, de seu turno, é criada pela Constituição Federal, e não por tratado internacional. As Constituições dos Estados-membros, na Federação, quando existentes, devem obedecer às linhas mestras fixadas na Constituição Federal.

Enfim, a nacionalidade dos habitantes dos vários Estados que compõem a União real é preservada. Quem, por exemplo, nasceu na Hungria, em 1870, adquiriu a nacionalidade húngara, e não a austro-húngara. Já, a nacionalidade dos nativos de cada um dos Estados que compõem a Federação desaparece. Melhor explicando, quem agora nasce no Estado de São Paulo ganha nacionalidade brasileira, e não paulista.

2.5 Outras características do Estado Federal

Apesar de o assunto não ser pacífico, muitos autores[23] consideram que o traço essencial da Federação repousa na participação direta e indireta dos Estados-membros na formação da vontade federal, ou seja, na composição dos órgãos federais e na elaboração de suas decisões. A participação direta dá-se integrando, com seus representantes, o órgão constituinte federal; a indireta, compondo o Poder Legislativo federal. Este, nas Federações, costuma ter *estrutura bicameral*, é dizer, dualidade de Casas Legislativas: uma, onde está representado o *povo federal*; outra, onde estão representados os próprios Estados-membros (Câmara Alta). Na Câmara Alta, os Estados-membros estão postos organicamente em contato com a Federação.[24]

Também, numa Federação, os Estados-membros desfrutam de autonomia constitucional e legislativa.

Através de seu órgão constituinte (*v.g.*, a Assembleia Legislativa), os Estados-membros se dão suas próprias Constituições, que devem, porém, observar as diretrizes maiores fixadas na Constituição Federal.

Portanto, a autonomia constitucional dos Estados-membros não é absoluta, mas relativa. A Constituição Federal, como já acenamos, limita a faculdade constituinte dos mesmos, mediante a repartição de competências entre a ordem jurídica parcial central (a União) e as ordens jurídicas parciais periféricas (os Estados federados). Os Estados federados devem, necessariamente, observar estas competências.

As Constituições dos Estados-membros, no entanto, entram em vigor com total prescindência do aval, do *placet*, da União.

23. Como Le Fur (*La Confédération d'États et l'État Fédéral*, 1866, pp. 586 e ss.), Mouskély (*La Théorie Juridique de l'État Fédéral*, Paris, 1931, pp. 229 e ss.) e Friedrich (*Constitutional Government and Democracy*, Nova York, 1950, cap. X), dentre outros.

24. Existem dois tipos de Câmara Alta nas Federações: o tipo *Senado* e o tipo *Conselho*. O *Senado* é formado por representantes dos Estados, que atuam livremente, segundo suas opiniões e juízos (têm Senado as Federações Americana, Brasileira, Suíça etc.). Já, o *Conselho* é composto por delegados de cada Estado federado, submetidos às instruções de seus governos (tem Conselho a Federação alemã).

Deveras, o controle de legitimidade constitucional exercido pelo Estado Federal sobre as Constituições dos Estados-membros dá-se posteriormente, isto é, em momento subsecutivo à sua entrada em vigor. Se a Suprema Corte acolhe a representação de inconstitucionalidade contra normas constitucionais estaduais, elas são derrogadas *ex tunc*.

Os Estados-membros editam, também, suas próprias leis, que devem harmonizar-se com a Constituição Federada e com os princípios sensíveis da Constituição do Estado Federal (não com as leis da União).

Demais disso, num Estado Federal, ao Legislativo da União é interdito anular, mutilar ou, mesmo, usurpar as competências estaduais que, repitamos, estão perfeitamente desenhadas na Constituição da República.

Posto isto, podemos cuidar do princípio federativo, no Brasil.

3. *O princípio federativo, no Brasil*

O Estado Brasileiro, como dissemos, é um Estado Federal. Nele, os Estados-membros, embora conservem sua autonomia nas relações internas, não têm personalidade internacional, não podendo comparecer diretamente ante o foro do direito das gentes. Assim, não lhes é dado, diretamente, nem manter relações diplomáticas com os Estados estrangeiros (*ius legationis*), nem declarar a guerra (*ius belli*), ou celebrar a paz, nem, tampouco, firmar tratados internacionais (*ius tractatuum*). Os que nascem em qualquer dos Estados-membros têm nacionalidade comum: nacionalidade brasileira. Não possuem, igualmente, soberania. Soberano é o Estado Brasileiro.

Desdobrando melhor estas ideias, no Brasil, por obra e graça do princípio federativo – verdadeira coluna mestra de nosso sistema jurídico –, convivem harmonicamente (e nisto estamos com Kelsen) a *ordem jurídica global* (o Estado Brasileiro) e as *ordens jurídicas parciais*, *central* (a União) e *periféricas* (os Estados-membros e, para a maioria dos nossos constitucionalistas, também os Municípios e o Distrito Federal). Esta múltipla incidência só é possível por força da cuidadosa discriminação de competências (inclusive tributárias), levada a efeito pela Constituição da República.

Não padece dúvida de que estas ordens jurídicas possuem campos de atuação perfeitamente traçados pela Lei Máxima, de tal arte que em nenhuma hipótese interferem umas com as outras. Nem, muito menos, atritam.

Como, em termos estritamente jurídicos, só podemos falar em hierarquia de normas quando umas extraem de outras a *validade* e a *legitimidade* (Roberto J. Vernengo), torna-se onipatente que as leis nacionais (do Estado Brasileiro), as leis federais (da União) e as leis estaduais (dos Estados-membros) ocupam o mesmo nível, vale consignar, umas não preferem às outras. Realmente, todas encontram seu *fundamento de validade* na própria Carta Magna, apresentando campos de atuação exclusivos e muito bem discriminados. Por se acharem igualmente subordinadas à Constituição, as várias ordens jurídicas são isônomas, ao contrário do que proclamam os adeptos das "doutrinas tradicionais".

Observamos que as leis nacionais – que encerram normas de caráter geral, obrigando os súditos da Federação e as próprias pessoas políticas – tanto podem ser veiculadas por meio de leis ordinárias (como se observa no inciso XXVII do art. 22 da CF, que remete à União a competência para legislar sobre "normas gerais de licitação e contratos") ou de atos normativos de igual tope jurídico (*v.g.*, uma resolução do Senado fixando alíquotas máximas do ICMS, nas operações internas, ou um decreto legislativo, referendando um tratado internacional), quanto por via de leis complementares (*e.g.*, a prevista no art. 146 da Lei Magna).

3.1 Igualdade jurídica entre a União e os Estados-membros

I – Vimos que o Brasil é um *Estado Federal*, em que a União e os Estados-membros ocupam, juridicamente, o mesmo plano hierárquico. Daí por que devem receber tratamento jurídico-formal isonômico.

Esta igualdade jurídica – como bem o demonstrou Souto Maior Borges[25] – absolutamente não significa que a União e os Estados se confundem, mas, apenas, que suas atribuições, conquanto diversas, correspondem a feixes de competência postos em atuação mediante princípios e normas estatuídos na *Lex Major*. As diferenças entre eles não estão, repetimos, nos níveis hierárquicos que ocupam; estão, sim, nas competências distintas que receberam da própria Constituição.

Laboram em erro, pois, os que veem uma relação hierárquica entre o governo central e os governos locais. O que há, na verdade, são, para cada uma destas entidades políticas, campos de ação autônomos e exclusivos, estritamente traçados na Carta Suprema, que lei alguma pode alterar.

II – Em nome desta autonomia, tanto a União como os Estados-membros podem, nos assuntos de suas competências, estabelecer prioridades. Melhor dizendo, cada pessoa política, no Brasil, tem o direito de decidir quais os problemas que deverão ser solvidos preferencialmente e que destino dar a seus recursos financeiros. É-lhes também permitido exercitar suas competências tributárias, com ampla liberdade. Assim, dependendo da decisão política que vierem a tomar, podem, ou não, criar os tributos que lhes são afetos. Se entenderem de criá-los, poderão fazê-lo de modo mais ou menos intenso, bastando apenas que respeitem os direitos constitucionais dos contribuintes e a regra que veda o *confisco* (art. 150, IV, da CF).

Cômpar neste pensamento, o eminente jurista Dalmo de Abreu Dallari registrou:

"O reconhecimento desse poder de fixar sua própria escala de prioridades é fundamental para a preservação da autonomia de cada governo. Se um governo puder determinar o que o outro deve fazer, ou mesmo o que deve fazer em primeiro lugar, desaparecem todas as vantagens da organização federativa. Realmente, pode ocorrer que a escala de prioridades estabelecida pelo governo central não coincida com o julgamento de importância dos assuntos feito pelo governo regional ou local. Pode

25. José Souto Maior Borges, "Eficácia e hierarquia da lei complementar", *RDP* 25/94.

também ocorrer que um governo pretenda que outro cuide com tal empenho de certo problema que acabe comprometendo grande parte dos recursos financeiros deste último, deixando-o sem poder cuidar de outros problemas que, no seu julgamento, deveriam merecer preferência. (...).

"Assim, pois, a decisão sobre as prioridades, dentro de sua esfera de competência e afetando seus recursos financeiros, é uma decorrência da autonomia e cabe a cada entidade política, por preceito constitucional, não se podendo exigir comportamento diverso sob alegação de ser mais conveniente."[26]

Em tão douta companhia aventuramo-nos a avançar mais um pouco.

III – Muitas vezes, norma federal contém mandamento "obrigando" os Estados a agirem de uma dada maneira, sobre determinado assunto. A ingerência, aí, é clara e configura, em nossa opinião, uma inconstitucionalidade irremissível. Os Estados, ainda que a Constituição lhes atribua uma tarefa, é que devem decidir quando e como desempenhá-la. Se, por acaso, como bem observa o mesmo Dallari, a Lei Magna exige de uma pessoa política um gasto mínimo em determinada área (*v.g.*, na área da educação), isto vale porque contido em dispositivo constitucional, e não porque veiculado em norma federal.[27]

IV – É fundamental termos presente, pois, que, na Federação Brasileira, o Congresso Nacional não está credenciado, nem mesmo em nome do interesse nacional, a usurpar ou, mesmo, diminuir competências estaduais (políticas, legislativas e administrativas) traçadas na Constituição Federal. Isso porque a União e os Estados-membros possuem idêntico *status* constitucional e, nessa medida, não podem impor condutas uns aos outros, mas, pelo contrário, devem cooperar para a concretização, no âmbito nacional, dos valores consagrados na Constituição da República.

V – Saliente-se, ainda, que o princípio federativo veda tratamentos jurídicos que criem distinções ou preferências, inclusive tributárias, entre as pessoas políticas.

De fato, também no exercício de suas competências tributárias, os entes federados devem observar condutas que preservem a Federação. Dito de outro modo: devem, enquanto tributam, adotar condutas de fidelidade em suas relações recíprocas, em ordem a manter o pacto federativo.

VI – Daí podemos falar em *princípio da lealdade federativa*, a impor, como observa Patrícia Lamarão, a imperiosa necessidade de edição de "normas de conduta nas relações institucionais entre os entes federados, sem as quais não se poderia manter a unidade da Federação".[28]

Assim, por exemplo, a União não pode buscar diálogo apenas com alguns Estados-membros (os de orientação político-partidária favorável), em ordem a compelir

26. Dalmo de Abreu Dallari, "Competências municipais", in *Estudos de Direito Público – Revista da Associação dos Advogados da Prefeitura do Município de São Paulo* 4/7, 1983.

27. Idem, p. 7.

28. Patrícia Lamarão, "O princípio da lealdade federativa como cláusula geral nas relações federativas", *Revista Consulex* agosto/2010.

os demais (os de orientação opositora) a aderirem ao entendimento a que tiverem chegado.[29]

Por igual modo, é vedado aos Estados-membros promover a "guerra fiscal" em matéria de ICMS, mediante a concessão unilateral de isenções, incentivos e benefícios fiscais em afronta aberta ao disposto no art. 155, § 2º, XII, "g", da CF.[30]

Sempre nesta linha, também é interdito aos Estados-membros retardar o recolhimento do ICMS que lhes é devido, procrastinando, em consequência, o repasse (art. 158, IV, da CF) devido aos Municípios localizados em seus respectivos territórios.[31]

VII – Em suma, como o próprio pórtico da Lei Maior revela, o *federalismo* – com seu consectário conatural, que é a autonomia dos entes federativos – dá a tônica do Estado Brasileiro.

De fato, inexiste hierarquia jurídica entre os entes federativos. Todos são pessoas jurídicas dotadas de plena capacidade política, enquanto atuam dentro de suas esferas de competência, constitucionalmente traçadas. Portanto, a harmonia deve presidir a convivência dos entes federativos (pessoas políticas). Há, aliás, implícita na Constituição brasileira a ideia de que desta *convivência harmoniosa* resultará o bem de toda a Nação.

3.2 A natureza jurídica da União

Nesta nossa trajetória, temos mais um empecilho que vencer: juridicamente, em que consiste a União?

Bem examinado nosso Texto Magno, deduzimos que a União é pessoa jurídica de direito público, fruto da aliança dos Estados-membros que, conjugados, formam o Estado Brasileiro (cf. art. 1º da CF). Importa acrescentar que ela corresponde à *ordem jurídica central*, nascida da reunião das várias *ordens jurídicas parciais* dos Estados

29. A respeito do assunto, o Tribunal Constitucional Federal alemão decidiu:

"Onde quer que a União se esforce no sentido de buscar um entendimento constitucionalmente relevante em questões da vida constitucional nas quais todos os Estados-membros tenham interesse e sejam partes, este dever de comportamento leal à Federação proíbe-a de agir segundo o princípio *divide et impera*, ou seja, de partir de uma separação entre os Estados-membros, buscar acordo com apenas alguns deles, colocando os demais sob coação de ingresso.

"Aquele princípio proíbe também que o Governo Federal, em negociações que digam respeito a todos os Estados-membros, trate diferentemente os governos dos Estados-membros, de acordo com sua orientação político-partidária, especialmente que consulte, para deliberações politicamente decisivas, somente representantes de governos estaduais próximos do ponto de vista político-partidário, excluindo delas governos estaduais associados à oposição ao Governo Federal. Em casos do tipo ora discutido, é bom direito dos políticos pertencentes a *um* partido na União e nos Estados-membros, primeiramente, esclarecer suas ideias em discussões políticas para a solução dos problemas de interesse da União e dos Estados-membros, entendendo-se uns com os outros também durante as discussões entre a União e os Estados-membros sobre os próximos passos a serem tomados" (Leonardo Martins (org. e "Introdução), *Cinquenta Anos de Jurisprudência do Tribunal Constitucional Federal Alemão*, trad. de Beatriz Hennig, Leonardo Martins, Mariana Bigelli de Carvalho, Tereza Maria de Castro e Vivianne Geraldes Ferreira, Uruguai, Konrad-Adenauer-Stiftung, 2005, p. 825).

30. V., infra, cap. X, subitem 3.4.

31. V., infra, cap. VIII, subitem 4.4.

federados (Michel Temer). Como não poderia deixar de ser, subordina-se à Constituição (ordem jurídica global), que lhe dá competências exclusivas.

No *plano internacional*, representa a totalidade do Estado Brasileiro, isto é, atua perante o "direito das gentes" em nome da República Federativa do Brasil, exercendo seus direitos e cumprindo seus deveres. Sob este enfoque, concentra a soberania da Nação, que exerce, em pé de igualdade, perante os demais Estados independentes (art. 21, I e II, da CF). Desfruta, pois, da chamada personalidade de "direito das gentes", *status* que é negado aos Estados que a compõem.

É o que patente nos mostra Pontes de Miranda: "Os Estados são pessoas de direito das gentes. O Brasil, como Estado, mantém relações com os outros Estados. Não nas podem ter e manter os Estados-membros componentes do Brasil, porque não são pessoas do direito das gentes, e sim tão só de direito público do Brasil. São Estados-membros, unidades infraestaduais".[32]

Já, no *plano interno*, a União é pessoa política, autônoma, investida pela Constituição de atribuições privativas (arts. 21, 34, 145, 153, 154 etc.). Semelha-se, aqui, aos Estados-membros, que, como ela, são autônomos. Estes, no entanto, são livres para se auto-organizarem, editando suas próprias Constituições (art. 25 da CF), ao passo que ela já se encontra estruturada na *Lex Fundamentalis*.

3.3 A indissolubilidade da Federação Brasileira

Há ainda para considerarmos, nesta quadra, que a Federação Brasileira é indissolúvel. Isto de modo algum causa o desaparecimento dos Estados que a compõem, nem lhes retira a autonomia que a Carta Magna lhes outorgou. Antes, a preservação dos Estados e de seus peculiares interesses está tão assegurada quanto a própria indestrutibilidade do Estado Federal. Nem poderia ser de outro modo, pois se o todo (o Estado Federal) é infracionável, as partes que o formam (os Estados-membros) necessariamente também o são.

A indissolubilidade da Federação, afirmada no art. 1º da Carta Suprema, vem roborada no art. 60, § 4º, I, do mesmo Diploma Normativo. Neste último versículo proíbe-se, de modo expresso, proposta de emenda constitucional tendente a abolir a forma federativa do Estado. Esta "cláusula pétrea" não pode ser violada, nem por via oblíqua, o que ocorreria, por hipótese, se pretendêssemos retirar, mediante emenda constitucional, a competência tributária dos Estados.

Como corolário disto, os Estados-membros devem ter respeitada sua integridade territorial. Com efeito, não podem, sem seu expresso consentimento, exteriorizado na forma constitucionalmente prevista,[33] sofrer qualquer tipo de alteração em sua base

32. Pontes de Miranda, *Comentários à Constituição de 1967 com a Emenda n. 1 de 1969*, 1ª ed., 2ª tir., t. II, São Paulo, Ed. RT, 1973, p. 11.

33. O assunto vem regulado especialmente no § 3º do art. 18 da CF ("Os Estados podem incorporar-se entre si, subdividir-se ou desmembrar-se para se anexarem a outros, ou formarem novos Estados ou Territórios Federais, mediante aprovação da população diretamente interessada, através de plebiscito, e do Congresso Nacional, por lei complementar").

territorial. Aliás, seria rematado contrassenso admitir que os Estados federados, que se uniram numa Federação justamente para terem preservadas suas personalidades políticas, pudessem, à sua revelia, ser divididos, desmembrados, incorporados a outros etc.

Do exposto ressai que os Estados, tanto quanto a União, embora não sejam *soberanos*,[34] são *autônomos*. Em consequência desta autonomia, podem auto-organizar-se, o que fazem por intermédio de atividades constituintes (que adiante estudaremos) e legiferantes.

A ideia de que os Estados-membros não possuem soberania foi magnificamente desdobrada por José Soriano de Souza: "Na Federação ou Estado Federal a autoridade é mais centralizada; as partes perdem sua personalidade perante os Estados estrangeiros; não têm portanto representação diplomática, não declaram guerra, nem fazem a paz; essas atribuições competem ao Estado coletivo".[35]

Estas interessantes ilações, contudo, não destroem a assertiva de que a Lei Magna conferiu aos Estados um amplo campo de ação, dentro do qual podem mover-se sem outros limites que os derivados da autonomia da União, dos Municípios e do Distrito Federal, além, é óbvio, dos decorrentes dos *direitos individuais e sociais e suas garantias* (que todas as pessoas, até as políticas, devem observar).

3.4 A competência residual dos Estados

A autonomia dos Estados é realçada pelo art. 25 do Código Fundamental, quando, depois de estipular que "organizam-se e regem-se pelas Constituições e leis que adotarem", acrescenta, em seu § 1º, que a eles "são reservadas (...) as competências que não lhes sejam vedadas por esta Constituição".

A Constituição brasileira conferiu aos Estados não só as competências que expressamente enunciou,[36] como, também, as que não atribuiu à União, aos Municípios

34. Como observou Antônio de Sampaio Dória: "(...) se os Estados federados fossem soberanos, gozariam, em consequência, os dois direitos da soberania: o de nulificação e o de separação" (*Problemas de Direito Público*, 1ª ed., São Paulo, Ed. RT, 1919, p. 166). Realmente, tivessem o direito de nulificação e poderiam, por autoridade própria, negar vigência, em seus territórios, às leis federais que entendessem avessas à Constituição. Já, se assistidos pelo direito de separação (secessão), teriam a faculdade de, unilateralmente, se apartarem da Federação. E está visto e revisto que a Lei Máxima lhes nega um e outro direito.

35. José Soriano de Souza, *Princípios Gerais de Direito Público e Constitucional*, cit., 1893, p. 105 (atualizamos a redação).

36. É o caso da competência para instituir taxas e contribuição de melhoria (art. 145, II e III, da CF) e impostos sobre transmissão *causa mortis* e doação, de quaisquer bens ou direitos (art. 155, I, da CF, de acordo com a redação dada pela Emenda Constitucional 3, de 17.3.1993), sobre operações relativas à circulação de mercadorias e sobre prestações de serviços de transporte interestadual e intermunicipal e de comunicação, ainda que as operações e as prestações se iniciem no exterior (art. 155, II, da CF, de acordo com a redação dada pela Emenda Constitucional 3/1993), e sobre a propriedade de veículos automotores (art. 155, III, da CF, de acordo com a redação dada pela Emenda Constitucional 3/1993). Era o caso, ainda, do adicional de até 5% do que fosse pago à União por pessoas físicas ou jurídicas domiciliadas nos respectivos territórios a título do imposto previsto no art. 153, III (renda e proventos de qualquer natureza), incidente sobre lucros, ganhos e rendimentos de capital (imposto que, nos termos do art. 3º da EC 3/1993, foi eliminado em 1.1.1996).

ou ao Distrito Federal. A teoria clássica do federalismo chama estas competências não enumeradas de *residuais* ou *remanescentes*.

Em consequência dessa disposição constitucional, como observa Dalmo de Abreu Dallari, "toda matéria que possa ser sujeita a uma disciplina jurídica e que não esteja expressa ou implicitamente incluída na esfera de competências da União ou dos Municípios pode ser objeto da legislação estadual".[37]

Os Estados possuem, no Brasil, portanto, competências próprias e autoridades (legislativas, executivas e judiciárias) que decidem, com autonomia, sobre os assuntos locais. Além disso, tributam livremente, respeitado somente o texto constitucional (máxime seus arts. 145 e 155).

Estudando o assunto, Michel Temer, com pena de mestre, resumiu estas noções, por nós apenas esgarçadas, nos termos sequentes:

"(...) aos Estados compete, *residualmente*, dispor sobre matéria administrativa (seus servidores e a organização da Administração Pública local). Entre essa matéria elenca-se a financeira. Também compete aos Estados a disposição sobre seus agentes políticos (definição de responsabilidades etc.).

"Mas, ao lado das residuais, o Estado ainda é senhor de *competências expressas*, *competências em comum*, *competências concorrentes* e *competências suplementares*.

"São expressamente conferidas aos Estados as competências tributárias, (...).

"Em síntese, o Estado federado titulariza competências *residuais*, *expressas*, *em comum*, *concorrente* e *suplementar*.

"(...).

"Finalmente, a competência *suplementar*, que decorre da *concorrente*. Explico. Nas competências concorrentes a União pode editar apenas *normas gerais*. Mas o Estado pode *suplementar* essa atividade da União. Ou seja: o Estado pode – em atenção, naturalmente, às suas peculiaridades locais – legislar sobre *normas gerais* nos claros deixados pelo legislador federal. E, inexistindo lei federal sobre tais normas, o Estado as expedirá sem limitação, plenamente."[38]

Continuando, na quase totalidade dos casos, as competências da União, dos Municípios e do Distrito Federal foram definidas, pelo Texto Supremo, por enumeração; as dos Estados, por exclusão. As competências estaduais abrangem as não delegadas expressamente às demais pessoas políticas e, naturalmente, as não proibidas por preceitos constitucionais.

Temos, assim, que os Estados-membros podem autogovernar-se, mediante leis e autoridades próprias, bastando, para tanto, que observem as competências (expressas e residuais) que receberam da Constituição Federal.

37. Dalmo de Abreu Dallari, "O controle da constitucionalidade das leis municipais", parecer inédito, p. 8.

38. Michel Temer, *Elementos de Direito Constitucional*, 24ª ed., 3ª tir., São Paulo, Malheiros Editores, 2015, pp. 88-89 (os grifos são do autor).

3.5 A coexistência das autonomias federal e estaduais

Facilmente percebemos que é da própria índole de nosso regime federativo a coexistência das autonomias federal e estaduais.

Com James W. Garner[39] podemos comparar nossa Federação a um sistema planetário, no qual os astros (a União e os Estados) devem mover-se em suas respectivas órbitas (que a Constituição traça), para a própria harmonia do Universo Jurídico.

Foi para evitar possíveis choques que o Constituinte delimitou as competências federais e estaduais. União e Estados só podem desenvolver suas atividades nos campos que lhes foram reservados. Assim, nem a União há de invadir os limites da competência dos Estados, nem estes poderão imiscuir-se em assuntos federais.

É o que Geraldo Ataliba sustenta: "Federação implica igualdade jurídica entre a União e os Estados, traduzida num documento (constitucional) rígido, cuja principal função é discriminar competências de cada qual, de modo a não ensejar violação da autonomia recíproca por qualquer das partes".[40]

Parece certo que, sendo autônomo, cada Estado deve, sem interferências federais ou estaduais, prover as necessidades de seu governo e administração. Para isto, a Lei Maior conferiu a todos o direito de regular suas despesas e, conseguintemente, de instituir e arrecadar, em caráter privativo e exclusivo, os tributos que as atenderão.

O Estado, refletindo a vontade de seu povo, navega ao grado de sua Constituição e das leis votadas por sua Assembleia. Desde que guarde a forma republicana e representativa e não se afaste dos princípios cardeais da Constituição Nacional, pode governar-se (por seus delegados e representantes) como bem lhe apetecer. A inobservância deles motiva, em tese, a intervenção de que trata o art. 34, VII, da *Lex Legum*,[41] ali inserto, como escreveu João Barbalho (primeiro e mais liberal intérprete da Carta Constitucional de 24.2.1891), "para garantia da liberdade e direitos dos cidadãos e para a efetividade do profícuo resultado do sistema de governo adotado pelo povo brasileiro".[42]

39. James W. Garner, *Idées et Institutions Politiques Américaines*, Paris, 1921, pp. 59-60.

40. Geraldo Ataliba, "Princípio federal – Rigidez constitucional e Poder Judiciário", in *Estudos e Pareceres de Direito Tributário*, vol. 3, São Paulo, Ed. RT, 1980, pp. 9 e 10.

41. A intervenção federal nos Estados é medida excepcionalíssima, que há de ser aplicada com mão avara, para que não reste vulnerado o princípio federativo. Apenas quando se configura uma das situações elencadas, *de modo taxativo* (*numerus clausus*), na Constituição da República é que surgirá, em tese, a possibilidade de a União intervir.

O exame, ainda que perfunctório, dos artigos pertinentes da Lei Suprema revela que somente fatos de gravidade indisfarçável, aptos a pôr em risco a própria integridade da Federação, é que podem render ensejo a esta providência.

42. João Barbalho, *Constituição Federal Brasileira – Comentários*, cit., p. 30 (o autor tratava, nesta passagem, do art. 6º da Constituição brasileira de 1891, que tinha o mesmo conteúdo do precitado art. 34, VII, da atual).

3.6 As leis complementares estaduais

Em face de tudo quanto exprimimos, podemos afiançar que, se obedecerem ao *processo* legislativo traçado pela Constituição Federal, os Estados podem prever em suas respectivas Constituições novas hipóteses de lei complementar, além das já contempladas na Carta Suprema da Nação.

De fato, em nosso País, nenhum óbice existe a impedir que as Constituições dos Estados-membros dilatem o rol de matérias que devem ser objeto de leis complementares. O constituinte estadual, ao prever novos casos de lei complementar, além dos apontados na Carta Federal, absolutamente não está entrando em testilhas com os grandes princípios constitucionais. Muito pelo contrário, está, sim, prestigiando o princípio federativo.

Isto é o que nos ensina, com sua autoridade insuperável, Geraldo Ataliba: "Os Estados federados – por isto que constituímos uma Federação – 'organizar-se-ão e reger-se-ão pelas Constituições e leis que adotarem' (...). Podem portanto prever, nas respectivas Constituições, a existência de leis complementares, adotando ou não a técnica da Carta Federal, relativamente à espécie".[43]

Com ele estamos de pleno ajuste. Pretender-se, como querem alguns, que a lei complementar estadual só tem cabida nas estritas hipóteses indicadas na Constituição Federal equivale, em rigor, a dificultar sobremodo a edição deste ato normativo, que – é bom que salientemos – os Estados não estão impedidos de dar à publicidade. Realmente, as leis complementares previstas na Constituição da República versam, quase todas, sobre matérias de competência da União, acerca das quais nem mesmo em caráter subsidiário podem os Estados dispor. Melhor é sustentarmos que cada Estado, conforme a vontade de seu Constituinte, é livre para indicar os assuntos que deverão ser versados por meio de lei complementar estadual.

3.7 A relevância jurídica do princípio federativo, no Brasil

Aqui chegados, remarcamos que o princípio federativo está entre os mais relevantes de quantos nosso Direito alberga, como, aliás, podemos inferir da só leitura do art. 60, § 4º, I, da CF: "§ 4º. Não será objeto de deliberação a proposta de emenda tendente a abolir: I – a forma federativa de Estado".

Geraldo Ataliba, analisando disposição semelhante contida na Constituição de 1967/1969 (art. 47, § 1º), foi sobremodo feliz ao averbar: "(...) o princípio federal, em suas mais essenciais exigências, só pode ser revogado por força de uma verdadeira revolução, que deite por terra o Texto Constitucional e ab-rogue categoricamente todo o sistema, a partir de suas bases. Só avassaladora revolução popular pode anular o princípio federal".[44]

43. Geraldo Ataliba, *Lei Complementar na Constituição*, São Paulo, Ed. RT, 1971, p. 58.
44. Geraldo Ataliba, "Competência legislativa supletiva estadual", *RDP* 62/26.

Logo, enquanto a atual Constituição estiver irradiando efeitos, é terminantemente proibida proposta de emenda constitucional que, ainda que por via transversa, colime suprimir ou modificar nossa Federação.

Por maiores motivos, não poderão ser expedidas leis ou normas infralegais (*e.g.*, regulamentos) que, de alguma forma, anulem as exigências do princípio federativo. A interpretação é também inidônea para reduzir as dimensões deste alicerce de nosso ordenamento jurídico.

Não é por outra razão que as leis do Congresso Nacional (seja as federais, seja as nacionais, como, por exemplo, as leis complementares que veiculam "normas gerais em matéria de legislação tributária") deverão sempre levar em conta a existência dos Estados e de suas competências (mesmo as tributárias), que só podem ser exercitadas por seus Poderes Supremos (Legislativo, Executivo e Judiciário), na forma de suas respectivas Constituições e leis.

Os Estados-membros, evidentemente, em nome do princípio federativo, não poderão, de seu turno, invadir as searas federal e nacional.

4. Os Estados-membros e suas Constituições

I – Relembramos que nossa Constituição Federal é, a um tempo, a Constituição da Nação (*ordem jurídica global*) e a Constituição da União (*ordem jurídica parcial central*).

Os Estados-membros (*ordens jurídicas parciais periféricas*) também têm suas Constituições, que, no entanto, ao serem votadas, devem observar uma série de limitações postas na Constituição Federal.

Dito de outro modo, cada Estado-membro tem o que poderíamos chamar de "individualidade constitucional". Esta se materializa em *sua* Constituição (Constituição Estadual), promulgada por *seu* poder constituinte decorrente[45] e reformável por meio de *seu* poder constituinte derivado estadual.

Explicitando a ideia, o Estado-membro, por meio de seu órgão constituinte (a Assembleia Legislativa), promulga – observadas as diretrizes e condições fixadas pelo poder constituinte originário[46] – a Constituição Estadual, que inicia a normatização da ordem jurídica local, a ser pormenorizadamente desenvolvida pela legislação ordinária estadual e pelos atos administrativos (*lato sensu*) com base nela editados.

45. Ao contrário do poder constituinte originário, que, pelo menos sob o ponto de vista jurídico, é ilimitado, o poder constituinte decorrente é formal e materialmente limitado pela Constituição Federal – e, nessa medida, movimenta-se dentro do círculo por ela pré-traçado.

46. O art. 11 do ADCT estabelecia que "cada Assembleia Legislativa, com poderes constituintes, elaborará a Constituição do Estado, no prazo de 1 (um) ano, contado da promulgação da Constituição Federal, obedecidos os princípios desta".

É interessante notar que, caso algum Estado-membro tivesse deixado expirar *in albis* este prazo, não mais poderia dar novo início à ordem jurídica local (exercendo seu poder constituinte decorrente), mas, apenas, modificar a recepcionada Constituição Estadual anterior (agora, exercendo o poder constituinte derivado estadual, que não tem a característica da *principialidade*, isto é, a faculdade de dar novo início à ordem jurídica local).

Destarte, a autonomia constitucional do Estado-membro não é absoluta, mas relativa. A Constituição Federal demarca-lhe o poder constituinte decorrente, indicando-lhe, por enumeração ou por exclusão, as matérias de sua competência.[47]

O poder constituinte decorrente, nada obstante suas limitações, é essencial para que se complete a formação do Estado Federal, como bem o notou Gabriel Ivo, *verbis*: "O *poder constituinte decorrente*, contido por sua competência, instaura um início, posto que, dogmaticamente, o Estado-membro, e, neste sentido, o próprio desígnio de se instituir um Estado Federal, sem ele não se constitui. Em virtude desse aspecto podemos afirmar que o *poder constituinte decorrente* completa o Estado Federal, que inexistiria sem a instauração dos ordenamentos jurídicos locais e, por conseguinte, as comunidades locais".[48]

De qualquer forma, a Constituição Federal, ao mesmo tempo em que atribui aos Estados-membros a capacidade de auto-organização (poder constituinte decorrente), impõe-lhes restrições, porquanto deles exige obediência aos *princípios jurídicos sensíveis*, que aponta.

Insistimos que o poder constituinte dos Estados-membros é um poder *decorrente* do poder constituinte originário. Em razão disso, sofre algumas limitações, tanto de fundo como de forma, impostas pelos princípios jurídicos sensíveis encartados na Constituição Federal.

Então, vejamos.

II – A atual Constituição da República, em seu art. 25, estabelece: "Os Estados organizam-se e regem-se pelas Constituições e leis que adotarem, observados os princípios desta Constituição".[49]

Notamos que a atual Carta Política, ao contrário da anterior, não enumerou, neste artigo, quais são estes princípios, de observância obrigatória pelos Estados federados, ao editarem suas Constituições e leis.

Parece-nos razoável sustentar, com o eminente jurista Manoel Gonçalves Ferreira Filho,[50] que tais princípios são, em primeiro lugar, os adnumerados no art. 34, VII, da Lei das Leis: "Art. 34. A União não intervirá nos Estados nem no Distrito Federal,

47. Na quase totalidade dos casos as competências da União, dos Municípios e do Distrito Federal foram definidas, pelo Texto Supremo, por enumeração; as dos Estados-membros, por exclusão. As competências estaduais abrangem as não delegadas expressamente às demais pessoas políticas e, naturalmente, as não proibidas por preceitos da Constituição Federal.

Em suma, os Estados-membros podem autogovernar-se, mediante leis e autoridades próprias, bastando, para tanto, que observem as competências (expressas e residuais) que receberam da Constituição Federal.

48. Gabriel Ivo, *Constituição Estadual (Competência para Elaboração da Constituição do Estado-membro)*, São Paulo, Max Limonad, 1997, p. 108.

49. A necessidade da observância dos princípios da Constituição da República pelos Estados-membros, enquanto elaboram suas Cartas, é reiterada no art. 11 do ADCT: "Cada Assembleia Legislativa, com poderes constituintes, elaborará a Constituição do Estado, no prazo de um ano, contado da promulgação da Constituição Federal, obedecidos os princípios desta".

50. Manoel Gonçalves Ferreira Filho, "Parecer" publicado no *Diário Oficial do Município de São Paulo* de 18.10.1988, p. 22.

exceto para: (...) VII – assegurar a observância dos seguintes princípios constitucionais: a) forma republicana, sistema representativo e regime democrático; b) direitos da pessoa humana; c) autonomia municipal; d) prestação de contas da administração pública, direta e indireta".

Com argúcia, o festejado Mestre infere que são estes os princípios constitucionais "de caráter cogente para os Estados. São eles claramente sancionados pela intervenção federal, que é a 'pena máxima' que pode sofrer um Estado, no sistema federativo".[51]

Portanto, as Constituições dos Estados-membros devem observar, incontendivelmente, os *princípios sensíveis*, previstos no art. 34, VII, da Lei Maior, que, se desconsiderados, rendem ensejo à sanção política da intervenção federal.

Mas o constituinte estadual há de obedecer, também, a outros princípios não enumerados mas estabelecidos no Texto Magno, que limitam a autonomia organizatória dos Estados-membros e cujo desrespeito acarreta a inconstitucionalidade da norma contida na Constituição do Estado. Tal inconstitucionalidade ocorreria, por exemplo, se o constituinte estadual subtraísse ao Governador do Estado a *faculdade regulamentar* ou a competência para livremente nomear e exonerar os Secretários de Estado (uma vez que o modelo federal estabelece competir privativamente ao Presidente da República nomear e exonerar os Ministros de Estado).

III – A Constituição Federal, por outro lado, em algumas normas, indica caminhos dos quais as Cartas dos Estados não poderão se desgarrar. Tais normas devem, pois, ser necessariamente encampadas pelas Constituições estaduais.

É o caso do art. 155 da Carta Magna, que preordena a competência impositiva (a competência para criar impostos) dos Estados-membros, adiantando preceitos que o constituinte estadual poderá, quando muito, transcrever. Nem precisará fazê-lo, já que a Constituição Federada, ao entrar em vigor, ainda que silente a este respeito, *ipso facto* "receberá" (no sentido técnico que a Teoria Geral do Direito Constitucional empresta ao termo "recepção") a norma apontada.

Temos, deste modo, que o "espírito da Federação" impõe uma "unidade dentro da diversidade" (Manoel Gonçalves Ferreira Filho). Embora a Constituição da República não exija uma padronização institucional absoluta entre a União e os Estados-membros, há necessidade de um mínimo de observância, por parte destes últimos, dos princípios informadores da Federação.

Todavia, no rigor dos princípios, o Estado-membro cumpre sua Constituição (Constituição Estadual) e as leis locais, que somente não prevalecerão se atritarem com as diretrizes postas, pelo constituinte originário, na Constituição Federal.

IV – A atividade do constituinte estadual, em suma, subordina-se e condiciona-se às limitações impostas pelo constituinte nacional, o que é da tradição de nosso Direito. Como pondera Michel Temer, "essa obrigatoriedade de observação dos princípios

51. Idem, ibidem.

tem o objetivo de assegurar a unidade nacional, a uniformidade jurídica, a fim de que as várias ordens jurídicas parciais (Estados federados) perfaçam a unidade (Estado Federal)".[52]

Oswaldo Trigueiro endossa esta ideia: "A obrigação de respeitarem os princípios básicos do direito federal leva os Estados, forçosamente, a se organizarem segundo o modelo da União. Como esta, os Estados regem-se por Constituições escritas e rígidas. Como a União, os Estados estruturam o seu governo de acordo com o princípio da tríplice divisão de poderes, pressuposto básico do sistema presidencial. Assim, o governo estadual se compõe, necessariamente, dos Poderes Legislativo, Executivo e Judiciário, que a Constituição de 1891 definia como órgãos da soberania nacional, mas que, no âmbito estadual, somente podem ser qualificados como órgãos da autonomia federativa".[53]

Também Anna Cândida da Cunha Ferraz, em preciosa monografia, percorre este caminho:

"O Poder Constituinte Decorrente, quando estabelece a primeira Constituição do Estado-membro ou quando atua para dar-lhe nova Constituição, porque a anterior foi suprimida, enfrenta, desde logo, uma primeira questão: qual a amplitude, ou, em outras palavras, o que pode ou lhe cabe verter na Constituição.

"Ora, o Poder Decorrente é um Poder juridicamente limitado. Nasce, vive e atua com fundamento na Constituição Federal que lhe dá supedâneo; é um Poder, portanto, sujeito a limites jurídicos, impostos pela Constituição Maior."[54]

Nessa mesma linha, o STF tem sistematicamente declarado a inconstitucionalidade de dispositivos de Constituições estaduais que se afastam do modelo federal.[55]

Com algumas cautelas, porém, o ordenamento constitucional federado poderá regular todas as funções que encarnam o *Poder do Estado* (as executivas, as legislativas e as judiciais).

V – Em suma, os Estados-membros, no Brasil, possuem competências de legislação, de administração e de julgamento, exercitadas com total prescindência do controle federal. Os governantes, os legisladores e os juízes de direito dos Estados-membros atuam com plena independência, dentro dos limites que a Carta local traça. Não se sujeitam, em absoluto, enquanto exercem suas atribuições, ao prévio controle federal. Estão – se quisermos – submetidos à Constituição Federal, não, porém, ao governo da União.

Conforme já acenamos, cada Estado-membro, no Brasil, está autorizado a elaborar livremente sua Constituição, atendendo a suas características geográficas,

52. Michel Temer, *Elementos ...*, cit., 24ª ed., 3ª tir., p. 92.

53. Oswaldo Trigueiro, *Direito Constitucional Estadual*, Rio de Janeiro, Forense, 1980, p. 71.

54. Anna Cândida da Cunha Ferraz, *Poder Constituinte do Estado-Membro*, São Paulo, Ed. RT, 1979, p. 130.

55. Das Representações 999-AM (*RTJ* 90/1) e 949-RN (*RTJ* 81/332) consta a seguinte ementa: "A obediência aos modelos federais tem sido um *standard* da constitucionalidade dos dispositivos das Leis Maiores dos Estados, segundo a jurisprudência do Supremo Tribunal Federal".

sociais e históricas, bem como aos desejos e aptidões do povo que nele habita.[56] É da índole de nosso regime federativo a capacidade dos Estados de votarem suas Constituições, reafirmando, destarte, suas autonomias. Ao se auto-organizarem política e juridicamente, devem, apenas, acatar os grandes princípios contidos na Constituição Federal.

Tais princípios só serão ofendidos, conforme entendia Rui Barbosa, "(...) quando numa Constituição estadual se encontrar uma cláusula que abra conflito com os textos da Constituição Federal, ou que nesta não pudesse estar, sem lhe contradizer as bases essenciais".[57]

VI – A Constituição do Estado-membro, como vimos, entra em vigor sem passar pelo controle prévio da União. É claro que a União velará pela mantença da Federação, exercendo, deste modo, um controle de legitimidade constitucional dos Estados. Este controle, no entanto, só pode se efetivar após a entrada em vigor da Constituição Estadual. Esmiuçando, será realizado perante o STF, mediante *ação direta*, que, se julgada procedente, operará efeitos *ex tunc*, ou seja, retroagirá seus efeitos até a data da promulgação da norma, julgada inconstitucional, da Carta do Estado.

VII – Em conseguinte, a *Lex Legum* do Estado é, imediatamente, sua Constituição, enquanto não atrita com os princípios capitulares da Constituição da República. Isto explica por que são nulas as leis complementares que, a pretexto de disciplinarem interesses públicos nacionais (que, como bem o demonstrou Victor Nunes Leal, transcendem o mero interesse federal), entram em choque com disposições válidas da Constituição do Estado.

VIII – Impende aqui realçarmos um outro ponto, de máxima importância: a Constituição da República não determinou aos Estados que adotassem, sempre, o padrão federal quanto à execução das tarefas jurídicas propriamente ditas.[58] Não podem, contudo, estabelecer novos casos de intervenção nos Municípios. Esta é matéria privativa da Constituição Federal, já que é ela que garante a autonomia municipal e "só quem dá autonomia pode fixar seus limites e as hipóteses de sua cessação temporária, pela intervenção, ou definitiva, pela extinção do ente autônomo".[59]

56. Como queria Ernesto Leme (*O Art. 63 da Constituição*, 1926), não há por que as Constituições estaduais serem cópias servis da Constituição Federal. Basta que obedeçam aos preceitos capitulares que ela veicula (Federação, tripartição do poder, autonomia municipal etc.). Por igual modo é de estranhar-se que, num País de dimensões continentais, como o nosso, as Constituições dos Estados sejam, se não idênticas, pelo menos vazadas nos mesmos moldes. Juridicamente, assim não precisaria ser (art. 25 da CF de 1988).

57. Rui Barbosa, *Excursão Eleitoral aos Estados da Bahia e Minas Gerais*, São Paulo, 1910, p. 30.

58. O Constituinte do Estado não precisa, por exemplo, estabelecer sistemas exaustivos de defesa da Constituição local. Este é um assunto que só tem cabida se ele entender de criar uma Constituição rígida e, por isso, dotada de supremacia em relação às leis ordinárias estaduais. Sim, porque rigidez e supremacia da Constituição estadual não são princípios que devam ser obrigatoriamente observados. É que o Constituinte estadual, mediante uma verdadeira "decisão política fundamental", dirá se adotará, ou não, uma Constituição rígida e, portanto, dotada de supremacia sobre os demais atos normativos estaduais. Se vier a estruturá-la, poderá, com autonomia, organizar o sistema de sua defesa.

59. José Afonso da Silva, *Controle da Constitucionalidade das Leis Municipais*, parecer inédito, p. 24.

A nosso juízo, os Estados devem observar, também, os princípios constitucionais que regem o *processo legislativo* (arts. 59 a 69 da CF).[60] Dentre eles, podemos citar o que proíbe o *veto a palavras* (art. 66, § 2º, da CF) e o que impede a aprovação de leis *por decurso de prazo* (art. 64 da CF). Qualquer lei estadual editada em desconformidade com os princípios do *processo legislativo*, traçados pela Carta da República, será inconstitucional.

Temos por indisputável, enfim, que o governo federal não poderá intervir nos negócios particulares dos Estados, como, *v.g.*, os que atinam ao exercício de suas respectivas competências tributárias.

4.1 A igualdade jurídica dos Estados-membros

Os Estados-membros, no Brasil, são entidades públicas territoriais dotadas de autonomia legislativa e constitucional. São, também, juridicamente iguais entre si. Não importa se mais ou menos vastos, ricos ou populosos: perante a Ciência Jurídica são todos isônomos, possuindo, portanto, os mesmos direitos e deveres e participando, de igual modo, da formação da vontade nacional.[61]

Para demonstrarmos que os Estados (como, também, a União e os Municípios) são juridicamente isônomos, basta que invoquemos o § 8º do art. 34 do ADCT: "§ 8º. Se, no prazo de sessenta dias contados da promulgação da Constituição, não for editada a lei complementar necessária à instituição do imposto de que trata o art. 155, I, 'b',[62] os Estados e o Distrito Federal, mediante *convênio* celebrado nos termos da Lei Complementar 24, de 7.1.1975, fixarão normas para regular provisoriamente a matéria" (grifamos).

Sendo o convênio, como observava Michel Temer, "um acordo de vontades entre pessoas iguais", a União nem mesmo mediante lei pode "obrigar o Estado a fazer algo que ele não deseje".[63] O mesmo podemos dizer de um Estado em relação a outro Estado. O Estado só fará o que lhe convier, sempre após manifestar sua vontade (mediante *lei*), de modo independente.

Portanto, nenhum Estado pode, por autoridade própria, obrigar os demais a fazerem ou a deixarem de fazer alguma coisa. Todos encontram o *respaldo de validade* de seus atos diretamente na Magna Carta. Militam em desacerto os juristas que, *v.g.*, entendem ser o Estado de São Paulo mais importante que o Estado do Piauí. Sob a óptica do Direito, ambos são iguais, posto que econômica ou politicamente não o sejam.

60. Nem todos os artigos que compõem a Seção "Do Processo Legislativo", da Constituição da República, encerram princípios. É o caso dos artigos que se referem ao bicameralismo (que existe no modelo federal, mas não no estadual).

61. Os Estados participam do governo federal com representantes do povo que habita seus territórios (os Deputados Federais) e com representantes deles próprios, Estados (os Senadores, em número de três por Estado).

62. Art. 155, II (redação da Emenda Constitucional 3/1993).

63. Michel Temer, *Elementos de Direito Constitucional*, São Paulo, Ed. RT, 1982, p. 77.

5. *Últimas considerações*

I – Salientamos, ainda, neste ensejo, que os Estados-membros são obrigados a obedecer e a fazer obedecida (em seus respectivos territórios) a Constituição Federal. Com efeito, se devem, sob pena de intervenção, "prover a execução de lei federal" (art. 34, VI, da CF), por muito maior razão (argumento *a fortiori*) devem cumprir e prover a execução da Lei das Leis federais: a Constituição Federal.

De outro lado, queremos registrar que, por exigência do princípio federativo – que o Diploma Máximo considerou um dos pilares sobre os quais se assenta o *edifício jurídico nacional* –, nem a União pode invadir a competência tributária dos Estados, nem estes a da União. Do mesmo modo, aos Estados, porque juridicamente iguais entre si, é defeso se apossarem das competências tributárias uns dos outros.

Sendo autônomo, cada Estado deve, sem interferências (da União, de outros Estados, dos Municípios, do Distrito Federal, de autarquias, de grupos econômicos etc.), prover as necessidades de seu governo e administração. Para isto, a Constituição da República conferiu a cada um deles o direito de regular suas despesas e, conseguintemente, de instituir e arrecadar, em caráter privativo e exclusivo, os tributos que as atenderão.

II – À mão do que até aqui escrevemos, é de bom aviso advertir que, fosse o Brasil um Estado Unitário, e a faculdade de criar tributos pertenceria apenas ao *Ente Central*.

Só que, como mais de uma vez afirmamos, nossa Carta Magna estruturou o País sob a forma de Federação e, para reforçá-la, repartiu as competências legislativas (inclusive as tributárias) entre a União e os Estados-membros.[64]

III – Sempre em matéria tributária, a pujança do princípio federativo veio reforçada pelo art. 151, I, da CF, que proíbe à União instituir tributo "que não seja uniforme em todo o território nacional ou que implique distinção ou preferência em relação a Estado (...), em detrimento de outro". Este dispositivo impede que os contribuintes sediados ou domiciliados numa dada unidade federada se vejam prejudicados ou favorecidos por razões políticas (*v.g.*, porque o partido que está no poder na esfera federal não é o mesmo que governa o Estado-membro) – o que, sem dúvida, colocaria a Federação em risco.

Observe-se que não infirma – antes, confirma – esta diretriz a parte final do mesmo inciso I, que admite "a concessão de incentivos fiscais destinados a promover o equilíbrio do desenvolvimento socioeconômico entre as diferentes regiões do País". O que se visa, agora, é a atenuar as distorções econômicas entre os Estados-membros, de modo a reforçar a unidade nacional.

IV – Também não é dado à União competir deslealmente com os Estados, tributando-lhes "a renda das obrigações da dívida pública (...), bem como a remuneração

64. Os Municípios e o Distrito Federal, no Brasil, são também *pessoas políticas*, de existência necessária, dotadas, também, de competências legislativas tributárias, como procuraremos demonstrar no próximo capítulo.

dos respectivos agentes públicos, em níveis superiores aos que fixar para suas obrigações e para seus agentes" (cf. art. 151, II, da CF). A razão disso é clara: evitar que, direta ou indiretamente, os Estados-membros se vejam prejudicados com a redução de suas autonomias financeiras e políticas.

Deveras, caso fossem possíveis tais discriminações, os investidores seriam induzidos a aplicar seus haveres nas obrigações da dívida pública federal, com sérios prejuízos para os Estados-membros. Por outro lado, se os ganhos dos agentes públicos da União suportassem carga tributária menor que a dos ganhos dos agentes públicos dos Estados, haveria, de fora a parte a afronta ao princípio da igualdade, uma injustificável hierarquização entre eles, o que não se concebe numa verdadeira Federação.

V – Ao cabo do quanto tivemos a oportunidade de expor, percebemos, pois, que a União não pode estipular – nem mesmo por meio de lei – como os Estados exercitarão suas competências tributárias, que este é tema sobre o qual eles próprios, com a autonomia que possuem, devem deliberar.

A lei complementar, mesmo a pretexto de veicular "normas gerais em matéria de legislação tributária" (art. 146, III, da CF), também não pode se imiscuir no modo pelo qual os Estados cuidarão da criação e arrecadação dos tributos de suas competências.

Capítulo IV

AUTONOMIA MUNICIPAL E TRIBUTAÇÃO

1. Introdução

O princípio da autonomia municipal vem contido, basicamente, nos arts. 29[1] e 30[2] da Carta Magna.

1. CF: "Art. 29. O Município reger-se-á por lei orgânica, votada em dois turnos, com o interstício mínimo de dez dias, e aprovada por dois terços dos membros da Câmara Municipal, que a promulgará, atendidos os princípios estabelecidos nesta Constituição, na Constituição do respectivo Estado e os seguintes preceitos: I – eleição do Prefeito, do Vice-Prefeito e dos Vereadores, para mandato de quatro anos, mediante pleito direto e simultâneo realizado em todo o País; II – eleição do Prefeito e do Vice-Prefeito realizada no primeiro domingo de outubro do ano anterior ao término do mandato dos que devam suceder, aplicadas as regras do art. 77, no caso de Municípios com mais de duzentos mil eleitores; III – posse do Prefeito e do Vice-Prefeito no dia 1º de janeiro do ano subsequente ao da eleição; IV – para a composição das Câmaras Municipais, será observado o limite máximo de: a) 9 Vereadores, nos Municípios de até 15.000 habitantes; b) 11 Vereadores, nos Municípios de mais de 15.000 habitantes e de até 30.000 habitantes; c) 13 Vereadores, nos Municípios com mais de 30.000 habitantes e de até 50.000 habitantes; d) 15 Vereadores, nos Municípios de mais de 50.000 habitantes e de até 80.000 habitantes; e) 17 Vereadores, nos Municípios de mais de 80.000 e de até 120.000 habitantes; f) 19 Vereadores, nos Municípios de mais de 120.000 habitantes e de até 160.000 habitantes; g) 21 Vereadores, nos Municípios de mais de 160.000 e de até 300.000 habitantes; h) 23 Vereadores, nos Municípios de mais de 300.000 habitantes e de até 450.000 habitantes; i) 25 Vereadores, nos Municípios de mais de 450.000 habitantes e de até 600.000 habitantes; j) 27 Vereadores, nos Municípios de mais de 600.000 habitantes e de até 750.000 habitantes; k) 29 Vereadores, nos Municípios de mais de 750.000 habitantes e de até 900.000 habitantes; l) 31 Vereadores, nos Municípios de mais de 900.000 habitantes e de até 1.050.000 habitantes; m) 33 Vereadores, nos Municípios de mais de 1.050.000 habitantes e de até 1.200.000 habitantes; n) 35 Vereadores, nos Municípios de mais de 1.200.000 habitantes e de até 1.350.000 habitantes; o) 37 Vereadores, nos Municípios de [*mais de*]1.350.000 habitantes e de até 1.500.000 habitantes; p) 39 Vereadores, nos Municípios de mais de 1.500.000 habitantes e de até 1.800.000 habitantes; q) 41 Vereadores, nos Municípios de mais de 1.800.000 habitantes e de até 2.400.000 habitantes; r) 43 Vereadores, nos Municípios de mais de 2.400.000 habitantes e de até 3.000.000 de habitantes; s) 45 Vereadores, nos Municípios de mais de 3.000.000 de habitantes e de até 4.000.000 de habitantes; t) 47 Vereadores, nos Municípios de mais de 4.000.000 de habitantes e de até 5.000.000 de habitantes; u) 49 Vereadores, nos Municípios de mais de 5.000.000 de habitantes e de até 6.000.000 de habitantes; v) 51 Vereadores, nos Municípios de mais de 6.000.000 de habitantes e de até 7.000.000 de habitantes; w) 53 Vereadores, nos Municípios de mais de 7.000.000 de habitantes e de até 8.000.000 de habitantes; e x) 55 Vereadores, nos Municípios de mais de 8.000.000 de habitantes; V – subsídios do Prefeito, do Vice-Prefeito e dos Secretários Municipais fixados por lei de iniciativa da Câmara Municipal, observado o que dispõem os arts. 37, XI, 39, § 4º, 150, II, 153, III, e 153, § 2º, I; VI – o subsídio dos Vereadores será fixado pelas respectivas Câmaras Municipais em cada legislatura para a subsequente, observado o que dispõe esta Constituição, observados os critérios estabelecidos na respectiva Lei Orgânica e os seguintes limites máximos: a) em Municípios de até dez mil habitantes, o subsídio máximo dos Vereadores corresponderá a vinte por cento do subsídio dos Deputados Estaduais; b) em Municípios de dez mil e um a cinquenta mil habitantes, o subsídio máximo dos Vereadores corresponderá a trinta por cento do subsídio dos Deputados Estaduais; c) em Municípios de cinquenta mil e um a cem mil habitantes, o subsídio

Tão expressivo é o princípio insculpido nestes artigos, que lei alguma, nenhum poder, nenhuma autoridade (inclusive judiciária), poderá, direta ou indiretamente, às claras ou sub-repticiamente, mediante ação ou omissão, derrogá-lo ou, de algum modo, amesquinhá-lo.

Examinemos, no entanto, o assunto um pouco mais cuidadosamente, já que, nesta matéria, a brevidade só poderia ser obtida às expensas do rigor científico.

2. *Caráter jurídico do princípio*

I – O Texto Máximo, concedendo autonomia aos Municípios, mais do que exteriorizar um ideário ou uma expressão de anseios, levantou diques aos caprichos do

máximo dos Vereadores corresponderá a quarenta por cento do subsídio dos Deputados Estaduais; d) em Municípios de cem mil e um a trezentos mil habitantes, o subsídio máximo dos Vereadores corresponderá a cinquenta por cento do subsídio dos Deputados Estaduais; e) em Municípios de trezentos mil e um a quinhentos mil habitantes, o subsídio máximo dos Vereadores corresponderá a sessenta por cento do subsídio dos Deputados Estaduais; f) em Municípios de mais de quinhentos mil habitantes, o subsídio máximo dos Vereadores corresponderá a setenta e cinco por cento do subsídio dos Deputados Estaduais; VII – o total da despesa com a remuneração dos vereadores não poderá ultrapassar o montante de cinco por cento da receita do Município; VIII – inviolabilidade dos Vereadores por suas opiniões, palavras e votos no exercício do mandato e na circunscrição do Município; IX – proibições e incompatibilidades, no exercício da vereança, similares, no que couber, ao disposto nesta Constituição, para os membros do Congresso Nacional e, na Constituição do respectivo Estado, para os membros da Assembleia Legislativa; X – julgamento do Prefeito perante o Tribunal de Justiça; XI – organização das funções legislativas e fiscalizadoras da Câmara Municipal; XII – cooperação das associações representativas no planejamento municipal; XIII – iniciativa popular de projeto de lei de interesse específico do Município, de cidade ou de bairros, através de manifestação de, pelo menos, cinco por cento do eleitorado; XIV – perda do mandato do Prefeito, nos termos do art. 28, parágrafo único.

"Art. 29-A. O total da despesa do Poder Legislativo Municipal, incluídos os subsídios dos Vereadores e excluídos os gastos com inativos, não poderá ultrapassar os seguintes percentuais, relativos ao somatório da receita tributária e das transferências previstas no § 5º do art. 153 e nos arts. 158 e 159, efetivamente realizado no exercício anterior: I – 7% para Municípios com população de até 100.000 habitantes; II – 6% para Municípios com população entre 100.000 e 300.000 habitantes; III – 5% para Municípios com população entre 300.001 e 500.000 habitantes; IV – 4,5% para Municípios com população entre 500.001 e 3.000.000 de habitantes; V – 4% para Municípios com população entre 3.000.001 e 8.000.000 de habitantes; VI – 3,5% para Municípios com população acima de 8.000.001 habitantes.

"§ 1º. A Câmara Municipal não gastará mais de setenta por cento de sua receita com folha de pagamento, incluído o gasto com o subsídio de seus Vereadores.

"§ 2º. Constitui crime de responsabilidade do Prefeito Municipal: I – efetuar repasse que supere os limites definidos neste artigo; II – não enviar o repasse até o dia 20 de cada mês; III – enviá-lo a menor em relação à proporção fixada na Lei Orçamentária.

"§ 3º. Constitui crime de responsabilidade do Presidente da Câmara Municipal o desrespeito ao § 1º deste artigo."

2. "Art. 30. Compete aos Municípios: I – legislar sobre assuntos de interesse local; II – suplementar a legislação federal e a estadual no que couber; III – instituir e arrecadar os tributos de sua competência, bem como aplicar suas rendas, sem prejuízo da obrigatoriedade de prestar contas e publicar balancetes nos prazos fixados em lei; IV – criar, organizar e suprimir distritos, observada a legislação estadual; V – organizar e prestar, diretamente ou sob regime de concessão ou permissão, os serviços públicos de interesse local, incluído o de transporte coletivo, que tem caráter essencial; VI – manter, com a cooperação técnica e financeira da União e do Estado, programas de educação pré-escolar e de ensino fundamental; VII – prestar, com a cooperação técnica e financeira da União e do Estado, serviços de atendimento à saúde da população; VIII – promover, no que couber, adequado ordenamento territorial, mediante planejamento e controle do uso, do parcelamento e da ocupação do solo urbano; IX – promover a proteção do patrimônio histórico-cultural local, observada a legislação e a ação fiscalizadora federal e estadual".

legislador (federal ou estadual) ou do intérprete, que, diante de preceitos tão categóricos, válidos e subsistentes por si sós, não podem desrespeitá-la, desconhecê-la ou modificá-la. Ao revés, incumbe-lhes desdobrar esta situação subjetiva em todas as suas consequências e ilações, conforme, aliás, a lição unânime dos melhores publicistas, como Pimenta Bueno, Barbalho, Rui, Maximiliano, Pontes de Miranda, Meirelles Teixeira, Geraldo Ataliba, e alguns mais.

Nem objetemos que no corpo dos arts. 29 e 30 da CF só há preceptivos programáticos, vale dizer, meras sugestões, a impedir que os Municípios deles hauram diretrizes ou proteção jurídica.

A esta linha de argumentação, mais de uma vez ouvida em mesas de debates, contrapomos as palavras de Celso Antônio Bandeira de Mello, que, com extraordinária felicidade e elegância, pondera: "(...) não faria sentido que o constituinte enunciasse certas disposições apenas por desfastio ou por não sopitar seus sonhos, devaneios ou anelos políticos. A seriedade do ato constituinte impediria a suposição de que os investidos em tão alta missão dela se servissem como simples válvula de escape para emoções antecipadamente condenadas, por seus próprios emissores, a permanecerem no reino da fantasia. Até porque, se desfrutavam do supremo Poder jurídico, seria ilógico que, desfrutando-o, houvessem renunciado a determinar impositivamente aquilo que consideravam desejável, conveniente, adequado".[3]

De fato, os artigos em pauta encerram princípio de fulgurante importância que, no mínimo, tem o condão de paralisar a eficácia de quaisquer outras normas jurídicas (legais ou infralegais) que o vulnerem, assim em sua letra que em seu espírito. E, conforme é sabido e consabido, o Judiciário, sempre que preciso, poderá ser chamado – pelo próprio Município ou por outra pessoa interessada – a reiterar-lhe a pujança.

II – Convém dizermos que, embora o art. 1º da CF estabeleça que a República Brasileira é "formada pela união indissolúvel dos Estados e Municípios (...)", estes não integram a Federação, isto é, não fazem parte do "pacto federal".

E isto por um motivo muito simples: a própria CF se encarrega de desmentir o que solenemente proclama em seu art. 1º.

De fato, os Municípios não influem, nem muito menos decidem, no Estado Federal. Dito de outro modo, não participam da formação da vontade jurídica nacional. Realmente, não integram o Congresso, já que não possuem representantes nem no Senado (Casa dos Estados), nem na Câmara dos Deputados (Casa do Povo).

Nas edições anteriores deste *Curso* (*v.g.*, na p. 154 da 20ª ed.) defendemos – em reforço da nossa posição de que o Município não integra a Federação – a tese de que a autonomia municipal não é *cláusula pétrea* e que, portanto, "o Congresso Nacional, no exercício de seu *poder constituinte derivado*, pode, querendo, aprovar emenda constitucional que venha a diminuir ou, mesmo, a eliminar a autonomia dos Municípios".

3. Celso Antônio Bandeira de Mello, *Eficácia das Normas Constitucionais e Direitos Sociais*, 1ª ed., 4ª tir., São Paulo, Malheiros Editores, 2015, p. 14.

Agora, porém, melhor meditando sobre o assunto, mudamos de opinião. Hoje estamos convencidos de que qualquer amesquinhamento na autonomia municipal é vedado pelo Texto Magno. De fato, não faria sentido que a Lei Maior do País, tendo atribuído aos Municípios *poder constituinte decorrente* (eles votam suas *leis orgânicas*, obedecidos apenas os *princípios jurídicos sensíveis* da Constituição da República), abrisse espaço a que o *poder constituinte derivado* abolisse, ainda que em parte, a aptidão que a Constituição Federal lhes deu para se autogovernarem. Isto poderia, até, em alguns casos, ferir direitos e garantias individuais (outra *cláusula pétrea*), já que os munícipes estariam sujeitos, a qualquer tempo, a verem anuladas, pelo Congresso Nacional, prerrogativas e faculdades que lhes tivessem sido outorgadas pela legislação municipal.

III – Por outro lado, a CF, em seu art. 18, § 4º, abre espaço a que lei estadual crie, incorpore, funde ou desmembre Municípios, "dentro do período determinado por lei complementar federal", desde que haja "consulta prévia, mediante plebiscito, às populações dos Municípios envolvidos, após divulgação dos Estudos de Viabilidade Municipal, apresentados e publicados na forma da lei". Tal permissivo também sinaliza que os Municípios não compõem a Federação – ideia que, de resto, foi reforçada pela Emenda Constitucional 57, de 18.12.2008, que convalidou "os atos de criação, fusão, incorporação e desmembramento de Municípios, cuja lei tenha sido publicada até 31 de dezembro de 2006, atendidos os requisitos estabelecidos na legislação do respectivo Estado à época de sua criação".

IV – Retornando ao ponto tornamos a insistir que, embora os Municípios não integrem a Federação, ocupam posição sobranceira e privilegiada em nosso cenário jurídico. São, como melhor veremos a seguir, pessoas jurídicas dotadas de grande autonomia, que haurem suas competências diretamente da Constituição Federal, único *fundamento de validade* de suas leis.

3. *O conteúdo da "autonomia municipal"*

Apesar de tudo, dificuldades podem surgir na apreensão do *conteúdo* do conceito "autonomia municipal". Porém, como quer Antônio de Sampaio Dória, o assunto não encerra "nenhum enigma, ao alcance, somente, dos iniciados, nem realidade que se desenhe muito para além das nuvens, como tramas de metafísica, em que só a dialética das abstrações conclui e decide". Ademais, todo conceito, ainda que vago e impreciso, é, por definição, uma noção finita (Queiró), graças a que possui, necessariamente, um núcleo incontroverso.

Portanto, tendo a cautela de costear noções secundárias (contestáveis, pois), parece correto sustentar que a autonomia municipal, sob a óptica do Direito, é a faculdade que a pessoa política Município tem de, dentro do círculo de competência pré-traçado pela Constituição, organizar, sem interferências, seu governo e estabelecer, *sponte propria*, suas normas jurídicas (João Mangabeira). Este último aspecto (competência para legislar) ganha particular relevo, para que bem se caracterize a autonomia jurídica do Município.

Com efeito, como apregoava Laband, a autonomia, debaixo de um angulo técnico-jurídico, encerra, em sua maior expressão, sempre, uma faculdade legislativa, que supõe a aptidão de estabelecer, *por direito próprio* (e não por delegação), regras obrigatórias. Esta faculdade não é, evidentemente, soberana, porque deve manter-se nos limites (extensos, no caso) que a Constituição impôs a seu regular exercício.

Neste momento, nota-se que a autonomia dos Municípios é insofismável, já que elegem livremente seus Prefeitos[4] e têm um Poder Legislativo capaz de prescrever, *por direito próprio*, normas jurídicas obrigatórias, obedecidos, apenas, os princípios da Constituição, aos quais, de resto, todas as pessoas devem submeter-se.

O conceito de autonomia fixou-se, assim, em duas características essenciais: a) provimento privativo dos cargos governamentais; e b) competência exclusiva no trato de assuntos de seu peculiar interesse (Hans Kelsen).

De fato, o Município não poderia ser havido por autônomo, se a ele não se consentisse gerir o seu, dispor do seu, contratar sobre o seu e reger sua vida e seus bens, observados, apenas, os limites constitucionais e legais.

No Brasil, o governo e a administração de cada Município correspondem ao que seu povo, por seus representantes, estabelece nas leis votadas pelas suas Câmaras. O Município pode governar-se e administrar-se como bem lhe parecer, sem interferência de outros poderes (estaduais, federais, nacionais e internacionais), contanto, naturalmente, que não se afaste dos princípios cardeais da Constituição.

Logo, exemplificando, toda lei tributária municipal válida é suprema sobre qualquer outra da União, do Estado ou de outro Município com a qual conflite. Quando, por hipótese, uma lei municipal e uma lei estadual regulam a mesma matéria, e esta se acha compreendida na competência da Câmara Municipal, a lei estadual deve ceder, pois não é senão um *simulacro* de lei, isto é, uma tentativa malograda de exercer uma aptidão estranha à legislatura dos Estados.

Convém enfatizar, ainda, que, em nosso País, como decorrência da autonomia que possuem, os Municípios são iguais entre si, sob o prisma jurídico. À semelhança do que sustentamos acerca da Federação, reconhece-se também a absoluta isonomia dos Municípios brasileiros. Um não pode se impor a outro (ou a outros). Todos buscam seu *fundamento de validade* na própria Constituição, sem qualquer ingerência de terceiros. Dizer que o Município "A" é superior ao Município "B" porque tem rendas

4. Não eram eleitos pelo povo, desde a Carta de 1967, até o advento da Emenda Constitucional 25/1985, os Prefeitos das Capitais, dos Municípios considerados estâncias hidrominerais e dos Municípios declarados de interesse da segurança nacional. Neste entretempo, sempre sustentamos que tais Prefeitos, embora investidos em seus cargos de modo especial (eram nomeados pelo Governador do Estado), em nada se distinguiam, quanto a direitos e deveres, dos Prefeitos eleitos. Como estes, tinham mandato certo, respondiam pelos crimes de responsabilidade que eventualmente viessem a cometer, podiam ser alvo de *impeachment* e, acima de tudo, não eram demissíveis *ad nutum*, nem pelo Governador do Estado, nem, muito menos, pelo Presidente da República. Foi com surpresa que, no passado, vimos o então Governador do Estado de São Paulo "demitir" (*sic*), por alegadas divergências políticas, o Prefeito do Município de São Paulo. Na época (1973), infelizmente, nada foi feito para anular este ato que equiparou o ilustre Edil a um Secretário de Estado. É bem verdade que os tempos eram outros. Hoje, entretanto, para gáudio de nossos municipalistas, o assunto já está superado.

mais expressivas ou maior população é despedir-se do campo jurídico, para enveredar pelo campo político ou sociológico.

4. O art. 30 da CF e os assuntos de interesse local. A lei orgânica municipal

Retornemos ao art. 30 do Código Supremo. Este dispositivo, por possuir um conteúdo mínimo que lhe permite atuar, ainda que à míngua de qualquer outro ato normativo, encerra normas constitucionais de *eficácia plena e aplicabilidade imediata*, de acordo com a monumental classificação de José Afonso da Silva, que acolhemos. Como trata de demonstrar este ilustrado doutrinador, em obra que se ombreia com as melhores do mundo,[5] as normas constitucionais de eficácia plena e aplicabilidade imediata atuam de pronto, no instante mesmo em que postas no sistema jurídico. Independem de qualquer norma inferior, que as torne executáveis, para que possam produzir todos os efeitos.

O princípio em pauta, de antiga e irresistível tradição, no Brasil,[6] veicula, pois, uma *garantia de ordem formal* de que o Município, pelo menos enquanto estiver em vigor nosso Estatuto Supremo, terá sempre assegurada sua ampla autonomia. E autonomia, como deixamos em saliência, é a possibilidade de autogovernar-se, isto é, de dar-se regras a si próprio (Geraldo Ataliba). A lição é antiga. João Mendes Jr., nos idos de 1912, definia a autonomia como sendo a "direção própria daquilo que é próprio".

Tal autonomia, conforme reza o Código Magno, é total no que concerne aos *assuntos de interesse local*.

Observamos que, ao contrário do que estatuía a Carta de 1967/1969 (art. 15, II), a atual não alude ao *peculiar interesse* do Município, mas, apenas, aos *assuntos de interesse local*. Esta não foi uma mera alteração fraseológica. De fato, agora, basta ser o assunto de interesse local para que o Município dele possa se ocupar, sem nenhuma necessidade de demonstrar que ele é de seu peculiar interesse. Houve, pois, uma ampliação do âmbito competencial dos Municípios, que – tornamos a insistir – é senhor absoluto dos *assuntos de interesse local*.

5. José Afonso da Silva, *Aplicabilidade das Normas Constitucionais*, 8ª ed., 2ª tir., São Paulo, Malheiros Editores, 2015.

6. No Brasil-Colônia, os Municípios brasileiros desfrutavam de grande autonomia, seja em razão da autonomia das Comunas portuguesas (que lhes serviam de fonte de inspiração), seja em virtude da distância que os separava da Metrópole (que impedia um controle mais rígido sobre eles).

Com a elevação do Brasil à condição de Reino-Unido a Portugal e Algarves (1815), os Municípios brasileiros perderam muito da faculdade que tinham de se autogovernarem, fenômeno que se agravou com a Proclamação da Independência, máxime após a edição, em 1.10.1828, da Lei de Organização Judiciária Municipal.

A autonomia de nossos Municípios só veio a ser restaurada com a República, mais especificamente com a promulgação da Carta de 1891 (art. 68). A partir de então, porém, todas as Constituições brasileiras – com exceção da que vigorou durante o Estado-Novo (1937-1945) – prestigiaram a autonomia municipal.

É este, pois, o local adequado para indagarmos: que são assuntos de interesse local?

Mesmo correndo o risco de parecermos tautológicos, damo-nos pressa em responder que são aqueles que o próprio Município, por meio de lei, vier a entender de seu interesse. Esta petição de princípio, na verdade, é inevitável. Nosso sistema constitucional é que autoriza esta colocação redundante. Realmente, absurdo seria se o Município tivesse que auscultar órgãos ou autoridades a ele estranhos, para saber o que são e o que não são assuntos de interesse local.

Demais disso, esta matéria, por muito fluida, não pode ser rigorosamente prefixada, na medida, até, em que os Municípios são diferentes uns dos outros. É meridianamente claro que, em nosso sistema jurídico, não se pode pretender que, pelos padrões do Município "A", possa ser organizado o Município "B" e vice-versa. O que convém a um Município frequentemente atrita com os interesses de outro.

Daí a Constituição Federal ter usado fórmula abrangente, a indicar a ambitude da autonomia municipal: *assuntos de interesse local*.[7]

De acordo com esta síntese feliz, cada Município é livre para organizar-se, consultando seus interesses particulares, observadas, apenas, as restrições que objetivam manter de pé os marcos que separam as competências das pessoas políticas.

Reforça esta assertiva o art. 30, II, da CF, que confere aos Municípios competência para "suplementar a legislação federal e a estadual no que couber". Assim, eles podem legislar suplementarmente, tendo em vista apenas o interesse local.

Também podem, nos termos do art. 23 da Lei Maior: "I – zelar pela guarda da Constituição, das leis e das instituições democráticas e conservar o patrimônio público; II – cuidar da saúde e assistência pública, da proteção e garantia das pessoas portadoras de deficiência; III – proteger os documentos, as obras e outros bens de valor histórico, artístico e cultural, os monumentos, as paisagens naturais e os sítios arqueológicos; IV – impedir a evasão, a destruição e a descaracterização de obras de arte e de outros bens de valor histórico, artístico ou cultural; V – proporcionar os meios de acesso à cultura, à educação, à ciência, à tecnologia, à pesquisa e à inovação; VI – proteger o meio ambiente e combater a poluição em qualquer de suas formas; VII – preservar as florestas, a fauna e a flora; VIII – fomentar a produção agropecuária e organizar o abastecimento alimentar; IX – promover programas de construção de moradias e a melhoria das condições habitacionais e de saneamento básico; X – combater as causas da pobreza e os fatores de marginalização, promovendo a integração social dos setores desfavorecidos; XI – registrar, acompanhar e fiscalizar as concessões de direitos de pesquisa e exploração de recursos hídricos e minerais em seus territórios; e, XII – estabelecer e implantar política de educação para a segurança do trânsito". Nessas matérias de competência comum da União,

7. Frisamos, de passagem, que a Carta de 1967/1969, em seu art. 15, usava expressão sinônima e igualmente oportuna: peculiar interesse ("Art. 15. A autonomia municipal será assegurada: I – pela eleição direta de Prefeito, Vice-Prefeito e Vereadores, realizada simultaneamente em todo o País; II – pela administração própria, no que respeite ao seu *peculiar interesse* ..." – grifamos).

dos Estados, do Distrito Federal e dos Municípios, estes últimos podem aplicar a legislação federal ou estadual, praticando quaisquer atos administrativos capazes de impedir que ocorram prejuízos ou danos nos precitados assuntos de interesse a um tempo nacional e local. Podem, portanto, com base nesta *competência administrativa comum*, interferir (mediante a edição de atos administrativos) para evitar a ocorrência de prejuízos ou danos, nacionais e locais. Aliás, nos termos do parágrafo único deste mesmo art. 23 da CF ("Lei complementar fixará normas para a cooperação entre a União e os Estados, o Distrito Federal e os Municípios, tendo em vista o equilíbrio do desenvolvimento e do bem-estar em âmbito nacional"), os Municípios poderão até vir a cobrar multas federais e estaduais.

Retomando o fio da meada, os Municípios podem cuidar livremente dos assuntos de interesse local.

Esta, inclusive, a lição de João Barbalho, que, em seus afamados comentos à Constituição de 1891 (neste ponto semelhante à atual), pontifica: "A Constituição Federal consagrou a liberdade dos Municípios se constituírem, fazendo cada um deles mesmo sua lei orgânica, respeitadas a Constituição Federal e a do Estado e garantindo-lhes esta o poder de promoverem e zelarem, conforme mais conveniente entendessem, tudo quanto se refere a sua vida econômica e administrativa, sem dependência alguma de estranha autoridade".[8]

E, a breve trecho: "Desde que o assunto é puramente municipal não cabe na gestão do Estado, como não cabe na da União o que for puramente estadual. E assim como o próprio Estado é o regulador dos negócios que são exclusivamente seus e estabelece sua 'constituição', seu código fundamental para a regência desses seus negócios, igualmente e com o mesmo direito, o Município faz sua lei orgânica, seu estatuto basilar, e por ele se institui e rege a administração de seus negócios particulares".[9]

Tais palavras, posto escritas sob o pálio da Carta de 1891, continuam a ser de uma atualidade incontestável.

Hoje, os Municípios elaboram suas "leis orgânicas", que são verdadeiras "Constituições Municipais". No desempenho desta tarefa, a Câmara dos Vereadores local (*constituinte municipal*) só deve obediência: I – aos princípios estabelecidos na Constituição da República e na Constituição do respectivo Estado; e II – a uns tantos preceitos referidos nos incisos I a XII do art. 29 da Lei das Leis (eleição do Prefeito, do Vice-Prefeito e dos Vereadores, para mandato de quatro anos, mediante pleito direto e simultâneo realizado em todo o País; proibições e incompatibilidades, no exercício da vereança, similares, no que couber, ao disposto nesta Constituição, para os membros do Congresso Nacional, e na Constituição do respectivo Estado, para os membros da Assembleia Legislativa; julgamento do Prefeito perante o Tribunal de Justiça etc.).

Parece-nos evidente que a lei orgânica do Município é dotada de maior positividade que as simples leis ordinárias municipais. Estas só serão válidas se e enquanto se

8. João Barbalho, *Constituição Federal Brasileira – Comentários*, cit., p. 38 (atualizamos a redação).

9. Idem, ibidem, p. 382 (atualizamos a redação).

adequarem àquela. Em termos mais precisos, as leis ordinárias municipais haurem a validade e a legitimidade na lei orgânica do respectivo Município. Estão em patamar inferior da chamada "pirâmide jurídica". Havendo, pois, um descompasso entre elas, prevalecerá a de maior hierarquia jurídica: a *lei orgânica municipal*.

Observamos que a lei orgânica municipal exige *quorum* de aprovação qualificado. De fato, enquanto as leis ordinárias municipais são aprovadas por maioria simples, a "lei orgânica" do Município e as emendas que nela forem introduzidas devem ser aprovadas por dois terços dos membros da Câmara de Vereadores, "em dois turnos, com o interstício mínimo de dez dias" (art. 29 da CF).

Portanto, se, por hipótese, uma lei ordinária municipal afrontar a "lei orgânica do Município", padecerá do irremissível vício da ilegalidade. Assim maculada, a ninguém obrigará. Pode – segundo supomos – ser submetida ao *controle da legalidade*, perante o Poder Judiciário local (o juiz de direito competente, da Comarca), por via, digamos, de uma ação declaratória. São titulares naturais da ação que aferirá a legalidade de lei municipal, em face da lei orgânica: a) qualquer do povo, que tenha legítimo interesse de agir; e b) dependendo do que esta estipular, o Procurador-Geral do Município ou, à sua falta, quem lhe faça as vezes (*v.g.*, o Secretário dos Negócios Jurídicos do Município).

5. *Assuntos de interesse predominantemente local*

Aqui chegados, cremos poder afirmar que, embora, *a priori*, seja sobremodo difícil visualizar-se, com exatidão, a linha, por vezes tênue, que aparta as questões de interesse geral dos negócios peculiares dos Municípios, são de competência destes os *assuntos locais*.

Assim se pronunciaram, ao longo dos tempos, os maiores juspublicistas. Bonnard, por exemplo, pregoava que o interesse local é aquele que pode ser isolado, diferençando-se, nesta medida, dos interesses de outros Municípios ou do País. Borsi, a seu turno, sustentava que as funções municipais são as que se encontram intimamente ligadas à vida local, em oposição àqueloutras que atendem às necessidades nacionais. Também afinado neste diapasão, Black, como, de resto, a maioria dos autores norte-americanos, recorre aos "negócios internos das cidades e vilas" (*internal affairs of towns and countries*) ou aos "negócios de governo local" (*local government affairs*) para precisar o alcance da expressão *peculiar interesse*.

No Brasil, desde a época do Império, estas ideias eram entre nós difundidas, como se percebe nesta passagem de Pimenta Bueno:

"A natureza do poder municipal revela quais devam ser suas atribuições essenciais. Tudo quanto respeita especialmente à sociedade local, tudo quanto não for de interesse provincial ou geral, deve ser atribuído ao conselho da família municipal. É justo e conveniente que esta associação se governe como melhor julgar, em tudo quanto esta liberdade não ofender os outros Municípios ou os interesses do Estado.

"É de mister que tenha suas rendas, faça suas despesas especiais, seus melhoramentos, que mantenha suas disposições policiais apropriadas."[10]

Naturalmente, nesta altura de nossa exposição nenhuma entredúvida pode esboçar-se no sentido de que "assuntos de interesse local" não significa "assuntos de interesse *privativo*", mas "assuntos de interesse predominantemente local". Os interesses dos Municípios são os que atendem, de modo imediato, às necessidades locais, ainda que com alguma repercussão sobre as necessidades gerais do Estado ou do País. Como registra, com induvidoso acerto, Antônio de Sampaio Dória, "sob certo aspecto, e por alto, todos os interesses são comuns; podem, no entanto, ser peculiares a esta ou àquela entidade, na medida em que lhes aproveitam diretamente, e só reflexamente às demais".[11]

Portanto, no que diz com a autonomia municipal, "interesse local" não se confunde com "interesse privativo". O interesse do Município que a Constituição protege é o *peculiar*, isto é, o próprio, o especial, o particular; não o exclusivo, que, em rigor, inexiste, já que, afinal de contas, tudo o que aproveita ao Município também serve, de modo mais ou menos próximo, a todo o País. Por exemplo, uma creche que o Município mantém é de seu interesse peculiar, porém não exclusivo, porque a proteção à infância importa, também, ao Estado e à União. Ainda a respeito, estabelece a Lei Magna ser a educação um "direito de todos e dever do Estado e da família". A palavra "Estado" deve ser aqui entendida como sinônima da expressão "Estado Brasileiro" (composto pela União, pelos Estados-membros, pelos Municípios e pelo Distrito Federal). É, pois, também assunto do interesse local (posto não ser do interesse exclusivo) do Município abrir e manter escolas.

O respeito que a Constituição vota aos assuntos de interesse local manifesta-se, também, na criação, na incorporação, na fusão e no desmembramento de Municípios. Deveras, estes fenômenos não podem ocorrer à revelia das populações diretamente interessadas. Pelo contrário, é imprescindível que elas manifestem, a propósito, sua anuência, pela via plebiscitária. É o que estatui, com todas as letras, o art. 18, § 4º, da Lei Magna: "A criação, a incorporação, a fusão e o desmembramento de Municípios *far-se-ão por lei estadual, dentro do período determinado por lei complementar federal, e dependerão de consulta prévia, mediante plebiscito, às populações dos Municípios envolvidos, após divulgação dos Estudos de Viabilidade Municipal, apresentados e publicados na forma da lei*" (redação dada pela Emenda Constitucional 15, de 12.9.1996). Portanto, a criação, a incorporação, a fusão e o desmembramento de Municípios dependem do *placet* das populações diretamente interessadas.

Prestigia igualmente os assuntos de interesse local o art. 182 da CF, que prescreve:

10. Pimenta Bueno, *Direito Público Brasileiro e Análise da Constituição do Império*, Rio de Janeiro, 1958, p. 317 (atualizamos a redação).

11. Antônio de Sampaio Dória, "Autonomia dos Municípios", *Revista da Faculdade de Direito de São Paulo* 24/423 e ss.

"Art. 182. A política de desenvolvimento urbano executada pelo Poder Público municipal, conforme diretrizes gerais fixadas em lei, tem por objetivo ordenar o pleno desenvolvimento das funções sociais da cidade e garantir o bem-estar de seus habitantes.

"§ 1º. O plano diretor, aprovado pela Câmara Municipal, obrigatório para cidades com mais de vinte mil habitantes, é o instrumento básico da política de desenvolvimento e de expansão urbana.

"§ 2º. A propriedade urbana cumpre sua função social quando atende às exigências fundamentais de ordenação da cidade expressas no plano diretor.

"§ 3º. As desapropriações de imóveis urbanos serão feitas com prévia e justa indenização em dinheiro.

"§ 4º. É facultado ao Poder Público municipal, mediante lei específica para área incluída no plano diretor, exigir, nos termos da lei federal, do proprietário do solo urbano não edificado, subutilizado ou não utilizado, que promova seu adequado aproveitamento, sob pena, sucessivamente, de: I – parcelamento ou edificação compulsórios; II – imposto sobre a propriedade predial e territorial urbana progressivo no tempo; III – desapropriação com pagamento mediante títulos da dívida pública de emissão previamente aprovada pelo Senado Federal, com prazo de resgate de até dez anos, em parcelas anuais, iguais e sucessivas, assegurados o valor real da indenização e os juros legais."

Vínhamos sustentando nas edições anteriores que a inexistência da *lei federal* a que alude o precitado § 4º do art. 182 da CF não inibia o Município de, com base em lei local, tomar as providências ali referidas. Por igual modo, manifestávamos nosso entendimento no sentido de que tal *lei federal* deveria limitar-se a estabelecer *normas gerais*; nunca descer a "assuntos de interesse local", de competência privativa dos Municípios, *ex vi* do art. 30, I, da Carta Suprema.

Continuamos entendendo que, ausente tal *lei federal*, é dado ao Município, por meio de lei própria (*lei específica*), dar cumprimento ao disposto no predito § 4º. Noutras palavras, não é necessária a intermediação de uma *lei federal* para que esta pessoa política possa velar para o adequado aproveitamento do solo urbano, isto é, sua utilização de conformidade com o *plano diretor* (cf. §§ 1º e 2º do art. 182 da CF).

Fixada esta premissa, temos para nós que a *lei federal* (lei ordinária) deve limitar-se a veicular os lineamentos básicos para que os Municípios fixem, por meio de lei local, seu *plano diretor*. O campo de atuação da *lei federal* está circunscrito, pois, ao direito urbanístico.[12] Absolutamente não lhe é dado ingressar na seara tributária, impondo diretrizes aos Municípios, para que tratem do IPTU progressivo no tempo.

Com efeito, somente uma lei tributária de caráter nacional – ou seja, uma lei complementar – poderia ocupar-se com este último assunto, *ex vi* do disposto no art. 146 da CF.[13]

12. Tal também o entendimento de Carlos Ari Sundfeld, notório especialista na matéria.

13. V., infra, cap. XI, itens 1-6.

Por aí vemos que, sem embargo dos eventuais méritos que possa ter a Lei 10.257, de 12.7.2001 (*Estatuto da Cidade*), ela, por ser uma lei ordinária federal, trata, em seu art. 7º, de matéria *sob reserva de lei complementar* – sendo, destarte, neste ponto, inconstitucional.[14]

Estas, a talho de foice, as interpretações que mais se coadunam com o princípio da autonomia municipal.

Sem descermos a particularidades, que viriam fora de lugar, pensamos que o *plano diretor*, a que alude o precitado artigo, deve levar em conta, precipuamente, o peculiar interesse do Município. Aliás, qualquer morador de Município com mais de vinte mil habitantes tem o direito de exigir, pelos meios processuais adequados, não só a edição deste plano diretor, como, também, que ele vise, acima de tudo, ao bem-estar da comunidade.

6. Resposta aos críticos da fórmula "assuntos de interesse local"

Há quem censure haver a Constituição se limitado a enunciar, em seu art. 30, a lacônica fórmula "assuntos de interesse local". Para os que assim pensam, melhor seria a explicitação, na própria Carta Magna, do que são "assuntos de interesse local", a fim de que, do dispositivo em foco, pudessem defluir todas as consequências jurídicas, seja para a própria pessoa política, seja para os interessados, de modo geral.

Esta argumentação, impressionante embora, não colhe, porque, normalmente, é fácil detectar os assuntos de interesse local.

Com efeito, a organização dos pontos de ônibus, dentro do Município, é assunto de interesse local. Por igual modo, o fornecimento domiciliar de água potável, o serviço de coleta de lixo, o calçamento de ruas e avenidas, a arrecadação de tributos locais, a fixação das mãos de direção, no trânsito de veículos. Em suma, os exemplos poderiam ser multiplicados *ad infinitum*, pois, como vimos em tópico precedente, há um significado central, incontroversível, para a expressão "assuntos de interesse local", a impedir que se difira a aplicação do preceito, até que normas ulteriores lhe dissipem eventuais sombras ou, o que é pior, até que sejam editadas leis nacionais, federais ou estaduais regulando o assunto.

Uma coisa não se contesta: a própria Ciência do Direito progredirá à proporção que novas normas jurídicas (legais e infralegais) municipais vierem a precisar os assuntos de interesse local. É inafastável, contudo, que, enquanto tal não ocorrer, os Municípios poderão fruir, em toda a latitude do tempo, de seu direito constitucional à ampla autonomia.

Novamente é Celso Antônio Bandeira de Mello que nos elucida:

"(...) a imprecisão ou fluidez das palavras constitucionais não lhes retira a imediata aplicabilidade dentro do campo induvidoso de sua significação. Supor a

14. V., supra, cap. II, subitem 8.4.1.

necessidade de lei para delimitar este campo implicaria outorgar à lei mais força que à Constituição, pois deixaria sem resposta a seguinte pergunta: De onde a lei sacou a *base significativa* para dispor do modo em que o fez, ao regular o alcance do preceito constitucional?

"É puramente ideológica – e não científica – a tese que faz depender de lei a fixação dos poderes ou direitos configurados em termos algo fluidos."[15]

Portanto, os Municípios, em que pese às eventuais insuficiências redacionais do art. 30 do Código Supremo, são personagens de primeira grandeza em nosso cenário jurídico, equiparando-se aos Estados-membros, ao Distrito Federal e à União.

A autonomia que o Município recebeu da Constituição para propor seu governo, estruturar sua administração, criar os tributos de sua competência e cuidar de todos os assuntos prevalentemente locais constitui, no dizer sempre abalizado de Meirelles Teixeira, um verdadeiro direito público subjetivo, oponível ao próprio Estado (União e Estados-membros), sendo inconstitucionais as leis que, de qualquer modo, a atingirem em sua essência.[16]

Com efeito, as competências da União, dos Estados, do Distrito Federal e dos Municípios – que lhes foram conferidas pela Lei Maior da República, de modo privativo, exaustivo e rígido – não se interpenetram, nem cedem espaço umas às outras. É neste sentido que a boa doutrina tem proclamado que, na esfera de suas atribuições, constitucionalmente delimitadas, o Município sobrepaira o Estado e a União e seus eventuais excessos só podem ser sofreados pelo Judiciário, em ação própria.

7. O art. 30 da CF e seu rol exemplificativo

Por tudo quanto até aqui ficou consignado, é fácil percebermos que o rol de matérias que o art. 30 da Constituição da República considera de peculiar interesse do Município é meramente exemplificativo. Na verdade, corresponde a temas que – hoje mais do que nunca – são, no Brasil, considerados de interesse local.

Odilon C. de Andrade professa basicamente as mesmas ideias: "Essa enumeração não é taxativa; força é concordar, porém, em que é muito mais do que meramente exemplificativa, porque traduz a atenção, o cuidado e o carinho do Constituinte relativamente àquelas matérias que constituem, na verdade, os pontos básicos da autonomia municipal".[17]

Pensamos que outros assuntos podem ser havidos como de interesse local, desde que, naturalmente, não se desgarrem das trilhas demarcadas pela Carta Magna.

Como corolário disto, cada Município, por seu Legislativo, dirá livremente o que é de seu peculiar interesse. Esta matéria, conforme já demonstramos, não pode ser

15. Celso Antônio Bandeira de Mello, *Eficácia das Normas Constitucionais* ..., cit., 1ª ed., 4ª tir., p. 21 (os grifos são do autor).

16. Meirelles Teixeira, *Estudos de Direito Administrativo*, t. I, 1947, p. 245 (adaptamos).

17. Odilon C. de Andrade, "A Constituição do Estado de Minas Gerais e a autonomia municipal", *RDA* 19/22.

prefixada, porque os Municípios diferem entre si, e o que é de peculiar interesse de um poderá não ser de outro; e vice-versa.

Caberá ao Judiciário, se acionado, coarctar eventuais excessos, neste setor. Nem mesmo ele, porém, haverá de considerar como não sendo assuntos de interesse do Município os atinentes à instituição e arrecadação dos tributos de sua competência; à criação, organização e supressão de distritos; ao planejamento e controle do uso, do parcelamento e da ocupação do solo urbano etc. É que tais assuntos são de interesse local por disposição constitucional e deste modo devem ser considerados, em nome do caráter dogmático do Direito (Recaséns Siches).

8. A relevância jurídica do princípio da autonomia municipal

É interessante observar, em seguimento, que o princípio da autonomia municipal é dos mais relevantes de quantos existem em nosso direito positivo (Geraldo Ataliba). Deveras, Kelsen observa – com muita propriedade – que a importância de uma norma jurídica pode ser aferida pela intensidade de sanção que acarreta, acaso descumprida. Ora, se um Estado-membro violar a autonomia de um dos Municípios localizados em seu território, ele é passível, até, nos termos do art. 34, VII, "c", da CF, de intervenção federal, medida que implica quebra (temporária, é certo) do próprio princípio federativo, verdadeira *chave de abóbada* de nosso sistema jurídico, como se depreende da simples leitura do art. 60, § 4º, I, da mesma Carta Fundamental ("Não será objeto de deliberação a proposta de emenda tendente a abolir a forma federativa de Estado").

Portanto, fazendo um esforço de arranjo, o Município goza da mais ampla autonomia, tendo sido alçado, pelo próprio Texto Excelso, à invejável posição de pessoa política (igual, pois, neste particular, aos Estados e à União). Esta autonomia vem assegurada, de modo mais significativo, no art. 30 da CF, que, em suma, garante ao Município governo e administração próprios, no que toca a seu peculiar interesse. Acresçamos a isto o fato de que, enquanto a União só pode tratar dos assuntos referidos no art. 21 da Lei das Leis (*numerus clausus*), e os Estados, dos não privativos da União ou dos Municípios (art. 25, § 1º, da CF), a estes últimos é dado dispor, livremente, de todos quantos forem de seu peculiar interesse. Presume-se, até prova em contrário (presunção *iuris tantum*), que a atuação do Município é legítima, ou seja, submissa ao Direito, principalmente quando "instituir e arrecadar os tributos de sua competência", "criar, organizar e suprimir distritos", "organizar e prestar, diretamente ou sob regime de concessão ou permissão, os serviços públicos de interesse local", e assim avante. Nestes campos – como em inúmeros outros – absolutamente não pode haver prevalência da lei federal ou estadual sobre a municipal. Como bem aduz Hely Lopes Meirelles, em obra clássica, "se a União ou o Estado-membro, extravasando dos limites de sua competência, invadir a órbita privativa da administração municipal, pode o Município recorrer ao Judiciário para compelir o poder federal ou estadual a recolher-se aos lindes que a Constituição lhe assinala".[18]

18. Hely Lopes Meirelles, *Direito Municipal Brasileiro*, 17ª ed. 2ª tir., São Paulo, Malheiros Editores, 2014, p. 93.

O Município, como instituição herdada dos colonizadores portugueses, é, realmente, a *celula mater* da Nação. Era pensando nisto que Rui Barbosa dizia: "não há corpo sem células. Não há Estado sem Municipalidades. Não pode existir matéria vivente sem vida orgânica. Não se pode imaginar existência de Nação, existência de povo constituído, existência de Estado, sem vida municipal".[19]

Note-se que a Constituição atual situou o Município dentro das esferas político-administrativas da República, dando-lhe efetiva autonomia política, financeira e administrativa.

A autonomia política foi assegurada pela eleição direta e universal de todos os Prefeitos e Vereadores. A autonomia administrativa, pela possibilidade de auto-organização de todo o sistema burocrático dos serviços municipais. E a autonomia financeira, pelos tributos próprios, pela efetiva participação nas receitas tributárias de outras pessoas políticas (União e Estados-membros) e pela ampla possibilidade de arrecadação dos tributos de sua competência.

As competências municipais, maiormente quanto à decretação e arrecadação de tributos, à aplicação de suas rendas, à organização dos serviços públicos locais etc., não são delegadas pelos Estados ou pela União, mas são tão *originárias* quanto as competências estaduais ou federais. É a Constituição do País que diretamente as outorgou. Assim, não é lícito, nem à União, nem aos Estados, tolher ou mesmo disciplinar o exercício das atribuições dos Municípios.

9. A competência tributária do Município em face do art. 30 da CF

Está visto e revisto que o Município é pessoa jurídica de direito público interno, dotada, nos termos da Constituição Federal, de competência legislativa própria e exclusiva. Irrefutável, ainda, que os fatos e situações ocorridos em seu âmbito só podem ser regulados por meio de leis municipais.

Acerca deste rico tema, assim se pronunciou o douto Victor Nunes Leal: "Sendo a lei municipal *superior* a qualquer outra, na esfera da competência privativa dos Municípios (já que, em tal caso, a lei estadual ou a federal devem ser tidas por inconstitucionais e, portanto, inaplicáveis), não se lhe pode recusar o caráter de autêntica *lei*, segundo o critério *formal* de classificação dos atos do Estado".[20]

Em suma, o Município, no Brasil, é entidade autônoma. Pessoa política, legisla para si, de acordo com as competências que a Carta Magna lhe deu. Nenhuma lei que não a emanada de sua Câmara tem a possibilidade jurídica de ocupar-se com assuntos de interesse local.

Instituindo e arrecadando livremente seus tributos, o Município reafirma sua ampla autonomia, em relação às demais pessoas políticas.

19. *Apud* A. Machado Paupério, *Teoria Geral do Estado*, 8ª ed., Rio de Janeiro, Forense, 1983, p. 40.

20. Victor Nunes Leal, *Problemas de Direito Público*, cit., p. 168.

Nem o governo federal nem o estadual podem interferir no exercício da competência tributária dos Municípios. No mesmo sentido, qualquer tratado internacional que os "obrigue" a abrir mão de parte de seus tributos é nulo de pleno direito, ainda que referendado pelo Congresso Nacional, por meio de decreto legislativo. É patente que o Congresso Nacional não pode usurpar faculdades que, pela Constituição, foram consignadas aos Municípios.[21]

Por isto tudo, já antevemos quão inconstitucionais são as chamadas "Listas de Serviços", que querem "orientar" a tributação por via de ISS (imposto sobre serviços de qualquer natureza, de competência exclusivamente municipal).

Os Municípios têm o direito subjetivo à autonomia e, destarte, ao pleno e livre exercício de suas competências tributárias. Podem, pois, impugnar judicialmente qualquer ato normativo detrimentoso de suas prerrogativas constitucionais, máxime as recebidas para criar o IPTU (imposto predial e territorial urbano), o ISS, o imposto sobre transmissão *inter vivos*, a qualquer título, por ato oneroso, de bens imóveis, os tributos vinculados (taxas e contribuição de melhoria) municipais, a contribuição para o custeio do sistema de previdência e assistência social de seus servidores e, sem embargo de sua constitucionalidade duvidosa, a contribuição para o custeio do serviço de iluminação pública.[22]

Cumpre sublinhar que também o contribuinte se beneficia com a autonomia do Município, no campo tributário. De fato, sempre que, nos termos da Lei Fundamental, só o Município pode tributá-lo, nulas serão quaisquer tentativas de assujeitá-lo ao pagamento de exações levadas a cabo por outras pessoas políticas.

Portanto, pondo ponto a este raciocínio, estudar a competência tributária sem levar em consideração a autonomia dos Municípios é correr o sério risco de deixar sem resposta questões da mais alta relevância jurídica.

10. Outras considerações

Tornamos a repetir que, por força do princípio da autonomia municipal, a pessoa política *Município* é livre para criar e arrecadar os tributos de sua competência.

Esta afirmação, que, segundo cremos, não esperta nenhuma divergência, é, todavia, implicitamente contestada, todo o instante, até por autores de boa nota. Tanto assim é que mais de um tributarista tem feito empenho no sentido de que o Município é obrigado a buscar no Código Tributário Nacional, ou, o que é pior, em leis federais e estaduais, "inspiração" para instituir os tributos de sua competência.

21. É sempre oportuno enfatizar que a Constituição não desaparece ante um tratado, nem se dobra à força das circunstâncias. Por igual modo, o Congresso Nacional, mesmo quando referenda tratados internacionais, por meio da expedição de decretos legislativos, deve ater-se, rigorosamente, às competências que recebeu da Constituição. Dentre elas não se encontra a de legislar pelos Estados e pelos Municípios, nem, muito menos, contra os direitos individuais.

22. V., infra, cap. VIII, subitem 3.1.2.7, XIII.

Por outro lado, há quem sustente – sem o perceber – que o Município não pode definir os limites de sua competência tributária. Sirva-nos de exemplo, a respeito, a posição doutrinária (dominante) de que "zona urbana", para fins de tributação por meio de imposto predial e territorial urbano (IPTU), é aquela que atende às "especificações" do art. 32, §§ 1º e 2º, do CTN.

Preceitos como estes, ainda mais quando prestigiados pela doutrina e pela jurisprudência, com acarretarem o atraso da ciência do direito constitucional tributário brasileiro, demonstram, à saciedade, que ainda temos muito que caminhar.

Enfim, os Municípios só conseguirão exercitar plenamente suas competências tributárias quando for conhecido e respeitado o *princípio da autonomia municipal*.

11. A autonomia do Distrito Federal

Antes de encerrarmos este capítulo, queremos reservar algumas linhas ao estudo da autonomia do Distrito Federal.

Com o advento da atual Constituição brasileira, o Distrito Federal deixou de ser apenas a sede administrativa da União, para assumir o *status* de pessoa política (pessoa jurídica pública de capacidade política).

De fato, hoje, o Distrito Federal goza da mais ampla autonomia, autogovernando-se mediante leis e autoridades próprias. Autonomia – acrescentamos ao que já escrevemos – é a faculdade que tem um ente público de organizar-se juridicamente, criando um direito próprio (Guido Zanobini). Tem autonomia quem edita leis (Pietro Virga). A autonomia implica competência legislativa (Juan Ferrando Badia).

Ora, o Distrito Federal tem, agora, Executivo, Legislativo e Judiciário próprios, independentes e harmônicos entre si. Seu Governador, seu Vice-Governador e seus Deputados Distritais são eleitos pelo povo que nele habita, por meio de voto direto, secreto, universal e periódico (CF, art. 32, § 2º).[23] Os Deputados Distritais, reunidos em Câmara Legislativa, têm competência para criar o ordenamento jurídico local. Possui, ainda, Tribunais e juízes próprios que desfrutam de todos os predicamentos da Magistratura, constitucionalmente assegurados (vitaliciedade, inamovibilidade, irredutibilidade de vencimentos etc.).

Ao lado disto tudo, o Distrito Federal participa da formação da vontade nacional, elegendo, para o Congresso, Deputados Federais (representantes do povo que nele habita) e Senadores (representantes dele próprio, junto à Casa dos Estados). É o que prescrevem os arts. 45 e § 1º, e 46 e parágrafos[24] da Constituição da República.

23. CF, art. 32, § 2º: "A eleição do Governador e do Vice-Governador, observadas as regras do art. 77, e dos Deputados Distritais coincidirá com a dos Governadores e Deputados Estaduais, para mandato de igual duração".

24. "Art. 45. A Câmara dos Deputados compõe-se de representantes do povo, eleitos, pelo sistema proporcional, em cada Estado, em cada Território e no Distrito Federal.

"§ 1º. O número total de Deputados, bem como a representação por Estado e pelo Distrito Federal, será estabelecido por lei complementar, proporcionalmente à população, procedendo-se aos ajustes ne-

Impende notar, ainda, que o Distrito Federal passou a ser uma entidade pública territorial dotada não só de autonomia administrativa, executiva e jurisdicional, como, também, de autonomia constitucional.

Deveras, o Distrito Federal possui um ordenamento constitucional próprio, livremente elaborado por sua Câmara Legislativa e por ela revisável, sem outro limite que o respeito aos *princípios jurídicos sensíveis* da Constituição Federal (independência e harmonia dos Poderes, respeito à Federação, acatamento aos direitos individuais e suas garantias etc.). Estes princípios, diga-se de passagem, devem ser observados também pelos Estados federados e pelos Municípios, enquanto editam, respectivamente, suas Constituições e suas Leis Orgânicas. Melhor explicitando, o Distrito Federal votou, por meio de seus Deputados Distritais, a Lei Orgânica do Distrito Federal, verdadeira Constituição local, segundo preceitua o art. 32[25] da Magna Carta.

Do exposto, é fácil percebermos que o Distrito Federal foi alçado, pela Lei Maior do País, à posição de pessoa política (como os Estados, os Municípios e a União). Seu ordenamento jurídico forma um *sistema estatal completo*, regulando todos os órgãos através dos quais se manifesta o poder do Estado. Demais disso, passou a ser regido por verdadeiros governantes; já não por funcionários sujeitos ao controle da União. Esta só intervirá, no Distrito Federal, nas circunstâncias excepcionalíssimas contempladas no art. 34[26] da CF brasileira (as mesmas, aliás, que autorizam a intervenção federal nos Estados-membros).

Em suma, o Distrito Federal é, em tudo e por tudo, uma pessoa política, que legisla *para si própria*, por meio de seu Poder Legislativo (a Câmara Legislativa). Suas leis, que só devem obediência à Constituição da República, podem livremente disciplinar os assuntos de interesse local, inclusive os que concernem à instituição e arrecadação dos tributos de sua competência.

cessários, no ano anterior às eleições, para que nenhuma daquelas unidades da Federação tenha menos de oito ou mais de setenta Deputados.

"(...).

"Art. 46. Senado Federal compõe-se de representantes dos Estados e do Distrito Federal, eleitos segundo o princípio majoritário.

"§ 1º. Cada Estado e o Distrito Federal elegerão três Senadores, com mandato de oito anos.

"§ 2º. A representação de cada Estado e do Distrito Federal será renovada de quatro em quatro anos, alternadamente, por um e dois terços.

"§ 3º. Cada Senador será eleito com dois suplentes."

25. CF, art. 32: "O Distrito Federal, vedada sua divisão em Municípios, reger-se-á por lei orgânica, votada em dois turnos com interstício mínimo de dez dias, e aprovada por dois terços da Câmara Legislativa, que a promulgará, atendidos os princípios estabelecidos nesta Constituição".

26. CF, art. 34: "A União não intervirá nos Estados nem no Distrito Federal, exceto para: I – manter a integridade nacional; II – repelir invasão estrangeira ou de uma unidade da Federação em outra; III – pôr termo a grave comprometimento da ordem pública; IV – garantir o livre exercício de qualquer dos Poderes nas unidades da Federação; V – reorganizar as finanças da unidade da Federação que: a) suspender o pagamento da dívida fundada por mais de dois anos consecutivos, salvo motivo de força maior; b) deixar de entregar aos Municípios receitas tributárias fixadas nesta Constituição, dentro dos prazos estabelecidos em lei; VI – prover a execução de lei federal, ordem ou decisão judicial; VII – assegurar a observância dos seguintes princípios constitucionais: a) forma republicana, sistema representativo e regime democrático; b) direitos da pessoa humana; c) autonomia municipal; d) prestação de contas da administração pública, direta ou indireta".

Realmente, em matéria tributária, a Câmara Legislativa do Distrito Federal tem competência para criar, *in abstracto*, os tributos estaduais e municipais, em face do que preceituam o § 1º do art. 32,[27] o art. 147, *in fine*,[28] e o art. 155 e incisos e parágrafos,[29] todos da Lei das Leis.

Podemos proclamar, pois, que a competência tributária do Distrito Federal é o *somatório* das competências tributárias dos Estados-membros e dos Municípios. Melhor dizendo, o Distrito Federal, no âmbito de seu território, pode instituir e arrecadar seja os "tributos estaduais" (*v.g.*, o ICMS), seja os "tributos municipais" (por exemplo, o ISS).

O exercício da competência tributária do Distrito Federal não pode ser tolhido nem pela União, nem pelos Estados-membros, nem pelos Municípios, nem por qualquer lei complementar nacional. Apoiado exclusivamente na Constituição, ele, por intermédio de sua Câmara Legislativa, pode criar, aumentar, diminuir, extinguir etc. os tributos que lhe foram outorgados.

27. CF, art. 32, § 1º: "Ao Distrito Federal são atribuídas as competências legislativas reservadas aos Estados e Municípios".

28. CF, art. 147: "Competem à União, em Território Federal, os impostos estaduais e, se o Território não for dividido em Municípios, cumulativamente, os impostos municipais; *ao Distrito Federal cabem os impostos municipais*" (grifamos).

29. CF, art. 155: "Compete aos Estados e ao Distrito Federal instituir impostos sobre: (...)".

Capítulo V

PRINCÍPIO DA ANTERIORIDADE E TRIBUTAÇÃO

1. Noções preliminares

I – O princípio da anterioridade é especificamente tributário, já que se projeta apenas no campo da tributação (federal, estadual, municipal e do Distrito Federal). Encontra-se delineado nos arts. 150, III, "b" e "c", 150, § 1º, e 195, § 6º, todos da CF,[1] *verbis*:

"Art. 150. Sem prejuízo de outras garantias asseguradas ao contribuinte, é vedado à União, aos Estados, ao Distrito Federal e aos Municípios: (...) III – cobrar tributos: (...); b) no mesmo exercício financeiro em que haja sido publicada a lei que os instituiu ou aumentou; c) antes de decorridos noventa dias da data em que haja sido publicada a lei que os instituiu ou aumentou, observado o disposto na alínea 'b';[2] (...).

"§ 1º. A vedação do inciso III, 'b', não se aplica aos tributos previstos nos arts. 148, I, 153, I, II, IV e V; e 154, II; e a vedação do inciso III, 'c', não se aplica aos tributos previstos nos arts. 148, I, 153, I, II, III e V; e 154, II, nem à fixação da base de cálculo dos impostos previstos nos arts. 155, III, e 156, I."[3]

"Art. 195. (...).

"§ 6º. As contribuições sociais de que trata este artigo só poderão ser exigidas após decorridos noventa dias da data da publicação da lei que as houver instituído ou modificado, não se lhes aplicando o disposto no art. 150, III, 'b'."

II – Como primeiro esclarecimento, vamos logo afirmando que no Brasil o exercício financeiro começa no dia 1º de janeiro e se prolonga até o dia 31 de dezembro de cada ano. Há, pois, entre nós, perfeita coincidência entre o ano civil e o ano fiscal.[4]

1. É da conjugação de todos estes dispositivos, e não de cada um, isoladamente considerado, que se extrai o verdadeiro perfil constitucional do *princípio da anterioridade*.

2. A alínea "c" foi introduzida pela Emenda Constitucional 42, de 19.12.2003.

3. Redação dada pela Emenda Constitucional 42/2003.

4. Não precisaria necessariamente ser assim. Em alguns Países a regra é diversa. Nos Estados Unidos da América, por exemplo, o exercício financeiro começa no dia 1º de julho e termina no dia 30 de junho do ano subsequente. Os cientistas das finanças costumam aplaudir tal fórmula, que permite ao governante, já no primeiro ano de seu mandato, aplicar a lei orçamentária que ele próprio pelejou para que fosse votada e aprovada.

Infelizmente, o Constituinte brasileiro não repensou, sequer, o assunto. Antes, preferiu, pura e simplesmente, manter, neste ponto, nossa tradição jurídica, que faz com que, na prática, o Chefe do Executivo (Presidente, Governador ou Prefeito) fique, no início de sua gestão, com as mãos atadas. Com efeito, é

Mas, o que pretende significar a precitada norma constitucional? Simplesmente que a lei que cria ou aumenta um tributo – esta é a regra geral estampada no art. 150, III, "b", da CF –, ao entrar em vigor, fica com sua *eficácia paralisada*, até o início do próximo exercício financeiro, quando – aí, sim – *incidirá*, ou seja, passará a produzir todos os efeitos, na ordem jurídica. Exemplificando, para melhor esclarecer: se, em meados deste ano, uma lei vier a criar um tributo, ele só poderá ser exigido a partir do próximo dia 1º de janeiro. O contribuinte, com isso, pode programar, ano a ano, suas atividades econômicas, já que, durante o exercício financeiro, não será colhido de surpresa com novas incidências fiscais.

Como se vê, o princípio da anterioridade veda a aplicação da lei instituidora ou majoradora do tributo (caso, por exemplo, da que extingue ou reduz isenções tributárias) sobre fatos ocorridos no mesmo exercício financeiro em que entrou em vigor. Neste sentido, tolhe o agir não só da Administração Fazendária, como do próprio Poder Legislativo, já que o impede de estabelecer que lei com tais características colha fatos ocorridos "no mesmo exercício financeiro em que haja sido publicada".

Este é o tão decantado *princípio da anterioridade*, que não deve ser confundido com o *princípio da anualidade*, pelo qual nenhum tributo podia ser cobrado, em cada exercício, sem prévia autorização orçamentária anual.

III – Convém lembrarmos que a prévia autorização anual, contida na lei orçamentária, era *ato-condição* (Duguit) para que os tributos pudessem ser regularmente cobrados. Em outros termos, não bastava que o tributo fosse criado por meio de lei para poder ser validamente exigido. Era imprescindível, para tanto, que a lei orçamentária (federal, estadual ou municipal), controlando, como é de seu feitio, o agir do Executivo, autorizasse, ano a ano, tal cobrança.

O princípio da anualidade tributária – que adiante esmiuçaremos[5] – teve vida efêmera: sua vigência foi suspensa pela Emenda Constitucional 7 (à Constituição Federal de 1946), de 22.5.1964 (publicada no *DOU* 22.5.1964), e acabou fulminado pelo art. 25 da Emenda Constitucional 18, de 1.12.1965 (publicada no *DOU* 6.12.1965). Reintroduzido em nosso sistema jurídico pelo art. 150, § 29, da CF de 1967, cedeu passo ao *princípio da anterioridade*, chancelado pela Emenda Constitucional 1, de 17.10.1969 (publicada no *DOU* 18.10.1969), em seu art. 153, § 29, segunda parte ("nenhum tributo será ... cobrado, em cada exercício, sem que a lei que o houver instituído ou aumentado esteja em vigor antes do início do exercício financeiro, ressalvados a tarifa alfandegária e a de transporte, o imposto sobre produtos industrializados e o imposto lançado por motivo de guerra e demais casos previstos nesta Constituição"), e mantido pela atual Constituição Federal.[6]

público e notório que, o mais das vezes, ele encontra o orçamento comprometido pelo antecessor, não raro de partido político de oposição.

Esclarecemos que no Brasil o mandato do Chefe do Executivo começa no dia 1º de janeiro (cf. arts. 82, 28, 29, III, e 32, § 2º, da CF), quando a lei orçamentária que vai vigorar naquele ano já foi aprovada no anterior (pela legislatura também anterior).

5. V., infra, item 3.

6. Alguns tributaristas, analisando o art. 150, III, "b" e "c", da atual CF, insistem que ele alberga o *princípio da anualidade*. Em rigor, não haveria mal algum em tais falares, porque, como é cediço, as

IV – Retomando nosso rumo, o princípio da anterioridade exige, evidentemente, que a lei que cria ou aumenta um tributo só venha a incidir sobre fatos ocorridos no exercício financeiro subsecutivo ao de sua entrada em vigor. Caso contrário a Administração Fazendária, por meio do ardil de retardar a cobrança do tributo até o exercício seguinte, com facilidade tornaria *letra morta* o art. 150, III, "b", da CF. Assim, *e.g.*, tributo criado em junho poderia incidir sobre fatos verificados em julho do mesmo ano, desde que o Fisco tivesse o cuidado de só realizar sua cobrança (mera providência administrativa) no exercício seguinte. Bem precário seria este direito constitucional acaso fosse tão fácil costeá-lo. Com verdade, a palavra "cobrar", inserta no artigo em foco, está, como tantas outras do texto constitucional, empregada em sentido laico, devendo o intérprete entendê-la sinônima de "exigir". Neste sentido, pelo menos, tem-se pronunciado a melhor doutrina.

Não devemos perder de vista que por trás do princípio da anterioridade está o *princípio da segurança jurídica* (que logo adiante estudaremos). É ele que lhe serve de apoio e lhe revela as reais dimensões.

O que estamos tentando significar é que o princípio da anterioridade é o *corolário lógico* do princípio da segurança jurídica. Visa a evitar surpresas para o contribuinte, com a instituição ou a majoração de tributos no curso do exercício financeiro.

De fato, o princípio da anterioridade veicula a ideia de que deve ser suprimida a tributação de surpresa (que afronta a segurança jurídica dos contribuintes). Ele impede que, da noite para o dia, alguém seja colhido por nova exigência fiscal. É ele, ainda, que exige que o contribuinte se depare com regras tributárias claras, estáveis e seguras. E, mais do que isso: que tenha conhecimento antecipado dos tributos que lhe serão exigidos ao longo do exercício financeiro, justamente para que possa planejar, com tranquilidade, sua vida econômica.

Como é fácil notar, a anterioridade volta-se para *fatos futuros*, dando ao contribuinte a previsibilidade do que o aguarda no próximo exercício financeiro – e, portanto, condições objetivas de se programar e preparar para bem cumprir as novas exigências fiscais.[7] A diretriz também vale para o *substituto tributário*, terceiro que, sendo obrigado pela lei a passar a recolher o tributo no lugar do contribuinte, não pode ser apartado da proteção do art. 150, III, "b" e "c", da CF.

Com estas ligeiras considerações, já notamos que o princípio da anterioridade não é respeitado quando se considera *imponível* o fato ocorrido no mesmo exercício

palavras (e expressões) não passam de rótulos que pomos às coisas (Agustín Gordillo). Como preleciona Hospers (*Introducción al Análisis Filosófico*, t. I, Buenos Aires, 1966, p. 35), qualquer vocábulo (ou expressão) é conveniente na medida em que nos colocamos de acordo sobre ele e o usamos de maneira adequada. Os termos expressam somente o estabelecido, por convenção, pela linguagem comum ou científica, não estando ligados a exclusivas essências conceituais, determinadas como verdadeiras ou únicas.

Contudo, temos por vitanda a expressão "princípio da anualidade", porque ela possui conteúdo semântico bem definido, arraigado em disposições da Constituição de 1946, que não mais existem.

Melhor mesmo, segundo nos parece, é falar em "princípio da anterioridade" (da Constituição atual), em contraposição ao "princípio da anualidade" (da Constituição de 1946).

Queremos registrar, porém, a posição de Flávio Bauer Novelli, para quem o princípio da anualidade tributária continua em vigor ("O princípio da anualidade tributária", *RF* 267/89 e ss.).

7. Nisso difere da *irretroatividade*, que protege fatos passados, dando estabilidade às pessoas.

financeiro em que entrou em vigor a lei instituidora do tributo, ainda que sua cobrança administrativa se dê no exercício seguinte. O mesmo vale para a lei que aumenta – inclusive de modo indireto (*v.g.*, antecipando o prazo de vencimento) – tributo já existente: ela só incidirá no exercício seguinte à sua entrada em vigor. Em síntese, pelo princípio da anterioridade não é suficiente que a lei que cria ou aumenta o tributo esteja em vigor no exercício anterior ao de sua cobrança administrativa. É preciso, ainda, que esteja em vigor no exercício anterior ao da ocorrência do *fato imponível*.

Não basta, pois, que o ato administrativo de lançamento e a arrecadação se deem no exercício seguinte ao da instituição ou majoração do tributo para que se considere obedecido o princípio da anterioridade. Para que isso aconteça, é mister, ainda, que o tributo só nasça (ou só nasça majorado) no exercício seguinte ao de sua instituição (ou de seu aumento).

Esta, a nosso sentir, a interpretação que melhor se coaduna com a ideia de que deve ser eliminada a *tributação de surpresa*, que destrói a confiança do contribuinte de que será tributado com base em regras de antemão conhecidas.

Portanto, o princípio da anterioridade só é obedecido *se e enquanto* for aceito que o *fato imponível* deve necessariamente ocorrer a partir do exercício seguinte àquele em que o tributo foi criado ou majorado. Exemplificando: se, no mês de agosto do corrente ano fiscal, for finalmente instituído o *imposto sobre grandes fortunas*, o fato de uma pessoa, neste exercício, exibir vultoso patrimônio continuará a ser um *fato tributariamente irrelevante*; apenas no próximo exercício tal episódio passará a ser o *fato imponível* do novel tributo. Por quê? Porque somente nele a lei instituidora do gravame poderá incidir, a teor do art. 150, III, "b", da CF.

V – O princípio da anterioridade refere-se, pois, à *eficácia* das leis tributárias, e não à sua *vigência* ou *validade*.[8] Assim, ele aponta o átimo a partir do qual a lei, já vigente – isto é, já integrada na ordem jurídica –, é suscetível de ser aplicada (o que ocorrerá, efetivamente, por meio da prática do lançamento). Se preferirmos, podemos também dizer que, por força deste princípio, a lei que cria ou aumenta um tributo, ao entrar em vigor, tem seus efeitos diferidos para o próximo exercício financeiro.

8. No intuito de aclarar o assunto, julgamos necessário dizer – apoiados nas lições de Paulo de Barros Carvalho (*Fundamentos Jurídicos da Incidência Tributária*, São Paulo, Saraiva, 1998, p. 53) – que "estar em vigor" é ter força para regular os comportamentos intersubjetivos, sobre os quais a norma jurídica incide. *Vigência*, portanto, é uma propriedade da regra jurídica que está apta a propagar efeitos tão logo aconteçam, no mundo em que vivemos, os fatos nela abstratamente referidos. *Eficácia jurídica*, de seu turno, é o processo mediante o qual, ocorrendo o fato descrito no *antecedente* da norma jurídica, desencadeiam-se os efeitos prescritos em seu *consequente*. É o fenômeno que acontece com as normas vigentes, sempre e quando os fatos jurídicos se instalam.

Toda *norma jurídica* (ou *regra jurídica*) é composta de dois elementos: um *antecedente* (ou *hipótese*) e um *consequente* (ou *mandamento*). O *antecedente* é a mera descrição de um fato. Já, o *consequente* prevê a instauração de uma relação jurídica sempre que ocorrer o fato apontado no *antecedente*. O *consequente* traça o *dever jurídico*, cujo conteúdo é sempre um *dar*, um *fazer*, um *não fazer* ou um *suportar*.

Na norma jurídica (inclusive na norma jurídica tributária) há, pois, a imputação de um certo *consequente* a um dado *antecedente*. Deste modo, o Direito não passa da previsão de *consequentes*, que se desencadeiam no instante mesmo em que ocorrerem, no mundo social, os *antecedentes*.

Sobre a distinção entre *vigência*, *eficácia* e *validade*, v., tb., Pontes de Miranda, "Incidência e aplicação da lei", *Revista da Ordem dos Advogados de Pernambuco* I/52-53, Ano I.

Va – A este propósito, não podemos deixar de deplorar a prática – cada vez mais corriqueira – de se aplicar a legislação que aumenta o imposto sobre a renda (IR) a fatos ocorridos no mesmo exercício de sua entrada em vigor. É comum, por exemplo, a lei que majora o IR no final do mês de dezembro ser imediatamente havida por eficaz, ao argumento de que a apuração do *quantum debeatur* (mero lançamento do tributo) dar-se-á no exercício seguinte. E, com esse artifício, os espíritos menos avisados dão por obedecidas as exigências do princípio da anterioridade. Como podemos perceber, *ictu oculi*, a *eficácia* desta lei, para que o princípio não soçobre, deve ficar diferida para o segundo exercício subsequente ao de sua vigência. Com efeito, o fato imponível do IR ocorre ao cabo de um exercício financeiro. O lançamento deste tributo é habitualmente realizado no exercício financeiro seguinte. A Fazenda Nacional, ao praticar este ato administrativo (com o escopo de apurar o *quantum debeatur*), deve aplicar a lei que se encontrava em vigor no exercício anterior àquele em que o fato imponível se deu e, ainda assim, observado o disposto no art. 150, § 1º, da CF, que adiante estudaremos (v. infra, item 2-Va).

Melhor desenvolvendo o raciocínio, anos a fio prevaleceu a errônea ideia de que o fato imponível do IR ocorre no último átimo do dia 31 de dezembro de cada ano. Assim, entendia-se, equivocadamente, que, se uma lei entrasse em vigor no dia 31 de dezembro alterando, em desfavor do contribuinte, alíquotas, formas de cálculo de rendimentos, sistemas de deduções e abatimentos etc. ela poderia perfeitamente incidir no mesmo dia, isto é, no mesmo exercício financeiro.

Essa posição é absolutamente inaceitável, não só porque ofende o princípio da anterioridade, mas porque desconsidera o princípio da segurança jurídica, com seu consectário, que é o princípio da irretroatividade das leis. A lei em questão só poderia incidir sobre fatos que vierem a ocorrer no próximo exercício financeiro.

Ademais, o fato imponível do IR não é um *fato unitário*, que ocorre num dado momento, determinado pela lei. Não. O fato imponível do IR é constituído por uma série de eventos, ocorridos ao longo do ano-base, cada um deles juridicamente relevante, mas que foram pela lei unificados para um certo fim: a constituição da relação jurídica tributária. Só no final do período é que se pode determinar se ocorreu o fato imponível do IR. Isto não impede, porém, que cada um desses eventos seja considerado, para fins de aplicação do princípio da anterioridade.

Percebemos, assim, que o princípio da anterioridade, *na prática*, não está disciplinando a tributação por via de imposto sobre a renda. Ainda mal.

Vb – Por igual modo, entendemos que o princípio da anterioridade não autoriza a "retrospectividade",[9] isto é, que a lei tributária atue, no IR, sobre aquilo que Misabel Derzi chama de "um presente ainda não concluído, porém em vias de formar o fato jurídico e as relações jurídicas".[10] Esclarecendo, não é porque o *fato imponível* está

9. Dá-se a *retrospectividade* (ou *retroatividade imprópria*) quando a norma jurídica alcança fatos que, embora ainda não se tenham consumado, começaram a implementar-se no passado, ao lume da norma jurídica revogada. O princípio da irretroatividade exige que tais fatos acarretem apenas os efeitos previstos na norma revogada.

10. Misabel Derzi, *Notas* às *Limitações Constitucionais ao Poder de Tributar*, de Aliomar Baleeiro, 7ª ed., Rio de Janeiro, Forense, 1997, p. 193.

em curso, mas ainda não foi concluído (caso típico do IR, que exige que os rendimentos sejam apurados durante certo período de tempo), que se pode introduzir modificações na legislação que regerá o tributo, quando ele finalmente vier a nascer. Em suma, no IR, a lei aplicável à espécie é a que vigorava *antes* de começar a se formar seu fato imponível.

Vc – Damo-nos pressa em assinalar que, em que pese à redação dada ao art. 150, § 1º, da CF pela Emenda Constitucional 42/2003, continua sem respaldo jurídico a tese – muito do agrado do Governo Federal – de que a lei que vier a majorar o IR pode entrar em vigor no dia 31 de dezembro e ser aplicada a fatos ocorridos a partir do dia 1º de janeiro do mesmo exercício financeiro.

Apenas para não deixar margem a ambiguidades, o referido § 1º, em sua segunda parte, estabelece que a vedação do inciso III, "c", do art. 150 da CF não se aplica ao imposto sobre a renda e proventos de qualquer natureza (IR).

Portanto, pela literalidade do dispositivo, uma lei que aumentasse o imposto sobre a renda no dia 31 de dezembro poderia incidir no dia seguinte (no próximo exercício financeiro), ou – pior – sobre fatos ocorridos a partir do anterior dia 1º de janeiro (caso continue presente a aberração jurídica mencionada no item I, supra).

Absolutamente não podemos concordar com este entendimento, que só seria prosperável se o *Constituinte originário* (único poder jurídico que, como diziam os antigos, tudo pode[11]) tivesse feito a ressalva em tela. Como, porém, ela brotou da pena do *Constituinte derivado*, não vemos como possa vingar, já que amesquinha princípio constitucional garantidor de um direito fundamental do contribuinte, matéria que não aceita a exceção das emendas.

Continuamos entendendo, pois, que, a despeito da "ressalva" contida no art. 150, § 1º, da CF, a lei que deve incidir, para fins de quantificação do IR, é a que se encontrava em vigor no dia 1º de outubro do exercício anterior ao do início da ocorrência do fato imponível desta figura exacional. Ora, como tal fato imponível verifica-se no período compreendido entre os dias 1º de janeiro e 31 de dezembro, a lei aplicável, por ocasião do ajuste anual (lançamento), é a que vigorava no dia 1º de outubro do ano imediatamente anterior. Exemplificando: a lei aplicável no ano-base 2017 deve ser a que se encontrava em vigor em 1.10.2016; no ano-base 2018, a que se encontrar em vigor em 1.10.2017; e assim por diante.

Ademais, como a tributação em tela resulta da comparação da riqueza do contribuinte entre dois momentos temporais (no mais das vezes, 1º de janeiro e 31 de dezembro),[12] o fenômeno suscita a questão da retroatividade *in pejus* da lei fiscal publicada no curso do exercício financeiro, o que não é juridicamente possível – se por mais não fosse, mercê do disposto no art. 150, III, "a", da CF, que veda a aplicação da lei nova, que instituiu ou majorou o tributo, a fato pretérito.

11. Atualmente, esta expressão "poder que tudo pode" deve ser recebida com reservas. De fato, a existência de tratados internacionais e a própria *globalização* estabelecem limites para o próprio Poder Constituinte originário, que deverá respeitar, no mínimo, os direitos e garantias da pessoa humana.

12. Para aprofundamento do assunto, v. nosso *Imposto sobre a Renda (Perfil Constitucional e Temas Específicos)*, 3ª ed., São Paulo, Malheiros Editores, 2009, especialmente pp. 29-73.

Note-se que este dispositivo proíbe, a um tempo, a ação do legislador e do aplicador (agente fiscal ou juiz). Do legislador, que fica impedido de tributar fatos já ocorridos ou de aumentar o *quantum debeatur* de obrigações tributárias já nascidas. E do aplicador, a quem não é dado fazer incidir, sobre fato pretérito, lei nova mais gravosa.

O que estamos querendo significar é que, por força do *princípio da anterioridade*, a lei aplicável, *in casu*, há de ser a que vigorava noventa dias antes *do início* da ocorrência do *fato imponível* do IR (1º de janeiro) – ou seja, no dia 2 de outubro do exercício financeiro anterior. Isto vale também para o IR/Fonte, que, mesmo sendo uma antecipação do tributo devido na Declaração Anual de Rendimentos, não pode colher de surpresa o contribuinte, onerando-lhe o patrimônio além do que fora estipulado na legislação, noventa dias antes do término do exercício financeiro anterior.

Confiamos que o Poder Judiciário, ao ser novamente chamado a decidir questões que envolvam *anterioridade* e *imposto sobre a renda*, reverta este quadro, que enxovalha direitos constitucionais subjetivos dos contribuintes. E isto a despeito da insustentável Súmula 584 do STF ("Ao imposto de renda calculado sobre os rendimentos do ano-base aplica-se a lei vigente no exercício financeiro em que deve ser apresentada a declaração").[13]

VI – De maneira geral, apesar de tudo, o princípio da anterioridade vem sendo obedecido. Registramos que sua magnitude foi reafirmada pelo TFR (hoje, STJ), que, em pronunciamento ocorrido ainda à época da Carta de 1967/1969 (ArgInconst na AMS 91.322-SP), proclamou a inexigibilidade, no exercício de 1980, do IOF (imposto sobre operações financeiras) sobre as operações de câmbio e relativas a títulos e valores mobiliários, bem como de suas alíquotas majoradas, sobre as operações de crédito e seguro. Esmiuçando, o Decreto-lei 1.783/1980 instituiu o IOF sobre as operações de câmbio e relativas a títulos e valores mobiliários e alterou, majorando-as, as alíquotas deste imposto sobre as operações de crédito e seguro (que fora criado pela Lei 5.143/1966). Muito bem, a Fazenda Nacional, desconsiderando o princípio da anterioridade, pretendeu aplicar de imediato este decreto-lei. Alguns contribuintes insurgiram-se contra isso e foram ao Judiciário, que, a final, deu-lhes ganho de causa, sob o argumento de que, não figurando o IOF, *à época*,[14] no elenco dos tributos que podem passar ao largo do princípio da anterioridade, os gravames criados pelo

13. Como bem o percebeu Renato Lopes Becho, a Súmula 584 do STF tem estimulado a União a perpetuar esta inconstitucionalidade, *verbis*: "Com isso, o Governo Federal sente-se respaldado para alterar a legislação do referido tributo no final de um ano, para vigorar no ano seguinte, porém sobre fatos geradores efetivamente ocorridos, no nosso entender, no mesmo ano da nova lei, portanto ferindo o texto constitucional. A interpretação jurisprudencial significa a retroatividade da lei tributária em relação aos fatos imponíveis, mas, atualmente, desconhecemos tentativas de alterar a situação consolidada" (*Lições de Direito Tributário*, São Paulo, Saraiva, 2011, p. 368).

14. A Carta de 1967/1969, em seu art. 153, § 29, ressalvava do princípio da anterioridade "a tarifa alfandegária e a de transporte, o imposto sobre produtos industrializados e outros especialmente indicados em lei complementar, além do imposto lançado por motivo de guerra" (redação dada pela Emenda Constitucional 8, de 14.4.1977). Portanto, o IOF, à época, não podia ser cobrado, em cada exercício, sem que a lei que o houvesse instituído ou aumentado estivesse em vigor antes do início do exercício financeiro.

Decreto-lei 1.783, de 18.4.1980, só poderiam fazer-se sentir sobre operações realizadas a partir de 1.1.1981.[15]

Em suma, não é constitucional criar tributo para ser cobrado no mesmo exercício financeiro. Também não é constitucional aumentá-lo, cobrando-o, majorado, no mesmo exercício. Tais práticas instalariam a surpresa tributária, que a moral administrativa condena e a Lei Maior proíbe.

VII – Com a edição da Emenda Constitucional 42, de 19.12.2003, o *princípio da anterioridade tributária* recebeu algumas explicitações,[16] que, se interpretadas de modo adequado, praticamente não lhe alteraram o conteúdo e o alcance.

Realmente, antes do advento da predita Emenda Constitucional sustentávamos, com base nas lições de Eduardo Domingos Bottallo,[17] que o princípio da anterioridade exigia que a lei instituidora ou majoradora do tributo tivesse sido publicada, pelo menos, noventa e um dias antes do término do exercício financeiro.

Noutras palavras, apregoávamos que o contribuinte tinha o direito constitucional subjetivo de recolher tributos de conformidade com as leis vigentes até o dia 1º de outubro do exercício financeiro anterior (noventa e um dias antes do término do exercício financeiro).

Chegamos a esta conclusão interpretando o art. 150, III, "b", da CF em sintonia com o art. 195, § 6º, do mesmo Diploma Magno,[18] *verbis*:

"Tem prevalecido o entendimento de que o contribuinte é melhor protegido por esta *anterioridade especial*, que leva em conta o período de noventa dias, do que pela *anterioridade propriamente dita*, que se baseia no exercício financeiro. Com efeito, argumenta-se que se a lei que criar um tributo for publicada no dia 31 de dezembro ele poderá, salvo disposição em contrário, ser cobrado já no dia seguinte, sem afronta alguma à anterioridade disciplinada no art. 150, III, 'b', da CF. Por quê? Simplesmente porque o dia seguinte (1º de janeiro) já é o próximo exercício financeiro. Pelo contrário, se uma lei criar uma *contribuição social para a seguridade social* no mesmo dia 31 de dezembro, este tributo, por força do disposto no art. 195, § 6º, da CF, só poderá incidir noventa dias após sua publicação (1º de abril, nos anos comuns, e 31 de março, nos bissextos).

"Para superar este paradoxo (e o Direito não se compadece com os paradoxos) não nos parece despropositado sustentar que o *princípio da anterioridade* exige que a lei que criar ou aumentar qualquer tributo, que não as contribuições sociais para a

15. O Plenário do STF, no RE 97.749-0-SP (publicado e comentado na *RDTributário* 25-26/305 e ss.), não conheceu do recurso extraordinário interposto contra esta decisão, por não ter sido demonstrado o dissídio jurisprudencial.

16. Em sua redação originária, o princípio da anterioridade estava veiculado nos arts. 150, III, "b", e § 1º, e 195, § 6º, ambos da CF. Apenas o aludido § 1º do art. 150 tinha redação diversa, *verbis*: "§ 1º. A vedação do inciso III, 'b', não se aplica aos impostos previstos nos arts. 153, I, II, IV e V, e 154, II". Inexistia a alínea "c" do inciso III do art. 150 da CF.

17. Eduardo Domingos Bottallo, *Fundamentos do IPI*, São Paulo, Ed. RT, 2002, pp. 96-99.

18. CF, art. 195, § 6º: "As contribuições sociais de que trata este artigo só poderão ser exigidas após decorridos noventa dias da data da publicação da lei que as houver instituído ou modificado, não se lhes aplicando o disposto no art. 150, III, 'b'".

seguridade social, para incidir no próximo dia 1º de janeiro, deve ser publicada, no máximo, até o dia 1º de outubro (noventa e um dias antes do término do exercício financeiro). E isto justamente para que a restrição do art. 195, § 6º, da CF não seja mais favorável, para o contribuinte, do que a regra geral, do art. 150, III, 'b', da CF.

"A inteligência por nós proposta, embora não deflua da literalidade do art. 150, III, 'b', da Carta Magna, permite que ele se harmonize com o art. 195, § 6º, do mesmo diploma. Ademais, pensamos que o princípio da anterioridade genérica logicamente não pode ter um alcance menor do que o princípio da anterioridade especial (anterioridade nonagesimal)."[19]

VIII – Vindo ao encontro do nosso entendimento no sentido de que a *norma especial*, que restringe (a veiculada no art. 195, § 6º, da CF), não pode ter um alcance mais favorável do que a *norma geral*, que beneficia (a veiculada no art. 150, III, "b", da CF), a Emenda Constitucional 42, de 19.12.2003, houve por bem acrescentar uma alínea "c" a este dispositivo, *verbis*: "Art. 150. (...): III – (...); c) antes de decorridos noventa dias da data em que haja sido publicada a lei que as instituiu ou aumentou, observado o disposto na alínea 'b'".

Muito bem, tirante o fato de que falávamos em *noventa e um* dias (para que o princípio da anterioridade tivesse alcance maior do que a *anterioridade nonagesimal*), e a Emenda Constitucional 42/2003 alude a *noventa* – o que nos parece, *data venia*, ainda questionável –, não há diferenças de tomo a serem, neste particular, consideradas.

O princípio da anterioridade, exigindo que a lei tributária, para incidir, seja conhecida pelo menos noventa dias antes do término do exercício financeiro da ocorrência do *fato imponível*, permite que os contribuintes saibam o que os aguarda, no campo da tributação, e, bem por isso, confiem no Estado Fiscal (daí os germânicos falarem em "princípio da confiança na lei fiscal"). Podem, assim, organizar seus negócios com acentuado grau de certeza e segurança, o que é fundamental em qualquer Estado Democrático de Direito.

IX – Graças ao princípio da anterioridade, os *destinatários imediatos* da lei criadora ou majoradora de tributos (Fisco e contribuinte), conhecendo-a, podem preparar-se para bem cumpri-la. Noutro giro, este princípio permite que o *virtual* contribuinte (a pessoa genericamente indicada na lei) possa, em alguns casos, livrar-se da tributação, evitando o comportamento que o tornará *sujeito passivo* da obrigação tributária correspondente. Hoje é bem aceita a ideia de que as pessoas (físicas ou jurídicas, públicas ou privadas) têm a faculdade de se valer da *elisão fiscal*, meio lícito de evitar (ou diminuir) a carga tributária.

Impende notar que a lei que de algum modo beneficia o contribuinte não precisa obedecer ao princípio da anterioridade. É que este princípio milita em seu favor; nunca em seu detrimento. Assim, a menos que disponha de modo diverso, a lei que lhe concede uma isenção tributária, aumenta-lhe o prazo para o voluntário recolhimento

19. V. nosso *Curso* ..., 19ª ed., São Paulo, Malheiros Editores, 2003, pp. 181-182.

do tributo, mitiga-lhe uma alíquota etc. incidirá de imediato, isto é, não precisará ficar na aguarda do próximo exercício financeiro para, só então, irradiar efeitos.

X – Assim, para que uma lei instituidora ou majoradora de um tributo produza efeitos em 1º de janeiro é preciso que já esteja em vigor há, no mínimo, noventa dias – isto é, desde, pelo menos, 2 de outubro do ano anterior.

Mas, e se a tal lei entrar em vigor no período compreendido entre 3 de outubro e 31 de dezembro, quando passará a ser eficaz?

A nosso ver, há três interpretações possíveis.

De acordo com a *primeira* (a ser levada em conta para fins de concurso, pois aceita pelas autoridades fazendárias e pela maior parte dos tributaristas), esta lei será eficaz (e, portanto, incidirá) já no próximo exercício financeiro, bastando aguarde a fluência do prazo de noventa dias, a que alude o art. 150, III, "c", da CF.[20]

Conforme uma *segunda* interpretação (que conta com o prestigioso abono de Eduardo Domingos Bottallo), a lei instituidora ou majoradora do tributo sempre será eficaz a partir de 1º de abril do ano seguinte ao de sua publicação (ou seja, noventa dias após o início do exercício financeiro), ainda que estiver em vigor antes de 2 de outubro do ano anterior.

E há, ainda, uma *terceira* interpretação, que, *data venia*, nos parece melhor atender à segurança jurídica da tributação: a lei que criar ou aumentar um tributo somente incidirá a partir do dia 1º de janeiro seguinte ao do exercício financeiro em que se completou a *noventena*.[21] Assim, por exemplo, se uma lei criar um tributo no dia 10.12.2017, somente incidirá sobre fatos ocorridos a partir do dia 1.1.2019.

XI – Registramos, por oportuno, que, ainda que se aceite que medida provisória possa criar ou aumentar tributos (v., infra, cap. VI, "Legalidade e Tributação", subitem 3.4.2), ela só produzirá efeitos no exercício financeiro seguinte, caso tiver sido convolada em lei, no mínimo, noventa dias antes do término daquele em que foi editada (cf. art. 62, § 3º, c.c. o art. 150, III, "c", ambos da CF). A regra só não vale – por força da ressalva contida no § 3º do art. 62 da CF – para os impostos previstos nos arts. 153, I, II, IV e V, e 154, II, deste diploma normativo.

2. *Exceções ao princípio e aparente exceção*

I – Registramos que alguns tributos não precisam necessariamente obedecer ao princípio da anterioridade. Obedecerão, ou não, conforme a vontade da lei que os instituir ou aumentar. São eles os apontados no art. 150, § 1º, da CF; a saber: a) o imposto sobre a importação de produtos estrangeiros; b) o imposto sobre a exportação,

20. A prevalecer esta interpretação, lei majoradora de tributo que entrar em vigor, por exemplo, em 20 de novembro passará a incidir sobre fatos que vierem a se verificar a partir do próximo dia 18 de fevereiro – vale dizer, noventa dias após.

21. Isto para que, a partir de 2 de outubro, a anterioridade *lato sensu* (art. 150, III, "b" e "c", da CF) não coincida, no que tange à proteção ao contribuinte, com a *anterioridade nonagesimal* (art. 195, § 6º, da CF).

para o exterior, de produtos nacionais ou nacionalizados; c) o IPI; d) o imposto sobre operações de crédito, câmbio e seguro, ou relativas a títulos ou valores mobiliários; e) os impostos lançados por motivo de guerra (previstos no art. 154, II, da CF); e f) os empréstimos compulsórios para atender a despesas extraordinárias decorrentes de calamidade pública, de guerra externa ou sua iminência (referidos no art. 148, I, da CF[22]).

Este rol é, a nosso ver, *taxativo*, não podendo ser ampliado nem mesmo por meio de emendas constitucionais.[23]

Assim, era flagrantemente inconstitucional (como, aliás, decidiu, por maioria de votos, o STF) o art. 2º, § 2º, da EC 3, de 17.3.1993, que excepcionava do princípio da anterioridade o *imposto sobre movimentação ou transmissão de valores e de créditos e direitos de natureza financeira* (IPMF).[24]

22. A referência ao art. 148, I, da CF feita pela Emenda Constitucional 42, de 19.12.2003, nada inovou; apenas explicitou aquilo que a doutrina, de um modo geral, vinha sustentando, apoiada em uma interpretação *a contrario sensu* do art. 148, II, do mesmo Diploma Magno. Este o raciocínio então prevalente: se os empréstimos compulsórios no caso de investimento público de caráter urgente e de relevante interesse nacional devem observar "o disposto no art. 150, III, 'b'" (art. 148, II, *in fine*, da CF) – vale dizer, o princípio da anterioridade –, estão isentos de fazê-lo os previstos no art. 148, I, da CF.

23. A CF de 1967/1969, na parte final de seu art. 153, § 29, permitia, por igual modo, que *lei complementar* viesse a colocar outros tributos ao largo do princípio da anterioridade. Tal lei complementar – prevista em um momento de insânia ditatorial (Emenda Constitucional 8, de 14.4.1977) – nunca chegou a ser editada. Se tivesse sido, não tornaria o tributo nela apontado exigível no mesmo exercício de sua criação ou aumento. Apenas permitiria que legislador ordinário da pessoa política competente para criar este mesmo tributo fizesse uso da autorização.

Conforme sustentamos à época, esta lei complementar seria somente *pré-requisito* de validade da lei ordinária. Esta, sim, uma vez autorizada pela lei complementar (mero pressuposto de sua eficácia), tornaria o tributo exigível no mesmo exercício financeiro.

Tal entendimento encontrava arrimo, inclusive, nos princípios federativo e da autonomia municipal. Realmente, como nada impediria que esta lei complementar arrolasse tributos estaduais e municipais, seria juridicamente absurdo que ela pudesse compelir os Estados-membros e os Municípios a se curvarem à sua vontade.

A Constituição de 1988, em boa hora, aboliu a possibilidade de uma lei complementar vir a dilargar o rol de tributos que não precisam obedecer ao princípio da anterioridade. Isto não só aumentou a segurança jurídica dos contribuintes, como impediu que uma norma infraconstitucional (veiculada em lei complementar) esvaziasse um princípio constitucional (o da *anterioridade*). Com efeito, pelo menos em tese, nada impedia que uma lei complementar colocasse *todos* os tributos fora do princípio da anterioridade. Felizmente, esta verdadeira "válvula de escape" da rigidez de nosso sistema constitucional tributário foi – decerto por não ser de nossa tradição jurídica – eliminada.

24. A Emenda Constitucional 3, de 17.3.1993, dilargou a competência tributária da União, porquanto a autorizou a criar, por meio de lei complementar, com vigência até 31.12.1994, o "imposto sobre movimentação ou transmissão de valores e de créditos e direitos de natureza financeira" (art. 2º).

Este novo imposto – que muitos chamaram de *IPMF* (sigla de "imposto provisório sobre movimentações financeiras") – não precisaria obedecer ao princípio da anterioridade tributária, *ex vi* do § 2º do art. 2º da EC 3, de 17.3.1993 ("Ao imposto de que trata este artigo não se aplica o art. 150, III, 'b' ...").

Também neste ponto a Emenda Constitucional em pauta era inconstitucional, por ter ferido "cláusula pétrea", que – como é de conhecimento comum – não pode ser abolida pelo Congresso Nacional, no exercício de seu "poder constituinte derivado".

Melhor explicitando, dentre as cláusulas pétreas inscrevem-se os "direitos e garantias individuais" (art. 60, § 4º, IV, da CF). Ora, o princípio da anterioridade tributária é um direito individual do contribuinte. Tanto que a lei que lhe concede uma vantagem fiscal (*v.g.*, que lhe reduz a carga tributária, ou que lhe confere uma isenção) pode incidir imediatamente ou, até, se for expressa neste sentido, retroagir; não

Todavia, apesar desse precedente alvissareiro, o constituinte derivado, na Emenda Constitucional 33/2001, não se pejou em percorrer a mesma trilha, ao permitir, no art. 155, § 4º, IV, "c", do Diploma Excelso, que, mediante deliberação dos Estados e do Distrito Federal, nos termos do art. 155, § 2º, XII, "g", sempre do Texto Magno, as alíquotas do ICMS incidente sobre operações com lubrificantes e combustíveis sejam reduzidas e restabelecidas, "não se lhes aplicando o disposto no art. 150, III, 'b'".

Também temos por inconstitucional a "exceção" criada pela Emenda Constitucional 33, de 11.12.2001, no que concerne à contribuição de intervenção no domínio econômico relativa às atividades de importação ou comercialização de petróleo e seus derivados, gás natural e seus derivados e álcool combustível. Com efeito, esta Emenda Constitucional acrescentou um parágrafo ao art. 177 da Lei Maior, de modo a "permitir" que tal tributo tenha sua alíquota "reduzida e restabelecida por ato do Poder Executivo, não se lhe aplicando o disposto no art. 150, III, 'b'" (art. 177, § 4º, I, "b").

Esta "licença" para atropelar o *princípio da anterioridade* transforma indevidamente o constituinte derivado em originário – o que não pode ser aceito, como melhor veremos quando tratarmos das "contribuições" (Tít. II, cap. I, "Competência Tributária").

II – É interessante notar que estas exceções ao *princípio da anterioridade* dizem respeito a tributos federais e têm o louvável propósito de propiciar à Nação os indispensáveis meios de defesa contra situações extremas (guerra externa ou sua iminência, *guerra de tarifas internacional*, incontrolável *evasão de divisas*, necessidade de proteger a indústria nacional contra importações despropositadas etc.).

Aliás, em relação aos impostos alfandegários, ao IPI e ao IOF, a CF, em seu art. 150, § 1º, apenas veio reforçar a impossibilidade de serem submetidos às injunções do princípio da anterioridade. Veicula, pois, meros preceitos didáticos. Com efeito, ressai do art. 153, § 1º, da Carta Suprema – que comentaremos no próximo capítulo (item 4) – que estes tributos, podendo ter suas alíquotas, dentro dos parâmetros legais,

precisa obedecer ao princípio da anterioridade, *que só opera em seu favor*, isto é, quando a lei cria ou aumenta um tributo. Logo, o princípio da anterioridade não poderia ter sido atropelado (como o foi) por uma emenda constitucional.

Nem se diga que, havendo exceções ao princípio da anterioridade, nada impediria que seu rol fosse ampliado por uma emenda constitucional. É que tais exceções brotaram diretamente do *poder constituinte originário* (de que estava investida a *Assembleia Nacional Constituinte*). O *poder constituinte derivado*, único que resta ao Congresso Nacional, não podia criar novas exceções ao princípio.

Entendimento contrário abriga a ideia – que não aceitamos – de que emenda constitucional pode anular princípio radicado na Carta Suprema (no caso, o *princípio da anterioridade*). De fato, admitida a ampliação das exceções, o que impediria que, em um primeiro momento, mais dois ou três tributos fossem, por emenda constitucional, colocados ao largo do *princípio da anterioridade*? O que impediria que, depois, mais alguns tributos fossem, por nova emenda constitucional, apartados do mesmo princípio? O que impediria, enfim, que uma terceira emenda constitucional acabasse de vez com a *anterioridade tributária*? Neste caso, a golpes de emendas constitucionais, restaria reduzido a pó o *princípio da anterioridade*, uma das "vigas mestras" do nosso edifício jurídico.

A condução da ideia às últimas consequências exibe todo o desconcerto da tese de que não havia inconstitucionalidade no § 2º do art. 2º da EC 3/1993.

alteradas por meio de decreto, não se submetem ao disposto no art. 150, III, "b", do mesmo diploma. Estamos em face, pois, de exceções logicamente necessárias ao princípio em tela.

Avançando o raciocínio, o tributo excepcionado do princípio da anterioridade pode ser exigido a partir da entrada em vigor da lei que o criou ou aumentou – ou seja, no mesmo exercício financeiro. Por isso, nem é preciso insistir quão importante é identificá-los todos, até para a segurança jurídica dos contribuintes.

III – Observamos, ainda, que as contribuições sociais que financiarão a seguridade social (art. 195, I e II, da CF) não foram postas ao largo do princípio da anterioridade. Elas, na verdade – como notou nosso ex-aluno Pedro A. O. Machado –, devem obedecer a uma *anterioridade especial*,[25] já que "só poderão ser exigidas após decorridos noventa dias da data da publicação da lei que as houver instituído ou modificado" (art. 195, § 6º, da CF). Portanto, uma vez entrada em vigor a lei que criar ou aumentar estes tributos, terá eficácia noventa dias após, sem levar em conta o exercício financeiro.

Dois exemplos esclarecerão melhor o que estamos tentando significar: 1) se uma lei criar uma contribuição social para a seguridade social em 1º de março, este ato normativo incidirá sobre fatos que vierem a ocorrer a partir de 1º de junho (no mesmo exercício financeiro, mas noventa dias após); 2) se uma lei criar esta mesma figura exacional no dia 31 de dezembro, incidirá a partir de 1º de abril do ano seguinte (próximo exercício financeiro, mas – sempre – noventa dias após). Assim, nesta modalidade tributária o que importa é o interregno de noventa dias entre a vigência e a eficácia da lei que os houver instituído ou modificado. Daí dizermos que se submetem a uma *anterioridade especial*, também chamada *anterioridade nonagesimal*, *princípio da nonagésima* ou, de modo mais prosaico, simplesmente *noventena*.

Permitimo-nos relembrar que, por força do disposto no art. 195, § 6º, da CF, vínhamos sustentando, antes mesmo do advento da Emenda Constitucional 42/2003, que nenhum tributo submetido ao princípio da anterioridade *lato sensu* podia ser exigido (ou exigido com aumento) a partir de 1º de janeiro se a lei que o tivesse criado (ou majorado) não estivesse em vigor noventa e um dias antes do término do exercício financeiro imediatamente anterior. Assim nos posicionamos partindo da premissa de que, independentemente da época do ano em que o tributo fosse criado ou aumentado, o contribuinte não podia ser mais bem protegido pela anterioridade especial que pela anterioridade propriamente dita. Agora, em função do disposto no art. 150, III, "c", da CF, o problema praticamente deixou de existir (o único reparo que fazemos é quanto ao prazo de noventa dias ali mencionado, quando o ideal seria que ele fosse de noventa e um dias).

IV – Impende notar, por outro lado, que, ao ensejo da promulgação da Carta Magna, os mesmos tributos mencionados no item I, supra, escapavam às injunções do princípio da anterioridade tributária.

25. A anterioridade especial também é chamada *anterioridade nonagesimal*, *anterioridade mitigada* ou *anterioridade de curto alcance*. Há, ainda, quem fale em *princípio da nonagésima* ou, de maneira mais prosaica, simplesmente em *noventena*.

A Emenda Constitucional 42, de 19.12.2003, embora tenha dado nova redação ao § 1º do art. 150 da CF, nada mudou, pelo menos neste particular. Vejamos.

Dispõe o art. 150, § 1º, da Carta Magna: "§ 1º. A vedação do inciso III, 'b', não se aplica aos tributos previstos nos arts. 148, I, 153, I, II, IV e V; e 154, II; e a vedação do inciso III, 'c', não se aplica aos tributos previstos nos arts. 148, I, 153, I, II, III e V; e 154, II, nem à fixação da base de cálculo dos impostos previstos nos arts. 155, III, e 156, I".

Procurando não adjetivar as aptidões técnicas do *poder constituinte derivado*, continuam passando ao largo do *princípio da anterioridade tributária*: a) o imposto sobre a importação de produtos estrangeiros (art. 153, I, da CF); b) o imposto sobre a exportação, para o exterior, de produtos nacionais ou nacionalizados (art. 153, II, da CF); c) o IPI (art. 153, IV, da CF); d) o imposto sobre operações de crédito, câmbio e seguro, ou relativas a títulos ou valores mobiliários (art. 153, V, da CF); e) o imposto lançado por motivo de guerra (art. 154, II, da CF); e f) os empréstimos compulsórios "para atender a despesas extraordinárias, decorrentes de calamidade pública, guerra externa ou sua iminência" (art. 148, I, da CF).

V – Estamos convencidos de que não havia necessidade de o § 1º, em foco, haver explicitado que "a vedação do inciso III, 'c', não se aplica aos tributos previstos nos arts. 148, I, 153, I, II, (...) e V; e 154, II", justamente porque a lei que os criar ou aumentar, não sendo alcançada pelo princípio da anterioridade, pode incidir imediatamente, sem precisar ficar na aguarda nem do próximo exercício financeiro, nem – muito menos – da fluência do interregno de noventa dias, previsto na precitada alínea "c".[26]

Se nada mais dispusesse o § 1º, a ressalva em foco seria apenas ociosa, podendo-se invocar, no caso, a vetusta parêmia *quod abundat non nocet*.

Infelizmente, porém, o dispositivo foi além da marca ao estatuir que a vedação do inciso III, "c", do art. 150 da CF não se aplica ao imposto sobre a renda (art. 153, III), "nem à fixação da base de cálculo dos impostos previstos nos arts. 155, III (*imposto sobre a propriedade de veículos automotores*) e 156, I (*imposto sobre a propriedade predial e territorial urbana*)" (esclarecemos nos parênteses).

Va – Em relação ao imposto sobre a renda (IR), a prevalecer nossa tese (que, a bem da verdade, de há muito vinha sendo brilhantemente sustentada por Luciano Amaro[27]) – no sentido de que a lei que o majora deve preceder a todos os fatos que, de 1º de janeiro a 31 de dezembro, levam à obtenção da *disponibilidade de riqueza nova* –, a restrição em tela fere de morte o direito fundamental do contribuinte (*cláusula pétrea*) de ver adequadamente observado o princípio da anterioridade, que, como

26. Registre-se que, não tendo sido o IPI (tributo previsto no art. 153, IV, da CF) inserido na ressalva, é sustentável que a lei que aumentar seus parâmetros (isto é, suas alíquotas mínimas e máximas) só poderá incidir noventa dias após publicada – o que, na prática, acaba por submetê-lo à mesma *anterioridade especial* que alcança as contribuições sociais para a seguridade social. Isto confirma que, não raro, o legislador, mesmo o constituinte, "atira no que vê e atinge o que não vê"...

27. Luciano Amaro, "O imposto de renda e os princípios da irretroatividade e da anterioridade", *RDTributário* 25-26/140-158, 1983.

vimos, determina que a lei que cria ou majora tributo só pode incidir em dado exercício financeiro se no anterior tiver sido publicada noventa dias (ou, melhor, *venia concessa*, noventa e um dias) antes de seu término.

Vb – Já, no pertinente ao IPVA (imposto sobre a propriedade de veículos automotores) e ao IPTU (imposto predial e territorial urbano) a restrição em exame encerra um lamentável erro de técnica, pois confunde a base de cálculo *in abstracto* com a base de cálculo *in concreto* destes tributos. A base de cálculo *in abstracto* destas figuras exacionais (como, de resto, de qualquer tributo) deve ser fixada por meio de lei (princípio da legalidade tributária). Já, a apuração da base de cálculo *in concreto* (que Aires Barreto chama de *base calculada*) diz respeito ao ato administrativo de lançamento, sendo, assim, da alçada privativa do Poder Executivo. Ora, sob pena de violação ao princípio da anterioridade, a lei que majora a base de cálculo destes tributos também só poderá incidir em um dado exercício financeiro se observar o disposto na alínea "c" do inciso III do art. 150 da CF (que veio explicitar o que já se encontrava implícito na alínea "b" do mesmo dispositivo). Apenas os atos administrativos que concretizam os comandos contidos nesta mesma lei (*v.g.*, a *planta genérica de valores*)[28] é que poderão ser aplicados sem a observância da alínea "c", em exame. Daí a impropriedade redacional do art. 150, § 1º, *in fine*, da CF (com a redação dada pela Emenda Constitucional 42/2003).

2.1 As "contribuições" (art. 149 e seu § 1º da CF), os empréstimos compulsórios do art. 148, II, da CF, os impostos residuais da União (art. 154, I, da CF) e o princípio da anterioridade

As "contribuições" às quais aludem o art. 149 e seu § 1º da CF também deverão obedecer ao princípio da anterioridade. De fato, esta norma prescreve:

"Art. 149. Compete exclusivamente à União instituir contribuições sociais, de intervenção no domínio econômico e de interesse das categorias profissionais ou econômicas, como instrumentos de sua atuação nas respectivas áreas, observado o disposto nos arts. 146, III, e *150*, I e *III*, e sem prejuízo do previsto no art. 195, § 6º, relativamente às contribuições a que alude o dispositivo.

"§ 1º. Os Estados, o Distrito Federal e os Municípios instituirão contribuição, cobrada de seus servidores, para o custeio, em benefício destes, do regime previdenciário de que trata o art. 40, cuja alíquota não será inferior à da contribuição dos servidores titulares de cargos efetivos da União".

Portanto, a despeito da importância sempre crescente destes tributos, a Constituição houve por bem exigir obedecessem ao princípio da anterioridade (dentre outros).

Salientamos que também os Estados, o Distrito Federal e os Municípios têm competência para instituir contribuições, para o custeio dos sistemas de previdência e assistência social de seus servidores. Em resumo, enquanto organizam o sistema de

28. Não bastasse isso, a *planta genérica de valores*, porque mero regulamento, não carece de ratificação legal para que possa produzir seus regulares efeitos. Realmente, o Executivo não depende do aval do Legislativo para exercitar a faculdade regulamentar (v., infra, cap. VI, item 11).

previdência e assistência social de seus servidores, estão explicitamente autorizados a instituir e a cobrar-lhes *contribuição previdenciária* (art. 149, § 1º, da CF). Sob a Carta de 1967/1969 esta cobrança já se perfazia, mas enxameavam divergências acerca de sua constitucionalidade. Agora já não há mais dúvidas de que os Estados, o Distrito Federal e os Municípios, para o custeio da previdência e assistência social de seus servidores, têm competência para criar suas próprias contribuições previdenciárias, que deverão, no entanto, obedecer ao *princípio da anterioridade nonagesimal*, previsto no art. 195, § 6º, da CF (que determina que a lei que criar ou aumentar contribuições sociais para a seguridade social só poderá incidir noventa dias após publicada).

Já, a lei que criar ou aumentar as contribuições de intervenção no domínio econômico e as destinadas a atender a interesses das categorias profissionais ou econômicas deverá observar o disposto no art. 150, III, "b" e "c", da Carta Suprema – se por mais não fosse, em razão do que estatui o art. 149 desse diploma.

Também os empréstimos compulsórios instituídos, pela União, *no caso de investimento público de caráter urgente e de relevante interesse nacional*, devem acatar o princípio em tela. É o que concluímos com a simples leitura do art. 148, II, do Texto Magno: "Art. 148. A União, mediante lei complementar, poderá instituir empréstimos compulsórios: (...) II – no caso de investimento público de caráter urgente e de relevante interesse nacional, *observado o disposto no art. 150, III, 'b'*" (grifamos).

Esvaziou-se, assim, a discussão que se travava, no seio da doutrina, à época da Constituição anterior, sobre se os empréstimos compulsórios deviam, ou não, obedecer ao princípio da anterioridade.[29]

29. A CF de 1967/1969, em seu art. 18, § 3º, estabelecia: "Somente a União, nos casos excepcionais definidos em lei complementar, poderá instituir empréstimo compulsório". Já, em seu art. 21, § 2º, II, dispunha: "A União pode instituir empréstimos compulsórios, nos casos especiais definidos em lei complementar, aos quais se aplicarão as disposições constitucionais relativas aos tributos e às normas gerais de direito tributário". Pois bem, muitos entendiam que o empréstimo compulsório referido no art. 18, § 3º, tinha natureza jurídica diversa do empréstimo compulsório mencionado no art. 21, § 2º, II. Por quê? Simplesmente porque, o primeiro, era criado "nos casos excepcionais definidos em lei complementar", ao passo que, o outro, "nos casos especiais definidos em lei complementar". Em suma, por causa desta simples diferença semântica (casos excepcionais e casos especiais), inferiram que o empréstimo compulsório do art. 18, § 3º, ao contrário do empréstimo compulsório do art. 21, § 2º, II, não era tributo, não precisando obedecer ao princípio da anterioridade. Com tal apoio doutrinário, obviamente a União sempre criou "empréstimos compulsórios" com base no art. 18, § 3º.

Nunca concordamos com esta linha de pensamento. A respeito, tivemos a oportunidade de escrever:

"O argumento, esgrimido por alguns, de que os empréstimos compulsórios, por sua excepcionalidade, refogem ao princípio da anterioridade cai por terra, se levarmos em conta que, quando a Constituição tratou dos impostos extraordinários, criados por motivo de guerra externa (art. 22), expressamente estabeleceu que podem ser cobrados no mesmo exercício de sua instituição. Ora, não há maior situação de emergência do que a criada pela guerra externa. Apesar disto, a Constituição afastou, com todas as letras, estes impostos das exigências do princípio da anterioridade.

"Tendo silenciado acerca dos empréstimos forçados, a Constituição exigiu sigam a regra geral (da anterioridade). A menos que o empréstimo compulsório seja um adicional de um daqueles tributos que não precisam necessariamente obedecer ao princípio da anterioridade. Melhor esclarecendo, só não precisam se curvar ao princípio em questão os empréstimos compulsórios cuja hipótese de incidência for a de um dos tributos que o art. 153, § 29, *in fine*, da Lei Maior enumera (imposto sobre a importação, imposto sobre a exportação, imposto sobre produtos industrializados etc.).

Agora, estão a salvo das exigências deste princípio os empréstimos compulsórios referidos no precitado art. 148, I, da CF (o que se justifica porque criados exatamente para atender a situações excepcionalíssimas e de impossível previsão).

Já, os empréstimos compulsórios no caso de investimento público de caráter urgente e de relevante interesse nacional (art. 148, II, da CF) precisarão curvar-se ao princípio da anterioridade, ainda que tenham por hipótese de incidência um dos impostos que o art. 150, § 1º, da CF adnumera (*v.g.*, o IPI). Seremos mais explícitos: mesmo que a União, por meio de lei complementar, crie, com apoio no art. 148, II, da Lei Maior, empréstimo compulsório que seja um "adicional restituível", digamos, do imposto sobre produtos industrializados, este "adicional" não poderá ser exigido de imediato (isto é, assim que publicada a lei que o instituir), justamente porque empréstimo compulsório, criado com base no art. 148, II, da CF.

A pujança do princípio da anterioridade manifesta-se, igualmente, nos *impostos residuais* da União. Apenas para nos situarmos no assunto (que será desdobrado no capítulo sobre a competência tributária), a União, por meio de lei complementar, poderá criar quaisquer impostos, desde que não tenham hipótese de incidência ou base de cálculo próprias dos discriminados expressamente nos arts. 153, 155 e 156 da CF.[30] Logo, a União está credenciada a criar impostos que, nos termos da Constituição, não sejam da competência explícita dela própria (art. 153), dos Estados (art. 155), dos Municípios (art. 156) e do Distrito Federal (arts. 155, 156 e 147, *in fine*). É por isso que dizemos que a União desfruta da chamada "competência impositiva residual", que, pelo menos em tese, tem um campo material infinito. Deveras, sempre será possível ao legislador complementar arquitetar um novo imposto que, reiteramos, pertencerá, em caráter privativo, à União.

Pois bem, a despeito disso, os impostos residuais da União deverão obrigatoriamente obedecer, dentre outros, ao princípio da anterioridade. Instituídos por meio de lei complementar, num dado exercício financeiro, só poderão incidir sobre fatos ocorridos no próximo, e, ainda assim, observado o disposto no art. 150, III, "c", da CF.

2.2 *Conclusão parcial*

Em função do exposto, podemos dizer que, tirantes os tributos mencionados no § 1º do art. 150 da CF, todos os demais só poderão ser exigidos se observado o princí-

"Podemos até sustentar que, *de lege ferenda*, os empréstimos compulsórios não deveriam obedecer ao princípio da anterioridade. Não, porém, diante de nosso direito positivo. Pode ser que, em breve, novo tratamento constitucional seja dado ao assunto. Qualquer especulação a respeito, todavia, será um simples exercício de 'futurologia', que o jurista não deve fazer" ("Empréstimo compulsório sobre veículos", in *RDTributário* 40/268).

Em suma, embora em flagrante minoria, sempre sustentamos que o empréstimo compulsório do art. 18, § 3º, da Carta de 1967/1969 tinha a mesma natureza jurídica do empréstimo compulsório referido no art. 21, § 2º, II, daquele Diploma Magno, devendo, pois, obedecer ao princípio da anterioridade.

30. A atual CF, em seu art. 154, I, preceitua: "A União poderá instituir: I – mediante lei complementar, impostos não previstos no artigo anterior, desde que sejam não cumulativos e não tenham fato gerador ou base de cálculo próprios dos discriminados nesta Constituição".

pio da anterioridade. No caso das contribuições sociais que financiarão a seguridade social (art. 195, I, II e III, da CF), deve ser obedecida a *anterioridade especial* a que alude o art. 195, § 6º, da CF.

O contribuinte tem o direito constitucional subjetivo de ver acatado, pelas pessoas tributantes, o princípio da anterioridade. Este direito só pode desaparecer naqueles casos taxativos em que o próprio Texto Magno permite que o tributo incida sobre fatos ocorridos no mesmo exercício em que ele foi criado ou aumentado.

O "estatuto do contribuinte" veda que, por via de interpretação extensiva, ou, o que é pior, com base no bom senso, dilarguemos este elenco.

O que ocorreria, em tal hipótese, seria não uma *interpretação da Constituição*, mas uma *emendatio constitutionis*, uma alteração de seu comando, uma *interpretatio abrogans*, com amparo em cogitações políticas de feitio subjetivo, que só o constituinte derivado pode validamente fazer (respeitados, é claro, alguns requisitos, máxime "o direito adquirido, o ato jurídico perfeito e a coisa julgada").

Portanto, os contribuintes têm, de regra, o direito de serem tributados de acordo com as leis tributárias que vigoravam no dia 2 de outubro do ano anterior ao da ocorrência do fato imponível (fato gerador *in concreto*).

3. *O princípio da anualidade: a possibilidade jurídica de sua inclusão nas Constituições estaduais e nas leis orgânicas dos Municípios e do Distrito Federal*

A Constituição brasileira de 1946 consagrava o princípio da anualidade tributária (doravante designado *princípio da anualidade*) em seu art. 141, § 34, segunda parte. Nele estava consignado que nenhum tributo "será cobrado em cada exercício sem prévia autorização orçamentária, ressalvada, porém, a tarifa aduaneira e o imposto lançado por motivo de guerra".

A atual Carta Magna, tanto quanto a precedente, não mais veicula este princípio, mas, apenas, o da anterioridade tributária. Com isto, independentemente de autorização orçamentária, as leis tributárias já existentes continuam irradiando efeitos ano após ano, até serem modificadas ou revogadas.

O princípio da anualidade alberga um *plus*, em relação ao da anterioridade. Enquanto este se limita a exigir que a cobrança do tributo se perfaça de acordo com as leis vigentes no exercício anterior, aquele exige, também, a autorização orçamentária para que ela ocorra de modo válido (Carlos Mário Velloso).

Melhor dizendo, o princípio da anterioridade exige, apenas, a existência de lei tributária material, com termo *a quo* de vigência até noventa dias antes do início do exercício financeiro em que ocorrer o fato imponível do tributo (cf. art. 150, III, "b" e "c", da CF). Portanto, se a lei foi publicada no dia 2 de outubro e entrou em vigor "na data de sua publicação", será eficaz no próximo exercício financeiro.[31]

31. Antes do advento da Emenda Constitucional 42/2003, que inseriu a predita alínea "c" no inciso III do art. 150 da CF, a maciça maioria da doutrina aceitava (contra nossa opinião) ser possível uma lei

Já, o princípio da anualidade subordina a cobrança do tributo à prévia autorização orçamentária. Destarte, com ele, a lei tributária material deve ser *anterior* à lei orçamentária. Não basta que tenha entrado em vigor no exercício anterior ao da ocorrência do fato imponível tributário. É preciso mais, ou seja, que a ela suceda a *lei de meios*.

Logo, o princípio da anualidade compreende a anterioridade da lei e a autorização orçamentária. Em função dele, o tributo, ainda que criado ou aumentado por meio de lei, só poderá ser exigido quando expressamente previsto, qualitativa e quantitativamente, na lei orçamentária.[32]

A lei cria ou aumenta o tributo, mas o Orçamento condiciona o exercício da lei tributária preexistente. Se a lei orçamentária nada tiver autorizado, nada poderá ser cobrado no exercício em que ela estiver vigorando.

Sobrelinhamos, ancorados nas lições de Aliomar Baleeiro,[33] que a lei que cria ou aumenta o tributo há de ser sempre anterior ao Orçamento, já que é impossível autorizar ou condicionar o que ainda não existe. Por outro lado, a lei tributária não pode ser modificada após a aprovação da lei ânua. Se isto acontecer, só terá eficácia no outro exercício financeiro (isto é, quando uma nova lei orçamentária a ela se reportar). Do contrário, a anualidade do tributo seria somente um rótulo, que não traria qualquer benefício concreto aos contribuintes.

Muito bem, no plano federal vige, apenas, o princípio da anterioridade. Nada obsta, porém, a que os Estados-membros, no exercício de seus poderes constituintes decorrentes, inscrevam, em suas Constituições, a exigência da anualidade para os tributos locais. Eles não poderão, é certo, anular a conquista do princípio da anterioridade, mas poderão ampliar os direitos do contribuinte estadual, criando, em favor dele, o princípio da anualidade. Poderão, em suma, elastecer o direito constitucional da anterioridade.

O mesmo podemos dizer dos Municípios e do Distrito Federal. Estas pessoas políticas, em suas leis orgânicas, poderão criar, para seus contribuintes, o princípio da anualidade, de maior consistência, como vimos, que o da anterioridade.

instituir ou majorar um tributo no dia 31 de dezembro e ser eficaz no dia seguinte – já, portanto, no próximo exercício financeiro.

A respeito, assim nos pronunciamos:

"Ora, é fácil percebermos que a surpresa tributária (que o princípio da anterioridade colima evitar), neste caso, por mais que se queira sustentar o contrário, se consuma. E, com ela, a segurança jurídica do contribuinte sofre consideráveis abalos. Evidentemente, é necessário o decurso de um prazo razoável de tempo entre a vigência da lei tributária e sua eficácia, a fim de que o contribuinte prepare seu patrimônio para suportar o novo tributo (ou a majoração do tributo que já existia). Não será no curto período de *um dia* (!) que este objetivo será alcançado.

"Do exposto, percebemos que, muita vez, o contribuinte tem, com o princípio da anterioridade, uma segurança mínima, que poderíamos até chamar de meramente retórica. Com efeito, que pode ele fazer, num único dia, para acomodar seu patrimônio ao novo tributo ou ao tributo mais gravoso?" (*Curso ...*, cit., 19ª ed., p. 188).

32. A autorização orçamentária é qualitativa e quantitativa, como bem o demonstrou Rubens Gomes de Sousa, em magnífico parecer (*RF* 123/369). Trocando em miúdos, ela não permite simplesmente que a Administração Fazendária cobre o tributo "x", mas exige que cobre o tributo "x", com a base de cálculo "y" e a alíquota "z".

33. Aliomar Baleeiro, *Limitações Constitucionais ao Poder de Tributar*, cit., 3ª ed., 1974, p. 48.

Com isto, os Estados, os Municípios e o Distrito Federal proporcionarão aos contribuintes meios mais efetivos para que conheçam a tributação proposta pelo Poder Público e a ela se adaptem.

Embora a Constituição Federal apenas vede a cobrança do tributo instituído ou aumentado por lei que não esteja em vigor antes do início do exercício financeiro, observado, ainda, o disposto no art. 150, III, "c", da CF, é certo que os Estados, os Municípios e o Distrito Federal poderão, querendo, ampliar esta limitação, para exigir, também, sua previsão orçamentária.

Assim, o Brasil mais e mais se aproximará dos padrões tributários dos Países civilizados, como, dentre outros, a França, a Bélgica, o México, os Estados Unidos e a Inglaterra,[34] que também adotam o princípio da anualidade.

Em conclusão, nada impede – e até é recomendável – que as Constituições dos Estados e as leis orgânicas dos Municípios ou do Distrito Federal (mesmo que a Constituição da República, neste ponto, não sofra alterações) contenham norma estabelecendo que nenhum tributo local será cobrado sem prévia autorização orçamentária.

O princípio da anualidade, porém, continua existindo em matéria orçamentária, o que, de algum modo, repercute no campo tributário, já que – como ensina Misabel Derzi[35] – obriga o legislador a observar a periodização anual dos impostos incidentes sobre a renda (*v.g.*, o imposto sobre a renda e proventos de qualquer natureza) e o patrimônio (*v.g.*, o imposto predial e territorial urbano, o imposto territorial rural e o imposto sobre a propriedade de veículos automotores).

Também este princípio leva ao planejamento anual das alterações legislativas, em matéria tributária, circunstância que, por si só, impede, a nosso ver, que medidas provisórias criem ou aumentem tributos (v., infra, no cap. VI, "Legalidade e Tributação", o subitem 3.4.2).

4. O princípio da anterioridade e a alteração das formas e dos prazos de pagamento do tributo

O princípio da anterioridade impede, também, que, em meio a um exercício financeiro, venham a ser alteradas – com reflexos negativos no patrimônio do contribuinte – as formas e prazos de pagamento do tributo. Isto ocorreria, por exemplo, se a lei do exercício em curso estabelecesse que, a partir de sua publicação, o pagamento, em prestações, do tributo seria feito com correção monetária (quando a lei vigente no exercício anterior estatuía que ele seria realizado de maneira pura e simples, vale dizer, sem correção monetária) ou com apoio em índice diverso do mencionado na lei do exercício anterior (*v.g.*, "Índice de Preços ao Consumidor" ou "Taxa Referencial",

34. Os Estados Unidos e a Inglaterra, por não terem tradição jurídica latina, adotam o princípio da anualidade com ligeiras modificações.

35. Misabel Derzi, *Notas* ao livro *Limitações Constitucionais ao Poder de Tributar*, de Aliomar Baleeiro (7ª ed., Rio de Janeiro, Forense, 1997), especialmente as pp. 47, 49, 51, 160 a 165 e 178.

quando a lei anterior aludia às "Obrigações Reajustáveis do Tesouro Nacional") ou, ainda, em prazos mais exíguos (*v.g.*, primeiro dia útil do mês, quando a lei anterior se referia a último dia útil do mês).

Deveras, a CF, em seu art. 150, III, "b", não veicula uma formalidade meramente sacramental, sem qualquer vantagem prática. Pelo contrário, ela confere ao contribuinte a *garantia efetiva* de que ele só deverá pagar o tributo nos termos, nos prazos e nas formas previstos na lei que vigorava ao cabo do exercício financeiro anterior.

Em última análise, o que interessa ao contribuinte é saber, de antemão, com base em que critérios vai pagar o tributo e de que modo poderá fazê-lo (se à vista ou a prazo, se com juros ou sem juros, se com correção monetária ou sem correção monetária etc.).

É fato que a Constituição Federal não prescreve, com todas as letras, que a lei que impõe prazo menor ou forma mais gravosa de pagamento do tributo há de estar vigorando no exercício financeiro anterior, e, ainda por cima, observado o disposto no art. 150, III, "c", desse diploma. A inferência, porém, é espontânea, até porque as normas jurídicas devem ser interpretadas mais por seus fins, pelas razões que nortearam sua edição (*ratio iuris*), do que pelas palavras que as integram.

O versículo em foco obsta a que um tributo seja criado ou majorado no mesmo exercício financeiro em que vai ser cobrado. Ora, temos por irretrucável que a majoração do tributo pode dar-se não só de modo *direto* (isto é, por meio do aumento de sua base de cálculo, de sua alíquota ou de ambas), como de modo *indireto* (*e.g.*, mudando-se os índices que serão levados em conta, por ocasião de seu pagamento).

Assim, alterar *in pejus*, em meio ao exercício financeiro, a *forma* de pagamento do tributo, e fazer com que ela incida de imediato, é anular, à sorrelfa, as garantias do princípio da anterioridade.

O pagamento, como ninguém duvida, é apenas a *solutio* da obrigação tributária. É, se quisermos, uma das formas de extinção do tributo (ao lado da prescrição, da remissão, da compensação etc.). É, em suma, decorrência do tributo. Pois bem, se o tributo não pode ser majorado no mesmo exercício de sua cobrança, é mais do que evidente que sua forma de pagamento também não pode sofrer alterações que agravem a situação do contribuinte.

Sabemos que, por força do disposto no art. 150, III, "c", da CF, o dia 2 de outubro de cada ano passou a ser o marco temporal máximo dentro do qual ainda se pode, validamente, alterar o modo de pagamento do tributo que será cobrado no próximo exercício financeiro. Sua transcorrência importa preclusão.

Por isto tudo, estamos convencidos de que o princípio da anterioridade não é respeitado se lei do exercício financeiro em curso reduz prazos de pagamento do tributo ou altera os paradigmas para a fixação do montante de suas prestações (*v.g.*, de OTN para IPC ou TRD).

É que tais práticas aumentam a perda patrimonial do contribuinte e, *ipso facto*, majoram o tributo. São, pois, tão vedadas quanto o aumento para vigorar no mesmo exercício financeiro da base de cálculo ou da alíquota do tributo.

Reforçando nossas ideias, temos por insofismável que, se a lei do exercício anterior não previa a correção monetária das prestações do tributo, esta atualização não poderá incidir no exercício em andamento (mesmo que nova lei venha a agasalhá-la). Identicamente, se o critério para a fixação do *quantum* das prestações do tributo era o valor das OTNs, seu "congelamento" milita em favor do contribuinte. O legislador não pode, por causa disto, "substituir" as OTNs por outros padrões mais favoráveis ao Fisco e, em contrapartida, mais detrimentosos para o contribuinte.

Aproveitamos o ensejo para lembrar, com Agustín Gordillo,[36] que os *planos econômicos* traçados pela lei (ou por ato normativo que a ela se equipare) vinculam também a pessoa política. De fato, o Estado, por não ser autoritário, mas "de direito", submete-se (tanto quanto os particulares) às leis que promulga.

Logo, por influência do princípio da anterioridade, o dever jurídico do contribuinte há de ser apurado com base nas leis que vigoravam no exercício financeiro anterior, pouco importando se "a inflação galopou" ou se a OTN "foi congelada" ou "substituída pela TRD" (apenas para citarmos expressões do agrado dos tecnocratas).

A propósito, Geraldo Ataliba, Cléber Giardino e Aires Fernandino Barreto, em parecer conjunto, endossam nosso pensar:

"(...) a garantia patrimonial que a Constituição dá não é meramente formal ou nominal. Ela é substancialmente material. O que afinal importa e está no cerne das garantias em matéria tributária é o *quantum* a ser desembolsado pelo contribuinte: é o montante de sua diminuição patrimonial.

"Ora, esta se estipula em termos legais predeterminados: o pagamento é do montante X e nas condições 'a' e 'b', nos prazos 'c' e 'd'. Quer a Constituição que o contribuinte saiba antecipadamente tudo isso. É seu direito, constitucionalmente garantido, pagar tal montante nos prazos legalmente estabelecidos. É que, econômica e financeiramente, são coisas diversas pagar à vista e a prazo, pagar em duas ou em dez vezes. Assim, assumem igual importância a proteção do direito de só pagar o montante devido e pagá-lo nos termos da lei, isto é: nos prazos e condições legais."[37]

Enfim, no curso do exercício financeiro não podem ser alterados os critérios de determinação do montante do tributo a pagar, de modo a influir, negativamente, no patrimônio do contribuinte.[38]

5. *As isenções tributárias e o princípio da anterioridade*

Mais uma consideração: a lei ordinária que extingue ou reduz uma isenção somente poderá ser aplicada no exercício vindouro ao de sua entrada em vigor. A razão disso está em que a lei que afasta ou diminui uma isenção tributária assemelha-se, em

36. Agustín Gordillo, *Introducción al Derecho de la Planificación*, Colección Monografías Jurídicas n. 20, caps. IV e V.

37. Geraldo Ataliba, Cléber Giardino e Aires Fernandino Barreto, "Imposto de renda – Correção monetária – Irretroatividade", *RDTributário* 41/85.

38. A menos, naturalmente, que se esteja diante de um daqueles poucos tributos que não precisam obedecer ao princípio da anterioridade.

tudo e por tudo, à que cria ou aumenta um tributo. Afinal, o encargo que acarreta para o contribuinte é o mesmo. Seu patrimônio será, por igual modo, atingido. Depois, a aptidão para tributar compreende a de isentar, como verso e anverso de idêntica medalha.

Perfeitíssima, a respeito, a lição sempre e de há muitos lustros ministrada por Sainz de Bujanda, segundo quem:

"Em caráter definitivo, meu pensamento central é no sentido de que, se existe uma teoria jurídica do tributo – como existe uma teoria jurídica do contrato ou do delito –, é logicamente necessário que exista uma teoria jurídica da isenção.

"A isenção, definitivamente, não é senão a outra face da moeda."[39]

Com ele estamos de pleno ajuste, até porque, no Brasil, a Constituição, ao gizar o *campo tributável* das pessoas políticas, facultou-lhes não exercitarem suas competências tributárias, por meio do emprego da *isenção*. Deste modo, as isenções, como argutamente notou Souto Maior Borges, também integram o sistema constitucional tributário brasileiro, devendo, pois, submeter-se aos princípios que o informam (legalidade, igualdade, segurança jurídica, anterioridade etc.).

Natural, por conseguinte, que também na revogação da isenção se aplique o princípio da anterioridade.

Outra postura colocaria o contribuinte sob o guante da insegurança, ensejando a instalação do império da surpresa nas relações entre ele e o Estado. Ao grado de interesses passageiros seria possível afugentar a lealdade da ação estatal, contrariando o regime de direito público e o próprio princípio republicano, que a anterioridade reafirma.

A doutrina correta, perante nossas disposições jurídicas, é a colhida desta página memorável de Geraldo Ataliba: "Um sistema de governo em que a representatividade republicana é a chave de abóbada de todo o Direito não admite insegurança, surpresa e deslealdade como clima de relacionamento Estado/cidadão. A previsibilidade da ação estatal é um timbre do Estado civilizado e sobretudo do Estado de Direito. Por isso, desde 1824, está consagrada em nosso regime constitucional. Efetivamente, a Constituição não se contentou com a irretroatividade das leis tributárias; quis mais, estabeleceu muito mais: previu um lapso de tempo chamado *vacatio constitutionis*, em benefício da previsibilidade, por parte do contribuinte, relativamente às exigências fiscais, com o que haveria de arcar no exercício financeiro seguinte".[40]

Em adendo à opinião acima transcrita, acrescentamos que, em nome desta previsibilidade, também a lei ordinária que faz desaparecer ou reduz uma isenção só

39. Sainz de Bujanda, in *XI Semana de Estudios de Derecho Financiero*, vol. 2º, p. 1.142 (traduzimos). No original está:

"En definitivo, mi pensamiento central es que, si existe una teoría jurídica del tributo – como existe una teoría jurídica del contrato o del delito –, será lógicamente necesario que exista una teoría jurídica de la exención.

"La exención, en definitivo, no es sino la otra cara de la medalla."

40. Geraldo Ataliba, "IOF – Princípio da anterioridade – Alcance", *RDTributário* 13-14/391.

poderá ser aplicada no despontar do próximo exercício financeiro, como exigência do princípio da anterioridade.

5.1 Outro caminho

Pensamos poder chegar à mesma conclusão percorrendo outro caminho. Vejamos.

A lei que concede uma isenção *revoga* (no todo ou em parte) a lei anterior que mandava tributar (se e quando ocorrido determinado fato). Pois bem, revogada a lei isentante, nem por isto a primitiva lei tributária voltará a vigorar. Por quê? Simplesmente porque não há o chamado *efeito repristinatório* no direito tributário brasileiro.[41]

Realmente, a lei tributária, uma vez revogada, nunca mais voltará a vigorar, ainda que a lei que a tiver revogado desapareça. Um exemplo talvez elucide melhor este assunto: se a lei tributária "A" tiver sido revogada pela lei "B" e esta, de sua feita, vier a ser revogada pela lei "C", nem assim a lei "A" voltará a vigorar. O que pode se verificar – hipótese rara, mas não impossível – é a lei "C" *encampar o conteúdo* da lei "A". No entanto, em vigor estará, neste caso, simplesmente a lei "C". A lei "A" pertencerá irreversivelmente à História do Direito. Tomemos um caso mais concreto: admitamos que lei do Município de Santos (SP) mande cobrar ISS das pessoas que vierem a prestar serviços médicos, em seu território. Admitamos, ainda, que, tempos depois, a Câmara Municipal santista edite uma lei isentando do pagamento do ISS as pessoas que desempenhem tais serviços. O que esta nova lei fez senão revogar a anterior? Mas prossigamos em nosso raciocínio. Digamos que, perpassado certo lapso de tempo, também a lei isentiva venha a ser revogada. Acaso voltará a vigorar a primeira lei? É evidente que não, pois o domínio do passado não pertence ao legislador. Em vigor estará, sim, a terceira lei, que pode até ter *assimilado o conteúdo* da primeira, mas que absolutamente com ela não se confundiu.

A lei é necessariamente orientada na direção *do que deve ser*, isto é, para o futuro. Seria de todo inconcebível que os direitos das pessoas pudessem ser alterados a cada mudança de legislação, ainda mais quando esta cuida da criação ou do aumento de tributos. Assim, a lei, ao deixar o cenário jurídico, não mais a ele torna. O ordena-

41. É o que preceitua o § 3º do art. 2º da Lei de Introdução às Normas do Direito Brasileiro (nova denominação dada pela Lei 12.376/2010 à Lei de Introdução ao Código Civil, veiculada pelo Decreto-lei 4.657/1942): "§ 3º. Salvo disposição em contrário, a lei revogada não se restaura por ter a lei revogadora perdido a vigência". Anotamos que a denominação "Lei de Introdução ao Código Civil" era imprópria, pois se tratava, na realidade, de uma lei de introdução a todo o Direito, como agora corretamente consta. De fato, com Francesco Ferrara podemos dizer que forma *un corpo di leggi delle leggi*. Contém – invocando a doutrina germânica – normas de *sobredireito* (*Überrecht*) e, por isso mesmo, irradia efeitos em todo o Direito pátrio, alcançando, inclusive, as leis tributárias. Tal ideia, magnificamente bem demonstrada por Antônio Roberto Sampaio Dória em seu clássico *Da Lei Tributária no Tempo*, vem contida no próprio CTN, que, em seu art. 101, estabelece que a vigência, no tempo, da legislação tributária rege-se "pelas disposições aplicáveis às normas jurídicas em geral".

mento jurídico caracteriza-se por um *vir a ser* constante de normas que não cessam de se renovar: as que caem fulminadas pela revogação não voltam mais a produzir efeitos em seus hemisférios.

De conseguinte, revogada a lei isentiva, e restabelecido o dever de pagar o tributo – pela nova lei, que o recria –, é inafastável a incidência do princípio da anterioridade, que encerra, para o contribuinte, uma garantia de estabilidade da ordem jurídica.

5.2 *A revogação das isenções de ICMS e o princípio da anterioridade*

Uma pergunta de pronto nos ocorre: e no caso do ICMS? De nossa parte, pensamos que a solução jurídica é rigorosamente a mesma. Revogada a isenção de ICMS, deve-se, por igual modo, obedecer, em todos os seus aspectos, ao princípio da anterioridade.

Lembramos que as isenções de ICMS são concedidas por meio de *decreto legislativo*, que ratifica convênio celebrado pelos Estados e pelo Distrito Federal.

Os Estados e o Distrito Federal, querendo criar isenções de ICMS, devem, pois, firmar entre si, por seus Executivos, *convênios* (pactos, acordos, contratos, ajustes, programas, a serem desenvolvidos pelas unidades federativas).

Tais convênios são celebrados no *Conselho Nacional de Política Fazendária – CONFAZ*. Nele têm assento representantes de cada Estado e do Distrito Federal, indicados pelo respectivo Chefe do Executivo. Normalmente, tal indicação recai sobre o Secretário da Fazenda, que, longe de ser o representante do povo de sua unidade federativa, não passa de um preposto do Governador.

Assentadas estas premissas, fica fácil proclamar que convênio não é lei, nem o CONFAZ órgão legislativo. Assim, os funcionários do Poder Executivo que o integram não podem, a pretexto de dispor sobre isenções de ICMS, "legislar" a respeito. É o Poder Legislativo de cada Estado e do Distrito Federal – onde têm assento os representantes do povo local – que, ratificando o convênio, as concederá.

Detalhando o assunto, os Estados e o Distrito Federal devem, para conceder isenções de ICMS, firmar entre si convênios. Não são eles, porém, que as fazem nascer. Apenas integram o processo legislativo necessário à concessão destas desonerações tributárias. Elas surgem – ou deveriam surgir – do *decreto legislativo* ratificador do *convênio interestadual*.[42]

Concordamos, pois, com Alcides Jorge Costa quando pondera:

"Os convênios são uma fase peculiar do processo legislativo, em matéria de isenções de ICMS. Fase que limita a competência das Assembleias Legislativas, mas que não pode eliminá-la".[43]

42. Em face do princípio da estrita legalidade tributária, a competência dos convênios (meros acordos entre as unidades federadas) não vai ao ponto de criar isenções de ICMS. Daí deverem ser ratificados pelas Assembleias Legislativas (no caso dos Estados-membros) e pela Câmara Legislativa (no caso do Distrito Federal).

43. Alcides Jorge Costa, *ICM na Constituição e na Lei Complementar*, São Paulo, Resenha Tributária, 1979, p. 130 (mudamos a sigla *ICM* para *ICMS*).

Assim, o conteúdo dos convênios só passa a valer como *Direito interno* dos Estados e do Distrito Federal ao depois da ratificação, que é feita por meio de *decreto legislativo*. Este ato normativo é, sem dúvida, o ponto terminal do processo legislativo adequado à concessão de isenções de ICMS.

Isto tudo nos permite concluir que não é o convênio que concede a isenção de ICMS. Ele apenas permite que o Legislativo de cada Estado e do Distrito Federal venha a fazê-lo.

Geraldo Ataliba, como sempre preciso, foi ao ponto: "(...) o convênio não dá nem tira direito a nenhuma Fazenda e a nenhum contribuinte. Não cria direito de natureza tributária nem em benefício, nem em detrimento de ninguém. É mero pressuposto de exercício eficaz da competência isentadora dos legisladores ordinários estaduais".[44]

Prosseguindo o raciocínio do pranteado Mestre, tais *convênios*, para se tornarem *Direito interno* das unidades federativas interessadas, precisam ser ratificados, *não* por decreto do Governador – como vem acontecendo, com base no estrambótico art. 4º da Lei Complementar 24/1975 –,[45] *mas* por meio de decreto legislativo baixado pela respectiva Assembleia Legislativa ou, no caso do Distrito Federal, por sua Câmara Legislativa. Nunca é demais encarecer que o decreto legislativo (estadual ou do Distrito Federal) – lei em sentido material, como ensinava Pontes de Miranda – é que concede a isenção de ICMS. O convênio é apenas *pressuposto* da edição deste decreto legislativo (Cléber Giardino).

Vai daí que os *convênios-ICMS*, para integrarem o ordenamento jurídico dos Estados e do Distrito Federal, precisam ser aprovados pelas respectivas Casas Legislativas. Isto nos leva a reiterar que o convênio é, tão só, o *pressuposto* para a concessão da isenção, que surgirá – agora, sim – do decreto legislativo que o confirma.

Para que a isenção de ICMS surja validamente é necessário que o Estado (ou o Distrito Federal) manifeste sua vontade de conceder este benefício. Ora, o Estado (ou o Distrito Federal) manifesta juridicamente sua vontade por meio da conjugação das vontades de seus Poderes Legislativo e Executivo. Este, firmando o convênio; aquele, aprovando-o.

Geraldo Ataliba abona esta inteligência, nos seguintes termos: "Exige o texto constitucional que os convênios sejam 'celebrados' pelos Estados (e pelo Distrito Federal) e, depois, 'ratificados'. A celebração cabe ao Executivo. A ratificação, ao Poder Legislativo. 'Estado' (ou 'Distrito Federal') não é Executivo. O Estado (ou o Distrito Federal) se representa pelo Executivo, mas delibera mediante harmônica atuação deste com o Legislativo".[46]

44. Geraldo Ataliba, "Convênios interestaduais", *RDP* 67/5.

45. Lei Complementar 24, de 7.1.1975: "Art. 4º. Dentro do prazo de 15 (quinze) dias contados da publicação dos convênios no *Diário Oficial da União*, e independentemente de qualquer outra comunicação, o Poder Executivo de cada Unidade da Federação publicará decreto ratificando ou não os convênios celebrados, considerando-se ratificação tácita dos convênios a falta de manifestação no prazo assinalado neste artigo".

46. Geraldo Ataliba, *Convênios Interestaduais*, separata, p. 2 (acrescentamos nos parênteses referências ao Distrito Federal).

E continua o mestre: "Por isso, só pode ser válido e eficaz o convênio 'ratificado' – como quer o Texto Magno – pelos Legislativos estaduais (e do Distrito Federal). Convênio é contrato. Executivo não pode 'contratar' sem pronunciamento parlamentar prévio ou ratificatório. O Executivo não é o Estado (ou o Distrito Federal). É órgão do Estado (ou do Distrito Federal). Só a conjugação das expressões volitivas do Legislativo e do Executivo é 'vontade' do Estado (ou do Distrito Federal) (Michel Temer)".[47]

E mais adiante: "Os decretos legislativos que os aprovam (*aos convênios*) têm força de lei interna, no Estado (*e no Distrito Federal*), a partir de sua vigência".[48]

Realmente, se só a lei pode criar *in abstracto* o ICMS, também só ela pode conceder isenções deste tributo. E decreto legislativo é *lei em sentido lato* (ao contrário do decreto do Governador, que não passa de um ato administrativo).

Também José Souto Maior Borges, outro reputado perquiridor do sistema constitucional tributário brasileiro, esposa esta exegese: "A ratificação é o ponto terminal do processo legislativo. O convênio é materialmente ato normativo. Por isso mesmo, a sua ratificação compete às Assembleias Legislativas Estaduais (e à Câmara Legislativa) e não ao Governador do Estado (e do Distrito Federal). Após ratificadas, as normas isentantes que integravam os convênios valem internamente, para cada Estado participante (e para o Distrito Federal), como lei ordinária estadual (ou do Distrito Federal) concessiva ou revogatória de isenções do ICMS".[49]

É perfeitamente compreensível que se só a lei *lato sensu* pode criar o ICMS (princípio da legalidade dos tributos), também só a lei *lato sensu* – no caso, o decreto legislativo estadual ou do Distrito Federal – pode conceder isenções deste tributo (princípio da legalidade das isenções tributárias). Afinal, como foi acentuado e reacentuado por Souto Maior Borges, o regime jurídico dos tributos confunde-se com o regime jurídico das isenções tributárias. Dito de outro modo, se apenas a lei pode validamente tributar, apenas a lei pode validamente isentar. Ao princípio da legalidade dos tributos atrela-se o princípio da legalidade das isenções tributárias.

Em suma, não é o Executivo, por meio de decreto (ato normativo infralegal), que vai aprovar o convênio que concede isenção de ICMS, mas o Legislativo, por intermédio da *lei sem sanção*, denominada *decreto legislativo*.

Portanto, a concessão de isenções de ICMS só é válida por meio de decreto legislativo estadual ou do Distrito Federal (lei sem sanção), que ratifica convênio. O art. 155, § 2º, XII, "g", da Lei Magna[50] veicula verdadeira limitação constitucional à competência de isentar dos Estados-membros e do Distrito Federal. Evitando disparidades

47. Idem, ibidem, p. 3 (acrescentamos referências ao Distrito Federal).

48. Idem, ibidem, p. 4 (esclarecemos e fizemos referência ao Distrito Federal).

49. José Souto Maior Borges, *Lei Complementar Tributária*, São Paulo, Ed. RT, 1975, p. 173 (no original não há menção nem à Câmara Legislativa, nem ao Distrito Federal; atualizamos a menção ao ICM, agora ICMS).

50. CF, art. 155, § 2º: "O imposto previsto no inciso II (*ICMS*) atenderá ao seguinte: (...) XII – cabe à lei complementar: (...); g) regular a *forma* como, mediante deliberação dos Estados e do Distrito Federal, isenções, incentivos e benefícios fiscais serão concedidos e revogados" (esclarecemos).

de política fiscal, em matéria de ICMS, certamente facilitará as operações e as prestações interestaduais, bem assim as operações e prestações entre o Distrito Federal e os Estados-membros.

Observamos, ainda, que a lei complementar a que se refere o supracitado artigo não pode alterar os princípios básicos do direito tributário brasileiro, como, por exemplo, o da independência e harmonia dos Poderes.[51] Deve, sim, limitar-se a estabelecer os mecanismos jurídicos (as formas) que hão de facilitar a celebração dos convênios interestaduais e entre os Estados-membros e o Distrito Federal.

Muito bem: é insofismável que a isenção do ICMS, concedida por meio de decreto legislativo (estadual ou do Distrito Federal), só pode ser revogada por meio de outro decreto legislativo (também estadual ou do Distrito Federal). A lei ordinária do Estado ou do Distrito Federal não pode nem conceder, nem revogar isenções de ICMS. Logo, os Estados e o Distrito Federal, querendo revogar isenção de ICMS, devem firmar novos convênios. Estes convênios que autorizam o cancelamento da isenção também deverão ser ratificados por via de decretos legislativos (estaduais ou do Distrito Federal).

Tais decretos legislativos, que mandam novamente tributar, por via de ICMS, operações mercantis ou as prestações de serviços de transporte (interestaduais ou intermunicipais) e de comunicações antes isentas deste imposto, têm, como visto, a partir de sua vigência, força de lei interna e, obviamente, só poderão incidir sobre fatos ocorridos no exercício financeiro seguinte. Se quisermos ser mais científicos, podemos dizer que o decreto legislativo que revoga a isenção do ICMS descreve nova hipótese de incidência deste tributo. Tem, em suma, eficácia desconstitutiva (negativa) da isenção.

Tentaremos melhor esclarecer: o decreto legislativo que concede a isenção estabelece, de uma maneira ou de outra, que não se considera operação mercantil, para fins de incidência do ICMS, o negócio jurídico "X", praticado por comerciante, industrial ou produtor. Ora, o decreto legislativo que revoga a isenção estipula, pelo contrário, que *passa a ser havido* por operação mercantil, para fins de incidência do ICMS, o negócio jurídico "X", praticado por comerciante, industrial ou produtor. Tal decreto legislativo traça (ou retraça) nova hipótese de incidência do ICMS. Este mesmo raciocínio pode ser utilizado em relação aos decretos legislativos que concedem ou revogam isenções de ICMS sobre prestações de serviços de transporte (interestaduais e intermunicipais) e de comunicações.

O decreto legislativo que revoga isenção de ICMS deve também curvar-se ao art. 150, III, "b" e "c", da CF, que hospedam o princípio da anterioridade, como direito irrenunciável do contribuinte.[52]

51. É o que fez, segundo nosso modo de ver, a mencionada Lei Complementar 24/1975 ao usurpar, em seu art. 4º, prerrogativas do Poder Legislativo.

52. Em sentido contrário o egrégio STF editou a seguinte súmula: "Súmula 615 – O princípio constitucional da anuidade (*§ 29 do art. 153 da CF de 1969*) não se aplica à revogação de isenção do ICM" (esclarecemos).

5.3 *As isenções advindas de tratados internacionais e o princípio da anterioridade*

A respeito do tema *princípio da anterioridade* temos ser também fonte primária do direito tributário brasileiro o *decreto legislativo* do Congresso Nacional que aprova tratado internacional que versa matéria tributária. Vejamos.

5.3.1 Tratados internacionais. Noção geral

Os tratados internacionais ocupam posição de particular relevo nos dias atuais, em que se nota a internacionalização do mundo.

Também o Brasil, como Estado livre e soberano que é, pode perfeitamente firmar tratados internacionais.[53] O assunto ganhou maior relevância com a promulgação da Lei Suprema de 1988, que, em seu art. 5º, § 2º, coloca no rol dos direitos e garantias fundamentais os decorrentes dos tratados internacionais em que o Brasil seja parte.

Acrescente-se que quando versam sobre direitos humanos e são aprovados em votação bicameral e em dois turnos, por três quintos dos votos dos membros de cada Casa do Congresso Nacional, os tratados internacionais equivalem às emendas constitucionais (cf. o § 3º do art. 5º da CF, acrescentado pela EC 45/2004).[54]

Mas, em que consiste o tratado internacional?

O tratado internacional, na conceituação clássica de Lafayette Rodrigues Pereira, é o "consentimento recíproco de duas ou mais nações para constituir, regular, modificar, alterar ou extinguir um vínculo de direito".[55] Mais conciso, Clóvis Beviláqua considera-o "um ato jurídico, em que dois ou mais Estados concordam sobre a criação, modificação ou extinção de um direito".[56]

É por meio dos tratados internacionais que duas ou mais pessoas de direito público internacional (Estados soberanos, organizações internacionais, Santa Sé etc.) manifestam formalmente suas vontades, com o fito de produzir efeitos jurídicos, bem

53. Os tratados internacionais também são conhecidos como *acordos*, *protocolos*, *pactos*, *declarações*, *convenções*, *ajustes*, *concordatas*, *convênios* etc. A denominação mais corrente, no entanto, é *tratados internacionais*. É a que adotaremos, ao longo deste capítulo, embora não desconheçamos que autores (*v.g.*, Clóvis Beviláqua) reservem o termo *tratado* para os atos jurídicos mais importantes, destinados a ter longa duração (tratado de paz, tratado de limites, tratado de comércio, tratado de navegação), utilizando, para os demais, de natureza não política, a palavra *convenção* (convenção consular, convenção postal, convenção sanitária etc.).

54. Os tratados internacionais aprovados na forma estabelecida no art. 5º, § 3º, da CF, por cuidarem de direitos indisponíveis, não são passíveis de *denúncia* ou de *cessação convencional de vigência*. Assim é dada a *irreversibilidade* dos direitos fundamentais (art. 60, § 4º, IV, da CF), que, de resto, são *inesgotáveis*, já que passam por contínuo processo de descoberta, se por mais não fosse, em função do que estatui o art. 5º, § 2º, da CF ("os direitos e garantias expressos nesta Constituição não excluem outros decorrentes do regime e dos tratados internacionais em que a República Federativa do Brasil seja parte").

55. Lafayette Rodrigues Pereira, *Princípios de Direito Internacional*, vol. I, Rio de Janeiro, Jacintho Ribeiro dos Santos Editor, 1902, p. 267.

56. Clóvis Beviláqua, *Direito Público Internacional*, t. II, Rio de Janeiro, Francisco Alves, 1911, p. 45.

assim impor conduta única para o atendimento de pontos de interesse comum. Os tratados internacionais podem, pois, ser *bilaterais* ou *multilaterais* (*coletivos*), conforme envolvam duas ou mais partes contratantes.

Não devem ser confundidos com os *gentlemen's agreements*, meros acordos entre chefes do Executivo, que se comprometem a observá-los enquanto permanecerem à testa de seus Estados.

A *Convenção de Viena sobre Direito dos Tratados*, de 1969, didaticamente prescreve, em seu art. 2º, I, "a", que o tratado "significa um acordo internacional celebrado entre Estados em forma escrita e regido pelo Direito Internacional, que conste, ou de um instrumento único ou de dois ou mais instrumentos conexos, qualquer que seja sua denominação específica".

O tratado veicula a chamada *norma jurídica internacional*, que dá respaldo técnico às relações entre as partes signatárias. Desnecessário enfatizar que os tratados internacionais devem, sempre, ser celebrados por escrito.[57]

Não é nossa intenção aprofundar este assunto, que diz muito mais de perto com o direito internacional público, do que com o direito tributário. Mesmo assim, algumas ideias centrais precisam ser explicitadas.

A principal delas é a que gira em torno da *forma* como os tratados internacionais se integram à legislação dos *Estados*.

Aqui ingressamos no terreno extremamente árido dos possíveis conflitos entre as normas de Direito interno e os tratados internacionais.

Na tentativa de dar resposta satisfatória a esta intrincada questão, duas teorias foram construídas: a *monista* e a *dualista*.[58]

Pela *teoria monista*, o tratado internacional, assim que firmado, entra a fazer parte do ordenamento jurídico do Estado contratante. Divergem seus adeptos acerca da questão da supremacia. Uns, como Kelsen, entendem que o tratado internacional predomina sobre o Direito interno, já que o Direito Internacional sobrepaira o direito constitucional, dando-lhe *fundamento de validade*. Outros, como Wenzel, sustentam o contrário, porque partem do pressuposto de que é a Constituição do Estado signatário que dá validade à execução do tratado internacional.

Segundo a *teoria dualista*, as normas internas e as internacionais convivem em harmonia, não podendo conflitar, já que têm campos de incidência perfeitamente diferençados. Justamente por isso, os tratados internacionais não podem irradiar efeitos na ordem jurídica interna enquanto a ela não forem formalmente incorporados, por meio de alguma espécie legislativa (lei, decreto legislativo, regulamento etc.).

57. É o que, aliás, consta do art. 2º, I, "a", da *Convenção sobre o Direito dos Tratados entre Estados e Organizações Internacionais*, firmada em 1986, também em Viena.

58. O *voluntarismo*, que faz repousar o Direito Internacional no consentimento dos Estados, leva ao *dualismo*, que apregoa serem totalmente distintas a origem jurídica nacional e a internacional. Já, a *concepção objetivista*, que coloca a origem do ordenamento jurídico fora da vontade humana, conduz ao *monismo*, pelo qual as duas ordens jurídicas derivam uma da outra, formando um todo unitário. Para maiores esclarecimentos acerca deste importante assunto, v., de Charles Rousseau, *Droit lnternational Public Approfondi*, Paris, Dalloz, 1958, pp. 3 e ss.

Afonso Arinos de Melo Franco, argutamente, observa que, para os dualistas, o tratado internacional não cria, propriamente, o Direito interno, mas este só surge "quando o Estado legisla em consequência, adotando o tratado, o que constitui um ato específico e decisivo da sua vontade, diferente daquele que o levou a celebrar o tratado, no campo internacional".[59]

É esta a teoria que o direito constitucional brasileiro encampou. De fato, os tratados internacionais não se tornam eficazes, na ordem jurídica interna, por força de uma cláusula geral de recepção automática. Pelo contrário, para que valham e atuem no âmbito interno, ou seja, para que irradiem efeitos *in foro domestico*, é mister venham referendados (aprovados[60]) pelo Congresso Nacional – por meio de uma lei em sentido material (sem sanção e sem veto), que há nome "decreto legislativo" – e *ratificados* (confirmados) por meio de decreto do Presidente da República, que os promulgará, cuidando sejam publicados no *Diário Oficial da União*. Só a partir deste momento incorporam-se ao nosso ordenamento jurídico.

Embora já tenhamos sustentado o contrário, hoje estamos convencidos de que a ratificação dos tratados internacionais não é levada a efeito pelo Congresso Nacional, mas, sim – após a aprovação desta Casa Legislativa[61] –, pelo Presidente da República, por meio de decreto. É justamente este ato normativo que confirma a assinatura do pacto, fazendo com que irradie efeitos assim no âmbito interno que no internacional.

A aquiescência do Congresso Nacional não tem força jurídica bastante para tornar o tratado internacional de observância obrigatória. Tal só se dará com sua ulterior ratificação e promulgação, pelo Presidente da República. Em resumo, o decreto legislativo não ratifica o acordo, mas apenas autoriza o chefe do Executivo Federal a concluí-lo.

Neste sentido a precisa lição de Valério de Oliveira Mazzuoli:

"Habilitado a *ratificar* tratados internacionais está somente o Chefe do Executivo e mais ninguém. É sua, nesta sede, a última palavra. Ao Parlamento incumbe *aprovar* ou *rejeitar* o tratado assinado pelo Executivo, mais nada. A expressão 'resolver definitivamente sobre tratados', assim, deve ser entendida em termos, não se podendo dar a ela significado acima de seu real alcance. E isto porque 'resolver definitivamente', no sistema brasileiro, não significa ratificação, que é ato próprio do Chefe do Executivo, responsável pela dinâmica das relações internacionais, a quem cabe decidir tanto sobre a conveniência de iniciar as negociações, como a de ratificar o ato internacional já concluído. Por conseguinte, incumbe ao Parlamento *aprovar ou não* os tratados submetidos à sua apreciação, e ao Chefe do Executivo *ratificá-los*, se aprovados pelo Congresso.

59. Afonso Arinos de Melo Franco, *Curso de Direito Constitucional Brasileiro*, 2ª ed., vol. I, Rio, Forense, 1968, p. 170.

60. A aprovação parlamentar do tratado internacional pode ser retratada, desde que não tenha havido a ratificação – hipótese em que a Nação já estará comprometida no cenário internacional.

61. A manifestação do Congresso Nacional só é definitiva quando desaprova o tratado – hipótese em que o Presidente da República estará impedido de concluí-lo, ratificando-o.

"O Congresso Nacional, por conseguinte, só resolve *definitivamente* sobre os tratados quando *rejeita* o acordo, ficando o Executivo, neste caso, impedido de ratificá-lo. Em caso de aprovação, quem resolve de modo definitivo é o Chefe do Executivo, ao ratificar ou não o tratado.

"Por este motivo, a expressão 'resolver definitivamente', que, de resto, vem se mantendo, até hoje, nas Constituições brasileiras, tem sido considerada das mais impróprias dentre as que respeitam à matéria."[62]

Ainda a propósito, convém que se destaque que, uma vez aprovado o tratado internacional, o Presidente da República tem a faculdade de ratificá-lo, ou não. Pratica, pois, como observa Antônio Paulo Cachapuz de Medeiros,[63] um ato discricionário.

O decreto legislativo, previsto genericamente no art. 59, VI, da CF, tem a função de regular matérias de competência exclusiva do Congresso Nacional (art. 49), que produzam efeitos externos a ele.[64] Para aprovação, exige *quorum* simples, presente a maioria absoluta dos congressistas (art. 47 da CF).

5.3.2 Os tratados internacionais, no Brasil

Tem competência para firmar tratados internacionais a "República Federativa do Brasil" (art. 5º, § 2º, da CF), por intermédio da União (art. 21, I, da CF), esta representada pelo Presidente da República (art. 84, VIII, da CF), na qualidade de Chefe de Estado.

Os tratados internacionais assim firmados devem – repetimos – passar pelo referendo (aprovação) do Congresso Nacional (art. 49, I, da CF). É preciso, em suma, que o Estado Brasileiro manifeste sua vontade de inovar a ordem jurídica, por meio do tratado internacional. Ora, o Estado Brasileiro manifesta esta vontade por meio da conjugação de vontades de dois de seus Poderes: o Executivo (que firma o tratado) e o Legislativo (que o aprova). O Estado Brasileiro não é apenas o Executivo. O Estado Brasileiro representa-se, no concerto das Nações, pelo Executivo, mas delibera mediante harmônica atuação deste com o Legislativo.

Sustentar o contrário é o mesmo que reconhecer que cabe ao direito internacional público solucionar problemas de exegese constitucional. De fato, se o tratado internacional, assim que firmado, revogasse o *Direito interno*, o controle de sua constitucionalidade sairia da esfera do Congresso.

62. Valério de Oliveira Mazzuoli, *Direitos Humanos, Constituição e os Tratados Internacionais*, São Paulo, ed. Juarez de Oliveira, 2002, pp. 164-165.

63. Antônio Paulo Cachapuz de Medeiros, *O Poder de Celebrar Tratados*, Porto Alegre, Sérgio Antônio Fabris Editor, 1995, p. 117.

64. V., a propósito, José Afonso da Silva, *Curso de Direito Constitucional Positivo*, 39ª ed., São Paulo, Malheiros Editores, 2016, p. 529. V., ainda, Pontes de Miranda, *Comentários à Constituição de 1967 com a Emenda n. 1 de 1969*, t. III, 2ª ed., Ed. RT, p. 142, 1970. Os Regimentos Internos da Câmara dos Deputados (Resolução 17, de 22.9.1989) e do Senado Federal (Resolução 18/1989, com as alterações decorrentes das Resoluções 51, 58 e 63, de 1989, e 1, 9, 17 e 52, de 1990) minudenciam o assunto. Este último, aliás, trata, especificamente, dos decretos legislativos referentes a atos internacionais (arts. 376 e 172, II, "c"). Vale ressaltar que, após aprovado, o decreto legislativo deve ser promulgado pelo Presidente do Senado Federal.

Ademais, como enfatiza José Francisco Rezek, "no estágio presente das relações internacionais, é inconcebível que uma norma jurídica se imponha ao Estado soberano, à sua revelia".[65]

É interessante notar que o Brasil só pode firmar e aprovar tratados internacionais que guardem sintonia com o art. 4º e seu parágrafo único da CF:

"Art. 4º. A República Federativa do Brasil rege-se nas suas relações internacionais pelos seguintes princípios: I – independência nacional; II – prevalência dos direitos humanos; III – autodeterminação dos povos; IV – não intervenção; V – igualdade entre os Estados; VI – defesa da paz; VII – solução pacífica dos conflitos; VIII – repúdio ao terrorismo e ao racismo; IX – cooperação entre os povos para o progresso da humanidade; X – concessão de asilo político.

"Parágrafo único. A República Federativa do Brasil buscará a integração econômica, política, social e cultural dos povos da América Latina, visando à formação de uma comunidade latino-americana."

Portanto, tratados internacionais que, *v.g.*, venham a reconhecer a desigualdade entre Estados não poderão ser resgatados da inconstitucionalidade, nem mesmo pelos mecanismos da *aprovação* do Congresso Nacional e da *ratificação* do Presidente da República. Qualquer pessoa interessada será parte legítima para suscitar o pronunciamento de nossa Suprema Corte, que, decerto, fulminará o tratado que não se coadunar com o predito artigo.

Além disso, o tratado internacional não poderá ser validamente ratificado se fizer tábua rasa dos direitos e garantias individuais e sociais ou das competências dos Estados, dos Municípios ou do Distrito Federal.

É vedado, ainda, ao tratado, derrogar norma constitucional.

Realmente, é inadmissível a prevalência de tratado internacional contra o texto expresso da Constituição ou, o que é mais grave, contra os princípios que ela incorpora.

Como natural consequência, serão inconstitucionais o decreto legislativo e o decreto que, respectivamente, aprova e ratifica tratado internacional que afronte a Carta Magna.[66]

Ainda a propósito, muito se discute acerca da obrigatoriedade de os tratados internacionais serem submetidos à aprovação do Congresso Nacional. Pessoalmente estamos convencidos de que todos eles a demandam, sob pena de não poderem nem ser incorporados ao nosso Direito interno, nem obrigar a Nação, no plano internacional.

65. José Francisco Rezek, *Direito Internacional Público*, 4ª ed., São Paulo, Saraiva, 1994, p. 83.

66. O STF sufragou esta tese, ao pronunciar-se sobre a inaplicabilidade do Pacto de São José da Costa Rica, no que se refere à prisão civil do depositário infiel. Julgando o HC 75.306-0-RJ, assim decidiu o mais alto Pretório do País: "Esta Corte, por seu Plenário (HC 72.131), firmou o entendimento de que, em face da Carta Magna de 1988, persiste a constitucionalidade da prisão civil do depositário infiel, em se tratando de alienação fiduciária, bem como que o Pacto de São José da Costa Rica, além de não poder contrapor-se à permissão do art. 5º, LXVII, da mesma Constituição, não derrogou, por ser norma infraconstitucional geral, as normas infraconstitucionais especiais sobre prisão civil do depositário infiel" (rel. Min. Moreira Alves, *DJU* 12.9.1997, p. 43.715). Atualmente, porém, em face do disposto no já referido § 3º do art. 5º da CF (acrescentado pela EC 45/2004), este entendimento está ultrapassado.

Não ignoramos que o art. 49, I, da Lei Maior declara competir exclusivamente ao Congresso Nacional "resolver definitivamente sobre tratados, acordos ou atos internacionais que acarretem encargos ou compromissos gravosos ao patrimônio nacional". Uma interpretação *a contrario sensu* deste dispositivo tem levado alguns doutrinadores a sustentar que os tratados que não acarretem encargos ou compromissos gravosos ao patrimônio nacional prescindem, para irradiar efeitos, seja no Brasil, seja internacionalmente, de aprovação parlamentar.

Tal entendimento, s.m.j., não leva em conta o disposto no art. 84, VIII, da CF, ou seja, que "compete privativamente ao Presidente da República celebrar tratados, convenções e atos internacionais, sujeitos a referendo do Congresso Nacional". Este *referendo* é sempre obrigatório, até porque, encarnando a vontade do povo brasileiro, representado no Parlamento, vem ao encontro do *princípio democrático*.

De qualquer modo, insistimos que não é o decreto legislativo do Congresso Nacional que dá plena vigência ao tratado. Quem o faz é o Presidente da República, tornando-o obrigatório, quer na órbita interna (por meio da *promulgação*, salvo tratando-se de tratados de proteção dos direitos humanos, cuja aplicação é imediata, desde a ratificação), quer na internacional (por meio da *ratificação*).

Permitimo-nos relembrar, ainda, que, por força do disposto no art. 5º, § 3º (introduzido pela Emenda Constitucional 45/2004), "os tratados e convenções internacionais sobre direitos humanos, que forem aprovados, em cada Casa do Congresso Nacional, em dois turnos, por três quintos dos votos dos respectivos membros, serão equivalentes às emendas constitucionais". Portanto, as avenças que versarem direitos humanos, desde que aprovadas por meio de processo legislativo análogo ao das emendas constitucionais, passarão a ter a mesma força jurídica destas. Tanto quanto estas, porém, não poderão afrontar cláusulas pétreas.

Por fim, os demais tratados internacionais – isto é, que cuidam de matérias outras que não os direitos humanos – continuam a ter, a partir da ratificação, a mesma força jurídica das leis *lato sensu*. Revogam, pois, os anteriores, nos termos da regra *lex posterius derogat priori*.

5.3.3 Os tratados internacionais tributários

Os tratados internacionais – convém frisarmos – podem versar quaisquer matérias, nada impedindo, pois, cuidem de assuntos tributários.

Embora já tenhamos sustentado o contrário, hoje estamos convencidos de que realmente o tratado internacional, devidamente aprovado, ratificado e promulgado, é fonte primária do direito tributário. Constitucional, pois, o art. 98 do CTN quando prescreve que "os tratados e as convenções internacionais revogam ou modificam a legislação tributária interna, e serão observados pela que lhes sobrevenha".

É certo que os tratados internacionais, uma vez em vigor no País, incorporam-se ao Direito interno brasileiro.

Não é menos certo, porém, que, quando isto acontece, alojam-se no mesmo patamar hierárquico das leis *lato sensu* (leis complementares, leis ordinárias, leis delegadas, medidas provisórias e resoluções), podendo, deste modo, ser revogados ou modificados "pela legislação interna (...) que lhes sobrevenha".

Inexiste, pois, supremacia jurídica dos tratados internacionais (tributários ou não tributários) sobre as leis em geral.

Muito bem. O tratado internacional, uma vez aprovado, ratificado e promulgado, pode perfeitamente conceder ou revogar isenções tributárias. Se vier a revogá-las, o princípio da anterioridade deverá ser obedecido – a menos, é evidente, que se esteja diante daqueles tributos que não precisam necessariamente observá-lo.[67]

5.4 A isenção tributária com prazo prefixado de vigência e o princípio da anterioridade

Temos, ainda, que nos demorar num ponto. Vezes há, e não raras, em que a lei que concede uma isenção tem prazo prefixado de vigência. Pensamos que, findo tal prazo, a Fazenda Pública não precisa ficar na aguarda do próximo exercício financeiro para cobrar o tributo cabível. O motivo disto é onipatente: embora a lei que concede uma isenção com prazo certo (*v.g.*, por um ano) revogue a lei tributante, ela implicitamente determina que, ao final deste prazo, *passará a vigorar com o conteúdo da lei revogada*. Com ver que, na parte em que tratava do tributo, ela já estava em vigor, mesmo quando obstava ao Fisco arrecadar o tributo.

Cremos, porém, que tal regra só se aplica quando, entre a entrada em vigor da lei que concede *isenção com prazo certo* e a efetiva incidência do tributo, for ultrapassado um exercício financeiro, observado, ainda, o disposto no art. 150, III, "c", da CF. Por exemplo: se esta lei, entrando em vigor em agosto, concede uma isenção por seis meses, em fevereiro do exercício seguinte o tributo estará em termos de ser arrecadado (se ocorrido, é claro, o fato imponível). Tenhamos em atenção que o mesmo não se dá quando a entrada em vigor desta lei e o momento que ela estipula para o tributo voltar a ser cobrado se situam num único exercício financeiro. Aí, pelos motivos já expostos, a Administração só pode pretender o tributo no exercício financeiro seguinte.

Naturalmente, se a lei que reduz ou faz cessar isenção refere-se a um dos tributos arrolados no art. 150, § 1º, da *Lex Major* (*e.g.*, o IPI), então, sim, terá eficácia imediata, desde que seja expressa neste sentido. De fato, se já aceitamos, com respaldo na Constituição, que a lei que cria ou aumenta determinados tributos pode incidir sobre fatos verificados a partir de sua entrada em vigor, devemos aceitar, por amor à coerência jurídica, que também a lei que extingue ou reduz isenção referente a estes mesmos tributos venha de pronto a irradiar efeitos.

67. No entanto, como procuraremos demonstrar mais adiante (cap. X, subitem 3.3), não é dado à União, por meio de tratados internacionais, conceder isenções de tributos estaduais, municipais e do Distrito Federal, que a isto obstam os princípios federativo, da autonomia municipal e da autonomia do Distrito Federal.

5.5 *As isenções concedidas com base no art. 156, § 3º, II, da CF e o princípio da anterioridade*

Devemos considerar, também, que nem toda lei que extingue isenção tributária deve curvar-se às exigências do art. 150, III, "b" e "c", da CF. É que, nos termos do art. 156, § 3º, II, deste Diploma Magno,[68] a lei complementar pode isentar da tributação por meio de ISS as exportações de serviços para o exterior.[69]

Pois bem, editada e em vigor, esta lei complementar não revoga, mas apenas *paralisa a eficácia* das leis tributárias municipais (ou do Distrito Federal) que com ela conflitem. Por isso mesmo, revogada, faz com que a eficácia destas leis se restabeleça, integralmente.

Assim, revogada a lei complementar referida no art. 156, § 3º, II, do Texto Excelso, as leis de ISS (que não tinham deixado o palco jurídico) readquirem *eficácia plena* e, assim, não precisam ficar à espera do término do exercício financeiro para voltarem a incidir. De revés, incidem de imediato, já que o princípio da anterioridade, que as alcançou no passado (quando entraram em vigor), a elas não mais se aplica.

6. *A delegação da capacidade tributária ativa e o princípio da anterioridade*

I – Embora a competência tributária – aptidão para criar o tributo – seja indelegável, a capacidade tributária ativa – aptidão para arrecadar o tributo – é delegável por lei (lei, é claro, da própria pessoa política competente). Assim, nada impede que pessoa diversa daquela que criou o tributo venha, afinal, desde que autorizada por lei, a arrecadá-lo.

De fato, como se sabe, a competência tributária e a capacidade tributária ativa acumulam-se, no mais das vezes, numa mesma pessoa política. Logo, habitualmente, ocupa o polo ativo da obrigação tributária a mesma pessoa política que, por haver exercitado a competência tributária, criou *in abstracto* o tributo. Só para exemplificar, a União criou *in abstracto* o imposto sobre a renda e ela mesma o arrecada da pessoa, física ou jurídica, que obteve, durante o exercício financeiro, disponibilidade de ri-

68. CF, art. 156, § 3º: "Em relação ao imposto previsto no inciso III, cabe à lei complementar: (...) II – excluir da sua incidência exportações de serviços para o exterior" (serviços de qualquer natureza, não compreendidos no art. 155, II, definidos em lei complementar).

69. Antes do advento da Emenda Constitucional 42/2003, o art. 155, § 2º, XII, "e", da CF permitia que lei complementar excluísse da incidência do ICMS, "nas exportações para o exterior, serviços e outros produtos além dos mencionados no inciso X, 'a'". À época, o art. 155, § 2º, X, "a", declarava imunes ao ICMS "as operações que destinem ao exterior produtos industrializados, excluídos os semielaborados definidos em lei complementar".

Ora, a predita Emenda Constitucional deu nova redação ao art. 155, § 2º, X, "a", da CF, de tal sorte que, atualmente, por força deste dispositivo, o ICMS não incidirá "sobre operações que destinem mercadorias para o exterior, nem sobre serviços prestados a destinatários no exterior, assegurada a manutenção e o aproveitamento do montante do imposto cobrado nas operações e prestações anteriores".

Logo, a alínea "e" do inciso XII do § 2º do art. 155 da CF foi implicitamente revogada, já que uma interpretação sistemática revela, como se mostrará na altura própria, que perdeu por completo o objeto.

queza nova; o Estado de São Paulo criou *in abstracto* o ICMS-Operações Mercantis e ele mesmo o arrecada do comerciante que, em território paulista, vendeu uma mercadoria; o Município de São Paulo criou *in abstracto* o ISS e ele mesmo o arrecada da pessoa que, em território paulistano, prestou, em caráter negocial, um serviço se qualquer natureza; etc.

Entretanto, em nosso ordenamento jurídico, desde que preenchidos determinados requisitos, é dado a terceira pessoa arrecadar o tributo.

Neste caso, duas situações jurídicas podem surgir, dependendo, evidentemente, do que a lei específica estipular: 1ª) a terceira pessoa arrecada o tributo em seu próprio nome, mas para a entidade tributante;[70] e 2ª) a terceira pessoa arrecada o tributo para si própria, vale dizer, para o implemento de suas finalidades.

No primeiro caso está-se diante da *sujeição ativa auxiliar*, fenômeno raro, em que a pessoa que arrecada o tributo não passa de um substituto *ex lege* do sujeito ativo; arrecada o tributo e repassa o produto arrecadado à pessoa política tributante. O sujeito ativo auxiliar, caso a lei a tanto o autorize (nem sempre isso se dá), tem a faculdade de exigir do contribuinte algumas compensações pecuniárias (ágio, indenização de mora etc.), em ordem a cobrir os custos do serviço arrecadatório e a experimentar um pequeno ganho, que lhe permita levar avante suas atividades.

Já, no segundo caso dá-se o fenômeno – este muito mais frequente – que há nome *parafiscalidade*. *Parafiscalidade*, em apertada síntese, é a delegação de capacidade tributária ativa (direito de cobrar o tributo) que a pessoa política, por meio de lei, faz a terceira pessoa (de direito público ou se de direito privado, perseguidora de finalidades públicas),[71] a qual, por vontade desta mesma lei, passa a dispor do produto arrecadado.[72]

70. Observe-se que não se está, aqui, tratando da instituição financeira que, autorizada pela legislação, arrecada o tributo, em nome e por conta da pessoa política tributante. Está-se cuidando, sim, da pessoa autorizada, por lei, a exigir o tributo – inclusive valendo-se dos meios judiciais adequados –, com o encargo de encaminhar o produto arrecadado à entidade tributante. É o caso, por exemplo, da empresa telefônica, que, no Estado de São Paulo, ao cobrar a taxa (impropriamente rotulada *tarifa*) de telefone, apura e arrecada também o *ICMS-Comunicação* devido pelo usuário. O produto da arrecadação deste imposto é, por determinação legal, enviado à Fazenda Pública paulista.

71. A parafiscalidade pode beneficiar: a) as pessoas políticas (União, Estados-membros, Municípios e Distrito Federal); b) as autarquias e fundações públicas; c) os entes paraestatais (pessoas jurídicas de direito privado que, sem espírito de ganho, associam-se ao Estado, na consecução do bem comum); e, em casos excepcionais, d) as pessoas físicas, se e enquanto desempenham funções públicas, que serão custeadas com o tributo (em geral uma *taxa*) arrecadado.

Note-se, a propósito, que o art. 119 do CTN, ao estatuir que "o sujeito ativo da obrigação é a pessoa jurídica de direito público titular da competência para exigir seu cumprimento", não infirma o que escrevemos no parágrafo anterior. É que, por não dispor sobre conflitos de competência tributária, nem regular limitações constitucionais ao poder de tributar, não veicula nenhuma *norma geral em matéria de legislação tributária*, na acepção do art. 146 da CF. Simples lei federal, não alcança os Estados-membros, os Municípios e o Distrito Federal, vinculando apenas a União, que, por seu Legislativo, pode revogá-la a qualquer tempo. Aliás, isso a União implicitamente já fez, a julgar pelo grande número de leis que, de 1966 a essa parte, editou atribuindo a pessoas jurídicas de direito privado a faculdade de arrecadar tributos.

72. Para melhor aprofundamento destas ideias, v. nosso *O Sujeito Ativo da Obrigação Tributária*, São Paulo, Resenha Tributária, 1977, especialmente pp. 37-56 e 77-79.

II – Muito bem. Se o tributo já tiver sido instituído e, atendidas as exigências da *anterioridade*, estiver sendo regularmente cobrado, a eventual alteração, mediante lei, do sujeito ativo da obrigação tributária não implicará infringência deste magno princípio. O tributo poderá ser validamente arrecadado, por seu novo credor, sem qualquer solução de continuidade.

É que, a nosso sentir, o contribuinte tem apenas o direito subjetivo constitucional de não pagar, de imediato, o tributo recém-instituído (salvo as hipóteses, já estudadas, dos arts. 150, § 1º, 148, I, e 195, § 6º, da Lei Magna), justamente para que não seja colhido de surpresa por uma nova exigência fiscal. Mas, se o Poder Legislativo *cria ou aumenta* o tributo *num dado exercício financeiro* e o Poder Executivo (ou quem legalmente lhe faça as vezes) *passa a cobrá-lo no seguinte*, não podemos falar mais, nem mesmo em tese, em desobediência ao princípio da anterioridade. Com outros rótulos, *uma vez atendido o princípio da anterioridade* (e, portanto, já consolidado este ideal de segurança jurídica), a *função administrativa* de arrecadar o tributo pode ser, repetidas vezes (tantas quantas a pessoa política tributante o desejar), delegada, sem que, só por isto, reste magoada esta diretriz de nosso ordenamento constitucional.

7. *Síntese conclusiva*

O que importa remarcar, afinal, é que as pessoas políticas, no uso de suas competências legislativas tributárias, devem atender ao princípio da anterioridade. Nos casos taxativos (poucos) em que esta obediência é facultativa é preciso, mesmo assim, que a lei que institui ou aumenta o tributo estipule, de maneira explícita, que será eficaz no momento de sua entrada em vigor. O silêncio da lei, ao propósito, fará prevalecer a regra geral, impende notar, o princípio jurídico.[73]

73. O art. 150, § 1º, da CF limita-se a conferir faculdades às pessoas políticas, que são livres para delas se utilizarem, ou não. À medida que o princípio manda salvaguardar a anterioridade, é preciso que a lei expressamente estatua que o tributo será exigido no mesmo exercício (em que foi criado ou aumentado). O silêncio do legislador acerca deste assunto deve ser solvido em benefício do contribuinte, que tem o direito constitucional subjetivo de ver aplicado, quando possível, o princípio da anterioridade tributária.

Capítulo VI
LEGALIDADE E TRIBUTAÇÃO

1. Introdução

I – É ponto bem averiguado que inexiste Estado sem poder.[1] Este, conquanto por definição seja uno e indivisível, pode ter seu exercício partilhado por diversos órgãos, em ordem a proteger as pessoas do eventual arbítrio dos governantes.[2]

Foi o que acabou acontecendo na maioria dos Países. Da monarquia absoluta, em que o poder concentrava-se nas mãos de uma única pessoa, até as modernas democracias, em que é repartido entre vários órgãos estatais autônomos, o processo foi lento e penoso, marcado por inúmeros atropelos e retrocessos.

Hoje, também no Brasil vigora a *divisão funcional do poder*, tradicionalmente chamada "separação dos Poderes". Entre nós o poder é exercido pelo Estado (representado pelas pessoas políticas[3]), por meio das funções legislativa, administrativa e jurisdicional – a cargo, respectivamente, dos Poderes Legislativo, Executivo e Judiciário, cada um com atribuições e competências bem demarcadas na Constituição Federal.

Tais Poderes, independentes e harmônicos (cf. art. 2º da CF[4]) – ou seja, sem preponderância de qualquer deles –, têm atribuições típicas (mas não exclusivas), que criam, entre eles, um sistema de equilíbrio e recíproco controle,[5] garantidor da liberdade.[6]

Na lição escorreita de Manoel Gonçalves Ferreira Filho, "a *separação dos Poderes* consiste em distinguir três funções estatais – legislação, administração e jurisdi-

1. A palavra "poder" está, aqui, tomada no sentido de emanação da autonomia que têm as pessoas políticas no Brasil.

2. A partilha do poder entre diversos órgãos sempre foi considerada um meio eficaz de proteção aos direitos e liberdades individuais e sociais. É muito conhecida, a respeito, a história do moleiro que não desejava vender sua propriedade, por preço algum, ao rei Frederico da Prússia. Irredutível e ameaçado pelo monarca de expropriação pura e simples, tornou, com profunda dignidade: "Majestade, ainda existem juízes em Berlim!". Com isso, revelou sua absoluta e irrestrita confiança na imparcialidade e na independência da Justiça.

3. O Estado no Brasil é representado pelas pessoas políticas – vale dizer, pela União, pelos Estados-membros, pelo Distrito Federal e pelos Municípios. Com exceção destes últimos, que não têm Poder Judiciário, as demais pessoas políticas desempenham funções legislativas, executivas e jurisdicionais, que exercem com independência orgânica e em franca colaboração com os demais Poderes.

4. CF, art. 2º: "São Poderes da União, independentes e harmônicos entre si, o Legislativo, o Executivo e o Judiciário".

5. É a fórmula dos "freios e contrapesos" a que expressivamente alude a doutrina norte-americana.

6. Montesquieu, em seu clássico *De l'Esprit des Lois*, demonstrou que no *Bill of Rigths* (Inglaterra) o princípio da divisão dos Poderes era o fundamento da liberdade política.

ção – e atribuí-las a três órgãos, ou grupos de órgãos, reciprocamente autônomos, que as exercerão com exclusividade ou, ao menos, preponderantemente".[7]

Remarcamos que em nosso Estado Democrático de Direito os poderes das pessoas políticas atuam de conformidade com os ditames da Constituição Federal, e no caso dos Estados, dos Municípios e do Distrito Federal também em sintonia com as respectivas Cartas Magnas (Constituições Estaduais, Leis Orgânicas dos Municípios e Lei Orgânica do Distrito Federal).

II – No exercício de suas funções típicas, o Poder Legislativo edita as normas jurídicas gerais e abstratas (leis *lato sensu*) que, de regra, dispõem somente para o futuro, obrigando todas as pessoas que se acham nas situações nelas hipotetizadas. Cria, em suma, o direito positivo.

O Poder Executivo, de seu turno, persegue os próprios fins concretos (*v.g.*, a defesa do território nacional, o controle da ordem pública, a elevação cultural dos cidadãos, a melhoria de seu padrão de vida etc.), em obediência às normas jurídicas que, abstrata e preventivamente, o Poder Legislativo editou, fixando os objetivos públicos a alcançar pelo aparato administrativo.

Por derradeiro, o Poder Judiciário exerce a jurisdição (de *iuris dictio*, *ius dicere*), que é a garantia da correta aplicação do direito objetivo às situações concretas. Quando provocado, interpreta com imparcialidade a legislação e a aplica contenciosamente – ou seja, provê a atuação das normas jurídicas, fazendo-as valer, com eficácia obrigatória, junto às partes litigantes. Paralelamente, define o direito em abstrato quando decide acerca da constitucionalidade de atos normativos.

III – Mas, como já acenamos, ao lado das funções *típicas* (*preponderantes*), acima sumariadas, cada Poder exerce outras, *atípicas* (*excepcionais* ou *secundárias*). Dito de outro modo, é comum um Poder do Estado desempenhar – sempre, é óbvio, nos termos e limites postos pela Constituição – função primacialmente reservada a outro.

Assim, o Poder Legislativo atipicamente exerce (i) funções administrativas quando admite pessoal para sua secretaria; e (ii) funções jurisdicionais quando julga, por crime de responsabilidade, o chefe do Executivo.

Também em caráter atípico, o Poder Executivo exerce (i) funções legislativas quando edita medidas provisórias ou leis delegadas; e (ii) funções jurisdicionais quando julga, embora sem a marca da definitividade, os processos administrativos.

E, igualmente agindo de modo atípico, o Poder Judiciário exerce (i) funções legislativas quando elabora seus regimentos internos; e (ii) funções administrativas quando baixa portarias, resoluções e provimentos.

Pontes de Miranda captou muito bem este fenômeno, *verbis*: "Não há, nem nunca houve, perfeita simetria entre os *órgãos* e as *funções*. Bem que princípios *a priori* pretendessem e pretendam que a regra jurídica há de ser feita pelo órgão legislativo,

7. Manoel Gonçalves Ferreira Filho, *Curso de Direito Constitucional*, 18ª ed., São Paulo, Saraiva, 1990, p. 116.

que a execução caiba ao órgão executivo e a função de julgar ao órgão judiciário, o que se vê, na vida real e no direito positivo, ainda onde se parta da separação dos Poderes, é competirem: ao Poder Legislativo atos e, pois, funções, que são executivas, e, às vezes, judiciárias; ao Poder Executivo, a edicção de regras jurídicas e a prática de atos que valem julgamento; e ao Poder Judiciário, atos puramente administrativos, tais como nomeações, concessões de licenças, demissões, bem como a colaboração, quotidiana e eficiente, na elaboração de regras jurídicas, ao lado daquelas que são formuladas pelo Poder Legislativo ou daquelas que partem do Poder Executivo, ou, ainda, ao lado da criação costumeira".[8]

Um ponto, porém, precisa ficar bem ressaltado: quer o Poder do Estado as exerça de modo típico, quer o faça de modo atípico, as funções legislativa, administrativa e jurisdicional somente serão válidas se observarem, em tudo e por tudo, os princípios e regras constitucionais que sobre elas incidem, dando-lhes a exata extensão.

Algumas funções típicas, no entanto, não podem ser compartilhadas com outros Poderes. É o caso da função de criar ou aumentar tributos – que, como veremos, é privativa do Poder Legislativo.

IV – Posto isso – e já entrando no tema central deste capítulo –, temos que no passado a tributação era realizada de modo tirânico: o monarca "criava" os tributos e os súditos deviam suportá-los. Mesmo mais tarde, com o fim do feudalismo, quando ela passou a depender da aprovação dos "Conselhos do Reino" ou das "Assembleias Populares", os súditos não ficaram totalmente amparados contra o arbítrio.

Foi só com o surgimento dos modernos *Estados de Direito* – como melhor verificaremos no próximo capítulo – que começaram a ser garantidos, de modo mais efetivo, os direitos dos contribuintes. A partir daí, o "poder de tributar" passou a sofrer uma série de limitações, dentre as quais destacamos a que exige seu exercício por meio de lei.

O Estado de Direito assegura o *império da lei*, como expressão da vontade popular.[9]

Também no Brasil, a instituição e a cobrança dos tributos estão limitadas pelo *princípio da legalidade*, uma das traves mestras de nosso direito tributário, conforme passamos a expor e a fundamentar.

2. *O princípio da legalidade. Generalidades*

A lei, "expressão da vontade geral" (Carré de Malberg), é o ato normativo primário por excelência, uma vez que, obedecidos apenas os ditames constitucionais, inova inauguralmente a ordem jurídica.

8. Pontes de Miranda, *Comentários à Constituição de 1967 com a Emenda n. 1 de 1969*, 2ª ed., 2ª tir., t. I, São Paulo, Ed. RT, 1973, p. 575.

9. O *Estado de Direito* unicamente admite o "governo das leis e não o governo dos homens", nos clássicos termos da Constituição de Massachussetts de 1770.

Editando a lei, a sociedade, por seus representantes imediatos (os legisladores), se autorregula, vale dizer, se impõe normas que cercearão a liberdade e a propriedade de seus membros, tendo em vista o bem comum.

Nos Países onde existe o chamado *Estado de Direito*, a lei – norma geral, abstrata e igual para todos os que se encontram em situação jurídica equivalente – provém do Legislativo, cujos membros são eleitos pelo povo. Por exprimir, como vimos, a vontade geral, possui um primado sobre os atos normativos emanados dos demais Poderes. Deveras, a Administração Pública, que a realiza nos casos concretos, apoia-se exclusivamente na lei. O Judiciário, de seu turno, é o garantidor máximo da legalidade.

O *Estado de Direito* limita os poderes públicos, isto é, concretiza-se numa proibição de agir em desfavor das pessoas. Por isso, nele, para a melhor defesa dos direitos individuais, sociais, coletivos e difusos, a Constituição vincula não só o administrador e o juiz, mas o próprio legislador. De fato, tais direitos são protegidos também diante da lei, que deve se ajustar aos preceitos constitucionais. A garantia disso está no controle da constitucionalidade, que, na maioria dos ordenamentos jurídicos, é levado a efeito pelo Poder Judiciário.

Ademais, o controle da constitucionalidade representa o coroamento do *princípio liberal*, que pode ser traduzido na ideia de que o Estado deve reconhecer e assegurar os direitos invioláveis das pessoas, e do *princípio democrático*, que confere ao povo a soberania.

No *Estado de Direito* o Legislativo detém a exclusividade de editar normas jurídicas que fazem nascer, para todas as pessoas, deveres e obrigações, que lhes restringem ou condicionam a liberdade. Também o Poder Público limita seu agir com tais normas, subordinando-se, assim, à ordem jurídica e passando a revestir, a um tempo, a condição, de *autor* e de *sujeito de direito* (Jellinek).

Nunca é demais encarecer que a Constituição – documento solene, também chamado *Lei das Leis* – é o conjunto de normas que, além de criar juridicamente o Estado, apontando quem detém seus poderes e o modo pelo qual deve exercitá-los, indica a posição que as pessoas ocupam, diante deste mesmo Estado. Nos Países de Constituição rígida, ela é a fonte da lei, ato normativo que pode impor direitos e deveres às pessoas.

Também no Brasil, só a lei pode compelir as pessoas a fazer ou a deixar de fazer alguma coisa. Detalhando, só a ela é dado definir delitos e penas, impor deveres administrativos, determinar tributos (ou seja, as importâncias em dinheiro que os contribuintes deverão desembolsar para fazerem frente às despesas da coletividade) etc.

O princípio da legalidade – que não é exclusivamente tributário, pois se projeta sobre todos os domínios do Direito – vem enunciado no art. 5º, II, da CF: "Art. 5º (...): II – ninguém será obrigado a fazer ou deixar de fazer alguma coisa senão em virtude de lei".

Neste dispositivo, contido no rol dos direitos individuais, encontra-se formulado o conceito da liberdade, de forma o mais ampla possível. Esta liberdade consiste, de um modo geral, no fato de a atividade dos indivíduos não poder encontrar outro óbice além do contido na lei.[10] É a doutrina que já estava engastada na "Declaração de Direitos de 1789": "A liberdade consiste no poder de fazer tudo o que não ofende outrem; assim o exercício dos direitos naturais de cada homem não tem outros limites além daqueles que asseguram aos outros membros da sociedade o gozo destes mesmos direitos. Estes limites não podem ser estabelecidos senão pela lei" (art. 6º).

A vida social não é possível sem certas restrições à atividade individual. Estas restrições, porém, unicamente podem ser estabelecidas pela lei, que deve ter um caráter geral e igualitário. Sobremais, deve ser elaborada por mandatários do povo, obedecidos o processo legislativo que a Constituição traça e o próprio princípio republicano.

Geraldo Ataliba captou muito bem tais exigências de nosso ordenamento jurídico. Ouçamo-lo:

"Resulta claro da leitura do texto constitucional – em benefício da segurança do cidadão e terceiros submetidos à ordenação estatal – que só o Legislativo pode emanar normas genéricas e abstratas contendo preceitos vinculantes. Por outro lado, a tessitura informativa do processo de formação das leis garante não só ampla discussão dos projetos, com sua consequente publicidade, como possibilidade de colaboração, crítica, advertência e organização de movimentos de esclarecimento ou mesmo pressão sobre os legisladores (...).

"Isso se deve passar de tal maneira que jamais possam sobrevir surpresas, desigualdades e menos ainda arbitrariedades, contidas no bojo das leis."[11]

Destas lições, extraímos a certeza de que a Administração Pública deve apenas cumprir a vontade do povo, contida na lei. Ao fazê-lo, submete-se ao *senhor absoluto da coisa pública*, como vimos em capítulo anterior.

O inciso II do art. 5º da CF encerra, pois, um dispositivo fundamental, que impede que o Estado aja com arbítrio em suas relações com o indivíduo, que, afinal, tem o direito de fazer tudo quanto a lei não lhe proíbe, nos termos do clássico brocardo: *cuique facere licet nisi quid iure prohibitur*.[12]

10. Alguns autores entendem que, para a conquista do Estado de Direito, basta o submetimento do Poder Executivo à lei. Pensamos que há um pouco de exagero nisso. É verdade que a aplicação do princípio da legalidade conduz a uma situação de segurança jurídica, em virtude da aplicação precisa e exata das leis preestabelecidas. Todavia, isto, só, não nos conduz ao Estado de Direito, entendido como aquele em que as liberdades fundamentais estão reconhecidas no texto constitucional, não podendo ser desmentidas ou menoscabadas por normas de inferior hierarquia.

11. Geraldo Ataliba, *Instituições de Direito Público e República*, tese de concurso, São Paulo, 1984, cit., pp. 8-9.

12. Diferentemente, a Administração só pode fazer o que a lei lhe determina (*princípio da conformidade* com as normas legais). Do contrário, as autoridades administrativas reduziriam a destroços o parágrafo constitucional em exame, porque, independentemente de lei, imporiam deveres e estabeleceriam proibições aos indivíduos. O princípio da conformidade, como bem ressalta Eisenman, exige que a Administração atue só "depois de uma intervenção do legislador que haja traçado o modelo prefigurativo de suas ações futuras" ("O direito administrativo e o princípio da legalidade", *RDA* 56/57).

Melhor explicitando, é ponto bem investigado que o fim precípuo da Administração é agir *debaixo da lei*, cumprindo-a e fazendo com que seja bem cumprida, por seus servidores. De fato, o Poder Executivo, para a persecução dos fins públicos, deve procurar na lei (emanada do Poder Legislativo da pessoa política a que pertence) alguma determinação *do que* deve executar e de *como* vai executar. Podemos dizer, sem exagero, que a lei é o *norte* da função administrativa. Qualquer ligeiro desvio da rota legal e o Judiciário pode ser chamado a corrigi-lo.

Em resumo, qualquer intervenção estatal sobre a propriedade ou a liberdade das pessoas só pode advir de lei.

O legislador, ao elaborar a lei, deve, obviamente, obedecer à Constituição. Não nos demoraremos, porém, em demonstrar esta acaciana verdade. O que queremos enfatizar é que não é só ele que deve fazê-lo. Mais até que o legislador, o *administrador público* e o *juiz* – por não serem *senhores*, mas *servidores* da lei – estão intensamente subordinados à Constituição, inclusive a seus magnos princípios. É a ela, antes da própria lei, que devem mirar, enquanto desempenham suas relevantes funções.[13]

A Administração Pública, justamente porque está subordinada à lei, não pode afrontar o direito objetivo. Por esta razão, deve ser submetida a controles internos e externos, que garantam a legalidade dos atos por ela praticados e averiguem se seus agentes não exorbitaram de suas competências.

Aliás, a CF, em seu art. 37,[14] não só exige que a Administração Pública obedeça à lei e aos limites por ela traçados, como também que paute seus atos de acordo com critérios de equidade, impessoalidade, moralidade, publicidade etc., agindo sempre do modo mais útil ao interesse público.

Os atos praticados pela Administração Pública que violarem os direitos subjetivos ou os interesses legítimos das pessoas podem ser reconduzidos aos limites das leis, seja de ofício, seja mediante provocação dos próprios interessados. Realmente, eles podem impugnar tais atos, junto às autoridades administrativas, para que elas, conforme o caso, os modifiquem, anulem ou reformem. Podem, também, impugná-los perante o Poder Judiciário. Aliás, a possibilidade de controle judicial dos atos administrativos constitui-se num dos meios mais eficazes, introduzidos no moderno Estado de Direito, para manter a atividade administrativa nos lindes legais e para garantir a liberdade das pessoas.

2.1 A lei e o tributo

I – O princípio da legalidade é uma das mais importantes colunas sobre as quais se assenta o edifício do direito tributário. A raiz de todo ato administrativo tributário deve encontrar-se numa norma legal, nos termos expressos do art. 5º, II, da Constituição da República.

Ao contrário dos particulares, para quem "tudo o que não está juridicamente proibido está juridicamente facultado" (Kelsen), o Poder Público só pode fazer o que a lei lhe ordena, conforme a parêmia *prohibita intelliguntur quod non permissum*. Ou, como quer Jean Rivero, os particulares escolhem livremente seus fins, ao passo que a Administração está adstrita ao cumprimento do preciso fim assinalado pela lei.

Sendo a lei "a expressão da vontade geral", é inimaginável que o povo possa oprimir a si próprio. Eis por que as matérias mais importantes são inteiramente reservadas à lei; é o caso das que dizem respeito à liberdade e à propriedade, *v.g.*, penas, multas, tributos etc.

13. Aceita-se, atualmente, que a *subordinação à lei* encerra a ideia de *subordinação ao Direito como um todo considerado*, o que leva ao dever de obediência também à Constituição, aos tratados internacionais de que o País é signatário, aos princípios gerais – e assim por diante.

14. CF: "Art. 37. A Administração Pública direta e indireta de qualquer dos Poderes da União, dos Estados, do Distrito Federal e dos Municípios obedecerá aos princípios de legalidade, impessoalidade, moralidade, publicidade e eficiência e, (...)".

Muito bem. Bastaria este dispositivo constitucional para que tranquilamente pudéssemos afirmar que, no Brasil, ninguém pode ser obrigado a pagar um tributo ou a cumprir um dever instrumental tributário que não tenham sido criados por meio de lei, da pessoa política competente, é óbvio.[15] Dito de outro modo, do princípio expresso da legalidade poderíamos extratar o princípio implícito da legalidade tributária.

Mas o legislador constituinte, empenhado em acautelar direitos dos contribuintes, foi mais além: deixou estampada esta ideia noutra passagem da Carta Magna, nomeadamente em seu art. 150, I (sem prejuízo de outras garantias asseguradas ao contribuinte, é vedado à União, aos Estados, ao Distrito Federal e aos Municípios exigir ou aumentar tributo sem lei que o estabeleça).

Portanto, o princípio da legalidade teve sua intensidade reforçada, no campo tributário, pelo art. 150, I, da CF. Graças a este dispositivo, a lei – e só ela – deve definir, de forma absolutamente minuciosa, os tipos tributários. Sem esta precisa tipificação de nada valem regulamentos, portarias, atos administrativos e outros atos normativos infralegais: por si sós, não têm a propriedade de criar ônus ou gravames para os contribuintes.

II – Ao contrário das demais normas jurídicas, que nem sempre estão diretamente atreladas ao *princípio da legalidade*, as normas jurídicas tributárias têm sua *incidência* coligada à realização de um fato (ou estado de fato) minudentemente descrito em lei.

Insistimos em que, no campo tributário, o *princípio da legalidade*, veiculado, em termos genéricos, no art. 5º, II, da CF, teve seu conteúdo reforçado pelo art. 150, I, do mesmo Diploma Magno. Este dispositivo, ao prescrever não ser dado às pessoas políticas "exigir ou aumentar tributo sem lei que o estabeleça", deixou claro que qualquer exação deve ser instituída ou aumentada não simplesmente com base em lei, mas *pela própria lei*. Noutras palavras, o tributo há de nascer diretamente da lei,[16] não se admitindo, de forma alguma, a delegação ao Poder Executivo da faculdade de instituí-lo ou, mesmo, aumentá-lo.

A lei, em suma, deve indicar todos os elementos da norma jurídica tributária, inclusive os quantitativos, isto é, aqueles que dizem respeito à base de cálculo e à alíquota da exação. Enfatizamos que somente a lei pode (i) criar o tributo e (ii) redimensionar, para mais, o *quantum debeatur*.

Portanto, é o Poder Legislativo que determina os rumos da tributação, desde que, no entanto, se submeta aos princípios constitucionais que a informam (anterioridade, igualdade, não confiscatoriedade, capacidade contributiva, respeito à liberdade e à propriedade etc.) e leve em conta o direito fundamental dos contribuintes a uma vida digna (cf. art. 1º, IV, da CF), isto é, que lhes garanta realização pessoal em termos de

15. Não basta, no Brasil, que o tributo seja criado por meio de lei. É preciso, ainda, que tal lei seja editada pela pessoa política (União, Estado, Município ou Distrito Federal) que recebeu, da Constituição, competência para tanto.

16. Esta lei, evidentemente, deverá ser editada pela pessoa política competente, nos termos da Constituição, para tributar.

saúde, alimentação, educação, trabalho, lazer, moradia, cultura, desfrute de um meio ambiente equilibrado e sustentável, e assim avante.

Nestes termos, aliás, se manifesta Humberto Ávila, *verbis*:

"Quando se fala em legalidade da tributação, inclusive da exigência de determinação fática, devemos pensar numa ideia diretiva que una princípios formais e materiais. Ou, dito em outros termos: a imposição de encargos fiscais está em conformidade com o Direito contanto e à medida que:

"– estejam também o sujeito fiscal, o objeto fiscal, a base de cálculo e a alíquota (determinação fática da tributação)".[17]

Incontroverso, pois, que a cobrança de qualquer tributo pela Fazenda Pública (nacional, estadual, municipal ou do Distrito Federal) só poderá ser validamente realizada se houver uma lei que a autorize. O princípio da legalidade é um limite intransponível à atuação do Fisco. O tributo subsome-se a esse princípio constitucional. Nisto estamos com Renato Alessi, quando defende a ideia de que *la amministrazione può fare soltanto ciò che la legge consente*. Afinal, a vontade da lei, na obrigação tributária, substitui a vontade das partes, na obrigação privada.

De seu turno, ao Poder Judiciário, sempre que provocado, incumbe não apenas aplicar e fazer aplicada a lei tributária ao caso concreto, como, mesmo à míngua de lei ou contra ela, fazer valer os direitos constitucionalmente garantidos dos contribuintes (*v.g.*, o direito de receber o mesmo tratamento fiscal quando se encontram em situação equivalente à de outros contribuintes).

III – O princípio da legalidade garante, decisivamente, a segurança das pessoas, diante da tributação. De fato, de pouco valeria a Constituição haver protegido a propriedade privada (arts. 5º, XXII, e 170, II) se inexistisse a garantia cabal e solene de que os tributos não seriam fixados ou alterados pelo Poder Executivo, mas só pela lei.

A Constituição reforçou a competência exclusiva do Poder Legislativo para criar ou aumentar tributos, consagrando, assim, a ideia de *autotributação*. Esta – como melhor veremos nos próximos itens – se manifesta: a) no consentimento dos representantes das pessoas que devem suportar os tributos; e b) na estrita vinculação à lei, seja do lançamento, seja da cobrança das exações. Com tais medidas, os contribuintes tiveram melhor salvaguardado o direito de propriedade, contra o qual a tributação, de algum modo, investe.

IV – Por outro lado, é da essência de nosso regime republicano que as pessoas só devem pagar os tributos em cuja cobrança consentirem. Tal consentimento há que ser dado, por meio de lei ordinária, pelo Poder Legislativo, com este fito reunido, conforme a Constituição.

Inexiste o dever de pagar tributo que não tenha brotado de lei ordinária, já que somente por causa dela é que ele nasce e é exigível.

Não é por outro motivo que se tem sustentado que em nosso ordenamento jurídico vige, mais do que o princípio da legalidade tributária, o *princípio da estrita*

17. Humberto Ávila, *Sistema Constitucional Tributário*, 3ª ed., São Paulo, Saraiva, 2008, p. 316.

legalidade. Aliás, hoje mais do que nunca, como logo veremos, juristas de tomo têm feito empenho no sentido de que os tributos só podem ser criados ou aumentados por meio de lei ordinária, exceção feita aos *empréstimos compulsórios*, aos *impostos residuais* da União e às *contribuições sociais* previstas no § 4º do art. 195 da CF, que demandam lei complementar para serem validamente instituídos.

V – Para afugentar, desde já, possíveis dúvidas, é bom dizer que *criar* um tributo não é simplesmente nominá-lo, mas descrever abstratamente sua hipótese de incidência, seu sujeito ativo, seu sujeito passivo, sua base de cálculo e sua alíquota. Em suma: é editar, pormenorizadamente, a *norma jurídica tributária.* Esta norma, por injunção do princípio da legalidade, repitamos, deve ser, no mais das vezes, veiculada por meio de lei ordinária (só as normas jurídicas dos empréstimos compulsórios, dos impostos da competência residual da União e das novas contribuições sociais, a que alude o art. 195, § 4º, da CF, devem ser veiculadas por intermédio de lei complementar).

Portanto, as exigências do princípio da legalidade tributária somente são atendidas quando a lei delimita, concreta e exaustivamente, o *fato tributável.*

VI – Impende salientar que, em matéria tributária, este princípio exige não só que os tributos sejam criados por meio de lei, senão também que existam *mecanismos revisores* da legalidade da tributação, assim na esfera administrativa, que na judicial.

Aliás, em nosso País, o contribuinte tem, em relação ao Fisco, *duas ordens de garantias*: uma *material*, e outra, *formal. Material*, na medida em que ele só pode ser compelido a pagar tributos que tenham sido criados por meio de lei ordinária (da pessoa política competente). E, *formal*, já que, a cada instante, é dado ao contribuinte bater às portas do Judiciário (princípio da universalidade da jurisdição) a fim de que este Poder verifique se a Administração Fazendária agiu ou está agindo de conformidade com a lei, na cobrança tributária.

Oportuna e escorreita, a este propósito, a lição de Geraldo Ataliba:

"O Judiciário, aplicando a lei aos dissídios e controvérsias processualmente deduzidas perante seus órgãos, não faz outra coisa senão dar eficácia à vontade do povo, traduzida na legislação emanada por seus representantes.

"O evolver das instituições publicísticas que informam a nossa civilização culmina com a consagração do princípio segundo o qual 'ninguém será obrigado a fazer ou deixar de fazer alguma coisa senão em virtude de lei', que, no nosso contexto sistemático, aparece como a conjugação do princípio da supremacia da lei, e exclusividade da lei como forma inovadora e inaugural (Oswaldo Aranha Bandeira de Mello) da vontade estatal. Daí que só a lei obriga; tudo que não seja lei não obriga, salvo as exceções expressas, que devem ser restritivamente interpretadas. Mas, a lei, no nosso sistema, não é só o ato formal do Poder Legislativo, assim batizado. Para ser válida, a lei brasileira há de ser abstrata, isonômica, impessoal, genérica e irretroativa (quando crie ou agrave encargos, ônus, *munus*)."[18]

18. Geraldo Ataliba, *Instituições ...*, cit., p. 135.

É-nos dado ver, com cristalina evidência, que *a garantia formal viabiliza a garantia material*. Com efeito, de nada adiantaria nosso ordenamento jurídico estipular que o contribuinte só pode ser compelido a pagar tributos com respaldo em lei se não fosse possível ao Judiciário perquirir, sempre que provocado, se a tributação está sendo levada a efeito de acordo com esta mesma lei, e mais, se ela é, ou não, constitucional.[19]

Evidentemente, estas noções – cediças, porém sempre oportunas – aplicam-se não só aos impostos, senão, também, às taxas e à contribuição de melhoria. Realmente, todo e qualquer tributo só pode ser criado ou aumentado por meio de lei, da pessoa política investida de competência constitucional para isto.

Parece claro que expedientes de ordem prática, justificativas "morais" ou econômicas, ou mesmo a "tradição", não podem se sobrepor a este princípio cardeal.

3. A legalidade no direito tributário brasileiro

3.1 Aspectos gerais

O princípio da legalidade, em matéria tributária, domina, na maioria dos Países, o tema inteiro, tanto que costuma ser expresso no aforismo *nullum vectigal sine lege*. Com isto queremos significar que a pretensão estatal, neste setor, se exerce, nos Estados do chamado mundo ocidental, por um interesse público e nasce de uma relação jurídica, cuja fonte exclusiva é a lei.[20]

No campo tributário, o princípio da legalidade "trata de garantir essencialmente a exigência de autoimposição, isto é, que sejam os próprios cidadãos, por meio de seus representantes, que determinem a repartição da carga tributária e, em consequência, os tributos que, de cada um deles, podem ser exigidos".[21]

Assim, o patrimônio dos contribuintes só pode ser atingido nos casos e modos previstos na lei, que deve ser geral, abstrata, igual para todos (art. 5º, I, e art. 150, II, ambos da CF), irretroativa (art. 150, III, "a", da CF), não confiscatória (art. 150, IV, da CF) etc.

O tributo, pois, deve nascer da lei (editada, por óbvio, pela pessoa política competente).

Tal lei deve conter todos os elementos e supostos da norma jurídica tributária (hipótese de incidência do tributo, seus sujeitos ativo e passivo e suas bases de cálculo

19. A atividade jurisdicional é considerada o principal instrumento de garantia de respeito ao princípio da legalidade da Administração. A garantia do controle jurisdicional é considerada componente essencial daquele princípio de *rule of law* que nos ordenamentos de tipo anglo-saxão representa, guardadas as devidas proporções, nosso princípio da legalidade.

20. Esta linha de pensamento lastreia-se no princípio *no taxation without representation*, brocardo de solene profundidade histórica, que liga a legalidade tributária à democracia, já que faz com que a tributação dependa do consentimento dos próprios contribuintes – o que em nosso sistema jurídico se dá por intermédio de seus representantes, livremente eleitos.

21. Ferreiro Lapatza, "El principio de legalidad y la reserva de ley", *RDTributário* 50/10 – traduzimos.

e alíquotas), não se discutindo, de forma alguma, a delegação, ao Poder Executivo, da faculdade de defini-los, ainda que em parte.[22] Remarcamos ser de exclusividade da lei, não só a determinação da *hipótese de incidência* do tributo, como, também, de seus elementos quantitativos (base de cálculo e alíquota).

Resta evidente, portanto, que o Executivo não poderá apontar – nem mesmo por delegação legislativa – nenhum aspecto essencial da norma jurídica tributária, sob pena de flagrante inconstitucionalidade.

Não discrepa desta linha Paulo de Barros Carvalho: "Assinale-se que à lei instituidora do gravame é vedado deferir atribuições legais a normas de inferior hierarquia, devendo, ela mesma, desenhar a plenitude da regra matriz da exação, *motivo por que é inconstitucional certa prática, cediça no ordenamento brasileiro, e consistente na delegação de poderes para que órgãos administrativos completem o perfil dos tributos*. É o que acontece com diplomas normativos que autorizam certos órgãos da Administração Pública federal a expedirem normas que dão acabamento à figura tributária concebida pelo legislador ordinário. Mesmo nos casos em que a Constituição dá ao Executivo federal a prerrogativa de manipular o sistema de alíquotas, como no imposto sobre produtos industrializados (IPI), tudo se faz dentro de limites que a lei especifica".[23]

Irrefutável, deste modo, o entendimento acerca da invalidade de delegação de poderes à Administração para que venha a dispor sobre qualquer dos elementos da regra-matriz tributária, tarefa esta circunscrita à lei instituidora do gravame.

Como se isso não bastasse, só a lei pode criar deveres instrumentais tributários, regular a época e forma de pagamento dos tributos, definir a competência administrativa dos órgãos e repartições que vão lançá-los, cobrá-los e fiscalizar seu pagamento, descrever infrações tributárias, cominando-lhes as sanções cabíveis, e assim por diante.

O *princípio da legalidade* alcança todos os tributos, abrangendo, pois, os impostos, as taxas e a contribuição de melhoria. Também a ele não se subtraem os *empréstimos compulsórios*, os *impostos extraordinários*, as *contribuições parafiscais* e as *contribuições* a que alude o art. 149 da Constituição Federal, que, com serem tributos, podem, a nosso ver, ser reconduzidos, dependendo de suas hipóteses de incidência, a uma destas três modalidades (v., infra, no capítulo "Competência Tributária", o tópico "A classificação jurídica dos tributos").

Estamos percebendo que a lei, no direito tributário brasileiro, assume uma importância ainda maior que noutras searas jurídicas. Em linhas gerais, só ela pode disciplinar questões que girem em torno da criação e extinção de tributos. É a fonte de produção primária por excelência de normas tributárias, abaixo apenas da Constituição Federal. A própria *lei complementar nacional*, prevista no art. 146 do Texto Magno, a ela não se sobrepõe, conforme veremos melhor no capítulo final deste *Curso*.

22. Cf. Dino Jarach, *Curso Superior de Derecho Tributario*, Buenos Aires, Liceo Profesional Cima, 1969, pp. 109-110.

23. Paulo de Barros Carvalho, *Curso de Direito Tributário*, 7ª ed., São Paulo, Saraiva, 1996, p. 48 – grifamos.

Laboram em equívoco, portanto, os que sustentam que o chefe do Executivo, no que tange à tributação, pode terminar a obra do legislador, regulamentando tudo o que ele apenas descreveu com traços largos. Na verdade, a faculdade regulamentar serve para *ressaltar alguns conceitos menos claros contidos na lei*, mas não para agregar-lhes novos componentes ou, o que é pior, para defini-los do nada. Entendimento contrário viola o princípio da legalidade em sua própria essência.

Oportuno lembrar que, no Brasil, a rigidez da Constituição opõe limites ao legislador (federal, estadual, municipal e do Distrito Federal), máxime em matéria tributária.

De fato, em nosso ordenamento jurídico, os tributos só podem ser instituídos e arrecadados com base em lei. Este postulado vale não só para os impostos, como para as taxas e contribuições, que, estabelecidas coercitivamente, também invadem a esfera patrimonial privada.

No direito positivo pátrio o assunto foi levado às últimas consequências, já que uma *interpretação sistemática* do Texto Magno revela que só a *lei ordinária* (lei em sentido orgânico-formal) pode criar ou aumentar tributos. Dito de outro modo, só à lei – tomada na acepção técnico-específica de ato do Poder Legislativo, decretado em obediência aos trâmites e formalidades exigidos pela Constituição – é dado criar ou aumentar tributos.

Lembramos que, entre nós, existe um princípio de *submetimento* do legislador à Constituição; é ele que determina a própria validade da lei.

As leis só são válidas quando produzidas *dentro da Constituição* e, além disto, *de acordo com seus grandes princípios*.

À vista de todo o exposto, o princípio da legalidade, no pertinente à instituição ou ao aumento de tributos, manifesta-se, entre nós, como *princípio da reserva absoluta da lei formal*, entendido no sentido de que a lei ordinária (federal, estadual, municipal ou do Distrito Federal), necessariamente minuciosa, "(...) deve conter não só o fundamento da conduta da Administração, mas também o próprio critério da decisão no caso concreto",[24] de modo que esta possa ser obtida "(...) por mera dedução da própria lei, limitando-se o órgão de aplicação a subsumir o fato da norma, independentemente de qualquer valoração pessoal".[25]

O *tipo tributário* (descrição material da exação) há de ser um conceito fechado, seguro, exato, rígido, preciso e reforçador da segurança jurídica. A lei deve, pois, estruturá-lo em *numerus clausus*; ou, se preferirmos, há de ser uma *lei qualificada* ou *lex stricta*.[26] Em síntese, tudo o que é importante em matéria tributária deve passar necessariamente pela lei da pessoa política competente.

Nunca devemos perder de vista que a estrita legalidade é o principal instrumento de revelação e garantia da justiça fiscal – além, é claro, de estar profundamente relacionada com a segurança jurídica dos cidadãos.

24. Alberto Xavier, *Conceito e Natureza do Acto Tributário*, Coimbra, Livraria Almedina, 1972, p. 291.

25. Idem, ibidem, p. 292.

26. Estas ideias baseiam-se nas lições de Alberto Xavier contidas em sua magnífica monografia *Tipicidade da Tributação, Simulação e Norma Antielisiva* (São Paulo, Dialética, 2001, pp. 17-34).

Contendo a lei tributária todos os elementos que vão permitir a identificação do *fato imponível*, fica vedado o emprego da analogia (pelo Poder Judiciário) e da discricionariedade (pela Administração Pública).

A reserva absoluta – como explicam Ceretti[27] e Lavagna[28] – não só exige que certas matérias sejam disciplinadas por meio de lei, como também que os atos da Administração Pública e do Judiciário nela venham expressamente previstos, consentidos e regulados. Cuida-se, pois, de uma reserva que inibe a ação de fontes diversas da lei e que torna impossível ou ilícito o exercício de qualquer atividade pública (em especial a administrativa) que nela não encontre total respaldo. Entre as matérias *reservadas*, de modo absoluto, merece destaque a tributária.

Portanto, o princípio da legalidade, no direito tributário, não exige, apenas, que a atuação do Fisco rime com uma lei material (simples preeminência da lei). Mais do que isto, determina que cada ato concreto do Fisco, que importe exigência de um tributo, seja rigorosamente autorizado por uma lei. É o que se convencionou chamar de *reserva absoluta de lei formal* (Alberto Xavier) ou de *estrita legalidade* (Geraldo Ataliba).

A reserva da lei tributária, na feliz expressão de Sérvulo Correia, é "elemento dissuasor imprescindível dos demônios do arbítrio e da parcialidade".[29]

Também a conduta da Fazenda Pública, ao cobrar um tributo (atividade tipicamente administrativa), deve vir disciplinada numa lei ordinária, que minudencie os *casos* e o *modo* como deve ser aplicada.

Como se viu, *todos os elementos essenciais do tributo* devem ser erigidos abstratamente pela lei, para que se considerem cumpridas as exigências do princípio da legalidade. Convém lembrar que são "elementos essenciais" do tributo os que, de algum modo, influem no *an* e no *quantum* da obrigação tributária.[30]

27. Carlo Ceretti, *Diritto Costituzionale Italiano*, cit., p. 484.

28. Lavagna, *Istituzioni di Diritto Pubblico*, vol. I, Turim, UTET, 1970, p. 279.

29. Sérvulo Correia, *Legalidade e Autonomia Contratual nos Contratos Administrativos*, Coimbra, Livraria Almedina, 1987, p. 297.

30. Dentre eles, merece destaque a *base de cálculo*.

Sabemos que, para criar um tributo, a pessoa política vale-se, sempre, do seguinte mecanismo jurídico: descreve, por meio de lei, um fato (a *hipótese de incidência* ou *fato gerador in abstracto)*, a cuja realização vincula o nascimento da obrigação de pagar uma determinada importância em dinheiro (*obrigação tributária*).

Isto só, porém, não basta. Deve, ainda, descrever os *critérios* que permitirão fixar, com exatidão, a quantidade de dinheiro a pagar, após a realização do *fato imponível* (*fato gerador in concreto*).

Fixar a quantidade de dinheiro a pagar é o mesmo que *quantificar* a obrigação tributária, ou, se quisermos, é o mesmo que *quantificar* a dívida que o sujeito passivo do tributo terá que pagar ao Fisco (cf. José Juan Ferreiro Lapatza, *Curso de Derecho Financiero Español*, 12ª ed., Madri, Marcial Pons, 1990, p. 545).

A quantificação do tributo é feita pela base de cálculo e pela alíquota que sobre ela é aplicada.

A base de cálculo dá critérios para a mensuração correta do aspecto material da *hipótese de incidência* tributária. Serve não só para medir o *fato imponível* (Aires Barreto) como para determinar – tanto quanto a *hipótese de incidência* – a modalidade do tributo que será exigido do contribuinte (imposto, taxa, imposto sobre a renda, imposto sobre operações mercantis etc.).

Assim, base de cálculo é dimensão da materialidade do tributo. É ela que dá critérios para mensurar o *fato imponível tributário*. Geraldo Ataliba a define como sendo a "perspectiva dimensível do aspecto material da hipótese de incidência que a lei qualifica, com a finalidade de fixar critério para a determinação, em cada obrigação tributária concreta, do *quantum debeatur*" (*Hipótese de Incidência Tributária*, 6ª ed., 16ª tir., São Paulo, Malheiros Editores, 2016, p. 108). Evidentemente, deve ser apontada na lei, já que também ela está submetida ao regime da reserva legal.

A base de cálculo, como já adiantamos, tem duas funções: a) *quantificar* a prestação do sujeito passivo, devida desde o momento em que nasce o tributo, com a ocorrência, no *mundo fenomênico* (mundo em que vivemos), do *fato imponível*; e b) *afirmar* (ou *confirmar*) a natureza jurídica do tributo.

De fato, a base de cálculo, é fundamental à identificação jurídica dos tributos. Precisa ter congruência com a *hipótese de incidência tributária*.

Deve, pois, a base de cálculo harmonizar-se com a hipótese de incidência do tributo. É que, como é sabido e consabido, o que distingue um tributo de outro é seu binômio *hipótese de incidência/base de cálculo*.

Estamos com tais colocações querendo significar que o legislador, ao definir a base de cálculo dos tributos, não pode manejar grandezas alheias ao aspecto material da *hipótese de incidência* dos mesmos. Antes, deve existir uma conexão, uma relação de causa e efeito, entre a *hipótese de incidência tributária* e a *base de cálculo in abstracto*, que permitirá apurar quanto exatamente o contribuinte deverá recolher (*quantum debeatur*), aos cofres públicos, a título de tributo, após a ocorrência do *fato imponível* (cf. Matias Cortés Domingues, *Ordenamiento Tributario Español*, Madri, Tecnos, 1968, pp. 444 e ss.).

Paulo de Barros Carvalho tece, a respeito, oportunas considerações: "Uma das duas funções da base de cálculo é medir a intensidade do núcleo do fato imponível, que se consubstancia num comportamento de uma pessoa. Este atributo, além da característica mensuradora, é fator de enorme significação, pois revela ao estudioso precisamente aquilo que está sendo dimensionado, equivale a dizer, firma e declara, com solidez e exatidão, a natureza do fato que está sendo avaliado na sua magnitude. Pode ser utilizado, com ótimas perspectivas, para confirmar, infirmar ou afirmar o verdadeiro critério material das hipóteses tributárias. Confirmar, sempre que a grandeza eleita for apta para medir o núcleo que o legislador declara como a medula da previsão fáctica. Infirmar, quando a medida for incompatível com o critério material enunciado pela lei. E afirmar, na eventualidade de ser obscura a formulação legal, fixando-se, então, como critério material da hipótese, a ação-tipo que está sendo dimensionada" (*Curso* ..., cit., 7ª ed., pp. 345-346).

Portanto, para total garantia do contribuinte de que está sendo tributado nos termos da Constituição, exige-se uma *correlação lógica* entre a *base de cálculo* e a *hipótese de incidência* do tributo. Por quê? Porque a base de cálculo é índice seguro para a identificação do aspecto material da *hipótese de incidência*, que confirma, afirma ou infirma (caso em que o tributo torna-se incobrável, por falta de *coerência interna* na norma jurídica que o instituiu).

Estamos, pois, percebendo que a *materialidade de cada tributo* já permite que se infira sua *base de cálculo possível*.

Vai daí que, inexistindo tal *correlação lógica*, descaracteriza-se o próprio gênero jurídico do tributo, conforme bem o demonstrou Alfredo Augusto Becker: "O critério de investigação da natureza jurídica do tributo, que se demonstrará ser o único verdadeiramente objetivo e jurídico, parte da *base de cálculo* para chegar ao conceito do tributo. Este só poderá ter uma *única* base de cálculo. A sua conversão em cifra é que poderá variar de método: ou peso e/ou medida e/ou valor. Quando o método é o do valor, surge facilmente o perigo de se procurar atingir este valor mediante a valorização de outro elemento que consistirá, logicamente, *outra* base de cálculo e, com isto, *ipso facto* desvirtuou-se o pretendido gênero jurídico do tributo. *Haverá tantos distintos gêneros jurídicos de tributo, quantas diferentes bases de cálculo existirem*" (*Teoria Geral do Direito Tributário*, São Paulo, Saraiva, 1963, p. 339 – os grifos são do autor).

Rubens Gomes de Sousa pensa do mesmo modo: "Se um tributo, formalmente instituído como incidindo sobre determinado pressuposto de fato ou de direito, é calculado com base em uma circunstância estranha a esse pressuposto, é evidente que não se poderá admitir que a natureza jurídica desse tributo seja a que normalmente corresponderia à definição de sua incidência. Assim, um imposto sobre vendas e consignações, mas calculado sobre o capital da firma, ou sobre o valor do seu estoque, em vez de o ser sobre o preço da mercadoria vendida ou consignada, claramente não seria um imposto de vendas e consignações, mas um imposto sobre o capital ou sobre o patrimônio" (parecer publicado na *RT* 227/65).

Amílcar de Araújo Falcão também traz valiosa contribuição ao estudo do assunto: "(*A*) (...) base de cálculo tem que ser uma circunstância inerente ao fato gerador, de modo a afigurar-se como uma verdadeira e autêntica expressão econômica. (...) é indispensável configurar-se uma relação de pertinência ou inerência da base de cálculo ao fato gerador: tal inerência ou pertinência afere-se, como é óbvio, por este último. *De outro modo, a inadequação da base de cálculo pode representar uma distorção do fato gerador e, assim, desnaturar o tributo*" (*Fato Gerador da Obrigação Tributária*, 1ª ed., Rio de Janeiro, Financeiras, 1964, pp. 155-156 – esclarecemos no parêntese e grifamos o último parágrafo).

Com tão sólidos subsídios doutrinários, podemos tranquilamente reafirmar que a base de cálculo é o melhor instrumento para aferir-se eventuais distorções da *regra-matriz constitucional* seja dos impostos, seja das taxas, seja das contribuições.

O legislador, muita vez, cria o tributo com hipótese de incidência adequada, mas – ou por ignorância ou de indústria – acaba elegendo, para ele, uma base de cálculo inadequada, isto é, que não se presta a medir o *fato tributável*.

Neste caso: a) o tributo é inconstitucional; b) o contribuinte tem todo o direito de não o recolher; e c) o Judiciário, quando provocado, tem o dever de amparar esta jurídica pretensão do contribuinte.

Outras vezes é o aplicador da lei tributária que, interpretando-a inadequadamente, distorce a base de cálculo do tributo. As consequências do equívoco são igualmente danosas, o que propicia ao contribuinte o pleno direito de insurgir-se contra esta teratologia, exigindo, se necessário, a intervenção do Judiciário.

Diante do que acabamos de expor depreende-se que a manipulação da base de cálculo do tributo, seja pelo legislador, seja – o que é muito pior – pelo Fisco, acaba fatalmente alterando sua *regra-matriz constitucional*, deixando o contribuinte sob o guante da insegurança. Com efeito, mudando-se a *base de cálculo possível* do tributo, fatalmente acaba-se por instituir exação diversa daquela que a pessoa política é competente para criar, nos termos da Carta Suprema. Em síntese, descaracterizada a base de cálculo, descaracterizado também estará o tributo.

Não é por outra razão que o divórcio entre a hipótese de incidência e a base de cálculo do tributo acarreta sua irremissível inconstitucionalidade.

Evidentemente, se a base de cálculo em parte se ajusta, em parte extrapola a materialidade da hipótese de incidência do tributo, cabe ao aplicador (agente fiscal ou juiz) fazer valer somente aquilo que ela tem de constitucional.

Em suma, a *espécie* do tributo é-nos revelada pela análise conjunta de suas *hipótese de incidência* e *base de cálculo*. Só por meio do cotejo destes dois fatores é que podemos afirmar, cientificamente, se estamos diante de um imposto, de uma taxa ou de uma contribuição de melhoria. Mais: com eles, estamos em condições de averiguar *que tipo* de imposto ou de taxa temos diante de nós.

Não é em vão, pois, que o art. 154, I, da CF exige, implicitamente, tenham todos os tributos *hipótese de incidência* e *base de cálculo*. Esta última atrai, de modo inafastável, a *alíquota*, critério legal que, conjugado à base de cálculo, tem a propriedade de revelar-nos o *quantum* do tributo.

Concordamos com Paulo de Barros Carvalho quando defende a ideia de que os *tributos fixos* (tributos sem base de cálculo e sem alíquota) são inconstitucionais, porque não permitem que o contribuinte, e, se for o caso, o Poder Judiciário, tenha meios para saber se foi, ou não, observado o *princípio da reserva das competências tributárias*.

Em síntese, a base de cálculo serve para "quantificar" a prestação do sujeito passivo, devida desde o momento em que nasceu o tributo, pela ocorrência, no mundo fenomênico, do fato imponível (do fato descrito na hipótese de incidência).

Destarte, a base de cálculo e a hipótese de incidência do tributo não se confundem, como, aliás, depreendemos da só leitura do art. 154, I, da CF.

Para o prosseguimento de nosso raciocínio é sempre bom repisarmos que a base de cálculo do tributo (tanto quanto sua hipótese de incidência) está submetida ao *princípio da estrita legalidade*, devendo, portanto, ser calculada por meio de lei ordinária. Esta ideia, diga-se de passagem, vem apadrinhada pelo art. 97 e seus parágrafos do CTN.

Ao fácil se compreende assim seja. Sendo a norma jurídica tributária logicamente una e incindível, qualquer alteração em seus elementos estruturais pode agravar o tributo. Realmente, o legislador pode adotar a técnica de aumentar a base de cálculo, o que, *ipso facto*, ensejará o agravamento da carga tributária.

Não se discute, pois, que a base de cálculo de *todos* os tributos deve ser fixada por meio de *lei ordinária*.

Aceita esta premissa, cumpre-nos distinguir a base de cálculo *in abstracto* da base de cálculo *in concreto*.

A doutrina tradicional, ao parecer, ainda não se deu conta da importância da distinção acima, que, longe de ser acadêmica, traz implicações relevantíssimas, como a seguir veremos.

Pode-se, no entanto, ir além: na apreciação de cada caso concreto deve ser levado em conta o que previamente se encontra na lei. O Fisco deve limitar-se a subsumir o fato à norma, sem nenhum tipo de valoração (Alberto Xavier).

Por outro lado, o princípio da estrita legalidade, com exigir que os tributos sejam criados por meio de lei, não dispensa, como bem o notou Eusebio González García,[31] a existência de mecanismos revisores da legalidade destes mesmos tributos, seja na esfera judicial, seja na própria esfera administrativa.

Isto tudo, como veremos melhor no próximo capítulo, contribui decisivamente para a segurança jurídica dos contribuintes. Saldanha Sanches coloca perfeitamente a ideia: "O princípio da legalidade, os princípios materiais que constitucionalizam os pontos essenciais da lei fiscal, a necessidade de encontrar na lei o fundamento direto

A base de cálculo *in abstracto* está para a *hipótese de incidência* do tributo (fato gerador *in abstracto*) assim como a base de cálculo *in concreto* está para o *fato imponível* (fato gerador *in concreto*).

Do mesmo modo pelo qual não se confundem a hipótese de incidência (descrição normativa do fato que, *se* e *quando* acontecido, fará surgir o tributo) e o fato imponível (o fato acontecido que, por ajustar-se à hipótese legal, determina o nascimento do tributo), também não se sobrepõem a descrição normativa da base de cálculo (base de cálculo *in abstracto*) e a real apuração do valor nela indicado (base de cálculo *in concreto*).

Podemos perceber, pois, que a base de cálculo de qualquer tributo é passível de ser fixada legislativamente e de ter seu valor determinado por meio de ato da Administração Pública.

A respeito, Alberto Xavier assim se pronunciou: "Esta distinção permite compreender claramente por que a *definição da base de cálculo* é, por força do princípio da legalidade, reserva absoluta da lei formal ou tipicidade, matéria da *competência privativa do Poder Legislativo*, enquanto que a *determinação da base imponível* é matéria da *competência privativa do Poder Executivo*" ("Imposto predial e territorial urbano – Determinação da base de cálculo", *RDTributário* 13-14/87 – grifos do autor).

Esta conclusão encontra amparo, inclusive, no princípio da separação e independência dos Poderes, insculpido no art. 2º da CF. Incontendível que, do mesmo modo pelo qual ao Executivo é defeso avocar matéria sob reserva de lei, ao Legislativo não é dado chamar para si tarefas e funções privativas do Executivo.

A criação, em abstrato, dos tributos é da competência privativa do Poder Legislativo. Já, a prática do ato administrativo de lançamento é de competência privativa do Poder Executivo.

Isto, de resto, Renato Alessi, com sua perspicácia, já havia percebido, quando lecionou que "é da competência exclusiva do Poder Legislativo a *atividade tributária em abstrato*, ao passo que é da competência privativa do Poder Executivo a *atividade tributária em concreto*" (*Istituzioni di Diritto Tributario*, Turim, UTET, s/d, pp. 29-30).

Tão inconstitucional quanto o Poder Executivo criar o tributo é o Poder Legislativo efetuar o lançamento, vale dizer, aplicar a lei tributária ao caso concreto.

Ora, o Fisco, ao lançar o tributo, determina sua base de cálculo *in concreto*. Só a ele é juridicamente permitido fazê-lo. Não pode nem mesmo delegá-lo a outro Poder.

Enfim, a determinação da base de cálculo *in concreto* é típica atividade administrativa de competência privativa do Poder Executivo.

A respeito, merecem guarida as judiciosas observações de Geraldo Ataliba: "Confirma-se, aí, que à lei cabe definir a base de cálculo dos tributos, mas não fixar o valor da coisa objeto da tributação em cada caso. Esta é tarefa administrativa. Lei é norma genérica, abstrata e impessoal. *A lei não cuida de casos concretos, mas de hipóteses*. Ao Executivo cabe, mediante ação administrativa, aplicar as normas gerais aos casos praticados. O aplicador é que enfrenta o fato em sua previsão normativa e aplica a lei. O ato administrativo é sempre concretização do comando abstrato e legal (...)" ("Imposto predial e taxas urbanas", *RDP* 11/119 – grifos do autor).

31. Eusebio González García, "El principio de legalidad tributaria en la Constitución Española de 1978", *RDTributário* 17-18/7.

da decisão administrativa convergem num único sentido: assegurar a racionalidade dos comportamentos privados, que tem como condição a previsibilidade da lei fiscal – e das decisões administrativas e judiciais que a vão aplicar – e a calculabilidade dos encargos fiscais".[32]

A tributação exige, em suma, um *maximum* de legalidade.

Além disso, o contribuinte tem o direito de saber exatamente de onde podem provir as leis aptas a obrigá-lo a pagar tributos (federais, estaduais, municipais ou do Distrito Federal). Geraldo Ataliba, neste ponto, deduziu que "a pedra de toque de sua (*do contribuinte*) tranquilidade cidadã deve estar na unicidade das fontes normativas e consequente unicidade de normas delas promanadas (unicidade por pessoa jurídica de capacidade política). Uma só fonte na União: o Congresso; uma só fonte nos Estados: a Assembleia; uma só fonte no Município: a Câmara de Vereadores, como expressões republicanas".[33]

3.2 A lei como limitação ao exercício da competência tributária

Portanto, de acordo com a Constituição, nenhum tributo pode ser criado senão *por meio* de lei.

Tal lei, além de descrever, com riqueza de pormenores, todos os aspectos da norma jurídica tributária, deve conter os critérios que presidirão a prática, em cada caso concreto, do ato administrativo do lançamento.

Concordamos, pois, com Pietro Virga[34] quando leciona que a tributação encontra três limites; a saber:

I – a *reserva de lei*: o tributo só pode ser criado por meio de lei. É princípio fundamental que nenhuma exação pode ser exigida sem a autorização do Poder Legislativo (*no taxation without representation*);

II – a *disciplina de lei*: não basta que uma lei preveja a exigência de um tributo, mas, pelo contrário, deve determinar seus elementos fundamentais, vinculando a atuação da Fazenda Pública e circunscrevendo, ao máximo, o âmbito de discricionariedade do agente administrativo;

III – os *direitos que a Constituição garante*: a tributação, ainda que se perfaça com supedâneo na lei, não pode contrastar com os direitos constitucionalmente assegurados.

A lei tributária deve conter critérios idôneos e suficientes para coartar quaisquer arbitrariedades do Fisco. Tais critérios devem necessariamente apontar: a) os *destinatários do tributo* (os contribuintes), porquanto não se admite fique relegada ao arbítrio da Fazenda Pública a inclusão ou a exclusão de determinadas categorias de contribuintes; e b) os *pressupostos do tributo*, isto é, a coisa, o ato, o fato, a situação

32. Saldanha Sanches, *Manual de Direito Fiscal*, Lisboa, Lex, 1998, p. 49.
33. Geraldo Ataliba, *Instituições ...*, cit., p. 8 (esclarecemos no primeiro parêntese).
34. Pietro Virga, *Diritto Costituzionale*, cit., pp. 393 e ss.

ou a qualidade da pessoa que constitui o *pressuposto objetivo* da tributação, e, também, a relação em que se deve achar o sujeito passivo da *prestação*.

3.3 Novas considerações

3.3.1 Generalidades

A legalidade em matéria tributária não deve ser vista apenas na perspectiva da conformidade com a lei. Pelo contrário, é necessário que a lei instituidora do tributo especifique (i) a incidência, quer *objetiva* (o que está sujeito ao tributo), quer *subjetiva* (quem está sujeito ao tributo), nesta se incluindo o responsável e o substituto, (ii) a base de cálculo e a alíquota, (iii) a forma de lançamento e cobrança e, quando for o caso, (iv) os benefícios fiscais e os requisitos necessários para usufruí-los.[35]

Assim, para que se tenham por cumpridas as exigências do princípio da legalidade não é suficiente uma superficial intervenção do Poder Legislativo na criação do tributo. Melhor dizendo, não basta que a lei aponte diretrizes mais ou menos genéricas para que o tributo seja validamente instituído.

O princípio em estudo possui um alcance mais preciso e rigoroso, porquanto determina que *todos* os elementos essenciais da norma jurídica tributária sejam definidos, com grande precisão, na lei da pessoa política competente.

O art. 150, I, da CF garante ao contribuinte o direito de não suportar outros sacrifícios tributários além dos definidos em lei. Portanto, dele só podem ser exigidos tributos quando se verificarem, no mundo fenomênico, os *pressupostos de fato* descritos numa norma legal, ou seja, quando ocorrerem os *Tatbestands* legais.

Em rigor, a Carta Magna, estabelecendo que só serão cobrados tributos instituídos por meio de lei, exige, implicitamente, que esta defina, com grande riqueza de detalhes, os *tipos tributários*. Neste campo, como é pacífico em sede doutrinária, a Fazenda Pública não possui nenhuma margem de discricionariedade.

Aliás, a tipicidade, no direito tributário, é, por assim dizer, mais rigorosa do que no próprio direito penal. Neste, a lei confere ao julgador, no momento da imposição da pena, uma considerável dose de subjetivismo. Já, naquele, a lei indica, peremptoriamente, ao seu aplicador, não só o fundamento da decisão, como o critério de decidir e as medidas que está autorizado a adotar, para que a arrecadação do tributo se processe com exatidão.

Assim, criar tributos por lei não é apenas rotulá-los (isto é, declarar simplesmente que estão instituídos), mas descrever, pormenorizadamente, suas *hipóteses de incidência*, seus *sujeitos ativos*, seus *sujeitos passivos*, suas *bases de cálculo* e suas *alíquotas*.

O princípio da legalidade exige, outrossim, que a lei descreva rigorosamente os procedimentos a serem adotados pela Fazenda Pública para o lançamento do tributo, bem como as medidas que deve tomar para seu recolhimento e fiscalização.

35. Cf. João Ricardo Catarino, *Princípios de Finanças Públicas*, Coimbra, Livraria Almedina, 2011, p. 235.

Reina, pois, entre nós, o *princípio da vinculabilidade da tributação ao nível infraconstitucional*. Nessa matéria, a ação do Fisco só pode levar a um resultado juridicamente possível: o de antemão traçado na lei.

A propósito, já tivemos a oportunidade de escrever: "A Administração Pública deve, obrigatoriamente, assim que verificado o fato imponível, aplicar as leis pertinentes ao caso concreto. Neste particular, ela não possui qualquer margem de discricionariedade, até porque, num Estado de Direito como o nosso, a retirada de dinheiro dos cidadãos, a título de tributo, precisa ser rigorosamente disciplinada por lei, de modo a afastar, de todo, a possibilidade de livre apreciação por parte do Fisco".[36]

A eventual falta de bom senso do legislador tributário ou alguma omissão por este praticada não podem ser "superadas" pelo agente fiscal. Este deve limitar-se, parafraseando o eminente Seabra Fagundes, a "aplicar a lei de ofício". Não lhe é dado "corrigir" a lei, colmatando suas eventuais lacunas.

Notamos, pois, que, com o *princípio da tipicidade fechada*, o próprio *princípio da estrita legalidade tributária* apurou seu alcance. Só é típico o fato que se ajusta rigorosamente àquele descrito, com todos os seus elementos, pelo legislador.

Conjugados, estes princípios constitucionais impedem o emprego da analogia *in peius* das normas tributárias ou penais tributárias como fonte criadora de tributos e infrações (com suas respectivas sanções).

Melhor dizendo, os *tipos tributários* e *tributário-penais* não podem ser *alargados* por meio de manobras que costeiem os aludidos princípios. Os louváveis propósitos de aumentar a arrecadação e punir os infratores absolutamente não podem prevalecer sobre a segurança jurídica dos contribuintes. Em suma, em matéria tributária e tributário-penal, positivamente, é vedada a interpretação analógica *in malam partem*.[37]

Também o agente fiscal, no exercício de suas funções, não pode converter-se em legislador, criando novas figuras típicas (penais ou tributárias) ou novas sanções, além das rigorosamente apontadas na lei.

Em suma, os princípios da *tipicidade fechada* e da *estrita legalidade* impedem a tributação ou a condenação do contribuinte por presunções, ficções ou indícios. Muito menos por razões de conveniência social ou atendendo aos anseios da opinião pública.

Procurando sintetizar estas ideias, os contribuintes possuem o direito de ver a atividade fazendária amarrada à lei, que, inclusive, deve conferir-lhes adequados meios de defesa de seus direitos constitucionais. Enquanto lança, o Fisco tem o *dever da imparcialidade*, limitando-se a sopesar o ato ou fato que vai oficialmente declarar subsumido à hipótese de incidência tributária.

36. Roque Carrazza, *O Regulamento no Direito Tributário Brasileiro*, 1ª ed., São Paulo, Ed. RT, 1981, p. 117, nota 101.

37. A proibição à analogia prejudicial é uma consequência do princípio da estrita legalidade tributária. As lacunas legislativas não podem ser supridas em prejuízo do contribuinte, porquanto tal artifício frustraria a exigência do Texto Magno de que todo tributo e toda sanção tributária devem fundar-se em lei anterior e expressa.

A lei deve indicar, de modo rigoroso, a realidade a tributar, fazendo, assim, uma precisa, taxativa e exaustiva tipificação dos fatos necessários e suficientes ao nascimento do tributo. Não lhe é dado apontar *conceitos indeterminados*, *fórmulas abertas* ou *cláusulas gerais*, que permitam, de acordo com o subjetivismo do aplicador, a identificação de múltiplas situações tributáveis. Pelo contrário, este deve encontrar na lei tributária (nunca em normas de menor hierarquia) o fundamento de sua conduta e o próprio critério da decisão a tomar, diante do caso concreto. Em suma, a lei tributária deve ser *certa*, detalhando as figuras exacionais e o modo de apurar eventuais infrações que, em torno delas, possam ocorrer.

Do exposto, nota-se que não merece abono o entendimento de que, para prevenir a fraude e a evasão fiscais, a Administração Pública pode burlar o sigilo bancário, violar o domicílio, a correspondência e as comunicações telefônicas do contribuinte, perquirir, a qualquer tempo e hora, a origem de seus sinais exteriores de riqueza, solicitar-lhe informações detalhadas sobre seu estoque, produção, margem de lucro etc. Esta transposição, para o campo tributário, da diabólica regra "o fim justifica os meios" é juridicamente absurda, até porque colide com o art. 145, § 1º, segunda parte, da Carta Federal ("Sempre que possível, os impostos terão caráter pessoal e serão graduados segundo a capacidade econômica do contribuinte, *facultado à Administração Tributária, especialmente para conferir efetividade a esses objetivos, identificar, respeitados os direitos individuais e nos termos da lei, o patrimônio, os rendimentos e as atividades econômicas do contribuinte*"). Aliás, qualquer "lei" que permitisse tais práticas arbitrárias seria inconstitucional, justamente por burlar os *direitos individuais* dos contribuintes.

Assim, tinha razão Hans Nawiasky quando frisava: "a Administração Fazendária não pode fazer nada sem que a lei a tenha autorizado".[38]

Em função do princípio da legalidade, as autoridades fazendárias têm o dever de lançar e arrecadar os tributos somente na medida e nos casos prescritos nas leis. Apenas à lei – e não ao ato infralegal – está reservado interferir na liberdade, na propriedade e nos demais direitos dos contribuintes, bem como impor-lhes deveres, exigindo-lhes um fazer concreto, um suportar ou um omitir. E, ainda assim, nos termos da Constituição.

Temos por demonstrado, destarte, que, no direito tributário, que é um direito de intervenção estatal, o comportamento das autoridades deve ajustar-se mais rigorosamente ao princípio da legalidade do que em outras áreas jurídicas.

Como consequência, o Fisco não pode, por decisão própria, isto é, sem base legal, prejudicar ou beneficiar os contribuintes. Pelo contrário, deve lançar e arrecadar os tributos na forma da lei. Do mesmo modo, salvo quando expressamente autorizado por ela, está proibido de renunciar aos créditos tributários ou de transacionar sobre os regularmente nascidos.

38. Hans Nawiasky, *Cuestiones Fundamentales de Derecho Tributario*, trad. e notas de Juan Ramallo Massanet, Madri, Instituto de Estudios Fiscales, *Obras Básicas de Hacienda Pública*, 1982, p. 26 (traduzimos para o português).

3.3.2 A regra *solve et repete* e a legalidade tributária

De acordo com a regra *solve et repete*, o contribuinte só pode contestar a legitimidade de um tributo após havê-lo recolhido. Trata-se de uma regra medieval, que só se justificava enquanto se entendia que o Fisco, na relação jurídica tributária, ocupava posição de preeminência em face do contribuinte.

Hoje, pelo contrário, é pacífico, inclusive no Brasil, que, na relação jurídica tributária, Fisco e contribuinte encontram-se em pé de igualdade, pela idêntica subordinação de ambos à lei.

Assim, esta regra anacrônica – que Berliri comparava à tortura e Micheli sempre vergastou –, que põe uma arma temível nas mãos do Fisco (na realidade, mais forte do que o contribuinte), está praticamente banida dos ordenamentos jurídico-tributários do mundo ocidental.[39]

Deste modo, pelo menos em nosso direito positivo, a lei não pode condicionar a discussão da pertinência jurídica de um tributo a seu prévio pagamento. Isto afetaria as garantias do contribuinte, porque não tomaria na devida conta o legítimo interesse que ele tem de não pagar antecipadamente ao Estado uma dívida tributária litigiosa. Ademais, a regra *solve et repete* fere o *princípio da universalidade da jurisdição*, por, muitas vezes, inviabilizar (ou, na melhor das hipóteses, dificultar) o livre acesso ao Poder Judiciário (art. 5º, XXXV, da CF).

No Brasil, a regra *solve et repete* é inconstitucional, também, por atritar com o *princípio da igualdade*, uma vez que é gritante a diferença de tratamento que ela dispensa ao contribuinte que tem e ao que não tem condições de pagar, de imediato, o tributo. De fato, a prevalecer esta regra, só o primeiro terá acesso à prestação jurisdicional, o que, aliás, não lhe trará grandes vantagens, porquanto, ainda que obtenha a vitória em juízo, só tardiamente será reembolsado das somas que adiantou.

Representou, pois, um retrocesso a inserção, na Lei das Execuções Fiscais (Lei 6.830/1980), da regra *solve et repete*. De fato, o art. 38 deste diploma normativo estatui: "A discussão judicial da Dívida Ativa da Fazenda Pública só é admissível em execução, na forma desta Lei, salvo as hipóteses de mandado de segurança, ação de repetição do indébito ou *ação anulatória do ato declarativo da dívida, esta precedida do depósito preparatório do valor do débito, monetariamente corrigido e acrescido dos juros e multa de mora e demais encargos*" (grifamos).

Este artigo consagra a necessidade do depósito prévio da quantia tributária em litígio, para a propositura da ação anulatória do débito fiscal.

39. Em 1961, a Corte Constitucional italiana considerou a regra *solve et repete* inconstitucional. Podemos assim sumariar o raciocínio que levou a este entendimento: a regra *solve et repete*, além de introduzir uma forte desigualdade de fato entre os contribuintes, não é uma simples aplicação ou decorrência de executividade do crédito tributário, mas algo que vai *além disso* e que, portanto, representa *um particular privilégio substancial da Administração*, limitativo do direito de defesa garantido pela Constituição. Consulte-se, a respeito, Enrico Allorio, *Diritto Processuale Tributario*, 5ª ed., Turim, UTET, 1969, pp. 615 e ss.

Ora, com base na argumentação já desenvolvida, estamos convencidos de que o art. 38 da Lei 6.830/1980, na parte em que alude ao *depósito prévio*, é inconstitucional, porque discrimina em função de poder ou não o contribuinte depositar para ter acesso à prestação jurisdicional.

Melhor esclarecendo, este artigo permite que o contribuinte com haveres bata às portas do Judiciário para que este decida se o Fisco agiu, ou não, de acordo com a Constituição e a lei na cobrança de um dado tributo. Já, o contribuinte carente de recursos não terá alternativa, senão a de suportar passivamente eventuais arbitrariedades cometidas pela Fazenda Pública. Ora, as normas processuais não podem criar uma situação desfavorável ao contribuinte indigente (em comparação com o contribuinte abastado) nos embates que vier a manter com a Fazenda Pública.

Logo, reiterando o acima exposto, pelo menos dois princípios constitucionais de grande magnitude foram espicaçados por este art. 38: o da igualdade e o da universalidade da jurisdição. O da igualdade já que, como acima expusemos, só os contribuintes economicamente mais bem-dotados podem propor a ação anulatória do débito tributário. E o da universalidade da jurisdição porquanto a necessidade do depósito antecipado do valor em litígio impossibilita ou, pelo menos, dificulta o interessado de velar pela salvaguarda, junto ao Judiciário, de seus direitos.

Ressaltamos que, em boa hora, o TJSP, num incidente de uniformização de jurisprudência, decidiu, por maioria de votos, que não há necessidade de depósito prévio para a propositura da ação anulatória do débito fiscal. Portanto, pelo menos em São Paulo, a parte do art. 38 da Lei das Execuções Fiscais que alude à necessidade de depósito prévio pode ser considerada "letra morta". Aliás, o antigo TFR sumulou: "Não constitui pressuposto da ação anulatória do débito fiscal o depósito de que cuida o art. 38 da Lei n. 6.830, de 1980" (Súmula 247).

Com esta nova orientação, o contribuinte pode exercitar livremente seu direito subjetivo de ir ao Judiciário e a Fazenda Pública não sofre qualquer prejuízo, já que, inexistindo o depósito do valor em litígio, nada impede que ela, apesar do ajuizamento da ação anulatória, ingresse com a execução fiscal, que, como observa Paulo de Barros Carvalho,[40] será garantida pela penhora de bens do devedor.

3.3.3 A legalidade e o prazo e as condições de recolhimento dos tributos. A indexação dos tributos (sua impossibilidade, ainda que prevista em lei)

Estamos convencidos de que, em decorrência do princípio da legalidade, o prazo e as condições de recolhimento dos tributos só podem ser fixados ou alterados por meio de lei da pessoa política tributante.

No Direito alienígena, ao que saibamos, a doutrina não se tem ocupado com o assunto. É que, em Países onde o processo inflacionário é ínfimo ou, até, nulo (é o caso, *v.g.*, do Japão), tais detalhes não chegam a repercutir no *quantum debeatur* dos tributos. Por isto, o máximo que ela enfatiza é que a base de cálculo e a alíquota dos tributos estão sob reserva de lei.

40. Paulo de Barros Carvalho, *Curso de Direito Tributário*, cit., 3ª ed., p. 268.

Também no Brasil, até passado recente, não se questionava se a lei devia assinalar prazos e formas de pagamento dos tributos. Os motivos eram idênticos: com a inflação sob controle (ou, pelo menos, dentro de patamares aceitáveis), o patrimônio dos contribuintes praticamente não era afetado se o prazo e as condições de recolhimento dos tributos fossem alterados pela Administração Fazendária.

Depois, porém, a inflação, no Brasil, assumiu grandes proporções. Dia por dia, a moeda corrente perdia poder aquisitivo, tanto que as dívidas em geral passaram a ser calculadas em índices (por exemplo, em TRDs).

Em razão deste crucial fenômeno, era imprescindível projetássemos um foco de luz sobre tema que estava posto em olvívio: no sistema constitucional brasileiro, o princípio da legalidade exigia que a lei, além de apontar a *base de cálculo* e a *alíquota* dos tributos, minudenciasse o *modo* e o *prazo* de seu recolhimento. Eles não podiam ser objeto de regulamentos, portarias, atos administrativos etc. Antes, só a lei podia ocupar-se com tais assuntos, desde que anterior à ocorrência do *fato imponível tributário* (art. 150, III, "a", da CF) e obediente ao princípio da anterioridade (art. 150, III, "b", da CF).

Geraldo Ataliba e J. A. Lima Gonçalves foram os primeiros juristas a desenvolver estas ideias. Fizeram-no com brilhantismo e grande poder de convencimento, como facilmente podemos perceber pelo trecho a seguir:

"Ora, pela Constituição, fixar prazo para cumprimento de obrigação pecuniária não é matéria administrativa. É assunto que não comporta discrição. É matéria *legal*, porque diz respeito à quantificação da obrigação tributária do cidadão diante do Estado. E isto se demonstra pela constatação de que o prazo, no clima inflacionário, altera substancialmente o *quantum*. Na pior das hipóteses – que só se admite *ad argumentandum* – passa a ser uma matéria duvidosa, e toda dúvida tem de ser resolvida em benefício do Poder Legislativo (representante) e do cidadão (representado), na sistemática constitucional por nós adotada. (...).

"Toda a sistemática criada pela Constituição converge para a culminância essencial que é o objetivo último da disciplina constitucional: estabelecer segurança do direito e garantia para os contribuintes. Na verdade, o *quantum* a ser desembolsado é o que afinal vai interessar, sendo tudo o mais instrumental do implemento das garantias que a Constituição dá, daí a razão pela qual a fixação do *quantum* direta ou indiretamente está subordinada à legalidade. A mesma coisa se passa em matéria penal: em última análise, o que vai interessar é qual o *quantum* de pena que vai ser imposto a um determinado cidadão, todos os preceitos constitucionais e legais necessariamente conduzem à fixação o mais precisa possível desse *quantum*. (...).

"Nas hipóteses em que haja qualquer tipo de desvio, no concernente a qualquer dos elementos que devem ser considerados, a proteção jurisdicional se faz sentir, para garantir a rigorosa aplicação da lei nos termos precisos em que ela se põe."[41]

41. Geraldo Ataliba e J. A. Lima Gonçalves, "Carga tributária e prazo de recolhimento de tributos", *RDTributário* 45/27-29 (grifos no original).

Portanto, na medida em que a redução dos prazos ou a modificação dos critérios para o recolhimento dos tributos implicavam (ou podiam vir a implicar) aumento indireto da carga tributária – especialmente em períodos de grande inflação –, o Fisco não podia cuidar destes assuntos.[42] A *reserva de lei* exige que apenas o Poder Legislativo disponha a respeito, observados os princípios da irretroatividade e – quando exigido pela Carta Suprema – também o da anterioridade.

Em suma, as reduções de prazos e as alterações das formas de pagamento dos tributos implicam aumento da carga tributária. E o aumento da carga tributária deve obedecer ao princípio da estrita legalidade.

O art. 150, I, da CF exige que a majoração dos tributos (tanto quanto sua criação) se dê por meio de lei. Ora, a majoração de um tributo tanto pode dar-se de modo *direto* (isto é, por meio da alteração, para mais, de sua base de cálculo, de sua alíquota ou de ambas), como de modo *indireto* (mudando-se os índices que serão levados em conta por ocasião de seu pagamento ou antecipando-se os próprios prazos de pagamento).

Há pelo menos outra forma – também vedada pela Constituição – de, indiretamente, majorar tributo sem lei: impedir que as quantias recolhidas a título de antecipação do tributo venham corrigidas monetariamente quando do recolhimento definitivo deste mesmo tributo. Assim, por exemplo, majora-se, sem lei, o imposto de renda quando se impede que o montante recolhido na fonte seja corrigido à época de seu recolhimento anual (isto é, quando de sua *declaração anual*).

Também acarreta majoração indireta e sem lei de ICMS ou de IPI a proibição de que o montante de imposto recolhido na operação jurídica anterior (ou nas operações jurídicas anteriores) seja corrigido, por ocasião do cálculo do montante de tributo a pagar, na operação jurídica atual (com isto se fere, também, a *regra da não cumulatividade*). Ilustrando melhor a assertiva, os créditos de ICMS ou de IPI devem ser corrigidos monetariamente quando forem abatidos do montante de imposto a pagar, em cada operação jurídica. Se isto não acontecer, haverá, por via oblíqua, aumento de tributo, sem lei.

Tratemos, agora, de problema que até meados de 1994 estava na ordem do dia: *a indexação dos tributos*.

De fato, antes do advento do chamado "Plano Real" era muito comum a lei estipular que o pagamento de tributos seria feito com base num dado índice (*v.g.*, *Taxa Referencial*). Sempre entendemos que lei deste teor era inconstitucional, por burla ao *princípio da segurança jurídica*, em sua dupla manifestação: *certeza do direito* e *proibição do arbítrio*.

Aprofundando o raciocínio, era de nossa convicção que nem mesmo a lei podia estabelecer que o *quantum* de tributo a pagar variaria de acordo com indexadores (por exemplo, a *Taxa Referencial*).

Com efeito, o contribuinte não podia ser obrigado a pagar, a título de tributo, quantia incerta, *não representada pelo padrão monetário nacional*. Melhor dizendo,

42. Daí por que a Fazenda Pública não pode nem antecipar os prazos para o pagamento dos tributos, nem exigi-los de modo diverso do estipulado pela lei (*v.g.*, em *Taxa Referencial*, quando a lei prevê o pagamento em valores fixos).

o montante do tributo devido não podia ser apurado em algo que representasse quantia absolutamente aleatória. Exemplificando, para esclarecer, digamos que uma lei, votada em janeiro de 1991, estipulasse que o pagamento de um certo tributo seria feito em BTNs (*Bônus do Tesouro Nacional*). Ora, em janeiro de 1991, o BTN equivalia a pouco mais de Cr$ 105,00 (cento e cinco cruzeiros). Se fosse experimentado um novo *Plano Econômico*, o BTN (ou a unidade que o substituísse) poderia valer cinco, dez, cem vezes mais. Facilmente percebemos que a segurança jurídica do contribuinte naufragaria se fosse dado à lei prever o pagamento do tributo em índices cujo valor podia, a qualquer momento, variar.

Portanto, a quantia a ser recolhida, a título de tributo, não podia depender de fixação unilateral do Governo. Ora, a correção monetária, os índices, a *Taxa Referencial* (TRD), a URV etc. eram fixados unilateralmente pelo Governo, de acordo com critérios que não podiam ser apurados de modo objetivo (nem mesmo pelo Poder Judiciário).

Salientamos que a indexação das prestações do tributo não era, como queriam alguns, simples atualização do valor unitário de sua base de cálculo; pelo contrário, refletia-se no próprio *quantum debeatur*, criando situações de incerteza que nosso ordenamento jurídico não aceitava.

Relembramos que, após o lançamento (realizado pelo Poder Executivo), a base de cálculo *in abstracto* do tributo (definida na lei) transforma-se numa cifra (base de cálculo *in concreto*). É justamente a aplicação da alíquota sobre esta cifra que permite a obtenção do *quantum debeatur* (dívida tributária).

Ora, como ressalta Aires Barreto,[43] discernida a base de cálculo *in concreto*, com a conversão, numa cifra, da base de cálculo *in abstracto*, a "expressão numérica obtida é imutável", ou seja, é juridicamente inviável sua correção ou reajuste.[44]

Em conclusão, não podia vigorar lei que determinasse a apuração da base de cálculo *in concreto* do tributo em *Taxa Referencial* (TRD) ou em qualquer outro valor ou padrão que não a "moeda corrente nacional", nem que sujeitasse a correção monetária ou a qualquer tipo de reajuste ou indexação o montante tributário a recolher.

Agora, com o "Plano Real" e a relativa estabilização da moeda que ele ensejou, o assunto está praticamente superado. Esperamos que, qual Fênix, não ressurja das cinzas.

3.4 Lei ordinária e tributação

3.4.1 Circunscrição do problema

Vamos, agora, cuidar de um assunto conexo, sobre o qual reinam grandes divergências: o da necessidade de lei ordinária para a criação ou o aumento de tributos.

43. Aires Barreto, *Base de Cálculo, Alíquota e Princípios Constitucionais*, São Paulo, Ed. RT, 1987, pp. 87 e ss.

44. Correções só serão cabíveis quando o débito tributário não for satisfeito na data do vencimento. Mas, aí, à guisa de sanção por ato ilícito (multa fiscal) e sempre nos estritos termos da lei.

Entendemos que, no Brasil, só o Poder Legislativo, *de regra por meio de lei ordinária*, pode criar ou aumentar tributos. Portanto, apenas o Congresso Nacional, as Assembleias Legislativas, as Câmaras de Vereadores e a Câmara Legislativa, nas esferas, respectivamente, federal, estaduais, municipais e do Distrito Federal, têm competência para, por meio de lei ordinária, instituir tributos ou majorar os já existentes. Esta é a consequência da interpretação sistemática do art. 150, I, da CF.

Em matéria tributária vigora, pois, o *princípio da estrita legalidade*, pelo qual os tributos só podem ser criados ou aumentados por meio de lei ordinária. Não de medida provisória, nem de lei delegada, nem, muito menos, de regulamento, que a isto obsta o desígnio constitucional.

Escrevemos acima que, de regra, os tributos, em nosso País, devem ser criados ou aumentados por meio de lei ordinária. Por que "de regra"? Porque os *empréstimos compulsórios* e os *impostos da competência residual da União* devem ser criados ou aumentados por meio de lei complementar, conforme exigem, respectivamente, os arts. 148[45] e 154, I,[46] da CF. Também devia ser criado ou aumentado, por meio de lei complementar, o *imposto sobre movimentação ou transmissão de valores e de créditos e direitos de natureza financeira* (art. 2º da EC 3/1993), que existiu, entre nós, até 31.12.1994.

Podemos especular que, com a submissão destas espécies tributárias ao *quorum* privilegiado das leis complementares (art. 69 da CF), se procurou dificultar, o quanto possível, a reiteração dos abusos que, em passado recente, ocorreram, máxime em relação aos empréstimos compulsórios. Seja como for, o fato é que, no que se refere aos empréstimos compulsórios e aos impostos residuais da União, o princípio da legalidade tributária, longe de ter sido afrouxado pela nova Carta Suprema, dela saiu fortalecido, uma vez que só a lei complementar é, agora, formalmente válida para criá-los ou para majorar os já existentes. É, sem dúvida, muito mais complexo editar uma lei complementar do que uma lei ordinária (que exige *quorum* simples de aprovação).

Assim, retomando nossa trajetória, somos de parecer que o termo "lei", contido no susodito art. 150, I, deve – feita a ressalva supra – ser entendido *stricto sensu*, isto é, no sentido de *lei ordinária*. De fato, a *reserva de lei* – princípio que este artigo consagrou, de maneira absoluta – assume a forma de limitação ao Executivo, vedando sua ingerência na tarefa de criar ou aumentar tributos. Em verdade, como bem asseriu Pontes de Miranda, esta proibição cristaliza um reclamo histórico, muito anterior ao próprio advento do constitucionalismo.[47]

45. CF, art. 148: "A União, mediante lei complementar, poderá instituir empréstimos compulsórios: I – para atender a despesas extraordinárias, decorrentes de calamidade pública, de guerra externa ou sua iminência; II – no caso de investimento público de caráter urgente e de relevante interesse nacional, observado o disposto no art. 150, III, 'b'".

46. CF, art. 154: "A União poderá instituir: I – mediante lei complementar, impostos não previstos no artigo anterior, desde que sejam não cumulativos e não tenham fato gerador ou base de cálculo próprios dos discriminados nesta Constituição".

47. Desde o remoto ano de 1215 já se defendia, na velha Inglaterra, a ideia de que os tributos deviam ser "consentidos" pelos contribuintes (ou por seus representantes). A *Magna Charta Libertatum*, arrancada do rei João-sem-Terra pelos barões ingleses, enquanto o mantinham cativo, proibia que, sem a

Não devemos nos esquecer de que o princípio da estrita legalidade tributária nasceu e prosperou com o escopo de limitar o poder governamental, fazendo com que a tributação dependesse do consentimento dos governados, por intermédio dos Parlamentos (que, de modo mais direto, os representam). Ele exige que a tributação seja determinada não pelo Executivo, mas pelos representantes do povo, livremente eleitos para elaborar as leis.

A tradição histórica mereceu guarida em nosso País, cuja Constituição, ao adotar os princípios republicano e da tripartição do poder, consagrou a necessidade de os tributos serem consentidos pelo Poder Legislativo, representante imediato da vontade popular. Notamos que só a lei ordinária pode garantir, em toda a latitude, a generalidade e a igualdade da tributação, exigências impostergáveis de nosso ordenamento jurídico. Além disso, o art. 48 da Lei Maior estabelece que cabe ao Congresso Nacional, com a sanção do Presidente da República, dispor sobre todas as matérias de competência da União, "especialmente" sobre *sistema tributário, arrecadação e distribuição de rendas* (inciso I). Ora, este vocábulo *especialmente* significa que o Congresso Nacional (e, por extensão, a Assembleia Legislativa, a Câmara Municipal e a Câmara Legislativa, cada qual, evidentemente, em seu campo privativo de atribuições) – que pode cuidar, por meio de lei ordinária, de praticamente todas as matérias da competência da União – tem *competência privativa e exclusiva* para tratar de tributos (em sentido amplo). Se o Presidente da República, como já querem alguns, pudesse criar ou aumentar tributos (*e.g.*, por meio de medidas provisórias ou de leis delegadas), o precitado inciso I do art. 48 da Carta Magna perderia qualquer sentido jurídico, já que teria sua denotação completamente esvaziada.

Portanto, a criação e a majoração de tributos continuam, sem exceção, submetidas à legalidade formal e material.

Neste ponto, cabe-nos indagar: medidas provisórias constituem instrumento hábil à criação ou aumento de tributos? Tentaremos demonstrar que não.

3.4.2 As medidas provisórias e a tributação

Inicialmente, queremos deixar marcado que medidas provisórias não são leis. São, sim, atos administrativos *lato sensu*, dotados de alguns atributos da lei, que o Presidente da República[48] pode expedir em casos de *relevância* e *urgência*.

prévia anuência destes, novos tributos fossem instituídos e cobrados. O paradoxal disso tudo é que o rei, nove semanas após, obteve do Papa Inocêncio III uma bula que anulou esta Constituição, que, portanto, na prática, nunca produziu efeitos. De qualquer modo, permanece como um marco na história do direito constitucional do Ocidente.

48. Aludiremos, neste item, apenas às medidas provisórias federais. Nada impede, porém, que, exercitando seus *poderes constituintes decorrentes*, os Estados, os Municípios e o Distrito Federal prevejam a edição de medidas provisórias, respectivamente, estaduais, municipais e do Distrito Federal. Vem ao encontro desta ideia o art. 25, § 2º, *in fine*, da CF, que confere aos Estados-membros competência privativa para "explorar diretamente, ou mediante concessão, os serviços locais de gás canalizado, na forma da lei, *vedada a edição de medida provisória para a sua regulamentação*". Pois bem, se cabe aos Estados-membros – e somente a eles – explorar os serviços locais de gás canalizado, segue-se que a me-

I – A CF disciplina o assunto basicamente em seu art. 62, que, em sua versão originária, estava vazado nos seguintes termos: "Art. 62. Em caso de relevância e urgência, o Presidente da República poderá adotar medidas provisórias, com força de lei, devendo submetê-las de imediato ao Congresso Nacional, que, estando em recesso, será convocado extraordinariamente para se reunir no prazo de 5 (cinco) dias".

Este dispositivo continha, ao ser editada a Carta Magna, um parágrafo único, que estatuía: "As medidas provisórias perderão eficácia, desde a edição, se não forem convertidas em lei no prazo de 30 (trinta) dias, a partir de sua publicação, devendo o Congresso Nacional disciplinar as relações jurídicas delas decorrentes".

Portanto, o *constituinte originário* traçou o perfil e o alcance da medida provisória, que tomou por modelo o *decreto-legge* de que trata o art. 77 da Constituição Italiana.

Pois bem, uma vez editada a Carta Magna, o assunto mereceu acurados estudos jurídicos, que, colocando a medida provisória em seu devido lugar, evidenciaram todas as suas limitações, máxime em matéria tributária.

O Governo Federal, no entanto, ignorando esta valiosa contribuição doutrinária, passou a editar medidas provisórias a torto e a direito. Praticamente nenhum assunto deixou de ser "disciplinado" por estes atos normativos.

O Poder Judiciário, de seu turno, nem sempre correspondeu às expectativas dos cientistas do Direito e, por uma série de motivos – entre os quais certamente figura o da *governabilidade* –, acabou aceitando medidas provisórias que, *venia concessa*, não se encaixavam nos moldes constitucionais. A questão no plano jurisprudencial foi resolvida em sentido oposto ao preconizado pela doutrina.

Essa postura animou o Governo Federal a voos mais altos. Com efeito, valendo-se de estratégias políticas que não vêm agora ao caso, pelejou para que o Congresso Nacional "convalidasse", de uma vez por todas, os abusos cometidos. Afinal, o "incômodo" art. 62 da Carta Magna sempre poderia suscitar reviravoltas, inclusive na jurisprudência.

Foi neste contexto que veio a lume a Emenda Constitucional 32, de 11.9.2001, marotamente alterando o art. 62 da CF, *verbis*:

"Art. 62. Em caso de relevância e urgência, o Presidente da República poderá adotar medidas provisórias, com força de lei, devendo submetê-las de imediato ao Congresso Nacional.

dida provisória, a que a Carta Magna alude, somente pode ser a estadual, já que à federal é dado apenas disciplinar matérias de competência da União.

Portanto, o próprio Texto Magno sinaliza a possibilidade de serem dadas à estampa medidas provisórias estaduais e, por extensão, também municipais e do Distrito Federal, bastando, para tanto, que autorizadas, respectivamente, pela Constituição do Estado, pela Lei Orgânica do Município e pela Lei Orgânica do Distrito Federal.

Às medidas provisórias estaduais, municipais e do Distrito Federal devem, *mutatis mutandis*, ser aplicados os princípios e limitações que cercam as medidas provisórias federais. Assim decidiu o STF na ADI 4.255/000/TO (j. 11.9.2002).

"§ 1º. É vedada a edição de medidas provisórias sobre matéria: I – relativa a: a) nacionalidade, cidadania, direitos políticos, partidos políticos e direito eleitoral; b) direito penal, processual penal e processual civil; c) organização do Poder Judiciário e do Ministério Público, a carreira e a garantia de seus membros; d) planos plurianuais, diretrizes orçamentárias, orçamento e créditos adicionais e suplementares, ressalvado o previsto no art. 167, § 3º; II – que vise à detenção ou sequestro de bens, de poupança popular ou qualquer outro ativo financeiro; III – reservada à lei complementar; IV – já disciplinada em projeto de lei aprovado pelo Congresso Nacional e pendente de sanção ou veto do Presidente da República.

"§ 2º. Medida provisória que implique instituição ou majoração de impostos, exceto os previstos nos arts. 153, I, II, IV, V, e 154, II, só produzirá efeitos no exercício financeiro seguinte se houver sido convertida em lei até o último dia daquele em que foi editada.

"§ 3º. As medidas provisórias, ressalvado o disposto nos §§ 11 e 12, perderão eficácia, desde a edição, se não forem convertidas em lei no prazo de 60 (sessenta) dias, prorrogável, nos termos do § 7º, uma vez por igual período, devendo o Congresso Nacional disciplinar, por decreto legislativo, as relações jurídicas delas decorrentes.

"§ 4º. O prazo a que se refere o § 3º contar-se-á da publicação da medida provisória, suspendendo-se durante os períodos de recesso do Congresso Nacional.

"§ 5º. A deliberação de cada uma das Casas do Congresso Nacional sobre o mérito das medidas provisórias dependerá de juízo prévio sobre o atendimento de seus pressupostos constitucionais.

"§ 6º. Se a medida provisória não for apreciada em até 45 (quarenta e cinco) dias contados de sua publicação, entrará em regime de urgência, subsequentemente, em cada uma das Casas do Congresso Nacional, ficando sobrestadas, até que se ultime a votação, todas as demais deliberações legislativas da Casa em que estiver tramitando.

"§ 7º. Prorrogar-se-á uma única vez por igual período a vigência de medida provisória que, no prazo de 60 (sessenta) dias, contado de sua publicação, não tiver a sua votação encerrada nas duas Casas do Congresso Nacional.

"§ 8º. As medidas provisórias terão sua votação iniciada na Câmara dos Deputados.

"§ 9º. Caberá à comissão mista de deputados e senadores examinar as medidas provisórias e sobre elas emitir parecer, antes de serem apreciadas, em sessão separada, pelo Plenário de cada uma das Casas do Congresso Nacional.

"§ 10. É vedada a reedição, na mesma sessão legislativa, de medida provisória que tenha sido rejeitada ou que tenha perdido sua eficácia por decurso de prazo.

"§ 11. Não editado o decreto legislativo a que refere o § 3º até 60 (sessenta) dias após a rejeição ou perda de eficácia de medida provisória, as relações jurídicas constituídas e decorrentes de atos praticados durante sua vigência conservar-se-ão por ela regidas.

"§ 12. Aprovado projeto de lei de conversão alterando o texto original da medida provisória, esta manter-se-á integralmente em vigor até que seja sancionado ou vetado o projeto."

A mesma Emenda Constitucional 32/2001 contém um art. 2º estabelecendo que "as medidas provisórias editadas em data anterior à da publicação desta Emenda continuam em vigor até que medida provisória ulterior as revogue explicitamente ou até deliberação definitiva do Congresso Nacional".

O que se nota, *prima facie*, é que o *constituinte derivado* investiu-se das prerrogativas de *constituinte originário* e, sem a menor cerimônia, "reconstruiu", a seu talante, a figura da *medida provisória*.

Para tornar mais atraente a "reforma", o mesmo *constituinte derivado* criou pretensos obstáculos às medidas provisórias. Escrevemos "pretensos obstáculos" porque onde os obstáculos jurídicos, postos pelo *constituinte originário*, eram totais (*v.g.*, a impossibilidade de reedição de medidas provisórias, ainda que por *inertia deliberandi* do Congresso Nacional) surgiram acanhadas peias, que, na real verdade, dilargaram, sensivelmente, o campo de ação destes atos normativos. Foi uma forma ardilosa de, restringindo, ampliar.

Estivesse o Congresso Nacional investido de poder total de reforma constitucional e não teríamos dúvidas de que a partir de 11.9.2001 as medidas provisórias: a) só não poderiam cuidar das matérias apontadas no art. 62, § 1º, I e IV, da CF; b) poderiam, com algumas poucas restrições, criar tributos federais; c) valeriam por sessenta dias – prazo, este, que ficaria suspenso durante os períodos de recesso do Congresso Nacional; d) poderiam ter sua eficácia prorrogada por mais sessenta dias; e) poderiam ser reeditadas na sessão legislativa subsequente àquela em que tivessem sido rejeitadas ou perdido a eficácia por decurso de prazo; f) se editadas até 11.9.2001 continuariam valendo, por prazo indeterminado, até que fossem revogadas por medidas provisórias ulteriores ou até que houvesse deliberação definitiva do Congresso Nacional.

No que tange especificamente à matéria tributária, as medidas provisórias – sempre com a nova redação dada ao art. 62 da Carta Federal – somente não poderiam instituir os tributos colocados sob reserva de lei complementar (por exemplo, os empréstimos compulsórios). Mais: com exceção dos impostos previstos nos arts. 153, I, II, IV, e V, e 154, II, todos os demais tributos só poderiam ser exigidos se a medida provisória que os instituísse houvesse sido convertida em lei até noventa dias antes do término do exercício financeiro, de modo a atender ao disposto no art. 150, III, "c", da CF. Ainda: como nenhuma medida provisória pode cuidar de matéria relativa a "direito penal", esta espécie normativa não poderia nem tipificar infrações tributárias, nem lhes cominar sanções, quer no campo criminal, quer no dos ilícitos administrativos (a expressão "direito penal", no caso, deve ser tomada em sentido amplo, de modo a alcançar as infrações e sanções administrativas).

Muito bem: ***para fins de concurso de ingresso às carreiras jurídicas são estas as posições que deverão ser sustentadas pelos candidatos***.

Aliás, no plano jurisprudencial o assunto, a essa altura, parece definitivamente resolvido no sentido preconizado pela Emenda Constitucional 32/2001 – desde, que, é claro, observado o disposto no art. 150, III, "c", da Lei Maior.

Todavia, academicamente continuamos a obtemperar que tal emenda constitucional, na parte atinente às medidas provisórias, afronta o princípio da legalidade, máxime em matéria tributária, e, por via de consequência, a autonomia e independência do Poder Legislativo. Viola, pois, a *cláusula pétrea* do art. 60, § 4º, III, da CF, que estabelece que nenhuma emenda constitucional poderá sequer tender a abolir a separação dos Poderes.

Como se isto não bastasse, a mesma Emenda Constitucional 32/2001 – sempre no que concerne às medidas provisórias – atropela o direito fundamental dos contribuintes de só serem compelidos a pagar tributos que tenham sido adequadamente "consentidos" por seus representantes imediatos: os legisladores. Invocável, portanto, na espécie, também a *cláusula pétrea* do art. 60, § 4º, IV, da CF, que veda o amesquinhamento, por meio de emenda constitucional, dos direitos e garantias individuais *lato sensu*.

Assim, feitas as ressalvas supra, ***pedimos vênia para, em nome da Ciência Jurídica, manter o que vínhamos sustentando nas edições anteriores. É que – talvez quixotescamente – estamos convencidos de que continua valendo o art. 62, com seu parágrafo único, da CF em sua redação originária***. Anima-nos, neste sentido, o clássico *e pur si muove*, de Galileu Galilei.

As linhas a seguir servem, pois, apenas para marcar uma posição da qual, *venia concessa*, ainda não nos corremos. Correspondem ao que sustentávamos antes do advento da Emenda Constitucional 32/2001 e, bem por isso, devem ser recebidas pelos operadores do Direito com as necessárias cautelas, especialmente quando estão em jogo os interesses dos jurisdicionados.

Com estas ressalvas, reproduziremos, por amor à verdade jurídica, o que escrevemos sobre o tema antes do advento da Emenda Constitucional 32/2001, que – seja-nos permitida a tautologia –, a nosso ver, não repercutiu sobre a questão das medidas provisórias.

II – A Constituição absolutamente não deu "carta branca" ao Presidente da República para baixar medidas provisórias. Pelo contrário, sua competência é restritíssima, como revela um exame sistemático do art. 62, e seu parágrafo único, da CF (versão originária).

Especificamente no que se refere ao nosso tema, não está estatuído, nem neste art. 62, nem em qualquer outro da Constituição, que as medidas provisórias poderão criar ou aumentar tributos.

Por isso, só analisando a Carta Magna como um todo é que haveremos de dar resposta jurídica à questão há pouco formulada.

Feita esta constatação preliminar, tornemos ao precitado art. 62 da CF. Nele está estatuído que as medidas provisórias somente têm cabida em caso de *relevância e urgência*.

Assim, não é por qualquer motivo que elas podem ser validamente baixadas. Por igual modo, é insuficiente exista relevância *ou* urgência para que tais atos normativos sejam constitucionais. Para isto, é imprescindível que à relevância se some a urgência.

Em suma, segundo a própria dicção constitucional, sem relevância *e* urgência não há cogitar de medidas provisórias.

Amarrada essa insofismável premissa, podemos dizer, sempre com apoio na Constituição, que só há urgência, a autorizar a edição de medidas provisórias, quando, comprovadamente, inexistir tempo hábil para que uma dada matéria, sem grandes e inilidíveis prejuízos à Nação, venha a ser disciplinada por meio de lei ordinária. Ora, é perfeitamente possível, nos termos dos §§ 1º a 3º do art. 64 da CF, aprovar-se uma lei ordinária no prazo de cem dias, contados da apresentação do projeto. Melhor elucidando, estes versículos constitucionais disciplinam o "regime de urgência constitucional", também chamado "processo legislativo sumário", pelo qual é dado ao Presidente da República "solicitar urgência para apreciação de projetos de sua iniciativa" (§ 1º), quer privativa, quer comum. Se isto acontecer, a Câmara dos Deputados realizará a deliberação principal (art. 64, *caput*), em até quarenta e cinco dias, e o Senado da República, a deliberação revisional, no mesmo prazo, sob pena de a proposição ser incluída na "ordem do dia, sobrestando-se a deliberação quanto aos demais assuntos, para que se ultime a votação" (§ 1º). Havendo, nesta última Casa Legislativa, emendas, deverão ser apreciadas pela Câmara dos Deputados, em até dez dias (§ 2º). Tais prazos, somados, perfazem os retroaludidos cem dias. Logo, em nosso direito positivo só há urgência se realmente não se puder aguardar cem dias para que uma lei venha aprovada, regulando o assunto. O Judiciário, em última análise, decidirá a respeito.

É oportuno frisar que, uma vez editada, a medida provisória deixa a esfera do Poder Executivo, ficando sob a égide do Poder Legislativo. Assim, temos por indisputável que o Executivo não pode retirar do Legislativo medida provisória que lá está sendo apreciada, nem, muito menos, declará-la nula (ainda que por meio do artifício de baixar uma outra).

A partir da publicação da medida provisória o Congresso Nacional tem prazo de sessenta dias, prorrogável, uma vez, por igual período, para aprová-la ou rejeitá-la. Se, porém, aceitarmos as observações feitas supra, neste subitem 3.4.2, I, este prazo continua a ser de trinta dias, sem possibilidade de prorrogação.

A aprovação da medida provisória pode ser feita na íntegra ou com alterações. Isto significa que é permitido à *lei de conversão* (ato normativo que transforma a medida provisória em lei) glosar parte da medida provisória ou lhe introduzir emendas, restringindo (emendas supressivas) ou ampliando (emendas aditivas) seu conteúdo. Entendimento contrário, como lucidamente observou Alexandre de Moraes, consagraria a errônea ideia de que o Legislativo, em face da medida provisória, está vinculado, de modo absoluto, "à vontade inicial do Poder Executivo".[49]

49. Alexandre de Moraes, *Direito Constitucional*, 3ª ed., São Paulo, Atlas, 1998, p. 467.

Convém notar, entretanto, que as emendas aditivas têm um limite: devem girar em torno de assuntos contidos, de algum modo, na medida provisória. Tal a lição de Humberto Bergmann Ávila: "Com efeito, o poder de dispor sobre as regras constantes na medida provisória é limitado pelo próprio objeto dela: não cabe ao Congresso Nacional disciplinar situações que já não estejam reguladas por meio do ato governamental. O poder de emendar, portanto, é limitado ao objeto da medida provisória, justamente pela relação de pressuposição que existe entre ela e a lei de conversão".[50]

Registramos que a medida provisória começa a ser apreciada pela Câmara dos Deputados, onde têm assento os representantes do povo. Assim se dá em homenagem ao *princípio republicano*, traduzido na norma contida no parágrafo único do art. 1º da Carta Constitucional ("Todo o poder emana do povo, que o exerce por meio de representantes eleitos ou diretamente, nos termos desta Constituição").

Aprovada, com ou sem emendas, pela Câmara dos Deputados, a medida provisória é remetida ao Senado Federal (onde se encontram os representantes dos Estados Federados), para apreciação. Caso nenhuma alteração ali se produza, o ato normativo é remetido ao chefe do Executivo, para sanção, promulgação e publicação.

Se, porém, o Senado Federal rejeitar ou, mesmo, modificar a medida provisória, ela tornará à Câmara dos Deputados, da qual seguirá para o chefe do Executivo, ainda que sofra novas alterações. É que, no caso, respeita-se a vontade da *Casa Legislativa iniciadora*.[51]

A apreciação da medida provisória, visando a aprová-la ou rejeitá-la, pode dar-se pelos ângulos da conveniência ou da constitucionalidade. Em outras palavras, ela pode ser analisada sob os aspectos político e jurídico. Nada impede, portanto, que uma medida provisória em tese constitucional venha a ser rejeitada *apenas* porque o Congresso Nacional não a considera oportuna.

A aprovação da medida provisória só pode ser expressa. Sua rejeição, todavia, tanto pode ser expressa como tácita. Com efeito, se, ao cabo do prazo de sessenta dias, prorrogável uma única vez (v. observações feitas neste subitem 3.4.2, I), o Congresso Nacional não aprovar expressamente a medida provisória, ele a rejeitou. Ninguém ignora que o silêncio, no mundo do Direito, traz uma série de consequências. No caso, a rejeição da medida provisória.

E medida provisória rejeitada não pode ser reeditada (ao contrário do que, na prática, infelizmente, vem acontecendo, com o beneplácito do próprio Poder Judiciário).[52] Há casos, até, de reedição com emendas, ampliando o objeto da medida provisória (v. observações feitas neste subitem 3.4.2, I).[53]

50. Humberto Ávila, *Medida Provisória na Constituição de 1988*, Porto Alegre, Sérgio Antônio Fabris Editor, 1997, p. 118.

51. Não só as medidas provisórias, como todos os projetos de lei de iniciativa do Executivo, entram no Congresso Nacional pela porta da Câmara dos Deputados. De seguida, passam pelo crivo do Senado Federal. Sofrendo, nesta Casa Legislativa, alterações, tornam à Câmara dos Deputados, da qual, ainda que novamente modificados, são remetidos ao chefe do Executivo, para sanção (ou veto), promulgação e publicação.

52. Cremos que a rejeição da proposta que objetiva converter em lei o ato cautelar impede o Presidente da República de editar, sobre o mesmo tema, nova medida provisória (ainda que presentes os pressupostos constitucionais para a emanação desta espécie normativa). Também excluímos esta possibilidade na hipótese de *inertia deliberandi* (ausência de expressa recusa) por parte do Congresso Nacional.

Em suma, a medida provisória tem vida efêmera, já que caduca decorrido o prazo de aprovação (v. observações feitas neste subitem 3.4.2, I). Como se isto não bastasse, se neste exíguo prazo não for convolada em lei, perde eficácia *ab initio*. Em outras palavras, a rejeição da medida provisória opera efeitos *ex tunc*, isto é, faz com que este ato normativo caia por terra e, com ele, todos os efeitos que eventualmente produziu.

Com estas poucas considerações, já vemos que a medida provisória *não tem* o condão de substituir – como querem alguns – toda e qualquer lei, com a vantagem de independer, para ser editada, dos azares do jogo político que se desenvolve no seio das Casas Legislativas.[54] Muito pelo contrário, só nos casos excepcionalíssimos, contemplados no art. 62 da CF, é que o Presidente da República poderá deixar de

Do contrário, estaríamos aceitando, em detrimento do *princípio da tripartição das funções do Estado*, que o Presidente da República, por meio da reiteração de medidas provisórias, pode, a seu critério, legislar, passando ao largo do Congresso Nacional.

Depois, os próprios requisitos da urgência e da relevância desapareceriam, na prática. Com efeito, ainda que o Congresso Nacional rejeitasse a medida provisória, por entender, de modo expresso, ausentes estes requisitos, o Presidente da República, renovando o ato cautelar, anularia a restrição contida no *caput* do art. 62 da CF.

Mas podemos ir além: mesmo que o Judiciário declarasse inconstitucional uma dada medida provisória, por não preenchidos os antessupostos da urgência e da relevância, o Presidente da República contornaria a decisão judicial editando novo ato normativo, de idêntico teor.

Saulo Ramos discorda desta posição e sustenta que, desde que haja urgência e interesse público relevante, a medida provisória pode disciplinar qualquer assunto e ser reiterada quantas vezes o Presidente da República quiser ("Medidas provisórias no direito constitucional brasileiro", in *O Estado de S. Paulo* de 8.4.1989, pp. 41-42).

Paulo de Barros Carvalho demonstra que a rejeição, pelo Congresso, ainda que por omissão, da medida provisória não autoriza o Presidente da República a reeditá-la. Afinal, nas palavras do mestre, o chefe do Executivo, reeditando a medida provisória, "inibe uma explícita permissão constitucional atribuída ao Congresso que, ao rejeitar por decurso de tempo a medida encaminhada, estaria operando a autorização de não fazer, não legislar, conduta omissiva para a qual está habilitado" (*Curso* ..., cit., 4ª ed., p. 51).

53. Em 16.4.1998 o Plenário do STF, na ADI 1.753-2-DF, movida pelo Conselho Federal da OAB, suspendeu cautelarmente o art. 4º e seu parágrafo único da Medida Provisória 1.577-6/1997, que ampliavam o prazo de decadência, de dois para cinco anos, quando proposta a ação rescisória pela União, Estados, Distrito Federal ou Municípios e suas respectivas autarquias e fundações públicas (art. 4º) e criavam em favor destas mesmas entidades públicas nova hipótese de rescindibilidade das sentenças (indenizações expropriatórias ou similares flagrantemente superiores ao preço de mercado – parágrafo único do art. 4º). Assim decidiu por entender ausentes os pressupostos da urgência e da relevância, além de haver vislumbrado afronta a princípios constitucionais, nomeadamente o da igualdade.

Em achincalhe ao Supremo, o Governo Federal *reiterou*, por vias transversas, o precitado art. 4º e seu parágrafo único. Fê-lo ao reeditar, pela 18ª vez (!), a Medida Provisória 1.701/1997. De fato, a Medida Provisória 1.701-18, de 27.10.1998, contém emenda que, empregando outras palavras, *reproduz* tais dispositivos da outra medida provisória (a Medida Provisória 1.577/1997). Assim procedendo, testou os limites da tolerância da mais alta Corte do País. É o caso de, parafraseando Cícero, indagarmos: "Quousque tandem, Catilina, abutere patientia nostra?". A resposta será dada pelo próprio Poder afrontado, já que o mesmo Conselho Federal da OAB ingressou com nova ação direta de inconstitucionalidade, onde pleiteia a suspensão cautelar de tais inaceitáveis *reproduções*.

54. Infelizmente, na prática, isto vinha acontecendo; máxime antes da edição da Emenda Constitucional 32/2001, o País estava sendo dirigido pelo Poder Executivo, por meio de medidas provisórias que, pela sua frequência (duas por dia, em média) e reiteração (muitas chegavam a ser reeditadas 50, 60 vezes), podiam perfeitamente ser chamadas de *medidas definitivas*. Esta verdadeira *usurpação* das funções legislativas do Congresso Nacional clamava – e clama – por providências urgentes da doutrina, da OAB, do Ministério Público e do Poder Judiciário. Lamentavelmente, contrariando as esperanças do

apresentar ao Legislativo projetos de lei, para valer-se das "comodidades" da medida provisória. Mesmo assim, a eficácia deste ato normativo depende de sua aprovação expressa em, no máximo, 30 dias, pelo Congresso Nacional.

Queremos, a propósito, fazer dois registros.

O primeiro: a medida provisória nula, isto é, editada em descompasso com o art. 62 da CF, não pode ser validamente convertida em lei (será, pois, inconstitucional a lei que a "aprovar").

O segundo: a medida provisória não revoga lei que dispõe em sentido contrário. Apenas suspende-lhe a eficácia. A revogação dar-se-á quando a medida provisória for convertida em lei. E, ainda assim, se não houver nenhuma inconstitucionalidade a tisná-la.

Não havendo tal conversão, tudo volta ao estado anterior. A lei, que não fora revogada, mas apenas tivera sua validade suspensa, volta a produzir todos os seus regulares efeitos.

Pensamos, outrossim, que a medida provisória só cabe em casos excepcionais, que admitam, se ela for rejeitada, o retorno ao *status quo ante*, sem maiores transtornos ou prejuízos, para quem quer que seja. Por aí já vemos que não pode definir crimes, nem lhes cominar as respectivas sanções.

Seguindo esta linha de pensamento, temos que a lei que convola (aprova) a medida provisória retroage seus efeitos à data da lei anterior (justamente *aquela* que ela revogou[55]).

Ressaltamos, ademais, que a medida provisória é instrumento normativo absolutamente impróprio para regulamentar preceito da Constituição Federal alterado por emenda posterior a 1995.

Com efeito, dispõe o art. 246 da Lei Maior: "Art. 246. É vedada a adoção de medida provisória na regulamentação de artigo da Constituição cuja redação tenha sido alterada por meio de emenda promulgada entre 1º de janeiro de 1995 até a promulgação desta Emenda, inclusive" (redação dada pela Emenda Constitucional 32, de 11.9.2001, data em que se deu a promulgação).

Este artigo, introduzido em nosso sistema jurídico pela Emenda Constitucional 6, de 15.8.1995, reiterado pela Emenda Constitucional 7, de 15.8.1995, e alterado pela Emenda Constitucional 32, de 11.9.2001, fixou *limitação explícita* à edição de medidas provisórias, também contribuindo para afastar o errôneo entendimento de que o art. 62 do mesmo Diploma Excelso não está submetido a qualquer peia (v. observações feitas neste subitem 3.4.2, I).[56]

mundo jurídico nacional, o Governo que assumiu em 1.1.2003 não inverteu esta tendência, de sorte a que a função legislativa, na prática, continua a ser desempenhada pelo Poder Executivo.

55. Na realidade, a medida provisória, quando editada, produz uma *revogação resolúvel* da legislação pretérita antinômica. A revogação só se torna definitiva se e quando a medida provisória for aprovada (*rectius*: convolada em lei) pelo Congresso Nacional.

56. Por isso, é inconstitucional a Medida Provisória 1.991-18/2000, que tratou de assunto disciplinado no art. 195, I, da CF, cuja redação, como veremos no cap. VIII, "Competência Tributária" (subitem 3.1.2.7), foi alterada por meio da Emenda Constitucional 20/1998 (promulgada, pois, após 1995).

Postas estas ideias, vejamos os motivos pelos quais as medidas provisórias *não podem* nem criar, nem aumentar tributos.

III – Começamos por dizer que as medidas provisórias, embora produzam efeitos imediatos, assim que publicadas, fazem-no de modo reversível e, portanto, precário. Justamente por isso, não podem instituir tributos, já que o assunto vem presidido pelos princípios da segurança jurídica e da não surpresa.

Sobremais, o art. 150, I, da CF exige que os tributos venham criados ou aumentados por meio de *lei*. Ora, a medida provisória não é lei; só se transforma em lei quando ratificada pelo Congresso Nacional. Não pode, pois, produzir efeitos que a Constituição reservou à lei e, ainda assim, observado o *princípio da anterioridade*.

Sabemos igualmente que, de regra, a lei que cria ou aumenta tributo só passa a ser eficaz no exercício financeiro seguinte ao de sua publicação – e, ainda por cima, observado o disposto no art. 150, III, "c", da CF. Ora, a medida provisória torna-se eficaz de imediato, vale dizer, antes mesmo de ver-se convertida em lei. Também por este caminho temos que é defeso à medida provisória ocupar-se com o assunto.

Desenvolvendo um pouco a ideia, a esmagadora maioria dos tributos deve obedecer ao *princípio da anterioridade*. Reiteramos que a lei que cria ou aumenta tributos entra em vigor, no mais das vezes, num exercício financeiro, para só tornar-se eficaz no exercício financeiro seguinte. Segue-se, assim, inexistir razão jurídica para criá-los ou aumentá-los por meio de medidas provisórias (pelo menos até que faltem menos de 90 dias para o término do exercício financeiro). Deveras, de nada adiantaria criar um tributo, digamos, no mês de julho, por meio de medida provisória, se ele só poderá ser exigido no próximo exercício financeiro, isto é, de pessoas que vierem a praticar o *fato imponível* a partir de 1º de janeiro do ano seguinte. Onde, neste caso, a urgência a justificar a instituição do tributo? Haverá prazo mais do que suficiente para que seja votada uma lei ordinária, em regime de urgência.

Portanto, em relação aos tributos submetidos ao princípio da anterioridade, as medidas provisórias inequivocamente não os podem criar ou aumentar havendo mais de 90 dias até o fim do exercício financeiro (também havendo menos de 90 dias, como a seguir veremos).

É o caso, porém, de perquirirmos se os tributos não submetidos ao princípio da anterioridade podem ser criados ou aumentados por meio de medidas provisórias. Pensamos que também não.

Estão a salvo do princípio da anterioridade: 1) os impostos referidos no art. 153, I, II, IV e V, da CF; 2) os impostos previstos no art. 154, II, da CF; e 3) os empréstimos compulsórios "para atender a despesas extraordinárias, decorrentes de calamidade pública, de guerra externa ou sua iminência" (art. 148, I, da CF).

Ora, para todos estes tributos, a Lei Maior criou mecanismos específicos para resolver os problemas da urgência e do interesse público relevante.[57]

57. Como demonstrou Misabel de Abreu Machado Derzi, em excelente artigo ("Medidas provisórias – Sua absoluta inadequação à instituição e majoração de tributos", *RDTributário* 45/130-142), a

3.4.2.1 Os impostos previstos no art. 153, I, II, IV e V, da CF, o imposto sobre movimentação ou transmissão de valores e de créditos e direitos de natureza financeira, a contribuição provisória sobre movimentação ou transmissão de valores e de créditos e direitos de natureza financeira (CPMF) e as medidas provisórias – Os impostos previstos no art. 153, I, II, IV e V, da CF não podem ser criados ou aumentados por meio de medidas provisórias.

Realmente, outra conclusão esvaziaria a faculdade contida no § 1º do art. 153 da Lei Maior.

Apenas para nos situarmos no assunto, o citado dispositivo constitucional autoriza ao "Poder Executivo, atendidas as condições e os limites estabelecidos em lei, alterar as alíquotas dos impostos enumerados nos incisos I, II, IV e V" (imposto sobre a importação de produtos estrangeiros, imposto sobre a exportação, para o exterior, de produtos nacionais ou nacionalizados, imposto sobre produtos industrializados e imposto sobre operações de crédito, câmbio e seguro, ou relativas a títulos ou valores mobiliários).

Muito bem, se ao Presidente da República fosse dado, com apoio no art. 62 da Carta Suprema, criar ou aumentar qualquer destes impostos, o § 1º do art. 153 deste Diploma perderia a razão jurídica de existir. Não teria o menor sentido autorizar o Presidente da República a, "atendidas as condições e os limites da lei", alterar as alíquotas destes quatro impostos federais se ele, por meio de medidas provisórias, pudesse criá-los ou aumentá-los, desde que presentes os requisitos da urgência e da relevância.

Com verdade, a urgência e a relevância, em relação a estes impostos, levaram o constituinte a permitir que o Executivo venha a aumentá-los, dentro dos limites legais, sem qualquer reexame, por parte do Legislativo. Não, porém, a ponto de permitir que os criasse ou aumentasse, por meio de medidas provisórias.

É o caso, agora, de perguntarmos: cabe, em tese, medida provisória se o Congresso Nacional não fixar alíquotas mínimas e máximas para estes impostos (impedindo, assim, que o Presidente da República use o permissivo do § 1º do art. 153 da CF)?

Continuamos entendendo que *não*. Por quê? Porque, aí, o Legislativo, usando de uma faculdade constitucional, terá de antemão estabelecido inexistirem urgência e relevância capazes de justificar a alteração das alíquotas destes impostos. Ademais, nada obriga o Congresso Nacional a usar desta faculdade (ele pode fixar as alíquotas aplicáveis – sem qualquer alusão a patamares mínimo ou máximo para tais impostos).

Mas, na hipótese, ainda pode surgir um problema: a urgência e a relevância podem se manifestar após a edição da lei que não fixou limites e condições para a alteração das alíquotas destes impostos.

relevância e a urgência, em matéria tributária, assumem, na Constituição Federal, uma conotação toda própria, estranha às que legitimam a edição de medidas provisórias. Para esta ilustre jurista, "instituir tributo ou majorar os já existentes não é considerado relevante e urgente pela Constituição Federal" (ibidem, p. 135), a ponto de justificar a edição de medidas provisórias.

Pensamos que, ainda assim, a medida provisória não pode ser admitida. De fato, como estes impostos não estão submetidos ao princípio da anterioridade, nada impede que o Presidente da República apresente projeto de lei, para ser apreciado em regime de urgência, majorando (ou diminuindo) estes tributos ou estabelecendo, para eles, alíquotas mínimas e máximas. E o Congresso Nacional, em, no máximo, 90 dias, aprovará, querendo, lei ordinária agasalhando a pretensão presidencial. Logo, os impostos apontados nos incisos I, II, IV e V do art. 153 da CF não podem ser nem criados, nem aumentados, por meio de medidas provisórias.

Todo o raciocínio desenvolvido neste item aplicava-se, *mutatis mutandis*, ao *imposto sobre movimentação ou transmissão de valores e de créditos e direitos de natureza financeira*, que, como veremos em seguida (item 4), podia ter sua alíquota de até 0,25% reduzida ou restabelecida pelo Presidente da República, "total ou parcialmente, nas condições e limites fixados em lei" (art. 2º, § 1º, da EC 3/1993). Isto, porém, não aconteceu, já que a Lei Complementar 77/1993 fixou uma única alíquota (0,25%).

O raciocínio valia também para a *contribuição provisória sobre movimentação ou transmissão de valores e de créditos e direitos de natureza financeira* (CPMF). A CPMF, que a União foi autorizada a criar pela Emenda Constitucional 12/1996, poderia ter sua alíquota, de até 0,25% (vinte e cinco centésimos por cento), reduzida ou restabelecida, total ou parcialmente, pelo Presidente da República, nas condições e limites fixados em lei. Tal não aconteceu porque a Lei 9.311/1996, em seu art. 7º, fixou a alíquota deste tributo em 0,20% (vinte centésimos por cento).

E o raciocínio continuou valendo para a CPMF prevista na Emenda Constitucional 21/1999, que, depois de estabelecer que a alíquota do tributo seria de 0,38% (trinta e oito centésimos por cento) nos primeiros doze meses, e de 0,30% (trinta centésimos por cento) nos meses subsequentes, facultava ao Poder Executivo reduzi-la, total ou parcialmente, dentro destes limites.

3.4.2.2 Os impostos extraordinários e as medidas provisórias – Os impostos extraordinários, criados na iminência ou no caso de guerra externa (art. 154, II, da CF), não precisam obedecer ao princípio da anterioridade. Entretanto, não podem nascer de medidas provisórias.

É que a Constituição concedeu ao Presidente da República um instrumento muito mais expedito e eficiente para cuidar destes tributos: a decretação do *estado de sítio*, mediante autorização da maioria absoluta dos integrantes do Congresso Nacional (art. 137 e seu parágrafo).

A decretação do estado de sítio pode, se necessário, vir acompanhada da criação de impostos extraordinários. Não teria sentido o Presidente da República baixar medidas provisórias, criando "impostos extraordinários", se, por meio da decretação do estado de sítio, pode com maior celeridade atingir este objetivo.[58]

58. No mesmo sentido Misabel de Abreu Machado Derzi, ob. cit., p. 137.

Ademais, a interpretação, *a contrario sensu*, do art. 139 da Lei Maior reforça nossa convicção. Estipula este artigo: "Art. 139. Na vigência do estado de sítio decretado com fundamento no art. 137, I, só poderão ser tomadas contra as pessoas as seguintes medidas: I – obrigação de permanência em localidade determinada; II – detenção em edifício não destinado a acusados ou condenados por crimes comuns; III – restrições relativas à inviolabilidade da correspondência, ao sigilo das comunicações, à prestação de informações e à liberdade de imprensa, radiodifusão e televisão, na forma da lei; IV – suspensão da liberdade de reunião; V – busca e apreensão em domicílio; VI – intervenção nas empresas de serviços públicos; VII – requisição de bens".

Logo, é razoável sustentar que, na vigência do estado de sítio, decretado com fundamento no art. 137, II (declaração de estado de guerra ou resposta a agressão armada estrangeira), da CF, poderão ser tomadas medidas que levem a exigir, das pessoas, "impostos extraordinários".

3.4.2.3 Os empréstimos compulsórios, os impostos da competência residual da União, o imposto sobre movimentação ou transmissão de valores e de créditos e direitos de natureza financeira e as medidas provisórias – Não resta dúvida de que a criação ou o aumento dos empréstimos compulsórios tem como pano de fundo situações de urgência e relevância, quais as decorrentes "de calamidade pública, de guerra externa ou sua iminência" e "de investimento público de caráter urgente e de relevante interesse nacional". Só que elas não sensibilizaram o constituinte, a ponto de levá-lo a permitir fossem criados ou aumentados por meio de medidas provisórias.

Aliás, os empréstimos compulsórios "no caso de investimento público de caráter urgente e de relevante interesse nacional" devem obedecer ao princípio da anterioridade, que, como vimos, não rima com o mecanismo operativo das medidas provisórias.

Só os demais, isto é, os "decorrentes de calamidade pública, de guerra externa ou sua iminência", a ele não precisam se submeter. Neste caso, porém, a Constituição também regulou, de maneira específica, a urgência e a relevância tributárias, preferindo não projetar a matéria no campo de atuação próprio das medidas provisórias.

Com efeito, os empréstimos compulsórios (todos eles), tanto quanto os impostos da competência residual da União (art. 154, I, da CF), só podem ser instituídos ou aumentados por meio de *lei complementar*. A lei complementar é o único instrumento adequado para regular o assunto.

Ora, a lei complementar é ato normativo que exige *quorum* de aprovação qualificado (art. 69 da CF).

Já, a medida provisória é aprovável por maioria simples, uma vez que a Constituição nada dispôs em contrário; antes, limitou-se a exigir que o Congresso Nacional a converta em lei no prazo indicado no art. 62 (v. supra, subitem 3.4.2, I), sob pena de perda da eficácia. Seria necessário um excepcional esforço de arranjo para se entender que, se a medida provisória tratar de assunto sob reserva de lei complementar, deverá ser aprovada, pelo Congresso Nacional, por maioria absoluta dos votos de seus membros.[59]

Muito bem, se o Presidente da República criar ou aumentar empréstimos compulsórios ou impostos residuais da União por meio de medidas provisórias, cairá por terra o objetivo da Constituição Federal de exigir que estes tributos sejam aprovados pela maioria absoluta dos congressistas. Tais medidas provisórias "criariam" ou "aumentariam" empréstimos compulsórios e impostos residuais da União sem a observância dos ditames do art. 69 da Lei Maior.

Dito de outra forma, o objetivo de obstaculizar a criação ou aumento de impostos da competência residual da União e de empréstimos compulsórios seria contornado por meio da edição de medidas provisórias aprováveis pela maioria simples dos congressistas.

Esta é uma interpretação que, segundo pensamos, não pode prevalecer, porque afronta o escopo da Lei Suprema de submeter a tributação, por via de empréstimos compulsórios e de impostos residuais da União, à vontade majoritária da Nação (cujos representantes têm assento no Congresso Nacional).

Neste sentido, aliás, dispôs a Emenda Constitucional 32/2001, que, malgrado suas imperfeições, introduziu um inciso III no § 1º do art. 62 da Carta Constitucional, estabelecendo ser vedado à medida provisória cuidar de matéria "reservada à lei complementar".

Em consequência, os empréstimos compulsórios e os impostos da competência residual da União também não podem ser criados ou aumentados por meio de medidas provisórias.

Usando a mesma linha de raciocínio, facilmente concluímos que também o *imposto sobre movimentação ou transmissão de valores e de créditos e direitos de natureza financeira* (que dependia, para ser instituído, de lei complementar, *ex vi* do art. 2º da EC 3/1993) não podia ser nem criado, nem aumentado, por meio de medida provisória.

3.4.2.4 As "contribuições sociais para a seguridade social" e as medidas provisórias – Também as "contribuições sociais para a seguridade social" não aceitam as medidas provisórias. É certo que tais tributos obedecem a uma *anterioridade especial*, já que as leis que os instituírem ou aumentarem só podem ter eficácia 90 dias após publicadas (cf. art. 195, § 6º, da CF).

59. Paulo de Barros Carvalho, analisando sistematicamente o *processo legislativo* traçado pela Constituição, demonstra, com argumentos de peso, que a medida provisória não pode tratar de assuntos reservados à lei complementar. Se o fizer, será inconstitucional e não se converterá em lei complementar, ainda que aprovada pela maioria absoluta dos congressistas. Outro entendimento faria com que "o precário, excepcional e discutido instrumento que é a medida provisória" (*Curso* ..., cit., 4ª ed., p. 56) subvertesse todo o processo legislativo e abrisse espaço, até, à introdução de emendas constitucionais "mediante a iniciativa de medidas provisórias que viessem a ser acolhidas pelo sufrágio de três quintos de membros das Casas do Congresso, em dois turnos de votação, consoante requer o art. 60, § 2º, da Constituição Federal" (ob. cit., p. 57).

Este prazo, que adia a eficácia e a aplicabilidade destas leis, indica, inequivocamente, que as medidas provisórias não podem nem criar, nem aumentar, as "contribuições sociais para a seguridade social". Deveras, o imediatismo eficacial das medidas provisórias não se coaduna com este prazo de 90 dias, determinado pela Constituição.

Portanto, a urgência e a relevância, no que concerne às "contribuições sociais para a seguridade social", são atendidas com a mencionada *vacatio legis* de 90 dias, e não com a edição de medidas provisórias.

3.4.2.5 Últimas colocações – Vimos que não podem ser nem criados, nem aumentados, por meio de medidas provisórias: a) os tributos submetidos ao princípio da anterioridade, até os 90 dias imediatamente anteriores ao término do exercício financeiro; b) os tributos que, nos termos do § 1º do art. 150 da CF, não precisam obedecer ao princípio da anterioridade; c) os empréstimos compulsórios e os impostos da competência residual da União; d) as "contribuições sociais para a seguridade social"; e e) o imposto sobre movimentação ou transmissão de valores e de créditos e direitos de natureza financeira (como, aliás, decidiu o STF).

Só nos resta examinar, pois, se, às vésperas dos noventa dias que precedem o início do próximo exercício financeiro, as medidas provisórias podem criar ou aumentar tributos submetidos ao princípio da anterioridade.

Elucidando o assunto, um projeto de lei apresentado nesta ocasião e submetido ao "regime de urgência", criando ou aumentado um tributo sujeito ao princípio da anterioridade, não seria obrigatoriamente apreciado e aprovado até noventa dias antes do término do exercício financeiro, de modo a atender ao disposto no art. 150, III, "c", da CF.

Com isto, o novo tributo (ou a majoração do já existente) não poderia ser exigido de imediato, mas só quase um ano depois.

Para que a ideia não se perca, daremos um exemplo. Suponhamos que o Presidente da República apresente, no dia 10.9.2017, um projeto de lei aumentando as alíquotas do imposto territorial rural (tributo que deve obedecer ao princípio da anterioridade). A menos que este projeto tramite com tal celeridade que venha transformado em lei ordinária, já vigente no dia 1.10.2017 (hipótese absolutamente improvável), a majoração do tributo só produzirá efeitos a partir de 1.1.2019 (vale dizer, mais de um ano após a edição da lei ordinária em questão).

Em casos como este, é possível, por meio de medidas provisórias, criar ou aumentar tributos? Também *não*.

De feito, se até os tributos que o constituinte considerou mais relevantes e sujeitos à urgência – a tal ponto que os colocou fora do alcance do art. 150, III, "b", da CF – não podem ser criados ou aumentados mediante medidas provisórias, por muito maior razão aqueloutros que a Lei das Leis não considerou nem tão urgentes, nem tão relevantes (tanto que os submeteu às injunções do princípio da anterioridade).

Por outro lado, é importante realçar que a medida provisória excepciona o princípio pelo qual cabe primacialmente ao Poder Legislativo – e não ao Executivo – inovar, em caráter originário, a ordem jurídica.

Apenas em casos restritíssimos nosso direito positivo admite que o Executivo legisle, *v.g.*, por meio da edição de medidas provisórias, que, ainda assim, devem ser referendadas (convertidas, convoladas, em lei) pelo Poder Legislativo.

Pois bem, se a medida provisória excepciona a norma pela qual ao Legislativo é que incumbe preferencialmente legislar, devemos reconhecer que ela há de ser editada com cautela, até para que não se atropele o já mencionado princípio da tripartição das funções do Estado.

Outra interpretação só seria possível caso existisse expressa ressalva, neste ponto, na Carta Federal. Como ela não existe, podemos concluir que as medidas provisórias não se constituem no veículo tecnicamente adequado à criação ou ao aumento de tributos, mesmo quando falte pouco mais de noventa dias para o término do exercício financeiro.

Com estas derradeiras considerações, temos por demonstrada a tese retroenunciada: em hipótese alguma a medida provisória pode criar ou aumentar tributos. Só a lei (*ordinária* ou, em alguns poucos casos, *complementar*) poderá validamente fazê-lo.

Depois, a lei ordinária (e não a medida provisória) prestigia ao máximo o *princípio da estrita legalidade tributária*, que leva à *segurança jurídica* e à *não surpresa* dos contribuintes.

De fato, a lei ordinária, como vimos, submete-se a um processo de elaboração complexo que exige a coparticipação de, pelo menos, dois Poderes do Estado (o Legislativo e o Executivo). Ademais, antes de ela entrar em vigor e produzir efeitos, seu *conteúdo* é amplamente discutido (e, não raro, conhecido pela opinião pública).

Isto obviamente não se dá com a medida provisória, que brota de chofre, no silêncio dos gabinetes, da vontade isolada e, por vezes, *imperial* do chefe do Executivo. Se, porventura, medida provisória pudesse criar ou aumentar tributos, que seria da *estrita legalidade*, da *segurança jurídica*, da *não surpresa* dos contribuintes?

Tudo confirma, portanto, que só a lei – nunca a medida provisória – pode criar ou aumentar tributos.

3.4.3 As leis delegadas e a tributação

Também às leis delegadas não é permitido criar ou aumentar tributos. Delas cuidam o art. 68 e seus parágrafos da CF:

"Art. 68. As leis delegadas serão elaboradas pelo Presidente da República, que deverá solicitar a delegação ao Congresso Nacional.

"§ 1º. Não serão objeto de delegação os atos de competência exclusiva do Congresso Nacional, os de competência privativa da Câmara dos Deputados ou do

Senado Federal, a matéria reservada à lei complementar, nem a legislação sobre: I – organização do Poder Judiciário e do Ministério Público, a carreira e a garantia de seus membros; II – nacionalidade, cidadania, direitos individuais, políticos e eleitorais; III – planos plurianuais, diretrizes orçamentárias e orçamentos.

"§ 2º. A delegação ao Presidente da República terá a forma de Resolução do Congresso Nacional, que especificará seu conteúdo e os termos de seu exercício.

"§ 3º. Se a resolução determinar a apreciação do projeto pelo Congresso Nacional, este a fará em votação única, vedada qualquer emenda."

De logo podemos afirmar que às leis delegadas é interdito criar ou aumentar empréstimos compulsórios e impostos da competência residual da União. Por quê? Porque a Constituição Federal vedou expressamente a delegação em "matéria reservada à lei complementar" (art. 68, § 1º) e, como já remarcamos, tais tributos devem ser criados ou aumentados por meio deste tipo de ato normativo.

Quanto aos demais tributos, pensamos que de pouco valeria a proclamação constitucional de que só a lei pode exigir ou aumentar tributo (art. 150, I) se o legislador pudesse transferir esta atribuição, no todo ou em parte, a outro Poder do Estado, desprovido – salvo hipóteses excepcionalíssimas – de competência para o exercício da atividade normativa.[60]

Na medida em que a Constituição não permitiu expressamente que o chefe do Executivo, por meio de lei delegada, criasse ou majorasse tributos, deve prevalecer a interpretação que prestigia o princípio da legalidade tributária.

Depois, a Carta Magna só previu a possibilidade de o Poder Executivo inovar a ordem jurídico-tributária no art. 153, § 1º, mas "atendidas as condições e os limites estabelecidos em lei" e apenas em relação a quatro impostos federais.

Ora, nenhum sentido teriam tais restrições se, por meio de lei delegada, o Poder Executivo pudesse criar ou aumentar quaisquer tributos (inclusive estaduais, municipais e do Distrito Federal).

Com efeito, o Legislativo poderia, por meio de resolução, *especificar o conteúdo* da lei delegada, com a qual o chefe do Executivo (Presidente, Governador ou Prefeito), querendo, criaria ou aumentaria qualquer tributo, não só federal, mas, também, estadual, municipal ou do Distrito Federal. Isso porque os Estados, os Municípios e o Distrito Federal, tanto quanto a União, podem editar leis delegadas.

Esta, segundo nos parece, não é a melhor interpretação para o art. 68 da CF, visto que anularia o art. 153, § 1º, da mesma Lei Fundamental.

60. A respeito das leis delegadas, escrevemos, à época da Carta de 1967/1969:

"A delegação para o Presidente da República, sempre *temporária* (sob pena de revestir abdicação disfarçada do poder de legislar), deve ter perfeitamente delineada a matéria nela contida.

"De assinalar, a propósito, que a delegação não priva o Legislativo de dispor, por meio de lei, acerca da matéria delegada, nem da faculdade de retirá-la antes de expirado o prazo que estabeleceu para seu exercício. Enquanto não fluir o prazo assinalado, nada impede o chefe do Executivo de cuidar, repetidas vezes, da matéria delegada" (*O Regulamento no Direito Tributário Brasileiro*, cit., pp. 34-35 – grifo no original).

3.4.4 Síntese conclusiva

As medidas provisórias e as leis delegadas podem veicular normas jurídicas tributárias (*v.g.*, criar deveres instrumentais tributários), mas não têm aptidão jurídica nem para criar, nem para aumentar, tributos. Esta a *mens constitutionis*.

Tais diretrizes, conjugadas com outras, que não vêm para aqui, prestigiam nossa ideia inicial de que só a lei (*ordinária*, na maciça maioria dos casos; *complementar*, em relação aos impostos residuais, aos empréstimos compulsórios e às contribuições sociais a que alude o art. 195, § 4º, da CF) pode criar ou aumentar tributos. Quando fazemos tal afirmação, queremos significar que apenas este ato normativo pode descrever ou alterar a *hipótese de incidência*, o *sujeito ativo*, o *sujeito passivo*, a *base de cálculo* e a *alíquota* das várias exações, observados os permissivos do art. 153, § 1º, da CF brasileira e, naturalmente, as competências legislativas tributárias de cada pessoa política (assim, por exemplo, a lei ordinária federal só poderá criar ou aumentar tributos federais). Além disso, se aceitarmos que o Fisco pode aplicar leis que ele mesmo elabora, aprova e impõe (as medidas provisórias e as leis delegadas), o direito dos contribuintes de vê-lo submetido à ação dos legisladores (que diretamente os representam) seria mera *flatus vocis*.

Em suma, a tributação, no Brasil, deve ser decidida não pelo Executivo, "mas pelos representantes do povo, livremente eleitos para fazer as leis" (Sacha Calmon Navarro Coêlho).

4. Aparentes exceções ao princípio da legalidade tributária

I – Autores há que entendem que alguns tributos não precisam obedecer ao princípio da legalidade. Que tributos seriam estes? Seriam os referidos no § 1º do art. 153 da CF, que prescreve: "§ 1º. É facultado ao Poder Executivo, atendidas as condições e os limites estabelecidos em lei, alterar as alíquotas dos impostos enumerados nos incisos I, II, IV e V" (*imposto sobre a importação de produtos estrangeiros, imposto sobre a exportação de produtos nacionais ou nacionalizados, IPI e imposto sobre operações de crédito, câmbio e seguro, ou relativas a títulos ou valores mobiliários*) (esclarecemos).

Com o devido acatamento, laboram em equívoco. Não há, neste dispositivo constitucional, qualquer exceção ao *princípio da legalidade*. Apenas o Texto Magno permite, no caso, que a lei delegue ao Poder Executivo a faculdade de fazer variar, observadas determinadas condições e dentro dos limites que ela estabelecer, as alíquotas (*não* as bases de cálculo) dos mencionados impostos.

De fato, se o Poder Executivo – por especial ressalva do Texto Magno – só pode alterar as alíquotas dos supracitados impostos "atendidas as condições e os limites estabelecidos em lei", como haveremos de sustentar que eles aceitam ser criados ou aumentados por norma jurídica diversa da lei?

Na verdade, o Executivo não cria as alíquotas destes impostos, mas, simplesmente, as altera, dentro dos lindes prefixados pelo legislador.

Alterar, como é cediço, pressupõe algo preexistente. Só se altera o que já está posto. No caso, só se alteram as alíquotas dentro dos limites e condições que a lei previamente traçou. Se a lei não estabelecer limites mínimo e máximo para as alíquotas, o Executivo nada poderá fazer, neste particular.

A Constituição concede ao legislador a prerrogativa de apontar as alíquotas mínima e máxima de certos impostos, consentindo, assim, que o Executivo atue. Donde tudo nos leva a concluir que: a) os impostos alfandegários, o IPI e o IOF devem ser criados ou aumentados por meio de lei; b) tal lei, no que se refere aos impostos alfandegários e ao IOF,[61] poderá conceder ao Poder Executivo a faculdade de alterar-lhes as alíquotas, dentro dos parâmetros mínimos e máximos que fixar; c) esta lei poderá, ainda, fixar – sempre para os impostos alfandegários e o IOF – uma única alíquota, e, neste caso, cairá por terra o permissivo constitucional, isto é, nada será facultado ao Poder Executivo quanto à majoração ou mitigação destes impostos.

Estamos, aqui, pois, diante de uma faculdade, não da Administração, mas do legislador. Ele é que está autorizado a estabelecer "as condições e os limites" para que o Poder Executivo altere as alíquotas dos impostos enumerados nos incisos I, II, IV e V do art. 153 da CF.

Ia – Evidentemente, o Executivo, ao baixar, dentro dos parâmetros legais, o decreto que apontará a alíquota aplicável para estes tributos, não se vai conduzir arbitrariamente, mas, pelo contrário, deverá *motivar* sua decisão, até para que seja possível aferir se este ato administrativo atendeu ao superior interesse público – e, no caso do IPI, ao próprio *princípio da seletividade*.[62]

Portanto, qualquer ato do Poder Executivo que venha a alterar as alíquotas dos impostos mencionados no art. 153, § 1º, da CF haverá de ser *motivado*. Caso não se paute por critérios *fundados e pertinentes*, explicitados em *justificação* adequada, padecerá de manifesta injuridicidade.

Não se nega que o decreto do Poder Executivo que altera as alíquotas dos impostos alfandegários, do IPI e do IOF tem caráter discricionário, pois, ao ser editado, precisa levar em conta as circunstâncias de momento. Tal fato, no entanto, não elimina a necessidade de ele ser *motivado*.

Dito de outro modo, as razões que ensejam sua edição devem ser de *interesse público*. Mas, mais que isso: devem ser justificadas por um fato *superveniente*, *pertinente* e *suficiente* para ensejar a medida.

Temos, portanto, que a motivação há de estar diretamente correlacionada com o decreto de variação das alíquotas do II, do IE, do IPI e do IOF.

61. Em relação ao IPI o Poder Legislativo não tem esta faculdade, mas, pelo contrário, é obrigado a fixar-lhe as alíquotas mínimas e máximas, justamente para que o tributo possa atender ao *princípio da seletividade*. De fato, somente com a adoção de um sistema de alíquotas diferençadas esta figura exacional terá como ser seletiva em função da essencialidade dos produtos industrializados (cf. art. 153, § 3º, I, da CF).

62. Conquanto não se negue que o Poder Executivo tem a faculdade de, dentro dos parâmetros legais, manipular, na tributação por meio de IPI, a seletividade "em função da essencialidade do produto" (art. 153, § 3º, I, da CF), esta expressão tem um conteúdo mínimo, que abre espaço a que o Judiciário, quando provocado, decida se, no caso concreto, o princípio constitucional em tela foi, ou não, observado.

Desta forma, um fato que logicamente não seja capaz de justificar a medida jamais poderá ser considerado *motivo idôneo* para a alteração de tais alíquotas.

Além disso, os motivos que ensejam a alteração das alíquotas devem ser comprovados. Deveras, embora os atos administrativos desfrutem da presunção de legitimidade, a Constituição implicitamente exige, para o exercício da faculdade prevista em seu art. 153, § 1º, que o Poder Executivo explicite as razões que o levaram a adotar a medida.

Vemos, pois, que o Executivo Federal tem o ônus – que lhe foi imposto pela Constituição – de demonstrar que efetivamente ocorreu o fato alegado como motivo para a alteração das alíquotas do II, do IE, do IPI e do IOF. A falta de tal demonstração implicará invalidade do ato.

Encarecemos que "motivar" não é simplesmente alegar, mas expor de maneira clara, explícita e congruente as razões de fato e de direito que levaram à edição do ato administrativo.

A motivação há de pautar-se, pois, por critérios fundados e pertinentes, explicitados em justificação adequada (exposição formal escrita[63]), sob pena de irremissível injuridicidade. A ausência de tal demonstração implica *invalidade* do ato administrativo – se por mais não fosse, porque impossibilita seu controle judicial.

No mesmo sentido, Marçal Justen Filho pondera: "A motivação é necessária para permitir o conhecimento dos motivos que nortearam a conduta, propiciando o controle quanto à regularidade do ato. Suprimir a motivação dificulta a avaliação dos motivos e gera o risco de que atos defeituosos sejam considerados como válidos".[64]

Mas não basta que o ato administrativo seja motivado: é mister, ainda, que a motivação seja *verdadeira* e *coerente*. Do contrário – isto é, se nela forem indicados motivos falsos ou incoerentes – o ato administrativo, tanto quanto o imotivado, será *nulo de pleno direito*, conforme, de resto, têm decidido, vezes iterativas, nossos Tribunais Superiores.[65]

Por outro lado, não devemos nos esquecer de que o dever de apresentar motivação, inclusive nos atos discricionários (caso dos atos administrativos *lato sensu* que, dentro dos parâmetros legais, alteram as alíquotas dos impostos alfandegários, do IPI e do IOF), decorre da própria Constituição Federal (*princípio da motivação*).

Aí está: os atos administrativo-tributários, vinculados ou discricionários, devem, sem exceção, ser motivados.[66] O destinatário tem o direito subjetivo de saber o porquê de sua edição, isto é, que fundamentos os justificam.

63. A motivação exige *exposição escrita*, que é uma das formalidades imprescindíveis à regular expedição de qualquer ato administrativo.

64. Marçal Justen Filho, *Curso de Direito Administrativo*, São Paulo, Saraiva, 2005, p. 259.

65. V., por exemplo, *RDA* 48/122.

66. Na esfera federal não há dúvidas a respeito, já que a Lei 9.764/1999, em seu art. 50, determina que todos os atos administrativos, sem exceção, devem ser motivados. Milita no mesmo sentido o art. 93, X, da CF, que exige que as decisões administrativas dos tribunais sejam motivadas. Ora, se até elas devem ser motivadas, por muito maior razão – como pondera Lúcia Valle Figueiredo (*Curso de Direito Adminis-*

Tais ideias conduzem à inexorável conclusão de que, apontando o art. 153, § 1º, da CF uma *finalidade*, os poderes daquele a quem foi outorgada esta função – no caso, o Poder Executivo – devem ser manejados instrumentalmente, ou seja, de modo a atender aos objetivos que justificaram a outorga.

Como se vê, a faculdade de que está investido o Poder Executivo para alterar, dentro dos parâmetros da lei, as alíquotas dos impostos alfandegários, do IPI e do IOF encerra verdadeiro dever/poder (Celso Antônio Bandeira de Mello), preso ao ônus da motivação explícita e pertinente do ato.

Conquanto nossa ordem constitucional outorgue liberdade para que o Executivo eleja alíquota dos impostos mencionados no art. 153, § 1º, da CF, dentro dos parâmetros legais, isso está longe de significar que tal faculdade pode converter-se em ação arbitrária e irrazoável. Pelo contrário, seu exercício deve ser motivado.

Assinale-se, por fim, que a simples invocação de preceitos legais ou constitucionais absolutamente não supre a necessidade de motivação do decreto em questão.

Ib – Continuamos convencidos de que a graduação das alíquotas dos impostos em pauta deve ser feita por meio de *decreto* (do Presidente da República), que obedecerá às condições e aos limites apontados na lei federal pertinente. A nosso ver, *resoluções* (do Conselho de Política Aduaneira, da Câmara de Comércio Exterior, do Banco Central etc.) não têm força jurídica para tratar desse assunto, que, eminentemente regulamentar, é de competência exclusiva do chefe do Executivo Federal, nos termos do art. 84, IV, da Carta Magna.

Com efeito, a faculdade regulamentar é privativa e indelegável, já que não figura no rol daquelas (*numerus clausus*) que, nos termos do parágrafo único do aludido art. 84, o Presidente da República pode transferir aos Ministros de Estado, ao Procurador Geral da República ou ao Advogado-Geral da União.[67]

É certo que no art. 153, § 1º, da CF está escrito que a alteração das alíquotas dos impostos em tela é *faculdade* do Poder Executivo.

Ocorre que, como estatui o art. 76 do mesmo Diploma Magno, o "Poder Executivo é exercido pelo Presidente da República, auxiliado pelos Ministros de Estado". *Auxiliado* – e não *substituído* – pelos Ministros de Estado.

Mas, mesmo que de substituição se tratasse, ela, no caso, não se mostra possível, uma vez que a alteração das alíquotas dos preditos impostos pode vir em detrimento dos contribuintes. Ora, sendo assim, o § 1º do art. 153 da CF só pode ser interpretado restritivamente: só o Presidente da República pode, dentro dos parâmetros da lei,

trativo, 9ª ed., São Paulo, Malheiros Editores, 2008, pp. 52-53) – devem sê-lo os atos administrativos em geral, independentemente do Poder que os baixar.

67. CF, art. 84, parágrafo único: "O Presidente da República poderá delegar as atribuições mencionadas nos incisos VI, (*dispor sobre organização e funcionamento da Administração Federal, quando não implicar aumento de despesa nem criação ou extinção de órgãos públicos, e extinção de funções ou cargos públicos quando vagos*), XII (*conceder indulto e comutar penas, com audiência, se necessário, dos órgãos instituídos em lei*) e XXV, primeira parte, (*prover os cargos públicos federais, na forma da lei*) aos Ministros de Estado, ao Procurador-Geral da República ou ao Advogado-Geral da União, que observarão os limites traçados nas respectivas delegações" (esclarecemos nos parênteses).

alterar as alíquotas do imposto sobre a importação, do imposto sobre a exportação, do IPI e do IOF.

Também não se alegue que a Constituição implicitamente autoriza tal delegação. *A uma*, porque não há delegação implícita capaz de derrogar um princípio constitucional (no caso, o princípio da legalidade tributária). E, *a duas*, porque o § 1º do art. 153 da CF, por haver lanhado, ainda que por razões de extrafiscalidade (*v.g.*, para permitir o rápido ajustamento das alíquotas dos mencionados impostos aos objetivos da política cambial), um direito fundamental do contribuinte (o de só ser compelido a pagar tributos instituídos por meio de lei), inadmite interpretação extensiva.

Em suma, continuamos entendendo que, nos termos do art. 153, § 1º, da CF, apenas o Presidente da República pode, "atendidas as condições e os limites estabelecidos em lei", alterar as alíquotas dos impostos ali mencionados. Insistimos que não podem fazê-lo, ainda que por delegação presidencial, nem os Ministros de Estado nem, muito menos, outros órgãos ou autoridades do Poder Executivo Federal.

Sem embargo, o STF, ao julgar, em 28.10.2009, o RE 570.680-RS, que teve por relator o Min. Ricardo Lewandowski, decidiu, por maioria de votos (vencidos os Mins. Carlos Britto e Marco Aurélio), ser constitucional a Resolução 15, de 10.5.2001, da Câmara do Comércio Exterior/CAMEX, que, por delegação do Presidente da República (Decreto 3.758, de 22.2.2001), alterou – respeitadas as condições estabelecidas no Decreto-lei 1.578/1977 – as alíquotas do imposto sobre a exportação de couros e peles.

Portanto, pelo menos para fins de concurso, deve-se sustentar, com apoio no entendimento do STF, que a alteração das alíquotas dos impostos mencionados no art. 153, § 1º, da CF não é de competência privativa do Presidente da República, mas, pelo contrário, pode ser por ele delegada aos Ministros de Estado ou, mesmo, a outras autoridades ou órgãos do Poder Executivo Federal.

Cientificamente falando, porém, este precedente não se constitui em obstáculo intransponível à aceitação da tese que, *venia concessa*, continuamos a esgrimir. Muito pelo contrário, o tema continua em aberto, podendo a qualquer momento ser revisto, até porque os Ministros do STF, homens de pensamento que são, estão sempre abertos a mudanças de opinião quando se convencem da pertinência das posições opostas – máxime quando envolvem, como agora, direitos fundamentais dos contribuintes.

Ic – Retomando o fio da meada, o art. 153, § 1º, da CF não outorga ao Poder Executivo poderes incontrastáveis para estabelecer, ainda que dentro dos parâmetros legais, as alíquotas dos impostos aduaneiros, do IPI e do IOF.

Pelo contrário, permite, apenas, a adequação destas exações aos critérios de justiça fiscal – e, no caso do IPI, ao atendimento dos reclamos instantes do *princípio da seletividade*, que, como vimos,[68] não leva em conta os interesses do produtor (contribuinte de direito), mas os do consumidor final (contribuinte de fato).

68. Supra, cap. II, subitem 8.3.

Id – Também o art. 153, § 1º, da CF não permite que o Poder Executivo descreva a hipótese de incidência dos impostos que enumera, nem para estabelecer, livremente, os aspectos quantitativos tendentes à determinação do *valor a pagar*.

Deveras, só a lei poderá descrever os fatos que, uma vez ocorridos, farão nascer tais exações. Desdobrando a ideia, só ela poderá descrever os vários aspectos das hipóteses de incidência destes impostos, definir-lhes as bases de cálculo e fixar-lhes as alíquotas.

Absolutamente não podemos formular proposição descritiva do preceito do § 1º deste art. 153 de modo invertido, ou seja, proclamando que "o Executivo pode alterar as alíquotas (...)". Entendimento deste jaez subverte a sistemática constitucional. É, na verdade, totalmente equivocado, já que deriva não de uma criteriosa interpretação sistemática, mas de simples leitura do Texto Magno.

A correta proposição descritiva do § 1º do art. 153 da CF, a nosso ver, é: "O legislador poderá fixar *teto* e *piso* de alíquotas dos impostos alfandegários e do IOF, permitindo, assim, que o Executivo, obedecendo às *condições* fixadas na lei, as faça variar dentro desses limites". Em relação ao IPI, no entanto, estes *teto* e *piso* são de fixação legal obrigatória, porquanto o tributo deve obedecer, como já vimos, ao *princípio da seletividade* (cf. art. 153, § 3º, III, da CF), pelo quê a proposição descritiva em tela é: "o legislador deverá fixar *teto* e *piso* de alíquotas do IPI, a fim de que o Executivo, obedecendo às *condições* fixadas na lei, as faça variar dentro desses limites, fazendo assim valer o *princípio da seletividade*".[69]

Vemos, pois, que o Executivo não pode sequer fixar as alíquotas do imposto sobre a importação, do imposto sobre a exportação, do IPI e do IOF. O que pode é muito menos: apenas variar, entre um *piso* e um *teto*, as alíquotas já fixadas pela lei. E somente pode fazê-lo "atendidas as condições e os limites estabelecidos em lei", como, aliás, prescreve o art. 153, § 1º, da CF.

Ie – Admitimos, no entanto, que, em relação aos impostos apontados nos incisos I, II, IV e V do art. 153 da Carta Magna, o princípio da legalidade não foi levado às últimas consequências. Assim, no que tange a estes tributos, vigora, simplesmente, o *princípio da legalidade* (não o *princípio da estrita legalidade*). Como quer que seja, a única justificativa para o § 1º do art. 153 da CF, é a vedação absoluta da mitigação da estrita legalidade das alíquotas nos demais casos, isto é, em relação a todos os outros tributos, sejam eles impostos, taxas ou contribuições.

If – Conforme sustentamos no capítulo anterior (item 2), os impostos alfandegários, o IPI e o IOF não se sujeitam ao princípio da anterioridade, tão só em função do art. 153, § 1º, ora em exame, e, portanto, em relação a estes tributos o § 1º do art. 150 do mesmo Diploma Magno encerra preceitos puramente didáticos. Deveras, não há como logicamente aceitar-se, de um lado, que estes tributos possam ter suas alíquotas

69. Para que se cumpra o princípio da seletividade no IPI, a fixação do montante a pagar somente pode advir da variação das alíquotas, dentro dos parâmetros legais; jamais da variação de bases de cálculo, da criação de incentivos fiscais, da tributação sobre um valor fixo (*v.g.*, "x" reais a operação jurídica com cigarros) etc.

alteradas por meio de decreto (dentro, é certo, dos parâmetros legais) e, de outro, que tais alterações, quando vierem em detrimento do contribuinte, só possam fazer-se sentir no próximo exercício financeiro. Esta exegese despiria o dispositivo em comento de qualquer finalidade prática, já que uma majoração de alíquota determinada, por exemplo, em fevereiro só poderia repercutir no mundo fenomênico a partir do próximo dia 1º de janeiro (próximo exercício financeiro), quando, possivelmente, as condições político-econômicas que justificaram o aumento já não mais estariam presentes.

II – A propósito deste assunto, cabem, ainda, alguns comentários acerca do *imposto sobre movimentação ou transmissão de valores e de créditos e direitos de natureza financeira*. O § 1º do art. 2º da EC 3/1993 estabelecia que a alíquota desse imposto *não excederia a vinte e cinco centésimos por cento, facultado ao Poder Executivo reduzi-la ou restabelecê-la, total ou parcialmente, nas condições e nos limites fixados em lei*.

De fora a parte a inconstitucionalidade do dispositivo em análise – que, tendo sido veiculado por emenda constitucional, feria o *princípio da separação dos Poderes*, já que delegava atribuições do Legislativo ao Executivo[70] –, o Presidente da República estava autorizado a alterar as alíquotas deste imposto (ou até, se fosse o caso, a conceder uma isenção tributária), dentro, porém, dos parâmetros da lei. Este tributo deixou de existir em 31.12.1994.

III – As mesmas críticas merecia a Emenda Constitucional 12/1996 quando estatuía que a alíquota da *contribuição provisória sobre movimentação ou transmissão de valores e de créditos e direitos de natureza financeira* (CPMF) não excederia a 0,25% (vinte e cinco centésimos por cento), "facultado ao Poder Executivo reduzi-la ou restabelecê-la, total ou parcialmente, nas condições e limites fixados em lei". Também a nova CPMF, prevista na Emenda Constitucional 21/1999, continuou padecendo desta inconstitucionalidade, porquanto sua alíquota foi de trinta e oito centésimos por cento, nos primeiros doze meses, e de trinta centésimos nos meses subsequentes, facultado ao Poder Executivo reduzi-la total ou parcialmente, nos limites aqui definidos (§ 1º do art. 75 do ADCT). Registramos que esta e outras inconstitucionalidades que maculavam este tributo – em boa hora desaparecido em 31.12.2007, pela não aprovação, no Senado da República, da proposta de emenda constitucional que pretendia "prorrogar" até 2010 a vigência da Lei 9.311/1996 – serão esmiuçadas no cap. VIII, no subitem 3.1.2.7, IX e X.

IV – Inconstitucional, igualmente, a "exceção" criada pela Emenda Constitucional 33, de 11.12.2001, no que concerne à contribuição de intervenção no domínio econômico relativa às atividades de importação ou comercialização de petróleo e seus

70. Realmente, cabe ao Legislativo – e apenas a ele – alterar alíquotas, conceder isenções, reduzir ou aumentar a carga tributária etc. Esta tarefa não pode ser delegada a outro Poder (no caso, o Executivo), sob pena de burla ao princípio constitucional da separação dos Poderes. Uma emenda constitucional não poderia ter autorizado (como de fato autorizou) esta delegação. Note-se que a circunstância de existir norma constitucional de teor semelhante (o art. 153, § 1º, da CF) não valida o § 1º do art. 2º da EC 3/1993. É que o *poder constituinte derivado* não pode criar novas exceções (além das que surgiram por ocasião do exercício do *poder constituinte originário*) ao princípio.

derivados, gás natural e seus derivados e álcool combustível. Esta Emenda Constitucional acrescentou ao art. 177 da Lei Maior um § 4º, "permitindo" que tal tributo tenha sua alíquota "reduzida e restabelecida por ato do Poder Executivo" (art. 177, § 4º, I, "b"). Esta possibilidade de conceder isenções e de revogá-las fere o princípio da separação dos Poderes. Para não incidirmos em tautologia, remetemos o leitor ao item II, supra.

5. *Considerações sobre o "processo legislativo" e a lei ordinária*

Também a função legislativa vem demarcada na Constituição. É neste Diploma Magno que está assentado que a função preponderante do Legislativo é legislar, criando o *ordenamento jurídico*, por meio da instauração de situações universais e abstratas, que irão pautar, inclusive, a atuação do Poder Executivo, nos casos concretos.

A Constituição, como elemento primeiro, dentro do ordenamento jurídico-positivo, ao autorizar a elaboração das leis, confere ao Poder Legislativo a competência de editar normas jurídicas gerais e abstratas. Ao fazê-lo, porém, estabelece o modo adequado de produção destas normas. Noutros termos, regula o processo legislativo.

Chamamos, portanto, de *processo legislativo* ao conjunto de trâmites, previstos na Constituição, necessários à regular edição das leis *lato sensu*.[71]

Devendo o tributo ser criado ou aumentado por meio de lei ordinária (salvo o empréstimo compulsório e o imposto da competência residual da União, que devem ser criados ou aumentados por meio de lei complementar), é chegado o instante de estudarmos um pouco melhor este ato normativo.

A lei ordinária (inclusive e principalmente a que cria ou aumenta tributos) tem uma força própria: a *força de lei*. A *força de lei* consiste na possibilidade que ela tem de inovar na ordem legislativa não constitucional (conjunto de normas de nível legal) preexistente (*força de lei ativa*) e, ao mesmo tempo, de não ser afetada por normas de inferior hierarquia (*força de lei passiva*).

A lei ordinária é um *ato complexo*, porquanto de sua feitura participam, pelo menos, dois Poderes do Estado: o Poder Legislativo e o Poder Executivo. A Constituição quer que a pessoa política manifeste sua vontade de inovar inauguralmente a ordem jurídica, por meio de lei ordinária. E, como é sabido e consabido, a pessoa política manifesta sua vontade por meio da conjugação de vontades de, pelo menos, dois Poderes: o Executivo e o Legislativo.[72]

71. No Brasil, conforme estatui o art. 59 do Texto Magno, o processo legislativo disciplina a elaboração de emendas à Constituição, de leis complementares, de leis ordinárias, de leis delegadas, de medidas provisórias, de decretos legislativos e de resoluções. O parágrafo único deste mesmo dispositivo delega à lei complementar a tarefa de detalhar o assunto ("lei complementar disporá sobre a elaboração, redação, alteração e consolidação das leis"). Tal lei complementar foi finalmente editada: é a Lei Complementar 95, de 26.2.1998.

72. Dizemos "pelo menos dois Poderes" porque leis ordinárias há que brotam da conjugação de vontades dos três Poderes (*v.g.*, as que criam cargos na Magistratura, de iniciativa privativa do Poder Judiciário). Isto sem falar das leis que tratam do Ministério Público, de iniciativa privativa do chefe do

De acordo com o processo legislativo, constitucionalmente traçado, a lei ordinária passa por uma *fase introdutória* (a *iniciativa*), atravessa uma *fase constitutiva* (a *deliberação* e a *sanção*) e se completa numa *fase complementar* ou *integrativa da eficácia* (a *promulgação* e a *publicação*). Vamos desenvolver um pouco estas ideias.

5.1 A iniciativa

A iniciativa é o ato pelo qual se dá início ao processo de elaboração da lei. Pode ser *ampla* (*geral*) ou *privativa* (*reservada*).

Na esfera federal, como se depreende da só leitura do art. 61 da Carta Magna, têm a iniciativa das leis qualquer membro ou Comissão da Câmara dos Deputados, do Senado Federal ou do Congresso Nacional, o Presidente da República, o STF, os Tribunais Superiores, o Procurador-Geral da República e os cidadãos.[73]

Também tem tal iniciativa a maioria absoluta dos deputados federais ou senadores acerca de projetos que versem matéria que tenha sido objeto de projeto de lei rejeitado na sessão legislativa em curso (art. 67 da CF).[74]

Aos Estados-membros, aos Municípios e ao Distrito Federal aplicam-se, *mutatis mutandis*, as mesmas regras que alteram significativamente a maneira como o assunto era disciplinado na Constituição revogada.[75]

Parquet e da iniciativa popular, forma de *democracia direta* em que os cidadãos, observados determinados requisitos, apresentam, sem qualquer intermediação, projetos de lei às Casas Legislativas.

73. Os cidadãos têm a iniciativa das leis, na forma e nos casos previstos na Constituição Federal.

A propósito, convém dizermos que, no Brasil, de regra, o povo não se autogoverna. Na verdade, ele transfere, por tempo determinado, o poder que lhe é inerente (art. 1º, parágrafo único, da CF) aos representantes que elege. Isto se perfaz pelo sufrágio universal e pelo voto direto e secreto.

A Constituição da República, porém, depois de consagrar a *representatividade*, abriu algumas exceções, prevendo *práticas diretas de governo*, quais o *plebiscito*, o *referendo* e a *iniciativa popular*.

Portanto, o povo governa, de regra, por meio de seus representantes, eleitos "pelo voto direto e secreto, com valor igual para todos" (art. 14 da CF). Não raro, porém, poderá, nos termos da lei, governar diretamente, mediante plebiscito, referendo ou iniciativa popular (art. 14, I, II e III, da CF).

A *iniciativa popular* é regulada no § 4º do art. 27 ("A lei disporá sobre a iniciativa popular no processo legislativo estadual"), no inciso XI do art. 29 ("O Município reger-se-á por lei orgânica ... atendidos os seguintes preceitos: iniciativa popular de projeto de lei de interesse específico do Município, da cidade ou de bairros, através de manifestação de, pelo menos, cinco por cento do eleitorado") e no § 2º do art. 61 ("A iniciativa popular pode ser exercida pela apresentação à Câmara dos Deputados de projeto de lei subscrito por, no mínimo, um por cento do eleitorado nacional, distribuído pelo menos por cinco Estados, com não menos de três décimos por cento dos eleitores de cada um deles").

74. CF, art. 67: "A matéria constante de projeto de lei rejeitado somente poderá constituir objeto de novo projeto, na mesma sessão legislativa, mediante proposta da maioria absoluta dos membros de qualquer das Casas do Congresso Nacional".

75. Na Constituição de 1967/1969 as leis que tratavam de matérias mais importantes (*v.g.*, da criação ou do aumento de tributos) eram de iniciativa privativa do chefe do Executivo. Se este não queria, nada podia ser alterado nestes pontos.

A atual Constituição, atendendo aos reclamos instantes da melhor doutrina, devolveu ao Legislativo, ao Judiciário e a outras pessoas (Procurador-Geral da República e cidadãos) a iniciativa de praticamente todas as leis.

De fato, com a redemocratização do País houve, por parte do Constituinte de 1988, a preocupação de devolver ao Legislativo a iniciativa das leis em geral.

Algumas leis, no entanto, continuam sendo de iniciativa privativa do chefe do Executivo. É o que estatui o § 1º do art. 61 da CF.[76]

Assim, por exemplo, a lei que cria cargos na Administração direta e autárquica. Também há leis de iniciativa privativa do Poder Legislativo (as que visem a criar ou extinguir cargos de seus serviços e fixem os respectivos vencimentos, *ex vi* dos arts. 51, IV, e 52, XIII, da CF) e do Poder Judiciário (as que tenham em mira criar ou extinguir cargos em seus serviços auxiliares e fixar os respectivos vencimentos, *ex vi* do art. 96, II, "b", da CF).

Portanto, a circunstância de continuarem existindo leis de iniciativa privativa do Executivo não hipertrofia este Poder. Apenas revela que, para o Constituinte, algumas matérias, pelas suas peculiaridades (*v.g.*, por dizerem de perto com os interesses do Erário), só podem ser versadas a partir da manifestação de vontade do Executivo, que, ao final das contas, administra diretamente o patrimônio público.

Em matéria tributária, porém, prevalece, a respeito, o art. 61: a iniciativa das leis tributárias – exceção feita à iniciativa das leis tributárias dos Territórios (que, no momento, não existem), que continua privativa do Presidente da República, *ex vi* do art. 61, § 1º, II, "b", *in fine*, da CF – é *ampla*, cabendo, pois, a qualquer membro do Legislativo, ao chefe do Executivo, aos cidadãos etc.

Este raciocínio vale para as leis que criam ou aumentam tributos. Não para as leis tributárias benéficas, que continuam a ser de iniciativa privativa do chefe do Executivo (Presidente, Governador ou Prefeito).

Abrindo um rápido parêntese, entendemos por leis tributárias "benéficas" as que, quando aplicadas, acarretam diminuição de receita (leis que concedem isenções tributárias, que parcelam débitos fiscais, que aumentam prazos para o normal recolhimento de tributos etc.). No mais das vezes, favorecem aos contribuintes.[77]

Ora, só o chefe do Executivo – senhor do Erário e de suas conveniências – reúne condições objetivas para aquilatar os efeitos que, leis deste tipo, produzirão nas finanças públicas sob sua guarda e superior responsabilidade. Assim, nada pode ser alterado, nesta matéria, sem sua prévia anuência.

Todavia, esta louvável regra não pode ser encarada de modo absoluto. Efetivamente, dependendo de seu conteúdo, muitas leis continuam sendo de iniciativa privativa do chefe do Executivo.

76. CF, art. 61: "§ 1º. São de iniciativa privativa do Presidente da República as leis que: I – fixem ou modifiquem os efetivos das Forças Armadas; II – disponham sobre: a) criação de cargos, funções ou empregos públicos na Administração direta e autárquica ou aumento de sua remuneração; b) organização administrativa e judiciária, matéria tributária e orçamentária, serviços públicos e pessoal da administração dos Territórios; c) servidores públicos da União e Territórios, seu regime jurídico, provimento de cargos, estabilidade e aposentadoria de civis, reforma e transferência de militares para a inatividade; d) organização do Ministério Público e da Defensoria Pública da União, bem como normas gerais para a organização do Ministério Público e da Defensoria Pública dos Estados, do Distrito Federal e dos Territórios; e) criação e extinção de Ministérios e órgãos da Administração Pública, observado o disposto no art. 84, VI".

77. A regra não é absoluta, já que, nas isenções onerosas, o contribuinte precisa implementar uma condição, para fruir do benefício fiscal. Com isto, a isenção passa a ter uma natureza nitidamente compensatória (*sinalagmática*).

Chegamos a esta conclusão analisando os dispositivos constitucionais que tratam das finanças públicas, especialmente os arts. 165 e 166 da Lei Maior, que dão ao chefe do Executivo a iniciativa das leis que estabelecem os orçamentos anuais.

Notemos que o § 6º do art. 165 da CF determina que o projeto de lei orçamentária seja "acompanhado de demonstrativo regionalizado do efeito, sobre as receitas e despesas, decorrente de isenções, anistias, remissões, subsídios e benefícios de natureza financeira, tributária e creditícia".

Ora, só o Executivo tem condições de avaliar a repercussão financeira de "isenções, anistias, remissões, subsídios e benefícios de natureza financeira, tributária e creditícia".

Não faz sentido, *venia concessa*, exigir que o Executivo faça o demonstrativo, sobre as receitas e despesas, de benefícios fiscais que ele não previu, nem sabe quando e em que dimensões surgirão. É o caso, inclusive, de invocarmos, neste passo, a vetusta parêmia *ad impossibilia nemo tenetur*.

Logo, sentimo-nos autorizados a proclamar que só o chefe do Executivo é que pode apresentar projetos de *leis tributárias benéficas*, uma vez que só ele tem como saber dos efeitos das isenções, anistias, remissões, subsídios etc., que envolvam tal matéria.

Os legisladores e os cidadãos têm, quando muito, a *noção* das *consequências políticas* das leis tributárias benéficas. Nunca de suas consequências práticas, porque não dispõem de meios técnicos para aferi-las de antemão. Segue-se, pois, com a força irresistível dos raciocínios lógicos, que não podem apresentar projetos de lei neste sentido.

No pertinente aos cidadãos, estes, por óbvio, não podem apresentar projetos de leis tributárias benéficas. Não tendo nenhum compromisso com o interesse público e, por assim dizer, cuidando de assuntos que lhes são favoráveis, razoável supor que, não fosse a vedação constitucional implícita, nunca jamais se pejariam de apresentar leis tributárias isentivas, remissivas, anistiantes etc.

É o caso de indagarmos: qual cidadão se negaria a subscrever um projeto de lei que o isentasse do pagamento de qualquer tributo? Praticamente nenhum, atrevemo-nos a responder. Afinal, as "dores" destes benefícios fiscais seriam suportadas pelo Executivo e, em última análise, pela Comunidade como um todo considerada. E, conforme ressaltava Machado de Assis, "suportamos bem as dores alheias". Máxime – acrescentamos nós – quando as dores alheias nos trazem vantagens.

Sem qualquer desrespeito e com as necessárias adaptações, o que acabamos de escrever vale, também, para o Poder Legislativo. Leis deste jaez podem, inclusive, preparar o terreno para futuras candidaturas a cargos executivos. De fato, com o forte apelo popular que as leis tributárias benéficas invariavelmente possuem, não nos demasiamos em arrojada hipótese proclamando que elas têm livre trânsito no Legislativo. Legislativo que também não tem o compromisso constitucional de zelar diretamente pelo Erário Público.

Vai daí nossa conclusão de que a Constituição Federal fechou as portas da iniciativa das leis tributárias benéficas, seja para o Legislativo, seja para os cidadãos.

Como quer que seja, é desnecessário discutirmos, aqui, a sabedoria ou a propriedade da solução constitucional. Entretanto, não podemos deixar de aplaudi-la, pelas repercussões que a matéria fatalmente causará nas finanças públicas (federais, estaduais, municipais ou do Distrito Federal).

De fato, só ao depois de estudos apurados, de caráter eminentemente técnico (que nem o Legislativo, nem, muito menos, os cidadãos, estão credenciados a fazer) acerca das possíveis consequências das leis tributárias benéficas, é que se poderá cogitar de editá-las.

E só o chefe do Executivo – tornamos a repetir – tem como avaliar globalmente (isto é, sob os aspectos político, econômico e social), tais consequências.

Como vimos, as leis tributárias benéficas, conquanto sempre altamente populares, podem causar graves problemas ao Tesouro local, se aprovadas sem critério, nem método.

Lembramos que as regras de fixação de competência para desencadear o processo legislativo têm como corolário o *princípio da separação dos poderes*. É ele que organiza, inclusive, o inter-relacionamento do Executivo e do Legislativo das várias pessoas políticas.

Ora, o processo legislativo estabelecido pela Constituição Federal implicitamente *manda* que as leis tributárias benéficas – pelos reflexos que produzem no Erário – sejam de iniciativa privativa do chefe do Executivo.

É fácil compreendermos o porquê disto: sendo o assunto de interesse preponderante do Poder Executivo, o Constituinte entendeu que ao Presidente, ao Governador e ao Prefeito (cada um, evidentemente, na sua esfera de atuação) devia ser reservada a iniciativa das leis que cuidam desta matéria. Afinal, como preleciona Manoel Gonçalves Ferreira Filho, "o aspecto fundamental da iniciativa reservada está em resguardar a seu titular a decisão de propor direito novo em matérias confiadas à sua especial atenção, ou de seu interesse preponderante".[78]

Desatendida essa exclusividade, fica patente a inconstitucionalidade, em face de *vício de iniciativa*.

Aqui chegados, julgamos oportuno ressaltar que, ao apreciar projeto de lei tributária benéfica, de iniciativa do Poder Legislativo, o chefe do Executivo tem – mais do que a simples faculdade – ***o dever*** de vetá-lo, por *vício de iniciativa*. E a eventual derrubada do seu veto não ilide a inconstitucionalidade, que, no caso, é absoluta.

Logo, se o Legislativo, desatendendo à privatividade do Executivo, aprovar lei tributária benéfica, caberá ao chefe do Executivo vetá-la, por inconstitucional. Ainda que sancionada e promulgada, tal lei não perderá o vício inicial.

78. Manoel Gonçalves Ferreira Filho, *Do Processo Legislativo*, São Paulo, Saraiva, 1990, p. 204.

Neste ponto, cabe-nos relembrar a célebre ponderação de Montesquieu, no sentido de que "se o Poder Executivo não tiver direito de frear as iniciativas do corpo legislativo, este será despótico. Porque, podendo atribuir-se todo poder imaginável, aniquilará os demais poderes".[79]

Ainda dentro do tema, queremos deixar consignado, com todas as letras, que, na medida em que o Legislativo não detém a iniciativa para apresentar projetos de lei que beneficiem os contribuintes (leis tributárias benéficas), também não a tem para apresentar emendas que, direta ou indiretamente, venham a causar este efeito.

Assinalamos, ainda, que a intervenção do Judiciário, para assegurar a observância de preceitos constitucionais, não caracteriza intromissão indevida em atividade privativa do Legislativo.[80]

Gilmar Ferreira Mendes abona nossa opinião: "A atividade legislativa há de ser exercida em conformidade com as normas constitucionais (CF, art. 1º, parágrafo único, e art. 5º) (...). Nem sempre se logra observar esses limites normativos com o necessário rigor. Fatores políticos ou razões econômico-financeiras ou de outra índole acabam prevalecendo no processo legislativo, dando azo à aprovação de leis manifestamente inconstitucionais ou de regulamentos flagrantemente ilegais. Assinale-se, porém, que a aprovação da lei não garante sequer a sua aplicação, pois é muito provável (...) que as questões controvertidas sejam submetidas ao Judiciário".[81]

Mudando de assunto, a iniciativa de lei (inclusive de lei tributária) pode considerar-se exercitada com a apresentação do *projeto de lei* ao Poder Legislativo. Na esfera federal, a qualquer das duas Casas Legislativas ou ao Congresso Nacional; na estadual, à Assembleia Legislativa; na municipal, à Câmara de Vereadores; no Distrito Federal, à Câmara Legislativa.

Uma vez apresentado o projeto de lei,[82] surge, para o Poder Legislativo, o dever de apreciá-lo.

Obviamente, tal dever só estará presente diante de um ato juridicamente existente e no qual seja identificável uma das formas de iniciativa legislativa previstas na Constituição. Melhor esclarecendo, não surge tal dever de apreciação diante de um "projeto" apresentado por um único cidadão, ou por uma Comissão de Moradores ou por órgão ou pessoa que, nos termos da Constituição, não tenha competência para fazê-lo ou, ainda, de um "projeto anônimo", isto é, cujo autor não esteja identificado.

79. Montesquieu, *O Espírito das Leis*, trad. de Pedro Vieira Mota, São Paulo, Saraiva, 1996, p. 174.

80. No Brasil, assim como nos Estados Unidos da América, o controle da constitucionalidade de leis, é exercido pelo Poder Judiciário através do método que se denomina *sistema da revisão judicial* (*judicial review*).

81. Gilmar Ferreira Mendes, "Questões fundamentais de técnica legislativa", *RTDP* 1/257, 1993.

82. A propósito, entendemos juridicamente possível a retirada, por parte dos proponentes, do projeto de lei apresentado. Frisamos, todavia, que tal retirada só se mostra prosperável enquanto o projeto de lei não seja aprovado pelo Legislativo. Até esse momento, ele – como ato unitário que é – continua sendo coisa própria de quem (órgão ou pessoa) exercitou a iniciativa. A partir de sua aprovação legislativa, pelo contrário, passa a exprimir a vontade da Casa de Leis. Em suma, o projeto de lei pode, em qualquer momento anterior à sua aprovação, ser retirado por quem o apresentou.

É o caso, agora, de perguntarmos: em que consiste tal dever? Em primeiro lugar, em avaliar, ainda que implicitamente, a admissibilidade da iniciativa, isto é, se o projeto de lei é válido. Ato contínuo, em examinar o projeto, tendo em vista sua eventual transformação em lei.

Esta última providência não se exaure com a realização do estudo do projeto (que, na prática, é levado a cabo por uma das "comissões permanentes"[83] da Casa de Leis). Pelo contrário, o Legislativo é obrigado não apenas a "estudar" o projeto de lei apresentado, como – salvo nos casos de manifesta inconstitucionalidade do projeto de lei – a iniciar a discussão e a deliberar acerca de sua aprovação.

O projeto de lei pode, em princípio, ser emendado. Dizemos *em princípio* porque os incisos I e II do art. 63 da CF vedam emendas aos projetos de lei de iniciativa privativa que possam implicar aumento de despesa.

Este é um assunto sobremodo delicado. À primeira vista inclinamo-nos a aceitar serem impossíveis, nos projetos de lei de iniciativa privativa, as emendas.[84] É que a emenda, em última análise, nada mais é do que uma iniciativa exercitada *a posteriori*. Ora, sempre que a Constituição – por razões políticas que não nos cabe aqui considerar – restringiu a iniciativa, não há como contornar a vedação, por meio de emendas. Do contrário, estaria aberto o caminho para facultar a iniciativa a quem dela está privado. Inconstitucional, pois, a lei que brota de emenda ampliativa, quando a matéria nela regulada é de competência privativa. Observamos que nem mesmo a ulterior convalidação, por parte do titular da iniciativa privativa, tem o condão de afastar tal inconstitucionalidade, já que a elaboração legislativa não passa de um *processus* no qual cada fase precisa ser totalmente válida, para que a seguinte também o possa ser.

Para nos situarmos melhor no assunto, lembramos que faz parte da atividade legiferante alterar os projetos de lei – mesmo os de iniciativa privativa do chefe do Executivo – por meio de emendas apresentadas pelos parlamentares.

Tais emendas tanto podem reestruturar os projetos de lei, dando-lhes redação mais técnica e adequada (*emendas formais*), como alterá-los em sua essência (*emendas substanciais*). Estas últimas, isto é, as *emendas substanciais*, dividem-se em *aditivas*, *supressivas* e *substitutivas*.

Oportuna, como sempre, a lição de José Afonso da Silva: "As 'emendas substanciais' dividem-se em: a) 'aditivas', que são proposições que se acrescentam a outra; por exemplo: a emenda que manda acrescentar mais um parágrafo a determinado ar-

83. No exame do projeto, a comissão toma as providências e realiza os estudos que entende necessários. Assim, por exemplo, colhe pareceres, consulta outras comissões (*v.g.*, a Comissão de Finanças, se o projeto acarreta ou pode acarretar aumento de despesas), determina diligências, providencia a oitiva dos interessados imediatos no projeto de lei (por exemplo, se a lei interessar à Magistratura, provocará a manifestação dos órgãos de classe). Em suma, examina o projeto de lei sob os ângulos da constitucionalidade (forma) e do conteúdo (matéria).

Para o exame de cada projeto de lei será sempre nomeado um relator.

84. Entendemos, porém, que são possíveis, nos projetos de iniciativa privativa, emendas que não aumentem a despesa, ainda que modifiquem o objetivo desejado pelo proponente. Este não é o "senhor da lei", mas, apenas, o "senhor de sua oportunidade" (Michel Temer). O "senhor da lei", em qualquer circunstância – mesmo nos casos de iniciativa privativa –, é sempre o Poder Legislativo.

tigo do projeto; b) 'supressivas', que são proposições que mandam erradicar qualquer parte de outra; por exemplo: uma emenda mandando suprimir um artigo do projeto; c) 'substitutivas', que são proposições apresentadas em substituição a outra, e que tomarão o nome de 'substitutivo' quando abrangerem o projeto no seu conjunto; exemplo de emenda substitutiva tem-se quando se manda substituir um artigo ou parágrafo do projeto por outro".[85]

As emendas, portanto, não passam de proposições que visam a aperfeiçoar os projetos de lei, acrescentando-lhes ou retirando-lhes dados, partes ou elementos.

São, porém, logicamente vedadas – como já adiantamos – emendas (aditivas, supressivas ou substitutivas) tendentes a aumentar despesas.

De fato, apresentar uma emenda que aumente despesas equivale, em tudo e por tudo, a apresentar um projeto de lei com este escopo. Isto é absolutamente vedado por nossa ordem jurídica, em última análise por implicar ofensa ao *princípio da separação e independência dos Poderes do Estado*.[86]

Também é vedado aos parlamentares, por meio de *emendas supressivas*, retirar artigos, incisos ou parágrafos que, em projetos de lei, impediam aumento de despesas (*v.g.*, que estabeleciam que uma dada isenção tributária só seria concedida uma vez). Esta, diga-se de passagem, é uma forma sutil – e, bem por isso, muito mais insidiosa – de perpetrar-se a inconstitucionalidade em tela.

De fato, seria um rematado absurdo, por um lado, impedir que o Legislativo apresente projetos de lei que aumentem despesas e, por outro, aceitar que por via de emendas venha costeada e anulada a iniciativa privativa do chefe do Executivo. O que é vedado fazer às abertas e publicadas é igualmente vedado fazer à sorrelfa, ainda mais em matéria desta magnitude.

Recebendo, para autógrafo, projeto de lei que, por força de emendas legislativas, vai acarretar aumento de vencimentos de servidores públicos, tem o chefe do Executivo o dever de vetá-lo, até porque, como já vimos, sua eventual sanção não convalida o vício de iniciativa.

5.2 *A deliberação*

Sem descermos a detalhes, que a cultura jurídica dos leitores não suportaria, o fato é que, terminado o trabalho da comissão, passa-se imediatamente à fase de de-

85. José Afonso da Silva, *Manual do Vereador*, 5ª ed., São Paulo, Malheiros Editores, 2004, p. 110.

86. Na lição sempre escorreita de José Afonso da Silva, só podem ser apresentadas emendas que importem aumento de despesas, ao projeto de lei orçamentária, ou aos projetos que o modifiquem, desde que: "a) compatíveis com o plano plurianual e com a lei de diretrizes orçamentárias; b) indiquem os recursos necessários, mediante anulação de despesas que não sejam de dotações de pessoal e seus encargos, serviço da dívida e transferências tributárias constitucionais para os Estados, Municípios e Distrito Federal; c) sejam relacionadas com a correção de erros ou omissões ou com os dispositivos do texto do projeto de lei" (*Curso de Direito Constitucional Positivo*, 39ª ed., São Paulo, Malheiros Editores, 2016, p. 531). O mesmo autor acrescenta: "são permitidas emendas ao projeto de lei de diretrizes orçamentárias quando compatíveis com o plano plurianual" (idem, ibidem).

Este é um *numerus clausus* que deflui dos arts. 63, I, e 66, §§ 3º e 4º, da CF.

liberação. Melhor dizendo, o projeto de lei é enviado ao plenário para ser discutido e votado.

Na fase de deliberação são discutidos os vários artigos do projeto e passa-se à votação. Este é um assunto que o "Regimento Interno" de cada Casa Legislativa deve disciplinar, mas sempre de modo a garantir a ampla discussão, por parte dos legisladores, e a liberdade deles de decidirem o assunto, por maioria de votos.

Oportuno salientarmos que a sessão deliberativa só se instala com a presença da maioria absoluta dos membros do Poder Legislativo (art. 47 da CF). Apenas havendo *quorum* pode haver deliberação válida.

A votação, de regra, não tem prazo para verificar-se. Em alguns casos, porém, há de ser feita dentro do prazo de 90 dias, a teor do art. 64, §§ 1º e 2º, da CF.[87] Se o projeto de lei não for apreciado neste interregno, será incluído na ordem do dia, sobrestando-se a deliberação de todas as demais deliberações legislativas da Casa, com exceção das que tenham prazo constitucional determinado, até que se ultime a votação (art. 64, § 2º, da CF). De qualquer modo, em boa hora desapareceu, em nosso sistema constitucional, o famigerado sistema da *aprovação das leis por decurso de prazo*, que, na prática, dava ao Poder Executivo amplos poderes legiferantes.

À votação final do projeto de lei segue-se a "proclamação" (a atestação verbal, pública e solene) do resultado dessa, por parte do presidente do Colégio votante.

O projeto de lei poderá ser aprovado ou rejeitado. Se aprovado, será enviado ao chefe do Executivo, para ser sancionado e promulgado, convertendo-se, assim, em lei. Já, se for rejeitado, ele será arquivado e a matéria dele constante somente poderá ser objeto de novo projeto, na mesma sessão legislativa (isto é, na mesma sessão anual), mediante proposta da maioria absoluta dos membros do Poder Legislativo (art. 67 da CF).

5.3 A sanção

I – A sanção, em síntese, é a aprovação do projeto de lei, pelo chefe do Executivo. Ela importa um juízo de valor.

A sanção pode ser: a) *expressa* (quando o chefe do Executivo, no prazo de 15 dias, concorda com os termos do projeto de lei) ou *tácita* (quando deixa passar, *in al-*

87. CF, art. 64:

"A discussão e votação dos projetos de lei de iniciativa do Presidente da República, do Supremo Tribunal Federal e dos Tribunais Superiores terão início na Câmara dos Deputados.

"§ 1º. O Presidente da República poderá solicitar urgência para apreciação de projetos de sua iniciativa.

"§ 2º. Se, no caso do § 1º, a Câmara dos Deputados e o Senado Federal não se manifestarem sobre a proposição, cada qual sucessivamente, em até 45 (quarenta e cinco) dias, sobrestar-se-ão todas as demais deliberações legislativas da respectiva Casa, com exceção das que tenham prazo constitucional determinado, até que se ultime a votação."

Este prazo será não de 90, mas de 100 dias, se houver emenda do projeto no Senado Federal. É o que estipula o § 3º deste mesmo artigo ("A apreciação das emendas do Senado Federal pela Câmara dos Deputados far-se-á no prazo de dez dias, observado quanto ao mais o disposto no parágrafo anterior").

bis, tal prazo); e b) *total* (quando todo o projeto de lei é aprovado) ou *parcial* (quando apenas parte do projeto de lei é aprovada). Tornamos a observar, porém, que a sanção de projeto de lei total ou parcialmente inconstitucional não lhe retira esta mácula jurídica. Tal se dá, inclusive, quando a sanção incide sobre projeto de lei padecente de vício de iniciativa.[88]

Como estamos percebendo, o direito de sancionar traz como corolário o direito de negar a sanção, também chamado *direito de vetar*.

Em suma, aprovado o projeto de lei pelo Legislativo, ele é submetido à apreciação do chefe do Executivo, que, de duas, uma: ou o sanciona (providenciando, de seguida, sua promulgação e publicação) ou o veta (se estiver convencido de que ela é inconstitucional ou, mesmo, inconveniente ao interesse público).

Como se vê, a sanção é o meio pelo qual o chefe do Executivo participa da feitura da lei ordinária.

II – Veto, pelo contrário, é o ato pelo qual esta mesma autoridade nega aquiescência à formação da lei ordinária. Isso é feito mediante a rejeição, total ou parcial, do projeto de lei aprovado pelo Poder Legislativo.

As razões que podem conduzir ao veto não sofrem maiores empeços constitucionais. Ao chefe do Executivo é dado vetar um projeto de lei tanto por razões de constitucionalidade (forma) como por motivo de interesse público (mérito). Noutras palavras: o chefe do Executivo pode vetar o projeto de lei, ou parte dele, se estiver convencido de que ele é inconstitucional ou inconveniente.

Em qualquer desses casos, entretanto, o veto deverá vir acompanhado da enunciação, o quanto possível detalhada, dos motivos que o ensejaram (justamente para que o Legislativo possa sopesá-los, quando da apreciação do veto).[89]

O veto pode ser *total* ou *parcial*. Em outros termos, o projeto de lei ordinária submetido à apreciação do chefe do Executivo pode ser vetado em sua integralidade ou – hipótese mais frequente – apenas em alguns de seus trechos.[90]

O veto parcial pode atingir artigo, parágrafo, inciso, item, número ou alínea. Não pode, porém, direcionar-se contra palavras ou trechos de palavras, conforme se depreende do disposto no § 2º do art. 66 da CF.[91]

88. É certo que, contrariando as lições de melhor doutrina, a vetusta *Súmula 5* do STF prescrevia: "A sanção do projeto supre a falta de iniciativa do Poder Legislativo". Entretanto, o próprio Pretório Excelso deixou de aplicá-la (ADI 1.201-1-RO, rel. Min. Moreira Alves, *DJU*, Seção 1, 9.6.1995, p. 17.227). Menos mal.

89. Na esfera federal o assunto é regulado pelo art. 66, § 1º, da CF ("Se o Presidente da República considerar o projeto, no todo ou em parte, inconstitucional ou contrário ao interesse público, vetá-lo-á total ou parcialmente, no prazo de quinze dias úteis, contados da data do recebimento, e comunicará, dentro de quarenta e oito horas, ao Presidente do Senado Federal os motivos do veto").

90. O veto encerra a ideia de supressão, nunca de acréscimo. Melhor dizendo, não é dado ao chefe do Executivo, através do veto, acrescentar disposições ao projeto de lei já aprovado pelo Poder Legislativo.

91. CF, art. 66: "§ 2º. O veto parcial somente abrangerá texto integral de artigo, de parágrafo, de inciso ou de alínea".

Ressaltamos que o projeto de lei (ou a parte do projeto de lei) vetado torna, com as razões do veto, ao Legislativo. Este, de duas, uma: ou aceita o veto ou o rejeita, dentro de, no máximo, trinta dias, pelo voto da maioria absoluta de seus membros (art. 66, § 4º, da CF).[92]

Rejeitado o veto, a lei será promulgada[93] e publicada.

5.4 A promulgação

I – Depois de sancionada a lei (ou depois de rejeitado o veto), ela deve ser promulgada.

Há certa unanimidade entre os autores acerca do conceito de promulgação. Vejamos.

Pontes de Miranda entende que a promulgação "constitui mera atestação da existência da lei e proclamação da sua executoriedade".[94]

Pimenta Bueno, de seu turno, enfatiza que "promulgação é a enunciação solene feita ao público, da existência da lei".[95]

João Barbalho, com a erudição que lhe é peculiar, põe em destaque que a "promulgação é a afirmação pública e solene da existência e autoridade da lei decretada e a determinação aos funcionários competentes para que a cumpram e façam executar".[96]

Oswaldo Aranha Bandeira de Mello, como sempre límpido e terminante, pontifica que a promulgação "é o ato pelo qual o Executivo autentica a lei, isto é, atesta a sua existência, ordenando-lhe a aplicação, e consequente cumprimento, por parte de terceiros, depois dessa providência".[97]

Também no Direito Comparado há entendimento semelhante. Assim, Carlo Ceretti proclama que a promulgação "é o ato pelo qual o chefe de Estado (...) solenemente atesta que a lei foi deliberada e votada com o efetivo concurso dos órgãos legislativos e nas formas constitucionais e que, portanto, essa é formalmente existente e perfeita".[98]

Gomes Canotilho, de sua feita, leciona que a promulgação "é um ato do Presidente da República mediante o qual este atesta ou declara que um determinado diplo-

92. CF, art. 66: "§ 4º. O veto será apreciado em sessão conjunta, dentro de trinta dias a contar de seu recebimento, só podendo ser rejeitado pelo voto da maioria absoluta dos Deputados e Senadores".

93. Na esfera federal a promulgação deverá ser feita, em quarenta e oito horas, pelo Presidente da República (art. 66, §§ 5º e 6º, da CF). Ultrapassado este prazo, isto é, "se a lei não for promulgada dentro de 48 (quarenta e oito) horas pelo Presidente da República, nos casos dos §§ 3º e 5º, o Presidente do Senado a promulgará e, se este não o fizer em igual prazo, caberá ao Vice-Presidente do Senado fazê-lo" (art. 66, § 7º, da CF).

94. Pontes de Miranda, *Comentários à Constituição de 1967*, cit., 2ª ed., t. III, p. 182.

95. Pimenta Bueno, *Direito Público Brasileiro e Análise da Constituição do Império*, cit., p. 147.

96. João Barbalho, *Constituição Federal Brasileira – Comentários*, cit., p. 7 (atualizamos a redação).

97. Oswaldo Aranha Bandeira de Mello, *Princípios Gerais de Direito Administrativo*, 3ª ed., 2ª tir., vol. I, São Paulo, Malheiros Editores, 2010, p. 280.

98. Carlo Ceretti, *Diritto Costituzionale Italiano*, cit., p. 495 (traduzimos).

ma foi elaborado por um determinado órgão constitucional para valer formalmente como lei (...)".[99]

Eduardo García de Enterría partilha da mesma opinião: "A promulgação, pela sua parte, consiste hoje, pura e simplesmente, na proclamação formal da lei como tal e no conseguinte mandado dirigido genericamente às autoridades e cidadãos em ordem ao seu cumprimento e observância".[100]

Com apoio em tão doutas lições, podemos dizer que *a promulgação é o ato pelo qual o chefe do Executivo proclama que a lei foi regularmente votada pelo Legislativo e que, por isso, deve ser cumprida.*

II – Promulgar a lei é atestar sua existência; é declarar que a ordem jurídica foi inovada. A promulgação nada acrescenta, em termos de validade, ao ato legislativo, até porque "nela não há deliberação, nem coisa alguma a considerar e resolver, mas só a executar" (João Barbalho).

De qualquer modo, a promulgação certifica que a lei passou a integrar o direito positivo e que tem aquele conteúdo (*solemnis editio legis*).

Podemos dizer, pois, que a promulgação atesta, autenticamente, tanto a existência da lei como o exato teor de seus termos. De fato, uma vez promulgada a lei, ninguém tem a obrigação de provar em juízo nem sua existência, nem seu conteúdo.

III – Muito se tem discutido acerca da natureza jurídica da promulgação.

Sem embargo de respeitáveis opiniões em contrário, entendemos, com Gomes Canotilho,[101] que, com a promulgação, o chefe do Executivo exercita um controle constitucional sobre a regularidade do procedimento legislativo seguido e sobre a legitimidade *em gênero* do ato legislativo aprovado. Esta opinião é confirmada pela própria existência do veto, tema do qual tratamos no item anterior.

Estamos, portanto, percebendo que não obriga a lei que não tiver sido promulgada (*non obligat lex nisi rile promulgata*). Dito de outro modo, a lei só se torna executória após sua regular promulgação. É ela que proclama que, em sua elaboração, todos os trâmites foram adequadamente obedecidos. Com ela, termina a elaboração da lei.

Outro não é o entendimento de Paolo Biscaretti di Ruffia, quando afirma: "Em linguagem jurídica pode-se dizer que com a promulgação a lei torna-se executória, no sentido de que surge, com ela, a obrigação para todos os funcionários públicos de 'observá-la e fazê-la observar'".[102]

Em suma, com a promulgação, a lei está perfeita e acabada, sendo válida e obrigatória, pelo menos até que, eventualmente, o Poder Judiciário decida de outro modo.

99. J. J. Gomes Canotilho, *Direito Constitucional*, Coimbra, Livraria Almedina, 1977, p. 370.

100. Eduardo García de Enterría, *Curso de Direito Administrativo*, trad. de Arnaldo Setti, São Paulo, Ed. RT, 1991, p. 153.

101. J. J. Gomes Canotilho, *Direito Constitucional*, cit., p. 371.

102. Paolo Biscaretti di Ruffia, *Diritto Costituzionale*, 3ª ed., Nápoles, Dott. Eugenio Jovene, 1972, p. 390 (traduzimos).

Portanto, há uma presunção *iuris tantum* de que a lei promulgada está em condições de operar todos os efeitos no ordenamento jurídico.

IV – É o caso, agora, de indagarmos: a quem cabe promulgar a lei?

Na esfera federal, em princípio, ao Presidente da República, conforme estatui o art. 84, IV, da CF.[103] Observamos que o § 7º do art. 66 da CF determina que esta autoridade promulgue a lei dentro de quarenta e oito horas contadas da sanção ou da rejeição do veto. Se, no entanto, esse prazo transcorrer em branco, a promulgação caberá, sucessivamente, ao Presidente e ao Vice-Presidente do Senado, que terão, cada um, também quarenta e oito horas para isso.

No âmbito dos Estados, dos Municípios e do Distrito Federal, a promulgação das leis caberá, é óbvio, às autoridades equivalentes (Governador do Estado, Prefeito do Município e Governador do Distrito Federal).

V – Mas, voltando à ideia central, temos que, com a promulgação, a lei já existe. Tanto existe, que recebe a data da promulgação.

Isto traz pelo menos uma consequência importante: *a lei promulgada depois revoga a lei promulgada antes, mesmo que esta seja publicada depois*.

De fato, embora ainda não operante (já que ainda não ocorreu a publicação), existe a partir do ato de promulgação. Assim, para fins de aplicação da regra segundo a qual *lex posterius derogat priori* (que esmiuçaremos logo adiante), prevalece a lei promulgada em último lugar.

Nesse sentido se pronunciou Pizzorusso: "A prioridade de uma lei acerca de outra no tempo é determinada pela data da promulgação e não da publicação".[104]

Também Damásio E. de Jesus, invocando Aldo Sandulli, sustentou, com propriedade, que para fins de revogação da lei há de ser observado o princípio pelo qual *posterior é aquela que foi promulgada em último lugar*, independentemente das datas da publicação ou da entrada em vigor.[105]

Portanto, podemos dizer que, se duas leis tributárias (lei "A" e lei "B") são editadas no mesmo ano, pela mesma pessoa política e disciplinando o mesmo assunto, está em vigor a promulgada em último lugar. Melhor esclarecendo, se a lei "A" foi promulgada no dia 1º de junho e publicada no dia 30 de junho e a lei "B" promulgada em 10 de junho e publicada no dia 20 de junho, é esta última que prevalece.

Em suma, para que a lei – inclusive a lei tributária – se torne executável dá-se a promulgação, e para que se torne obrigatória para todos, a publicação.

Estamos percebendo que à promulgação deve seguir-se a publicação da lei.

103. CF, art. 84: "Compete privativamente ao Presidente da República: (...) IV – sancionar, *promulgar* e fazer publicar as leis, bem como expedir decretos e regulamentos para sua fiel execução" (grifamos).

104. Alessandro Pizzorusso, *Fonti del Diritto*, Roma, 1978, p. 206.

105. Damásio E. de Jesus, "Os artigos 213 e 214 do Código Penal têm parágrafo único?", artigo inédito, 1992, p. 1.

5.5 A publicação

5.5.1 Noções gerais

Ao cabo do processo legislativo, temos a imprescindível publicação oficial da lei ordinária exatamente para torná-la conhecida por seus destinatários.

Apenas com a publicação (que torna possível a todos o conhecimento da lei) a lei passa a realmente fazer parte do ordenamento jurídico estatal (que, como sabemos, se funda nos princípios *do direito escrito* e *da certeza jurídica*).

Queremos enfatizar que as leis (inclusive as tributárias) devem ser regularmente publicadas. Atualmente, seria rematado absurdo exigir-se obediência a leis ignoradas. Só com a publicação (ato de divulgação) ganha a lei obrigatoriedade, "porque, sem ser conhecida, não poderia reclamar obediência aos seus preceitos" (Clóvis Beviláqua).

Para introduzirmos o assunto, lembramos que, em sua obra-prima de ficção política, *1984*, George Orwell (que, numa passagem deste livro, escreveu que "liberdade é poder dizer que dois mais dois são quatro") subjuga-nos com o pesadelo coletivo mais grandioso e formidável que se plasmou na literatura mundial.

Em apertada síntese, esta obra – que, para muitos, veicula uma antevisão do triste futuro que aguarda a Humanidade – retrata um Estado totalitário em que a ingerência na vida particular das pessoas é levada às últimas consequências. A tal ponto que, mesmo no recesso de seus lares, os infelizes habitantes desse hipotético Estado eram vigiados por microfones e câmaras, permanentemente ligados ao Ministério das Comunicações (eufemisticamente chamado de "Ministério do Amor").

Assim que lançado, *1984* causou tal impacto que logo foi exaustivamente analisado por literatos, filólogos, filósofos, sociólogos e até juristas.

Muito bem, os juristas que se debruçaram sobre esta obra com *olhos jurídicos* chegaram à conclusão de que a odiosidade maior desse Estado derivara não propriamente do fato de nele inexistirem leis (porque leis lá havia), mas de elas não serem conhecidas (pelo menos não pelo povo, em geral). Assim, a qualquer momento, uma pessoa podia ser presa, torturada, processada e condenada (como, de fato, acaba acontecendo com Winston Smith, o herói-vítima do romance) por infringência a *leis secretas*.

Leis secretas que, em nosso País, absolutamente não podem existir, máxime em se tratando de leis que criam ou aumentam tributos.[106]

As leis, no Brasil, inclusive as tributárias, só passam a existir ao depois de publicadas. E publicadas no *Diário Oficial* (ou órgão equivalente). É de compreensão intuitiva que, se a lei for federal, esta publicação deverá dar-se no *Diário Oficial da*

106. Deploramos ter havido, em nosso País, no auge da última ditadura militar, *decretos-leis secretos*. Apesar dos protestos do mundo jurídico, nos idos de 1970, com o apoio do então Ministro da Justiça, muitos decretos-leis que tratavam de questões concernentes à segurança nacional não foram publicados. O *Diário Oficial da União* apenas registrava que *aquele* decreto-lei (não numerado) tratava de assuntos referentes à segurança nacional.

União; se estadual, no *Diário Oficial do Estado*; se municipal, no *Diário Oficial do Município* (ou, na sua falta, em periódico local, isto é, que circule em seu território ou, quando pouco, em sua região);[107] se do Distrito Federal, no *Diário Oficial* desta pessoa política.

O texto oficial da lei é aquele reproduzido no *Diário Oficial* (ou em periódico que lhe faça as vezes), que se presume conforme ao original, a menos que se demonstre sua inexatidão, confrontando-o com o texto promulgado. Noutros termos, a publicação no *Diário Oficial* consagra o texto da lei e se presume conforme ao original, até prova em contrário.

Mas que é publicação?

5.5.2 Conceito

I – A publicação é um ato de comunicação da lei e, destarte, é um requisito de plena eficácia da própria lei. A falta de publicação ou a publicação irregular acarretam a *inexistência jurídica da lei.*

Convém notarmos que a publicação, ao contrário da notificação,[108] não exige o efetivo conhecimento do ato normativo por parte de seus destinatários. Com ela surge uma presunção absoluta (*iuris et de iure*) de que a lei é por todos conhecida.

Assim, regularmente publicada a lei tributária (no *Diário Oficial* ou em periódico que o substitua), ninguém pode escusar-se por descumpri-la, a pretexto de ignorância ou inexata compreensão de seu conteúdo. Aqui se aplica, em toda a latitude, o vetusto brocardo *ignorantia legis non excusat.*

Esta draconiana regra, diga-se de passagem, só encontra temperamento no campo das contravenções penais. De fato, o art. 8º do Decreto-lei 3.688/1941 (Lei das Contravenções Penais) permite que o juiz deixe de aplicar a pena ao contraventor se convencido de que ele, por sua rusticidade, realmente ignorava ou tinha mal compreendido a lei.

II – Mas, retomando o fio do raciocínio, temos que a publicação da lei tributária (como, de resto, a publicação de toda e qualquer lei) tem um *efeito certificatório*, vale dizer, proclama, *erga omnes*, que a ordem jurídica foi inovada (que o direito positivo foi alterado). Há abuso de poder (e, até, *crime de responsabilidade*) quando, com sua procrastinação, se vise a destruir ou modificar seus resultados práticos ou jurídicos.

107. Nesses Municípios costuma-se, também, afixar o texto legal em lugar visível (mural, quadro negro etc.) e acessível ao público (átrio da Câmara Municipal, portão principal da sede da Prefeitura etc.).

108. A notificação – uma das espécies do gênero *publicidade* (a outra é a publicação) – traduz-se num efetivo e certo conhecimento do ato administrativo por parte do particular. Sem a notificação, o ato administrativo não pode produzir efeitos. Ela é própria dos atos administrativos (atos de alcance individual), não se prestando para os atos normativos de alcance geral (leis, regulamentos etc.), que exigem a publicação (justamente para que todos os seus destinatários sejam postos em pé de igualdade).

A notificação pode dar-se de diversas maneiras (pela entrega pessoal de cópia autêntica do ato ao particular interessado, pelo envio de uma carta, com *aviso-recebimento*, por telegrama, pela apresentação espontânea do particular interessado etc.).

O significativamente chamado *veto de bolso* (Gomes Canotilho) é, sem sombra de dúvida, injurídico.

III – Depois, a publicação da lei tributária não só prepara Fisco e administrados a bem cumpri-la, como permite que o virtual contribuinte (aquele indicado genericamente na lei): a) se livre da tributação, evitando o comportamento que o tornará sujeito passivo tributário; ou b) busque uma tributação menos onerosa, adotando comportamento que levará à diminuição da sua carga tributária.

Daí falar-se no direito fundamental de economizar tributos, ou seja, na liberdade que a Constituição dá aos contribuintes de escolher, dentro dos parâmetros legais, "a rota menos tributada" (*the least taxed route*), ao invés da que melhor convém ao Fisco.

Com efeito, as pessoas (físicas ou jurídicas, públicas ou privadas) têm o direito subjetivo de se valerem da *elisão fiscal* (*tax avoidance*),[109] meio lícito de evitar ou diminuir a carga tributária.

109. A elisão fiscal não se confunde com a *evasão fiscal*, meio ilícito de evitar ou diminuir a carga tributária (por exemplo, declaração falsa de rendimentos, para não pagar o imposto específico).

Pratica evasão fiscal a pessoa que, com o intuito de evitar ou reduzir tributo devido ou, mesmo, de adiar seu recolhimento, adota conduta (omissiva ou comissiva) que a ordem jurídica não abona.

A imaginação criadora do homem tem, ao longo do tempo, urdido vários comportamentos que levam ao não pagamento do tributo, a uma tributação menos onerosa ou, quando pouco, à procrastinação do cumprimento da obrigação tributária.

Facilmente podemos dar exemplos típicos destas condutas reprováveis. Um deles é o da venda de mercadoria sem emissão da imprescindível nota fiscal (venda *a descoberto* de nota fiscal), levada a efeito com o evidente intuito de deixar de documentar a operação mercantil realizada e, assim, com maior facilidade, ilaquear o Fisco. Outro é o da não declaração de rendimentos, que leva à sonegação do imposto respectivo (o *imposto sobre a renda*). Outro, ainda, é o da lavratura de escritura de venda e compra de imóvel, nela fazendo consignar preço menor do que o efetivamente praticado, com o propósito de diminuir o *quantum* de ITBI (Sisa) a pagar.

Enfim, os exemplos de práticas dolosas, omissivas ou comissivas, que levam à evasão fiscal, poderiam ser multiplicados, já que são legião.

Estas são condutas ilícitas que poderíamos chamar de *padronizadas* e, por isso, mais facilmente detectáveis.

Com o passar do tempo, porém, os infratores foram se sofisticando. Pouco a pouco perceberam que há meios mais sutis de alcançar-se a evasão fiscal. Noutras palavras, notaram que a evasão fiscal também pode ser obtida com condutas e artifícios aparentemente (e só aparentemente) lícitos e, por isso mesmo, menos identificáveis pelas autoridades.

Aprofundando o raciocínio, notou-se que, por meio da prática de negócio fiscalmente menos oneroso, em princípio lícito, não é difícil enganar a Fazenda Pública.

Tal se dá quando, por exemplo, as partes simulam uma compra e venda, embora, na verdade, estejam celebrando uma doação (exemplo dado por Alberto Xavier, em seu livro *O Negócio Indirecto em Direito Fiscal*, Lisboa, Cadernos de Ciência e Técnica Fiscal, 1971, p. 12). Neste caso percebe-se que o contribuinte pratica o *fato imponível*, mas tenta evitar o cumprimento de seu dever de pagar o tributo. Procura, em suma, sair, por intermédio de artifícios ilegais, da relação jurídica tributária.

Agora a evasão fiscal é obtida à sorrelfa, ou seja, de modo dissimulado, mas, nem por isso, menos fraudulento. Pelo contrário, esta conduta sub-reptícia, mais difícil de ser detectada, tem grande potencialidade lesiva, além de revelar a maior periculosidade do agente infrator.

Não é por outra razão que, de uns tempos a esta parte, surgiram, em doutrina, magníficos trabalhos, esmiuçando este assunto e demonstrando a necessidade de ampliar-se a repressão ao *abuso das formas jurídicas*, por parte dos contribuintes inescrupulosos.

De fato, é reconhecido por todos os ordenamentos jurídicos civilizados que o contribuinte tem o direito subjetivo de, dentro das balizas legais, buscar soluções para seus problemas fiscais de modo a fugir da incidência tributária ou, não sendo isto possível, a recolher menos tributo.

IIIa – Desdobrando a ideia, o chamado *Estado Democrático de Direito* impede que o contribuinte, quando a lei lhe dá opções, seja compelido a praticar fatos que o levem a suportar em toda a plenitude os encargos fiscais. Ou, invertendo o raciocínio, o contribuinte, não havendo lei proibitiva, pode palmilhar trilhas fiscalmente menos onerosas, vale dizer, mais interessantes para seus negócios.

A *elisão fiscal* pode, pois, ser definida como a conduta lícita, omissiva ou comissiva, do contribuinte, que visa a impedir o nascimento da obrigação tributária, a reduzir seu montante ou a adiar seu cumprimento. Pode ser alcançada pela não realização, pura e simples, do *fato imponível* (*pressuposto de fato*) do tributo ou pela prática de negócio jurídico tributariamente menos oneroso, como, por exemplo, a importação de um produto, via *Zona Franca de Manaus*. Tais manobras, embora beneficiem o contribuinte, não são condenadas por nosso direito positivo.

IIIb – Hoje, mais do que nunca, é imprescindível não só reconstruir, a partir da Carta Magna, o inegável direito fundamental de economizar tributos, como delimitar cientificamente o dever de recolhê-los. Há de haver, portanto, entre o Estado tributante e o contribuinte uma recíproca compreensão de interesses, o que raramente se dá, como percucientemnte o percebeu Carlos Augusto Daniel Neto, em trabalho de mão e sobremão, *verbis*: "(...) o fenômeno tributário envolve os legisladores, o Fisco, os juízes e os contribuintes, em um cabo de guerra pela conversão do patrimônio privado em receita do Estado, através da tributação. Os legisladores oscilam seus interesses de acordo como grupo que representem, o Fisco assume a sanha arrecadatória de um Estado que muito gasta, os contribuintes tentam proteger seus patrimônios através de artifícios legais e ilegais, enquanto os juízes tentam aplicar de forma mais ou menos equânime a legislação fiscal".[110]

Daí apregoar – com o que concordamos – que o *princípio da livre escolha da rota menos tributada* deve ser temperado com os valores da solidariedade, da igualdade e da capacidade contributiva, dentre outros.

IIIc – Como vemos, na elisão fiscal o contribuinte consegue evitar a prática do *fato imponível tributário* deixando de praticar o fato jurídico que a lei considerou necessário e suficiente ao nascimento do tributo (*hipótese de incidência tributária*) ***ou*** praticando outro a que a mesma lei não atribui consequências fiscais ou lhe atribui consequências fiscais menos gravosas. Constitui um recurso legítimo, inobjetável tanto sob o ponto de vista do Direito quanto o puramente ético, pois pressupõe a natu-

Para melhor aprofundamento do tema, permitimo-nos sugerir a leitura, além do já citado trabalho de Alberto Xavier, dos livros *Elisão e Evasão Fiscal*, de Antônio Roberto Sampaio Dória (São Paulo, Lael, 1971), *Régimen Penal Tributario Argentino*, de Héctor B. Villegas (1ª ed., reimpr., Buenos Aires, Depalma, 1995) e *Direito Penal Tributário – Questões Relevantes*, de Lídia Maria Lopes Rodrigues Ribas (2ª ed., São Paulo, Malheiros Editores, 2004).

110. Carlos Augusto Daniel Neto, *Tolerância Fiscal*, São Paulo, Editora CEDES, 2018, p. 203.

reza lícita dos meios utilizados, a eficácia destes (no sentido de produzirem resultados próprios) e sua utilização antes da verificação do fato imponível (*fato gerador "in concreto"*) da obrigação tributária.[111]

IIId – Portanto, na elisão fiscal, o contribuinte, valendo-se das prerrogativas que os princípios da tipicidade fechada e da estrita legalidade da tributação lhe dão, atua nos *interstícios normativos*, não entrando na relação jurídica tributária que tem por objeto a dívida tributária, ou entrando por caminhos que o levam a suportar carga fiscal menor.

Exemplificando para melhor esclarecer, há uma lei federal que isenta do pagamento de imposto sobre a renda os rendimentos obtidos por meio de *caderneta de poupança*. Sabendo disso, uma dada pessoa pode preferir este investimento, no lugar de outro, mais rendoso, exatamente para fugir à incidência do tributo. O contribuinte que assim procede está se valendo da *elisão fiscal*. Ora, é lógico que isto só é possível se ele, graças à publicação, tiver o prévio conhecimento da lei tributária.

O mesmo podemos dizer quando uma pessoa física escolhe fazer sua Declaração de Imposto sobre a Renda pelo Modelo Simplificado (no lugar do Completo), com o intuito de reduzir o montante de tributo a pagar. Ou quando dois profissionais se organizam como empresa, para reduzir a carga tributária que teriam que suportar como pessoas físicas. Ou, ainda, quando uma empresa opta pelo "SIMPLES" no lugar do sistema do "lucro presumido".[112] Enfim, os exemplos podem ser multiplicados, que são muitos.

IIIe – O importante é ter presente que, desde que o contribuinte atue conforme a lei, ele pode fazer seu planejamento tributário, para reduzir sua carga fiscal. O fato de sua conduta ser intencional não implica qualquer ilicitude.

Aliás, estranho seria supor que as pessoas só pudessem alcançar economia tributária lícita se agissem de modo casual, ou que o efeito tributário vantajoso dessa conduta fosse acidental.

Em suma, é altamente recomendável que o contribuinte (pessoa física ou jurídica) faça planejamentos tributários, isto é, se preordene a reduzir sua carga tributária, desde que, é claro, se valha de meios lícitos. O que a ordem jurídica inadmite é que ele aja intencionalmente para esconder do Fisco os fatos tributários.

IV – Retornando à ideia central, a publicação das leis tributárias (que, afinal das contas, sacrificam a riqueza privada) é pressuposto inilidível de sua obrigatoriedade.

111. Cf. Antônio Roberto Sampaio Dória, *Elisão e Evasão Fiscal*, 1ª ed., São Paulo, Lael, 1971, p. 93.

112. Nem sempre o "SIMPLES" é o sistema tributariamente mais vantajoso. Dependendo do caso, convém à empresa optar pelo regime do "lucro presumido". Mas se, mesmo assim, se percebe que as margens de lucro são inferiores às presumidas, é facultado à empresa adotar o sistema do "lucro real" (de resto, obrigatório para as instituições financeiras e para as empresas que têm receita bruta anual superior a 78 milhões de Reais). Todas essas condutas são lícitas e recomendadas pela boa gestão tributária, que busca encontrar meios contábeis e fiscais (evidentemente, lícitos), para reduzir o montante a pagar a título de tributo.

Tributo recolhido com base em lei não publicada é tributo mal-arrecadado e, assim, passível de repetição.

Observamos,a propósito, ser de todo em todo conveniente que as leis tributárias tenham texto claro, no qual não se possa insinuar a dúvida. A respeito, Gilberto de Ulhôa Canto, em lúcido parecer, extrai do *princípio da anterioridade* (à época veiculado pelo art. 141, § 34, da CF/1946), já estudado, o "princípio implícito da obrigatoriedade da certeza e exatidão das leis tributárias".

Aliás, o princípio da segurança jurídica (que será estudado mais adiante) realiza-se por meio: a) do conhecimento e certeza do direito positivo; b) da confiança das pessoas nas instituições públicas e no ordenamento jurídico em geral, enquanto garantidores da paz social; e c) da previsibilidade dos efeitos que derivam da aplicação das normas e das próprias ações ou condutas de terceiros.

Por isso, as normas tributárias devem ser marcadas pela clareza, exatamente para que seus destinatários saibam como comportar-se diante delas. Vai daí que se impõe uma depurada técnica jurídica no processo de elaboração de tais normas, que, além de regularem atos e relações jurídicas em massa, afetam e condicionam a atividade econômica global de todos os cidadãos.

Em resumo, ao editar leis, decretos, portarias etc., o Estado deve empenhar-se em tornar compreensível, para a maioria das pessoas, a legislação tributária. Uma legislação confusa, obscura e incompleta dificulta sua aplicação, além de solapar a certeza do Direito e a confiança que as pessoas nele devem depositar.

5.6 Epítome

A lei ordinária (federal, estadual, municipal ou do Distrito Federal) atravessa diversas fases de elaboração. É, como predica a melhor doutrina, um ato complexo que envolve "várias vontades homogêneas, tendentes a um mesmo fim, que se unem numa só vontade declarada, idônea a produzir certos efeitos jurídicos que não poderiam de modo algum ser alcançados não fosse tal concurso de vontades".[113]

O processo de elaboração da lei ordinária (processo legislativo), disciplinado na Constituição, compreende, como vimos, uma etapa *introdutória* (*iniciativa*), outra, *constitutiva* (*deliberação* e *sanção*), e outra ainda, *complementar* ou *integrativa da eficácia* (*promulgação* e *publicação*).

Pois bem, sendo a lei um ato complexo, ela somente será válida se válidos forem "todos os elementos que devem concorrer para a sua formação".[114] Assim, por exemplo, a sanção do chefe do Executivo não convalida defeito decorrente da deliberação; nula a deliberação, nula a lei, a despeito de sua posterior sanção.

113. Roberto Lucifredi, "Atti complessi", in *Novissimo Digesto Italiano*, 3ª ed., vol. I, t. II, Turim, 1957, pp. 1.500-1.501.

114. D'Alessio, cit. por Manuel María Diez, *El Acto Administrativo*, 2ª ed., Buenos Aires, Depalma, 1961, p. 125.

Também a iniciativa viciada produz ato nulo e, como tal, insuscetível de convalidação. E nem se diga que, no caso, a sanção exprime a ideia de concordância. É que mesmo a concordância do chefe do Executivo que sanciona lei originária de projeto padecente de vício de iniciativa não tem força jurídica suficiente para dissolver a inconstitucionalidade.

6. A revogação das leis tributárias

6.1 Noções básicas

Vamos, agora, cuidar do intrincado problema da vigência das leis no tempo.

Como é sabido e consabido, as leis (*lato sensu*) não se perpetuam no tempo. Como todas as realidades do Universo, elas também se sujeitam ao indomável deus Cronos (do grego *Khrónos, tempo*). Mesmo aquelas que silenciam acerca de seu período de vigência, mais dia, menos dia, cederão passo a novas leis. É que o Direito, em sua dinâmica, está sempre se renovando.

A lei tem, portanto, a capacidade de inovar a ordem jurídica preexistente, ou seja, de *criar* o direito positivo.[115]

Isto pode suscitar vários problemas jurídicos, que devem ser solvidos ao lume da Lei de Introdução às Normas do Direito Brasileiro (nova denominação dada pela Lei 12.376, de 30.12.2010, à *Lei de Introdução ao Código Civil*, veiculada pelo Decreto-lei 4.657/1942) – que, como dizíamos até a 26ª edição deste Curso e já anotamos (subitem 5.1 do cap. V, "Princípio da Anterioridade e Tributação"), não passa de uma lei introdutória de todas as leis (inclusive as tributárias).[116]

6.2 Assuntos paralelos

I – Dispõe o art. 2º da Lei de Introdução às Normas do Direito Brasileiro:

"Art. 2º. Não se destinando à vigência temporária, a lei terá vigor até que outra a modifique ou revogue.

"§ 1º. A lei posterior revoga a anterior quando expressamente o declare, quando seja com ela incompatível ou quando regule inteiramente a matéria de que tratava a lei anterior.

"§ 2º. A lei nova, que estabeleça disposições gerais ou especiais a par das já existentes, não revoga nem modifica a lei anterior.

115. Cf. Aldo Sandulli, "Legge. Forza di legge. Valore di legge", *Rivista Trimestrale di Diritto Pubblico*, 1957, p. 272.

116. O próprio civilista Clóvis Beviláqua implicitamente admitiu isso, ao averbar que os dispositivos da Lei de Introdução ao Código Civil (atualmente, *Lei de Introdução às Normas do Direito Brasileiro*) "compreendem matéria de *direito público*, de hermenêutica e de direito internacional privado" (*Comentários ao Código Civil*, 8ª ed., vol. I, Rio de Janeiro, Livraria Francisco Alves, 1949, p. 91 – os grifos estão no original).

"§ 3º. Salvo disposição em contrário, a lei revogada não se restaura por ter a lei revogadora perdido a eficácia."

Devidamente interpretado, este artigo estabelece que, uma vez em vigor, a lei, desde que não tenha prazo prefixado de vigência (vigência temporária),[117] continua irradiando efeitos no mundo jurídico, até que outra, editada pela mesma pessoa política, disciplinando o mesmo assunto, a revogue (art. 2º, *caput*).

II – Deixando de lado os inúmeros problemas de ambiguidade e indeterminação que a palavra encerra,[118] a *revogação* (do latim *revocatio*, retirada da voz[119]) faz cessar a vigência da lei.[120] Pode ser ***total*** e, neste caso, diz-se *ab-rogação* ou ***parcial***, sendo, agora, chamada de *derrogação*.

Vemos, assim, que, quanto ao termo *ad quem* de sua eficácia, as leis desaparecem, mediante explícita ou implícita revogação. Todavia, são comuns os casos em que a própria lei especifica o termo final de sua eficácia. É o que se dá quando ela: a) aponta expressamente uma data (*v.g.*, até 10 de novembro p.f.); b) indica o período de sua duração (*e.g.*, durante o corrente exercício financeiro); e c) correlaciona o fim de sua operatividade com um acontecimento futuro *certum an*, mas *incertum quando* (por exemplo, até que se celebre a paz).

Já estamos percebendo que as leis deixam de ser eficazes quando ab-rogadas[121] e, no caso das temporárias, quando flui o prazo nelas previsto. A ab-rogação pode dar-se pela declaração expressa do legislador, pela incompatibilidade entre as novas disposições e as precedentes ou, ainda, porque a nova lei regula toda a matéria disciplinada pela anterior.

A revogação da lei é levada a cabo – tornamos a dizer – por outra lei, a ela posterior.

Se este efeito extintivo da eficácia da lei anterior dá-se por força de uma *declaração* contida na lei posterior, fala-se em *revogação expressa*. Isto ocorre quando a lei nova indica qual lei anterior (ou quais os artigos da lei anterior) está revogando.

III – A revogação, porém, pode também ser *tácita*, quando haja uma incompatibilidade entre as novas disposições e as precedentes ou quando a nova lei regula toda a matéria disciplinada pela anterior.

117. São as leis *ad tempus*, que, se não forem revogadas antes que transcorra seu termo final, perdem a eficácia automaticamente. Neste sentido, o art. 2º da Lei de Introdução às Normas do Direito Brasileiro estabelece que a lei deixa de vigorar quando for revogada por outra lei, salvo se tiver vigência temporária.

118. Para o aprofundamento do assunto, v., de Tárek Moysés Moussallem, *Revogação em Matéria Tributária*, São Paulo, Noeses, 2005, especialmente pp. 167-176.

119. Como podemos notar, os antigos romanos já sabiam que o Estado "fala", isto é, manifesta juridicamente sua vontade, por meio das normas jurídicas. Tanto que chamavam de "retirada da voz" (*revocatio*) a expulsão da lei do ordenamento jurídico.

120. Interessante, a respeito, a seguinte observação de Pontes de Miranda: "Revogar é (re)tirar a voz. Voz se põe, voz se tira" (*Tratado de Direito Privado: Parte Geral*, vol. I, Rio de Janeiro, Borsói, 1954, p. 111).

121. Com a ab-rogação a eficácia da lei cessa *ex tunc*, mas ela continua a regular os fatos ocorridos desde sua entrada em vigor ou, no caso da maioria das leis que criam ou aumentam tributos – por força do *princípio da anterioridade* –, desde o momento em que se iniciou sua eficácia. Isto significa que continuam a ser devidos os tributos nascidos em função de *fatos imponíveis* ocorridos durante sua vigência.

A verificação da incompatibilidade da lei nova com a antiga é um desafio que põe à prova a argúcia seja do intérprete, seja do aplicador do Direito. Uma coisa, porém, é incontroversa: a revogação tácita não se presume, devendo, portanto, ser cabalmente demonstrada.

Tal demonstração exige que as *mensagens* (*mens legis*), quer da lei antiga, quer da nova, venham esmiuçadas, justamente para que reine a certeza de que esta última disciplinou de modo diverso o mesmo assunto da anterior. Neste particular valem muito mais as *proposições jurídicas* do que as meras *palavras da lei*.

Em homenagem à segurança jurídica, o intérprete e o aplicador só podem dar pela revogação tácita quando a superposição é onipatente, manifesta e insofismável. Afinal, intérprete e aplicador não são legisladores e nem podem fazer-lhes as vezes, o que ocorreria caso *derrogassem*, via labor exegético, lei que, na realidade, continua em vigor.

IV – Mas já podemos afirmar que, havendo uma incompatibilidade entre duas leis, prevalece a lei posterior, nos pontos em que ela é incompatível com a anterior (art. 2º, § 1º, da Lei de Introdução às Normas do Direito Brasileiro).

Esta é a materialização, pura e simples, do velho *princípio geral de Direito* segundo o qual a lei posterior revoga a anterior (*lex posterius derogat priori*).[122]

V – Julgamos conveniente acentuar, neste ponto, que os artigos de uma lei (divisão básica da generalidade dos diplomas) independem uns dos outros. De conseguinte, nada impede que, por força do fenômeno da revogação, desapareçam uns e permaneçam em vigor outros.

VI – Ainda a propósito do assunto, lembramos que a lei de caráter especial não revoga, nem é revogada, pela lei de caráter geral (art. 2º, § 2º).

De fato, a lei especial circunscrevendo-se a um ponto particular, não altera o disciplinamento geral da matéria.

Logo, a conhecida parêmia *lex specialis derogat generalis* há de ser entendida em termos: a lei especial não revoga a lei geral, mas, apenas, a ela prefere, nos pontos que expressamente regula. Aí não se verifica uma revogação, mas, pelo menos em circunstâncias normais, a aplicação simultânea das duas leis (a geral e a especial).

De sua parte, a lei de caráter geral, conforme acima adiantamos, também não revoga a lei especial (*lex posterior generalis non derogat priori speciali*), a menos que expressamente declare o contrário.

122. A fórmula sacramental "revogadas as disposições em contrário", inserida no final de muitas leis brasileiras, é totalmente inútil, já que, com ela ou sem ela, a lei posterior revoga a anterior, nos pontos colidentes. De resto, cuida-se de *cláusula genérica de revogação*, que, como observa Josep Aguiló, nada acresce e é redundante "em relação ao princípio da *lex posterior*" (*Sobre la Derogación: Ensayo de Dinámica Jurídica*, México, Fontamara, 1995, p. 98).

Não bastasse isso, o art. 9º da Lei Complementar 95/1998, com a redação dada pela Lei Complementar 107/2001 – que encontra *fundamento de validade* no parágrafo único do art. 59 da CF e, por isso mesmo, é de observância obrigatória por parte de todas as pessoas políticas –, é peremptório ao determinar que "a cláusula de revogação deverá enumerar, expressamente, as leis ou disposições legais revogadas".

É o que explica, com propriedade, José de Oliveira Ascensão: "A afirmação, aparentemente lógica, de que a lei geral, por ser mais extensa, incluirá no seu âmbito a matéria da lei especial, que fica revogada, não se sobrepõe à consideração substancial de que *o regime geral não inclui a consideração das condições particulares que justificaram justamente a emissão da lei especial. Por isso ela não será afetada pela simples razão de o regime geral ter sido modificado*".[123]

Logo, no mais das vezes não há revogação, mas *convivência harmônica* entre a lei geral e a lei especial.

A revogação ocorre, porém, sempre que o labor exegético leva à conclusão de que a lei geral pretendeu revogar a lei especial antiga (quando, por exemplo, os regimes especiais antigos deixaram de se justificar).

6.3 A irrepristinabilidade

O outro ponto importante é o que concerne à irrepristinabilidade. Revogada, a lei não mais volta a vigorar, mesmo que desapareça a lei que a revogou. Noutro falar, a lei revogada não se restaura por ter a revogadora perdido a vigência (art. 2º, § 3º, da Lei de Introdução às Normas do Direito Brasileiro).

Em suma, *não há efeito repristinatório em nosso Direito.*

Queremos, com esta afirmação significar que, revogada pela *Lei B*, a *Lei A* desaparece do cenário jurídico e a ele nunca mais torna, mesmo que a *Lei B* venha a ser revogada pela *Lei C*. A revogação da *Lei B* não faz, *ipso facto*, voltar a vigorar a *Lei A*.

O precitado tópico "salvo disposição em contrário" (início do § 3º do art. 2º da Lei de Introdução às Normas do Direito Brasileiro) precisa ser devidamente entendido. O que ele significa, sim, é que nada impede que lei posterior encampe, total ou parcialmente, o *conteúdo* da que já fora revogada. Mas, neste caso, os trechos "apropriados" passam a integrar o texto do novo diploma legislativo.

Voltando ao exemplo supra, pode acontecer de a *Lei C encampar o conteúdo* da antiga *Lei A* (que fora revogada pela *Lei B*). Mas, mesmo nesta hipótese – raríssima, diga-se de passagem –, em vigor estará a *Lei C*, que, só aparentemente,[124] terá o mesmo conteúdo da lei pretérita.

Tudo o que até aqui escrevemos aplica-se às leis tributárias. Apenas observamos que as leis tributárias devem ser revogadas por leis posteriores editadas pela mesma pessoa política.

De fato, no Brasil, em matéria tributária, não é só a União que legisla. Os Estados, os Municípios e o Distrito Federal, cada um dentro de sua esfera de competência,

123. José de Oliveira Ascensão, verbete "Revogação da lei", in *Enciclopédia Saraiva de Direito*, São Paulo, Saraiva, vol. 66, p. 320 (grifamos).

124. Dizemos "só aparentemente", porque o Direito já terá produzido outras normas jurídicas que, interferindo na *Lei C*, farão com que tenha alcance diverso da antiga *Lei A*. De fato, na medida em que não se interpreta nenhuma lei em estado de isolamento, mas, sim, sistematicamente, é fácil inferirmos que, mudando o ordenamento jurídico, o conteúdo da *Lei C* será diferente do conteúdo da antiga *Lei A*. Embora tenha as mesmas palavras da *Lei A*, o significado das mesmas será diferente.

também o fazem. Deste modo, se a lei tributária for federal ela só poderá ser revogada por outra lei federal; se estadual, por outra lei do Estado-membro que a editou; se municipal, por outra lei do Município que a deu à publicidade; do Distrito Federal, por outra lei editada por esta pessoa política.

Quando escrevemos "outra lei", não estamos nos referindo apenas à lei ordinária, mas a todos os atos normativos com *força de lei*, impende dizer que, dentro da "pirâmide jurídica", estão *no mesmo nível hierárquico* ou, se preferirmos, que pertencem ao mesmo escalão. Assim, uma lei ordinária pode ser revogada por uma lei delegada; uma medida provisória por uma lei ordinária; um decreto-lei,[125] por uma lei ordinária; etc.[126]

7. *A legalidade e os deveres instrumentais tributários*

I – Por força do princípio da legalidade, conforme já acenamos, também os deveres instrumentais tributários só podem advir de lei (*lato sensu*).

Examinemos o assunto com maior vagar.

A relação jurídica tributária refere-se não só à obrigação tributária *stricto sensu*, como ao plexo de deveres instrumentais (positivos ou negativos) que gravitam em torno do tributo, colimando facilitar a aplicação exata da norma jurídica que o previu. É desses deveres, de índole administrativa, que a doutrina tradicional, seguindo na traça do Código Tributário Nacional, chama, impropriamente, de "obrigações acessórias", de que, sem mais, passamos a nos ocupar.

Estes deveres foram de primeiro estudados por Renato Alessi, que os nomeou "poderes de contorno". De fato, em torno do tributo emergem outras relações jurídi-

125. O decreto-lei vinha genericamente previsto no art. 55 da CF de 1967/1969 ("O Presidente da República, em casos de urgência ou de interesse público relevante, e desde que não haja aumento de despesa, poderá expedir decretos-leis sobre as seguintes matérias: I – segurança nacional; II – finanças públicas, inclusive normas tributárias; e III – criação de cargos públicos e fixação de vencimentos"). Como procuramos demonstrar em nosso livro *O Regulamento no Direito Tributário Brasileiro* (São Paulo, Ed. RT, 1981, pp. 35-40) era uma lei em sentido material ou, se preferirmos, um ato normativo primário e geral, baixado pelo chefe do Poder Executivo federal. Não estava sujeito a promulgação, mas a edição pelo Presidente da República.

Se o decreto-lei, expressa ou tacitamente, tolhia a eficácia de uma precedente regra jurídica com força de lei federal, dava-se a revogação. Na verdade, uma *revogação resolúvel*, ou seja, que paralisava a eficácia da anterior regra jurídica antinômica, pelo prazo de apreciação do Congresso Nacional, que era de sessenta dias (cf. art. 55, § 1º, da CF de 1967/1969). Ultrapassado este prazo sem que o decreto-lei fosse rejeitado, ele revogava incondicionalmente a anterior regra jurídica antinômica, como bem explicou Clèmerson Merlin Clève (*Medidas Provisórias*, 2ª ed., São Paulo, Max Limonad, 1999, p. 103). Se rejeitado, esta voltava a produzir efeitos, sendo, porém, considerados válidos os "atos praticados durante a sua vigência" (cf. art. 55, § 2º, da CF de 1967/1969).

A recíproca também é verdadeira. Se uma regra jurídica federal (*v.g.*, uma lei ordinária federal) posterior contraditar um decreto-lei, este também resulta revogado.

A Constituição atual (de 1988) não prevê mais a edição de decretos-leis. Os que, no entanto, foram "recepcionados" pela nova ordem constitucional continuam vigorando. Podem, porém, é claro, a qualquer tempo ser revogados.

126. *Mutatis mutandis*, o mesmo fenômeno se dá entre os decretos, as portarias, as instruções, as resoluções etc., que sempre serão revogados por outros atos normativos de mesmo nível hierárquico.

co-tributárias, de conteúdo não patrimonial, que se consubstanciam num fazer, num não fazer ou num suportar. São os deveres instrumentais tributários, impostos pela lei (em sentido lato), seja para os contribuintes (pessoas físicas ou jurídicas), seja para terceiros, sempre no interesse do Fisco.

O primeiro lance de vista sobre nosso direito positivo já nos revela que os contribuintes, bem assim os terceiros a eles relacionados, são, amiudadas vezes, chamados pela lei a colaborarem com a Fazenda Pública. Esta coparticipação traduz-se em comportamentos *positivos* (expedir notas fiscais, fazer declarações, realizar registros, emitir faturas etc.) e *negativos* (manter a escrituração contábil de modo correto, conservar os documentos e os livros fiscais por, pelo menos, cinco anos, tolerar a presença dos agentes fiscais no estabelecimento comercial, para que eles examinem a documentação da empresa, etc.), que tipificam deveres de índole administrativa, cujo objeto não pode ser aferido em pecúnia.

Anote-se que, na medida em que os tributos são a principal fonte de recursos do Estado, é natural que as pessoas físicas ou jurídicas, sendo ou não contribuintes, sempre mais se vejam compelidas, pelas leis, não só a levar ao conhecimento da Fazenda Pública suas operações jurídicas ou de terceiros, como a participar da arrecadação fiscal, por meio de apurações, retenções e repasses.

Daí dizer-se que as pessoas, mesmo quando não contribuintes, têm o inafastável *dever de colaboração* para com a Administração Fazendária, justamente para que o Estado, recolhendo, de modo adequado, seus tributos, disponha dos meios econômicos que o levarão a "construir uma sociedade livre, justa e solidária" (cf. art. 3º, I, da CF).[127]

Doutro canto, como bem lembra Leandro Paulsen, a "colaboração de todos, implicando que os tributos instituídos sejam efetivamente fiscalizados e recolhidos, faz com que possamos ter não apenas a igualdade formal perante a lei, mas também a igualdade na aplicação da lei"[128] – o que leva a uma tributação justa, já que alcança a todos, não apenas no campo normativo, como também no fático.

Ademais, a tributação isonômica prestigia a livre concorrência, já que, evitando que alguns sonеguem, tende a manter o equilíbrio do mercado.

Uma coisa, porém, é certa: não é dado aos deveres instrumentais tributários atropelar direitos subjetivos dos contribuintes ou de terceiros de algum modo a eles relacionados.

II – Impende salientar que tais deveres são encontráveis em todos os vastos patamares do Direito e não só gravitando na restrita órbita dos tributos. Exemplificando, para melhor esclarecer, os motoristas têm o dever de prestar obediência às normas de trânsito, os farmacêuticos são constrangidos a especiais cautelas quando comerciam com substâncias entorpecentes, que podem causar dependência física ou psíquica (in-

127. Isso explica porque mesmo quem não é chamado a pagar o tributo – porque imune, isento ou, até, porque não praticou o *fato imponível* – não se exime, *a priori*, de cumprir *deveres de colaboração*.

128. Leandro Paulsen, *Capacidade Colaborativa: Princípio de Direito Tributário para Obrigações Acessórias e de Terceiros*, Porto Alegre, Livraria do Advogado, 2014, p. 32.

clusive recolhendo a receita médica que as ministrou e preenchendo livros especiais), e assim por diante.

Todos estes deveres, repita-se, não possuem, em si mesmos, cunho patrimonial. Descumpridos, continuam com objeto imensurável, isto é, irredutível ao denominador comum da moeda. A circunstância de, vezes sem conta, seu inadimplemento ensejar multas não infirma esta asserção. Vejamos.

Os deveres instrumentais, sobre nascerem com os atributos inerentes ao *nível eficacial médio* (não necessitando, portanto, para se tornarem exigíveis, de qualquer ato administrativo ulterior), uma vez descumpridos, jamais atingem o *grau eficacial máximo*. Esta característica não passou despercebida à argúcia de Paulo de Barros Carvalho, quando, demoradamente, se debruçou sobre a decadência e a prescrição tributárias.[129] Inadimplida a prestação, que se traduz num fazer, num não fazer ou num suportar, a relação jurídica que veicula um dever extingue-se, cedendo lugar a um liame de índole sancionatória – geralmente a uma penalidade de cunho pecuniário (multa) –, o que, retornando à ideia inicial, demonstra que o "vínculo dos deveres instrumentais nasce e se exaure no padrão eficacial médio".[130]

Além disso, o legislador, ao sancionar o descumprimento de um dever jurídico com uma multa, está se limitando a recorrer a um dos mais corriqueiros expedientes do Direito para impor a obediência de seus mandamentos, isto é, está acenando com medida que vulnera fundo um dos bens mais preciosos da pessoa: a propriedade.

Aliás, cumprido ou não, o dever jurídico remanesce íntegro, a apontar as sendas pelas quais seus destinatários haverão de conduzir-se.

Remarcamos que os deveres instrumentais tributários não se confundem com os tributos. Apenas, por assim dizer, *documentam* a incidência ou a não incidência (*v.g.*, a isenção), em ordem a permitir que os tributos venham lançados e cobrados com exatidão e as isenções se façam corretamente sentir.

III – Fixado mais este ponto, é oportuno tenhamos presente que também nos deveres instrumentais o sujeito ativo possui um crédito sobre o sujeito passivo, vale referir, tem o direito subjetivo de compeli-lo a uma dada prestação, irredutível a elementos econômicos. O crédito se concretiza na faculdade de a Administração, ou alguém por ela, compelir o contribuinte, ou um terceiro, a fazer, não fazer ou suportar alguma coisa.

Feitas estas ligeiras observações, que, segundo cremos, rimam com nosso direito positivo, vamos verificar, agora, qual o fundamento jurídico dos deveres instrumentais tributários.

IV – Em primeiro lugar, aflora com evidência translúcida que, por injunção do princípio da legalidade, que se espraia por todos os setores do Direito, os órgãos da Administração Fazendária podem exigir deveres instrumentais criados por meio de

129. Paulo de Barros Carvalho, *Decadência e Prescrição*, São Paulo, Resenha Tributária, 1976, pp. 87 e ss.

130. Idem, ibidem, p. 99.

lei. Nenhuma entredúvida pode esboçar-se a respeito, porquanto, entre nós, tudo e todos sujeitam-se ao império da lei.

Naturalmente a lei é entendida, neste passo, em sentido lato, agasalhando não só a emanada do Congresso Nacional, das Assembleias Legislativas, das Câmaras Municipais e da Câmara Legislativa (lei *stricto sensu*), como, também, as leis delegadas e as medidas provisórias, desde que, é claro, sejam editadas em obediência ao processo de elaboração que o Código Supremo houve por bem traçar.

Será, porém, que os deveres instrumentais tributários podem nascer de manifestações de vontade da Administração Pública? Pensamos que não. Vamos ver por quê.

Tem-se aduzido que, ao contrário da obrigação tributária, sempre amarrada ao princípio da estrita legalidade, o dever instrumental, desde que não entre em conflito aberto com qualquer lei, pode encontrar seu fundamento de validade num decreto, numa portaria etc. Há quem observe que são lídimos os deveres que promanam de atos administrativos.

Com o devido acatamento, não partilhamos destas noções, boas, talvez, para o estrangeiro, mas improsperáveis em face de nosso ordenamento jurídico. Deveras, estamos convencidos de que a tese atrita com o princípio da legalidade, que domina e informa o direito tributário brasileiro.

Entendemos que os decretos, as portarias, os atos administrativos em geral, só podem existir para tornar efetivo o cumprimento dos deveres instrumentais criados pela lei. Assim, *v.g.*, se ela obriga uma classe de comerciantes a manter livros fiscais, pode o decreto regulamentar estabelecer o tipo, o tamanho e o modelo dos mesmos, bem como a forma de preenchê-los, de modo a facilitar-lhes o manuseio.

Nem se objete que os deveres instrumentais tributários, de tão singelos, são de facílimo cumprimento e que, destarte, nada obsta a que sejam veiculados por meio de atos normativos infralegais.

Esta argumentação, impressionante embora, não é jurídica. De qualquer modo, ainda que verdadeira, não teria o condão de se sobrepor ao precitado princípio da legalidade.

Nem isto, porém, corresponde à realidade dos fatos, pelo menos na maioria dos casos. De regra, para cumprir seus deveres instrumentais, o contribuinte, ou o terceiro a ele ligado, precisa mobilizar pessoal, efetuar gastos (adquirindo livros, mandando imprimir notas fiscais etc.), dispor de espaço (para acondicionar as guias de recolhimento, para possibilitar, aos agentes do Fisco, o exame da documentação etc.), contratar mão de obra especializada (contadores, advogados, economistas etc.), e assim por diante. Tais providências demandam, indubitavelmente, tempo e dinheiro – ou seja, aquilo que a doutrina norte-americana chama de "custos de conformidade" (*compliance costs of taxation*).

E nossa certeza de que só a lei pode criar deveres instrumentais cresce de ponto na medida em que notamos que seu descumprimento resolve-se em sanções das mais diversas espécies, inclusive pecuniárias. Repugna ao senso jurídico que uma pessoa possa ser compelida a pagar multa com base no não acatamento de um dever criado por norma jurídica infralegal.

Diante destas especulações, poderíamos ser induzidos a supor que os decretos, as portarias, os atos administrativos *lato sensu*, no pertinente aos deveres instrumentais, são dispensáveis, já que só lhes é permitido dispor sobre matérias de secundária importância.

Nada menos exato. Usando uma linguagem kelseniana, a lei costuma fixar uma moldura, dentro da qual cabem várias interpretações. Ou, por outros signos, a lei, ao traçar, genericamente, um dever instrumental, abre para o chefe do Executivo um leque de opções e possibilidades. A ele compete, por via de regulamento ou de outro ato normativo infralegal, apontar o caminho mais conveniente, dentro dos parâmetros da lei, a ser palmilhado pela Administração e pelos administrados (quando em contato com esta).

V – Merece também ser registrado que, por vezes, o legislador atribui à Administração Fazendária um objetivo (por exemplo: proceder às medidas necessárias à apuração de uma certa realidade). Será que, nesta hipótese, ele não outorga, igualmente, os meios para atingir este objetivo? Não cremos, já que a lei não pode limitar-se a consentir que a Fazenda crie o dever, ou seja, não pode deferir-lhe uma discricionariedade tão ampla, que lhe permita alterar originariamente a ordem jurídica. Pelo contrário, o texto legal deve determinar o *conteúdo* do dever instrumental tributário, sob pena de flagrante agressão ao *princípio da reserva de lei*. De fato, permitir que o próprio Fisco indique os *elementos essenciais* dos deveres instrumentais tributários é o mesmo que atribuir-lhe *status* de legislador, o que, como não se discute, é vedado por nosso direito positivo.

Dando continuidade a este raciocínio, queremos remarcar que a Constituição, ao prescrever que "ninguém será *obrigado* (...)", evidentemente não está se referindo apenas ao instituto jurídico da obrigação *stricto sensu*. Em outras palavras, não está se limitando a estatuir que ninguém poderá ser compelido a *cumprir uma obrigação* que tenha sido criada por via infralegal (mas permitindo que alguém seja levado a cumprir um *dever*, não imposto pela lei). Somente uma interpretação pedestre é capaz de sustentar tamanho despautério. Em rigor, a própria Filologia nos socorre, indicando que a Constituição, ao estatuir que "ninguém será *obrigado* (...)", está significando que "ninguém será *compelido* (...)".

Em suma, o inciso II do art. 5º da CF exige que os deveres impostos às pessoas brotem de lei.

VI – Por igual modo, a Constituição está emprestando aos termos *fazer* e *não fazer* uma acepção lata, de forma a acomodar não só o *facere* e o *non facere*, como, também, o dar (*dare*) e o suportar (*pati*).

Na verdade, impõe o preceito constitucional ora em destaque que qualquer relação jurídica que implique alguém dar, fazer, não fazer ou suportar algo surja necessariamente de lei.

Em definitivo: os cidadãos não podem ter sua esfera de liberdade restringida, vale dizer, não podem ser compelidos a qualquer comportamento, positivo ou negativo, *senão por meio de lei.*

Com estas ponderações, fácil é percebermos que não é só o tributo (obrigação tributária) que se submete ao princípio da legalidade. Os deveres instrumentais tributários (que a doutrina tradicional, seguindo nas sendas do Código Tributário Nacional, chama, impropriamente, de "obrigações acessórias") também a ele se subsomem, como, aliás, tentamos demonstrar, longamente, em trabalho anterior.[131] Sem repetirmos os argumentos ali alinhados, nele batalhamos no sentido de que nem aos decretos regulamentares, nem aos atos administrativos a eles inferiores (portarias, instruções, pareceres normativos etc.), é dado validamente instituí-los.

Para nossa satisfação, podemos ler em Souto Maior Borges estas lições definitivas:

"Por força do art. 5º, II, qualquer pretensão ao cumprimento de obrigações acessórias deverá ser submetida à regência de lei, e não de atos infralegais do Executivo, como os decretos regulamentares. E compreende-se que assim o seja, porque não é só pela via da exigência de prestações pecuniárias compulsórias que o Estado se insinua nas relações entre os particulares, a demandar-lhes, com voracidade insaciável, uma crescente ordem de obrigações (deveres administrativos) instituídas por simples comodidade burocrática. Porque é muito mais fácil à Administração do que assumi-las, sub-rogar os particulares no exercício de funções que lhe são – a ela, Administração – constitucionalmente atribuídas".[132]

VII – Assinalamos, por outro lado, que a pessoa política só pode criar *deveres instrumentais* correlacionados com os tributos de sua competência.

Nesse sentido, explicitando a Constituição, o art. 113, § 2º, do CTN, ao tratar das denominadas *obrigações acessórias*, corretamente declara que elas têm a função de instituir prestações, positivas ou negativas, "no interesse da arrecadação ou da fiscalização dos tributos".

Destarte, à pessoa política só é dado instituir *deveres instrumentais pertinentes*, isto é, que se ajustem aos tributos de sua competência. De fato, seria ilógico – além de juridicamente inadmissível – que a pessoa política "A" criasse *deveres instrumentais relativos* a tributo de competência da pessoa política "B". Sobretudo quando tais *deveres instrumentais* não estão contemplados nem mesmo na legislação desta última.

A propósito deste assunto tivemos a oportunidade de escrever: "(*a lei ordinária*) pode, também, estabelecer deveres instrumentais que, naturalmente, só vão incidir sobre as pessoas relacionadas, de algum modo, com as exações da competência privativa do ente político que os editou. A título de exemplo, não pode a União, pelo seu Legislativo, dar à publicidade, validamente, deveres instrumentais que pretendam

131. Roque Carrazza, *O Regulamento no Direito Tributário Brasileiro*, São Paulo, Ed. RT, 1981, pp. 19-47.

132. José Souto Maior Borges, "Princípio constitucional da legalidade e as categorias obrigacionais", *RDTributário* 23-24/89 (atualizamos a referência ao artigo constitucional).

disciplinar, para os contribuintes dos Estados e os entes que com estes contribuintes convivem, salvo a própria União, o recolhimento do imposto sobre operações relativas à circulação de mercadoria. Neste caso, a qualquer destinatário da lei é dado insurgir-se contra a medida que lhe cria óbices que só os Estados poderiam lhe impor".[133]

Assim, se a pessoa não estiver, efetiva ou potencialmente, sujeita ao pagamento do tributo (ou não tiver nenhuma relação jurídica com tal pessoa), não pode ser compelida a cumprir *deveres instrumentais tributários* a ele relativos.[134] Admite-se, no entanto, que terceiro, vinculado ao *fato imponível*, seja chamado, por meio de lei, a recolher, na condição de responsável, o tributo devido pelo contribuinte.[135]

Enfim, nenhum ente tributante pode exigir, de contribuinte ou de terceira pessoa a ele relacionada, o cumprimento de *deveres instrumentais* concernentes a tributo que não lhe compete. Como corolário, a Administração Fazendária não está habilitada a punir pessoa sob o fundamento de que descumpriu dever instrumental que não diz respeito a tributo de sua competência.

A proibição em tela deriva do próprio *princípio federativo*, que não admite que uma pessoa política comande o agir arrecadatório ou fiscalizatório de outra ou dê ordens para serem cumpridas por contribuintes (ou terceiros a eles relacionados) quanto a exações de competência tributária alheia.

VIII – Observamos, ainda, que as obrigações acessórias têm caráter instrumental: estão preordenadas ao controle e à prova da ocorrência dos fatos jurídicos tributários (fatos imponíveis), que levarão ao exato recolhimento dos tributos. Servem, pois, como meios auxiliares à cobrança e à fiscalização dos tributos aos quais se conectam.

Tal sentido finalístico vem realçado por Tercio Sampaio Ferraz Jr., *verbis*: "A marca da sua (*das obrigações acessórias*) acessoriedade está, antes, na instrumentalidade para o controle do cumprimento, sendo, pois, uma imposição de fazer. Sujeita-se à relação meio/fim, o que é nuclear, isto, sim, para o exame da sua consistência jurídica".[136]

Quando este escopo é atingido, ou seja, quando não houve danos ao Erário pela falta de recolhimento (ou pelo recolhimento com atraso) de determinado tributo, o eventual cumprimento menos exato de uma obrigação acessória, mormente quando

133. Roque Carrazza, *O Regulamento no Direito Tributário Brasileiro*, São Paulo, Ed. RT, 1981, p. 34 (esclarecemos no parêntese).

134. Juridicamente inadmissível, por exemplo, eventual pretensão da Fazenda Pública do Estado-membro de exigir, de advogado ou médico, a prova de cumprimento de deveres instrumentais tributários relacionados com o ISS.

135. Foi o que autorizou, por exemplo, o art. 6º da Lei Complementar 116/2003, *verbis*: "Art. 6º. Os Municípios e o Distrito Federal, mediante lei, poderão atribuir de modo expresso a responsabilidade pelo crédito tributário a terceira pessoa, vinculada ao fato gerador da respectiva obrigação, excluindo a responsabilidade do contribuinte ou atribuindo-a a este em caráter supletivo do cumprimento total ou parcial da referida obrigação, inclusive no que se refere à multa e aos acréscimos legais".

136. Tercio Sampaio Ferraz Jr., "Obrigação tributária acessória e limites de imposição: razoabilidade e neutralidade concorrencial do Estado", in Heleno Taveira Torres (coord.), *Teoria Geral da Obrigação Tributária: Estudos em Homenagem ao Professor José Souto Maior Borges*, São Paulo, Malheiros Editores, 2005, p. 272 (esclarecemos no parêntese).

tal se deu com boa-fé, não pode acarretar ao contribuinte sanções desmedidas, como, por exemplo, o encargo de pagar novamente o tributo para obter a correspondente Certidão Negativa de Débito/CND.

Atitude fazendária deste jaez, com tipificar formalismo vitando e absurdo, atentaria contra o próprio bom-senso, que, longe de ser incompatível com o Direito, é um valor que sempre deve ser considerado na solução de impasses, antinomias e litígios.

Além disso, não se pode interpretar e aplicar as normas jurídicas por tiras (Eros Grau), em leituras restritas e desconectadas do espírito da legislação.

De fato, uma realidade é ter competência para impor obrigações acessórias *no interesse da arrecadação ou da fiscalização*, e outra é aplicar as regras a elas pertinentes sem o cuidado de verificar as finalidades que levaram à sua edição.

IX – Não se eximem do dever de cumprir deveres instrumentais nem mesmo as entidades que gozam de imunidade tributária, como, por exemplo, as instituições de educação e de assistência social sem fins lucrativos (art. 150, VI, "c", da CF).

Com efeito, as imunidades restringem-se à *obrigação tributária principal*; não aos deveres instrumentais tributários a ela concernentes. Segue-se, assim, que mesmo as pessoas imunes devem, desde que haja lei nesse sentido, escriturar livros, fornecer declarações, emitir faturas, efetuar retenções na fonte de tributos etc.

X – À vista do exposto, pensamos haver demonstrado, de modo irretorquível, que só a pessoa política tributante pode criar deveres instrumentais tributários. Mas – convém que se remarque – sempre por meio de lei.

Aliás, esta ideia agora ganhou uma força ainda maior, na medida em que a Lei 8.137, de 27.12.1990, passou a considerar *crimes contra a ordem tributária* os descumprimentos, por parte dos contribuintes, de deveres instrumentais tributários. De fato, tais infrações, com o advento da referida lei, deixaram de ser simples *ilícitos administrativos*, para tipificarem verdadeiros *ilícitos penais*, apenados, inclusive, com extremo rigor.

Parece óbvio que não tem sentido um contribuinte poder vir a ser condenado a uma pena privativa da liberdade (reclusão ou detenção, conforme a gravidade da infração cometida) pelo descumprimento de um dever instrumental tributário que lhe tenha sido imposto por ato normativo infralegal (decreto, portaria, instrução ministerial, ato administrativo). Pelo contrário, estamos convencidos de que só a lei pode obrigar o contribuinte a prestar declarações, fornecer notas fiscais, manter livros etc. Esta convicção mais se robustece em face do art. 5º, XXXIX, da CF, que preceitua, com todas as letras: "não há crime sem lei anterior que o defina". Ora, os crimes contra a ordem tributária dependem, para se tipificarem, do descumprimento de deveres instrumentais tributários.[137] Estes, portanto, completam (ou vão completar) a norma

137. Atentemos, por exemplo, para os arts. 1º e 2º da Lei 8.137/1990. Prescreve o art. 1º: "Constitui crime contra a ordem tributária suprimir ou reduzir tributo, ou contribuição social e qualquer acessório, mediante as seguintes condutas: I – omitir informação, ou prestar declaração falsa às autoridades fazendárias; II – fraudar a fiscalização tributária, inserindo elementos inexatos, ou omitindo operação de qualquer natureza, em documento ou livro exigido pela lei fiscal; III – falsificar ou alterar nota fiscal,

jurídica penal que criou, *in abstracto*, os mencionados delitos. Devem, pois, também ser criados por meio de lei.

XI – Saliente-se, ainda, que, embora nem sempre o cumprimento dos deveres instrumentais tributários acarrete um decesso no patrimônio dos contribuintes ou de terceiros a eles relacionados, o certo é que, impondo-lhes ações ou abstenções, acaba por afetar-lhes direitos, liberdades e garantias. Exatamente por isso, devem ser instituídos com rigorosa observância dos princípios do *não confisco*, da *proporcionalidade* e da *eficiência*,[138] de sorte a não criarem, para os destinatários, encargos exagerados, ônus financeiros absurdos ou entraves que venham a impedir ou, mesmo, dificultar o regular desempenho de suas atividades profissionais. Eventuais abusos sempre serão corrigíveis pelo Poder Judiciário.

XII – Tudo se conjuga, pois, no sentido de que o cumprimento dos deveres ínsitos às obrigações acessórias é, com frequência, mais oneroso para o contribuinte – mormente quando este for pessoa jurídica – que o próprio recolhimento dos tributos.[139]

Daí por que não é dado ao Poder Legislativo – muito menos à Administração Fazendária –, ainda que a pretexto de facilitar a arrecadação dos tributos ou fiscalizá-la, valer-se do arbítrio, criando deveres instrumentais tributários abusivos ou descabidos. Pelo contrário, estes devem ser marcados pelo equilíbrio e pela racionalidade, onerando o mínimo possível os contribuintes ou os terceiros a estes relacionados.

Cabe, pois ao Estado sopesar se uma pessoa, pelas atividades que exerce ou pela posição que ocupa, está em condições de, sem ônus irrazoáveis, colaborar para que

fatura, duplicata, nota de venda, ou qualquer outro documento relativo a operação tributável; IV – negar ou deixar de fornecer, quando obrigatório, nota fiscal ou documento equivalente, relativa a venda de mercadoria ou prestação de serviço, efetivamente realizada, ou fornecê-la em desacordo com a legislação. Pena – reclusão, de 2 (dois) a 5 (cinco) anos, e multa". Estabelece o art. 2º: "Constitui crime da mesma natureza: I – fazer declaração falsa ou omitir declaração sobre rendas, bens ou fatos, ou empregar outra fraude, para eximir-se, total ou parcialmente, de pagamento de tributo; II – deixar de recolher, no prazo legal, valor de tributo ou de contribuição social, descontado ou cobrado, na qualidade de sujeito passivo de obrigação e que deveria recolher aos cofres públicos; III – exigir, pagar ou receber, para si ou para o contribuinte beneficiário, qualquer percentagem sobre a parcela dedutível ou deduzida de imposto ou de contribuição como incentivo fiscal; IV – deixar de aplicar, ou aplicar em desacordo com o estatuído, incentivo fiscal ou parcelas de imposto liberadas por órgão ou entidade de desenvolvimento; V – utilizar ou divulgar programa de processamento de dados que permita ao sujeito passivo da obrigação tributária possuir informação contábil diversa daquela que é, por lei, fornecida à Fazenda Pública. Pena – detenção, de 6 (seis) meses a 2 (dois) anos, e multa".

138. Estudo feito por Thaís Helena Morando (*A Natureza Jurídica da Obrigação Acessória e os Princípios Constitucionais Informadores*, Programa de Pós-Graduação em Direito da PUC/SP, tese de Doutorado, 2010, inédita) revela que uma empresa, para recolher adequadamente o IRPJ, a CSLL, o PIS e a COFINS, precisa cumprir deveres instrumentais tributários que – contas feitas – exigem dela gastos equivalentes a 30% dos valores somados destes tributos federais. Ora, tais *custos de conformidade* não se coadunam com o *princípio da eficiência*.

139. Realmente, foi-se o tempo em que, para as empresas, cumprir deveres instrumentais tributários era, em última análise, escriturar, manual ou mecanicamente, as notas fiscais ou os livros contábeis. Hoje, com a entrada em cena dos computadores, é preciso contratar funcionários qualificados, com ótimos conhecimentos de informática, adquirir *softwares* caros, manter complexos sistemas de computação etc. – o que, por óbvio, demanda grandes gastos, que em muitos casos superam o valor dos próprios tributos a pagar.

seus próprios tributos ou de terceiros sejam lançados e arrecadados com exatidão. Eventuais excessos sempre poderão ser corrigidos pelo Poder Judiciário.

XIII – Ainda a respeito, muitas vezes a obrigação tributária principal e o dever instrumental tributário nascem de um mesmo fato. É o que ocorre, por exemplo, quando um comerciante pratica uma operação mercantil. Este evento lhe acarreta o dever de recolher o ICMS (obrigação tributária principal) e o encargo de emitir a nota fiscal (dever instrumental tributário).

Outras vezes, porém, a *hipótese de incidência* do dever instrumental tributário é diferente da *hipótese de incidência* da obrigação tributária principal. Tanto é assim, que o comerciante é obrigado, por lei, ainda que não pratique a operação mercantil, a suportar o exame de seus livros fiscais pelos agentes da Receita. Ainda nessa linha – como acima adiantamos –, pessoas imunes à tributação são, não raro, chamadas a cumprir deveres instrumentais tributários. Além disso, mesmo quando extinta a obrigação principal pelo pagamento, perduram deveres instrumentais tributários do tipo fazer declarações, conservar, por cinco anos, os documentos que comprovam a ocorrência da causa extintiva do crédito tributário etc. Aos deveres instrumentais tributários não se aplica, pois, a clássica parêmia *acessorium sequitur suum principale*.[140]

Em suma, os deveres instrumentais tributários têm, como já se disse, *vida própria*, seguindo regime jurídico independente do das obrigações tributárias principais. Vai daí que, em rigor, o acessório, em relação aos tributos, são os seus consectários diretos: juros, multas, correção monetária etc.

8. O "desvio de poder" no exercício da função legislativa tributária. Sua inconstitucionalidade

Como vimos, é a lei que vai colmear as estruturas constitucionais, inclusive no que concerne à vida financeira e tributária da pessoa política que a edita.

Entretanto, ao alterar a ordem jurídica, o Poder Legislativo deve levar em conta o legítimo interesse público. Quando exercita sua competência de acordo com interesses subalternos (*v.g.*, os meramente partidários), afastando-se dos fins superiores que lhe são apontados pela Constituição, comete verdadeiro *desvio de poder*.

O *desvio de poder* – conquanto mais frequentemente associado aos atos administrativos – também pode se fazer presente, como vício dos atos legislativos, de modo a tisná-los de inconstitucionalidade.

Noutras palavras, o *desvio de poder*, no que concerne ao Legislativo, é um vício, de natureza objetiva, caracterizado pelo desencontro entre o conteúdo da lei e aquele que seria o adequado à consecução dos fins traçados pela Constituição.

Pedro Estevam A. P. Serrano, em excelente monografia, pondera: "Por mais evidente que seja o exercício das competências legiferantes – e ainda que cobertas pelo Judiciário com o manto da intangibilidade dos elementos subjetivos da vontade política do legislador – elas não podem ser tidas com a capa protetora do arbítrio,

140. Esta, aliás, é mais uma razão para evitarmos a expressão "obrigação acessória".

da irrazoabilidade e da desproporção, e muito menos do descumprimento dos fins constitucionais".[141]

Melhor dizendo, conquanto o legislador tenha ampla margem de liberdade para atuar, deve fazer uso de sua competência, tendo em mira os fins assinalados pela Constituição. A discricionariedade legislativa – como, de resto, qualquer tipo de discricionariedade – possui fronteiras e limites. Ultrapassados, ingressa-se na seara da arbitrariedade, que tipifica uma *violação de direito*, no sentido próprio da expressão.

De fato, inexiste competência sem limites, uma vez que o Estado de Direito não se compadece com a atuação arbitrária, ou seja, limitada apenas pelos desígnios do produtor da norma.

Estamos percebendo que, onde há discricionariedade, inclusive legislativa, há campo próprio para que surja (embora isto não seja desejável) o *desvio de poder*. Tal fenômeno dá-se quando os limites da competência são ultrapassados, em nome de interesses menores.

Ou, como preleciona Celso Antônio Bandeira de Mello, "(...) entende-se por desvio de poder a utilização de uma competência em desacordo com a finalidade que lhe preside a instituição".[142]

Em suma, a validade da lei também depende da observância da finalidade apontada na norma constitucional, que lhe dá respaldo.

Tal a lição, sempre acatada, do jurista carioca Caio Tácito:

"No exercício de suas atribuições e nas matérias a eles afetas, os órgãos legislativos gozam de discricionariedade peculiar à função política que desempenham.

"Temos, contudo, sustentado a necessidade de temperamento da latitude discricionária de ato do poder legislativo, ainda que fundado em competência constitucional e formalmente válida.

"O princípio geral de Direito de que toda e qualquer competência discricionária tem como limite a observância da finalidade que lhe é própria, embora historicamente vinculado à atividade administrativa, também se compadece, a nosso ver, com a legitimidade da ação do legislador."[143]

Estamos percebendo, pois, que é possível admitir um desvio de poder do Legislativo, fora dos casos clássicos de inconstitucionalidade.

Esta é uma forma sutil – e, bem por isso, muito mais insidiosa – de inconstitucionalidade da lei. Afinal, o respeito à finalidade constitucional é *conditio sine qua non* da constitucionalidade dos atos legislativos.

Reforçando a assertiva, a adoção, pelo Poder Legislativo, de finalidade diversa daquela que a Lei Magna aponta, é causa de inconstitucionalidade da lei, a ser declarada pelo Poder Judiciário.

141. Pedro Estevam A. P. Serrano, *O Desvio de Poder na Função Legislativa*, São Paulo, FTD, 1997, p. 88.

142. Celso Antônio Bandeira de Mello, *Discricionariedade e Controle Jurisdicional*, 2ª ed., 11ª tir., São Paulo, Malheiros Editores, 2012, p. 56.

143. Caio Tácito, "Desvio de poder legislativo", *RTDP* 1/66, 1993.

O desvio de Poder Legislativo torna inconstitucional a lei, justamente pelo descompasso entre os interesses subalternos que atende e os objetivos superiores que a Carta Magna a manda perseguir.

Tal ocorreria, por exemplo, se o Legislativo, com o maldissimulado escopo de inviabilizar o Governo, aprovasse uma lei, concedendo uma *anistia fiscal*. Os interesses políticos subjacentes, não encampados pelas normas constitucionais que permitem que as pessoas políticas legislem em matéria tributária e financeira, invalidariam tal lei.

A ilegitimidade no uso de uma competência discricionária (aquilo que Renato Alessi chama de "motivos ilegítimos"[144]) permitir-nos-ia falar, no caso, em *desvio de Poder Legislativo*. Sim, porque haveria, aí, um nítido conflito entre a norma constitucional (que permite venham editadas leis tributárias e financeiras) e a norma legal que, longe de visar ao interesse público, teria por meta prejudicar o Erário e, por via oblíqua, a atuação do chefe do Executivo.

Sabemos que nem sempre é fácil demonstrar esta transgressão à ordem jurídica, especialmente quando o legislador, a pretexto de atender ao interesse público, age movido por intuitos de perseguição ou favoritismo.

A respeito, Celso Antônio Bandeira de Mello faz, como de hábito, observações lapidares: "É preciso de um lado, identificar a má intenção e, de outro, fazer-lhe a prova. Ressaltam os estudiosos que, de regra, quem age mal-intencionado procura cintar-se de cautelas, precatando-se contra os riscos de exibir ou entremostrar sua incorreção. Daí que procura disfarçar o vício, cercando-se de pretensas justificativas para o ato, a fim de encobrir-lhe a mácula".[145]

É por isso que, segundo esclarece Jean Rivero,[146] em França, o *Conselho de Estado* procura menos uma prova manifesta do que uma convicção que pode resultar de um *feixe de indícios convergentes*.

Também García de Enterría observa que no *desvio de poder* a prova não pode ser plena, uma vez que não é presumível que o ato viciado traga *confissão expressa* de que o fim que o anima é outro, distinto daquele preconizado na ordem jurídica.[147]

O mesmo diz Agustín Gordillo quando pondera que para a constatação do vício do *desvio de poder* são suficientes provas indiciárias ou elementos circunstanciais.[148]

Assim, a bem da verdade, não se pode pretender uma prova cabal da ocorrência do desvio de poder, mas, apenas e tão somente, a constatação de uma série de indícios e elementos circunstanciais que, somados, conduzam à convicção de que ele se deu.

144. Renato Alessi, *Instituciones de Derecho Administrativo*, t. I, trad. de Buenaventura Pellisé Prates, Barcelona, Bosch, Casa Editorial, 1970, p. 331.

145. Celso Antônio Bandeira de Mello, *Discricionariedade e Controle Jurisdicional*, cit., 2ª ed., 11ª tir., pp. 77-78.

146. Jean Rivero, *Droit Administratif*, 13ª ed., Paris, Dalloz, 1990, p. 322.

147. Eduardo García de Enterría, *Curso de Derecho Administrativo*, 4ª ed., Madri, Civitas, 1983, p. 443.

148. Agustín Gordillo, *Tratado de Derecho Administrativo*, t. I, Buenos Aires, Macchi, 1975, p. 33.

9. A irretroatividade das leis tributárias

I – O Estado de Direito traz consigo a segurança jurídica e a proibição de qualquer arbitrariedade.

Nele impera a lei e, mais do que isso, a certeza de que da conduta das pessoas não derivarão outras consequências jurídicas além das previstas, em cada caso e momento, pela lei já vigente.

Estamos notando que a segurança jurídica vem reforçada pelo *princípio da irretroatividade das leis*, que, em nosso País, tem assento na própria Constituição (tanto quanto o próprio *princípio da legalidade*). De fato, o art. 5º, XXXVI, da Carta Magna, ao estabelecer que "a lei não prejudicará o direito adquirido, a coisa julgada e o ato jurídico perfeito", implicitamente exige que ela não retroaja. Por outro lado, o art. 150, III, "a", do mesmo Diploma Excelso, expressamente impede que a lei que cria ou aumenta tributos alcance fatos ocorridos antes do início de sua vigência.[149]

Quando o Poder Legislativo edita leis retroativas, alteram-se as condições básicas do Estado de Direito, já que se quebra irremediavelmente a confiança que as pessoas devem ter no Poder Público. Com efeito, se isto acontecer, elas já não terão segurança, pois ficarão à mercê não só do Direito vigente (o que é correto e normal), como também de futuras e imprevisíveis decisões políticas, que se podem traduzir em regras retroativas. Se isto acontecer, o Estado de Direito soçobra.

A segurança jurídica, um dos pilares de nosso Direito, exige, pois, que as leis tributárias tenham o timbre da irretroatividade. Afinal, a necessidade de assegurar-se às pessoas a intangibilidade dos atos e fatos lícitos já praticados impõe sejam as leis tributárias irretroativas.[150]

Deveras, se as exigências do princípio da legalidade pudessem ser atendidas por meio de uma simples lei formal, ainda que retroativa, isto é, reportável a acontecimentos passados, a garantia de segurança às pessoas que ele encerra seria, mais do que despicienda, inexistente. De que valeria o tributo ser criado ou aumentado só por meio de lei, se esta pudesse livremente alcançar fatos ou situações já consumados? Mal comparando, seria o mesmo que trancafiar um criminoso numa cela dando-lhe a chave da porta, com a qual, a qualquer tempo, poderia tranquilamente evadir-se.

Em resumo, a irretroatividade da lei protege o contribuinte contra o arbítrio do Estado, que não pode modificar, para pior, situações fiscais (i) já consolidadas ou (ii) já aperfeiçoadas, embora ainda pendentes de condição.

149. O art. 150, III, "a", da CF impede sejam cobrados tributos "em relação a fatos geradores ocorridos antes da vigência da lei que os houver instituído ou aumentado". Há, aí, uma impropriedade técnica, pois, antes da vigência da lei que cria *in abstracto* o tributo, o fato que ocorre no mundo fenomênico nunca é "gerador" (ou "imponível"). Somente ganha esta conotação jurídica quando se subsome a uma hipótese de incidência, traçada pela lei.

O dispositivo constitucional é escorreito apenas quando a *lei nova* aumenta retroativamente (o que é vedado) um tributo. Aí, sim, pode-se corretamente falar em "fatos geradores ocorridos antes da vigência da lei".

150. Vemos, destarte, que o princípio da segurança jurídica acaba por erradicar a legislação retroativa (mais, até, que o próprio *direito adquirido*, de conceituação sempre tão problemática).

II – O assunto, como já podemos perceber, é presidido pelo aforismo *tempus regit actum*. Melhor explicando, a lei em vigor à época da ocorrência do fato imponível (acontecimento do mundo fenomênico que coincide com o fato descrito na hipótese de incidência tributária) é que há de ser aplicada. Portanto, o princípio da legalidade dos tributos conduz-nos à necessária anterioridade da lei tributária em relação ao fato imponível.

O princípio da legalidade, tal como exteriorizado nos arts. 5º, II, e 150, I, ambos da CF, contém implícita a vedação à retroatividade. No Brasil não pode haver tributo sem prévia descrição legal. Assim como, em matéria penal, o princípio da legalidade veio a consubstanciar-se na regra de ouro *nullum crimen nulla poena sine praevia lege*,[151] ele acabou forjando, em matéria tributária, a análoga sentença *nullum vectigal sine praevia lege*.[152]

Em síntese, a lei deve ser anterior ao fato imponível, e não o fato imponível anterior à lei.

Lei retroativa, é oportuno assertoar, é aquela que rege fato ocorrido antes de sua vigência. Ou, se quisermos: há retroatividade quando a lei alcança atos ou situações já consumados antes de sua entrada em vigor, adjudicando-lhes determinados efeitos jurídicos.[153]

A regra geral, pois, é no sentido de que as leis tributárias, como, de resto, todas as leis, devem sempre dispor para o futuro. Não lhes é dado abarcar o passado, ou seja, alcançar acontecimentos pretéritos. Tal garantia confere estabilidade e segurança às relações jurídicas entre Fisco e contribuinte.

III – A lei tributária, pois, deve ser irretroativa. Tratando-se de lei que cria ou aumenta tributo, esta regra é absoluta, isto é, não admite exceções.

É certo que, por razões ideológicas que nosso Direito encampou, aceita-se que algumas leis tributárias retroajam, *desde que elas assim o estipulem*. São as que, de alguma forma, beneficiam o contribuinte (*lex mitior*), como as que lhe concedem um parcelamento, um prazo mais lato para o recolhimento do tributo, um crédito presumido etc. Em todos estes casos, no entanto, a lei deverá levar em conta o princípio da igualdade.

Também leis tributárias há que necessariamente retroagem, porquanto sempre se reportam a fatos passados. É o caso das leis remissivas e das leis anistiantes.

151. O direito sancionador do Estado (*ius puniendi*), que, de algum modo, investe contra a liberdade e a propriedade das pessoas, depende, para ser validamente exercitado, da prévia manifestação do Poder Legislativo. O que estamos querendo significar, em última análise, é que a lei penal deve ser anterior ao fato típico (*lex praevia*), e nunca o fato típico anterior à lei penal. Como já constava da *Declaração Universal dos Direitos do Homem e do Cidadão*, "ninguém pode ser punido senão em virtude de uma lei estabelecida e promulgada antes do delito e legalmente aplicada" (art. 8º).

152. A Constituição brasileira garante a irretroatividade das leis penais e, implicitamente, das leis desfavoráveis ou restritivas de direitos individuais.

153. *V.g.*, fazendo nascer tributos.

O mesmo podemos dizer das leis que, de algum modo, vêm em detrimento dos contribuintes: somente poderão projetar efeitos para o futuro; jamais lhes será dado abarcar o passado, repercutindo negativamente sobre situações consumadas.

Vale, a respeito, a clássica lição de Victor Nunes Leal: "No moderno *Estado de Direito*, também chamado regime da legalidade, toda a atividade dos cidadãos e do Poder Público está condicionada a normas gerais preexistentes".[154]

Em suma, *nunca* as leis que agravam a situação dos contribuintes poderão retroagir. Qualquer que sinalize neste sentido será inconstitucional.

IV – Ressaltamos que as leis penais que beneficiam o infrator sempre retroagem, mercê do que dispõe o art. 5º, XL, da Constituição da República ("A lei penal não retroagirá, salvo para beneficiar o réu).[155] Já, as leis tributárias benéficas, à míngua de disposição constitucional análoga, retroagirão, ou não, ao talante da *mens legis* (vontade do Estado).[156] Se houver silêncio acerca desta questão, prevalecerá a regra geral, e mesmo a lei tributária benéfica será irretroativa.

V – Há quem queira – seguindo na traça do art. 106, I, do CTN – que a lei tributária *interpretativa* retroage até a data da entrada em vigor da lei tributária *interpretada*. Discordamos, até porque, no rigor dos princípios, não há leis interpretativas. A uma lei não é dado interpretar uma outra lei.[157] A lei é o direito objetivo e inova inauguralmente a ordem jurídica. A função de interpretar leis é cometida a seus aplicadores,

154. Victor Nunes Leal, "Lei e regulamento", in *Problemas de Direito Público*, Rio de Janeiro, Forense, 1960, p. 60.

155. Ora, se "a lei penal não retroagirá, salvo para beneficiar o réu", segue-se, *a contrario sensu*, que a lei penal retroagirá sempre que beneficiar o réu. A lei penal mais benigna tem aplicação retroativa, inclusive em relação à coisa julgada, ao processo de execução da pena e a todos os seus incidentes.

156. É claro que, aqui, não estamos tratando das leis tributárias de caráter sancionatório, que estão no campo do direito tributário penal (*v.g.*, das que estipulam *multas fiscais*). Estas podem ser consideradas *leis penais "lato sensu"*, a elas também se aplicando a eficácia retroativa da *lex mitior*.

Tal afirmação em nada é prejudicada pelo fato de a Lei Maior empregar, no susocitado art. 5º, XL, as expressões "lei penal" e "réu", o que poderia conduzir à equivocada interpretação de que se estaria diante de preceito aplicável apenas ao campo do direito penal em sentido estrito.

Ao revés, não temos nenhuma dúvida em sustentar a plena possibilidade de generalização que o texto constitucional comporta, visando a atender a reclamos ínsitos ao próprio conceito de Justiça Fiscal.

Com efeito, do mesmo modo pelo qual não se aceita, no campo do direito tributário, a imposição de penalidades oriundas de lei posterior à ocorrência dos fatos sancionados, também haverão de ser considerados, integralmente, os efeitos pretéritos da lei mais favorável ao contribuinte em matéria de sanções fiscais.

De resto, a diretriz aqui defendida encontra adequado agasalho no preceito do art. 106, II, "c", do CTN: "Art. 106. A lei aplica-se a ato ou fato pretérito: (...) II – tratando-se de ato não definitivamente julgado: (...) c) quando lhe comine pena menos severa que a lei vigente ao tempo de sua prática".

O *princípio da benignidade*, portanto, é expressamente aplicável às multas fiscais, e tal aplicabilidade, como é óbvio, não exige confirmação expressa por parte da *lex mitior*, já que veiculado em norma constitucional e, como se isto não bastasse, transformado em *norma geral em matéria de legislação tributária*. Podemos dizer, pois, que é atributo do sistema e imperativo dos valores jurídicos por ele acolhidos.

157. Inconstitucional, segundo pensamos, o art. 3º da Lei Complementar 118, de 9.2.2005, que prescreve: "Art. 3º. Para efeito de interpretação do inciso I do art. 168 da Lei n. 5.172, de 25 de outubro de 1966 – Código Tributário Nacional, a extinção do crédito tributário ocorre, no caso de tributo sujeito a lançamento por homologação, no momento do pagamento antecipado de que trata o § 1º do art. 150 da referida lei".

basicamente ao Poder Judiciário, que aplica as leis aos casos concretos submetidos à sua apreciação, definitivamente e com força institucional. Ravà, com toda a razão, demonstra que o acolhimento das chamadas "leis interpretativas" cria um círculo vicioso, uma vez que elas também devem ser interpretadas. Isto fatalmente acabaria por acarretar uma série infinita de interpretações (... *per cui potrebe andare all'infinito*).

VI – Podemos aceitar, ainda, a retroatividade da lei tributária – como argutamente observava Gian Antonio Micheli – que corrige uma situação de inconstitucionalidade. Isto é fácil de entender: a lei anterior não era uma verdadeira lei, mas um *simulacro* de lei. A nova lei apenas confirmou a pujança da Constituição.

Mesmo neste caso, porém, à nova lei não é dado – em homenagem ao princípio da segurança jurídica – agravar a situação do contribuinte. Afinal, toda e qualquer lei (mesmo a lei só na aparência) goza – até que o Judiciário, quando provocado, decida definitivamente em contrário – de uma presunção de constitucionalidade. Deste modo, o contribuinte que, cumprindo requisitos contidos em lei ao depois judicialmente declarada inconstitucional, fruiu de um benefício (*v.g.*, de uma isenção) não pode ter sua condição piorada (cf. art. 5º, XXXVI, da CF).

Portanto, detalhando melhor a ideia, retroage a lei tributária que corrige situação de inconstitucionalidade, desde que, ao fazê-lo, não agrave a situação do contribuinte, ferindo o *direito adquirido*, o *ato jurídico perfeito* ou a *coisa julgada*.

No mais, porém, aplica-se a velha lição de Walker, repetida por João Barbalho: "Leis retroativas, só os tiranos as fazem, e só os escravos se lhes submetem".[158]

Este art. 3º da Lei Complementar 118/2005 traz à tona matéria já pacificada no STJ no sentido de que, nos tributos sujeitos a lançamento por homologação, o prazo prescricional da ação de repetição do indébito tributário (art. 168 do CTN) é de cinco anos, contados da ocorrência do *fato imponível*, acrescidos, na falta de homologação expressa, de mais um quinquênio – o que resulta num prazo de dez anos (tese dos "cinco mais cinco"). O Governo, com o aludido dispositivo, pretende modificar, pela via legislativa, a interpretação – boa ou má, não importa – consagrada pela jurisprudência pátria – o que se nos afigura juridicamente impossível. De fato, o Poder Legislativo entrou em testilhas com os princípios da separação dos Poderes e da segurança jurídica, já que "modificou" entendimento consolidado do Poder Judiciário. A inconstitucionalidade legislativa, positivamente, não pode prosperar.

Também não condescendemos com a tese de que os efeitos deste art. 3º possam retroagir, de modo a alcançar atos ou fatos pretéritos, inclusive os pendentes de julgamento definitivo pelo Poder Judiciário.

158. Feriu, a nosso ver, o princípio da irretroatividade (além de outros) o Decreto-lei 2.047, de 20.7.1983, que instituiu um empréstimo compulsório sobre os rendimentos isentos, não tributáveis ou tributados exclusivamente na fonte pela legislação do imposto sobre a renda, no exercício de 1983, ano-base de 1982, de total superior a cinco milhões de cruzeiros, como se lê em seu art. 2º.

Este artigo, mandando tributar quem, no passado, foi considerado legalmente isento do pagamento do imposto sobre a renda, não é nem uma lei tributária benéfica, nem uma lei interpretativa, nem, muito menos, uma lei que corrige situação de inconstitucionalidade.

Temos, portanto, que o dispositivo em exame é inconstitucional, porque veicula uma lei *ex post facto*.

É certo que a Fazenda Nacional, querendo justificar esta descabida cobrança, sustentou que a alusão que o art. 2º do Decreto-lei 2.047/1983 faz a rendimentos não tributáveis de 1982 é um *parâmetro* que, conjugado com a alíquota de 4% (art. 3º), indicará, com absoluto grau de certeza (uma vez que as declarações de rendimentos referentes àquele exercício já foram entregues e processadas), o *quantum* do tributo que cada contribuinte haverá de suportar.

Esta argumentação, pueril e sofística, de que não se está tributando fatos que se perfizeram juridicamente, pode, talvez, embevecer os simples, mas não há de satisfazer os conhecedores do Direito.

Temos por indisputável, pois, que é, por todos os títulos, inconstitucional a lei tributária *ex post facto* (Araújo Castro). Outra inteligência justificaria a instalação do império da incerteza nas relações entre o Fisco e o contribuinte, o que contrariaria o regime de direito público e o próprio princípio republicano.

Demais disso, a ação do Fisco deve ser *previsível*. Em nome desta previsibilidade, a lei que cria ou aumenta um tributo não pode alcançar fatos ocorridos em época anterior à de sua entrada em vigor. Sem este penhor de confiança, toda a vida jurídica do contribuinte perigaria.[159]

Com efeito, qual é, então, a materialidade da hipótese de incidência deste empréstimo compulsório criado pelo Decreto-lei 2.047/1983?

Evidentemente, ninguém há de sustentar – nem mesmo a Administração Fazendária – que é a ocorrência da calamidade pública. Esta foi, sim, o *pressuposto* da edição do decreto-lei em pauta.

Por igual modo, só mesmo escarnecendo da inteligência alheia é que se dirá que o nascimento do "empréstimo-calamidade" é devido ao fato de, em 1983, uma pessoa física exibir uma situação expressiva de obtenção de certos rendimentos, em 1982.

Com verdade, é imperioso remarcar que este tributo tinha por hipótese de incidência o fato de uma pessoa física haver, em 1982, auferido rendimentos isentos, não tributáveis ou tributados exclusivamente na fonte de valor superior a cinco milhões de cruzeiros.

Deste modo, é incontendível que o vício da retroatividade tisnou, irremediavelmente, este decreto-lei.

Este tributo poderia, talvez (se a legislação fosse vazada em outros moldes), incidir sobre rendimentos obtidos no exercício de 1984. Nunca jamais sobre rendimentos obtidos em 1983; muito menos sobre rendimentos obtidos em 1982, quando este decreto-lei nem sequer existia e que não foram tributados porque a lei que estava em vigor, à época, os considerava isentos do imposto sobre a renda.

Tentaremos ser mais precisos: em 1982, a lei em vigor isentou certos rendimentos do pagamento do imposto sobre a renda. Ela incidiu e esgotou sua eficácia. Irradiou todos os seus efeitos.

O contribuinte beneficiado por tal lei viu reconhecido seu direito subjetivo de não pagar imposto sobre alguns de seus rendimentos.

Muito bem, como pode um decreto-lei revolver o passado e mandar tributar quem auferiu rendimentos considerados isentos pela própria Fazenda Nacional? Acaso tais isenções eram ilegais ou inconstitucionais? É claro que não, e o próprio Decreto-lei 2.047/1983 a isto não alude.

Ora, se a lei que isentou o contribuinte era constitucional e se ela já incidiu, então fez nascer um ato jurídico perfeito (igualmente imutável). Lei alguma podia alterá-lo.

Aliás, debruçando-se sobre o interessante problema da aplicação das leis administrativas no tempo, o afamado jurista Celso Antônio Bandeira de Mello teve o ensejo de averbar: "Em suma: porque (*a lei*) visa reger aquilo que ora existe ou que ainda vai existir, não atinge o que já sucedeu. Respeita fatos e situações que se criaram no passado e cujos efeitos nele se *esgotaram* ou simplesmente se *perfizeram juridicamente*. Com isto em nada se afeta aquilo que já se passou e acomodou na poeira dos tempos, ressalvada uma possível retroação benéfica. Esta é a simples aplicação da *teoria* da irretroatividade dos comandos normativos gerais e abstratos" (*Ato Administrativo e Direito dos Administrados*, 1ª ed., São Paulo, Ed. RT, 1981, p. 112; esclarecemos. Os grifos são do autor).

Ao cabo desta cita, percebemos que, em nosso País, os fatos consumados sob a égide de uma lei são imutáveis.

Assim, os rendimentos obtidos em 1982 nunca poderiam ser tributados com base numa lei (decreto-lei) de 1983.

A propósito, o STF, no RE 111.954-3-PR, 1ª Turma, j. 1.6.1988, rel. Min. Oscar Corrêa, v.u., declarou a inconstitucionalidade do Decreto-lei 2.047, de 20.7.1983 (*RDTributário* 44/108 a 121), citando, inclusive, trechos de palestra que proferimos, sobre o assunto ("O chamado 'empréstimo-calamidade'", publicado na *RDTributário* 27-28/193-212).

159. Revolta nossa consciência jurídica possam fatos já consumados serem colhidos por *novas* normas jurídicas, ainda mais quando isto vem em desabono dos interesses das pessoas. Dando eco a este sentimento, nossa Constituição prescreve que "a lei não prejudicará o direito adquirido, o ato jurídico perfeito e a coisa julgada" (art. 5º, XXXVI).

VII – Acrescentamos, com Misabel Derzi, que o *princípio da irretroatividade* deve alcançar, também os atos do Executivo e as decisões judiciais, já que o que vale para o legislador, precisa valer, igualmente, para o administrador público e para o juiz. Como observa esta preclara jurista "a Administração e o Poder Judiciário não podem tratar os casos que estão no passado de modo que se desviem da prática até então utilizada, na qual o contribuinte tenha confiado".[160] Isto absolutamente não significa que a jurisprudência (administrativa ou judicial) não possa ser alterada, mas, apenas, que, uma vez alterada, só pode alcançar os casos futuros.

Desenvolvamos estas ideias.

VIIa – Também no âmbito administrativo a irretroatividade é de rigor.

É certo que a Administração Pública pode rever seus próprios atos, melhor os ajustando aos ditames constitucionais e legais.

Ocorre, porém, que quaisquer atos administrativos que alterem a orientação do Estado sobre uma dada matéria devem limitar seus efeitos para o futuro, deixando, assim, intocadas as situações passadas.[161]

Por igual modo, a Administração Fazendária não pode tratar eventos pretéritos de modo a fazer com que se desviem da prática até então consagrada e na qual o contribuinte confiou para, por exemplo, estruturar seus negócios.

Sendo mais explícitos, os novos *critérios jurídicos* adotados pela Administração Fazendária não podem retroagir para prejudicar os contribuintes, sob pena de manifesta afronta ao disposto no art. 146 do CTN, que estabelece: "Art. 146. A modificação introduzida, de ofício ou em consequência de decisão administrativa ou judicial, nos critérios jurídicos adotados pela autoridade administrativa no exercício do lançamento *somente pode ser efetivada, em relação a um mesmo sujeito passivo, quanto ao fato gerador ocorrido posteriormente à sua introdução*".[162]

Frisamos, *en passant*, que este dispositivo outra coisa não faz senão formalizar, no plano das *normas gerais em matéria de legislação tributária* (art. 146, III, da CF), o magno princípio constitucional da segurança jurídica.

Aliás, é justamente este o pensamento de Luciano da Silva Amaro, para quem o art. 146 do CTN veda:

"(...) a aplicação de novos critérios jurídicos a *fatos geradores ocorridos* antes da introdução desses critérios (que não necessariamente terão sido já objeto de *lançamento*). Se, quanto ao fato gerador de *ontem*, a autoridade não pode, *hoje*, aplicar novo critério jurídico (diferente do que, no passado, possa ter aplicado em relação a outros fatos geradores atinentes ao mesmo sujeito passivo), a questão não se atém (ou

160. Misabel Derzi, *Notas* às *Limitações Constitucionais ao Poder de Tributar*, de Aliomar Baleeiro (7ª ed., Rio de Janeiro, Forense, 1997), p. 193.

161. Vem ao encontro desta ideia o inciso XIII do parágrafo único do art. 2º da Lei 9.784/1999, *verbis*: "Parágrafo único. Nos processos administrativos serão observados, entre outros, os critérios de: (...) XIII – interpretação da norma administrativa da forma que melhor garanta o atendimento do fim público a que se dirige, vedada aplicação retroativa de nova interpretação".

162. Grifamos.

não se *resume*) à revisão de lançamento (velho), mas abarca também a *consecução* de lançamento (novo). É claro que, não podendo o novo critério ser aplicado para lançamento *novo* com base em fato gerador ocorrido antes da introdução do critério, com maior razão este também não poderá ser aplicado para *rever* lançamento *velho*. Todavia, mais do que *lançamentos* anteriores, o que o preceito estaria resguardando contra a mudança de critério são *fatos geradores* passados. (...).

"Na prática, isso significa que o Fisco teria de primeiro divulgar o novo critério para depois poder aplicá-lo nos *lançamentos futuros* pertinentes a *fatos geradores também futuros* (em relação a sujeito passivo que, no passado, tenha tido obrigação lançada por outro critério)."[163]

O art. 146 do CTN permite, em última análise, que o contribuinte desenvolva naturalmente suas atividades, não se sujeitando retroativamente a alterações normativas que possam prejudicá-lo, em seus contatos com o Fisco.

Sempre a propósito do art. 146 do CTN, Aliomar Baleeiro anota, em seu clássico *Direito Tributário Brasileiro*:

"**Modificação de Critérios.** Já vimos que entre as normas complementares das leis, tratados e decretos integrantes da *legislação tributária*, tal como está conceituada nos arts. 96 a 100 do CTN, incluem-se também os atos normativos das autoridades administrativas, as decisões dos órgãos singulares ou coletivos, desde que tenham eficácia normativa, e as práticas reiteradamente observadas por aquelas autoridades.

"Mas essas *normas complementares* também podem ser substituídas por outras ou modificadas em seu alcance ou nos seus efeitos.

"Nesses casos, em se tratando de normas relativas ao lançamento, a inovação só se aplicará ao mesmo contribuinte se ocorrer fato gerador posteriormente à modificação. Sobrevivem as situações constituídas anteriormente e que são definitivas.

"No AI 29.603-RS, 18.6.1965, *RTJ* 34/542, o STF, 2ª Turma, decidira já que a mudança de critério ou orientação da autoridade fiscal não pode prejudicar o contribuinte, que agiu de acordo com o critério anterior, predominante ao tempo da tributação. O mesmo no RE 69.426-RS, de 31.3.1970, rel. Barros Monteiro.

"E no RE 68.253-PR, 1ª Turma, 1969, rel. Barros Monteiro, o STF decidiu que havia coisa julgada administrativa na decisão do Conselho de Contribuintes que, em resposta a consulta, declara não caber o tributo (caso da Distribuidora da Loteria do Paraná *vs.* União)."[164]

Desta opinião não discrepa Rubens Gomes de Sousa, como anotou José Souto Maior Borges, *verbis*: "Antecipando-se à vigência do Código Tributário Nacional, Rubens Gomes de Sousa ensinou que se o Fisco, mesmo sem erro, tiver adotado uma conceituação jurídica e depois pretender substituí-la por outra, não mais poderá

163. Luciano da Silva Amaro, *Direito Tributário Brasileiro*, 1ª ed., São Paulo, Saraiva, 1997, pp. 330 e 333.

164. Aliomar Baleeiro, *Direito Tributário Brasileiro*, 11ª ed., atualização de Misabel Derzi, Rio de Janeiro, Forense, 1999, p. 811.

fazê-lo. E não o poderá porque, se fosse admissível que o Fisco pudesse variar de critério em seu favor, para cobrar diferença de tributo, ou seja, se à Fazenda Pública fosse lícito variar de critério jurídico na valorização do *fato gerador*, por simples oportunidade, estar-se-ia convertendo a atividade do lançamento em discricionária, e não vinculada".[165]

Vai daí que a introdução de novos critérios jurídicos de apuração de matéria tributável não pode abarcar fatos pretéritos.

De fato, o art. 146 do CTN, mais que garantir a imutabilidade do lançamento regularmente efetuado, veda que a alteração dos critérios jurídicos adotados pelo Fisco repercuta negativamente sobre *fatos imponíveis* ocorridos em período anterior ao novo entendimento fazendário.

VIIb – A jurisprudência está igualmente submetida ao art. 5º, XXXVI, da CF, já que o *princípio da irretroatividade* – tornamos a insistir – incide sobre todo o Direito.

Embora não se negue que as decisões judiciais dizem respeito a fatos ocorridos no passado (ao contrário das leis e dos atos administrativos, vocacionados a disciplinar o futuro), situações há que exigem, em homenagem ao princípio em pauta, que os efeitos das alterações jurisprudenciais só se façam sentir no futuro.

Tal se dá quando a mutação jurisprudencial acaba, na prática, por alterar radicalmente preceitos legais ou, até, constitucionais, pegando de surpresa um grande universo de pessoas. Permitir que, neste caso, elas venham prejudicadas por condutas que adotaram antes da modificação do entendimento dos Tribunais é o mesmo que aceitar – inconstitucionalmente, é claro – que uma lei possa retroagir.

Assim, quando uma linha jurisprudencial nova reverte por completo as expectativas dos jurisdicionados, construídas com apoio em reiteradas e firmes decisões anteriores do mesmo tribunal, haverão de ser aplicados os ditames do art. 5º, XXXVI, da CF, para que não reste sacrificado o princípio da segurança jurídica – e, com ele a boa-fé das pessoas, que praticaram atos, certas de que procediam sob o amparo do direito objetivo.

Com efeito, não vislumbramos diferenças de tomo entre os resultados advindos de uma mudança legislativa e da alteração de uma linha jurisprudencial consolidada. Em ambos os casos, a irretroatividade é de rigor.

Depois, a jurisprudência é fator de segurança jurídica e de proteção dos direitos da cidadania. De fato, com o pacífico entendimento dos tribunais acerca de determinado assunto, surgem naturalmente parâmetros para as decisões dos juízes de graus inferiores, para que os advogados aconselhem seus clientes e para que as pessoas planejem suas condutas e negócios.

A importância da jurisprudência avulta, na medida em que vão se sucedendo os julgamentos *naquele* sentido já consagrado e em que os próprios Tribunais Superiores, com base nela, monocraticamente deixam de admitir recursos (extraordinário ou especial).

165. In Carlos Valder do Nascimento (coord.), *Direito Tributário*, Rio de Janeiro, Forense, 1997.

Evidentemente, não estamos, neste passo, censurando as mudanças jurisprudenciais. Pelo contrário, louvamos a evolução do entendimento dos tribunais, sempre que isto vem resolver melhor os problemas que afligem nosso País. O que questionamos, sim, são os efeitos pretéritos destas alterações quando prejudicam pessoas que, acreditando no Poder Judiciário, praticaram atos e negócios jurídicos com respaldo na antiga jurisprudência.

Melhor esclarecendo, conquanto a evolução da jurisprudência seja, no mundo do Direito, um episódio corriqueiro, a decisão que a muda, alterando radicalmente posição sedimentada do próprio tribunal, deve, dependendo do caso, ser dotada de eficácia apenas futura, sob pena de se comprometer a segurança jurídica, destruindo-se a confiança dos jurisdicionados no Poder Judiciário.[166]

Nestas circunstâncias, pois, a jurisprudência nova não deve atingir situações pretéritas, já consumadas sob a égide da antiga. Por igual modo, entendemos que tal guinada não autoriza a "retrospectividade".[167] Esclarecendo, não é porque o *fato* está em curso, mas ainda não foi concluído (caso típico de quem já deu início à exportação de um produto, para beneficiar-se com o *crédito-prêmio de IPI*), que sobre ele pode repercutir a modificação na jurisprudência até então pacificada. Sobre este *fato* deverá incidir a jurisprudência antiga.

Como vemos, a mudança de orientação jurisprudencial deve ser feita com o mesmo cuidado que o legislador deve ter quando inova a ordem jurídica.

Sendo mais explícitos, os Tribunais Superiores, pela imensa responsabilidade que têm, como últimos intérpretes das normas jurídicas, quando alteram sua jurisprudência devem ter o cuidado de evitar que a guinada surpreenda todo um universo de pessoas, trazendo não só enorme insegurança nas relações sociais, como o descrédito do próprio Poder Judiciário.

Estas lições vêm respaldadas pela consagrada doutrina de Alf Ross,[168] para quem, sendo o Direito uma ciência empírica, sua melhor forma de expressão é a maneira pela qual as normas jurídicas são interpretadas e aplicadas pelos tribunais. São eles, afinal, que constroem aquilo que o autor denomina "ideologia proclamada", fator fundamental para a credibilidade do ordenamento jurídico, por parte da sociedade.[169]

É certo que, conquanto ninguém seja obrigado a "fazer ou deixar de fazer alguma coisa senão em virtude de lei" (art. 5º, II, da CF), os precedentes judiciais têm,

166. O mesmo se dá no Direito Comparado. Na Alemanha, por exemplo, é regra geral que, havendo risco para a segurança jurídica, o Tribunal Constitucional Federal declara a inconstitucionalidade sem pronúncia de nulidade, conferindo à sua decisão efeitos simplesmente prospectivos, havendo casos, até, em que tais efeitos são diferidos, permitindo-se, destarte, que a norma invalidada continue a irradiar efeitos por algum tempo, suficiente para que as pessoas se adaptem à nova situação.

Nos Estados Unidos, a Suprema Corte, ao dar pela inconstitucionalidade de uma norma, avalia-lhe a importância e, dependendo da confiança que ela inspirava nas pessoas, dá ao *decisum* apenas efeitos prospectivos.

167. V. cap. V, item 1, subitem Vb.

168. Alf Ross, *Sobre el Derecho y la Justicia*, trad. de Genaro Carrió, Buenos Aires, Editorial Universitaria de Buenos Aires, 1974.

169. Cf. Eduardo D. Bottallo, "Natureza normativa das súmulas do STF, segundo as concepções de Direito e de norma de Kelsen, Ross, Hart e Miguel Reale", *RDP* 29/21-22.

para a sociedade – como quer Eduardo Domingos Bottallo –, indiscutível "relevância persuasiva",[170] que não pode ser abalada, mesmo reconhecendo-se que faz parte da atividade do Poder Judiciário a possibilidade de mudança de orientação.

São dois valores que precisam ser igualmente preservados. De um lado, a segurança que decorre de uma firme orientação jurisprudencial e, de outro, o direito que os tribunais têm de rever suas próprias decisões.

Ora, para se obter este temperamento, preservando a segurança jurídica, a alteração jurisprudencial, após longo período de prevalecimento, deve produzir apenas efeitos prospectivos e, em alguns casos, até diferidos, permitindo a sobrevivência, por algum tempo, da interpretação a final invalidada.[171]

Nesse sentido, é digno de encômios o art. 23 da Lei de Introdução às Normas do Direito Brasileiro/LINDB, que estabelece que "a decisão administrativa, controladora ou judicial que estabelecer interpretação ou orientação nova sobre norma de conteúdo indeterminado, impondo novo dever ou novo condicionamento de direito, deverá prever regime de transição quando indispensável para que o novo dever ou condicionamento de direito seja cumprido de modo proporcional, equânime e eficiente e sem prejuízo aos interesses gerais".

Apesar de esse dispositivo ser rabilongo – o que, convenhamos, não é de boa técnica legislativa –, tem o mérito de, em homenagem ao princípio da segurança jurídica, exigir que venha adotado um regime de transição entre a vigência do conteúdo antigo e a do novo, exatamente para que o contribuinte possa se adaptar à mudança.

10. Limitações ao princípio da legalidade

As colocações até aqui feitas podem levar-nos a entender que o campo de incidência do princípio da legalidade é ilimitado, isto é, que tudo pode ser sindicado pela

170. A propósito, nunca é demais lembrar que no agravo tirado contra decisão denegatória do processamento de recurso extraordinário ou especial o relator poderá: I – dar provimento ao próprio recurso, se o acórdão do tribunal *a quo* estiver em confronto com a súmula ou a jurisprudência dominante, respectivamente do STF ou do STJ (cf. art. 1.042 do CPC); II – negar provimento a recurso que for contrário a: "a) súmula do Supremo Tribunal Federal, do Superior Tribunal de Justiça ou do próprio tribunal; b) acórdão proferido pelo Supremo Tribunal Federal ou pelo Superior Tribunal de Justiça em julgamento de recursos repetitivos; c) entendimento firmado em incidente de resolução de demandas repetitivas ou de assunção de competência" (art. 932, IV, do CPC); e III – depois de facultada a apresentação de contrarrazões, dar provimento ao recurso, se a decisão recorrida for contrária a: "a) súmula do Supremo Tribunal Federal, do Superior Tribunal de Justiça ou do próprio tribunal; b) acórdão proferido pelo Supremo Tribunal Federal ou pelo Superior Tribunal de Justiça em julgamento de recursos repetitivos; c) entendimento firmado em incidente de resolução de demandas repetitivas ou de assunção de competência" (art. 932, V, do CPC).

171. Temos para nós que o Tribunal Superior (STF, STJ, TST e TSE), ao alterar sua jurisprudência consolidada, mais que a faculdade, tem o inafastável dever de limitar os efeitos temporais da nova orientação, preservando fatos ou situações ocorridos sob a égide da orientação anterior, bastando, para tanto, estejam presentes "razões de segurança jurídica ou excepcional interesse social" (art. 27, *in fine*, da Lei 9.868/1999), sopesáveis caso a caso.

Faz coro com o art. 27 da Lei 9.868/1999 o art. 24 da LINDB, que veda, em síntese, que as modificações de critérios jurídicos estendam seus efeitos sobre situações já consolidadas, de modo a prejudicar as pessoas que nelas se encontram.

lei. E, de fato, este princípio tem um âmbito de validade tão amplo que parece que a lei pode penetrar na intimidade de qualquer assunto.

Esta primeira expressão, porém, é logicamente absurda, pois a competência para a legalidade – como, de resto, toda e qualquer competência –, se implica autorizações, encerra também limitações. No caso, limitações postas pela Constituição da República[172] e que estão fora do alcance do *poder constituinte derivado* (cf. art. 60, § 4º, III, da CF).

Onde se encontra esta limitação ao princípio da legalidade? Encontra-se embutida no art. 2º e explicitada nos arts. 44 a 75, 76 a 91 e 92 a 126, todos da CF, que, sistematicamente interpretados, exigem que só o legislador produza normas genéricas e abstratas, em oposição às individuais e concretas, que são os atos administrativos e as sentenças, de competência, respectivamente, dos Poderes Executivo e Judiciário. A lei, em nosso direito positivo, não pode dar à publicidade *provimentos individuais e concretos*, sob pena de veicular ou atos administrativos ou sentenças, ferindo, assim, o princípio clássico da tripartição do poder, que nossa Lei Suprema consagrou como um dos pilares de nosso ordenamento.[173]

Souto Maior Borges percebeu esta decorrência do princípio da tripartição do poder e escreveu, com sua habitual sabedoria: "Por força do artigo constitucional 5º, II, o princípio da legalidade é formal e material. Se apenas fosse ele formal, certas matérias, independentemente do âmbito de validade pessoal das normas que sobre elas dispuseram, poderiam indiferentemente ser estabelecidas com ampla, alguma ou nenhuma generalidade, mediante lei. Mas a lei, no direito positivo brasileiro, é ato normativo de caráter geral e abstrato, numa decorrência da tripartição constitucional dos poderes. Como são distintas e inconfundíveis entre si as funções do Legislativo, Executivo e Judiciário, a lei não pode conter, mascarado, um provimento de caráter individual e concreto, porque essa é a seara dos atos administrativos e das sentenças judiciais. Ou, dito sob outro giro verbal: é constitucionalmente vedado ao Poder Legislativo emitir provimentos administrativos sob forma de lei. Lei de isenção que apenas beneficiasse uma pessoa, o isento, seria, não obstante o rótulo inadequado, um ato administrativo. A norma isentante teria, nessa hipótese, caráter individual e concreto".

É essa, portanto, uma conclusão fundamentalíssima para a interpretação do ordenamento jurídico nacional: "dado o seu caráter genérico e abstrato, a legalidade só estanca diante da proibição, constitucionalmente inserta, de ser editada lei com âmbito individual de validade pessoal. Quer dizer: norma individual e concreta".[174]

172. Vale, a respeito, a seguinte lição de Norberto Bobbio: "Quando um órgão superior atribui a um órgão inferior um poder normativo, não lhe atribui um poder ilimitado. Ao atribuir esse poder, estabelece também os limites entre os quais o poder pode ser exercido. Assim como o exercício do poder de negociação ou o do poder jurisdicional são limitados pelo Poder Legislativo, o exercício do Poder Legislativo é limitado pelo poder constitucional" (*Teoria do Ordenamento Jurídico*, 6ª ed., trad. de Maria Celeste Cordeiro Leite dos Santos, Brasília, Editora UnB, 1995, p. 53).

173. Cf. Celso Antônio Bandeira de Mello, *Ato Administrativo* ..., cit., p. 86.

174. José Souto Maior Borges, "Princípio constitucional da legalidade e as categorias obrigacionais", *RDTributário* 23-24/86-87 (atualizamos a referência constitucional).

É por isto que a lei é definida, com inteira procedência, como norma genérica e abstrata (*generale praeceptum*), em oposição às normas individuais e concretas, que são os atos administrativos e as sentenças.

A lei tributária que não observa as características da abstração e da generalidade é inconstitucional, por desobediência ao princípio da tripartição do poder. Tal seria o caso de lei que mandasse tributar apenas uma pessoa. Este ato normativo, de lei teria apenas o rótulo, já que seria, por seu caráter individual e concreto, um ato administrativo.

O princípio da legalidade também encontra limites, como melhor demonstraremos no próximo capítulo, nos direitos individuais (a lei deve ser igualitária, respeitar o direito adquirido, a coisa julgada, o ato jurídico perfeito, não pode vedar o acesso ao Poder Judiciário, não pode impedir a livre associação para fins pacíficos etc.) e nas competências legislativas (que foram constitucionalmente repartidas entre a União, os Estados, os Municípios e o Distrito Federal). Apenas para registro imediato, os dispositivos constitucionais que outorgam às pessoas políticas a possibilidade de, por meio de lei, inovarem a ordem jurídica, criando tributos, restringem o alcance do princípio da legalidade. Com efeito, em exemplário armado ao propósito, a lei municipal só poderá criar, *in abstracto*, o imposto sobre a propriedade predial e territorial urbana (IPTU), o imposto sobre a transmissão *inter vivos*, a qualquer título, por ato oneroso, de bens imóveis e o imposto sobre serviços de qualquer natureza (ISS); nunca o imposto sobre a propriedade de veículos automotores (IPVA), nem o imposto sobre a renda e proventos de qualquer natureza (IR), nem o imposto sobre produtos industrializados (IPI), e assim por diante.

11. A lei e a faculdade regulamentar

I – A lei é o fundamento da faculdade regulamentar. De fato, os regulamentos, no Brasil, sujeitam-se ao princípio da legalidade, só podendo surgir para dar plena aplicabilidade às leis, aumentando-lhes o grau de concreção.

Apenas para nos familiarizarmos com o assunto, regulamentos são atos administrativos que veiculam regras gerais e abstratas,[175] expedidas normalmente pelo chefe do Poder Executivo,[176] para disciplinar a organização ou a atividade do Estado, enquanto Poder Público (Oswaldo Aranha Bandeira de Mello[177]). Esta noção é ampla

175. *Gerais* porque não têm destinatário imediato; *abstratas* porque regulam um número indeterminado de casos, ou seja, uma multiplicidade de situações que venham a se verificar no futuro.

Assim, o regulamento não se consome, nem se esgota, em sua primeira aplicação, mas, pelo contrário, volta a se aplicar sempre que a hipótese nele prevista vier a ocorrer. Tem, pois, aquilo que Forsthoff, com muita propriedade, chama de "pretensão imanente de duração".

176. Embora o chefe do Executivo tenha a titularidade natural da função regulamentar, em nosso ordenamento jurídico ela também é exercida, no âmbito de sua competência, pelo Conselho Nacional de Justiça/CNJ, que é um órgão do Poder Judiciário. De fato, estabelece o art. 103-B, § 4º, I, da CF competir ao CNJ "zelar pela autonomia do Poder Judiciário e pelo cumprimento do Estatuto da Magistratura, *podendo expedir atos regulamentares, no âmbito de sua competência*, ou recomendar providências" (grifamos).

177. Oswaldo Aranha Bandeira de Mello, *Princípios Gerais de Direito Administrativo*, 3ª ed., 2ª tir., vol. I, São Paulo, Malheiros Editores, 2010, p. 359.

o suficiente para abarcar *todos* os regulamentos conhecidos pela doutrina; a saber: os *autônomos* (que alguns preferem chamar de *independentes*),[178] os *delegados* (também conhecidos como *autorizados*), os de *necessidade* (ou de *urgência*) e os *executivos* (ou de *execução*).

Estes últimos são os únicos aceitos por nosso direito positivo, em face do que dispõe o art. 84, IV, da CF (compete privativamente ao Presidente da República sancionar, promulgar e fazer publicar as leis, bem como *expedir decretos e regulamentos para sua fiel execução*).

Do mesmo modo, o art. 37 da CF submete a Administração Pública ao *princípio da legalidade* (dentre outros). Ora, a faculdade regulamentar é inerente à Administração Pública, que tem o direito de definir, prévia, genérica e abstratamente, em que sentido aplicará as leis que lhe dizem respeito. Logo, também em função deste artigo, a faculdade regulamentar está, no Brasil, inteiramente subordinada à lei, o que nos reconduz à ideia, já exibida, de que, entre nós, só pode haver regulamentos executivos.

II – Os regulamentos executivos não podem substituir as leis; tampouco suspender ou dispensar sua observância. Pelo contrário, devem limitar-se a estabelecer os pormenores normativos de ordem técnica que viabilizem o cumprimento das leis a que se referem. Nessa medida, detalham os comandos legislativos, facilitando sua aplicação aos casos concretos.

Destacamos que, do ponto de vista formal, a lei figura acima do regulamento, que deve complementá-la sem, no entanto, afastar-se de seus parâmetros normativos. Por maioria de razão, ele também deve estrita obediência à Constituição, não podendo ingressar nas áreas que esta reservou à lei.

Portanto, se o regulamento contrariar uma lei, será ilegal; se entrar em relação direta com a Constituição, violando-a em qualquer de seus preceitos, estará tisnado de inconstitucionalidade.[179] Num caso, ou noutro, será nulo de pleno direito.[180]

III – Os regulamentos executivos também são chamados de *subordinados* ou *complementares*, exatamente para pôr em destaque o princípio formal da hierarquia normativa existente entre o regulamento e a lei. Com verdade, esta precede ao regulamento, de tal sorte que seus aplicadores devem desconsiderá-lo, se estiver em desacordo com a lei. A lei – desde que não fira a Constituição – é o ato inicial,

178. Inexistem, entre nós, os regulamentos autônomos (*independentes de lei*), que, inclusive, como nota Gomes Canotilho (*Direito Constitucional*, 5ª ed., Coimbra, Livraria Almedina, 1991, pp. 807-808), contrastam com o próprio *princípio democrático*, já que não possuem fundamento legal. De fato, passando ao largo do Legislativo (que representa, de modo mais direto, o povo), eles brigam com a ideia de eleições periódicas, de pluralismo partidário, de separação dos Poderes e de participação dos cidadãos nos processos decisórios.

179. Esta, por exemplo, a posição do Min. Décio Miranda, do STF, *verbis*: "Sempre entendi que o regulamento contrário à lei é ilegal, não sendo necessário declarar que é inconstitucional. É verdade que às vezes se tem declarado a inconstitucionalidade de regulamentos, mas não porque ofendam a lei – é que, sem lei nenhuma que os preceda, ofendem a Constituição" (voto no RE 93.545-SP, *RTJ* 99/1.366).

180. Justamente por isso, a declaração de nulidade do regulamento fulmina-o com efeitos *ex tunc*, isto é, desde quando foi editado.

incondicionado e incontestável; o regulamento, o ato subsequente, condicionado e contestável (Vedel).

Este também é o magistério de Cármen Lúcia Antunes Rocha, *verbis*: "Regulamentos (executivos) são atos administrativos normativos infralegais, expedidos no exercício de competência executiva específica, com a função de conferir aplicabilidade plena a uma norma legal que lhes antecede e na qual eles se fundamentam e pelos quais se limitam".[181]

De conseguinte, não lhes é dado inovar originariamente o ordenamento jurídico. Pelo contrário, devem guardar relação de conformidade com a lei, imprimindo-lhe efeitos concretos.

Realmente, enquanto as leis têm por escopo declarar o Direito, os regulamentos executivos visam a torná-las o mais possível aplicáveis. Em resumo, colimam tornar efetivo o Direito declarado nas leis.

O regulamento executivo, esclarece luminosamente Celso Antônio Bandeira de Mello, especifica os "comandos já abrigados virtualmente na lei, isto é, compreendidos na abrangência de seus preceptivos".[182]

Assim, no Direito Brasileiro o regulamento exige a existência de lei, porque ele nada mais é senão "auxiliar das leis, auxiliar que sói pretender, não raro, o lugar delas, mas sem que possa, com tal desenvoltura, justificar-se, e lograr que o elevem à categoria de lei".[183]

Daí que o regulamento prepara a execução da lei, completando-a em seus detalhes, sem, no entanto, alterar-lhe quer o texto, quer a essência. Também lhe é interdito substituí-la.[184]

Convém que se registre, porém, que o regulamento, embora encontre *fundamento de validade* na lei – devendo, destarte, limitar-se a prover sua fiel execução –, pode perfeitamente inovar a ordem jurídica, até porque, caso se limitasse a repetir o texto legal, seria inócuo. Nesse sentido, lhe é dado criar direitos e obrigações, desde que já tenham seus contornos básicos apontados na lei. É o que faz, por exemplo, quando lista as jurisdições havidas como "paraísos fiscais".

IV – A faculdade regulamentar é inerente ao Executivo, que a recebeu da Constituição, e, nesta medida, não precisa ser reafirmada pela lei. Aliás, tanto quanto é

181. Cármen Lúcia Antunes Rocha, *Princípios Constitucionais da Administração Pública*, Belo Horizonte, Del Rey, 1994, p. 92.

182. Celso Antônio Bandeira de Mello, *Ato Administrativo ...*, cit., p. 90.

183. Pontes de Miranda, *Comentários à Constituição de 1967 com a Emenda n. 1 de 1969*, 2ª ed., 2ª tir., t. III, São Paulo, Ed. RT, 1973, p. 314.

184. Sintetizando lições da mais autorizada doutrina, Vicente Ráo, como de hábito, pontificou: "Os regulamentos constituem legislação secundária (Roubier, *Les Conflits des Lois*, n. 4; Messineo, *Man. Dir. Civ. e Com.*, vol. I, n. 9; Bielsa, *Trat.*, 3ª ed., I/287; Zanobini, *Corso Dir. Amm.*, vol. I, n. 6, p. 70), assim revelando uma força específica reflexa e derivada da lei (Massari, in *Diz. Dir. Priv.*, Scialoja, verbete 'Legislazione') cujo objeto consiste em desenvolver, facilitando-lhes a execução, os princípios fixados pela lei (Messineo, loc. cit.), atuando *intra legem* (Massari, loc. cit.; Stolfi, *Dir. Civ.*, vol. I, n. 231; Azzariti, *Dir. Civ. Ital.*, vol. I, n. 24), sem poder alterá-la por qualquer modo (Beviláqua, *Teoria Geral do Dir. Civil*, 1908, p. 14; etc.)" (*O Direito e a Vida dos Direitos*, São Paulo, Resenha Universitária, 1976, p. 266).

vedado à lei delegar ao regulamento o poder de inovar, em caráter inaugural, a ordem jurídica, lhe é vedado impedir a regulamentação de seu texto. O Executivo poderá regulamentá-la sempre que existir a necessidade de concretizar a intenção do legislador. Eventuais excessos, evidentemente, poderão ser anulados pelo Judiciário, se houver provocação da parte interessada.

O poder regulamentar, como percebemos, goza da autonomia e da extensão compatíveis com a posição constitucional do Poder Executivo.

V – O regulamento, dentro da "pirâmide jurídica", está abaixo da lei. Logo, não a pode nem ab-rogar, nem modificar. Deve, sim, submeter-se às disposições legais, inspirando-se em suas diretivas, sem as contrariar. Se infringir ou extrapolar a lei, será *nulo*.

Podemos, assim, afirmar que o regulamento que contradita ou vai além da lei é inconstitucional. No exercício da faculdade regulamentar, o Executivo não pode invadir a esfera de atribuições do Legislativo.

VI – Ao mesmo tempo em que o texto constitucional confere ao Presidente (e, por extensão, ao Governador e ao Prefeito) a aptidão para editar regulamentos, limita-a, ao estabelecer que devem ser expedidos tendo em mira a "fiel execução" da lei.

Não é por outra razão que só há espaço para o regulamento quando a lei possibilita a discricionariedade administrativa. O que não significa haja, no caso, uma "delegação legislativa", na acepção técnica da expressão – como, de resto, bem o notou Clèmerson Merlin Clève: "(...) aquilo que, no Brasil, determinada doutrina chama de regulamento delegado corresponde ao regulamento de execução incidente sobre o sítio da discricionariedade".[185]

De todo o exposto ressai que a lei e o regulamento não se confundem: àquela cabe a imposição de condutas (comissivas ou omissivas); a este, a disciplina dos pormenores.

Todavia, se ao regulamento falta a novidade (traço característico da lei), sobeja-lhe a importância, já que é ele que dinamiza a ordem legislativa.

Estamos, assim, confirmando que a lei, mais que um *limite* à autuação administrativa, é seu *fundamento de validade*.[186]

Não tem a Administração liberdade para agir como lhe apraz, quando a lei não o proibir; pelo contrário, deve fazer exatamente o que esta lhe determinar.

Na opinião de Donato Donati, o regulamento tem o conteúdo de lei, sem possuir a forma e a eficácia correspondentes.[187] Formalmente, porém, é ato administrativo, em sentido lato.

185. Clèmerson Merlin Clève, *Atividade Legislativa do Poder Executivo*, 2ª ed., São Paulo, Ed. RT, 2000, p. 308.

186. Nada obstante sirva para dinamizar a ordem legislativa, falta ao regulamento a marca da novidade, que é o traço característico da lei. Justamente porque a ela submisso, não cria o Direito *ex novo*.

187. Donato Donati, *Principii Generali di Diritto Amministrativo e Scienza dell'Amministrazione*, 3ª ed., Pádua, CEDAM, s/d, p. 28.

O regulamento sempre pressupõe uma lei anterior à qual se ache vinculado. Só se torna obrigatório depois de publicado, na íntegra – juntamente com o decreto ou a instrução que o aprova –, no *Diário Oficial* ou, à sua falta, em periódico a ele equivalente.

VII – O princípio da legalidade foi robustecido, na CF, por seu art. 49, V, que atribuiu ao Congresso Nacional (e, por extensão, à Assembleia Legislativa, à Câmara Municipal e à Câmara Legislativa) competência para "*sustar os atos normativos do Poder Executivo que exorbitem do poder regulamentar* ou dos limites de delegação legislativa" (grifamos).

Trata-se de faculdade formidável, já que permite que, antes mesmo do Poder Judiciário, o Poder Legislativo leve a efeito o controle da constitucionalidade e da legalidade dos regulamentos, suspendendo-lhes os efeitos, quando for o caso.

Lamentavelmente, porém, esta forma imediata de reversão democrática de regulamentos ilegais ou inconstitucionais (controle político), ao que se saiba, nunca foi utilizada.

VIII – Em suma, os regulamentos, no Brasil, devem, apenas, *executar* a lei.[188] E, por óbvio, tanto quanto ela, não podem, de regra (isto é, a menos que a lei, expressa ou implicitamente, o consinta), retroagir.

IX – A Emenda Constitucional 32, de 11.9.2001, deu nova redação ao art. 84, VI, da CF, *verbis*: "Art. 84. Compete privativamente ao Presidente da República: (...) VI – dispor, mediante decreto, sobre: a) organização e funcionamento da Administração Federal, quando não implicar aumento de despesa nem criação ou extinção de órgãos públicos; b) extinção de funções ou cargos públicos, quando vagos".

Lembramos que, em sua redação originária, o mesmo dispositivo autorizava o Presidente da República a "dispor sobre a organização e o funcionamento da Administração Federal, na forma da lei". Portanto, o *constituinte originário* reafirmava a total submissão da função executiva à lei. Ao decreto presidencial, no caso, só era dado prover a fiel execução desta mesma lei.

Deploravelmente, a Emenda Constitucional 32/2001, fruto do exercício do *poder constituinte derivado*, pavimentou o caminho para que, no que concerne à organização e ao funcionamento da Administração Federal, o Presidente da República, com algumas poucas restrições, venha a expedir *decretos autônomos*, isto é, independentes de lei.

Temos para nós que este permissivo amesquinha o princípio da legalidade e, por via de consequência, afronta a autonomia e independência do Poder Legislativo. Por violar a *cláusula pétrea* do art. 60, § 4º, III, da CF ("Não será objeto de deliberação a proposta de emenda tendente a abolir: ... a separação dos Poderes"), deve ser ignorado, porque inconstitucional.

188. A execução da lei por meio de regulamento não é feita de forma mecânica, já que, dentro dos seus (da lei) parâmetros, ele invariavelmente acaba por inovar a ordem jurídica.

X – Também em matéria tributária, como não poderia deixar de ser, o único regulamento aceito por nossa Constituição é o *executivo*, que, subordinando-se inteiramente à lei (*lato sensu*), limita-se a prover-lhe a fiel execução, ou seja, a dar-lhe condições de plena eficácia, sem, porém, criar ou modificar tributos, nem impor, aos contribuintes ou terceiros a eles relacionados, deveres novos (não contemplados na lei). Deve, sim, limitar-se a reduzir o grau de generalidade e abstração da lei tributária, aumentando a segurança jurídica das pessoas de algum modo submetidas às regras de tributação. Esta é uma decorrência do próprio princípio da reserva absoluta da lei formal, que dá exclusivamente ao Poder Legislativo a faculdade de criar ou aumentar tributos e sobre eles dispor. O regulamento (veiculado por decreto[189] ou instrução[190]) deve estar, em nosso sistema jurídico, sempre subordinado à lei à qual se refere. Não pode ser nem *contra legem*, nem *praeter legem*, nem *ultra legem*, nem, é claro, *extra legem*, mas, exclusivamente, *intra legem* e *secundum legem* (cf. Michel Stassinopoulos). Deve também estar em compasso com o princípio da tripartição do poder e com a isonomia, como bem o percebeu Geraldo Ataliba: "São fundamentos sistemáticos da faculdade regulamentar, cuja compreensão permite melhor desvendar seu regime jurídico, o princípio hierárquico (art. 76, c/c o art. 84) e a responsabilidade do chefe do Executivo (art. 85). Funcionam como seus limites o princípio da tripartição do poder (art. 2º), a isonomia (art. 5º, I) e a legalidade (art. 5º, II)".[191]

189. *Decreto* é o ato administrativo privativo do chefe do Executivo (Presidente da República, Governador de Estado, Governador do Distrito Federal ou Prefeito de Município), por meio do qual este exercita suas competências, sempre que seja necessária a forma escrita e não haja previsão constitucional de outro instrumento normativo, específico (*v.g.*, de medida provisória).

Não devemos confundir o *decreto regulamentar* (que veicula um regulamento) com o *decreto de consolidação*, ou seja, o decreto que, longe de conferir aplicabilidade plena às leis administrativas *lato sensu*, limita-se a aglutiná-las sistematicamente, em ordem a proporcionar maior segurança jurídica aos administrados. De qualquer modo, o chefe do Executivo, quando dá à estampa decretos de consolidação, não pode arrogar-se o poder de impor – maiormente ao juiz – quais leis se encontram em vigor. Na realidade, tais decretos só prevalecerão se, do ponto de vista científico, o rol legislativo por eles indicado for correto. Mas, mesmo neste caso, a vinculação do juiz não deriva de sua dependência ao *decreto de consolidação*, mas da aptidão constitucional para decidir a respeito, de acordo com os cânones gerais da Hermenêutica Jurídica. Como exemplo de *decreto de consolidação* podemos citar o Decreto 3.000, de 26.3.1999, que veicula o chamado *Regulamento do Imposto de Renda* – RIR.

190. Os regulamentos, no Brasil, podem ser veiculados por meio de *decreto* (do Presidente da República, do Governador do Estado, do Governador do Distrito Federal ou do Prefeito do Município) ou de *instrução* (do Ministro de Estado, do Secretário de Estado, do Secretário do Distrito Federal ou do Secretário Municipal).

Os auxiliares imediatos do chefe do Executivo partilham com ele, em nosso direito positivo, da faculdade regulamentar, por força do que dispõe o art. 87, parágrafo único, II, da Carta Suprema ("Compete ao Ministro de Estado, além de outras atribuições estabelecidas nesta Constituição e na lei: *expedir instruções para a execução das leis*, decretos e regulamentos"). Ora, expedir instruções para a execução das leis é o mesmo que regulamentá-las.

Evidentemente, cada Ministro (ou Secretário), querendo, expedirá a instrução regulamentar, *na área de sua competência*. Assim, se uma lei federal cuidar de tributos, apenas o Ministro da Fazenda poderá regulamentá-la, por meio de instrução.

A propósito, destacamos que, em tese, pode acontecer (embora, na prática, isto raramente aconteça) de uma lei vir a ser regulamentada, primeiro, por meio de instrução e, depois, de decreto. Qual ato normativo prevalecerá? Pensamos que, nos pontos em que houver colisão entre eles, o decreto, que é hierarquicamente superior à instrução. Esta, no caso, ficará com sua eficácia paralisada.

191. Geraldo Ataliba, *República e Constituição*, 3ª ed., São Paulo, Malheiros Editores, 2011, p. 141.

Em suma, não pode, nem direta, nem indiretamente, alterar os mandamentos legais.

É o que também ensinam Eduardo García de Enterría e Tomás-Ramón Fernández: "Sua submissão (*a submissão do regulamento*) à lei é absoluta, em vários sentidos: não produz mais do que a lei deixa, não pode tentar deixar sem efeito os preceitos legais ou contradizê-los, não pode suprir a lei ali onde esta é necessária para produzir um determinado efeito ou regular um certo conteúdo".[192]

Em nosso ordenamento jurídico, o Executivo, no exercício de sua faculdade regulamentar, não pode, em nenhum caso, invadir a esfera de atribuições do Legislativo.

Para arredar em definitivo qualquer dúvida sobre esta vedação absoluta, a CF, em seu art. 37, vincula a Administração Pública ao "princípio da legalidade", além de, como vimos, exigir, em seu art. 84, IV, que os decretos regulamentares sejam expedidos apenas para prover a "fiel execução" da lei.

XI – Por força do princípio da legalidade, o regulamento não pode, por iniciativa própria e sem texto legal, conceder isenções ou incentivos fiscais, criar deveres instrumentais tributários, descrever infrações, cominar-lhes sanções ou impor quaisquer encargos que possam repercutir na liberdade, na propriedade ou no estado das pessoas. De modo mais abrangente disse-o Celso Antônio Bandeira de Mello quando escreveu que ele não pode "incluir no sistema positivo qualquer regra geradora de direito ou obrigação novos".[193]

O próprio CTN, em seu art. 99, sinaliza neste sentido: "Art. 99. O conteúdo e alcance dos decretos restringem-se aos das leis em função das quais sejam expedidos, determinados com a observância das regras de interpretação estabelecidas nesta Lei".

XII – Convém remarcar que só as normas jurídicas de nível legal podem ser regulamentadas, e, ainda assim, quando compete à Administração Pública aplicá-las.

Realmente, a faculdade regulamentar só é exercitável quando o órgão administrativo executa a lei ou assegura sua execução. É por isso que as leis penais, as leis civis, as leis processuais, as leis trabalhistas, as leis comerciais etc. não podem ser regulamentadas, já que descabe ao chefe do Executivo velar para que sejam bem cumpridas. O eventual descumprimento de uma destas leis não lhe acarreta responsabilidade penal, civil ou administrativa. Com rigor, *apenas as leis administrativas "lato sensu"*[194] – das quais as *leis tributárias* são uma das espécies – demandam regulamentação. Evidentemente, o chefe do Executivo só poderá regulamentar as leis administrativas emanadas de sua pessoa política. Noutros termos, o Presidente da República só poderá regulamentar as leis administrativas *federais*; o Governador

192. Eduardo García de Enterría e Tomás-Ramón Fernández, *Curso de Direito Administrativo*, trad. de Arnaldo Setti, São Paulo, Ed. RT, 1991, p. 198 (esclarecemos no parêntese).

193. Celso Antônio Bandeira de Mello, *Ato Administrativo* ..., cit., p. 95.

194. Por *leis administrativas lato sensu* entendemos as leis administrativas propriamente ditas, as leis financeiras, as leis tributárias, as leis orçamentárias, as leis previdenciárias, as leis que tratam do meio ambiente e outras do mesmo tipo.

do Estado, as leis administrativas *de seu Estado*; o Prefeito, as leis administrativas *de seu Município*; o Governador do Distrito Federal, as leis administrativas editadas por esta pessoa política.

Notemos que nem todas as leis administrativas devem ser regulamentadas, mas tão somente as *não autoexecutáveis*. Os regulamentos só se justificam em função da existência de tais leis, de cujos parâmetros, porém, não se poderão afastar.[195]

A lei tributária autoexecutável, porque bastante em si, isto é, suscetível de ser aplicada aos casos concretos sem a edição de atos administrativos intermediários,[196] não deve ser regulamentada.[197] Já, havendo uma lei tributária não autoexecutável, cumpre ao chefe do Executivo, que vai aplicá-la, cuidar, por meio de regulamento, para que a arrecadação e a fiscalização do tributo nela instituído se processem com exatidão.[198]

Além disso, a lei tributária a ser regulamentada deve comportar, sem exceções, *discricionariedade administrativa*. Com o regulamento, o Executivo reduz, discricionariamente, o campo de ação que a lei lhe traça, dando a todos um maior grau de certeza quanto às providências que adotará, em cada caso concreto.

Celso Antônio Bandeira de Mello põe a ideia a descoberto ao dizer, em bem-dosada lição: "Onde não houver liberdade administrativa, por estar prefigurado na lei o único modo e o único possível comportamento da Administração ante hipóteses igualmente estabelecidas em termos de objetividade absoluta, não haveria lugar para regulamento que não fosse mera repetição da lei. Daí a necessária conclusão de que o regulamento é meio de disciplinar a *discrição administrativa*, vale dizer, de regular a liberdade relativa que vigia no interior das balizas legais".[199]

Anote-se, ainda, que o próprio princípio da igualdade impõe ao Executivo o dever de editar regulamentos, exatamente para que as leis administrativas *lato sensu* não autoexecutáveis venham aplicadas aos seus destinatários, de modo uniforme e isonômico.

XIII – Por outro lado, a lei tributária não pode remeter ao regulamento a interpretação de seus preceitos, que esta absolutamente não é sua função.

195. As normas regulamentares são, pois, normas secundárias, subordinadas à lei. Dentro da pirâmide jurídica situam-se hierarquicamente abaixo dela.

196. Assim, por exemplo, é autoexecutável a lei tributária que concede vantagens fiscais, apontando, ela própria, as condições para que venham fruídas. Ela não carece de ser regulamentada, porque já é portadora de toda a *mecânica* que lhe garante a *boa aplicação*.

197. Em rigor, a lei tributária autoexecutável até pode ser regulamentada. Apenas, esta regulamentação é perigosa ou, na melhor das hipóteses, inútil. Realmente, se a regulamentação for *além da lei*, ou ficar *aquém da lei*, será inconstitucional; se *repetir a lei*, não terá qualquer utilidade, além de não fazer sentido jurídico um ato normativo inferior limitar-se a reproduzir o superior.

198. Ao chefe do Executivo, sob pena de crime de responsabilidade (cf. art. 85, VII, da CF), é interdito fraudar a execução de uma lei tributária não autoaplicável, omitindo ou retardando dolosamente sua regulamentação, máxime se ela confere um direito ou uma vantagem ao contribuinte (digamos, uma isenção). Opinião contrária levar-nos-ia à absurda conclusão de que o chefe do Executivo pode, querendo, afrontar impunemente a vontade do Legislativo. Sim, porque, não regulamentando a lei tributária, estaria exercendo uma *função legislativa às avessas*, ou seja, estaria "elaborando" uma lei em sentido contrário à que, embora em vigor, não tem meios para, sozinha, atuar. E nada disso, obviamente, lhe é permitido.

199. Celso Antônio Bandeira de Mello, *Ato Administrativo* ..., cit., p. 94 (grifos do autor).

A propósito, Jorge Miranda, estribado nas lições de Mário Esteves de Oliveira, observa: "(...) não pode a organização administrativa arrogar-se o poder de impor uma determinada interpretação de seu regulamento anterior ao juiz, o que só se conformará com ela se entender que, do ponto de vista científico, é a mais correta: só que a vinculação do juiz não deriva, nesta hipótese, de qualquer dependência perante o regulamento, mas de sua obrigação legal de imputar à norma o sentido que considere, segundo os cânones gerais de interpretação, como o melhor e que, por acaso, é também o perfilhado no regulamento administrativo".[200]

Observemos, ainda, que a interpretação que o regulamento empresta à lei tributária não autoaplicável vincula unicamente os funcionários do Executivo, que se subordinam hierarquicamente ao chefe supremo da Administração Pública (e, ainda assim, se tal interpretação não conduzir à prática de um *crime*, hipótese em que mesmo tais funcionários não só podem como *devem* desconsiderá-lo). De qualquer modo, nunca jamais o regulamento poderá tolher o Poder Judiciário. Este, como é cediço, aplica contenciosamente a lei aos casos concretos submetidos à sua apreciação, com critérios próprios (e não com os que o Poder Executivo pretende lhe impor).

E, por falar em interpretação, o regulamento deve ser interpretado de modo que fique conforme à lei a que se refere. É que do escalonamento das fontes do Direito nasce para o intérprete o dever de privilegiar a interpretação que se harmoniza com o texto hierarquicamente superior.

XIV – O regulamento não pode dar nascimento a qualquer relação jurídica nova.[201] Falta-lhe titulação jurídica para tanto.[202]

Ao contrário do que sustenta Aníbal Freire da Fonseca,[203] entendemos que o regulamento não pode tratar de matérias não cogitadas pela lei.[204] Pode, quando muito, explicitar o espírito da deliberação legislativa. Neste sentido – mas só neste – ele completa a lei. Completa, explicando; nunca lhe fazendo as vezes.[205]

200. Jorge Miranda, *Manual de Direito Constitucional*, 2ª ed., t. 5, Coimbra, Coimbra Editora, 2000, p. 208.

201. É evidente que o regulamento inova a ordem jurídica, ainda que não o faça em caráter inaugural, já que deve respeitar os lindes da lei que o exige. Os que entendem o contrário, *data venia*, desenvolvem o raciocínio de certo califa que, tendo conquistado cidade famosa, mandou incendiar sua esplêndida biblioteca, a pretexto de que os livros que a compunham, de duas, uma: ou repetiam o Alcorão, e, portanto, eram inúteis, ou o contradiziam, e, assim, eram prejudiciais.

Não pensamos deste modo. O regulamento produz efeitos jurídicos, e, portanto, cria direitos e obrigações. Por esclarecer a lei, deve ser conservado e tem sua utilidade no sistema jurídico.

202. Aprofundamos o tema em nosso *O Regulamento no Direito Tributário Brasileiro* (São Paulo, Ed. RT, 1981, 188 pp.). Neste trabalho procuramos demonstrar que o *regulamento executivo é um ato normativo, unilateral, inerente à função administrativa, que, especificando os mandamentos de uma lei não autoaplicável, cria normas jurídicas gerais* (p. 14).

203. Aníbal Freire da Fonseca, *Do Poder Executivo na República Brasileira*, Brasília, Ed. UnB, Biblioteca do Pensamento Político Republicano, 1981, p. 81.

204. Também não é dado ao regulamento cuidar de matérias afetas à medida provisória, porque isso tipificaria violação de competência formal. O que o sistema constitucional autoriza, sim, é a regulamentação (por decreto ou instrução) da medida provisória não autoexecutável, justamente para lhe dar total eficácia.

205. José Antônio Pimenta Bueno, o maior juspublicista do Império, percutia as mesmas teclas: "Regulamentos são atos do Poder Executivo, disposições gerais revestidas de certas formas, mandadas

Como, porém, execução é mais que simples cumprimento automático de comandos alheios, não chegamos ao exagero de afirmar que o regulamento não altera, de algum modo, a ordem jurídica. É claro que, para dar operatividade à lei a que se refere, deve agregar-lhe algo. Na realidade, sem suprir a lei tributária não bastante em si, nem, muito menos, limitá-la ou retificá-la, deve colmear-lhe o arcabouço, revestindo-a da normatividade necessária para que seja bem aplicada aos casos concretos.

Com efeito, a lei tributária, ainda que minuciosa, dificilmente consegue prever todas as situações possíveis, até porque não se pode pretender desça o legislador a minúcias capazes de regular até mesmo os casos mais inusitados. O que ela faz normalmente é estabelecer diretrizes fundamentais, cabendo aos regulamentos a importante tarefa de desdobrá-las, tornando-a, assim, aplicável; mas sempre – convém insistir – sem a ferir, nem na letra, nem no espírito.

XV – Por muito maior razão, não é dado ao Legislativo atribuir ao Executivo a missão de editar regras que, majorando o tributo, venham a vulnerar o patrimônio do contribuinte. Nula, pois, a lei que defere ao regulamento a missão de definir, mediante critérios próprios, os requisitos necessários ao nascimento do tributo ou à sua quantificação. De fato, assim dispondo, afronta o princípio da tripartição do Poder, pois "autoriza" o regulamento a inovar, em caráter inaugural, a ordem jurídico-tributária, vale dizer, a introduzir-lhe elementos que não existem e nem podem ser deduzidos da lei tributária.

Constitui prática corriqueira, infelizmente, a lei deferir ao Executivo a faculdade de, mediante regulamento, cuidar de assuntos (*v.g.*, a fixação das alíquotas dos tributos) que só a ela são afetos.[206] Quando tal acontece, cabe ao Poder Judiciário fulminar não só a lei delegante, como o regulamento delegado.

XVI – É o caso de enfatizarmos, ainda, que a lei tributária não autoaplicável deve incidir, mesmo que não editado o regulamento que lhe proveria a fiel execução. De fato, se ela encerra uma réstia de possibilidade de sozinha produzir efeitos, deve fazê-lo – se por mais não fosse –, em função do próprio *princípio da certeza do direito*, que exige que as leis venham cumpridas.[207] A omissão regulamentar positivamente não implica negativa de exercício de direitos concedidos pela lei.

observar por decreto imperial, que determinam os detalhes, os meios, as providências necessárias para que as leis tenham fácil execução em toda a extensão do Estado. São instruções metódicas circunscritas, e não arbitrárias, que não podem contrariar o texto, nem as deduções lógicas da lei, que devem proceder de acordo com seus preceitos e consequências, não tendo por fim senão empregar os expedientes acidentais e variáveis, precisos para remover as dificuldades e facilitar a observância das normas legais. São medidas que regulam a ação do próprio Poder Executivo, de seus agentes, dos executores, no desempenho de sua missão; são atos, não de legislação, sim de pura execução, e dominada pela lei" (*Direito Público Brasileiro e Análise da Constituição do Império*, cit., p. 232).

206. Não estamos, aqui, aludindo às hipóteses que demandam averiguação técnica (*v.g.*, a instalação de equipamentos não poluentes), que, não podendo ser disciplinadas por meio de lei, são próprias dos regulamentos e de atos normativos de escalão mais baixo.

207. O Judiciário, quando provocado, não suprirá a omissão do Executivo, mas determinará que a lei tributária não autoaplicável seja cumprida, no que for possível. Se ela, porém, à míngua de regulamento, não reunir condição alguma de aplicabilidade (o que é raríssimo), o prejudicado pela inércia do Executivo terá o direito de ser indenizado – ou seja, a questão resolver-se-á em perdas e danos.

Explicitando a ideia, se as disposições regulamentares, conquanto utilíssimas para a melhor aplicação da lei tributária, não forem de todo imprescindíveis, ela atuará apesar da ausência do regulamento, que lhe conferiria plena eficácia. O próprio Poder Executivo deve encontrar meios para cumprir integralmente a obrigação que lhe foi imposta pela lei.

De qualquer modo, a falta de regulamentação da lei tributária não autoexecutável não a impede de produzir seus regulares efeitos. Realmente, a inércia do Executivo, para o exercício regulamentar, não despe a lei tributária de sua vigência. Se ela tiver um mínimo de eficácia, deverá ser aplicada assim mesmo. Afinal, a lei tributária não pode tornar-se inane pela incúria ou omissão do Executivo.

Um ponto, porém, é mais do que certo: o chefe do Executivo, deixando de baixar a regulamentação apropriada, não suprime direitos do contribuinte, nem limita a eficácia da lei que os garante. Noutras palavras, sua omissão, com tipificar *abuso de poder* e, em tese, até *crime de responsabilidade* (cf. art. 85, VII, da CF), não tem a propriedade de cassar direitos que a lei confere ao contribuinte.

Daí deverem ser buscados no próprio ordenamento jurídico (*v.g.*, em leis que cuidam de situações análogas) caminhos alternativos, que permitam ao contribuinte, ainda que à míngua do necessário regulamento, fruir, por inteiro, das vantagens que a lei tributária não autoexecutável lhe deu.

Uma coisa, porém, é mais que certa: se o contribuinte encontra meios para alcançar o benefício concedido pela lei tributária, não será a Administração Fazendária que lhe cerceará o direito, ao argumento de que não a regulamentou. Poderá, quando muito, verificar se ele agiu dentro dos parâmetros legais; nunca, porém, locupletar-se com a própria torpeza.[208]

XVII – Mas, *quid iuris* quando a lei tributária apresenta lacunas?

Lamentavelmente, o fenômeno que poderíamos chamar de "insuficiência da lei tributária" é relativamente comum. De fato, esta, muita vez, deixa de cuidar de aspectos capitais de sua execução. Ora deixa de declinar elementos indispensáveis do tributo que pretende criar, ora guarda sepulcral silêncio quanto à extensão, no tempo e no espaço, dos benefícios que concede ao contribuinte.

Pois bem. Mesmo quando a lei tributária é incompleta, o Poder Executivo juridicamente nada pode fazer para completar-lhe as lacunas.

Dito de outro modo, se, ante o contato com a realidade, for percebida a omissão, mesmo que o Legislativo não cuide de logo preencher o vazio normativo, nem assim ficam franqueadas ao Executivo as portas para, por meio do exercício de sua faculdade regulamentar, solver o impasse. Se o fizer, estará cometendo invasão de atribuição e usurpação de competência. Afinal, não é porque o Executivo deve, por determinação constitucional, perseguir o bem público que pode avocar funções privativas do Legislativo.

208. Vale, a propósito, a clássica parêmia *non auditur propriam allegans turpitudinem* ("não deve ser ouvido aquele que alega sua própria torpeza").

Tornamos a insistir que os regulamentos, sempre *intra legem* e *secundum legem*, têm por objeto a aplicação, pura e simples, da lei tributária não autoexecutável, completando-a nas minúcias que fugiram à pena (não ao espírito) do Legislativo.[209]

Regulamento que desborda os lindes legais deve ser desconsiderado, ainda que beneficie o contribuinte. Por quê? Porque jamais pode ir além das barreiras legais, constitucionalmente intransponíveis.

A ideia cresce de ponto diante do regulamento que prejudica o contribuinte, porquanto lhe vergasta o direito fundamental de só ser tributado de acordo com a Constituição Federal.

XVIII – Outra questão a que não falece interesse é a que procura saber quais consequências acarreta a má regulamentação de lei tributária não autoexecutável.

209. Permanecem válidas, posto escritas há cento e cinquenta anos, as lições de Pimenta Bueno acerca do regulamento. Ouçamos o maior juspublicista do Império:

"Do princípio incontestável que o Poder Executivo tem por atribuição executar e não fazer a lei, nem de maneira alguma alterá-la, segue-se evidentemente que cometeria grave abuso em qualquer das hipóteses seguintes:

"1º. Em criar direitos, ou obrigações novas, não estabelecidos pela lei, porquanto seria uma inovação exorbitante de suas atribuições, uma usurpação do poder legislativo, que só pudera ser tolerada por Câmaras desmoralizadas. Se assim não fora, poderia o Governo criar impostos, penas ou deveres que a lei não estabeleceu, teríamos dois legisladores, e o sistema constitucional seria uma verdadeira ilusão.

"2º. Em ampliar, restringir ou modificar direitos ou obrigações, porquanto a faculdade lhe foi dada para que fizesse observar fielmente a lei, e não para introduzir mudança ou alteração alguma nela; para manter os direitos e obrigações como foram estabelecidos, e não para acrescentá-los ou diminuí-los; para obedecer ao legislador, e não para sobrepor-se a ele.

"3º. Em ordenar ou proibir o que ela não ordena ou não proíbe, porquanto dar-se-ia abuso igual ao que já notamos no antecedente n. 1º. E, demais, o Governo não tem autoridade alguma para suprir, por meio regulamentar, as lacunas da lei, e mormente do direito privado, pois que estas entidades não são simples detalhes, ou meios de execução. Se a matéria como princípio é objeto de lei, deve ser reservada ao legislador; se não é, então, não há lacuna na lei, sim objeto de detalhe de execução.

"4º. Em facultar, ou proibir, diversamente do que a lei estabelece, porquanto deixaria esta de ser qual fora decretada, passaria a ser diferente, quando a obrigação do Governo é de ser em tudo e por tudo fiel e submisso à lei.

"5º. Finalmente, em extinguir ou anular direitos, ou obrigações, pois que um tal ato equivaleria à revogação da lei que os estabelecera ou reconhecera; seria um ato verdadeiramente atentatório" (*Direito Público Brasileiro e Análise da Constituição do Império*, Rio de Janeiro, 1857, § 326, p. 237).

Igualmente notáveis (e aplicáveis) as regras discernidas por Carlos Maximiliano quando, aludindo ao Poder Executivo e sua faculdade regulamentar, enfatiza:

"O seu dever é cumprir, e não fazer a lei. Daí se deduzem, quanto ao poder regulamentar, várias restrições:

"a) Não cria direitos nem obrigações não estabelecidas implícita ou explicitamente em lei.

"b) Não amplia, restringe ou modifica direitos, nem obrigações. Apenas desenvolve e completa em particularidade as regras estabelecidas pelo Congresso.

"c) Fica inteiramente subordinado à lei. Não faculta, ordena ou proíbe senão o que ela, em termos amplos, facultou, ordenou ou proibiu.

"d) Não extingue direitos nem anula obrigações dos cidadãos em geral.

"e) Limita-se a desenvolver os princípios e a completar a sua dedução, a fim de facilitar o cumprimento das leis; não estabelece princípios novos" (*Comentários à Constituição Brasileira*, 3ª ed., Porto Alegre, 1929, n. 342, pp. 542-543).

Como realçamos ao longo deste item, o regulamento ilegal ou inconstitucional é nulo de pleno direito. Relembramos, em poucas palavras – para não incidirmos em tautologia –, que o regulamento que altera ou extingue direitos contidos em lei tributária, ou que abriga disposições que com ela atritam, invade a competência do Poder Legislativo, sendo passível de anulação judicial, para que seus efeitos não prejudiquem os contribuintes. É que, na real verdade, está-se, no caso, diante de um *simulacro de regulamento*, inidôneo, portanto, a produzir efeitos jurídicos.

Examinemos o assunto mais curiosamente, sem descermos, entretanto, ao raso das menções casuísticas.

XIX – O primeiro ponto que se pode firmar é que os contribuintes não devem obediência ao regulamento nulo, podendo, pois, perfeitamente, opor-lhe resistência, antes mesmo de a nulidade ser declarada pelo Judiciário.

Obviamente, em razão da prerrogativa que tem a Administração Pública de rever os próprios atos, o chefe do Executivo que expediu o regulamento nulo pode (e deve), a qualquer tempo, assim que perceber sua cinca, declarar-lhe a nulidade, substituindo-o por outro que guarde inteira compatibilidade com a lei tributária a que se refere.

Enfim, nenhuma relação jurídica se constitui, modifica ou extingue com base em regulamento nulo, que, *ab initio*, está totalmente privado de eficácia. Qualquer entredúvida que, porventura, possa esboçar-se ao propósito é afastável pela consideração de nosso sistema normativo, que colocou o princípio da legalidade, máxime em matéria tributária, num pedestal ímpar e inamovível.

Se, entretanto, o fisco pretender aplicar regulamento nulo, impondo, com base nele, deveres novos aos contribuintes, estes podem postular, ante a própria autoridade fazendária ou junto ao Poder Judiciário, a declaração, com efeitos *ex tunc*, da nulidade do ato. Quando isso acontecer, os eventuais danos que ele tiver produzido serão elididos a partir da data em que começaram a se fazer sentir.

XX – Cremos necessário acrescentar que não é tarefa do regulamento reproduzir os termos da lei tributária, mas, apenas, iluminar seus mandamentos, para facilitar-lhes a boa aplicação.

Dignas de menção, a respeito, as seguintes lições de Carlos Medeiros Silva: "A função do regulamento não é reproduzir, copiando-os literalmente, os termos da lei. Seria um ato inútil, se assim fosse entendido. Deve, ao contrário, evidenciar e tornar explícito tudo aquilo que a lei encerra. Assim, se uma faculdade ou atribuição está implícita no texto legal, o regulamento não exorbitará se lhe der forma articulada e explícita".[210]

Se a lei tributária for omissa, suas lacunas não poderão ser supridas pelo regulamento.

Logo, o regulamento tem a função de simplesmente *aclarar* a lei que o exige. Deve determinar-lhe o verdadeiro sentido, sem, entretanto, introduzir-lhe disposições

210. Carlos Medeiros Silva, "Intervenção do Estado na ordem econômica – Produção e comércio de borracha – Lei e regulamento", *RDA* 33/457.

novas.[211] Por aí vemos que o regulamento não pode criar *dever novo* ou *proibição nova*, mas apenas tornar plenamente aplicável a lei tributária que o veicula. Tenhamos sempre presente que o regulamento agrega concreção à lei, mas jamais amplia – tampouco cerceia – direitos.

Em matéria tributária, os regulamentos como que *desdobram* os comandos legais, tornando-os mais exatos e específicos e, destarte, encaminhando-lhes a boa execução. Como se isto não bastasse, uniformizam a aplicação das leis a que se referem, atendendo, em última análise, às exigências do *princípio da igualdade*.

O regulamento, portanto, *explicita* a lei tributária à qual se prende, sem nada lhe subtrair, aumentar ou modificar. Se vier a veicular disposições novas, a dizer, que nela não estavam contidas, ainda que implicitamente, será "ilegal" e, por isso, incumprível.

Como corolário do princípio da legalidade temos que são inconstitucionais os regulamentos que intervenham na área tributária, reservada à função legislativa.

Portanto, inclusive em matéria tributária, a Fazenda Pública só pode agir com base numa previsão legal (nunca regulamentar), que lhe imponha o dever de atuar.

XXI – Evidentemente, estando o regulamento – que é a fonte secundária por excelência do direito tributário – cercado com tão formidáveis diques, as *portarias*, as *instruções*, as *circulares*, os *pareceres normativos* e os *atos administrativos em geral* – que, dentro da *pirâmide jurídica*, ocupam posição inferior – também não podem, por muito maior razão, interferir na liberdade e na propriedade dos contribuintes. Pelo contrário, devem observar não só os mesmos limites do decreto regulamentar (máxime o representado pelo princípio da legalidade), como outros que eventualmente exsurjam deste ato normativo.

Na verdade, as portarias, as instruções, as circulares etc. não são, em si mesmas, meios de criação ou produção do direito positivo, mas meras manifestações da chamada *atividade administrativa interna*. Encerram simples ordens que os hierarquicamente superiores dão aos seus subordinados, indicando-lhes o melhor modo de aplicarem as leis e os regulamentos tributários. Não têm efeitos vinculantes *fora da Administração*, isto é, no ordenamento jurídico geral.

Por isto mesmo, não vinculam – e nem podem vincular – nem o juiz, nem os contribuintes, mas, apenas, os funcionários subalternos, presos que estão pelo chamado *princípio hierárquico*, que só se rompe nos casos de *manifesta ilegalidade*.

Notamos, ainda, que as portarias, instruções ou circulares que, *contra tenorem legis*, vierem a beneficiar contribuintes, absolutamente não lhes geram direitos. Assim, se, por força de uma portaria ilegal, um tributo tiver sido recolhido *a menor*, o contribuinte tem o dever de completar o pagamento previsto em lei. Fica, porém, a salvo das penalidades,[212] quer administrativas, quer penais, por falta do indispensável elemento subjetivo.

211. O regulamento não inova inauguralmente a ordem jurídica, mas estabelece os procedimentos necessários à fiel execução da lei. Neste sentido, não deixa de desempenhar uma função criadora do Direito, embora dentro dos lindes legais.

212. Neste sentido, temos o parágrafo único do art. 100 do CTN, que estabelece que a observância das *normas complementares* das leis, dos tratados e convenções internacionais e dos decretos (*atos nor-*

A respeito da *portaria* – cada vez mais utilizada pelas autoridades fazendárias para impor deveres aos contribuintes –, temos a dizer que *é ato interorgânico e, como tal, não diz respeito ao administrado*.

Pontes de Miranda, do alto de sua autoridade, assim se pronunciou: "A portaria lembra a ordem ou mando ao porteiro, ou aos porteiros. Pensar-se que a Justiça pode atribuir à portaria o que só à lei é dado edictar é pensar-se que os juízes se possam esquecer de textos claríssimos da Constituição (...): 'Ninguém pode ser obrigado a fazer ou deixar de fazer alguma coisa senão em virtude de lei'".[213]

A portaria envolve, pois, comando de administrador a administrador, isto é, de funcionário superior a funcionário subalterno, dando-lhe orientações e esclarecimentos (Orosimbo Nonato). Como afirma San Tiago Dantas, a portaria "(...) não cria nem tolhe direitos de terceiros; não pode impor deveres jurídicos a particulares".[214]

Em tão boa companhia, não vemos dificuldades em proclamar que nenhuma portaria pode impor aos contribuintes – que são administrados – deveres tributários.

É que os comandos contidos numa portaria prendem, tão somente, os órgãos da Administração Pública, tendo muito menos força jurídica do que os regulamentos, que, afinal, dentro dos limites da lei, voltam-se contra os cidadãos em geral.

Em suma, são nulas portarias que invadam campo *sob reserva de lei*, já que só podem irradiar efeitos no âmbito interno das repartições.

Este campo *sob reserva de lei* compreende, necessariamente, tudo quanto diga respeito à determinação, configuração e dimensionamento do montante da obrigação tributária, conforme, aliás, precisa lição de Eduardo Domingos Bottallo: "O processo de instituição de tributos consiste na descrição legislativa de seus aspectos essenciais e indissociáveis: a) o aspecto pessoal "que determina os sujeitos da obrigação tributária"; b) o aspecto temporal pelo qual são estabelecidas as "circunstâncias de tempo, importantes para configuração dos fatos imponíveis"; c) o aspecto espacial que consiste na indicação das "circunstâncias de lugar" relevantes para caracterização da obrigação de que se cuida; e, d) o aspecto material, que corresponde à própria descrição dos fatos que servem de suporte à hipótese de incidência, inclusive aqueles atinentes à determinação da base imponível e alíquotas (Geraldo Ataliba, *Hipótese de Incidência Tributária*, 2ª ed., Ed. RT, São Paulo).

"Nenhum deles pode ficar à margem da lei, sob pena de não ter-se tributo constitucionalmente criado.

mativos expedidos pelas autoridades administrativas, decisões dos órgãos singulares ou coletivos de jurisdição administrativa, a que a lei atribua eficácia normativa, práticas reiteradamente observadas pelas autoridades administrativas e *convênios que entre si celebram a União, os Estados, o Distrito Federal e os Municípios*), "exclui a imposição de penalidades, a cobrança de juros de mora e a atualização do valor monetário da base de cálculo do tributo".

213. Pontes de Miranda, *Comentários à Constituição de 1967*, 2ª ed., 2ª tir., t. V, São Paulo, Ed. RT, 1974, p. 3.

214. San Tiago Dantas, "Normas do direito singular e sua revogação. Lei e regulamento", in *Problemas de Direito Positivo*, Rio de Janeiro, Forense, 1953, p. 230.

"De consequência, encontra aqui confortável campo de aplicação a regra segundo a qual, no Direito Brasileiro, os atos administrativos (decretos, instruções, portarias, etc.) nenhuma inovação podem introduzir na conformação da obrigação tributária. Tais atos agem em um plano estritamente infralegal, sem qualquer vocação originária na ordem jurídica; jamais penetram no campo dos elementos essenciais do tributo".[215]

Repisamos, pois, que portarias não podem compelir particulares a fazer ou deixar de fazer alguma coisa. Esta ideia ganha proporções ainda mais avantajadas no âmbito do direito tributário, todo ele presidido pelo *princípio da reserva absoluta da lei formal*.

Por tudo quanto foi até aqui exposto, não vemos dificuldades em proclamar que nenhuma portaria pode impor aos contribuintes – que são administrados – o dever de pagar exações de modo mais exacerbado.

XXII – É o caso, porém, de agora indagarmos: quando se trata de mera atualização do montante da obrigação tributária, ou de seus elementos quantificadores (base de cálculo), este tipo de ato administrativo pode ser validamente empregado?

A indagação justifica-se até pelo que consta do § 2º do art. 97 do CTN: "não constitui majoração de tributo (...) a atualização monetária da respectiva base de cálculo" (*sic*).

Desnecessário, no presente contexto, instaurarmos discussão em torno da validade deste mais do que questionável preceito.

Todavia, ainda que admitamos, só em homenagem à controvérsia dialética (e, portanto, contra os argumentos até aqui expendidos), que um regulamento ou uma portaria possam determinar a correção monetária do montante devido a título de tributo, é imperioso que esta aptidão seja exercida com obediência a, quando pouco, dois pressupostos.

O primeiro: a possibilidade da correção monetária de tributo por meio de ato infralegal ou infrarregulamentar há de ser expressamente prevista em lei, já que a Administração Pública, ao efetuar o lançamento, não pode agir *sponte propria*, muito menos em matéria tão melindrosa, protegida ao máximo pelos princípios da *legalidade* e da *tipicidade fechada*. Relembramos, por oportuno, que o Executivo não pode exercer nenhum tipo de competência normativa inaugural, sobretudo na seara tributária, total e incontornavelmente vinculada à lei.

O outro pressuposto, que nos importa aqui destacar, diz respeito à necessidade de clara e expressa indicação – pelo ato infralegal ou infrarregulamentar que determinar a correção monetária do *quantum debeatur* da obrigação tributária – dos critérios adotados, em tal propósito, pela Administração Pública.

Não basta, com efeito, que a pretexto de "atualizar" valores, decreto (ou, o que é pior, portaria) limite-se a proceder à substituição de uma tabela por outra ou à fixação aleatória de novos parâmetros valorativos da obrigação fiscal.

215. Eduardo Domingos Bottallo, "Limitações do poder de tributar", *RDTributário* 48/51-52.

É preciso, ao revés, que os critérios orientadores desses procedimentos sejam tornados públicos, até porque a exigência desta publicidade decorre de imperativo constitucional (art. 37, *caput*, da CF), sendo essencial para possibilitar ao contribuinte o exercício do competente controle da constitucionalidade ou, mesmo, da legalidade do ato administrativo de atualização monetária.

Por outras palavras, o contribuinte tem o direito subjetivo de ser informado acerca dos métodos utilizados pela Administração Pública, para a quantificação das obrigações tributárias que lhe são impostas, sob pena dessa inexplicada "atualização" não prevalecer.

Aliás, em várias oportunidades, o Poder Judiciário proclamou a invalidade de atos administrativos que determinaram o redimensionamento de obrigação tributária, exatamente pelo defeito da falta de motivação.[216]

Apenas para ilustrarmos a importância de que se reveste, para o contribuinte, a clara indicação dos índices adotados para a correção de obrigações tributárias, convém lembrarmos que, ao longo dos anos, até passado recente, foram incontáveis as disputas judiciais em torno do tema.

Em 1991, no desespero oficial pelo desmoronamento de mais um dos sucessivos planos de "estabilização da moeda", a Lei 8.177/1991, em seu art. 9º, adotou a TRD (taxa referencial diária) como parâmetro para a correção de obrigações fiscais e parafiscais, expediente que o STF teve, posteriormente, por inconstitucional.[217]

Ora, atos administrativos porventura destinados a "atualizar" o valor de obrigações fiscais preexistentes ao período de vigência do diploma legal que os permitiu, poderão estar contaminados de inconstitucionalidade, sem que a tal conhecimento, o contribuinte tenha segura possibilidade de acesso, a não ser que a Administração Pública informe, de modo explícito, os métodos, parâmetros e critérios adotados.

E a franquia a tal conhecimento constitui inafastável dever do Estado, como cânone moral de suas relações com a sociedade.

Brilhante lição de Marçal Justen Filho bem enfatiza este ponto:

"O Estado não pode ludibriar, espoliar ou prevalecer-se da fraqueza ou ignorância alheia. Não se admite que tal ocorra nem mesmo dentro dos limites em que seria lícito ao particular atuar.

"O princípio da moralidade indica, sob esse ângulo, lealdade do Estado frente aos cidadãos. A ação e a omissão do Estado devem ser cristalinas, inequívocas e destituídas de reservas, ressalvas ou segundas intenções. Não se legitima o ardil sob o argumento de que se destina a abarrotar de recursos os cofres públicos."[218]

216. V., por exemplo, o acórdão da 1ª Turma do egrégio TRF da 5ª Região na AMS 35.319-CE, rel. Juiz Hugo Machado, in *Lex Jurisprudência do STJ e dos TFR* 72/599.

217. STF, Plenário, ADI 493-0-DF, rel. Min. Moreira Alves, j. 25.6.1992, m.v., *DJU*-I 4.9.1992, p. 14.089.

218. Marçal Justen Filho, "O princípio da moralidade pública e o direito tributário", *RDTributário* 67/73.

Em suma, podemos reafirmar que, aceitando-se, em tese, a possibilidade de atos normativos infralegais ou infrarregulamentares (no caso, *portarias*) operarem a mera atualização monetária do *quantum debeatur* de obrigações tributárias, tal só será admissível se, dentre outras condições, forem atendidas as seguintes: a) expressa previsão do expediente, na lei instituidora do tributo; e b) indicação explícita, por parte da Administração, dos critérios, índices e parâmetros adotados para tal fim.

XXIII – Enfim, com base no que foi escrito, proclamamos que, visando à segurança jurídica do contribuinte, nossa Constituição impõe, em matéria tributária, a total submissão do Executivo à lei.

11.1 A "referenda" do regulamento tributário. Sua imprescindibilidade

I – Questão pouco estudada é a que concerne à *referenda* do decreto regulamentar. *Grosso modo*, podemos dizer que *referenda* é a inserção de assinatura, de um ou mais auxiliares imediatos do chefe do Executivo, em atos jurídicos que revestem a forma escrita. Sua ausência acarreta a invalidade, irregularidade ou ineficácia destes mesmos atos jurídicos.

O decreto regulamentar, baixado pelo chefe do Executivo (Presidente da República, Governador de Estado, Governador do Distrito Federal ou Prefeito do Município), só tem validade jurídica se referendado (coassinado, subscrito) por seu auxiliar imediato (Ministro de Estado, Secretário de Estado, Secretário do Distrito Federal ou Secretário do Município).

De fato, a *referenda* é uma exigência constitucional, e, sem ela, o regulamento não entra em vigor, por lhe faltar um dos elementos essenciais.

É o que depreendemos da leitura do art. 87, parágrafo único, I, da CF, que determina:

"Art. 87. (...).

"Parágrafo único. Compete ao Ministro de Estado, além de outras atribuições estabelecidas nesta Constituição e na lei: I – exercer a orientação, coordenação e supervisão dos órgãos e entidades da Administração Federal na área de sua competência e referendar os atos e decretos assinados pelo Presidente da República."

Pontes de Miranda, comentando disposição análoga da Constituição de 1967/1969, escreveu, com propriedade, que o regulamento não referendado "é ato incompleto; não entra no mundo jurídico".[219]

Kelsen, de seu turno, chegou ao extremo de não reconhecer ao chefe do Executivo as prerrogativas de órgão supremo, uma vez que, sem a *referenda ministerial*, ele não pode praticar os atos de sua competência. Chegou mesmo a sustentar que o Ministro não deve obediência às normas individuais, sejam elas emanadas do chefe

219. Pontes de Miranda, *Comentários à Constituição de 1967 com a Emenda n. 1 de 1969*, cit., t. III, p. 371.

do Executivo ou do Parlamento. Para o Mestre de Viena, elas, por só serem válidas com a *referenda*, são atos próprios do Ministro, pela adesão que decorre de sua subscrição.[220]

Mas, exageros à parte, no Brasil, do Império à República, e, nesta, em todas as Constituições, inclusive na atual, a referenda tem sido sempre considerada elemento complementar indispensável dos regulamentos do chefe do Executivo.[221]

II – Podem surpreender estas colocações. De fato, sendo o Ministro (ou o Secretário) demissível *ad nutum*, alguém pode supor que ele não tem alternativa senão referendar o regulamento, ainda que ilegal, baixado pelo chefe do Executivo.

O argumento, apesar de contundente, não resiste a uma análise mais serena. O auxiliar imediato do chefe do Executivo, se falharem a persuasão e o aconselhamento, tem pelo menos um caminho para não pactuar com o regulamento ilegal: o pedido de demissão. Caminho que, infelizmente, muito poucos percorrem, pelo menos quando estão em jogo "apenas" razões de consciência. Infelizmente, o apego ao poder costuma falar mais alto.

De qualquer modo, o auxiliar imediato do chefe do Executivo que referenda regulamento ilegal é corresponsável pelo ato normativo, e também responde por ele.

Em suma, a *referenda* é uma exigência incontornável da Constituição brasileira. Os regulamentos, para serem válidos, devem ser referendados por um ou mais Ministros de Estado (ou Secretários de Estado, Secretários do Distrito Federal ou Secretários do Município, nas esferas, respectivamente, estadual, do Distrito Federal ou municipal). Aliás, o Ministro (ou Secretário) participa do exercício da função executiva (cf. art. 76 da CF).

III – Anote-se, sempre a propósito, que, quando o Ministro de Estado, o Secretário de Estado, o Secretário do Distrito Federal ou o Secretário do Município referenda o regulamento, manifesta oficialmente sua convicção de que ele não viola nem a lei, nem a Constituição. Mais: assume o compromisso de, juntamente com o chefe do Executivo, cumprir o regulamento e zelar para que seja bem cumprido por seus subordinados no Ministério. E, ainda: responsabiliza-se, com o chefe do Executivo, por eventuais irregularidades que o regulamento contenha.

Até aqui, o assunto não se reveste de maiores dificuldades.

Ele se torna complexo quando perquirimos se a *referenda* é divisível ou indivisível.

220. Hans Kelsen, *Teoría General del Estado*, trad. de Luís Legaz y Lacambra, Madri, Labor, 1934, p. 392.

221. No Direito Comparado, os regulamentos do chefe do Executivo não vigoram enquanto não referendados por um Ministro. Podemos dizer que o instituto da referenda é universal.

Tenhamos em atenção a Constituição Italiana, que, em seu art. *89*, estatui: "Nessun atto del Presidente della Repubblica è valido se non è controfirmato dai ministri proponenti, che ne assumono la responsabilità. Gli atti che hanno valore legislativo e gli altri indicati dalla legge sono controfirmati anche dal Presidente del Consiglio dei Ministri".

Também no direito constitucional inglês, a vontade real, para ser obrigatória, deve manifestar-se por escrito e ser referendada por um ministro.

Então, vejamos.

IV – Se indivisível, bastaria a *referenda* de qualquer auxiliar imediato do chefe do Executivo para que o regulamento se aperfeiçoasse e completasse, ainda que contivesse matérias estranhas à Pasta ou relativas também a outras Pastas. Assim, exemplificando, fosse indivisível a *referenda*, o Ministro da Justiça poderia validamente referendar regulamento concernente à Marinha de Guerra, e este ato normativo produziria seus regulares efeitos, mesmo devendo ser cumprido pelo Ministro da Marinha.

Como percebemos, o regime da indivisibilidade da referenda leva, fatalmente, à confusão de atribuições e, com ela, à irresponsabilidade, no plano mais alto da direção da pessoa política, seja ela a União, o Estado, o Município ou o Distrito Federal.

Na verdade, a *referenda* é *divisível*, devendo ser levada a efeito pelo Ministro (ou Secretário) que tiver de executar o regulamento.[222]

Não basta, pois, haja *referenda* para que o regulamento produza efeitos. Nosso direito constitucional exige que ele seja – sob pena de inexistência jurídica – referendado pelo Ministro (ou Secretário) respectivo (isto é, pelo Ministro ou Secretário competente). O já citado art. 87, parágrafo único, I, da CF alude à área de competência do Ministro. É sobre ela que deve exercer sua orientação, coordenação e supervisão.

A divisibilidade da *referenda* faz com que esta seja sempre parcial. Noutras palavras, a *referenda* de cada Ministro (ou Secretário) alcança apenas a parte do regulamento incluída no leque de suas atribuições.

Ademais, a divisibilidade da *referenda*, além de envolver a responsabilidade do Ministro (ou Secretário) referendário, importa sua privatividade. Cada Ministro (ou Secretário) deverá referendar os regulamentos pertinentes aos assuntos de sua Pasta, e somente estes. Portanto, se, *v.g.*, um regulamento de lei federal contiver disposições de natureza tributária, deverá necessariamente ser referendado pelo Ministro da Fazenda. Dito de outra forma, se este ato normativo não for levado ao Ministério da Fazenda, para receber a referenda do titular desta Pasta, ele não será válido (juridicamente falando) e, destarte, a ninguém poderá obrigar. Obviamente, o Ministro não poderá delegar esta atribuição, que lhe é privativa, a terceiro (*v.g.*, ao Secretário-Geral do Ministério).

Enfim, a *referenda* é divisível, parcial, especializada, privativa e improrrogável.

Ressaltamos que, sendo improrrogável a *referenda*, se o regulamento cuida de assuntos do interesse de várias Pastas, ele não entrará em vigor nas partes respei-

222. Isto nos leva a concluir, com Duguit (*Traité de Droit Constitutionnel*, t. IV, Paris, 1924, p. 828), que o Ministro sem Pasta não pode referendar. Por quê? Porque, como vimos, a referenda é divisível. Não basta ser Ministro para referendar; é preciso, ainda, que ele seja titular da Pasta sobre que versa a matéria do regulamento.

Lembramos que, historicamente, o instituto da referenda – originário dos Países que mantinham o princípio da irresponsabilidade do chefe do Estado – tinha o objetivo de vincular a responsabilidade de cada Ministro aos assuntos relativos a seu Ministério.

tantes àquelas cujos titulares se omitiram. Assim, por exemplo, se um regulamento interessa, concomitantemente, aos Ministérios da Justiça, do Exército e da Fazenda e for referendado apenas pelos titulares dos dois primeiros, só estará ultimado no que concerne às matérias da Justiça e do Exército. A falta da referenda do Ministro da Fazenda tornará inexequível o regulamento na parte em que cuida de assuntos tributários e econômicos.

Ultimando nosso raciocínio, o regulamento tributário só existirá quando estiver referendado pelo Ministério da Fazenda, pelo Secretário da Fazenda do Estado, pelo Secretário Municipal das Finanças ou pelo Secretário da Fazenda do Distrito Federal (nas esferas, respectivamente, da União, dos Estados, dos Municípios e do Distrito Federal).

V – Agora é o caso de perguntarmos: há corresponsabilidade do chefe do Executivo quando, por meio de instrução, a lei é regulamentada por seu auxiliar imediato?

Entendemos que sim. Com efeito, na medida em que o chefe do Executivo não baixa o decreto regulamentar, ele está, por assim dizer, *endossando* o ato normativo de seu auxiliar. Está, se quisermos, aprovando, tacitamente, o regulamento veiculado por meio da instrução regulamentar.

Muito bem, se tal regulamento for ilegal (e, portanto, também inconstitucional), o chefe do Executivo, tanto quanto seu auxiliar imediato, deverá ser responsabilizado pela violação da ordem jurídica, podendo, destarte, também sofrer as sanções cabíveis.

Em suma, não é se escudando na instrução regulamentar de seu auxiliar imediato que o chefe do Executivo deixa de ser passível de sanção acaso descumpra o dever constitucional de "prover a fiel execução da lei". Pelo contrário, se a instrução que aprova o regulamento for ilegal e ele não se der pressa em pôr cobro a tal injuridicidade, editando o adequado decreto, será responsabilizado, tanto quanto seu auxiliar.

12. Legalidade e os princípios federativo, da autonomia municipal e da autonomia do Distrito Federal

Este é o local adequado para esclarecermos que, quando a Constituição preceitua que "ninguém será obrigado a fazer ou deixar de fazer alguma coisa senão em virtude de lei", ela não está se referindo a qualquer lei, mas à lei da pessoa política investida de competência para tratar da matéria em pauta.

A este respeito, rememoramos que a União, os Estados, os Municípios e o Distrito Federal possuem competências que só podem ser exercitadas por meio de suas próprias leis. É indispensável, assim, legislem sobre as matérias cuja competência lhes foi atribuída pela Constituição, pois, do contrário, não lhes será possível exigir que alguém faça ou deixe de fazer alguma coisa.

Como decorrência dos princípios federativo, da autonomia municipal e da autonomia distrital, as leis da União – inclusive as tributárias – não estão juridicamente acima das leis dos Estados, dos Municípios e do Distrito Federal. As leis dos Estados também não sobrepairam às leis da União, dos Municípios e do Distrito Federal. As leis dos Municípios não se sobrepõem às leis da União, dos Estados e do Distrito Federal. E as leis do Distrito Federal não sobrepujam as leis da União, dos Estados e dos Municípios. Todas ocupam a mesma plana. É verdade que, se uma matéria é de competência da União, os Estados, os Municípios e o Distrito Federal não podem legislar sobre ela. Mas, do mesmo modo, se um assunto foi constitucionalmente remetido aos Estados, aos Municípios ou ao Distrito Federal, a estes é que cabe legislar sobre ele, com exclusividade.

Estas noções, tantas vezes negligenciadas pela doutrina, não fugiram à perspicácia de Dalmo de Abreu Dallari, que assim se pronunciou: "Como fica evidente, ao proceder a distribuição de competências a Constituição efetua, ao mesmo tempo e em consequência, a distribuição de poder legislativo, cabendo a cada entidade política o poder de legislar sobre os assuntos de sua competência. *E quando houver leis conflitantes só se pode saber qual delas prevalece verificando-se a quem a Constituição atribui competência para legislar sobre o assunto, não se podendo falar em hierarquia, no Estado Federal*".[223]

Destarte, na Nação Brasileira convivem, em pé de igualdade jurídica, os Poderes Legislativos da União, dos vários Estados, dos vários Municípios e do Distrito Federal.

Como corolário, temos que só quando a lei tributária é editada pela pessoa política que tem competência para fazê-lo resulta atendido o princípio da legalidade.

223. Dalmo de Abreu Dallari, ob. cit., p. 9 (grifamos).

Capítulo VII

*SEGURANÇA JURÍDICA E TRIBUTAÇÃO**

1. Noções introdutórias

I – A União, os Estados, os Municípios e o Distrito Federal têm competência para criar tributos. Mas, para que os contribuintes não fiquem à mercê do arbítrio destas pessoas políticas, ela deve desenvolver-se dentro de certos paradigmas, que nossa Carta Fundamental minuciosamente traçou.

É ponto bem assentado que a Constituição brasileira ocupou-se, de espaço, com a tributação, vale dizer, com a ação estatal de exigir tributos. Dito de outro modo, ela contém grande número de disposições que tratam, direta ou indiretamente, de matérias tributárias.

Esta não é uma novidade da atual Constituição. Tanto não que, comentando a anterior (de 1967/1969), Aliomar Baleeiro observava que, das 25.000 palavras que aproximadamente a compunham, pelo menos 5.000 diziam respeito, de algum modo, à tributação.[1]

Apesar disto, no Brasil campeia o vezo de estudar direito tributário a partir do Código Tributário Nacional, quando não de leis, de decretos ou até de portarias. No mais das vezes – devemos reconhecer –, o resultado de tal prática tem sido desastroso.

Ia – Não se nega que o Código Tributário Nacional, mercê de seu louvável lastro científico,[2] trouxe benefícios ao País. Basta dizer que antes de sua entrada em vigor o direito tributário era estudado, salvo honrosas exceções, por "especialistas", que desconsideravam completamente os grandes princípios constitucionais que irradiam efeitos sobre a tributação.

Quando ainda não tínhamos o Código Tributário Nacional superestimava-se o papel do Fisco e dava-se pouca atenção ao "estatuto do contribuinte", o que provocava, como era de se esperar, a quebra do nosso "Estado de Direito".

* O título "Segurança Jurídica e Tributação" pareceu-nos mais apropriado que "Direitos Fundamentais do Contribuinte", que, embora soe melhor, é um tanto vago e impreciso.

Esta, entretanto, é uma questão terminológica, com a qual, positivamente, não nos ocuparemos.

1. Aliomar Baleeiro, *Direito Tributário Brasileiro*, 1ª ed., Rio de Janeiro, Forense, 1970, p. 1. Evidentemente, o saudoso professor nunca teve a fleuma de contar as palavras que formavam nosso Texto Magno de 1967/1969, nem, muito menos, as que, de algum modo, versavam matérias tributárias. Pretendia, sim, o ínclito Ministro ressaltar, com este tropo de linguagem, que ninguém podia ser havido por conhecedor do direito tributário brasileiro sem haver palmilhado nossa Carta Constitucional.

2. V., infra, cap. XI ("Normas Gerais em Matéria de Legislação Tributária"), item 6.

Com o Código Tributário Nacional o quadro, sem dúvida, se alterou para melhor.

Ib – Como quer que seja, o fenômeno tributário, entre nós, não pode ser analisado com respaldo, apenas, na legislação infraconstitucional.

Em outros Estados, como a Itália, a França, a Espanha etc., não costuma advir grande mal disto, ainda porque, neles, a Lei Magna local dedica, quando muito, dois ou três artigos à tributação. Nossa Carta Suprema, porém, optou por regular com uma miríada de normas e princípios o tema. É, pois, ímpar no mundo, e não podemos considerá-la, neste particular, com a mesma superficialidade com que os tributaristas alienígenas costumam levar em conta a de seus respectivos Países.

Portanto, no Brasil, o legislador de cada pessoa política (União, Estados, Municípios ou Distrito Federal), ao tributar, isto é, ao criar, *in abstracto*, tributos, vê-se a braços com o seguinte dilema: ou praticamente reproduz o que consta da Constituição – e, ao fazê-lo, apenas recria, num grau de concreção maior, aquilo que nela já se encontra previsto – ou, na ânsia de ser original, acaba ultrapassando as barreiras que ela lhe levantou e resvala para o campo da inconstitucionalidade. Podemos dizer que, no que toca aos tributos, nosso Código Supremo beirou as raias do casuísmo.

O legislador (federal, estadual, municipal ou do Distrito Federal), ao tributar, encontra, pois, perfeitamente iluminado, no Texto Supremo, o caminho que pode validamente percorrer. A tributação só pode desenvolver-se com apoio na Constituição.

Assim é uma vez que, como sabemos, o tributo é exigido *iure imperii*, ou seja, a partir de um ato de autoridade, sem que, para seu surgimento, concorra – não pelo menos de modo direto[3] – a vontade do contribuinte. Ora, é justamente a Constituição, com seus grandes princípios, que mantém a ação de tributar dentro do Estado Democrático de Direito.

II – Também não devemos perder de vista que, entre nós, a ação de tributar excepciona o princípio constitucional que protege a propriedade privada (CF, arts. 5º, XXII, e 170, II). Isto explica – pelo menos em grande parte – a razão pela qual nossa Carta Magna disciplinou, de modo tão rígido, o mecanismo de funcionamento da tributação, ao mesmo tempo em que amparou o contribuinte com grande plexo de direitos e garantias contra eventuais excessos do Poder Público.

Ademais, na medida em que a Constituição brasileira reconhece e garante o *direito de propriedade* (embora o submeta ao *princípio da função social*) – proibindo, inclusive, o confisco (art. 150, IV)[4] –, é evidente que a tributação não pode, por via indireta, torná-lo ilusório.

3. Como vimos no capítulo anterior ("Legalidade e Tributação"), os tributos são criados pelo Poder Legislativo, integrado por pessoas livremente eleitas pelos cidadãos. Estes, no entanto, não são chamados a decidir, eles próprios, o assunto.

4. A tributação não pode agredir a propriedade privada, a ponto de fazê-la desaparecer. Em termos mais técnicos, não pode assumir feições confiscatórias. Aliás, o confisco, na atual sistemática constitucional, só é admitido em algumas poucas hipóteses, disciplinadas por lei (art. 5º, XLVI, "b", da CF), e sempre com conotações sancionatórias, como, por exemplo, na expropriação, sem qualquer indenização, das glebas onde se localizarem culturas ilegais de plantas psicotrópicas ou a exploração de trabalho escravo (art. 243 da CF e Lei 8.257/1991).

Noutras palavras: o tributo, de algum modo, esgarça o direito de propriedade. Ora, na medida em que o direito de propriedade é constitucionalmente protegido, o tributo só será válido se, também ele, deitar raízes na Constituição.

III – Frisamos, por oportuno, que a Constituição Federal não definiu tributo.[5] Todavia, cuidando de figuras afins (como a desapropriação, a requisição, o serviço militar, a pena privativa da liberdade, o perdimento de bens, o serviço eleitoral, o serviço do Júri, a penalidade pecuniária etc.), acabou, num verdadeiro jogo de contrastes, por oferecer uma *noção implícita* de tributo.[6]

Temos, pois, que, ao lume de nosso Estatuto Supremo, *tributo é a relação jurídica que se estabelece entre o Fisco e o contribuinte (pessoa colhida pelo direito positivo) tendo por base a lei, igualitária, decorrente de um fato lícito qualquer, avaliável em pecúnia e de ocorrência possível, cujo adimplemento é exigido compulsoriamente e em moeda.*[7]

A partir desta *noção implícita*, que vincula o legislador (complementar e ordinário), fica fácil ao operador do Direito verificar se dada pessoa, colocada na contingência de dar dinheiro ao Estado (ou a quem lhe faça juridicamente as vezes), está

Estamos notando que a norma que impede que os tributos sejam utilizados com efeito de confisco, além de criar um limite explícito à progressividade – que, de um modo geral, os impostos devem observar (v., supra, no cap. II, "O Princípio Republicano e a Capacidade Contributiva") –, reforça o *direito de propriedade*. Assim, por exemplo, em função dela, as alíquotas do *imposto sobre a renda* não podem ser elevadas a ponto de fazerem desaparecer a propriedade do contribuinte.

Ademais, o princípio da não confiscatoriedade ajuda a dimensionar o alcance do *princípio da progressividade*, já que exige equilíbrio, moderação e medida na quantificação dos impostos, tudo tendo em vista um direito tributário "justo". De qualquer modo, tirante a *situação-limite* de uma alíquota de 100% da renda, para o imposto específico, é extremamente difícil precisar com critérios matemáticos o ponto em que o tributo deixa de ser progressivo, e, portanto, justo, para tornar-se confiscatório. Só a análise de cada caso concreto poderá revelar-nos quando a tributação já não atende aos reclamos da justiça fiscal, por exceder às possibilidades econômicas dos contribuintes.

5. Andou bem, neste particular, já que não é tarefa da lei – muito menos da Lei Maior – expender definições. Definir é missão da doutrina. A lei deve limitar-se a *mandar*, *proibir* ou *facultar*. Estes – parafraseando Lourival Vilanova – os *modais deônticos possíveis*. Quem teoriza é o doutrinador, com o instrumental que lhe é fornecido pela Ciência (no caso, pela Ciência do Direito). De modo que, louvavelmente, o Constituinte – tão especioso e detalhista em outras passagens da Carta Suprema – resistiu à tentação de conceituar tributo. Portanto, em vão buscaremos na Lei das Leis um artigo que, com todas as letras, o defina.

6. Nos termos da Constituição, o tributo é instrumento de arrecadação, necessário à realização das despesas públicas (arts. 163 e ss., especialmente o art. 167, IV). Deve, pois, custear a mantença da *res publica* em geral e é de prestação obrigatória, até porque sempre decorre da lei (art. 150, I, da CF), e não da vontade da Administração Fazendária ou do contribuinte.

Nossa Lei Maior veda expressamente, salvo as exceções nela própria mencionadas, a vinculação do produto da arrecadação de *impostos* (não de *taxas*, *contribuição de melhoria*, *multas* ou *preços públicos*) a *fundo* ou *despesa*. É o *princípio da não vinculação de receitas de impostos*, que colima evitar que os dinheiros públicos que giram em torno desta figura exacional não possam ser utilizados, como diz José Afonso da Silva, "em conformidade com as necessidades existentes e em obediência à escala de prioridades estabelecida a partir de análise rigorosa da situação existente" (*Comentário Contextual à Constituição*, 9ª ed., São Paulo, Malheiros Editores, 2014, p. 711).

7. Esta é uma *proposição jurídica* formada pela conjugação de uma série de dispositivos constitucionais, máxime daqueles que formam o capítulo que há nome "Do Sistema Tributário Nacional".

realmente sendo compelida a recolher um tributo; e, em caso afirmativo, se ele é ou não constitucional.[8]

Como se isto não bastasse, a Lei das Leis ainda classificou os tributos em impostos, taxas e contribuições de melhoria (art. 145, I a III), desenhando a *regra-matriz* (o *arquétipo* o *núcleo essencial*, a *norma-padrão de incidência*) de cada uma destas figuras jurídicas[9] e discriminando competências para que as pessoas políticas, querendo, viessem a instituí-las (sempre, como vimos, por meio de lei).

8. Geraldo Ataliba, com sua extraordinária didática, a propósito, observava:

"Toda vez que se depare o jurista com uma situação em que alguém esteja colocado na contingência de ter o comportamento específico de dar dinheiro ao Estado (ou a entidade dele delegada por lei), deverá inicialmente verificar se se trata de: a) multa; b) obrigação convencional; c) indenização por dano; d) tributo.

"Nestes quatro casos pode alguém ser devedor em dinheiro ao Estado (ou, excepcionalmente, a outra pessoa – em geral pública – designada pela lei e por esta colocada na situação de sujeito ativo da prestação).

"A multa se reconhece por caracterizar-se como sanção por ato ilícito. Para que alguém seja devedor de multa, é necessário que algum comportamento anterior seu tenha sido qualificado como ato ilícito ao qual a lei atribuiu a consequência de dar nascimento à obrigação de pagamento de dinheiro ao Estado, como punição ou consequência desfavorável daquele comportamento.

"Por outro lado, tendo as pessoas públicas capacidade para a prática de negócios jurídicos convencionais, pode dar-se – e frequentemente ocorre – que diversas pessoas sejam colocadas na situação jurídica de devedoras de pessoas públicas, a título de aluguel, compra, mútuo etc.

"Formalmente, o vínculo jurídico, neste caso, é idêntico ao correspondente a tributo. Em ambos os casos tem-se uma obrigação pecuniária nítida.

"Como distinguir, pois, o tributo das anteriores figuras?

"Conforme já vimos, aplicando a definição de tributo e verificando se a figura em causa corresponde ou não às suas notas típicas.

"O fulcro do critério do discrímen está primeiramente no modo de nascimento da obrigação. Se se tratar de vínculo nascido da vontade das partes, estar-se-á diante de figura convencional (*obligatio ex voluntate*), mútuo, aluguel, compra e venda etc. Isto permite discernir a obrigação tributária das obrigações convencionais.

"Se, pelo contrário, o vínculo obrigacional nascer independentemente da vontade das partes – ou até mesmo contra essa vontade –, por força da lei, mediante a ocorrência de um fato jurídico lícito, então, estar-se-á diante de tributo, que se define como obrigação jurídica legal, pecuniária, que não se constitui em sanção de ato ilícito, em favor de uma pessoa pública. Ter-se-á obrigação de indenização por dano se o fato de que nascer a obrigação for ilícito.

"Será tributo, pois, a obrigação pecuniária, legal, não emergente de fatos ilícitos, em princípio. Estes fatos ilícitos podem ser geradores de multa ou de obrigação de indenizar.

"A multa se caracteriza por constituir-se em sanção aflitiva de um preceito que impõe um comportamento determinado. A indenização é mera reparação patrimonial, a título de composição de dano, segundo o princípio geral do Direito de acordo com o qual quem causar prejuízo a outrem é obrigado a indenizar.

"Em outras palavras: o tributo não é sanção por violação de nenhum preceito, nem reparação patrimonial. Com estas delimitações é que se deve entender o conceito de tributo adotado pelo direito constitucional brasileiro" (*Hipótese de Incidência Tributária*, 6ª ed., 16ª tir., São Paulo, Malheiros Editores, 2016, pp. 36-37).

9. No Brasil a Constituição não só efetuou uma classificação estrita das *espécies tributárias*, como apontou o *regime jurídico* de cada uma. Portanto, como ressalta Geraldo Ataliba, a distinção das espécies tributárias, na Constituição, não é apenas *nominal*, mas *conceitual*. Queremos com isto exprimir que o *arquétipo genérico* de cada tributo está traçado no Texto Supremo e, destarte, o legislador ordinário não pode dele se afastar.

Por fim, a Carta Suprema arrolou um verdadeiro arsenal de *direitos fundamentais* que a União, os Estados, os Municípios e o Distrito Federal, ao levarem a efeito a tributação, devem respeitar.

É justamente sobre este ponto que pretendemos nos demorar.

2. *Estado de Poder e Estado de Direito*

I – Sabemos que o *Estado de Poder* ou *Estado de Polícia* – tão bem descrito por Maquiavel – parte do antessuposto de que o fim justifica os meios, e, assim, o governante é livre para agir, em relação aos indivíduos, como melhor lhe apetecer, sem qualquer freio, muito menos de ordem legal. Basta que sua atuação atenda aos interesses públicos, que, não raro, se confundem com seus próprios interesses.

No *Estado de Direito*, pelo contrário, os governantes (tanto quanto os governados) sujeitam-se ao império da lei. Nele, o Poder Público age *secundum legem* e, em suas relações com os governados, submete-se a um *regime de direito*, vale dizer, pauta sua conduta por meio de regras que, com outorgarem e garantirem os chamados *direitos individuais*, apontam os meios que ele poderá validamente empregar para a consecução de seus fins.

Este entendimento é endossado por Oreste Ranelletti, que define o *Estado de Direito* como "aquele que disciplina com regras jurídicas, na maior medida possível, sua própria organização e atividade nas relações com os cidadãos e assegura, também através do Direito, a atuação em relação a si próprio, mediante institutos jurídicos adequados".[10]

Normalmente, o *Estado de Direito* é confundido com o *Estado Constitucional*. Num sentido rigorosamente técnico, porém, esta superposição é equivocada.

De feito, nos Estados simplesmente *de Direito*, os atos do Executivo e do Judiciário estão submetidos ao princípio da legalidade e, nesta medida, não se encontram à mercê do soberano (como nos *Estados Absolutos*). O Legislativo, porém, é livre para atuar, já que este princípio não pode ser aplicado, obviamente, à legislação. É por isto, aliás, que alguém já disse que, em tais Estados, o absolutismo do Príncipe é substituído pelo absolutismo do Legislativo.

Diferentemente, nos *Estados Constitucionais*, a Constituição, Lei das Leis, é o fundamento de validade de toda a ordem jurídica nacional, disciplinando a atuação não só dos Poderes Executivo e Judiciário, senão, também, do Poder Legislativo.

Por outra retórica, no *Estado Constitucional* a Constituição regula a situação do indivíduo diante do Poder Público, criando-lhe um campo privativo, que o coloca a salvo das investidas não só do Executivo e do Judiciário, como, principalmente, do Legislativo.

O que podemos dizer, na verdade, é que o *Estado de Direito* preparou o *Estado Constitucional*, como observa Linares Quintana: "A concepção do Estado de Direito

10. Oreste Ranelletti, *Istituzioni di Diritto Pubblico*, 1ª ed., Milão, Giuffrè, 1948, p. 140 (traduzimos).

– cuja ideia central é a da sujeição e do acomodamento do Estado ao Direito – influiu decisivamente na formação do constitucionalismo contemporâneo".[11]

Agustín Gordillo pronunciou-se no mesmo sentido: "Deste modo, o que se entendeu ser a máxima aspiração do passado, a submissão dos particulares à lei, ainda que de modo algum se deva nem se possa abandonar, fica de todos os modos relegado como uma etapa a mais na evolução. Já não basta que a Administração esteja submetida à lei, mas é também necessário que a lei esteja submetida à Constituição, que haja uma ordem jurídica superior ao próprio legislador, superando assim o dogma da soberania popular, representada no Parlamento, e passando à representação da soberania do povo na Constituição".[12]

Daí falar-se em "Estado Constitucional" ou "constitucionalismo".

II – O "constitucionalismo" surgiu, basicamente, para eliminar os poderes até então ilimitados do Estado.

Como, porém, a expressão *Estado de Direito* é mais difundida que aqueloutra, *Estado Constitucional*, também nós vamos empregá-la, no sentido de que, nele (no Estado de Direito), o Estado, como qualquer particular, subordina-se à Constituição, à lei e à jurisdição.

Avançando nesta linha, o art. 1º, *caput*, da CF de 1988 prescreve, com todas as letras, que a República Federativa do Brasil "constitui-se em Estado Democrático de Direito". Note-se que a colocação do termo "Democrático" antes da expressão "de Direito" já denota que o constituinte originário deu primazia aos direitos e liberdades das pessoas sobre qualquer forma ou estrutura jurídica, que deverá limitar-se a atender ao "interesse geral", sem, porém, atropelar o *princípio da segurança jurídica*. Como bem observa José Afonso da Silva, "o '*democrático*' qualifica o Estado, o que irradia os valores da democracia sobre todos os seus elementos constitutivos e, pois, também, sobre a ordem jurídica".[13]

2.1 O Estado Democrático de Direito e os direitos fundamentais

I – O *Estado Democrático de Direito* é uma garantia à liberdade; além de impor limites à atuação estatal, confere às pessoas a titularidade de direitos públicos subjetivos e, portanto, de posições jurídicas ativas que podem ocupar nos eventuais confrontos que venham a ter com a autoridade pública e, mesmo, com outros particulares.

Lourival Vilanova desenvolve melhor nosso modo de pensar: "É uma conquista do Estado de Direito, do Estado Constitucional em sentido estrito (*Verfassungsstaat*), a fixação dos direitos reputados fundamentais do indivíduo, e a enumeração das ga-

11. Segundo V. Linares Quintana, *Derecho Constitucional y Instituciones Políticas*, 1ª ed., t. 1, Buenos Aires, Abeledo-Perrot, 1970, p. 90.

12. Agustín Gordillo, *Princípios Gerais de Direito Público*, trad. de Marco Aurélio Greco, Ed. RT, 1977, p. 202.

13. José Afonso da Silva, *Curso de Direito Constitucional Positivo*, 39ª ed., São Paulo, Malheiros Editores, 2016, p. 121.

rantias para tornar efetivos tais direitos, quer em face dos particulares, quer em face do Estado mesmo".[14]

A aceitação da existência de direitos públicos subjetivos dos cidadãos, oponíveis ao próprio Estado, é uma das mais expressivas conquistas dos tempos modernos. Sim, porque, até passado mais ou menos próximo, era pacífica a ideia de que os Estados e os entes públicos ocupavam uma posição muito superior à ocupada pelos indivíduos.

II – Note-se que os direitos do Estado, em relação aos indivíduos, sempre foram admitidos sem maiores objeções. Só mais recentemente, porém, é que se começou a reconhecer a existência de direitos individuais em relação ao Estado. Isto decorreu em virtude do paulatino acolhimento das novas concepções do Homem no pensamento ocidental, resultado de milenares meditações.

Como ensina Pollard, entendeu-se, aos poucos, que "a liberdade do fraco depende das limitações impostas ao forte; a do pobre, das limitações impostas ao rico; a do pobre de espírito, das limitações impostas ao astuto".[15] E – ousamos acrescentar – a liberdade do indivíduo, das limitações impostas ao Estado.

Daí dizer-se que "Estado Democrático de Direito" é aquele que, tanto quanto os particulares, respeita as leis e as decisões judiciais. Entretanto, com grande descortino, Balladore Pallieri fala e refala, em sua vasta obra, que, para que esteja presente um verdadeiro "Estado Democrático de Direito", não basta isso. É preciso, ainda, que as leis sejam votadas por Parlamentos livres (onde todas as correntes da opinião pública estejam representadas) e que o Poder Judiciário seja composto por juízes independentes, que não temam contrariar, com suas decisões, os interesses do Estado.

2.2 Origem da proteção jurídica aos direitos fundamentais

Foi só a partir da Idade Média, por influência da doutrina cristã e da concepção dos "direitos naturais", que começaram a surgir alguns documentos (como a *Magna Charta*, de 1215) declarando a existência de direitos individuais, que até o monarca devia respeitar. Tais direitos, porém, só passaram a ser considerados *limitadores* do poder do Estado no século XVIII, com o advento do chamado *constitucionalismo*. Realmente, são as Constituições que tolhem a *plenitudo potestatis* do Estado; são elas que, em última análise, moldam e disciplinam o exercício dos poderes públicos. Antônio de Sampaio Dória é igualmente do mesmo parecer: "Eis o objeto das Constituições: a composição do poder público, sua estruturação, o que podem e o que não podem".[16]

A Constituição brasileira também acolheu esta ideia central de sujeição e acomodamento do Estado ao Direito. Aliás, seu Título II, principalmente o Capítulo I nele contido, que há nome "Dos Direitos e Deveres Individuais e Coletivos", inspira-se no

14. Lourival Vilanova, "Proteção jurisdicional dos direitos numa sociedade em desenvolvimento", in *Anais da IV Conferência Nacional da Ordem dos Advogados do Brasil*, p. 139.

15. Pollard, *Evolution of Parliament*, 1938, p. 184.

16. Antônio de Sampaio Dória, *Direito Constitucional*, vol. 3, São Paulo, Max Limonad, 1960, p. 588.

famosíssimo *Bill of Rights* (imposto, em 1688, à realeza da Inglaterra) e na célebre "Declaração Universal dos Direitos do Homem e do Cidadão", de 26.8.1789, que os revolucionários franceses, não sem uma ponta de orgulho, consideraram "a reaquisição dos títulos perdidos pela Humanidade".[17] Este capítulo, conjugado com outros, dá a tônica de nosso *Estado de Direito* e, para muitos, não pode ser objeto de emenda constitucional *in peius*.[18]

Portanto, nossa Constituição, a exemplo da maioria das Constituições atuais, contém uma série de versículos que veiculam os direitos fundamentais do Homem e suas garantias, que, como vimos de ver, limitam a ação do Estado, não só proibindo-o de prejudicá-los, como obrigando-o, mesmo, a encaminhar-se no sentido do "interesse público primário" (Renato Alessi). É que os direitos aqui enumerados e protegidos formam o *mínimo de exigências* para que todos possam viver e desenvolver livremente suas atividades lícitas.[19]

2.3 *O alcance dos direitos fundamentais*

I – A Constituição brasileira, ao tratar dos "direitos fundamentais", garantiu a igualdade de todos perante a lei, a inviolabilidade da propriedade privada, a liberdade de opinião, a liberdade de ir e vir da pessoa, a liberdade de consciência, a liberdade de associação e reunião etc. Estas garantias apresentam-se como proibições ao Estado de lesar, por meio de leis, atos administrativos ou decisões judiciais, estes valores prestigiados por nossa Carta Magna. As leis, os atos administrativos e as decisões judiciais que, eventualmente, contrariarem estes valores podem ser anulados com base em sua inconstitucionalidade.

17. Na monumental *Declaração Universal dos Direitos do Homem e do Cidadão*, merece destaque este trecho: "Os representantes do povo francês, constituídos em Assembleia Nacional, considerando que a ignorância, a negligência e o desprezo dos direitos do homem são a causa única da desgraça dos povos e da corrupção dos governos, resolveram expor, em declaração solene, os direitos naturais, inalienáveis e sagrados do homem".

Como vemos, a "Declaração" de 1789 distinguiu-se das anteriores (*v.g.*, da norte-americana) por sua visão universal dos direitos do homem. Não era dirigida só ao homem francês da época, mas à humanidade em geral, ao homem de todas as épocas.

Curiosamente, a "Declaração Universal dos Direitos do Homem e do Cidadão" faz parte da atual Constituição Francesa (de 1958), que, em seu preâmbulo, a encampou, de modo expresso.

18. Nélson de Souza Sampaio é do mesmo parecer: "Os direitos fundamentais, por se colocarem, pelo menos teoricamente, no plano supraestatal, são irreformáveis, porque estão fora até da ação do poder constituinte" (*O Processo Legislativo*, São Paulo, Saraiva, 1968, p. 70).

19. A propósito, Marnoco e Souza escreveu:

"Os direitos e as garantias individuais são o limite natural da ação dos diversos poderes do Estado e, por conseguinte, das atribuições que a Constituição política lhes pode reconhecer. O Estado tem como dever fundamental nada fazer que possa impedir o indivíduo de desenvolver livremente a sua atividade.

"Ninguém nega ao Estado o direito de regular as manifestações da atividade dos indivíduos, de modo a assegurar a vida da sociedade. Mas, no exercício desta função, o Estado encontra umas certas balizas, que são os direitos individuais e suas garantias, que por isso devem encontrar consignadas logo no começo da Constituição" (*Constituição Política da República Portuguesa*, Coimbra, F. França Amado, 1913, pp. 8 e 9 – atualizamos a redação).

De fato, a Constituição confere, a toda e qualquer pessoa, vários direitos, irrenunciáveis e imprescritíveis, concernentes "à vida, à liberdade, à igualdade, à segurança e à propriedade" (art. 5º). O exercício de tais direitos cria situações jurídicas ativas que são verdadeiros direitos subjetivos, oponíveis a qualquer pessoa, inclusive ao Estado.

A este respeito, Celso Antônio Bandeira de Mello fez as seguintes anotações: "Convém recordar que o Estado de Direito é a consagração jurídica de um projeto político. Nele se estratifica o objetivo de garantir o cidadão contra intemperanças do Poder Público, mediante prévia subordinação do poder e de seus exercentes a um quadro normativo geral e abstrato cuja função precípua é conformar *efetivamente* a conduta estatal a certos parâmetros antecipadamente estabelecidos como forma de defesa dos indivíduos".[20]

A atividade estatal, realmente, desenvolve-se dentro das linhas traçadas pelo ordenamento constitucional e, por isso mesmo, deve respeitar os direitos públicos subjetivos das pessoas.[21] Notemos, a respeito, que não só os direitos da pessoa física brasileira são solenizados e resguardados no capítulo em exame. Também as pessoas físicas estrangeiras, desde que residentes no Brasil (pois que só assim são colhidas por nosso direito positivo), desfrutam de igual proteção jurídica. E mais: na medida em que "os direitos das pessoas jurídicas são mediatamente direitos de pessoas físicas, sócias ou beneficiárias de sua obra", tais direitos estendem-se às pessoas jurídicas brasileiras e, mesmo, às estrangeiras, que regularmente atuem no Brasil.[22]

II – Muito bem: nosso direito positivo interdita ao Estado – "criatura, e, não, criador da ordem jurídica"[23] – ingressar, ainda que por meio de lei, na esfera de liberdade assegurada às pessoas. Mas não fica só nisto, já que permite que as pessoas façam o que a Constituição lhes faculta, sem quaisquer interferências, inclusive estatais. Daí dizermos, com Luciano Ferreira Leite, que "(...) o Estado está proibido de obstar aos cidadãos o exercício daqueles direitos. Vale dizer: os sujeitos das normas permissivas (as pessoas físicas ou jurídicas, nacionais ou estrangeiras) têm direitos em relação ao sujeito da proibição (o Estado)".[24]

Em resumo, o art. 5º da CF reconhece e assegura aqueles direitos que formam o patrimônio irretratável da personalidade humana, ou seja, "os direitos que pertencem ao homem entendido como ser livre".[25] É basicamente ele (e não "a ordem natural

20. Celso Antônio Bandeira de Mello, "Controle judicial dos atos administrativos", *RDP* 65/27 (grifo do autor).

21. Estas ideias não são novas. Tanto que os Constituintes de 1823 já proclamavam: "Art. 258. O exercício dos direitos individuais não terá outros limites que não sejam os necessários para manter os outros indivíduos na posse e gozo dos mesmos direitos; tudo, porém, subordinado ao bem maior da sociedade" (*Anais da Assembleia Constituinte de 1823*, t. V, p. 23).

22. Cf. Manoel Gonçalves Ferreira Filho, *Comentários à Constituição Brasileira*, cit., vol. 3, p. 73.

23. Ada Pellegrini Grinover, *As Garantias Constitucionais do Direito de Ação*, São Paulo, Ed. RT, 1973, p. 51.

24. Luciano Ferreira Leite, *Discricionariedade Administrativa e Controle Judicial*, São Paulo, Ed. RT, 1981.

25. Carlo Lavagna, *La Costituzione Italiana*, Turim, UTET, 1971, p. 298 (traduzimos).

das coisas", como querem alguns) que compele o ordenamento jurídico a investir contra qualquer ato (inclusive legislativo) atentatório aos direitos fundamentais.

É, de resto, o que, na virada do século retrasado, pregoava o insigne Amaro Cavalcante: "O Judiciário não pode declarar uma lei inconstitucional sob o único fundamento de que ela é injusta e opressiva, ou viola direitos e garantias dos cidadãos; a menos que se demonstre, juntamente, que semelhante injustiça é proibida, e que tais direitos e garantias se acham expressos na Constituição".[26]

III – Abrindo um ligeiro parêntese, não deixa de causar estranheza que os direitos do homem sejam respeitados somente enquanto alvo de tutela pelo ordenamento jurídico. Mas, efetivamente, tais direitos, embora inatos, só se transformam em *direitos subjetivos* quando o ordenamento jurídico os garante, dando aos indivíduos os meios necessários para constrangerem as demais pessoas, inclusive o Estado, a honrá-los.

Giuseppino Treves, escritor exemplaríssimo, esposa igual entendimento: "Se falta (*aos direitos do homem*) o seu reconhecimento (*do ordenamento jurídico*) ou se este é puramente verbal e não é acompanhado de uma tutela efetiva, não têm atrás de si a força do ordenamento jurídico. Se não há remédio, não há direito".[27]

Felizmente, no Brasil a própria Constituição da República tratou de acolitar os direitos fundamentais do homem. Fê-lo, em especial, em seu art. 5º, que encerra disposições diretamente aplicáveis, que vinculam os Poderes Legislativo, Executivo e Judiciário[28] e, *a fortiori*, as entidades públicas e privadas, e até os particulares, que não podem, por exemplo, desobedecer ao princípio da igualdade. Rematemos esta explicação com as palavras de Pontes de Miranda: "para discriminação de freguesia, ou de contacto, ou de serviços prestados a outrem, ou a lhes serem prestados, (*os particulares*) somente podem estabelecer desigualdades dentro do espaço que as leis cogentes (impositivas ou proibitivas) assinalam".[29]

IV – Adversamos, pois, a tese de Pietro Virga[30] e de Balladore Pallieri,[31] para quem os "direitos fundamentais" têm por destinatário exclusivo o Poder Legislativo.

Não resta dúvida de que, no mais das vezes, é efetivamente este Poder que lhes dá operatividade. Tal circunstância, porém, longe está de impedir o Judiciário e o Executivo de também aplicá-los ou, pelo menos, de velar pela sua correta e rigorosa aplicação.

Anotamos, por oportuno, que no Brasil há dispositivo constitucional expresso neste sentido. De fato, nossa Carta Magna expressamente determina, em seu art. 5º,

26. Amaro Cavalcante, *Regimen Federativo e a República Brazileira*, Rio de Janeiro, Imprensa Nacional, 1900, p. 235 (atualizamos a redação).

27. Giuseppino Treves, *Principii di Diritto Pubblico*, Turim, UTET, 1971, p. 298 (traduzimos e esclarecemos).

28. Cf., por todos, Maurice Hauriou, *Précis de Droit Constitutionnel*, 2ª ed., Paris, 1929, p. 89.

29. Pontes de Miranda, *Comentários à Constituição de 1967 com a Emenda n. 1 de 1969*, cit., 2ª ed., t. IV, p. 707 (esclarecemos no primeiro parêntese).

30. Pietro Virga, *Diritto Costituzionale*, 9ª ed., Milão, Giuffrè, 1979, p. 395.

31. Balladore Pallieri, *Diritto Costituzionale*, 11ª ed., Milão, Giuffrè, 1976, pp. 403-404.

§ 1º, que os direitos e garantias fundamentais por ela conferidos tenham aplicação imediata, ainda que à falta de lei expressa que os torne efetivos.

Ao assim dispor, o constituinte originário andou muito bem, pois do contrário a eventual inércia do legislador – como argutamente nota Gomes Canotilho[32] – bastaria para que as normas constitucionais referentes aos direitos e garantias fundamentais se transformassem em conceitos vazios de sentido e conteúdo. Aliás, também a atual Constituição portuguesa explicitou muito bem esta ideia, ao estatuir, em seu art. 18º, 1, que: "os preceitos constitucionais respeitantes aos direitos, liberdades e garantias são diretamente aplicáveis e vinculam as entidades públicas e privadas".

Portanto, está explicitado em nossa Carta Magna que o Estado, por qualquer de seus Poderes, deve não só reconhecer e considerar invioláveis os direitos constitucionalmente previstos, como também garanti-los, fazendo com que sejam por todos respeitados, inclusive pelas empresas e pelos particulares.

Em suma, dúvida nem receio devemos ter em afirmar – fazendo coro a autores tão credenciados – que o art. 5º da CF opõe vetos aos Poderes do Estado e aos particulares.

Neste sentido, militam, também, em favor dos direitos e garantias fundamentais, inclusive dos contribuintes, a *ação direta de inconstitucionalidade por omissão* e o *mandado de injunção*.[33]

32. J. J. Gomes Canotilho, *Direito Constitucional*, Coimbra, Livraria Almedina, 1977, p. 181.

33. A *ação direta de inconstitucionalidade por omissão* e o *mandado de injunção* são duas inovações da Carta de 1988. Junto a elas transita a mesma e louvável ideia de que os direitos constitucionais não devem, por falta de atos normativos que os viabilizem, permanecer no plano das aspirações irrealizadas.

De fato, a Lei Maior de 1988 contém muitos avanços, nos campos social, político, econômico etc. Ora, o Constituinte, temendo que tais avanços ficassem apenas no papel, procurou criar institutos adequados à sua concretização. Dois deles são, justamente, a ação direta de inconstitucionalidade por omissão e o mandado de injunção.

Ambos pressupõem a existência de um direito constitucional da parte de quem os invoca e, mais do que isso, a impossibilidade de exercê-lo, por falta de uma legislação integradora do Texto Supremo, é dizer, de normas regulamentadoras infraconstitucionais.

Trataremos, pois, sucessivamente, da ação direta de inconstitucionalidade por omissão e do mandado de injunção, apontando-lhes os pontos de contacto e as principais diferenças.

A ação direta de inconstitucionalidade por omissão

Generalidades

Ao lado da inconstitucionalidade por ação (ou positiva) – que se traduz em atos jurídicos que infringem a Constituição –, existe a inconstitucionalidade por omissão (ou negativa). Esta última resulta, em linhas gerais, da inércia ou do silêncio de qualquer órgão de poder, que, num lapso de tempo razoável, deixa de praticar, ou pratica apenas em parte, ato exigido pela Constituição.

Assim, a inconstitucionalidade por omissão pode ser *total* ou *parcial*, conforme, aliás, ensina Jorge Miranda: "Quanto à inconstitucionalidade por omissão, é *total* aquela que constitui na falta absoluta de medidas legislativas ou outras que deem cumprimento a uma norma constitucional ou a um dever prescrito por norma constitucional, e *parcial* aquela que consiste na falta de cumprimento do comando constitucional quanto a alguns dos seus aspectos ou dos seus destinatários" (*Manual de Direito Constitucional*, 2ª ed., t. II, Coimbra, Coimbra Editora, 1983, p. 295 – grifamos).

Muito bem, com o advento da Carta de 1988, passou a ser possível, no Brasil, o controle da inconstitucionalidade por omissão. Ele é levado a cabo por meio de uma ação específica: a *ação direta de inconstitucionalidade por omissão*.

A ação direta de inconstitucionalidade por omissão vem genericamente referida no art. 103 da CF.

Como enfatiza Anna Cândida da Cunha Ferraz ("Apontamentos sobre o controle de constitucionalidade", *Revista da Procuradoria-Geral do Estado de São Paulo* 34/35), ao lado do tradicional controle do ato inconstitucional, a Carta de 1988 criou o controle da "omissão" ou da "inércia" constitucional. Tal controle tem por objeto "a *omissão dos poderes e órgãos administrativos*, que deixam de criar normas ou de praticar atos requeridos pela própria Constituição, para sua efetiva aplicação" (idem, ibidem, p. 37 – grifamos). Esta omissão tanto pode ser do Poder Legislativo, como do Poder Executivo.

Tem legitimidade ativa para propor a ação de inconstitucionalidade por omissão qualquer das pessoas ou entidades arroladas no art. 103 da CF (o Presidente da República, a Mesa do Senado Federal, o Governador do Estado, o Conselho Federal da Ordem dos Advogados do Brasil, o partido político com representação no Congresso Nacional etc.).

Portanto, diante da não edição de lei (*lato sensu*) ou de ato normativo aptos a darem *plena eficácia* a normas constitucionais, o Presidente da República, o Governador do Estado, a Mesa do Senado Federal, o Conselho da Ordem dos Advogados do Brasil etc. poderão ajuizar a ação que ora faz nossos cuidados.

Na esfera federal (porque, como veremos, a ação em tela é possível no âmbito dos Estados-membros), proposta a ação de inconstitucionalidade por omissão, o Procurador-Geral da República deverá ser necessariamente ouvido, a teor do § 1º do art. 103 da Lei Maior ("O Procurador-Geral da República deverá ser previamente ouvido nas ações de inconstitucionalidade e em todos os processos de competência do Supremo Tribunal Federal"). Não, porém, o Advogado-Geral da União, pois este, nos termos do § 3º deste mesmo art. 103, só deverá ser citado para defender o "ato ou o texto impugnado", não a omissão.

A omissão legislativa inconstitucional

Esta ação cabe, em primeiro lugar, diante da situação que há nome *omissão legislativa inconstitucional* ou *silêncio legislativo inconstitucional*.

Em sentido técnico-jurídico, a omissão legislativa inconstitucional não se dá com a simples inação do Poder Legislativo, mas quando ele *deixa de legislar* sobre questão a que estava constitucionalmente obrigado.

Melhor dizendo, há omissão legislativa inconstitucional sempre que o Legislativo deixa de cumprir *ordens constitucionais de legislar*. Não é, pois, o simples descumprimento do *dever geral de legislar* que cria a omissão legislativa inconstitucional, mas a desobediência a uma exigência constitucional de legislar. Pode, eventualmente, haver uma omissão legislativa inconstitucional parcial. Esta se dá quando o legislador cumpre de modo incompleto a ordem concreta de legislar, como, *v.g.*, quando, embora edite lei, deixa de favorecer pessoas, grupos ou situações que preenchem os mesmos *pressupostos de fato*. Também diante da omissão legislativa inconstitucional parcial tem cabimento a ação em tela. Entendimento contrário afrontaria o *princípio da igualdade* e levaria ao absurdo de permitir que o Legislativo afastasse a ação direta de inconstitucionalidade por omissão cumprindo ou começando a cumprir apenas parcialmente seu dever concreto de legislar.

Nesse sentido a lição escorreita de José Joaquim Gomes Canotilho: "As omissões legislativas inconstitucionais derivam do não cumprimento de *imposições constitucionais legiferantes em sentido estrito*, ou seja, do não cumprimento de normas que, de forma permanente e concreta, vinculam o legislador à adopção de medidas legislativas concretizadoras da Constituição" (*Direito Constitucional*, cit., 4ª ed., 1986, p. 829 – os grifos estão no original).

É o caso, agora, de perguntarmos: quando está presente o dever constitucional de legislar?

I – Está presente, por sem dúvida, quando a Constituição o impõe expressamente, isto é, quando emite uma *ordem concreta de legislar*. Assim, por exemplo, o art. 5º, XLVI, da CF, que determina: "a lei regulará a individualização da pena e adotará, entre outras, as seguintes: (...)".

II – Está presente, por igual modo, quando a Constituição dirige ao legislador uma imposição permanente e concreta. É o caso do art. 208, I, da CF, que prescreve: "Art. 208. O dever do Estado com a educação será efetivado mediante a garantia de: I – educação básica obrigatória e gratuita dos 4 (quatro) aos 17 (dezessete) anos de idade, assegurada inclusive sua oferta gratuita para todos os que a ela não tiveram acesso na idade própria".

III – Está, por fim, presente quando a Constituição veicula normas que, embora não tipifiquem ordens de legislar, exigem, implicitamente, mediação legislativa para se tornarem operativas. É o que se dá com o parágrafo único do art. 85 da CF, que prevê *lei especial* estabelecendo as normas de processo e julgamento dos *crimes de responsabilidade*.

Decidindo que há qualquer uma dessas situações, o STF dará conhecimento da existência da inconstitucionalidade por omissão ao Poder Legislativo. Fará isto não por mera cortesia, mas, segundo acentuam Gomes Canotilho e Vital Moreira, "(...) como forma intencionada de sublinhar perante o órgão competente a ilicitude da omissão constitucional em que está incurso e o seu dever constitucional de lhe pôr cobro" (*Constituição da República Portuguesa Anotada*, Coimbra, Coimbra Editora, 1978, p. 551).

Evidentemente, o Pretório Excelso não criará a norma legal faltante, nem se pronunciará sobre o modo pelo qual a omissão inconstitucional deverá ser superada. Em suma, a decisão não eliminará a inconstitucionalidade, mas, apenas, a constatará oficialmente.

Nesse sentido, portanto, quando a omissão for do Legislativo, a ação direta de inconstitucionalidade por omissão não possui nenhum efeito jurídico direto. De qualquer modo, torna patente a omissão inconstitucional e, ainda que a exortação judicial não afaste a inércia legislativa, facilita, à parte lesada, a obtenção de indenização (responsabilidade do Estado por omissão legislativa).

Reiteramos que, julgada procedente a ação pelo STF e, portanto, declarada a inconstitucionalidade por omissão, será dada ciência da decisão ao Poder Legislativo, para que adote as providências necessárias à corporificação dos desígnios constitucionais. Neste caso, o Supremo limitar-se-á a fazer uma *comunicação*, que este Poder atenderá, ou não, de acordo com critérios exclusivamente políticos.

De fato, o desatendimento à comunicação não implicará responsabilidade. Percebemos, aqui, nitidamente, que a Constituição prestigiou ao máximo o *princípio da harmonia e independência dos Poderes*, a ponto de haver impedido que o Judiciário dê ordens ao Legislativo, que, por assim dizer, é o primeiro Poder a colocar em movimento os ditames constitucionais. Ao Judiciário, como sabemos, o constituinte reservou outro papel, não menos relevante: o de guardião da constitucionalidade dos atos normativos.

A omissão administrativa inconstitucional

A ação de inconstitucionalidade por omissão cabe, também, diante de *omissão administrativa inconstitucional*.

Deveras, ao contrário da Constituição portuguesa (art. 283º, 1), que lhe serviu de inspiração, nossa Carta Magna não restringiu as omissões inconstitucionais às omissões legislativas, mas as estendeu às omissões de "órgão administrativo". Andou bem, porquanto a inexecução da Constituição, muitas vezes, decorre não propriamente da falta de leis, mas da inexecução das leis existentes. Em síntese, a inconstitucionalidade por omissão pode consistir numa *ilegalidade por omissão*. A ação direta de inconstitucionalidade por omissão permite que esta *ilegalidade por omissão* (que leva a uma inconstitucionalidade por omissão) seja afastada.

Julgada procedente a ação, o Supremo dará ciência da inconstitucionalidade por omissão ao Executivo, só que agora para baixar o ato cabível, no prazo de 30 dias, sob pena de responsabilidade. Tudo isto vem estipulado no § 2º do art. 103 da CF ("Declarada a inconstitucionalidade por omissão de medida para tornar efetiva norma constitucional, será dada ciência ao Poder competente para a adoção das providências necessárias e, em se tratando de órgão administrativo, para fazê-lo em trinta dias").

Convém termos presente que a omissão do Executivo pode caracterizar-se não só pela não edição de normas, como também pela não tomada de medidas de efeitos concretos, aptas a dar efetividade a normas constitucionais (por exemplo, a não aquisição de material hospitalar, inviabilizando o direito à recuperação da saúde, veiculado em norma contida no art. 196 da CF).

Escrevemos acima que, se a omissão for do Legislativo, o Supremo limita-se a dar-lhe ciência de sua decisão, na expectativa de que este Poder cumpra seu dever de legislar. Situação diversa, porém, ocorre se a omissão for do Poder Executivo. Se este, ao cabo de 30 dias, ainda não tiver tomado a providência determinada pelo Supremo, haverá responsabilidade.

Nesse caso, portanto, o STF não se limita a dar conhecimento da existência de inconstitucionalidade por omissão, mas ordena ao órgão administrativo que, sob pena de responsabilidade, edite, no prazo máximo de 30 dias, as normas destinadas a desencadear as imposições constitucionais permanentes e concretas.

Efeitos da decisão que declara a existência da inconstitucionalidade por omissão

Verificando que determinada norma constitucional que impõe um *dever geral de legislar* não é executável por si mesma e que as normas legislativas ou administrativas existentes não são capazes de torná-la exequível, o STF deve declarar a existência da inconstitucionalidade por omissão.

Mas, conforme assinalamos, o Supremo, dando pela procedência da ação direta de inconstitucionalidade por omissão, não legisla, nem executa; simplesmente *declara a omissão* (se a inércia for do Legislativo) ou *determina a execução* (se a inércia for do Executivo). Com isso, a Constituição da República, como já dissemos, reforçou o *princípio da harmonia e separação dos Poderes*, uma vez que proibiu que o STF editasse lei (no lugar do Poder Legislativo) ou a executasse (no lugar do Poder Executivo).

À vista do exposto, temos que a decisão, na ação de inconstitucionalidade por omissão, tem *eficácia basicamente declaratória*. Dizemos *basicamente declaratória* (e não exclusivamente declaratória) porque ela também possui, em relação ao Executivo, *eficácia mandamental média*, pois o concita a praticar o ato, sob pena de responsabilidade, e, em relação ao Legislativo, *eficácia mandamental mínima*, já que, como vimos, embora não o compila a editar a lei, atesta publicamente sua omissão, aplicando-lhe, *grosso modo*, uma sanção de natureza política.

É importante frisarmos que tal decisão produz efeitos *ex tunc*, ou seja, retroage seus efeitos à data em que a omissão se materializou.

Pensamos igualmente que, se, apesar de decretada a procedência da ação, o Legislativo ou o Executivo permanecerem omissos, a questão, independentemente de sanções de outra natureza, poderá se resolver, para a parte lesada, em perdas e danos (por inércia do Poder Público).

Exemplos práticos

Em seguida, para não ficarmos na aridez da teoria, vamos dar dois exemplos práticos, que reputamos elucidativos.

I – O art. 179 da CF determina que "a União, os Estados, o Distrito Federal e os Municípios dispensarão às microempresas e às empresas de pequeno porte, assim definidas em lei, tratamento jurídico diferenciado, visando a incentivá-las pela simplificação de suas obrigações administrativas, tributárias, previdenciárias e creditícias, ou pela eliminação ou redução destas por meio de lei".

Pois bem, digamos que, por inércia do Congresso Nacional, uma empresa de pequeno porte não possa desfrutar, em relação a um dado tributo federal, das vantagens suprarreferidas. Nesse caso, está facultada a requerer, a qualquer das pessoas ou entidades elencadas no art. 103 da CF, que promova, perante o Supremo, a ação direta de inconstitucionalidade por omissão. A par disso, poderá entrar com ação indenizatória contra a União (por danos causados pela omissão legislativa).

II – Vejamos outro exemplo – agora de falta de ato administrativo – capaz de ensejar o ajuizamento da mesma ação constitucional: pessoa, moradora em região erma do País, não pode fruir de seu direito constitucional de acesso à escola (art. 208, § 1º, da CF), porque o Poder Executivo federal se manteve omisso, isto é, não construiu o prédio, nem contratou funcionários, nem realizou concurso público para a seleção de professores, nem levou a cabo as necessárias licitações para a aquisição de carteiras, quadros-negros etc. Nessa hipótese, o interessado poderá, além de valer-se das ações comuns (para condenar a União à prática de tais atos administrativos concretos), requerer a qualquer das pessoas ou entidades elencadas no art. 103 da CF que ajuíze a ação de inconstitucionalidade por omissão.

O controle, pelos Estados-membros, da inconstitucionalidade por omissão

Muito de passagem, queremos registrar que também na esfera estadual pode haver a ação direta de inconstitucionalidade por omissão.

Deveras, não é vedado às Constituições Estaduais adotarem, nessa matéria, o modelo federal. Em linguagem mais técnica, o Poder Constituinte Decorrente, de que estão investidos os Estados-membros, é livre para introduzir, ou não, na esfera local, o controle da inconstitucionalidade por omissão.

E, de fato, as Constituições Estaduais previram a ação de inconstitucionalidade por omissão. De um modo geral, porém, limitaram-se a, com ligeiríssimas adaptações, copiar a Constituição Federal.

A Carta paulista, por exemplo, infelizmente também acabou enveredando pela trilha aberta pelo constituinte nacional.

Só para registro, na Constituição do Estado de São Paulo, o controle concentrado pode alcançar a *omissão constitucional* (arts. 74, VI, e 90, *caput*) e os efeitos da decisão (que declara a inconstitucionalidade por omissão) são estabelecidos no § 4º deste mesmo art. 90.

Sobre a ação direta de inconstitucionalidade por omissão, essas as ideias principais.

Cuidemos, agora, do mandado de injunção.

O mandado de injunção

Observações iniciais. Conceito. Alcance

O mandado de injunção é uma das boas novidades da Carta de 1988. Segundo pensamos, o constituinte, no louvável propósito de impedir que omissões do Legislativo tolhessem a plena eficácia de normas constitucionais, criou a figura do *mandado de injunção.*

Queremos ressaltar, desde logo, que não há no Direito Comparado nenhum instituto semelhante ao nosso mandado de injunção. A própria *injunction* do Direito Norte-Americano, que inspirou o nome da ação constitucional em pauta, com ela não guarda nenhuma semelhança (v., a respeito, Marcelo Figueiredo, *O Mandado de Injunção e a Inconstitucionalidade por Omissão*, São Paulo, Ed. RT, 1991, pp. 29-32).

O mandado de injunção vem genericamente previsto no art. 5º, LXXI, da CF, que estatui: "conceder-se-á mandado de injunção sempre que a falta de norma regulamentadora torne inviável o exercício dos direitos e liberdades constitucionais e das prerrogativas inerentes à nacionalidade, à soberania e à cidadania".

Podemos, pois, conceituar o mandado de injunção como sendo o procedimento, previsto na Carta Suprema, pelo qual se visa a obter ordem judicial que assegure, no caso concreto, o exercício dos direitos e liberdades constitucionais e das prerrogativas inerentes à nacionalidade, à soberania e à cidadania quando inviável, por falta de norma regulamentadora. Ele permite o desfrute, em toda a latitude do termo, dos direitos e liberdades constitucionais e, nesse sentido, a realização prática do disposto no art. 5º, § 1º, da CF ("As normas definidoras dos direitos e garantias fundamentais têm aplicação imediata").

É o caso de imediatamente afirmarmos que o mandado de injunção é apto à tutela dos *direitos individuais*, dos *direitos coletivos* e, eventualmente, até dos *direitos difusos.*

Como observa José Afonso da Silva (*Mandado de Injunção e "Habeas Data"*, São Paulo, Ed. RT, 1989, p. 9), o mandado de injunção é uma *ação constitucional*, cujos lineamentos básicos estão apontados na própria Carta da República.

Assim, não há necessidade (ao contrário do que querem alguns) de lei especial definindo-lhe o processo. Tal lei, caso venha a ser editada, apenas poderá vir a dar maior operatividade ao instituto em análise. Nada, porém, de essencialmente novo poderá lhe adicionar ou, muito menos, retirar.

Aliás, estranho seria se a norma constitucional que visa justamente a elidir a falta de norma regulamentadora, que torna inviável o exercício dos direitos e liberdades constitucionais e das prerrogativas inerentes à nacionalidade, à soberania e à cidadania, dependesse – ela própria – de regulamentação legal, para tornar-se eficaz.

O Direito, como queria Carlos Maximiliano, deve ser interpretado com inteligência; nunca de modo a que se chegue a um absurdo ou a conclusões inconsistentes ou impossíveis.

Portanto, o mandado de injunção não depende da edição de nenhuma lei processual para poder ser impetrado.

Temos, destarte, que o aludido art. 5º, LXXI, veicula uma *norma constitucional de eficácia plena e aplicabilidade imediata*, como, aliás, estabelece o precitado art. 5º, § 1º, da CF.

Procedimento

Apesar de tudo, convém seja editada, o quanto antes, uma lei que, sem modificar a natureza do mandado de injunção (o que implicaria irremissível inconstitucionalidade), defina suas normas de processo e julgamento, de modo a dar maior segurança jurídica aos impetrantes (Marcelo Figueiredo, em sua obra já citada, dá-nos conta, às pp. 74-76, de que o Prof. Nelson Saldanha e outros juristas pernambucanos apresentaram, a pedido da Ordem dos Advogados do Brasil, um excelente anteprojeto de lei regulando o mandado de injunção).

Pensamos, entretanto, que, enquanto isso não acontecer, o procedimento da injunção deve ser o *ordinário* (arts. 318 e ss. do CPC), que permite uma apreciação jurisdicional mais abrangente.

Sendo assim, não há necessidade de a prova, no mandado de injunção, vir pré-constituída, já que, a nosso sentir, pode haver instrução nesta ação constitucional.

No mandado de injunção o impetrante tem o direito à obtenção de uma cautelar e, eventualmente, de uma liminar, sempre que a natural demora no julgamento da causa torne ineficaz sua definitiva concessão. O assunto vem regulado nos arts. 294 a 310 do CPC (que tratam do chamado *poder geral de cautela*) e, de modo mais direto, na legislação do mandado de segurança.

Incaducabilidade

O direito de impetrar o mandado de injunção é incaducável. De fato, se o art. 5º, LXXI, da CF não assinalou prazo para a impetração do mandado de injunção, não o poderá fazer nenhuma norma infraconstitucional.

Aqui chegados, trazemos novamente à colocação os ensinamentos de José Afonso da Silva, quando remarca que o exercício de direitos e liberdades constitucionais e das prerrogativas objeto desse remédio também não caduca (ob. cit., p. 52).

Cabimento. Semelhanças e dessemelhanças com a ação direta de inconstitucionalidade por omissão

O mandado de injunção tem cabimento diante da ausência de norma infraconstitucional que daria plena eficácia a norma constitucional veiculadora de direitos e liberdades constitucionais ou prerrogativas inerentes à nacionalidade, à soberania e à cidadania.

Neste ponto, como é fácil percebermos, o mandado de injunção assemelha-se à ação de inconstitucionalidade por omissão. Mas só neste ponto.

De fato, enquanto a ação de inconstitucionalidade por omissão só pode ser ajuizada pelas pessoas ou entidades arroladas no art. 103 da CF, o mandado de injunção pode ser impetrado por qualquer pessoa atingida (ou ameaçada de ser atingida) pela falta de norma infraconstitucional que daria plena eficácia a norma constitucional veiculadora de direitos e liberdades constitucionais e das prerrogativas inerentes à nacionalidade, à soberania e à cidadania.

Tem, pois, legitimidade ativa para impetrar a injunção qualquer pessoa que, em virtude da falta da referida norma regulamentadora, não está conseguindo exercitar direito constitucionalmente assegurado. Também estão legitimadas a agir as entidades associativas (art. 5º, XXI, da CF), a Defensoria Pública (art. 134 da CF) e, quando o direito for coletivo ou difuso, o Ministério Público (art. 129, II, da CF), os sindicatos (art. 8º, III, da CF) e as entidades aptas, nos termos do art. 5º, LXX, da CF, a impetrarem mandado de segurança coletivo (partido político com representação no Congresso Nacional *e* organização sindical, entidade de classe ou associação legalmente constituída e em funcionamento há pelo menos um ano). Como ressalta Marcelo Figueiredo, "tudo leva a crer que será igualmente admitida a titularidade ativa a órgãos públicos despersonalizados e universalidades patrimoniais, desde que haja capacidade processual para a defesa dos interesses dos impetrantes" (ob. cit., p. 72).

Já, tem legitimidade passiva para responder ao mandado de injunção a pessoa política cujo Legislativo, permanecendo omisso, tornou inviável o exercício de direito ou liberdade constitucional ou de prerrogativas inerentes à nacionalidade, à soberania e à cidadania.

Os efeitos da decisão proferida na ação de inconstitucionalidade por omissão são *erga omnes*, ao passo que, no mandado de injunção, são *inter partes*.

Concordamos, pois, com o já citado Marcelo Figueiredo quando enfatiza: "O importante e fundamental no mandado de injunção é a criação de uma norma individual, no caso concreto, para a realização de um direito já consagrado na Constituição" (ob. cit., p. 67).

Aprofundemos, um pouco mais, esta ideia.

Efeitos

O mandado de injunção, como vimos, visa à criação de uma norma individual, no caso *sub judice*; não à regulamentação genérica da norma constitucional cuja eficácia permanece contida. Estamos, uma vez mais, com José Afonso da Silva quando sustenta que o mandado de injunção "não visa a obter a regulamentação prevista na norma constitucional" (*Curso de Direito Constitucional Positivo*, 39ª ed., São Paulo, Malheiros Editores, 2016, p. 453). Do contrário estaríamos dando a esse remédio o mesmo objeto da ação de inconstitucionalidade por omissão, o que não nos parece correto. Na verdade, o que o impetrante almeja, no mandado de injunção, é poder fruir seu direito constitucional, independentemente da regulamentação genérica, que – é razoável supor – mais dia, menos dia, será levada a cabo.

Laboram em equívoco, portanto, os que sustentam que o Poder Judiciário, concedendo a injunção, deve baixar a norma regulamentadora faltante, assumindo o papel de verdadeiro legislador. Aliás, os adeptos de tal corrente sustentam que os efeitos da decisão judicial concessiva da injunção são *erga omnes*, com o quê positivamente não estamos de acordo. Adiantamos que essa posição, que implicitamente admite que o Judiciário avoque competência do Legislativo, vulnera o *princípio da harmonia e separação dos Poderes* e, destarte, à falta de autorização constitucional expressa, não pode prevalecer.

Outros, pelo contrário, defendem a ideia de que o Judiciário, no caso, deve limitar-se a ordenar ao Poder Legislativo omisso que, dentro de um prazo razoável (especificado na própria decisão concessiva do mandado), edite as medidas viabilizadoras do exercício dos direitos e prerrogativas constitucionais que, contrariando os desígnios da Lei Maior, permanecem no plano das recomendações ou dos bons propósitos. Assim exortado, o Poder Legislativo omisso teria que materializar os mandamentos constitucionais inaplicáveis, sob pena de sanções da mais variada índole (a omissão do Legislativo poderia, para os adeptos dessa corrente, ser sancionada com a indenização por inércia legislativa – responsabilidade do Estado por omissão legislativa –, isto sem embargo de *sanções políticas* que, além de desprestigiarem esse Poder, em tese levariam à não reeleição dos legisladores que permanecem inertes). Os arautos desta corrente, como podemos facilmente notar, equiparam incorretamente o mandado de injunção à ação de inconstitucionalidade por omissão.

Na realidade, pensamos que a Constituição aponta para outro caminho: a decisão judicial, no mandado de injunção, opera efeitos *inter partes*. Vale para o caso concreto, sem, porém, interferir na generalidade dos casos, que continuarão aguardando a regulamentação integradora da norma constitucional.

Tal é, inclusive, o entendimento de Celso Bastos: "(...) o provimento judicial (*no mandado de injunção*) deve ser feito valer tão somente no caso concreto, isto é: ao órgão judicante compete tão somente expedir aqueles comandos e diretrizes que confiram satisfação ao requerente do mandado, sem qualquer possibilidade de que o decidido beneficie terceiros não integrantes do feito" (*Curso de Direito Constitucional*, 13ª ed., São Paulo, Saraiva, 1991, p. 358 – esclarecemos).

Em suma, na ação de inconstitucionalidade por omissão, o Judiciário *declara a omissão* (se a inércia for do Legislativo) ou *determina a execução* (se a inércia for do Executivo); já, no mandado de injunção, *declara o direito* da parte lesada, determinando seja garantida sua imediata fruição.

Portanto, o Judiciário, ao conceder o mandado de injunção, não legisla, nem executa, mas declara o direito do impetrante, com força mandamental (cf. Michel Temer, "Limites do mandado de injunção", *Revista da Procuradoria-Geral do Estado de São Paulo* 34/112). Noutro falar, no mandado de injunção exerce a jurisdição em seu sentido mais amplo.

Excelente, a respeito, a lição de Calmon de Passos: "O mandado de injunção, portanto, não é remédio certificador de direito, sim de atuação de um direito já certificado. Seu objeto é exclusivamente definir a norma regulamentadora do preceito constitucional aplicável ao caso concreto, dada a omissão do poder constitucionalmente competente, originariamente, para isso. Age o Judiciário substitutivamente, exercitando a função que seria do legislador, mas limitado ao caso concreto" (*Mandado de Segurança Coletivo, Mandado de Injunção, "Habeas Data", Constituição e Processo*, 1ª ed., Rio de Janeiro, Forense, 1989, pp. 98-99).

Aliás, concedendo a injunção, o Judiciário definirá, dentre as várias soluções possíveis para colmatar a lacuna infraconstitucional, a que melhor atende às exigências do caso concreto.

De fato, nem sempre a norma constitucional que carece de regulamentação para tornar-se viável aponta para um único caminho. Pelo contrário, na maioria dos casos, ela aceita várias soluções infraconstitucionais.

Ora, cabe ao Judiciário decidir qual a melhor solução para, *naquele caso "sub judice"*, viabilizar o exercício do direito constitucional, atendendo aos legítimos interesses do impetrante.

Isto não impede, no entanto, que o Poder Legislativo, quando finalmente regulamentar a norma constitucional, opte por outro caminho. Melhor esclarecendo, a solução dada pelo Judiciário ao caso concreto não vincula o legislador. Este, levando em conta exclusivamente o interesse público, pode escolher outra solução, desde que também aceita pela norma constitucional que está regulamentando. De fato, nem sempre a solução ideal para um número indeterminado de situações coincidirá com a solução que o Judiciário tenha dado ao caso concreto submetido à sua apreciação, pelo impetrante (no caso, porém, transitando em julgado a decisão judicial, ela se torna imutável, não podendo ser desconstituída pela norma regulamentadora superveniente; é bom recordarmos que, tendo à mira a estabilidade nas relações sociais, o próprio Texto Magno, em seu art. 5º, XXXVI, proclama que a "coisa julgada" não pode ser atingida pela lei).

À guisa de exemplo, atentemos para o art. 5º, VII, que estatui ser "assegurada, nos termos da lei, a prestação de assistência religiosa nas entidades civis e militares de internação coletiva". Muito bem, digamos que, num dado presídio, por falta de lei regulamentadora, os presidiários não possam fruir deste direito que a Constituição lhes assegura. Por causa disso, algum deles (ou um grupo deles) impetra mandado de injunção.

O Judiciário, concedendo a ordem, deverá indicar um meio (dentre os vários possíveis) para que os impetrantes tenham a assistência religiosa pleiteada.

Nada obsta, é claro, a que, depois, o Legislativo venha a disciplinar genericamente o assunto, sem vinculação com as diretrizes dessa decisão judicial, que, reiteramos, só operará efeitos *inter partes*.

Esclarecimentos necessários

Esclarecemos, por oportuno, que os direitos expressamente apontados na Constituição, ou que não dependem de norma infraconstitucional para poderem ser desfrutados, rendem ensejo à impetração de mandado de segurança; não de mandado de injunção (cf. Michel Temer, ob. cit., p. 112).

O mandado de injunção só cabe diante de norma constitucional que dependa da edição de norma regulamentadora (infraconstitucional, portanto) para produzir seus efeitos. Se não há necessidade dessa *intermediação normativa*, não cabe mandado de injunção.

Noutros termos, o mandado de injunção só é cabível quando a inexistência de norma regulamentadora torna impossível ou inviável o exercício de direitos constitucionais. Logo, "o direito invocável por meio de mandado de injunção é aquele dependente de intermediação normativa cuja ausência causa prejuízo" (cf. Michel Temer, ob. cit., p. 206). Se o direito constitucional não depende de uma norma infraconstitucional para produzir efeitos, qualquer lesão ou ameaça de lesão a este direito é amparável por meio de mandado de segurança. O mandado de injunção cabe justamente quando, por não existir norma infraconstitucional regulamentadora, o direito constitucional não alcança seu beneficiário.

Logo, não é a falta de atuação administrativa que possibilita a impetração do mandado de injunção, mas a falta de norma regulamentadora de normas constitucionais de eficácia limitada (normas constitucionais de eficácia limitada justamente porque não reúnem condições para, sozinhas, produzirem os efeitos que a Constituição quer).

Noutro giro verbal, não cabe mandado de injunção contra omissões de órgãos administrativos. Só contra omissões do Poder Legislativo. E omissões que impedem o cabal cumprimento de normas constitucionais de eficácia limitada.

Concordamos com Odyr Porto quando assinala que "é manifesto que o mandado de injunção presume uma omissão. Se inocorrer essa falta, como, por exemplo, na hipótese de haver regulamentação, ainda que injusta, o mandado não será concedido" ("Mandado de injunção", *RJTJSP* 115/8-18, Lex).

Evidentemente, se houver regulamentação inconstitucional (inválida, pois), o mandado de injunção em tese caberá. É que a regulamentação inconstitucional equivale à não regulamentação.

Por igual modo, não cabe mandado de injunção diante de normas constitucionais de eficácia plena, que, por terem *aplicabilidade direta, imediata e integral* (cf. José Afonso da Silva, *Aplicabilidade das Normas Constitucionais*, 8ª ed., 2ª tir., São Paulo, Malheiros Editores, 2015, pp. 87-102), prescindem de normas regulamentadoras para produzirem todos os efeitos no mundo do Direito. O mesmo podemos dizer das normas constitucionais de eficácia contida, que também têm *aplicabilidade direta, imediata, mas possivelmente não integral* (idem, ibidem, pp. 101-114) e, por isso mesmo, não demandam a edição de normas infraconstitucionais para irradiarem efeitos.

Por exclusão, apenas as normas constitucionais de eficácia limitada (ou reduzida) – quer as *declaratórias de princípios institutivos ou organizativos*, quer as *declaratórias de princípios programáticos* (idem, ibidem, pp. 115-163) – abrem espaço ao mandado de injunção.

E o mesmo é o entendimento de Carlos Ari Sundfeld: "A injunção não é um modo de tornar de fato respeitadas as normas de eficácia plena, mas sim de tornar plenamente eficazes as de eficácia limitada" ("Mandado de injunção", *RDP* 94/146).

Este autor, depois de argutamente observar que, nas chamadas "liberdades" (liberdade de associação, de trabalho, de culto etc.), a falta de lei, de regra, não impossibilita o exercício do direito, mas, pelo contrário, torna-o ilimitado (afastando, pois, a necessidade de injunção), acrescenta: "não é a simples falta de norma que autoriza o mandado de injunção, mas sim a falta de *norma necessária à operatividade de comando constitucional*. Necessária, assim, a ocorrência de *lacuna*, entendida como a ausência de norma necessária" (ob. cit., p. 147 – os grifos estão no original).

Se, por um lado, os direitos e garantias fundamentais têm aplicação imediata (art. 5º, § 1º, da CF), por outro, é muito comum não poderem, na prática, ser exercitados, à falta de norma legal que os regulamente. É aí que cabe o mandado de injunção, exatamente para torná-los plenamente executáveis.

Novas colocações

Abrindo um ligeiro parêntese, notamos que há direitos constitucionais de eficácia plena (*v.g.*, o direito de acesso à escola, o direito à proteção à saúde etc.) que só podem ser fruídos após a tomada, pelo Poder

Público, de providências materiais (licitações, contratações, concursos públicos, construção de escolas, de hospitais etc.). Ora, se uma pessoa não tem como satisfazer esses direitos, pela ausência de tais atos administrativos concretos, não poderá valer-se do mandado de injunção (que, tornamos a repetir, objetiva suprir a falta de norma regulamentadora de nível legal, não de ato administrativo concreto), mas de outros meios jurídicos (a ação de indenização, a ação de inconstitucionalidade por omissão, e assim avante).

Retomando o fio do raciocínio, não basta a falta de norma infraconstitucional para que o mandado de injunção possa ser impetrado. Para isso, é mister, ainda, que a falta dessa norma inviabilize o exercício dos direitos e liberdades constitucionais e das prerrogativas inerentes à nacionalidade, à soberania e à cidadania.

O mandado de injunção é admissível, também, quando, apesar de editada a norma regulamentadora, esta, por ser incompleta ou insuficiente, não tem condições reais de viabilizar o exercício de tais direitos, liberdades e prerrogativas. Outro entendimento, além de ser irrazoável, levaria ao seguinte absurdo jurídico: a pessoa política poderia cortar o acesso à injunção (direito constitucional inafastável, até mesmo por meio de lei), editando um *simulacro* de norma regulamentadora, por isso mesmo incapaz de dar operatividade ao comando constitucional.

É fundamental deixarmos patenteado que o mandado de injunção é idôneo a viabilizar *todos* os direitos e liberdades constitucionais (e não só os apontados no art. 5º da Lei Suprema), bem como as prerrogativas inerentes à nacionalidade (direitos próprios dos brasileiros, *ex vi* dos arts. 12 e 13 da CF), à soberania (quer do Estado Brasileiro, quer a popular, que se traduz nos direitos políticos, exercitáveis por meio do voto e, nos termos da lei, de plebiscito, referendo e iniciativa popular) e à cidadania (direito de votar e ser votado).

Muito bem, o Judiciário, constatando a falta de norma regulamentadora, deve editar, para o caso *sub judice*, a norma capaz de suprir a lacuna. Tal norma deve ser cumprida pela pessoa política cujo Legislativo, permanecendo inerte, tornara inviável o exercício de direitos e liberdades constitucionais ou de prerrogativas inerentes à nacionalidade, à soberania e à cidadania. Outro entendimento, isto é, de que o Poder Judiciário, dando pela procedência da ação, deve limitar-se a notificar o Legislativo omisso, entremostra-se, a nosso pensar, inagasalhável, já que acaba transformando o mandado de injunção noutra ação de inconstitucionalidade por omissão, só que com milhões de sujeitos ativos possíveis (em tese, qualquer cidadão).

Logo, o Judiciário, concedendo a injunção, deve criar uma regra que cumpra, no caso específico, a função da norma regulamentadora omitida, para permitir o concreto exercício do direito constitucionalmente assegurado.

Em remate, concordamos com Anna Cândida da Cunha Ferraz quando vislumbra no mandado de injunção um meio de controle *in casu* da omissão constitucional ("Apontamentos ...", cit., p. 37).

Medida liminar

Outra questão interessante é a que se refere à possibilidade de concessão de medida liminar no mandado de injunção.

Parece-nos que a liminar é possível, para evitar lesão irreparável ou de difícil reparação ao impetrante. Basta, apenas, estejam presentes os requisitos do *fumus boni iuris* e do *periculum in mora*. Não há necessidade, a nosso ver, de lei específica, podendo ser utilizada a legislação processual que trata do assunto, inclusive a concernente ao mandado de segurança.

Ministério Público

Façamos, agora, uma rápida alusão ao Ministério Público.

O Ministério Público está credenciado constitucionalmente a impetrar o mandado de injunção. De fato, na "defesa da ordem jurídica, do regime democrático e dos interesses sociais e individuais indisponíveis" (CF, art. 127), tem legitimidade ativa para tanto.

Se a impetração for feita por outrem, é imprescindível sua manifestação, na qualidade de *custos legis*.

Especificidades

Passemos, agora, a tratar de outros aspectos importantes do tema.

Como ensina Michel Temer (ob. cit., pp. 206-207), uma vez impetrado o mandado de injunção, o Judiciário deverá examinar o caso *sub judice*, averiguando, preliminarmente, se estão definidos, na norma constitucional, os contornos mínimos ensejadores da declaração do direito. Em seguida – ainda segundo este emérito constitucionalista –, decidirá se já pode ser considerada presente a *omissão legislativa*, ou seja, se já decorreu tempo razoável para que o Poder Legislativo desse plena eficácia a normas constitucionais concernentes ao "exercício dos direitos e liberdades constitucionais" ou ao exercício "das prerrogativas inerentes à nacionalidade, à soberania e à cidadania". Por último, averiguará se tem *condições reais* (objetivas, efetivas) de suprir a omissão legislativa.

Ausente qualquer desses requisitos, o mandado de injunção deverá ser denegado.

Portanto, nem todas as omissões legislativas permitem injunção. Vejamos.

O Judiciário não tem, a nosso sentir, condições objetivas de regular o direito de greve, que, nos termos do art. 37, VII, da CF, "será exercido nos termos e nos limites definidos em lei específica".

Se algum trabalhador impetrar mandado de injunção para poder exercitar, em toda a amplitude, seu direito de greve, o Judiciário não terá como fixar os termos e os limites do exercício de tal direito. Denegará, pois, a injunção.

Um outro caso de não cabimento do mandado de injunção: a CF, em seu art. 7º, IV, assegura, ao trabalhador, o direito à percepção de um "salário-mínimo, fixado em lei, nacionalmente unificado, capaz de atender a suas necessidades vitais básicas e às de sua família com moradia, alimentação, educação (...)".

Pois bem, não nos parece que um trabalhador possa impetrar um mandado de injunção para que o Poder Judiciário fixe o salário-mínimo se a lei não o fizer ou se a lei não atender aos requisitos constitucionais.

Há casos, porém, e bastante frequentes, que permitem a injunção. Tratemos de alguns deles.

I – O art. 45, § 1º, da CF prescreve: "O número total de Deputados, bem como a representação por Estado e pelo Distrito Federal, será estabelecido por lei complementar, proporcionalmente à população, procedendo-se aos ajustes necessários, no ano anterior às eleições, para que nenhuma daquelas unidades da Federação tenha menos de oito ou mais de setenta Deputados".

Ora, se o critério para a fixação do número de Deputados Federais é o da proporcionalidade, se o princípio adotado pelo constituinte é o da representação, se o máximo de Deputados por Estado é de setenta e o mínimo de oito, segue-se que o Estado mais populoso terá setenta representantes, e o menos populoso, oito.

A lei complementar a que alude o art. 45, § 1º, da CF deverá, em rigor, apenas estabelecer os *mecanismos jurídicos* (isto é, as *formas*) para permitir que o mandamento constitucional atue.

Vamos admitir que, à falta de lei complementar, o Estado mais populoso da Federação tenha negado seu direito constitucional de ser representado, na Câmara Federal, por 70 Deputados Federais (continuando, digamos, com uma bancada de 60 Deputados Federais).

Queremos crer que os prejudicados imediatos (o prejudicado mediato, no caso, é o *povo* – e, por extensão, qualquer cidadão residente no Estado de São Paulo –, que fica privado de ser representado, naquela Casa de Leis, por 70 deputados; o povo, porém, não tem legitimidade ativa para propor esta ação constitucional; em compensação, qualquer cidadão paulista poderá pleitear, a uma das autoridades elencadas no art. 103 da Carta Magna, que ajuíze, a propósito, a ação de inconstitucionalidade por omissão), isto é, os 10 candidatos que não foram diplomados podem impetrar mandado de injunção, para terem concedida a ordem de diplomação.

II – Mais um exemplo, para reforçar a ideia supra.

O art. 153, § 4º, II, da CF estabelece que o ITR (imposto territorial rural) "não incidirá sobre pequenas glebas rurais, definidas em lei, quando as explore o proprietário que não possua outro imóvel".

Digamos que, por falta daquela lei, definindo a pequena gleba rural, um pequeno proprietário rural (que tenha, por exemplo, 30 hectares de terra) esteja sendo executado (ou ameaçado de execução), por não haver recolhido o ITR.

O Judiciário poderá perfeitamente conceder a injunção ao impetrante, declarando que ele tem jus à imunidade porque, ao lume não só do entendimento comum, como e principalmente do art. 191 da Carta Suprema, preenche os requisitos do invocado art. 153, § 4º, II.

A propósito, o art. 191 da CF estabelece: "Aquele que, não sendo proprietário de imóvel rural ou urbano, possua como seu, por cinco anos ininterruptos, sem oposição, área de terra, em zona rural, não superior a cinquenta hectares, tornando-a produtiva por seu trabalho ou de sua família, tendo nela sua moradia, adquirir-lhe-á a propriedade".

Portanto, para fins de usucapião de imóvel rural, pequena propriedade rural é a de tamanho não superior a 50 hectares.

Podemos sustentar, por analogia, que pequena propriedade rural, para fins de imunidade ao ITR, também é aquela de tamanho não excedente a 50 hectares. De fato, os dois artigos (o art. 153, § 4º, II, e o art. 191) guardam uma certa semelhança: ambos fazem menção à pequena gleba rural e à exploração que a torna produtiva. Apenas, enquanto o art. 153, § 4º, II, remete à lei a tarefa de fixar as dimensões da pequena gleba rural, o art. 191 considera pequena gleba rural aquela de tamanho não excedente a 50 hectares. É perfeitamente possível, a nosso sentir, que se busquem no art. 191 da CF elementos para iluminar o significado e o alcance do art. 153, § 4º, II, do mesmo diploma normativo.

Enfim, no exemplo invocado, o Judiciário concederá a injunção para que, reconhecido o direito à imunidade do ITR, o proprietário da pequena gleba rural não seja alvo de execução em decorrência do não recolhimento do tributo. Observamos, todavia, que o Judiciário não estará legislando, isto é, não estará definindo, no lugar da lei, o tamanho máximo da pequena propriedade rural, para fins de imunidade do ITR, mas, apenas, atendendo, de modo concreto (*in casu*), ao legítimo interesse do impetrante.

A decisão do Judiciário não se aplicará a todos os casos futuros, mas apenas ao caso pendente. É óbvio que nada impede que, sendo editada a lei, ela fixe, para a pequena gleba rural, dimensões menores do que as que tiverem sido definidas no mandado de injunção. Só a partir de sua edição, porém, é que prevalecerá a definição legal (ela não poderá alcançar a *coisa julgada*).

Competência para julgar o mandado de injunção

Tratemos, agora, da importante questão da competência.

Evidentemente, tem competência para julgar o mandado de injunção o STF (art. 102, I, "q", da CF), Mas não apenas ele.

Com efeito, em suas esferas de competência, podem julgá-lo também o STJ (art. 105, I, "h", da CF), os TREs (art. 121, § 4º, V, da CF), os "órgãos da Justiça Militar, da Justiça Eleitoral, da Justiça do Trabalho e da Justiça Federal" (art. 105, I, "h", *in fine*, da CF) etc.

Por igual modo, os Estados poderão regular, em suas Constituições – desde que observem as diretrizes básicas da Constituição da República –, a competência para processar e julgar mandados de injunção.

Realmente, em matéria de mandado de injunção, as Constituições estaduais também podem garantir, *in casu*, o direito constituído (pela Carta local) e não exercitado em virtude de ausência de norma regulamentadora estadual ou municipal. É o que procurou fazer, por exemplo, a Constituição do Estado de São Paulo, em seu art. 74, V: "Compete ao Tribunal de Justiça, além das atribuições previstas nesta Constituição, processar e julgar originariamente: os mandados de injunção, quando a inexistência de norma regulamentadora estadual ou municipal, de qualquer dos Poderes inclusive da Administração indireta, torne inviável o exercício de direitos assegurados nesta Constituição". Segundo nos parece, o tópico "de qualquer dos Poderes inclusive da Administração indireta" é de constitucionalidade duvidosa, já que, segundo o modelo federal (que os Estados-membros são obrigados a adotar), apenas as omissões legislativas podem ser corrigidas por meio da injunção.

Considerações finais sobre o mandado de injunção

Na prática, o STF vem sistematicamente atribuindo ao mandado de injunção efeito idêntico ao que a Constituição deu à ação direta de inconstitucionalidade por omissão. Melhor esclarecendo, tem assinalado um prazo para que o Legislativo edite a lei faltante. Deveria, sim, *data maxima venia*, concedendo a injunção (quando, é óbvio, fosse o caso), criar uma *norma individual*, em favor do impetrante, que lhe permitisse fruir do direito constitucional inviabilizado pela falta da norma regulamentadora.

Apenas para registro, o *DOU* do dia 16.8.1991, em sua p. 10.633, publicou ementa de acórdão do STF julgando um mandado de injunção impetrado pelo "Centro da Cultura Prof. Luiz Freire" (entidade de assistência social do Rio de Janeiro), para ter reconhecido seu direito de não pagar contribuição previdenciária, com base no art. 195, § 7º, da CF ("São isentas de contribuição para a seguridade social as entidades beneficentes de assistência social que atendam às exigências estabelecidas em lei"). Nesse caso, o Pretório Excelso, por maioria de votos (oito contra três), declarou o "estado de mora" do Congresso Nacional e fixou o prazo de seis meses para a elaboração da lei a que alude o referido dispositivo constitucional, sob pena de decretar a inexigibilidade do tributo. Deveria, salvo engano, ter concedido a injunção, reconhecendo, ao impetrante, o direito de não recolher, de imediato, a *contribuição*. De mais a mais, esta lei já existe (art. 14 do CTN).

O mandado de injunção pode não ter agradado a muitos, mas é uma ação constitucional e, portanto, inafastável.

V – Antes de prosseguirmos, é importante termos presente que nossa Constituição, ao aludir à igualdade, veda discriminações injustificadas. Além disso, para dar efetividade a tal diretriz, manda dispensar especial proteção às crianças, aos jovens, às pessoas portadoras de todo tipo de deficiência etc.

Especificamente em matéria tributária, (i) determina tratamento privilegiado às cooperativas, às microempresas e empresas de pequeno porte, (ii) declara imunes os templos de qualquer culto, os partidos políticos, os sindicados de empregados, as instituição de educação e de assistência social, sem fins lucrativos, (iii) proíbe agravamentos fiscais em razão de raça, sexo, credo religioso, orientação sexual, e assim por diante. Embora ainda haja, na prática, um longo caminho a percorrer, muito se avançou nesse campo.

3. *Direitos fundamentais e tributação*

Diante de tudo o que ficou consignado, parece certo que o Estado, ao exercer a tributação, deve observar os limites que a ordem constitucional lhe impôs, inclusive no que atina com os direitos subjetivos públicos das pessoas.

Com estes preceitos, a Constituição determinou de modo negativo, isto é, através de proibições, o *conteúdo possível* das leis tributárias e, indiretamente, dos regulamentos, das portarias, dos atos administrativos tributários etc.

Em outros termos, a União, os Estados-membros, os Municípios e o Distrito Federal, ao fazerem uso de suas competências tributárias, são obrigados a respeitar os direitos individuais e suas garantias.[34] O contribuinte tem a faculdade de, mesmo sendo

O tema tem ficado no plano das considerações acadêmicas. Estamos convencidos, porém, de que, com o trabalho pertinaz e constante da doutrina e a combatividade dos advogados, pouco a pouco o mandado de injunção irá se tornando tão familiar, corriqueiro e útil quanto o nosso bom e velho mandado de segurança.

Conclusão geral

Esperamos, com essas reflexões, haver contribuído para lançar um foco de luz sobre estes novos institutos, fazendo com que passem a ser realmente utilizados, entre nós.

Por ora, que fique a ideia de que tanto o mandado de injunção quanto a ação de inconstitucionalidade por omissão podem e devem ser utilizados também na proteção dos direitos constitucionais dos contribuintes.

34. A Constituição não só consagrou direitos; também os garantiu.

Estes direitos constitucionais e suas garantias representam limitações ao poder do Estado, que não as pode desconsiderar, sob pena de invalidade do ato praticado.

Chamamos a atenção para o fato de que uma realidade são os *direitos*, e outra, suas *garantias*. É por isso que, como queria Rui Barbosa, é imprescindível separemos, no texto da Lei Fundamental, "as disposições meramente *declaratórias*, que são as que imprimem existência legal aos direitos reconhecidos, e as disposições *assecuratórias*, que são as que, em defesa dos *direitos*, limitam o poder. Aquelas instituem os *direitos*; estas, as *garantias*; ocorrendo não raro juntar-se, na mesma disposição constitucional, ou legal, a fixação da garantia, com a declaração do direito" (*apud* José Afonso da Silva, *Curso de Direito Constitucional Positivo*, cit., 39ª ed., p. 416).

Como preconizava Pimenta Bueno, "garantia é uma promessa que a lei estabelece para fazer respeitar efetiva e eficazmente um direito" (*Direito Publico Brazileiro*, cit., n. 539).

tributado pela pessoa política competente, ver respeitados seus direitos públicos subjetivos, constitucionalmente garantidos.

Merecem guarida, neste passo, as lições da doutrina norte-americana, quando apregoa que a ordem jurídica impõe restrições ao exercício da competência tributária, com o fito de proteger os direitos fundamentais das pessoas, abrigando-os das arbitrariedades do poder (Thomas Cooley).

Afinal, os direitos fundamentais do homem não foram elencados na Constituição apenas para serem formalmente reconhecidos, mas para serem concretamente efetivados, como bem o demonstrou Celso Antônio Bandeira de Mello.[35]

O próprio dever de pagar tributos não poderá afetar, em sua essência, os direitos fundamentais, que, com o advento da Carta de 1988, tiveram reforçado o *status* jurí-

Tecnicamente, a garantia individualiza "cada mecanismo de proteção de determinados interesses contra a eventualidade de ofensas" (Mortati).

Também a Constituição brasileira contém meios para tornar efetivos os *direitos fundamentais*. De fato, ela, com arrolar os direitos fundamentais, houve por bem conceder-lhes garantias de defesa ou meios de assegurá-los.

Para a tutela contra as ilegítimas limitações dos direitos fundamentais, que, eventualmente, venham a ser levadas a efeito pelo Poder Público ou por seus agentes (autoridade pública), o indivíduo e a pessoa jurídica (nacional ou estrangeira) têm à sua disposição remédios e recursos administrativos e jurisdicionais. Dentre estes, merecem destaque o *habeas corpus* ("conceder-se-á *habeas corpus* sempre que alguém sofrer ou se achar ameaçado de sofrer violência ou coação em sua liberdade de locomoção, por ilegalidade ou abuso de poder" – art. 5º, LXVIII, da CF), o mandado de segurança ("conceder-se-á mandado de segurança para proteger direito líquido e certo, não amparado por *habeas corpus* ou *habeas data*, quando o responsável pela ilegalidade ou abuso de poder for autoridade pública ou agente de pessoa jurídica no exercício de atribuições do Poder Público" – art. 5º, LXIX, da CF), o mandado de injunção ("conceder-se-á mandado de injunção sempre que a falta de norma regulamentadora torne inviável o exercício dos direitos e liberdades constitucionais e das prerrogativas inerentes à nacionalidade, à soberania e à cidadania" – art. 5º, LXXI, da CF) e o *habeas data* ("conceder-se-á *habeas data*: a) para assegurar o conhecimento de informações relativas à pessoa do impetrante, constantes de registros ou bancos de dados de entidades governamentais ou de caráter público; b) para a retificação de dados, quando não se prefira fazê-lo por processo sigiloso, judicial ou administrativo" – art. 5º, LXXII, da CF). Convém salientarmos que o *habeas corpus*, o mandado de segurança, o mandado de injunção e o *habeas data* são as garantias por excelência dos chamados direitos fundamentais. Evidentemente, o *habeas corpus* e o *habeas data* só podem beneficiar o homem, o ser humano, a pessoa física. O mandado de segurança, porém, pode ser impetrado também pelas pessoas jurídicas (por exemplo, uma empresa comercial que não tenha reconhecido, por uma autoridade administrativa, o direito de só pagar tributos instituídos nos moldes da Constituição). O mesmo podemos dizer do mandado de injunção, que também se presta à tutela dos *direitos coletivos* e dos *direitos difusos*.

Além do *habeas corpus*, do mandado de segurança, do mandado de injunção e do *habeas data*, também merecem destacadas as seguintes garantias: o *direito de ampla defesa*, com os meios e recursos a ela inerentes (art. 5º, LV, da CF), o *direito de confronto judicial dos atos administrativos*, inclusive os de cunho tributário, vedada a exclusão, pela lei, do exame, pelo Judiciário, de lesão de direito individual (art. 5º, XXXV, da CF), a *ação popular*, para que se anulem atos lesivos "ao patrimônio público ou de entidade de que o Estado participe, à moralidade administrativa, ao meio ambiente e ao patrimônio histórico e cultural" (art. 5º, LXXIII, da CF), etc.

Como podemos perceber, a Constituição "declara", repetidamente, em seu texto, os direitos fundamentais, e os protege, de fato, não através da solenidade das enunciações, mas indicando as defesas específicas que irão fazê-los valer.

35. Celso Antônio Bandeira de Mello, *Eficácia das Normas Constitucionais e Direitos Sociais*, 1ª ed., 4ª tir., São Paulo, Malheiros Editores, 2015.

dico, com a regra da aplicabilidade imediata (art. 5º, § 1º) e sua inclusão no rol das *cláusulas pétreas* (art. 60, § 4º, IV).[36]

Além disso, nosso Estado Democrático de Direito exige que a arrecadação tributária e os direitos fundamentais dos contribuintes não se excluam, mas se completem. Queremos com isso significar que os órgãos estatais devem obter da tributação, exercitada de acordo com a Constituição Federal e as leis, os meios financeiros que lhes permitirão, sempre mais, fazer valer os direitos fundamentais dos contribuintes.

3.1 O "estatuto do contribuinte"

I – Os direitos fundamentais, evidentemente, também amparam o contribuinte contra os Poderes do Estado, inclusive o Legislativo. Deveras, todo o Capítulo I do Título II da Constituição brasileira delimita o exercício das competências tributárias das pessoas políticas, impedindo-as de ingressarem nas áreas reservadas aos direitos "à vida, à liberdade, à igualdade, à segurança e à propriedade" dos contribuintes. Os direitos consagrados no art. 5º do Diploma Magno são tão ou mais relevantes que os recebidos pela União, pelos Estados, pelos Municípios e pelo Distrito Federal para instituir impostos, taxas, contribuição de melhoria e demais figuras exacionais. Daí serem inconstitucionais as normas jurídicas que, a pretexto de exercitarem competências tributárias, impedirem ou tolherem o pleno desfrute dos direitos públicos subjetivos dos contribuintes.[37]

36. É por isso que preferimos falar em direito fundamental de só pagar tributos quando estiverem de acordo com a Constituição e as leis que nela buscam fundamento de validade.

37. É o que, a nosso ver, fez a Lei 6.830/1980 (Lei das Execuções Fiscais) ao estabelecer, em seu art. 40: "O juiz suspenderá o curso da execução, enquanto não for localizado o devedor ou encontrados bens sobre os quais possa recair a penhora e, nesses casos, não correrá o prazo de prescrição".

A propósito, em edições anteriores escrevemos:

"Este artigo, além de não se estribar em nenhum motivo mais consistente, fere nossa tradição jurídica e, mais do que tudo, é inconstitucional.

"Imprescritíveis, em nosso direito positivo, são as ações que viabilizam os *direitos personalíssimos* (o direito à vida, à honra, à liberdade, ao nome, à reprodução da imagem, à segurança pessoal, e assim por diante).

"As ações que dão eficácia aos direitos patrimoniais, em nosso Direito, sempre prescreveram: em 5, 10, 15, 20 anos, não importa, mas sempre prescreveram. Nunca se aceitou que uma dívida pudesse ficar em aberto *ad aeternum*.

"O mesmo se dá com as obrigações tributárias. O contribuinte pode livrar-se de seus débitos tributários pela inação do Fisco durante certo lapso de tempo.

"A prescrição da ação de cobrança dos tributos baseia-se não numa renúncia do Fisco ao seu direito – porquanto a obrigação tributária é indisponível –, mas na necessidade de proteger o interesse público da 'incerteza e instabilidade das relações econômicas'. Mesmo os créditos tributários não podem se eternizar. Mais dia, menos dia, devem desaparecer.

"Pois este art. 40 da Lei 6.830/1980 pretende introduzir, entre nós, a imprescritibilidade de algumas dívidas tributárias. Isto, sobre ser absurdo (o que, de per si, não quer dizer nada, juridicamente), é inconstitucional. Vejamos.

"A CF brasileira, em seu art. 5º, elenca uma série de direitos individuais. O rol deste artigo é meramente exemplificativo, tanto que seu § 2º é claro ao estabelecer que 'os direitos e garantias expressos nesta Constituição não excluem outros decorrentes do regime e dos princípios por ela adotados, ou dos tratados internacionais em que a República Federativa do Brasil seja parte'.

II – Estes direitos fundamentais – verdadeiros lindes aos Poderes do Estado, como sinala Balladore Pallieri – formam, no que atina à tributação, o chamado *estatuto do contribuinte* (Louis Trotabas).

O que vem a ser *estatuto do contribuinte* di-lo, à maravilha, Paulo de Barros Carvalho:

"Define-se o *estatuto do contribuinte*, ao pé de nossa realidade jurídico-positiva, como a somatória, harmônica e organizada, dos mandamentos constitucionais sobre matéria tributária, que, positiva ou negativamente, estipulam direitos, obrigações e deveres do sujeito passivo, diante das pretensões do Estado (aqui utilizado na sua acepção mais ampla e abrangente – *entidade tributante*). E quaisquer desses direitos, deveres e obrigações, porventura encontrados em outros níveis da escala jurídico-normativa, terão de achar respaldo de validade naqueles imperativos supremos, sob pena de flagrante injuridicidade".[38]

O emérito juspublicista não poderia dizer mais, nem melhor.

III – Realmente, o *estatuto do contribuinte*, como vimos, impõe limitações aos Poderes Públicos, inibindo-os de desrespeitarem os direitos subjetivos das pessoas que devem pagar tributos. Inexistisse, e o legislador poderia, por meio de uma tributação atrabiliária, até espoliar as pessoas. A Fazenda Pública, à míngua deste *estatuto*, não poderia ser impedida de fazer o mesmo.

Evidentemente há, da parte do Estado, o interesse de arrecadar os tributos de maneira simples, expedita e segura. Afinal de contas, é por intermédio deste recolhimento que ele se instrumenta financeiramente a alcançar, com bom sucesso, os fins que lhe são assinalados pela Carta Constitucional e pelas leis.

"Ora, o art. 5º em exame existe, em última análise, para dar segurança jurídica às pessoas.

"Segurança jurídica que o art. 40 em questão põe em risco.

"Facilmente compreendemos que assim seja. Admitamos que alguém, executado pela Fazenda Pública, fique em estado de insolvência, por dez anos, até que, mercê de seus trabalhos, vem a amealhar algum cabedal. Nesse momento, a Fazenda, de acordo com a lei, poderá prosseguir na execução, exigindo o principal, além de juros, multa etc.

"Um outro exemplo, mais extremado e, por isso, mais elucidativo: digamos que esta mesma pessoa, trinta anos após ter-se apurado sua insolvência na execução fiscal, vem a falecer, deixando bens. Seus herdeiros, até as forças da herança, deverão, consoante prescreve o indigitado dispositivo legal, responder pelo antiquíssimo débito, acrescido dos encargos de estilo.

"Tudo indica que o Judiciário, quando for chamado a manifestar-se a respeito, negará seguimento a este comando, que entra em testilhas com os direitos fundamentais do contribuinte."

Felizmente, em face das críticas constantes da doutrina bem como do advento da Emenda Constitucional 45/2004, que introduziu no art. 5º da CF um inciso LXXVIII ("a todos, no âmbito judicial e administrativo, são assegurados a razoável duração do processo e os meios que garantam a celeridade de sua tramitação"), a Lei 11.051/2004 inseriu um § 4º no art. 40 da Lei 6.830/1980, *verbis*: "Se da decisão que ordenar o arquivamento tiver decorrido o prazo prescricional, o juiz, depois de ouvida a Fazenda Pública, poderá, de ofício, reconhecer a prescrição intercorrente e decretá-la de imediato".

Com esta providência legislativa o princípio da segurança jurídica finalmente restou prestigiado.

38. Paulo de Barros Carvalho, "Estatuto do contribuinte. Direitos, garantias individuais em matéria tributária e limitações constitucionais nas relações entre Fisco e contribuinte", *Vox Legis* 141/36 (os grifos são do autor).

Ocorre, porém, que a tributação não é mais vista como um ato de império do Estado, que até passado recente podia, a seu talante, obrigar as pessoas a custear o funcionamento da máquina pública. Hoje, ainda que em nome da comodidade e do aumento da arrecadação, não se pode fazer ouvidos moucos aos reclamos dos direitos subjetivos dos contribuintes, assegurados, como visto, pela própria Carta Federal. Ora, um desses direitos é exatamente o de só ser tributado pela pessoa política competente, da forma pontuada pela Lei Magna.

IV – O "estatuto do contribuinte" exige que a tributação, livre de qualquer arbitrariedade, realize a ideia de Estado Democrático de Direito. Às várias possibilidades de atuação da Fazenda Pública haverão de corresponder as garantias dos direitos dos contribuintes. Quanto mais gravosa a intervenção tributária, tanto mais cuidadosamente deverá ser protegida a esfera de interesses dos indivíduos.

Heinz Paullick, ao depois de destacar que a administração financeira, como a administração pública em geral, tende à realização da ideia de Estado de Direito, acrescenta: "O moderno direito tributário já não conhece o súdito, que era um mero objeto da tributação. A atual administração financeira relaciona-se com o cidadão livre e emancipado, que possui, em virtude da Constituição, uma esfera jurídica própria, que exige ser respeitada, inclusive em todas as questões relativas à tributação".[39]

Aliás, dentro da ideia de que o contribuinte mantém uma relação de igualdade jurídica (não de subordinação) com o Fisco e de que ambos têm direitos e deveres recíprocos, está tramitando no Congresso Nacional projeto de "Código de Defesa do Contribuinte" (Projeto de Lei Complementar 646/1999), que visa a tornar eficazes os valores consagrados no sistema constitucional tributário brasileiro.

É que a tributação deve desenvolver-se dentro dos limites que a Carta Suprema traçou (fulminando o poder tributário absoluto do Estado). Este objetivo é alcançado, basicamente, respeitando-se os direitos fundamentais do contribuinte e aquela faixa de liberdade das pessoas, onde a tributação não pode se desenvolver. É nesse sentido que Albert Hensel dizia que "o direito tributário é um direito intervencionista submetido à ordenação do Estado de Direito".[40]

Em suma, o legislador ordinário da União, de cada Estado, de cada Município e do Distrito Federal encontra na Carta Constitucional, perfeitamente delimitada, sua área de tributação.

V – Com estas sós páginas, já percebemos ser impossível o estudo da competência tributária, no direito positivo brasileiro, sem uma análise aprofundada da Constituição, especialmente na parte em que ela elenca e assegura os direitos fundamentais.

As pessoas políticas, enquanto tributam, não podem agir de maneira arbitrária e sem obstáculo algum, diante dos contribuintes. Muito pelo contrário: em suas rela-

39. Heinz Paullick, "La ordenanza tributaria de la República Federal Alemana. Su función y significado para el Derecho Tributario", in *Ordenanza Tributaria Alemana*, trad. espanhola de Carlos Palao Taboada, Madri, Instituto de Estudios Fiscales, 1980, p. 36 (traduzimos para o português).

40. Albert Hensel, *Diritto Tributario*, trad. italiana de Dino Jarach, Milão, Giuffrè, 1956, p. 6 (traduzimos para o português).

ções com eles, submetem-se a um rígido regime jurídico. Assim, regem suas condutas de acordo com as regras que veiculam os direitos fundamentais e que colimam, também, limitar o exercício da competência tributária, subordinando-o à ordem jurídica.

Vale lembrar, por exemplo, que, por força do disposto no art. 5º, XIII, da CF,[41] as leis tributárias não podem criar embaraços abusivos ao livre exercício do trabalho. Também não podem, ainda que por via oblíqua, compelir os contribuintes a se associarem ou a permanecerem associados (art. 5º, XX, da CF).[42] Estes são outros obstáculos que tolhem o exercício das competências tributárias.[43]

VI – Por igual modo, como já demonstramos no capítulo anterior (cap. VI), os tributos no Brasil devem ser criados ou aumentados pelo Poder Legislativo, o que equivale a dizer que devem ser aprovados pelos representantes de todos os contribuintes em potencial.

Inafastável, enfim, a ideia de que os direitos fundamentais, constitucionalmente reconhecidos, refreiam as competências que as pessoas políticas receberam para tributar.

4. *Segurança jurídica da tributação e os princípios da tipicidade fechada, do exclusivismo, da adequada eleição do sujeito passivo tributário, da vinculação do lançamento à lei, da interpretação estrita da lei, da igualdade, da confiança na lei fiscal, da boa-fé do contribuinte e da moralidade*

I – Aforados em textos de bom cunho, podemos afirmar que o Direito regula o comportamento das pessoas para tornar possível a vida social. Tal regulação manifesta-se por meio das *normas jurídicas*, regras de comportamento que produzem seus

41. CF, art. 5º, XIII: "é livre o exercício de qualquer trabalho, ofício ou profissão, atendidas as qualificações profissionais que a lei estabelecer".

42. CF, art. 5º, XX: "ninguém poderá ser compelido a associar-se ou a permanecer associado".

43. Dentre outras inconstitucionalidades, a Lei 7.713/1988 feria também os incisos XIII e XX do art. 5º do Texto Magno, quando, com o propósito de simplificar a tributação das pessoas físicas, por via de imposto sobre a renda, extinguiu o *livro-caixa*, em que os profissionais liberais contabilizavam as *despesas necessárias* à manutenção de suas atividades. Antes do advento desta lei, tais despesas, para fins de imposto de renda, eram, na declaração anual, deduzidas de seus rendimentos, como *custos operacionais*.

Com a Lei 7.713/1988, os profissionais liberais (trabalhadores não assalariados) foram equiparados aos trabalhadores assalariados, já que passaram a ter o mesmo pífio *desconto-padrão* conferido a estes últimos.

Ora, como é público e notório, os profissionais sem vínculo empregatício pagam com seus rendimentos o aluguel do imóvel onde exercem suas atividades, o salário de seus auxiliares (secretária, mensageiro, datilógrafos etc.), o material de consumo do escritório (ou consultório), e assim avante.

Impedidos, pela Lei 7.713/1988, de deduzirem, de seus rendimentos brutos, as despesas operacionais, estavam sendo praticamente compelidos a se associarem sob a forma de pessoas jurídicas. Do contrário, teriam de cessar suas atividades, por não suportarem a tributação verdadeiramente escorchante que sofriam.

Tal arbitrariedade vulnerava o art. 5º, XIII, da CF, porquanto criava obstáculos ao livre exercício da profissão de médico, advogado, arquiteto etc., e, por via oblíqua, também o art. 5º, XX, do mesmo Diploma Fundamental, já que obrigava, de fato, os profissionais liberais a se associarem, para poderem continuar exercendo seus misteres.

Em boa hora foi editada a Lei 8.134/1990, que restabeleceu a dedutibilidade das despesas necessárias à manutenção da fonte produtora (o livro-caixa dos profissionais sem vínculo empregatício).

efeitos na sociedade. Estas normas, é claro, não devem ser consideradas isoladamente, mas em conjunto, formando um *sistema*, um *ordenamento jurídico*.

Neste contexto, a segurança jurídica é ínsita à própria ideia de Direito, tendo sido colocada no "Preâmbulo" da nossa Carta Magna, no patamar dos *valores supremos* da sociedade brasileira, pelo quê inspira a edição e a boa aplicação das leis, dos decretos, das portarias, das sentenças, dos atos administrativos etc.[44]

Mas, mais que um *valor*, a segurança jurídica é a própria razão de ser de nossa Constituição Federal, tendo sido consagrada, expressa ou implicitamente, em várias de suas normas, como bem o percebeu Heleno Taveira Torres, *verbis*: "O princípio da segurança jurídica encontra-se enucleado na Constituição com a força de ser um princípio-síntese, construído a partir do somatório de outros princípios e garantias fundamentais. Apesar de referido na Constituição ('Preâmbulo', *caput* dos arts. 5º e 6º e art. 103-A da CF) e em leis esparsas, o princípio da segurança jurídica não se reduz aos enunciados normativos assinalados em cada um dos seus dispositivos, como 'segurança' ou 'insegurança'. Como regra expressa, tanto se faz presente na condição de 'direito fundamental à ordem jurídica segura' quanto na acepção de garantia material aos direitos e liberdades protegidos, sobre os quais exerce a função de assegurar efetividade".[45]

Daí podermos avançar o raciocínio proclamando que o princípio da segurança jurídica é uma das manifestações do nosso *Estado Democrático de Direito*, consagrado já no art. 1º da CF, e visa a proteger e preservar as justas expectativas das pessoas. Para tanto, veda a adoção de medidas legislativas, administrativas ou judiciais capazes de frustrar-lhes a confiança que depositam no Poder Público.

De fato, como o Direito visa à obtenção da *res justa*, de que nos falavam os antigos romanos, todas as normas jurídicas, especialmente as que dão efetividade às garantias constitucionais, devem procurar *tornar segura* a vida das pessoas e das instituições.[46]

Deste modo, incumbe ao Estado zelar para que todos não só tenham uma proteção eficaz dos seus direitos como possam prever, em alto grau, as consequências jurídicas dos comportamentos que adotarem.

44. É certo que o *princípio* (ou *sobreprincípio*) *da segurança jurídica* é implícito. Mas é igualmente certo que todo o ordenamento jurídico milita no sentido de fazê-lo valer. Francisco Pinto Rabello Filho, em erudita monografia, a propósito, averbou:

"No contexto deste trabalho, a etimologia do sentido fundamental da palavra 'segurança' é assaz sugestiva (se, prefixo privativo, síncope de *sine* + *cura* = *cuidado, resguardo, cautela, precaução, preocupação*), à proporção que aponta para *tranquilidade de ânimo*, indica *isenção de preocupações, cuidados*. É vocábulo que expressa *tranquilidade, quietação*.

"É nesse sentido que o sobreprincípio da segurança jurídica emerge como sendo certamente um esteio do Estado Democrático de Direito, com uma básica formulação de exigência: *previsibilidade* da ação estatal. O Estado deve atuar sempre com *lealdade* em face das pessoas (físicas e jurídicas), pautar-se invariavelmente de modo a *não surpreendê-las* (*não surpresa*) com as medidas tomadas" (*O Princípio da Anterioridade da Lei Tributária*, São Paulo, Ed. RT, 2002, pp. 100-101 – os grifos estão no original).

45. Heleno Taveira Torres, *Direito Constitucional Tributário e Segurança Jurídica*, São Paulo, Ed. RT, 2011, p. 188.

46. Cf. José Souto Maior Borges, "Princípio da segurança jurídica na criação e aplicação do tributo", *RDTributário* 63/206-207.

II – Muito bem, o Direito, com sua positividade, confere segurança às pessoas, isto é, "cria condições de *certeza* e *igualdade* que habilitam o cidadão a sentir-se senhor de seus próprios atos e dos atos dos outros".[47]

Portanto, a *certeza* e a *igualdade* são indispensáveis à obtenção da tão almejada segurança jurídica.

Com efeito, uma das funções mais relevantes do Direito é "conferir certeza à incerteza das relações sociais" (Becker), subtraindo do campo de atuação do Estado e dos particulares qualquer resquício de arbítrio. Como o Direito é a "imputação de efeitos a determinados fatos" (Kelsen), cada pessoa, graças ao princípio da segurança jurídica, tem elementos para conhecer previamente o alcance e, de modo especial, o *resultado* de seus atos. Parafraseando Ricardo Lobo Torres, "segurança jurídica é certeza e garantia dos direitos. É paz".[48]

Isto dá a todos a tranquilidade para planejar o porvir, justamente porque possibilita o prévio conhecimento do *modus* pelo qual as regras de conduta serão aplicadas.

Por outro lado, a convicção de que serão respeitados o direito adquirido, a coisa julgada e o ato jurídico perfeito confere às pessoas a chamada "garantia do passado" – o que leva à irretroatividade do próprio Direito, fenômeno que já estudamos (cap. VI, item 9).

III – Como se vê, o *princípio da segurança jurídica* é associado aos ideais de determinação, de estabilidade e de previsibilidade do Direito, em todas as suas dimensões. Assim, há de ser sempre levado em conta, inclusive pelas leis, pelos atos administrativos *lato sensu* e pelas decisões judiciais.

Daí concordarmos com José Souto Maior Borges quando observa que "segurança é direito e garantia fundamentais, não sendo possível desconsiderá-la em qualquer nível de aplicação infraconstitucional, isto é, nas leis e regulamentos fiscais e até nos atos de execução".[49]

Do contrário, isto é, "sem segurança de aplicação a segurança jurídica da norma seria anulada pela insegurança da sua aplicação" – na feliz observação de Humberto Ávila.[50]

IV – Tudo isso nos conduz à ideia de que a segurança jurídica desemboca na *confiança* que as pessoas devem ter no Direito.

Esta correlação não escapou à argúcia de Gomes Canotilho, *verbis*: "O homem necessita de segurança para conduzir, planificar e conformar autônoma e responsavelmente a sua vida. Por isso, desde cedo se consideravam os princípios da segurança jurídica e da proteção à confiança como elementos constitutivos do Estado de Direito.

47. Tercio Sampaio Ferraz Jr., "Segurança jurídica e normas gerais tributárias", *RDTributário* 17-18/51 (grifos do autor).

48. Ricardo Lobo Torres, *Tratado de Direito Constitucional Financeiro e Tributário*, vol. 2, Rio de Janeiro, Renovar, 2005, p. 168.

49. José Souto Maior Borges, "Segurança jurídica: sobre a distinção entre competências fiscais para orientar e autuar o contribuinte", *RDTributário* 100/20.

50. Humberto Ávila, *Segurança Jurídica (Entre Permanência, Mudança e Realização no Direito Tributário)*, 2ª ed., São Paulo, Malheiros Editores, 2012, p. 148.

Estes dois princípios – segurança jurídica e proteção da confiança – andam estreitamente associados, a ponto de alguns autores considerarem o princípio da confiança como um subprincípio ou como uma dimensão específica da segurança jurídica. Em geral, considera-se que a segurança jurídica está conexionada com elementos objetivos da ordem jurídica – garantia de estabilidade jurídica, segurança de orientação e realização do direito –, enquanto a proteção da confiança se prende mais com os componentes subjetivos da segurança, designadamente a calculabilidade e previsibilidade dos indivíduos em relação aos efeitos dos actos".[51]

A proteção da confiança manifesta-se, inclusive em matéria fiscal, na previsibilidade da ação do Estado. Permite que as pessoas planejem e organizem sua vida e seus negócios de acordo com as leis em vigor, cientes de que não serão surpreendidas por atos arbitrários, que venham a modificar ou revogar suas expectativas legítimas.

Em suma, o princípio da segurança jurídica, com seu corolário de proteção da confiança, submete o exercício do poder ao Direito.

V – Na tributação tais objetivos são alcançados quando a lei, longe de abandonar o contribuinte aos critérios subjetivos e cambiantes da Fazenda Pública, traça uma *ação-tipo* (abstrata) que descreve o fato que, acontecido no mundo fenomênico, fará nascer o tributo.

Ora, é indiscutível que a lei que cria *in abstracto* o tributo deve descrever, pormenorizadamente, todos os elementos essenciais da norma jurídica tributária, máxime a hipótese de incidência, com os critérios que a informam. Esta é uma exigência do princípio da tipicidade tributária, tão bem estudado por Alberto Xavier.

Para o mestre português, "a tipicidade do fato tributário pressupõe (...) uma descrição rigorosa dos seus elementos constitutivos, cuja integral verificação é indispensável para a produção de efeitos".[52]

A hipótese de incidência tributária – sempre veiculada por meio de lei – deve conter uma exaustiva descrição dos *pressupostos tributários*, apta a permitir que todos eles sejam perfeitamente reconhecidos, quando ocorrerem, no mundo fenomênico.

Esta ideia vem acentuada por Sacha Calmon Navarro Coêlho, para quem o fato gerador *in abstracto* (hipótese de incidência) deve "(...) ser minuciosamente descrito (princípio da especificação) para evitar ao intérprete ou ao aplicador da lei entendimentos dilargados ou contraditórios a seu respeito, gerando insegurança e incerteza para o contribuinte".[53]

Quando a hipótese de incidência é incompleta, ou seja, não descreve, de modo exaustivo, o "tipo tributário", a exação não poderá ser exigida.

51. J. J. Gomes Canotilho, *Direito Constitucional e Teoria da Constituição*, Coimbra, Livraria Almedina, 2000, p. 256.

52. Alberto Xavier, *Os Princípios da Legalidade e da Tipicidade da Tributação*, São Paulo, Ed. RT, 1978, p. 87.

53. Sacha Calmon Navarro Coêlho, "O fato gerador", in *Obrigação Tributária*, São Paulo, Ed. RT, 1986, p. 43.

É o que Aires Fernandino Barreto, em artigo de bela feitura,[54] chama de *insuficiência* da hipótese de incidência, que impede o surgimento do tributo.

Va – Como se vê, os *tipos tributários*, por assim dizer, *fecham* a realidade,[55] não podendo ser *alargados* por meio de presunções, indícios ou, pior, suposições. Inadmissível que o agente fiscal *abra* aquilo que o legislador, atento aos ditames constitucionais, cuidadosamente *restringiu*. Afinal, o afã arrecadatório absolutamente não legitima o arbítrio.

Anote-se, a propósito, que no direito tributário, que é um direito de intervenção estatal, o comportamento das autoridades deve ajustar-se mais rigorosamente ao *princípio da legalidade* do que em outras áreas jurídicas.

Nessa linha, Yonne Dolácio de Oliveira desenvolveu, de modo altamente científico, o seguinte raciocínio, *verbis*: "No tipo cerrado, mediante a fixação de suas notas constitutivas, a mesma regra é estabelecida para todos os casos, de modo que ela funciona como o conceito abstrato, e, nesta hipótese, haverá ou não subsunção: ou o individual oferece todas as características do tipo cerrado, cai dentro do tipo, ou não é afetado por ele".[56]

A citação se faz importante porque o *princípio da tipicidade fechada da tributação* exige, *de um lado*, que a lei descreva rigorosamente os procedimentos a serem adotados pela Fazenda Pública para o lançamento, a fiscalização e o recolhimento do tributo e, *de outro*, que o agente fiscal, para certificar a incidência tributária, verifique se o fato ocorrido manteve estrita correspondência com o *tipo tributário*.

VI – Mas a lei tributária, além de descrever minudentemente a *hipótese de incidência* (o tipo) do tributo, precisa prever as ações concretas que o Fisco deverá realizar para arrecadá-lo.

À vista do exposto, a lei ordinária (federal, estadual, municipal ou do Distrito Federal) que se ocupa com o fenômeno da tributação deve não só prescrever a conduta da Fazenda Pública, como dar-lhe diretrizes seguras, a partir das quais ela possa decidir cada caso concreto que seja levado à sua apreciação. Deseja-se, pois, que a autoridade fiscal, sem qualquer subjetivismo, subsuma o fato à norma ou, em termos mais técnicos, como predica Karl Engish, o *conceito* (a representação mental) do fato ao *conceito* da norma.[57]

Portanto, não querendo insistir no óbvio, temos que, para que nasça o tributo, deve um fato corresponder fielmente à figura delineada na lei (*Tatbestand*), o que

54. Aires Fernandino Barreto, "Ausência de subsunção diante de fato insuficiente", *RDTributário* 63/264 e ss.

55. Em sentido contrário, Misabel Derzi sustenta que os *tipos*, inclusive os tributários, são sempre abertos, como ordem fluida e transitiva do pensamento (*Direito Tributário, Direito Penal e Tipo*, 2ª ed., São Paulo, Ed. RT, 2007).

Embora continuemos, *data venia*, pensando o contrário, fazemos o registro, porque, não tendo o monopólio da verdade científica, procuramos, sempre que possível, provocar a reflexão do leitor.

56. Yonne Dolácio de Oliveira, *A Tipicidade no Direito Tributário Brasileiro*, São Paulo, Saraiva, 1980, p. 24.

57. Naturalmente, isto será feito na medida do possível, porque não podemos, pela lei, deduzir os únicos atos administrativos corretos.

implica tipicidade (*Typizität*). Por isso, todos os elementos essenciais do tributo (*hipótese de incidência*, *sujeito ativo*, *sujeito passivo*, *alíquota* e *base de cálculo*), como tivemos a oportunidade de verificar, devem ser previstos abstratamente na lei. Ademais, cada ato concreto da Fazenda Pública que reconheça a existência de um tributo (*lançamento*) ou que leve à sua efetiva arrecadação (*cobrança tributária*) deve encontrar respaldo numa lei.

VII – Estamos confirmando, assim, que atrelado ao *princípio da legalidade tributária* encontra-se o não menos relevante *princípio da tipicidade tributária*. Na verdade, o princípio da tipicidade tributária – como vimos no capítulo anterior – não passa de uma maneira especial de realização da legalidade tributária, que exige definição precisa dos fatos idôneos a, uma vez ocorridos, fazer nascer o dever de recolher tributos.

O *princípio da tipicidade* impõe que o tributo só seja exigido quando se realiza, no mundo fenomênico, o pressuposto de fato a cuja ocorrência a lei vincula o nascimento da obrigação tributária. Dito de outra maneira, o tributo só pode ser validamente exigido quando nasceu por vontade da lei. Se não se realiza o *fato imponível tributário* (fato gerador *in concreto*), isto é, se não se cumprem integralmente os elementos do *suposto de fato legal* (sempre minucioso, de modo a permitir que o contribuinte calcule antecipadamente a carga tributária que terá o dever de suportar), o lançamento e a arrecadação do tributo serão inválidos.

De fato, os elementos integrantes do *tipo tributário* devem ser formulados na lei de modo tão preciso e determinado, que o aplicador não tenha como introduzir critérios subjetivos de apreciação, que poderiam afetar, como já escrevemos, a segurança jurídica dos contribuintes, comprometendo-lhes a capacidade de previsão objetiva de seus direitos e deveres.

Enfim, os *tipos tributários* devem necessariamente ser minuciosos, para que não haja espaço, por parte do Fisco, nem para o emprego da analogia, nem da discricionariedade. Sempre mais notamos, portanto, que o *princípio da tipicidade fechada* contribui, de modo decisivo, para a segurança jurídica do contribuinte. Segurança jurídica que se pulveriza quando a própria Fazenda Pública elege os critérios que reputa razoáveis para a *quantificação* do tributo.

Melhor dizendo, a *segurança jurídica*, com o seu corolário de *proteção da confiança*, leva, em matéria tributária, ao princípio da *tipicidade fechada* (ou da *determinação*), com a correspondente proibição do emprego da discricionariedade fazendária[58] e da analogia *in peius*.[59]

58. Cf. Nuno Sá Gomes, "O princípio da segurança jurídica na criação e aplicação do tributo", in *Estudos sobre a Segurança Jurídica na Tributação e as Garantias dos Contribuintes*, Lisboa, Cadernos de Ciência e Técnica Fiscal, 1993, pp. 14-16.

59. Em homenagem à segurança jurídica do contribuinte, não se podem aplicar, em seu prejuízo, disposições legais distintas das que concretamente contemplam o fato por ele praticado.

A analogia – meio de integração das lacunas jurídicas –, no caso tributário, embora possível (art. 108, I, do CTN), há de ser empregada com parcimônia, e nunca para prejudicar o contribuinte – como,

VIII – A segurança jurídica leva, ademais, ao *princípio do exclusivismo*, com a consequente proibição do emprego de *normas indeterminadas*, que, muito ao propósito, Nuno Sá Gomes chama de "elásticas" ou "de borracha".[60]

IX – Acrescentamos que as pessoas têm o direito subjetivo de só serem consideradas sujeitos passivos de tributos: a) previstos, expressa ou implicitamente, na Constituição; b) criados legislativamente, em total sintonia com os ditames que ela consagra; e c) após a ocorrência de seus *fatos imponíveis*.

O sujeito passivo da obrigação tributária é a pessoa – física ou jurídica, pública ou privada – compelida pela lei a recolher o tributo, ao Fisco ou quem lhe faça as vezes, após, é claro, a realização do *fato imponível*, a prática do lançamento e a regular notificação deste ato administrativo. Detém a chamada *capacidade tributária passiva*, em contraposição àqueloutra, já estudada, *capacidade tributária ativa*.

Saber "quem" pode ser sujeito passivo tributário tem sido a grande preocupação dos maiores tributaristas, quer nacionais,[61] quer estrangeiros.[62]

A Constituição aponta o *sujeito passivo possível* de cada tributo, isto é, a pessoa que poderá ser colocada, pela lei, na contingência de efetuar seu pagamento. É a pessoa que – evidentemente, desde que apontada na lei – faz nascer a obrigação tributária, realizando seu *fato imponível* (*fato gerador "in concreto"*). Mesmo nos impostos da competência residual da União (art. 154, I, da CF), também chamados *impostos não discriminados*, embora esta pessoa política tenha liberdade para fixar-lhes as hipóteses de incidência e as respectivas bases de cálculo, deverá, necessariamente, eleger como *sujeito passivo possível* da exação a pessoa que realiza seu *fato imponível*.[63] Esta ideia, aliás, transparece cristalina no próprio CTN, quando, em seu art. 121, parágrafo único, I, estabelece que o contribuinte é a pessoa que tem "relação pessoal e direta" com o *fato imponível*.

Apenas o realizador do *fato imponível* – esta a regra geral – deve ter seu patrimônio diminuído como consequência da tributação.

de resto, ressai do art. 108, § 1º, do CTN ("O emprego da analogia não poderá resultar na exigência de tributo não previsto em lei").

60. Nuno de Sá Gomes, "O princípio da segurança jurídica ...", in *Estudos sobre a Segurança Jurídica na Tributação e as Garantias dos Contribuintes*, p. 16.

61. Por todos os autores nacionais de boa ciência, permitimo-nos mencionar Renato Lopes Becho, em seu clássico livro *Sujeição Passiva e Responsabilidade Tributária* (São Paulo, Dialética, 2000).

62. Gian Antonio Micheli, por exemplo, em conferência proferida no VI Curso de Especialização em Direito Tributário da PUC/SP, realizado nos idos de 1976, declarou: "Neste ponto se coloca um primeiro problema, ou seja, precisamente quem pode ser sujeito passivo do tributo, isto é, quem a lei pode indicar como sujeito passivo do tributo".

63. No mesmo sentido Renato Lopes Becho, *verbis*:

"(...) comungamos com a doutrina que vê na Constituição Federal os dados para se extrair cientificamente o sujeito passivo. (...).

"(...) para nós, o legislador não tem liberdade de escolha nos tributos discriminados. Há uma maior liberdade nos tributos não discriminados, mais na escolha do critério material do que na do critério pessoal. Esse decorre da materialidade eleita, na qual há liberdade do legislador, nos limites constitucionais. Essa liberdade é reduzida quando deve o legislador apontar quem recolherá o tributo (ou ocupará o polo passivo da relação jurídico-tributária)" (*Sujeição Passiva* ..., cit., pp. 77-78).

Como se sabe, a Constituição, ao mesmo tempo em que distribuiu competências tributárias, indicou a *regra-matriz* de cada tributo, não sendo dado às pessoas políticas desvirtuá-la (*v.g.*, apontando um sujeito passivo que nada tenha a ver com o tributo em questão).

Portanto, as pessoas políticas não possuem total liberdade para eleger o sujeito passivo dos tributos que criam *in abstracto*. Pelo contrário, devem necessariamente levar em conta o *sujeito passivo possível* da exação, assinalado na Lei Maior.

Positivamente, o legislador não pode, tendo em vista apenas facilitar ou ampliar a arrecadação, considerar sujeitos passivos tributários quaisquer pessoas, ainda que sem relação com o *fato imponível* (*fato gerador "in concreto"*).

Deveras, ou o assunto é assim entendido, ou se estará paradoxalmente admitindo que a Constituição encerra meras recomendações, que poderão ser seguidas, por boas, ou rejeitadas, por inconsistentes.

É certo que a Constituição não indica, de modo expresso, o sujeito passivo de nenhum tributo. Todavia, sinaliza quem, ocorrido o *fato imponível*, poderá ser compelido a ocupar esta posição: a pessoa que provoca, desencadeia ou produz a materialidade da hipótese de incidência tributária.[64]

64. Mesmo na *sujeição passiva indireta* não há como fugir destas linhas mestras.

Como se sabe, por razões de expediência administrativa, *mas sempre com base em lei*, os tributos, não raro, vêm arrecadados, pelo menos num primeiro momento, de terceiras pessoas, juridicamente relacionadas com os contribuintes. São os *sujeitos passivos indiretos*, também chamados *responsáveis tributários*.

De fato, o Poder Público tem sentido a necessidade de arrecadar os *tributos* de terceiros, que não os contribuintes, por uma série de fatores. Dentre eles, merecem destaque a impossibilidade prática de, em muitos casos (produtores agropecuários, artesãos, empregados etc.), atingir-se diretamente o contribuinte (o realizador do *fato imponível*) e a imprescindibilidade de maior eficiência na arrecadação.

É certo que a doutrina mais tradicional, fulcrada na literalidade do art. 121, parágrafo único, II, do CTN, admite a tributação, sem maiores empeços, do *responsável tributário* (sujeito passivo indiretamente relacionado com o *fato imponível*, que a lei coloca na contingência de pagar o tributo *em nome e por conta do contribuinte*).

Em boa verdade científica, porém, o instituto da responsabilidade tributária há que ser utilizado com grande cautela, para que não restem atropelados princípios constitucionais.

Assim, é imprescindível, em primeiro lugar, que também o responsável esteja vinculado, de algum modo, ao *fato imponível*. Somente poderá ser onerado quem, de algum modo, participou da realização do *tipo* do tributo (*fato típico tributário*). Pudesse ser de outro modo, e o legislador teria aí o caminho para fugir dos limites da competência tributária outorgada à pessoa política – o que, convenhamos, é um absurdo, diante da rigidez de nosso sistema constitucional no que se refere às exações. Logo, mesmo o responsável tributário há de estar em relação com o *fato imponível*.

Mas não basta isso para que a figura da responsabilidade tributária surja validamente: é imperioso, ainda, que a lei proporcione ao responsável *meios expedidos e efetivos* para que se ressarça, sem maiores entraves, junto ao contribuinte.

Uma coisa, porém, precisa ser destacada: independentemente de outros requisitos, a escolha, para figurar como sujeito passivo, de pessoa que não o próprio realizador do *fato imponível* só pode ser feita por norma legal expressa, que prestigie os ditames constitucionais. À míngua de lei expressa, a eleição de sujeito passivo desvinculado da materialidade do tributo não pode ser feita nem pelo aplicador, nem pelo intérprete.

Em suma, a Constituição Federal fornece os dados necessários para que se infira quem pode ser sujeito passivo de tributos. Sob pena de incidir em inconstitucionalidade, não é dado ao legislador or-

X – De outro lado, como já vimos, o lançamento tributário só pode ser levado a efeito nos exatos termos da lei.

Queremos com essa frase significar que o lançamento tributário há de realizar-se sem qualquer dose de subjetivismo; ou, noutros termos, sem a discricionariedade aceitável em outros setores da Administração Pública.[65]

Convém lembrar, a propósito, que o lançamento, ato administrativo rigorosamente vinculado à lei, é fundamental para que o Poder Público possa satisfazer sua pretensão tributária. Uma vez produzido pelo agente público competente e dele tendo sido regularmente notificado o contribuinte, confere ao crédito tributário liquidez e certeza, tornando o tributo "atendível" (como quer Alberto Xavier[66]) ou "pagável" (como preferimos nós) – isto é, em condições de ser satisfeito.

O assunto encontra-se disciplinado no art. 142 do CTN (que, neste passo, faz as vezes da lei complementar a que alude o art. 146, III, "b", da CF), *verbis*: "Art. 142. Compete privativamente à autoridade administrativa constituir o crédito tributário pelo lançamento, assim entendido o procedimento administrativo tendente a verificar a ocorrência do fato gerador da obrigação correspondente, determinar a matéria tributável, calcular o montante do tributo devido, identificar o sujeito passivo e, sendo o caso, propor a aplicação da penalidade cabível".[67]

Esta definição legal põe em destaque que o lançamento não faz nascer a obrigação tributária, mas apenas declara seu montante, seu valor. Neste contexto, é um ato de eficácia declaratória.

Por isso mesmo, com base na lei, produz uma norma individual e concreta que explicita, para o contribuinte, o montante a pagar a título de tributo (*quantum debeatur*).

Salientamos que, como ato administrativo que é, também o lançamento reveste-se da presunção de liquidez e certeza, até prova em contrário, a ser produzida pelo contribuinte. Cuida-se, pois, de presunção *iuris tantum* ou *relativa*.

Porque *relativa*, tal presunção exige que o ato administrativo de lançamento seja bem-fundamentado, exatamente para que o contribuinte tenha a efetiva possibilidade de, querendo, impugnar a pretensão fiscal, como, de resto, lhe faculta o art. 145, I, do CTN.[68]

dinário das várias pessoas políticas afastar-se destes dados. Muito menos podem fazê-lo o aplicador e o intérprete da lei tributária.

65. Não ignoramos que a Administração Fazendária, com o fito de alavancar a arrecadação de tributos, pratica vários atos discricionários. Estes, porém, devem ater-se a questões secundárias, meramente adjetivas, que não entrem em testilhas com o art. 3º do CTN, que, ao veicular uma norma geral em matéria de legislação tributária (cf. art. 146, III, "b", da CF), determina que a cobrança do tributo há de ser feita "mediante atividade administrativa plenamente vinculada".

66. Alberto Xavier, *Do Lançamento – Teoria Geral do Ato, do Procedimento e do Processo Tributário*, 2ª ed., Rio de Janeiro, Forense, 1997, p. 588.

67. A expressão "procedimento administrativo" foi tomada não no sentido técnico de "uma série de atos, que se conjugam objetivamente, formando um todo unitário", mas sim no sentido vulgar de "atuação administrativa".

Por outro lado, a referência à "aplicação da penalidade cabível" é inadequada, eis que pertinente ao *auto de infração*.

68. CTN: "Art. 145. O lançamento regularmente notificado ao sujeito passivo só pode ser alterado em virtude de: I – impugnação do sujeito passivo; (...)".

Noutros termos, compete ao lançamento determinar a certeza e liquidez do tributo. Para tanto, deverá revestir-se de um mínimo de densidade descritiva, que permita ao contribuinte saber, com segurança, por que a exação lhe está sendo exigida e, em caso de *vício formal*, afastar, na própria sede administrativa, a pretensão do Erário.

Oportuno lembrar que os conceitos de *liquidez* e *certeza* trazem consigo a ideia de ausência de vícios, ilícitos, ilegitimidades, ilegalidades etc., quer formais, quer materiais.

Evidentemente, a lei que norteará a feitura do lançamento deve estar em perfeita sintonia com a Constituição. Esta é uma garantia fundamental do contribuinte, que se concretiza no direito de não suportar tributos inconstitucionais.

XI – A segurança jurídica também exige que as leis tributárias que tragam gravames para o contribuinte sejam estritamente interpretadas. De fato, estando em pauta, na tributação, a liberdade e a propriedade das pessoas – dois valores que, além de muito caros a todos, foram sobremodo valorizados pelo texto constitucional –, tais leis não se compadecem com uma interpretação extensiva ou analógica. Pelo contrário, demandam interpretação estrita, para que resultem melhor defendidos os direitos e garantias dos contribuintes. Esta, sem dúvida, a melhor maneira de protegê-los do arbítrio e do abuso de poder fazendário.

Não têm os aplicadores das leis que ampliam a *base tributável* (ou *situação de base*) – a Administração Fazendária ou o juiz – qualquer possibilidade de preencher suas lacunas. Quando estas se apresentam devem ser consideradas, na lição precisa de José Casalta Nabais, "como domínios que o legislador não quis disciplinar, isto é, como lacunas políticas e não como lacunas jurídicas".[69] Em suma, as lacunas das leis tributárias, quer as intencionais, quer as involuntárias, são insuscetíveis de integração analógica.

Portanto, se um certo fato não pode ser reconduzido, literal ou sistematicamente, a uma norma tributária, segue-se que ele não é *imponível* (fato gerador *in concreto*), não havendo espaço, neste caso, para a analogia.

Valem, a respeito, as seguintes reflexões de Raffaello Lupi: "Nem mesmo quando a interpretação é sobremodo complexa o intérprete assume um poder de decisão política, isto é, um poder de temperar os interesses em jogo segundo as próprias preferências político-sociais; ao intérprete não é dado efetuar uma escolha 'custo-benefício' acerca do modo mais oportuno, equânime e conveniente de conciliar os interesses contrastantes; (...). O intérprete não pode, pois, decidir temperando os interesses em conflito segundo seus critérios pessoais, que desmentem os indicados pelo legislador. O intérprete é 'vinculado à lei' no sentido de não poder sobrepor as próprias mediações das exigências contrastantes àquelas já efetuadas pelo legislador; lhe é pois vedado realizar composições de interesses (escolhas políticas), já que o conjunto da legislação não o autoriza a 'fazer-se legislador', introduzindo distinções

69. José Casalta Nabais, *Direito Fiscal*, Coimbra, Livraria Almedina, 2000, p. 190.

e valorações despidas de 'cobertura' legislativa (*ubi lex non distinguit nec nos distinguere debemus*)".[70]

Em suma, o princípio da segurança jurídica impede que o aplicador e o intérprete acabem indo além do *conteúdo expresso* das leis tributárias.

XII – Não basta isto, porém, para que a segurança jurídica do contribuinte esteja assegurada. É mister, ainda, que a lei que descreve a ação-tipo tributária valha para todos igualmente, isto é, seja aplicada a seus destinatários (quer pelo Judiciário, quer pela Administração Fazendária) de acordo com o princípio da igualdade (art. 5º, I, da CF). Só assim os contribuintes terão segurança jurídica em seus contatos com o Fisco.

O *princípio da igualdade* (*isonomia*) é, de todos os nossos princípios constitucionais, o mais importante (Francisco Campos).

Realmente, todos os princípios que estão na Constituição (a legalidade, a universalidade da jurisdição, a ampla defesa etc.) encontram-se a serviço da isonomia e sem ela não se explicam com a necessária densidade de exposição teórica.

A própria legalidade é a morada da isonomia. Daí falarmos em *legalidade isonômica*. Com efeito, quando dizemos que "ninguém será obrigado a fazer ou a deixar de fazer alguma coisa senão em virtude de lei", implicitamente estamos proclamando que "ninguém será obrigado a fazer ou a deixar de fazer alguma coisa senão em virtude de lei igualitária", isto é, de lei editada de conformidade com a isonomia.

Nesse sentido, José Souto Maior Borges não exagerou ao afirmar, no *VIII Congresso Brasileiro de Direito Tributário*, realizado em São Paulo, em setembro/1994, que a isonomia não está no texto constitucional: a isonomia é o próprio texto constitucional.

Aprofundando este raciocínio, o mestre pernambucano ponderou: "(...) a Constituição Federal de 1988 não contempla a isonomia como um direito qualquer que dela pudesse ser eventualmente extirpado. A isonomia não está sequer *apenas* ao abrigo das maldenominadas 'cláusulas pétreas' (art. 60, § 4º, IV). *A isonomia é a própria Constituição.* Confunde-se com ela, ao permear todos os direitos e deveres que a Constituição instituiu. Sem isonomia, estaria simplesmente supressa a Constituição Federal de 1988 como um todo. Não é ela portanto uma palavra que possa ser extirpada do texto constitucional e substituída, sem maiores delongas por outra, como se fora uma inútil quinquilharia".[71]

Podemos, pois, dizer que a isonomia estende seus efeitos sobre todas as normas constitucionais e, *a fortiori*, sobre todas as demais normas jurídicas, sejam elas legais ou infralegais.

XIIa – É interessante notar que o princípio da igualdade alcança os três Poderes do Estado: o Legislativo, o Executivo e o Judiciário.

70. Raffaello Lupi, *Diritto Tributario*, 5ª ed., Milão, Giuffrè, 1998, pp. 34-35 (traduzimos).

71. José Souto Maior Borges, "Sobre a atualização de créditos do sujeito passivo contra o Fisco", *Revista Dialética de Direito Tributário* 32/45 – os grifos estão no original.

Com efeito, a lei deve ser *editada* (pelo *Legislativo*) e *aplicada* (seja pelo *Executivo*, seja – e especialmente – pelo *Judiciário*) de conformidade com a isonomia. De que valeria a lei ser igual para todos se pudesse ser aplicada desigualmente (pelo Judiciário ou pela Administração Pública) em razão de raça, sexo, credo político, credo religioso? Bem precário seria este princípio constitucional se fosse tão fácil costeá-lo.

Mas podemos ir além: com Pontes de Miranda,[72] entendemos que o *princípio da igualdade* alcança *até* as empresas e os particulares. Assim, por exemplo, uma empresa não pode discriminar sua freguesia em razão de raça, sexo, credo político, condição social, aparência etc., não apenas porque há um *Código de Defesa do Consumidor* ou uma *Lei de Economia Popular* ou, ainda, uma lei que define os crimes de racismo, mas em função do *princípio da isonomia*. Noutros termos: inexistissem tal Código e tais leis, e ainda assim o apontado *princípio* obrigaria ao tratamento igualitário da freguesia.

Em suma, o *caput* do art. 5º da Lei Fundamental, ao proclamar que todos são iguais perante a lei, interdita a arbitrariedade, inclusive em matéria tributária.

XIIb – O princípio da igualdade visa, em última análise, a garantir uma *tributação justa*.[73] Afinal, ele se desenvolveu a partir da ideia de justiça.[74]

Isto não significa, por óbvio, que as leis tributárias devem tratar todas as pessoas da mesma maneira, mas, tão somente, que precisam dispensar o mesmo tratamento jurídico às que se encontrem em situações equivalentes.

É claro que a lei tributária pode discriminar situações, desde que não erija em critério diferencial nem um traço tão específico que singularize o contribuinte por ela colhido, nem um fato havido pelo sistema constitucional como insuscetível de aceitar distinções (*e.g.*, a cor, atributo racial).

À lei tributária, portanto, é dado desigualar situações, atendendo a peculiaridades de classes de contribuintes, mas só quando haja uma *relação de inerência* entre o ele-

72. Pontes de Miranda, *Comentários à Constituição de 1967*, 2ª ed., 2ª tir., t. IV, São Paulo, Ed. RT, 1973, p. 707.

73. Esta diretriz presidiu a alteração do parágrafo único do art. 7º da CF (determinada pela EC 72/2013), que agora estipula: "São assegurados à categoria dos trabalhadores domésticos os direitos previstos nos incisos IV, VI, VII, X, XIII, XV, XVII, XVIII, XIX, XXI, XXIV, XXX, XXXI e XXXIII e, atendidas as condições estabelecidas em lei e observada a simplificação do cumprimento das obrigações tributárias, principais e acessórias, decorrentes da relação de trabalho e suas peculiaridades, os previstos nos incisos I, II, III, IX, XII, XXV e XXVIII, bem como a sua integração à previdência social".

Note-se que a EC 72/2013, ao mesmo tempo em que estendeu aos trabalhadores domésticos os direitos que já amparavam os trabalhadores urbanos e rurais, garantiu aos empregadores "a simplificação do cumprimento das obrigações tributárias, principais e acessórias". Com esta cautela, determinou que a tributação dos empregadores seja feita *cum grano salis*, de modo a impedir que, por falta de condições econômicas para suportar os novos encargos fiscais, se vejam compelidos a dispensar seus empregados domésticos.

Caberá, pois, à legislação ordinária federal, tornar efetivas estas prudentes medidas tributárias, evitando, destarte, grandes danos sociais (*v.g.*, desemprego em massa) para uma expressiva camada da população trabalhadora.

74. De maneira geral, concordam os filósofos que a justiça repousa numa igualdade. "A justiça é uma igualdade e a injustiça uma desigualdade", afirma Aristóteles (*Ética a Nicômaco*, Livro I, cap. III). "A essência da justiça é a igualdade", acrescenta Santo Tomás de Aquino (*De Justitia*, II, q. 61, a. 2, ad. 2).

mento diferencial e o regime conferido aos que se incluem na categoria diferençada.[75] Exemplificando para melhor esclarecer, nada impede que as pessoas que têm rendimentos mais expressivos – justamente por revelarem maior capacidade contributiva – sejam proporcionalmente mais tributadas, por via de IR, que as pessoas que têm rendimentos menores. Aliás, esta é uma exigência do próprio sistema constitucional tributário brasileiro (art. 145, § 1º, c/c o art. 153, § 2º, I, ambos da CF).

Em síntese, fere-se o princípio da igualdade, no campo tributário, quando não se encontra para um tratamento diverso, dispensado pelo legislador a várias pessoas, um motivo razoável (resultante da natureza da coisa) ou, pelo menos, convincente. Observamos que a distinção dos contribuintes em função de suas condições econômicas é essencial em nosso ordenamento jurídico, máxime em matéria de impostos.

XIIc – Por outro lado, nossa Constituição veda às pessoas políticas "instituir tratamento desigual entre contribuintes que se encontrem em situação equivalente" (art. 150, II). Nisto parece ter-se inspirado na célebre frase da *Oração aos Moços* de Rui Barbosa: "a igualdade consiste em tratar igualmente os iguais e desigualmente os desiguais, na medida de suas desigualdades".

Portanto, o princípio da igualdade veda que contribuintes essencialmente iguais venham tratados de modo diferençado, cabendo, evidentemente, ao legislador e ao aplicador proceder a uma seleção racional dos fatos aos quais atribuirá a mesma consequência jurídica – vale dizer: que considerará, para fins de direito, iguais.

Expliquemo-nos melhor.

Por vezes os contribuintes se encontram em situações que apresentam, a um tempo, semelhanças e diferenças. Se, no caso concreto, as semelhanças preponderarem, isto é, se não forem de tal tipo e de tal peso que justifiquem soluções diversas, impõe-se sejam tratados de modo igual, apesar das diferenças. Pelo contrário, se as diferenças forem mais relevantes que as semelhanças, devem receber tratamento diverso, apesar das semelhanças.

XIId – Voltando ao campo tributário, se é vedado "instituir tratamento desigual entre contribuintes que se encontrem em situação equivalente", segue-se, *in contrarium sensum*, que é vedado instituir tratamento igual entre contribuintes que se encontrem em situação diversa.

A este respeito merece ser trazida à balha a seguinte ponderação de Domingos Pereira de Sousa: "*Em sentido jurídico*, a igualdade tributária apresenta-se como paridade de posições, com exclusão de qualquer distinção ou privilégio de classe, de ordem ou de casta, de tal sorte que os contribuintes que se encontrem em idênticas situações sejam submetidos a idênticos regimes fiscais".[76]

75. Estamos, neste ponto, nos apoiando na lição insuperável de Celso Antônio Bandeira de Mello, para quem "as discriminações são recebidas como *compatíveis com a cláusula igualitária apenas e tão somente quando existe um vínculo de correlação lógica* entre a peculiaridade diferencial acolhida, por residente no objeto, e a desigualdade de tratamento em função dela conferida, *desde que tal correlação não seja incompatível com interesses prestigiados na Constituição*" (*O Conteúdo Jurídico do Princípio da Igualdade*, cit., 3ª ed., 24ª tir., São Paulo, Malheiros Editores, 2015, p. 17) (os grifos são do autor).

76. Domingos Pereira de Sousa, *As Garantias dos Contribuintes*, Lisboa, Universidade Lusíada, 1991, pp. 137-138 (os grifos estão no original).

Deveras, é o princípio da igualdade, em última análise, que impede que pessoas, pelos cargos que ocupam ou pelas funções que exercem, venham a desfrutar, unilateralmente, de favores fiscais. As próprias isenções tributárias só se justificam quando atendem ao interesse de todos, máxime dos economicamente mais fracos. Absolutamente não se admite venham a privilegiar interesses privados, mas, apenas, o superior interesse público.

XIIe – A concretização destas diretrizes pressupõe a utilização de *referenciais justificáveis*, de modo que, com apoio neles, as pessoas que se encontram em situações comparáveis recebam o mesmo tratamento jurídico-tributário. É o que, de resto, ensina Klaus Tipke, *verbis*: "Se generalidades ou diferenças entre grupos a serem comparados são relevantes, depende de imediato do 'critério de comparação' (*tertium comparationis*), que é introduzido no confronto de grupos. A regra de igualdade é uma carta branca, na medida em que não oferece o próprio critério de comparação. O critério de comparação deve ser 'exato', isto é, uma 'valoração de justiça' reconhecida pela comunidade jurídica".[77]

Não se nega que o *princípio da isonomia* permite tratamentos tributários desiguais,[78] que serão perfeitamente legítimos caso o critério discriminatório adotado (*discrímen*) também o seja. No entanto, devem ser afastados os tratamentos diferenciados sempre que baseados em discrímen ilegítimo, como bem o notou Ricardo Lobo Torres, *verbis*:

"*Qualquer discrímen desarrazoado, que signifique excluir alguém da regra tributária geral ou de um privilégio não odioso, constituirá ofensa aos seus direitos humanos*, posto que desrespeitará a igualdade assegurada no art. 5º da CF.

"De notar que o direito tributário é essencialmente discriminatório, por se apoiar na distinção fundamental entre ricos e pobres, agravando a incidência sobre aqueles e aliviando a destes. A discriminação, portanto, sendo justificada e razoável, é necessária à justiça fiscal e não ofende os direitos da liberdade. Só *a distinção odiosa ou desarrazoada*, apoiada em circunstâncias estranhas à capacidade contributiva, ao custo/benefício, ao desenvolvimento econômico, aos direitos humanos (sexo, raça, cor, religião, domicílio etc.), ou seja, 'ao espírito do nosso direito constitucional', é que fere os direitos fundamentais."[79]

77. Klaus Tipke, *Direito Tributário*, trad. para o português de Luiz Dória Furquim, Porto Alegre, Sérgio Antônio Fabris Editor, 2008, p. 195.

78. É o que ensina Victor Uckmar: "A existência de desigualdades naturais justifica a criação de categorias de contribuintes sujeitos a diferente tratamento fiscal sempre que ocorram as seguintes circunstâncias: a) todos os contribuintes compreendidos na mesma categoria devem ter idêntico tratamento; b) a classificação em diversas categorias deve encontrar fundamento racional em diferenças reais; c) a classificação deve excluir toda discriminação arbitrária, injusta ou hostil contra determinadas pessoas ou categorias de pessoas; d) a diferença deve comportar uma justa igualdade, sob o aspecto equitativo; e) a diferença deve respeitar a uniformidade e a generalidade do tributo" (*Princípios Comuns de Direito Constitucional Tributário*, 2ª ed., trad. para o português de Marco Aurélio Greco, São Paulo, Malheiros Editores, 1999, p. 69).

79. Ricardo Lobo Torres, *Tratado de Direito Constitucional Financeiro e Tributário*, 2ª ed., vol. III, Rio de Janeiro, Renovar, 1999, pp. 399-400 (os grifos estão no original).

Apoiados nesta citação, podemos avançar o raciocínio sustentando que os referenciais a partir dos quais será feito o juízo de igualdade impõem, também, a observância do *princípio da proporcionalidade*, de modo que é necessária uma apuração coerente entre o *discrímen* eleito por determinada regra jurídica e a sua finalidade. A propósito, nunca é demais encarecer que este princípio exige *congruência* entre os meios utilizados pelo Direito e os fins por ele perseguidos.

XIIf – Observe-se, ademais, que o *princípio da igualdade*, além de impedir a desigualação arbitrária dos contribuintes, exige seja promovida a igualação entre eles, mediante a adoção de medidas efetivas, inclusive judiciais.

De fato, deve o Judiciário, na condição de primeiro garantidor dos direitos (art. 5º, XXXV, da CF), interpretar e aplicar as normas tributárias de modo a fazer prevalecer o valor "igualdade", ou seja, determinando que situações substancialmente iguais recebam tratamento fiscal isonômico.

XIIg – Mas, retomando nossa trilha central, para que os contribuintes tenham *segurança jurídica* em suas relações com o Fisco, a lei que descreve a *ação-tipo tributária* deve valer para todos igualmente, isto é, deve ser aplicada a seus destinatários de acordo com a isonomia.

XIII – O princípio constitucional da segurança jurídica exige, ainda, que os contribuintes tenham condições de antecipar objetivamente seus *direitos e deveres tributários*, que, por isto mesmo, só podem surgir de lei, igual para todos, irretroativa e votada pela pessoa política competente. Assim, a segurança jurídica acaba por desembocar no *princípio da confiança na lei fiscal*, que, como leciona Alberto Xavier, "traduz-se, praticamente, na possibilidade dada ao contribuinte de conhecer e computar os seus encargos tributários com base exclusivamente na lei".[80]

Os contribuintes têm não só o direito de não conhecer, prévia e adequadamente, os tipos tributários como o de ver assegurado o cumprimento imparcial, impessoal e não discriminatório das leis. Além disso – em homenagem ao *princípio da moralidade administrativa*, que adiante estudaremos –, devem se mantidos num permanente estado de confiança diante das condutas do Estado, o que exige que as leis tributárias não sofram alterações frequentes, excessivas e injustificadas.[81]

Também em homenagem ao *princípio da confiança*, as leis tributárias devem ser claras e minuciosas, de modo a evitar, o quanto possível, as indesejáveis lacunas. Decididamente, não há segurança jurídica onde se faz presente a incerteza acerca do Direito aplicável.

Vai daí que as leis tributárias devem evitar os conceitos indeterminados, que tendem a abrir as portas à discricionariedade e, até, ao arbítrio fiscal.[82]

80. Alberto Xavier, *Os Princípios da Legalidade e da Tipicidade da Tributação*, 1ª ed., São Paulo, Ed. RT, 1978, p. 46.

81. Cf. César García Novoa, *El Principio de Seguridad Jurídica en Materia Tributaria*, Madri, Marcial Pons, 2000, p. 77.

82. Lamentavelmente, este fenômeno é frequente, e tem feito da *relação jurídica* – como observa Ferreiro Lapatza ("El estatuto del contribuyente y las facultades normativas de la Administración (dere-

XIV – Não podemos deixar de mencionar, ainda, o *princípio da boa-fé*, que impera também no direito tributário.

A boa-fé é a base de todas as relações intersubjetivas. Exige que cada um guarde fidelidade à palavra dada e não frustre nem abuse da confiança do outro.

Com efeito, é justamente este *fator de confiança* que permite que as pessoas formem, entre si, vínculos consistentes, marcados pela preocupação de lisura e honestidade.

A confiança é o fundamento da vida social. Tanto que, para Niklas Luhmann, "mostrar confiança é antecipar o futuro, comportar-se como se o futuro fosse certo".[83]

Note-se que as sociedades contemporâneas são consideradas *sociedades de risco*. Assim, uma vida em sociedade só é possível se a pessoa puder confiar que o outro, com quem interage, se comportará do modo pelo qual se comprometeu.

Sendo mais específicos, quando "A" e "B" convencionam agir cada um de determinado modo, e efetivamente o fazem, é porque confiam que a outra parte cumprirá aquilo a que se obrigou. Sem essa *quase certeza* seria inviável o convívio social.

XIVa – *Mutatis mutandis*, o que acaba de ser escrito vale para o Estado, entendido no sentido kelseniano de *ordenamento jurídico*.

Deveras, também o Estado está submetido ao *princípio da boa-fé* e, bem por isso, deve comportar-se de acordo com padrões éticos de confiança e lealdade.[84] Nesse sentido a lição clássica de Manuel António Portugal de Castro Carneiro da Frada, *verbis*: "Cabe a qualquer ordem jurídica a missão indeclinável de garantir a confiança dos sujeitos, porque ela constitui pressuposto fundamental de qualquer coexistência ou cooperação pacífica, isto é, da paz jurídica".[85]

O Estado deve agir com boa-fé, a fim de incutir confiança nas pessoas, físicas ou jurídicas, com as quais se relaciona. Assim, é obrigado a honrar as razoáveis expectativas que nelas criou.

XIVb – Detalhando o assunto, as pessoas devem ser protegidas quando, em termos justificáveis, tenham sido levadas pelo Poder Público a acreditar na manutenção de certo estado de coisas. Noutras palavras, elas não podem ser surpreendidas por comportamentos do Poder Público totalmente inesperados.

Trata-se, ademais, de uma tutela ética, segundo a qual o Estado deve ser coerente, de modo a não prejudicar a ninguém. Daí não poder mudar arbitrariamente suas condutas.

cho tributario y orden democrático)", *RDTributário* 76/24) – mais uma *relação de poder* que uma *relação jurídica*.

83. Niklas Luhmann, *Confianza (Vertrauen)*, trad. de Amanda Flores, Barcelona, Anthopos, 1996, p. 15 (vertemos para o português).

84. Note-se que o *princípio da boa-fé*, embora tenha nascido nas hostes do direito privado, com a regra *pacta sunt servanda*, hoje – como não se questiona – produz efeitos mais expressivos no âmbito do direito público.

85. Manuel António Portugal de Castro Carneiro da Frada, *Da Boa-Fé no Direito Civil*, Coimbra, Livraria Almedina, 2007, p. 1242.

XIVc – A expressão *boa-fé* é plurívoca, podendo significar: a) o dever genérico de agir de forma correta (*acepção coloquial*); b) o estado de consciência caracterizado pela ignorância de se estar lesando direitos ou interesses alheios (*boa-fé subjetiva*); e c) um critério de interpretação dos negócios jurídicos ou de regras de conduta que impõe às pessoas o dever de agir, umas com as outras, com lealdade, consideração e lisura (*boa-fé objetiva*).

A *boa-fé subjetiva* envolve um estado psicológico de pureza de intenção, de convicção íntima de que se está a agir de conformidade com o bom Direito.[86] Ainda que o sujeito venha a praticar uma ilicitude, ele confia que sua atuação é regular. Daí também ser chamada de *boa-fé crença*.

Já, a *boa-fé objetiva* materializa-se na conduta que se espera de uma pessoa – aí incluído o Estado – independentemente de sua manifestação de vontade, ou seja, de sua intenção de praticar o ato ou celebrar o negócio jurídico. Cuida-se de um princípio geral de Direito, que ilumina a interpretação das situações jurídicas, mormente as que envolvem o Poder Público.

XIVd – Pois bem. As pessoas têm a garantia fundamental de exigir dos órgãos estatais tratamento sem arbitrariedade e em sintonia com a *boa-fé objetiva*.[87]

Remarcamos que a conduta da Administração Pública deve pautar-se pela *boa--fé objetiva*. Ela é obrigada a conduzir-se com lealdade, lisura e honestidade, o que a impede de praticar atos incompatíveis com os que até então realizara, em relação ao mesmo administrado.

Em suma, o Poder Público, tanto quanto qualquer cidadão, deve respeitar as conveniências e interesses do outro e não incorrer em contradição com a própria conduta (proibição do *venire contra factum proprium*).[88]

XIVe – O *nemo potest venire contra factum proprium* impede que a parte adote condutas paradoxais, vale dizer, atue em descompasso com comportamentos anteriormente assumidos, que levaram a contraparte a crer que não teria surpresas desagradáveis. Pressupõe comportamentos diferidos no tempo e contraditórios, ainda que, isoladamente considerados, lícitos.

86. A ausência de *boa-fé subjetiva* acarreta a anulação do ato ou do negócio jurídico, quer privado, quer administrativo.

87. Esta ideia encontra-se bem positivada no art. 9º da Constituição da Suíça: "Cada pessoa tem o direito de exigir dos órgãos estatais tratamento sem arbitrariedade e segundo a boa-fé".

No Brasil o preceito aloja-se nos dispositivos constitucionais que tratam do Estado Democrático de Direito (art. 1º, *caput*), da segurança jurídica (art. 1º, *caput*), da irretroatividade (art. 5º, XXXVI), da legalidade (arts. 5º, II, e 150, I) e da moralidade administrativa (art. 37, *caput*). São eles que, sistematicamente interpretados, levam à conclusão de que é direito inalienável de todas as pessoas exigir que os Poderes Públicos ajam de conformidade com a *boa-fé objetiva*.

88. A respeito, Jesús González Perez preleciona: "O princípio da boa-fé aparece como um dos princípios gerais que servem de fundamento ao ordenamento jurídico, informam o labor interpretativo e constituem decisivo instrumento de integração" (*El Principio General de la Buena Fe en el Derecho Administrativo*, Madri, Real Academia de Ciencias Morales y Políticas, 1983, p. 15 – traduzimos). E, mais adiante, acrescenta: "Independentemente de seu reconhecimento legislativo, o princípio da boa-fé, enquanto princípio geral de Direito, cumpre uma função informadora do ordenamento jurídico, e, como tal, as distintas normas devem ser interpretadas em harmonia com ele. (...). Ele indicará, em cada momento, a interpretação que se deve eleger" (idem, ibidem, p. 48).

Assim, o *nemo potest venire contra factum proprium* consagra a ideia pela qual ninguém – muito menos o Estado – pode exercer um direito ou tomar uma posição jurídica, com consequências desfavoráveis para a outra parte, em contradição com comportamentos anteriores, ainda mais quando geraram a confiança de que tal não ocorreria.[89]

Logo, as condutas do Poder Público devem ser coerentes. Não pode o Estado, de modo abrupto, modificar seu agir em relação ao administrado se em momento anterior lhe gerou a segurança e a certeza de que poderia praticar determinado ato, sem sofrer sanções.

XIVf – Isso tudo significa que quando se alega que o Poder Público deve agir com boa-fé se quer dizer que não lhe é dado, em consequência da modificação de seu entendimento acerca de determinada situação ou relação jurídica, impor aos administrados sanções ou desvantagens com efeitos *ex tunc*.

XIVg – O *princípio da boa-fé objetiva* impera também no direito tributário.

Realmente, no campo tributário a proteção da *boa-fé objetiva* é fundamental, haja vista a repercussão social, econômica e financeira que uma mudança de entendimento da Administração Fazendária causará no patrimônio e na liberdade do contribuinte. Este deve ter prestigiada sua confiança na conduta futura do Estado, exatamente para que possa planejar seu futuro com tranquilidade.

Eventual "mudança de opinião" do Fisco sobre determinado assunto somente poderá aplicar-se a situações futuras, impende dizer, que ainda vierem a se consolidar. As já perfeitas e acabadas não podem ser nem revistas nem, muito menos, invalidadas.

Valem, a propósito, as sempre precisas lições de Celso Antônio Bandeira de Mello, *verbis*: "Por força mesmo destes princípios da lealdade e boa-fé, firmou-se o correto entendimento de que orientações firmadas pela Administração em dada matéria não podem, sem prévia e pública notícia, ser modificadas em casos concretos para fins de sancionar, agravar a situação dos administrados ou denegar-lhes pretensões, de tal sorte que só se aplicam aos casos ocorridos depois de tal notícia".[90]

É certo que a Administração Fazendária pode alterar seus próprios atos e passar a ter conduta diversa daquela que até então adotava. É igualmente certo, no entanto, que essa nova conduta, se vier em prejuízo do contribuinte, somente poderá ter eficácia *ex nunc*.

XIVh – No âmbito do direito tributário a proibição de *venire contra factum proprio* tem sido utilizada para impedir que o Estado (*lato sensu*) burle a boa-fé das pessoas, assumindo, de modo repentino e sem razão plausível, condutas contrárias às que, até então, tomava.

89. Cf. António Manuel da Rocha Menezes Cordeiro, *Da Boa-Fé no Direito Civil*, Coimbra, Livraria Almedina, 2001, p. 754.

90. Celso Antônio Bandeira de Mello, *Curso de Direito Administrativo*, 33ª ed., São Paulo, Malheiros Editores, 2016, p. 123.

Assim, quando a reiteração de comportamentos do Poder Público cria uma expectativa de *confiança legítima* de que, diante de uma dada situação, ele se conduzirá de certo modo, não lhe é dado alterar, com efeitos retroativos, sua orientação para obter vantagens sobre os contribuintes, burlando-lhes a boa-fé.

XIVi – Ressaltamos que o *princípio da boa-fé* está conectado com o da segurança jurídica e, por isso, traz à sirga as ideias de certeza, previsibilidade, lealdade e celeridade nas ações do Poder Público – o que exige que este não adie indefinidamente a tomada de decisões que poderão trazer ônus para o contribuinte (*v.g.*, a não ratificação de um convênio, em matéria de ICMS).

Amelia González Mendes abona nossa tese, *verbis*: "Infringe o princípio da boa-fé o exercício tardio e intolerável de um direito que ocasiona um prejuízo à outra parte da relação. Pressupostos da aplicação desta doutrina seriam, portanto, o transcurso de um período de tempo significativo desde que poderia exercer-se o direito e que não se exerceu, a confiança legítima da outra parte na inatividade do titular do direito e a existência de um prejuízo derivado deste exercício tardio".[91]

Portanto, o atraso desleal do fisco em tomar uma decisão a seu cargo ou em rever uma conduta que, por largo tempo, adotou, levando o contribuinte a, confiantemente, realizar atos de disposição, não pode prejudicá-lo nem, muito menos, acarretar-lhe sanções. É esse o espírito, diga-se de passagem, do art. 146 do CTN, que estabelece que "a modificação introduzida, de ofício ou em consequência de decisão administrativa ou judicial, nos critérios jurídicos adotados pela autoridade administrativa no exercício do lançamento somente pode ser efetivada, em relação a um mesmo sujeito passivo, quanto a fato gerador ocorrido posteriormente à sua introdução".

XIVj – Pretender que todas estas condutas contraditórias do Fisco não lhe tragam nenhuma consequência adversa é o mesmo que instaurar o arbítrio como princípio administrativo-tributário; é admitir a *deslealdade da Administração Fazendária*; é sobrepor à lei fiscal, à *boa-fé objetiva* e à proibição do *venire contra factum proprium* a vontade flutuante e mutável dos agentes públicos. É, enfim, negar os postulados do Estado Democrático de Direito e retroceder ao período histórico do Absolutismo, quando os súditos nenhum direito tinham diante do poder tributante.

XV – Também está conectado com o princípio da segurança jurídica o *princípio da moralidade*, que foi expressamente incorporado pela CF, em seu art. 37, *caput*: "Art. 37. A Administração Pública direta ou indireta de qualquer dos Poderes da União, dos Estados, do Distrito Federal e dos Municípios obedecerá aos princípios de legalidade, impessoalidade, *moralidade*, publicidade e eficiência e, também, ao seguinte: (...)".[92]

Evidentemente, o *princípio da moralidade*, embora conectado, de modo expresso, à atividade administrativa, irradia efeitos sobre todas as funções do Estado. De fato, seria ilógico e irrazoável que, no exercício das suas funções legislativa e

91. Amelia González Mendes, *Buena Fe y Derecho Tributario*, Madri, Marcial Pons, 2001, pp. 181-182 (traduzimos).

92. Grifamos.

judicial, o Estado pudesse deixar de adotar padrões éticos de conduta, atropelando, destarte, a adequada fruição dos direitos dos cidadãos.

O *princípio da moralidade*, ao mesmo tempo em que impede que o Estado adote comportamentos desleais em relação às pessoas (físicas ou jurídicas), confere a estas últimas a certeza e a confiança de que não terão, de nenhum modo, frustradas suas jurídicas expectativas. Uma delas, por sem dúvida, é a de ver integralmente cumpridas, com lealdade, presteza e exatidão, as decisões, administrativas ou judiciais, que lhes forem favoráveis e que sejam insuscetíveis de recurso judicial por parte da Fazenda Pública.[93]

De fato, o cabal cumprimento, por parte do Estado, da prestação administrativa ou jurisdicional definitivamente outorgada[94] dá à pessoa que contra ele litigou a certeza de que o direito que lhe foi reconhecido incorporou-se definitivamente ao seu patrimônio. Noutro modo de falar, concretiza o anseio de segurança que o cidadão tem em face do Poder Público.

Assim, atenta contra o *princípio da moralidade* a conduta da Administração Fazendária que, mormente diante da coisa julgada, cria embaraços para restituir ao contribuinte o indébito tributário, ou o faz sem a atualização e os juros devidos.

93. Uma vez prolatada decisão definitiva favorável ao contribuinte no processo administrativo, compete ao Fisco executá-la, sendo-lhe vedado proceder a um novo lançamento, como bem leciona Alberto Xavier, *verbis*:

"Uma outra faceta do efeito vinculante para a Administração das decisões de seus órgãos judicantes consiste no dever de as executar, dever, esse, que se desdobra em dois planos: num plano positivo, significa um dever de a Administração se conformar com o fato da anulação do ato administrativo do lançamento, extraindo para o futuro todas as consequências jurídicas que essa anulação comporta; num plano negativo, significa que a Administração se deve conformar com a decisão do órgão judicante em caso de eventual reexercício do poder que está na origem da prática do ato anulado.

"Este dever de conformação é considerado por alguns um efeito cominatório ou conformativo da própria decisão anulatória, enquanto outros o consideram um efeito cuja origem radica diretamente na própria lei e não na sentença, reentrando no dever geral de execução das decisões em causa.

"Seja, porém, como for, a verdade é que o dever em questão envolve uma proibição de, em caso de reexercício do poder em momento posterior ao da decisão do órgão judicante, renovar o ato anulado ou renová-lo com o mesmo vício que conduziu à sua anulação" (*Princípios do Processo Administrativo e Judicial Tributário*, Rio de Janeiro, Forense, 2005, pp. 152-153).

Também o STF, já na década de 1960, reconheceu a impossibilidade de revisão, pelo Poder Judiciário, de decisão definitiva favorável aos contribuintes proferida no âmbito do processo administrativo, *verbis*: "Coisa julgada fiscal e direito subjetivo. A decisão proferida pela autoridade fiscal, embora de instância administrativa, tem, em relação ao Fisco, força vinculatória, equivalente à da coisa julgada, principalmente quando gerou aquela decisão direito subjetivo para o contribuinte – Recurso extraordinário conhecido e provido" (1ª Turma, RE 68.253-PR, rel. Min. Barros Monteiro, j. 2.12.1969, *DJU* 8.5.1970).

Com efeito, a definitividade das decisões finais dos tribunais administrativos e a impossibilidade de revisão por iniciativa do Fisco são instrumentos da maior relevância para a concretização da segurança jurídica.

94. Embora os contribuintes tenham o direito de propor ação anulatória para questionar débito julgado definitivamente na esfera administrativa, o Fisco não pode pleitear junto ao Poder Judiciário a revisão de seus próprios atos, em detrimento dos particulares. Esta, diga-se de passagem, é a consequência lógica do disposto no art. 156, IX, do CTN ("Extinguem o crédito tributário: ... a decisão administrativa irreformável, assim entendida a definitiva na órbita administrativa, que não mais possa ser objeto de ação anulatória").

O lamentável fenômeno mereceu de Regina Helena Costa candentes objurgatórias, *verbis*: "(...) não deveria o Fisco criar embaraços para devolver ao contribuinte aquilo que nunca lhe pertenceu, a não ser provisória e equivocadamente. Na prática, todavia, verifica-se exatamente a situação inversa: o Fisco lança mão de uma variadíssima gama de malabarismos administrativos e processuais para retardar, o máximo possível, o cumprimento dessa obrigação, colocando-se, mesmo, na posição de inimigo do contribuinte: a restituição da quantia paga indevidamente chega-lhe às mãos com demasiado atraso e, por vezes, sem a atualização monetária e os juros de mora devidos".[95]

Positivamente, o *princípio da moralidade* impede que o cumprimento das decisões administrativas ou judiciais que envolvem restituição de tributos indevidos agrida o conceito de justiça, presente no âmago do nosso ordenamento jurídico.

Não bastasse isso, a negativa de restituição, a preceito, do indébito tributário – ou seja, tal como determinado pelo Poder Judiciário – leva ao enriquecimento ilícito do Estado, fenômeno que nossa ordem jurídica abomina.

Vai daí que o indevido locupletamento do Estado, à custa do contribuinte, é fenômeno que – insista-se – não se coaduna com o *princípio da moralidade*.

5. Da consulta fiscal e seus efeitos jurídicos

I – A *consulta fiscal*[96] reveste-se de grande importância, na medida em que a *resposta* nela dada pelas autoridades competentes, além de dirimir controvérsias acerca do assunto que a motivou, assegura direitos do contribuinte que a formulou e, destarte, vincula a própria Administração Fazendária.

Tais, diga-se de passagem, as finalidades da consulta fiscal, como bem o percebeu Hugo de Brito Machado, *verbis*: "A finalidade da consulta é assegurar o máximo de certeza possível na relação Fisco-contribuinte. Evitar, quanto possível, o discricionarismo. Não em uma relação jurídica específica e determinada, mas no *relacionamento*, que é duradouro e composto de múltiplas relações jurídicas".[97]

De fato, ao responder às consultas fiscais que lhe são formuladas, a Administração Fazendária aprimora seu relacionamento com o contribuinte, prestando-lhe os esclarecimentos necessários para que cumpra, do modo mais cômodo e exato, seus deveres tributários. Isso acaba por criar uma *consciência fiscal*, que reduz as situações de incerteza derivadas da nunca negada complexidade da legislação tributária e, por conseguinte, das relações jurídicas que ela gera.

95. Regina Helena Costa, "O princípio da moralidade e a tributação", in Marcelo Figueiredo e Valmir Pontes Filho (orgs.), *Estudos de Direito Público em Homenagem a Celso Antônio Bandeira de Mello*, São Paulo, Malheiros Editores, 2006, p. 702.

96. Há autores que preferem chamar a *consulta fiscal* de *consulta tributária* ou, simplesmente, de *consulta*. Preferimos a expressão *consulta fiscal* porque indica que o Fisco, por meio desse instituto jurídico, pode ser chamado a sanar dúvidas relativas a tributos e a outras exações de caráter não tributário.

97. Hugo de Brito Machado, "Mandado de segurança e consulta fiscal", *RDTributário* 61/109 – o grifo está no original.

Nesse sentido, a consulta fiscal pode ser havida como verdadeiro *processo administrativo preventivo*,[98] em que o contribuinte indaga à Administração Fazendária qual é sua real situação diante de um fato concreto. Com tal cautela, ele, por assim dizer, se antecipa a prováveis autuações e, com isso, tem a possibilidade de ajustar sua conduta aos ditames que o Fisco tem por corretos e adequados.

A nosso ver, qualquer assunto tributário que gire em torno de uma *situação de fato* do interesse jurídico do contribuinte é passível de consulta fiscal. Não precisa, pois, ter necessariamente por objeto *fatos concretos*.[99]

II – Observe-se, *en passant*, que a *consulta fiscal* deita raízes no *direito de petição*, que tem sede constitucional (art. 5º, XXXIV, "a"[100]) e traz como corolário o dever do Estado de oferecer, com a possível brevidade, a quem o exercitou, uma *resposta objetiva*.[101]

Nesta linha, a *consulta fiscal* garante a todos os interessados[102] um pronunciamento oficial do Poder Público sobre as questões concretas, de cunho administrativo-tributário, que lhe venham a ser submetidas. Numa frase: o órgão competente para apreciar a consulta fiscal deve responder, decidindo.

Logo, tal pronunciamento há de traduzir-se em *respostas conclusivas*, *motivadas* e, o quanto possível, *céleres*, isto é, dadas dentro do prazo fixado na lei da pessoa

98. Ruy Barbosa Nogueira pensa do mesmo modo, *verbis*: "A consulta é uma prevenção contra os atos ilegítimos e evita litígios que podem afetar tanto o Fisco como o contribuinte" ("Aspectos do direito tributário na profissão do contabilista e exame de alguns problemas tributários da atualidade", *RT* 313/25).

99. Wagner Balera observa, com razão, que a consulta fiscal pode girar em torno de *situações de fato*, "já ocorridas, em formação, ou que possam vir a ocorrer, e sobre cujas repercussões, no relacionamento do sujeito envolvido com o Fisco, haja dúvidas" ("Consulta em matéria tributária", *RDTributário* 45/223).

100. CF, art. 5º, XXXIV, "a": "XXXIV – são a todos assegurados, independentemente do pagamento de taxas: a) o direito de petição aos Poderes Públicos em defesa de direitos ou contra ilegalidade ou abuso de poder; (...)".

101. O direito de petição traz à sirga o direito de obter resposta fundamentada, como bem o percebeu Marco Aurélio Greco, *verbis*: "Quanto ao conteúdo deste direito, (*o direito de petição*) entendemos que ele abrange não só a aptidão para *sponte propria* dirigir-se às autoridades, quaisquer que sejam, como, e principalmente, o direito a obter uma resposta ao que foi pedido ou uma manifestação em relação ao abuso denunciado. Mais importante que pedir é possuir a garantia de um pronunciamento. Caso contrário a dicção constitucional se esfumaçaria em nada, pois, na ordem prática, corresponderia à garantia de que o Poder Público receberia em suas repartições os pedidos, sem estar obrigado a examiná-los e respondê-los. Nada mais vão e sem sentido. Se a Constituição assegura o direito de pedir, *ipso facto* garante o corolário do mesmo, que é a resposta. Veja-se bem: não se quer dizer que a resposta deva ser sempre favorável ao peticionário; o que se quer fazer notar é que a previsão constitucional estabelece uma hipótese de reexame do ato por provocação de um particular interessado. Outro entendimento reduziria a letra morta esse direito individual. Também seria enganosa uma interpretação que visse no direito de petição unicamente a segurança de obter uma resposta, pois esta poderia ser formulada sem qualquer conexão com o que foi postulado" (*Dívidas Fiscais I*, São Paulo, Saraiva, 1977, pp. 29-30 – esclarecemos no parêntese).

102. Têm legitimação para formular a *consulta fiscal* os contribuintes, os responsáveis e quaisquer pessoas, físicas ou jurídicas (órgãos da própria Administração Pública, entidades representativas de categorias econômicas ou profissionais, sindicatos etc.), que tenham interesses relacionados a situações de fato aptas a fazer nascer, contra elas ou seus associados ou filiados, obrigações tributárias (principais ou acessórias).

política cujo pronunciamento (*decisão*) se provocou.[103] Uma resposta tardia fere o próprio *princípio da boa-fé*.

III – Os principais efeitos da *consulta fiscal*, a teor do Código Tributário Nacional (arts. 161 e 100, II), são quatro, a saber: (i) sua apresentação suspende o curso do prazo para o pagamento do tributo; (ii) durante sua tramitação é vedada a instauração de qualquer procedimento fiscal (a respeito, é claro, do assunto em pauta) contra o contribuinte;[104] (iii) ainda durante o período de tramitação, o contribuinte fica a salvo do pagamento de juros e multas; e (iv) enquanto prevalecer, o entendimento manifestado pela Fazenda Pública, quando exime o contribuinte do pagamento do tributo, é *vinculante*, isto é, impede sua cobrança, bem assim de penalidades pecuniárias.

Com relação a este último efeito, destacamos que a resposta dada à *consulta fiscal* sobre fato descrito concretamente pelo contribuinte, se a ele favorável, tem *efeito vinculante* para a Administração Fazendária. A recíproca, no entanto, não é verdadeira, pois na hipótese de o contribuinte discordar da resposta da consulta, que venha a consubstanciar exigências que repute indevidas, sempre poderá socorrer-se do Judiciário, no uso da garantia que lhe é assegurada pelo art. 5º, XXXV, da Lei Maior.[105]

Lembramos que, se o ato administrativo vinculado tem a "função de concretizar e de estabilizar as relações jurídicas entre o Estado e o cidadão particular" – como bem resume Hartmut Maurer[106] –, essa propriedade ganha mais força nas soluções de consulta fiscal. De fato, nelas, a autoridade competente, além de realizar uma *interpretação autêntica* da legislação, dá ao contribuinte a *certeza do direito* que lhe será aplicado na situação por ele relatada.

IIIa – Especificamente sobre o caráter vinculante da resposta dada à consulta fiscal, Valdir de Oliveira Rocha observa, com propriedade, *verbis*: "(...) a decisão posta como resposta da Administração vinculará necessariamente a esta, pois, se assim não fosse, tudo não passaria de mero aparato, incondizente com o ordenamento jurídico, que põe como inviolável o direito à segurança (*caput* do art. 5º da Constituição de 1988), de que são termos o direito de petição e o devido processo administrativo".[107]

Com a consulta fiscal o contribuinte busca a certeza do Direito aplicável a determinada *situação de fato*; e, com a resposta que lhe é dada (evidentemente, em caráter oficial e pela autoridade competente), precata-se contra a imposição de penalidades, desde que siga as diretrizes apontadas na decisão. Também o Fisco não poderá *venire*

103. À falta desta lei, pensamos, com Celso Antônio Bandeira de Mello (*Curso de Direito Administrativo*, 33ª ed., São Paulo, Malheiros Editores, 2016, pp. 428-429), que, por analogia ao disposto na Lei de Processo Administrativo Federal, a *consulta fiscal* deve ser respondida em trinta dias, prorrogáveis, motivadamente, por mais trinta.

104. Enquanto não solucionada, pelo órgão competente, a *consulta fiscal*, não poderá ser instaurado contra o contribuinte nenhum procedimento fiscal relativamente à matéria consultada.

105. CF, art. 5º, XXXV: "XXXV – a lei não excluirá da apreciação do Poder Judiciário lesão ou ameaça a direito; (...)".

106. Hartmut Maurer, *Contributos para o Direito do Estado*, trad. de Luís Afonso Heck, Porto Alegre, Livraria do Advogado, 2007, p. 108.

107. Valdir de Oliveira Rocha, *A Consulta Fiscal*, São Paulo, Dialética, 1996, p. 24.

contra factum proprium, sancionando o contribuinte que tiver pautado sua vida fiscal em compasso com a orientação recebida.

Afinal, a resposta à consulta fiscal encerra a manifestação de vontade do próprio Estado, pouco importando qual foi o órgão que se pronunciou.[108]

Em suma, a Administração Pública, como um todo, fica vinculada à resposta que deu à consulta fiscal formulada pelo contribuinte. Com ela, esclarece e estabiliza a situação de fato que suscitou dúvidas ao interessado.

IIIb – A importância da consulta, como instrumento de prevenção de litígios entre o Fisco e o contribuinte, bem como o alto grau de responsabilidade que deve cercar sua apreciação foram magnificamente bem destacados em julgamento da 2ª Turma do egrégio STF. Nele, a Fazenda Pública do Estado de São Paulo viu-se condenada a indenizar contribuinte pelos prejuízos que lhe ocasionou, obrigando-o a recolher, em resposta a consulta por ele formulada, tributo que mais tarde reconheceu indevido.

A oportunidade desta decisão leva-nos a pôr em evidência a seguinte passagem constante do voto do Relator, o eminente Min. Marco Aurélio, do STF: "(...) este caso é exemplar no tocante à necessidade de adotar-se postura que estimule os contribuintes a acionarem o instituto da consulta e, ao mesmo tempo, atribua à Administração Pública uma maior responsabilidade ao respondê-la. De duas, uma: ou a Administração Pública não está compelida a atuar no âmbito da consultoria ou está e, claudicando, pouco importando o motivo, assume os danos que tenha causado ao contribuinte. O que não se concebe é que, diante da normatividade da matéria, fique a Administração Pública, na hipótese de equívoco – que, afinal, para ela implicou inegável vantagem –, deixe de indenizar aquele que sofreu o correspondente prejuízo".[109]

Como se vê, a *resposta* à *consulta fiscal* tem o condão de proporcionar segurança jurídica ao contribuinte, derivada da confiança que nasce das informações sérias, leais e corretas que lhe são prestadas pelo Estado.[110]

Enfim, a *resposta* dada à consulta fiscal por órgão ou autoridade competente vincula a Administração Fazendária. Eventual modificação de tal *resposta* somente poderá operar efeitos para o futuro, vale dizer, a partir da data da cientificação do interessado de que houve mudança no entendimento oficial do Poder Público acerca da questão que lhe fora proposta.

IV – Note-se, ainda, que a resposta à consulta fiscal, por dar efetividade ao princípio da segurança jurídica – valor fundamental insculpido na Carta Magna (art. 5º,

108. Daí Lourival Vilanova, após haver observado que o Estado forma sua vontade mediante o órgão, afirma: "Com a repartição de funções, instituição de órgãos específicos para funções específicas, cada órgão é um centro parcial de imputação, como o Estado é o centro total de imputação, de criação e de aplicação do Direito" (*Causalidade e Relação no Direito*, 2ª ed., São Paulo, Noeses, 2005, p. 181).

109. STF, 2ª Turma, RE 131.741-8-SP, j. 9.4.1996, v.u.

110. Vale, a propósito, a clássica lição de Rubens Gomes de Sousa quando proclama que a resposta à consulta fiscal enseja "uma prévia formulação do critério jurídico aplicável a determinada situação de fato" ("Consulta ao Fisco", in J. M. de Carvalho Santos (coord.), *Repertório Enciclopédico do Direito Brasileiro*, vol. XII, p. 95).

caput) –, tem *aplicabilidade imediata* (cf. art. 5º, § 1º, da CF), vale dizer, independe de integração por parte da Administração Pública.

V – Por outro lado, estamos convencidos de que anda mal o Estado, a ponto de trilhar as sendas da má-fé, se, por qualquer de seus órgãos, desconsidera a resposta (solução) que deu à consulta fiscal e altera seu entendimento em relação à matéria consultada com referência ao mesmo contribuinte e – pior – com eficácia retroativa.

Daí inteira razão assistir a José Souto Maior Borges quando aduz: "Seria instaurado o reino da insegurança ali onde a Administração pudesse, a seu exclusivo arbítrio, modificar entendimento expresso em resposta a consulta, alcançando-o de forma retroativa e invalidando-o, pela superveniência de outro entendimento e diversa alternativa pró-Fisco de interpretação".[111]

Além disso, com a resposta à consulta esgota-se a competência administrativa para apreciar a matéria, motivo pelo qual é interdito ao Estado, agindo *ex officio*, reformar a decisão, se favorável ao contribuinte. Muito menos conferir efeitos *ex tunc* ao novo entendimento.

Dito de outro modo, uma vez respondida a consulta, opera-se a preclusão, não podendo o assunto ser reexaminado pela Administração Pública, porque isso atentaria contra o direito subjetivo do contribuinte de ver prestigiada sua segurança jurídica.[112]

VI – Insista-se em que o objetivo da consulta fiscal é dar certeza quanto ao entendimento da Administração em relação à situação de fato que lhe é submetida. Tal certeza resulta da resposta dada, que vincula o Estado, como um todo considerado, além – é claro – de dar segurança jurídica ao contribuinte, colocando-o a salvo de penalidades, se pautou seu agir de acordo com o que, a final, restou decidido.

Oportuníssimas, a respeito, as observações de Cléber Giardino, *verbis*: "A faculdade de *consultar* tem a peculiaridade de dar ao contribuinte – no contexto de séria preocupação com a garantia dos direitos e a estabilidade das relações jurídicas – segurança jurídica repousante na confiança de atuação leal do Estado, criatura da Constituição. É o Estatuto Supremo que, republicanamente, lhe assegura *status* de cidadão; consequentemente, fá-lo digno de respeito e atenção especiais por parte do Poder Público (Sérgio Ferraz). Este, à sua vez, é subordinado à Constituição, e, como tal, *servo* do cidadão".[113]

Uma vez mais resta claro que a consulta fiscal prestigia o princípio da boa-fé, não podendo ser tratada pelo Estado como instituto de secundária importância, passível de navegar ao arbítrio das autoridades fiscais, a ponto de poder até descon-

111. José Souto Maior Borges, "Sobre a preclusão da faculdade de rever resposta pró-contribuinte em consulta fiscal e descabimento de recurso pela Administração Fiscal", *Revista Dialética de Direito Tributário* 154/81.

112. Das decisões de consulta somente cabe, *na esfera federal*, o *recurso especial de uniformização jurisprudencial administrativa* (art. 48, § 5º, da Lei 9.430/1996), aplicável somente aos contribuintes que receberam resposta "menos favorável" que outros em casos com o mesmo objeto material (idêntica *quaestio iuris*).

113. Cléber Giardino, "Instituto da consulta em matéria tributária – Declaração de ineficácia", *RDTributário* 39/223-224.

siderar as respostas dadas ao interessado. Pelo contrário, é ela que garante o clima de harmonia e mútuo respeito entre o Fisco e o contribuinte, dando a este último segurança quanto aos seus direitos, valor – insista-se – consagrado pela nossa ordem constitucional.

Outro entendimento levaria a uma situação paradoxal, qual seja, a de que a resposta à consulta fiscal não traria nenhuma garantia ao contribuinte, pois, na ordem prática, o Poder Público não estaria obrigado a pautar sua conduta de acordo com a resposta oficial que desse ao contribuinte. Ora, não é preciso despender nenhum esforço argumentativo para concluir que esta hipótese, com ser absurda, briga com o princípio da segurança jurídica.

VII – É justamente para garantir a segurança jurídica dos contribuintes que o art. 161, § 2º, do CTN estabelece que não haverá nem juros de mora, nem penalidades, nem quaisquer medidas de garantia "*na pendência de consulta* formulada pelo devedor dentro do prazo legal para pagamento do crédito".[114]

De fato, somente após ser intimado da solução de consulta o contribuinte terá *certeza do Direito aplicável* e, se for o caso, deverá recolher o tributo no prazo de trinta dias.

Rememore-se que a consulta é instituto que tem caráter preventivo, porquanto objetiva evitar litígios entre o Fisco e os contribuintes, em virtude de interpretações controvertidas da legislação tributária.

Mas não é só.

VIII – A consulta, além de propiciar ao contribuinte orientação segura a respeito da aplicação da legislação tributária sobre a situação tributária que lhe diz respeito, permite que ampare sua conduta em entendimento vinculante para os órgãos fazendários.

De fato, com a solução de consulta a Administração Pública pacifica o conflito das relações, não raro conturbadas, do Fisco e do contribuinte. A orientação nela contida deve prevalecer para todos os órgãos da Administração Pública, justamente para que haja coerência sistêmica no ordenamento jurídico.

Não se perca de vista que as soluções de consulta encerram atos administrativos, que expressam a opinião do próprio Estado sobre os temas que elas enfocam. Têm efeitos vinculantes para todos os órgãos e agentes do Estado, e, portanto, sua desobediência culmina em nulidade do ato praticado.[115]

IX – As *soluções de consulta*, uma vez publicadas, tornam-se atos normativos válidos, vigentes e eficazes, passando a integrar, na condição de *normas complementares*, a *legislação tributária* da pessoa política que as dá à estampa. É o que, de resto, preceitua o art. 96, *in fine*, do CTN, *verbis*: "Art. 96. A expressão *legislação tributá-*

114. Grifamos.

115. A *solução de consulta* encerra uma *decisão*, vale dizer, um "ato administrativo unilateral, vinculado, pelo qual se declara direito e obrigação de partes em controvérsia" (Oswaldo Aranha Bandeira de Mello, *Princípios Gerais de Direito Administrativo*, 3ª ed., 2ª tir., vol. I, São Paulo, Malheiros Editores, 2010, p. 581).

ria compreende as leis, os tratados e as convenções internacionais, os decretos e as *normas complementares que versem, no todo ou em parte, sobre tributos e relações jurídicas a eles pertinentes*".[116]

Destarte, o ato levado a efeito por órgão da Administração Pública que esteja em desconformidade com a solução de consulta formal – que integra a legislação tributária *lato sensu* – é ilegal e, nessa medida, nulo de pleno direito.

Insista-se: conquanto dirigida diretamente ao contribuinte, orientando-o e sanando-lhe dúvidas, a solução de consulta formal reflete-se na própria Administração Fazendária, que nela encontra limites para o próprio agir. É um ato vinculante, que, integrando a *legislação tributária*, demanda obediência por parte de todos os órgãos e agentes do Poder Executivo.

X – Por fim, entendemos que a resposta dada à consulta fiscal, que vincula a Administração em face do interessado (para o caso concreto e outros a ele semelhantes) que a formulou, aproveita, em algumas situações, a terceiros. De fato, pessoas que não foram partes no processo de consulta fiscal podem invocar a extensão dos seus efeitos jurídicos, desde que se encontrem em situação idêntica à do consulente.

Milita nesse sentido o próprio princípio da igualdade, que, em matéria tributária, veda às pessoas políticas "instituir tratamento desigual entre contribuintes que se encontrem em situação equivalente" (art. 150, II, da CF).

Portanto, terceiros que se encontrem na mesma situação jurídica de quem obteve resposta favorável à consulta fiscal devem receber da parte da Administração Fazendária o mesmo tratamento jurídico. A eventual mudança de critérios somente poderá alcançar casos futuros.

6. A segurança jurídica e o "livre acesso" ao Poder Judiciário

I – A segurança jurídica impõe, outrossim, que a lei garanta a todos os contribuintes o livre acesso ao Poder Judiciário. Eles devem receber da lei meios efetivos para, a qualquer tempo, postular, querendo, a tutela deste Poder, a fim de que ele decida se um direito subjetivo foi ou está na iminência de ser lesado. Este é o alcance que tem, no campo tributário, o *princípio da universalidade da jurisdição* (também conhecido como *princípio da inafastabilidade da jurisdição*).

Convém destacar que, quando o inciso XXXV do art. 5º da CF estabelece que "a lei não excluirá da apreciação do Poder Judiciário lesão ou ameaça a direito", obviamente não está aludindo, apenas, aos direitos públicos subjetivos, consagrados pela Constituição, mas compreende também os direitos decorrentes das normas infraconstitucionais.

Do contrário – como bem o percebeu Miguel Seabra Fagundes –, a cláusula viria ***não** ao encontro*, ***mas** de encontro* aos direitos individuais e sociais, porque só permi-

116. Grifamos.

tiria que o Judiciário coibisse as violações aos direitos assegurados pela Constituição, e não aos decorrentes de leis, regulamentos, contratos etc.

Observamos que o precitado inciso garante a ação, isto é, o direito – insuscetível de restrição ou supressão por qualquer norma infraconstitucional – de postular em juízo, com todos os seus consectários: direito à citação regular, direito ao contraditório (direito de defesa), direito ao juiz competente (juiz natural), direito ao devido processo legal (*due process of law*) etc.

Ia – No que se refere ao direito ao juiz natural, algumas considerações merecem ser feitas. Em nosso ordenamento jurídico, a lei deve estabelecer, de antemão, qual o juiz (ou Tribunal) competente para dirimir as controvérsias (no caso, tributárias). O inciso XXXVII do art. 5º da Carta Federal, ao estatuir que "não haverá juízo ou tribunal de exceção", consagra a ideia do "juiz natural pré-constituído pela lei". Com tal preceito, o contribuinte tem a garantia de que qualquer controvérsia que surja entre ele e o Fisco não será decidida por um juiz (ou Tribunal) designado posteriormente, isto é, após a ocorrência do *fato imponível tributário*.

Alessandro Pace, emérito professor da Universidade de Roma, com precisão observa: "Quando se alude à 'tutela jurisdicional', como a garantia mais importante dos direitos, o discurso não pode limitar-se, obviamente, ao mero 'acesso à jurisdição'. Se não existissem específicas técnicas de garantia (independência da função jurisdicional, imparcialidade do magistrado, motivação da decisão, direito à prova, princípio do contraditório etc.), o recurso à 'Justiça' não se distinguiria do recurso a qualquer outro órgão público".[117]

Ib – Em suma, o contribuinte tem a assisti-lo o direito de, a qualquer tempo, ir ao Judiciário para que este Poder decida, com imparcialidade, se as exigências do Fisco encontram, ou não, boa acústica na Constituição e nas leis.[118] Como corolário disso,

117. Alessandro Pace, *Problematica delle Libertà Costituzionali*, Pádua, CEDAM, 1984, p. 67 (traduzimos).

118. A nosso ver, fere este direito o projeto de lei que o Governo Federal enviou em abril/2007 ao Congresso Nacional para que venha instituída a *execução fiscal administrativa*. Ao fazê-lo, partiu do pressuposto – no mínimo, questionável – de que o processo judicial de cobrança da dívida ativa, regulado pela Lei 6.830/1980, é moroso e ineficiente, facilitando a ação dos sonegadores, que têm como colocar a salvo os bens com que responderiam pelos seus encargos fiscais. Daí o mesmo Governo Federal apregoar a necessidade de mudanças radicais no processo de arrecadação de tributos vencidos e não pagos.

Embora entendamos que o assunto é grave, permitimo-nos aduzir, após havermos examinado o projeto, que se pretende atingir os preditos objetivos arrecadatórios acutilando uma série de princípios constitucionais, a começar pelo da *separação dos Poderes*. Deveras, o projeto confere à Fazenda Pública *competência* para tomar medidas constritivas contra o patrimônio do contribuinte pretensamente inadimplente, passando ao largo do Poder Judiciário.

Sendo mais específicos, a cobrança administrativa, caso implementada, permitirá, como consta do próprio Ofício 624/PGFN-PG, de 14.3.2007, que o Procurador-Geral da Fazenda Nacional enviou ao Ministro da Fazenda: "1) a realização dos atos de execução, inclusive penhora e alienação de bens, diretamente pela Administração Tributária; 2) a utilização de meios eletrônicos, como a *Internet*, para a prática de atos comunicação, constrição de bens e alienação; 3) a penhora de valores depositados em contas bancárias diretamente pela Fazenda Pública".

É certo que será dada ao contribuinte a possibilidade, antes da tomada destas providências extremas, de articular sua defesa. Um detalhe, porém: a própria Administração Fazendária (parte credora) avaliará

o magistrado tem o dever indeclinável de prestar a tutela jurisdicional, não podendo dele eximir-se a pretexto de obscuridade ou lacuna da norma jurídica. Nesse sentido, aliás, o art. 4º da *Lei de Introdução às Normas do Direito Brasileiro* (denominação dada à *Lei de Introdução ao Código Civil* pela Lei 12.376, de 30.12.2010) ("quando a lei for omissa, o juiz decidirá o caso de acordo com a analogia, os costumes e os princípios gerais de Direito").

Ic – Estas observações crescem de ponto quando se está diante de decisão judicial da qual não caiba mais recurso, isto é, coberta pelo manto da *coisa julgada material*.

Cândido Rangel Dinamarco, discorrendo sobre o assunto, averba: "Por força da coisa julgada, não só o legislador carece de poderes para dar nova disciplina a uma situação concreta já definitivamente regrada em sentença irrecorrível, como também os juízes são proibidos de exercer jurisdição outra vez sobre o caso e as partes já não dispõem do direito de ação ou de defesa como meios de voltar a veicular em juízo matéria já decidida, razão pela qual a coisa julgada é mais que um instituto de direito processual".[119]

De fato, é até intuitivo – não fosse verdade assentada – que o processo deve representar instrumento adequado ao atendimento, dentro do possível, de todos os direitos e demais posições jurídicas de vantagem previstos no ordenamento, e ser dotado, ainda, de aptidão para assegurar à parte vitoriosa, com um mínimo dispêndio de tempo e energia, um resultado que lhe permita receber o que lhe foi reconhecido pelo Poder Judiciário.

Tais diretrizes valem também para a Fazenda Pública, que, enquanto parte no processo, se submete, como qualquer outra parte, à autoridade da coisa julgada material.

os argumentos apresentados. Se entender que são inconsistentes, tomará as formidáveis providências acima indicadas, caso o contribuinte "deixar de apresentar garantia no prazo de noventa dias da respectiva notificação". É a volta da medieval (e inconstitucional) regra *solve et repete*.

Observamos, sempre a propósito, que não raro o contribuinte deixa de recolher o tributo não porque esteja insolvente; tampouco porque é sonegador. Não o faz simplesmente por entender que é inconstitucional a lei com base na qual a exigência fiscal lhe está sendo feita.

Ora, uma linha de defesa deste jaez, desenvolvida perante o próprio Fisco, jamais será aceita; se por mais não fosse, em virtude da presunção *iuris tantum* de constitucionalidade que as leis têm. Aliás, como é sabido e ressabido, os tribunais administrativos não acolhem argumentos constitucionais (o *regimento interno* de muitos deles absurdamente dispõe nesse sentido). Com isso, o contribuinte, ainda que assistido de razão, fatalmente terá seu patrimônio constringido e até alienado (insista-se, pela própria Administração Fazendária, que é parte interessada na cobrança fiscal), sendo obrigado a enveredar pelas trilhas do Poder Judiciário, na tentativa desesperada de reverter o quadro.

E nem se diga que a Fazenda Pública não tem como precatar-se contra a ação de sonegadores solertes. Muito pelo contrário: para impedir um possível esvaziamento dos bens do contribuinte inadimplente, já tem ao alcance da mão a *cautelar fiscal*, que – esta, sim –, corretamente, passa pelo crivo do sempre imparcial Poder Judiciário.

Oxalá o Congresso Nacional rejeite o projeto de execução fiscal administrativa, que não honra os padrões jurídicos que o Brasil luta por alcançar.

119. Cândido Rangel Dinamarco, "Relativizar a coisa julgada material", in Carlos Valder do Nascimento (coord.), *Coisa Julgada Inconstitucional*, 5ª ed., Rio de Janeiro, América Jurídica, 2005, p. 73.

Enfim, as decisões judiciais definitivas, mesmo as que giram em torno de questões tributárias, devem sujeitar-se aos postulados constitucionais que consagram e garantem a segurança jurídica das pessoas. Dito de outro modo: a efetiva observância do *decisum*, evitando que as pessoas se sintam frustradas em suas expectativas legitimamente constituídas, é uma das manifestações mais expressivas do *princípio da segurança jurídica*.

II – A par disso, a Constituição garante a *todas as pessoas* – aí incluídos os contribuintes e os que infringem a legislação tributária – o direito à ampla defesa: "aos litigantes, em processo judicial ou administrativo, e aos acusados em geral são assegurados o contraditório e a ampla defesa, com os meios e recursos a ela inerentes" (art. 5º, LV).

Este direito é tão importante que nem uma emenda constitucional poderá revogá-lo ou, de algum modo, diminuir-lhe a extensão. Por muito maior razão, também não poderão fazê-lo a lei *lato sensu* e o ato administrativo.[120]

É que o inciso em análise encerra *normas constitucionais de eficácia plena* (cf. art. 5º, § 1º, da CF), que, como se sabe, atuam prontamente, assim que postas em vigor. Independem, para produzir os efeitos que lhes são próprios, da edição de normas inferiores que lhes explicitem o conteúdo. Daí serem de *aplicabilidade imediata*, como, de resto, estatui o art. 5º, § 1º, do Diploma Magno.

Pontes de Miranda, versando o tema, teve o ensejo de averbar: "A regra do texto (*CF, art. 5º, LV*) não é regra jurídica vazia, não é, como diriam os juristas alemães, *Leerlaufend*; trata-se de *direito subjetivo* (*constitucional*) *de defesa*. Dela nasce direito constitucional a *defender-se* ou a *ter tido defesa*; em consequência disso, é nulo o processo em que se não assegura ao réu a defesa, ainda que tenha o juiz aplicado alguma 'lei'".[121]

IIa – Calha referir que a *defesa* a que alude o inciso em foco é aquela em que há acusado *lato sensu*, se por mais não fosse, em decorrência do que estatui o próprio art. 5º, LV, da Carta Magna. Tem-se, portanto, que, mesmo em um processo administrativo-tributário, ela deve ser amplamente assegurada, sob pena de irremissível inconstitucionalidade e, destarte, nulidade.

Observe-se que a CF de 1967/1969 se limitava a estabelecer, em seu art. 153, § 15, que "a lei assegurará aos acusados ampla defesa, com os recursos a ela inerentes", acrescentando que "não haverá foro privilegiado nem tribunais de exceção". Já, a Constituição atual, indo além, mais do que "aos acusados", alude aos "litigantes em processo judicial ou administrativo e aos acusados em geral". Esta inovação amplificadora merece todos os encômios. Caminhando na mesma direção, Hely Lopes

120. Por "lei *lato sensu*" há de ser entendida, obviamente, também a *medida provisória*, que, em rigor, nem é lei, mas simples ato administrativo, dotado de *força de lei* (cf. art. 62 da CF).

121. Pontes de Miranda, *Comentários à Constituição de 1967*, 2ª ed., t. V, São Paulo, Ed. RT, 1971, p. 233 (os grifos são do autor – esclarecemos no primeiro parêntese).

Meirelles dilucida: "a *defesa*, como já vimos, é garantia constitucional de todo acusado, em processo judicial ou *administrativo* (...), e compreende a ciência da acusação, a vista dos autos na repartição, a oportunidade para oferecimento de contestação e provas, a inquirição e reperguntas de testemunhas e a observância do devido processo legal (*due process of law*). (...) é um princípio universal dos Estados de Direito, que não admite postergação nem restrições na sua aplicação. *Processo administrativo sem oportunidade de ampla defesa ou com defesa cerceada é nulo*".[122]

IIb – Aos requisitos acima apontados acrescentamos o direito à expressa consideração de todos os argumentos oferecidos pelo administrado-defendente.[123] Noutro giro verbal, a Constituição impõe que lhe seja imediatamente dado o total conhecimento do processado, com a possibilidade de intervir ativamente no próprio procedimento fiscalizatório e, deste modo, rebater as provas, presunções, ficções ou indícios contra ele levantados pelo Fisco.

III – Não devemos igualmente nos esquecer do direito à dupla instância administrativa. Ele também contribui – e de modo decisivo – para que se faça valer o direito constitucional à ampla defesa. De fato, quando a Constituição, no inciso em pauta, faz menção aos *meios e recursos inerentes à ampla defesa*, está, por sem dúvida, aludindo ao *direito à produção de provas* (*meios*) e ao *direito à dupla instância* (*recursos*).

Em suma, a Administração Fazendária, quando quer apurar a prática de eventuais irregularidades por parte de um contribuinte para, se for o caso, sancioná-lo, *deve necessariamente* observar um *processo legal*, em que se enseje ao interessado o exercício do direito à ampla defesa, com os meios (provas) e recursos (duplicidade de instância) a ela inerentes.

IV – Enfim, a defesa, com o contraditório que ela pressupõe, confere, por assim dizer, *caráter dialético* ao processo administrativo-tributário, permitindo que a Administração Fazendária conheça as razões do contribuinte (*antítese*), para chegar a uma decisão (*síntese*) justa, adequada e, é claro, jurídica.

122. Hely Lopes Meirelles, *Direito Administrativo Brasileiro*, 42ª ed., São Paulo, Malheiros Editores, 2016, p. 826 – grifamos.

123. Na esfera judicial esta diretriz foi adequadamente encampada pelo art. 489, II e § 1º, do CPC, *verbis*:

"Art. 489. São elementos essenciais da sentença: (...); II – os fundamentos, em que o juiz analisará as questões de fato e de direito; (...).

"§ 1º. Não se considera fundamentada qualquer decisão judicial, seja ela interlocutória, sentença ou acórdão, que: I – se limitar à indicação, à reprodução ou à paráfrase de ato normativo, sem explicar sua relação com a causa ou a questão decidida; II – empregar conceitos jurídicos indeterminados, sem explicar o motivo concreto de sua incidência no caso; III – invocar motivos que se prestariam a justificar qualquer outra decisão; IV – não enfrentar todos os argumentos deduzidos no processo capazes de, em tese, infirmar a conclusão adotada pelo julgador; V – se limitar a invocar precedente ou enunciado de súmula, sem identificar seus fundamentos determinantes nem demonstrar que o caso sob julgamento se ajusta àqueles fundamentos; VI – deixar de seguir enunciado de súmula, jurisprudência ou precedente invocado pela parte, sem demonstrar a existência de distinção no caso em julgamento ou a superação do entendimento."

V – Estamos percebendo, deste modo, que o *direito à ampla defesa* traz atrelado o *direito ao devido processo legal* (art. 5º, LIV, da CF). Ambos são inseparáveis, de sorte que vulnerar um é o mesmo que ferir de morte o outro.[124]

Afinal, como bem observa José Luís Saldanha Sanches, "todo o contencioso tributário se deve encontrar ordenado para proporcionar aos contribuintes uma tutela contra a possível violação de seus direitos por parte da Administração".[125]

É sempre oportuno ter presente que, no caso, está em jogo a propriedade do contribuinte, valor sobremodo prestigiado por nosso ordenamento jurídico. Vai daí que, se, por um lado, o Estado tem o direito de criar encargos fiscais, por outro, tem o dever de assegurar, ao contribuinte, a possibilidade de exercer o controle da juridicidade das imposições tributárias, sem prejuízo do direito ao amplo acesso ao Judiciário, assegurado pelo art. 5º, XXXV, da CF.

VI – Queremos deixar gravado, ainda, que *em todo e qualquer processo administrativo-tributário de que possa resultar um dano jurídico, uma restrição ou sacrifício de direito* deve ser proporcionada ao contribuinte a possibilidade de *defesa eficaz*, aí compreendidas a *defesa técnica* (com a presença, pois, de advogado) e, especialmente, a *dupla instância administrativa*, que vai ensejar uma discussão mais isenta do caso.

Deveras, a decisão do órgão superior será prolatada por um colegiado, constituído, paritariamente, por representantes da Fazenda e dos contribuintes, circunstância que assegura, de modo mais intenso, a imparcialidade, que deve permear as decisões administrativas em geral.[126] O direito de defesa é elementar, sagrado e inafastável.

124. A nosso ver, vulnera estes direitos a penhora *on line*, determinada pelo art. 185-A do CTN ("Na hipótese de o devedor tributário, devidamente citado, não pagar nem apresentar bens à penhora no prazo legal e não forem encontrados bens penhoráveis, o juiz determinará a indisponibilidade de seus bens e direitos, comunicando a decisão, preferencialmente por meio eletrônico, aos órgãos e entidades que promovem registros de transferência de bens, especialmente ao registro público de imóveis e às autoridades supervisoras do mercado bancário e do mercado de capitais, a fim de que, no âmbito de suas atribuições, façam cumprir a ordem judicial"). A prevalecer a literalidade deste dispositivo, qualquer contribuinte citado em processo de execução fiscal que não apresentar tempestivamente bens à penhora, ou não tiver localizados bens penhoráveis, pode, sem defesa prévia, em nome de uma questionável "justiça rápida e eficaz", ter penhorados até (!) seus bens impenhoráveis e indisponíveis – o que se nos afigura flagrantemente inconstitucional.

125. José Luís Saldanha Sanches, *Princípios do Contencioso Tributário*, Lisboa, Editorial Fragmentos, 1987, p. 32.

126. Assim, não podemos deixar de deplorar o que dispunha o art. 126, § 1º, da Lei 8.213, de 24.7.1991, que, por condicionar o acesso à segunda instância administrativa do INSS ao depósito de 30% da exigência fiscal feita ao contribuinte na decisão de primeiro grau, criava nítido – e, em muitos casos, intransponível – obstáculo de ordem econômica ao pleno exercício do direito à ampla defesa.

De fato, prescrevia o § 1º do art. 126 da Lei 8.213/1991 (com a redação que lhe fora dada pelo art. 20 da Lei 10.684, de 30.5.2003): "§ 1º. Em se tratando de processo que tenha por objeto a discussão de crédito previdenciário, o recurso de que trata este artigo somente terá seguimento se o recorrente, pessoa jurídica ou sócio desta, instruí-lo com prova de depósito, em favor do Instituto Nacional do Seguro Social – INSS, de valor correspondente a 30% (trinta por cento) da exigência fiscal definida na decisão".

A exigência – de fora a parte sua manifesta inconstitucionalidade – tipificava espantoso retrocesso, reconhecido, como bem lembra Ricardo Mariz de Oliveira, pela própria Ditadura Militar, que, apesar de seu decantado desapreço pelas garantias fundamentais, houve por bem remover o gravame, nos idos de

1969, com a seguinte fundamentação: "A supressão da garantia de instância é inovação que se justifica por seu alcance. Frequentemente a exigência resultava, na prática, em impossibilitar ao contribuinte o exercício de seu direito de defesa e constituía, por outro lado, fator de emperramento na marcha dos processos, protelando sua decisão" (*apud* "Processo administrativo fiscal federal – Alterações introduzidas pela Medida Provisória 1.621-30 e 31", in *Processo Administrativo Fiscal*, vol. 3º, São Paulo, Dialética, p. 215, nota de rodapé).

Lamentavelmente, fomos obrigados a reconhecer, na época, que os anos de chumbo*, neste particular, estavam nos dando uma...* lição de democracia...

À época, tivemos a oportunidade de sustentar:

"E nem se diga que a Administração está adstrita a exigir a *garantia de instância*, porque, bem ou mal, a imposição consta de lei. É que, embora submetida ao *princípio da legalidade* (art. 37, *caput*, da CF), a Administração não deve cumprir leis inconstitucionais. Se as cumpre, fere direitos líquidos e certos dos contribuintes, amparáveis por mandado de segurança (art. 5º, LXIX, da CF).

"Entender que não há violação a direito líquido e certo quando a Administração age com base em lei (ainda que, como no nosso caso, manifestamente inconstitucional) equivale a sustentar que o precitado art. 37 confere ao legislador infraconstitucional a faculdade de eliminar a garantia (constitucional) do mandado de segurança.

"Ademais, a pretexto de se cumprir o indigitado artigo, absolutamente não se pode fazer tábua rasa de princípios constitucionais, como o da ampla defesa.

"Portanto, não temos dúvida em afirmar que cabe mandado de segurança para compelir a Administração a dar seguimento a recurso administrativo, em matéria fiscal, sem o depósito a que alude a lei em tela.

"A exigência de garantia de instância *em matéria fiscal* tradicionalmente tem sido havida por inconstitucional pelo Poder Judiciário.

"De fato, inúmeras decisões consagram este – *data venia* – correto entendimento:

"'*Ementa*: Administrativo – Recurso – Depósito – IBAMA – Constituição, art. 5º, LV.

"'A exigência de depósito como pressuposto de conhecimento de recurso administrativo implica cerceamento de defesa, postergando o princípio constitucional da ampla defesa (Constituição de 1988, art. 5º, LV)' (TRF-1ª Região, REO 93.01.26690-3-GO, rel. Juiz Tourinho Neto, j. 18.12.1995, *DJU*-2 25.1.1996, p. 2.562).

"'*Ementa*: Administrativo – Recurso administrativo – Depósito prévio – Lei n. 8.870/1994.

"'I – A exigência de depósito para recebimento e conhecimento de recurso, na esfera administrativa, incompatibiliza-se com o princípio da ampla defesa, inscrito no art. 5º, LV, da CF/1988.

"'II – Recursos improvidos' (TRF-1ª Região, AMS 95.01.01249-2-GO, rela. Juíza Eliana Calmon, j. 5.2.1996, *DJU*-2 29.2.1996, p. 10.681).

"'Administrativo: depósito de multa para recurso administrativo.

"'I – Diante do art. 5º, inciso LV, da Constituição Federal, descabe a exigência de depósito de 50% da multa prevista na Lei Delegada n. 4/1962, para fins de recurso administrativo.

"'II – Recurso e remessa necessários improvidos' (TRF-2ª Região, AMS 93.02.15440-8-ES, rela. Desa. Fed. Tânia Heine, j. 24.11.1993, *DJU*-2 14.12.1993, p. 55.102). Ainda no mesmo sentido, do TRF-3ª Região, REO 95.03.041018-5-SP (*DJU* 5.2.1997).

"O próprio Pretório Excelso, em matéria tributária, várias vezes manifestou-se deste modo. Realmente, expedientes concebidos para compelir os administrados a, em questões fiscais, renunciar ao exercício do direito à ampla defesa não têm merecido o aval do mais alto Tribunal do País.

"Para confirmar a assertiva, basta conferir os enunciados das Súmulas 70, 323 e 547, todos harmônicos no sentido de fulminar, por inconstitucionalidade, as chamadas *sanções administrativas*, expedientes em tudo e por tudo equivalentes aos depósitos ora em análise.

"Por estas razões, estamos plenamente convencidos de que, se vier a ser chamado a decidir sobre a constitucionalidade da exigência contida no art. 126, § 1º, da Lei 8.213/1991, o Poder Judiciário, seguindo suas tradições, dará guarida à lídima pretensão, dos contribuintes, de interpor recurso administrativo sem o depósito de 30%, de que aqui se cogita.

"Além de afrontar a Carta Magna, o art. 126, § 1º, da Lei 8.213/1991, na parte em que exige a prestação de depósito, também inflige maus-tratos ao art. 151, III, do CTN ('Art. 151. Suspendem a exigibilidade do crédito tributário: (...) III – as reclamações e os *recursos*, nos termos das leis reguladoras do processo tributário administrativo)' (grifamos).

Em qualquer processo administrativo, a *defesa eficaz* pressupõe que o órgão julgador decidirá nos estritos limites da lei, seguindo rigorosamente seus trâmites. Afinal, é centrado neles que o contribuinte terá assegurada uma decisão juridicamente correta.

"Como se vê, o Código Tributário Nacional considera a interposição do recurso administrativo *causa suspensiva do crédito tributário*.

"Só para nos situarmos no assunto, a exigibilidade do crédito tributário pode ser suspensa – isto é, ter sua eficácia temporariamente paralisada – por atos ou fatos jurídicos previstos em lei. São os modos pelos quais o contribuinte exterioriza seu inconformismo sem correr o risco de vir a sofrer execução fiscal.

"Enquanto presentes, as *causas suspensivas da exigibilidade do crédito tributário* vedam que a Fazenda Pública, valendo-se do Judiciário, invista contra o patrimônio do contribuinte, com o fito de receber o tributo que entende devido. Só quando levantadas, a exigibilidade do crédito tributário volta à tona.

"Retomando o fio do raciocínio, uma das situações em que a exigibilidade do crédito fica suspensa é, como vimos, a interposição de recurso administrativo (art. 151, III, do CTN).

"Ora, o Código Tributário Nacional não estabelece, como condição para que tal recurso administrativo venha interposto, a prestação de depósito.

"Tanto não, que o inciso II do seu art. 151 considera o depósito (de resto, *facultativo*) ***outra*** *causa suspensiva do crédito tributário*. Absolutamente não o vincula à interposição de recurso administrativo.

"Segue-se, pois, que as 'leis reguladoras do processo tributário administrativo' (art. 151, III) não podem condicionar a interposição do recurso a depósito, ainda que parcial, do montante da exigência fiscal.

"Caso contrário tais 'leis reguladoras' estariam aglutinando duas hipóteses que o Código Tributário considerou autônomas (e – o que é mais grave – anulando ambas, já que o recurso não poderia subsistir sem o depósito, e vice-versa).

"Na pior das hipóteses (isto é, se a Constituição admitisse o depósito como condição para o seguimento de recurso para a segunda instância administrativa), tal correlação só poderia ser imposta por norma que viesse a alterar o art. 151 do CTN. Norma, evidentemente, veiculada *não* por meio de lei ordinária, *mas* – apenas e tão somente – por meio de lei complementar, como exige o art. 146 da CF.

"Esta linha de raciocínio vem sendo sistematicamente adotada por nossos Tribunais. Assim, em exemplário armado ao propósito, o STJ, no REsp 422.814-RJ (2002/0035725-3), tendo por relator o Min. Garcia Vieira, decidiu:

"'*Ementa*: Tributário – Recurso administrativo – Suspensão do crédito tributário (art. 151, III, do CTN) – Depósito prévio de 30% para dar seguimento ao recurso (art. 126, § 1º, da Lei n. 8.213/1991, introduzido pela Lei n. 9.528/1997 e alterado pelo art. 10 da Lei n. 9.639/1998) – Ilegalidade.

"'A exigência de prova de depósito prévio de 30%, imposta à pessoa jurídica, para dar seguimento a recurso interposto em processo tributário administrativo, nos termos do art. 10 da Lei n. 9.639/1998, é incompatível com o disposto no art. 151, inciso III, do CTN.

"'Recurso improvido.'

"No mesmo sentido decidiu, vezes iterativas, o TRF da 3ª Região (2ª Turma, AMS 254.709, processo 2002.61.00.009291-3, rela. Desa. Fed. Cecília Mello, j. 6.4.2004, m.v.; 1ª Turma, AMS 249.270, processo 2002.61.00.022659-0, rel. Des. Fed. Fausto De Sanctis, j. 4.12.2003, v.u.; 2ª Turma, AMS 200.175, processo 2000.03.99.022089-6, rela. Desa. Fed. Cecília Mello, j. 18.11.2003, m.v.; 9ª Turma, AI 123.905, processo 2001.03.00.000318-0, rela. Desa. Fed. Marianina Galante, j. 1.12.2003, v.u.).

"Ademais, se o recurso administrativo suspende a exigibilidade do crédito tributário, o depósito de 30% retira eficácia, pelo menos enquanto o recurso está sendo apreciado, de parte do disposto no art. 153, III, do CTN. Noutros falares, a suspensão da exigibilidade acaba sendo somente de 70% do crédito – o que é juridicamente inadmissível.

"Logo, também no plano infraconstitucional a exigência contida no art. 126, § 1º, da Lei 8.213, de 24.7.1991, não se sustenta.

"Diante do exposto, temos por indisputável que o art. 126, § 1º, da Lei 8.213/1991, enquanto prevê o depósito de 30% do valor da exigência fiscal como condição ao encaminhamento de recurso à segunda instância administrativa do INSS, contraria, às abertas e publicadas, quando pouco, o disposto no art. 5º, LV, da Lei Maior, além de malferir o art. 151, III, do CTN."

Felizmente, em boa hora, o aludido dispositivo foi revogado pela Lei 11.727/2008.

Daí ser imprescindível afastar a resistência, inclusive dos *Tribunais Administrativos Tributários*, em cumprir a preceito os procedimentos legislativamente traçados, até para que os contribuintes não se vejam compelidos a recorrer ao Judiciário, para só então obter justiça.

VII – Ressaltamos, ainda, que a garantia da efetividade do *direito ao devido processo legal* soçobra se, inobservados os ritos processuais, forem conhecidos e providos recursos impertinentes.

Infelizmente, ainda há um grande autoritarismo entranhado na Administração Pública brasileira, que, como lembra Sérgio Ferraz, "(...) se julga senhora e dona do processo administrativo decidindo, a seu talante, quando e como instaurá-lo, seu *iter*, a dimensão da atividade dos administrados em seu bojo, sua publicidade ou reserva etc.".[127]

E continua este emérito publicista: "Daí também algumas patologias que os advogados brasileiros por vezes devem enfrentar, tais como: a) a resistência da Administração em conceder vista de autos de processo administrativo, apesar de existência de expressas determinações legais a respeito; b) a frequência com que as repartições simplesmente se recusam ao recebimento de petições, obrigando o interessado a recurso ao Judiciário, com invocação de garantias constitucionais".[128]

Por isso mesmo, urge editar leis que tornem efetivo o direito à ampla defesa já na esfera administrativa, evitando, o quanto possível, a necessidade de o contribuinte ter que recorrer ao Judiciário, para só então obter justiça. É mister, especialmente, que lhe seja dado manifestar-se (direito de ser ouvido) antes da punição, entendida no sentido de consequência negativa, constrangimento ou ablação de direito.

Agustín Gordillo abona este entendimento: "O princípio de ouvir o interessado, antes de decidir algo que o vai afetar, não é apenas um princípio de justiça: é também um princípio de eficácia; porque indubitavelmente assegura um melhor conhecimento dos fatos e portanto ajuda a uma melhor administração, ademais de uma decisão mais justa. O princípio se mantém incólume inclusive quando os fatos sobre os quais se deve decidir parecem absolutamente claros, e a prova existente seja contundente e unívoca, porque, se a Administração tem em conta não apenas razões ou motivos de legitimidade, como também motivos de oportunidade, mérito ou conveniência, então é meridiano que a voz do afetado, mesmo no mais claro dos casos, aporta sempre um elemento mais de juízo a ter em conta para o julgamento do mérito ou oportunidade do ato".[129]

VIII – Indubitável, portanto, que, mesmo em procedimentos administrativo-tributários deve ser garantido aos acusados o direito à ampla defesa antes de serem tomadas, contra eles, quaisquer medidas sancionatórias. Noutro giro verbal, a Cons-

127. Sérgio Ferraz, *O Direito na Década de 80 – Estudos em Homenagem a Hely Lopes Meirelles*, São Paulo, Ed. RT, 1985, p. 122.

128. Idem, ibidem.

129. Agustín Gordillo, *Tratado de Derecho Administrativo*, t. 2, Buenos Aires, Macchi, 1980, pp. XVII/35-36.

tituição impõe que lhes seja imediatamente dado o total conhecimento do processado, com a possibilidade de intervirem ativamente no próprio procedimento fiscalizatório e, deste modo, rebaterem, já na instância administrativa, as provas, presunções, ficções ou indícios contra eles levantados pelo Fisco.

É certo que o Fisco deve promover os atos que permitam concretizar a eficiência arrecadatória de tributos. Esta, porém, não é a finalidade, sequer *mediata*, do processo administrativo-tributário.

Por isso, os postulados que asseguram o *devido processo legal* preponderam sobre qualquer propósito de celeridade que tenha em mira exclusivamente objetivos arrecadatórios. A autorização para criar *meios* que garantam a célere tramitação dos processos administrativo-tributários não pode chegar ao ponto de justificar a adoção de expedientes que tenham o exclusivo intuito de obter créditos tributários com rapidez, ainda que à custa do direito fundamental de produzir provas em seu favor, que a ordem jurídica confere aos contribuintes.

Assim, só há falar em *celeridade* dos processos administrativo-tributários quando ela for *benéfica*, vale dizer, não criar embaraços aos direitos ou garantias dos contribuintes.

Insista-se: conquanto louvável a celeridade dos procedimentos, em ordem a agilitar o recebimento dos créditos tributários, esse objetivo não pode ser alcançado por meio da supressão de formalidades, prazos ou comunicações previstos em lei.

Enfim, quando a Administração Pública se encontra na função judicante, os agentes, órgãos e tribunais administrativos são obrigados a zelar, ao longo de todo o processo, pelo máximo respeito à ordem jurídica e aos direitos dos contribuintes.

IX – Nossa linha de argumentação aponta no sentido de que estes atos administrativo-tributários devem ser bem-fundamentados, conforme, diga-se de passagem, a lição sempre acatada de Alberto Xavier: "Um pressuposto do direito de ampla defesa, do princípio do contraditório e do direito de acesso ao Poder Judiciário consiste no dever de fundamentação expressa dos atos administrativos que afetem direitos ou interesses legítimos dos particulares. Com efeito, só a externação das razões de fato e de direito que conduziram a autoridade à prática de certo ato permitem ao cidadão compreender a decisão e livremente optar entre aceitá-la ou impugná-la administrativa ou jurisdicionalmente. Também só com essa externação será possível ao órgão julgador controlar a validade do ato impugnado. E daí que a CF de 1988 tenha estabelecido no inciso X do art. 93 o dever de fundamentação das decisões administrativas do Poder Judiciário, dever este extensível às autoridades administrativas, por paridade de razão".[130]

Portanto, os contribuintes devem saber dos *motivos* que levaram à prática do lançamento ou à lavratura do auto de infração,[131] a fim de que possam, eventualmente,

130. Alberto Xavier, *Do Lançamento – Teoria Geral do Ato do Procedimento e do Processo Tributário*, 2ª ed., Rio de Janeiro, Forense, 1997, pp. 168-169.

131. O auto de infração – tanto quanto o lançamento – é um ato administrativo vinculado, de aplicação da norma tributária material ao caso concreto. Só que, ao invés de identificar o contribuinte e apurar

impugná-los, exercitando seu direito ao contraditório e à ampla defesa. Segue-se, destarte, que estes atos administrativos, sob pena de invalidade, devem trazer, de modo expresso, claro e suficiente, os *fundamentos de fato e de direito* que os embasaram.

IXa – A especificação dos procedimentos adotados pelo Fisco para lançar ou lavrar o auto de infração tem por escopo a descoberta da *verdade material* que dará um *juízo de certeza* (e não, apenas, uma *verossimilhança*) acerca da existência dos fatos tributários e de quem realmente os promoveu.

Tudo isso impõe o prévio conhecimento, pelo contribuinte, das medidas que a Administração Fazendária vai contra ele tomar, inclusive em vista à formalização do lançamento tributário.

Mesmo quando lança, o Fisco se sujeita aos princípios constitucionais, aí compreendido o do *devido processo legal*, com todos os seus consectários, como o direito à prévia ciência pelo contribuinte dos atos conducentes à sua formalização.

IXb – Se o contribuinte desconhece as *razões determinantes* do lançamento, bem assim os elementos em que ele se apoia, não terá como exercer efetivamente seu direito de defesa, ainda que este lhe venha posteriormente a ser reconhecido, sob o aspecto formal.

Aliás, tal exigência de prévio conhecimento – cujas raízes remontam ao Direito Romano (*nemo inauditus damnare potest*), a par de "aquisição colada à personalidade humana" (Pontes de Miranda) – diz respeito à observância de outro princípio (estudado no item anterior): o da *boa-fé*.

X – Mudando um pouco de assunto, o direito de defesa alcança também os casos em que a Administração Fazendária exige, das pessoas, tributos, declarações, documentos etc. Daí ser manifestamente inconstitucional qualquer lei que subordine o ingresso do contribuinte ao Judiciário ao prévio exaurimento das vias administrativas.

o *quantum debeatur*, aponta o infrator e aplica-lhe as penalidades cabíveis, isto é, formaliza a sanção tributária. Tudo, evidentemente, com base em lei.

Logo, podemos dizer que, mesmo tendo natureza e essência distintas, o ato de aplicação de penalidade tributária e o ato de lançar o tributo foram equiparados por nosso direito positivo. Aliás, é muito comum um mesmo documento (ou suporte físico) – rotulado simplesmente *auto de infração* – vir a conter estes dois atos administrativos.

Assinalamos, por outro lado, que, embora o art. 142, *in fine*, do CTN aluda à *proposta* de aplicação da penalidade cabível, o auto de infração efetivamente aplica a sanção à pessoa que descumpriu seu dever jurídico-tributário.

É importante consignar, ainda, que o auto de infração só pode ser lavrado quando a Administração Fazendária demonstra ter havido o descumprimento do dever jurídico tributário. Em resumo, ela – atenções voltadas para a lei – aplica, *de ofício*, o Direito ao caso concreto, não só registrando a existência do ato ilícito, como impondo, a quem o praticou, a penalidade legalmente cabível.

Dada a unidade de tratamento, inclusive legislativa (art. 142 do CTN), que o assunto recebeu, o auto de infração deve, *mutatis mutandis*, obedecer aos mesmos pressupostos do lançamento.

Todavia, por veicular norma individual de caráter sancionatório, o *auto de infração*, ao ser lavrado, deve, mais até que o lançamento, indicar *motivadamente* – ou seja, com clareza e detalhamento – qual o comportamento irregular do contribuinte e quais as consequências dele decorrentes, no que concerne ao pagamento de tributos e multas fiscais. Deve, enfim, conter a descrição minuciosa da conduta ilícita imputada ao contribuinte, detalhando as circunstâncias em que ela ocorreu. Tudo para que este tenha elementos aptos a, quando for o caso, rechaçar a pretensão do Fisco.

Observe-se que a garantia da efetividade da tutela jurisdicional perigaria se o direito de defesa não fosse, em qualquer fase do processo, adequadamente assegurado. De consequência, a lei deve não só assegurar o *contraditório*, como remover qualquer obstáculo de caráter processual ou econômico que, sem apoio na Constituição, impeça ou, mesmo, dificulte ao contribuinte a tutela em juízo dos próprios direitos e interesses legítimos. Estas colocações reforçam a ideia, que já exteriorizamos, de que a regra *solve et repete*, reintroduzida no direito positivo brasileiro pelo art. 38 da Lei das Execuções Fiscais, não resiste ao *teste da constitucionalidade*.

XI – Também registramos que a Emenda Constitucional 45, de 8.12.2004, alargou o rol dos direitos fundamentais, assegurando aos que litigam, quer na esfera administrativa, quer na judicial, "razoável duração do processo" e "meios que garantam a celeridade de sua tramitação" (art. 5º, LXXVIII, da CF).

Note-se que a garantia de celeridade processual já constava do art. 6º da Convenção para a Proteção dos Direitos do Homem e das Liberdades, proclamada pelas Nações Unidas em 10.12.1948, bem como do art. 7º, ns. 5 e 6, da Convenção Americana sobre Direitos Humanos (Pacto de São José da Costa Rica), de 1969, ambas assinadas e ratificadas pelo Brasil.

De qualquer modo, tal garantia foi, por assim dizer, reforçada pela Emenda Constitucional 45/2004, que, de modo expresso, conferiu aos jurisdicionados *lato sensu* o direito de obter uma decisão em prazo razoável,[132] ou seja, sem protelações além da conta.

Trata-se, como é fácil perceber, de mais uma manifestação do *princípio da segurança jurídica*, que não se compadece com a tramitação desmesurada dos processos.

Não negamos que os processos devem observar um tempo mínimo de maturação, idôneo a assegurar a adequada colheita das provas, a oitiva das testemunhas, a realização das necessárias perícias, a manifestação das partes litigantes, a análise percuciente pelo julgador das questões de fato e de direito, e assim avante. Todavia, uma vez assegurada a efetividade da tutela administrativa ou judicial, qualquer procrastinação será juridicamente patológica e afrontará a garantia veiculada no precitado art. 5º, LXXVIII, do Diploma Magno, que é de eficácia vinculante e imediata, por se tratar de direito fundamental das pessoas.

XIa – Mas, afinal, que vem a ser *razoável duração do processo*?

Numa primeira aproximação, *razoável duração do processo* é aquela estipulada na lei. A ultrapassagem do prazo legal, salvo justificativa plausível, implica, em linha de princípio, dilação irrazoável do processo.

Embora a inovação seja altamente louvável, somos um pouco céticos em relação à sua efetividade na esfera judicial, dada a inexistência de sanção (salvo a sempre improvável decretação de inconstitucionalidade por omissão, no caso de ausência

132. Também a Constituição italiana, em seu art. 111, usa a expressão *ragionevole durata*. Já, a Constituição espanhola é mais explícita, ao estatuir, em seu art. 24, item 2, que a tramitação processual deve se perfazer "sem dilações indevidas e com todas as garantias".

de norma legal regulamentadora deste direito) para o descumprimento da regra constitucional. De qualquer modo, cria um estímulo à celeridade da tramitação dos processos – fiscalizável, em última análise, pelo Conselho Nacional de Justiça (art. 92, I-A, da CF).

Também nos parece que, agora, há de haver maior empenho do Poder Judiciário para tornar mais efetiva a prestação jurisdicional, agilitando o processo. No mínimo, há de congregar esforços para que se cumpram os prazos processuais estabelecidos no próprio ordenamento jurídico. E, em casos de abuso, há de ser menos condescendente consigo próprio, mandando *prontamente* indenizar, quando provocado, aqueles que tiveram frustrada a expectativa constitucional de uma tutela tempestiva, sofrendo, por isso, prejuízos.

XIb – De qualquer modo, as influências benéficas do art. 5º, LXXVIII, da CF já se fizeram sentir no âmbito do processo de execução fiscal. De fato, a Lei 11.051/2004 inseriu um § 4º no art. 40 da Lei 6.830/1980 determinando que, caso tenha ocorrido o prazo prescricional da decisão que ordenar o arquivamento do processo de execução fiscal, o juiz, ouvida a Fazenda Pública, poderá, de ofício, reconhecer a prescrição intercorrente e decretá-la de imediato. Agora, portanto, já não é mais aceitável a tese – que nunca foi nossa – da imprescritibilidade do processo de execução fiscal se o devedor não for localizado ou não tiver bens que a possam garantir.

XIc – Além disso, conforme acima adiantamos, o princípio da razoável duração do processo também alcança os processos administrativo-tributários.

No âmbito federal o prazo legal de duração do processo administrativo é o apontado no art. 24 da Lei 11.457/2007, *verbis*: "Art. 24. É obrigatório que seja proferida decisão administrativa no prazo máximo de 360 (trezentos e sessenta) dias a contar do protocolo de petições, defesas ou recursos administrativos do contribuinte".[133]

Logo, para garantir a efetividade do *princípio da razoável duração do processo* no específico âmbito do contencioso administrativo-tributário federal, o dispositivo em foco fixa o prazo máximo de 360 dias, a contar do protocolo de petições, defesas ou recursos administrativos.

Evidentemente, no art. 24 da Lei 11.457/2007 não se impõe à União Federal o dever de ultimar os processos neste curto (para a realidade brasileira) lapso de tempo, mas, sim, o de decidir, fundamentadamente, em até 360 dias o que tiver sido objeto de petições, defesas ou recursos administrativos do contribuinte.

Descendo a detalhes, este prazo de 360 dias não é para finalizar o processo administrativo, mas, tão somente, para decidir acerca de cada petição, defesa ou recurso do contribuinte. Portanto, apresentada *impugnação* ao auto de infração, o órgão julgador de primeiro grau tem até 360 dias para decidi-la. Interposto recurso

133. Este artigo possuía dois parágrafos, que acabaram vetados pelo Presidente da República, determinando, em síntese, que a ultrapassagem deste prazo implicaria decisão favorável ao pleito do contribuinte. Em suas *razões de veto* o Chefe do Executivo observou que tal formidável sanção acabaria por prejudicar o próprio contribuinte, que, como é razoável supor, veria sistematicamente indeferidos seus pedidos, em face do receio da Administração Fazendária de não poder atendê-los a tempo e a hora.

voluntário ao agora *Conselho Administrativo de Recursos Fiscais – CARF*, abre-se para Poder Público novo prazo de 360 dias para julgá-lo.[134] E se, no curso do processo administrativo, o contribuinte apresentar uma petição, ela deverá ser apreciada e decidida pela autoridade competente também no prazo de 360 dias. Como vemos, os prazos são cumulativos, mas cada um deles, isoladamente considerado, não pode ser descumprido, sob pena de sanção.

XId – Mas que sanção haverá caso venha a ser ultrapassado o prazo de 360 dias, a que alude o dispositivo em pauta?

Várias sanções – damo-nos pressa em responder.

Tais sanções podem ir da perempção à responsabilização do Estado, com ação de regresso ao agente que deu causa à ultrapassagem do prazo (cf. art. 37, § 6º, da CF[135]), passando por vários degraus intermediários, como a perempção, a prescrição intercorrente e – conforme acrescenta Fernando Facury Scaff[136] – a impossibilidade de negar ao contribuinte a expedição de certidões negativas de débitos e a proibição de excluí-lo sumariamente de parcelamentos especiais (REFIS, PAES, PAEX etc.) ou de incluí-lo no chamado *canal vermelho* da Alfândega.[137]

XIe – Como acabamos de afirmar, entendemos, ainda, que o art. 5º, LXXVIII, da CF torna irretorquível a possibilidade da ocorrência da prescrição nos processos administrativo-tributários (prescrição intercorrente). Com efeito, ao Poder Público compete o dever de promover de ofício a impulsão do processo administrativo--tributário (cf. art. 2º, parágrafo único, XII, da Lei 9.784/1999). E isto há de ser feito dentro de um prazo razoável, para que se estabilizem, o quanto antes, as relações entre o fisco e o contribuinte. Ora, a nosso ver, se o mesmo Poder Público permanece inerte por mais de cinco anos (cf. art. 174 do CTN), não dando andamento ao processo administrativo-tributário, ocorre a prescrição intercorrente. E isso apesar de o art. 151, III, do CTN determinar a suspensão da exigibilidade do crédito tributário com a instauração do processo administrativo, mediante a regular impugnação ao lançamento, por parte do sujeito passivo.

Nessa esteira, Eduardo Domingos Bottallo leciona:

"A garantia da celeridade processual, *inclusive na esfera administrativa*, ao adquirir o *status* de norma fundamental expressa, ficou investida de eficácia plena e aplicabilidade imediata, nos termos do art. 5º, § 1º, da Constituição.

"(...).

134. No mesmo sentido: Fernando Facuri Scaff, "Duração razoável do processo administrativo fiscal", in *Grandes Questões Atuais do Direito Tributário*, vol. 12, São Paulo, Dialética, 2008, p. 127.

135. CF, art. 37, § 6º: "§ 6º. As pessoas jurídicas de direito público e as de direito privado prestadoras de serviços públicos responderão pelos danos que seus agentes, nesta qualidade, causarem a terceiros, assegurado o direito de regresso contra o responsável nos casos de dolo ou culpa".

136. Fernando Facury Scaff, "Duração razoável ...", cit., in *Grandes Questões Atuais do Direito Tributário*, vol. 12, p. 129.

137. Não perfilhamos a tese de que o descumprimento do prazo de 360 dias, mencionado no art. 24 da Lei 11.457/2007, determina o deferimento automático do pleito do contribuinte, até porque os §§ 1º e 2º deste dispositivo, que dispunham expressamente nesse sentido, foram vetados.

"(...) a injustificada inobservância, nesta espécie de processo, da garantia da duração razoável não pode deixar de gerar consequências para o Estado, a quem cabe assegurar seu andamento. Tal consequência há de traduzir-se na perda do direito de arrecadar o crédito tributário.

"Não se perca de vista que a paralisação imotivada da tramitação do processo administrativo é defeito que não guarda relação com as hipóteses de suspensão da exigibilidade do crédito tributário. Trata-se, ao revés, de patologia que, longe de ser sanada pelo art. 151, III, do CTN, nele não encontra remição".[138]

Em suma, ocorre a prescrição, nos processos administrativo-tributários, com o transcurso do prazo quinquenal sem que haja manifestação da Fazenda.

Esta conclusão – pelo menos desde o advento da Emenda Constitucional 45/2004 – sempre nos pareceu correta, mas faltava um *dies a quo* incontroverso para o início da fluência deste prazo.

XIf – Pois bem. A lacuna foi colmatada pelo art. 24 da Lei 11.457/2007, que, dentre outras providências, também marca o *dies a quo* da fluência do prazo para que se verifique, no âmbito do processo administrativo-tributário federal, a prescrição intercorrente.

Recordamos, meteoricamente, que este dispositivo determina que a Administração Fazendária deve, em até 360 dias, decidir acerca de petições, defesas e recursos que lhe forem apresentados pelo contribuinte.

Portanto, o termo *a quo* da contagem do prazo para a ocorrência da prescrição intercorrente é a data do protocolo das "petições, defesas ou recursos administrativos do contribuinte".

Reforçando a assertiva: enquanto não se produz, contra a Fazenda Nacional, o trânsito em julgado administrativo, corre em favor do contribuinte, a contar da protocolização da primeira destas peças processuais, o prazo de cinco anos da prescrição intercorrente.

De fato, se antes havia dúvidas acerca do marco inicial da fluência da prescrição intercorrente nos processos administrativo-tributários, hoje ele está perfeitamente apontado na lei: é a data do "protocolo de petições, defesas ou recursos". Para que não restem dúvidas: *é a data em que tiver sido protocolizado o primeiro destes documentos*.

Uma vez fluído o prazo da prescrição intercorrente, esta deve ser declarada de ofício, extinguindo-se, em consequência, o processo administrativo. Caso tal não ocorra, poderá o Poder Judiciário ser acionado, para fazer prevalecer o direito do contribuinte.

XII – A nosso ver, feriu a segurança jurídica e o "livre acesso" ao Poder Judiciário o art. 2º da EC 45/2004 quando introduziu, na Carta Magna, o art. 103-A, que

138. Eduardo Domingos Bottallo, *Curso de Processo Administrativo Tributário*, 2ª ed., São Paulo, Malheiros Editores, 2009, cap. 6, subitem 3.4.5 (os grifos estão no original).

previu a *súmula vinculante*, que torna de cumprimento obrigatório para todos os órgãos judiciários e para a Administração Pública direta e indireta (nas esferas federal, estadual e municipal) a decisão do STF tomada por "dois terços dos seus membros, após reiteradas decisões sobre matéria constitucional". Seus efeitos serão, pois, *erga omnes* – o que, segundo estamos convencidos, retira a independência do julgador e impede que, no cadinho dos debates judiciais, a jurisprudência evolua.

A *súmula vinculante* colima "a validade, a interpretação e a eficácia de normas determinadas, acerca das quais haja controvérsia atual entre órgãos judiciários ou entre esses e a Administração Pública que acarrete grave insegurança jurídica e relevante multiplicação de processos sobre questão idêntica" (art. 103-A, § 1º, da CF).

Independentemente de lei que regulamente o assunto, a aprovação, revisão ou o cancelamento da *súmula vinculante* poderão ser pleiteados por qualquer das pessoas titularizadas para a propositura da ação direta de inconstitucionalidade (*ex vi* do art. 103-A, § 2º, da CF).

Do descumprimento ou aplicação indevida da *súmula vinculante* "caberá reclamação ao Supremo Tribunal Federal que, julgando-a procedente, anulará o ato administrativo ou cassará a decisão judicial reclamada, e determinará que outra seja proferida com ou sem a aplicação da súmula, conforme o caso" (art. 103-A, § 3º, da CF).

Sem luxos de pormenor, temos para nós que estes novos dispositivos ferem os princípios da universalidade da jurisdição e do contraditório, que implicitamente exigem que cada caso seja apreciado em todos os seus ângulos e especificidades, inclusive com a audiência das partes interessadas. Não nos parece juridicamente aceitável uma Justiça "por atacado", isto é, que não leve em conta as peculiaridades, sempre existentes, de cada caso concreto. Antevemos que os advogados experientes terão a cautela de demonstrar, nas próprias petições iniciais, que o assunto *sub judice* refoge à *sumula vinculante*. Com esta providência, é altamente provável que o art. 103-A da CF logo se torne "letra morta". Ademais, por atribuir função legislativa ao STF, esse dispositivo fere o princípio da separação dos Poderes.

No pertinente à Administração Pública – que, não raro, reluta em submeter-se à própria lei (que, afinal, determina seu agir) –, somente um empenho constante do próprio STF em acolher as "reclamações" de que cuida o § 3º do art. 103-A da CF fará com que as decisões aludidas no *caput* venham a ser cumpridas.

7. A inconstitucionalidade da responsabilidade tributária por fato futuro (substituição tributária "para frente")

I – Antes de encerrarmos este capítulo, cremos oportuno dizer que a Emenda Constitucional 3/1993, em seu art. 1º, "introduziu" no art. 150 da Lei Maior um § 7º, com a seguinte redação: "A lei poderá atribuir a sujeito passivo de obrigação tributária a condição de responsável pelo pagamento de imposto ou contribuição, cujo fato gerador deva ocorrer posteriormente, assegurada a imediata e preferencial restituição da quantia paga, caso não se realize o fato gerador presumido".

Percebemos que a referida Emenda Constitucional "criou" a absurda figura da *responsabilidade tributária por fato futuro*, ou, como querem alguns, da *substituição tributária "para frente"* (ou "progressiva"). Deveras, o supracitado preceito "autoriza" a lei a fazer nascer tributos de fatos que ainda não ocorreram mas que, ao que tudo indica, ocorrerão. Noutros termos, permite que a lei crie presunções de acontecimentos futuros e, com elas, faça nascer obrigações tributárias.

Na *substituição tributária "para frente"* parte-se do pressuposto de que o *fato imponível* (*fato gerador "in concreto"*) ocorrerá no futuro e que, portanto, se justifica a cobrança antecipada do tributo (ainda mais quando há fundados receios de que o realizador daquele *fato futuro* praticará *evasão fiscal*).

Para acautelar interesses fazendários, tributa-se, na *substituição tributária "para frente"*, fato que ainda não aconteceu (e que, portanto, ainda não existe e, em tese, poderá nunca vir a existir).

Ora, a Constituição veda a tributação baseada em fatos de provável ocorrência. Para que o mecanismo da *substituição tributária* venha adequadamente utilizado é preciso que se estribe em fatos concretamente ocorridos;[139] nunca em fatos futuros, de ocorrência incerta. Esta é uma barreira constitucional inafastável, pois integra o conjunto de direitos e garantias que a Lei Maior confere ao contribuinte. É ela que – sistematicamente interpretada – não admite que haja a chamada *substituição tributária "para frente"*.

Pensamos ser oportuno lembrar que, se o pagamento é modalidade extintiva de obrigações tributárias (cf. art. 156, I, do CTN), é logicamente impossível extinguir tributo que ainda não nasceu.

Depois, se não ocorreram os pressupostos necessários ao surgimento da própria obrigação tributária – e, portanto, não se pode falar, ainda, em tributo –, por muito maior razão (argumento *a fortiori*) não se há de cogitar da substituição de um sujeito passivo que também ainda não existe. Eis aí outro limite lógico: somente se pode substituir pessoa certa, perfeitamente identificada. Ora, se ainda não surgiu a obrigação tributária, seu sujeito passivo não existe e, deste modo, presumir que ele surgirá afronta os postulados constitucionais, mormente o da *não confiscatoriedade*.

139. Aceitamos a *substituição tributária para trás* (ou *regressiva*), na qual a lei, tendo em vista comodidades arrecadatórias, atribui ao contribuinte a responsabilidade pelo recolhimento do tributo nascido em operação anterior. Nela há apenas o *diferimento* (adiamento para um momento posterior) do pagamento do tributo.

Em matéria de ICMS o *diferimento* costuma ser concedido para favorecer o contribuinte economicamente mais fraco (*v.g.*, o *sucateiro*), que, além de enfrentar maiores dificuldades financeiras, não tem reais condições de manter a escrita fiscal em dia. Por isso, o recolhimento do tributo fica a cargo do próximo contribuinte (*v.g.*, a empresa de ferro-velho), que adquire a mercadoria e promove sua revenda. Este recolherá (i) o ICMS devido pela operação mercantil que efetivamente realizou e (ii) o relativo à operação mercantil anterior, alcançada pelo *diferimento*.

Também não vemos – pelo menos em tese – obstáculos jurídicos à *substituição tributária concomitante*, em que a lei atribui a responsabilidade pelo recolhimento do tributo a terceiro que não o que acaba de realizar o *fato imponível*. É o que se dá, por exemplo, na substituição tributária dos serviços de transporte interestadual ou intermunicipal. O ICMS, no caso – esta é uma inovação da Lei Complementar 87/1996 (arts. 6º, § 1º, e 8º, I) –, poderá ser exigido seja do prestador, seja do fruidor do serviço.

O Min. César Asfor Rocha, do STJ, decidiu, com muita propriedade: "(...) para que seja regular a substituição é necessário que já exista o substituído, daí por que a vinculação só pode se dirigir para o futuro, para as operações subsequentes. Se por mais não fosse seria até mesmo por uma imperiosidade lógica, visto que um contribuinte só poderá substituir um outro se já estiver configurado como tal numa operação considerada".[140]

Nem se alegue que o Direito pode *equiparar*, por intermédio do mecanismo das presunções e ficções, o *fato futuro* ao *fato presente*.

Não estamos negando que o Direito cria suas próprias realidades e que, ao fazê-lo, pode, exatamente por meio de ficções e presunções, ignorar as realidades do mundo fenomênico. Há, porém, um limite para isso: a Constituição. Dito de outro modo, o emprego das ficções e presunções deve ser feito com critério e método, de modo a preservar direitos e garantias constitucionais.

Pelas razões expostas, não se pode determinar, nem mesmo por meio de lei, o recolhimento antecipado do tributo, turbando, assim, a fruição de direitos fundamentais do contribuinte.

Paulo de Barros Carvalho, com a didática que lhe é peculiar, verbera contra esta possibilidade: "Ora, se pensarmos que o direito tributário se formou como um corpo de princípios, altamente preocupado com minúcias do fenômeno da incidência, precisamente para controlar a atividade impositiva e proteger os direitos e garantias dos cidadãos, como admitir um tipo de percussão tributária que se dê à margem de tudo isso, posta a natural imprevisibilidade dos fatos futuros? Se é sempre difícil e problemático exercitar o controle sobre os fatos ocorridos, de que maneira lidar com a incerteza do porvir e, ao mesmo tempo, manter a segurança das relações jurídicas?".[141]

Em suma, a denominada *substituição tributária "para frente"* é um falso problema de substituição, pois, nela, o legislador exige tributo sobre fato que ainda não ocorreu.[142]

II – Remarque-se que em nenhum momento a Constituição, tal como editada pelo *Poder Constituinte originário*, abre espaço à exigência de tributos sobre *fatos futuros* (*fatos geradores presumidos*). Pelo contrário, reporta-se, tão somente, a fatos concretamente realizados, até para dar efetividade, no campo tributário, ao magno *princípio da segurança jurídica*.

Ora, não poderia uma emenda constitucional (a Emenda Constitucional 3/1993) subverter todo o sistema tributário, desconstituindo um direito fundamental – qual seja, o de só ser compelido a suportar exações após a ocorrência dos respectivos *fatos imponíveis*.

140. STJ, REsp 37.361-1-SP, *DJU* 23.5.1994.

141. Paulo de Barros Carvalho, "Sujeição passiva e responsáveis tributários", *Direito* 2/285 (Revista do Programa de Pós-Graduação em Direito da PUC/SP).

142. A *substituição "para frente"* não deve ser confundida com a figura da antecipação do pagamento do tributo. Na antecipação, a obrigação tributária já existe, ao passo que na *substituição "para frente"* ainda não há tributo a pagar.

Mas retornemos ao § 7º do art. 150 da CF, acrescentado, repetimos, pela Emenda Constitucional 3/1993.

III – Aparentemente, agora é possível a tributação antecipada, desde que se garanta ao contribuinte a devolução preferencial do indébito tributário na hipótese de, a final, inocorrer o *fato imponível*.

Temos para nós, entretanto, como já adiantamos, que o referido § 7º é inconstitucional, porque, mesmo com esta "garantia",[143] atropela o *princípio da segurança jurídica*, que, aplicado ao direito tributário, exige, dentre outras coisas, que o tributo só nasça após a ocorrência real (efetiva) do *fato imponível*.

É sempre bom reafirmarmos que o princípio da segurança jurídica diz de perto com os direitos individuais e suas garantias. É, assim, "cláusula pétrea" e, nessa medida, não poderia ter sido amesquinhado por emenda constitucional (cf. art. 60, § 4º, da CF).

IV – Evidentemente, a inconstitucionalidade perdura, mesmo "assegurada a imediata e preferencial restituição da quantia paga, caso não se realize o fato gerador presumido". Deveras, a eventual recomposição do dano não restabelece o primado da segurança jurídica, que, aliás, resta irremediavelmente atropelado com a simples tributação de *fato imaginário*, isto é, que ainda não aconteceu (mesmo que, depois, ele realmente aconteça).

A respeito, merecem ser trazidas à colação as palavras elucidativas de Geraldo Ataliba: "(...) se, de um modo geral, as leis civis, comerciais, administrativas, podem prudentemente estabelecer presunções e ficções, a Constituição veda que isso seja feito em matéria penal e tributária (*nullum crimen, nullum tributum sine lege*). Isto integra o art. 5º e está protegido pelo § 4º do art. 60. Além do mais, o § 1º do art. 145 – mero desdobramento do art. 5º, I, e por isso expletivo – refere-se a 'capacidade econômica' como critério de tratamento igual dos contribuintes. Ora, essa 'capacidade econômica', atribuível a cada contribuinte, em cada caso, revela-se e realiza-se pela exigência de que todo fato tributável tenha conteúdo econômico mensurável. Ora, esse conteúdo há de ser real, efetivo, comprovado, concreto. Não pode ser presumido. Não pode resultar de ficção, do mesmo modo que não se pode punir alguém por crime não cometido. Não se tributa por fato provável, plausível, possível. Só por fato ocorrido, consumado".[144]

E, como que complementando estas ideias, o mesmo jurista, no VII Congresso Brasileiro de Direito Tributário, realizado em São Paulo de 15 a 17.9.1993, teve o ensejo de ironizar, arrancando prolongados aplausos do auditório: "(...) estou disposto a aceitar tributação de fato futuro, como se prevê nessa Emenda Constitucional. Estou disposto a aceitar que um fato que ainda não aconteceu possa ser um fato 'gerador' de obrigação tributária. Posso aceitar isso, estou disposto, no instante em que também

143. A eventual recomposição do dano, determinada pelo § 7º do art. 150 da CF, não restabelece o primado da segurança jurídica, que resta irremediavelmente esmigalhado com a tributação de *fato imaginário* – isto é, que ainda não aconteceu (mesmo que, depois, realmente aconteça).

144. *RTDP* 4/175.

se emende a Constituição para dizer que nós poderemos, cidadãos, ser punidos por crimes que ainda não cometemos".[145]

De modo que a *tributação antecipada* – tanto quanto a *tributação por estimativa* e outros artifícios largamente empregados a pretexto de coibir possíveis fraudes – não resiste ao *teste da constitucionalidade*.

V – Observe-se que não estamos diante daquilo que Otto Bachof, em célebre conferência de 1951, chamou de "inconstitucionalidade de norma constitucional", o que, a nosso ver, tratando-se de normas constitucionais originárias, isto é, votadas ao mesmo tempo, por uma mesma Assembleia Nacional Constituinte, não é possível.[146]

Estamos, sim, em face de Emenda Constitucional inconstitucional, por discrepar de cláusulas pétreas.

Convém termos em mente que nosso Congresso Nacional não se encontra investido do chamado *poder constituinte originário*. Quem detinha o *poder constituinte originário* era a *Assembleia Nacional Constituinte*: ela fora eleita para elaborar soberanamente, isto é, sem nenhum embaraço jurídico, a Constituição do Brasil. De revés, o Congresso Nacional possui apenas o *poder constituinte derivado*, que lhe permite emendar a Constituição, desde que não toque nas *cláusulas pétreas* (de pedra, irremovíveis por meio de emenda constitucional).

O Congresso Nacional, enquanto elabora emendas constitucionais, encontra limites na própria Carta Magna. Vai daí que seu poder constituinte é subordinado à Constituição (por isso mesmo, *poder constituinte derivado*).

Há limitações, formais e materiais, expressas e implícitas, à competência que o Congresso Nacional possui para emendar a Constituição. Tais limitações são, entre nós, conhecidas como *cláusulas pétreas*.

Dentre estas *cláusulas pétreas* figuram, sem dúvida, as que garantem aos contribuintes o direito de só serem tributados após a ocorrência dos *fatos imponíveis tributários*.

O Congresso Nacional absolutamente não possuía poderes para, por meio de emenda constitucional, criar a tributação por *fato imponível presumido*, derrubando, em consequência, importantes alicerces de nosso *edifício jurídico*.

Ignorar tamanhos desconchavos equivale a destruir o "estatuto do contribuinte" plasmado pela Constituição, porque o Estado não teria mais nenhuma barreira, que não a própria voracidade, para tributar. O legislador presumiria *futuros fatos imponíveis* e, com base neles, tributaria antecipadamente, inclusive sem levar em conta a *capacidade contributiva* dos contribuintes (que, aliás, ainda nem existiriam). Tornar-

145. *RDTributário* 63/136-137.

146. Concordamos, pois, com Jorge Miranda quando proclama: "No interior da *mesma* Constituição originária, obra do *mesmo* poder constituinte (originário), não divisamos como possam surgir normas inconstitucionais" (*Manual de Direito Constitucional*, 3ª ed., t. II, Coimbra, Coimbra Editora, 1991, p. 320 – os grifos estão no original).

-se-iam, assim, inúteis as "limitações constitucionais ao poder de tributar" (*rectius*, "delimitações constitucionais ao poder de tributar"[147]).

VI – Sabemos que a substituição tributária é adotada por razões de *praticidade*, que muitos preferem denominar *praticabilidade*.

A *praticidade* (ou *princípio da praticidade*) recomenda que se evitem execuções muito complicadas das leis, sobretudo quando estas devem ser cumpridas em massa (caso das que se ocupam com os *tributos sem lançamento*, impropriamente chamados de *tributos que aceitam lançamento por homologação*). Embora não encontre formulação escrita em nossa Carta Magna, está embutida em vários de seus comandos (*v.g.*, no § 7º do seu art. 150), que sinalizam em favor, sempre que possível, da execução econômica, eficiente e viável dos atos normativos.

Portanto, a *praticidade* possibilita o cumprimento simplificado da legislação tributária, que, com suas *abstrações generalizantes*, garante a potencialidade arrecadatória do Estado, ao mesmo tempo em que permite que os contribuintes atendam aos seus deveres sem custos adicionais ou desnecessárias perdas de tempo.

Entretanto, há um limite intransponível para a *praticidade* no campo fiscal: a Constituição, com seus grandes princípios.[148] Sendo mais específicos, a *praticidade* não pode se sobrepor à legalidade, à segurança jurídica, à igualdade, à capacidade contributiva – e assim por diante.

VII – Em síntese: a substituição tributária para frente deve observar os seguintes requisitos: a) deve ser veiculada por meio de lei ordinária, nos termos do art. 150, § 7º, da CF; b) deve assegurar a imediata e preferencial restituição da quantia paga caso não se realize o *fato gerador presumido*; c) o regime jurídico a ela aplicável deve ser sempre o do substituído, e não do substituto, porquanto a tributação definitiva que a justifica deverá necessariamente prevalecer; e d) deve obedecer aos princípios constitucionais (i) da estrita legalidade; (ii) da vedação ao confisco; (iii) da capacidade contributiva; (iv) da isonomia; e (v) da expressa designação do contribuinte, para todos os tributos.

VIII – Por fim, sem embargo de nossa opinião acerca da inconstitucionalidade do § 7º do art. 150 da Carta Magna, nela inserido – reitere-se – pela Emenda Constitucional 3/1993, o fato é que, surpreendentemente, o STF acabou por convalidá-lo, pelo menos no que tange ao ICMS.[149]

147. Robson Maia Lins, em trabalho de bela feitura, observa, com propriedade, que "o texto constitucional exerce a função de delimitar o poder de tributar, ou seja, ele será o responsável por conferir os contornos da licitude e ilicitude da atividade tributante" (*Curso de Direito Tributário*, São Paulo, Noeses, 2018, p. 146).

E, mais adiante, fundamenta seu pensamento: "Compreendemos ser um caso de delimitação e não uma limitação porque o contorno do direito tributário surge necessariamente com o texto constitucional e não depois de sua promulgação" (idem, ibidem, p. 147).

148. V., a respeito: Regina Helena Costa, *Praticabilidade e Justiça Tributária*, São Paulo, Malheiros Editores, 2007.

149. No julgamento, ocorrido em 2.8.1999, do RE 213.396-5-SP (Pleno, rel. Min. Ilmar Galvão) ficou decidida, por maioria de votos (vencidos os Mins. Carlos Velloso, Marco Aurélio e Sepúlveda Pertence), a constitucionalidade do regime de substituição tributária "para frente" no ICMS.

Mais: na ADI 1.851-4 (*DJU* 22.11.2002) o Pretório Excelso, além de haver chancelado a tese de que o ICMS pode ser cobrado antes da ocorrência do *fato imponível*, com base no valor presumido de venda futura da mercadoria, decidiu pela inexistência do dever de devolução ainda que a operação final ocorra por montante inferior ao estimado.

Em edições anteriores deixamos registrado nosso inconformismo com esta última decisão,[150] por entendermos que o excesso de arrecadação, no regime de substituição tributária para frente, equivalia à inocorrência do "fato gerador presumido", de modo a ensejar, sob pena de confisco e enriquecimento sem causa do Estado, a "imediata e preferencial restituição da quantia paga" a mais.[151]

Felizmente o assunto foi repensado e revisto pela Suprema Corte, que, no julgamento do RE 593.849, com repercussão geral reconhecida, decidiu, por maioria de votos, que o contribuinte tem direito à diferença entre o valor do ICMS previamente recolhido e o efetivamente devido na operação ou prestação final.[152]

8. *A segurança jurídica e as presunções, ficções e indícios*

O tributo, como várias vezes foi frisado, só pode ser validamente exigido quando um fato ajusta-se rigorosamente a uma hipótese de incidência tributária. E este fato outro não é senão o *fato imponível*. Valem, a propósito, as clássicas lições de Hensel, para quem "só deves pagar tributo se realizas o fato imponível".[153]

Adiantamos que nem a lei nem a Fazenda Pública podem considerar ocorrido um *fato imponível* por mera ficção ou presunção, isto é, independentemente da efetiva verificação, no mundo em que vivemos, dos fatos abstratamente descritos na *hipótese de incidência tributária*.

Pensamos que quando a Constituição declara ser vedado às pessoas políticas "exigir ou aumentar tributo sem lei que o estabeleça", ela implicitamente proíbe a

Mesmo assim – e sempre com o devido acatamento –, continuamos convencidos de que, ainda que possa atender a "necessidades de política tributária" (conforme consta do voto vencedor), tal regime desatende ao *Estatuto do Contribuinte*.

150. A nosso ver, esse excesso de arrecadação equivale à não realização do "fato gerador presumido". Por isso, tipifica *confisco*, a ensejar a "imediata e preferencial restituição da quantia paga" a mais.

151. Para maior aprofundamento do assunto, v. nosso *ICMS* (17ª ed., São Paulo, Malheiros Editores, 2015, pp. 387-415). Sem descer a detalhes, que não vêm para aqui, permitimo-nos registrar que a substituição tributária "para frente" no ICMS também frustra o *princípio da não cumulatividade*, que garante ao contribuinte o direito de creditar-se de *todo* o montante de tributo "cobrado nas *(operações ou prestações)* anteriores, pelo mesmo ou por outro Estado ou pelo Distrito Federal" (art. 155, § 2º, I, da CF – esclarecemos no parêntese). Com efeito, o substituído, já recolhido o tributo pelo substituto, não tem como beneficiar-se com este direito constitucional.

152. Assim foi fixada a tese do julgamento, para fins de repercussão geral: "É devida a restituição da diferença do imposto sobre circulação de mercadorias e serviços (ICMS), pago a mais no regime de substituição tributária para a frente, se a base de cálculo efetiva da operação for inferior à presumida".

153. Hensel, *Diritto Tributario*, trad. de Dino Jarach, Milão, Giuffrè, 1956, p. 148. Literalmente, a frase é: "Il comando – tu devi pagare delle imposte – è sempre condizionato dalla frase: se tu realizzi la fattispecie legale".

utilização de artifícios exegéticos, meios de prova, presunções, ficções, indícios etc., que, à falta deste ato normativo, levem a um destes resultados.

É certo que o direito tributário admite ficções, presunções e indícios. É igualmente certo, todavia, que não pode ignorar os princípios constitucionais, que formam o que Louis Trotabas chamava de *Estatuto do Contribuinte*, especialmente o *da tipicidade fechada*.

Os *tipos tributários* como que *fecham* a realidade tributária, não podendo ser *alargados* por meio de presunções, ficções ou meros indícios. É inadmissível que o agente fiscal *abra* aquilo que o legislador, atento aos ditames constitucionais, cuidadosamente *fechou*. O afã de evitar que os mais *espertos* se furtem ao pagamento dos tributos absolutamente não autoriza a utilização do arbítrio. Em suma, a *busca da justiça* não prevalece sobre a *segurança jurídica*, que o *princípio da tipicidade fechada* confere aos contribuintes.

Ademais, enquanto lança ou lavra o auto de infração, o Fisco tem o *dever da imparcialidade*, limitando-se a sopesar o ato ou fato que vai oficialmente declarar subsumido, respectivamente, à hipótese de incidência do tributo ou ao *tipo penal tributário*.

Logo, o lançamento e o auto de infração também estão sob a égide da *segurança jurídica*, com os seus consectários (estrita legalidade, tipicidade fechada, ampla defesa etc.). Enquanto edita estes atos administrativos, o Fisco não pode, sob pena de nulidade, adotar critérios próprios (subjetivos), no lugar dos legais.

A especificação dos procedimentos adotados pelo Fisco para lançar ou lavrar o auto de infração tem por escopo a descoberta da *verdade material* que dará um *juízo de certeza* (e não, apenas, uma *verossimilhança*) acerca da existência dos fatos tributários e de quem realmente os promoveu.

E é aí que entra o crucial problema das presunções, ficções e indícios.

8.1 Das presunções

I – Presunção é a suposição de um fato desconhecido, por consequência indireta e provável de outro conhecido. Nisto difere da prova, já que, ao contrário desta, não produz certeza, mas simples *probabilidade*.

Quem presume extrai, de um fato notório, outro ignorado. Assim, por exemplo, faz uso da presunção quem considera realizado o serviço de transporte no momento em que ele se inicia (justamente porque, normalmente, o serviço de transporte que se inicia acaba concluído).

A presunção[154] é um elemento importantíssimo na dialética jurídica, pois torna verdadeiros fatos apenas possíveis, dando maior segurança às relações entre as pessoas (intersubjetivas). Fruto do raciocínio, pouco importa se obtida por dedução ou indução.[155]

154. *Presumir* deriva do verbo latino *praesumere*, que significa *tomar antecipadamente*.

155. Estamos, pois, com a doutrina anglo-saxônia quando sustenta pouco importar se a presunção advém de um raciocínio dedutivo ou indutivo. Muitos autores, porém, consideram a presunção uma

A probabilidade existente na presunção é tomada como *certeza*, dispensando, assim, a prova da existência do fato desconhecido.

Convém salientarmos, desde já, que as presunções somente versam sobre matéria de fato; nunca sobre *matérias de direito*.

As presunções, em nosso ordenamento jurídico, derivam da lei (por isso mesmo, *presunções legais*) ou do senso comum (*presunções hominis*).

Algumas *presunções legais* – as *iure et de iure*[156] ou *absolutas* – eliminam completamente a *prova em contrário*, criando, assim, *total certeza* diante de um determinado fato (*v.g.*, a comoriência, num acidente de avião em que não há sobreviventes). Outras – as *iuris tantum*[157] ou *relativas* – admitem que a parte contrária demonstre a inveracidade daquilo que lhe está sendo irrogado.[158] Têm-se por verdadeiras até prova em contrário, comportando, deste modo, dilação probatória (*v.g.*, a legitimidade de um ato administrativo-tributário).

II – Quem presume obtém o convencimento antecipado da *verdade provável* sobre um fato desconhecido, *a partir de fatos conhecidos* a ele conexos.

Nestes *fatos conhecidos* não se exige – é certo – certeza absoluta, mas, no mínimo, um *alto grau de probabilidade*; ou, se preferirmos, uma *certeza verossímil*. Noutros falares, exige-se aquilo que mais frequentemente acontece, ou seja, o que costuma acontecer, segundo a experiência comum (*praesumptio sumitur ex eo quod plerumque fit*). Nisto estamos com Clóvis Beviláqua, para quem "a presunção é a ilação que se tira de um fato conhecido para provar a existência de outro desconhecido".[159]

Estamos percebendo, destarte, que o ponto de partida da presunção precisa ser conhecido (fato conhecido). Não se pode presumir de um fato desconhecido ou altamente improvável.

Deveras, em homenagem à *segurança jurídica* são inequiparáveis à presunção os meros indícios, sinais ou suspeitas. Do contrário, não haveria mais mãos a medir: com base em tênues indícios dificilmente alguém escaparia de ser enquadrado num procedimento investigatório e, até – ousamos dizer –, condenado criminalmente.

III – Tudo o que acaba de ser escrito vale para as presunções que giram em torno de supostas irregularidades fiscais. Também elas ajudam o Direito a estabelecer

indução (Clóvis, Geny, Aubry e Rau etc.); outros, uma dedução (Planiol e Ripert, Coniglio etc.); outros, ainda, uma combinação dos dois métodos de raciocínio (Moacyr Amaral Santos).

156. A conhecida parêmia *in dubio pro reo* encerra a presunção *iuris et de iure* de que nenhuma pessoa pode ser condenada se pairarem dúvidas sobre a autoria ou a materialidade do ilícito que lhe é imputado.

157. Como exemplo de presunção *iuris tantum* podemos citar a da culpa do transportador que fere o passageiro. Àquele cabe demonstrar que agiu de modo correto e adequado. Nunca ao passageiro demonstrar que seu transportador agiu com culpa. Como ensinam os civilistas, ao transportador cabe provar a culpa exclusiva da vítima ou, quando pouco, sua *não culpa* pela ocorrência de *caso fortuito* ou *motivo de força maior*.

158. Autores há, como Pontes de Miranda, que colocam entre as *presunções absolutas* e as *presunções relativas* as *presunções intermediárias*, que só admitem as provas em contrário que a lei especifica. Estas, porém, não passam de *presunções relativas*, com a ressalva de que somente podem ser desconstituídas pelos meios de prova apontados na própria lei que as criou.

159. Clóvis Beviláqua, *Código Civil Comentado*, 4ª ed., vol. 1, p. 392.

a ordem e a segurança, agora no campo tributário. Todavia, o empenho em extrair, como quer Becker, "do fato conhecido, cuja existência é certa, (...) o fato desconhecido, cuja existência é provável",[160] não chega ao ponto de justificar a formalização de exigências tributárias com base exclusivamente em suposições do agente fiscal.

Ao presumir a irregularidade fiscal a autoridade administrativa faz conjecturas, isto é, intui que ocorreu um ilícito, que lhe cabe, por dever de ofício, apurar e fazer sancionar.

Em seu espírito tudo se passa livremente, escapando, por óbvio, de qualquer controle, inclusive judicial. Como pitorescamente dizem os italianos, *pensiero non paga gabella* ("o pensamento não paga impostos, não paga direitos"). De fato, só a Deus cabe sondar as consciências e castigar os maus pensamentos.

A partir do momento, porém, em que as conjecturas da autoridade administrativa começam a materializar-se em atos concretos contra o contribuinte, é mister venham observados alguns pressupostos e requisitos, de modo a não lhe violentar direitos subjetivos fundamentais.

Tenhamos presente que em nosso Estado Constitucional de Direito vigora a presunção de inocência até prova em contrário. Uma pessoa só pode ser havida por violadora da ordem jurídica com base em fatos e dados consistentes e incontroversos.

IV – A presunção de inocência que a CF estabelece em seu art. 5º, LVII, longe de estar confinada à matéria penal *stricto sensu*, espraia-se sobre todos os episódios em que há um *acusado*. Melhor explicitando, sempre que há o risco de uma sanção ou de ser atingido um bem jurídico prestigiado pela ordem constitucional (liberdade, honra, propriedade etc.), todos se presumem inocentes, até demonstração cabal em contrário, cujo ônus, inclusive na esfera administrativa, pertence ao acusador.

Vem ao encontro destas ideias o axioma *in dubio contra fiscum*. De fato, não pode haver uma *flexibilização* em favor da Fazenda Pública, parte indubitavelmente mais forte do que o contribuinte.

Noutros falares, o Estado deve comprovar a culpabilidade do contribuinte, que é constitucionalmente presumido inocente. Esta é uma *presunção iuris tantum*, que só pode ceder passo com um mínimo de provas produzidas, já na órbita administrativa, por meio de um devido processo legal e com a garantia da ampla defesa.

Em síntese, o direito constitucional de ser presumido inocente acarreta para o Estado o dever incontornável de provar cabalmente a prática da infração (o ônus da prova é sempre do acusador). Positivamente não se pode exigir da defesa a produção de provas referentes a fatos negativos (*provas diabólicas*).

Tampouco se pode sancionar inexistindo as necessárias provas, coligidas ao longo do *devido processo legal* (*due process of law*). Note-se que o acusado pode utilizar-se de todos os meios de prova pertinentes à sua defesa (ampla defesa) e à destruição das imputações feitas pela acusação (contraditório).

160. Becker, *Teoria Geral do Direito Tributário*, p. 462.

V – De qualquer maneira, a rigidez de nosso sistema constitucional tributário não permite a adoção de qualquer *presunção absoluta* (*iuris et de iure*), ou seja, que não permita prova em contrário.

Deveras, em face do que dispõem os arts. 146, III, "a", 150, I, e 154, I, todos da CF, os *tipos* designados para os vários tributos exigem expressa identificação de suas hipóteses de incidência, bases de cálculo e contribuintes.

Mas mesmo as *presunções simples* ou *legais relativas* (*iuris tantum)* – que admitem prova em contrário – demandam adoção cautelosa, justamente para preservar o direito de todas as pessoas, chancelado pela Constituição da República, a uma tributação correta, adequada e justa.

Sendo mais específicos, somente com a prévia identificação do *fato jurídico tributário* e da *condição de contribuinte*, que são típicas *situações de base*,[161] podem ser imputados a uma dada pessoa os efeitos de certa *presunção simples* ou *legal relativa*.

VI – O que estamos pretendendo ressaltar é que, no campo tributário, a utilização de presunções deve ser feita com parcimônia – quando não com mão avara –, para que não restem desconsiderados os princípios da segurança jurídica e da estrita legalidade dos tributos e das sanções fiscais.

A pretexto de combater a fraude ou agilitar a arrecadação, à Fazenda Pública não é dado presumir fatos para compelir os contribuintes a pagar tributos ou a suportar multas fiscais.

Valem, a propósito, as seguintes reflexões de James Marins: "Presunções tributárias, ficções legais, pautas fiscais, arbitramentos tributários, substituições *para frente* e outros expedientes de semelhante jaez, quando utilizados desnecessariamente, operando como autêntico *atalho* ao dever de investigação, conculcam o primado da verdade material e, muitas vezes, sequer satisfazem a verdade formal".[162]

Definitivamente, ninguém pode ser tributado ou sancionado com supedâneo exclusivamente em presunções, ainda que *simples*.

É que a liberdade e a propriedade das pessoas não podem navegar ao sabor de meras presunções. Muito menos, como veremos em seguida, das ficções e indícios.

8.2 Das ficções

I – A ficção difere da presunção. Esta afirma o que é provável; aquela aceita como verdadeiro o que se sabe imaginário. Ou, como quer Cujacio, finge o que sabe não ser real.

O *Corpus Iuris Civilis* já registrava: *fictio est falsitas pro veritate accepta* ("a ficção é a falsidade tomada por verdade").

161. Note-se que *situação de base* é, a um tempo, condição para autorizar materialmente o uso da *presunção simples* ou *legal relativa* e para determinar, no caso concreto, a ocorrência do *fato jurídico tributário*.

162. James Marins, *Direito Processual Tributário Brasileiro (Administrativo e Judicial)*, São Paulo, Dialética, 2001, p. 177.

Estamos percebendo, pois, que, na ficção, o ato, mais do que improvável ou inverossímil, *é falso* e, nesta medida, jamais será real. É um artifício do legislador, que transforma uma impossibilidade material numa possibilidade de natureza jurídica. Nesse sentido, é uma criação do legislador, que faz nascer uma verdade jurídica diferente da verdade real.

Como ensina, com propriedade, Legaz y Lacambra, a ficção jurídica "existe sempre que a norma trata algo real como distinto, sendo igual; como igual, sendo diferente; como inexistente, tendo sucedido; como sucedido, sendo inexistente; mesmo com a consciência de que 'naturalmente' não é assim".[163]

A ficção está na esfera da imaginação, e, neste sentido, é uma invenção do Direito ou, se quisermos, uma disposição legal que toma por verdadeiro o que, na realidade, inexiste.

É, pois, um artifício técnico criado pelo legislador para transformar uma impossibilidade material numa possibilidade jurídica. Deforma a realidade, considerando verdadeiro o que sabidamente é falso (*v.g.*, o horário de verão). Vai daí que a ficção só pode ser empregada com base em lei específica, e, ainda assim, enquanto não ferir direitos subjetivos constitucionais. Jamais pode ser criada para atentar contra a liberdade, o patrimônio e a honra das pessoas, valores que nossa Carta Magna prestigiou ao extremo.

A ficção, conquanto possa restringir direitos, não pode transformar um inocente num culpado ou uma pessoa alheia ao fato imponível num contribuinte.

Acima de tudo, não pode passar por cima do dever que o Estado tem de provar as imputações que faz contra os contribuintes, seja para exigir-lhes tributos, seja para impor-lhes penalidades.

Do contrário, os direitos subjetivos dos contribuintes seriam banalizados. Ficções encarregar-se-iam de produzir *contribuintes* e *culpados* em série, para atender às necessidades arrecadatórias.

Neste contexto, merecem ser trazidas à colação as argutas observações de Vicenzo Colacino: "Recorre-se à ficção quando, por meio da interpretação extensiva e analógica, não se pode subsumir uma determinada situação de fato ao império da norma. O campo de aplicação da ficção começa onde termina o campo de aplicação da interpretação extensiva e analógica. *Isto explica por que o recuo à ficção só se dá através de específica determinação normativa*".[164]

Portanto, tinha razão Ihering quando dizia que a ficção contorna as dificuldades ao invés de resolvê-las, e, neste sentido, pode ser chamada de *mentira técnica* consagrada pela necessidade.

163. *Apud* José Luís Pérez de Ayala, *Las Ficciones en el Derecho Tributario*, Madri, Editorial de Derecho Financiero, 1970, p. 16 (traduzimos).

164. Vicenzo Colacino, verbete "*Fictio juris*", in *Novissimo Digesto Italiano*, 3ª ed., Turim, 1957 (traduzimos e grifamos).

II – Em matéria tributária a ficção tem aplicação restrita, justamente porque distorce a "verdade real". Assim, somente pode ser aceita caso não afronte princípios constitucionais (estrita legalidade, capacidade contributiva, seletividade, não confisco, tipicidade cerrada etc.).

Como se vê, a ficção, conquanto possa restringir direitos, não pode transformar um inocente num infrator à legislação tributária, ou uma pessoa alheia ao *fato imponível* num contribuinte. Acima de tudo, não pode passar por cima do dever, que o Estado tem, de provar as imputações que faz contra os contribuintes (ou terceiros a eles relacionados), seja para exigir-lhes tributos, seja para impor-lhes penalidades.

Do contrário os direitos subjetivos dos contribuintes seriam banalizados. Ficções encarregar-se-iam de produzir "contribuintes" e "culpados" em série, com o único escopo de atender às necessidades arrecadatórias.

III – O Código Tributário Nacional traz pelo menos dois dispositivos relacionados ao emprego das ficções. São os seus já estudados arts. 109 e 110, que, em essência, vedam à lei instituidora do tributo ou tipificadora do ilícito fiscal ignorar ou alterar conceitos e formas do direito privado. Isto jamais pode ser feito, mormente para prejudicar contribuintes ou para submetê-los a sanções.

Deveras, a ficção, na medida em que deforma a realidade, transformando o falso em verdadeiro, há de ser empregada com extrema cautela nos patamares do direito tributário. Mais: por força do *princípio da segurança jurídica*, a utilização desta *mentira técnica* só pode decorrer de norma jurídica expressa. E, mesmo assim, nunca poderá transformar uma pessoa totalmente estranha ao *fato imponível* num contribuinte, nem, muito menos, um inocente num infrator.

Definitivamente, por ficção não se podem considerar ocorridos nem o *fato imponível* nem a *infração tributária*, sob pena de se exigir tributo ou se apenar o contribuinte sem atenção aos princípios da estrita legalidade e da tipicidade fechada.

Tudo considerado, a conclusão a que chegamos é a de que a potencialização da eficácia arrecadatória não tem força bastante para justificar o uso indiscriminado de ficções no campo tributário, especialmente quando isto põe em risco os direitos constitucionais dos contribuintes.

IV – Anote-se que a ficção não se confunde com a equiparação.

Com efeito, a *equiparação* (do latim *aequiparare*, "igualar") é o artifício empregado pelo legislador para colocar em posição de igualdade situações que, posto aparentem ser desiguais, apresentam significativos pontos de identificação. Trata-se, pois, de recurso que busca equalizar, sob a óptica do Direito, coisas que não coincidem perfeitamente mas têm acentuadas e inequívocas semelhanças. Nesse sentido, ela iguala coisas ligeiramente diversas, embora, em sua essência, não discrepem entre si.

Este fenômeno tem por principal consequência submeter a situação equiparada ao mesmo regime jurídico aplicável àquela que a ordem jurídica declarou igual.

Já, a *ficção*, conforme vimos, aceita como verdadeiro o que se sabe que é imaginário – ou seja: considera verdadeiro o que na realidade inexiste. Justamente por isso, a norma jurídica que veicula a ficção deve ser interpretada e aplicada restritivamente.[165]

Cuidemos, agora, dos indícios em matéria tributária.

8.3 Dos indícios

I – Nenhuma prova tem sido tão combatida e abalada, ao longo dos séculos, como o *indício* (*prova indiciária* ou *circunstancial*).

A noção de indício vem indissoluvelmente associada à operação mental de inferência. De um fato conhecido, chega-se, pela via do raciocínio, a concluir pela existência de um outro, desconhecido, mas a ele pertinente.

Só que, sob o prisma da certeza ou convencimento, o indício nunca leva a uma conclusão absolutamente segura. De fato, a mais alta probabilidade de certeza não exclui a possibilidade de erro.

O indício, como genialmente percebeu Shakespeare, na famosa peça *O Mercador de Veneza*, "só conduz às portas da verdade". Nunca – permitimo-nos acrescentar – à certeza da verdade.

II – Por isso, é próprio do indício não concluir certamente, mas apenas inferir, conjecturar. Ele sempre deixa no ar um clima de incerteza.

Será simulada a venda em que o comprador é amigo íntimo do devedor? *Provavelmente*. Este *advérbio de modo* encerra tanto um *sim* (*provavelmente sim*) quanto um *não* (*provavelmente não*). Só outras provas poderão afastar o dilema. O indício isolado – ainda mais quando vago[166] – não tem força jurídica bastante para chegar a uma conclusão certa, até porque possui, invariavelmente, várias explicações ou significados, conforme as circunstâncias que o cercam e as conexões que guarda com o conjunto probatório.

E, não bastasse esta terrível limitação, para que a conclusão tomada indiciariamente seja *em princípio* aceitável é mister, ainda, haja: a) um *fato certo*, isto é, incontroverso, comprovado plenamente; b) um segundo fato (justamente o *indiciário*); e c) uma correlação entre ambos.

165. Abona esta tese Karl Larenz, quando, em linguagem lógica, registra: "As *ficções legais* têm normalmente como finalidade a aplicação da regra dada para uma previsão normativa típica (P^1) a outra previsão normativa típica (P^2). Deste modo, não são senão remissões encobertas. Em vez de ordenar: as consequências jurídicas de P^1 vigoram também para P^2, a lei *finge* que P^2 é um caso de P^1. Como a lei não contém enunciados sobre factos mas ordenações de vigência, o legislador não afirma que P^2 é na realidade igual a P^1, ou que é um caso de P^1, mas preceitua que para P^2 valem as mesmas consequências jurídicas que para P^1. Para conseguir este objectivo, dispõe que P^2 deve ser considerado por quem aplica a lei '*como se' fosse* um caso de P^1" (*Metodologia da Ciência do Direito*, 3ª ed., trad. de José Lamego, Lisboa, Fundação Calouste Gulbenkian, 1997, p. 366).

166. Vago – e, nesta medida, imprestável – é o indício de que o autor de um furto, cuja identidade se ignora, é o homem mais pobre da aldeia, porque "a miséria gera o crime". Ora, se a miséria gera o crime, também fortalece o caráter e, não raro, é companheira inseparável da honradez.

Sobremais, é regra clássica e universal que, quando vários indícios referem-se a um só e quando os argumentos sobre um fato dependem de um único argumento, a soma deles, por numerosos que sejam, não formam plena prova. Todos juntos não constituem mais do que um só indício.

III – Com base no que foi escrito, sentimo-nos confortáveis para afirmar que os indícios não passam de *começos de prova*, insuficientes, em si mesmos, para fazerem nascer tributos ou penalidades.

A necessidade de proteger a Fazenda Pública da eventual má-fé do contribuinte não basta para permitir a utilização acriteriosa de indícios contra ele, até porque isto fatalmente atropelaria os princípios constitucionais tributários que o protegem.

Não havendo certeza quanto aos fatos, nem o tributo pode ser exigido nem, muito menos, a sanção fiscal pode ser aplicada. Noutros termos, os indícios não exoneram a Fazenda Pública do *onus probandi*.

É que os indícios possuem *valor probatório mínimo*, não podendo ser utilizados isoladamente. Pelo contrário, são sinais que devem ser reforçados por outras provas coligidas pelo Fisco. Sem tal corroboração não se mostram prestáveis para lançar um tributo ou impor uma penalidade fiscal.

Cumpre, assim, à Administração Fazendária averiguar se por detrás dos indícios existem o suspeitado *fato imponível* ou a possível *infração tributária*. Quando desacompanhados de provas (diretas ou indiretas) não podem *produzir* nem *contribuintes* nem, muito menos, *infratores à legislação tributária*.

IV – No rol dos indícios inclui-se a denominada "prova emprestada", amiúde invocada pelo Fisco, consistente em informações prestadas por terceiros, estranhos ao litígio.

Esta modalidade de prova tem, em rigor, o mesmo valor atribuído aos indícios, exatamente porque não resulta de procedimento contraditório, protagonizado pelas partes do processo, mas de meros atos praticados em esfera alheia à organização administrativa do ente tributante.

Ora, pelos motivos já expostos, não vemos como possa a chamada "prova emprestada" respaldar acusações, seja na esfera administrativa, seja na penal.

Com efeito, nada libera a Fazenda Pública do dever de buscar *provas cabais* de que o contribuinte praticou irregularidades. Provas cabais – já adiantamos – que não podem ser supridas por presunções, ficções ou indícios. Nem, muito menos, por *intuições* ou meras conjecturas.

Dito de outro modo, elementos coligidos sem observância dos princípios do contraditório e da ampla defesa não se prestam a fundamentar quer lançamentos tributários, quer a lavratura de autos de infração.

V – Absolutamente não é dado ao Fisco decidir, em detrimento do contribuinte, sem base em provas documentais, perícias, levantamentos contábeis, admissões de culpa e outros elementos de igual tope.

Calham, a propósito, as percucientes observações de Celso Antônio Bandeira de Mello, *verbis*: "O Fisco não deve e não pode assumir as vestes e a psicologia do verdugo, que o administrado não é um servo do Estado – mas cidadão – nem é réu, por presunção, a quem se devam infligir *castigos* fiscais, só absolvíveis ante inconfutável prova de ovina inocência".[167]

VI – A par do ônus da prova do ilícito, que, como se sabe, cabe à Fazenda Pública, o contribuinte tem o direito de ver garantido, desde o nascedouro do processo administrativo-tributário, o exercício de uma defesa técnica que lhe possibilite rebater, ponto por ponto, as imputações que lhe vierem a ser feitas.

Ademais, sempre milita em favor do contribuinte a pacífica jurisprudência no sentido de que ninguém pode ser responsabilizado – muito menos sancionado – apenas por ter eventualmente feito negócios com terceiro, alvo de procedimento fiscalizatório.

Portanto, contribuinte de boa-fé que mantém negócios com terceiro absolutamente não pode ser penalizado por eventuais infrações tributárias que este possa ter perpetrado.

VII – Reiteramos que o louvável propósito de apurar irregularidades fiscais, para sancionar os infratores, não pode chegar ao ponto de fazer tábua rasa dos mais elementares direitos constitucionais dos contribuintes.

Temos para nós, pois, não ser dado à Fazenda Pública tomar indícios (*v.g.*, a "prova emprestada") como verdades absolutas, ou – se nos for permitido o ousio – "tomar a nuvem por Juno".

Pelo contrário, é seu dever inafastável robustecer estes indícios com provas concretas; jamais, comodamente, "concluir", com apoio neles, pela responsabilidade do contribuinte.

Tal abuso não se coaduna com o *Estado Democrático de Direito* em que vivemos.

VIII – Para não sermos mal-interpretados, damo-nos pressa em salientar que absolutamente não estamos, aqui, sustentando que a fiscalização deve ignorar os indícios que – evidentemente, por vias lícitas – cheguem ao seu conhecimento. Pelo contrário, qualquer notícia de que houve um ilícito fiscal deve ser investigada, até porque nenhuma pessoa, física ou jurídica, está acima da lei.

Nunca é demais lembrar, entretanto, que o Fisco há de tomar *cautelas mínimas*, para evitar abusos. Caso não o faça, todas as sanções que possam ser aplicadas ao contribuinte serão prematuras, descabidas e irregulares, devendo ser de pronto afastadas, quer de ofício, quer, em última instância, pelo Poder Judiciário.

IX – Em homenagem à controvérsia dialética, e até para que não se diga que estamos sendo excessivamente formalistas, num momento em que a sociedade

167. Celso Antônio Bandeira de Mello, "Imposto sobre a renda – Depósitos bancários – Sinais exteriores de riqueza", *RDTributário* 23-24/100.

brasileira *exige* que os infratores sejam punidos, vamos aceitar – indo contra todos os argumentos até aqui expendidos – que, em determinadas hipóteses, fatos ilícitos conhecidos, ainda que não diretamente vinculados ao contribuinte, podem ensejar a tomada, contra ele, de medidas investigatórias.

Há, no entanto, um limite intransponível para isso: os argumentos fazendários deverão resultar, quando pouco, de fatos certos e comprovados. *A contrario sensu*, de fatos incertos e não comprovados só se pode extrair outros fatos de idêntica precariedade jurídica, que não configuram sequer indícios, mas simples conjecturas, imprestáveis como provas, ainda que indiretas.

Positivamente, desconfianças não têm qualquer valor probatório, sob pena de todos passarem a viver num universo marcado pela insegurança, pela incerteza e pelo medo.

X – Por outro lado, nosso direito positivo não reconhece que as provas obtidas no âmbito do processo "A" possam manter tal *status jurídico* no processo "B". Noutros termos, não aceita a idoneidade da *prova emprestada*.

Quando muito, as provas coligidas no processo "A" podem aproveitar ao processo "B", mas como meros subsídios, que, para serem aceitos como provas neste último, dependem de cabal confirmação, observados os princípios constitucionais do contraditório e da ampla defesa.

Nesse sentido a pacífica, mansa e remansosa jurisprudência dos nossos Tribunais, a começar pelo STF. A título exemplificativo, permitimo-nos colacionar o seguinte excerto, extraído de acórdão prolatado pela mais alta Corte do País: "Prova emprestada e garantia do contraditório. A garantia constitucional do contraditório – ao lado, quando for o caso, do princípio do juiz natural – é o obstáculo mais frequentemente oponível à admissão e à valoração da prova emprestada de outro processo no qual, pelo menos, não tenha sido parte aquele contra quem se pretenda fazê-la valer; por isso mesmo, no entanto, a circunstância de provir a prova de procedimento a que estranha a parte contra a qual se pretende utilizá-la só tem relevo se se cuida de prova que – não fora o seu translado para o processo – nele se devesse produzir no curso da instrução contraditória, com a presença e a intervenção das partes".[168]

Este precedente indica, com bastante clareza, os requisitos que o Poder Judiciário exige para que a prova emprestada venha validamente admitida, sem afronta ao princípio do contraditório, a saber: a) que seja produzida perante o juiz natural; e b) que figure, no processo onde foi produzida, o mesmo acusado do processo onde se pretenda seja utilizada.

Fora destas condições não se pode reconhecer relevância ou, mesmo, maior significação à "prova emprestada". "Prova emprestada" não passa de indício. E indício, como vimos, leva a uma *probabilidade*; nunca a uma *certeza*. E sem esta certeza, que

168. 1ª Turma, RE 328.138-MG, rel. Min. Sepúlveda Pertence, j. 16.9.2003, *DJU* 17.10.2003, p. 21. No mesmo sentido: 1ª Turma, HC 78.749-MS, rel. Min. Sepúlveda Pertence, j. 25.5.1999, *DJU* 25.6.1999, p. 4.

só as verdadeiras provas fornecem, não há como tributar ou sancionar a quem quer que seja.

XI – Em conclusão, as autoridades fiscais têm o dever de (i) comprovar a ocorrência do *fato imponível* ou do ilícito supostamente cometido pelo contribuinte e (ii) valer-se de todos os meios de prova para a busca da verdade material. Todavia, são condenáveis as práticas fiscais que, ignorando os direitos fundamentais dos contribuintes, tentam, a todo o custo, "encurtar o caminho" do lançamento tributário ou da lavratura do auto de infração.

8.4 Consequências a tirar

I – De tudo o que foi escrito colige-se que a segurança jurídica só permite que o agente fiscal efetue o lançamento se tiver efetivo conhecimento da ocorrência do *fato imponível*. Também só lhe é dado lavrar o *auto de infração* tendo real ciência de determinados fatos que, em tese, tipificam ilícitos tributários. E, ao lançar ou lavrar o auto de infração, deve observar os procedimentos formais, previstos em lei, para provar que tais fatos ocorreram.

Simples anseios arrecadatórios, nem sempre equilibrados, nem sempre jurídicos, não conduzem à inexorabilidade da tributação. Pelo contrário, esta, num Estado Democrático de Direito como o nosso, pressupõe que o agente fiscal seja reverente à letra e ao espírito da lei que institui *in abstracto* o gravame.

II – Deveras, tributar de modo adequado nunca será exigir a exação fiscal apenas com base em intuições fazendárias e em manifestações opinativas de seus agentes. Tais condutas entram em conflito aberto com o *princípio da ampla defesa*, que já nos processos administrativo-tributários impõe a busca da *verdade material*.[169]

Evidentemente, a *verdade material* não pode ser buscada a qualquer preço. Tal se daria se ela aflorasse não da regular instrução processual, mas de provas ilícitas ou estranhas ao processo (provas emprestadas).

III – Pois bem. Na busca da *verdade material*, Fisco e contribuinte podem, em qualquer fase do processo, quer administrativo, quer judicial, inclusive em grau de recurso, produzir provas (laudos, documentos, perícias, testemunhos etc.). Além disso, compete ao julgador tributário considerar, ponto por ponto, os argumentos apresentados pelo contribuinte, até para, se for o caso, rebatê-los, desde que o faça

169. Excelentes, como de hábito, as observações, a respeito, de Alberto Xavier:

"O lançamento, como ato de aplicação do Direito, envolve, como já se disse, a interpretação da lei, a caracterização do fato previsto na hipótese normativa e sua ulterior subsunção no tipo legal.

"O procedimento tributário de lançamento tem como finalidade central a investigação dos fatos tributários, com vista à sua prova e caracterização; respeita à *premissa menor* do silogismo de aplicação da lei.

"Como, porém, proceder à investigação e valoração dos fatos?

"A este quesito a resposta do direito tributário é bem clara. Dominado todo ele por um princípio de legalidade, tendende à proteção da esfera privada contra os arbítrios do poder, a solução não poderia deixar de consistir em submeter a investigação a um *princípio inquisitório* e a valoração dos fatos a um *princípio da verdade material*" (*Do Lançamento: Teoria Geral do Ato, do Procedimento e do Processo Tributário*, 2ª ed., Rio de Janeiro, Forense, 1997, p. 121).

fundamentadamente (*princípio da motivação*[170]), sempre assegurado o direito constitucional à ampla defesa.

IV – O agente fiscal não pode, pois, valer-se de presunções, ficções ou indícios para suprir lacunas da realidade que se lhe apresenta. Não devemos nos esquecer de que os agentes fiscais, como, de resto, todos os funcionários públicos, têm o dever de resolver *motivadamente* os casos que lhes são afetos, observados os direitos e garantias individuais.[171]

Aí está: os atos administrativo-tributários devem, sem exceção, ser *motivados*. O contribuinte tem o direito subjetivo de saber – ainda que isto não venha expressamente previsto em lei – por que foram praticados, isto é, quais motivos os ensejaram.

A ideia foi aperfeiçoada pela Lei 13.655/2018, que ampliou significativamente a Lei de Introdução às Normas do Direito Brasileiro/LINDB, com o fito de elevar os níveis de segurança jurídica e eficiência na criação e aplicação do direito público.

Com efeito, seu art. 20 determina que as decisões, sejam as administrativas, sejam as judiciais, deverão ser motivadas, não podendo ficar no plano meramente retórico, inçado de fórmulas gerais e vazias (interesse público, prudente arbítrio, princípio da dignidade da pessoa humana, princípio da solidariedade, princípio da moralidade etc.). De revés, deverão analisar cuidadosamente os fatos e sopesar as consequências práticas que suscitarão.[172]

170. Mormente no que se refere ao processo administrativo-tributário, o *princípio da motivação* exige que os atos dos agentes do Fisco sejam, sob pena de ineficácia jurídica, devidamente fundamentados, isto é, tragam, bem explicitadas, as razões que levaram à sua prática.

Assim deve ser para que o contribuinte, conhecendo as circunstâncias (causas e elementos determinantes) que levaram à prática do ato administrativo, possa eventualmente confrontá-lo com as hipóteses normativas invocadas pelo agente fiscal.

171. O lançamento e o auto de infração devem ser bem-fundamentados, conforme, diga-se de passagem, a lição sempre acatada de Alberto Xavier, já lembrada na obra e local citados anteriormente (*Do Lançamento...*, 2ª ed., pp. 168-169).

Portanto, os contribuintes devem saber dos *motivos* que levaram à prática do lançamento ou à lavratura do auto de infração, a fim de que possam, eventualmente, impugná-los, exercitando seu direito ao contraditório e à ampla defesa. Segue-se, destarte, que estes atos administrativos, sob pena de invalidade, devem trazer, de modo expresso, claro e suficiente, os *fundamentos de fato e de direito* que os embasaram.

Neste sentido dispõe o art. 50 da Lei 9.784, de 29.1.1999 (Lei de Processo Administrativo):

"Art. 50. Os atos administrativos deverão ser motivados, com indicação dos fatos e dos fundamentos jurídicos, quando: I – neguem, limitem ou afetem direitos ou interesses; II – imponham ou agravem deveres, encargos ou sanções; III – decidam processos administrativos de concurso ou seleção pública; IV – dispensem ou declarem a inexigibilidade de processo licitatório; V – decidam recursos administrativos; VI – decorram de reexame de ofício; VII – deixem de aplicar jurisprudência firmada sobre a questão ou discrepem de pareceres, laudos, propostas e relatórios oficiais; VIII – importem anulação, revogação, suspensão ou convalidação de ato administrativo.

"§ 1º. A motivação deve ser explícita, clara e congruente, podendo consistir em declaração de concordância com fundamentos de anteriores pareceres, informações, decisões ou propostas, que, neste caso, serão parte integrante do ato.

"§ 2º. Na solução de vários assuntos da mesma natureza, pode ser utilizado meio mecânico que reproduza os fundamentos das decisões, desde que não prejudique direito ou garantia dos interessados.

"§ 3º. A motivação das decisões de órgãos colegiados e comissões ou de decisões orais constará da respectiva ata ou de termo escrito."

172. Surpreendentemente, a Câmara Superior do Conselho Administrativo de Recursos Fiscais/CARF, ao recusar Questão de Ordem no Processo 19515.003515/2007-74, proclamou a "inaplicabilidade

V – Demais disso, é mister que tal motivação seja *verdadeira*, vale dizer, corresponda à realidade. Do contrário, o ato será *nulo de pleno direito*, até porque não permitirá que o contribuinte exercite, como a ordem jurídica lhe faculta, seu direito à ampla defesa.

Reiteramos que desconfianças não têm nenhum valor probatório, sob pena de todos passarem a viver sob o guante da insegurança e da incerteza.

Conjecturas, indícios, intuições, positivamente não são meios de prova. São, quando muito, *pressupostos* de meios de prova, que absolutamente não podem levar a lançamentos tributários ou à imposição de sanções fiscais. Sem aquilo que Francesco Coppola chama, com muita felicidade, de *batismo da certeza*,[173] que só as verdadeiras provas[174] fornecem, não há como tributar ou sancionar a quem quer que seja.

da Lei n. 13.655, de 2018, à atividade judicante do CARF", ao argumento de que ela, quando muito, irradiaria efeitos sobre as "atividades essencialmente administrativas, afetas à sua Secretaria Executiva".

A decisão causa espécie, até porque a LINDB, desde a época em que se intitulava "Lei de Introdução ao Código Civil", nunca teve negado seu caráter de lei geral, de modo a abarcar também as leis tributárias, seja no momento de sua edição, seja quando de sua aplicação, pouco importando se na esfera administrativa ou judicial.

Demais disso, o art. 20 da LINDB é peremptório no sentido de que, "nas esferas administrativa, controladora e judicial, não se decidirá com base em valores jurídicos abstratos sem que sejam consideradas as consequências práticas da decisão". Vai daí que a *Lei de Introdução reformada* deve ser observada inclusive pelas autoridades administrativas judicantes.

173. Francesco Coppola, verbete "*Presunzione*", n. 1, in *Nuovo Digesto Italiano*.

174. A prova reveste-se de fundamental importância na apreciação dos fatos, pois é ela que norteia o aplicador da lei em suas decisões.

Provar nada mais é do que formar a convicção do magistrado ou do administrador público acerca da existência ou da inexistência de fatos relevantes (Chiovenda).

Neste contexto, merece ser trazida à baila a bem-dosada lição de Enrico Tullio Liebman: "Denominam-se provas os meios aptos a divulgar um fato e, destarte, a demonstrar sua ocorrência e a formar a convicção sobre a verdade deste fato em si mesmo considerado" (*Manuale di Diritto Processuale Civile*, 3ª ed., vol. 2, Milão, Giuffrè, 1974, p. 68 – traduzimos).

Estamos notando, pois, que a prova pode ser encarada sob o ângulo *objetivo* e sob o ângulo *subjetivo*. Com efeito, ela serve para demonstrar a existência dos fatos em exame (ângulo *objetivo*) e, ao mesmo tempo, para formar, no espírito de quem a aprecia, a convicção de que são verdadeiros (ângulo *subjetivo*).

As provas são, pois, instrumentos elementares para que o Direito venha corretamente aplicado.

O objeto da prova (*thema probandum*) é sempre um fato cuja existência e verdade precisam ser demonstradas. Mas os *meios de prova* (meios para produzir *verdades jurídicas*, gerando *certezas*) estão longe de ser ilimitados. Realmente, só os legais e os moralmente legítimos são admissíveis para provar-se a verdade dos fatos.

Não devemos nos esquecer de que a CF, em seu art. 5º, LVI, declara textualmente serem "inadmissíveis, no processo, as provas obtidas por meios ilícitos". Só para esclarecermos o assunto, consideram-se obtidas por meios ilícitos as provas colhidas com infringência aos direitos e garantias fundamentais, que, indubitavelmente, têm *valor maior* que o interesse em apurar a verdade. Esta não pode ser alcançada a qualquer preço num *Estado Democrático de Direito*.

Reforcemos estas ideias. Em nosso ordenamento jurídico só são consideradas *provas* aquelas que o Direito admite. Assim, apenas para darmos um exemplo, uma *escuta clandestina*, ainda que altamente elucidativa, não pode respaldar um édito condenatório. Mais: as provas que, em função desta *escuta*, forem coligidas também se entremostram imprestáveis, já que não têm força bastante para sancionar o infrator. É a teoria dos *frutos da árvore envenenada* (*fruits of the poisonous tree*), criada pela jurisprudência norte-americana e que nosso STF acaba de consagrar (HC 72.588-PB, rel. Min. Maurício Corrêa; HC 73.351-SP, rel. Min. Ilmar Galvão; HC 73.461-SP, rel. Min. Octávio Gallotti). Esta teoria dá por igualmente contaminadas as *provas derivadas* de *provas ilícitas*, ou seja, também considera contaminadas de ilicitude as provas que decorrem de provas ilícitas.

VI – Enfim, por força do *princípio da segurança jurídica*, a utilização destas *mentiras técnicas* só pode decorrer de norma jurídica expressa. Mesmo assim, ela jamais pode transformar um inocente num culpado, nem uma pessoa estranha ao *fato imponível* num contribuinte.

8.5 A norma geral antielisiva. Sua correta compreensão

I – A Lei Complementar 104, de 10.1.2001, também conhecida como "norma geral antielisiva", introduziu um parágrafo único ao art. 116 do CTN, *verbis*: "Parágrafo único. A autoridade administrativa poderá desconsiderar atos ou negócios jurídicos praticados com a finalidade de dissimular a ocorrência do fato gerador do tributo ou a natureza dos elementos constitutivos da obrigação tributária, observados os procedimentos a serem estabelecidos em lei ordinária".

Trata-se, como se vê, de dispositivo pelo qual a Fazenda Pública busca proteger-se contra aquilo que considera "esperteza" do contribuinte. "Esperteza", diga-se de passagem, que muitas vezes inexiste, porquanto não pagar tributo, longe de sempre caracterizar uma infração, é, sob certo enfoque, até um direito do contribuinte.

O que se pretendeu com o parágrafo único acrescentado ao art. 116 do CTN foi algo muito discutível, porque – como já vimos no capítulo anterior – não é dado negar ao contribuinte o direito de inibir a ocorrência de situações sujeitas a incidências fiscais, desde que o faça usando dos recursos que o Direito lhe possibilita.

É exatamente isso que a cultura fiscalista imperante em nosso País resiste em aceitar. Se é certo que o contribuinte deve satisfazer suas obrigações tributárias, é igualmente certo que tem o direito de organizar seus negócios de modo a pagar o menos possível ou, até, a nada pagar, desde que – tornamos a insistir – o faça sem atropelar a ordem jurídica.

II – Embora o parágrafo único do art. 116 do CTN não seja, em si mesmo, inconstitucional, tal vício far-se-á presente caso o dispositivo venha interpretado, pelas autoridades fiscais, como contendo uma autorização para sancionar contribuintes, desconsiderando a realização de negócios lícitos, aos simples argumentos de que estes não estariam sujeitos à tributação ou levariam a uma tributação mitigada.

Em outras palavras: a *verdade material* só ingressa no mundo jurídico quando se transforma em *verdade jurídica*, por intermédio dos meios hábeis, em Direito admitidos (documentos, perícias, depoimentos idôneos etc.). Se não, pelo menos nos quadrantes do Direito, não podemos dizer que um dado *fato* ocorreu.

Os meios de prova podem ser *diretos* (*v.g.*, testemunhas oculares, documentos, perícias) ou *indiretos* (*v.g.*, testemunhas "por ouvir dizer").

A prova é *direta* quando propicia a quem a examina a ideia objetiva do fato a ser demonstrado. Já, é *indireta* quando exige um raciocínio lógico, decalcado na experiência comum, para que de um fato conhecido se possa chegar a outro, ignorado. Neste sentido, a *prova circunstancial*, também chamada *indiciária*, que resulta das circunstâncias que cercam o fato a ser demonstrado, não deixa de ser uma *prova indireta*.

É interessante notar que a percepção de um fato tanto pode recair sobre ele próprio, em si mesmo considerado, como sobre um outro, do qual se possa inferi-lo, segundo a experiência comum.

O melhor é compreender esta norma como vedatória da simulação fiscal, conforme acentua, com leve sabor de classicismo, Alberto Xavier:

"Para aqueles que aspiravam à ampla e inovadora consagração de uma cláusula geral antielisiva, a Lei Complementar 104/2001, restrita à figura clássica da simulação, foi, como na fábula de *Horácio*, retomada por *La Fontaine*, a montanha que pariu um rato (*parturiunt montes, nascitur ridiculus mus*).

"Em nossa opinião bem andou o Congresso Nacional em formular um novo parágrafo único do art. 116 do modo que o fez.

"Por um lado reiterou que a lei tributária não pode extravasar os limites da tipicidade, pois a declaração de ineficácia do ato simulado nada mais é que a tributação de um *fato típico* – o ato dissimulado –, em razão do princípio da verdade material, que o revela à plena luz.

"Mas, por outro lado, assegurou que, tendo restringido expressamente o âmbito da declaração de ineficácia ao mundo dos *atos simulados*, essa declaração de ineficácia não se estende a *atos verdadeiros*, ainda que de efeitos econômicos equivalentes aos dos atos típicos, fiscalmente mais onerosos e independentemente dos motivos que levaram as partes à sua realização."[175]

Não poderia dizer mais, nem dizer melhor.

Vamos, pois – seguindo na traça do mestre lusitano –, cuidar da simulação fiscal.

8.5.1 Da simulação fiscal

I – *Simulação*, em apertada síntese, é a divergência entre a vontade e a declaração, fruto de acordo celebrado com o fito de enganar terceiros.[176]

Como bem o percebeu Francesco Ferrara, em preciosa monografia,[177] para que a simulação se verifique é mister haja: a) divergência intencional entre a vontade e a declaração; b) *pactum simulationis* (pacto simulatório); e c) propósito de enganar terceiros.

A simulação vem disciplinada no art. 167, § 1º, do CC: "§ 1º. Haverá simulação nos negócios jurídicos quando: I – aparentarem conferir ou transmitir direitos a pessoas diversas daquelas às quais realmente se conferem ou transmitem; II – contiverem declaração, confissão, condição ou cláusula não verdadeira; III – os instrumentos particulares forem antedatados, ou pós-datados".

175. Alberto Xavier, *Tipicidade da Tributação, Simulação e Norma Antielisiva*, São Paulo, Dialética, 2001, pp. 156-157.

176. *Simular*, em apertada síntese, é esconder o que se tem; *dissimular* é fingir ter o que não se tem. Conquanto em matéria cível a simulação se distinga da dissimulação, inclusive quanto aos seus efeitos, em matéria tributária os dois fenômenos se superpõem, pois produzem os mesmos efeitos: evitam, por meio de manobras ilícitas, o nascimento de deveres fiscais. Assim, utilizaremos apenas o termo "simulação" mesmo quando estivermos nos referindo a uma conduta dissimulada do contribuinte.

177. Francesco Ferrara, *La Simulazione nei Negozi Giuridici*, 5ª ed., Turim, 1922.

Estas as hipóteses taxativas autorizadoras da desqualificação, por simulação, de atos ou negócios jurídicos, que passam a ser reconhecidas como inafastáveis parâmetros objetivos para determinação do alcance da norma do parágrafo único do art. 116 do CTN.

II – Observamos que a simulação, em rigor, é uma só, não havendo por que distinguir, como fazem alguns, a *civil* da *fiscal*.

Assim, mesmo quando o terceiro prejudicado por este defeito do ato jurídico é a Fazenda Pública a simulação não é considerada infração fiscal autônoma.

Uma coisa, porém, precisa ficar definitivamente assentada: o Fisco não pode conhecer diretamente da simulação, declarando, *de ofício*, o defeito do ato jurídico e tributando – pelo lançamento ou pelo auto de infração – a realidade oculta pela aparência enganosa. Precisa, para tanto, valer-se do Poder Judiciário, aguardando o trânsito em julgado da decisão que declare a invalidade deste mesmo ato jurídico.

Logo, a nulidade dos atos simulados não pode ser declarada no próprio *lançamento* (ou no *auto de infração*). Isto somente será possível por intermédio de um *processo judicial*, intentado pelo representante da Fazenda Pública.

Assim, mesmo que o Fisco tenha fundadas suspeitas de que dado ato jurídico, que lhe trouxe prejuízos, é simulado, deverá, num primeiro momento, considerá-lo válido, efetuando o lançamento de acordo com as aparências. De seguida, deverá pleitear, junto ao Poder Judiciário, a declaração da nulidade deste mesmo ato jurídico. Só depois de obtida a decisão favorável é que poderá alterar o lançamento.[178] Não poderá, em suma, *fazer justiça pelas próprias mãos*, ainda que para satisfazer pretensão que reputa legítima.

Portanto, como agudamente observa Clóvis Beviláqua, *o mesmo direito* que socorre os terceiros prejudicados, com o ato simulado, "é reconhecido aos representantes do Poder Público, Federal, Estadual ou Municipal, ou por dano causado ao Fisco".[179]

III – Nem se diga que esta possibilidade de intervenção judicial limitaria o alcance e a eficácia do parágrafo único do art. 116 do CTN. É que, nos termos dos arts. 149, VII, e 150, § 4º, do mesmo diploma, não flui o prazo decadencial do direito de lançar o tributo, de proceder à revisão do lançamento ou de homologar o pagamento quando se comprove que o sujeito passivo ou terceiro, em benefício daquele, agiu com *simulação*. Assim, a natural demora no desfecho da demanda não esgarçará sequer o direito, que a Fazenda Pública tem, de lançar ou lavrar o auto de infração.

Assim como não se pode reconhecer, na autoridade administrativa, competência para negar eficácia a atos ou negócios jurídicos sob o argumento de que contrariam

178. Nossa posição apoia-se nas lições de Alberto Xavier ("Liberdade fiscal, simulação e fraude no direito tributário brasileiro", *RDTributário* 11-12/298 e 299) e de Pontes de Miranda ("Parecer 71", de 8.3.1950, in *Questões Forenses 2*, p. 170).

179. Clóvis Beviláqua, *Comentários ao Código Civil*, 11ª ed., vol. I, Rio de Janeiro, Livraria Francisco Alves, 1956, p. 286.

interesses arrecadatórios, é inaceitável que, para fins tributários, venham erigidas hipóteses de simulação distintas das expressamente apontadas no Código Civil.

IV – Observe-se que o atual Código Civil considera nulo o ato simulado (art. 167), ao contrário do anterior, que o tinha por simplesmente anulável. A nulidade – alegada por qualquer interessado ou, quando lhe couber intervir, pelo Ministério Público – deve, no entanto, ser declarada pelo juiz (art. 168 e seu parágrafo único do CC), com o quê as partes envolvidas têm o direito ao contraditório e à ampla defesa, com os meios e recursos a ela inerentes (art. 5º, LV, da CF).

Todavia, caminhando em sentido diametralmente oposto, o parágrafo único do art. 116 do CTN investiu a "autoridade administrativa" do poder de desconsiderar atos ou negócios jurídicos supostamente "dissimulados", passando ao largo do § 1º do precitado art. 167 do CC. Isso, uma lei complementar, pretensamente veiculadora de normas gerais em matéria de legislação tributária, não poderia fazer, porquanto o direito tributário positivamente não tem autonomia científica em relação aos demais ramos jurídicos; menos ainda para criar uma *forma fiscal* de declarar-se a simulação.

V – Importa assinalar, por fim, que, como o parágrafo único do art. 116 do CTN remete aos "procedimentos a serem estabelecidos em lei ordinária", enquanto esta não for editada as autoridades fazendárias estarão impedidas de efetuar a desconsideração do ato ou do negócio que entenderem inquinados de simulação.

Deveras, o dispositivo em foco não confere aos agentes do Fisco poderes discricionários para levarem a efeito a desconsideração, mas, pelo contrário, condiciona a adoção de tal medida à observância de procedimentos a serem fixados em lei ordinária.

Em resumo: à míngua da lei ordinária exigida pelo art. 116, parágrafo único, *in fine*, do CTN, não é dado à Fazenda Pública desconsiderar atos e negócios jurídicos que considere simulados.[180] E isto, evidentemente, sem prejuízo de tudo quanto foi acima exposto.

9. A quebra dos sigilos bancário, de dados e fiscal sem expressa autorização do Poder Judiciário. Sua inconstitucionalidade

I – Como se sabe, são princípios constitucionais com repercussões no campo tributário, dentre outros, o do devido processo legal (art. 5º, LIV e LV, da CF), o da reserva de jurisdição para a quebra do sigilo de dados (art. 5º, XII, da CF) e o que

180. Encontra-se em trâmite no Congresso Nacional o Projeto de Lei 536/2007, que visa a fixar "os procedimentos para desconsideração de atos ou negócios jurídicos, para fins tributários, conforme previsto no parágrafo único do art. 116 da Lei n. 5.172, de 25 de outubro de 1966 – Código Tributário Nacional (CTN), introduzido pela Lei Complementar n. 104, de 10 de janeiro de 2001". Tal proposta, porém, se nos afigura inconstitucional, pois "confere" à Administração Fazendária poderes arbitrários para (i) desconsiderar qualquer ato ou negócio jurídico que tenha por praticado com o escopo de ocultar algum elemento do *fato imponível* e (ii) valer-se da analogia para, com base em critérios subjetivos, alargar o âmbito de abrangência das hipóteses de incidência dos tributos.

protege a intimidade e a vida privada das pessoas, corolários inafastáveis da dignidade da pessoa humana.

A este último respeito, registramos ser a dignidade da pessoa humana um dos fundamentos de nosso Estado Democrático de Direito – como, de resto, ressai da só leitura do art. 1º, III, da CF. Tal diretriz veio reforçada pelo art. 3º, IV, do mesmo Diploma Magno, que aponta como um dos objetivos da República Federativa do Brasil "promover o bem de todos" – o que pressupõe, por óbvio, o dever de garantir-lhes uma existência digna.

Apropriadamente, o já citado Ronald Dworkin observa: "(*uma existência digna*) torna mais fácil para cada um de nós a tarefa de viver bem uma boa vida. Lembremo-nos, além disso, que o que está em jogo vai além da nossa morte. Sem a dignidade, nossa vida não passa de lampejos de duração. Se, porém, conseguirmos viver bem uma boa vida, nós criamos algo mais. Escrevemos um adendo à nossa mortalidade. Nossa vida se torna um pequeno diamante em meio às areias cósmicas".[181]

Ora, uma *existência digna* compreende os direitos à intimidade, à vida privada, ao sigilo de dados, ao sigilo fiscal, ao sigilo bancário – entre outros.

De fato, o labéu, a mancha infamante na reputação, costuma causar danos maiores às pessoas do que a perda de bens materiais.

Ademais, a lesão à intimidade fere fundo a autoestima, ou seja, a noção que a pessoa tem do próprio valor e a confiança de que reúne as condições necessárias à consecução das metas que elegeu para a própria vida.

É por isso que, em boa hora, o Constituinte de 1988 guindou a intimidade, a vida privada, a honra e a imagem das pessoas ao patamar dos direitos fundamentais (cf. art. 5º, X, da CF). E, para assegurar a realização destes valores, estabeleceu ser "inviolável o sigilo da correspondência e das comunicações telegráficas, de dados e das comunicações telefônicas, salvo, no último caso, por ordem judicial, nas hipóteses e na forma que a lei estabelecer para fins de investigação criminal ou instrução processual penal" (art. 5º, XII, da CF).

II – Ora, a Lei Complementar 105, de 10.1.2001, a pretexto de – como consta de sua própria *ementa* – dispor sobre o sigilo das operações de instituições financeiras, paradoxalmente acabou por atentar contra as supramencionadas garantias constitucionais.

Com efeito, a Constituição, como já dito, garantiu a inviolabilidade da privacidade e o sigilo de dados. Para efetivá-los, assegurou também o sigilo das informações bancárias, seja das constantes nas instituições financeiras, seja das existentes na própria Fazenda Pública. No que andou bem, pois, por meio da análise e divulgação dos dados bancários deixa-se ao desabrigo a intimidade da pessoa; fica fácil saber quais suas preferências políticas (*v.g.*, na hipótese de ter feito uma doação de campanha a um partido), qual sua religião (pelo eventual donativo que fez a uma Igreja),

181. Ronald Dworkin, *A Raposa e o Porco-Espinho: Justiça e Valor*, trad. de Marcelo Brandão Cipolla, São Paulo, WMF Martins Fontes, 2014, p. 646 (esclarecemos no parêntese).

com quem se relaciona, quais suas diversões habituais, que lugares frequenta, se está passando por dificuldades financeiras (comprováveis por constantes saldos bancários negativos) etc.

Tudo isto pode levar a situações altamente embaraçosas, como bem o percebeu José Eduardo Soares de Melo, *verbis*: "Informar a situação pessoal abala o natural relacionamento com seus clientes (fundados na confiança e no crédito), pois acarreta significativos reflexos, porque pode despertar a cobiça de terceiros (com fins criminosos mediante sequestro, roubos etc.), a participação desleal de concorrentes em negócios, o irado procedimento de credores (perspectivas de bloqueios de valores) e da própria família (interpelação relativa a ganhos, gastos etc.)".[182]

Não é por outra razão que o Constituinte de 1988 condicionou a quebra do sigilo bancário à prévia autorização judicial e, ainda assim, quando presentes fundadas suspeitas da existência de possível delito praticado por quem vai sofrer a investigação.[183]

182. José Eduardo Soares de Melo, "Sigilo de dados bancários – Limites da fiscalização – Presunções tributárias", in Aires Fernandino Barreto (coord.), *Direito Tributário Contemporâneo – Estudos em Homenagem a Geraldo Ataliba*, São Paulo, Malheiros Editores, 2011, p. 367.

183. A quebra de sigilo bancário também pode ser determinada por Comissão Parlamentar de Inquérito (art. 58, § 3º, da CF), mas apenas se houver a indicação de fatos concretos e precisos relacionados à pessoa que se encontra sob investigação. Neste sentido, merece destaque o erudito voto do Min. Celso de Mello prolatado nos autos do MS 25.668-DF, cuja ementa é:

"Comissão Parlamentar de Inquérito – Quebra de sigilo bancário, fiscal e telefônico – Ausência de indicação de fatos concretos – Fundamentação genérica – Inadmissibilidade – Controle jurisdicional – Possibilidade – Consequente invalidação do ato de *disclosure* – Inocorrência, em tal hipótese, de transgressão ao postulado da separação de Poderes – Mandado de segurança deferido. A quebra de sigilo – que se apoia em fundamentos genéricos e que não indica fatos concretos e precisos referentes à pessoa sob investigação – constitui ato eivado de nulidade.

"A quebra do sigilo inerente aos registros bancários, fiscais e telefônicos, por traduzir medida de caráter excepcional, revela-se incompatível com o ordenamento constitucional quando fundada em deliberações emanadas de CPI cujo suporte decisório apoia-se em formulações genéricas, destituídas da necessária e específica indicação de causa provável, que se qualifica como pressuposto legitimador da ruptura, por parte do Estado, da esfera de intimidade a todos garantida pela Constituição da República – Precedentes – Doutrina.

"O controle jurisdicional de abusos praticados por Comissão Parlamentar de Inquérito não ofende o princípio da separação de Poderes.

"O STF, quando intervém para assegurar as franquias constitucionais e para garantir a integridade e a supremacia da Constituição, neutralizando, desse modo, abusos cometidos por Comissão Parlamentar de Inquérito, desempenha, de maneira plenamente legítima, as atribuições que lhe conferiu a própria Carta da República. O regular exercício da função jurisdicional, nesse contexto, porque vocacionado a fazer prevalecer a autoridade da Constituição, não transgride o princípio da separação de poderes – Doutrina – Precedentes."

Quanto à possibilidade de quebra do sigilo bancário por requisição do Ministério Público, esta tem sido sistematicamente negada pelo STF, que não dá ao art. 129, VI, da CF o alcance que, nós mesmos, lhe emprestamos. Sirva-nos de exemplo a seguinte ementa:

"1. Recurso – Extraordinário – Inadmissibilidade – Instituições financeiras – Sigilo bancário – Quebra – Requisição – Ilegitimidade do Ministério Público – Necessidade de autorização judicial – Jurisprudência assentada – Ausência de razões novas – Decisão mantida – Agravo regimental improvido. Nega-se provimento a agravo regimental tendente a impugnar, sem razões novas, decisão fundada em jurisprudência assente na Corte.

"2. Recurso – Agravo regimental – Jurisprudência assentada sobre a matéria – Caráter meramente abusivo – Litigância de má-fé – Imposição de multa – Aplicação do art. 557, § 2º, c/c os arts. 14, II e III, e 17, VII, do CPC. Quando abusiva a interposição de agravo, manifestamente inadmissível ou infundado,

Mais: determinou que as informações assim obtidas somente pudessem ser utilizadas para a apuração dos fatos que ensejaram a medida.

III – Devem, pois, ser ignorados os *conhecimentos fortuitos* que derivam da quebra de sigilo bancário judicialmente autorizada. Assim, por exemplo, se o Poder Judiciário autorizou a quebra do sigilo bancário para a eventual apuração do *fato "A"* e, ao invés disso, apura-se o *fato "B"*, completamente desvinculado do primeiro, a prova obtida é nula.

Nesse sentido a lição de Manuel Monteiro Guedes Valente:

"A exegese sobre os *conhecimentos fortuitos* (*Zufallsfunde* ou *descubrimientos ocasionales*) em geral (...) não pode seguir o caminho da visão do *político pragmático* que *quer soluções rápidas para os problemas que o preocupam, tratando-os geralmente numa perspectiva puramente conjuntural, marcada pela cadência das datas eleitorais*, pois deve seguir o caminho tocquevilleano da substituição da violência – física ou psicológica, sentida ou escondida, legítima ou ilegítima – pela justiça. Nesta linha de pensamento e em um espírito apuleiano, não podemos rasgar a herança legada pelos nossos antepassados de uma acção punitiva do Estado segundo os ditames da legalidade e do respeito pelos direitos, liberdades e garantias fundamentais do cidadão.

"A demanda da verdade e da justiça não é um processo automático de refracção de causa-efeito-resultado enquadrado em uma eficácia tacticamente edificada sob os auspícios de *os fins justificarem os meios*, sob pena de a finalidade primeira de ressocialização do delinquente se metamorfosear em dessocialização, por não aceitar que a legitimidade punitiva do Estado (ou dos seus operadores) se furte aos princípios de que se arroga para prevenir e investigar condutas delituosas".[184]

Portanto, os *conhecimentos fortuitos* obtidos por meio de uma quebra de sigilo bancário, bem como as provas que deles derivarem, devem ser desconsiderados.[185]

IV – Muito bem, à conta de evitar a fraude e a evasão fiscal, foi editada, a partir de projeto apresentado pelo Executivo Federal, a Lei Complementar 105/2001, que, *grosso modo*, permite que, em qualquer situação, o agente fiscal quebre o sigilo bancário do contribuinte que lhe suscitar suspeita.[186] Basta intua – critério eminentemente subjetivo

deve o tribunal condenar a agravante a pagar multa ao agravado" (RE/AgRg 318.136-RJ, rel. Min. Cézar Peluso).

184. Manuel Monteiro Guedes Valente, *Conhecimentos Fortuitos – A Busca de um Equilíbrio Apuleiano*, Coimbra, Livraria Almedina, 2006, pp. 13-14.

185. Não devemos confundir, porém, os *conhecimentos fortuitos* (conhecimentos de fatos que não se referem à infração que legitimou a autorização judicial para a quebra do sigilo bancário) com os *conhecimentos de investigação* (conhecimentos de fatos conexos ao delito que está sendo apurado), que – estes, sim – devem ser levados em conta. Só para ilustrar a ideia, digamos que haja autorização judicial para quebra de sigilo bancário a fim de apurar eventual corrupção passiva e que, neste contexto, se descubra também o corruptor ativo. Neste caso as provas obtidas são válidas, pois que se relacionam com o crime investigado (*crime catálogo*).

186. Sirva-nos de exemplo de tamanha absurdez o art. 5º da Lei Complementar 105/2001, *verbis*: "Art. 5º. O Poder Executivo disciplinará, inclusive quanto à periodicidade e aos limites de valor, os critérios segundo os quais as instituições financeiras informarão à Administração Tributária da União as operações financeiras efetuadas pelos usuários de seus serviços.

– a existência de alguma irregularidade (omissão de receita, aquisição de imóvel por valor inferior ao de mercado, gastos incompatíveis com os rendimentos declarados etc.).

Ora, não havia necessidade de a Lei Complementar 105/2001 assim dispor. O Poder Judiciário tem-se, até hoje, mostrado sensível aos pedidos de quebra de sigilo bancário sempre que há fundada suspeita da ocorrência de ilícitos envolvendo dinheiros públicos. Ademais, o agente fiscal, sem embargo de sua nunca negada respeitabilidade e seu zelo pela coisa pública, não possui a imparcialidade do juiz, já que é parte.

E nem se diga (argumento por nós muitas vezes ouvido) que haverá "boa vontade" para com os contribuintes honestos. É que "boa vontade" não é garantia de respeito aos ditames constitucionais. As garantias, como é de comum sabença, encontram-se no próprio Diploma Magno e não carecem de explicitação, legal ou infralegal, para se tornarem efetivas – conforme, de resto, expressamente afirmado no § 1º de seu art. 5º ("As normas definidoras dos direitos e garantias fundamentais têm aplicação imediata").

Também não ilide a violação ao direito fundamental em pauta o art. 10 da Lei Complementar 105/2001, que veda – sob pena de crime, passível de pena de reclusão, de um a quatro anos, e multa – a divulgação, pelo agente fiscal, dos elementos obtidos com a quebra do sigilo bancário.

Tampouco colhe o sofisma de que não há, no caso, quebra do sigilo bancário, mas apenas sua transferência da instituição financeira para o agente fiscal, que saberá preservá-lo.[187]

"§ 1º. Consideram-se operações financeiras, para os efeitos deste artigo: I – depósitos à vista e a prazo, inclusive em conta de poupança; II – pagamentos efetuados em moeda corrente ou em cheques; III – emissão de ordens de crédito ou documentos assemelhados; IV – resgates em contas de depósitos à vista ou a prazo, inclusive de poupança; V – contratos de mútuo; VI – descontos de duplicatas, notas promissórias e outros títulos de crédito; VII – aquisições e vendas de títulos de renda fixa ou variável; VIII – aplicações em fundos de investimento; IX – aquisições de moeda estrangeira; X – conversões de moeda estrangeira em moeda nacional; XI – transferências de moeda e outros valores para o exterior; XII – operações com ouro, ativo financeiro; XIII – operações com cartão de crédito; XIV – operações de arrendamento mercantil; XV – quaisquer outras operações de natureza semelhante que venham a ser autorizadas pelo Banco Central do Brasil, Comissão de Valores Mobiliários ou outro órgão competente.

"§ 2º. As informações transferidas na forma do *caput* deste artigo restringir-se-ão a informes relacionados com a identificação dos titulares das operações e os montantes globais mensalmente movimentados, vedada a inserção de qualquer elemento que permita identificar a sua origem ou a natureza dos gastos a partir deles efetuados.

"§ 3º. Não se incluem entre as informações de que trata este artigo as operações financeiras efetuadas pelas Administrações Direta e Indireta da União, dos Estados, do Distrito Federal e dos Municípios.

"§ 4º. Recebidas as informações de que trata este artigo, se detectados indícios de falhas, incorreções ou omissões, ou de cometimento de ilícito fiscal, a autoridade interessada poderá requisitar as informações e os documentos de que necessitar, bem como realizar fiscalização ou auditoria para a adequada apuração dos fatos.

"§ 5º. As informações a que se refere este artigo serão conservadas sob sigilo fiscal, na forma da legislação em vigor."

Não se podia dizer mais, nem se podia dizer pior.

187. É famosa a tendência humana à bisbilhotice, como bem o sabia Henrique IV, rei da França.

Conta-se que o monarca andava calado, meditabundo, gerando, na Corte, toda sorte de especulações. Ninguém, porém, se atrevia a interpelá-lo. Um dia, um cortesão mais ousado aproxima-se do rei e lhe pergunta, à queima-roupa: "Majestade, quais são os seus planos?". Henrique IV, sem se perturbar,

Enfim, deploramos que o sigilo bancário não esteja sendo considerado uma garantia fundamental do contribuinte, mas um estorvo a ser a todo custo afastado. Poucos parecem lembrar-se de que, para tanto, teria que haver verdadeira "novação da Constituição", por meio de outra Assembleia Nacional Constituinte, dotada de poderes para, se necessário, anular *cláusulas pétreas*.

V – Mais e mais se corporifica, pois, a ideia de que não poderia um ato normativo de nível legal anular a garantia constitucional ao sigilo bancário. Muito menos de sorrate, como o fez a Lei Complementar 105/2001 – circunstância que nos permite falar, até, em *desvio de poder*.

Deveras, o legislador nacional, sob o color de atender ao interesse público, regulando o sigilo das operações de instituições financeiras, acabou por praticamente aboli-lo. Noutras palavras, alcançou, por meio de odioso disfarce, finalidade completamente divorciada dos ditames constitucionais.

Tais abusos de direito – estamos convencidos – haverão de merecer o repúdio do Poder Judiciário.[188]

VI – As injuridicidades em tela de discussão foram reforçadas com a edição do Decreto 4.489, de 28.11.2002, e, mais recentemente, da Instrução Normativa RFB-802, de 27.12.2007, que – esta de modo particular – praticamente acabam com o sigilo bancário no País. De fato, a instrução normativa em questão, a pretexto de "regulamentar" a Lei Complementar 105/2001, determinou que quaisquer operações cujos valores ultrapassem, por semestre, R$ 5.000,00 e R$ 10.000,00, respectivamente para pessoas físicas e jurídicas, devem ser comunicadas à Receita. Trata-se de determinação desarrazoada e – pior – inócua, já que o mero conhecimento das movimentações bancárias não se presta a comprovar a obtenção de renda e, portanto, ao lançamento do tributo específico (cf. Súmula 182 do antigo TFR).

Em suma, seja o Decreto 4.488/2002, seja a Instrução Normativa RFB-802/2007, aprofundaram as inconstitucionalidades que tisnavam o art. 5º da Lei Complementar 105/2001 e, nessa medida, anularam ou, quando pouco, relativizaram os direitos e garantias ora em foco.[189]

Por isso tudo, o Conselho Federal da OAB, por intermédio de seu Presidente, ajuizou ação direta de inconstitucionalidade (ADI 4.010) contra o art. 5º da Lei Complementar 105/2001, com pedido de liminar, *para que se suspenda o preceito im-*

responde com outra pergunta: "Meu jovem, você é capaz de guardar um segredo?". A resposta veio pronta: "Claro, Majestade; não o revelaria nem sob tortura". Era o que o rei esperava para encerrar o diálogo: "Pois é justamente o meu caso; por isso, nada lhe contarei".

188. Quando ultimamos a revisão desta 32ª edição (feverejaneiro/2019) várias ações diretas de inconstitucionalidade já haviam sido propostas perante o STF. Reiteradas vezes manifestamos, inclusive pela imprensa, mais que a esperança, a quase certeza de que essa Corte restabelecerá o primado da Constituição.

189. Como uma cinca atrai outra, o Estado de São Paulo editou a Lei 12.264, de 6.3.2006, que impõe às administradoras de cartões de crédito o dever de prestar, a agentes fiscais tributários da Secretaria da Fazenda, informações sobre as operações ou prestações realizadas por contribuintes paulistas do ICMS. Tal medida legislativa vai além do que determina a Lei Complementar 105/2001, que, em seu art. 6º, somente permite o acesso destas autoridades às informações sigilosas após iniciado o processo de fiscalização, ou seja, após o contribuinte haver sido notificado da quebra de seu sigilo bancário.

pugnado.[190] Oxalá o Poder Judiciário, por sua mais alta Corte, dê guarida a esta pretensão. Assim procedendo estará, sem sombra de dúvida, *restabelecendo* o primado da Constituição e *reforçando* o *Estado de Direito*, no qual todos pretendemos viver.

VII – Quanto ao *sigilo fiscal*, somos os primeiros a concordar que ele não é absoluto. Pode ser quebrado por decisão judicial – observados os requisitos acima expostos para a quebra do sigilo bancário – ou mediante o compartilhamento, entre os entes tributantes, de cadastros e informações fiscais,[191] na forma de lei ou convênio. É o que determina o inciso XXII do art. 37 da CF (acrescentado pela Emenda Constitucional 42/2003), que veio reforçar a intensidade do que já se encontrava estatuído nos arts. 198, § 2º, e 199 do CTN.

Anote-se que a ordem jurídica garante à Fazenda Pública o direito de fiscalizar a conduta dos contribuintes, desde que observe a competência tributária da pessoa política e seus limites territoriais.

Admite-se, porém, a cooperação entre as unidades federadas. Não, porém, de maneira informal (*v.g.*, mediante consultas telefônicas a órgãos públicos de outros entes tributantes), mas sempre com base em lei ou convênio – vale dizer, na manifestação de vontade destas mesmas unidades federadas.

Em suma, seja o art. 37, XXII, da CF, seja o art. 199, *in fine*, do CTN, são peremptórios: a quebra do sigilo fiscal amparada em elementos estranhos ao exercício da competência tributária própria somente se legitima por meio de atos formais de cooperação entre as pessoas políticas.

10. O "princípio da proporcionalidade" como limite constitucional à criação ou aumento dos tributos

I – Dentre os limites constitucionais para a criação ou o aumento de tributos merece destaque o *princípio da proporcionalidade*, também conhecido como *princípio da razoabilidade* ou *da proibição do excesso* (*Übermassverbot*).

Começamos por dizer que este princípio encerra – parafraseando Robert Alexy – um *comando de otimização*,[192] que impede que o Estado restrinja a liberdade das pessoas, a menos que isso se revele imprescindível à proteção dos interesses públicos.[193]

190. Levando-se em conta que a Instrução Normativa RFB-802/2007, ao "regulamentar" o art. 5º da Lei Complementar 105/2001, concretizou, de vez, a inconstitucional quebra do sigilo bancário das pessoas, que este último preceito encerra, há espaço jurídico para que, apesar do longo tempo passado, venha liminarmente suspenso.

Registramos, por oportuno, que o STF já concedeu medida cautelar ante a expedição tardia de norma regulamentando preceitos inconstitucionais (ADI 1.247). Também já decidiu que, se uma norma inconstitucional produz efeitos que se renovam, ela pode ser liminarmente suspensa, pouco importando o tempo transcorrido entre sua edição e a propositura da ação direta de inconstitucionalidade (ADI 1.568 e ADI 1.623).

191. É o que acontece, por exemplo, quando a Receita Federal do Brasil comunica aos Estados-membros uma doação de bens ou direitos (tributável por meio de ITCMD).

192. Robert Alexy, *Teoría de los Derechos Fundamentales*, trad. de Ernesto Garzón Valdés, Madri, Centro de Estudios Constitucionales, 1993, p. 86.

193. Quem bem captou a ideia foi Humberto Ávila, para quem o *princípio da proporcionalidade* "se aplica apenas a situações em que há uma relação de causalidade entre dois elementos empiricamente

II – No campo tributário, o princípio da proporcionalidade impõe que se busque a melhor maneira de exigir o cumprimento dos deveres tributários, sem acarretar ônus excessivos para os contribuintes nem lanhar, além do estritamente necessário, *valores* consagrados na Carta Constitucional.

Portanto, as medidas adotadas pelo Poder Público para a prossecução dos objetivos fazendários devem ser apropriadas, isto é, ter *a menor ingerência possível* nos negócios das pessoas. Afinal, por mais respeitáveis que sejam os interesses fazendários a tutelar, não chegam ao ponto de sobrepor-se ao direito fundamental que elas têm de se conduzirem com liberdade e dignidade.

Há de haver, pois, *racionalidade* na aplicação, ainda que por meio de lei – quanto mais de atos administrativos *lato sensu* –, das normas tributárias. Mesmo a pretexto de garantir a correta e adequada arrecadação fiscal, não podem ir "além da marca", isto é, ter extensão e intensidade desmedidas, capazes de inviabilizar ou, mesmo, dificultar as atividades normais dos contribuintes.

Em suma, a ordem jurídica não tolera os agravos à liberdade e à propriedade dos contribuintes que ultrapassem o indispensável à satisfação dos lídimos interesses arrecadatórios.

Daí falar-se em *justa proporção* entre o gravame a ser suportado pelo contribuinte e o fim arrecadatório que se pretende alcançar.

III – A doutrina moderna tem por inafastável o *princípio da proporcionalidade* para assegurar a eficácia das ações fiscalizatórias do Estado contra a sociedade em geral.

Calham, a respeito, estas pertinentes reflexões de Gilmar Ferreira Mendes:

"A doutrina constitucional mais moderna enfatiza que, em se tratando de imposição de restrições a determinados direitos, deve-se indagar não apenas sobre a admissibilidade constitucional da restrição eventualmente fixada (reserva legal), mas também sobre a compatibilidade das restrições estabelecidas com o princípio da proporcionalidade.

"Essa nova orientação, que permitiu converter o princípio da reserva legal (...) no princípio da reserva legal proporcional (...), pressupõe não só a legitimidade dos meios utilizados e dos fins perseguidos pelo legislador, mas também a adequação destes meios para a consecução dos objetivos pretendidos (...) e a necessidade de sua utilização (...).

"Um juízo definitivo sobre a proporcionalidade ou razoabilidade da medida há de resultar da rigorosa ponderação entre o significado da intervenção para o atingido e os objetivos perseguidos pelo legislador (proporcionalidade ou razoabilidade em sentido estrito).

discerníveis, um meio e um fim, de tal sorte que se possa proceder aos três exames fundamentais: o da adequação (O meio promove o fim?), o da necessidade (Dentre os meios disponíveis e igualmente adequados para promover o fim, não há outro meio menos restritivo dos direitos fundamentais afetados?) e da proporcionalidade em sentido estrito (As vantagens trazidas pela promoção do fim correspondem às desvantagens provocadas pela adoção do meio?)" ("Proporcionalidade e direito tributário", in *Direito Tributário*, vol. I (Homenagem a Alcides Jorge Costa), São Paulo, Quartier Latin do Brasil, 2003, pp. 330-331).

"O pressuposto da adequação (...) exige que as medidas interventivas adotadas mostrem-se aptas a atingir os objetivos pretendidos. O requisito da necessidade ou da exigibilidade (...) significa que nenhum meio menos gravoso para o indivíduo revelar-se-ia igualmente eficaz na consecução dos objetivos pretendidos.

"Assim, apenas o que é adequado pode ser necessário, mas o que é necessário não pode ser inadequado."[194]

Seguindo nesta trilha, são expressivas as manifestações de nossa Corte Suprema no sentido de declarar a invalidade de normas tributárias por atentarem contra a capacidade contributiva e a vedação do confisco.

IV – Dirigidos literalmente aos impostos (capacidade contributiva) e aos tributos em geral (que não podem ser utilizados com efeito de confisco), estes postulados, entretanto, têm alcance bem mais amplo, estendendo-se às multas fiscais em sentido lato, abrangendo as decorrentes do descumprimento de obrigações acessórias, tal como explicitado no art. 113, § 3º, do CTN, *verbis*:

"Art. 113. (...).

"(...).

"§ 3º. A obrigação acessória, pelo simples fato de sua inobservância, converte-se em obrigação principal relativamente à penalidade pecuniária."

Claras referências a esta linha de pensamento emergem das seguintes observações de Aliomar Baleeiro: "Em todos os tribunais, inclusive no nosso STF, resplandecem arestos em que seus mais prestigiosos membros reconheceram que, em certas situações especialíssimas, experimentaram a necessidade invencível de inserir certa ductibilidade ao texto, vergando-o às circunstâncias do tempo ou das peculiaridades raras do caso concreto, arisco à generalidade da norma".[195]

Como se nota – e mesmo sem aludir à nomenclatura que, com o tempo, veio a tornar-se corrente –, não há dúvida de que as palavras do ilustre jurista bem revelam que a preocupação de preservar os valores subjacentes ao *princípio da proporcionalidade* de há muito está consolidada em nossa Suprema Corte.

V – Tanto é assim que o mesmo Tribunal reafirmou sua fidelidade ao princípio em pauta na apreciação de dispositivos da Constituição do Estado do Rio de Janeiro que, em casos de não pagamento de tributos, fixavam *multas mínimas* correspondentes a duas vezes o valor envolvido ou cinco vezes, caso se tratasse de sonegação.

Ao declarar a inconstitucionalidade de tais multas, a Corte Augusta consignou:

"O eventual caráter de confisco de tais multas não pode ser dissociado da proporcionalidade que deve existir entre a violação da norma jurídica tributária e sua consequência jurídica, a própria multa.

"Desse modo, o valor mínimo de duas vezes o do tributo, como consequência do não recolhimento, apresenta-se desproporcional, atentando contra o patrimônio do contribuinte, em evidente efeito de confisco.

194. Gilmar Ferreira Mendes, "A proporcionalidade na jurisprudência do STF", *Repertório IOB de Jurisprudência* 23/475, 1994.

195. Aliomar Baleeiro, *Direito Tributário Brasileiro*, 11ª ed., Rio de Janeiro, Forense, 1999, p. 683.

"Igual desproporção constata-se na hipótese de sonegação, na qual a multa não pode ser inferior a cinco vezes o valor da taxa ou imposto, afetando ainda mais o patrimônio do contribuinte."[196]

Evidencia-se, pois, nesta decisão que o *princípio da proporcionalidade* operou como ponto de referência para revelar a inadequação por excesso (ausência de justa medida) de que se ressentiam os preceitos estaduais instituídos na tutela da arrecadação tributária. Daí a inexorável declaração de inconstitucionalidade que lhes foi imposta.

Deveras, as penalidades por infrações impostas aos contribuintes devem ser graduadas não só de acordo com o *princípio da individualização da pena*, como com o *princípio da proporcionalidade*. Noutras palavras, devem ser marcadas pela moderação, conforme a gravidade e a extensão das condutas ilícitas.[197]

VI – E nem se diga que a multa fiscal, por decorrer de uma ilicitude, não encontra limites no art. 150, IV, da CF.[198] Tal modo de pensar, no entanto, é equivocado.

Com efeito, embora o tributo, conforme estatui o art. 3º do CTN, não seja "sanção de ato ilícito", o art. 113, § 1º, do mesmo diploma normativo manda dispensar à multa fiscal idêntico tratamento legal, já que ambos tipificam obrigações *ex lege*, em moeda, instituídas em lei e cobradas mediante atividade administrativa plenamente vinculada.

Tal o entendimento de Celso Ribeiro Bastos, que, em seus comentários ao art. 113, § 3º, do CTN, assevera: "Contudo a intenção do texto é tão manifesta que acaba por relevar esse pecadilho de ordem lógica. É que resulta claro que o legislador quis deixar certo que a multa tributária, embora não sendo, em razão de sua origem, equiparável ao tributo, há que merecer o mesmo regime jurídico previsto para sua cobrança".[199]

Enfim, a vedação à utilização de tributo com efeito de confisco aplica-se também às multas tributárias.

VII – Como se vê, o princípio do não confisco veda excessos, inclusive na punição de condutas de contribuintes que não cumprem a preceito suas obrigações

196. STF, ADI 551-1-RJ, j. 24.10.2002, v.u.

197. Nessa linha, o art. 112 do CTN estabelece que, em caso de dúvida, a lei tributária deverá ser interpretada do modo mais favorável ao contribuinte, especialmente quanto *à natureza ou às circunstâncias materiais do fato, ou à natureza ou extensão de seus efeitos* (inciso II), à *natureza da penalidade aplicável ou à sua graduação* (inciso IV), à *capitulação legal do fato* (inciso I) e da *autoria, imputabilidade ou punibilidade* (inciso III).

Ora, não faria sentido perquirir sobre a *natureza ou extensão dos efeitos do fato ilícito*, a *graduação da penalidade aplicável*, a *capitulação legal do fato* ou a *punibilidade* – e tudo isso para que a lei tributária fosse interpretada da forma mais *favorável* ao contribuinte, como previsto no art. 112 do CTN –, se não fosse para reconhecer o dever de observância da *proporcionalidade* e da *individualidade* das sanções, para que estas sejam o menos gravosas possíveis para o contribuinte.

198. Efetivamente, enquanto o tributo deriva de fato lícito a sanção tributária é a reação estatal ao ato ilícito praticado pelo contribuinte.

199. Celso Ribeiro Bastos, in Ives Gandra da Silva Martins (org.), *Comentários ao Código Tributário Nacional*, 3ª ed., vol. II, São Paulo, Saraiva, 2002, p. 156.

tributárias (principais ou acessórias). Noutros termos, proíbe que as multas fiscais tenham "efeito de confisco", vale dizer, embaracem além da conta o impulso natural que anima os contribuintes a levar adiante suas atividades normais.

VIII – Acerca deste importante tema, Eduardo Domingos Bottallo assim se pronunciou: "(...) a proporcionalidade conduz à adoção de um processo de interpretação da lei voltado essencialmente para a valorização de seu conteúdo ético. Pode-se afirmar, portanto, que a presença do princípio, em seus diversos matizes, no âmbito das relações de natureza tributária tem a singular virtude de velar para que sejam adotadas condutas decisórias capazes de garantir tanto a correta e adequada cobrança de tributos como a preservação da capacidade econômica e o respeito aos direitos fundamentais dos contribuintes".[200]

Portanto, tributos e multas fiscais – ainda quando formalmente previstos em lei – são inconstitucionais caso excedam os limites da proporcionalidade, de modo a se tornarem confiscatórios.

11. Garantias dos contribuintes, diante da tributação

Cuidemos rapidamente, agora, da tributação vista pelo ângulo dos contribuintes.

I – Apesar de já não ter voga o princípio *in dubio pro fiscum*, o fato é que a Fazenda Pública, até hoje, com a desculpa de que precisa obter recursos e evitar fraudes, não se peja de atropelar direitos dos contribuintes.

Ora, se nem a lei pode ferir direitos constitucionais do contribuinte, muito menos pode fazê-lo a Administração Fazendária, cuja missão é, simplesmente, aplicar a lei tributária de ofício, tendo por paradigma a Constituição. Ninguém, nesta altura de nossa evolução jurídica, admite que o Executivo possa legislar em matéria tributária.

Não é por outra razão que Maria da Glória Ferreira Pinto foi extremamente feliz ao averbar: "A Administração movimenta-se nas malhas da legalidade, uma legalidade que num Estado de Direito material se pretende não seja meramente formal, e sim portadora em cada momento da própria 'ideia de direito'".[201]

II – É certo que a Constituição de 1988, regulando as limitações ao exercício das competências tributárias e elencando os direitos e garantias fundamentais, protegeu, consideravelmente, os contribuintes das investidas do Fisco. Não é menos certo, porém, que duas décadas de ditadura militar (os chamados "anos de chumbo") deixaram um legado de arbítrio fazendário e criaram uma "mentalidade fiscalista", inclusive no seio dos tribunais,[202] que urge espancar.

200. Eduardo Domingos Bottallo, *Curso de Processo Administrativo Tributário*, cit., 2ª ed., p. 49.

201. Maria da Glória Ferreira Pinto, *Considerações sobre a Reclamação Prévia ao Recurso Contencioso*, Lisboa, Cadernos de Ciência e Técnica Fiscal, 1983, p. 12.

202. A propósito, permanece atual a célebre exortação de Rui Barbosa aos formandos de 1920 da Faculdade de Direito do Largo de S. Francisco (USP). Dirigindo-se, especificamente, aos que iam votar-se à Magistratura, averbou: "Não vos mistureis com os togados, que contraíram a doença de achar sempre razão ao Estado, ao Governo, à Fazenda; por onde os condecora o povo com o título de *fazendeiros*. Essa presunção de terem, de ordinário, razão contra o resto do mundo, nenhuma lei a reconhece à Fazenda, ao Governo, ou ao Estado" (*Oração aos Moços*, Rio de Janeiro, Edições de Ouro, 1964, p. 53).

Esta tarefa não é tão difícil quanto parece. Deveras, a Lei das Leis, máxime no § 2º de seu art. 5º,[203] confere aos contribuintes o direito de não pagarem tributos criados ou lançados em desacordo com os ditames constitucionais. Aliás, este direito, que poderíamos chamar de "direito de resistência à tributação indevida", pode, também, ser extraído do princípio da legalidade, já estudado no capítulo anterior.

III – Ademais, o atual Diploma Constitucional não se limitou a reconhecer a possibilidade de os contribuintes se insurgirem contra a tributação indevida. Também lhes conferiu os meios processuais adequados a este fim: o direito ao livre acesso ao Judiciário, o direito de serem indenizados contra atos ou omissões ilegais dos agentes fiscais, o direito de representação, o direito de petição, o mandado de segurança etc.

Deste modo, os contribuintes, se, por um lado, têm o dever de pagar tributos, colaborando para a mantença da *coisa pública*, têm, por outro, ao alcance da mão, uma série de direitos e garantias, oponíveis *ex ante* ao próprio Estado, que os protegem da arbitrariedade tributária, em suas mais diversas manifestações (inclusive por ocasião do lançamento e da cobrança do tributo).

IV – Convém, neste ponto, afastarmos, de uma vez por todas, a superadíssima ideia de que o *interesse fazendário* (meramente arrecadatório) equivale ao *interesse público*.

Em boa verdade científica, o *interesse fazendário* não se confunde nem muito menos sobrepaira o *interesse público*. Antes, subordina-se ao *interesse público* e, por isso, só poderá prevalecer quando em perfeita sintonia com ele.

O mero interesse arrecadatório não pode fazer tábua rasa da igualdade, da legalidade, da anterioridade, enfim, dos direitos constitucionais dos contribuintes.

Nem mesmo o objetivo, em tese louvável, de solucionar os "problemas de caixa" das pessoas políticas tem força bastante para subverter os princípios fundamentais do sistema constitucional tributário brasileiro, que deitam raízes, em última análise, no próprio *princípio da segurança jurídica*.

V – Como é fácil notar, somos contrários à difundida tese de que há uma supremacia do interesse público sobre o interesse privado. Tal tese fazia sentido na época em que o direito público ainda não estava suficientemente consolidado, e era preciso justificar, de algum modo, por que alguns interesses deviam prevalecer sobre outros. Hoje em dia, porém, há fundamentos normativos postos nas Constituições – inclusive na nossa – que explicam por que alguns direitos devem ceder espaço a outros, em homenagem ao interesse da coletividade.

Ademais, a nosso ver, inexiste uma supremacia ***a priori*** *e abstrata* do interesse público sobre o interesse privado, na medida em que ambos se interpenetram, e não raro se confundem. Concordamos, pois, com Umberto Allegretti quando observa que "(...) o interesse público não pertence à Administração como seu próprio, mas ao

203. CF, art. 5º, § 2º: "Os direitos e garantias expressos nesta Constituição não excluem outros decorrentes do regime e dos princípios por ela adotados, ou dos tratados internacionais em que a República Federativa do Brasil seja parte".

corpo social, e nasce da composição entre vários interesses públicos, os interesses privados e de grupo (admitida, portanto, uma relação não de contraposição extrínseca, mas de composição entre os diversos interesses)".[204]

Assim, mesmo nos casos concretos em que o interesse público torna possível uma restrição dos interesses privados, é imprescindível sopesá-los, para que, atendidos os direitos constitucionalmente consagrados, se obtenha a tão almejada *pacificação social*.

No que concerne à ação estatal de exigir tributos, absolutamente não se pode invocar a supremacia do interesse público para justificar uma ilegítima exigência fiscal ou para afastar a repetição de um indébito tributário.

12. Considerações finais

As considerações feitas ao longo desse capítulo reforçam a ideia, que já defendemos, de que *todos* os princípios constitucionais tributários entroncam-se e interpenetram-se, sendo impossível obedecer a um, sem obedecer aos demais.

A pessoa política, ao criar o tributo, deve acudir pressurosa às exigências das grandes diretrizes constitucionais.

Com esta premissa bem travejada, podemos começar o estudo da competência tributária.

204. Umberto Allegretti, "Legge generale sui procedimenti e moralizzazione amministrativa", in *Scriti in Onore di Massimo Severo Giannini*, vol. 3, Milão, Giuffrè, 1988, p. 7.

Título II
COMPETÊNCIA TRIBUTÁRIA

Capítulo VIII
COMPETÊNCIA TRIBUTÁRIA – DEFINIÇÃO – CARACTERÍSTICAS

1. Considerações gerais

A delimitação das competências da União, dos Estados, dos Municípios e do Distrito Federal é reclamo impostergável dos princípios federativo e da autonomia municipal e do Distrito Federal, que nosso ordenamento jurídico consagrou. Para comprovar a asserção basta uma superficial análise da Lei Maior, que, confirmando o caráter federal do Estado Brasileiro e a posição de pujança que nele ocupam o Município e o Distrito Federal, elencou e distribuiu, cuidadosa e exaustivamente, as várias competências de cada uma das pessoas políticas.

Com efeito, entre nós, os limites de toda competência estão perfeitamente traçados e bem-articulados, de tal sorte que não podem haver, em seu exercício, quaisquer atropelos, conflitos ou desarmonias. Se, porém, vierem a surgir, pela má inteligência da Carta Magna e de suas superiores diretrizes, ela própria nos fornece os remédios jurídicos bastantes para afastá-los, fazendo com que, deste modo, as indesejáveis dissensões sejam afinal reconduzidas ao *status quo ante* da exata coordenação das pessoas políticas (e de suas respectivas funções), debaixo de sua subordinação às normas constitucionais.

A propósito, é fácil percebermos que, se a União, os Estados, os Municípios e o Distrito Federal (estes dois últimos também *pessoas políticas*, embora ausentes do *pacto federal*) são, do angulo técnico-jurídico, entidades isônomas (e, por via de consequência, parificadas), a nenhuma delas é dado subjugar a lídima autonomia das demais. Como corolário disto, temos que seus comportamentos, em todas as esferas, devem conformar-se, fielmente, às rígidas molduras traçadas pela Constituição.

Em verdade, a maioria destas ideias já havia tempo eram desenvolvidas no Brasil pelo celebrado jurista e homem público eminente Afonso Arinos de Melo Franco, como nesta passagem que, por vir de molde, merece transcrição:

"Ora, na infinidade de aspectos concretos que pode atingir a Federação, na infinidade de orientações que pode assumir o federalismo, dependentes das circunstâncias peculiares a cada povo, há certos fatores básicos, certos elementos permanentes que poderemos definir como sendo o estabelecimento da coordenação dentro da subordinação; a distribuição de competências autônomas, sob o controle de um poder superior que é o da Constituição; a repartição, enfim, (de poderes) de natureza diversa, ajustados, mas não atritados, harmônicos, mas não reciprocamente invasores, integrados no impulsionamento de um mecanismo composto, mas não atravessados como forças contraditórias que se paralisam ou entorpecem estupidamente.

"Nos casos de Países de Constituição rígida, como se dá entre nós, o problema ainda mais se simplifica. Os limites das competências se encontram claramente estabelecidos; os meios de coordenação das atividades expressamente configurados; os remédios para os distúrbios e invasões de autoridade perfeitamente preceituados."[1]

É, pois, ponto incontestável que no Brasil as competências federais, estaduais, municipais e distritais, com serem reciprocamente autônomas, encontram-se expostas e garantidas no Estatuto Máximo.

Aqui chegados, parece-nos necessário ressaltar que as regras que compartem competências têm por *destinatário imediato* – para usarmos uma expressão muito do agrado de Santi Romano – o legislador, que se acha, assim, impedido de expedir leis (*lato sensu*) desbordantes destes valores constitucionais.

Tudo quanto foi até aqui escrito aplica-se à *competência legislativa tributária* das pessoas políticas, que, a partir de agora, denominaremos, simplesmente, *competência tributária*.

2. *Competência tributária*

2.1 *Introdução*

No Brasil, por força de uma série de disposições constitucionais, não há falar em *poder tributário* (incontrastável, absoluto), mas, tão somente, em *competência tributária* (regrada, disciplinada pelo Direito).

De fato, entre nós, a força tributante estatal não atua livremente, mas dentro dos limites do direito positivo. Como veremos em seguida, cada uma das pessoas políticas não possui, em nosso País, poder tributário (manifestação do *ius imperium* do Estado), mas competência tributária (manifestação da autonomia da pessoa política e, assim, sujeita ao ordenamento jurídico-constitucional). A competência tributária é determinada pelas normas constitucionais, que, como é pacífico, são de grau superior às de nível legal, que – estas, sim – preveem as concretas obrigações tributárias.

Em boa técnica, não se deve dizer que as pessoas políticas têm, no Brasil, *poder tributário*. *Poder tributário* tinha a Assembleia Nacional Constituinte, que era soberana. Ela, realmente, tudo podia, inclusive em matéria tributária. A partir do momento, porém, em que foi promulgada a Constituição Federal, o *poder tributário* retornou ao povo (detentor da soberania). O que passou a existir, em seu lugar, foram as *competências tributárias*, que a mesma Constituição Federal repartiu entre a União, os Estados-membros, os Municípios e o Distrito Federal.

1. Afonso Arinos de Melo Franco, *Estudos de Direito Constitucional*, Rio de Janeiro, Forense, 1957, p. 148.

2.2 A Constituição como a Carta das Competências

As pessoas políticas possuem uma série de competências. Dentre elas, ocupa posição de destaque a competência tributária, que, adiantamos, é a faculdade de editar leis que criem, *in abstracto*, tributos. Trata-se de uma competência originária, que busca seu fundamento de validade na própria Constituição.

A Constituição Federal, no Brasil, é a *lei tributária fundamental*, por conter as diretrizes básicas aplicáveis a todos os tributos.

Lembramos que algumas normas constitucionais determinam como devem ser elaboradas as normas jurídicas de nível legal e infralegal. É por isso que Tercio Sampaio Ferraz Jr. diz que "a Constituição é a norma das normas".

Como não poderia deixar de ser, também a Constituição brasileira contém normas que disciplinam a produção de outras normas. São as "normas de estrutura", estudadas por Paulo de Barros Carvalho, em seu *Curso de Direito Tributário*.[2] Pertencem a esta categoria as que tratam das competências tributárias, especificando quem pode exercitá-las, "de que forma e dentro de que limites temporais e espaciais".[3] Tais normas autorizam os Legislativos da União, dos Estados, dos Municípios e do Distrito Federal a criarem, *in abstracto*, tributos, bem como a estabelecerem o modo de lançá-los e arrecadá-los, impondo a observância de vários postulados que garantem os direitos dos contribuintes.

Posto isto, conceituemos a competência tributária.

2.3 Conceito

I – Competência tributária é a aptidão jurídica para criar, *in abstracto*, tributos. No Brasil, por injunção do princípio da legalidade, os tributos são criados, *in abstracto*, por meio de lei (art. 150, I, da CF), que deve descrever todos os *elementos essenciais* da norma jurídica tributária. Consideram-se elementos essenciais da norma jurídica tributária os que, de algum modo, influem no *an* e no *quantum* do tributo; a saber: a *hipótese de incidência* do tributo, seu *sujeito ativo*, seu *sujeito passivo*, sua *base de cálculo* e sua *alíquota*. Estes elementos essenciais só podem ser veiculados por meio de lei.

Tal lei é, no mais das vezes, como vimos em capítulo anterior, *ordinária*. Dizemos *no mais das vezes* porque, com a nova Carta Suprema, os *empréstimos compulsórios* (indubitavelmente tributos federais) e os *impostos da competência residual da União* devem ser criados ou aumentados por intermédio de *lei complementar*. É o que prescrevem, respectivamente, os arts. 148 e 154, I, ambos da CF. Também o *imposto sobre movimentação ou transmissão de valores e de créditos e direitos de natureza financeira*, que desde 31.12.1994 já não existe, precisou ser criado por meio de lei complementar (*ex vi* do art. 2º da EC 3/1993).

2. Paulo de Barros Carvalho, *Curso de Direito Tributário*, 1ª ed., São Paulo, Saraiva, 1985, pp. 68-69.

3. Sérgio De La Garza, *Derecho Financiero Mexicano*, Editorial Porrúa, 1969, p. 35.

Portanto, competência tributária é a possibilidade jurídica de criar, *in abstracto*, tributos, descrevendo, legislativamente, suas hipóteses de incidência, seus sujeitos ativos, seus sujeitos passivos, suas bases de cálculo e suas alíquotas.[4] Como corolário disto, exercitar a competência tributária é dar nascimento, no plano abstrato, a tributos.

II – Por aí se vê que, num primeiro momento, a competência tributária traduz-se numa autorização constitucional para criar *in abstracto* prestações pecuniárias compulsórias. É exercitada *in concreto* num segundo momento, ou seja, quando a pessoa política que a detém expede a lei que aponta os precitados *elementos essenciais* do tributo.

Sublinhamos que, neste passo, estamos aludindo à criação de tributos, tarefa exclusivamente legislativa, e não à sua mera arrecadação, mister que se relaciona

4. Conceito semelhante dá-nos Giuliani Fonrouge quando, esforçado nas lições de Berliri, afirma: "(...) o *poder tributário* (*competência tributária*) consiste na faculdade de exigir tributos (ou estabelecer isenções), ou seja, no poder de sancionar 'normas jurídicas das quais deriva ou pode derivar, a cargo de determinados indivíduos ou categorias de indivíduos, a obrigação de pagar um imposto ou de respeitar um limite tributário'. É, em suma, o poder de gravar" (*Conceitos de Direito Tributário*, trad. de Geraldo Ataliba e Marco Aurélio Greco, São Paulo, Lael, 1973, p. 37 – esclarecemos no primeiro parêntese).

Cômpar no mesmo pensamento, Narciso Amorós Rica preleciona: "Usualmente, a expressão 'poder tributário' (*competência tributária*) significa a faculdade ou a possibilidade jurídica de o Estado exigir contribuições (*tributos*) das pessoas ou bens que se achem dentro de suas fronteiras ou limites territoriais" (*Derecho Tributario*, 2ª ed., Madri, Editorial de Derecho Financiero, 1970, p. 158 – traduzimos e esclarecemos).

Sainz de Bujanda, conhecido autor de vários e estimáveis trabalhos jurídicos, é igualmente do mesmo parecer: "O poder tributário (*competência tributária*) refere-se aos entes públicos que estão facultados a estabelecer tributos, vale dizer, a editar normas tributárias" ("Poder financeiro", in *Notas de Derecho Financiero*, t. I, vol. 2º, Universidade de Madri, Seção de Publicações e Intercâmbio, 1967, p. 5 – traduzimos e esclarecemos).

De seu turno, Paulo de Barros Carvalho observa, de modo lacônico porém preciso, que competência tributária é "a prerrogativa de legislar sobre matéria tributária, lavor que pressupõe a existência de um corpo legislativo, representativo e próprio" (*A Regra-Matriz do ICM*, tese de Livre-Docência apresentada na Faculdade de Direito da PUC/SP, 1981, p. 25).

Em trabalho mais recente, o mesmo autor acrescenta:

"Competência legislativa é a aptidão de que são dotadas as pessoas políticas para expedir regras jurídicas, inovando o ordenamento positivo. Opera-se pela observância de uma série de atos, cujo conjunto caracteriza o procedimento legislativo. (...).

"No plexo das faculdades legislativas que o constituinte estabeleceu figura a de editar normas que disciplinem a matéria tributária, desde a que contempla o próprio fenômeno da incidência até aquelas que dispõem a propósito de uma imensa gama de providências, circundando o núcleo da regra-matriz e que tornam possível a realização concreta dos direitos subjetivos de que é titular o sujeito ativo, bem como dos deveres cometidos ao sujeito passivo.

"A competência tributária, em síntese, é uma das parcelas entre as prerrogativas legiferantes de que são portadoras as pessoas políticas, consubstanciada na faculdade de legislar para a produção de normas jurídicas sobre tributos" (*Curso de Direito Tributário*, cit., 1985, pp. 116-117).

Héctor B. Villegas, com sua prodigiosa pena, não se desdenha de falar do mesmo jeito: "A competência tributária é a faculdade que tem o Estado de criar unilateralmente tributos, cujo pagamento será exigido das pessoas submetidas a sua soberania" (*Curso de Direito Tributário*, trad. de Roque Antonio Carrazza, São Paulo, Ed. RT, 1980, p. 82).

Portanto, como todos consentem, competência tributária é a possibilidade de criar tributos, ou seja, de inovar a ordem jurídica, expedindo regras tributárias.

com o exercício da função administrativa. Conforme já consignamos, o exercício da competência tributária é uma das manifestações do exercício da função legislativa, que flui da Constituição. Em suma, criar tributos é legislar; arrecadá-los, administrar.

III – Noutro falar, a competência tributária é a habilitação ou, se preferirmos, a faculdade potencial que a Constituição confere a determinadas pessoas (as pessoas jurídicas de direito público interno) para que, por meio de lei, editem normas jurídicas criando, *in abstracto*, tributos.

Obviamente, quem pode tributar (criar unilateralmente o tributo, com base em normas constitucionais), pode, igualmente, aumentar a carga tributária (agravando a alíquota ou a base de cálculo do tributo, ou ambas), diminuí-la (adotando o procedimento inverso) ou, até, suprimi-la, por intermédio da não tributação pura e simples ou do emprego do mecanismo jurídico das isenções. Pode, ainda, perdoar débitos tributários já nascidos ou parcelá-los, anistiando, se entender que é o caso, as eventuais infrações tributárias cometidas. Pode, finalmente, criar obrigações acessórias (deveres instrumentais tributários), em ordem a facilitar o funcionamento do sistema arrecadatório.

O que queremos significar é que quem pode tributar pode, do mesmo modo, aumentar o tributo, minorá-lo, parcelar seu pagamento, isentá-lo, no todo ou em parte, remiti-lo, anistiar as infrações fiscais ou, até, não tributar, observadas sempre, é claro, as diretrizes constitucionais. Tudo vai depender de uma *decisão política*, a ser tomada pela própria entidade tributante.

Evidentemente, a competência tributária traz à sirga a competência administrativa para, por meio de decretos, instruções, portarias, atos administrativos etc., bem aplicar as leis que tratam do assunto.

IV – Temos, pois, que o titular da competência tributária não pode nem substancialmente modificá-la, nem a alienar, nem a ela renunciar. Admite-se, todavia, que deixe de exercitá-la, que a exercite apenas em parte ou que, depois de exercitá-la, venha a perdoar o débito tributário nascido ou a permitir que ele seja saldado em prestações sucessivas. Tudo, evidentemente, com apoio em *lei*.

V – Resulta do exposto que a competência tributária se situa no plano da atividade tributária em sentido primário (abstrato, legislativo), sendo lógica e cronologicamente anterior ao nascimento do tributo.[5] Deveras, o tributo só vai irromper, *in*

5. Renato Alessi, em obra de largo fôlego, foi, ao parecer, o primeiro jurista a colocar esta questão nos devidos termos. Ouçamo-lo: "A potestade (*potestà*) tributária pode ser considerada debaixo de dois distintos planos jurídicos, cada um dando lugar a institutos e situações diversos: a) acima de tudo pode ser considerada num plano abstrato, em relação a uma coletividade de sujeitos indeterminados, em cujos confrontos ela se realiza: ora, levando-se em conta que, neste plano abstrato, 'pagamento coativo' (*prelievo coativo*) significa simplesmente 'instituição abstrata de um tributo', a realização da potestade tributária aqui significa apenas a emanação de normas jurídicas com base nas quais são instituídos os vários tributos; aqui, a potestade tributária realiza-se, portanto, mediante atos com valor normativo, direcionados à constituição do ordenamento jurídico tributário. Acerca deste plano abstrato temos, pois, aqui, aquela que podemos denominar potestade tributária *primária*, diversa daquela *complementar* da primeira, que, em seguida, focaremos; b) a potestade tributária pode, também, ser considerada sob uma perspectiva concreta, em relação a determinados membros da coletividade; aqui, 'pagamento coativo' significa 'tri-

concreto, quando, tendo uma lei traçado, cuidadosamente, todos os aspectos da norma jurídica tributária, verifica-se, no mundo fenomênico, o fato imponível (fato gerador *in concreto*). Pois bem, a competência tributária, como vimos, é exatamente a faculdade de editar esta lei, criando, *in abstracto*, o tributo.[6] Deste modo articulado nosso raciocínio, vemos que o exercício da competência tributária é um *prius* em relação ao efetivo nascimento do tributo (nesse sentido, um *posterius*).

VI – Portanto, a competência tributária identifica-se com a *permissão* para criar, aumentar, diminuir, isentar, etc., tributos, isto é, com o direito subjetivo de editar normas jurídicas tributárias. Como vimos, a Constituição conferiu este direito subjetivo às pessoas políticas e a ninguém mais. E – agora acrescentamos – de modo inalterável. É que as pessoas políticas, sendo simples delegadas, não têm poderes para alterar as faculdades tributárias que lhes foram atribuídas pela Carta Suprema.

VII – Anotamos, igualmente, que a Constituição, ao mesmo tempo em que atribui a uma pessoa política a competência para tributar, limita seu exercício, com bem o percebeu Humberto Ávila, *verbis*: "As regras de competência não apenas são qualificadas como regras que instituem uma faculdade, isto é, uma autorização para determinada autoridade (ente federado) exercer determinado poder ou competência (instituir um tributo) por meio de determinado procedimento (procedimento legislativo), que culmina com a prática de determinado ato normativo (promulgação) e a instituição de determinada fonte normativa (lei ordinária ou lei complementar), como ocorre noutros sistemas. As regras previstas pela Constituição de 1988 devem ser qualificadas como regras que estabelecem proibições (ou comandos para não agir de determinado modo), na medida em que, ao preverem, expressamente ou por implicação lógica, determinados aspectos das hipóteses de incidência e das consequências (fatos geradores, bases de cálculo, sujeitos ativos e passivos), proíbem que o destinatário exerça a competência relativamente a fatos geradores, bases de cálculo e sujeitos diversos daqueles previstos".[7]

A estas judiciosas ponderações permitimo-nos acrescentar que há normas constitucionais que proíbem tributar, ou seja, que vedam o exercício da competência tributária sobre determinados fatos, pessoas ou situações. São as normas que veiculam imunidades tributárias,[8] como, por exemplo, as que impedem que o imposto sobre a renda alcance os acréscimos patrimoniais obtidos pelos templos de qualquer culto

buto *in concreto*', aplicação concreta da norma que institui o tributo em abstrato; aqui, pois, a potestade tributária realiza-se em *atividade de caráter administrativo*, direcionada a obter, com a atuação concreta do comando abstrato normativo, a passagem material da quota de riqueza privada à qual o comando legislativo se refere. Debaixo deste perfil e sobre este plano concreto podemos falar em potestade tributária *complementar*, meio de atuação da competência tributária, supradita" (*Istituzioni di Diritto Tributario*, Turim, UTET, s/d, p. 29. Traduzimos e esclarecemos – os grifos são do autor).

6. Estamos aqui tratando da "emanação de normas jurídicas tributárias" (Hensel), isto é, do exercício da função legislativa, *que cria tributos*, e *não* da *cobrança de tributos* (função administrativa que pode ser desempenhada, no Brasil, até por pessoas privadas, desde que obedecidos certos requisitos).

7. Humberto Ávila, *Competências Tributárias: um Ensaio sobre a Compatibilidade com as Noções de Tipo e Conceito*, São Paulo, Malheiros Editores, 2018, p. 34.

8. *V.*, infra, cap. IX.

(art. 150, VI, "b", da CF) ou pelas instituições de assistência social sem fins lucrativos (art. 150, VI, "c", da CF).

VIII – Também não sufragamos a tese, recentemente abraçada por ministros do STF, no sentido de que os conceitos constitucionais que delimitam competências tributárias (serviço, mercadoria, faturamento, folha de salários, renda etc.) podem ser flexibilizados, em nome da evolução social e técnica.[9] Isso porque, a nosso sentir, justamente eles é que conferem aos contribuintes a segurança e a certeza de que serão adequadamente tributados, vale dizer, de acordo com os desígnios do constituinte originário.

2.4 O exercício da competência tributária

A competência tributária esgota-se na lei. Depois que esta for editada, não há falar mais em competência tributária (direito de criar o tributo), mas, somente, em capacidade tributária ativa (direito de arrecadá-lo, após a ocorrência do fato imponível). Temos, pois, que a competência tributária, uma vez exercitada, cede passo à capacidade tributária ativa. De conseguinte, a competência tributária não sai da esfera do Poder Legislativo; pelo contrário, exaure-se com a edição da lei veiculadora da norma jurídica tributária.[10]

2.5 A competência tributária e seus limites jurídicos

I – Indaga-se, amiúde, se o legislador, ao exercitar a competência tributária, encontra limites jurídicos. Parece-nos induvidoso que sim.

Um primeiro limite ele encontra na observância das normas constitucionais. O respeito devido a tais normas é absoluto e sua violação importa irremissível inconstitucionalidade da lei tributária. De fato, as normas legais têm sua validade vinculada à observância e ao respeito aos limites erigidos pelas normas constitucionais.

O legislador encontra outro limite nos grandes princípios constitucionais, estudados na primeira parte deste livro, que também não podem ser violados. É o caso dos princípios republicano, federativo, da autonomia municipal e distrital, da segurança jurídica, da igualdade, da reserva de competência, da anterioridade etc., que operam como balizas intransponíveis à tributação. Guiam a ação estatal de tributar, que só será válida se observar todos eles. Exemplificando, o tributo só será válido se for cria-

9. Foi o que se deu no julgamento do RE 651.703 (rel. Min. Luiz Fux, j. 29.9.2016, *DJe* 26.4.2917), em que se decidiu pela incidência do ISS sobre "serviços" de operadoras de planos de saúde, ao argumento de que este conceito não pode mais corresponder ao consagrado no direito civil.

10. São de Dino Jarach as seguintes colocações: "O poder estatal se esgota no momento em que o Poder Legislativo, portador do dito poder, em virtude de princípios constitucionais que o atribuem, baixa as normas substantivas que estabelecem os supostos objetivos e subjetivos da obrigação tributária. A partir deste momento, não existe mais relação de poder, senão relação jurídica de caráter obrigacional e relações administrativas e processuais, cujo propósito é a reafirmação da vontade da lei nos casos concretos" (*Curso Superior de Derecho Tributario*, Buenos Aires, Liceo Profesional Cima, 1969, p. 24 – traduzimos).

do por meio de lei; se esta lei tiver sido editada de acordo com o processo legislativo (constitucionalmente traçado); se esta lei atender ao princípio da igualdade; se esta lei for irretroativa; se esta lei estiver dentro do campo tributário da pessoa política que a editou; se esta lei observar o princípio da anterioridade; e assim avante.

Também a norma constitucional que proíbe "utilizar tributo com efeito de confisco" (art. 150, IV) encerra um preceito vinculante, que inibe o exercício da competência tributária. O que estamos querendo dizer é que será inconstitucional a lei que imprimir à exação conotações confiscatórias, esgotando a "riqueza tributável" dos contribuintes.

Além disso, a pessoa política, ao exercitar sua competência tributária, é obrigada a levar em conta os direitos fundamentais dos contribuintes, pois do contrário o tributo acabaria por se transformar em mero instrumento de financiamento do Estado, quando, como se sabe, nosso ordenamento jurídico exige que ele seja também utilizado para induzir comportamentos individuais e para fazer com que prevaleçam os primados da igualdade, da liberdade e da proibição do excesso.

Saliente-se, ainda, que tais objetivos devem ser buscados também pelos aplicadores da legislação (juízes e agentes do Fisco), ainda que, para tanto, tenham que, como dizia Rui Barbosa, "descumprir a lei, para cumprir a Constituição".

Sempre a propósito, o exercício da competência tributária não pode inibir o exercício de direitos fundamentais (direito à saúde, direito à educação, direito a um meio ambiente ecologicamente correto etc.). É o que, com toda a propriedade, Regina Helena Costa chama de "princípio da não obstância do exercício de direitos fundamentais por via de tributação", *verbis*:

"Esse princípio, que se encontra implícito no texto constitucional, é extraído das normas que afirmam que os diversos direitos e liberdades nele contemplados devem conviver harmonicamente com a atividade tributante do Estado.

"Em outras palavras: se a Lei Maior assegura o exercício de determinados direitos, que qualifica como fundamentais, não pode tolerar que a tributação, também constitucionalmente disciplinada, seja desempenhada em desapreço a esses mesmos direitos."[11]

A mesma jurista observa que este princípio, além de projetar seus efeitos no próprio texto constitucional (*v.g.*, quando consagra as *imunidades tributárias*), "endereça-se também ao *legislador infraconstitucional*, que, ao instituir os tributos, não pode embaraçar o exercício de direitos considerados fundamentais",[12] e, até, à Administração Fazendária, que, a pretexto de exercer sua função regulamentar, está juridicamente impedida de lanhá-lo.

11. Regina Helena Costa, "Tributação e direitos fundamentais: uma visão contemporânea", in Fernanda Drummond Parisi, Heleno Taveira Torres e José Eduardo Soares de Melo (coords.), *Estudos de Direito Tributário em Homenagem ao Professor Roque Antonio Carrazza*, vol. 1, São Paulo, Malheiros Editores, 2014, p. 239.

12. Idem, p. 240.

II – Logo, a Constituição limita o exercício da competência tributária, seja de modo direto, mediante preceitos especificamente endereçados à tributação, seja de modo indireto, enquanto disciplina outros direitos, como o de propriedade, o de não sofrer confisco, o de exercer atividades lícitas, o de transitar livremente pelo território nacional etc. A competência tributária, portanto, já nasce limitada.

Ilimitada, de resto, não é nem mesmo a autonomia das pessoas políticas, que encontra na competência tributária uma das mais salientes manifestações.

III – Com tais assertos, estamos acolhendo as lições clássicas de Albert Hensel, para quem "cada norma jurídica tributária deve respeitar as limitações jurídicas fixadas na Constituição, como lei suprema".[13] É o caso de aqui repetirmos que a Lei Maior Tributária – pelo menos no Brasil – é a Constituição.

2.6 A competência tributária e o estado de sujeição dos contribuintes

A competência tributária, quando adequadamente exercitada, vale dizer, quando exercitada com estrita observância dos princípios e normas constitucionais que pautam a criação, *in abstracto*, de tributos, faz nascer, para os virtuais contribuintes, um *estado genérico de sujeição*, consistente na impossibilidade de se subtraírem à sua esfera de influência.[14] Melhor dizendo, se vierem a ficar na situação hipotetizada na norma jurídica tributária, não têm como afastar a exação.

Em resumo, o que queremos expressar, neste item, é que a pessoa política, titular da competência tributária, tem o direito de obrigar terceiros, mesmo sem seu consentimento, a lhe pagarem tributos (quando, evidentemente, realizarem o fato imponível).

2.7 Os titulares da competência tributária

I – Têm competência tributária, no Brasil, as *pessoas políticas*, ou seja, a União, os Estados, os Municípios e o Distrito Federal.[15] Só as pessoas políticas? Só as pessoas políticas. Por quê? Porque só elas possuem Legislativo com representação

13. Albert Hensel, *Diritto Tributario*, trad. italiana de Dino Jarach, Milão, Giuffrè, 1956, p. 51 (traduzimos o trecho para o português).

14. Dino Jarach, a propósito, averba: "(...) a soberania não é um elemento da relação fiscal porque não é senão a qualidade ou, melhor dizendo, o poder em virtude do qual o Estado pode criar a lei, em particular a lei tributária, atribuindo-se uma pretensão quando se realize o pressuposto de fato, quer dizer, quando nasça concretamente a relação tributária; *à soberania não corresponde senão o 'status' de sujeição dos cidadãos e dos súditos e dos estrangeiros que se encontrem dentro da soberania territorial*. Este *status* significa uma submissão às leis do Estado, em particular às leis tributárias, porém não constitui um dever fiscal abstrato" (*El Hecho Imponible*, 2ª ed., Buenos Aires, Abeledo-Perrot, 1971 – traduzimos e grifamos).

15. Conforme já vimos (Título I, item 11 do cap. IV, "Autonomia Municipal e Tributação"), o Distrito Federal, desde a entrada em vigor da atual Constituição, deixou de ser a simples sede administrativa da União, para se tornar uma verdadeira *pessoa política*, com Poderes Executivo, Legislativo e Judiciário, competência tributária e *poder constituinte decorrente* próprios.

própria.[16] E, como já demonstramos, é o Poder Legislativo – e apenas ele – que, em nosso ordenamento jurídico, está credenciado a criar tributos. Anotamos, a respeito, que a União, os Estados, os Municípios e o Distrito Federal receberam, do Diploma Máximo, competências para instituir, em caráter privativo, todas as modalidades de tributos (impostos, taxas e contribuição de melhoria).

A Constituição, por assim dizer, delimitou o *campo tributável* e deu, em caráter privativo, uma parte dele à União; outra, a cada um dos Estados; ainda outra, a cada um dos Municípios; e, a última, ao Distrito Federal. Por outro giro verbal, a União, cada um dos Estados, cada um dos Municípios e o Distrito Federal receberam, da Constituição, um campo tributável próprio. Com isso, subtraiu do legislador de cada pessoa política a possibilidade de livremente definir o alcance das *normas jurídicas* criadoras *in abstracto* de tributos (*normas jurídicas tributárias*).

A importância do assunto avulta na medida em que a Constituição, ao demarcar as competências tributárias, também indicou o *conteúdo semântico mínimo* de cada tributo (importar produtos estrangeiros, obter renda, transmitir *causa mortis* bens ou direitos, praticar operações relativas à circulação de mercadorias, prestar serviços de comunicação, prestar serviços de transporte interestadual ou intermunicipal, prestar serviços de outras naturezas etc.).[17]

II – Ademais, a rígida discriminação de competências tributárias assegura a *isonomia* das pessoas políticas, já que lhes garante a autonomia financeira e, graças a ela, as autonomias política, administrativa e legislativa.[18] Assim, permitir que uma pessoa política, ainda que por meio de artifícios exegéticos, se aposse de competências tributárias alheias é o mesmo que ferir de morte a igualdade jurídica que a Constituição quer que reine entre a União, os Estados-membros, os Municípios e o Distrito Federal.[19]

16. Não gozam de competência tributária, no Brasil, os Territórios Federais, justamente porque não são dotados de Poder Legislativo próprio. Deveras, legisla, para os Territórios Federais, o Congresso Nacional. É ele, consoante preceituam o art. 33 e seus §§ da CF, que vai expedir as regras jurídicas relativas à organização administrativa e judiciária dos Territórios. Paulo de Barros Carvalho, a respeito, ensina: "Ora, se assim é, não há falar-se em competência tributária de tais pessoas de direito público, visto que não reúnem os atributos imanentes à possibilidade de criar normas jurídicas, por atividade de órgão legislativo de representação própria. Não extrapassam da condição de sujeitos ativos de vínculos jurídico-tributários, postos nessa contingência mercê de expediente legatório da capacidade ativa, por parte da pessoa titular da competência" (*A Regra-Matriz* ..., cit., pp. 25-26). Atualmente não existem Territórios Federais no Brasil.

17. Tal *conteúdo semântico mínimo* deve obrigatoriamente ser levado em conta pelas pessoas políticas, seja na criação *in abstracto* de tributos, seja – e principalmente – em seu lançamento e subsequente cobrança.

18. Entendemos por *autonomia financeira* o conjunto de meios, tributários ou orçamentários, que levam a pessoa política a obter os recursos com os quais garantirá as demais autonomias (autonomia política, autonomia administrativa e autonomia legislativa).

19. Com tal cautela, nossa Carta Magna também protegeu os virtuais contribuintes, que passaram a ter o direito subjetivo de só serem tributados de acordo com as regras-matrizes constitucionais das várias exações. De fato, um tributo criado *in abstracto fora* de sua *regra-matriz* é – permitimo-nos insistir – inconstitucional, justamente por assumir feições confiscatórias e, em consequência, afrontar o direito de propriedade.

Ora, tal ocorreria, fatalmente, se a pessoa política, de moto próprio, alargasse o *conteúdo semântico mínimo* dos tributos de sua competência, para alcançar, total ou parcialmente, outros *standards*, constitucionalmente atribuídos a pessoas políticas diversas. Nessa medida, por exemplo, o conceito "operações relativas à circulação de mercadorias" (aspecto material do ICMS, tributo de competência dos Estados-membros) não pode ser alargado para alcançar os "serviços de qualquer natureza" (aspecto material do ISS, tributo de competência dos Municípios), ainda que prestados mediante o fornecimento de materiais.

Não bastasse isso, o *conteúdo semântico mínimo* é relevantíssimo fator de solução de conflitos de competência tributária, porque permite – se por mais não fosse, pelo critério de exclusão – distinguir, para fins de tributação, um evento de outro. Assim, *auferir renda* ***não é o mesmo*** que *manter patrimônio*; praticar *operação financeira* ***não é o mesmo*** que *doar bens*; *prestar serviços de comunicação* ***não é o mesmo*** que prestar serviços de veiculação de publicidade – e assim avante.[20]

III – Com tais assertivas, sempre mais resulta claro que *competência tributária*, no Brasil, é um tema exclusivamente constitucional. O assunto foi esgotado pelo constituinte. Em vão, pois, buscaremos nas normas infraconstitucionais (que Massimo Severo Giannini chama de "normas subprimárias"), diretrizes a seguir sobre a criação, *in abstracto*, de tributos. Neste setor, elas, quando muito, explicitam o que, porventura, se encontra implícito na Constituição. Nada de substancialmente novo lhe podem agregar ou subtrair.

Em decorrência, as normas constitucionais que tratam do assunto autorizam as pessoas políticas a instituir legislativamente certos tributos (*competência material*), obedecidos determinados procedimentos (*competência formal*).

Aliás, para as pessoas políticas, a Constituição é a *Carta das Competências*. Ela indica o que podem, o que não podem e o que devem fazer, inclusive e principalmente em matéria tributária.

2.8 A competência tributária e a criação de tributos

A Carta Suprema não criou tributos.

Realmente, estamos convencidos de que a Constituição brasileira não criou tributos, mas, apenas, discriminou competências para que a União, os Estados, os Municípios e o Distrito Federal, por meio de lei, venham a fazê-lo. Poderia, é certo, tê-lo feito, já que o *poder constituinte* é soberano. Preferiu, todavia, permitir que cada pessoa política, querendo, institua os tributos de sua competência.

A este respeito, novas ponderações se fazem necessárias.

Quando afirmamos que a Constituição não criou tributos, estamos emprestando à frase um significado bem preciso. Reconhecemos que ela cuidou pormenorizadamen-

20. Não é dado ao aplicador da legislação da pessoa política "A" alargar o *conteúdo semântico mínimo* do tributo, plasmado na Lei Maior, para alcançar, total ou parcialmente, outros *standards*, constitucionalmente atribuídos a pessoas políticas diversas.

te da tributação, traçando, inclusive, a *norma-padrão de incidência* de cada uma das exações que poderão ser criadas pela União, pelos Estados, pelos Municípios e pelo Distrito Federal. Para nós, porém, o tributo só nasce a partir do átimo em que uma pessoa pode ser compelida a pagá-lo, por haver acontecido, no mundo fenomênico, o fato hipotetizado na norma jurídica tributária. Ora, isto só se verifica subsecutivamente à edição, pela pessoa política competente, da lei veiculadora desta mesma norma. Antes, não. Com base apenas na Constituição, ninguém poderá ser compelido a desembolsar, a título de tributo, somas de dinheiro, em favor do Fisco ou de quem o represente. Logo, neste sentido, a Constituição não criou tributos, assim como, mal comparando, não criou penas, só porque autorizou o legislador nacional a cuidar do assunto (art. 22, I).

É evidente que a lei ordinária que cria, *in abstracto*, o tributo (como a que descreve os crimes, cominando-lhes as penas cabíveis) só é lídima na medida em que consoa com os superiores preceitos constitucionais, máxime com a *norma-padrão de incidência* de cada uma das exações. Mas, daí a entendermos que o tributo nasce no seio da própria Constituição, vai uma distância insuperável.

O acatado jurista Souto Maior Borges, porém, partindo da premissa de que toda norma jurídica encontra seu fundamento último de validade nas normas constitucionais, conclui que a criação do tributo opera-se no próprio Estatuto Supremo. Para melhor captarmos o pensamento deste mestre, reproduzamos suas palavras:

"Uma visão dinâmica, e não estática, do sistema constitucional tributário porá a descoberto que o processo de instituição (criação) do tributo, iniciado com a outorga constitucional da competência tributária, se integra, observadas as respectivas competências, com a superveniência das leis complementares, ordinárias e eventualmente outros atos normativos.

"O insuficiente não é, em tal caso, equiparável ao inexistente. O tributo parcialmente estruturado na Constituição é algo já existente, embora a sua estruturação postule a superveniência da legislação integrativa.

"A lei complementar, quer seja, em hipótese, lei sobre leis de tributação, constituída por normas de sobredireito tributário (...), quer por normas inseridas em campos irredutivelmente exclusivos (...) configura outro momento nesse processo, dinâmico e interdependente, de instituição do tributo. A integração desse vir a ser normativo dar-se-á posteriormente com a edição da lei ordinária, lei tributária material, editada pela União, Estado-membro ou Município.

"É tão despropositado sustentar que a Constituição não 'cria' o tributo, porque apenas, dada a índole e a função peculiares das normas constitucionais, não esgota a disciplina normativa ou, melhor dito, o regime jurídico do tributo (que é constitucional e infraconstitucional, ao mesmo tempo), quanto seria, invertendo o raciocínio, afirmar que a lei ordinária não 'cria' o tributo, porque, sem outorga constitucional, a competência tributária não existe e muito menos a função legislativa no âmbito tributário pode ser exercida. Sob qualquer ângulo e na extremidade de qualquer desses dois argumentos a crítica revela a sua precariedade e a insuficiência teórica do cânone doutrinário da separação absoluta entre a competência para tributar e a instituição do tributo em lei."[21]

A esta argumentação, Paulo de Barros Carvalho, jurista de igual autoridade, opôs formal contradita. Eis seu abalizado parecer:

"A redução ao absurdo, muito empregada em teoremas matemáticos, exibe, com forte conotação, todo o desconcerto da tese (*de Souto Maior Borges*).

"Realmente, se atinarmos à circunstância de que as chamadas normas individuais se compõem na conformidade de outras regras que lhes são superiores, e estas em outras, sempre na procura do abrigo final, situado no ápice da pirâmide, verificaremos, por certo, que a sentença judicial só será válida se mantiver consonância com um ou mais dos supernos mandamentos inscritos na Constituição. Isso não justifica asseverar que é o legislador constitucional que cria a sentença. De modo idêntico, dessumiríamos que o ato jurídico-administrativo do lançamento é obra do constituinte, responsável integral por todas as realidades do direito positivo."[22]

Estamos de pleno acordo com este credenciado magistério. Tanto no que tange aos impostos, como às taxas e à contribuição de melhoria, a Lei Maior limitou-se a atribuir competências à União, aos Estados, aos Municípios e ao Distrito Federal. Tais exações, porém, só surgirão, *in abstracto*, quando editada, por meio de lei, a *norma jurídica tributária* e, *in concreto*, quando acontecer, no mundo físico, o *fato imponível*.

2.9 Questões conexas

I – A Constituição da República demarcou as competências tributárias da União, dos Estados-membros, dos Municípios e do Distrito Federal, restringindo ao máximo para o legislador de cada uma destas pessoas políticas a possibilidade de livremente vir a definir o alcance e o conteúdo das normas jurídicas que se ocupam com os elementos essenciais dos tributos.

Entretanto, a pessoa política competente para tributar pode, igualmente, conforme o magistério credenciado de Aliomar Baleeiro, regular "(...) a época e forma do pagamento (do tributo), a competência administrativa dos órgãos e repartições que o devem lançar, cobrar, fiscalizar etc.".[23] Neste ponto, "(...) não há outras limitações ao legislador, senão aquelas de ordem constitucional".[24]

II – Sobremais, à pessoa política autorizada pela Constituição a tributar é dado instituir *deveres instrumentais tributários* ("obrigações acessórias"). A respeito, tivemos a oportunidade de escrever: "Pode (a pessoa política) também estabelecer deve-

21. José Souto Maior Borges, "A fixação em lei complementar das alíquotas máximas do imposto sobre serviços", in *Projeção – Revista Brasileira de Tributação e Economia* 10/26-27, Ano I, agosto/1976.

22. Paulo de Barros Carvalho, *A Regra-Matriz* ..., cit., pp. 20-21 (esclarecemos).

23. Aliomar Baleeiro, *Direito Tributário* ..., cit., p. 72.

24. Idem, ibidem, p. 72.

res instrumentais, que, naturalmente, só vão incidir sobre as pessoas relacionadas, de algum modo, com as exações da competência privativa do ente político que as editou. A título de exemplo, não pode a União, pelo seu Legislativo, dar à publicidade, validamente, deveres instrumentais que pretendam disciplinar, para os contribuintes dos Estados e os entes que com estes contribuintes convivem, salvo a própria União, o recolhimento do imposto sobre operações relativas à circulação de mercadorias (e serviços). Neste caso, a qualquer destinatário da lei é dado insurgir-se contra a medida, que lhe cria óbices que só os Estados poderiam lhe impor".[25]

III – A pessoa política titular da competência tributária pode, outrossim, descrever infrações tributárias, cominando-lhes as sanções cabíveis. Este é um assunto que interessa ao direito tributário penal, motivo por que nos limitaremos a este rápido registro.

IV – Julgamos oportuno anotar, por fim, que: a) as normas constitucionais que outorgam competências tributárias têm eficácia plena e aplicabilidade imediata (José Afonso da Silva);[26] e b) a competência tributária, a exemplo da personalidade, inadmite gradações: ou se tem ou se não tem.[27]

2.10 Competência tributária e os "arquétipos" dos tributos

I – A Constituição, ao discriminar as competências tributárias, estabeleceu – ainda que, por vezes, de modo implícito e com certa margem de liberdade para o legislador – a *norma-padrão de incidência* (o *arquétipo*,[28] a *regra-matriz*) de cada exação. Noutros termos, ela apontou a *hipótese de incidência possível*, o *sujeito ativo possível*, o *sujeito passivo possível*, a *base de cálculo possível* e a *alíquota possível*, das várias espécies e subespécies de tributos. Em síntese, o legislador, ao exercitar a competência tributária, deverá ser fiel à *norma-padrão de incidência* do tributo, pré-traçada na Constituição.[29] O legislador (federal, estadual, municipal ou do Distrito Federal), enquanto cria o tributo, não pode fugir deste arquétipo constitucional.

25. Roque Carrazza, *O Regulamento* ..., cit., p. 34.

26. São de Paulo de Barros Carvalho estas lições: "As prescrições que atribuem competências, sejam ou não de índole tributária, têm sido consideradas como exemplos de normas constitucionais de eficácia plena e aplicabilidade imediata. Tudo porque, envolvendo a forma de meras autorizações ou concedendo faculdades legislativas a propósito de certas matérias, estariam, na verdade, tolhendo outros órgãos ou delimitando o campo de ação de outras entidades, no sentido de dispor sobre o assunto, ao tempo em que determinam o preciso conteúdo a pretexto do qual o ser investido da competência haverá de desenvolver sua atividade, sempre que acontecidos ou suportes fácticos previstos" (*A Regra-Matriz* ..., cit., pp. 32-33).

27. Em obra marcada pela originalidade, José Souto Maior Borges averba: "Ninguém é mais competente ou menos competente. Ou se é competente, ou não. O conceito de competência não comporta graduação, assim como, por exemplo, o conceito de personalidade, que é um *quid* (pessoa, se é ou não, radicalmente) e diversamente do conceito de capacidade, que é um *quantum*, comportando graduação" ("A fixação em lei complementar ...", cit., *Projeção – Revista Brasileira de Tributação e Economia* 10/27).

28. A expressão "arquétipo genérico", que muitos utilizam, envolve uma *contradictio in terminis*. De fato, o termo "arquétipo" encerra a ideia de "genérico", não sendo logicamente possível conceber-se um "arquétipo particular".

29. Isto vale, inclusive, para a base de cálculo e a alíquota de cada tributo, que também encontram seus paradigmas na Constituição Federal.

O *tipo tributário* é revelado, no Brasil, após a análise conjunta da *hipótese de incidência* e da *base de cálculo* da exação. Assim, a Lei das Leis, ao discriminar as competências tributárias das várias pessoas políticas, estabeleceu, igualmente, as *bases de cálculo "in abstracto" possíveis* dos vários tributos federais, estaduais, municipais e do Distrito Federal. Melhor esclarecendo, se o tributo é sobre a renda, sua base de cálculo deverá, necessariamente, levar em conta uma medida da renda (*v.g.*, a renda líquida); se o tributo é sobre a propriedade, sua base de cálculo deverá, necessariamente, levar em conta uma medida da propriedade (*v.g.*, o valor venal da propriedade); se o tributo é sobre serviços, sua base de cálculo deverá, necessariamente, levar em conta uma medida dos serviços (*v.g.*, o valor dos serviços prestados). Os exemplos poderiam ser multiplicados, até porque a base de cálculo e a hipótese de incidência de todo e qualquer tributo devem guardar sempre uma relação de inerência. Em suma, a base de cálculo há de ser, em qualquer tributo (imposto, taxa ou contribuição de melhoria), uma medida da materialidade da hipótese de incidência tributária.

Já, a alíquota (critério legal que, conjugado à base de cálculo, permite discernir o *quantum debeatur*), embora possa variar, não deve imprimir ao tributo feições confiscatórias (art. 150, IV, da CF), aguilhoando, deste modo, o direito de propriedade (arts. 5º, XXII, e 170, II, da CF). Ademais, em relação aos impostos, deverá tornar efetiva a exigência contida no art. 145, § 1º, da CF ("sempre que possível, os impostos terão caráter pessoal e serão graduados segundo a capacidade econômica do contribuinte ...").

Aprofundando um pouco o assunto, também a alíquota do tributo deve ser minuciosamente apontada na lei da pessoa política competente. É o que, aliás, sustenta Aires Barreto: "Em outras palavras, a alíquota deverá estar indicada na lei criadora do tributo (...). Deve ser possível, ao obrigado, encontrar, de modo expresso em lei, a alíquota. É em lei que se deverá encontrar a expressa solução de que alíquota aplicar sobre a base de cálculo (para, concretamente, permitir a sua multiplicação sobre a base calculada)" (*Base de Cálculo, Alíquota e Princípios Constitucionais*, São Paulo, Ed. RT, 1987, pp. 50-51).

A alíquota, em suma, é um dos elementos essenciais do tributo, sem a qual não será possível determinar o *quantum debeatur*, razão por que deve sempre estar prevista em *lei formal*.

A respeito, Geraldo Ataliba, como de hábito, pontifica: "Não basta, para a fixação do *quantum debeatur*, a indicação legal da base imponível. Só a base imponível não é suficiente para a determinação *in concreto* do vulto do débito tributário, resultante de cada obrigação tributária. A lei deve estabelecer outro critério quantitativo que – combinado com a base imponível – permita a fixação do débito tributário, decorrente de cada fato imponível. Assim, cada obrigação tributária se caracteriza por ter certo valor, que só pode ser determinado mediante a combinação de dois critérios numéricos: a base imponível e a alíquota. *O objeto de cada obrigação tributária (individual e concreta) é o pagamento de uma soma determinada. A fixação dessa soma depende integralmente da lei. Nem a administração, nem o contribuinte concorrem com qualquer margem de liberdade no processo de sua formação.* (...) A alíquota – disse-o implicitamente A. Becker – é uma quota ou parte ideal do fato posto como aspecto material da h.i. São suas palavras: '*(...) o tributo – sempre e logicamente – consiste numa parcela daquele fato que foi transfigurado em cifra (base de cálculo) por escolha e determinação da* ***regra*** *que estrutura a regra jurídica de tributação*'" (*Hipótese de Incidência Tributária*, 6ª ed., 16ª tir., São Paulo, Malheiros Editores, 2016, pp. 114-116 – grifou-se o terceiro parágrafo; os demais grifos estão no original).

Tanto quanto a base de cálculo, a alíquota está predefinida na Constituição Federal. De fato, embora o legislador, ao criar *in abstracto* o tributo, tenha alguma liberdade para fazer variar a alíquota, não a pode elevar *ad infinitum*. Isto fatalmente imprimiria ao tributo o proibido caráter de *confisco* (cf. art. 150, IV, da CF), vulnerando, por via reflexa, o direito de propriedade, constitucionalmente protegido (arts. 5º, XXII, e 170, II, da CF).

Impende consignar que, dependendo do tributo, e desde que não lhe imprima feições confiscatórias, a alíquota pode superar a base de cálculo *in concreto*. É o que não raro se dá na tributação de operações com bens supérfluos ou nocivos à saúde, em que o interesse de dissuadir comportamentos de virtuais contribuintes acaba falando mais alto.

Nos impostos (*tributos não vinculados a uma atuação estatal*) a alíquota é essencial para que se cumpra o primado da capacidade contributiva (art. 145, § 1º, primeira parte, da CF). Melhor esclarecendo: as leis que os criam *in abstracto* devem estipular que as alíquotas destas exações variem para mais à medida que forem aumentando suas bases calculadas. Assim, quanto maior a base calculada do imposto, tanto maior haverá de ser a alíquota aplicável na determinação do *quantum debeatur*.

Já, nas taxas (*tributos diretamente vinculados a uma atuação estatal*), cuja base de cálculo é o valor da atuação estatal (portanto, *genérica*), a alíquota será sempre uma *unidade de medida* (metro quadrado,

Portanto, o Constituinte estabeleceu, de modo peremptório, alguns enunciados que necessariamente deverão compor as normas jurídicas instituidoras dos tributos. Estes enunciados formam o *mínimo necessário* (o *átomo*), de cada tributo. São o ponto de partida inafastável do processo de criação *in abstracto* dos tributos.

II – Assim, os tributos, longe de poderem ser exigidos atabalhoadamente, devem respeitar *extenso catálogo* de direitos fundamentais dos contribuintes (estrita legalidade, anterioridade, reserva de competência, igualdade, proporcionalidade etc.), que faz o contraponto ao inegável dever, que a ordem jurídica lhes impõe, de suportá-los.[30]

peso, volume, área etc.), apurável caso a caso (portanto, *específica*). Aclarando a ideia, nas taxas, quer *de serviço*, quer *de polícia*, a base de cálculo vem prefixada, por *unidade de medida* (*v.g.*, R $ 1,00, por metro cúbico de água potável domiciliarmente fornecida), e a alíquota é o número de unidades de medida diretamente referidas ao contribuinte (*v.g.*, $100m^3$ de água potável consumida). É o que ensina Aires Barreto, *verbis*: "(...) nas taxas, a lei cuida de estabelecer os critérios para a investigação não mais da base de cálculo, necessariamente o valor da atuação estatal (única, genérica), mas para a exata aferição da alíquota aplicável" (ob. cit., p. 73).

Por fim, na contribuição de melhoria (*tributos indiretamente vinculados a uma atuação estatal*), sendo sua base de cálculo o *quantum* da valorização imobiliária experimentada pelo imóvel em decorrência da obra pública realizada nas imediações, a alíquota há de ser um percentual deste valor, fixado com prudente arbítrio pelo legislador da pessoa política competente.

Pensamos ser o caso de salientar, ainda, que se engana quem supõe que, em determinadas circunstâncias, as alíquotas dos tributos podem ser apontadas por decreto, portaria etc.

Com efeito, mesmo nas hipóteses contempladas no § 1º do art. 153 da CF (impostos sobre o comércio exterior, IPI e IOF) nossa ordem jurídica só admite que a lei delegue ao Poder Executivo a faculdade de fazer variar alíquotas, "atendidas as condições e os limites estabelecidos em lei". Portanto, nem aí o Executivo está credenciado a criar alíquotas, mas, apenas, a alterá-las, dentro dos parâmetros previamente traçados pelo Legislativo.

Estas colocações nos permitem reafirmar que se, por qualquer razão, a lei omite a alíquota de um dado tributo, ele ainda não existe *in abstracto*, não podendo, portanto, nascer *in concreto*.

Evidentemente, as omissões legislativas, máxime em matéria tributária, não podem ser supridas, nem pelo Poder Judiciário, nem, muito menos, pelo Poder Executivo, ao qual compete, apenas, cumprir rigorosamente a lei. Elas só podem ser supridas pelo próprio Poder Legislativo. Enquanto o Legislativo não completar sua tarefa, apontando todos os elementos essenciais da norma jurídica tributária, tanto melhor para o contribuinte, que não poderá ser validamente compelido a pagar o tributo, simplesmente porque a exação ainda não existe no plano abstrato (*primário*), não podendo, pois, nascer, no plano concreto (*secundário*).

30. O Min. Celso de Mello, no julgamento do RE 346.084-PR, deixou patenteada a importância dos princípios na garantia do contribuinte contra os abusos no poder de tributar, *verbis*:

"(...) a prática das competências impositivas por parte das entidades políticas investidas da prerrogativa de tributar não pode caracterizar-se como instrumento que, arbitrariamente manipulado pelas pessoas estatais, venha a conduzir à destruição ou ao comprometimento da própria ordem constitucional.

"A necessidade de preservação da incolumidade do sistema consagrado pela Constituição Federal não se revela compatível com pretensões fiscais contestáveis do Poder Público, que, divorciando-se dos parâmetros estabelecidos pela Lei Magna, busca impor ao contribuinte um estado de submissão tributária absolutamente inconvivente com os princípios que informa e condicionam, no âmbito do Estado Democrático de Direito, a ação das instâncias governamentais.

"Bem por isso, tenho enfatizado a importância de que o exercício do poder tributário, pelo Estado, deve submeter-se, por inteiro, aos modelos jurídicos positivados no texto constitucional, que institui, em favor dos contribuintes, decisivas limitações à competência estatal para impor e exigir, coativamente, as diversas espécies tributárias existentes.

"O respeito incondicional aos princípios constitucionais evidencia-se como dever inderrogável do Poder Público. A ofensa do Estado a esses valores – que desempenham, enquanto categorias fundamentais

Salientamos, em complemento, que é o exercício, por meio de lei, da competência tributária que cria *in abstracto* o tributo. De fato, somente depois da edição da lei que desenha a norma jurídica tributária, em todos os seus *elementos essenciais*, é que se pode falar que a exação foi instituída. É, pois, a norma legal – obviamente, quando editada, interpretada e aplicada em compasso com o Diploma Supremo – que obriga o destinatário a adotar o comportamento de levar dinheiro ao Erário (ou a quem legalmente o representa).

Em resumo, nenhuma norma tributária, quer de nível legal, quer infralegal, pode ir além dos rígidos marcos constitucionais.

3. *Características*

A competência tributária caracteriza-se pela: I – privatividade; II – indelegabilidade; III – incaducabilidade; IV – inalterabilidade; V – irrenunciabilidade; e VI – facultatividade do exercício.

3.1 *Privatividade*

3.1.1 Introdução ao assunto e análise de questões paralelas

I – A Constituição aponta as competências tributárias privativas de cada pessoa política.[31]

que são, um papel subordinante na própria configuração dos direitos individuais e coletivos – introduz, de um lado, um perigoso fator de desequilíbrio sistêmico e rompe, de outro, por completo, a harmonia que deve presidir as relações, sempre tão estruturalmente desiguais, entre indivíduos e Poder."

31. Paulo de Barros Carvalho verbera contra a privatividade da competência tributária dos Estados, dos Municípios e do Distrito Federal. Para este jurista, só a competência da União é privativa, já que ela está credenciada a criar: a) impostos estaduais e municipais, para os territórios não divididos em Municípios; b) impostos estaduais, para os Territórios divididos em Municípios; e c) quaisquer impostos, na iminência ou no caso de guerra externa (cf. *A Regra-Matriz* ..., cit., pp. 26-31).

A crítica é arguta porque, realmente, "competem à União, em Território Federal, os impostos estaduais e, se o Território não for dividido em Municípios, cumulativamente, os impostos municipais" (art. 147, primeira parte, da CF). Igualmente, competem à União, "na iminência ou no caso de guerra externa, impostos extraordinários, compreendidos ou não em sua competência tributária, os quais serão suprimidos, gradativamente, cessadas as causas de sua criação" (art. 154, II, da CF).

De nossa parte, pensamos que estas são situações excepcionalíssimas, que só vêm confirmar a regra geral.

Deveras, o Congresso Nacional – porque assim o quer a *Lex Major* –, quando legisla para os Territórios, *faz as vezes* de Assembleia Legislativa e, se o Território não for dividido em Municípios, também de Câmara Municipal.

O que nos parece relevante, neste particular, é que o contribuinte não poderá ser tributado pelo mesmo *fato imponível* senão pela pessoa política competente. Assim, por exemplo, o comerciante que pratica uma operação mercantil num Território só pagará ICMS uma vez, e à União.

No pertinente ao art. 154, II, da Carta Fundamental, realmente há a possibilidade de bitributação – damo-nos pressa em explicar – constitucionalmente autorizada. O contribuinte poderá ser compelido a pagar duas vezes, pela ocorrência de um único fato, o mesmo imposto (uma vez, para a União, que criou o imposto extraordinário, e, outra, para a pessoa política que, de ordinário, isto é, em época de paz, tem competência para instituir este mesmo tributo). Julgamos sustentável, porém, que, no caso, o Congresso Nacional, ao criar quaisquer impostos (inclusive os ordinariamente reservados aos Estados, aos Muni-

No Direito Brasileiro, a União, os Estados, os Municípios e o Distrito Federal, no tocante à instituição de tributos, gozam de *privatividade* ou, se preferirmos, de *exclusividade*. A bem dizer, todos eles têm *faixas tributárias privativas*.

A contribuição de Geraldo Ataliba no estudo do assunto é, como de hábito, valiosa: "Quem diz privativa, diz exclusiva, quer dizer: excludente de todas as demais pessoas; que priva de seu uso todas as demais pessoas. A exclusividade da competência de uma pessoa implica proibição peremptória, *erga omnes*, para exploração desse campo".[32]

As normas constitucionais que discriminam as competências tributárias encerram duplo comando: 1) habilitam a pessoa política contemplada – e somente ela – a criar, querendo, um dado tributo; e 2) proíbem as demais de virem a instituí-lo. Efetivamente, a reserva de competência tributária importa, *a contrario sensu*, interdição, que resguarda a eficácia de sua singularidade. Ao mesmo tempo em que *afirma* a aptidão *daquela* pessoa política para criar *aquele determinado* tributo, *nega* a *das demais* para fazerem o mesmo, ou seja, para o instituírem. É cláusula vedatória implícita, de

cípios e ao Distrito Federal), atua como órgão legislativo da Nação Brasileira (isto é, da *ordem jurídica global*), ameaçada, em sua integridade, pelo estado de beligerância.

A atual Constituição, segundo nos parece, criou outras duas possibilidades de bitributação, que já desapareceram:

I – A primeira, ao permitir que os Estados tributassem, por via de ICMS, as operações mercantis (art. 155, II, primeira parte) e os Municípios, por intermédio do IVV, as vendas a varejo de combustíveis líquidos e gasosos (até 1.1.1996, *ex vi* do art. 4º da EC 3/1993). A venda a varejo de combustíveis líquidos e gasosos tipificava uma operação mercantil, que abria espaço à concomitante incidência do ICMS e do IVV.

II – A outra, ao autorizar a União a tributar, por via de imposto, "a renda e os proventos de qualquer natureza" (art. 153, III), e os Estados e o Distrito Federal, "até cinco por cento do que for pago à União por pessoas físicas ou jurídicas domiciliadas nos respectivos territórios, a título do imposto previsto no art. 153, III, incidente sobre lucros, ganhos e rendimentos de capital" (até 1.1.1996, *ex vi* do art. 3º da EC 3/1993). Este último imposto – impropriamente denominado "adicional" – só poderia incidir sobre até cinco por cento da parte do imposto de renda que a União estivesse legalmente autorizada a arrecadar dos lucros, ganhos e rendimentos de capital do contribuinte, e não sobre até cinco por cento de todo o imposto de renda recolhível. Como é cediço, o imposto de renda alcança os rendimentos líquidos em geral. Os rendimentos são obtidos por meio de salários, alugueres, transações imobiliárias, doações, lucros, ganhos e rendimentos de capital, e assim por diante. Pois bem, só a parte do IR que incidisse sobre os lucros, ganhos e rendimentos de capital, do contribuinte poderia sofrer a incidência deste imposto estadual (ou do Distrito Federal), que se somaria ao federal. Em síntese, o contribuinte que, domiciliado num dado Estado (ou no Distrito Federal), obtivesse lucros, ganhos e rendimentos de capital poderia, até 1.1.1996, ser compelido, validamente, em razão da ocorrência destes fatos, a pagar imposto sobre a renda, à União e a este Estado (ou ao Distrito Federal, se for o caso).

Diante do exposto, facilmente percebemos que este problema da privatividade das competências tributárias é intrincadíssimo.

Não pretendemos solucioná-lo definitivamente, até porque concordamos com José Souto Maior Borges quando obtempera: "se consequente a metodologia jurídica, a crítica doutrinária não deve tender ingenuamente para a definitiva confirmação (verificabilidade) ou mesmo a corroboração provisória da teoria, senão à sua refutação conclusiva. Se esta última não se consegue, é porque a teoria resistiu ao experimento crítico e sobreviverá, até que, dentro do inexorável processo de seleção darwiniana das teorias jurídicas, outra melhor e de mais abrangente conteúdo-de-explicação a sobrepuje. Assim, a corroboração da teoria seria uma consequência, rigorosamente controlável, de haver malogrado o esforço crítico para a sua refutação" (*O Problema Fundamental da Base Empírica para a Ciência do Direito e seus Reflexos em Questões Indecidíveis pela Doutrina do Direito Tributário*, trabalho inédito, 1984, pp. 1-2).

32. Geraldo Ataliba, *Sistema ...*, cit., p. 106.

endereço *erga omnes*, salvo, é claro, o próprio destinatário da faculdade: a pessoa política competente, nos termos da Constituição Federal.

Em consequência, a norma constitucional que trata de competência tributária confere à pessoa política contemplada a virtualidade de criar certo e determinado tributo. Ao fazê-lo, recusa, concomitantemente, esta possibilidade às demais pessoas políticas nela não indicadas.

II – Daí falarmos em *princípio da reserva das competências tributárias*.

As regras infraconstitucionais devem respeitar este princípio[33] e, mais que isso, ser aplicadas de modo a concretizá-lo. Tal *reserva* não se altera ainda que a pessoa política competente deixe de tributar.

Endossa este posicionamento Amílcar de Araújo Falcão quando, referindo-se à atribuição de competência tributária, afirma que dela provêm duas decorrências: "Em primeiro lugar, a atribuição de competência tributária tem um sentido positivo ou afirmativo: importa em reconhecer a uma determinada unidade federada a competência para decretar certo e determinado imposto (*tributo*). Em segundo lugar, da atribuição de competência privativa decorre um efeito negativo ou inibitório, pois importa em recusar competência idêntica às unidades outras não indicadas no dispositivo constitucional de habilitação: tanto equivale a dizer, se pudermos usar tais expressões, que a competência privativa é oponível *erga omnes*, no sentido de que o é por titular ou por terceiros contra quaisquer outras unidades federadas não contempladas na outorga".[34]

III – Merece também registrado que a competência tributária – como todas as competências constitucionais – é de *ordem pública*. Assim, a pessoa política não pode nem usurpar competência tributária alheia, nem aquiescer que sua própria competência tributária venha a ser utilizada por outra pessoa política. Lembramos que, em linguagem constitucional, "competência é sinônimo de direito próprio, exclusivo, essencial" (Aureliano Leal).

Não cria o tributo quem quer, mas quem pode, de acordo com a Constituição.

Como ensina Francisco Campos, "a competência exclusiva é, em direito constitucional, incondicional e absoluta, não cabendo à autoridade a que é atribuída consentir na sua usurpação, ou no seu exercício por outra autoridade".[35]

E, como acrescenta Laubadère, "a invasão na competência de outra pessoa inquina o ato de nulidade absoluta, ou é como se o ato fosse inexistente".[36]

IV – Acrescentamos que a criação de um tributo por pessoa política incompetente viola normas constitucionais. Esta anomalia jurídica não pode ser sanada, nem mesmo com o beneplácito da pessoa política que sofreu a usurpação.

33. Note-se que as normas constitucionais, além de limitarem o poder do Estado, asseguram direitos individuais e coletivos. Daí a necessidade de se buscar a maior eficácia possível dos princípios constitucionais, sob pena de transformá-los em promessas inconsequentes da Carta Magna.

34. Amílcar de Araújo Falcão, *Sistema Tributário Brasileiro*, 1ª ed., Rio de Janeiro, Financeiras, 1965, p. 38 (esclarecemos, já que a obra foi escrita ao tempo da Constituição de 1946).

35. Francisco Campos, "Parecer" in *RDA* 73/380.

36. Laubadère, *Traité de Droit Administratif*, 3ª ed., vol. I, Paris, LGDJ, 1963, p. 216.

Portanto, a falta de competência da pessoa política que, fazendo rosto à Constituição, "cria" tributos alheios acarreta a nulidade do ato por ofensa a princípio básico da ordem jurídica.[37] A lei assim produzida, maculada por vício essencial, não pode, mesmo, ter eficácia jurídica. Pelo contrário, pronunciada pelo Judiciário, mediante provocação, a nulidade, volvem as coisas ao estado anterior ao do advento do ato anulado (efeito *ex tunc*). Assim preceitua a teoria das nulidades.[38]

Rubens Gomes de Sousa, em mais um de seus lances de genialidade, colocou a questão no melhor rumo: "Quando se alega incompetência, automaticamente se está alegando que alguém extravasou de limites. Portanto, talvez melhor do que a referência direta à competência, a referência indireta, pois a arguição de incompetência torna mais patente ainda que se trata de um ato exercido fora de limites prefixados".[39]

V – A nulidade da lei que invade competência tributária pode ser arguida a qualquer tempo.

Quanto a seus efeitos, é equiparada aos da própria inexistência da lei, que, *in casu*, resulta não da natureza das coisas, mas de cominação da ordem jurídica, que fulmina este ato normativo, considerando-o *nulo e de nenhum efeito*. Mas, aqui, nova conjectura impõe-se.

Com efeito, anulada a lei, por vício de incompetência, a realidade jurídica há que ser restituída à situação em que se encontrava, antes de sua entrada em vigor.

37. Em Direito não há uma hierarquia na invalidade (Kelsen). É dizer: os atos que atritam contra a ordem jurídica estabelecida são todos igualmente inválidos. Como, porém, a forma pela qual esta reage contra as agressões que sofre difere de acordo com a intensidade de cada afronta padecida, costuma-se distinguir os atos inexistentes dos nulos e dos anuláveis e, estes, dos simplesmente irregulares.

Pois bem, amiudadas vezes os atos jurídicos ressentem-se de imperfeições. Estas advêm de uma das três causas a seguir elencadas: I – de falta de elemento essencial à sua formação (ato *inexistente*, que a doutrina germânica chama de incompleto ou inacabado); II – de inobservância da letra e do espírito da Constituição ou da lei (ato *nulo*); e III – de vícios da vontade – erro, ignorância, dolo ou coação – ou da incapacidade do agente que o praticou (ato *anulável*). O ato anulável pode ser ratificado, ao inverso do nulo, insuscetível de ver expungido o vício de que se ressente (*quod non est confirmare nequit*). A nulidade – a mais significativa das imperfeições de que podem padecer os atos jurídicos – é, como quer Clóvis Beviláqua, "(...) a declaração legal de que a determinados atos jurídicos se não prendem os efeitos ordinariamente produzidos pelos atos semelhantes" (*Teoria Geral do Direito Civil*, 4ª ed., Rio de Janeiro, Serviço de Documentação do Ministério da Justiça, 1972, p. 274). O reconhecimento da nulidade opera retroativamente, isto é, faz com que as coisas tornem ao *status quo ante*.

Gregório Robles, grande jusfilósofo ibérico, demonstrou que todo e qualquer sistema normativo (e, portanto, também o sistema jurídico) é formado por três tipos de regras; a saber: a) as *regras ônticas*, que fixam os pressupostos do sistema (*e.g.*, a maioridade é alcançada aos 18 anos de idade; o Brasil é uma República Federativa etc.); b) as *regras técnicas*, que estabelecem o campo do necessário (*v.g.*, para a tutela dos direitos é preciso ir ao Judiciário; a ação direta de controle da constitucionalidade dos atos normativos tem por um dos titulares o Procurador-Geral da República etc.); e c) as *regras deônticas*, as quais, sim, estão ligadas a sanções (são elas que permitem, proíbem ou obrigam).

Muito bem, a nulidade, sob este aspecto, não é sanção; é o reconhecimento de que não foram cumpridas as regras técnicas (no caso, do sistema jurídico).

38. A teoria das nulidades, ainda vacilante na doutrina, não recebeu, da parte dos tributaristas, maiores atenções. V., a respeito, o trabalho pioneiro de Alberto Xavier, "Notas sobre o problema das nulidades no direito tributário", *Revista de Estudos Tributários* 1/67 e ss.

39. Rubens Gomes de Sousa, *Comentários ao Código Tributário Nacional*, em coautoria com Geraldo Ataliba e Paulo de Barros Carvalho, São Paulo, EDUC/Ed. RT, 1975, pp. 68-69.

Sobremais, para aniquilar-se qualquer vestígio da lei inconstitucional é preciso reconstituir, em termos ideais, a situação que existiria, não fosse este ato inquinado de nulidade.

É o que sublinha Diogo Freitas do Amaral, para quem, a respeito dos efeitos da anulação: "(...) se faz mister aplicar o critério a que podemos chamar da reconstituição da situação atual hipotética: importa, na verdade, considerar o espaço de tempo que mediou entre a prática do ato ilegal e o momento em que se reintegra a ordem jurídica, e reconstruir, na medida do possível, a situação que neste último momento existiria se o ato ilegal não tivesse sido praticado e se, portanto, o curso dos acontecimentos nesse espaço de tempo se tivesse apoiado sobre uma base legal".[40]

A razão de ser disso afigura-se-nos patente: de uma lei nula (como, de resto, de qualquer ato nulo) podem surgir omissões ou prejuízos que inexistiriam se ela não tivesse sido editada. Se dela resultaram efeitos positivos, "o que interessa é restabelecer a situação que existia antes de o ato ser praticado"; se, ao reverso, dela derivaram omissões indevidas, "o mero restabelecimento da situação anterior ao ato deixaria tudo na mesma e só a reconstituição da situação actual hipotética permite reintegrar a ordem jurídica violada, obrigando a realizar tudo o que entretanto se teria realizado se não fosse o ato (*nulo*)".[41]

Para reintegrar-se a ordem jurídica ferida, reconstruindo-se a situação que supostamente existiria, não fosse a lei nula, é preciso eliminar seus efeitos, quer mediatos, quer imediatos.

Assim, se, por hipótese, uma lei tributária inconstitucional vier a ser editada e, com base nela, for cobrado um tributo, o contribuinte lesado tem o direito subjetivo de repetir o que indevidamente o Fisco lhe exigiu. Vimos, pois, que não basta a anulação da lei, para que as coisas voltem ao seu estado anterior normal. Só após o subsequente reembolso do contribuinte (com juros e correção monetária) é que, de fato, estarão suprimidos de vez os efeitos danosos da invasão de competência tributária.

VI – Obviamente, anulada a lei, todos os atos normativos inferiores, praticados com apoio nela, seguem a mesma sorte: devem também ser, de logo, havidos por nulos, sendo desnecessário obter uma declaração judicial nesse sentido. Assim, a título ilustrativo, anulada a lei (antecedente) que "criava" o tributo, igualmente nulo é o lançamento (consequente) que a aplicava ao caso concreto. Havendo um nexo de causa e efeito entre o ato anulado e o ato que dele derivou, este último deve ser reputado nulo, *ipso iure*.[42]

Em suma, ou a pessoa política que decreta o tributo tem competência para fazê-lo, e ele é válido, ou não a tem, e ele será constitucionalmente ilegítimo. O vício que macula de inconstitucionalidade o tributo é, repetimos, o da invasão de competência.

40. Diogo Freitas do Amaral, *A Execução das Sentenças dos Tribunais Administrativos*, pp. 51-52 (cit. por Marcello Caetano, *Manual de Direito Administrativo*, 1ª ed. brasileira, vol. II, Rio de Janeiro, Forense, 1970).

41. Idem, ibidem, p. 52 (esclarecemos).

42. Cf. Marcello Caetano, *Manual de Direito Administrativo*, 1ª ed. brasileira, vol. II, Rio de Janeiro, Forense, 1970, p. 1.130.

Pois bem. Fincadas as primeiras ideias acerca do tema, temos que a União, os Estados, os Municípios e o Distrito Federal receberam, do Texto Supremo, competências privativas, seja para criar impostos, seja para criar taxas e contribuição de melhoria.

É o que veremos, a seguir.

3.1.2 A classificação jurídica dos tributos

Indo de um polo a outro, devemos, agora, tratar da classificação jurídica dos tributos, com o quê estaremos nos instrumentando para um melhor enfoque da privatividade das competências tributárias.

Dito de outro modo, vamos proceder ao estudo das várias espécies de tributos.

Este estudo – já adiantamos – só se justifica num Estado como o nosso, em que a aptidão para instituir tributos é partilhada, pela Carta Magna, entre várias pessoas; a saber: entre a União, os Estados-membros, os Municípios e o Distrito Federal.

Como já ressaltamos, fosse o Brasil um Estado Unitário e o trabalho de dividir os tributos em espécies e subespécies seria, provavelmente, inócuo, já que a função de criá-los pertenceria a um único *Órgão Central* que, obedecidos alguns poucos postulados, quase tudo poderia, em matéria de tributação.[43]

Ocorre, porém, que o Brasil não é um Estado Unitário, mas um Estado Federal. Nele, a União e os Estados-membros são reciprocamente autônomos e legislam, inclusive em matéria tributária. A par disto, em nosso País, os Municípios e o Distrito Federal, embora não façam parte do pacto federativo, também são pessoas políticas e também legislam em matéria tributária.

Temos, portanto, em nosso País, leis tributárias federais, estaduais, municipais e distritais, todas devendo conviver harmonicamente.[44] Assim, entre nós, o perfeito

43. É por isso que na Itália, na Espanha, na França – todos Estados Unitários –, não há, por parte da doutrina, uma preocupação maior com o assunto.

Nestes Países, desde que o tributo seja instituído de acordo com os ditames constitucionais, não importa saber, a não ser no plano teórico, se ele é um imposto, uma taxa ou uma contribuição.

No Brasil, pelo contrário, é imperioso classificá-lo corretamente, até para constatarmos se não houve uma invasão de competência, por parte da entidade tributante. É que, não raro, a pessoa política que invade campo tributário alheio rotula o "tributo" assim criado com nomes exóticos (preço, sobrepreço, tarifa, adicional, encargo financeiro etc.). Daí a importância de termos critérios científicos, que nos permitam verificar, com acentuado grau de certeza, se estamos realmente diante de um tributo e de que tipo, e se a pessoa política que o criou invadiu, ou não, esfera que a Constituição reservou a outra entidade tributante.

44. No Brasil, as leis tributárias federais, estaduais, municipais e do Distrito Federal, quando válidas, isto é, quando editadas com observância do processo legislativo, constitucionalmente traçado, possuem a mesma hierarquia jurídica: umas não preferem às outras.

Enganam-se, pois, os que sustentam que as leis tributárias federais preferem às estaduais, ou que estas às municipais ou, ainda, que estas últimas às do Distrito Federal. Pelo contrário, todas ocupam o mesmo patamar jurídico. Por quê? Porque todas buscam a validade e a legitimidade diretamente na Constituição. E, como sabemos, só há hierarquia jurídica entre normas quando umas extraem das outras a validade e a legitimidade.

conhecimento das espécies e subespécies tributárias não é apenas uma exigência acadêmica, mas é fundamental, porque vai permitir que o contribuinte averigue se está sendo tributado de modo correto, pela pessoa política competente, nos termos da Constituição.

Mas, que é classificar?

Em exposição abreviada, classificar é o procedimento lógico de dividir um conjunto de seres (de objetos, de coisas) em categorias, segundo critérios preestabelecidos.

As classificações objetivam acentuar as semelhanças e dessemelhanças entre diversos seres, de modo a facilitar a compreensão do assunto que estiver sendo examinado.[45]

Logo, as classificações são, em última análise, instrumentos de trabalho intelectual.

Frisamos, com Agustín Gordillo, que não há classificações certas ou erradas, mas classificações *mais úteis* e *menos úteis*.[46] Assim, decidir-se por uma, em detrimento de outra – e agora invocamos as lições do jusfilósofo platino Genaro Carrió –, não é como preferir um mapa fiel a outro que não o seja; é como optar pelo sistema métrico decimal, em vez do sistema de medição dos ingleses. Os dois sistemas estão "certos". Apenas, um revela-se mais útil do que o outro, de acordo, até, com contingências geográficas. De fato, na Inglaterra, o sistema inglês é, obviamente, mais útil (já que, lá as medições se realizam em polegadas, em jardas, em pés etc.). Em contrapartida, no Brasil, o sistema métrico decimal, dito também *continental* ou *francês*, é mais útil do que o outro, porquanto é nosso sistema oficial de medição.

Melhor esclarecendo, não há entre as leis tributárias federais, estaduais, municipais ou do Distrito Federal aquele vínculo de subordinação que existe, por exemplo, entre os regulamentos e as leis que os preveem. De fato, os regulamentos, no Brasil, só podem explicitar as leis a que se referem, dando-lhes plena eficácia. Por isto mesmo, são atos normativos infralegais. Buscam seu *fundamento de validade* nas leis.

Tal não se dá com as leis tributárias federais, estaduais, municipais e do Distrito Federal, já que todas haurem seu *fundamento de validade* da Constituição. O que elas têm de diferente são os campos de incidência. Isto, porém, não implica hierarquia entre elas. Pelo contrário, se, *v.g.*, uma lei tributária federal invadir a esfera de competência dos Municípios, ela será inconstitucional.

Em suma, as leis tributárias federais, estaduais, municipais e do Distrito Federal estão hierarquicamente abaixo apenas da Constituição Federal, que dá a todas elas *fundamento de validade*.

45. As classificações só são possíveis porque o agente classificador leva em conta o que as coisas a serem classificadas têm de semelhante, desconsiderando o que têm de dissímil. Deveras, como não há, no Universo, duas realidades rigorosamente iguais, as classificações só são possíveis porque o homem, fazendo, com sua inteligência, abstrações, equipara coisas que, em rigor, não são idênticas.

Isto nos leva a concluir que as classificações não estão no mundo fenomênico (no mundo real), mas na mente do homem (agente classificador). Naturalmente, as coisas não se apresentam classificadas no mundo em que vivemos; elas são classificadas pelo homem, de acordo com critérios por ele eleitos. Neste ponto, pelo menos, tinha razão Kant, quando afirmava que o homem é o centro do Universo.

46. Deveras, as classificações ou existem ou não existem. Quando existem, não são nem certas, nem erradas, mas *mais úteis* ou *menos úteis*. Nada nos impede, por exemplo, de classificarmos os tributos em *muito rendosos* e *pouco rendosos* para a Fazenda Pública, de acordo com critérios prefixados. Classificação deste feitio não seria errada; seria, sim, pouco útil, pelo menos nos patamares do Direito.

Em suma, as classificações (tanto quanto as definições) importam não por seu *valor lógico*, mas por seu *valor operativo*. Noutras palavras, não conta sejam "verdadeiras" ou "exatas", mas, "úteis" e "oportunas" para entender os temas em estudo.

Retomando o fio do raciocínio, classificar é distribuir objetos em classes ou grupos, segundo critérios predeterminados.

Podemos, é bem de ver, classificar as coisas de inúmeras maneiras.

Uma classificação jurídica, no entanto, deverá necessariamente levar em conta o dado jurídico por excelência: a *norma jurídica*. Reforçando a asserção, a norma jurídica é o ponto de partida indispensável de qualquer classificação que pretenda ser jurídica.

Assim, uma classificação *jurídica* dos tributos só será possível a partir do detalhado exame das normas jurídicas tributárias em vigor, máxime das de mais alta hierarquia, que se encontram na Constituição Federal.

Realmente, nossa Lei Maior está comprometida com uma classificação jurídica dos tributos. É ela que, em seu art. 145,[47] confere, às pessoas políticas, competências para que criem *impostos*, *taxas* e *contribuição de melhoria*.

Apesar de o assunto ainda suscitar acaloradas discussões doutrinárias, continuamos entendendo que a destinação da receita proveniente da tributação não altera – pelo menos não necessariamente[48] – a classificação supra. Neste sentido, já adiantamos que os empréstimos compulsórios (tributos cuja receita há de ser devolvida ao contribuinte) e as "contribuições" (tributos com destinação especificada nos arts. 149 e 195 da CF) podem ser reconduzidos às modalidades *imposto*, *taxa* ou, no caso daqueles, até, *contribuição de melhoria*.

Podemos, portanto, dizer que, no Brasil, o tributo é o gênero, do qual o imposto, a taxa e a contribuição de melhoria são as espécies. A esse respeito, a doutrina nacional não pode sequer disputar. Tal classificação, porque apadrinhada pelo próprio Código Supremo, há de ser considerada por todos quantos se disponham a estudar as espécies e subespécies tributárias, em nosso País. É o Texto Excelso – repetimos – que prescreve que a União, os Estados, os Municípios e o Distrito Federal estão credenciados a criar *impostos* (art. 145, I), *taxas* (art. 145, II) e *contribuição de melhoria* (art. 145, III).

47. CF, art. 145: "A União, os Estados, o Distrito Federal e os Municípios poderão instituir os seguintes tributos: I – impostos; II – taxas, em razão do exercício do poder de polícia ou pela utilização, efetiva ou potencial, de serviços públicos específicos e divisíveis, prestados ao contribuinte ou postos à sua disposição; III – contribuição de melhoria, decorrente de obras públicas".

48. Nada impede que a destinação do produto da arrecadação do tributo seja adotada como mais um critério classificatório, ao lado do critério da materialidade da hipótese de incidência tributária. Com efeito, o doutrinador pode perfeitamente também considerar as variáveis "destinação do produto da arrecadação do tributo" e "devolução da quantia arrecadada" para construir sua classificação das espécies e subespécies tributárias. Apenas nos parece que esta postura não é, sob o aspecto científico, obrigatória, até em função do que escrevemos acerca do ato de classificar, que permite escolhas com grande liberdade, ou seja, dentro de parâmetros mais ou menos elásticos. Mesmo as classificações jurídicas não se apresentam atreladas a critérios inflexíveis, até porque as normas jurídicas (nas quais estas mesmas classificações se apoiam) traçam "molduras", que aceitam várias interpretações.

Demais disso, conforme enfatizamos no capítulo "Segurança Jurídica e Tributação", nossa Constituição não apenas classificou as espécies e subespécies tributárias, mas estabeleceu o *regime jurídico* que cada uma delas deverá necessariamente observar. Noutros falares, a Carta Magna, neste particular, vinculou o legislador ordinário da União, dos Estados, dos Municípios e do Distrito Federal.

Por isto tudo, podemos dizer que a classificação levada a cabo pela Lei das Leis, longe de ser apenas *nominal*, é *conceitual*. O modelo de cada tributo está indelevelmente traçado, no próprio Texto Supremo. Vejamos.

3.1.2.1 Os impostos – I – A definição de imposto, no direito tributário, sofreu, por largo tempo, marcantes influências da *Ciência das Finanças*,[49] que, como sabemos, estuda as exações sob a perspectiva econômica.

Não é por outro motivo que muitos autores ressaltaram que os impostos servem para custear os serviços públicos indivisíveis, destinados indistintamente a toda a coletividade e, nesta medida, usufruíveis *uti civis* (segurança pública, defesa nacional, iluminação pública etc.). Esta colocação, além de não ser jurídica, nem sempre é correta, já que, de uns tempos a esta parte, serviços públicos divisíveis, considerados fundamentais ao desenvolvimento da coletividade, estão sendo prestados a *preços mínimos*, com o fito de torná-los acessíveis a todos. Para cobrir-lhes os custos tem-se recorrido a outras entradas, dentre as quais merecem destaque as provenientes dos impostos.

De fora a parte estas considerações, a correlação entre o serviço público indivisível e o imposto não tem qualquer relevância para o direito tributário, que não se ocupa com a destinação do produto da arrecadação do tributo, mas com a relação jurídica que se instaura entre a pessoa política e o sujeito passivo.

II – Abrimos um rápido parêntese para frisar que não consideramos o imposto uma decorrência do *poder de império* ou da *soberania* da entidade tributante. E não consideramos justamente porque estes são dados pré-constitucionais, do tipo autoritário – e, nesta medida, estranhos à estrutura do Estado moderno.

Assim, juridicamente falando, imposto é uma modalidade de tributo que tem por *hipótese de incidência* um fato qualquer, não consistente numa atuação estatal.[50] Não é por outra razão que Geraldo Ataliba chama o imposto de *tributo não vinculado*. Não vinculado a quê? Não vinculado a uma atuação estatal. Os impostos são, pois, prestações pecuniárias desvinculadas de qualquer relação de troca ou utilidade.

49. A Ciência das Finanças destaca que os impostos são os tributos economicamente mais importantes. De fato, as quantias em jogo na tributação por meio desta espécie tributária são, de regra, muito mais expressivas do que as que giram em torno da tributação por meio de taxas ou contribuição de melhoria. Juridicamente falando, porém, todos os tipos de tributo têm a mesma importância.

50. Esta definição é inspirada nas lições de Geraldo Ataliba (*Hipótese de Incidência Tributária*, cit., 6ª ed., 16ª tir., p. 137). No mesmo sentido, para Hans Nawiasky os impostos são "as prestações pecuniárias, que se impõem pelo ordenamento jurídico, em favor da Administração Pública, sem especial conexão com uma vantagem oferecida por ela" (*Cuestiones Fundamentales de Derecho Tributario*, trad. para o espanhol de Juan Ramalho Massanet, Madri, Instituto de Estudios Fiscales, Obras Básicas de Hacienda Pública, 1982, p. 45 – traduzimos para o português).

Deveras, o imposto encontra seu fundamento de validade, apenas, na competência tributária da pessoa política, não havendo necessidade, para que ele seja instituído e cobrado, de que o Poder Público desenvolva, em relação ao contribuinte, qualquer atividade específica. É nesse sentido que muitos juristas chamam o imposto de *tributo sem causa*. Sem causa não porque ele não tenha fato imponível, mas porque não há necessidade de a entidade tributante oferecer qualquer contraprestação direta a quem o paga.[51]

O imposto – se quisermos fugir da definição pela negativa – sempre tem por hipótese de incidência ou um comportamento do contribuinte,[52] ou uma situação jurídica na qual ele se encontra.[53] Uma coisa, porém, é certa: o *fato imponível* do imposto é sempre realizado pelo contribuinte, sem nenhuma relação específica com qualquer atividade do ente público.

Na verdade, com esta colocação queremos enfatizar que o imposto nunca nasce de uma atuação estatal referida ao obrigado (obra pública, serviço público, ato de polícia etc.), mas, sempre, de um fato qualquer, que não envolva uma contraprestação estatal. Portanto, a prestação patrimonial do contribuinte do imposto é *unilateral* (e não *sinalagmática*), porque não faz nascer, para a entidade tributante, qualquer dever específico de efetuar uma contraprestação.

Paulo de Barros Carvalho, sintetizando o que a doutrina de melhor escreveu a respeito, observa: "(...) debalde procuraremos na hipótese de incidência dos impos-

51. Naturalmente, o dinheiro arrecadado mediante a tributação por via de impostos terá destinação pública. Portanto, as pessoas não os pagam em vão. Só que não recebem benefícios diretos, mas, tão somente, difusos, como membros que são da comunidade. Não há, porém, uma correlação entre o montante de imposto pago por uma pessoa e o benefício que o Estado vai lhe proporcionar. Aliás, este benefício é o mesmo para todas as pessoas, quer paguem, quer não paguem, impostos. Embora, juridicamente, esta circunstância seja irrelevante – já que a destinação do produto da arrecadação do tributo não interfere em sua natureza específica (cf., inclusive, o art. 4º, II, do CTN) –, convém que se diga que o produto da arrecadação dos impostos concorre para as *despesas gerais* do Estado. É ele, por exemplo, que vai custear os serviços públicos prestados *uti universi* (saneamento básico, segurança pública, iluminação pública etc.). Economicamente, é o mais importante, já que as quantias que ele movimenta (ou seja, que faz entrar nos cofres públicos) são, de regra, muito mais expressivas do que as que estão em jogo nas taxas e na contribuição de melhoria.

52. No Brasil, são impostos que nascem de um comportamento do contribuinte, dentre outros: a) o ICMS, que tem por uma das hipóteses de incidência o fato de um comerciante ou industrial praticar uma operação mercantil (portanto, é o comportamento de um comerciante ou industrial praticar uma operação mercantil que marca o nascimento da obrigação de pagar ICMS); b) o ISS, que tem por hipótese de incidência o fato de uma pessoa prestar, a terceiro, em caráter negocial, um serviço de qualquer natureza (logo, é o comportamento de uma pessoa prestar um serviço de qualquer natureza que faz nascer a obrigação de pagar ISS); c) o IR, que tem por hipótese de incidência o fato de uma pessoa auferir rendimentos líquidos (assim, é o comportamento de uma pessoa auferir rendimentos líquidos que determina o surgimento da obrigação de pagar IR). Embora esta seja uma circunstância juridicamente irrelevante, a maioria dos impostos tem por hipótese de incidência um comportamento do contribuinte.

53. São impostos que nascem de uma situação jurídica na qual o contribuinte se encontra: a) o IPTU, que tem por hipótese de incidência o fato de uma pessoa ser proprietária de imóvel localizado na zona urbana de um dado Município (portanto, é a situação de proprietário de imóvel urbano que faz nascer, para alguém, o dever de pagar IPTU); b) o IPVA, que tem por hipótese de incidência o fato de uma pessoa ser proprietária de um veículo automotor (é, pois, a situação de proprietário de veículo automotor que determina o surgimento da obrigação de pagar IPVA); c) o ITR, que tem por hipótese de incidência o fato de uma pessoa ser proprietária de um imóvel localizado na zona rural de um Município (logo, é a situação de proprietário de imóvel rural que torna alguém sujeito passivo deste imposto); etc.

tos uma participação do Estado dirigida ao contribuinte. São fatos quaisquer – *uma pessoa física auferir renda líquida*; *industrializar produtos*; *praticar operações financeiras*; *ser proprietária de bem imóvel*; *realizar operações relativas à circulação de mercadorias*; *prestar serviços* etc. A formulação linguística o denuncia e a base de cálculo o comprova. É da índole do imposto, no nosso direito positivo, a inexistência de participação do Estado, desenvolvendo autuosidade atinente ao administrado".[54]

Em suma, não é preciso que a pessoa política tributante preste um serviço público, remova um obstáculo jurídico, realize uma obra pública, permita a utilização de um bem pertencente ao domínio público, e assim avante, para poder, de modo válido, exigir um imposto. Basta, apenas, tenha competência constitucional para instituí-lo e, ao exercitá-la, observe os magnos princípios que disciplinam o assunto (legalidade, igualdade, proporcionalidade, anterioridade, irretroatividade etc.).

III – Sempre dentro deste tema, queremos ressaltar que os impostos também se dividem em espécies.

Das várias classificações de impostos que se conhecem (diretos e indiretos, pessoais e reais, que repercutem e que não repercutem[55] etc.) – a maioria boa apenas para a Ciência das Finanças e para a Economia –, a mais útil, para os estudiosos do Direito Brasileiro, é a que a própria CF nos oferece, em seus arts. 153, 155 e 156, que discriminam, respectivamente, as competências impositivas da União, dos Estados

54. Paulo de Barros Carvalho, *Curso de Direito Tributário*, cit., 3ª ed., 1988, p. 27.

55. *Impostos diretos* ou *que não repercutem* são aqueles cuja carga econômica é suportada pelo contribuinte, isto é, pelo realizador do *fato imponível*. É o caso do IR, em que o patrimônio de quem auferiu rendimentos líquidos é alcançado por esta tributação.

Já, *impostos indiretos* ou *que repercutem* são aqueles cuja carga econômica é suportada não pelo contribuinte, mas por terceira pessoa, que não realizou o fato imponível. Esta terceira pessoa geralmente é o consumidor final da mercadoria ou do produto. É o caso do ICMS. Quem suporta sua carga econômica não é o patrimônio, por exemplo, do comerciante, que vendeu a mercadoria, mas o patrimônio do consumidor final desta mesma mercadoria. Este, ao adquirir a mercadoria, verá embutido em seu preço o *quantum* de ICMS que foi sendo recolhido, por todos os que realizaram as operações mercantis, que levaram o bem às suas mãos.

Esta classificação, em rigor, não é jurídica, já que, perante o Direito, é despiciendo saber quem suporta a carga econômica do imposto. O que importa, sim, é averiguar quem realizou seu fato imponível, independentemente de haver, ou não, o repasse do valor do imposto para o preço final do produto, da mercadoria, do serviço etc.

De qualquer modo, na prática, infelizmente, esta distinção entre impostos diretos e indiretos (ou que repercutem e que não repercutem) tem sido prestigiada inclusive pelo Poder Judiciário, que, apesar das contundentes críticas da melhor doutrina (v., por todos, Eduardo Domingos Bottallo, "Restituição de impostos indiretos", *RDP* 22/314), tem mandado cumprir o malfadado e esdrúxulo art. 166 do CTN ("A restituição de tributos que comportem, por sua natureza, transferência do respectivo encargo financeiro somente será feita a quem prove haver assumido o referido encargo, ou, no caso de tê-lo transferido a terceiro, estar por este expressamente autorizado a recebê-la").

Por outro lado, *impostos pessoais* são os que se referem a pessoas, e *impostos reais*, a coisas. Assim, o IR seria um imposto pessoal (já que diz de perto com a pessoa que auferiu rendimentos líquidos), ao passo que o IPTU seria um imposto real (porque se refere ao imóvel urbano, que é uma coisa).

Esta distinção, sem nenhuma dúvida, não é jurídica. Juridicamente, *todos* os impostos são pessoais, na medida em que o contribuinte é sempre uma pessoa (física ou jurídica). Dito de outro modo, no polo passivo das obrigações impositivas – como, de resto, de todas as relações jurídicas – só pode figurar uma pessoa; nunca uma coisa.

e dos Municípios (o Distrito Federal, em seu território, tem competência para criar os impostos que a Constituição outorgou aos Estados e aos Municípios). A União recebeu, do art. 2º da EC 3/1993, competência para criar, ainda, o *imposto sobre movimentação ou transmissão de valores e de créditos e direitos de natureza financeira*, que desapareceu em 31.12.1994. Em seu lugar foi-lhe concedida, pela Emenda Constitucional 12/1996, competência para criar a *contribuição provisória sobre movimentação ou transmissão de valores e de créditos e direitos de natureza financeira* (CPMF), que, nada obstante o *nomen iuris*, era um *imposto*. Este tributo, nos termos da Lei 9.311/1996, que o criou *in abstracto*, modificada pela Lei 9.539/1997, foi exigido até fevereiro/1999. Infelizmente, quando tais leis já haviam exaurido seus efeitos, pelo decurso de seus prazos de vigência, foram *ressuscitadas* pela Emenda Constitucional 21, de 18.3.1999, que, mandando observar o disposto no art. 195, § 6º, da CF, *prorrogou* (*sic*) a cobrança da CPMF por trinta e seis meses, majorando-lhe, ainda por cima, as alíquotas (para trinta e oito centésimos por cento, nos primeiros doze meses, e para trinta centésimos por cento, nos meses subsequentes, facultado ao Executivo reduzi-la, total ou parcialmente, dentro destes limites). Tais inconstitucionalidades (que analisaremos nos incisos IX e X do subitem 3.1.2.7) mereceram o pronto repúdio do mundo jurídico.

Assim, em face de nosso direito positivo, os impostos classificam-se em: sobre a importação, sobre a exportação, sobre a renda e proventos de qualquer natureza, sobre a propriedade territorial urbana, sobre doações, sobre operações mercantis, sobre serviços de qualquer natureza etc. Esta, sim, é uma classificação jurídica dos impostos, até porque levada a efeito pela Carta Magna. Os precitados artigos mencionam mais de uma vintena de impostos. Aproveitamos o ensejo para observar, de passagem, já que tornaremos ao assunto em item específico, que à União foi dada a faculdade de criar outros impostos – que Paulo de Barros Carvalho, com propriedade, chama de *impostos previamente indeterminados* –, desde que obedeça a certos requisitos, dentre os quais mencionamos o de que não podem ter *hipótese de incidência* e *base de cálculo* idênticas às arroladas nos supraditos artigos (art. 154, I, da CF).

IV – Conforme vimos no cap. II, "Princípio Republicano e Tributação" (item 8), o princípio informador dos impostos é o da *capacidade contributiva* (art. 145, § 1º, da CF). É a capacidade contributiva que, em matéria de impostos, atende às exigências do princípio da igualdade, realizando o ideal republicano de afastar, também na tributação, privilégios sem causa de pessoas ou categorias de pessoas.

Portanto, os impostos caracterizam-se não só pela fonte de legitimação – *a posição de supremacia da pessoa política em relação ao contribuinte* –, como, também, por encontrarem limites no *princípio da capacidade contributiva*, que exige venham levados em conta índices diretos ou indiretos de riqueza, economicamente apreciáveis.

Anote-se que a base de cálculo dos impostos deve medir, em termos econômicos, a materialidades destas figuras exacionais. Assim, por exemplo, se o imposto é sobre a renda, sua base de cálculo será, necessariamente, um aspecto econômico da renda. Mas não só isso: o mencionado aspecto econômico deverá, ainda, levar em conta a *capacidade contributiva objetiva* das pessoas que vão suportar a exação.

O imposto, enfim, é um tributo *não vinculado* a uma atuação estatal. Esta ideia, diga-se de passo, foi muito bem explicitada no art. 16 do CTN.[56] A pessoa política – repetimos – não precisa, ao tributar por via de imposto, realizar qualquer atividade estatal específica em favor do contribuinte que o irá suportar. Tal modalidade de tributo (ao contrário da taxa e da contribuição de melhoria) não exige qualquer contrapartida. A pessoa política que o cria deve, apenas, obedecer aos princípios constitucionais que influem na tributação.

Deveras, a Constituição implicitamente determina que a lei coloque na hipótese de incidência dos impostos *fatos regidos pelo direito privado*, isto é, da esfera pessoal dos contribuintes e, portanto, desvinculados da ação do Estado (esta, sim, regida pelo *direito público*). Realmente, o Texto Magno, nos mencionados arts. 153, 155 e 156, autoriza o legislador ordinário a adotar, como *hipótese de incidência de impostos*, o fato de alguém: a) importar produtos; b) exportar produtos; c) auferir rendimentos; d) praticar operação de crédito; e) ser proprietário de imóvel rural; f) praticar operação mercantil; g) ser proprietário de veículo automotor; h) ser proprietário de imóvel urbano; i) prestar, em caráter negocial, serviços de qualquer natureza etc. Todos estes fatos, como facilmente podemos perceber, têm a propriedade de, em si mesmos, revelar ou, pelo menos, fazer presumir a capacidade econômica das pessoas que os realizam (capacidade contributiva). Melhor dizendo, são *fatos-signos presuntivos de riqueza* (Becker), o que, também, reforça a determinação contida no art. 145, § 1º, da CF, que já estudamos. Aliás, mesmo a União, ao criar os chamados *impostos residuais* (art. 154, I, da CF), não pode se desgarrar desta diretriz constitucional. Também as hipóteses de incidência dos impostos que o legislador complementar vier a criar *in abstracto*, com respaldo no art. 154, I, do Texto Magno, deverão, sob pena de inconstitucionalidade,[57] necessariamente descrever *fatos-signos presuntivos de riqueza* (*v.g.*, alguém realizar cessão de direitos, alguém arrematar bem em leilão etc.).

3.1.2.2 As taxas. Suas modalidades. Taxas e "preços públicos". O pedágio – A taxa é o tipo de tributo que seguramente mais divergências suscita entre os estudiosos. Tanto isto procede que não há consenso quanto à sua definição, nem seu exato enquadramento entre as espécies tributárias.

De um modo geral, porém, tem-se entendido que a taxa é uma obrigação *ex lege* que nasce da realização de uma atividade estatal relacionada, de modo específico, ao contribuinte, embora muitas vezes por ele não requerida ou, até mesmo, sendo para

56. CTN, art. 16: "Imposto é o tributo cuja obrigação tem por fato gerador uma situação independente de qualquer atividade estatal específica, relativa ao contribuinte".

57. Alfredo Augusto Becker, a propósito do tema *capacidade contributiva*, sustenta: "O juiz está juridicamente obrigado a declarar a inconstitucionalidade da lei tributária se o legislador tiver escolhido para composição de sua hipótese de incidência fatos que *não* são signos presuntivos de renda ou capital acima do indispensável" (*Teoria Geral do Direito Tributário*, 2ª ed., São Paulo, Saraiva, 1972, p. 446 – o grifo está no original). E, em seguida, oportunamente acrescenta: "Entretanto, se a hipótese de incidência atendeu à regra constitucional, por ser uma *presunção* de renda ou capital acima do indispensável, então, o juiz não poderá nunca 'deixar de aplicar' a lei tributária (não poderá deixar de reconhecer a incidência da regra jurídica tributária), mesmo que aquela presunção não se realize num determinado caso concreto singular" (idem, ibidem – o grifo está no original).

ele desvantajosa. Pasquale Russo agrega a esta noção a ideia de que a taxa "é uma prestação que se inspira no princípio da correspectividade",[58] tomado no sentido de troca de utilidade ou, se preferirmos, de comutatividade. É preciso que o Estado faça algo em favor do contribuinte, para dele poder exigir, de modo válido, esta particular espécie tributária.

Note-se que tal exigência de certo modo prestigia o princípio da igualdade, pois se concentra na pessoa beneficiada, evitando que os demais membros da comunidade suportem os ônus econômicos de uma atuação estatal que, pelo menos diretamente, não os alcançou.

Diante disso, podemos dizer que taxas são tributos que têm por hipótese de incidência uma atuação estatal diretamente referida ao contribuinte. Esta atuação estatal – consoante reza o art. 145, II, da CF (que traça a *regra-matriz* das taxas) – pode consistir ou num *serviço público*, ou num *ato de polícia*. Daí distinguirmos as *taxas de serviço* (vale dizer, as que têm por pressuposto a realização de serviços públicos específicos e divisíveis) das *taxas de polícia* (ou seja, as que nascem em virtude da prática, pelo Poder Público, de atos de polícia diretamente referidos a alguém). Adiantamos que no Brasil, ao contrário do que se dá em outros Países, a utilização de bens do domínio público não é uma das *hipóteses de incidência possíveis* das taxas.

A hipótese de incidência das taxas só pode consistir num destes dois fatos, regidos pelo direito público: I – a prestação de serviço público; e II – o exercício do poder de polícia. Portanto, a lei da pessoa política tributante deve colocar na hipótese de incidência de taxas *ou* a prestação de um dado serviço público *ou* a prática de um determinado ato de polícia.

Frisamos que tais fatos não podem ser produzidos por particulares ou empresas privadas, mas, tão somente, pelo Estado, mediante determinação legal. Sem lei, ele não pode nem prestar serviços públicos, nem exercitar o poder de polícia.

Logo, para que a tributação por via de taxa validamente ocorra é mister venham editadas duas leis: *uma*, de natureza administrativa, regulando o exercício do poder de polícia ou a prestação do serviço público, *outra*, de índole tributária, qualificando estas atuações estatais e atribuindo-lhes o efeito de, uma vez realizadas, darem nascimento, *in concreto*, a esta modalidade de tributo.

I – *Taxa de serviço*, pois, é o tipo de tributo que tem por hipótese de incidência uma prestação de serviço público diretamente referida a alguém.

Apenas para aclararmos o objeto da discussão, *serviço público*, como ensina Celso Antônio Bandeira de Mello, é "a prestação de utilidade material, fruível individualmente, sob regime de direito público". Nas hostes do Direito, o que torna público um serviço não é sua natureza, nem qualquer propriedade intrínseca que possua, mas o *regime jurídico* a que está submetido. Melhor dizendo, se ele for prestado por determinação constitucional ou legal, será, por sem dúvida, um serviço público, ainda que, eventualmente, não seja essencial à sobrevivência do homem.

58. Pasquale Russo, *Manuale di Diritto Tributario*, 1ª ed., Milão, Giuffrè, 1994, p. 22.

Salientamos que não é qualquer serviço público que possibilita a tributação por via de taxa de serviço, mas, tão somente, o serviço público específico e divisível, conforme, aliás, preceitua a segunda parte do inciso II do art. 145 da CF.

A doutrina de há muito vem distinguindo os serviços públicos gerais e indivisíveis daqueles que satisfazem interesses de pessoas, individualmente consideradas: os serviços públicos específicos e divisíveis.[59]

Renato Alessi dá-nos, a respeito, uma lição completa e definitiva:

"A primeira (*espécie de serviços públicos*) compreende as atividades dirigidas a procurar uma utilidade genérica aos cidadãos *uti universi*, sem possibilidade de distinguir a quantidade de utilidade que cada cidadão obtém.

"A segunda (*espécie de serviços públicos*), pelo contrário, compreende as atividades voltadas a procurar utilidades específicas para determinados cidadãos que se servem do serviço oferecido pela Administração. Trata-se, pois, de atividades que se convertem num benefício desfrutado pelos cidadãos *uti singuli*.

"Esta distinção dos serviços públicos em serviços desfrutados pelos cidadãos *uti singuli* e *uti universi* tem importância, embora, apenas em relação aos primeiros, é possível configurar a atividade administrativa como sendo uma *prestação administrativa* aos particulares em sentido técnico, vale dizer, entendendo em sentido técnico a noção de prestação: atividade pessoal objeto de uma relação de caráter *obrigatório*, intercorrente entre dois sujeitos, já que unicamente no caso de serviços públicos desfrutados pelos cidadãos *uti singuli* é possível configurar uma concreta relação jurídica que tenha por objeto a atividade administrativa objeto do serviço, entre a Administração que presta o serviço e o particular que o desfruta."[60]

Portanto, os serviços públicos dividem-se em *gerais* e *específicos*. Os serviços públicos gerais, ditos também *universais*, são os prestados *uti universi*, isto é, indistintamente a todos os cidadãos. Eles alcançam a comunidade, como um todo considerada, beneficiando número indeterminado (ou, pelo menos, indeterminável) de pessoas. É o caso dos serviços de iluminação pública, de segurança pública, de diplomacia, de defesa externa do País etc. Todos eles não podem ser custeados, no Brasil, por meio de taxas, mas, sim, das receitas gerais do Estado, representadas, basicamente, pelos impostos, conforme vimos no tópico anterior.

Já, os serviços públicos específicos, também chamados *singulares*, são os prestados *uti singuli*. Referem-se a uma pessoa ou a um número determinado (ou, pelo menos, determinável) de pessoas. São de utilização individual e mensurável. Gozam, portanto, de *divisibilidade*, é dizer, da possibilidade de avaliar-se a utilização efetiva ou potencial, individualmente considerada. É o caso dos serviços de telefone, de transporte coletivo, de fornecimento domiciliar de água potável, de gás, de energia elétrica etc. Estes, sim, podem ser custeados por meio de taxas de serviço.

59. Neste sentido a lição de Caio Tácito (*Direito Administrativo*, 1ª ed., São Paulo, Saraiva, 1975, p. 201).

60. Renato Alessi, *Instituciones de Derecho Administrativo*, t. II, trad. de Buenaventura Pellisé Prats, Barcelona, Bosch, Casa Editorial, 1970, pp. 364-365 (traduzimos e esclarecemos nos parênteses).

II – As *taxas de polícia*, de sua feita, como já havíamos adiantado, têm por hipótese de incidência o exercício do chamado "poder de polícia", diretamente referido ao contribuinte.[61]

Poder de polícia, sempre no entender de Celso Antônio Bandeira de Mello, é o "conjunto de normas que impõem limites ao livre desfrute dos direitos à liberdade e à propriedade das pessoas".[62] Ou, se quisermos, poder de polícia é a faculdade que o Estado tem de, dentro dos limites constitucionais, baixar regras de nível legal ou infralegal, para disciplinar o exercício dos direitos à liberdade e à propriedade das pessoas, compatibilizando-o com o bem comum. Para que o exercício dos direitos de uns não prejudique o exercício dos direitos de outros, exige-se que o Estado expeça regras, harmonizando estes exercícios com o *interesse público primário*.

É bom lembrarmos que o poder de polícia, no Brasil, deve – por força do princípio da legalidade – ser exercitado, num primeiro momento, por meio de lei, editada pela pessoa política que, nos termos da Constituição, tiver *competência administrativa* para, em homenagem ao interesse público, ordenar e restringir direitos e liberdades individuais. Só depois de editada a lei – e com apoio nela – é que a Administração Pública poderá ocupar-se com o assunto, por meio de regulamentos (que disciplinarão abstratamente determinada conduta) e atos administrativos de efeitos concretos. Relembramos que o exercício do poder de polícia ou impõe abstenções, ou certifica situações jurídicas ou, ainda, levanta proibições.

Exercendo, com base em lei, seu poder de polícia, o Estado (*lato sensu*) limita o exercício dos direitos à propriedade e à liberdade das pessoas, de modo a permitir que, observado o princípio da prevalência do interesse público sobre o privado, todas possam desfrutar igualmente destes dois bens supremos.

Portanto, o poder de polícia, como ensina Geraldo Ataliba,[63] é exercido por meio da edição de: a) leis, limitadoras da liberdade e da propriedade das pessoas; b) regulamentos, dando plena eficácia a tais leis; e c) atos administrativos, fiscalizando e compelindo os particulares à observância destes preceitos legais.

Não é qualquer ato de polícia que autoriza a tributação por meio desta modalidade de taxa, mas tão somente o que se consubstancia num agir concreto e específico da Administração, praticado com base em lei, que, como já vimos, ou levanta uma

61. O art. 78 do CTN bem explicita esta ideia, *verbis*: "Art. 78. Considera-se poder de polícia a atividade da Administração Pública que, limitando ou disciplinando direito, interesse ou liberdade, regula a prática de ato ou abstenção de fato, em razão de interesse público concernente à segurança, à higiene, à ordem, aos costumes, à disciplina da produção e do mercado, ao exercício de atividades econômicas dependentes de concessão ou autorização do Poder Público, à tranquilidade pública ou ao respeito à propriedade e aos direitos individuais ou coletivos".

62. Ruy Cirne Lima, ao depois de indicar a origem do vocábulo "polícia", escreve: "No presente, entende-se por essa palavra toda restrição ou limitação coercitivamente posta pelo Estado à atividade ou propriedade privada, para o efeito de tornar possível, dentro da ordem, o concorrente exercício de todas as atividades e a conservação perfeita de todas as propriedades privadas" (*Princípios de Direito Administrativo*, 7ª ed., São Paulo, Malheiros Editores, 2007, p. 306).

63. Geraldo Ataliba, "Taxa de polícia – Localização e funcionamento", in *Estudos e Pareceres de Direito Tributário*, vol. 3, São Paulo, Ed. RT, 1980, p. 236.

proibição, ou mantém ou fiscaliza uma exceção já existente, ou certifica uma situação jurídica. O simples exercício do poder de polícia – tornamos a repetir – não enseja a cobrança da taxa de polícia. O que enseja tal cobrança é o *desempenho efetivo* da atividade dirigida ao administrado.

A respeito, Régis Fernandes de Oliveira teceu estas oportunas considerações: "Quando, no entanto, (*o Estado*) vai levantar um obstáculo erigido ao administrado e vai possibilitar-lhe ou não o desempenho de uma liberdade ou o uso de sua propriedade, tal solicitação implica o desempenho de uma atividade específica do Estado, em relação a determinado administrado, o que importa a movimentação da máquina estatal, para analisar se o obstáculo criado pode ou não ser superado. Para o exercício de tal atividade, que implica a emanação do poder de polícia, é que poderá o Estado exigir a cobrança de taxa".[64]

A hipótese de incidência da taxa de polícia é o "exercício do poder de polícia" (art. 145, II, primeira parte, da CF), que se consubstancia num "documento, denominado alvará, que implica uma exceção, manutenção ou fiscalização de exceção aberta".[65] Não é o simples ato do Poder Público que enseja a cobrança da taxa de polícia, mas o desempenho efetivo da atividade dirigida ao administrado. Esta exação só poderá ser exigida quando a pessoa política competente, atuando, "remover obstáculo criado pela norma geral, mantê-lo ou fiscalizar a autorização ou a licença expedida".[66]

Geraldo Ataliba, ao depois de declarar que o poder de polícia se traduz em atos de agentes públicos, acrescenta:

"Estes (*os agentes públicos*) desempenham exames, vistorias, perícias, verificações, avaliações, cálculos, estimativas, confrontos e outros trabalhos como *condição* ou *preparo* do ato propriamente de polícia, consistente em autorizar, licenciar, homologar, permitir ou negar, denegar, proibir etc.

"Entende-se que estas atividades se constituem na hipótese de incidência da taxa; elas é que justificam a sua exigência, da pessoa interessada nas conclusões ou no resultado de tais atos (este resultado, ou conclusões, sim, eminentemente expressivos de poder de polícia).

"Dessas afirmações decorre que não se pode exigir taxa pelo poder de polícia, quando o seu exercício não exija uma atividade ou diligência semelhante."[67]

64. Régis Fernandes de Oliveira, *Taxas de Polícia*, 1ª ed., São Paulo, Ed. RT, 1980, p. 36 (esclarecemos no parêntese).

65. Régis Fernandes de Oliveira, ob. cit., p. 55. Este festejado administrativista demonstrou, de modo convincente, que podem ensejar a cobrança de taxa de polícia os seguintes atos administrativos: a *licença*, a *autorização*, a *dispensa*, a *isenção* e a *fiscalização*. Em contranota, sempre de acordo com ele, não dão margem à cobrança deste tributo: a *aprovação*, a *renúncia*, a *admissão*, a *homologação*, a *recusa*, o *visto*, o *parecer*, a *proposta* e os *atos punitivos* ou de *repressão* (ob. cit., pp. 39-42).

66. Régis Fernandes de Oliveira, *Taxas de Polícia*, cit., p. 56.

67. Geraldo Ataliba, "Taxa de polícia ...", cit., in *Estudos e Pareceres de Direito Tributário*, vol. 3, p. 241 (esclarecemos no primeiro parêntese – os grifos são do autor).

Do exposto, temos que a taxa de polícia pressupõe o efetivo exercício de atividades ou diligências, por parte da Administração Pública, em favor do contribuinte, removendo-lhe obstáculos jurídicos, mantendo-os, fiscalizando a licença que lhe foi concedida etc.

Remarcamos, por oportuno, que o ato que deriva do exercício do poder de polícia só autoriza a exigência da taxa em questão se *específico e divisível*. Tal a lição de Sacha Calmon Navarro Coêlho: "O ato de policiar uma praça, onde se realiza uma manifestação qualquer, para evitar distúrbios, não se presta, já se vê, para ser ato jurígeno, no sentido de gerar a cobrança de uma taxa".[68] Esta só pode ser exigida quando uma pessoa (física ou jurídica) for diretamente alcançada por um ato de polícia de efeitos individuais (*ato individualizável*).

De conseguinte, a mera potencialidade ou – se preferirmos – a utilização potencial do poder de polícia (*v.g.*, a possibilidade, aberta a todos, de obter passaporte) não autoriza a exigência da taxa respectiva, que somente será devida havendo atos administrativos (baixados, é claro, com base no poder geral de polícia) *imediatamente relacionados* à pessoa do contribuinte.

Essa conclusão é compartilhada pelo STF, que, no julgamento do RE 588.322-RO, submetido à sistemática de repercussão geral, consignou, *verbis*:

"Verifica-se, portanto, que o texto constitucional diferencia as taxas em razão do exercício do poder de polícia daquelas decorrentes da utilização de serviços específicos e divisíveis, facultando apenas a estas a prestação potencial do serviço público.

"Isto é, conforme assentado pelo Min. Moreira Alves, no julgamento do RE 80.441-ES, *não basta, porém, que a taxa se baseie no poder de polícia: é mister, ainda, que o Estado preste serviço relacionado a este poder* (RE 80.441-ES, rel. Min. Moreira Alves, Pleno, *DJ* 2.4.1978).

"Logo, a regularidade do exercício do poder de polícia é imprescindível para a cobrança da taxa de localização e fiscalização. A materialização da atividade fiscalizadora é necessária, sob pena de se esvaziar o comando constitucional, mediante indevida equiparação das duas subespécies tributárias".[69]

E – já adiantamos – o valor do tributo deve corresponder ao custo, ainda que aproximado, das diligências necessárias à atuação estatal específica.

III – As taxas, pois, no Brasil, podem ser *de polícia* e *de serviço*, nos precisos termos do art. 145, II, da CF ("A União, os Estados, o Distrito Federal e os Municípios poderão instituir os seguintes tributos: (...) taxas, em razão do exercício do poder de polícia ou pela utilização, efetiva ou potencial, de serviços públicos específicos e divisíveis, prestados ao contribuinte ou postos à sua disposição"). Notamos que o serviço público que rende ensejo à criação da taxa de serviço não precisa, necessaria-

68. Sacha Calmon Navarro Coêlho, *Comentários à Constituição de 1988*: *Sistema Tributário*, 2ª ed., Rio de Janeiro, Forense, 1990, p. 45.

69. STF, Tribunal Pleno, RE 588.322, repercussão geral, rel. Min. Gilmar Mendes, j. 16.6.2010, publ. 3.9.2010.

mente, ser usufruído pelo contribuinte. Não. Basta que *exista* e seja posto à sua disposição. Daí podermos dizer que, ao contrário do que ocorre noutros Países, existem (ou podem existir), no Brasil, as taxas de serviço *fruído* e as taxas de serviço *fruível*. A simples disponibilidade do serviço público abre espaço à tributação por meio de taxa de serviço.

A disponibilidade que autoriza a tributação por via de taxa de serviço há de ser *direta* e *imediata*, e não *difusa*. Além disso, para que este tributo seja exigível, é mister que a utilização (não a prestação) do serviço público seja *compulsória*,[70] isto é, obrigatória, por imperativo legal. Assim, se o serviço público estiver à disposição de todos, mas não diretamente do contribuinte, ou, ainda que à disposição direta deste, sua fruição for facultativa, a taxa só poderá ser exigida – sempre com apoio em lei – de quem efetivamente vier a utilizá-lo.

Compreendamos devidamente esta última ideia. A prestação do serviço público, por ser determinada pela lei, é sempre obrigatória para o Estado. Ele deve prestá-lo, quando a lei a isto o compele.

Já, a utilização do serviço público pelo administrado pode, nos termos da lei, ser *compulsória* ou *facultativa*.

A compulsoriedade da fruição do serviço público nasce da lei. Esta, no entanto, não tem total liberdade para impor, aos administrados, o dever de utilizar todo e qualquer serviço público. Antes, tal obrigatoriedade deve respaldar-se num valor ou interesse público prestigiado pela Constituição.

Assim, a lei pode e deve obrigar os administrados a fruírem, dentre outros, dos serviços públicos de vacinação, de coleta de esgotos, de coleta domiciliar de lixo, de fornecimento domiciliar de água potável. Por quê? Porque, nestes casos, está em jogo a *saúde pública*, um dos valores que a Constituição brasileira prestigiou.

Em contrapartida, a lei não pode obrigar os administrados a fruírem dos serviços públicos de telefone, de gás, de conservação de estradas de rodagem etc. É que, embora estes serviços devam ser prestados pelo Estado (daí serem públicos), não realizam valores constitucionalmente consagrados. São serviços públicos de fruição facultativa. De fato, ninguém pode ser compelido a ter telefone em sua residência, a servir-se do gás canalizado que o Poder Público coloca à sua disposição, a viajar, e assim por diante.

Muito bem. Apenas a disponibilidade dos serviços públicos de utilização compulsória autoriza o legislador da pessoa política competente a exigir a *taxa de serviço fruível*. Exemplificando, a lei pode obrigar o administrado a pagar taxa pelo serviço, posto à sua disposição, de coleta domiciliar de lixo, ainda que ele não o utilize, por se encontrar viajando. A lei, todavia, não pode compelir os administrados que forem proprietários de veículos automotores a pagarem *pedágio* (taxa de serviço), exata-

70. Esta ideia está bem travejada no art. 79, I, "b", do CTN ("Art. 79. Os serviços públicos a que se refere o art. 77 consideram-se: I – utilizados pelo contribuinte: ... b) potencialmente, quando, sendo de utilização compulsória, sejam postos à sua disposição mediante atividade administrativa em efetivo funcionamento".

mente porque a Constituição não permite obrigá-los à "utilização de vias conservadas pelo Poder Público". Só quem efetivamente utilizar a rodovia conservada pelo Poder Público poderá ser obrigado a pagar o *pedágio*.

Em suma, a taxa de serviço fruível só pode ser exigida quando o serviço público, posto à disposição do contribuinte, for de fruição compulsória.

Por outro lado, a utilização potencial do exercício do poder de polícia não autoriza a exigência da taxa respectiva, que somente será devida havendo atos administrativos (baixados, é claro, com base no poder geral de polícia) *imediatamente relacionados* à pessoa do contribuinte. E – já adiantamos – o valor do tributo deve corresponder ao custo, ainda que aproximado, das diligências necessárias à atuação estatal específica.

Sacha Calmon Navarro Coêlho também esclarece a respeito: "Não basta que o Departamento da Polícia Federal que concede passaportes esteja em funcionamento, para que o Poder Público Federal cobre 'taxa de expediente' de todos os que estiverem sob sua circunscrição, ao argumento de que o serviço está posto à disposição dos contribuintes. As 'taxas de polícia' se dão pela *realização de atos administrativos* com base no poder geral de polícia, *diretamente relacionada à pessoa do contribuinte*".[71]

IV – Portanto, retomando a ideia, as pessoas políticas, no Brasil, podem criar taxas de serviço e taxas de polícia. Outras modalidades de taxas, encontráveis no Direito Comparado, são inconstitucionais em nosso País. É o caso das *taxas de uso*, isto é, das taxas que têm por hipótese de incidência a utilização de bem pertencente ao domínio público, e das *taxas de obras*, vale dizer, das taxas que têm por hipótese de incidência a realização de obras públicas. São taxas de uso, por exemplo, as quantias cobradas para se entrar num miradouro público (belvedere), num parque público ou num museu público (ainda que sejam empregadas na conservação destes bens do domínio público). São taxas de obras, *v.g.*, as chamadas *taxas de pavimentação*. A nosso sentir, a pavimentação asfáltica é uma obra pública e, como tal, só pode acarretar, observados certos requisitos, a tributação por via de contribuição de melhoria, como veremos melhor no próximo item.

Efetivamente, quer-nos parecer que, ao mesmo tempo em que a Lei Maior, em seu art. 145, II, *permitiu* que as pessoas políticas instituíssem *taxas de polícia* e *taxas de serviço*, impediu viessem a criar outras modalidades de taxas (como as taxas *de uso*, *de obras* etc.). Tudo porque a competência tributária – como, de resto, toda e qualquer competência – advém das normas jurídicas, e, portanto, não se presume.

É o momento de recordarmos velhas lições da doutrina germânica, no sentido de que toda outorga de competência encerra, ao mesmo tempo, uma autorização e uma limitação. Autorização, para a prática de determinados atos jurídicos; limitação, para que não ultrapassem certas barreiras – mormente as que dizem respeito a direitos fundamentais –, além das quais o exercício da tributação torna-se indevido e, portanto, inconstitucional.

71. Sacha Calmon Navarro Coêlho, *Comentários* ..., cit., p. 48 – os grifos são do autor.

Se a Constituição Federal tivesse apenas permitido que as pessoas políticas criassem taxas, a União, os Estados, o Distrito Federal e os Municípios poderiam criar quaisquer modalidades de taxas, inclusive as *de uso* e *de obras*. Na medida, porém, em que ela autorizou as pessoas políticas a criarem taxas de serviço e de polícia, implicitamente proibiu-as de virem a instituir estoutras modalidades de taxas.

V – Ainda acerca das taxas, nada impede que o Estado preste um serviço público ou pratique um ato de polícia a *título gratuito*.[72] Deveras, serviços públicos há que, tradicionalmente, não são remunerados por seus usuários. Sirva-nos de exemplo o serviço de vacinação, que é inquestionavelmente um serviço público, porém prestado, no mais das vezes, a título gratuito, à população. Aliás, tirante o serviço público de ensino, que, quando prestado pelo Estado, isto é, em estabelecimentos oficiais, deve, por determinação constitucional, ser sempre gratuito (art. 206, IV, da CF), os demais serviços públicos específicos e divisíveis podem, ou não, ser remunerados.[73] Também podemos conceber muitos atos de polícia graciosos (*e.g.*, os que envolvem a chamada "fiscalização sanitária").

Se, no entanto, o Estado pretender remunerar-se pelos serviços públicos que presta ou pelos atos de polícia que realiza (tudo vai depender de sua decisão política, expressa em lei), deverá, obrigatoriamente, fazê-lo por meio de taxas (obedecido, pois, o regime jurídico tributário). Nunca por meio de *preços públicos* (também chamados *tarifas* ou, simplesmente, *preços*).

72. Tal gratuidade, no entanto, só é possível – sob pena de afronta ao princípio da isonomia – diante de atuações estatais que prestigiem valores consagrados na Constituição (*v.g.*, proteção aos hipossuficientes).

73. Dentro deste tema, há uma questão que, no Município de São Paulo, esteve, em 1990, na ordem do dia: a *tarifa zero*.

Apenas para nos situarmos no assunto, foi analisada, na Prefeitura Municipal de São Paulo, a possibilidade de o serviço de transporte coletivo de ônibus ser prestado a título gratuito, vale dizer, sem cobrança de *passagens* (taxas de serviço) de seus usuários.

O custeio deste serviço público municipal seria feito com outras receitas públicas (basicamente, com o produto da arrecadação do IPTU).

A grande polêmica que se instalou em torno do assunto pode ser resumida na seguinte indagação: é constitucional o custeio do serviço de transporte coletivo por outros tributos municipais que não a taxa específica?

Sem embargo das doutas opiniões em sentido contrário, estamos convencidos de que *sim*. Embora, a nosso sentir, a medida seja, sob o ângulo político, inconveniente, entendemos que, sob a ótica do Direito, é prosperável.

Como vimos, as pessoas políticas podem prestar serviços públicos, específicos e divisíveis, sem qualquer contraprestação econômica das pessoas que os fruem. Neste caso, serão custeados pelas *receitas gerais do Estado*, representadas, dentre outras, pelos impostos (tributos não vinculados a uma atuação estatal).

Assim, não há qualquer obstáculo jurídico a que o serviço de transporte coletivo, em São Paulo – depois de editadas as leis pertinentes –, seja custeado pelas receitas municipais, como, por exemplo, pelo produto da arrecadação do IPTU. Neste último caso, evidentemente, a base de cálculo do IPTU deverá continuar levando em conta apenas o valor venal dos imóveis urbanos, e não o custo do serviço público em pauta. Aclarando a ideia, não se poderá desvirtuar o IPTU de modo a fazê-lo incidir, também, sobre o custo do serviço público municipal de transporte coletivo. Isto o tornaria, além de um imposto sobre a propriedade predial urbana, também um "adicional" da taxa de serviço em questão. Desde que se evite tamanha inconstitucionalidade, nada impediria, repetimos, que o produto de sua arrecadação venha a custear o serviço de transporte coletivo, que passaria, deste modo, a ser prestado gratuitamente.

Apenas para tangenciarmos o assunto, os preços possuem regime jurídico diverso das taxas, não sendo dado ao legislador transformar estas naqueles, e vice-versa. De feito, enquanto os preços (tarifas) são regidos pelo direito privado, as taxas obedecem ao regime jurídico público. Nelas não há relação contratual, mas relação jurídica de conteúdo manifestamente publicístico.

Noutras palavras, o preço deriva de um contrato firmado, num clima de liberdade, pelas partes, com o fito de criarem direitos e deveres recíprocos. Sobremais, as cláusulas desta obrigação convencional não podem ser alteradas unilateralmente por qualquer dos contraentes, que devem observar, com fidelidade, o que pactuaram. Destarte, as prestações de cada uma das partes equivalem-se em encargos e vantagens, sendo umas causa e efeito das outras. É o que ocorre, por exemplo, no contrato de compra e venda, no qual uma parte paga o preço (objeto da prestação) e a outra entrega a coisa. Em suma, o preço, embora elemento essencial da compra e venda (devendo ser – na lição precisa de Maria Helena Diniz – *certo*, *real*, *determinado*, *indicando contraprestação*), é fixado pelos contratantes e deflui da própria relação jurídica contratual.

Diferentemente ocorre com a taxa, que, nascida da lei, sobre ser compulsória, resulta de uma atuação estatal desenvolvida debaixo de um regime de direito público e relacionada, "direta e imediatamente", ao contribuinte. Sendo tal atividade realizada por *imperativo de lei*, não pode fazer nascer um simples preço (uma contraprestação). Sem dúvida, eis aí duas colocações antitéticas, pois, se a atividade vem a lume por determinação legal, não se opera em consequência de uma contraprestação.

Esta distinção, que apenas bosquejamos, não escapou à sensibilidade jurídica de Achille Donato Giannini, que a compendia nos termos sequentes: "Dovendo quindi ricercare il fondamento nella natura del rapporto, dal quale hanno origine, non posso che formulare queste due ipotesi: o si trata de un rapporto contratuale, in cui l'obbligo del pagamento della somma dovuta all'ente pubblico ha la sua base nella volontà delle parti, o si tratta invece di un rapporto che sorge in virtù della legge, non avendo la volontà del privato altro ufficio se non quello di mettere in moto il mecanismo legislativo; nel primo caso si hà un'entrata di diritto privato; nel secondo una tassa".[74]

E, seguindo na mesma traça, Geraldo Ataliba preleciona que, "se o serviço é público, deve ser desempenhado por força da lei, seu único móvel. O pagamento (taxa) é-lhe logicamente posterior: é mera consequência; não é essencial à relação de prestação-uso do serviço". "Se o serviço não é público – o que só seu regime jurídico pode definir, e não preconceitos políticos, administrativos etc. – então pode ter por mola ou força impulsionadora o pagamento (preço) do particular que recebe esse serviço."[75]

Depois, o serviço público é bem indisponível. O Estado não dispõe do serviço público: presta-o, nos termos da lei, para atender, conforme determina a Constituição, ao interesse público. É, pois, *res extra commercium* e, nesta medida, insuscetível de negociação. Claro está, pois, que não pode ensejar a cobrança de *preço*, que, além

74. Achille Donato Giannini, *Trattato di Diritto Tributario*, vol. I, Turim, UTET, 1956, p. 111.
75. Geraldo Ataliba, *Hipótese de Incidência Tributária*, cit., 6ª ed., 16ª tir., p. 166.

de pressupor igualdade das partes contratantes, exige disponibilidade do objeto do negócio.

De fato, o preço é a contrapartida de uma prestação contratual voluntária. Serve, no nosso caso, para remunerar a venda ou a locação de coisas pertencentes ao patrimônio público. Assim, por exemplo, paga um preço quem, voluntariamente adquire do Estado viaturas inservíveis, postas em licitação. Ou quem loca um imóvel público. Em ambos os casos, facilmente percebemos a possibilidade de livre negociação. Ora, o serviço público não comporta nenhum tipo de negociação, quer da parte do Estado (que é obrigado a prestá-lo, nos termos da lei), quer do contribuinte (que, para a ele ter acesso, deve curvar-se às exigências legais pertinentes). Aliás, como já enfatizamos, o fator desencadeante do serviço público não é o pagamento que a pessoa por ele alcançada faz ao Estado, mas exclusivamente a lei, que determina sua prestação. Com ou sem pagamento de taxa, o Estado não pode eximir-se de, em cumprimento à lei, prestá-lo.[76] Logo, claro está que não pode ser preço, mas só *taxa*, a quantia por meio da qual o Poder Público se remunera por prestar, para uma pessoa, um serviço público.

Depois, se admitirmos que o legislador de cada pessoa política pode, a seu talante, criar uma taxa ou um preço (para remunerar serviço público prestado ou ato de polícia praticado), indiretamente estaremos aceitando que o art. 145, II, da Carta Suprema encerra simples recomendação (passível, pois, de desacolhimento).[77]

76. Por este motivo, a nosso ver, o não pagamento, *v.g.*, da *taxa de água* não autoriza o corte do fornecimento, pela pessoa que presta este serviço público. Ela deverá valer-se de outros meios jurídicos, como, por exemplo, da *execução fiscal*, para receber o tributo vencido e não pago. Não poderá, no entanto, deixar de prestar, em favor do contribuinte inadimplente, o serviço público de fornecimento domiciliar de água potável, que, justamente porque serviço público, tem por mola propulsora a lei, e não o pagamento da taxa.

Ademais, o corte no fornecimento de água potável – serviço público essencial, de fornecimento contínuo (*ex vi* do art. 22 da Lei 8.078/1990) – como forma de compelir o usuário a saldar seu débito tipifica constrangimento, vedado, de modo expresso, pelo art. 42 da Lei 8.078/1990 (Código de Defesa do Consumidor).

77. Na prática, pelo respaldo que um setor expressivo da doutrina lhes dá, as pessoas políticas têm-se remunerado, pelos serviços públicos que prestam ou pelos atos de polícia que realizam, por meio de "tarifas" ("preços"). Uma parte significativa das receitas públicas advém das "tarifas" que o Poder Público manipula, com total liberdade, sem se preocupar com os direitos dos contribuintes. De fato, aí estão as tarifas de correio, de telefone, de água, de luz, de transporte, todas aumentadas por decretos (quando não por portarias), sem maiores insurgências, seja da parte dos contribuintes, seja da doutrina em geral, que, em síntese, sustenta que "tarifa não é tributo e, portanto, não precisa obedecer ao regime jurídico tributário". Com isto, as entidades tributantes atropelam impunemente os princípios da legalidade, igualdade, anterioridade etc. Tais inconstitucionalidades são sanáveis por via de ação (mandado de segurança, ações comuns, ação direta de controle da constitucionalidade dos atos normativos) ou de exceção. Melhor dizendo, o prejudicado poderá socorrer-se das vias judiciais para evitar esta pseudotributação.

Se entendermos – como fazem muitos – que serviços públicos e atos de polícia podem ensejar a instituição e a cobrança de "tarifas", estaremos implicitamente admitindo que o art. 145, II, da Lei Maior faz uma mera exortação às pessoas políticas. É como se nele estivesse estatuído: se a União, os Estados, os Municípios e o Distrito Federal quiserem colocar-se sob a égide do sistema constitucional tributário brasileiro, remunerem-se, pelos serviços públicos prestados ou pelos atos de polícia realizados, por meio de taxas; se, porém, quiserem operar com inteira liberdade, remunerem-se por meio de "tarifas". Com esta possibilidade de "opção" – que um segmento ponderável da doutrina assegura existir –, as pessoas

Muito bem, retornando à trilha principal, se o legislador quiser fazer ressarcir, pelos usuários, serviços públicos específicos e divisíveis efetivamente prestados ou postos à disposição, só poderá fazê-lo por meio de taxa (*de serviço*, no caso). Do mesmo modo, se o legislador desejar que os administrados remunerem as despesas dos atos ou diligências de polícia que os alcançaram, deverá criar uma taxa (*de polícia*). Em síntese: serviço público específico e divisível e ato de polícia endereçado a alguém só podem ser remunerados por meio de taxa.

Este quadro não se altera se os serviços forem prestados mediante concessão ou permissão. A *política tarifária*, a que alude o art. 175, parágrafo único, III, do Diploma Fundamental,[78] deve ser realizada *não* pelo utente do serviço público, *mas* pela pessoa política que o concedeu ou permitiu. Melhor dizendo, o *destinatário imediato* desta norma constitucional não é o fruidor do serviço público concedido ou permitido, mas o Poder Público concedente ou permitente.

Enfim, exige o art. 145, II, da Carta Magna que, se a pessoa política que presta um serviço público ou pratica um ato de polícia quiser obter dinheiro por isto, deverá fazê-lo por meio de taxa (de serviço ou de polícia, conforme a hipótese), sempre observado o regime jurídico tributário.

Este é um direito do contribuinte – no mais das vezes esquecido – de só ser compelido a pagar pelo serviço público ou pelo ato de polícia que o alcança se a importância dele exigida for uma taxa (criada por lei, acatados os princípios da anterioridade, da igualdade, da reserva de competências tributárias etc.).

VI – Atualmente não mais se discute que as *custas processuais* e os *emolumentos* têm natureza jurídica de *taxas de serviço*.

É o que também pensa Sacha Calmon Navarro Coêlho, para quem "as *custas* e os *emolumentos são taxas*, pela prestação dos serviços públicos ora ligados à certificação dos atos e negócios ora conectados ao aparato administrativo e cartorial que serve de suporte à prestação jurisdicional".[79]

Abona esta tese a circunstância de o acesso à Justiça ser um *direito fundamental*, que deriva da Constituição, e não de contrato livremente celebrado entre o Poder Judiciário e os litigantes.

A propósito, a natureza jurídica de *taxas de serviço* das *custas* e dos *emolumentos* remuneratórios dos atos praticados pelos serviços judiciários encontra-se pacificada por força de uma série de decisões do STF (*v.g.*, na ADI 1.444-7-PR).

políticas invariavelmente têm-se remunerado, como era de se esperar, por meio de "tarifas". Só que esta, segundo supomos, não é a melhor interpretação para um dispositivo constitucional.

É chegado o momento de revertermos este quadro, responsável por uma vasta tributação arbitrária, camuflada sob o rótulo protetor de "tarifa", verdadeira palavra mágica que, com o abono de alguns tributaristas, tem dispensado as entidades tributantes do dever constitucional de observar o *regime jurídico tributário*.

78. CF, art. 175: "Incumbe ao Poder Público, na forma da lei, diretamente ou sob regime de concessão ou permissão, sempre através de licitação, a prestação de serviços públicos. Parágrafo único. A lei disporá sobre: (...) III – política tarifária".

79. Sacha Calmon Navarro Coêlho, *Comentários ...*, cit., p. 65 – os grifos são do autor.

Mas aqui surge uma questão interessante: quem pode ser sujeito passivo das custas e emolumentos, e demais despesas a eles equiparáveis?

Sabemos que a Constituição não indica, de modo expresso, o sujeito passivo de nenhum tributo. Todavia, sinaliza quem, ocorrido o *fato imponível*, poderá ser compelido a ocupar esta posição: é sempre a pessoa que tenha relação direta com a materialidade da hipótese de incidência tributária.

Esta premissa, no entanto, posto necessária, não é suficiente.

Com efeito, tal *relação direta com a materialidade da hipótese de incidência tributária* deve ser complementada com as especificidades de cada tributo.

Dito de outro modo, o *sujeito passivo possível* será sempre a pessoa que, tendo relação direta com a materialidade da *hipótese de incidência*, atende a outros requisitos, decorrentes da natureza própria do tributo que estiver sendo criado.

A partir desta conjugação de fatores, o legislador determinará a sujeição passiva tributária, em cada exação.

No caso das *taxas de serviço* denominadas *emolumentos* e *custas*, tanto o autor, como o réu, têm, em tese, relação direta com a materialidade da hipótese de incidência. O mesmo podemos dizer do apresentante do título e de seu devedor: este, porque, deixando de honrar, a tempo e a hora, o título, deu causa ao protesto; aquele, porque busca caracterizar, pelo protesto (ato notarial), o inadimplemento do devedor.

Sendo assim, tanto o autor, como o réu, tanto o apresentante do título, como seu devedor, podem, em princípio, ser havidos como *sujeitos passivos possíveis* dos *emolumentos* e das *custas*.

Portanto, a especificidade das taxas de serviço em comento justifica plenamente – e sem nenhuma afronta ao art. 145, II, da CF – que a *escolha* do legislador recaia sobre a pessoa da parte sucumbente (no caso dos serviços judiciais) ou do *devedor* (no caso dos serviços notariais).

Mas, afinal, qual é esta especificidade?

A resposta à pergunta há de ser buscada no contexto do sistema processual brasileiro *lato sensu* e, de modo mais direto, no *princípio da causalidade*, segundo o qual responde pelos ônus e despesas quem ensejou a propositura da demanda ou a busca de serviços extrajudiciais (*v.g.*, o protesto de títulos), em ordem a salvaguardar seus direitos violados.

O *princípio da causalidade* inspira-se na correta ideia de que a movimentação do aparelho estatal, na busca da reparação dos direitos lesados, não pode reverter em dano a quem tem razão. Positivamente, quem deve arcar com o ônus econômico das custas, emolumentos e demais despesas é a pessoa que, afinal, deu causa ao protesto.

Daí – insistimos – poder caber ao réu ou ao devedor inadimplente o encargo de suportar os emolumentos e as custas.

VII – Sempre acerca das taxas, temos que seu princípio informador, como observou Geraldo Ataliba, é o da *retributividade*. Melhor elucidando, o contribuinte, nelas, retribui pecuniariamente o serviço público ou as diligências que levam ao ato de polícia que o alcança, pagando a exação devida. Em nome da segurança jurídica não podemos aceitar que, só porque a pessoa política realizou uma atuação estatal, está autorizada a cobrar uma taxa *no valor que quiser e de quem quiser*. Muito menos se nem se efetivou a atuação estatal. Pelo contrário, só poderá exigir a taxa *daquela* pessoa diretamente alcançada pela atuação estatal e desde que o tributo tenha por *base de cálculo* o custo da atuação.

VIIa – A propósito, as taxas não podem ter base de cálculo idêntica à dos impostos.[80] É o que didaticamente preceitua o § 2º do art. 145 da CF. A norma constitucional em apreço encerra mera disposição doutrinária, de resto dispensável, já que, tendo a taxa, por hipótese de incidência, sempre uma atividade estatal diretamente dirigida ao contribuinte, sua base de cálculo deverá, sob pena de desvirtuamento do tributo, "exibir, forçosamente, a medida da intensidade da participação do Estado".[81] De qualquer forma, ele é útil, porque espanca qualquer dúvida acerca deste assunto.

Conquanto não seja necessária uma perfeita coincidência entre o custo da atividade estatal e o montante exigido a título de taxa, deve haver, no mínimo, uma *correlação* entre ambas. Queremos com tais palavras destacar que, ao contrário do que acontece com os impostos, as pessoas políticas não podem criar taxas com o fito exclusivo de carrear dinheiro para os cofres públicos. Além disso, na medida em que o pagamento das taxas está vinculado à prestação de um dado serviço público ou à prática de um determinado ato de polícia, elas devem estar voltadas a seu custeio, e não de outros serviços ou atos de polícia, que não alcançam o contribuinte (ou que a ele não estão disponibilizados, no caso dos serviços públicos). Ainda dentro desta linha de raciocínio, não é dado ao Poder Público manipular abusivamente os serviços públicos ou as diligências que levam ao exercício do poder de polícia, só para incrementar receitas.

Em suma, é interdito às taxas terem a mesma base de cálculo dos impostos já existentes. Mas, mais do que isso: na fixação das bases de cálculo das taxas não poderão ser levados em conta índices de tributação típicos dos impostos, como, por exemplo, a renda, a despesa, o patrimônio etc.

VIIb – Abrindo um ligeiro parêntese, Aliomar Baleeiro, comentando o art. 18, § 2º, da Carta de 1967/1969 ("para a cobrança de taxas não se poderá tomar como

80. É inconstitucional, por ter base de cálculo de imposto, a *taxa de fiscalização do mercado de valores mobiliários*, instituída pela Lei 7.940, de 20.12.1989.

Este tributo, que, nos termos do art. 2º da predita lei ("constitui fato gerador da taxa o exercício do poder de polícia legalmente atribuído à Comissão de Valores Mobiliários – CVM"), seria uma taxa de polícia, tem por base de cálculo não o custo das diligências levadas a cabo pela CVM para fiscalizar o mercado de valores mobiliários, mas o *patrimônio líquido* das empresas que participam deste mesmo mercado (cf. art. 4º, I). É, pois, como facilmente podemos perceber, um *imposto sobre o patrimônio* (inconstitucional, porque, sendo da competência residual da União, não foi criado por meio de lei complementar, conforme determina o art. 154, I, da Carta Suprema).

Em suma, sendo a base de cálculo da *taxa de fiscalização do mercado de valores mobiliários* o patrimônio líquido da empresa (base de cálculo própria de imposto), o tributo está desnaturado e, por esse motivo, não pode ser validamente exigido.

81. Paulo de Barros Carvalho, *Curso ...*, cit., p. 29.

base de cálculo a que tenha servido para a incidência dos impostos"), ponderou que ele veio inibir a criação de "falsas taxas".[82]

É interessante recordar que a atual Constituição aperfeiçoou esta ideia, ao estatuir, simplesmente, que "as taxas não poderão ter base de cálculo própria de impostos".

Com isto, afastou, de uma vez por todas, a errônea ideia de que as taxas só não podem ter base de cálculo que já tenha servido "para a incidência" de algum imposto. Na verdade, elas não podem ter base de cálculo inadequada, ou seja, que não sirva para medir o exercício do poder de polícia (no caso das *taxas de polícia*) *ou* a utilização, efetiva ou potencial, de serviços públicos específicos ou divisíveis (no caso das *taxas de serviço*).

Portanto, a base de cálculo das taxas só poderá dimensionar o *custo* do "exercício do poder de polícia" (no caso das taxas de polícia) ou dos "serviços públicos específicos e divisíveis" (no caso das taxas de serviço), sem qualquer alusão à condição do contribuinte (*v.g.*, seus rendimentos, o volume das operações mercantis que presta, seu patrimônio líquido etc.). Do contrário, ter-se-á base de cálculo "própria de imposto" (e, não, "própria de taxa") e, nesta medida, manifestamente inconstitucional, por falta de *nexo lógico* com a hipótese de incidência do tributo.

VIIc – Aliás, o art. 77, parágrafo único, do CTN (Lei 5.172, de 25.10.1966), também é incisivo ao proibir que a base de cálculo das taxas coincida com a dos impostos. Estatui tal dispositivo (art. 77, parágrafo único): "A taxa não pode ter base de cálculo ou fato gerador idênticos aos que correspondam a imposto, *nem ser calculada em função do capital das empresas*" (grifamos).

Este tópico final ("nem (pode) ser calculada em função do capital das empresas"): foi acrescido, diga-se de passagem, pelo art. 3º do Ato Complementar 34, de 30.1.1967. Embora desnecessário para conduzir nosso raciocínio, é oportuno e extremamente didático, já que afasta, de uma vez por todas, a ideia de que o patrimônio da empresa possa ser considerado base de cálculo de qualquer tipo de taxa.

Novamente merecem ser transcritas as lições de Aliomar Baleeiro: "O CTN, no mesmo parágrafo do art. 77, impede ao legislador ordinário a utilização do capital das empresas como base de cálculo de taxas. É outro modo de distorção, pois um tributo calculado sobre o capital das empresas seria uma forma grosseira do imposto de renda medido pelo rendimento presumido, como um 'forfait'".[83]

Com estas oportunas ponderações, mais e mais se reforça a ideia de que é absolutamente inaceitável, ao lume de nosso direito positivo, tenham as taxas base de cálculo própria de impostos.

VIId – Como vimos, a base de cálculo mede o fato descrito na hipótese de incidência, de modo a permitir que a prestação tributária seja *quantificada*, isto é traduzida numa expressão econômica.

82. Aliomar Baleeiro, *Limitações Constitucionais ao Poder de Tributar*, 7ª ed., Rio de Janeiro, Forense, 1997, p. 508.

83. Aliomar Baleeiro, *Direito Tributário Brasileiro*, 7ª ed., Rio de Janeiro, Forense, 1975, p. 297.

Mas ela não esgota nisso sua função. Pelo contrário, *define* a espécie de tributo criado, ou, se preferirmos, revela sua natureza jurídica. Por isso mesmo, há de levar em conta um atributo do fato descrito na hipótese de incidência. Os fatores adotados pela lei, como base de cálculo, devem, de algum modo, "integrar" a hipótese de incidência do tributo, sob pena de desfigurá-lo.

Este *raciocínio* vale tanto para as taxas de polícia, como para as de serviço. Com efeito, a base de cálculo da taxa resultante do exercício do poder de polícia deve referir-se exclusivamente às diligências que levaram à prática do ato de polícia. Já, a base de cálculo da taxa de serviço precisa levar em conta o custo do serviço público.

Evidentemente, por força do princípio da igualdade, as pessoas alcançadas pelo serviço público ou pelo exercício do poder de polícia devem custear tais atuações do Poder Público. São elas, afinal, que, de modo direto e imediato, provocam a ação estatal ou dela se beneficiam. Jurídico, pois, que seu patrimônio – e não o da comunidade, em geral – seja atingido pela taxa cabível (de serviço ou de polícia).

VIIe – O valor da taxa, seja de serviço, seja de polícia, deve corresponder ao custo, ainda que aproximado, da atuação estatal específica. É claro que, neste campo, não precisa haver uma precisão matemática; deve, no entanto, existir uma *razoabilidade* entre a quantia cobrada e o gasto que o Poder Público teve para prestar *aquele* serviço público ou praticar *aquele* ato de polícia. Esta razoabilidade é aferível, em última análise, pelo Poder Judiciário, mediante provocação do contribuinte interessado.

Se não houver equivalência entre o custo da atuação estatal específica e o *quantum* da taxa, o tributo será inconstitucional, por desvirtuamento de sua base de cálculo. Com isto, aliás, ele assumirá feições confiscatórias, afrontando, pois, o art. 150, IV, da CF.

Esse, aliás, foi o entendimento esposado pelo STF no julgamento da Questão de Ordem em Medida Cautelar na ADI 2.551, como expresso no lapidar voto do Min. Carlos Ayres Britto, *verbis*: "A taxa, enquanto contraprestação a uma atividade do Poder Público, não pode superar a relação de razoável equivalência que deve existir entre o custo real da atuação estatal referida ao contribuinte e o valor que o Estado pode exigir de cada contribuinte, considerados, para esse efeito, os elementos pertinentes às alíquotas e à base de cálculo fixadas em lei. Se o valor da taxa, no entanto, ultrapassar o custo do serviço prestado ou posto à disposição do contribuinte, dando causa, assim, a uma situação de onerosidade excessiva, que descaracterize essa relação de equivalência entre os fatores referidos (o custo real do serviço, de um lado, e o valor exigido do contribuinte, de outro), configurar-se-á, então, quanto a essa modalidade de tributo, hipótese de ofensa à cláusula vedatória inscrita no art. 150, IV, da CF".[84]

A taxa não pode se afastar, portanto, da equivalência – ainda que dentro de parâmetros de razoabilidade, visto a dificuldade de mensuração, de forma absolutamente exata, do custo da atuação estatal para cada contribuinte.

Assim, a ordem jurídica não exige, neste ponto, o impossível, isto é, que haja uma *dosagem milimétrica* entre a quantia cobrada ***e*** o gasto que o Poder Público (ou

84. STF, Tribunal Pleno, ADI/MC-QO 2.551, rel. Min. Celso de Mello, j. 2.4.2003, *DJU* 20.4.2006.

quem agiu em seu nome) teve para praticar o ato de polícia ou para prestar o serviço público. Basta que exista, como observou Héctor Villegas, "uma prudente, razoável e discreta proporcionalidade entre ambos os termos".[85]

VIIf – Em suma, a taxa de serviço deve ter por base de cálculo o *custo*, ainda que aproximado, do serviço público prestado ou posto à disposição do contribuinte. Do mesmo modo, a lei que instituir a taxa de polícia deverá tomar por base de cálculo do tributo "um critério proporcionado às diligências condicionadoras dos atos de polícia, já que estes nenhum conteúdo econômico possuem".[86] Logo, a base de cálculo da taxa de polícia deve levar em conta o custo das diligências necessárias à prática do ato de polícia. Esta é sua *base de cálculo possível*, constitucionalmente exigida. É óbvio que quem vai suportar o ônus econômico do tributo é a pessoa que, em razão de sua atividade, solicitou, provocou ou exigiu o exercício do poder de polícia.

VIII – Embora pretendamos retornar ao tema, quando estudarmos a privatividade das competências tributárias, em relação às taxas, já adiantamos que os serviços públicos e os atos de polícia que abrem espaço à instituição destes gravames devem, necessariamente, sob pena de inconstitucionalidade, estar dentro do campo da competência administrativa da pessoa política tributante.[87]

IX – Sempre dentro do assunto ora em estudo, o *pedágio*, a nosso ver, tipifica verdadeira taxa de serviço, por força do que prescreve o art. 150, V, da CF: "Sem prejuízo de outras garantias asseguradas ao contribuinte, é vedado à União, aos Estados, ao Distrito Federal e aos Municípios: (...) estabelecer limitações ao tráfego de pessoas ou bens, por meio de tributos interestaduais ou intermunicipais, *ressalvada a cobrança de pedágio pela utilização de vias conservadas pelo Poder Público*" (grifamos).

É, portanto, o serviço público de conservação das rodovias que autoriza a instituição do pedágio, verdadeira *taxa de serviço*, inobstante seu *nomen iuris*.[88]

85. Héctor Villegas, "Verdades e ficções em torno da taxa", *RDP* 17/336.

86. Geraldo Ataliba, "Taxa pelo exercício do poder de polícia – Fato gerador – Base de cálculo", *RDA* 102/488.

87. O CTN, em seu art. 80, foi, portanto, feliz ao proclamar: "Para efeito de instituição e cobrança de taxas, consideram-se compreendidas no âmbito das atribuições da União, dos Estados, do Distrito Federal ou dos Municípios, aquelas que, segundo a Constituição Federal, as Constituições dos Estados, as Leis Orgânicas do Distrito Federal e dos Municípios e a legislação com elas compatível, competem a cada uma dessas pessoas de direito público".

88. O pedágio, tal como vinha sendo cobrado nas rodovias federais (através do "selo-pedágio", renovável mês a mês), era inconstitucional.

O assunto havia sido disciplinado pela Lei federal 7.712, de 22.12.1988 (regulamentada pelo Decreto 97.532, de 17.2.1989, detalhado pela Instrução Normativa Conjunta 27, de 23.2.1989). Nesta lei estava estabelecido, em suma, que: a) o contribuinte do pedágio era o usuário de rodovia federal, posta sob a jurisdição do Departamento Nacional de Estradas de Rodagem (DNER, hoje DNIT); b) o gravame era recolhido mês a mês, segundo o disposto em regulamento; e c) o valor do tributo variaria de acordo com o tipo de veículo automotor e seu ano de fabricação, conforme tabela anualmente ajustada.

É fácil percebermos que a lei em questão afrontava o princípio da indelegabilidade das funções legislativas, já que remetia a fixação do *quantum debeatur* do pedágio a atos regulamentares. Além disso, a lei exigia que, para se chegar ao montante devido de pedágio, fosse levado em conta não apenas o *desgaste rodoviário* que o veículo provocava, mas, também, seu valor de mercado. Com isto, a exação assumia as feições (inconstitucionais) de adicional do IPVA (imposto sobre a propriedade de veículos automotores).

Explicitando a ideia, a Carta Magna, ao depois de proibir o estabelecimento de limitações ao tráfego de pessoas ou bens por meio de tributos interestaduais ou intermunicipais, ressalvou a cobrança de pedágio "pela utilização de vias conservadas pelo Poder Público". Portanto, com exceção do pedágio, está constitucionalmente vedada a criação de tributos interestaduais ou intermunicipais que limitem o tráfego de pessoas ou bens. A restrição é louvável, já que reforça o direito fundamental de ir e vir, que, em nosso *Estado Democrático de Direito*, todas as pessoas têm.

Por outro lado, percebe-se com nitidez que o pedágio teve expressamente reconhecida, pela Constituição Federal, sua natureza tributária. Com efeito, além de mencionado na seção que regula as "limitações do poder de tributar" (Seção II do Capítulo I do Título VI da Constituição Federal), está inserido em dispositivo que cuida de tributos e, ainda por cima, como exceção a princípio que veda a criação de tributos interestaduais ou intermunicipais limitadores do tráfego de pessoas ou bens.

Juridicamente interpretado, o art. 150, V, da CF revela que o tributo que pode validamente limitar o tráfego de pessoas ou bens entre Estados ou Municípios é o

Com efeito, o *quantum* do pedágio não variava apenas de acordo com o custo aproximado do serviço de conservação das rodovias federais, que o veículo automotor do contribuinte provocava, mas, também, conforme o valor deste veículo, que, evidentemente, não era índice idôneo para mensurar o desgaste provocado na rodovia.

Melhor dizendo, proprietários de veículos da mesma marca e tipo pagavam à guisa de "selo-pedágio" quantias diferentes, dependendo, apenas, de seu ano de fabricação (valor maior, para o proprietário do veículo mais moderno). Ora, pelo menos em tese, veículos de mesmas dimensões e peso provocam idêntico desgaste na rodovia (aliás, é até sustentável que o veículo mais antigo, estando mais sujeito a avarias que o novo, provoca um desgaste maior na rodovia).

Nitidamente, neste caso, a base de cálculo do "selo-pedágio" levava em conta o valor do veículo, coincidindo, destarte, com a base de cálculo do IPVA (imposto sobre a propriedade de veículos automotores). Havia, aí, segundo pensamos, duas inconstitucionalidades: uma, por burla ao art. 145, § 2º, da CF, e outra, por invasão de competência impositiva residual.

O "selo-pedágio", tendo a mesma base de cálculo do IPVA (imposto sobre a propriedade de veículos automotores), tipificava um adicional deste tributo. Ora, na medida em que a União não está credenciada a instituir este imposto, devemos forçosamente reconhecer que ele era inconstitucional, por invasão de competência.

Notamos, ainda, que o valor mensal pago, a título de "selo-pedágio", era o mesmo quer o contribuinte usasse a rodovia federal uma única vez ou centenas de vezes, ao longo do mês. Isto feria, a nosso juízo, o *princípio da isonomia*, que, na hipótese, exigia que quem usasse mais vezes a rodovia federal pagasse – justamente por provocar um desgaste maior na rodovia – mais vezes o *pedágio* do que quem a utilizasse um número menor de vezes. Naturalmente, o proprietário de veículo automotor que, durante o mês, não usasse a rodovia federal nada devia pagar, uma vez que inexiste utilização potencial de rodovia (e, se existisse, seria inconstitucional).

Por todos estes motivos, sustentamos que o pedágio devia ser cobrado sempre que o contribuinte, com seu veículo automotor, utilizasse a via conservada pelo Poder Público. O valor do gravame deveria variar de acordo com o desgaste potencial que o veículo provocasse na rodovia; nunca com base no valor de mercado do veículo. Exemplificando, quem ingressasse em rodovia com veículo de pequenas dimensões (*e.g.*, um automóvel) devia pagar menos *pedágio* do que quem a percorresse com veículo pesadíssimo (por exemplo, um caminhão de grande porte). Era, pois, o desgaste potencial que o veículo provocava na rodovia que devia determinar a variação do *quantum* desta exação. Nunca, como acontecia nas rodovias federais, o valor de mercado do veículo (proprietário de veículo moderno pagando mais pedágio do que proprietário de veículo antigo, mesmo sendo ambos da mesma marca, tipo e dimensões).

Em boa hora, portanto, a cobrança do pedágio, nas rodovias federais, voltou a ser feita por meio de postos ou barreiras instaladas ao longo das mesmas.

pedágio, e, mesmo assim, só em havendo "utilização de vias conservadas pelo Poder Público".

Ou, se preferirmos: por meio da taxa de serviço que há nome pedágio, cobrada pela utilização de vias terrestres conservadas pelo Poder Público, é que as pessoas políticas podem limitar o tráfego de pessoas ou bens entre Estados ou entre Municípios.

Além disso, na medida em que o *pedágio* apresenta-se atrelado aos "tributos interestaduais ou intermunicipais", resulta claro que não poderá ser cobrado pela utilização de vias terrestres estritamente municipais, ainda que conservadas pelo Poder Público.[89] Assim, não é dado ao Município cobrar pedágio pela transposição de uma ponte, pela utilização de uma avenida, pelo percorrimento de uma estrada de terra, pela passagem numa via marginal, quando situada *intra muros*, isto é, dentro do território da própria pessoa política; e assim por diante.

A razão disso foi muito bem captada pelo eminente jurista Celso Ribeiro Bastos: "A diferenciação de regras para as vias intermunicipais e intramunicipais se deve ao fato de que o Município é o centro da vida ativa (ou de atividades) das pessoas. A rua é a maior expressão que se tem de um bem público e não se pode privar ou restringir o acesso a ela, sob pena de prejudicar drasticamente a liberdade e a vida civil dos munícipes. (...). O pedágio, aliás, como tributo mais antigo, é cobrado desde a Idade Média na travessia de cidades, jamais dentro delas".[90]

Em suma, a locomoção no interior da urbe é intributável, ainda que por meio da taxa de serviço denominada pedágio.

IXa – Concordamos com Julcira Maria de Mello Viana quando alvitra, em artigo de bela feitura,[91] a possibilidade jurídica de as pessoas políticas exigirem *hidrágios* pela utilização de hidrovias interestaduais e intermunicipais conservadas pelo Poder Público.

De fato, o art. 150, V, *in fine*, da CF, ao aludir às "vias conservadas pelo Poder Público", abarcou, além das rodovias, as aquavias interestaduais e intermunicipais. Assim, desde que com base em lei, pode ser cobrado *hidrágio* pela utilização em vias áqueas, com o quê, como observa esta estudiosa, se impedirá "a degradação dos rios que são poluídos pelas indústrias e esgotos domésticos".[92]

X – Observamos, em remate, que não é necessário que o serviço público sempre preceda a cobrança da taxa de serviço. Na maioria dos casos, basta que a pessoa política (ou quem lhe faz as vezes) que a exige esteja materialmente aparelhada para prestá-lo. Deveras, com muita frequência o recolhimento da taxa precede a prestação do serviço, sem que isto implique, a nosso ver, qualquer irregularidade. É o que se dá,

89. Menos ainda quando sequer existe o serviço de conservação da rodovia.

90. Celso Ribeiro Bastos, "Rua, a maior expressão do bem público", jornal *Folha de S. Paulo*, "Tendências e Debates", 9.10.1999, 1º caderno, p. 3.

91. Julcira Maria de Mello, "A possibilidade de cobrança de *hidrágio* nas hidrovias interestaduais e intermunicipais", in Fernanda Drumond Parisi, Heleno Taveira Torres e José Eduardo Soares de Melo (coords.), *Estudos de Direito Tributário em Homenagem ao Professor Roque Antonio Carrazza*, vol. 2, São Paulo, Malheiros Editores, 2014, pp. 371-394.

92. Idem, ibidem, p. 392.

por exemplo, com o serviço público de correio, de ordinário prestado após o recolhimento da taxa específica. Na taxa de serviço *posto à disposição*, no entanto, inexiste tal possibilidade: o serviço público deve, necessariamente, preceder a cobrança da exação.

Do mesmo modo, é prescindível que as diligências que levam à prática do ato de polícia precedam ao recolhimento da taxa de polícia. A lei pode exigir o prévio pagamento deste tributo desde que, naturalmente, a pessoa política tenha condições objetivas de realizá-las. Notamos, a propósito, que, ainda que a pretensão do contribuinte venha a ser indeferida, nem por isto ele se eximirá do pagamento da taxa de polícia. Realmente, como já acentuamos, ela não remunera o ato de polícia (economicamente inapreciável), mas as diligências (vistorias, avaliações, medições, exames periciais etc.) que levam à sua prática.

Na taxa de polícia, o contribuinte não paga pelo *sim*, pelo *defiro*, pelo *concedo*, pelo *nada que opor*; em suma, pela remoção do obstáculo jurídico que o impedia de instalar-se, de construir, de funcionar etc. Ele remunera as *diligências* e *procedimentos* que a Administração Pública foi (ou será) obrigada a levar a cabo para exercer o poder de polícia. Não é por outro motivo que este tributo pode ser exigido mesmo quando o pedido do contribuinte é, afinal, indeferido. Pelas mesmas razões, a exação pode ser cobrada antecipadamente; neste caso basta que a pessoa política, ou quem lhe faça juridicamente as vezes, esteja em condições materiais de exercer, logo em seguida, o poder de polícia.

Como observa Geraldo Ataliba, "o ato da autoridade de dizer *sim* ou *não*; *concedo* ou *não concedo*; *defiro* ou *indefiro*, em si mesmo, não vale nada".[93]

Realmente, tais atos administrativos – como puros atos jurídicos que são – não possuem conteúdo econômico, circunstância que impede que a taxa de polícia venha a ser em função deles quantificada, isto é, reduzida a uma expressão monetária. A quantificação da taxa de polícia levará em conta, sim, as despesas inerentes aos procedimentos e diligências que culminarão na edição destes atos administrativos.

Daí por que, nos termos da Lei Maior, esta não é uma *taxa por atos de polícia*, mas uma *taxa em razão do exercício do poder de polícia*.[94]

Em suma, a hipótese de incidência da taxa de polícia é a prática de atos concretos de polícia.

93. Geraldo Ataliba, "Taxas e preços no novo texto constitucional", *RDTributário* 47/150 – os grifos estão no original.

94. No mesmo sentido, Geraldo Ataliba ensina: "Não são taxas *por* atos de polícia, porque, a rigor, o ato de polícia é aquele ato culminante – *sim* ou *não*, *defiro* ou *não defiro*, *pode* ou *não pode*; não é por esse ato que se paga, nem pelo resultado *positivo* ou *negativo*. Paga-se pela despesa que se causar para a regular edição desse ato, cuja produção válida requer que o Estado faça diligências de averiguação, verificação, medição, confrontação, exame; em uma palavra: fiscalização. E só depois dos depoimentos dos diversos funcionários chegarem aos autos é que será válido o ato da autoridade dizendo *sim* ou *não*. Dizendo *sim* ou *não* a despesa já está feita" ("Taxas e preços ...", cit., *RDTributário* 47/151 – os grifos estão no original).

3.1.2.3 A contribuição de melhoria – I – A contribuição de melhoria é um tipo de tributo que tem por hipótese de incidência uma atuação estatal indiretamente referida ao contribuinte (Geraldo Ataliba).

Esta atuação estatal – porque assim o exige o art. 145, III, da Constituição da República[95] – só pode consistir numa *obra pública* que causa valorização imobiliária, isto é, que aumenta o valor de mercado dos imóveis localizados em suas imediações. Já estamos percebendo, pois, que a contribuição de melhoria, embora decorra da obra pública, depende, para nascer, de um fator intermediário: a valorização do imóvel do contribuinte, em razão desta atuação estatal. É por isso que é considerada um tributo *indiretamente* vinculado a uma atuação estatal, que, no caso, é a obra pública.

Obra pública, na magistral lição de Celso Antônio Bandeira de Mello, é "a construção, edificação, reparação, ampliação ou manutenção de um bem imóvel, pertencente ou incorporado ao patrimônio público".[96] Sempre de acordo com este jurista, as obras públicas ou se constituem "numa *utilidade diretamente fruível pelos administrados*, sem intermediação alguma de terceiros, vez que, por sua própria natureza e função, entregam por si o proveito público que nelas se encarna (estradas, ruas, praças, parques, viadutos)", *ou* se constituem "em elementos *instrumentais para a oferta de um serviço* (centrais de energia, hidrelétricas, estações de captação e tratamento de água, ferrovias, gasômetros, prédios de repartições, tais as bibliotecas, hospitais, etc.)".[97] Estas últimas obras integram serviços públicos. Por isto, a eles estão ligadas inseparavelmente (*inhaerere ad ossa*).

Em tese, qualquer obra pública *que provoca valorização imobiliária* autoriza a tributação por meio de contribuição de melhoria.

Indiscutível que abrem espaço a esta tributação as obras públicas do primeiro tipo, isto é, que causam proveito público imediato e a utilidade que proporcionam é desfrutada diretamente, e não por intermédio de serviços públicos.

Mas também as obras públicas do segundo tipo entremostram-se aptas a fazer nascer a contribuição de melhoria. Ao contrário do que afirmamos em edição anterior (2ª edição), hoje estamos convencidos de que mesmo as obras públicas interligadas a serviços – desde que comprovadamente valorizem os imóveis a elas adjacentes – ensejam tributação por via de contribuição de melhoria. De fato, se a Constituição não distinguiu, porquanto se limitou a autorizar as *pessoas políticas* a instituir "contribuição de melhoria, decorrente de obras públicas", não cabe ao intérprete fazer distinções.

95. CF, art. 145: "A União, os Estados, o Distrito Federal e os Municípios poderão instituir os seguintes tributos: (...) III – contribuição de melhoria, decorrente de obras públicas".

96. Celso Antônio Bandeira de Mello, "Taxas de serviço", *RDTributário* 9-10/29. Neste artigo, o autor demonstra que *obra pública* é *coisa estática*, voltada diretamente à fruição popular, ao passo que *serviço público* é algo *dinâmico*, ou seja, é atividade que congrega meios materiais, pessoal e organização, atividade, esta, regida e controlada pelo Estado, debaixo do regime de direito público.

97. Celso Antônio Bandeira de Mello, "Taxas de serviço", cit., *RDTributário* 9-10/29 (os grifos são do autor).

Apesar do laconismo da atual Constituição acerca do assunto – já que ela apenas acentuou que a contribuição de melhoria deve decorrer de obras públicas[98] –, continuamos entendendo que, sem a valorização dos imóveis circunvizinhos, seus proprietários não podem sofrer validamente este gravame.

Do contrário, bastaria que houvesse uma obra pública para que os proprietários dos imóveis a ela adjacentes fossem compelidos a pagar o tributo, que revestiria, assim, a natureza de um adicional do IPTU (imposto predial e territorial urbano) ou do ITR (imposto territorial rural), conforme estivessem localizados, respectivamente, na zona urbana ou na zona rural. Sua base de cálculo seria, simplesmente, o valor do imóvel urbano (a mesma do IPTU) ou do imóvel rural (a mesma do ITR). Além disso, poderiam surgir problemas insolúveis de competência tributária, já que, por exemplo, se o Estado realizasse uma obra pública na zona urbana de um Município, ele estaria cobrando, sob a rubrica "contribuição de melhoria", um adicional de IPTU, o que tipificaria flagrante inconstitucionalidade.

Ora, na medida em que a Constituição autorizou a União, os Estados, os Municípios e o Distrito Federal a criarem impostos, taxas *e* contribuição de melhoria, segue-se, logicamente, que contribuição de melhoria não é nem imposto, nem taxa. É tributo diferente de imposto. Deve, em conseguinte, ter hipótese de incidência e base de cálculo diversas das do imposto.

Logo, a contribuição de melhoria não pode se confundir com nenhum imposto; nem mesmo com o IPTU ou com o ITR. Deve, sim, levar em conta a mais-valia do imóvel, causada pela obra pública.

A hipótese de incidência da contribuição de melhoria não é ser proprietário de imóvel urbano ou rural, mas a realização de obra pública que valoriza o imóvel urbano ou rural. Sua base de cálculo, longe de ser o valor do imóvel (urbano ou rural), é o *quantum* da valorização experimentada pelo imóvel em decorrência da obra pública a ele adjacente. Ou, se preferirmos, é o incremento valorativo que a obra pública propicia ao imóvel do contribuinte.

Portanto, a interpretação sistemática do art. 145, III, da CF leva-nos à insofismável conclusão de que não é qualquer obra pública que pode ensejar a instituição (por meio de lei) e a cobrança (por meio de providências administrativas) de contribuição de melhoria, mas, tão somente, *a obra pública que provoca valorização imobiliária*.

Paulo de Barros Carvalho é de idêntico pensar: "as contribuições de melhoria levam em conta a realização de *obra pública* que, uma vez concretizada, determine a valorização dos imóveis circunvizinhos. A efetivação da obra pública por si só não é suficiente. Impõe-se um fator aleatório que, acrescentado à atuação do Estado, complemente a descrição factual".[99]

98. Mais feliz, neste ponto, foi a CF de 1967, que, com a redação que lhe deu a Emenda Constitucional 1, de 17.10.1969, estabelecia (antes da Emenda Constitucional 23, de 1.12.1983), em seu art. 18, II: "Além dos impostos previstos nesta Constituição, compete à União, aos Estados, ao Distrito Federal e aos Municípios instituir: (...) contribuição de melhoria, arrecadada dos proprietários de imóveis valorizados por obras públicas (...)".

99. Paulo de Barros Carvalho, *Curso* ..., cit., p. 31 (os grifos são do autor).

De fato, obras públicas há – e muito frequentes – que, longe de provocarem a valorização dos imóveis a elas vizinhos, depreciam-nos. Foi o que aconteceu, por exemplo, com o Elevado João Goulart (antigo Elevado Costa e Silva), em São Paulo, que desvalorizou os imóveis das redondezas.

No caso, não se cogitou sequer cobrar contribuição de melhoria dos proprietários de tais imóveis. Pelo contrário, a Justiça, partindo do princípio de que o Poder Público, mais do que qualquer particular, se causa de danos, deve ressarci-los, mandou indenizar os que bateram às suas portas.

Do mesmo modo, não basta que um imóvel experimente valorização para que o gravame em estudo seja exigível. De fato, a valorização imobiliária pode advir de um sem-número de fatores: reforma do prédio, modificação das condições de comércio do bairro, depreciação da moeda etc. A respeito, não é preciso sermos versados no assunto para sabermos que o mesmo imóvel que, no ano passado, valia "X", hoje, por força do aviltamento da moeda, está valendo muito mais.

Não são positivamente estas valorizações imobiliárias que autorizam a tributação por intermédio de contribuição de melhoria.

Com verdade, para que ela surja, de modo válido, é de mister haja uma valorização imobiliária *decorrente* de obra pública. Noutros termos, é imprescindível que, entre a valorização imobiliária e a obra pública, exista uma relação de causalidade. Só a obra pública que *comprovadamente* valoriza os imóveis circunvizinhos possibilita a tributação por meio de contribuição de melhoria.

II – Avançando um pouco, temos que a base de cálculo da contribuição de melhoria, como já acenado, pode chegar, de acordo com o estipulado em lei, até o *quantum* da valorização experimentada pelo imóvel em decorrência, tão somente, da obra pública concluída em suas imediações. Exemplificando, para melhor esclarecer, se um imóvel valia 100 e, em razão da obra pública realizada nas redondezas, passou a valer 120, a base de cálculo da contribuição de melhoria não poderá ser maior do que 20. Chega-se a este *quantum* através de cálculos que a Ciência das Finanças está capacitada a fazer, usando fórmulas matemáticas que, enquanto estudiosos do Direito, não temos condições de analisar. De qualquer modo, o contribuinte não é obrigado a aceitar passivamente tais cálculos. Julgando-os excessivos, pode, perfeitamente, por força do princípio da universalidade da jurisdição, dirigir-se ao Poder Judiciário, para que ele decida – também louvado no trabalho de peritos e assistentes técnicos – se a valorização causada pela obra pública foi realmente a apurada pela Fazenda Pública (ou por quem lhe fez as vezes).

Já, a alíquota da contribuição de melhoria é um percentual deste *quantum* (5%, 10%, 20% etc.), apontado na lei.

A propósito, em decorrência do princípio da legalidade, tanto a base de cálculo como a alíquota da contribuição de melhoria devem ser fixadas por meio de lei da entidade tributante, isto é, da pessoa política que realizou a obra pública, tendo competência administrativa para tanto. É claro que o legislador, ao disciplinar o assunto, não poderá imprimir ao tributo caráter confiscatório (art. 150, IV, da CF).

III – Julgamos importante também deixar assentado que a contribuição de melhoria não é um tributo renovável periodicamente; pelo contrário, só pode ser cobrada uma vez. Entendamos a ideia: cada obra pública possibilita uma única tributação, por via de contribuição de melhoria, de cada proprietário de imóvel por ela valorizado. Assim, por exemplo, se uma ponte valoriza o imóvel de "A", este somente poderá ser tributado, em razão desta obra pública, uma vez. É evidente que, se, tempos depois, for erigido, na região, *v.g.*, um viaduto, que torna a valorizar o imóvel de "A", uma nova contribuição de melhoria dele poderá ser cobrada. Só que, neste caso, um novo fato imponível terá ocorrido (terá havido uma *nova* valorização imobiliária, provocada por uma *nova* obra pública).

Insistimos que a obra pública deve ser realizada com apoio na lei da pessoa política que tem competência administrativa (constitucionalmente traçada) para levá-la a efeito. Só depois de pronta a obra pública e verificada a existência da valorização imobiliária que ela provocou é que se torna admissível a tributação por via de contribuição de melhoria.

De fato, a contribuição de melhoria não pode ser exigida antes de realizada a obra pública. É imprescindível que, primeiro, exista a obra pública, valorizando o imóvel, para só após o proprietário deste vir a ser tributado. É que – tornamos a insistir – a contribuição de melhoria não tem por hipótese de incidência apenas a realização de obra pública, mas a *efetiva valorização imobiliária causada por obra pública*. Assim, sem obra pública não pode haver contribuição de melhoria, já que não se pode falar, no caso, em valorização imobiliária potencial. O princípio da segurança jurídica – que já estudamos – não se compadece com tal entendimento.

Registramos que é a valorização imobiliária que a obra pública causa ao ser concluída (e, não, *v.g.*, dois anos após) que deve ser levada em conta para fins de *quantificação* da contribuição de melhoria.

O prazo decadencial para o lançamento deste tributo, porém, começa a fluir do primeiro dia do exercício seguinte àquele em que a obra pública foi concluída. Aplicável à espécie o disposto no art. 173, I, do CTN.

IV – Queremos ainda destacar que a contribuição de melhoria é um tributo eminentemente social. Por meio dele, o proprietário que, sem nada ter feito para isto, recebe da comunidade um especial benefício (a valorização de seu imóvel) devolve-lhe uma parcela de seu, por assim dizer, "enriquecimento sem causa" (isto é, do sobrevalor acrescido a seu patrimônio em virtude de uma obra pública, para a qual toda a sociedade concorreu). Exemplificamos: se não tivesse sido realizada a obra pública, seu imóvel valeria "X". Como, porém, ela foi levada a cabo, seu imóvel está, agora, valendo "X" + "Y". É justo e jurídico que ele devolva, à pessoa política que realizou a obra pública (e, portanto, por via oblíqua, a toda a comunidade), uma parte de "Y", ou seja, do especial benefício que dela recebeu.[100]

100 . Geraldo Ataliba nos dá, a respeito, excelentes lições:

"Efetivamente, se o proprietário em nada concorre para a obra – que gera valorização – não é justo que se aproprie deste específico benefício. Pelo contrário, a comunidade que custeou a obra é que

Na prática, infelizmente, não tem havido, no Brasil, tributação por meio de contribuição de melhoria.[101]

Tentemos explicar o que acontece. De fora parte razões de ordem política, o fenômeno pode ser atribuído à cega obediência que tem sido votada aos arts. 81 e 82 do CTN, que, a pretexto de tornarem praticável este tipo de tributação, enovelaram de tal modo a matéria que as poucas tentativas que se fizeram para cumpri-los resultaram em nada. Ocorre que, como ainda veremos no último capítulo desta obra, as pessoas políticas não têm por que obedecer a estes artigos, que não encerram verdadeiras *normas gerais em matéria de legislação tributária*. Portanto, ao tributarem, por meio de contribuição de melhoria, a União, os Estados, os Municípios e o Distrito Federal só devem obediência aos princípios e normas constitucionais que regem a matéria, que, com serem inúmeros, garantem, de modo adequado, os direitos dos contribuintes. Os precitados artigos do Código Tributário Nacional não têm força jurídica suficiente para compelirem as pessoas políticas à observância de outros requisitos além dos contidos, implícita ou explicitamente, na Constituição Federal. O Legislativo, o Executivo e o Judiciário devem, neste particular, assumir uma outra postura, limitando-se a cumprir e a fazer cumprir a Constituição.

V – Observamos, por outro lado, que, com a atual Constituição, caiu o limite global de arrecadação da contribuição de melhoria. No regime constitucional anterior,[102]

deve ficar com a expressão financeira desse proveito. Razões financeiras o impõem: a necessidade de recursos com que enfrentar outras, ou a própria obra. Razões econômicas o recomendam: desestimular a especulação imobiliária, que se alimenta da esperança de valorização, pela simples posse prolongada (os inconvenientes da especulação são notórios: não uso e retenção de terrenos nos arredores das cidades, aguardando valorização, com consequente desvio de capitais de empreendimentos produtivos, criação de favelas etc.). Razões políticas o exigem: devolver à coletividade os benefícios e frutos de sua ação e não premiar a inércia, a improdutividade dos que adquirem imóveis por preço baixo, para aguardar sua valorização por efeito do progresso comunitário, expansão urbana e realização de obras públicas.

"Razões de equidade o reclamam: que as obras de utilidade geral sejam custeadas por todos; as de utilidade restrita o sejam por aqueles que delas extraiam proveito e as que reúnam os dois requisitos sejam custeadas proporcionalmente pela comunidade e pelos beneficiários. Nesta última hipótese, grande parte dos benefícios contempla particularmente alguns contribuintes (os proprietários de imóveis vizinhos). Os recursos com que é suportada a obra devem ser retirados parcialmente destes especiais beneficiários (que, aliás, nada perdem, já que o valor de sua propriedade permanece intacto). O instrumento disso é a c. m.

"Por último, são também razões éticas que exigem a eficácia da contribuição de melhoria: banir o enriquecimento sem causa de alguns, à custa de todos" (*Hipótese* ..., cit., 6ª ed., 16ª tir., p. 176).

101. Deploramos que isto aconteça, uma vez que, nos Países onde a contribuição de melhoria é regularmente arrecadada, a especulação imobiliária diminuiu sensivelmente. De fato, neles, nenhuma pessoa adquire imóvel localizado em zona periférica com o fito exclusivo de, com as obras públicas que cedo ou tarde virão, locupletar-se às expensas da comunidade que as custeia. Por outro lado, com a cobrança de contribuição de melhoria, aumenta a arrecadação estatal e, graças a isto, novas obras públicas podem ser financiadas, mais rapidamente.

102. A CF de 1967, com a redação que lhe deu a Emenda Constitucional 1, de 17.10.1969, em seu art. 18, II, dispunha: "Além dos impostos previstos nesta Constituição, compete à União, aos Estados, ao Distrito Federal e aos Municípios instituir: (...) II – contribuição de melhoria, arrecadada dos proprietários de imóveis valorizados por obras públicas, *que terá como limite total a despesa realizada* e como limite individual o acréscimo de valor que da obra resultar para cada imóvel beneficiado" (grifamos). A Emenda Constitucional 23, de 1.12.1983, manteve esta prescrição: "Art. 18. Além dos impostos previstos nesta

o total arrecadado, a título de contribuição de melhoria, não podia superar o custo total da obra pública que desencadeara a valorização dos imóveis vizinhos.

Agora, esta preocupação não precisa mais assaltar as entidades tributantes. Elas lançarão e arrecadarão o tributo de todas as pessoas que tiveram seus imóveis valorizados pela obra pública, independentemente de o total arrecadado superar, ou não, o montante das despesas realizadas.

De qualquer modo, o limite individual da contribuição de melhoria permanece. Não se pode cobrar, da pessoa que teve seu imóvel beneficiado pela obra pública, importância superior ao aumento de valor que ela causou, sob pena de se desvirtuar o tributo, transformando-o num imposto sobre a propriedade. Assim, a mais-valia do imóvel, decorrente da obra pública, serve de parâmetro na fixação do *quantum* do gravame. A *base de cálculo possível*, constitucionalmente traçada, da contribuição de melhoria é "o *plus* de valor originado pela concretização da obra pública".[103]

VI – Continuemos. O princípio informador da contribuição de melhoria é, como explica Geraldo Ataliba, o da *proporcionalidade ao benefício especial recebido* por uma pessoa (a proprietária do imóvel), em decorrência da obra pública realizada. É certo que a obra pública beneficia a comunidade como um todo. É igualmente certo, porém, que, não raro, ela beneficia, de modo especial, os proprietários dos imóveis contíguos. Pois bem, a contribuição de melhoria deverá ser cobrada *na proporção* do especial benefício que causou a tais imóveis. Exemplificando, o rasgamento de uma avenida (típica obra pública) traz vantagens a toda a comunidade, mas, com muita frequência, traz *maiores vantagens* aos que possuem imóveis na região, porquanto melhora o trânsito, as condições de comércio, as características do bairro etc. Ora, são justamente estas maiores vantagens que deverão ser sopesadas quando do lançamento e da cobrança da contribuição de melhoria.

Vimos, pois, que a contribuição de melhoria tem por hipótese de incidência não apenas a realização da obra pública, mas um *fator intermediário*, que dela deriva: a valorização do imóvel de uma pessoa. Isto explica por que, no início deste tópico, proclamamos que a contribuição de melhoria é um tributo vinculado a uma atuação estatal indiretamente referida ao contribuinte.

3.1.2.4 Os empréstimos compulsórios – I – "Empréstimo compulsório é tributo e deve obedecer ao regime jurídico tributário." Com um artigo que tinha este título,[104] João Mangabeira, nos idos de 1963, demonstrou, de modo irrespondível, que, apesar de sua denominação, o empréstimo compulsório não passa de um *tributo restituível*. Um tributo restituível, mas sempre um tributo, como tal devendo ser tratado. Estas te-

Constituição, compete à União, aos Estados, ao Distrito Federal e aos Municípios instituir: (...) II – contribuição de melhoria, arrecadada dos proprietários de imóveis beneficiados por obras públicas, *que terá como limite total a despesa realizada*" (grifamos).

103. Paulo de Barros Carvalho, *Curso* ..., cit., p. 31.

104. Jorge Mangabeira, "Empréstimo compulsório é tributo e deve obedecer ao regime jurídico tributário", *RDP* 19/309-311.

ses foram acolhidas, dentre outros, por Amílcar de Araújo Falcão,[105] Alfredo Augusto Becker,[106] Aliomar Baleeiro[107] e Geraldo Ataliba.[108]

As lições destes mestres encontraram guarida na Emenda Constitucional 18, de 1.12.1965 (art. 4º[109]), na Constituição Federal de 24.1.1967 (art. 19, § 4º[110]) e na Emenda Constitucional 1, de 17.10.1969 (arts. 18, § 3º, e 21, § 2º, II[111]).

Todos estes diplomas constitucionais imprimiram ao empréstimo compulsório (de competência privativa da União) a inequívoca natureza de tributo.

Atualmente a matéria vem tratada no art. 148, I e II, da CF: "Art. 148. A União, mediante lei complementar, poderá instituir empréstimos compulsórios: I – para atender a despesas extraordinárias, decorrentes de calamidade pública, de guerra externa ou sua iminência; II – no caso de investimento público de caráter urgente e de relevante interesse nacional, observado o disposto no art. 150, III, 'b'".

Estamos, pois, percebendo que só a União, mediante lei complementar, pode criar empréstimos compulsórios ou aumentar os já existentes.[112] Também é incontestável que existem, no Brasil, duas modalidades de empréstimos compulsórios; a saber: 1) os empréstimos compulsórios para atender a despesas extraordinárias, decorrentes de calamidade pública, de guerra externa ou sua iminência;[113] e 2) os empréstimos compulsórios no caso de investimento público de caráter urgente e de relevante interesse nacional. Apenas estes últimos precisam, necessariamente, obedecer ao princípio da anterioridade. A lei complementar que os criar ou aumentar deverá aguardar o início do próximo exercício financeiro para incidir.

De sorte que a atual Constituição, ao contrário do que fazia a anterior (que remetia o assunto à lei complementar), elencou os pressupostos necessários à instituição ou majoração de empréstimos compulsórios.[114]

105. Amílcar de Araújo Falcão, "Empréstimo compulsório e tributo restituível – Sujeição ao regime jurídico tributário", *RDP* 6/22-47.

106. Alfredo Augusto Becker, *Teoria Geral do Direito Tributário*, 2ª ed., São Paulo, Saraiva, 1972, pp. 357-359.

107. Aliomar Baleeiro, *Limitações Constitucionais ao Poder de Tributar*, 3ª ed., Rio de Janeiro, Forense, 1974, pp. 297-308.

108. Geraldo Ataliba, *Sistema Constitucional Tributário Brasileiro*, São Paulo, Ed. RT, 1966, p. 289.

109. EC 18/1965: "Art. 4º. Somente a União, em casos excepcionais definidos em lei complementar, poderá instituir empréstimo compulsório". Observamos que este art. 4º estava inserido no capítulo das "Disposições Gerais" do Sistema Tributário Nacional.

110. CF de 1967, art. 19, § 4º: "§ 4º. Somente a União, nos casos excepcionais definidos em lei complementar, poderá instituir empréstimo compulsório". Este parágrafo encontrava-se no Capítulo IV, que tratava do "Sistema Tributário".

111. EC 1/1969, art. 18, § 3º: "§ 3º. Somente a União, nos casos excepcionais definidos em lei complementar, poderá instituir empréstimo compulsório"; art. 21, § 2º, II: "§ 2º. A União pode instituir: (...) II – empréstimos compulsórios, nos casos especiais definidos em lei complementar, aos quais se aplicarão as disposições constitucionais relativas aos tributos e às normas gerais do direito tributário".

112. Queremos crer, como já sustentamos no capítulo "Legalidade e Tributação", que as medidas provisórias não podem criar ou aumentar empréstimos compulsórios. Só à lei complementar é dado fazê-lo.

113. Certo é que a guerra externa ou sua iminência são os pressupostos necessários e suficientes tanto dos empréstimos compulsórios como dos impostos extraordinários (que, a seguir, estudaremos). Nada impede, portanto, que, diante de uma situação real de beligerância, a União crie, concomitantemente, um empréstimo compulsório (por meio de lei complementar) e um imposto extraordinário (por meio de lei ordinária).

114. Graças ao *princípio da universalidade da jurisdição*, o Judiciário poderá, a qualquer tempo, ser chamado a decidir se, de fato, está presente o pressuposto constitucional invocado pela lei complementar

Evidentemente, as despesas extraordinárias (apenas da União, e não das demais pessoas políticas), decorrentes de calamidade pública, de guerra externa ou sua iminência, e os casos de investimentos públicos de caráter urgente e de relevante interesse nacional não podem tipificar a *hipótese de incidência* de qualquer empréstimo compulsório. São, sim, os pressupostos necessários à criação ou aumento, por meio de lei complementar, deste tributo. O mesmo podemos dizer do investimento público de caráter urgente e do relevante interesse nacional.

Assim, por exemplo, a ocorrência de calamidade pública não é, nem pode vir a ser, a hipótese de incidência de qualquer empréstimo compulsório. Apenas autoriza o Congresso Nacional a, *dentro do campo privativo da União*, criar ou aumentar um empréstimo compulsório. Isto será feito descrevendo-se pormenorizadamente, por via de lei complementar, a norma jurídica desta exação (hipótese de incidência, sujeito ativo, sujeito passivo, base de cálculo e alíquota).

II – É o momento de reafirmarmos que os empréstimos compulsórios são, em tudo e por tudo, verdadeiros tributos. Tributos restituíveis, se quisermos, mas sempre tributos. Engastados no capítulo da Constituição que há nome "Do Sistema Tributário Nacional", devem obedecer ao regime jurídico tributário, é dizer, aos princípios e normas que informam a tributação, entre nós. Demais disso, a Constituição, numa demonstração inequívoca de que eles são tributos, exige que um dos dois tipos de empréstimos compulsórios (os empréstimos compulsórios no caso de investimento público de caráter urgente e de relevante interesse nacional) obedeça ao princípio da anterioridade, que é, como frisamos em capítulo anterior, *especificamente tributário* (ao contrário, por exemplo, do princípio da legalidade, que se espraia sobre todo o campo jurídico, embora atinja, de modo incisivo, o campo tributário).

Depois, o empréstimo compulsório corresponde seja à noção genérica de tributo, contida na Constituição (relação jurídica que se estabelece entre o Poder Público e o contribuinte, tendo por base a lei, em moeda, igualitária e decorrente de um fato lícito qualquer), seja à definição de tributo que o art. 3º do CTN nos oferece (tributo é toda prestação pecuniária compulsória, em moeda ou cujo valor nela se possa exprimir, que não constitua sanção de ato ilícito, instituída em lei e cobrada mediante atividade administrativa plenamente vinculada). De fato, o empréstimo compulsório é uma prestação em dinheiro que, nos termos da lei (complementar), a União coativamente exige das pessoas que praticam certos fatos lícitos. Posto sob o regime jurídico tributário, o empréstimo compulsório é um tributo.

Inegavelmente, o que define uma entidade do mundo do Direito não é a denominação que recebe, mas o *regime jurídico* a que está submetida. Logo, na medida em que os empréstimos compulsórios devem obedecer ao regime jurídico tributário, segue-se inquestionavelmente que são tributos.

criadora dos empréstimos compulsórios. Outro entendimento deixaria o contribuinte à mercê do Legislativo da União, que teria inteira liberdade até para, se nos for permitido um exemplo forçado, invocar a guerra externa para criar um empréstimo compulsório mesmo que, na prática, o País vivesse uma época de inequívoca paz.

Na mesma linha, Paulo de Barros Carvalho ensina que: "A análise dessa categoria jurídico-positiva (*do empréstimo compulsório*) revela, de maneira contundente, que todas as cláusulas imprescindíveis à qualificação do tributo nela estão presentes. Há somente um *plus*, consubstanciado na necessidade de restituição que a lei reguladora deve prever, no que diz com o prazo de devolução e as condições de resgate. O argumento, contudo, não tem força lógica suficiente para bulir no núcleo existencial da figura, por duas razões muito simples: a) satisfaz, plenamente, à definição do art. 3º do CTN; e b) o destino do produto de sua arrecadação nada acresce à essência jurídica do tributo (art. 4º)".[115]

Notemos que a própria expressão "empréstimo compulsório" encerra uma *contradictio in terminis*. Deveras, se é empréstimo, não pode ser compulsório; se é compulsório, não pode ser empréstimo (João Mangabeira). Esta contradição, no entanto, não tem o efeito de embaraçar o jurista, que, como sempre insistimos, não se fia em palavras (meros rótulos das coisas), mas em regimes jurídicos.

À ideia de compulsoriedade atrela-se a de obrigação (dever legal). O empréstimo compulsório é uma obrigação *ex lege*, não um contrato.

Em resumo, ele independe, para surgir, de qualquer acordo de vontade do contribuinte. Por isto, não se confunde nem com o mútuo, nem com o contrato de empréstimo público (que é um contrato administrativo), nem com o contrato coativo. Vejamos.

O contrato de mútuo pressupõe a vontade livre e consciente de emprestar. Por meio dele, o mutuário entrega ao mutuante uma coisa (*v.g.*, dinheiro) para que ele dela se sirva, devolvendo-lhe, na data de comum acordo prefixada, o que tomou emprestado ou em coisa equivalente, isto é, no mesmo gênero, qualidade e quantidade. Já, o contrato de empréstimo público, embora tenha características que o apartam do contrato de direito privado, não dispensa a vontade inicial da parte; esta vontade é que faz nascer o ajuste. Já, o contrato coativo (*v.g.*, o chamado "seguro obrigatório") congrega a norma legal que impõe a obrigação e o contrato propriamente dito, ainda que de *adesão*.[116]

Ora, o empréstimo compulsório nasce da vontade da lei, com total prescindência da vontade do contribuinte. Encontra seu fundamento de validade não numa convenção celebrada entre o Poder Público e o contribuinte, mas, apenas, na lei complementar que o cria abstratamente. Desde que o contribuinte realize seu *fato imponível* (pressuposto legal), fica necessariamente sujeito, quer queira, quer não queira, a que a União lhe exija o pagamento deste tributo restituível.

III – Equiparam-se ao empréstimo compulsório – devendo, de conseguinte, obedecer às mesmas diretrizes do art. 148 da CF – o *depósito compulsório* e a *capitalização compulsória*.

Por meio de depósito compulsório retém-se uma importância do contribuinte (que estava em banco ou instituição financeira) para, sob determinadas condições,

115. Paulo de Barros Carvalho, *Curso* ..., cit., p. 25 (esclarecemos no primeiro parêntese).
116. Cf. Lúcia Valle Figueiredo, em sentença publicada na *RDTributário* 43/252-265.

restituí-la, mais tarde. Já, na capitalização compulsória, a União obriga as pessoas que se encontram numa dada situação jurídica a subscreverem o capital de empresas por ela constituídas, devolvendo-lhes, no prazo legalmente prefixado – não em dinheiro, mas em ações ou títulos (das empresas em cujo capital foi empregada a contribuição compulsória) –, as quantias pagas.[117]

Temos para nós que a capitalização compulsória, no Brasil, é inconstitucional, seja por prever devolução em títulos ou ações (e não em dinheiro), seja por envolver subscrição forçada de ações, medida que fere o direito de livre associação (art. 5º, XVII e XX, da CF). Em razão deste direito, ninguém pode ser obrigado a ingressar numa empresa (inclusive numa sociedade de economia mista) ou a nela permanecer. Já, o depósito compulsório, em tese, é constitucional, no Brasil. Na prática, porém, dificilmente poderá vingar, já que os virtuais contribuintes, sabendo da tramitação do projeto de lei complementar que pretende criá-lo (medida provisória não pode criar empréstimos compulsórios), fugirão desta tributação, sacando as importâncias que tiverem depositadas em bancos e instituições financeiras.

IV – De qualquer modo, ainda que deixemos de lado estas últimas questões, a restituição é de rigor, tanto no empréstimo compulsório como em seus equivalentes: o depósito compulsório e a capitalização compulsória. Remarcamos que o depósito compulsório e a capitalização compulsória deverão receber, sob pena de inafastável inconstitucionalidade, o mesmo tratamento jurídico dispensado ao empréstimo compulsório. Portanto, só poderão ser criados por meio de lei complementar (obedecidos os pressupostos do art. 148 da CF), deverão ser restituídos na forma e nos prazos nela prefixados, não poderão alcançar situações já consolidadas (princípio da irretroatividade das leis tributárias), deverão obedecer ao "Estatuto do Contribuinte", e assim avante.

Ainda a respeito da restituição da quantia arrecadada, o art. 15, parágrafo único, do CTN prescreve: "A lei fixará obrigatoriamente o prazo do empréstimo e as condições de seu resgate, observando, no que for aplicável, o disposto nesta Lei".

Este dispositivo explicita, de modo adequado, a Constituição.

Se a lei que instituir o empréstimo compulsório não previr a devolução integral do produto de sua arrecadação, será inconstitucional, por ensejar um *confisco*, vedado pelo art. 150, IV, do Texto Supremo.

Por muito maior razão será inconstitucional a *interpretação* da lei que instituiu o empréstimo compulsório que levar, direta ou indiretamente, à sua não restituição.

Antecipamos, por outro lado, que a devolução do empréstimo compulsório é mera *providência administrativa*, que deve ser tomada *após* o pagamento do tributo. Com o pagamento, desaparece a relação jurídica tributária, surgindo, em seu lugar, uma nova relação jurídica, esta de índole administrativa, que só vai extinguir-se com a restituição da quantia paga, nos termos previamente estipulados na lei.

117. V., a respeito, Maria de Fátima Ribeiro, *A Natureza Jurídica do Empréstimo Compulsório no Sistema Tributário Nacional*, Rio de Janeiro, Forense, 1985, pp. 9-2.

Dando continuidade ao nosso raciocínio, registramos que a restituição do empréstimo compulsório há de ser feita em moeda corrente, já que em moeda corrente é exigido. É, pois, um tributo restituível em dinheiro. A União deve restituir a mesma coisa emprestada compulsoriamente: dinheiro.

Não pode, portanto, a União tomar dinheiro emprestado do contribuinte, devolvendo-lhe outras coisas (bens, serviços, quotas etc.).[118]

Portanto, se a lei complementar que instituir o empréstimo não previr a devolução integral do produto de sua arrecadação ao próprio contribuinte, será inconstitucional, por ensejar um *confisco*, vedado pelo art. 150, IV, do Texto Supremo.

Quer-nos parecer que a devolução só é integral se recompuser o *poder aquisitivo* da moeda paga pelo contribuinte. Numa época de inflação galopante, restituir-lhe a mesma quantidade numérica de dinheiro, após dois, três, cinco anos, é, em termos práticos, nada restituir. Para que não reste burlada a *ratio iuris* deste tributo, sua devolução deve ser feita, *no mínimo*, com correção monetária. É ela que vai garantir o mesmo poder de compra da quantia paga a título de empréstimo compulsório.[119]

É o momento de enfatizarmos que a circunstância de os empréstimos compulsórios deverem ser restituídos não lhes retira o caráter tributário, como também o percebeu Alfredo Augusto Becker:

"A obrigação de o sujeito ativo (Estado) devolver o tributo (com ou sem juros) não retira a natureza jurídica *tributária* ao 'empréstimo compulsório' pois, na ver-

118. Do exposto, facilmente notamos que o Decreto-lei 2.288/1986, ao criar o empréstimo compulsório incidente sobre a aquisição de veículos, fez tábua rasa desta questão. Com efeito, o art. 16 deste ato normativo prescrevia: "O empréstimo será resgatado no último dia do terceiro ano posterior ao seu recolhimento, *efetuando-se o pagamento com quotas do Fundo Nacional de Desenvolvimento*, criado neste decreto-lei" (grifamos).

Eis o dislate jurídico: o contribuinte entregava dinheiro e recebia quotas. E quotas que, como se comprovou, nada valiam, quando se tornaram resgatáveis.

Com este critério de "devolução", o Decreto-lei 2.288/1986 instituiu, em verdade, um tributo confiscatório e, portanto, também por isto, inconstitucional.

Lembramos, outrossim, que o Decreto-lei 2.288/1986, ao criar, no precitado art. 16, a obrigação de subscrever capital do "Fundo Nacional de Desenvolvimento" (FND), que seria uma sociedade de economia mista (e não uma autarquia, como constava daquele esdrúxulo ato normativo), feriu fundo o direito à liberdade de associação, agora consagrado no art. 5º, XVII e XX, da CF (na época, no art. 153, § 28, da Carta de 1967/1969). O Decreto-lei 2.288/1986 foi, com os aplausos da unanimidade da doutrina, revogado em 1987.

119. A doutrina tradicional sustenta que a devolução do empréstimo compulsório, embora de rigor, há de ser feita de acordo com a vontade da lei (agora lei complementar) que o institui. Assim, pode dar-se: a) *de maneira pura e simples* (isto é, sem juros e correção monetária); b) *só com juros*; c) *só com correção monetária parcial*; d) *só com correção monetária parcial e juros*; e) *só com correção monetária integral*; ou f) *com correção monetária integral e juros*.

Há um segmento doutrinário que chega a sustentar que a própria devolução do empréstimo compulsório não é imprescindível. Argumenta, em síntese, que, se a União teve poderes bastantes para constituir unilateralmente em mora o contribuinte, a ponto de obrigá-lo a pagar um empréstimo compulsório, nada impede que ela, por meio da edição de novas leis, procrastine sua devolução, de tal modo que, na prática, ela nunca se dê.

Discordamos. A lei complementar que cria o empréstimo compulsório vincula o próprio Legislativo federal. Do contrário, burlar-se-ia o princípio da segurança jurídica da tributação e, com ele, a própria boa-fé dos contribuintes.

dade, no 'empréstimo compulsório' existem duas distintas relações jurídicas, com distintas *naturezas* jurídicas.

"A primeira relação jurídica é de natureza *tributária*: o sujeito passivo é um determinado indivíduo e o sujeito ativo é o Estado. A segunda relação jurídica é de natureza *administrativa*: o sujeito ativo é aquele indivíduo e o sujeito passivo é o Estado.

"Note-se que a relação jurídica administrativa é um *posterius* e a relação jurídica tributária é um *prius*, isto é, a *satisfação da prestação* na relação jurídica de natureza tributária irá constituir o núcleo da hipótese de incidência de *outra* regra jurídica (a que disciplina a obrigação de o Estado restituir) que, incidindo sobre sua hipótese (o pagamento do tributo), determinará a irradiação de *outra* (a segunda) relação jurídica, esta de natureza *administrativa*. Não se deve cometer o erro elementar de não saber distinguir, numa única fórmula literal legislativa, duas ou mais regras jurídicas de natureza distinta."[120]

Realmente, não é porque o empréstimo compulsório acaba, cedo ou tarde, sendo restituído ao contribuinte que deixa de ser um tributo. Nem poderia ser de outro modo, já que a afetação da receita obtida, a esta ou àquela finalidade, não tem o condão de alterar a natureza jurídica de um tributo. É o que, aliás, solenemente proclama o art. 4º, II, do CTN ("a natureza específica do tributo é determinada pelo fato gerador da respectiva obrigação, sendo irrelevante para qualificá-la a destinação legal do produto da sua arrecadação"). De fato, extinta a obrigação tributária, por meio de seu pagamento, é juridicamente um absurdo pretender-se que um evento ulterior (a devolução do dinheiro arrecadado) repercuta na natureza jurídica do gravame, que, afinal, já desapareceu.

É princípio geral do direito tributário que a destinação do produto da arrecadação do tributo não lhe altera a natureza jurídica. Desse modo, uma vez pago o empréstimo compulsório, o tributo desaparece. Sua devolução é mera providência administrativa, que não pode repercutir em algo que já não existe (a relação jurídica tributária).

Estamos, pois, percebendo que, ao pagar o empréstimo compulsório, nasce para o contribuinte o direito subjetivo de reaver a quantia recolhida. Em contranota, surge para a União o dever jurídico de restituir o que recebeu, observados, evidentemente, os prazos e as condições de resgate estipulados na lei que instituiu o gravame.

Não se pode, por meio de artifícios legislativos ou exegéticos, turbar a fruição deste direito elementar: o direito de reaver, a tempo, a hora e do modo adequado, a quantia paga a título de empréstimo compulsório.

E esta restituição – é bom que se frise – tanto pode ser feita ao próprio contribuinte como a seus sucessores, a qualquer título. A ideia foi formulada de passagem por Amílcar de Araújo Falcão: "É verdade que a restituição (...) poderá ser feita ou a quem pagou o imposto restituível ou mesmo a terceiros que (...) a ela façam jus".[121]

120. Alfredo Augusto Becker, *Teoria Geral do Direito Tributário*, cit., 2ª ed., p. 359 (os grifos são do autor).

121. Amílcar de Araújo Falcão, *Sistema* ..., cit., 1ª ed., p. 40.

E nem poderia ser de outro modo, já que, como vimos, este crédito nada tem de tributário. É um crédito como outro qualquer, e, nesta medida, pode, em princípio, ser transacionado pelo contribuinte.

Logo, podemos concluir que o empréstimo compulsório sempre deve ser restituído, seja ao contribuinte, seja a quem juridicamente lhe fizer as vezes (o sucessor, o cessionário etc.).

V – Enfim, o empréstimo compulsório é um tributo restituível. E um tributo que, de acordo com sua hipótese de incidência e base de cálculo, pode revestir a *natureza jurídica* de imposto (caso mais frequente, por sua produtividade substancial), de taxa ou de contribuição de melhoria.[122]

Naturalmente, a União, ao criar empréstimos compulsórios, deve ficar adstrita ao campo tributário que a Constituição lhe reservou. Não pode, portanto, invadir a seara tributária dos Estados, dos Municípios ou do Distrito Federal. Eventual usurpação inquinará o empréstimo compulsório, nulificando-o. A União, portanto, poderá, por meio de lei complementar, criar empréstimos compulsórios sobre importações de produtos, obtenção de rendimentos, operações financeiras, propriedade territorial rural etc.; não poderá, porém, fazê-lo sobre operações mercantis,[123] prestações de serviços, propriedade territorial urbana, e assim por diante (já que tais fatos estão dentro da competência tributária de outras pessoas políticas). Portanto, o princípio da reserva das competências tributárias está presente, mesmo na tributação por via de empréstimos compulsórios.

Atrevemo-nos a ir mais além. Pensamos que a parafiscalidade pode alcançar os empréstimos compulsórios. Como já sustentamos em nosso livro *O Sujeito Ativo da Obrigação Tributária*,[124] nada impede que a União crie um empréstimo compulsório e delegue, por meio de lei, a terceira pessoa, o direito de arrecadá-lo. É claro que, se o ente beneficiado for uma pessoa política, esta, caso o aceite – o que fará por meio de lei própria –, terá que arcar com seu regime específico (forma de arrecadação, destinação do produto arrecadado, prazo de devolução etc.); caso não o aceite, o tributo

122. A respeito, julgamos oportuno acentuar que, de regra, os empréstimos compulsórios assumem a natureza jurídica de impostos. A razão disto é patente: as quantias em jogo na tributação por meio de impostos são muito mais expressivas que as quantias em jogo na tributação por meio de taxas ou de contribuição de melhoria. É muito mais célere, fácil e expedito abastecer de dinheiro os cofres públicos por meio da instituição e cobrança de impostos do que por meio de taxas ou contribuição de melhoria. Ademais, no imposto, ao contrário do que se dá com a taxa e a contribuição de melhoria, não há necessidade de qualquer contraprestação estatal em benefício do contribuinte. Assim, na medida em que o empréstimo compulsório visa a atender, com celeridade, a situações econômicas emergenciais, é fácil entendermos por que, invariavelmente, eles assumem a natureza jurídica de impostos restituíveis. No plano puramente teórico, porém, nada impede que sejam instituídos empréstimos compulsórios sob a forma de taxas ou de contribuição de melhoria (basta que se implemente a hipótese de incidência destes tributos vinculados).

123. Foi o que se deu com o já mencionado empréstimo compulsório sobre a aquisição de veículos automotores, instituído pelo Decreto-lei 2.288/1986. Ele tipificava um adicional de ICM (agora ICMS).

Realmente, que é adquirir veículo automotor se não envolver-se na prática de operação mercantil? Ora, o envolvimento na prática de operação mercantil só podia (como, até hoje, só pode) ser tributado pelos Estados-membros e pelo Distrito Federal.

124. Roque Carrazza, *O Sujeito Ativo da Obrigação Tributária*, São Paulo, Resenha Tributária, 1977, p. 72.

será recolhido pela própria União, para que não aconteça de alguns contribuintes serem dispensados da tributação, em afronta aberta ao princípio da igualdade.

Por tudo quanto foi exposto, temos por indiscutível que, ao contrário do que proclamam alguns, o empréstimo compulsório não é uma quarta modalidade de tributo – ao lado do imposto, da taxa e da contribuição de melhoria –, mas, simplesmente, um tributo (restituível, se preferirmos, mas sempre um tributo).

VI – Sendo um tributo, também o empréstimo compulsório não pode ter efeito de confisco. Seu montante não pode ter o potencial de, extrapolando a aptidão econômica do contribuinte, lesar-lhe direitos fundamentais.

Não lhe é dado, portanto, apresentar valor excessivo, ou seja, que vá além do imprescindível para a realização das finalidades que justificam sua cobrança.

Evidentemente, caberá ao Poder Judiciário, quando provocado, dar a última palavra a respeito.

VII – Enfatizamos que, com a Constituição de 1988, "a aplicação dos recursos provenientes de empréstimo compulsório será vinculada à despesa que fundamentou sua instituição" (parágrafo único do art. 148). Assim, se o contribuinte puder demonstrar que o empréstimo compulsório que pagou não teve o produto de sua arrecadação aplicado *naquela finalidade* apontada na lei complementar que o instituiu, ele tem o direito de, observados os prazos prescricionais, repetir o que pagou.[125] Mais: se, porventura, ainda tiver empréstimos compulsórios a pagar, poderá, neste caso, deixar validamente de fazê-lo. Tudo porque o dispositivo constitucional em foco concretizou a tese de que há de haver lealdade entre o Poder Público e o contribuinte – o que exige, no caso, que o produto da arrecadação do empréstimo compulsório não seja desviado, mas, pelo contrário, se destine exclusivamente "à despesa que fundamentou a sua instituição". Se houver tredestinação dos recursos obtidos por meio do empréstimo compulsório, estes devem ser repetidos, com juros e correção monetária.

VIII – Consideremos agora, em rápido relance, que o empréstimo compulsório não se perpetua no tempo. Ele só pode continuar a ser cobrado enquanto estiver presente o pressuposto constitucional que ensejou sua criação. Assim, por exemplo, se for instituído um empréstimo compulsório no caso de investimento público de caráter urgente e de relevante interesse nacional, ele só será exigível enquanto esta situação perdurar.

O que estamos querendo significar é que a *destinação do produto da arrecadação* do empréstimo compulsório faz parte de sua natureza constitucional. Existe para

125. O "empréstimo-calamidade", instituído pelo Decreto-lei 2.047/1983, tinha em mira, conforme a própria Exposição de Motivos deste ato normativo, atender às vítimas das enchentes ocorridas no sul do País, em 1983. Segundo consta, nem um centavo dos bilhões de cruzeiros arrecadados na ocasião teve este endereço. À época, o contribuinte, enquanto tal, nada podia fazer contra este descalabro: devia continuar recolhendo o tributo. Apenas enquanto cidadão, podia pelejar para que os responsáveis pelo desvio do produto da arrecadação do tributo fossem responsabilizados, até penalmente.

Hoje, porém, diante de situação deste tipo, o contribuinte, invocando o parágrafo único do art. 148 da CF, poderá negar-se validamente a pagar o empréstimo compulsório e, até, repetir o que pagou.

proteger o contribuinte de arbitrariedades, como o desvio do produto arrecadado ou a ausência do motivo que ensejou a criação deste tributo.

Portanto, ao empréstimo compulsório não se aplica a vedação do inciso IV do art. 167 da Lei Maior, pelo qual, salvo algumas poucas exceções, nenhum imposto pode ter sua receita vinculada a órgão, fundo ou despesa.[126] Muito pelo contrário, o empréstimo compulsório, ainda que revista a natureza jurídica de imposto, deve, necessária e obrigatoriamente, ter tal vinculação.

3.1.2.5 As "contribuições parafiscais" – Também as "contribuições parafiscais" não se constituem numa nova modalidade de tributos. São, simplesmente, tributos.

Conforme já afirmamos, os tributos quase sempre são arrecadados pela pessoa política que os instituiu. Como, porém, a *capacidade tributária ativa* é delegável por lei, nada obsta a que uma pessoa diversa daquela que criou a exação venha, afinal, a arrecadá-la. Para tanto, basta, fundamentalmente, que a pessoa beneficiada persiga finalidades públicas ou, pelo menos, de interesse público, isto por exigência do *princípio da destinação pública do dinheiro arrecadado mediante o exercício da tributação*.

Ora bem, quando uma pessoa que não aquela que criou o tributo vem a arrecadá-lo para si própria, dizemos que está presente o fenômeno da *parafiscalidade*. E, de modo mais ou menos invariável, o tributo assim cobrado ganha o nome de "contribuição parafiscal".

Embora a parafiscalidade não seja um tema especificamente tributário, é útil que o versemos, ainda que a lume de palha, para afastarmos a ideia – que, no passado, chegou a se materializar em Súmula do STF – de que as chamadas "contribuições parafiscais" refogem ao regime jurídico tributário, não precisando, assim, obedecer aos princípios que disciplinam a tributação.

Para deixarmos bem realçado o absurdo desta posição, vamos nos socorrer do seguinte exemplo: anos a fio, no Município "A", a coleta domiciliar de lixo foi levada a cabo pela própria Administração Pública, sendo cobrada, por isto, de cada beneficiado, uma *taxa de serviço*. Por razões políticas – que não vêm a pelo aqui declinar –, este Município acabou, mediante *concessão*, prevista em lei, autorizando uma empresa particular a passar a efetuar a coleta de lixo e arrecadar, para si própria, a referida taxa. Pensamos que, do mesmo modo pelo qual o serviço não deixou de ser *público*, porque prestado por terceiro (o concessionário), a taxa não se despiu de sua natureza jurídica só porque passou a ser arrecadada por pessoa diversa daquela que a instituiu.

126. CF: "Art. 167. São vedados: (...) IV – a vinculação de receita de impostos a órgão, fundo ou despesa, ressalvadas a repartição do produto da arrecadação dos impostos a que se referem os arts. 158 e 159, a destinação de recursos para as ações e serviços públicos de saúde, para manutenção e desenvolvimento do ensino e para realização de atividades da administração tributária, como determinado, respectivamente, pelos arts. 198, § 2º, 212 e 37, XXII, e a prestação de garantias às operações de crédito por antecipação de receita, previstas no art. 165, § 8º, bem como o disposto no § 4º deste artigo" (redação dada pela Emenda Constitucional 42/2003).

Os direitos dos contribuintes, *in casu*, não naufragaram pelo simples deslocamento legal da sujeição ativa da taxa.

Generalizando, temos, deste modo, que o tributo – ainda que o leigo passe a nomeá-lo "contribuição parafiscal" – não muda de regime jurídico quando seu sujeito ativo não coincide com a pessoa política que o criou. Igualmente, os contribuintes não ficam desassistidos de proteção jurídica porque ocorreu a "parafiscalidade".

Em suma, se a parafiscalidade é simplesmente a cobrança por terceiro, em seu próprio benefício, de um tributo, as chamadas "contribuições parafiscais" são, por sem dúvida, tributos, podendo, pois, revestir-se da natureza jurídica de imposto, de taxa ou de contribuição de melhoria (conforme a *materialidade* de suas *hipóteses de incidência*).

3.1.2.6 Os "impostos extraordinários" – Aproximemo-nos, agora, dos *impostos extraordinários* que vêm previstos no art. 154, II, da CF: "Art. 154. A União poderá instituir: (...) II – na iminência ou no caso de guerra externa, impostos extraordinários, compreendidos ou não em sua competência tributária, os quais serão suprimidos, gradativamente, cessadas as causas de sua criação".

Destacamos que os *impostos extraordinários* só poderão ser criados *no caso* ou *na iminência* de guerra externa (declarada segundo os ditames do *ius gentium* e, mais especificamente, dos arts. 49, II,[127] e 84, XIX,[128] da CF). Não no caso ou na iminência de *guerra intestina*, tenha o nome que tiver (*guerra civil*, *guerra revolucionária*, *convulsão social* etc.). Também não cabem para possibilitar a reequipamento das Forças Armadas, salvo, é claro, se isto se der por motivo de guerra externa ou sua iminência.

Pensamos, ainda, que os impostos extraordinários somente poderão ser validamente instituídos, quando o País estiver *diretamente* envolvido na guerra externa ou encontrar-se prestes a nela entrar (por já haver mobilizado os reservistas, retirado os embaixadores, dado um *ultimatum* etc.). O que estamos querendo significar é que não basta esteja em curso, em qualquer parte do mundo, uma guerra externa, para que o Congresso Nacional possa criar as figuras exacionais em tela. E nosso entendimento se mantém ainda que se possa sustentar que, nesta era de globalização, um episódio de tal natureza fatalmente repercutirá no Brasil.

Muito bem. No caso ou na iminência de guerra externa,[129] a União está autorizada a criar, mediante lei ordinária, quaisquer impostos, ainda que, para isto, acabe

127. CF: "Art. 49. É da competência exclusiva do Congresso Nacional: (...) II – autorizar o Presidente da República a declarar guerra, a celebrar a paz, a permitir que forças estrangeiras transitem pelo território nacional ou nele permaneçam temporariamente, ressalvados os casos previstos em lei complementar".

128. CF: "Art. 84. Compete privativamente ao Presidente da República: (...) XIX – declarar guerra, no caso de agressão estrangeira, autorizado pelo Congresso Nacional ou referendado por ele, quando ocorrida no intervalo das sessões legislativas e, nas mesmas condições, decretar, total ou parcialmente, a mobilização nacional".

129. A guerra externa ou sua iminência não são hipóteses de incidência de impostos extraordinários, mas, simplesmente, pressupostos necessários e suficientes para que, presente um dos dois, a União, por meio de leis ordinárias, os crie, com apoio no art. 154, II, da CF. Aliás, estes mesmos pressupostos per-

entrando no campo impositivo que, em época de paz, pertence, privativamente, aos Estados, aos Municípios ou ao Distrito Federal. Exemplifiquemos: se o Brasil entrar numa guerra externa ou estiver prestes a fazê-lo, a União poderá validamente criar e arrecadar o ICMS, o ISS, o IPTU etc.

Assim, em função do que estatui o precitado art. 154, II, da Lei Magna, o *princípio da reserva das competências impositivas* cede passo ao interesse maior da defesa da soberania nacional, ameaçada pelo estado de beligerância. Obviamente, por força do princípio da universalidade da jurisdição (art. 5º, XXXV, da CF), o interessado (isto é, a pessoa que estiver sendo obrigada ou prestes a ser obrigada a pagar o imposto extraordinário) poderá provocar o Poder Judiciário, para que ele julgue da real existência deste estado de beligerância (máxime se a guerra externa ainda não tiver sido declarada).

Registramos que estes "impostos extraordinários" não são tributos *sui generis*, mas, apenas, impostos. Aliás, no mundo jurídico, não há entidades *sui generis*. Em Direito, como em tudo que nos cerca neste Universo, *as coisas ou são ou não são*. Inexistem os "minotauros jurídicos", aos quais saborosamente aludia Santi Romano.

Os *impostos extraordinários* – é sempre o art. 154, II, da Carta Suprema que o proclama – não podem perdurar, indefinidamente, no tempo. Pelo contrário, devem ser gradativamente suprimidos, assim que cessar a causa que os ensejou. Dito de outro modo, celebrada a paz ou afastada a iminência de guerra externa, a União deve dar-se pressa em revogar as leis instituidoras dos impostos extraordinários. Não há, porém, um prazo predeterminado para isto. Concordamos, pois, com Aliomar Baleeiro,[130] jurista de rara intuição e grandes letras, quando investe contra o art. 76 do CTN, que assinalou prazo para a retirada, do ordenamento jurídico, do imposto extraordinário (cinco anos contados da data da celebração da paz).[131] De fato, tendo a Constituição se limitado a aludir à *supressão gradativa*, não poderia uma norma infraconstitucional (contida no CTN) restringir direitos da União. O máximo que podemos aceitar é que esta supressão deve ser efetivada o mais rapidamente possível, observadas, no entanto, as peculiaridades de cada caso concreto.[132]

Recordamos, de passagem, que os impostos extraordinários, embora só possam ser instituídos ou aumentados por meio de lei ordinária federal, não precisam obedecer ao princípio da anterioridade, por força do que preceitua o art. 150, § 1º, da CF.

mitem que a União institua – agora, por meio de lei complementar – também empréstimos compulsórios, *ex vi* do disposto no art. 148, I, da CF (v., supra, subitem 3.1.2.4, I).

Portanto, no caso ou na iminência de guerra externa a União poderá criar concomitantemente vários *impostos extraordinários* e/ou vários *empréstimos compulsórios*. Basta que obedeça ao regime jurídico próprio destas espécies tributárias.

130. Aliomar Baleeiro, *Direito Tributário* ..., cit., 7ª ed., p. 282.

131. CTN, art. 76: "Na iminência ou no caso de guerra externa, a União pode instituir, temporariamente, impostos extraordinários compreendidos ou não entre os referidos nesta Lei, suprimidos, gradativamente, no prazo máximo de cinco anos, contados da celebração da paz".

132. *À primeira vista*, cinco anos podem parecer excessivos para a supressão de um imposto que a Constituição não quer que se perpetue no tempo. Todavia, é possível que, na prática, se revelem insuficientes. Assim, só a análise de cada caso concreto revelará se este lapso de tempo é, ou não, razoável para a extinção do imposto extraordinário.

A exceção visa garantir a própria sobrevivência do País e, como observa Amílcar de Araújo Falcão,[133] é um dos poucos casos em que o *direito público* leva em conta o *estado de necessidade*.

Enfatizamos – retomando linha de raciocínio desenvolvida na nota de rodapé 31 deste capítulo – que, se a União, com apoio no art. 154, II, da CF, criar um imposto extraordinário, compreendido na competência tributária de outra pessoa política, esta última não estará impedida de continuar a exercitá-la. Assim, exemplificando, se a União, por motivo de guerra externa, vier a criar o IPTU, tributo que, em época de paz, é de competência privativa dos Municípios e do Distrito Federal, eles poderão continuar exigindo este imposto dos proprietários de imóveis urbanos localizados em seus territórios. Haverá, aí, é certo, uma situação de *bitributação*; só que autorizada pela Carta Magna, e, portanto, válida.

Também estamos convencidos de que o produto da arrecadação dos *impostos extraordinários* só pode ter uma destinação: o atendimento ao esforço de guerra. Não vale, pois, para eles, a restrição do art. 167, IV, da CF.

Acresce notar, finalmente, que os impostos extraordinários, ao serem criados, deverão obedecer a todos os princípios constitucionais tributários, com exceção, evidentemente, do *princípio da reserva das competências impositivas* e do *princípio da anterioridade*.[134]

3.1.2.7 As "contribuições" (art. 149 e seus parágrafos da CF) – I – Dispõe o art. 149 da Lei Maior: "Compete exclusivamente à União instituir contribuições sociais, de intervenção no domínio econômico e de interesse das categorias profissionais ou econômicas, como instrumento de sua atuação nas respectivas áreas, observado o disposto nos arts. 146, III, e 150, I e III, e sem prejuízo do previsto no art. 195, § 6º, relativamente às contribuições a que alude o dispositivo".

Com a só leitura deste artigo já percebemos que a Constituição Federal prevê três modalidades de "contribuições": as *interventivas*, as *corporativas* e as *sociais*. Todas elas têm natureza nitidamente tributária, mesmo porque, com a expressa alusão aos "arts. 146, III, e 150, I e III", ambos da CF, fica óbvio que deverão obedecer ao *regime jurídico tributário*, isto é, aos princípios que informam a tributação, no Brasil.[135]

133. Amílcar de Araújo Falcão, *Introdução ao Direito Tributário*, 4ª ed., Rio de Janeiro, Forense, 1993, p. 48.

134. Até hoje, o Brasil nunca precisou criar "impostos extraordinários", por uma razão muito simples: desde *1946* (data em que a Constituição previu, pela primeira vez, este tributo), o Brasil não se empenhou em nenhuma guerra externa, nem se viu na iminência de fazê-lo. Num plano puramente teórico, porém, existe a possibilidade de a União, um dia, vir a instituir estes tributos. Basta que sejam preenchidos os já mencionados requisitos constitucionais.

135. Pensamos que não é desta "contribuição social" que trata o art. 8º, IV, da CF: "Art. 8º. É livre a associação profissional ou sindical, observado o seguinte: (...) IV – a assembleia-geral fixará a *contribuição* que, em se tratando de categoria profissional, será descontada em folha, para custeio do sistema confederativo da representação sindical respectiva, independentemente da contribuição prevista em lei" (grifamos).

A nosso sentir, o termo *contribuição* está empregado, no inciso supra, não na acepção de tributo, mas de prestação pecuniária espontânea. Nossa convicção mais se reforça na medida em que a própria Constituição a aparta "da contribuição prevista em lei" e o inciso V deste mesmo art. 8º estatui que "ninguém será obrigado a filiar-se ou a manter-se filiado a sindicato". Ora, se tal "contribuição" não é criada em lei, não se confunde com a criada em lei (que é tributo) e ninguém está compulsoriamente obrigado a pagá-la (já que inexiste, no Brasil, o dever de sindicalizar-se ou de permanecer sindicalizado), devemos forçosamente reconhecer que, no caso, estamos diante de uma figura de direito privado.

Para, no entanto, não ficarmos no plano das simples alegações, passamos a demonstrar nosso ponto de vista, observando, antes de mais nada, que a redação do precitado inciso IV é tecnicamente inadequada, já que pobre na forma e confusa no conteúdo. Nele, o substantivo "contribuição" vem empregado duas vezes, mas com significados radicalmente distintos e, por isso mesmo, inconfundíveis; a saber: *o primeiro*, de "contribuição pecuniária" (não tributária), exigível *apenas* dos sindicalizados, destinada a custear as despesas comuns da entidade e do sistema; *o último*, no sentido de verdadeiro "tributo" (obrigatório, pois, para todos os integrantes da categoria profissional).

Se não, vejamos.

No Título VI da Constituição Federal (que trata "Da Tributação e do Orçamento") o termo "contribuição" é empregado, várias vezes, no sentido técnico de "tributo", tal como explicitado no art. 3º do CTN ("prestação pecuniária compulsória, em moeda ou cujo valor nela se possa exprimir, que não constitua sanção de ato ilícito, instituída em lei e cobrada mediante atividade administrativa plenamente vinculada").

Detalhando a ideia, o art. 145, III, outorga às pessoas políticas (União, Estados, Distrito Federal e Municípios) a competência para instituir "*contribuição* de melhoria decorrente de obra pública" (grifo nosso). Já, o art. 149 do mesmo Diploma Magno comete à União a faculdade de criar "*contribuições* sociais, de intervenção no domínio econômico e de interesse das categorias profissionais ou econômicas (...)" (grifo nosso); e o § 1º do artigo em pauta atribui aos Estados, aos Municípios e ao Distrito Federal a aptidão jurídica para "instituir *contribuição*, cobrada de seus servidores, para o custeio, em benefício destes, de sistemas de previdência e assistência social" (grifo nosso).

Finalmente, o art. 195 da Carta Suprema (agora em seu Título VIII, que trata "Da Ordem Social") alude a "contribuições" para o financiamento, por empregadores e empregados, da seguridade social.

Em todas estas passagens constitucionais, o vocábulo "contribuição" (ou seu plural "contribuições") tem a acepção de "tributo". A mesma – diga-se de passagem – da palavra "contribuição" mencionada na parte final do já citado art. 8º, IV, da Lei Maior: "(...) independentemente da *contribuição* prevista em lei" (grifo nosso). Deveras, tal "contribuição" outra não é senão "a de interesse das categorias profissionais e econômicas", contemplada no supramencionado art. 149 da CF.

Ora, a "contribuição" referida no art. 8º, IV, *in fine*, porque tributo, somente poderá ser instituída por meio de lei (art. 150, I, da CF), editada pela União (art. 149 da CF), observados todos os princípios, regras, delimitações, condições e pressupostos que a CF traça, mormente em seu art. 150, ao disciplinar a ação estatal de exigir exações.

De seu turno, a "contribuição" mencionada na *primeira parte* do art. 8º, IV, da CF está longe de ter natureza tributária.

Realmente, não resiste a uma análise mais serena a assertiva de que a Constituição teria, neste ponto, conferido aos sindicatos competência para, mediante simples decisão assemblear, criar "contribuições", com natureza tributária – e, portanto, de caráter obrigatório.

Pois bem, não sendo tributos, as "contribuições" que a assembleia-geral das entidades sindicais vier a fixar não passam de aportes de dinheiro que cada um dos sindicalizados deverá fazer, para concorrer às despesas comuns. Noutros termos, tais "contribuições" revestem-se da mesma natureza jurídica das quantias de dinheiro desembolsadas pelos integrantes de um clube esportivo ou de um condomínio. São, se quisermos, meras "contribuições associativas", que os sindicalizados – e apenas eles – deverão desembolsar, para manter a entidade.

Note-se, de outra parte, que, se a Constituição assegura a ampla liberdade de filiação a sindicato (cf. art. 8º, V), é evidente que as despesas comuns para o custeio do respectivo sistema somente serão oponíveis àqueles que voluntariamente optarem por aderir à entidade – e, ainda assim, enquanto nela permanecerem filiados.

Pretender-se que todos os integrantes de uma categoria profissional, só por isso, devam compulsoriamente custear, sem prejuízo das "contribuições previstas em lei", o correspondente sistema de representação fulmina de morte o *Estatuto do Contribuinte*, plasmado pela Constituição Federal, já que implica

Tal, diga-se de passagem, a jurisprudência do Pretório Excelso.[136]

Portanto, estas "contribuições" são verdadeiros *tributos* (embora qualificados pela finalidade que devem alcançar). Conforme as hipóteses de incidência e bases de cálculo que tiverem, podem revestir a natureza jurídica de *imposto* ou de *taxa*.

Ao contrário do que sustentamos em edições anteriores, estamos agora convencidos de que as "contribuições" do art. 149 da CF não podem, nem mesmo em tese, revestir a natureza de contribuição de melhoria, já que, pelas finalidades que devem alcançar, não se coadunam com a regra-matriz deste tributo (valorização imobiliária causada por obra pública). Além disso, o *sujeito passivo possível* da contribuição de melhoria é o proprietário do imóvel que experimentou valorização em decorrência da obra pública realizada nas imediações. Ora, isto não tem nada a ver nem com seguridade social, nem com intervenção no domínio econômico, nem, muito menos, com interesses de categorias profissionais ou econômicas.

Tais assertivas – que deixam de trilhar os caminhos pavimentados pela grande maioria das opiniões – são prosperáveis diante do que se contém em nosso ordenamento jurídico, como demonstrou, a ouro e fio, Geraldo Ataliba, em suas excelentes aulas no Programa de Pós-Graduação em Direito da Pontifícia Universidade Católica de São Paulo.

Com efeito, ao contrário do que fez com os demais tributos, a Constituição, ao cuidar destas "contribuições", não declinou, a não ser incidentalmente (*v.g.*, art. 195, I, da CF), quais devem ser suas *hipóteses de incidência* e *bases de cálculo*.

Enfrentemos melhor a questão.

II – A Magna Carta, ao discriminar as competências legislativas tributárias entre as várias pessoas políticas, traçou a *regra-matriz* dos vários tributos que elas, querendo, podem criar. Assim, por exemplo, ao deferir aos Estados e ao Distrito Federal, em seu art. 155, II, a faculdade de instituir o ICMS, estabeleceu que este imposto

reconhecer natureza tributária às "contribuições" fixadas pela assembleia-geral dos sindicatos. Sobremais, tal "exegese" tornaria, *venia concessa*, letra morta o próprio *princípio da liberdade de filiação*, consagrado, como se viu, no art. 8º, V, da Carta Magna.

Portanto, estamos convencidos de que: a) o art. 8º, IV, da CF *não confere* competência às assembleias-gerais dos sindicatos para fixar "contribuições" com natureza tributária – o que as tornaria exigíveis indiscriminadamente de todos os integrantes da categoria profissional por eles representada; b) tal preceito, pelo contrário, apenas autoriza a criação assemblear das chamadas "contribuições associativas", destinadas a acudir a despesas comuns da entidade e do sistema; c) estas "contribuições associativas" são exigíveis, portanto, apenas daqueles que *voluntariamente* se filiarem ao órgão sindical – e, ainda assim, enquanto mantiverem, também por ato voluntário, esta condição (*ex vi* do disposto no art. 8º, V, da CF, que garante a liberdade de filiação); e d) é abusiva qualquer forma de compelir os participantes de uma categoria profissional, não filiados ao sindicato ou que dele querem desligar-se, a suportar tais "contribuições associativas".

136. Nesta linha, merece ser trazido à colação o entendimento manifestado pelo Min. Moreira Alves, em seu voto no julgamento acerca da *contribuição social sobre o lucro*, do qual era Relator: "De feito, a par das três modalidades de tributos (os impostos, as taxas e as contribuições de melhoria), a que se refere o art. 145 para declarar que são competentes para instituí-los a União, os Estados, o Distrito Federal e os Municípios, os arts. 148 e 149 aludem a duas outras modalidades tributárias, para cuja instituição só a União é competente: o empréstimo compulsório e as contribuições sociais, inclusive as de intervenção no domínio econômico" (Pleno, RE 146.733-9, j. 29.6.1992).

deve ter: a) por *hipótese de incidência*, o fato de uma pessoa praticar uma operação mercantil ou prestar um serviço transmunicipal de transporte ou prestar um serviço de comunicação; b) por *sujeito ativo*, o Estado ou o Distrito Federal (ou quem lhes faça legalmente as vezes); c) por *sujeito passivo*, a pessoa que pratica operação mercantil ou presta serviço transmunicipal de transporte ou serviço de comunicação; d) por *base de cálculo*, o valor da operação mercantil realizada ou do serviço transmunicipal de transporte ou de comunicação prestado; e e) por *alíquota*, um percentual deste valor. O mesmo podemos dizer em relação às taxas, que, ao serem criadas, pela União, pelos Estados, pelos Municípios e pelo Distrito Federal, devem observar, em tudo e por tudo, o art. 145, II, da Lei das Leis (que só autoriza a instituição de *taxas de polícia* e de *taxas de serviço* desde que observados os requisitos ali contemplados). É o caso, ainda, da *contribuição de melhoria*, que as pessoas políticas só poderão exigir de pessoas que tenham tido seus imóveis valorizados por obras públicas realizadas nas redondezas.

Pois bem, em seu art. 149, a CF não apontou a regra-matriz destas "contribuições"; antes, limitou-se, salvo em alguns poucos casos (que adiante estudaremos), a indicar-lhes as *finalidades* a alcançar; a saber: a) a intervenção no domínio econômico; b) o atendimento a interesse de categorias profissionais ou econômicas, como instrumento de sua atuação nas respectivas áreas; e c) o custeio da seguridade social.

Notamos, pois, que as "contribuições" ora em exame não foram qualificadas, em nível constitucional, por suas regras-matrizes, mas, sim, por suas finalidades. Parece-nos sustentável que haverá este tipo de exação sempre que implementada uma de suas finalidades constitucionais.

Em razão do exposto, o legislador ordinário da União está autorizado, pelo Texto Magno, a instituir impostos ou taxas, para atender a uma das aludidas finalidades, desde que não invada a competência tributária dos Estados, dos Municípios ou do Distrito Federal, nem atropele os *direitos fundamentais dos contribuintes*.[137]

A doutrina de Hugo de Brito Machado segue a mesma linha:

"Diante da vigente Constituição, portanto, pode-se conceituar a contribuição social como espécie de tributo com finalidade constitucionalmente definida, a saber, intervenção no domínio econômico, interesse de categorias profissionais ou econômicas e seguridade social.

"É induvidosa, hoje, a natureza tributária destas contribuições. Aliás, a identificação da natureza jurídica de qualquer imposição do Direito só tem sentido prático porque define o seu regime jurídico, vale dizer, define quais são as normas jurídicas aplicáveis. No caso de que se cuida, a Constituição afastou as divergências doutrinárias afirmando serem aplicáveis às contribuições em tela as normas gerais de direito tributário e os princípios da legalidade e da anterioridade tributárias – com ressalva,

137. Estas são exigências impostergáveis do "Estatuto do Contribuinte" e dos princípios da rigidez e da reserva das competências tributárias, que irradiam efeitos sobre todo o ordenamento jurídico, inclusive sobre este art. 149 do Código Máximo.

quanto a este, das contribuições de seguridade, às quais se aplica regra própria, (...)".[138]

Embora esta continue, para a generalidade dos casos, a ser nossa opinião, damo-nos pressa em proclamar que em relação a algumas *contribuições* o constituinte (originário ou derivado), ao apontar-lhes as *bases de cálculo possíveis* (o que fez, por exemplo, com as *contribuições interventivas*, quando suas alíquotas forem *ad valorem*), retirou do legislador federal a possibilidade de livremente dispor sobre o assunto. Pelo contrário, obrigou-o a eleger, em relação a tais *contribuições*, não só determinadas *bases de cálculo*, como as respectivas *hipóteses de incidência*, dada a necessária e inafastável vinculação existente entre estes dois *elementos essenciais* da norma jurídica tributária.

De qualquer modo, sejam quais forem suas *hipóteses de incidência* e *bases de cálculo*, o produto da arrecadação das *contribuições* sempre deve destinar-se a atingir uma das supra-aludidas *finalidades*.

Assim também pensa José Souto Maior Borges, *verbis*: "Diversamente ocorre com as contribuições em geral. Elas estão atribuídas por um critério *funcional*. Responde, esse critério, à indagação não sobre 'o que são', quais os seus pressupostos de fato ('fatos geradores'), mas 'para quê' servem, qual a função a que elas estão constitucionalmente destinadas. As contribuições são tributos *finalísticos* ou *teleológicos*".[139]

Reiteramos que, ao instituir tais *contribuições*, a União não poderá invadir o campo tributário que a Lei Maior reservou às outras pessoas políticas. Antes, deverá observar estritamente o *princípio da reserva das competências tributárias*, elegendo, como *hipótese de incidência* dos gravames, apenas fatos que a Constituição permitiu sejam alvo de tributação federal.

III – Muito bem. Repousando o traço diferenciador destas *contribuições* na circunstância de estarem, por injunção constitucional, predeterminadas ao cumprimento de uma finalidade (*v.g.*, o custeio da seguridade social), segue-se necessariamente que, em relação a elas, não se aplica a vedação do art. 167, IV, da CF, quando tiverem a natureza jurídica de imposto.

Noutro dizer, a *regra-matriz constitucional* destas *contribuições* agrega, de modo indissociável, a ideia de *destinação*. Queremos com tal assertiva sublinhar que, por imperativo da Lei Maior, os ingressos advindos da arrecadação destes tributos devem necessariamente ser destinados à viabilização ou ao custeio de uma das atividades mencionadas no art. 149 da CF.

Pouco importa se a atividade é desempenhada pela própria União ou por terceiro, *delegatário*. Sempre a destinação estará agregada *inhaeret et ad ossa* à estrutura da *contribuição* que irá custeá-la.

138. Hugo de Brito Machado, *Curso de Direito Tributário*, 37ª ed., São Paulo, Malheiros Editores, 2016, p. 423.

139. José Souto Maior Borges, "Alterações procedidas na CF de 1988 pela Emenda Constitucional n. 33/2001. Contribuição de intervenção no domínio econômico. Lei n. 10.336/2001", in Hamilton Dias de Souza (coord.), *Tributação Específica*, São Paulo, Quartier Latin, 2007, p. 128 (os grifos constam do original).

Por outro lado, o art. 167, IV, da CF refere-se especificamente a *impostos* e, não, a *contribuições*. E, mesmo que – como nós fazemos – se considere que tais *contribuições*, em última análise, são impostos (ou taxas) qualificados pela finalidade, o que as aparta desta espécie tributária é justamente a finalidade.

Em síntese, a vinculação do produto da arrecadação torna inconstitucional a norma jurídica que institui impostos em geral, mas é ***essencial***, em tais *contribuições*. Isto vale mesmo quando elas vierem a revestir a natureza jurídica de imposto, porque, então, serão *impostos diferenciados*, exatamente em decorrência de estarem presas ao atendimento de uma finalidade constitucionalmente preestabelecida (*v.g.*, o atendimento de "interesse de categorias profissionais ou econômicas").

Não pretendemos, aqui, questionar o art. 4º, II, do CTN quando prescreve que a destinação legal do produto da arrecadação de um tributo não lhe altera a natureza jurídica.

Todavia, tal proposição é estranha ao assunto que ora nos ocupa, uma vez que, como cuidamos de demonstrar, a vinculação da receita obtida, por incontornável determinação constitucional, é da *essência* das *contribuições* do art. 149 da CF.

A respeito, merecem ser destacadas as seguintes assertivas de Luciano da Silva Amaro:

"(...) há situações em que a destinação do tributo é posta pela Constituição como aspecto integrante do regime jurídico da figura tributária, na medida em que se apresenta como condição, requisito, pressuposto ou aspecto do exercício legítimo (isto é, constitucional) da competência tributária.

"Nessas circunstâncias, não se pode, ao examinar a figura tributária, ignorar a questão da destinação, nem descartá-la como critério que permita distinguir de outras a figura analisada."[140]

Deveras, na medida em que os tributos aqui cogitados conectam-se ao atendimento de determinadas finalidades (*aquelas* apontadas no art. 149 da CF), tal destinação passa a integrar seu regime jurídico.

Embora não neguemos que, em regra, a destinação do produto da arrecadação é irrelevante para caracterizar o tributo, não podemos ignorar que as "contribuições", ainda que venham a assumir a roupagem de imposto, pressupõem, por comando expresso da Carta Magna, a vinculação da receita obtida a órgão, fundo ou despesa.

Em consequência, tal vinculação, longe de ser vedada, é imprescindível, até porque é ela que vai confirmar a natureza da *contribuição*, possibilitando o controle de sua constitucionalidade.

IV – Mais: por imperativo da Lei Maior, os ingressos advindos da arrecadação das "contribuições" devem, necessariamente, ser destinados à viabilização ou ao custeio de uma das atividades acima apontadas.

Neste sentido, a lição autorizada de Marco Aurélio Greco: "Quando a Constituição atribui a competência à União, para instituir contribuição de intervenção no

140. Luciano da Silva Amaro, "Conceito e classificação de tributos", *RDTributário* 55/284-285.

domínio econômico, contribuições sociais ou no interesse de categorias profissionais, não está enumerando fatos geradores (materialidades de hipóteses de incidência), mas qualificando fins a serem buscados com sua instituição. (...) A ideia de causa não é a ideia informadora da contribuição. A ideia informadora é a ideia de fim, de resultado, de objetivo".[141]

Por aí já podemos notar que a *finalidade* é o caminho mais seguro para a identificação do *regime jurídico* das *contribuições*, o que equivale a dizer que qualquer desvio, neste ponto, acarretará a injuridicidade da própria cobrança destas exações.

De conseguinte, a lei que instituir dada *contribuição* deve apontar, de modo expresso, a destinação a ser dada ao produto arrecadado, que há de ser, *semper et ad semper*, o adequado à concretização da finalidade que o tributo deve alcançar.

Invocável, neste particular, a vetusta lição de Pontes de Miranda: "A decretação do imposto pode ser acorde com a Constituição, e não no ser a sua destinação; ou vice-versa".[142]

Assim, caso o contribuinte demonstre que a *contribuição* a seu cargo não está tendo o produto da arrecadação aplicado à finalidade apontada na lei que a instituiu, tem o direito subjetivo de (i) não recolher o tributo, (ii) cessar seu recolhimento (a partir do desvio da finalidade) ou (iii) repetir o que tiver pago – observados, neste caso, os prazos prescricionais.

Não basta, como é fácil perceber, que a contribuição seja corretamente instituída; é preciso, ainda, que o produto de sua arrecadação tenha destinação apta a atingir a finalidade que motivou sua criação.

Em suma, é a destinação do produto da arrecadação que preserva a natureza constitucional das *contribuições*. Esta determinação existe para proteger o contribuinte de arbitrariedades, como, por exemplo, do desvio do produto arrecadado ou da ausência, *in concreto*, do motivo que ensejou a criação desta figura exacional.

Importante assinalar, por igual modo, que a destinação das *contribuições* deve ser dada pela própria lei instituidora, sendo inconstitucional eventual delegação que esta, a propósito, venha a fazer, ainda que a outra lei, como, por exemplo, a orçamentária.

Verifica-se, pois, que, no que concerne à "destinação do produto da arrecadação" das *contribuições* que tiverem a natureza jurídica de *imposto*, o precitado art. 167, IV, da Carta Magna deve receber interpretação *a contrario sensu*. Melhor esclarecendo, a lei que as instituir, indicando-lhes hipóteses de incidência e bases de cálculo próprias de imposto, haverá de necessariamente direcionar os recursos delas provenientes para uma das finalidades apontadas no art. 149 do mesmo Diploma Magno.

IVa – A *destinação* em tela é fundamental também porque permitirá, em determinadas circunstâncias, que as mesmas *hipóteses de incidência* e *bases de cálculo*

141. Marco Aurélio Greco, *Contribuições (Uma Figura "Sui Generis")*, São Paulo, Dialética, 2000, p. 38.

142. Pontes de Miranda, *Comentários à Constituição de 1967*, 2ª ed., t. II, São Paulo, Ed. RT, 1973, p. 367.

sejam concomitantemente utilizadas para um imposto da União e para uma das *contribuições* a que alude o art. 149 da CF.

É o que, diga-se de passagem, acontece com a *contribuição social sobre o lucro* (CSLL), cuja *hipótese de incidência*, em sua materialidade, coincide com a do imposto sobre a renda, sem que, no caso, se cogite, quer de *bis in idem*, quer de *bitributação*.

Com o escopo de afastar possíveis dúvidas, lembramos, meteoricamente, que, em matéria tributária, dá-se o *bis in idem* quando *o mesmo fato jurídico* é tributado duas ou mais vezes, pela mesma pessoa política. Neste caso há apenas a majoração do mesmo tributo, a qual, desde que não lhe imprima caráter confiscatório e não agrida princípios constitucionais, é perfeitamente válida. Como dizem os americanos, "quem pode tributar uma vez, pode tributar duas, três vezes, e assim por diante" (*who can tax once, can tax twice, three times and so on*).

Já, *bitributação* é o fenômeno pelo qual *o mesmo fato jurídico* vem a ser tributado por duas ou mais pessoas políticas. Sempre que isso acontece há invasão de competência tributária, inadmitida por nossa Carta Constitucional.

Desde logo fica evidente que de *bitributação* não se cogita, porque os tributos em apreço são pretendidos por uma única pessoa política: a União.

Mas, também não há falar em *bis in idem*, porquanto a destinação necessária do produto da arrecadação confere, à *contribuição*, materialidade diversa daquela do imposto sobre a renda, ainda que incidindo sobre base econômica equivalente. Melhor explicitando: *um* (o imposto sobre a renda), tem por materialidade a obtenção de rendimentos, pura e simplesmente; *a outra* (a *contribuição*), a obtenção de rendimentos, tendo em vista o custeio da seguridade social.

IVb – No entanto, há, neste particular, um limite insuperável: não podem existir duas *contribuições* – obviamente destinadas a atender a finalidades distintas – com idênticas hipóteses de incidência e bases de cálculo.

Expliquemo-nos melhor.

Quando a Constituição Federal vinculou determinada *hipótese de incidência* ou *base de cálculo* a certo tipo de "contribuição", ela o fez de modo a impedir que o legislador infraconstitucional instituísse outra, de espécie diversa, valendo-se destes mesmos indicadores.

Exemplificando, para melhor esclarecer: na medida em que o art. 195, I, da CF estabeleceu que uma das *bases de cálculo possíveis* da *contribuição social para a seguridade social* é o *faturamento* (*receita bruta*), esta mesma grandeza não poderá ser utilizada para a instituição de uma *contribuição interventiva*. Ou, fugindo da negativa: a Constituição determinou que o *faturamento* ***só pode ser*** a *base de cálculo* da referida *contribuição social*.

V – Mas, retomando nosso trilho principal, o que estamos, em suma, tentando dizer é que a União, com base no art. 149 da Lei das Leis, poderá criar, dentro de seu campo competencial, qualquer imposto ou taxa, explicitando que terá por escopo *ou* intervir no domínio econômico (contribuição interventiva), *ou* atender ao interesse de dada categoria profissional ou econômica, como instrumento de atuação federal na respectiva área (contribuição corporativa), *ou*, ainda, custear a seguridade social (contribuição social).

Tratemos, agora, das *contribuições de intervenção no domínio econômico*, também chamadas *contribuições interventivas* ou, simplesmente, *CIDEs*.

VI – Como vimos, a União pode, nos termos do art. 149 da CF, instituir *contribuições de intervenção no domínio econômico* (*contribuições interventivas* ou *CIDEs*).

Entendemos por "domínio econômico" o campo reservado à atuação do setor privado; ou, por outras palavras, ao desempenho da atividade econômica em sentido estrito.

É o que passamos a demonstrar.

VIa – Somos os primeiros a concordar que o Estado – no Brasil, representado pelas pessoas políticas (União, Estados-membros, Municípios e Distrito Federal) – não deve, de regra, desempenhar atividades econômicas, isto é, intervir no *domínio econômico*.

De fato, em linha de princípio, as atividades econômicas foram reservadas pela Carta Magna à iniciativa privada. Tal decorre, em última análise, da circunstância de nossa Economia ser do tipo *capitalista* e, bem por isso, proteger – observada, é claro, a *função social* – a propriedade dos bens de produção e a própria liberdade de contratar.[143] Aos particulares – ou, se preferirmos, à iniciativa privada – compete primacialmente atuar no domínio econômico.

Todavia, em nome de valores sobremodo importantes (imperativos da segurança nacional ou relevante interesse coletivo), é dado ao Estado, em caráter excepcional embora, agir operacionalmente nesta área de titularidade preferencial do setor privado. Quando? Justamente quando a iniciativa privada falha ou não se interessa em atuar, hipóteses em que o Estado tem, mais que a faculdade, o *dever* de entrar em ação.

Tudo que acabamos de expor encontra respaldo no art. 173, *caput* e § 1º, da CF, *verbis*:

"Art. 173. Ressalvados os casos previstos nesta Constituição, a exploração direta de atividade econômica pelo Estado só será permitida quando necessária aos *imperativos da segurança nacional ou a relevante interesse coletivo*, conforme definidos em lei.

"§ 1º. A lei estabelecerá o estatuto jurídico da empresa pública, da sociedade de economia mista e de suas subsidiárias *que explorem atividade econômica de produção ou comercialização de bens ou prestação de serviços*, dispondo sobre: (...)."[144]

143. Não resta dúvida de que a intervenção do Estado no domínio econômico impacta sobre o regime jurídico dos contratos e, por via reflexa, acutila o próprio princípio da propriedade privada dos bens de produção.

144. Grifamos.

Incontroverso, portanto, que o Estado pode intervir no domínio econômico, justamente para bem atender aos justos reclamos da coletividade.

VIb – Mas, afinal, que vem a ser "domínio econômico"?

Temos para nós que "domínio econômico" é uma expressão aberta, que compreende não só as atividades negociais, como a própria atuação estatal. Neste sentido, também a prestação do serviço público (tipicamente estatal) envolve o desempenho de atividades econômicas.

Daí a imprescindibilidade de serem estabelecidos certos parâmetros de compreensão.

A propósito, Eros Roberto Grau considera que *atividade econômica*, como gênero, compreende duas espécies: de um lado, o serviço público e, de outro, aquela que este autor denomina "atividade econômica em sentido estrito", cujo delineamento é dado pelo § 1º do art. 173 da CF. São suas palavras:

"Por certo que, no art. 173 e seu § 1º, a expressão conota *atividade econômica em sentido estrito*. Indica o texto constitucional, no art. 173, *caput*, as hipóteses nas quais é permitida ao Estado a exploração direta de *atividade econômica*. Trata-se, aqui, de atuação do Estado – isto é, da União, do Estado-membro e do Município – como agente econômico em área da titularidade do setor privado. Insista-se em que *atividade econômica em sentido amplo* é território dividido em dois campos: o do *serviço público* e o da *atividade econômica em sentido estrito*. As hipóteses indicadas no art. 173 do texto constitucional são aquelas nas quais é permitida a atuação da União, dos Estados-membros e dos Municípios neste segundo campo.

"Da mesma forma, na redação originária do § 1º do art. 173, alterado pela Emenda Constitucional 19/1998, a expressão conotava *atividade econômica em sentido estrito*: (...)."[145]

Assim, adotando este modo de pensar, *atividade econômica* é gênero, que alberga duas espécies: a) o serviço público *lato sensu*; e b) a atividade econômica *stricto sensu*. Esta última é a que vem indicada no § 1º do art. 173 da CF, compreendendo a produção de bens, sua comercialização e a prestação de serviços sob regime de direito privado.

VIc – Registramos, ainda, que a União pode intervir no domínio econômico, ou (i) explorando, ela própria, atividades econômicas, o que fará por meio de suas empresas públicas, de suas sociedades de economia mista ou de suas subsidiárias, desde que todas elas se sujeitem ao "regime jurídico próprio das empresas privadas" (art. 173, § 1º, II, da CF), ou (ii) disciplinando, por meio da edição de normas jurídicas, a atividade econômica das empresas privadas.

Tal disciplinamento, como observa Maria Ednalda de Lima, "identifica-se com a ação de coordenar, controlar, regular, regulamentar e fiscalizar a exploração da

145. Eros Grau, *A Ordem Econômica na Constituição de 1988 (Interpretação e Crítica)*, 17ª ed., São Paulo, Malheiros Editores, 2015, pp. 101-102 (os grifos estão no original).

atividade econômica, para salvaguardar, sobretudo, a liberdade de iniciativa e a competição no mercado".[146]

De maneira mais detalhada, Lúcia Valle Figueiredo esclarece:

"A intervenção estatal pode-se dar pela 'normatização' (art. 174 do texto constitucional ...), 'fiscalização' (mesmo artigo), pelo 'incentivo' e 'planejamento' (cogente para o setor público e indicativo para o setor privado).

"O 'controle de preços' também é uma das formas interventivas (fiscalização).

"Demais disso, a 'normalização do abastecimento', por meio de 'requisição', é uma das maneiras interventivas, e, às vezes, repressiva.

"A União ainda intervém na atividade econômica quando, por disposição constitucional, assume o 'monopólio' (art. 177 da CF), ou quando atua por meio de 'empresas estatais' (art. 173), quando isso for necessário para implementar relevante interesse coletivo ou preservar a segurança nacional."[147]

Pois bem. Para custear o disciplinamento das atividades econômicas das empresas privadas é dado à União criar as *contribuições interventivas*, que passam a ser o alvo de nossas atenções.

VId – As *contribuições interventivas*, como referido, encontram espaço jurídico no campo reservado às atividades econômicas *stricto sensu*; não no campo privativo dos serviços públicos, que estes somente rendem ensejo à tributação por meio de taxas (*de serviço*).

Entretanto, para que sejam validamente instituídas, é preciso, ainda, que haja, no mercado, afronta aos ditames do art. 170 da CF.

Vai daí que por meio de *contribuições interventivas* a União direciona os contribuintes a certos comportamentos, comissivos ou omissivos, úteis ao interesse coletivo. Neste sentido, pode-se dizer que tais tributos são utilizados como instrumento de *extrafiscalidade*,[148] embora tenham por fim precípuo carrear recursos para a União, a fim de que este ente político tenha os meios necessários para custear sua intervenção no domínio econômico, para atender a um interesse específico da área econômica, em favor do bem comum.

Não vemos como, porém, utilizar as *contribuições interventivas* para custear as limitações ao direito à livre iniciativa, mediante a fiscalização da atuação dos contribuintes no domínio econômico. É que estes tributos não se prestam a remunerar a prática de atos de polícia, ou seja, as atividades de controle da adequação do comportamento das pessoas aos imperativos legais. Tal é a função das *taxas de polícia* (art. 145, II, da CF).

146. Maria Ednalda de Lima, "A contribuição de intervenção no domínio econômico criada pela Lei n. 10.168/2000", *Revista Dialética de Direito Tributário* 69/113.

147. Lúcia Valle Figueiredo, "Reflexões sobre a intervenção do Estado no domínio econômico e as contribuições interventivas", in Hugo de Brito Machado (coord.), *As Contribuições no Sistema Tributário Brasileiro*, São Paulo, Dialética/ICET, 2003, p. 392.

148. V, infra, cap. X, nota de rodapé 8.

VIe – Avançando o raciocínio, temos que as contribuições interventivas podem ser criadas e exigidas: a) quando a União, disciplinando determinada atividade econômica, causa *especial benefício* a dada categoria de contribuintes; ou, inversamente, b) quando dada categoria de contribuintes, desempenhando determinada atividade econômica, causa *especial despesa* à União.

O sujeito passivo de tais exações deve ser a pessoa diretamente envolvida com estes eventos; a base de cálculo, uma medida desse *especial benefício* (ou dessa *especial despesa*), tendo como limite global o custo da atuação estatal.

Sempre, porém, a União, ao criar *contribuições interventivas*, levará em conta, como timbra em proclamar Misabel Derzi,[149] os "princípios gerais da atividade econômica", arrolados e disciplinados nos arts. 170 a 181 da CF. São estes princípios que balizam a intervenção estatal no domínio econômico.

Portanto, a intervenção no domínio econômico poderá dar-se para assegurar a livre concorrência, para defender o consumidor, para preservar o meio ambiente, para garantir a participação dos Estados, do Distrito Federal e dos Municípios no resultado da exploração, nos respectivos territórios, de recursos minerais etc.

Essa intervenção, no entanto, deverá ser constitucional; do contrário a *contribuição* a ela conectada seguirá a mesma sorte, vale dizer, será inconstitucional. Absolutamente não é válido criar esta figura exacional para custear toda e qualquer forma de atuação estatal.

Em suma, para atender a estas finalidades a União poderá criar *contribuições de intervenção no domínio econômico* (impostos ou taxas *com destinação específica*). Tais contribuições, é claro, só podem atingir setores delimitados da atividade econômica: o dos exportadores de café, o dos que exploram a navegação mercantil, o dos que se dedicam à exploração de recursos minerais, e assim avante.

Destarte, apenas quem explora, sob regime de direito privado, a atividade econômica objeto da regulação estatal poderá ser compelido a recolher a CIDE. Isso sem prejuízo de o produto da arrecadação do tributo dever beneficiar a atividade econômica da pessoa chamada a recolhê-lo.

VIf – As contribuições interventivas não poderão ter materialidade de tributos de competência tributária dos Estados, dos Municípios ou do Distrito Federal. Assim, por exemplo, a União poderá criar um adicional do imposto sobre a renda (imposto de sua competência explícita), explicitando que ele se destina à intervenção no domínio econômico.[150] Já, não lhe será permitido instituir uma "contribuição de intervenção no

149. Misabel Derzi, "Contribuições", *RDTributário* 48/228-229.

150. Observamos que, se a União vier a criar, tendo em vista a intervenção no domínio econômico, um adicional de qualquer dos impostos enumerados nos incisos I, II, IV e V do art. 153 da Lei Maior, será facultado ao Poder Executivo federal, atendidas as condições e os limites estabelecidos em lei, alterar-lhe as alíquotas (art. 153, § 1º, da CF).

Por outro lado, se a União acabar instituindo um adicional do IPI, também para intervir no domínio econômico, ele deverá obedecer às regras da *seletividade em função da essencialidade do produto* e da *não cumulatividade* (art. 153, § 3º, I e II, da CF).

domínio econômico", sobre vendas de mercadorias, justamente porque a tributação das operações mercantis foi reservada, pela Lei Maior, à tributação dos Estados (o que eles fazem, por meio de ICMS).[151]

Nesse sentido, aliás, a lição, sempre precisa, de Geraldo Ataliba:

"Se, pois, a União, criando contribuições, adota hipótese de incidência que pertence aos Estados ou Municípios, comete seu legislador inconstitucionalidade, por invasão de competência (Amílcar Falcão, Aliomar Baleeiro). Não se pode sustentar que as contribuições fogem a tal regime. Não cabe dizer, no nosso sistema, que o legislador, ao criar contribuições, goza da mais ampla liberdade e que, em consequência, pode adotar toda e qualquer hipótese de incidência, inclusive as reservadas constitucionalmente aos Estados e aos Municípios. Tal interpretação implicaria afirmar: a) que as competências tributárias não são exclusivas; b) que a repartição de competências não é rígida e que c) contribuição não é tributo.

"Não tem sentido admitir que a Constituição deu uma competência aos Estados e Municípios (nos arts. 155 e 156) e a retirou em outra disposição (art. 149). Seria desfigurar a Constituição entender que ela consente que a invocação da palavra 'contribuição' afaste todos os obstáculos à legislação da União, inclusive os circunscritores de seu campo material de competência.

"Logo, o legislador nacional, ao instituí-las, usa da competência de que dispõe, com as limitações que a caracterizam. Entender o contrário seria admitir que o sistema de partilha de competências não é rígido. Que é modificável por legislação infraconstitucional. Seria admitir que as competências tributárias não são privativas, mas todas abertas à União. Seria atribuir estultice ao constituinte. Seria esvaziar o sistema constitucional tributário; torná-lo totalmente sem sentido, como um amontoado de proposições que nada obrigam, a ninguém dão vantagem, a ninguém direitos, de ninguém exigem nada."[152]

Positivamente, o termo "contribuição" não é a senha para que a União crie qualquer tributo.

Daí a incontornável necessidade de *correlação lógica* entre as *causas e fundamentos* da intervenção no domínio econômico e a instituição do tributo ora em estudo. É que são justamente elas que justificam a própria instituição da *contribuição interventiva*.

Estes detalhes devem, por evidente, figurar na lei instituidora do gravame, até porque balizam, inclusive temporalmente, sua cobrança. Com efeito, quando desapa-

Que fique, porém, explicitado que, no exercício de sua competência tributária, a União poderá criar "contribuições de intervenção no domínio econômico" sobre rendimentos obtidos, sobre operações financeiras realizadas, sobre exportações efetuadas etc., já que a tributação destes fatos lhe foi reservada pela Constituição Federal.

151. Igualmente, a União não pode criar uma "contribuição de intervenção no domínio econômico" sobre prestações de serviços de qualquer natureza, já que a tributação destes fatos foi constitucionalmente reservada aos Municípios, que, diga-se de passagem, a estão realizando, por meio de ISS. *Os* exemplos poderiam ser multiplicados, que são legião.

152. Geraldo Ataliba, *Hipótese de Incidência Tributária*, cit., 6ª ed., 16ª tir., p. 202.

recidos ou superados as *causas* e os *fundamentos* invocados, desaparecida, *ipso facto*, estará também a possibilidade de seu lançamento e arrecadação.[153]

Percebemos, assim, que, de regra, as *contribuições interventivas* não se perpetuam no tempo. A maioria delas é marcada pela temporariedade, ou seja, deixam de ser exigíveis justamente quando a finalidade que motivou sua instituição for alcançada.

VIg – Estamos sempre mais a confirmar que as *contribuições interventivas* devem ter o produto de sua arrecadação direcionado ao efetivo atingimento da finalidade que ensejou sua criação *in abstracto*. Tal finalidade deve, pois, ser efetivamente perseguida, sob pena de desvirtuamento do tributo e cessação de sua exigibilidade.

Afinal, conforme ensina Simone Lemos Fernandes, as CIDEs foram concebidas pelo constituinte para regular a economia nacional e, em última análise, fomentar a justiça social, *verbis*: "Assim, contribuições interventivas exigem, em contrapartida, a necessidade de intervenção da União no domínio econômico, intervenção, essa, que, segundo nossa ordem constitucional, deve necessariamente nortear-se pelo interesse público inerente ao equilíbrio do ambiente econômico, basicamente dirigindo-se à preservação da soberania nacional, da propriedade privada, da função social da propriedade, da livre concorrência, à defesa do consumidor e do meio ambiente, à redução das desigualdades regionais e sociais, à busca do pleno emprego e ao tratamento favorecido para as empresas de pequeno porte".[154]

Mas para a completa higidez jurídica da CIDE não basta que a lei que a instituir mencione a específica finalidade que deve alcançar. É necessário, ainda, que indique o *motivo real*, as *razões concretas* de sua edição.

VIh – De fato, considerando que a *contribuição interventiva* tem o escopo de regular determinada atividade econômica desenvolvida pela iniciativa privada, a lei que a cria deve levar em conta *fatos reais*, idôneos a justificar a exação. Do contrário, será inválida, por impossibilitar seu controle judicial.

Aí está: o sujeito passivo da CIDE tem o direito subjetivo de saber o porquê da edição da lei que a instituiu, isto é, quais fundamentos a justificam.

VIi – Ademais, as *contribuições interventivas*, longe de poderem alcançar quaisquer pessoas, só podem onerar aquelas que atuarem em setores delimitados do mercado, como as exportadoras de café, as exploradoras da navegação mercantil, as exploradoras de recursos minerais, e assim avante.

153. Observa Marco Aurélio Greco, com sua habitual argúcia, que a finalidade das contribuições interventivas pode consistir ou (i) num objetivo abstrato de controle relativo (*v.g.*, aumentar a produção) ou (ii) num objetivo concreto de controle absoluto (*v.g.*, obter nível de emprego superior a "x"). Daí concluir que, como o objetivo "(i)" nunca será totalmente alcançado, a contribuição interventiva que o custear continuará a ser cobrada até que a lei que a instituiu venha a ser revogada. Já, sempre segundo esse doutrinador, o atingimento – este, sim, possível – do objetivo "(ii)" suspenderá, *ipso facto*, a exigência da contribuição interventiva, independentemente da revogação da lei que a tiver instituído ("Contribuição de intervenção no domínio econômico – Parâmetros para a sua criação", in *Contribuições de Intervenção no Domínio Econômico e Figuras Afins*, São Paulo, Dialética, 2001, p. 22).

154. Simone Lemos Fernandes, *As Contribuições Neocorporativas na Constituição e nas Leis*, Belo Horizonte, Del Rey, 2005, p. 213.

Remarcamos que o legislador federal somente poderá eleger o sujeito passivo das *contribuições interventivas* dentre as pessoas *diretamente envolvidas* com a exploração da atividade econômica que se deseja regular. Logo, não basta, neste particular, um envolvimento indireto ou, mesmo, difuso.

Além disso, é imperioso – convém recordar – que o sujeito passivo destes gravames seja uma pessoa (física ou jurídica) que (i) experimente especial vantagem econômica em razão de atividade administrativa federal ou (ii) desenvolva atividade (comercial, industrial ou produtora) que cause especial despesa à União. Não basta, pois, que as CIDEs tenham o escopo de dar recursos para que a União intervenha em dado setor econômico; é preciso, ainda, que sejam exigidas de pessoas partícipes das atividades econômicas que se pretende regular.

VIj – Estamos notando que a contribuição interventiva não pode afastar-se, *in concreto*, da finalidade que ensejou sua criação *in abstracto*. Para a higidez jurídica desta figura não basta que a lei instituidora mencione a finalidade que deve alcançar. É preciso mais, ou seja, que a finalidade venha efetivamente alcançada.

Se as contribuições interventivas tiverem hipótese de incidência de algum imposto da chamada "competência residual" da União (art. 154, I, da CF), deverão ser instituídas por lei complementar, não poderão ter hipótese de incidência ou base de cálculo iguais às de qualquer dos impostos elencados nos arts. 153, 155 e 156 da CF e precisarão observar o *princípio da não cumulatividade*. Já, se tiverem hipótese de incidência de imposto da "competência explícita" da União (art. 153, I a VII, da CF), deverão ser criadas por lei ordinária e, é claro, poderão ser cumulativas.

VIk – Tudo nos reconduz, pois, à ideia de que as *contribuições interventivas* somente poderão ser exigidas de quem, por atuar em dado setor econômico, efetivamente vier a experimentar benefícios ou causar especial detrimento à coletividade.[155] E o produto da arrecadação haverá de ser aplicado *apenas* em benefício das atividades desenvolvidas por estas pessoas, e não por terceiros.

De outra banda, a lei ordinária federal, ao dispor sobre os aspectos quantitativos (*base de cálculo* e *alíquota*) da *contribuição interventiva*, deverá garantir a *adequação racional* entre seu valor e a *dimensão econômica* dos fatores determinantes da instituição do tributo (especial benefício para o contribuinte ou maior despesa para a União). Ao fazê-lo, porém, absolutamente não poderá inviabilizar ou, mesmo, dificultar, além da conta, a atuação do contribuinte no mercado econômico.

Isto significa, pois, que o *quantum* da *contribuição interventiva* precisa estar em sintonia com os *princípios da proporcionalidade* e *da razoabilidade*, sob pena de ofensa ao disposto no art. 150, IV, da CF. Mas não apenas isso: também deverá dimensionar de modo adequado a participação dos contribuintes no grupo (segmento

155. Assim, por exemplo, no caso de atividades agrícolas a disciplinar, só poderão ser compelidas a pagar a *contribuição interventiva* concernente as empresas que, ao realizá-las, obtiverem *ganhos* (lucro) ou causarem *especial detrimento* (dano) ao patrimônio público.

da sociedade que recebe especial benefício da atuação estatal[156] ou que, por suas atividades, causa despesas maiores à União) colhido pelo gravame.[157]

Destarte, nem todas as atividades da União que repercutem na atividade econômica em sentido estrito possibilitam a criação de *contribuições interventivas*, mas apenas e tão somente as que atingem delimitado setor da Economia (*v.g.*, o setor da agroindústria). E isso haverá de ser feito no sentido positivo, calha referir, de incentivo, de estímulo, de apoio à atividade a um dado grupo de pessoas – como, de resto, sinaliza o art. 174 da CF, *verbis*: "Art. 174. Como agente normativo e regulador da atividade econômica, o Estado exercerá, na forma da lei, as funções de fiscalização, incentivo e planejamento, sendo este determinante para o setor público e indicativo para o setor privado".

Para melhor aclararmos o assunto, tomemos mais um exemplo: na exploração de recursos minerais só poderão ser compelidas a pagar a CIDE as pessoas físicas ou jurídicas que, mediante concessão ou permissão, a realizarem.

O *quantum* da "contribuição de intervenção no domínio econômico", na hipótese, deverá, de algum modo, corresponder à indenização a que os Estados, o Distrito Federal e os Municípios teriam jus pelos danos sofridos em decorrência da exploração, em seus territórios, dos recursos minerais (*ex vi* do disposto no art. 20, § 1º, da CF[158]).

Caberá à lei federal, ao quantificar *in abstracto* essa "contribuição de intervenção no domínio econômico", levar em conta os prejuízos que a exploração dos recursos minerais causar aos Estados, aos Municípios ou ao Distrito Federal.

Por igual modo, este tributo não poderá ser escorchante, a ponto de destruir ou, mesmo, fazer perigar o *equilíbrio econômico-financeiro* do ato de concessão ou autorização. Antes, o legislador federal, ao instituí-la, deverá usar de prudente discricionariedade. Situações de dúvida serão, em última análise, afastadas pelo Poder Judiciário.

VII – Como adiante melhor veremos, a Emenda Constitucional 33, de 11.12.2001, em seu art. 1º, inseriu três parágrafos (§§ 2º, 3º e 4º) ao art. 149 da Carta Magna, permitindo que as contribuições interventivas venham a incidir sobre a importação de petróleo e seus derivados, gás natural e seus derivados e álcool combustível. A mesma

156. Oportunas, a respeito, estas observações de Tácio Lacerda Gama: "Sem um grupo específico de beneficiários não se dará instituição legítima de contribuições interventivas, porque, se os benefícios serão proporcionados de forma indistinta para toda a sociedade, é de toda a sociedade que se deve exigir o seu custeio. Em tais casos, o incentivo à economia deve ser custeado por todos, por meio de verbas orçamentárias, fruto do pagamento de impostos" (*Contribuição de Intervenção no Domínio Econômico*, São Paulo, Quartier Latin, 2003, p. 265).

157. Cf. Marco Aurélio Greco, *Contribuições (Uma Figura "Sui Generis")*, cit., p. 246.

158. CF, art. 20, § 1º: "§ 1º. É assegurada, nos termos da lei, aos Estados, ao Distrito Federal e aos Municípios, bem como a órgãos da Administração direta da União, participação no resultado da exploração de petróleo ou gás natural, de recursos hídricos para fins de geração de energia elétrica e de outros recursos minerais no respectivo território, plataforma continental, mar territorial ou zona econômica exclusiva, ou compensação financeira por essa exploração".

Emenda, agora em seu art. 3º, acrescentou um § 4º ao art. 177 da CF, dispondo: "§ 4º. A lei que instituir contribuição de intervenção no domínio econômico relativa às atividades de importação, ou comercialização de petróleo e seus derivados, gás natural e seus derivados e álcool combustível deverá atender aos seguintes requisitos: "I – a alíquota da contribuição poderá ser: a) diferenciada por produto ou uso; b) reduzida e restabelecida por ato do Poder Executivo, não se lhe aplicando o disposto no art. 150, III, 'b'; II – os recursos arrecadados serão destinados: a) ao pagamento de subsídios a preços ou transporte de álcool combustível, gás natural e seus derivados e derivados de petróleo; b) ao financiamento de projetos ambientais relacionados com a indústria do petróleo e do gás; c) ao financiamento de programas de infraestrutura de transporte".

A nosso ver, a Emenda Constitucional 33/2001 fez tábula rasa da *regra-matriz* das contribuições interventivas. De fato, havendo necessidade de regular os mercados mencionados na *emenda* (importação e comercialização de petróleo e seus derivados, gás natural e álcool combustível etc.), a União já poderia – observadas as diretrizes desenvolvidas supra – criar *contribuições interventivas*, exclusivamente com base no *caput* do art. 149 da CF.

Para isso, não havia necessidade de emendar-se a Constituição Federal.

Ocorre que os parágrafos encartados nos arts. 149 e 177 da CF não apontaram *novas finalidades*, capazes de justificar a intervenção da União no domínio econômico e, de consequência, de permitir fossem criadas contribuições específicas para atendê-las.

Na real verdade, tais parágrafos limitaram-se a descrever a *materialidade* de exações que, de "intervenção no domínio econômico", têm apenas o nome. Preveem, sim, a criação de impostos, cujas receitas, conquanto destinadas a determinados fins (v. art. 177, § 4º, II, "a", "b" e "c", da CF), não justificam, de per si, a criação de tributos (*contribuições*) com características interventivas.

Por mais relevantes que possam ser – e efetivamente o são – a concessão de subsídios, o financiamento de programas ambientais e o financiamento de infraestrutura de transportes, estes fatos não têm como pressuposto o escopo de intervir no domínio econômico. Representam, apenas, *metas políticas*, que, como tais, devem ser atendidas, não com *contribuições interventivas*, mas com as *receitas gerais* da União, representadas basicamente pelos impostos.[159]

159. Esta ideia, diga-se de passagem, transparece cristalina no próprio art. 1º, §§ 1º e 2º, da Lei 10.336, de 19.12.2001:

"Art. 1º. Fica instituída a Contribuição de Intervenção no Domínio Econômico incidente sobre a importação e a comercialização de petróleo e seus derivados, gás natural e seus derivados, e álcool etílico combustível (CIDE), a que se referem os arts. 149 e 177 da Constituição Federal, com a redação dada pela Emenda Constitucional 33, de 11 de dezembro de 2001.

"§ 1º. O produto da arrecadação da CIDE será destinado, *na forma da lei orçamentária*, ao: I – pagamento de subsídios a preços ou transporte de álcool combustível, de gás natural e seus derivados e de derivados de petróleo; II – financiamento de projetos ambientais relacionados com a indústria do petróleo e do gás; III – financiamento de infraestrutura de transportes.

VIm – Resulta do exposto que as *contribuições interventivas*, previstas na Emenda Constitucional 33/2001, inobstante seu *nomen iuris*, são, na realidade, *novos impostos federais*, que, deveriam, em tudo e por tudo, ao serem instituídos, obedecer às diretrizes do art. 154, I, da CF (instituição por meio de lei complementar, observância do *princípio da não cumulatividade* e necessidade de hipóteses de incidência e bases de cálculo diversas dos impostos mencionados nos arts. 153, 155 e 156 da Carta Magna), tudo sem prejuízo do disposto no art. 157, II, do mesmo Diploma Excelso (partilha de 20% do produto de sua arrecadação com os Estados-membros e o Distrito Federal).

Desenvolvendo o raciocínio, a Constituição Federal, ao ser promulgada pelo *poder constituinte originário* – único *poder jurídico que tudo pode* –, deu aos contribuintes o direito subjetivo de só serem compelidos a suportar *novos* impostos, se observados os ditames do supracitado art. 154, I, da CF. Ademais, *novos* impostos, pela vontade do mesmo *poder constituinte originário*, devem ter o produto de sua arrecadação partilhado com os Estados e o Distrito Federal, o que não deixa de confirmar o *espírito federativo* de nosso ordenamento normativo.

Muito bem, na medida em que a Emenda Constitucional 33/2001 "permitiu" que a União, por meio de lei ordinária, criasse novos impostos – ainda que convenientemente rotulados de "contribuições de intervenção no domínio econômico" – sem atender ao *princípio da não cumulatividade* e sem que o produto de sua arrecadação fosse compartido com os Estados e o Distrito Federal, acabou desconsiderando *cláusulas pétreas*,[160] quais sejam, as que impedem o amesquinhamento da forma federativa do Estado (art. 60, § 4º, I, da CF) e dos direitos e garantias individuais, inclusive dos contribuintes (art. 60, § 4º, IV, da CF). Invadiu, pois, o campo das limitações materiais à atuação do *poder constituinte derivado*.

"§ 2º. *Durante o ano de 2002 será avaliada a efetiva utilização dos recursos obtidos da CIDE, e, a partir de 2003, os critérios e diretrizes serão previstos em lei específica*" (destacamos).

A CIDE, como é fácil notar, tem sua destinação determinada, *não* pela lei que a criou, *mas*, em última análise, pela lei orçamentária. O legislador federal desvirtuou, pois, o tributo, já que, ao "criá-lo", não lhe apontou nenhuma finalidade interventiva, a ser direta e imediatamente alcançada. Antes, limitou-se a estatuir que a CIDE destinar-se-á à consecução de objetivos que, conquanto nominados, dependem de critérios a serem fixados em lei orçamentária.

Sobremais, o § 2º do art. 1º da mesma Lei 10.336/2001 reforça a ideia de que não existem, por ora, critérios e diretrizes capazes de justificar a pretendida intervenção no domínio econômico. Com efeito, nos termos desse dispositivo legal, só a partir de 2003, após "avaliada a efetiva utilização dos recursos obtidos da CIDE", é que, *eventualmente*, a intervenção configurar-se-á, com a previsão, "em lei específica", dos *critérios e diretrizes* pertinentes.

Em face do exposto, podemos emitir nossa opinião quando à manifesta inconstitucionalidade, quer da emenda constitucional que previu a CIDE em pauta, quer da lei que a criou *in abstracto*. De fato, ela é: a) uma *falsa* contribuição interventiva; b) tem base de cálculo que se confunde com uma das previstas no art. 195, I, da CF; c) tem por hipótese de incidência fatos que a Constituição reservou à tributação dos Estados e do Distrito Federal, por via de ICMS; d) violou os princípios da estrita legalidade e da anterioridade; e, f) deveria ter sido instituída por meio de lei complementar.

160. Ressaltamos, com Carlos Ayres Britto, que "as cláusulas pétreas são aquela parte da Constituição que não admite sequer a exceção das emendas" ("A Constituição e o monitoramento de suas emendas", in *Direito do Estado – Novos Rumos*, t. 1, São Paulo, Max Limonad, 2001, p. 66).

Vejamos, agora, o que mudou, em matéria de *contribuições interventivas*, com o advento da Emenda Constitucional 33/2001.

VIn – A Emenda Constitucional 33, de 11.12.2001, em seu art. 1º, inseriu três parágrafos ao art. 149 da Carta Magna, *verbis*:

"Art. 1º. O art. 149 da Constituição Federal passa a vigorar acrescido dos seguintes parágrafos, renumerando-se o atual parágrafo único para o § 1º:

"'Art. 149 (*omissis*).

"'(...)

"'§ 2º. As contribuições sociais e de intervenção no domínio econômico de que trata o *caput* deste artigo: I – não incidirão sobre as receitas decorrentes de exportação; II – poderão incidir sobre a importação de petróleo e seus derivados, gás natural e seus derivados e álcool combustível; III – poderão ter alíquotas: a) *ad valorem*, tendo por base o faturamento, a receita bruta ou o valor da operação e, no caso de importação, o valor aduaneiro; b) específica, tendo por base a unidade de medida adotada.

"'§ 3º. A pessoa natural destinatária das operações de importação poderá ser equiparada a pessoa jurídica, na forma da lei.

"'§ 4º. A lei definirá as hipóteses em que as contribuições incidirão uma única vez."

Como acima vimos, a Emenda Constitucional 33/2001 retraçou o perfil constitucional das *contribuições interventivas*, que, agora, devem obedecer a regras mais específicas que aquelas que vigoravam desde a promulgação da Carta de 1988. Assim, por exemplo, apontou-lhes tanto as *bases de cálculo possíveis* como as *alíquotas possíveis*, restringindo a liberdade de ação do legislador federal (que, nesse campo, era ampla) e expulsando do sistema normativo as leis que dispunham de forma contrária.

Com efeito, a partir da promulgação dessa Emenda Constitucional as alíquotas e as bases de cálculo das CIDEs já não podem levar em conta fatores de ordem subjetiva – vale dizer, referentes às pessoas que praticam operações jurídicas –, mas, pelo contrário, devem obrigatoriamente submeter-se a precisos critérios de ordem material.

Atualmente as alíquotas dessas contribuições poderão ser *específicas* **ou** "*ad valorem*", recaindo, neste último caso, sobre bases de cálculo (i) *alternativas* (o *faturamento*, a *receita bruta* ou o *valor da operação*) e (ii) *obrigatória*, no caso da importação (o *valor aduaneiro*).

Registramos que *faturamento* tem acepção técnica precisa, da qual o direito tributário não pode se afastar: é a expressão econômica de operações mercantis ou similares. Corresponde, em última análise, ao somatório do valor das operações negociais realizadas pelo contribuinte, no exercício de suas atividades típicas. *Faturar*, em apertada síntese, é obter *receita*, mas tão só quando proveniente da venda de mercadorias ou, em alguns casos, da prestação de serviços.

Já, *receita bruta* tem sentido mais amplo, pois se refere a todas as entradas, recebimentos de dinheiro ou bens, que se agregam ao patrimônio da empresa, acrescendo-o. Compreende não só os valores pecuniários advindos da venda de mercadorias ou da prestação de serviços, como os montantes recebidos a título de juros, de *royalties*, de dividendos, de remuneração de direitos (investimentos), de rendimentos de negócios de índole financeira e imobiliária etc. Todavia, só se pode falar em *receita* quando se verifica, no patrimônio da pessoa jurídica, ingresso a título definitivo, seja pelo exercício de sua específica atividade operacional, seja pela transmissão da propriedade de bens e direitos seja, ainda, pela remuneração do uso de direitos cedidos onerosamente a terceiros.

Valor da operação, de seu turno, é a *medida econômica* das vendas mercantis ou das prestações de serviços realizadas pela empresa. É, pois, o *preço obtido*, o *valor retributivo*, a *contrapartida econômica* de tais eventos.

Por fim, no caso das importações de produtos, a base de cálculo das CIDEs é, como vimos, o *valor aduaneiro*.[161]

Pela hoje superada *Definição do Valor de Bruxelas/DVB* (da qual o Brasil não foi signatário), *valor aduaneiro* era o "preço normal" das mercadorias importadas, apurado a partir de vendas efetuadas em condições de livre concorrência, entre compradores e vendedores independentes.

Hodiernamente vigora o *Acordo sobre a Implementação do Art. VII do GATT*, também conhecido como *Acordo de Valoração Aduaneira*, que se aperfeiçoou na *Rodada Uruguai* de negociações. Na oportunidade foi introduzido novo conceito de "valor aduaneiro", como modelo de determinação, em nível mundial, da base de cálculo dos tributos alfandegários, de tal modo que os cidadãos e as Administrações Fazendárias pudessem ter segurança quanto aos critérios aplicáveis em quaisquer dos 142 Países signatários, dentre os quais o Brasil.

Ficou estipulado na avença internacional que o valor aduaneiro de uma mercadoria importada seria determinado primordialmente com a aplicação do "valor de transação" ou, não sendo isso possível, mediante o emprego de outros cinco métodos, em ordem sucessiva e sequencial, a partir da demonstração fundamentada da inaplicabilidade, ao caso concreto, do método anterior.[162]

161. A Emenda Constitucional 33/2001 declarou imunes às contribuições de intervenção no domínio econômico "as receitas decorrentes de exportação". A medida é digna de encômios, pois vem ao encontro da louvável ideia de livrar, ao máximo, da carga tributária as exportações.

Mas se, *por um lado*, a Emenda Constitucional 33/2001 veda a instituição de CIDEs sobre as receitas decorrentes da exportação de petróleo e seus derivados, gás natural e seus derivados e álcool combustível, *por outro*, autoriza expressamente que incidam sobre as importações destes produtos.

Ressaltamos que a autorização constitucional é louvável e pertinente, já que iguala o regime jurídico da tributação nos patamares interno e internacional. Assim, se alguém importar petróleo e seus derivados, para uso próprio, sofrerá a mesma carga tributária de outrem que vier a adquirir estes combustíveis no mercado interno. E, caso a importação se dê para revenda, o montante de CIDE será compensado com o valor pago de CIDE-Importação.

162. Com tais considerações já podemos perceber a diferença entre o conceito de *valor normal*, adotado pela *Definição do Valor de Bruxelas/DVB* (baseada na necessária identificação do chamado *preço teórico*, quanto ao valor que se alcançaria numa operação de mercado entre partes independentes), e a noção de *valor de transação*, admitida pelo *Acordo de Valoração Aduaneira* (calcada numa fundamentação mais objetiva, denominada, por isso mesmo, *valor positivo*).

Pois bem. Quando de sua entrada em vigor (1.1.1967), o CTN, em seus arts. 20, II, e 24, II, trouxe como método de apuração da base de cálculo dos impostos aduaneiros, nas hipóteses que ora nos interessam, o critério do "preço normal". Tal se deu por força da recepção da regra que vigia à época, qual seja, a contida na *Definição do Valor de Bruxelas/DVB*.

Entretanto, o mencionado dispositivo restou superado com a introdução em nosso ordenamento jurídico das conclusões da *Rodada Tóquio* (em 1979) do GATT, razão pela qual o Decreto-lei 37, de 18.11.1966 – elaborado à luz das regras da "Definição do Valor de Bruxelas/DVB"[163] –, foi alterado pelo Decreto-lei 2.472, de 1.9.1988, que passou a prever, em seu art. 2º, como sendo a base de cálculo do imposto de importação, quando a alíquota fosse *ad valorem*, o *valor aduaneiro*,[164] apurado segundo normas do art. VII do GATT.[165]

Após a *Rodada Uruguai*, de 1994, o Anexo 1A da *Ata Final que Incorpora os Resultados da Rodada Uruguai de Negociações Comerciais Multilaterais do GATT*, assinada em Marrakesh em 12.4.1994, denominado *Acordo de Valoração Aduaneira/AVA*, após a competente incorporação ao Direito nacional,[166] serviu de conteúdo para o Decreto 1.355, de 30.12.1994, com vigência a partir de 1.1.1995.

Este assunto, como é fácil perceber, comporta desdobramentos, que não faremos, já que não dizem de perto com o escopo deste item.

O importante, sim, é termos presente que *faturamento*, *receita*, *valor da operação* e *valor aduaneiro* são conceitos inequiparáveis ao de *folha de salários*. Esta, com efeito, nada mais é que o montante dos gastos da empresa com o pagamento de seus funcionários.

Abona tal entendimento o próprio Governo Federal, que, no *veto parcial* do Presidente da República ao Projeto de Conversão 31, originário da Medida Provisó-

A *Definição de Valor de Bruxelas/DVB* admitia somente um método de valoração: o *preço normal* da mercadoria, isto é, o que ela alcançaria numa venda efetuada em condições de livre concorrência, entre comprador e vendedor independentes. De revés, o *Acordo de Valoração Aduaneira* estabelece que, independentemente do método aplicado, o *valor aduaneiro* deve ser determinado sempre a partir do preço praticado, seja para a própria mercadoria importada, seja para outra, idêntica ou similar, também importada.

163. Decreto-lei 37, de 18.11.1966, art. 2º: "A base de cálculo do imposto, quando a alíquota for *ad valorem*, será o preço normal da mercadoria". E art. 3º: "Entende-se por preço normal da mercadoria o que ela, ou mercadoria similar, alcançaria, ao tempo da importação, como definida no regulamento, em venda efetivada em condições de livre concorrência, para entrega no porto ou lugar de entrada no País".

164. Decreto-lei 2.472, de 1.9.1988:

"Art. 2º. A base de cálculo do imposto é: (...) II – quando a alíquota for *ad valorem*, o valor aduaneiro apurado segundo as normas do art. VII do Acordo Geral sobre Tarifas Aduaneiras e Comércio/GATT."

"Art. 14. Revogam-se as disposições em contrário, especialmente os arts. 3º a 6º de Decreto-lei n. 37, de 18 de novembro de 1966, e o art. 1º da Lei n. 6.562, de 18 de setembro de 1978."

165. A referida *Ata* foi incorporada ao Direito Brasileiro pelo Decreto Legislativo 9, de 8.5.1981, que, após ratificado, foi posto em execução pelo Poder Executivo, mediante o Decreto Presidencial 92.930, de 16.7.1986.

166. O referido Anexo foi incorporado ao Direito Brasileiro pelo Decreto Legislativo 30, de 15.12.1994, e, após ratificado, posto em execução pelo Poder Executivo mediante o Decreto Presidencial 1.355, de 30.12.1994.

ria 66/2002, fez constar que contraria o interesse público, por prejudicial ao esforço exportador da Nação, a incidência nas operações de exportação de contribuições com base de cálculo diversa da *folha de salários*.

Logo, força é convir que *folha de salários* não tipifica nem *faturamento*, nem *receita bruta*, nem *valor da operação*, nem, muito menos, *valor aduaneiro*.

Enfim, desde o advento da Emenda Constitucional 33/2001 nenhuma CIDE pode ser havida por válida se sua base de cálculo for a *folha de salários* da empresa.

Trata-se de enunciado veiculado pela Constituição Federal, insuscetível de alteração ou restrições por normas de inferior hierarquia.

VII – As *contribuições de interesse das categorias profissionais ou econômicas, como instrumento de sua atuação nas respectivas áreas (contribuições corporativas)*, destinam-se a custear entidades (pessoas jurídicas de direito público ou privado) que têm por escopo fiscalizar e regular o exercício de determinadas atividades profissionais ou econômicas, bem como representar, coletiva ou individualmente, categorias profissionais, defendendo seus interesses. Enquadram-se nesta categoria as *contribuições* arrecadadas, de seus filiados, pelos sindicatos, as *contribuições* que os advogados e os estagiários pagam à Ordem dos Advogados do Brasil, as *contribuições* que os médicos pagam ao Conselho Regional de Medicina etc.

Tais *contribuições* também são tributos (revestindo, no caso dos conselhos profissionais, a natureza de *taxa de polícia*[167]), devendo, destarte, ser instituídas ou aumentadas por meio de *lei ordinária*, sempre obedecido o *regime jurídico tributário*.

Evidentemente, as "contribuições de interesse das categorias profissionais" só poderão ser exigidas de quem efetivamente vier a beneficiar-se atuando num dado setor profissional. Noutras palavras, o legislador federal só poderá eleger o sujeito passivo de tais "contribuições" dentre os que estiverem diretamente envolvidos com a atividade profissional que se pretende disciplinar, representar ou defender. Nunca terceiros estranhos à tal atividade.

Estas ideias deverão ser levadas em conta, de modo especial, pelos aplicadores e intérpretes da legislação pertinente. Nenhuma analogia, dose de bom senso, objetivo de ampliar a arrecadação, poderão ampliar o elenco de sujeitos passivos das *contribuições de interesse das categorias profissionais*.[168]

167. Os conselhos profissionais (Ordem dos Advogados, Conselho de Medicina, Conselho de Farmácia, Ordem dos Músicos etc.) praticam atos de polícia, já que deliberam sobre inscrições em seus quadros, decidem sobre assuntos relacionados à ética profissional, aplicam penalidades, aferem a habilitação profissional e assim por diante. As quantias que cobram dos seus associados têm, no caso, natureza jurídica de *taxa de polícia*.

168. Em edições anteriores sustentamos, com base em parecer expendido em 2000, que não se podia validamente compelir empresas prestadoras de serviços a recolherem as contribuições destinadas ao SESC e ao SENAC, ainda que ao argumento de que estavam formalmente constituídas como sociedades comerciais (sociedades anônimas, sociedades de responsabilidade limitada e simplesmente registradas na JUCESP). Aduzíamos, à época, que tal pretensão se entremostrava juridicamente improsperável porque essas empresas, longe de se dedicarem à prática de atos de comércio, limitavam-se a prestar, em caráter negocial, serviços. Ademais – acrescentávamos –, o *princípio da segurança jurídica* e o da *tipicidade fechada da tributação* exigiam, no caso, que a *verdade real* se sobrepusesse à *verdade formal*.

O *quantum* da "contribuição de interesse da categoria profissional" deverá, na hipótese, corresponder ao custo, ainda que aproximado, dos atos fiscalizatórios.

VIII – Como já tivemos a oportunidade de expor, a União pode instituir *contribuições sociais para a seguridade social*. Estas se subdividem em (i) *genéricas* (referidas no art. 149, *caput*, da Carta Suprema, que se destinam ao custeio das metas apontadas no seu Título VIII, que trata da Ordem Social) e (ii) *específicas* (apontadas no art. 195 da CF, que têm por escopo financiar a seguridade social *lato sensu*, que, a teor dos arts. 194 a 204 do mesmo Diploma Magno, abrangem a saúde, a previdência e a assistência social).

Consideremos estas últimas (as *contribuições sociais específicas*) com maior atenção.

VIIIa – Como se sabe, a União recebeu da Carta Magna competência para custear, por meio de tributos específicos (as *contribuições sociais*), a cobertura dos problemas que o indivíduo sofre quando, seja por idade, seja por moléstia profissional, seja, ainda, por infortúnio laboral, não tem mais como buscar por meio do trabalho o seu sustento e o de seus dependentes econômicos.

Tratam especificamente do assunto o art. 195, I a IV, e seus §§ 4º, 9º, 12 e 13 da CF, *verbis*:

Enfim, ao lado de outros raciocínios, que já não importam, afirmávamos que as referidas contribuições só podiam alcançar os estabelecimentos de natureza comercial, e – ainda por cima – quando integrantes de entidades sindicais, conforme "quadro" previsto no art. 577 da CLT ("O Quadro de Atividades e Profissões em vigor fixará o plano básico do enquadramento sindical").

Atualmente, porém, depois de repensarmos o assunto e sermos esclarecidos pela culta e inteligente Dra. Carla Barbieri, nossa ex-aluna, que é profunda conhecedora do assunto, corremo-nos da supramencionada posição. E o fizemos por termos percebido que o "Sistema S" foi recepcionado pela Constituição de 1988 e que as contribuições em tela viabilizam a cláusula pétrea da "valorização do trabalho e o progresso social do trabalhador" (cf. art. 170 da CF).

Também hoje temos claro que os princípios da igualdade, da proporcionalidade e da razoabilidade não abonam a tese de que somente as empresas prestadoras de serviços sejam desoneradas do encargo de suportar tais contribuições.

Igualmente muito contribuiu para voltarmos sobre os nossos próprios passos o magnífico voto do então Ministro do STJ Luiz Fux (hoje pontificando no STF), máxime no seguinte trecho:

"(...) a exegese das leis que disciplinam a matéria impõe a seguinte indagação: qual o resultado de um recurso em que a empresa pretende exonerar-se de uma contribuição social que tem como escopo a otimização da vida do trabalhador, a sua dignidade, o seu progresso social e a própria valorização do trabalho como instrumento conducente à uma vida digna?

"O resultado acolhedor da pretensão é a consagração de uma situação anti-isonômica, violadora do princípio da igualdade entre os trabalhadores, mercê de desonerar o empregador às custas do sacrifício do direito do empregado, que, legado à sua própria sorte, só tem mesmo a sua força de trabalho para 'vender'"(STJ, REsp 431.347-SC, rel. Min. Luiz Fux, j. 23.10.2002, v.u.).

Por fim, o Código Civil de 2002 (em seu art. 966) ampliou a figura do empresário, que já não é apenas a pessoa que pratica atos de comércio, mas toda aquela que "exerce profissionalmente atividade econômica organizada para a produção de bens e serviços".

Por essas razões e, naturalmente, por uma questão de honestidade intelectual, mudamos de opinião, para endossarmos esta nova tese, que, inclusive, acabou por se cristalizar na Súmula 499 do STJ, cujo enunciado reza: "As empresas prestadoras de serviços estão sujeitas às contribuições ao SESC e SENAC, salvo se integradas noutro serviço social".

"Art. 195. A seguridade social será financiada por toda a sociedade, de forma direta e indireta, nos termos da lei, mediante recursos provenientes dos orçamentos da União, dos Estados, do Distrito Federal e dos Municípios, *e das seguintes contribuições sociais*: I – do empregador, da empresa e da entidade a ela equiparada na forma da lei, incidentes sobre: a) a folha de salários e demais rendimentos do trabalho pagos ou creditados, a qualquer título, à pessoa física que lhe preste serviço, mesmo sem vínculo empregatício; b) a receita ou o faturamento; c) o lucro; II – do trabalhador e dos demais segurados da previdência social, não incidindo contribuição sobre aposentadoria e pensão concedidas pelo regime geral de previdência social de que trata o art. 201; III – sobre a receita de concursos de prognósticos; IV – do importador de bens ou serviços do exterior, ou de quem a lei a ele equiparar.

"(...).

"§ 4º. A lei poderá instituir outras fontes destinadas a garantir a manutenção ou expansão da seguridade social, obedecido o disposto no art. 154, I.

"(...).

"§ 9º. As contribuições sociais previstas no inciso I deste artigo poderão ter alíquotas ou bases de cálculo diferenciadas, em razão da atividade econômica, da utilização intensiva de mão de obra, do porte da empresa ou da condição estrutural do mercado.[169]

"(...).

"§ 12. A lei definirá os setores de atividade econômica para os quais as contribuições incidentes na forma dos incisos I, 'b', e IV do *caput* serão não cumulativas.

"§ 13. Aplica-se o disposto no § 12 inclusive na hipótese de substituição gradual, total ou parcial, da contribuição incidente na forma do inciso I, 'a', pela incidente sobre a receita ou o faturamento" (grifamos).

VIIIa.1 – Queremos de logo registrar que os incisos I e II, supra, tiveram esta redação dada pela Emenda Constitucional 20, de 15.12.1998, que *ampliou* a *regra-matriz* das contribuições sociais para a seguridade social. De fato, tais incisos do art. 195 até então estavam vazados nos seguintes termos: "I – dos empregadores, incidente sobre a folha de salários, o faturamento e o lucro; II – dos trabalhadores".

169. O § 9º do art. 195 da CF, como é fácil notar, veicula um *numerus clausus*: as alíquotas ou as bases de cálculo das contribuições sociais *somente poderão variar*, de contribuinte para contribuinte, se as leis que delas cuidarem levarem em conta, para tanto, um dos quatro supramencionados pressupostos. Inexiste, nesse passo, liberdade decisória para o Congresso Nacional.

Logo, a eventual eleição de pressupostos novos (*v.g.*, a frequência, a gravidade e o custo das ocorrências acidentárias do contribuinte) inquina de inconstitucionalidade os atos normativos que vierem a determinar as mencionadas variações.

Ora, foi justamente o que fez o art. 10 da Lei 10.666/2003 quando "permitiu" a modulação, empresa por empresa, das alíquotas da *contribuição para o SAT* (seguro de acidente do trabalho) levando em conta o financiamento do benefício da aposentadoria especial e/ou o número de ocorrências acidentárias.

Estes critérios de quantificação não encontram *fundamento de validade* na Carta Suprema, já que, a toda evidência, (i) *não* estão diretamente relacionados com a atividade econômica desenvolvida pela empresa, (ii) *não* se encontram coligados à utilização intensiva de mão de obra, (iii) *não* dependem do porte da empresa e (iv) *não* se referem a condição estrutural do mercado de trabalho.

Já, o inciso IV e os §§ 12 e 13 foram acrescentados pela Emenda Constitucional 42, de 19.12.2003.

Pensamos que – pelo menos nos pontos em que deram nova redação aos incisos I e II, em tela, e que introduziram o citado inciso IV – as referidas Emendas Constitucionais padecem do insuperável vício da inconstitucionalidade, já que desconsideraram *cláusulas pétreas*. Com efeito, a *regra-matriz constitucional* dos tributos está situada, a nosso ver, no campo das limitações materiais à atuação do *poder constituinte derivado*. É ela que dá ao contribuinte o direito subjetivo de não ser tributado *além da marca*. Não pode, pois, ser objeto de emenda constitucional que a amplie. Só o *poder constituinte originário* é que tem a possibilidade jurídica de fazê-lo.

Afigura-se-nos clara, portanto, a possibilidade de ser questionada, perante o Poder Judiciário, a validade destas alterações constitucionais.

Assim, continuamos entendendo que ditas *contribuições sociais* continuam sendo exigidas *apenas* dos *empregadores* – incidindo sobre a folha de salários, o faturamento e o lucro – e dos *trabalhadores*.[170]

Explicitando a ideia, estamos convencidos de que, a despeito da Emenda Constitucional 20/1998, as *contribuições sociais para a seguridade social* não podem ser exigidas nem da empresa que não reveste a condição de empregador, nem da entidade equiparada, na forma da lei, a esta mesma empresa. Também pensamos ser indevida a incidência destes tributos sobre rendimentos do trabalho que estiverem *fora* da folha de salários,[171] ainda mais quando pagos ou creditados à pessoa física que lhes preste

170. As contribuições sociais sobre a receita de concursos de prognósticos não têm, a nosso ver, natureza tributária, pois não se ajustam à *noção genérica de tributo*, cunhada na Constituição Federal (v., no Título I, cap. VII, "Segurança Jurídica e Tributação", item 1) e explicitada no art. 3º do CTN.

171. Nesse sentido, pensamos que os *pagamentos feitos para custear cursos do trabalhador* bem como a *ajuda-alimentação*, habitualmente dada sob a forma de *tíquetes*, não são juridicamente *salários*, nem a eles podem ser equiparados. Meras indenizações, não integram – e nem podem integrar – a base de cálculo de tais *contribuições sociais*.

Desenvolvendo a ideia, os valores inerentes aos tíquetes *vale-refeição*, *vale-alimentação*, *vale-lanche* e outros do tipo, que possibilitam ao trabalhador alimentar-se adequadamente, não se transformam necessariamente em salários só porque têm expressão econômica e, bem por isso, são utilizáveis nos restaurantes em geral. É que tais valores são pagos *para o trabalho*, visando, em última análise, ao bom funcionamento da empresa empregadora; não ao aumento da capacidade contributiva do contribuinte.

Deveras, levando-se em conta o reduzido intervalo de almoço do trabalhador e o próprio custo dos alimentos – em geral significativo, para quem vive de salário –, é de todo conveniente que a própria empregadora lhe forneça refeições. Assim agindo ela não está lhe propiciando um salário, mas simplesmente lhe dando melhores condições de prestar com eficiência seus serviços profissionais.

Nessa hipótese, o que se tem em mira é o atingimento de objetivos que nada têm a ver com a retribuição do trabalho efetivo do empregado. Assim, embora tal prestação tenha conotação econômica, não pode ser considerada salário, inclusive para fins de tributação por meio de contribuições previdenciárias.

Frise-se que também se enquadram na categoria *remuneração para o trabalho* os valores ou utilidades que melhoram a qualidade de vida dos empregados, aumentando-lhes o bem-estar físico e o preparo intelectual, sempre no interesse maior da empresa que os concede. É o caso do acesso a cursos de idiomas, da prestação de assistência médico-hospitalar, do fornecimento de transporte etc. Algumas vezes tais benesses são disponibilizadas aos empregados diretamente pela empresa. Não raro, no entanto, esta se limita a reembolsar (em moeda ou em tíquetes) os terceiros que as fornecem.

Acrescentamos que o objetivo da *remuneração para o trabalho* não é retribuir certo trabalho perfeitamente individualizado, mas estabelecer uma política que melhore as condições, a eficiência e o

serviço sem vínculo empregatício. Finalmente, temos para nós que só o trabalhador – não os *demais segurados da Previdência Social* – pode ser compelido a suportar as exações em análise.

Evidentemente, a alteração da legislação federal (que já está sendo providenciada) não tem força jurídica para superar tais inconstitucionalidades. É que a ordem infraconstitucional também deve respeito às *cláusulas pétreas*.

ambiente laboral. No caso, o interesse da empresa fala mais alto que o do empregado, que por vezes não tem sequer como afastar o benefício, que lhe é unilateralmente concedido.

Em suma, a *remuneração para o trabalho* não se confunde com o conceito de *salário*, seja direto (em moeda), seja indireto (*in natura*). Suas causas não são remuneratórias, ou seja, não representam contraprestações, ainda que em bens ou serviços, do trabalho, por mútuo consenso das partes. As vantagens atribuídas aos beneficiários, longe de tipificarem compensações pelo trabalho realizado, são concedidas no interesse e de acordo com as conveniências do empregador.

Aqui chegados, reiteramos que o fornecimento de tíquetes (*vale-refeição*, *vale-restaurante* e *vale-lanche*) tem conotação indenizatória; jamais salarial.

Todavia, como o assunto é polêmico, pensamos ser o caso de esmiuçá-lo.

Os *vales-alimentação*, *vales-refeição* e *vales-lanche* têm o escopo de permitir que o trabalhador se alimente de modo adequado nas proximidades de seu local de trabalho. Do contrário, uma, de duas: ou ele teria que se contentar com uma refeição precária (com todas as repercussões negativas para a sua saúde), ou se veria obrigado a locomover-se até sua residência, durante o intervalo de almoço (o que, na prática, quase nunca é possível); isto para não falar, é claro, no deprimente espetáculo das *marmitas*.

Sempre mais se confirma, pois, que tais tíquetes têm natureza nitidamente indenizatória. De fato, não são fornecidos como contraprestação dos serviços contratados ao empregador – e, nesta medida, não derivam diretamente da chamada *relação de emprego*. Apenas ressarcem o empregado do *dano* que ele efetivamente suporta por não poder fazer suas refeições em casa – o que, diga-se de passagem, era muito comum até a década de 1960.

Ademais, o valor econômico destes tíquetes não se incorpora, para nenhum efeito, ao salário do empregado. Ou, se preferirmos, dada sua *natureza indenizatória*, não integra o *salário-de-contribuição* do empregado. Em consequência, não é computável na base de cálculo da *contribuição previdenciária do empregador*.

Milita em favor da tese do caráter indenizatório dos *tíquetes-alimentação* a própria Lei 6.321/1976, que, em seu art. 3º, estabelece não se incluir no *salário-de-contribuição* a parcela paga pela empresa nos programas de alimentação aprovados pelo Ministério do Trabalho.

É praxe, também, os acordos e convenções coletivas de trabalho estipularem que a *ajuda-alimentação* tem caráter indenizatório.

E, se tudo não bastasse, há jurisprudência, inclusive do STF (RE 381.684, 229.652, 220.713, 220.048, 228.083, 237.362 e 227.006), no sentido de que os *tíquetes-alimentação*, dada sua natureza indenizatória, não são extensíveis aos servidores inativos.

Em suma, diante de sua natureza indenizatória, os valores ínsitos aos *vales-refeição*, *vales-alimentação* e *vales-lanche* que o empregador fornece aos seus empregados absolutamente não podem integrar a base de cálculo das *contribuições previdenciárias patronais* que ele recolhe.

É certo que o § 9º, "c", do art. 28 da Lei 8.212/1991 (com a redação que lhe foi dada pela Lei 9.528/1997) estabelece que "não integram o salário-de-contribuição, para os fins desta Lei, exclusivamente: (...) c) a parcela *in natura* recebida de acordo com os programas de alimentação aprovados pelo Ministério do Trabalho e da Previdência Social nos termos da Lei n. 6.321, de 14 de abril de 1.976". Uma argumentação *a contrario sensu* levar-nos-ia à conclusão de que para outros fins as indenizações e os pagamentos feitos para custear cursos do trabalhador integram o *salário-de-contribuição* e, portanto, devem compor a base de cálculo das *contribuições previdenciárias dos empregadores*.

Ocorre, porém, seguindo na trilha por nós já desbravada, que a palavra "exclusivamente", contida no parágrafo em análise, é inconstitucional, porque desvirtua a *regra-matriz* de tais contribuições, que, tornamos a repetir, não admite – nem mesmo implicitamente – que elas incidam sobre indenizações e pagamentos feitos para custear cursos do trabalhador. Sendo assim, esse advérbio de modo deve ser ignorado quer pelo aplicador da lei, quer por seu intérprete.

A palavra final, como de hábito, será dada pelo Poder Judiciário, observados os trâmites adequados.

VIIIa.2 – Lembramos que, nos termos do § 4º do art. 195 da CF, a União "poderá instituir outras fontes destinadas a garantir a manutenção ou expansão da seguridade social, obedecido o disposto no art. 154, I".

A só leitura deste parágrafo já nos revela que *outras* contribuições sociais para o custeio da seguridade social, isto é, que não se ajustem às *regras-matrizes* estampadas no art. 195, I e II, da CF (em sua redação original), só podem ser instituídas obedecidos os requisitos do art. 154, I, do mesmo Diploma Magno.

Dito de outro modo, as *contribuições sociais para a seguridade social* poderão incidir sobre outros *fatos econômicos*, além da folha de salários (folha de pagamento dos empregados), o faturamento e o lucro. Para que isto, porém, validamente aconteça, é mister venham instituídas por meio de lei complementar, sendo-lhes vedada a cumulatividade. Devem, por igual modo, obedecer, em tudo e por tudo, ao regime jurídico tributário, traçado na Constituição.

A Constituição Federal, ao ser promulgada (após o exercício do *poder constituinte originário*), deu aos contribuintes o direito subjetivo de só pagarem *novas* contribuições sociais para a seguridade social (vale dizer, que não se ajustavam à *regra-matriz* do art. 195, I a III) se instituídas com estrita observância do § 4º do mesmo art. 195.[172]

O que houve com a Emenda Constitucional 20/1998?

172. Esta diretriz não foi observada na instituição da *contribuição devida pela agroindústria* (também conhecida como *FUNRURAL*) pelo art. 22A da Lei 8.212/1991, nela introduzido pela Lei 10.256/2001, *verbis*:

"Art. 22A. A contribuição devida pela agroindústria, definida, para os efeitos desta Lei, como sendo o produtor rural pessoa jurídica cuja atividade econômica seja a industrialização de produção própria ou de produção própria e adquirida de terceiros, incidente sobre o valor da receita bruta proveniente da comercialização da produção, em substituição às previstas nos incisos I e II do art. 22 desta Lei, é de: I – dois vírgula cinco por cento destinados à Seguridade Social; II – zero vírgula um por cento para o financiamento do benefício previsto nos arts. 57 e 58 da Lei n. 8.213, de 24 de julho de 1991, e daqueles concedidos em razão do grau de incidência de incapacidade para o trabalho decorrente dos riscos ambientais da atividade.

"§ 1º. *(VETADO)*.

"§ 2º. O disposto neste artigo não se aplica às operações relativas à prestação de serviços a terceiros, cujas contribuições previdenciárias continuam sendo devidas na forma do art. 22 desta Lei.

"§ 3º. Na hipótese do § 2º, a receita bruta correspondente aos serviços prestados a terceiros será excluída da base de cálculo da contribuição de que trata o *caput*.

"§ 4º. O disposto neste artigo não se aplica às sociedades cooperativas e às agroindústrias de piscicultura, carcinicultura, suinocultura e avicultura.

"§ 5º. O disposto no inciso I do art. 3º da Lei n. 8.315, de 23 de dezembro de 1991, não se aplica ao empregador de que trata este artigo, que contribuirá com o adicional de zero vírgula vinte e cinco por cento da receita bruta proveniente da comercialização da produção, destinado ao Serviço Nacional de Aprendizagem Rural (SENAR).

"§ 6º. Não se aplica o regime substitutivo de que trata este artigo à pessoa jurídica que, relativamente à atividade rural, se dedique apenas ao florestamento e reflorestamento como fonte de matéria-prima para industrialização própria mediante a utilização de processo industrial que modifique a natureza química da madeira ou a transforme em pasta celulósica.

Houve que, por meio do exercício do *poder constituinte derivado*, possibilitou-se a criação de *novas* contribuições sociais para a seguridade social sem observância

"§ 7º. Aplica-se o disposto no § 6º ainda que a pessoa jurídica comercialize resíduos vegetais ou sobras ou partes da produção, desde que a receita bruta decorrente dessa comercialização represente menos de um por cento de sua receita bruta proveniente da comercialização da produção."

Como facilmente se percebe, o art. 22A da Lei 8.212/1991 criou uma contribuição previdenciária tendo (i) *por hipótese de incidência* (objeto) *obter receita bruta, proveniente da comercialização da produção agroindustrial*, (ii) *por sujeito ativo* a *União Federal*, (iii) *por sujeito passivo* (obrigado), a *agroindústria*, entendida como sendo a "pessoa jurídica cuja atividade econômica seja a industrialização de produção própria ou de produção própria e adquirida de terceiros", (iv) *por base de cálculo* (modo de medição do fundamento tributário da hipótese de incidência), a *receita bruta por ela obtida* e (v) *por alíquota total* (intensidade com que se dará a exigência tributária) *2,6%, desta mesma receita bruta* (2,5% destinados à Seguridade Social e 0,1% ao financiamento das aposentadorias especiais).

Num exame sumário, tal contribuição encontraria *fundamento de validade* no já citado art. 195, I, "b", da Carta Magna, já que ela nasce do faturamento ("valor da receita bruta proveniente da comercialização da produção") da empresa. Todavia, uma análise mais cuidadosa do art. 22A, em pauta, nos indica que a *contribuição devida pela agroindústria* (FUNRURAL) é, na realidade, uma *nova contribuição* (*contribuição residual*), que, a teor do art. 195, § 4º, da CF, deveria obedecer, em tudo e por tudo, às diretrizes do precitado art. 154, I, do Texto Magno.

Portanto, a contribuição devida pela agroindústria, por ostentar natureza *residual*, deveria (i) ter sido instituída por meio de lei complementar, (ii) observar o *princípio da não cumulatividade*, (iii) ter hipótese de incidência e base de cálculo diversas das *contribuições* mencionadas nos incisos I e II do art. 195 da Carta Suprema e (iv) ter 20% do produto de sua arrecadação compartilhado pelos Estados e pelo Distrito Federal (cf. art. 157, I, da *CF*).

Ora, o precitado art. 22A da Lei 8.212/1991 criou uma contribuição social que tem a mesma hipótese de incidência (obter receita ou faturamento) e a mesma base de cálculo (o faturamento mensal) da COFINS.

Logo, segue-se que o FUNRURAL, à míngua de qualquer ressalva constitucional nesse sentido (por exemplo, as relativas às contribuições para o SESC), não passa pelo teste da constitucionalidade.

Aliás, o próprio STF, ao reconhecer a repercussão geral no RE 611.601-RS, de relatoria do Min. Dias Toffoli, já sinalizou nesse sentido ao comparar o FUNRURAL, instituído pelo art. 22A da Lei 8.212/1991 (nela introduzido pela Lei 10.156/2001), com a contribuição substitutiva das agroindústrias (instituída pelo art. 25, § 2º, da Lei 8.870/1994), já declarada inconstitucional por aquela Alta Corte, *verbis*:

"Inicialmente, cabe destacar que a questão constitucional discutida nestes autos difere daquela julgada na ADI n. 1.103-DF. Embora se trate de caso análogo, lá se declarou a inconstitucionalidade da primeira contribuição substitutiva das agroindústrias, instituída pelo art. 25, § 2º, da Lei n. 8.870/1994, o qual, de modo simétrico ao promovido pelo art. 1º da Lei n. 10.256/2001, que introduziu o art. 22A na Lei n. 8.212/1991, também pretendeu substituir a incidência da contribuição sobre *folha de salários* (fls. 242) das agroindústrias por mais uma contribuição incidente sobre a receita bruta, definida naquele contexto legal como sendo *valor estimado da produção* – e aqui está se discutindo a constitucionalidade do art. 1º da Lei n. 10.256/2001, que introduziu o art. 22A na Lei n. 8.212/1991, objeto da ArgInconst n. 2006.70.11.000309-7-PR, no TTF-4ª Região.

"Note-se que o citado § 2º do art. 25 da Lei n. 8.870/1994, declarado inconstitucional, foi posteriormente revogado pela Lei n. 10.256/2001, ora em discussão, oportunidade em que o legislador incluiu novo dispositivo na Lei n. 8.212/1991 (art. 22A), prevendo a contribuição devida especialmente pela agroindústria, sem substituição àquelas dos incisos I e II do citado art. 22.

"A meu ver, a questão constitucional relativa à constitucionalidade do art. 1º da Lei n. 10.256/2001, que introduziu o art. 22A na Lei n. 8.212/1991 – o qual prevê contribuição para a Seguridade Social a cargo das agroindústrias com incidência sobre a receita bruta em caráter de substituição à contribuição sobre a remuneração paga, devida ou creditada pela empresa (incisos I e II do art. 22 da Lei n. 8.212/1991 e alínea 'b' do inciso I do art. 195 da CF) –, possui relevância jurídica e extrapola os interesses subjetivos das partes, com influência nos demais processos em tramitação e nos que venham a ser ajuizados em todo o País" (fls. 1.054 do RE 611.601-RS, repercussão geral).

do aludido § 4º. Com isto, atropelou-se direito constitucional subjetivo dos contribuintes, malferindo-se *cláusula pétrea* (art. 60, § 4º, IV, da CF). Melhor explicitando, a Emenda Constitucional 20/1998 pretendeu atribuir à União a possibilidade de criar novas contribuições por meio de lei ordinária sem observância do *princípio da não cumulatividade*, com eventuais *hipóteses de incidência* ou *bases de cálculo* idênticas às dos impostos previstos nos arts. 153, 155 e 156 da Carta Magna e sem a repartição das receitas obtidas (como preconizado no art. 157, I, da CF[173]).

VIIIa.3 – Superada esta questão, remarcamos que as contribuições sociais para a seguridade social podem revestir a natureza de *imposto* ou de *taxa*, e por meio delas, paulatinamente, vai sendo transferido à sociedade o custeio do sistema de seguridade social, que, a partir da Carta de 1988, protege, pelo menos no plano formal, todas as pessoas que se encontram no território nacional (art. 194, parágrafo único, I, da CF).

Em abono ao que escrevemos, as contribuições patronais para a seguridade social são impostos (embora qualificados pela finalidade do custeio da seguridade social). Com efeito, o art. 195, I, da Lei Maior aponta suas *bases de cálculo possíveis*: o lucro, a folha de salários, o faturamento etc.

Ora, como vimos, a base de cálculo *mede* a hipótese de incidência do tributo, estando com ela intimamente relacionada. Assim, sendo estes indicativos constitucionais *próprios de impostos*, está sinalizada, já no Texto Supremo, a natureza específica das exações em foco.

Tomemos como exemplo a *contribuição social sobre o lucro* (CSLL). Examinando a materialidade de sua hipótese de incidência, concluímos, sem maior esforço, que se está diante de mero adicional do imposto sobre a renda, com a só diferença de que o produto de sua arrecadação é vinculado ao custeio da seguridade social. Também a contribuição previdenciária para o empregador (enquanto representante da empresa) é um imposto, cuja hipótese de incidência assim pode ser sintetizada: remunerar pessoa ligada à Previdência Social (na verdade, qualquer pessoa, já que a proteção da seguridade social é – tornamos a dizer – universal).

A argumentação vale, *mutatis mutandis*, para as demais contribuições patronais.

Em suma, nas contribuições patronais para a seguridade social a *hipótese de incidência* é sempre um fato qualquer, não consistente numa atuação estatal – o que nos reconduz à ideia de que revestem a natureza jurídica de imposto.

Já, para o empregado (ou para o empregador, enquanto paga sua própria *contribuição previdenciária*) a contribuição social é uma *taxa de serviço*, exigível porque lhe são postos à disposição (vale dizer, lhe são direta e imediatamente referidos) ou, em alguns casos, porque são postos à disposição de seus familiares os serviços sociais

Pois bem. Conquanto este recurso extraordinário ainda penda de julgamento, tudo indica que o STF, seguindo na trilha da referida ADI 1.103-DF, dará pela inconstitucionalidade do art. 1º da Lei 10.256/2001, que introduziu o art. 22A na Lei 8.212/1991.

173. A este respeito, poderíamos até dizer que a Emenda Constitucional 20/1998 feriu o princípio federativo, pois retirou receita dos Estados e do Distrito Federal.

e previdenciários (incontendivelmente, serviços públicos)[174] para os casos de doença, velhice, invalidez e morte, seguro-desemprego, seguro contra acidentes do trabalho e proteção da maternidade.[175]

Portanto, somente os empregadores e os empregados – nunca terceiros estranhos a este contexto – é que poderão ser obrigados a suportar tais *contribuições*.

VIIIa.4 – O *quantum* da "contribuição social", para o empregador, deverá, na hipótese, corresponder a um percentual da *folha de salários*, do *faturamento* e do *lucro* (cf. art. 195, I, da CF). A lei federal, portanto, ao disciplinar o *aspecto quantitativo* (base de cálculo e alíquota) desta "contribuição social", deverá levar em conta tais parâmetros constitucionais.

Na realidade, a Lei Maior implicitamente determina que tudo o que não for *folha de salários*, *faturamento* ou *lucro* não pode ser tomado como base de cálculo das *contribuições sociais patronais* (a menos, é claro, que venham obedecidos os requisitos do precitado art. 195, § 4º, da CF). Este é um direito constitucional subjetivo do contribuinte empregador.

VIIIa.5 – Por igual modo, estas "contribuições sociais" deverão ter seus valores fixados com comedimento e prudência, para que não aconteça de inviabilizarem a atividade econômica do empregador. Antes, o legislador federal, ao instituí-las, deve usar de prudente discricionariedade. Situações de dúvida serão, em última análise, afastadas pelo Poder Judiciário.

Já, a *base de cálculo possível* das contribuições sociais dos empregados é o custo global, rateado entre os interessados, da atuação estatal, que se concretiza com a concessão dos benefícios inerentes à seguridade social.

Assim, na medida em que estes indicativos constitucionais são *próprios de taxas de serviço*, está sinalizada já no Texto Supremo a natureza específica da exação em foco.

Nessa contribuição social a *hipótese de incidência* é sempre a disponibilidade de um serviço público (atuação estatal) – circunstância que nos reconduz à tese de que reveste a natureza jurídica de *taxa de serviço*.

Acrescentamos que a contribuição previdenciária do empregado incide sobre o salário-de-contribuição.

Tal tributo encontra *fundamento de validade* no já citado art. 195, II, da Carta Magna, que revela, com muita precisão, que *somente pode nascer* do pagamento, a pessoa física, de valores remuneratórios do trabalho por ela realizado.

VIIIa.6 – Assinale-se que as contribuições sociais devem submeter-se – a teor do art. 194, parágrafo único, V, da CF – ao primado da *equidade na forma de partici-*

174. Equivoca-se, a nosso ver, quem considera que a hipótese de incidência de tais contribuições é realizar trabalho assalariado. O que faz nascer *in concreto* a exação é a disponibilidade dos serviços sociais e previdenciários, que protegem os empregados dos infortúnios a que estão sujeitos no cumprimento de seus contratos trabalhistas.

175. Cf. Wagner Balera, *A Seguridade Social na Constituição de 1988*, São Paulo, Ed. RT, 1989, pp. 47-72.

pação no custeio da seguridade social, que impõe que elas observem uma criteriosa diferenciação em suas bases de cálculo e em suas alíquotas, de acordo com o tipo de atividade econômica desenvolvida, o porte da empresa, a utilização intensiva de mão de obra e a condição estrutural do mercado de trabalho.

De conseguinte, a quantificação destes tributos deve ser feita de modo a garantir, o quanto possível, uma correlação entre os valores despendidos pelo Estado na seguridade social e os cobrados dos contribuintes para custeá-la. É claro que, neste particular, não se exige precisão matemática, mas uma *proporcionalidade razoável* entre a quantia cobrada de cada contribuinte e os gastos do Poder Público para organizar e manter a seguridade social.

Num caso ou noutro, porém, a Constituição Federal exige – de modo difuso, mas com inegável força cogente – que o produto da arrecadação do tributo se destine à mantença da seguridade social.

VIIIa.7 – Convém acentuar, a este propósito, que as contribuições sociais, embora hoje venham arrecadadas pela Receita Federal do Brasil, devem ter seu produto totalmente destinado à manutenção da seguridade social. É a forma, inclusive, de se garantir que todos os que se encontram em situação de necessidade (crianças, idosos, deficientes, desempregados etc.) tenham acesso à saúde e à assistência social, ainda que não paguem nenhum tributo específico.

Como já frisamos, uma contribuição social não se caracteriza apenas pela composição da hipótese de incidência, mas também pela destinação (finalidade) do produto da sua arrecadação. A própria Constituição predefiniu o fim público, concreto e específico, a ser atendido por meio dos recursos assim auferidos: o custeio da seguridade social.

Nesse sentido, as contribuições sociais são *tributos funcionais* – expressão que deve ser tomada no sentido de que o produto de sua arrecadação está vinculado à consecução de fins indicados já na Constituição Federal e, bem por isso, *fora* da discricionariedade do legislador, quanto mais do administrador.

A competência recebida pela União para criar contribuições sociais para a seguridade social, para ser validamente exercitada, precisa, além da edição da lei para a efetiva cobrança, respeitar a vinculação do produto da arrecadação.

Desenvolvendo a ideia, a União, ao criar contribuições sociais para a seguridade social, não pode escolher a destinação que dará aos recursos daí provenientes, bastando, para tanto, que cumpra a lei orçamentária que editar. Pelo contrário, deverá, em obediência à Constituição, afetar o produto arrecadado ao atingimento de um fim concreto: o custeio da seguridade social.

Esta ideia vem reforçada pelo art. 165, § 5º, I a III, da CF, que estatui:

"Art. 165. As leis de iniciativa do Poder Executivo estabelecerão:

"(...).

"§ 5º. A lei orçamentária anual compreenderá: I – o orçamento fiscal referente aos Poderes da União, seus fundos, órgãos e entidades da Administração direta e indireta, inclusive fundações instituídas e mantidas pelo Poder Público; II – o orçamento de investimento das empresas em que a União, direta ou indiretamente, detenha a maioria do capital social com direito a voto; III – o orçamento da seguridade social, abrangendo todas as entidades e órgãos a ela vinculados, da Administração direta ou indireta, bem como os fundos e fundações instituídos e mantidos pelo Poder Público."

Como se vê, o *orçamento da seguridade social* está excluído tanto do *orçamento fiscal* quanto do *orçamento de investimento*. Daí a incomunicabilidade absoluta entre eles.

Logo, não é dado, nem à lei, nem à Administração Fazendária, desviar o produto da arrecadação das contribuições sociais para o custeio de outras finalidades que não o atendimento da seguridade social.

Não basta, pois, que a contribuição social seja corretamente instituída; é preciso, ainda, que o produto de sua arrecadação tenha destinação apta a atingir a finalidade que motivou sua criação.

Em suma, a ausência de destinação direta do produto arrecadado torna inconstitucional a exigência de contribuição social para a seguridade social.

VIIIb – Dentre as contribuições sociais para a seguridade social merece destaque a *contribuição previdenciária patronal*, que incide sobre o pagamento ou creditamento, a pessoa física, de salários e demais rendimentos do trabalho.[176]

176. A *contribuição previdenciária patronal* foi instituída pelo art. 22, I, da Lei 8.212/1991, que estatui: "Art. 22. A contribuição a cargo da empresa, destinada à Seguridade Social, além do disposto no art. 23, é de: I – vinte por cento sobre o total das remunerações pagas, devidas ou creditadas a qualquer título, durante o mês, aos segurados empregados e trabalhadores avulsos que lhes prestem serviços, destinadas a retribuir o trabalho, qualquer que seja a sua forma, inclusive as gorjetas, os ganhos habituais sob a forma de utilidades e os adiantamentos decorrentes de reajuste salarial, quer pelos serviços efetivamente prestados, quer pelo tempo à disposição do empregador ou tomador de serviços, nos termos da lei ou do contrato ou, ainda, de convenção ou acordo coletivo de trabalho ou sentença normativa; (...)".

Como facilmente se percebe, somente podem ingressar na base de cálculo da contribuição previdenciária patronal valores pagos ao empregado *pelo trabalho*. Em mais preciso dizer, o tributo incide sobre o pagamento ou creditamento, a pessoa física, de salários e demais rendimentos do trabalho, a qualquer título (valores remuneratórios do trabalho realizado). Portanto, a materialidade de sua *hipótese de incidência* é: empregador remunerar empregados e trabalhadores avulsos, isto é, pagar-lhes ou creditar-lhes valores contraprestativos, direta e imediatamente decorrentes do trabalho.

Acrescentamos que tal *contribuição previdenciária patronal* tem por *sujeito ativo* a União Federal, por *sujeito passivo* o empregador (a pessoa que paga o salário do empregado ou remunera o trabalhador avulso) e por *base de cálculo* os valores contraprestativos decorrentes do trabalho (salários propriamente ditos), acrescidos, a teor do art. 457, *caput*, da CLT, das *gorjetas* recebidas pelo empregado e pelo trabalhador avulso.

Embora tenha buscado *respaldo de validade* no art. 195, I, "a", da CF, o art. 22, I, da Lei 8.212/1991 não esgotou toda a competência da União Federal para apontar a base de cálculo das contribuições previdenciárias patronais (contribuições sociais sobre a folha de salários).

Portanto, não é dado à Administração Fazendária Federal ir *além da marca*, ou seja, exigir este tributo tomando por base de cálculo episódios que, embora abrangidos pela Carta Constitucional, não foram expressamente encampados pela lei de regência (justamente a Lei 8.212/1991).

Seguindo na mesma trilha, enquanto não for editada, pela União, *norma integrativa* de nível legal dando plena eficácia ao art. 195, I, "a", da CF, a contribuição previdenciária patronal, em foco, não pode validamente incidir sobre remunerações que não se destinam a *retribuir o trabalho*.

Tal tributo encontra *fundamento de validade* no já citado art. 195, I, "a", da Carta Magna, que revela, com muita precisão, que *só pode nascer* do pagamento ou creditamento, a pessoa física, de valores remuneratórios do trabalho por ela realizado.

Segue-se, pois, que meros provisionamentos contábeis não têm o condão de fazer nascer contribuições previdenciárias.[177]

VIIIc – Recordamos, enfim, que *todas* estas *contribuições* precisam obedecer a uma *anterioridade especial*,[178] já que a lei que as instituir ou aumentar só poderá incidir noventa dias após sua entrada em vigor (cf. art. 195, § 6º, da CF).

VIIId – Ainda sobre o assunto, é importante atentarmos para o § 1º do art. 149 da CF, que estatui: "Os Estados, o Distrito Federal e os Municípios instituirão contribuição, cobrada de seus servidores, para custeio, em benefício destes, do regime previdenciário de que trata o art. 40, cuja alíquota não será inferior à da contribuição dos servidores titulares de cargos efetivos da União" (redação dada pela Emenda Constitucional 41/2003).[179]

Portanto, é dado aos Estados, ao Distrito Federal e aos Municípios instituir e cobrar de seus servidores, em benefício destes, *contribuições previdenciárias*, obedecendo, *mutatis mutandis*, às diretrizes apontadas nas páginas anteriores.

Observamos que a Emenda Constitucional 41/2003, quando impôs a estas pessoas políticas a obrigação de fixar, para as *contribuições*, alíquotas não inferiores às "dos servidores titulares de cargos efetivos da União", infligiu maus-tratos aos princí-

Assim, a ausência de lei federal específica fixando, detalhadamente, as bases de cálculo *in abstracto* da contribuição previdenciária patronal, impede, nos pontos em que houver omissão, o nascimento das obrigações tributárias correspondentes. Ou, se preferirmos: a cobrança de tal tributo, aplicando-se *diretamente* (sem a intermediação de lei ordinária federal) novas bases de cálculo, não contempladas no art. 22, I, da Lei 8.212/1991, afronta o magno *princípio da legalidade tributária*.

Logo, *s.m.j.*, as férias gozadas, o adicional constitucional de férias, o aviso prévio indenizado, o auxílio-doença/acidente, o salário-maternidade, as indenizações, as horas extras, o adicional noturno, o adicional de insalubridade, o adicional de periculosidade, as gratificações e prêmios, as faltas abonadas, o descanso semanal remunerado, o décimo terceiro salário, o vale-transporte, o vale-alimentação e o seguro de vida e planos de saúde, por não se destinarem a retribuir o trabalho, passam ao largo da contribuição previdenciária patronal a que alude o art. 22, I, da Lei 8.212/1991.

177. Gilberto de Ulhôa Canto ensina-nos que *provisões* nada mais são que lançamentos contábeis constituídos com o fito de fazer frente a encargos que, conquanto inexistentes naquele momento, podem, por razões várias, vir a se verificar (*Temas de Direito Tributário*, vol. II, Rio de Janeiro, Alba, 1964, p. 62).

Nesta linha, também, o pensamento de Rubens Gomes de Sousa, que assevera serem as provisões "destinadas a amparar situações indecisas ou pendentes, que passam de um exercício para outro" (*Pareceres-3 – Imposto de Renda*, São Paulo, Resenha Tributária, 1976, p. 72).

Ambos os autores, amparados nas lições clássicas dos grandes comercialistas nacionais e estrangeiros, fazem empenho no sentido de que a constituição de provisões resulta de livres deliberações societárias, em ordem a atender a responsabilidades potenciais, decorrentes da estrutura da empresa ou da forma de condução de seus negócios. Como se vê, é a ideia de boa gestão empresarial que enseja a adoção deste expediente escritural.

Do exposto, temos por irretorquível que a mera constituição de provisão absolutamente não realiza o *fato imponível* das contribuições previdenciárias.

178. V. cap. V, "Princípio da Anterioridade e Tributação".

179. A redação originária era: "§ 1º. Os Estados, o Distrito Federal e os Municípios poderão instituir contribuição, cobrada de seus servidores, para o custeio, em benefício destes, de sistemas de previdência e assistência social".

pios *federativo*, da *autonomia municipal* e da *autonomia do Distrito Federal*. De fato, ao determinar tal padronização, a Emenda imiscuiu-se em assunto que diz de perto com a faculdade que os Estados, os Municípios e o Distrito Federal receberam da Lei Maior para, atendendo às peculiaridades locais, organizar seus próprios serviços.

Além disso, "o equilíbrio financeiro e atuarial" (art. 40, *caput*, da CF) do regime de previdência pública pode, em alguns casos, exigir a fixação de alíquotas menores para tais tributos. A imposição em tela pode, pois, levar a um inconstitucional *enriquecimento sem causa*.

VIIIe – Consoante dispõe o art. 40 da Carta Magna, com a redação dada pela Emenda Constitucional 41, de 19.12.2003, "aos servidores titulares de cargos efetivos da União, dos Estados, do Distrito Federal e dos Municípios, incluídas suas autarquias e fundações, é assegurado regime de previdência de caráter contributivo e solidário, mediante *contribuição* do respectivo ente público, dos servidores ativos e inativos e dos pensionistas, observados os critérios que preservem o equilíbrio financeiro e atuarial e o disposto neste artigo".

Portanto, as *contribuições* exigidas dos servidores ativos e inativos e dos pensionistas devem ser dosadas de modo a preservar o equilíbrio financeiro e atuarial do *sistema previdenciário público*. Neste sentido, poderão e deverão ter alíquotas diferençadas, em razão dos vencimentos, proventos ou pensões por eles auferidos. Haverão de seguir, pois, a diretriz do § 9º do art. 195 da CF. Noutras palavras, deverão ter alíquotas progressivas – ou seja, quanto maiores os vencimentos, proventos ou pensões, maior a alíquota da exação, e, portanto, maior o valor a recolher a título de *contribuição*.

Os §§ 18 e 19 do art. 40 da CF (inseridos pela Emenda Constitucional 41/2003) detalham o modo pelo qual incidirá tal *contribuição* sobre os proventos de aposentadorias e pensões concedidas pelo regime previdenciário público, *verbis*: "§ 18. Incidirá contribuição sobre os proventos de aposentadorias e pensões concedidas pelo regime de que trata este artigo que superem o limite máximo estabelecido para os benefícios do regime geral de previdência social de que trata o art. 201, com percentual igual ao estabelecido para os servidores titulares de cargos efetivos"; e "§ 19. O servidor de que trata este artigo que tenha completado as exigências para aposentadoria voluntária fará jus a um abono de permanência equivalente ao valor da sua contribuição previdenciária até completar as exigências para aposentadoria compulsória contidas no § 1º, II" (setenta anos de idade, com proventos proporcionais ao tempo de contribuição).

Por força do disposto no art. 2º, § 5º, da EC 41/2003, o servidor que, tendo ingressado regularmente em cargo efetivo na Administração Pública direta, autárquica ou fundacional até 15.12.1998 (data da publicação da Emenda Constitucional 20/1998), completar as exigências para a aposentadoria voluntária e permanecer em atividade "fará jus a um abono de permanência equivalente ao valor da sua contribuição previdenciária até completar as exigências para aposentadoria compulsória contidas no art. 40, § 1º, II, da Constituição Federal".

Já, em decorrência do disposto no art. 3º, § 1º, da EC 41/2003, o servidor que, até a data da publicação desta Emenda (19.12.2003), tenha "completado as exigências para aposentadoria voluntária e que conte com, no mínimo, vinte e cinco anos de contribuição, se mulher, ou trinta anos de contribuição, se homem, fará jus a um abono de permanência equivalente ao valor da sua contribuição previdenciária até completar as exigências para a aposentadoria compulsória contidas no art. 40, § 1º, II, da Constituição Federal".

A Emenda Constitucional 41/2003 traz, ainda, determinações que, no final das contas, reduzem ganhos de servidores da ativa, aposentados e pensionistas, já que altera, para pior, o conteúdo dos arts. 37, XI, 40, I e §§ 3º, 7º, 8º, 15 e 17, 42, § 2º, 48, XV, 96, II, "b", e 149, § 1º, da CF. Também introduz – sempre em detrimento destas pessoas – os §§ 18, 19 e 20 do art. 40 da CF. Especificamente este § 18 estabelece que "incidirá contribuição sobre os proventos de aposentadorias e pensões concedidas pelo regime de que trata este artigo que superem o limite máximo estabelecido para os benefícios do regime geral de previdência social de que trata o art. 201, com percentual igual ao estabelecido para os servidores titulares de cargos efetivos". A Emenda Constitucional 47, de 5.7.2005, mitigou, é certo, o alcance deste dispositivo, ao determinar que tal contribuição "incidirá apenas sobre as parcelas de proventos de aposentadoria e de pensão que superem o dobro do limite máximo estabelecido para os benefícios do regime geral de previdência social de que trata o art. 201 desta Constituição, quando o beneficiário, na forma da lei, for portador de doença incapacitante". A atenuação, todavia, não ilide a inconstitucionalidade que ora estamos vergastando.

A mesma Emenda Constitucional 41/2003 estabelece, em seus arts. 2º a 9º, restrições que, sob o aspecto jurídico, absolutamente não podem ser toleradas. O art. 9º, por exemplo – contrariando a regra elementar de que *disposições transitórias* não se perpetuam no tempo, mas se exaurem no preciso instante em que resolvem problemas tópicos, ligados à passagem de uma ordem constitucional para outra –, manda aplicar "o disposto no art. 17 do Ato das Disposições Constitucionais Transitórias aos vencimentos, remunerações e subsídios dos ocupantes de cargos, funções e empregos públicos da Administração direta, autárquica e fundacional, dos membros de qualquer dos Poderes da União, dos Estados, do Distrito Federal e dos Municípios, dos detentores de mandato eletivo e dos demais agentes políticos e os proventos, pensões ou outra espécie remuneratória percebidos cumulativamente ou não, incluídas as vantagens pessoais ou de qualquer outra natureza".[180]

Alguns comentários, aqui, se fazem imperiosos.

VIIIf – A Emenda Constitucional 41/2003 mal esconde o propósito de aluir as vigas mestras da Carta Magna de 1988. Mais do que as anteriores, esta Emenda arremeteu contra a Federação, já que "impôs" a todas as pessoas políticas um modelo

180. O art. 17 do ADCT estatuía: "Art. 17. Os vencimentos, a remuneração, as vantagens e os adicionais, bem como os proventos de aposentadoria que estejam sendo percebidos em desacordo com a Constituição serão imediatamente reduzidos aos limites dela decorrentes, não se admitindo, neste caso, invocação de direito adquirido ou percepção de excesso a qualquer título".

previdenciário único, padronizando, para elas, um sistema contributivo-solidário que lhes desrespeita a autonomia político-administrativa. Não bastasse isso, "retirou" – o que não poderia ter feito – direitos constitucionalmente adquiridos de servidores públicos, desconsiderando atos jurídicos perfeitos e, em alguns casos, até mesmo a coisa julgada.

Sirva-nos de exemplo a incidência de contribuição sobre os proventos dos atuais servidores inativos.

De fora a parte a injustiça cometida contra aqueles que estão no ocaso da vida, com suas potencialidades diminuídas, a malfadada Emenda Constitucional arremeteu contra garantias constitucionais plasmadas pelo constituinte originário. Realmente, os atos jurídicos perfeitos de suas aposentações incorporaram-se indelevelmente a seus patrimônios – e, nesta medida, não podiam ter tido seu alcance amesquinhado, a não ser por uma nova Constituição. Observe-se, ademais, que os servidores contribuem justamente para, uma vez aposentados, virem a receber proventos. Ao ensejo da aposentação encerra-se seu dever de contribuir. Se nunca contribuíram, porque o Estado chamava para si o encargo de formar o caixa que garantiria os futuros proventos, nem por isso fica aberto o caminho para a serôdia tributação. Menos ainda em nome de um hipotético *déficit* da Previdência, ou porque o inativo recebe serviços assistenciais (*v.g.*, assistência médica) – que, de resto, o Estado tem o dever de prestar a todos (art. 196 da CF), independentemente do recolhimento de qualquer *contribuição*. Raciocínio análogo vale para as pensões.

Também o servidor em atividade, ao ensejo da promulgação da Emenda Constitucional 41/2003, não podia ter alterado, para pior, o regime previdenciário vigente no momento de sua nomeação.

O próprio *princípio da irredutibilidade* (arts. 37, XV, 95, III, e 128, § 5º, I, "c", da CF) inadmite amesquinhamentos de proventos, remunerações, subsídios, pensões e vencimentos que já estejam sendo percebidos, com fundamento na Constituição e nas leis vigentes.

Por mais que se queira recompor a higidez econômica dos sistemas previdenciários dos servidores da União, dos Estados, do Distrito Federal e dos Municípios, bem assim de suas autarquias e fundações, há obstáculos jurídico-constitucionais que não podem ser afastados, nem mesmo pelo *poder constituinte derivado*.

Uma emenda constitucional não pode desconstituir situações que se consolidaram debaixo de disposições da Carta Magna que está sendo reformada. Menos ainda quando isto implica ofensa a direito adquirido, a ato jurídico perfeito e a coisa julgada – se por mais não fosse, em razão do disposto no art. 5º, XXXVI, da CF ("A lei não prejudicará o direito adquirido, o ato jurídico perfeito e a coisa julgada"[181]).

181. O vocábulo "lei", neste contexto, abrange as emendas constitucionais, já que tem a acepção de qualquer das espécies normativas referidas no art. 59 da CF. Do contrário se estaria admitindo, sem qualquer consistência hermenêutica e ao arrepio do próprio espírito da Constituição, que os decretos legislativos e as resoluções, ali referidos, poderiam tranquilamente prejudicar o direito adquirido, o ato jurídico perfeito e a coisa julgada.

A retroatividade *in pejus* determinada pela Emenda Constitucional 41/2003 fere de morte os próprios princípios da *segurança jurídica* e da *proteção da confiança*, alicerces do Estado de Direito, já que – como bem nota Canotilho – levam à "calculabilidade e previsibilidade dos indivíduos em relação aos efeitos jurídicos dos actos dos Poderes Públicos".[182]

Ignorando esta regra elementar, o Governo, valendo-se do – até hoje – sempre cooptável Congresso Nacional, desconsiderou estes "aspectos técnicos" (na realidade, *cláusulas pétreas*) e – verdade seja – produziu um flagrante retrocesso institucional que, agora, somente o Poder Judiciário poderá afastar. Com efeito, uma emenda constitucional não pode excepcionar direitos e garantias individuais, originariamente postos a salvo de diminuições de alcance pelo art. 60, § 4º, IV, da Lei Maior.

O pior de tudo, a nosso sentir, é que tais medidas, longe de resolverem o problema previdenciário público, tendem a destruir as chamadas "carreiras de Estado". Com as peias criadas pela Emenda Constitucional 41/2003 sobram poucos estímulos ao ingresso nas carreiras da Magistratura, do Ministério Público, das Procuradorias, das Defensorias Públicas, das Auditorias Fiscais etc.

Queremos deixar registrado que a *eficiência administrativa* – que teria norteado a edição da Emenda Constitucional em análise – não prescinde do respeito absoluto à Constituição e a seus valores fundamentais.[183]

Mas, voltando ao tema central, as "contribuições" são tributos que podem revestir a natureza de imposto ou de taxa.

Com apoio nessas premissas, passaremos a estudar – o que faremos com as necessárias simplificações – o perfil constitucional e legal da ***hoje extinta*** *contribuição provisória sobre a movimentação ou transmissão de valores e de créditos e direitos de natureza financeira* (CPMF).[184]

IX – A CPMF – sem dúvida, uma *contribuição social para a seguridade social*[185] – teve sua instituição autorizada pela Emenda Constitucional 12, de 15.8.1996 (publicada no *DOU* 16.8.1996), que incluiu um art. 74 ao ADCT,[186] *verbis*:

182. J. J. Gomes Canotilho, *Direito Constitucional e Teoria da Constituição*, p. 252.

183. A despeito dos argumentos acima alinhavados, que pedimos vênia para reiterar, o STF, na ADI 3.105 (rela. Min. Ellen Gracie, relator para o acórdão Min. Joaquim Barbosa, j. 18.8.2004), que teve, por requerente a CONAMP (Confederação Nacional do Ministério Público) e por requerido o Congresso Nacional, julgou, por maioria de votos (7 contra 4), improcedente a ação, em relação ao *caput* do art. 4º da EC 41/2003. Já, por unanimidade, o mesmo Pretório Excelso julgou inconstitucionais as expressões "cinquenta por cento do" e "sessenta por cento do", contidas respectivamente nos incisos I e II do parágrafo único do art. 4º da EC 41/2003, pelo quê decidiu aplicar-se, à hipótese (do art. 4º da EC 41/2003), o § 18 do art. 40 do Texto Permanente da CF.

184. Trataremos deste assunto porque ainda há inúmeras questões sendo decididas nos tribunais acerca da antiga CPMF.

185. Recordemos que o § 2º do art. 75 do ADCT, introduzido pela Emenda Constitucional 21/1999, estabelecia que "o resultado do aumento da arrecadação, decorrente da alteração da alíquota (*da CPMF*), nos exercícios financeiros de 1999, 2000 e 2001, *será destinado ao custeio da previdência social*" (esclarecemos no parêntese e grifamos).

186. À época registramos nosso inconformismo com a inclusão (inconstitucional), por meio de emenda constitucional, de uma nova *disposição constitucional transitória* a uma Carta que, então, já tinha quase dez anos de existência.

"Art. 74. A União poderá instituir contribuição provisória sobre a movimentação ou transmissão de valores e de créditos e direitos de natureza financeira.

"§ 1º. A alíquota da contribuição de que trata este artigo não excederá a vinte e cinco centésimos por cento, facultado ao Poder Executivo reduzi-la ou restabelecê-la, total ou parcialmente, nas condições e limites fixados em lei.

"§ 2º. À contribuição de que trata este artigo não se aplica o disposto nos arts. 153, § 5º, e 154, I, da Constituição.

"§ 3º. O produto da arrecadação da contribuição de que trata este artigo será destinado integralmente ao Fundo Nacional de Saúde, para financiamento das ações e serviços de saúde.

"§ 4º. A contribuição de que trata este artigo terá sua exigibilidade subordinada ao disposto no art. 195, § 6º, da Constituição, e não poderá ser cobrada por prazo superior a dois anos."

Deixando de lado as inconstitucionalidades que tisnavam a Emenda Constitucional 12/1996,[187] o fato é que, com base nela, a CPMF foi criada pela Lei federal 9.311/1996 (*DOU* 24.10.1996), com um prazo inicial de vigência de 13 meses (até 24.2.1998), posteriormente "prorrogado", pela Lei 9.539/1997 (*DOU* 15.12.1997), até 24.1.1999 (para que se completasse o período máximo de dois anos a que aludia o § 4º do art. 74 do ADCT).[188]

Atualmente (fevereiro/2019) o Ato das Disposições Constitucionais Transitórias registra 114 artigos.

187. Sempre entendemos que, sendo a CPMF uma *contribuição para a seguridade social* e não estando prevista nos incisos I a III do art. 195 da Carta Magna, só podia encontrar *fundamento de validade* no § 4º desse comando constitucional. Assim, devia: a) ser criada por meio de lei complementar; b) obedecer ao *princípio da não cumulatividade*; c) não ter nem hipótese de incidência, nem base de cálculo, idênticas às dos impostos arrolados nos arts. 153, 155 e 156 da CF; d) obedecer ao *princípio da capacidade contributiva* (que informa a tributação por meio de impostos e de tributos que revistam esta natureza); e e) ter 20% do produto de sua arrecadação rateados entre os Estados e o Distrito Federal (cf. art. 157, II, da CF).

Nada disso aconteceu. De fato, a CPMF, a teor desta emenda constitucional, além de poder ser instituída por meio de lei ordinária, não precisava ser não cumulativa (art. 74, § 2º, do ADCT), nem obedecer ao princípio da capacidade contributiva. Demais disso, sua base de cálculo coincidia com a do IOF, um dos impostos discriminados no art. 153 (inciso V) da CF.

Sobremais, o produto da arrecadação da CPMF ia, à época, integralmente para o *Fundo Nacional de Saúde* (art. 74, § 3º, do ADCT), o que afrontava o direito subjetivo dos Estados e do Distrito Federal a dele participarem (cf. o disposto no art. 157, II, da CF).

E, como se tudo não bastasse, a alíquota da CPMF podia ser alterada, dentro dos limites da lei, pelo Presidente da República (art. 74, § 1º, do ADCT), afrontando, destarte, também os princípios da estrita legalidade tributária e da independência e harmonia dos Poderes.

Como vemos, restaram agredidos *direitos e garantias individuais* dos contribuintes, que – nunca é demais insistir – pertencem ao núcleo imodificável da Constituição, *ex vi* de seu art. 60, § 4º, IV.

Registramos, no entanto, que, entendendo a questão de modo diverso, o STF, em *ação direta de inconstitucionalidade* proposta pela *Confederação Nacional dos Trabalhadores da Saúde* – CNTS, decidiu, por maioria de votos (vencido o Min. Marco Aurélio de Mello), que a Emenda Constitucional 12/1996 não padecia de qualquer inconstitucionalidade.

188. Em termos estritamente jurídicos, a Lei 9.539/1997 não "prorrogou" o prazo de cobrança da CPMF, mas, sim, criou uma nova. Ora, a "nova" CPMF deveria ter tido "sua exigibilidade subordinada ao disposto no art. 195, § 6º, da Constituição" (cf. § 4º do art. 74 do ADCT).

Mas, passando por cima de mais estas injuridicidades, o fato é que, a nosso sentir, a exação deixou de ser exigível em 24.1.1999, justamente por se haver completado o prazo de vigência dos aludidos atos normativos (pelo menos nos pontos estritamente tributários[189]). Mais: perderam também a *validade*, já que – justamente pelo exaurimento da Emenda Constitucional 12/1996, que lhes dava respaldo – se viram excluídos do ordenamento jurídico positivo brasileiro.[190]

X – Estavam os contribuintes postos em sossego – evidentemente no que se referia a esta exigência fiscal "provisória", que, como toda a doutrina apregoava, desaparecera –, quando se viram surpreendidos com a edição da Emenda Constitucional 21, de 18.3.1999 (publicada no *DOU* 19.3.1999), que "incluiu" no ADCT um art. 75, do seguinte teor:

"Art. 75. É prorrogada, por trinta e seis meses, a cobrança da contribuição provisória sobre movimentação ou transmissão de valores e de créditos e direitos de natureza financeira de que trata o art. 74, instituída pela Lei 9.311, de 24 de outubro de 1996, modificada pela Lei 9.539, de 12 de dezembro de 1997, *cuja vigência é também prorrogada por idêntico prazo*.

"§ 1º. Observado o disposto no § 6º do art. 195 da Constituição Federal, a alíquota da contribuição será de trinta e oito centésimos por cento, nos primeiros doze meses, e de trinta centésimos nos meses subsequentes, facultado ao Poder Executivo reduzi-la total ou parcialmente, nos limites aqui definidos.

"§ 2º. O resultado do aumento da arrecadação, decorrente da alteração da alíquota, nos exercícios financeiros de 1999, 2000 e 2001, será destinado ao custeio da previdência social.

"§ 3º. É a União autorizada a emitir títulos da dívida pública interna, cujos recursos serão destinados a custeio da saúde e da previdência social, em montante equivalente ao produto da arrecadação da contribuição, prevista e não realizada em 1999" (grifamos).

Em razão disso, a CPMF voltou a ser exigida, a partir de 17.6.1999.

Lembramos, neste passo, que qualquer alteração que se produza na norma jurídica tributária, inclusive em seu *aspecto temporal* (foi justamente o caso), acarreta o nascimento de um novo tributo. Tributo que, na hipótese em tela, só poderia ter sido exigido após decorridos noventa dias da data da publicação da Lei 9.539/1997, que o instituiu; vale dizer, a partir de 23.5.1998.

189. A circunstância de alguns dispositivos da Lei 9.311/1996 ainda terem continuado a irradiar efeitos (*v.g.*, os que tratavam da gestão dos recursos auferidos) absolutamente não infirma a asserção de que esta lei se exauriu, deixando, em caráter definitivo, o cenário jurídico.

190. "Estar em vigor" é ter força para regular os comportamentos intersubjetivos sobre os quais a norma jurídica incide. *Vigência*, portanto, é uma propriedade da regra jurídica que está apta a propagar efeitos tão logo aconteçam, no mundo em que vivemos, os fatos nela abstratamente descritos.

Validade jurídica, de seu turno, é a relação entre a norma jurídica e o sistema do Direito posto. Ou, como quer Tercio Sampaio Ferraz Jr., "é uma qualidade da norma que designa sua pertinência ao ordenamento, por terem sido obedecidas as condições formais e materiais de sua produção e consequente integração no sistema" (*Introdução ao Estudo do Direito*, 2ª ed., São Paulo, Atlas, 1994, p. 202). É, em síntese, o "existir jurídico específico" a que se refere Hans Kelsen. Uma norma jurídica tem esta propriedade quando produzida pelo órgão credenciado pelo sistema e com observância do procedimento pertinente. A validade de uma norma dura enquanto estiver incluída no ordenamento do direito positivo.

Naquela oportunidade manifestamo-nos novamente pela inconstitucionalidade da exação, esgrimindo os seguintes argumentos: a) não podia uma emenda constitucional restabelecer a eficácia de lei cujo prazo de vigência já fluíra;[191] b) a Emenda

191. Nos termos do art. 2º da Lei de Introdução às Normas do Direito Brasileiro (Decreto-lei 4.657, de 4.9.1942 – denominação dada à *Lei de Introdução ao Código Civil* pela Lei 12.376, de 30.12.2010), "não se destinando à vigência temporária, a lei terá vigor até que outra a modifique ou revogue". E o § 2º desse diploma explicita que "a lei posterior revoga a anterior quando expressamente o declare, quando seja com ela incompatível ou quando regule inteiramente a matéria de que tratava a lei anterior".

Assim, as leis desaparecem mediante explícita ou implícita *revogação.*

Como é sabido e consabido, as leis (inclusive as tributárias) costumam ser editadas com prazo de vigência indeterminado. Neste caso, continuam a produzir efeitos até serem revogadas por meio de outras leis que, expressa ou implicitamente, venham a regular de modo diverso as matérias nelas disciplinadas. Esta a modalidade clássica de revogação.

Todavia, a revogação também se dá quando a própria lei limita, expressamente, o tempo de sua vigência (lei com prazo prefixado de vigência).

Neste caso, no dizer expressivo de Vicente Ráo, "a lei traz consigo, desde o seu nascimento, o preceito que lhe limita a vigência no tempo" (*O Direito e a Vida dos Direitos*, 1º vol., São Paulo, Max Limonad, 1952, p. 386).

Como vemos, quando a lei tem prazo prefixado de vigência, ela, por assim dizer, contém implícito o preceito revogatório. No *dies ad quem* exaure-se seu *ciclo vital* e ela deixa de existir, ou seja, de ter força obrigatória. É expulsa do sistema jurídico, como nos casos de *revogação clássica*, em que a lei posterior vem a dispor, em sentido diverso, sobre a matéria contemplada na anterior.

Em suma, a revogação também pode dar-se pela fluição do lapso de tempo expressamente nela apontado como previsto para sua vigência.

Observamos, por oportuno, que, uma vez revogada (inclusive por haver sido alcançado o termo *ad quem* de sua vigência), a lei desaparece do cenário jurídico, a ele não mais podendo retornar.

Transplantando estas ideias – apenas esboçadas – para o caso agora examinado, facilmente percebemos que as Leis 9.311/1996 e 9.539/1997, tendo sido *revogadas* (pela fluição de seus prazos de vigência), não poderiam ter sido "ressuscitadas", nem mesmo por uma emenda constitucional. É que inexiste em nosso direito positivo aquilo que poderíamos chamar de "efeito Lázaro".

Ademais, foi a própria Emenda Constitucional 12/1996 (*fundamento de validade* das Leis 9.311/1996 e 9.539/1997) que limitou a cobrança da CPMF em dois anos. Com isso, expirado este prazo, *ipso facto* caducaram as leis em questão.

Lamentavelmente, porém, a Emenda Constitucional 21/1999 entendeu de prorrogar a exigência da exação, dando uma "sobrevida" às Leis 9.311/1996 e 9.539/1997.

Embora esta certamente tenha sido a *intentio legislatoris*, o fato é que a Emenda Constitucional 21/1999 não prorrogou – e nem poderia ter prorrogado – a vigência dos preditos diplomas legais. Realmente, como é de compreensão intuitiva, só se pode prorrogar o que ainda não desapareceu. Normas jurídicas só podem ser prorrogadas quando ainda se encontram irradiando efeitos; nunca quando já revogadas, como no caso em tela de discussão.

Oportuníssimas, a respeito, as lições do inolvidável Plácido e Silva:

"(...) a prorrogação pressupõe prazo ou espaço de tempo, que não se extinguiu, nem se findou, e que é ampliado, dilatado, aumentado, antes que se finde ou se acabe.

"Não se prorroga o que já se mostra terminado ou acabado, isto é, fora da vigência ou do exercício de um prazo, que não mais existe" (*Vocabulário Jurídico*, 3ª ed., Rio de Janeiro, Forense, 1991, p. 482).

Nem se diga, numa visão mais crítica, que este é um argumento meramente formal. Na verdade, quando se trata de questão ligada ao *Estatuto do Contribuinte*, o *aspecto formal* é tão essencial quanto o *material*, já que ambos viabilizam o *princípio constitucional da segurança jurídica.*

Com efeito, este princípio impede que o contribuinte seja surpreendido com a "prorrogação" de exigência fiscal já exaurida no tempo – e, portanto, já desaparecida.

Também não se diga que a Emenda Constitucional 21/1999 usou a expressão "é prorrogada" no sentido de "é criada", e a palavra "vigência" no sentido de "incidência". É que, por força do *princípio da razoabilidade*, mesmo uma emenda constitucional, ao aludir a institutos jurídicos, está atrelada ao sentido

Constitucional 21/1999 padecia de *inconstitucionalidade formal*, já que não obedecera ao *devido processo legislativo*;[192] c) não era dado à emenda constitucional em

que eles têm, de acordo com a doutrina e a jurisprudência. Acaso pudesse alterar o sentido comum dos institutos jurídicos, ainda mais quando assentados há milênios, a Constituição, em rigor, não daria qualquer garantia aos contribuintes: uma emenda constitucional sempre poderia costeá-la, alterando o sentido corriqueiro das palavras e expressões jurídicas. Pior: mediante este artifício, poderia até aluir cláusulas pétreas, instalando o império do arbítrio.

Enfim, é certo que exigências fiscais podem ser renovadas. Mas só havendo nova criação (recriação) do tributo, observados os ditames constitucionais adequados – que, no caso em estudo, não se fizeram presentes.

192. É inconstitucional a norma jurídica que está em desarmonia com a Carta Suprema. A inconstitucionalidade tanto pode ser *material* como *formal*. Dizemos que há *inconstitucionalidade formal* quando a norma jurídica é baixada por órgão, pessoa ou autoridade incompetente ou com inobservância dos procedimentos constitucionais adequados.

Muito bem, a Emenda Constitucional 21/1999 também padecia de *inconstitucionalidade formal*, uma vez que, ao ser votada e aprovada, não obedeceu ao *devido processo legislativo*, traçado pela Constituição.

Com efeito, prescreve o art. 60, II, e §§ 2º e 3º:

"Art. 60. A Constituição poderá ser emendada mediante proposta: (...) II – do Presidente da República; (...).

"(...).

"§ 2º. A proposta será discutida e votada em cada Casa do Congresso Nacional, em dois turnos, considerando-se aprovada se obtiver, em ambos, três quintos dos votos dos respectivos membros.

"§ 3º. A emenda à Constituição será promulgada pelas Mesas da Câmara dos Deputados e do Senado Federal, com o respectivo número de ordem."

Percebemos, com a só leitura destes dispositivos, que nenhuma proposta de emenda constitucional poderá ser discutida e aprovada, total ou parcialmente, por somente uma das Casas Legislativas. Pelo contrário, é mister que ambas (a Câmara dos Deputados e o Senado Federal) aprovem o conteúdo integral da proposta, para que ulteriormente haja a promulgação.

Se a proposta for emendada em qualquer uma das Casas Legislativas, deverá retornar à outra, para conhecimento e apreciação. E assim sucessivamente, até que haja aprovação coincidente por parte de ambas. Esta é a única maneira de não se hierarquizar as Casas do Congresso Nacional. Reforça este entendimento o art. 65, parágrafo único, da Carta Magna quando, tratando do processo de formação das leis, proclama, com todas as letras, que, "sendo o projeto emendado, voltará à Casa iniciadora".

Ora, no caso em foco não houve esta imprescindível coincidência de vontades das duas Casas do Congresso Nacional.

Com efeito, a Emenda Constitucional 21/1999 originou-se da *Proposta de Emenda Constitucional (PEC) 34/1998*, do senador Élcio Álvares, protocolada em 18.11.1998.

A *PEC 34/1998*, após discussões e emendas, foi aprovada, em segundo turno, no Senado Federal, em 19.1.1999, sendo, nesta mesma data, encaminhada à Câmara dos Deputados. Tinha, na oportunidade, a seguinte redação:

"As Mesas da Câmara dos Deputados e do Senado Federal, nos termos do § 3º do art. 60 da Constituição Federal, promulgam a seguinte Emenda ao texto constitucional:

"Art. 1º. É incluído o art. 75 do Ato das Disposições Constitucionais Transitórias, com a seguinte redação:

"'Art. 75. É prorrogada, por trinta e seis meses, a cobrança da contribuição provisória sobre movimentação ou transmissão de valores e de créditos e direitos de natureza financeira de que trata o art. 74, instituída pela Lei n. 9.311, de 24 de outubro de 1996, modificada pela Lei n. 9.529, de 12 de dezembro de 1997, cuja vigência é também prorrogada por idêntico prazo.

"'§ 1º. Observado o disposto no § 6º do art. 195 da Constituição, a alíquota da contribuição será de trinta e oito centésimos por cento, nos primeiros doze meses, e de trinta centésimos, nos meses subsequentes, facultado ao Poder Executivo reduzi-la ou restabelecê-la, total ou parcialmente, nos limites aqui definidos.

questão criar tributos, aí incluída a CPMF;[193] d) a eventual criação de nova CPMF só seria possível por meio de lei complementar; e e) a cobrança de um tributo com

"'§ 2º. O resultado do aumento da arrecadação, decorrente da alteração da alíquota, nos exercícios financeiros de 1999, 2000 e 2001, será destinado ao custeio da previdência social.

"'§ 3º. É a União autorizada a emitir títulos da dívida pública interna, cujos recursos serão destinados ao custeio da saúde e da previdência social, em montante equivalente ao produto da arrecadação da contribuição, prevista e não realizada em 1999, hipótese em que o resultado da arrecadação verificado no exercício financeiro de 2002 será integralmente destinado ao resgate da dívida pública federal.'

"Art. 2º. Esta Emenda entra em vigor na data de sua publicação."

Uma vez na Câmara dos Deputados, a *PEC 34/1998* passou a denominar-se *PEC 637/1999*. Recebeu várias emendas, foi votada e aprovada em dois turnos, sendo seu texto final imediatamente encaminhado para promulgação, em 19.3.1999.

Ora, a simples confrontação da Emenda Constitucional 21/1999 com o texto aprovado pelo Senado Federal facilmente revela que havia um descompasso entre ambos.

Deveras, a Câmara dos Deputados excluiu as expressões "ou restabelecê-la" e "hipótese em que o resultado da arrecadação verificado no exercício financeiro de 2002 será integralmente destinado ao resgate da dívida pública federal", dos §§ 1º e 3º, respectivamente. Houve, pois, duas substanciais alterações no texto oriundo do Senado. E, a despeito disso, o projeto aprovado na Câmara não retornou àquela Casa Legislativa, para a imprescindível reapreciação.

Logo, a Emenda Constitucional 21/1999 não resultou do consenso das duas Casas Legislativas.

Esta *inconstitucionalidade formal* também impedia que a CPMF fosse validamente exigida.

193. Também não se podia sustentar que a Emenda Constitucional 21/1999 "criou", em última análise, uma *nova* CPMF, fixando-lhe alíquotas mais gravosas que a prevista para a *antiga* e mandando, inclusive, observar o disposto no art. 195, § 6º, da CF.

É que não é dado à emenda constitucional criar ou aumentar tributos. Tal matéria foi reservada, pelo constituinte originário de 1988, à *lei* da pessoa política competente. Ora, emenda constitucional não é lei. Não, pelo menos, no sentido mais estrito da palavra.

Quando a Constituição Federal proclama ser vedado às pessoas políticas "exigir ou aumentar tributo sem lei que o estabeleça" (art. 150, I), está implicitamente estatuindo que a criação e o aumento de tributos dependem da edição deste ato normativo, *observado o processo de elaboração que lhe é próprio*.

Tal processo *exige* a coparticipação dos Poderes Legislativo e Executivo, a quem cabe sancionar, promulgar e fazer publicar as leis tributárias (art. 84, IV, da CF). Sem tal coparticipação nenhum tributo pode ser validamente instituído ou aumentado.

Pois bem, conquanto a Emenda Constitucional 21/1999 tenha brotado de uma *proposta* apresentada pelo Presidente da República, ela (como, de resto, todas as emendas constitucionais) não foi submetida a sanção. Ademais, viu-se promulgada e publicada pelas Mesas da Câmara dos Deputados e do Senado Federal (art. 60, § 3º, da CF) – sem a participação, portanto, do Executivo.

É justamente aí que se patenteia o *descompasso* entre o devido processo de elaboração das leis que criam ou aumentam tributos e a Emenda Constitucional 21/1999.

Note-se que a observância do *devido processo legislativo* na criação ou aumento dos tributos é uma garantia inafastável dos cidadãos-contribuintes, não podendo, destarte, ser atropelada, nem mesmo por meio de emenda constitucional.

Logo, a participação do chefe do Executivo em todo o processo de criação ou aumento do tributo – o que só se dá quando isto é feito por meio de lei – não é mera prerrogativa desta autoridade, da qual poderia abrir mão, caso lhe aprouvesse.

Pelo contrário, é o próprio contribuinte que tem o direito constitucional subjetivo de só ser tributado com base em *lei*, elaborada de acordo com o adequado processo. Ora, como na emenda constitucional não se dá a participação do Executivo seja na sanção (que, no caso, sequer existe), seja na promulgação, seja na publicação, segue-se que ela não é o veículo apropriado para a criação ou aumento de tributos.

Destarte, nem mesmo artifícios dialéticos sustentavam a tese de que a Emenda Constitucional 21/1999 teria, ainda que por via oblíqua, criado uma *nova* CPMF.

as características da CPMF atentava contra o magno *princípio da capacidade contributiva*.[194]

Xa – Lamentavelmente, porém, a CPMF continuou a fazer escola. Com efeito, a Emenda Constitucional 31, de 14.12.2000 (publicada no *DOU* 12.9.2001), introduziu no ADCT dois artigos (arts. 79 e 80) que instituíram, para vigorar até o ano de 2010, no âmbito do Poder Executivo Federal, o *Fundo de Combate e Erradicação da Pobreza*. Este prazo foi prorrogado, por tempo indeterminado, pelo art. 1º da Emenda Constitucional 67/2010.[195] Especificamente a respeito da CPMF, o art. 80, I, do ADCT estatuía: "Art. 80. Compõem o Fundo de Combate e Erradicação da Pobreza: I – a parcela do produto da arrecadação correspondente a um adicional de oito centésimos por cento, aplicável de 18 de junho de 2000 a 17 de junho de 2002, na alíquota da contribuição social de que trata o art. 75 do Ato das Disposições Constitucionais Transitórias".

Retornou-se, pois, em caráter retroativo (o que também se nos afigurava inconstitucional), à alíquota originária de trinta e oito centésimos por cento (que a partir de 18.6.2000 caíra para trinta centésimos por cento). De fora a parte isso, a emenda constitucional em questão majorou o tributo, o que, a nosso ver, também igualmente feria o *Estatuto do Contribuinte*.

Xb – Dentro do escopo governamental – nunca confessado, mas perfeitamente captável por qualquer pessoa dotada de um mínimo de perspicácia – de tornar *permanente* o que nasceu *provisória*, a Emenda Constitucional 37, de 12.6.2002 (publicada no *DOU* 13.6.2002), introduziu um art. 84 ao ADCT, tornando a "prorrogar" a cobrança da CPMF, agora até 31.12.2004, bem como a vigência, até aquela data, da Lei 9.311, de 24.10.1996, com suas alterações.

Xc – No mesmo sentido, a Emenda Constitucional 42, de 19.12.2003 (publicada no *DOU* 19.12.2003), introduziu um art. 90 ao ADCT, "prorrogou" a cobrança da CPMF, até 31.12.2007, e manteve, por igual período, a vigência da Lei 9.311/1996 (com suas alterações) e a alíquota de 0,38%.

Xd – Por fim, graças à mobilização de praticamente toda a sociedade, a CPMF deixou de ser devida em 31.12.2007, pois foi rejeitada, no Senado da República, a

194. De fato, além de outras inconstitucionalidades, a CPMF desconsiderava o primado da capacidade contributiva (v. maiores considerações no cap. II, subitem 8.4.1) e, também por isso, sua cobrança era juridicamente inviável.

Valiam, a propósito, as oportunas ponderações de José Marcos Domingues de Oliveira: "O que mais choca ao estudioso do direito tributário é o absoluto descompromisso dessa exação com o princípio da capacidade contributiva. Trata-se de exigência desassociada de qualquer atividade estatal específica relativa ao contribuinte. Portanto, com o fato gerador próprio de imposto (...). A CPMF é, então, um verdadeiro imposto. E imposto é tributo fundado na capacidade contributiva; isto é, só pode ser instituído na presença de indício de riqueza (...). Ora, nem o antigo IPMF nem a CPMF incidem sobre qualquer manifestação de riqueza" (*Contribuições Sociais – Problemas Jurídicos*, São Paulo, Dialética, 1999, pp. 173-174).

195. EC 67, de 22.12.2010: "Art. 1º. Prorrogam-se, por tempo indeterminado, o prazo de vigência do Fundo de Combate e Erradicação da Pobreza a que se refere o *caput* do art. 79 do Ato das Disposições Constitucionais Transitórias e, igualmente, o prazo de vigência da Lei Complementar n. 111, de 6 de julho de 2001, que 'Dispõe sobre o Fundo de Combate e Erradicação da Pobreza, na forma prevista nos arts. 79, 80 e 81 do Ato das Disposições Constitucionais Transitórias'".

proposta de emenda constitucional que pretendia "prorrogar" até 2010 a vigência da Lei 9.311/1996.

Diante deste auspicioso fato, deixaremos de lado críticas e observações acerca da CPMF, que hoje já não têm a mesma importância que apresentavam até passado recente.

Vamos, no entanto, cuidar da *regra-matriz* e da *hipótese de incidência* da antiga CPMF, pontos fundamentais para o deslinde de problemas jurídicos que ainda pendem de solução junto ao Poder Judiciário.

Xe – A *regra-matriz* da CPMF, como já adiantamos, encontrava-se no art. 74 do ADCT, que autorizava a União a "instituir contribuição provisória sobre movimentação ou transmissão de valores e de créditos e direitos de natureza financeira".

Os termos "movimentação" e "transmissão" indicavam que o tributo tinha uma *conotação dinâmica*, vale dizer, só podia nascer de uma ação: a *ação de uma pessoa fazer circular bens e valores.* Por aí já ficava claro que a CPMF *não podia* alcançar o patrimônio, que pressupõe uma situação estática – qual seja, o fato de alguém possuir, num momento certo e determinado, um conjunto de bens e valores.

Como vemos, este tributo incidia sobre a *realização* de operações que implicassem movimentação ou transmissão de valores e de créditos e direitos *de natureza financeira*. Não era, pois, qualquer circulação de bens ou valores que rendia ensejo à tributação em tela, mas apenas a *de natureza financeira*, isto é, a realizada, entre pessoas distintas, por intermédio do chamado *Sistema Financeiro Nacional.*[196] A lei que veiculasse sua *hipótese de incidência* somente seria válida se descrevesse operação deste jaez.

É bom esclarecermos, desde logo, que tal *operação* só podia ser *jurídica* (e não meramente *física*), o que pressupunha a transferência (de uma pessoa a outra) da titularidade de valores e de créditos e direitos de qualquer natureza. Sem tal mudança da titularidade não havia falar em tributação por meio de CPMF, até por ausência de manifestação de *capacidade contributiva.*

De fato, a Constituição não previa a tributação "de valores e de créditos e direitos de natureza financeira" por meio de CPMF, mas a tributação da "movimentação ou transmissão de valores e de créditos e direitos de natureza financeira", isto é, das operações financeiras que tivessem por objeto tais *valores*, *créditos* e *direitos*. Os termos "movimentação" e "transmissão" qualificavam as operações financeiras tributadas por via de CPMF.

E nem se diga que sendo "movimentação", como registram os léxicos,[197] deslocação de um corpo de um para outro lugar, a CPMF também podia incidir na mera circulação física (desde que operada por meio das entidades que integram o Sistema

196. *Sistema Financeiro Nacional* é, em apertada síntese, um mercado legalmente organizado (constituído por instituições financeiras ou a ela equiparadas) que é utilizado por pessoas, não financeiras, para realizar negócios jurídicos que se qualificam como *aplicações financeiras.*

197. Por exemplo, o *Grande e Novíssimo Dicionário da Língua Portuguesa*, de Laudelino Freire (3ª ed., vol. IV, Rio de Janeiro, Livraria José Olympio Editora, 1957, p. 3.513).

Financeiro Nacional) dos mencionados *valores*, *créditos* e *direitos* de um mesmo titular, ou seja, sem que houvesse transferência de sua titularidade.

É que interpretar um texto jurídico não é apenas entender o significado das palavras que o compõem, mas a vontade do Estado nelas contida. A palavra, como se sabe, é mau veículo do pensamento, não revelando todo o conteúdo do ato normativo. Afinal, como pondera Carlos Maximiliano, "sob um só invólucro verbal se conchegam e escondem várias ideias, valores mais amplos e profundos que os resultantes da simples apreciação literal do texto".[198]

Tais ideias evidenciam a importância da *interpretação sistemática*, que exige uma visão global do ordenamento jurídico.

Assim, retomando o fio do raciocínio, este tributo somente podia incidir sobre operações jurídicas (negócios jurídicos[199]) que conduzissem valores, créditos e direitos de natureza financeira do patrimônio de uma pessoa para o de outra, sempre com a intermediação de entidade pertencente ao Sistema Financeiro Nacional.

Melhor dizendo, a mera *circulação* de valores, créditos e direitos de natureza financeira não determinava a incidência da CPMF. Só a passagem de valores, créditos e direitos de uma pessoa a outra, por força da prática de uma operação financeira, é que abria espaço à tributação ora em estudo.

Realmente, a perfeita compreensão e a exegese do art. 74 do ADCT evidenciam que toda a ênfase devia ser posta nos termos "movimentação" e "transmissão" (não nos termos "valores" e "créditos", nem na expressão "direitos de natureza financeira"). A incidência da CPMF era – tornamos a insistir – sobre *operações de natureza financeira*, e não sobre o fenômeno da *circulação de natureza financeira*.

Por "operações de natureza financeira" entendemos as que têm por objeto a *moeda*, já que se realizam apenas no ambiente que forma o chamado "Sistema Financeiro Nacional".

Assim, a *hipótese de incidência possível* do tributo era a operação jurídica que causava a circulação de valores, de créditos ou de direitos de natureza financeira, vale dizer, a transmissão da titularidade dos mesmos. Tal operação era o *fato jurídico* que desencadeava o efeito de fazer nascer a obrigação de pagar a CPMF.

Em suma, só havia falar em CPMF se comprovadamente houvesse uma operação jurídica (negócio jurídico, promovido espontaneamente) que causasse circulação de valores, de créditos ou de direitos de natureza financeira, no âmbito do Sistema Financeiro Nacional. Em mais preciso dizer, a materialidade (o núcleo) da CPMF devia

198. Carlos Maximiliano, *Hermenêutica e Aplicação do Direito*, 2ª ed., Porto Alegre, Ed. do Globo, 1933, p. 36.

199. Para Miguel Reale, "negócio jurídico é aquela espécie de ato que, além de se originar de um ato de vontade, implica a declaração expressa da vontade, instauradora de uma relação entre dois ou mais sujeitos, tendo em vista um objeto protegido pelo ordenamento jurídico" (*Lições Preliminares de Direito*, 5ª ed., São Paulo, Saraiva, 1978, p. 135).

Estas ideias vêm completadas por Paulo Dourado de Gusmão, para quem o negócio jurídico "é a declaração expressa de vontade destinada a produzir efeitos jurídicos de natureza patrimonial, como os contratos" (*Introdução ao Estudo do Direito*, 13ª ed., Rio de Janeiro, Forense, 1988, p. 334).

ser – porque assim o exigia a Carta Constitucional – a operação financeira, realizada por intermédio de instituições financeiras ou a elas equiparadas, ensejadora da transferência da titularidade destes valores, créditos ou direitos.[200]

Xf – A Lei 9.311, de 24.10.1996, editada com apoio no art. 74 do ADCT, *não estava* totalmente em sintonia com as diretrizes acima apontadas. Com efeito, embora sufragasse a tese de que a CPMF nascia da operação jurídica que causasse transferência da titularidade de valores, de créditos ou de direitos de natureza financeira, "autorizava" – inconstitucionalmente, como adiante procuraremos demonstrar – sua exigência também quando não houvesse tal transferência de titularidade.

Deveras, dispunha o art. 1º da Lei 9.311/1996:

"Art. 1º. É instituída a Contribuição Provisória sobre Movimentação ou Transmissão de Valores e de Créditos e Direitos de Natureza Financeira – CPMF.

"Parágrafo único. Considera-se movimentação ou transmissão de valores e de créditos e direitos de natureza financeira qualquer operação liquidada ou lançamento realizado pelas entidades referidas no art. 2º, que representem circulação escritural ou física de moeda, e *de que resulte ou não* transferência da titularidade dos mesmos valores, créditos e direitos" (grifamos).

Esclarecemos que as entidades referidas no art. 2º da Lei 9.311/1996 eram os bancos comerciais, os bancos múltiplos com carteira comercial e as caixas econômicas.

Portanto, para que a CPMF fosse devida era mister houvesse (i) circulação de moeda, física (notas de dinheiro e moeda metálica) ou escritural (a que circula somente em recinto bancário, por isso mesmo também chamada *moeda bancária*), (ii) levada a efeito mediante liquidação de operação ou realização de lançamento, por intermédio de instituição financeira, bancos comerciais, bancos múltiplos com carteira comercial e caixas econômicas, e (iii) de que resultasse transferência da titularidade destes valores, créditos e direitos.

Com isso, nem todas as movimentações e transmissões de valores, de créditos e direitos de natureza financeira foram postas dentro do campo de incidência da CPMF (era o caso dos títulos e valores mobiliários que circulam no Sistema Financeiro Nacional), mas apenas as movimentações e transmissões *de moeda*. E, ainda assim, desde que a liquidação ou o lançamento fossem efetuados por entidades pertencentes ao mesmo Sistema Financeiro Nacional.[201]

Noutros falares, a União, por meio da Lei 9.311/1996 (com suas modificações, introduzidas pelas Leis 9.539/1997, 10.174/2001, 10.306/2001 e 10.892/2004), não exauriu, neste particular, sua competência tributária.

200. Nesse sentido, por exemplo, a CPMF não podia incidir sobre as variações cambiais, já que elas não envolvem circulação de moeda, mas se limitam a indicar a modificação do valor da moeda nacional, quando em cotejo com a estrangeira.

201. Como vemos, não incidia CPMF na simples circulação de moeda física, entre pessoas (físicas ou jurídicas), se esta ocorresse sem a intervenção de instituição financeira, banco comercial, banco múltiplo com carteira comercial ou caixa econômica.

Mas – concluindo o raciocínio – remarcamos que, para fins de tributação por meio de CPMF, a transferência da titularidade de valores, de créditos ou de direitos de natureza financeira devia dar-se entre pessoas distintas.

XI – A Emenda Constitucional 33, de 11.12.2001, acrescentou três parágrafos (§§ 2º, 3º e 4º) ao art. 149 da Carta Magna, além de haver transformado o parágrafo único em § 1º, *verbis*:

"§ 1º. (...).

"§ 2º. As contribuições sociais e de intervenção no domínio econômico de que trata o *caput* deste artigo: I – não incidirão sobre as receitas decorrentes de exportação; II – incidirão também sobre a importação de produtos estrangeiros ou serviços; *[redação dada pela Emenda Constitucional 42/2003]* III – poderão ter alíquotas: a) *ad valorem*, tendo por base o faturamento, a receita bruta ou o valor da operação e, no caso de importação, o valor aduaneiro; b) específica, tendo por base a unidade de medida adotada.

"§ 3º. A pessoa natural destinatária das operações de importação poderá ser equiparada a pessoa jurídica, na forma da lei.

"§ 4º. A lei definirá as hipóteses em que as contribuições incidirão uma única vez."

A) Como estamos percebendo, a referida Emenda Constitucional 33/2001 criou uma nova situação de imunidade quando estabeleceu que as contribuições sociais e de intervenção no domínio econômico não incidirão sobre as receitas de exportação.[202] Neste particular só pode merecer elogios, já que atendeu a um anseio antigo dos exportadores, qual seja, o de não onerar, nem mesmo por meio de "contribuições", as operações que levam bens ou produtos brasileiros ao mercado internacional ou a regiões a ele equiparadas (caso da Zona Franca de Manaus).[203]

202. As contribuições sociais e de intervenção no domínio econômico que incidem sobre receitas têm natureza jurídica de *imposto*, já que nascem da obtenção de rendimentos (fato qualquer, não consistente numa atuação estatal).

203. A nosso ver, dentre as contribuições alcançadas pela norma imunizante em foco inclui-se a CSLL (contribuição social sobre o lucro líquido).

Este tributo, delineado no art. 195, I, "c", da CF ("Art. 195. A seguridade social será financiada por toda a sociedade, de forma direta e indireta, nos termos da lei, mediante recursos provenientes dos orçamentos da União, dos Estados, do Distrito Federal e dos Municípios, *e das seguintes contribuições sociais*: I – do empregador, *da empresa* e da entidade a ela equiparada na forma da lei, *incidentes sobre*: ... c) *o lucro*" – grifamos), foi instituído pela Lei 7.689, de 15.12.1988, cujo art. 2º aponta-lhe a base de cálculo: "o valor do resultado do exercício antes da provisão do imposto de renda".

Tal dicção legal há de ser entendida como sinônima de "lucro", até porque é justamente sobre ele que a Constituição autoriza a criação da figura exacional em estudo.

Muito bem, *lucro* é instituto afeto ao direito societário. De acordo com a *Lei das Sociedades Anônimas* (Lei 6.404, de 15.12.1976), é a *disponibilidade de riqueza nova* apresentada pela pessoa jurídica ao cabo do período de apuração.

Vai daí que, ao referir-se a *lucro*, a CF, em seu art. 195, I, "c", quis que a contribuição ali prevista recaia sobre um *resultado final* que leve em conta as receitas da pessoa jurídica, ajustadas aos ditames legais acima apontados. Em suma, que leve em conta *modalidade qualificada de receita*. Mas sempre *receita*.

É certo que o art. 195, I, "b" e "c", da CF, se literalmente interpretado, pode levar à conclusão de que *lucro* e *receita* se contrapõem. Com efeito, o Texto Magno, ao autorizar a criação de contribuições sociais para o custeio da seguridade social, apontou-lhes as *bases de cálculo possíveis*, e dentre elas "a receita ou o faturamento" (alínea "b") e "o lucro" (alínea "c"). A prevalecer tal "interpretação", poder-se-ia eventualmente sustentar que a imunidade criada pela Emenda Constitucional 33/2001 estaria restrita às contribuições que têm por base de cálculo a receita, ficando excluída, pois, a CSLL do benefício fiscal em tela.

Deveras, o § 2º do art. 149 da Lei das Leis declara imunes às contribuições sociais "as receitas decorrentes de exportação".

Todavia, interpretar um texto normativo, mais do que simplesmente entender-lhe as palavras, é captar seu conteúdo e suas implicações práticas.

Estas observações crescem de ponto se levarmos em conta que a matéria objeto da presente meditação gravita em torno de imunidade tributária, instituto que, como melhor demonstraremos no próximo capítulo, exige uma interpretação ampla e – o quanto possível – favorável aos beneficiários.

Além do mais, as diferenças entre *receita* e *lucro*, conquanto existam, não sustentam a assertiva de que se estaria diante de realidades reciprocamente excludentes. Isto porque a *receita* não exclui o *lucro*, e vice-versa. Assim, há perfeita compatibilidade entre estes dois conceitos, já que o *lucro* – sob os ângulos econômico, contábil e, sobretudo, tributário – nada mais é que a *receita depurada*, isto é, a *receita* que teve expungidos os custos e despesas necessários à sua obtenção.

Ora, na medida em que a imunidade instituída pela Emenda Constitucional 33/2001 objetiva incentivar operações de exportação, desonerando-as de contribuições sociais, segue-se que o termo "receitas", empregado no art. 149, § 2º, I, do Diploma Magno, há de ser entendido em sentido amplo, de modo a albergar não só as contribuições que incidem sobre o *faturamento* (art. 195, I, "b", da CF), como a que toma por base de cálculo o *lucro* (art. 195, I, "c", da CF). Afinal, como visto, *lucro* nada mais é que *receita ajustada de acordo com os supramencionados dispositivos legais*.

Nosso ponto de vista, diga-se de passagem, encontra-se abonado pelo Governo Federal, quando *vetou parcialmente* o Projeto de Conversão 31, originário da Medida Provisória 66/2002. Realmente, na oportunidade, o Presidente da República, justificando sua posição, sustentou que contraria o interesse público, por prejudicial ao esforço exportador da Nação, a incidência, nestas operações, de contribuições sociais com base de cálculo diversa da folha de pagamento. Tal é exatamente o caso da CSLL.

Em resumo, seja porque *lucro* é forma qualificada de *receita*, seja porque regras imunizantes comportam *interpretação extensiva*, seja, finalmente, porque esta é a *ratio* – reconhecida pelo próprio Executivo Federal – da Emenda Constitucional 33/2001, temos por incontroverso que o lucro decorrente das operações de exportação tornou-se imune à CSLL após 11.12.2001 (data em que entrou em vigor a nova redação do art. 149 da CF).

Tal imunidade estende-se às operações realizadas com empresas sediadas na Zona Franca de Manaus.

A Zona Franca de Manaus foi criada pela Lei 3.173/1957, posteriormente alterada pelo Decreto-lei 288/1967, com o objetivo de fomentar o desenvolvimento econômico da região, mediante concessão de estímulos às empresas industriais que ali se instalassem.

Tais estímulos consistem basicamente na redução ou eliminação de gravames de natureza aduaneira e tributária incidentes sobre operações realizadas pelas sobreditas empresas. Entre outras vantagens, a legislação houve por bem *equiparar* tais operações às exportações brasileiras para o exterior.

Neste sentido, o Decreto-lei 288/1967, em seu art. 4º, estabelece: "Art. 4º. A exportação de mercadorias de origem nacional para consumo ou industrialização na Zona Franca de Manaus ou reexportação para o estrangeiro será, para todos os efeitos fiscais constantes da legislação em vigor, equivalente a uma exportação brasileira para o estrangeiro".

Não resta a menor dúvida, portanto, de que as mesmas vantagens fiscais que a legislação assegura às operações de exportação estendem-se às operações praticadas com empresas instaladas na Zona Franca de Manaus.

É o caso de trazermos à colação as ensinanças de Tercio Sampaio Ferraz Jr., para quem "a equiparação afirma uma igualdade, desprezando desigualdades secundárias" ("Equiparação – Código Tributário Nacional, art. 151", *Cadernos de Direito Tributário e Finanças Públicas* 28/11).

Do exposto, resulta insofismável que dentre a grande cópia de incentivos assegurados às operações realizadas com empresas instaladas na Zona Franca de Manaus figura, a partir da entrada em vigor da Emenda Constitucional 33/2001, o da imunidade às contribuições sociais, aí compreendida a CSLL.

Com efeito, se as receitas de exportação passaram a ser excluídas da incidência da CSLL, tal benefício não pode ser negado nas operações em pauta, sob pena de virem frustrados os elevados objetivos que nortearam a criação da Zona Franca de Manaus.

B) Também a Emenda Constitucional em análise permite que a lei defina as hipóteses em que as "contribuições" incidirão uma única vez, evitando, assim, a cumulatividade destas figuras exacionais. Mais um ponto digno de encômios, já que possibilita que se elimine, destes tributos, o indesejável "efeito cascata".

C) Infelizmente, porém, a mesma Emenda Constitucional 33/2001, com as alterações da Emenda Constitucional 42/2003, previu uma série de novos gravames tributários, na medida em que, como vimos, estabeleceu que as contribuições sociais e de intervenção no domínio econômico incidirão também sobre a importação de produtos estrangeiros ou serviços e poderão ter alíquotas: a) *ad valorem*, tendo por base de cálculo o faturamento, a receita bruta ou o valor da operação e, no caso de importação, o valor aduaneiro; e b) específicas, tendo por base de cálculo a unidade de medida adotada. Além disso, nestes tributos, "a pessoa natural destinatária das operações de importação poderá ser equiparada a pessoa jurídica, na forma da lei" (art. 149, § 3º, da CF), e "a lei definirá as hipóteses em que (...) incidirão uma única vez" (art. 149, § 4º, da CF).

D) Especificamente sobre as contribuições de intervenção no domínio econômico, a Emenda Constitucional 33/2001 acrescentou um § 4º ao art. 177 da CF, *verbis*: "§ 4º. A lei que instituir contribuição de intervenção no domínio econômico relativa às atividades de importação ou comercialização de petróleo e seus derivados, gás natural e seus derivados e álcool combustível deverá atender aos seguintes requisitos: I – a alíquota da contribuição poderá ser: a) diferenciada por produto ou uso; b) reduzida e restabelecida por ato do Poder Executivo, não se lhe aplicando o disposto no art. 150, III, 'b'; II – os recursos arrecadados serão destinados: a) ao pagamento de subsídios a preços ou transporte de álcool combustível, gás natural e seus derivados e derivados de petróleo; b) ao financiamento de projetos ambientais relacionados com a indústria do petróleo e do gás; c) ao financiamento de programas de infraestrutura de transportes".

Nem se alegue que o advento da Constituição de 1988 teria, de algum modo, prejudicado a manutenção destes objetivos, porquanto o art. 40 do ADCT é peremptório a respeito ("É mantida a Zona Franca de Manaus, com suas características de área livre de comércio, de exportação e importação, e de incentivos fiscais, pelo prazo de 25 anos, a partir da promulgação da Constituição"). O art. 92 do ADCT (introduzido pela Emenda Constitucional 42/2003) acrescentou dez anos a este prazo, e o art. 92-A do ADCT (introduzido pela Emenda Constitucional 83/2014) acrescentou mais cinquenta anos a estes dez.

Portanto, diante da clareza destes dispositivos constitucionais, até, no mínimo, o ano de 2023 (35 anos após 1988) está assegurada a preservação de toda a estrutura de incentivos, inclusive fiscais, em prol da Zona Franca de Manaus.

O próprio Pretório Excelso decidiu neste sentido: "O art. 40 do ADCT/1988 recepcionou todo o conjunto normativo específico informador da Zona Franca de Manaus. De fato – constituída essencialmente a Zona Franca pelo conjunto de incentivos fiscais indutores do desenvolvimento regional e mantida, com esse caráter, pelas Disposições Constitucionais Transitórias, pelo prazo de 25 anos –, admitir-se que preceitos infraconstitucionais reduzam ou eliminem os favores fiscais existentes parece, à primeira vista, interpretação que esvazia a eficácia real do preceito constitucional" (ADI/MC 310-1-DF, rel. Min. Sepúlveda Pertence, *DJU* 16.4.1993, *Ementário* 1699-1).

Em face do exposto, como as operações para a Zona Franca de Manaus mantêm-se equiparadas às de exportação, dúvidas não há no sentido de que também elas são imunes à CSLL, nos termos do art. 149, § 2º, I, da CF.

Este dispositivo abre mais uma exceção ao princípio da anterioridade, ao mesmo tempo em que permite venha reduzida ou restabelecida por ato do Poder Executivo a alíquota da contribuição de intervenção no domínio econômico relativa às atividades de importação ou comercialização de petróleo e seus derivados, gás natural e seus derivados e álcool combustível.

E) Os novos encargos mencionados nos tópicos "C" e "D", supra, são inconstitucionais.

De fato, é lição sempre repetida da doutrina que não compete ao *constituinte derivado* alterar as regras-matrizes constitucionais dos tributos, de modo a ensejar o agravamento da situação dos contribuintes. Também não lhe é dado amesquinhar direitos fundamentais destes mesmos contribuintes (como, *v.g.*, o de verem observados os princípios da estrita legalidade e da anterioridade).

O *constituinte derivado*, com todas as limitações materiais, formais e temporais que mapeiam seu agir, absolutamente não pode ser equiparado ao *constituinte originário*, que – este, sim – não se vincula a qualquer regime constitucional preexistente.

Assim, independentemente da eventual conveniência ou oportunidade destes novos gravames tributários, temos para nós que ferem *cláusulas pétreas* e, decerto, merecerão frontal repúdio do Poder Judiciário quando as controvérsias em torno destes assuntos forem levadas à sua apreciação.

XII – A Emenda Constitucional 37, de 12.6.2002, em seu art. 3º, "introduziu" no ADCT os arts. 84 e 85, *verbis*:

"Art. 84. A contribuição provisória sobre movimentação ou transmissão de valores e de créditos e direitos de natureza financeira, prevista nos arts. 74, 75 e 80, I, deste Ato das Disposições Constitucionais Transitórias, será cobrada até 31 de dezembro de 2004.

"§ 1º. Fica prorrogada, até a data referida no *caput* deste artigo, a vigência da Lei 9.311, de 24 de outubro de 1996, e suas alterações.

"§ 2º. Do produto da arrecadação da contribuição social de que trata este artigo será destinada a parcela correspondente à alíquota de: I – vinte centésimos por cento ao Fundo Nacional de Saúde, para financiamento das ações e serviços de saúde; II – dez centésimos por cento ao custeio da previdência social; III – oito centésimos por cento ao Fundo de Combate e Erradicação da Pobreza, de que tratam os arts. 80 e 81 deste Ato das Disposições Constitucionais Transitórias.

"§ 3º. A alíquota da contribuição de que trata este artigo será de: I – trinta e oito centésimos por cento, nos exercícios financeiros de 2002 e 2003; II – oito centésimos por cento, no exercício financeiro de 2004, quando será integralmente destinada ao Fundo de Combate e Erradicação da Pobreza, de que tratam os arts. 80 e 81 deste Ato das Disposições Constitucionais Transitórias.

"Art. 85. A contribuição a que se refere o art. 84 deste Ato das Disposições Constitucionais Transitórias não incidirá, a partir do trigésimo dia da data de publicação desta Emenda Constitucional, nos lançamentos: I – em contas correntes de depósito especialmente abertas e exclusivamente utilizadas para operações de: a) câmaras e prestadoras de serviços de compensação e de liquidação de que trata o parágrafo único do art. 2º da Lei n. 10.214, de 27 de março de 2001; b) companhias securitizadoras de que trata a Lei n. 9.514, de 20 de novembro de 1997; c) sociedades anônimas que tenham por objeto exclusivo a aquisição de créditos oriundos de operações praticadas no mercado financeiro; II – em contas correntes de depósito, relativos a: a) operações de compra e venda de ações, realizadas em recintos ou sistemas de negociação de bolsas de valores e no mercado de balcão organizado; b) contratos referenciados em ações ou índices de ações, em suas diversas modalidades, negociados em bolsas de valores, de mercadorias e de futuros; III – em contas de investidores estrangeiros, relativos a entradas no País e a remessas para o exterior de recursos financeiros empregados, exclusivamente, em operações e contratos referidos no inciso II deste artigo.

"§ 1º. O Poder Executivo disciplinará o disposto neste artigo no prazo de trinta dias da data de publicação desta Emenda Constitucional.

"§ 2º. O disposto no inciso I deste artigo aplica-se somente às operações relacionadas em ato do Poder Executivo, dentre aquelas que constituam o objeto social das referidas entidades.

"§ 3º. O disposto no inciso II deste artigo aplica-se somente a operações e contratos efetuados por intermédio de instituições financeiras, sociedades corretoras de títulos e valores mobiliários, sociedades distribuidoras de títulos e valores mobiliários e sociedades corretoras de mercadorias."

Antes de mais nada, deploramos o casuísmo da Emenda Constitucional 37/2002. Mas, mais do que isto: deploramos também que, por meio de um artifício capcioso – já criticado supra –, "prorrogou", até 31.12.2004, a vigência da Lei 9.311, de 24.10.1996.

Para não incidirmos em ociosas repetições, pedimos vênia para remeter o leitor ao que escrevemos no item anterior. Apenas permitimo-nos acrescentar que *não se tratava* da *mesma* CPMF, como queriam alguns, mas de uma *nova*. Nova, porque tinha outro fundamento de validade (a Emenda Constitucional 37/2002) e outro âmbito de abrangência (já que veiculava situações de não incidência que a Lei 9.311/1996, com suas ulteriores modificações, não contemplava). Ora, justamente porque se tratava de uma nova CPMF, a ela se aplicava, mesmo deixando de lado as inconstitucionalidades que maculavam esta exação, o disposto no art. 195, § 6º, da CF, ou seja, a *anterioridade nonagesimal*.

Finalmente, seguindo um roteiro que já se tornara monótono, foi editada a Emenda Constitucional 42/2003, que, introduzindo um art. 90 no ADCT, voltou a prorrogar, agora até 31.12.2007, a vigência da Lei 9.311/1996 e a cobrança da CPMF, cuja alíquota aumentou para trinta e oito centésimos por cento.

A partir de 1.1.2008 a CPMF deixou de ser devida.

XIII – Em 20.12.2002 foi promulgada a Emenda Constitucional 39, dispondo:

"Art. 1º. A Constituição Federal passa a vigorar acrescida do seguinte art. 149-A:

"'Art. 149-A. Os Municípios e o Distrito Federal poderão instituir contribuição, na forma das respectivas leis, para o custeio do serviço de iluminação pública, observado o disposto no art. 150, I e III.

"'Parágrafo único. É facultada a cobrança da contribuição a que se refere o *caput*, na fatura de energia elétrica'."

XIIIa – É importante lembrar que antes do advento da Emenda Constitucional 39/2002 muitos Municípios pretenderam custear a prestação do serviço de iluminação pública com a cobrança de *taxa* (*taxa de iluminação pública*). Fizeram-no com fundamento no art. 145, II, da CF e no art. 77 do CTN.

Todavia, as taxas, como é de comum sabença, são tributos que têm por *hipóteses de incidência possíveis* ou (i) o exercício regular do poder de polícia ou (ii) a utilização, efetiva ou potencial, de serviço público específico e divisível, utilizado pelo contribuinte ou posto à sua disposição.

Ora, o serviço de iluminação pública, conquanto público, não é específico nem divisível, por isso que é utilizado por toda a sociedade, indiscriminadamente. Logo, a doutrina era unânime em afirmar que ele somente podia ser custeado por meio das receitas gerais do Município, representadas, basicamente, pelos impostos locais.

Destarte, o STF pacificou entendimento a respeito, o que fez por meio da Súmula 670, *verbis*: "Súmula 670. O serviço de iluminação pública não pode ser remunerado mediante taxa".

Por esse motivo, acabou sendo editada a Emenda Constitucional 39/2002, que, como já referido, autorizou os Municípios e o Distrito Federal a instituírem a *contribuição para o custeio dos serviços de iluminação pública* (CIP ou COSIP).

Em que pese à virtual inconstitucionalidade do dispositivo ora em foco, vamos passar ao largo desta questão, até porque o STF acabou, por via oblíqua, por declará-lo constitucional quando decidiu ser válido à lei considerar contribuintes apenas os consumidores de energia elétrica.[204]

XIIIb – Portanto, o art. 149-A da Lei Maior autoriza os Municípios e o Distrito Federal a criar *contribuição* para o custeio do serviço local de iluminação pública. Tal *contribuição* deve obedecer aos princípios da legalidade tributária (art. 150, I, da CF),

204. Não podemos deixar de registrar, no entanto, as objurgatórias de Eduardo Jardim acerca do assunto, *verbis*:

"Trata-se de mais uma teratologia normativa que revela total desconhecimento do sistema constitucional tributário. Consoante noção cediça, o constituinte cuidou exaustivamente das competências tributárias e, evitando conceber um sistema fechado, houve por bem instituir a competência residual preceituada no art. 154, I, a qual investe a União de poderes para criar outros impostos e outras contribuições de seguridade, desde que, dentre outras condicionantes, não tenham a natureza dos tributos previamente enumerados no Texto.

"Ora, se o constituinte originário exaustou a matéria alusiva aos tributos passíveis de serem instituídos no plano legal, sobre estabelecer uma competência remanescente, aberta à instituição de novos gravames, é forçoso depreender que os novos tributos a serem criados limitar-se-iam aos de natureza residual, sob pena de admitir que a Emenda Constitucional pudesse nulificar o art. 154, I, c/c o art. 195, § 4º, do texto original, aluindo, assim, uma das pedras angulares do sistema, o que seria um verdadeiro contrassenso" (*Manual de Direito Financeiro e Tributário*, 7ª ed., São Paulo, Saraiva, 2005, pp. 125-126).

da irretroatividade tributária (art. 150, III, "a", da CF) e da anterioridade tributária (art. 150, III, "b", da CF).

Observamos, antes de tudo, que a aludida *contribuição* tem natureza jurídico-tributária, porquanto tipifica uma obrigação compulsória de dar moeda (*obligatio dare pecuniam*), que não se constitui em sanção por ato ilícito, instituída por meio de lei e cobrada em seus estritos termos. Ajusta-se, portanto, em tudo e por tudo, ao conceito genérico de *tributo*, inscrito no art. 3º do CTN.[205]

Muito bem, ao proclamarmos a natureza exacional da *contribuição* em foco estamos, ao mesmo tempo, sustentando que deve submeter-se a todos os princípios, regras, limitações, condições e pressupostos que a Constituição traça ao disciplinar a ação estatal de exigir tributos.

De fato, a menção ao art. 150, I e III, da Lei Maior é meramente exemplificativa. Está longe de significar que a *contribuição* "para o custeio do serviço de iluminação pública" pode passar ao largo dos demais princípios constitucionais, compatíveis com este tributo. Assim, a nosso ver, a exação deve observar o disposto no art. 146 da Carta Suprema, as demais limitações ao poder de tributar arroladas em seu art. 150 (igualdade, não confiscatoriedade, imunidades etc.), o princípio da capacidade contributiva (art. 145, § 1º, da CF), o *princípio da rigidez e da reserva das competências tributárias*, e assim avante.

XIIIc – Por outro lado, notamos que o art. 149-A da CF não indicou a materialidade desta exação, mas apenas o objetivo a ser por ela alcançado: o custeio do serviço de iluminação pública – isto é, do serviço de iluminação das ruas, praças, avenidas, parques e demais bens de uso comum. Noutras palavras, indicou *para quê* ela se destina: dar supedâneo econômico à prestação, pelos Municípios e pelo Distrito Federal, deste serviço público geral, ou seja, prestado *uti universi*.[206]

XIIId – Por todos esses motivos já se nota que a contribuição de iluminação pública não reveste a natureza jurídica de *taxa de serviço*, pois não deflui da prestação de qualquer serviço público específico e divisível, prestado ao contribuinte ou posto

205. A natureza dos institutos jurídicos é revelada não pela denominação, mas pelo *regime jurídico* a que estão submetidos. Ora, como a *contribuição* de que aqui se cogita nasce de imposição legal, fica de imediato afastada a ideia de estarmos diante de uma obrigação *ex voluntate*. Estamos, sim, em face de uma obrigação que nasce *ex vi legis* e que corresponde ao conceito de *tributo*, contido no art. 3º do CTN.

206. Marco Aurélio Greco esposa idêntico entendimento, *verbis*:

"O art. 149-A autoriza a criação dessa denominada contribuição pelo simples fato de ser necessário custear o serviço de iluminação pública, sem qualquer menção a uma finalidade ou resultado prático buscado. Não impõe as mesmas restrições nem exerce o mesmo grau de controle sobre o exercício do poder que o enquadramento como contribuição do art. 149 impõe.

"De fato, vista da perspectiva da relação entre meios e fins, a contribuição do art. 149-A mostra haver uma autorreferência entre estes elementos. Adotar a pura necessidade como critério autorizador para a instituição da exação é afirmar que o fim é arrecadar e o meio é cobrar, o que implica confundir os dois elementos. Com isto, se despotencializa a previsão como mecanismo de controle do exercício do poder. Significa não haver limite quanto ao meio, pois é compatível com o fim, nem restrição quanto ao fim, pois coerente com o meio" (in J. J. Gomes Canotilho, Gilmar Ferreira Mendes, Ingo Wolfgang Sarlet e Lenio Luiz Streck (coords.), *Comentários à Constituição do Brasil*, 1ª ed., 3ª tir., São Paulo, Saraiva/Livraria Almedina, 2013, p. 1.629).

à sua disposição. Inexistem, em suma, quaisquer divisibilidade e especificidade no serviço de iluminação pública.

Também de contribuição de melhoria não se trata, pois não nasce de valorização imobiliária causada por obra pública.

Entendemos igualmente que a *contribuição* do art. 149-A do Texto Magno não se confunde com as previstas no *caput* do dispositivo. Deveras, ela, com ser de competência dos Municípios e do Distrito Federal (e não da União), visa a custear o serviço de iluminação pública local (e não a intervir no domínio econômico, atender a interesses de categorias profissionais ou econômicas ou custear a seguridade social). Além disso, não tem por *sujeito passivo possível* – ao contrário das preditas *contribuições* – qualquer setor econômico ou grupo de pessoas, mas toda a sociedade local.

XIIIe – A nosso ver, a exação em tela só será devida se for efetivamente prestado o serviço de iluminação pública no território da pessoa política competente, ou, quando pouco, se esta estiver em condições materiais de ali prestá-lo, assim que o produto da arrecadação vier a ter a seus cofres públicos. Para tanto, é mister que exista, no mínimo, um projeto bem-definido e, se possível, já transformado em lei, de se prestar, a curto prazo, o serviço.

Fixadas estas premissas, é o caso de indagarmos: que tipo de tributo é a *contribuição* a que alude o art. 149-A da CF?

XIIIf – Segundo estamos convencidos, um *imposto*, já que tem por *materialidade* o fato de uma pessoa, física ou jurídica, estar fixada no local (Município ou Distrito Federal) onde é prestado o serviço de iluminação pública. Trata-se, pois, de um tributo não vinculado a uma atuação estatal.[207]

Com efeito, para que a *contribuição* seja devida não é preciso que a pessoa física ou jurídica desfrute do serviço público em tela. Basta que seja prestado (ou, graças ao produto da arrecadação da *contribuição*, esteja para ser prestado) no território da pessoa política onde se encontra de algum modo ligado o contribuinte.

Tal vínculo, no entanto, é imprescindível. Milita neste sentido o parágrafo único do art. 149-A da CF, quando faculta a cobrança da *contribuição* na fatura de consumo de energia elétrica.[208]

207. O mesmo é o entendimento de Sacha Calmon Navarro Coêlho, *verbis*: "Para começar, a contribuição de iluminação pública, cujo fato gerador é consumir energia elétrica, tendo por base de cálculo o valor do consumo (capacidade contributiva) e por sujeitos passivos os consumidores, é um imposto instituído por emenda constitucional, que acrescentou aos impostos municipais mais este, alterando a repartição de competências tributárias. É, de outro lado, finalístico, pois visa a custear os gastos que os Municípios pagam às concessionárias de serviço público pela iluminação dos logradouros públicos, razão pela qual não podem seus recursos ser tredestinados, devendo os Tribunais de Contas e Câmaras Municipais fiscalizar o Executivo, até para adequar as alíquotas ao gasto efetivo, ajustando-o na peça orçamentária" (*Contribuições no Direito Brasileiro – Seus Problemas e Soluções*, São Paulo, Quartier Latin, 2007, pp. 125-126).

208. Esta circunstância, no entanto, absolutamente não leva à conclusão de que se está diante de uma taxa de serviço. A cobrança do tributo – como, nesta altura, ninguém discute – é providência meramente administrativa, que diz de perto com o lançamento. Não é ela, positivamente, que revela o regime jurídico da exação.

Esta referência constitucional reforça o entendimento de que o *sujeito passivo* da *contribuição* é a pessoa que reside, está domiciliada, mantém imóvel ou desenvolve atividades profissionais no local onde é prestado o serviço de iluminação pública. O simples desfrute deste serviço por quem se encontra *de passagem* não enseja a tributação em tela.

XIIIg – Assim, por exclusão, concluímos que a única materialidade que se ajusta à *contribuição* "para o custeio do serviço de iluminação pública" é a propriedade, a posse, o domínio útil ou o direito de superfície de imóvel situado na zona urbana ou rural do Município ou do Distrito Federal. Trata-se, pois, de um *adicional* do IPTU (quando o imóvel estiver localizado na zona urbana) e do ITR (estando o imóvel situado na zona rural). Nesta última hipótese, a Emenda Constitucional 39/2002 "outorgou" aos Municípios e ao Distrito Federal a esdrúxula competência para criar e arrecadar um *adicional* de um imposto federal (o ITR), com destinação específica: o custeio do serviço de iluminação pública.[209] Pedimos escusas para, monotonamente, insistir que nada disso passa pelo teste da constitucionalidade.

XIIIh – A *base de cálculo* da exação é um valor que, de acordo com o legislador local, leve em conta, segundo critérios ditados pela razoabilidade, a capacidade econômica do contribuinte.[210] Assim, o *quantum* da *contribuição* deverá ser variável, conforme o imóvel ocupado pelo contribuinte seja residencial, comercial, industrial, rural etc. À guisa de exemplo, a lei local poderá estabelecer que o contribuinte que ocupa imóvel residencial pagará mensalmente, a título de *contribuição*, x reais; o que ocupa imóvel comercial, $x + y$ reais; e o que ocupa imóvel industrial, $x + y + z$ reais.

O que não nos parece possível é que a base de cálculo da exação seja o custo global do serviço de iluminação pública, que, como vimos quando tratamos das taxas (subitem 3.1.2.2, I, supra), vem prestado *uti universi*, não sendo, pois, específico e divisível (caso do serviço de fornecimento domiciliar de energia elétrica), já que nele não se pode distinguir a quantidade de benefício que cada pessoa obtém no território do Município ou do Distrito Federal. Noutras palavras, é incogitável o rateio, entre os contribuintes, do *custo global* do serviço em apreço.

XIIIi – A *contribuição* também não pode levar em conta o consumo domiciliar, comercial, industrial ou rural de energia elétrica, porque este não se relaciona com o serviço de iluminação pública, não podendo, destarte, servir de paradigma para a quantificação do tributo. Ademais, este consumo individual não revela, de per si, capacidade contributiva.

XIIIj – Outro ponto a ser destacado é o que concerne à necessidade, determinada pelo art. 149-A da CF, de o produto da arrecadação do tributo dever destinar-se ao

Ademais, o consumo individual de energia elétrica (pela pessoa física, pela empresa comercial, pela indústria ou pelo produtor) não guarda qualquer conexão com o serviço de iluminação pública.

209. No mesmo sentido, Luís Eduardo Schoueri observa que a CIP e as contribuições sociais "são verdadeiros impostos com afetação, sujeitos à observância do princípio da capacidade contributiva, dada a universalização de sua destinação" (*Direito Tributário*, São Paulo, Saraiva, 2011, p. 211).

210. O montante a pagar da *contribuição* deve ser modulado com cautela, em ordem a não inviabilizar ou, mesmo, dificultar, além da conta, as atividades econômicas do contribuinte.

custeio do serviço local de iluminação pública. Este dispositivo constitucional cria, pois, mais uma exceção ao art. 167, IV, da Carta Suprema, que veda a vinculação de receita de imposto "a órgão, fundo ou despesa".

XIIIk – Como quer que seja, após longo debate doutrinário e jurisprudencial, a constitucionalidade da CIP foi reconhecida pelo STF no julgamento do RE 573.675-0, *verbis*: "Constitucional – Tributário – Recurso extraordinário interposto contra decisão proferida em ação direta de inconstitucionalidade estadual – Contribuição para o custeio do serviço de iluminação pública/COSIP – Art. 149-A da CF – Lei Complementar n. 7/2002, do Município de São José/Santa Catarina – Cobrança realizada na fatura de energia elétrica – Universo de contribuintes que não coincide com o de beneficiários do serviço – Base de cálculo que leva em consideração o custo da iluminação pública e o consumo de energia – Progressividade da alíquota que expressa o rateio das despesas incorridas pelo Município – Ofensa aos princípios da isonomia e da capacidade contributiva – Inocorrência – Exação que respeita os princípios da razoabilidade e proporcionalidade – Recurso extraordinário improvido.

"I – Lei que restringe os contribuintes da COSIP aos consumidores de energia elétrica do Município não ofende o princípio da isonomia, ante a impossibilidade de se identificar e tributar todos os beneficiários do serviço de iluminação pública.

"II – A progressividade da alíquota, que resulta do rateio do custo da iluminação pública entre os consumidores de energia elétrica, não afronta o princípio da capacidade contributiva.

"III – Tributo de caráter *sui generis*, que não se confunde com um imposto, porque sua receita se destina a finalidade específica, nem com uma taxa, por não exigir a contraprestação individualizada de um serviço ao contribuinte.

"IV – Exação que, ademais, se amolda aos princípios da razoabilidade e da proporcionalidade.

"V – Recurso extraordinário conhecido e improvido."[211]

Registramos, ainda, que o STF, em 28.11.2013, reconheceu a existência de repercussão geral no RE 666.404-SP, interposto contra decisão do TJSP. No referido recurso extraordinário discute-se se a CIP pode ser destinada a investimento em melhorias e ampliação da rede de iluminação pública.[212]

XIIIl – Entendemos, por fim, que, dada sua natureza de imposto, a *contribuição* em pauta não pode ser exigida das entidades imunes (pessoas políticas, autarquias, templos de qualquer culto, instituições assistenciais ou educacionais sem fins lucrativos etc.).

211. STF, Tribunal Pleno, RE 573.675-0-SC, rel. Min. Ricardo Lewandowski, j. 25.3.2009, *DJe*-94, 22.5.2009.

212. Na decisão recorrida o TJSP entendeu que a CIP apenas pode custear a instalação e a manutenção do serviço de iluminação pública. No entender desta Corte estadual, o investimento em melhorias e na ampliação das instalações não é permitido pelo art. 149-A da CF.

XIV – Sempre dentro do assunto, temos para nós que é inconstitucional a "contribuição" que o art. 32 da Lei 9.656/1998 pretende seja cobrada, a título de "ressarcimento", das operadoras dos chamados "planos de saúde".

Como se sabe, o art. 196 da CF, indo ao encontro do *princípio da dignidade da pessoa humana*, consagrado já no Preâmbulo desse Diploma Magno, prescreve: "Art. 196. *A saúde é direito de todos e dever do Estado, garantido mediante* políticas sociais e econômicas que visem à redução do risco de doença e de outros agravos e ao *acesso universal igualitário às ações e serviços para sua promoção, proteção e recuperação*" (grifamos).

Como facilmente se nota com a só leitura deste dispositivo, há um conjunto de prestações do Estado exigíveis por força e em consequência da própria Constituição, que garante a todas as pessoas as medidas necessárias e suficientes para preservar, manter ou restabelecer sua saúde.

A *universalidade irrestrita* do precitado art. 196 foi bem captada por José Afonso da Silva, *verbis*: "*Dever do Estado e as Prestações de Saúde.* A norma do art. 196 é perfeita, porque estabelece explicitamente uma relação jurídica constitucional em que, de um lado, se acham o *direito* que ela confere, pela cláusula 'a saúde é direito de todos', assim como os sujeitos desse direito, expressos pelo signo 'todos', que é um signo de universalização, mas com destinação precisa aos brasileiros e estrangeiros residentes – aliás, a norma reforça este sentido ao prever o acesso universal e igualitário às ações e serviços de saúde –, e, de outro lado, a *obrigação* correspondente, na cláusula 'a saúde é dever do Estado', compreendendo aqui a União, os Estados, o Distrito Federal e os Municípios, que podem cumprir o dever diretamente ou por via de entidade da Administração indireta. (...)".[213]

Note-se que a Constituição é expressa em – mais que enunciar – *garantir*, a todos e a cada um, o direito à saúde, independentemente de contrapartida de qualquer tipo. Assim, temos para nós que a eventual titularidade de "plano de saúde" privado não pode restringir o pleno acesso ao sistema público de saúde; tampouco autoriza o Estado a transferir o dever – que é só seu – de suportar os custos desse atendimento.

A lógica deste critério é assegurar que todos tenham real acesso às medidas de preservação e recuperação da saúde, podendo exigi-las do Estado. Neste sentido, merecem encômios as decisões judiciais que determinam ao Poder Público o fornecimento de prestações de saúde com fundamento exclusivo na Constituição.[214]

Por isso, temos por inconstitucional o art. 32 da Lei 9.656/1998, que dispõe:

"Art. 32. Serão ressarcidos pelas operadoras dos produtos de que tratam o inciso I e o § 1º do art. 1º desta Lei, de acordo com normas a serem definidas pela ANS,

213. José Afonso da Silva, *Comentário Contextual à Constituição*, 9ª ed., São Paulo, Malheiros Editores, 2014, p. 782.

214. O STF, no RE 195.192-3-RS, que teve como relator o Min. Marco Aurélio, deixou ementado: "Saúde – Aquisição e fornecimento de medicamentos – Doença rara. Incumbe ao Estado (gênero) proporcionar meios visando a alcançar a saúde, especialmente quando envolvida criança e adolescente. (...). O Estado deve assumir as funções que lhe são próprias, sendo certo, ainda, que problemas orçamentários não podem obstaculizar o implemento do que previsto constitucionalmente" (*DJU* 31.3.2000).

os serviços de atendimento à saúde previstos nos respectivos contratos, prestados a seus consumidores e respectivos dependentes, em instituições públicas ou privadas, conveniadas ou contratadas, integrantes do Sistema Único de Saúde – SUS.

"§ 1º. O ressarcimento a que se refere o *caput* será efetuado pelas operadoras à entidade prestadora de serviços, quando esta possuir personalidade jurídica própria, e ao SUS, mediante tabela de procedimentos a ser aprovada pela ANS.

"§ 2º. Para a efetivação do ressarcimento, a ANS disponibilizará às operadoras a discriminação dos procedimentos realizados para cada consumidor.

"§ 3º. A operadora efetuará o ressarcimento até o décimo quinto dia após a apresentação da cobrança pela ANS, creditando os valores correspondentes à entidade prestadora ou ao respectivo fundo de saúde, conforme o caso.

"§ 4º. O ressarcimento não efetuado no prazo previsto no § 3º será cobrado com os seguintes acréscimos: I – juros de mora contados do mês seguinte ao do vencimento, à razão de 1% ao mês ou fração; II – multa de mora de 10%.

"§ 5º. Os valores não recolhidos no prazo previsto no § 3º serão inscritos em dívida ativa da ANS, à qual compete a cobrança judicial dos respectivos créditos.

"§ 6º. O produto da arrecadação dos juros e da multa de mora serão revertidos ao Fundo Nacional de Saúde.

"§ 7º. A ANS fixará normas aplicáveis ao processo de glosa ou impugnação dos procedimentos encaminhados, conforme previsto no § 2º deste artigo.

"§ 8º. Os valores a serem ressarcidos não serão inferiores aos praticados pelo SUS e nem superiores aos praticados pelas operadoras de produtos de que tratam o inciso I e o § 1º do art. 1º desta Lei."

A só leitura deste preceito legal revela o flagrante descompasso existente entre ele e o art. 196 da Constituição da República.

Deveras, enquanto o art. 196 prescreve, de modo categórico, que é dever do Estado propiciar *a todos* atendimento médico-hospitalar gratuito, o acima transcrito art. 32, máxime em seu *caput*, "relativiza" (indevidamente) o comando constitucional, na medida em que impõe às operadoras o encargo de ressarcir o Poder Público sempre que este vier a atender aos titulares de "planos de saúde".

E – pior – tal encargo acaba sendo suportado pelo próprio paciente, que verá embutidos no preço de seu "plano de saúde" os efeitos financeiros deste indevido ressarcimento.

Por outro lado, não faz sentido que a utilização da rede de saúde pública – direito constitucional de todos, sem exceção – pelo titular do "plano" possa gerar a um terceiro (a operadora) o encargo de ressarcir o Estado.

Em verdade, caberia hipoteticamente ao titular do "plano de saúde" pleitear eventual ressarcimento da operadora, *mas apenas* se tal direito pudesse, de algum modo, resultar do atendimento na rede pública (*v.g.*, porque o "plano de saúde" não cumpriu o avençado, o que obrigou o segurado a buscar o amparo do Estado).

O Estado não pode sub-rogar-se nesse direito ao ressarcimento, uma vez que – tornamos a insistir – é obrigado a atender gratuitamente a todos (segurados ou não segurados) que batem às suas portas em busca de tratamento médico.

Entendimento contrário levaria a uma interpretação canhestra do art. 196 da CF, qual seja, a de que os titulares de "planos de saúde" estão, em princípio, excluídos do seu alcance. Ora, positivamente, nele não está estatuído que "a saúde é direito de todos e dever do Estado, menos para o titular de plano de saúde" – *mas, sim*, que "a saúde é direito de todos e dever do Estado, garantido mediante políticas sociais e econômicas que visem à redução do risco de doença e de outros agravos e ao *acesso universal igualitário* às ações e serviços para sua promoção, proteção e recuperação" (grifamos).

Este quadro afasta a falaciosa tese – esgrimida por alguns – de que, não fosse o ressarcimento em tela, as operadoras de "planos de saúde" experimentariam um enriquecimento sem causa. *A uma*, porque o Estado é obrigado a dar a todos, em quaisquer circunstâncias, atendimento médico gratuito. *A duas*, porque o não ressarcimento beneficia, em última análise, o segurado, por repercutir favoravelmente na composição do valor do *prêmio*, a seu cargo. E, *a três*, porque, ainda que, em alguns casos, se pudesse cogitar de vantagem para a operadora, caberia ao segurado, e apenas a ele, dela reivindicar o que entendesse ser seu direito.

Cabe-nos acrescentar, a este último propósito, que a condição para que o Estado pudesse reivindicar o ressarcimento das operadoras seria a cabal demonstração da prática, por parte destas, de um ato ilícito que o tivesse prejudicado. Esta hipótese, no entanto, longe de poder ser presumida em todas as situações – como decorre do art. 32 da Lei 9.656/1998 –, dependeria de comprovação, caso a caso, sempre observados os princípios do *contraditório* e da *ampla defesa*.

Impende notar, ainda, que o beneficiário do "plano de saúde" não perde o direito de ser atendido gratuitamente pela rede pública de saúde. A opção por esse caminho não pode gerar para a operadora o dever de ressarcir o Estado, como se lhe tivesse causado um dano.

Ademais, cobrar das operadoras de "planos de saúde" o tratamento médico-hospitalar ministrado a seus segurados pelo SUS implica, em última análise, afronta ao princípio da igualdade, uma vez que arremete contra a *gratuidade* – imposta pela Constituição Federal – desse atendimento.

Melhor explicitando, o reembolso, caso exigido das operadoras, fatalmente onerará o *prêmio*,[215] a cargo do beneficiário do "plano"[216] – o que implica, em última

215. As operadoras de "planos de saúde" praticam operações securitárias. De fato, as pessoas que as procuram com elas firmam contratos pelos quais, mediante o pagamento de um *prêmio*, têm jus, caso venham a experimentar danos à sua saúde (infortúnio), ao recebimento de uma *indenização*, consistente *ou* no atendimento direto *ou* no reembolso, de acordo com o pactuado, das despesas suportadas durante o tratamento.

O *quantum* de cada *prêmio* é apurado a partir de um exame das estatísticas (*lei dos grandes números*), que revela qual a incidência de *sinistros* em cada grupo de beneficiários. O somatório dos *prêmios* é

análise, discriminação, desautorizada pela isonomia, entre quem não possui "plano de saúde", que nada pagará pelo atendimento do SUS, e quem, sendo detentor de um, sofrerá a aludida *sobretaxação*.

Não bastasse tudo quanto expusemos, o § 8º do art. 32 da Lei 9.656/1998, que estabelece que "os valores a serem ressarcidos não serão inferiores aos praticados pelo SUS e nem superiores aos praticados pelas operadoras", está sendo, na prática, desobedecido.

Com efeito, por determinação da Agência Nacional de Saúde – ANS, a tabela usada para o cálculo deste "ressarcimento" é a Tabela Única Nacional de Equivalência de Procedimentos – TUNEP, cujos valores superam os praticados pelo SUS.

Assim, o Estado, quando se vale dos particulares para a execução material dos serviços de saúde, paga-lhes pela Tabela do SUS; já, quando entende de se "ressarcir" pela prestação direta destes mesmos serviços, exige das operadoras valores substancialmente mais expressivos – quais sejam, os constantes da TUNEP.

Tal circunstância revela, a toda evidência, que, embora o predito art. 32 tenha se valido do termo "ressarcimento", está-se diante de ônus superiores aos reconhecidos como justos e adequados pelo próprio Estado.

Em conclusão, o art. 32 da Lei 9.656/1998 conflita com o art. 196 da CF. Deveras, enquanto o art. 196 prescreve, de modo categórico, que é dever do Estado propiciar *a todos* atendimento médico-hospitalar gratuito, o art. 32 *relativiza* (indevidamente) o comando constitucional, na medida em que impõe às operadoras o encargo de ressarcir o Poder Público sempre que este vier a atender a titulares de "planos de saúde". E – pior – tal encargo, como vimos, acaba sendo suportado pelo próprio paciente, que verá embutidos no preço (*prêmio*) de seu "plano de saúde" os efeitos financeiros deste indevido ressarcimento.

XV – Ainda dentro do assunto, a CF, em seu art. 212, § 5º, autoriza a União a exigir das empresas, na forma da lei, o *salário-educação* – contribuição social que, como consta do próprio dispositivo, visa a financiar a "educação básica pública".

3.1.2.8 Síntese conclusiva – Ao cabo do quanto foi exposto, podemos sumular algumas conclusões.

De acordo com as premissas por nós eleitas, os tributos, no Brasil, ou são *impostos*, ou são *taxas* (de serviço ou de polícia), ou são *contribuição de melhoria*.

que permitirá o pagamento das *indenizações* devidas. São, em última análise, todos os beneficiários que suportam as despesas impostas, pelo acaso, a alguns deles.

216. Estudos atuariais demonstram que num contrato coletivo por adesão integralmente *contributário* (situação em que, apesar de a pessoa jurídica figurar no contrato como estipulante, os prêmios são custeados integralmente pelos beneficiários) a repercussão dos sinistros atendidos pelo SUS elevaria o índice de ocorrência em cada período de 7% para 10%. Em consequência, uma taxa de sinistralidade inicial, estimada em 80%, subiria para 83%, gerando, por parte da operadora do "plano de saúde", proposta de reajuste correspondentemente maior a seu cliente e, assim, de modo indireto, a cobrança majorada, a cargo do associado.

De fato, como procuramos demonstrar, os *empréstimos compulsórios* são *tributos restituíveis*; as *contribuições parafiscais*, tributos arrecadados por pessoa diversa daquela que os instituiu; e os *impostos extraordinários*, simples impostos que, criados pela União, na iminência ou no caso de guerra externa, não precisam respeitar o *princípio da reserva das competências impositivas*. As *contribuições* referidas no art. 149 e seu § 1º da CF são *tributos* (impostos ou taxas), *qualificados por sua finalidade*. À derradeira, a *contribuição* prevista no art. 149-A da CF não passa de um imposto que tem por finalidade custear o serviço de iluminação pública dos Municípios e do Distrito Federal.

Deste modo apetrechados, vamos, agora, encetar o estudo da privatividade das competências tributárias, assim em relação aos impostos que às taxas e à contribuição de melhoria.

3.1.3 A privatividade das competências tributárias em relação aos impostos. Os critérios "material" e "territorial" de partilha das competências impositivas

I – No que se refere aos impostos, a Magna Carta traçou a *regra-matriz* (o *arquétipo*) daqueles que podem ser criados, sempre em caráter exclusivo, pela União, pelos Estados, pelos Municípios e pelo Distrito Federal.

Desta forma, os *Estados* são competentes para instituir os impostos mencionados no art. 155, I a III, da CF; a saber: I – o imposto sobre a transmissão, *causa mortis*, de quaisquer bens ou direitos; II – o imposto sobre doação de quaisquer bens ou direitos; III – o imposto sobre operações mercantis; IV – o imposto sobre serviços de transporte interestadual e intermunicipal; V – o imposto sobre serviços de comunicação; e VI – o imposto sobre a propriedade de veículos automotores. O imposto (que a Lei Maior impropriamente chamava de "adicional") de até cinco por cento do que for pago à União, por pessoa física ou jurídica (domiciliada no respectivo território), a título de imposto de renda sobre lucros, ganhos e rendimentos de capital só podia ser exigido até 1.1.1996, *ex vi* do art. 3º da EC 3/1993.

Os *Municípios*, de sua parte, estão autorizados a instituir os impostos referidos no art. 156, I a III, do mesmo Diploma Supremo. São eles: I – o imposto sobre a propriedade predial e territorial urbana; II – o imposto sobre a transmissão *inter vivos*, a qualquer título, por ato oneroso, de bens imóveis, por natureza ou acessão física, e de direitos reais sobre imóveis, exceto os de garantia, bem como cessão de direitos à sua aquisição; e III – o imposto sobre serviços de qualquer natureza não compreendidos no art. 155, II (da CF), definidos em lei complementar. O imposto sobre as vendas a varejo de combustíveis líquidos e gasosos, exceto óleo diesel, foi exigido até 1.1.1996, *ex vi* do art. 4º da EC 3/1993.

O *Distrito Federal* – como já anunciamos, em capítulo anterior – pode, dentro de seu território, criar os impostos estaduais (cf. o art. 155, *caput*, da CF) e, também, os municipais (*ex vi* do art. 147, *in fine*, da CF).

Finalmente, a *União* está credenciada a dar à publicidade quaisquer outros impostos: os adnumerados no art. 153, I a VII, da Lei Fundamental e – desde que o faça por meio de lei complementar, observe o *princípio da originalidade*, isto é, não invada os campos impositivos estaduais, municipais e do Distrito Federal, observe o *princípio da não cumulatividade* e leve em conta os direitos fundamentais dos contribuintes – aqueles que a imaginação criadora do Congresso Nacional vier a conceber.

Observe-se que fatos novos, originários do progresso tecnológico (*v.g.*, a aquisição de uma música por meio de *download*), não autorizam o alargamento do âmbito de abrangência das leis que criam *in abstracto* tributos. É equivocada a ideia de que sobre o fato novo necessariamente algum imposto haverá de incidir. Pode perfeitamente acontecer de ele não ser onerado por nenhum imposto; não, pelo menos, até que a União venha a exercitar sua competência impositiva residual.

Por isso mesmo é que a competência impositiva residual da União é teoricamente infinita. Realmente, em linha de princípio, ela sempre tem a possibilidade de criar um novo imposto, *ex vi* do disposto no art. 154, I, da Lei das Leis.

Remarcamos, porém, que a criação de impostos residuais só poderá ser feita mediante *lei complementar* e, não bastasse isso, observado o *princípio da não cumulatividade*.

Se, enquanto vigorava a Constituição de 1967/1969, ainda era sustentável a ideia de que eventuais "excessos" da hipótese de incidência dos tributos da competência explícita da União caíam na "rede protetora" da chamada *competência residual*,[217] hoje, positivamente, esta linha de argumentação não colhe. Tornamos a repetir que novos impostos só podem ser criados por meio de lei complementar, sendo vedada, por força da obrigatória observância do *princípio da não cumulatividade*, a incidência "em cascata". Demais disso, é mister que o produto de sua arrecadação venha partilhado com os Estados e o Distrito Federal (cf. o art. 157, II, da CF).

Logo, à União é permitido criar impostos sobre: I – importação de produtos estrangeiros; II – exportação, para o exterior, de produtos nacionais ou nacionalizados; III – renda e proventos de qualquer natureza; IV – produtos industrializados; V – operações de crédito; VI – operações de câmbio; VII – operações de seguro; VIII – operações relativas a títulos ou valores mobiliários; IX – propriedade territorial rural; e X – grandes fortunas, nos termos de lei complementar (*todos elencados no art. 153 do Estatuto Supremo*). A esta pessoa política são dados, igualmente, dentro do teoricamente infinito campo de sua *competência impositiva residual* (ou *supletiva*), que lhe foi conferida pelo precitado art. 154, I, da Lei das Leis, os impostos sobre os atos jurídicos, sobre a cessão de direitos, sobre as arrematações, e assim avante. Salientamos, apenas de passagem, que, ao criar impostos de sua competência resi-

217. Esta não era nossa opinião. Entendíamos que, como o Direito vive de *formas*, se a União, por exemplo, a pretexto de criar um imposto sobre a renda (de sua competência explícita), criasse, por meio de lei ordinária, um imposto sobre o patrimônio (de sua competência residual), ela estaria saindo das raias da constitucionalidade. Como quer que seja, o assunto encontra-se superado, com a exigência de lei complementar, para a criação dos chamados *impostos residuais*.

dual, a União não pode atropelar o princípio da capacidade contributiva, isto é, deve descrever, na hipótese de incidência dos novos tributos, fatos que revelem aptidão econômica por parte dos virtuais contribuintes. Assim, por não terem um substrato de cunho econômico, a União não poderá criar, com base no art. 154, I, da Lei Maior, o imposto sobre o comprimento dos narizes, sobre a barba, sobre a estatura do contribuinte etc. Ainda a respeito destes impostos, temos que eles – a exemplo do ICMS e do IPI – deverão obedecer à regra da não cumulatividade.

II – Do exposto, podemos notar, facilmente, que a partilha, entre a União, os Estados, os Municípios e o Distrito Federal, das competências para criar impostos (*competências impositivas*) foi levada a cabo de acordo com um *critério material*. O constituinte originário, neste passo, descreveu objetivamente fatos que podem ser colocados, pelos Poderes Legislativos da União, dos Estados-membros, dos Municípios e do Distrito Federal, nas *hipóteses de incidência* dos impostos respectivos. Melhor explicitando, os mencionados arts. 147, 153, 154, I, 155 e 156 do Código dos Códigos autorizam cada uma das pessoas políticas a virem a instituir impostos sobre os *fatos* neles apontados genericamente (*e.g.*, o fato de alguém auferir rendimentos, o fato de alguém industrializar produto, o fato de alguém ser proprietário de bem imóvel urbano, o fato de alguém prestar serviço de qualquer natureza etc.).

Geraldo Ataliba, descrevendo o sistema constitucional tributário brasileiro, chegou à mesma conclusão: "Atribui-se a competência para instituir impostos mediante a técnica de reservar, ao competente para instituir, certos tipos de manifestações de capacidade econômica – e, via de consequência, contributiva – por parte dos seus súditos. Quer dizer: toma-se certa faixa ou campo da matéria econômica e se o outorga, como fonte de renda, a esta ou àquela entidade, para que a use – em caráter exclusivo. A técnica do direito tributário consiste em, descrevendo com precisão tais fatos – reveladores de capacidade contributiva – fazer nascer, a partir de sua realização, a obrigação (a cargo do particular, contribuinte) de pagar certa soma ao Poder Público".[218]

Com tais cautelas, evitaram-se, de modo mais do que satisfatório, as invasões de competência impositiva entre as pessoas políticas União, Estados, Municípios. Quer a Constituição da República que só a União tribute, por via de impostos, determinados fatos do mundo real que têm conteúdo econômico; só os Estados, outros fatos; só os Municípios, ainda outros fatos.

Já adiantamos que os dispositivos constitucionais que construíram o aludido *critério material* não são capazes, isoladamente considerados, de evitar conflitos de competência impositiva entre os Estados, entre os Municípios, entre o Distrito Federal e os Estados e entre o Distrito Federal e os Municípios.

Entretanto, os dispositivos constitucionais que se ocupam com a partilha das competências impositivas entre as pessoas políticas não são apenas estes.

Fossem, e os Estados e o Distrito Federal poderiam livremente empenhar-se, com sanha inaudita, cada qual não tendo outra bandeira que seu próprio apetite, numa

218. Geraldo Ataliba, *Sistema* ..., cit., p. 106.

verdadeira "guerra tributária", à cata do maior quinhão possível dos impostos referidos no art. 155 da Lei das Leis. Exemplificando para melhor esclarecer, nada impediria que o Estado "A" viesse, a seu inteiro alvedrio, a exigir ICMS de comerciante que tivesse praticado uma operação mercantil no Estado "B". Nada impediria, do mesmo modo, que o Distrito Federal cobrasse IPVA de proprietário de veículo automotor registrado no Estado "C" (ou que o Estado "C" cobrasse IPVA de proprietário de veículo automotor registrado no Distrito Federal).

A mesma ordem de raciocínio poderia ser aplicada aos Municípios e ao Distrito Federal, que teriam, destarte, a faculdade de, impunemente, virem a pelejar entre si, na ânsia sempre renovada de carrearem para seus cofres o produto dos impostos arrolados no art. 156 da Constituição da República. É escusado dizer que nenhum empeço jurídico tolheria o Município "A" que, por exemplo, pretendesse perceber, do proprietário de prédio localizado na zona urbana do Município "B", o imposto a que alude o art. 156, I, do Texto Supremo. Da mesma forma, sempre à guisa de exemplo, nada obstaria à pretensão do Distrito Federal de cobrar ISS de pessoa que tivesse prestado, em caráter negocial, um serviço de qualquer natureza no Município "C" (ou o Município "C" de cobrar ISS de pessoa que tivesse prestado, em caráter negocial, um serviço de qualquer natureza no Distrito Federal).

Afigura-se-nos solarmente claro, porém, que entendimentos deste jaez, sobre serem absurdos, comprometeriam, de forma irremediável, se aceitos, a harmonia da Federação e a autonomia dos Municípios e do Distrito Federal, além de instalarem o império da prepotência, do caos e da incerteza, fenômenos que a Constituição quer justamente atalhar.

Inobstante tudo isso, é incontroverso que praticamente a unanimidade da doutrina, ao focar o tema, encerra suas investigações com o exame, por vezes sumário, do critério material de repartição das competências impositivas entre as pessoas políticas.

Poucos, como o inesquecível Cléber Giardino,[219] jurista dos mais sérios e capazes, cuja força criadora foi tão limitada no tempo, como profunda no traço, tiveram a argúcia de perceber que há, no Brasil, tantos impostos estaduais, municipais e do Distrito Federal quantas são as pessoas políticas autorizadas pela Constituição da República a instituí-los.

É que os Estados, os Municípios e o Distrito Federal têm competências impositivas materialmente concorrentes. Em razão disto, para evitar conflitos entre eles, nosso Estatuto Magno adotou, também, um *critério territorial* de repartição das competências impositivas.

Esta cautela do constituinte veio roborar os grandes postulados de nosso ordenamento jurídico. De fato, os princípios federativo, da autonomia municipal e da autonomia do Distrito Federal, conjugados com os referidos arts. 155 e 156 da Carta

219. Cléber Giardino, "ISS – Competência municipal", in *O Estado de S. Paulo*, ed. de 16.12.1984, p. 68.

Suprema, afastam qualquer possibilidade de conflitos de competência impositiva entre os Estados entre si, os Municípios entre si, o Distrito Federal e os Estados (e vice-versa) e o Distrito Federal e os Municípios (e vice-versa). É pacífico que os Estados são juridicamente isônomos e os Municípios também, e se o Distrito Federal é tanto pessoa política quanto os Estados e Municípios, não devemos cogitar de distinções ou preferências tributárias em favor de uma dessas pessoas de direito público interno contra outra (ou outras).

À vista do exposto, temos por indisputável que um Estado não pode invadir a competência impositiva de outro Estado ou do Distrito Federal. Tampouco um Município, a de outro Município ou do Distrito Federal. Também não o Distrito Federal, de um Estado ou de um Município.

Vem a propósito reiterarmos que o critério adotado pela Constituição na partilha das competências impositivas dos Estados, dos Municípios e do Distrito Federal foi, além do material, o *territorial*. Noutros termos, levou em conta, para a solução dos possíveis conflitos neste campo, o âmbito de aplicação territorial das leis que criam os impostos estaduais, municipais e do Distrito Federal.[220] Por conseguinte, as leis tributárias que instituem tais gravames apenas têm voga sobre os fatos verificados no território da ordem jurídica que as editou.[221]

Este critério exige que a única lei tributária aplicável seja a da pessoa política em cujo território o fato imponível ocorreu. Portanto, se o *fato imponível* do ICMS (*v.g.*, prática de uma operação mercantil) ocorreu no território do Estado do Paraná, apenas a lei paranaense pode incidir e irradiar efeitos. Igualmente, se o *fato imponível* do ISS (prestação de um serviço de qualquer natureza) deu-se no território do Município de São Paulo, só a lei paulistana poderá ser aplicada. Ainda a título de exemplo, se o *fato imponível* do ICMS ou do ISS ocorreu em Brasília, apenas a lei tributária brasiliense cabível terá seguimento.

Reforçando a ideia, os Estados, os Municípios e o Distrito Federal só podem exigir impostos nos limites de seus territórios. Com efeito, como é sabido e assente,

220. Não devemos confundir a esfera de incidência dos comandos gerais e abstratos contidos nas normas tributárias (princípio da territorialidade) com o aspecto espacial da hipótese de incidência dos tributos, isto é, com as circunstâncias de lugar, descritas em lei, relevantes para a configuração do *fato imponível*.

Impende notar que o âmbito territorial de validade das leis tributárias federais, estaduais, municipais e do Distrito Federal é sempre igual: corresponde ao território onde elas se aplicam. Dizer "maior" ou "menor" implica reconhecimento implícito de uma hierarquia entre elas, que, pelo menos juridicamente, não existe. Depois, nos hemisférios do Direito, as dimensões, as escalas, as medidas, são peculiares, não correspondendo às encontráveis nas chamadas Ciências Exatas.

221. É por isso que, mesmo enquanto vigorava o art. 12 do Decreto-lei 406/1968, sustentávamos ("Breves considerações sobre o art. 12 do Decreto-lei 406/1968", *Vox Legis* 135/75 e ss.) que, a despeito do comando ali inserto, o imposto sobre serviços de qualquer natureza (ISS) era sempre devido (e não apenas no caso da construção civil) no Município onde o serviço fosse efetivamente prestado, ainda que o estabelecimento prestador estivesse sediado em outro. Atualmente, o art. 3º da Lei Complementar 116, de 31.7.2003 (que revogou o predito art. 12), embora tenha rendido algumas homenagens ao *critério territorial de repartição de competências tributárias* (já que abre outras exceções, além do serviço de construção civil), manteve a inconstitucional regra geral no sentido de ser o imposto devido "no local do estabelecimento prestador".

só a lei pode criar tributos (arts. 5º, II, e 150, I, da CF). Ora, qualquer lei – aí compreendida, pois, a lei tributária – vigora e é aplicável num espaço físico determinado. Dito de outro modo, ela só pode colher fatos (imputando-lhes os efeitos jurídicos previstos) ocorridos dentro de seu âmbito de validade: o território da pessoa política que a editou.

Ao atribuir competências impositivas aos Estados, aos Municípios e ao Distrito Federal, a Constituição valeu-se, além do critério material, também do critério territorial, com o quê inviabilizou eventuais usurpações, por parte destas pessoas políticas, no que atina aos impostos arrolados nos arts. 155 e 156 da Lei Maior.

Enfim, a conjugação dos critérios material e territorial de repartição de competências impositivas reafirma que a União, cada um dos Estados, cada um dos Municípios e o Distrito Federal têm impostos privativos.

A propósito, o mesmo *critério territorial* impede que leis tributárias nacionais alcancem fatos que se consumam no exterior, a menos que haja tratado internacional neste sentido.

Este critério, também chamado *princípio da territorialidade*, corresponde, no dizer expressivo de Ottmar Bühler, ao "direito exclusivo de cada Estado ao exercício da tributação em seu território e no espaço aéreo acima do mesmo".[222] Em função dele, os Países (Estados soberanos) tributam, de regra (isto é, salvo tratado internacional dispondo em contrário), os *fatos imponíveis* ocorridos em seus respectivos territórios, independentemente da nacionalidade, do domicílio ou da residência das pessoas físicas ou jurídicas que os promovem.

3.1.4 A privatividade das competências tributárias em relação às taxas e à contribuição de melhoria (tributos vinculados a uma atuação estatal)

A doutrina tradicional tem sustentado que, em matéria de *taxas* e *contribuição de melhoria* (*tributos vinculados*), a competência tributária é *comum* às pessoas políticas. Esta colocação, porém, só pode ser aceita se lhe emprestarmos o sentido de que tanto a União quanto os Estados, os Municípios e o Distrito Federal podem criar taxas e contribuição de melhoria. *Só que* – damo-nos pressa em explicar – *não as mesmas taxas*, *nem a mesma contribuição de melhoria*.

Relembramos meteoricamente que a competência administrativa para prestar o *serviço público*, para praticar o *ato de polícia* ou para realizar a *obra pública* é que determina a competência da pessoa política para tributar por meio de, respectivamente, *taxa de serviço*, *taxa de polícia* ou *contribuição de melhoria*.

Temos para nós que, também em relação aos tributos vinculados, a competência tributária de cada pessoa política é *rígida*, *privativa* e *indelegável*.[223] A este propósito,

222. Ottmar Bühler, *Principios de Derecho Internacional Tributario*, Madri, Editorial de Derecho Financiero, 1988, p. 175.

223. Notemos que, ao contrário do que se dá com os impostos, nem no caso ou na iminência de guerra externa cede passo o princípio da reserva de competência para a criação de tributos vinculados.

pensamos haver demonstrado, em trabalho anterior,[224] que as taxas e a contribuição de melhoria só podem ser criadas pela pessoa política que: a) possuir *competência administrativa* para realizar a *atuação estatal* (que deve consistir, no caso das *taxas*, na prestação de um *serviço público* ou no *exercício do poder de polícia,* e, no caso da *contribuição de melhoria*, na realização de uma *obra pública*, que valoriza os imóveis a ela adjacentes); e b) tiver regulado, por meio de lei, tal atuação. Para que o tributo nasça *in concreto* é mister que a pessoa política tenha efetivamente atuado ou, no caso das taxas de serviço e de polícia, esteja, pelo menos, em condições materiais de fazê-lo, assim que recolhido o gravame.[225]

Obviamente, os serviços públicos, as diligências ensejadoras dos atos de polícia e as obras públicas devem estar dentro da faixa de atribuições (da competência administrativa) da pessoa política que instituir os tributos vinculados (taxas e contribuição de melhoria).

Lembramos, de passagem, que as *competências administrativas* foram repartidas, pela Suprema Carta, entre a União, os Estados, os Municípios e o Distrito Federal. O art. 21 da CF aponta as competências administrativas da União; o art. 25, as dos Estados; os arts. 29 e 30, as dos Municípios; e o art. 32, as do Distrito Federal. Só quando a pessoa política tem competência administrativa para realizar a atuação estatal e efetivamente a realiza (ou está em condições objetivas de fazê-lo, logo em seguida) é que poderá fazer nascer o tributo vinculado. Evidentemente, para atuar, a pessoa política depende de uma lei que a tanto a autorize.

Percebemos que, nos tributos vinculados, há duas relações jurídicas, que se combinam, mas não se confundem; a saber: a) uma relação de direito administrativo, que obriga a pessoa política a realizar a atuação estatal, isto é, a prestar um determinado serviço público, a praticar um dado ato de polícia ou a executar uma certa obra pública; e b) uma relação jurídica tributária, que nasce com a ocorrência da atuação estatal anteriormente descrita na hipótese de incidência tributária. Logo, o fato imponível das taxas e da contribuição de melhoria é, sempre, uma atuação estatal, mas esta surge

224. Roque Carrazza, *O Sujeito Ativo ...*, cit., p. 30.

225. Por vezes, a taxa de serviço é recolhida *antes* da prestação do serviço público. É o que se dá, por exemplo, com a *taxa de correio*. De fato, num primeiro instante, há o recolhimento da taxa (por meio da inutilização do selo ou da estampilha, previamente adquiridos a preço muito superior a seu valor intrínseco) e, em momento posterior, a prestação deste serviço público federal (dito "postal" ou "de correio"). Não vemos nisto qualquer irregularidade, já que a União, por intermédio da "Empresa Brasileira de Correios e Telégrafos", está materialmente aparelhada para prestar este serviço público, imediatamente após recolhida a taxa específica.

O mesmo podemos dizer da taxa de polícia, recolhida, não raro, antes da prática das diligências que levam à realização do ato de polícia. Assim, muita vez, quem requer uma certidão ou uma carteira de identidade primeiro recolhe a taxa pertinente e, ao depois, retira o documento pretendido. Se a pessoa política estiver em condições materiais de praticar, assim que recolhida a taxa, as diligências necessárias à prática do ato de polícia, nada impede que o pagamento deste tributo preceda a atuação estatal.

Parece-nos, conforme já descrevemos no subitem 3.1.2.3 deste capítulo, que a contribuição de melhoria só pode ser exigida *após* a realização da obra pública que efetivamente valorizou o imóvel do contribuinte. É que, como demonstramos, a hipótese de incidência da contribuição de melhoria não é a realização da obra pública, mas a *valorização imobiliária* causada por obra pública. Sem estar presente esta valorização imobiliária, não há falar em cobrança válida de contribuição de melhoria.

por imposição da lei da pessoa política que detém a competência administrativa para efetuá-la.[226]

Portanto, a criação legislativa da taxa ou da contribuição de melhoria pressupõe a existência da competência administrativa da pessoa política tributante. Dito de outro modo, a competência para instituir tributos vinculados está ligada ao exercício da competência administrativa que a entidade tributante recebeu da Constituição para prestar o serviço público, para praticar o ato de polícia ou para realizar a obra pública.

Isto significa que, se a pessoa política realiza a atuação estatal *sem ter* competência administrativa para tanto, *não* pode instituir e arrecadar nenhum tributo vinculado. Assim, por exemplo, se a União presta, num dado Município, o serviço público de fornecimento domiciliar de água potável (típico serviço local, que diz de perto com o peculiar interesse do Município), ela não pode criar e cobrar, em razão disto, uma taxa (exatamente porque lhe falecia competência administrativa para prestar este serviço público). Do mesmo modo, o Município beneficiado também não pode criar a aludida taxa, já que não prestou o serviço público para o qual era dotado de competência administrativa.

Anotamos que, se, porventura, a União, os Estados, os Municípios ou o Distrito Federal vierem a celebrar *convênios* para a execução de seus serviços, para a prática de seus atos de polícia ou para a realização de suas obras públicas, nem assim suas competências administrativas se deslocam. É que a competência administrativa, a exemplo das demais competências, é privativa e indelegável, pouco importando se sua *execução material* foi levada a cabo pela própria pessoa política que a possui ou por terceiros (outras pessoas políticas, autarquias, sociedades de economia mista, empresas públicas, empresas particulares etc.). Por este motivo, a competência tributária para criar e cobrar taxas ou contribuição de melhoria remanesce inalterada mesmo nesta hipótese. Retornando ao exemplo há pouco apontado, se a União presta o serviço domiciliar de fornecimento de água potável num dado Município, autorizada, porém, por convênio celebrado entre ambos, ainda assim não poderá instituir e arrecadar a taxa cabível, embora sua atuação seja, agora, lídima. Competente, para tanto, será, *in casu*, este Município que, perante o Direito, prestou o serviço público.

Evidentemente, a Constituição, adequadamente interpretada, estabelece que as taxas e a contribuição de melhoria somente podem ser exigidas dos contribuintes que

226. Não precisava a Constituição estipular que "as taxas não poderão ter base de cálculo própria de impostos" (art. 145, § 2º, da CF).

Com efeito, se a base de cálculo de qualquer tributo, como já vimos, deve sempre referir-se, de algum modo, à materialidade do tributo, é evidente que a base de cálculo dos impostos nunca jamais coincidirá com a base de cálculo das taxas. O imposto nasce de um comportamento do contribuinte ou de uma situação jurídica na qual ele se encontra (é, pois, um tributo *não vinculado* a uma atuação estatal), ao passo que a taxa surge de uma atuação estatal diretamente referida ao contribuinte (é, destarte, um tributo *vinculado* a uma atuação estatal). Em síntese, a base de cálculo dos impostos *só pode ser* a medida de um fato qualquer não consistente numa atuação estatal, e a base de cálculo das taxas, a medida da atuação estatal (do serviço público ou do ato de polícia). Logo, é logicamente impossível que a base de cálculo dos impostos coincida com a base de cálculo das taxas. O art. 145, § 2º, da Lei Maior é, na melhor das hipóteses, didático.

se encontrarem sob a égide das leis da pessoa política que realizou a atuação estatal pertinente – vale dizer, (i) que prestou o serviço público (no caso das *taxas de serviço*), (ii) que praticou o ato de polícia (no caso das *taxas de polícia*) ou (iii) que realizou a obra pública (no caso da *contribuição de melhoria*). A lei que descrever o aspecto espacial da hipótese de incidência de tais tributos deverá ajustar-se a esta diretriz.

Há lugar, ainda, para uma observação: nos tributos vinculados, a *competência residual* pertence aos Estados e ao Distrito Federal, uma vez que eles é que, em matéria administrativa, podem fazer tudo o que não foi, neste setor, expressamente deferido pela Carta Fundamental à União e aos Municípios. É o que nos deixam patenteado os arts. 25, § 1º ("São reservadas aos Estados as competências que não lhes sejam vedadas por esta Constituição"), e 32, § 1º ("Ao Distrito Federal são atribuídas as competências legislativas reservadas aos Estados e Municípios"), ambos da CF.[227]

Ora, como a competência administrativa é o pressuposto da competência para criar *tributos vinculados*, temos que os Estados-membros e o Distrito Federal – justamente por terem competência administrativa residual – possuem competência residual para criar taxas (de polícia e de serviço) e contribuição de melhoria.[228]

Ao pé de todas estas considerações, podemos afirmar que, ao contrário do que pregoam muitos tributaristas, as taxas e a contribuição de melhoria, em nosso direito positivo, também obedecem a uma rígida repartição de competências legislativas entre a União, os Estados, os Municípios e o Distrito Federal.

3.2 *Indelegabilidade*

As competências tributárias são indelegáveis. Cada pessoa política recebeu da Constituição a sua, mas não a pode renunciar, nem delegar a terceiros. É livre, até, para deixar de exercitá-la; não lhe é dado, porém, permitir, mesmo que por meio de lei, que terceira pessoa a encampe.

Lembramos que quando o Texto Magno outorga uma competência, visa a promover um interesse público, que só se considera atingível por intermédio da atuação do titular escolhido (pessoa, órgão, autoridade etc.).

Tal ideia transparece cristalina em Francesco D'Alessio: "Cada exercício do poder público pressupõe, sempre, um interesse coletivo a satisfazer, que transcende

227. Há uma competência administrativa explícita dos Estados e do Distrito Federal, a saber: a "de explorar diretamente, ou mediante concessão a empresa estatal, com exclusividade de distribuição, os serviços locais de gás canalizado" (art. 25, § 2º, c/c o art. 32, § 1º, ambos da CF). Portanto, serviço público estadual ou do Distrito Federal é o serviço público que não é nem federal, nem municipal. A mesma ordem de raciocínio vale para o ato de polícia estadual ou do Distrito Federal e para a obra pública estadual ou do Distrito Federal.

228. Por aí percebemos que a afirmação "a competência tributária residual pertence à União", tão em voga, deve ser mais bem entendida. A União desfruta, apenas, da *competência impositiva residual*, é dizer, da competência para criar quaisquer impostos, desde que respeite as faixas reservadas, pela Constituição, aos Estados, aos Municípios e ao Distrito Federal, bem como o chamado "Estatuto do Contribuinte".

Entretanto, a *competência residual*, no que concerne às taxas e à contribuição de melhoria, pertence aos Estados e ao Distrito Federal, *ex vi* do art. 25, § 1º, c/c o art. 32, § 1º, ambos da Lei das Leis.

aos interesses particulares; e, se isto é verdadeiro, como não se pode duvidar, a inderrogabilidade da competência aparece plenamente justificada".[229]

Aí está: é próprio da competência concedida pela Constituição o atributo da indelegabilidade. Noutros termos, o titular de uma competência, seja qual for, inclusive a tributária, não a pode transferir, quer no todo, quer em parte, ainda que por meio de lei.

Aliás, nem mesmo no âmbito da pessoa política o Poder Legislativo (que representa, de modo mais direto, o povo) pode delegar aos demais Poderes (*v.g.*, ao Executivo) ou a terceiro qualquer das atribuições, para criar tributos, que lhe foram expressa ou implicitamente conferidas pela Carta Magna. Ora, por muito maior razão, o Legislativo de uma pessoa política não pode delegar o direito de instituir tributos a outras pessoas políticas. Esta ideia mais se reforça em face da nova Carta Magna, que não faz qualquer alusão a respeito.[230]

229. Francesco D'Alessio, *Istituzioni di Diritto Amministrativo Italiano*, 3ª ed., vol. I, Turim, UTET, 1943, p. 237 (traduzimos).

230. A anterior, por força de uma impropriedade terminológica contida em seu art. 21, § 5º, gerava controvérsias.

O referido dispositivo prescrevia: "A União poderá transferir o exercício supletivo de sua *competência tributária aos Estados, ao Distrito Federal ou aos Municípios*" (grifamos).

Interpretando sistematicamente este artigo, pensamos haver demonstrado, à época, que a expressão "competência tributária" estava ali empregada no sentido de "capacidade tributária ativa". Daí termos proclamado que também a competência impositiva residual da União era indelegável. O que esta pessoa política podia delegar (a Estados, a Municípios, ao Distrito Federal, a autarquias, a entidades paraestatais etc.) era o direito de arrecadar e ficar com o produto da arrecadação do imposto que viesse a instituir, com apoio em sua competência residual.

Na oportunidade, escrevemos:

"A análise jurídica do art. 21, § 5º, da CF

"O art. 21, § 5º, da CF prescreve: 'A União poderá transferir o exercício supletivo de sua competência tributária aos Estados, ao Distrito Federal ou aos Municípios'.

"Evidentemente, se nos ativermos à letra deste parágrafo, forçosamente haveremos de entender que a competência tributária residual da União (que diz respeito aos impostos) é delegável.

"Em sã razão não podemos, no entanto, apenas por causa de um dispositivo constitucional – de redação, diga-se de passagem, repassada de termos e locuções atécnicas – inferir que a competência impositiva residual da União é delegável. Interpretação deste jaez – se, por acaso, merecesse ser chamada de interpretação – encamisaria todo um conjunto de princípios hermenêuticos, mormente aquele que pregoa que as normas não devem ser entendidas apenas pela fórmula linguística.

"Assim, a despeito da literalidade do dispositivo em observação, vamos interpretá-lo sistematicamente, para que não reste abandonada a visão global de nosso direito positivo.

"A indispensabilidade da interpretação jurídico-sistemática

"Antes, porém, fazendo uma digressão, lembramos que a interpretação é a atividade lógica que colima descortinar o significado, o conteúdo e o alcance de uma ou mais normas jurídicas. É por meio deste labor que conseguimos desvendar, em toda a latitude do vocábulo, a real extensão de uma regra de Direito.

"Conhecer a norma, isto é, haurir-lhe o verdadeiro sentido, é o primeiro grande desafio que o jurista deve vencer, ao defrontar-se com o direito positivo, seja para entendê-lo, seja para expô-lo, seja, ainda, para aplicá-lo (sempre que a norma jurídica contacta com a realidade do mundo fenomênico). Não é por outro motivo que o jurista, em última análise, como registrou Becker, é o semântico, o lógico e o pragmático da linguagem do Direito. Destarte, deve debruçar-se sobre os textos jurídicos, quantas vezes obscuros, contraditórios, penetrados de erros e imperfeições terminológicas, para trazer, à clara luz do dia, o que eles têm de essencial.

"Merecem total acolhida, neste ponto, as palavras de José Manoel de Arruda Alvim: 'A interpretação das leis é assunto eminentemente ligado à teoria do conhecimento. Sendo o conhecimento a apreensão de um objeto cognoscível, no caso, a interpretação, sob este aspecto, diz respeito à necessidade de o intérprete conhecer, exatamente, qual o significado da lei. Somente conhecendo-lhe o sentido, é que poderá aplicá-la adequadamente ao caso submetido a julgamento. Todo o texto contém um sentido e a função do intérprete é precisamente a de extrair tal sentido e aplicá-lo à realidade' (*Código de Processo Civil Comentado*, 1ª ed., vol. I, São Paulo, Ed. RT, 1975, p. 211).

"Daí a importância, sempre reconhecida, da interpretação sistemática, no Direito. O método sistemático tem uma visão grandiosa do Direito e, assim, entende cada regra como uma realidade impregnada de todas as propriedades da ordem jurídica.

"Cabe-nos notar, a propósito, que é de todo em todo imprescindível precate-se o intérprete contra as leis aparentemente claras. Encampável a opinião dos que estadeiam estar totalmente superado o brocardo, tão vetusto quão apriorístico, de que as leis claras dispensam interpretação (*in claris cessat interpretatio*). Não raro, uma lei aparentemente clara encerra obscuridades e imprecisões que inexistem noutra, ao primeiro lance de vista intricada.

"Aperfeiçoemos esta ideia, com as elegantes e precisas palavras de Antonio J. Franco de Campos: 'Parece-nos fora de dúvida dizer-se da necessidade de interpretar a norma, ou que toda a norma pode sujeitar-se ao processo interpretativo, mesmo lembrando-se do refrão – *in claris cessat interpretatio*. Em verdade, a submissão da norma à sistemática explicativa pode ser divorciada da sua origem, forma ou natureza. Mas há uma dificuldade: ela reside, exatamente, na natureza abstrata da lei, pois a interpretação visa, em tese, dar-lhe vida. Em outros termos, poderíamos dizer que por via de interpretação (*lato sensu*) chega-se a imprimir vitalidade ao que é abstrato. Ou ainda, seria a operação mental livre de acomodar, validamente, um imperativo abstrato a um caso particular' (*Interpretação, Hermenêutica e Exegese no Direito Tributário*, São Paulo, José Bushatsky, 1977, p. 21).

"Com isto, conquanto aceitemos, em tese, todos os métodos interpretativos, estamos em que a única interpretação realmente válida é a *sistemática*, a dizer, aquela que busca no sistema jurídico não a vontade do legislador (*mens legislatoris*), que é irrelevante, mas a vontade da lei (*mens legis*), esta, sim, inafastável.

"Paulo de Barros Carvalho reforça e prestigia esta posição, prelecionando: '(...) a única forma de se entender o fenômeno jurídico, conclusivamente, é analisando-o como um sistema, visualizado no entrelaçamento vertical e horizontal dos inumeráveis preceitos, que se congregam e se aglutinam para disciplinar o comportamento do ser humano, no convívio com seus semelhantes. Daí por que o texto escrito, na singela expressão de seus símbolos, não pode ser mais que a porta de entrada para o processo de apreensão da vontade da lei, jamais confundida com a intenção do legislador' ("ISS – Diversões públicas", in *RDTributário* 17-18/184).

"Realmente, o pensamento do autor (ou dos autores) da lei é sempre um tanto quanto lacunoso. Apesar disto, o intérprete deve extratar do texto legal que se lhe patenteia decisões inequívocas e completas. Para atingir tal desiderato precisa valer-se da verdadeira interpretação jurídica (a sistemática) que, longe de buscar o sentido do pensamento do legislador – tarefa difícil, até porque as leis têm, de regra, uma multiplicidade de autores, cada qual com uma opinião própria – intenta, sim, buscar o *sentido da lei*. Esta, ao entrar em vigor, se desprende de quem a concebeu e ganha vida própria. Notemos, a respeito, que o Estado não se manifesta por meio de declarações pessoais dos legisladores, mas, tão somente, pela própria lei (Radbruch).

"A interpretação sistemática, embora parta da interpretação gramatical, vai além desta, uma vez que, após atentar para as *palavras da lei*, acaba por estabelecer o sentido objetivamente válido dum preceito ou duma disposição jurídica, levando em conta *todo o Direito*. Estabelecendo um paralelo, tem-se que uma melodia não pode ser captada se for considerada apenas a soma das sensações correspondentes a cada nota musical; é necessário, sim, apreciá-la como conjunto organizado. Se algumas notas deixarem de ser tocadas, nem por isto a percepção se altera, já que o que vale é a *forma global*. Também em Direito, mais importante do que atentar para regras isoladas é contemplar todo o ordenamento jurídico, cada vez que uma delas vai ser aplicada.

"O jurista, pois, investiga a *ratio legis*, olhos voltados para o conjunto da legislação. É por isto que o jusfilósofo Stammler significativamente asseverava: 'Quando alguém aplica um artigo do Código, aplica todo o Código'. Este asserto, que poderia merecer de alguns a coima de exagerado, não pode ser esquecido, ainda mais nesta época, em que grassam leis desencontradas e absurdas.

"Este, precisamente, o pensamento de Alfredo Augusto Becker: 'A lei considerada em si mesma, como um ser isolado, não existe como regra jurídica. Isolada em si mesma, a lei existe apenas como fórmula literal legislativa, sem conteúdo jurídico ou como simples fenômeno jurídico. (...). A regra jurídica contida na lei (fórmula literal legislativa) é a *resultante* lógica de um complexo de ações e reações que se processam no sistema jurídico onde foi promulgada. A lei age sobre as demais leis do sistema, estas, por sua vez, reagem; a resultante lógica é a verdadeira regra jurídica da lei que provocou o impacto inicial' (*Teoria* ..., pp. 183-184 – o grifo é do autor).

"Aí está: as regras jurídicas sofrem pressões e suscitam reações dentro do conjunto, provocando o surgimento de uma *resultante*, determinada pelo sistema. Percebê-la é a missão precípua do jurista, que conta, para isto, com todo um instrumental teórico adequado. A propósito, nunca sobeja memorar a lição primorosa, invocada por Paulo de Barros Carvalho, de Aftalión, Olano e Vilanova, para os quais '(...) a ordenação jurídica é um todo que gravita integralmente sobre cada relação jurídica' (*Introducción al Derecho*, Cooperadora de Derecho y Ciencias Sociales, 1972, p. 551).

"Também as normas constitucionais devem ser, todas elas, interpretadas.

"Adílson de Abreu Dallari confirma nosso modo de opinar na seguinte lição: '(...) cada dispositivo constitucional exige um imediato trabalho interpretativo para se descobrir a quem está dirigida a norma nele contida' (*Regime Constitucional dos Servidores Públicos*, São Paulo, Ed. RT, 1976, p. 4).

"E, mais adiante, ressalta 'ser a Constituição um sistema que não admite interpretações isoladas ou literais, contrárias ao seu espírito' (idem, ibidem, p. 18).

"Por outro lado, convém observarmos que o jurista, ao interpretar a norma jurídica, não deve se colocar a serviço de uma ideologia (Kelsen).

"Este pormenor não escapou à argúcia de José Souto Maior Borges, que afiança: 'Não poucas vezes, sob o pretexto de interpretar a lei, o jurista se sub-roga numa posição de política jurídica. (...). Quando o jurista se despe dessa sua qualidade para advogar uma posição de política jurídica não deveria fazê-lo, a rigor, em nome da Ciência do Direito, porque não se deve interpretar a lei com o recurso à ideologia de qualquer espécie. O que o jurista deve pretender é somente lograr a reta interpretação e aplicação do Direito' (*Lançamento Tributário*, Rio de Janeiro, Forense, 1981, "Preâmbulo", pp. XV e XVI).

"Logo, o jurista, enquanto tal, não pode se empenhar em fazer prevalecer uma ideologia, nem, muito menos, seus preconceitos. Em rigor, deve, o quanto possível, resistir à tentação do preestabelecido, da qual não estão totalmente imunes nem os espíritos mais abertos em sua postura científica.

"Feitas estas considerações, que já vão longas, podemos regressar aos domínios do direito tributário, sempre com o cuidado de não converter em complexo o que é simples ou, quando menos, não tão complexo quanto habitualmente se supõe.

"O significado jurídico do art. 21, § 5º, da CF

"O mencionado art. 21, § 5º, da Carta Suprema não se apresenta sozinho no mundo do Direito – como que pairando no espaço jurídico – mas, muito pelo contrário, está em íntima conexão com outras normas e princípios, que lhe dão uma diretriz a seguir: a diretriz do sistema jurídico.

"E o que marca nosso sistema jurídico, em matéria tributária?

"Como ficou realçado, o sistema constitucional tributário brasileiro é exaustivo e rígido, e contém grande cópia de princípios e regras que norteiam o exercício da tributação, pelas pessoas políticas. Mas, a Lei Maior não se satisfez com tais cautelas. Para melhor assegurar a rigidez do sistema, determinou, em seu art. 18, § 1º, fossem veiculadas, mediante lei complementar, normas gerais de direito tributário, que afastariam, de uma vez por todas, os conflitos e as dubitações nesta área, logicamente impossíveis; na prática, verificáveis, como veremos na parte final desta tese.

"Do exposto, já começamos a notar que a letra do § 5º do art. 21 da CF é desmentida pelo sistema constitucional tributário brasileiro.

"De fato, repugna ao senso jurídico que a própria Constituição se contradiga, abrindo ensanchas a que uma simples lei federal venha a subverter toda a rígida repartição de competências, que ela própria teve o cuidado de fazer. Afinal das contas, o modelo tributário há que ser obedecido. Entre a letra cristalina de um dispositivo que aponta num sentido e a intregralidade sistemática, que aponta noutro, bem distinto, não devemos ter escrúpulos em ao menos procurar um meio de percorrer este último.

"Vamos tentar, portanto, uma interpretação mais racional e sistemática para o art. 21, § 5º, ora em foco – cuja assintonia com os ditames constitucionais é perceptível *prima facie* –, conjugando-o com outro dispositivo do Estatuto Magno, apto a declarar-lhe o verdadeiro conteúdo.

"Animados por este objetivo, tomemos o art. 18, § 5º, da Constituição da República, que, com também referir-se à competência impositiva residual da União, determina, de modo mais explícito: 'A União poderá, desde que não tenham base de cálculo e fato gerador idênticos aos dos previstos nesta Constituição, instituir outros impostos, além dos mencionados nos arts. 21 e 22 e que não sejam da competência tributária privativa dos Estados, do Distrito Federal ou dos Municípios, *assim como transferir-lhes o exercício da competência residual em relação a impostos, cuja incidência seja definida em lei federal*' (grifamos).

"É curioso observarmos que o art. 18, § 5º, *in fine*, acima transcrito, reproduz, *grosso modo*, o art. 21, § 5º, do mesmo Diploma Magno. Também ele alude à transferência, pela União, aos Estados, ao Distrito Federal ou aos Municípios, do 'exercício de competência residual em relação a impostos, cuja incidência seja definida em lei federal'.

"Se, entretanto, o examinarmos com maior cuidado, constataremos que ele acrescenta, aos dizeres do art. 21, § 5º, o tópico, altamente esclarecedor, *cuja incidência seja definida em lei federal*.

"Ora, que é definir a incidência, senão exaurir a competência tributária, mediante lei? Em abono deste entendimento, Dino Jarach deixou exibido, com indubitável acerto e com todo o peso de sua autoridade, que a competência tributária se esgota na lei e, sendo assim, depois de ela ser editada, não há falar mais em competência tributária, mas, somente, em exercício da capacidade tributária ativa (*Curso Superior de Derecho Tributario*, t. I, Buenos Aires, Liceo Profesional Cima, 1957, p. 24). De conseguinte, a competência tributária não sai fora do âmbito do Poder Legislativo; pelo contrário, ela se esgota com a edição de lei veiculadora da norma jurídica tributária.

"Resulta daí que só depois de exercida, mediante lei federal, a norma jurídica do imposto é que a transferência pode operar-se. O que se vai transferir, porém, não é mais competência tributária, isto é, aptidão para instituir o tributo, por intermédio de lei, mas a mera *capacidade tributária ativa*, vale dizer, o direito subjetivo à percepção do tributo, o que consubstancia realidade jurídica polarmente diversa.

"Assim, não podemos fugir à irrefragável conclusão de que o que o art. 18, § 5º, *in fine*, da Carta Federal autoriza é a delegação da capacidade tributária ativa (e do montante do imposto residual arrecadado) aos Estados, ao Distrito Federal ou aos Municípios. Eis aqui, por sem dúvida, mais um caso de *parafiscalidade*, que, a nosso juízo, é a atribuição, mediante lei, da capacidade tributária ativa, que o titular da competência tributária faz, a terceira pessoa (pública ou privada), a qual, por vontade desta mesma lei, passa a dispor do produto arrecadado, para a consecução de suas finalidades.

"Portanto, o art. 18, § 5º, da Lei Maior alude a dois momentos juridicamente distintos e, por isto mesmo, inconfundíveis. No primeiro, a União cria o imposto de sua *competência residual*. Exercita-a, pois. No segundo (que, cronologicamente, pode até confundir-se com o anterior), delega a capacidade tributária ativa e o produto que vier a ser arrecadado, aos Estados, aos Municípios ou ao Distrito Federal.

"É o suficiente para notarmos que o § 5º do art. 18 do Código Máximo agasalha uma impropriedade terminológica, que, embora não ofusque o exato entendimento do que se pretende, não pode passar sem reparos, já que, no exame do primeiro instante, tem induzido inferências despropositadas, que não resistem ao teste da *ratio* sistemática. Deveras, este parágrafo parece facultar a 'transferência do exercício da *competência residual*', quando o que autoriza na realidade é a transferência da arrecadação – e do produto arrecadado – dos impostos instituídos pela União, com respaldo em sua competência tributária implícita (que, de resto, obedece ao mesmo regime jurídico dos impostos de sua competência expressa, estampada no art. 21, I a X, da Carta Fundamental).

"Enfim, o art. 18, § 5º, da Lei Maior contém em si elementos bastantes para desalojar a dúvida que eventualmente possa se acantonar no espírito dos que contemplam o art. 21, § 5º, do mesmo Diploma Fundamental. Nele, também, o que de fato está permitido – ao contrário do que a simples leitura do texto nos sugere – é a concessão do benefício da parafiscalidade, aos Estados, ao Distrito Federal e aos Municípios.

"A ninguém deve causar espécie esta enunciação, já que o legislador, mesmo o constituinte, porque simples político, limita-se, ao elaborar as normas jurídicas, a levar em conta fatores da mais diversa índole (econômicos, políticos, sociológicos, administrativos etc.). Nem sempre afeito à melhor técnica legislativa, não rara vez comete erros palmares, como este, de confundir competência tributária com capacidade tributária ativa.

"Perfeitíssima, a respeito, a lição de Pontes de Miranda, para quem: 'Na exposição científica do Direito não podemos deixar que a terminologia perturbe o sistema jurídico ou a visão dele' (*Tratado de Direito Privado*, vol. 22, Rio de Janeiro, Borsói, 1958, p. 13).

"Após este inspirado excerto, cremos suficiente reiterar que a interpretação sistemática é que precisará o significado das normas jurídicas, possibilitando-lhes a correta aplicação. Esta tarefa, voltada, basicamente, à descoberta da *mens legis*, exige a constante invocação dos grandes princípios jurídicos, mormente em face das disposições incertas e das palavras equívocas ou polissêmicas que costumam recamar nossos textos normativos.

"Muito bem: é justamente em virtude da interpretação sistemática que proclamamos que também a competência impositiva residual da União é indelegável. O que esta pessoa política pode delegar (a Estados, Municípios, Distrito Federal, autarquias, entidades paraestatais etc.) é a capacidade tributária ativa e o produto da arrecadação do imposto, que instituir com apoio em sua competência residual. A União pode, por exemplo, criar o imposto sobre o patrimônio (imposto de sua competência residual) e delegar sua arrecadação e o produto arrecadado aos Estados e aos Municípios.

"Já que tocamos no assunto, é óbvio que os Estados e Municípios, por força do princípio constitucional implícito na isonomia das pessoas políticas, não estão obrigados a aceitar a 'benesse' da União. Só arrecadarão o imposto se isto lhes convier. Querendo exercitar a capacidade tributária ativa, deverão editar uma lei, autorizando suas Fazendas Públicas (órgãos administrativos) a cobrá-lo" (*Princípios Constitucionais Tributários e Competência Tributária*, 1ª ed., Ed. RT, São Paulo, 1986, pp. 181-190).

Também em relação aos tributos vinculados, não implicava delegação de competências administrativas (e, com elas, das competências para criar taxas e contribuição de melhoria) a possibilidade de as pessoas políticas virem a celebrar convênios "para execução de suas leis, serviços ou decisões" (art. 13, § 3º, da CF de 1967/1969).

Sobre o assunto, assim nos pronunciamos:

"A análise jurídica do art. 13, § 3º, da CF

"Para colocarmos um ponto final neste assunto, resta-nos examinar o art. 13, § 3º, da CF, que estabelece: 'A União, os Estados e os Municípios poderão celebrar convênios para execução de suas leis, serviços ou decisões, por intermédio de funcionários federais, estaduais ou municipais'.

"Este é um versículo realmente escabroso, em que tropeçam, com muita frequência, os descurados do direito constitucional tributário brasileiro. Invocando-o, chegam a sustentar que as pessoas políticas podem, desde que celebrem entre si convênios, delegar, umas às outras, as competências administrativas que receberam da Constituição, para prestar serviços públicos. Ora, considerando que a competência tributária para criar *taxas de serviço* pressupõe a competência administrativa para prestar serviços públicos, açodadamente concluem que, delegada esta, *ipso facto*, delegada também aquela estaria. Assim, por exemplo, se a União, ao invés de prestar diretamente o serviço de navegação aérea – que é um típico serviço público federal, *ex vi* do art. 8º, XV, 'c', da CF –, concede, por meio de convênio, que um Estado-membro da Federação venha a fazê-lo, querem alguns que ele é que desfrutaria da competência tributária para instituir a taxa de serviço cabível. Com o devido acatamento, falta a estas ideias um mínimo de consistência jurídica, para serem sequer consideradas.

"O raciocínio levado a efeito pela chamada 'doutrina tradicional' peca pela base, uma vez que *convênio não delega competência administrativa*. O que a Constituição autoriza, neste particular, é o intercâmbio, entre as pessoas políticas, dos *encargos de execução* do serviço público. A competência administrativa, porém, continua pertencendo a seu titular originário. Pactos entre pessoas políticas não têm força jurídica suficiente para alterar o esquema de repartição das competências administrativas que a Carta Magna cuidadosamente construiu, em seus arts. 8º, 13 e 15. Como averba Celso Antônio Bandeira de Mello, 'não há negócio cabível em tema de competência. Não se pode, em troca de dinheiro ou outro bem, nem mesmo por um só instante, transacionar com poderes outorgados pela Carta Constitucional, sob pena de nulidade' ("Abastecimento de água ...", in *RDP* 55-56/100).

"Amarrada esta premissa de que as competências administrativas não se translocam entre as pessoas jurídicas, é fácil deduzirmos que as competências tributárias para a criação de taxas de serviço também são insuscetíveis de trespasse.

"Ao dizermos isto, apregoamos a mais pacífica das obviedades, pois a competência administrativa é um *prius* da competência tributária para criar taxas e contribuições de melhoria. Melhor explanando, só a pessoa política que tiver competência administrativa para realizar a atuação estatal é que deterá a competência tributária para desencadear o nascimento da taxa ou da contribuição de melhoria cabíveis. Transmudando estas noções, apenas bosquejadas, para nosso campo de trabalho, se, por hipótese, um Município tiver competência administrativa para prestar um dado serviço público, só ele poderá criar a

Se União, Estados, Municípios e Distrito Federal pudessem comutar livremente, seja por meio de leis, seja por meio de convênios, suas competências tributárias, que – tornamos a repetir – lhes foram outorgadas pela Constituição, a decisão constituinte seria, neste particular, absurdamente despida de força e prestígio, por modificável de acordo com as conveniências episódicas das pessoas políticas. O Texto Excelso encerraria meras recomendações, que seriam, ou não, acatadas por seus destinatários. As normas constitucionais que partilharam as competências tributárias poderiam ser, a qualquer momento, alteradas por normas infraconstitucionais e, longe de se imporem às pessoas políticas, oscilariam a bel-prazer da vontade de seus legisladores ordinários. Na parte tributária, pelo menos, a Constituição Federal, de rígida, transformar-se-ia em flexível. Haveria, com efeito, aí a possibilidade de alteração constante do modelo constitucional por parte daqueles que deveriam obedecê-lo e colocá-lo em funcionamento.

Celso Antônio Bandeira de Mello chama-nos a atenção para esta verdade jurídica: "É princípio comezinho de direito público o de que nesta seara, e maiormente na órbita do direito constitucional, a autonomia da vontade – peculiar ao interesse privado – cede passo inteiramente à noção de dever. As competências públicas outorgadas pela Constituição não são bens disponíveis, não podem ser transacionadas, gratuita ou onerosamente, pelas pessoas jurídicas públicas nelas investidas. É sabido e ressabido que sua disposição escapa ao alvedrio de quem as possui. Por isso não há como intercambiá-las. São comandos impositivos para as entidades que as receberam. Em nada se assemelham a bens jurídicos intransmissíveis".[231]

A indelegabilidade reforça a noção de que a competência tributária não é patrimônio absoluto da pessoa política que a titulariza. Esta pode *exercitá-la*, ou seja, criar o tributo, mas não tem a total disponibilidade sobre ela. Melhor elucidando, não é *senhora* do poder tributário (que é um dos atributos da soberania), mas *titular* da competência tributária, submetida, como demonstrado, às regras constitucionais.

3.3 *Incaducabilidade*

A competência tributária é, também, *incaducável*, já que seu não exercício, ainda que prolongado no tempo, não tem o condão de impedir que a pessoa política, querendo, venha a criar, por meio de lei, os tributos que lhe forem constitucionalmente deferidos.[232] Perdura, pois, no tempo, sendo juridicamente impossível dizermos que decaiu, por falta de aplicação ou exercício.[233] Esta característica, diga-se de passo, é

taxa correspondente, ainda que, graças a um convênio, a União vier a, de fato, prestá-lo" (*Princípios* ..., cit., 1ª ed., pp. 190 e 191).

231. Celso Antônio Bandeira de Mello, "Abastecimento de água – Serviço público – Regime jurídico – Tarifas", *RDP* 55-56/100.

232. Rendemos, aqui, homenagens a Benedetto Cocivera (*Principii di Diritto Tributario*, vol. I, Milão, 1959), cujas lições servem de excelente esteio para o exame deste assunto, que a maioria dos autores sequer menciona.

233. Precisamos diferençar a *incaducabilidade* da competência tributária da *prescritibilidade* da capacidade tributária ativa, vale dizer, da aptidão jurídica para arrecadar o tributo. A capacidade tributária

consequência lógica da incaducabilidade da função legislativa, da qual a função de criar tributos é parte.

Vamos, porém, arrumar melhor a ideia, para darmos foros científicos a esta afirmação categórica. Como vimos, a competência tributária é aptidão para criar abstratamente tributos, descrevendo, por meio de lei, seus aspectos fundamentais.

Portanto, exercitar a competência tributária equivale a editar leis que tratem dos tributos, ou seja, que tenham por objeto estas figuras jurídicas. É, em suma, *legislar sobre tributos*.

Legislar sobre tributos significa exercitar *função legislativa*, da qual o Congresso Nacional está, na esfera federal, privativamente investido (nas esferas estadual, municipal e do Distrito Federal tal função pertence, respectivamente, à Assembleia Legislativa, à Câmara Municipal e à Câmara Legislativa). Esta acaciana verdade dispensa, obviamente, maiores demonstrações.

Pois bem, se tributar *in abstracto* é, efetivamente, legislar, dúvidas não podemos ter de que o exercício da tributação é incaducável, isto é, não está submetido a prazo, para se verificar.

Deveras, o Poder Legislativo não pode ser impedido de legislar sobre matérias de sua competência, a pretexto de que delas se descuidou, durante certo lapso de tempo.

Assim é por duas razões que supomos inafastáveis. A primeira: a Constituição, ao conferir ao Poder Legislativo a competência para legislar, não fez qualquer menção no sentido de que esta faculdade deveria ser utilizada até um dado marco temporal, sob pena de caducidade.[234] A segunda: o ato de legislar envolve, sempre e necessariamente, uma alteração da ordem jurídica em vigor, ou seja, uma inovação normativa. É próprio da lei prever ou disciplinar situações que ainda não foram alvo de leis anteriores. Afinal, a lei sempre inova inauguralmente a ordem jurídica, construindo o direito positivo. O Poder Legislativo, enquanto expede leis, exercita uma

ativa é prescritível porque, se não exercitada dentro dos prazos legais prefixados, seu titular fica impedido de obter, no caso concreto, o tributo. Noutras palavras, o Poder Público (ou quem juridicamente lhe faça as vezes) pode, em razão de sua inércia, perder os meios processuais para tornar efetivas as obrigações tributárias das quais é credor. Isso se dá porque os créditos do Estado, tanto quanto os dos particulares, prescrevem pela necessidade de certeza do direito, em nome do interesse social etc.

Quando as leis tributárias cuidam da prescrição, elas se referem não à competência tributária, mas aos direitos e ações da Fazenda Pública, enquanto titular do crédito tributário, isto é, do direito subjetivo à percepção do tributo.

Posta nestes termos a questão, tudo fica mais claro, pois a prescritibilidade do exercício da função tributária, em suas manifestações concretas, não afeta a incaducabilidade do exercício da função tributária, em suas manifestações abstratas, e vice-versa.

234. Não devemos perder de vista que o tempo, no Direito, não é obrigatoriamente computado de acordo com o calendário solar, mas de conformidade com critérios adotados, com inteira liberdade, pelas normas jurídicas. É que o Direito cria suas próprias realidades, que não precisam coincidir com as realidades do mundo fenomênico.

O tempo, no Direito, é neutro. O que o Direito prestigia é a situação, o fato ou a pessoa ligados a referências temporais.

competência que a Constituição lhe outorgou, e que, até aquele momento, não havia exercitado.

Se legislar é inovar, é exercitar competência ainda não exercitada, jamais se poderá, diante do que reza nossa Constituição, falar em prazo para que as leis sejam dadas à publicidade. Do contrário, em 5, 10 ou 20 anos o Poder Legislativo ver-se-ia impedido de fazer uso de uma competência que a Constituição, com tanta liberalidade, lhe concedeu.

Além disso, esta discussão é bizantina, pois querer que o Legislativo não inove a ordem jurídica, enquanto legisla, é absurdo incontornável. De inteiro cabimento, aqui, o vetusto brocardo *ad impossibilia nemo tenetur*.

Deste modo, sendo certo que a competência para legislar (*lato sensu*) é incaducável, é igualmente certo que a competência tributária, isto é, a competência para legislar *sobre tributos* – que nela está compreendida –, também o é, se por mais não fosse, em virtude do princípio, nunca contestado, pelo qual *acessorium sequitur suum principale*.

Enfim, como não podemos impedir o Poder Legislativo de dar à estampa leis sobre quaisquer matérias de sua competência, evidentemente não podemos proibi-lo de baixar, quando deseje, leis tributárias (leis que criem, modifiquem ou extingam tributos).

Em termos mais palpáveis, a União, até hoje, por exemplo, não criou, legislativamente, o imposto sobre grandes fortunas, previsto no art. 153, VII, do Texto Supremo. Ainda que esta situação perdure por mais 20, 30, 40 anos, a União poderá, perfeitamente, criar o imposto em tela.

Tudo vai depender de uma decisão política, a ser tomada pelo Congresso Nacional, que é competente para instituir tributos, na área federal. Se, por acaso, a União abalançar-se a criar este imposto, nada a poderá juridicamente barrar, muito menos a impossível caducidade de sua competência legislativa tributária.

Ademais, convém que recordemos que a competência tributária é concedida às pessoas políticas pela Constituição. Sendo assim, só pode extinguir-se por vontade do poder constituinte. Enquanto isto não acontece, ela continuará existindo.

À derradeira, sendo as competências tributárias indisponíveis, é evidente que são também incaducáveis (a caducabilidade dos direitos deriva de sua disponibilidade).

A EC 3/1993, ao estabelecer, em seu art. 2º, que "a União poderá instituir, nos termos de lei complementar, *com vigência até 31 de dezembro de 1994*, imposto sobre movimentação ou transmissão de valores e de créditos e direitos de natureza financeira" (grifamos), excepcionou a regra geral, que, como vimos, é a da incaducabilidade da competência tributária. De fato, esta competência tributária só poderia ter sido exercitada (como de fato o foi) até 31.12.1994.

Também a Emenda Constitucional 12/1996 criou uma competência tributária caducável ao permitir que a União instituísse "contribuição provisória sobre movimentação ou transmissão de valores e de créditos e direitos de natureza financeira" (CPMF), que, porém, "não poderá ser cobrada por prazo superior a dois anos" (sobre a inconstitucionalidade da CPMF, v., supra, subitem 3.1.2.7, IV). A Lei 9.311/1996, que instituiu a CPMF, estabeleceu, em seu art. 20, que o tributo seria cobrado durante treze meses, "contados após decorridos noventa dias da data da publicação desta Lei" (24.10.1996). A Lei 9.539/1997 "prorrogou" a incidência da CPMF por mais doze meses.

A Emenda Constitucional 21/1999 também "prorrogou" a vigência das Leis 9.311/1996 e 9.539/1997, por mais trinta e seis meses, tornando-a, assim, exigível até 17.6.2002. De seu turno, a Emenda Constitucional 37/2002 tornou a "prorrogar" a cobrança da CPMF, agora até 31.12.2004, bem como a vigência, até aquela data, da Lei 9.311/1996 (com suas alterações).

A Emenda Constitucional 42/2003 novamente "prorrogou" a cobrança da CPMF até 31.12.2007, e manteve por igual período a vigência da Lei 9.311/1996 (com suas alterações).

Atingido aquele marco temporal, a CPMF desapareceu de nosso ordenamento jurídico (v., supra, subitem 3.1.2.7, IX e X).

3.4 Inalterabilidade

I – A competência tributária é improrrogável, vale dizer, não pode ter suas dimensões ampliadas pela própria pessoa política que a detém. Falta-lhe titulação jurídica para isto.

De fato, se é a própria Constituição que define as dimensões da competência tributária das várias pessoas políticas, estas não podem praticar atos que as ultrapassem. Nunca é demais lembrar que no Brasil a competência tributária traduz-se numa legitimação para criar exações (aspecto positivo) e num limite para fazê-lo (aspecto negativo).

O que as pessoas políticas podem fazer, sim, é utilizar, em toda a latitude, as competências tributárias que receberam da Constituição. Só ela, porém, é que, eventualmente, pode ampliá-las (ou restringi-las). Esta é, pois, uma matéria *sob reserva de emenda constitucional.*

Se, porventura, uma pessoa política pretender, por meio de norma legal ou infralegal, dilatar as raias de sua competência tributária, de duas, uma: ou esta norma invadirá seara imune à tributação ou vulnerará competência tributária alheia. Em ambos os casos será inconstitucional.

Amílcar de Araújo Falcão, meditando sobre o assunto, averbou: "A competência (*tributária*) é, por isso, matéria de direito estrito e, como tal, inalterável. É ainda Forsthoff quem o afirma, ao asseverar que o titular de uma competência não pode transferir ou alterar poderes ou faculdades que se integram dentro da competência".[235]

Os limites que a Constituição traçou para que as pessoas políticas tributassem não podem ser deslocados nem pelo Código Tributário Nacional (ou normas jurídicas

235. Amílcar de Araújo Falcão, *Sistema ...*, cit., pp. 126-127 (esclarecemos).

que lhe façam as honras), nem por leis ordinárias, decretos, portarias, atos administrativos etc. Por muito maior razão, também a interpretação fazendária ou a vontade dos virtuais contribuintes não têm como ampliar ou restringir competências tributárias.[236]

II – O que se pode admitir, em tese, é que uma emenda constitucional venha a redefinir as fronteiras dos campos tributários das pessoas políticas. Para tanto, todavia, deve o constituinte derivado cercar-se de todas as cautelas para que, reduzindo a competência tributária de uma dada pessoa política, não lhe venha a retirar autonomia financeira, com o quê estaria lanhando sua autonomia jurídica e, neste sentido, dando à estampa uma emenda "tendente a abolir a forma federativa de Estado" – inconstitucional, por afronta ao art. 60, § 4º, I, da Constituição da República.

Tal ocorreria, por exemplo, se os Estados-membros fossem despidos, por uma emenda constitucional, da competência para tributar, por meio de imposto, as operações mercantis, pois, como é sabido e consabido, é este tributo que lhes dá os meios financeiros para atingirem seus objetivos institucionais.

Não nos parece, no entanto, que restaria afrontado o princípio federativo caso uma emenda constitucional transferisse, por exemplo, aos Municípios a competência, que a União detém, para instituir o imposto territorial rural. É que este tributo positivamente não amesquinha as finanças federais. Tanto não, que, com o advento da Emenda Constitucional 42, já é dado aos Municípios optar por sua arrecadação (art. 153, § 4º, III, da CF), hipótese em que ficam com a totalidade do produto assim obtido (cf. art. 158, III, *in fine*, da CF).

3.5 *Irrenunciabilidade*

Da mesma maneira pela qual as pessoas políticas não podem delegar suas competências tributárias, também não as podem renunciar, quer no todo, quer em parte.[237] Esta é matéria de direito público constitucional, e, portanto, indisponível. União, Estados, Municípios e Distrito Federal carecem do direito de renúncia ao exercício das competências tributárias que receberam da Carta Magna e que são essenciais à sua subsistência.

Falece à pessoa política o direito de decidir, ainda que o faça por meio de lei (quanto mais por meio de decreto, portaria, ato administrativo etc.), que não mais tributará determinado fato, inscrito em sua esfera de competência tributária. Exempli-

236. Possivelmente sem se darem conta disso, sufragam a errônea ideia de que a vontade do contribuinte pode alterar competências tributárias os que entendem que é a "destinação" (rural ou urbana) do imóvel que determina a incidência do IPTU (imposto de competência municipal) ou do ITR (imposto de competência federal), não importando se o bem está localizado na zona urbana ou na zona rural do Município. A nosso juízo, se o imóvel está situado na *zona urbana do Município*, o imposto devido, por seu proprietário, é o IPTU; se na *zona rural*, o ITR, absolutamente não importando se sua destinação é urbana ou rural.

237. Há quem entenda que a delegação e a renúncia são fenômenos jurídicos idênticos. Na realidade, conquanto semelhantes, eles não se confundem, porque *renunciar* é abrir mão de um direito, de modo absoluto, total e definitivo, enquanto *delegar* implica transferir um direito, a terceiro, de modo transitório ou definitivo, com ou sem reservas ou condições.

ficando, é interdito à União abrir mão da competência que recebeu da Carta Suprema (art. 153, I) para tributar a importação de produtos estrangeiros. Acaso assim procedesse, estaria afrontando a vontade da Constituição, que, como predica a Teoria Geral do Direito, é estabelecida pelo *poder constituinte*.

As normas constitucionais que arquitetaram e partilharam as competências tributárias são inalteráveis por normas infraconstitucionais, como já tratamos de demonstrar. Em resumo, o modelo tributário brasileiro não pode mudar a grado seja do Legislador ordinário de cada pessoa política, seja (o que é muito mais grave) do Fisco, ao qual só é permitido cumprir a lei que lhe diz respeito.

Como se tudo não bastasse, a renúncia da competência tributária, ainda que permitida por nosso ordenamento jurídico (com o que não estamos de acordo), seria inócua. De fato, nada impediria que ato normativo posterior, editado pela mesma pessoa política, viesse a revogá-la, nos termos da corretíssima parêmia *lex posterior derogat priori*. Salientamos, ainda, que o Direito pátrio repudia as normas jurídicas irrevogáveis (que, com o tempo, tolheriam os Poderes incumbidos de baixá-las). Este assunto será desenvolvido quando tratarmos das *isenções tributárias*.

Nada obstante a competência tributária seja patrimônio de seu titular, a ele faltam alguns poderes de disposição sobre ela. A pessoa política que a titulariza pode até não a utilizar – como veremos em seguida –, mas não a pode renunciar. Em rigor, só uma reforma constitucional poderá alterar o perfil das competências tributárias das pessoas políticas.

Enfim, a competência tributária é irrenunciável, porque foi atribuída a pessoas políticas a título originário, pela Constituição. A renúncia, isto é, a unilateral e definitiva abdicação ao direito de criar tributos, é juridicamente ineficaz.

3.6 Facultatividade

As pessoas políticas, conquanto não possam delegar suas competências tributárias, por força da própria rigidez de nosso sistema constitucional, são livres para delas se utilizarem ou não.

Noutro falar, na medida em que o exercício da competência tributária não está submetido a prazo, a pessoa política pode criar o tributo quando lhe aprouver. Tudo vai depender de uma opção, a ser feita pelos seus Poderes Executivo e Legislativo, sempre, é claro, por meio de lei (no mais das vezes *ordinária*, mas, no caso dos empréstimos compulsórios e dos impostos residuais, *complementar*).

Donde concluímos que, podendo o mais (não criar o tributo), podem o menos, isto é, utilizar apenas em parte suas competências tributárias (deixando de prever legislativamente todas as *incidências possíveis* do tributo).[238] Podem, ainda, obser-

238. Isto se dá quando, por exemplo, o Município, por meio de lei, faz incidir o IPTU apenas sobre os proprietários dos imóveis comerciais e industriais urbanos, deixando de lado os proprietários de imóveis residenciais urbanos.

vados certos requisitos, transferir, sempre mediante lei, a outras pessoas (públicas ou privadas) o direito subjetivo de arrecadar o tributo.

Nestes pontos, tudo gravita em torno da *decisão política* da entidade tributante, a ser tomada – tornamos a dizer – por meio de lei.

Para melhor aclararmos a questão, *decisão política* é aquela cuja tomada depende, única e exclusivamente, da discrição dos Poderes Executivo e Legislativo. Cuidando do tema, Rui Barbosa aponta extenso rol de casos em que se manifesta o poder estritamente político do Estado; dentre eles, inscreve a criação (ou a não criação) de tributos.[239]

Em termos mais técnicos, inspiram a chamada *decisão política* a conveniência, a vantagem e a utilidade, aferíveis pelo Poder Legislativo e pelo Chefe do Executivo, enquanto participam da elaboração da lei. Eles é que têm a faculdade discricionária de agir, não estando sujeitos a limitações acerca do mérito da orientação que irão seguir. Só ficam subordinados, como enfatizava o grande *Águia de Haia*, "(...) à sanção da moral e à censura da opinião pública",[240] não sendo suscetíveis, sequer, à apreciação judicial.[241]

Para tomar uma decisão estritamente política (inclusive a de criar, a de não criar ou a de criar só parcialmente o tributo), a *pessoa jurídica de direito público interno* não está sujeita a nenhum controle externo.

Transparece, pois, em observação ligeira, que nada impede que a pessoa política deixe de exercitar, no todo ou em parte, sua competência tributária. Este, inclusive, é o caudatário natural da incaducabilidade da competência tributária.

A não utilização, porém, por parte de uma pessoa política, de sua competência tributária não autoriza qualquer outra a dela tomar mão. Tal usurpação configuraria irremissível inconstitucionalidade.

Primorosa, a respeito, a lição de Aliomar Baleeiro: "Dentro do ponto de vista da técnica jurídico-constitucional, parece supérfluo estatuir-se que *o não exercício da competência tributária pela pessoa que é dela titular não o defere a pessoa de direito público interno diversa*. A competência fiscal não é *res nullius* de que outra pessoa de direito público se poderá aproveitar pela inércia do titular dela".[242]

Cada pessoa política, pois, possui sua própria competência tributária, sendo-lhe defeso invadir, *sob pena de inconstitucionalidade*, campo tributário alheio.

Explanemos melhor estas noções. Até hoje (fevereiro/2019) a União não criou o *imposto sobre grandes fortunas*, tributo de sua competência explícita (art. 153, VII, da CF). Nada, porém, pode obrigá-la a instituí-lo. Do mesmo modo, os Estados, os Municípios e o Distrito Federal não podem criar este tributo, a pretexto de que, até

239. Rui Barbosa, *O Direito do Amazonas ao Acre Septentrional*, vol. I, p. 163.

240. Idem, ibidem, p. 164.

241. Na verdade, o Poder Judiciário só não pode apreciar o *mérito* da decisão política. Isto não o impede, todavia, de decidir, quando provocado, se a norma que a veicula foi editada em sintonia com o devido processo legislativo e encontra, ou não, acústica nos ditames constitucionais em que se apoia.

242. Aliomar Baleeiro, *Direito Tributário Brasileiro*, cit., 1970, p. 76 (grifamos).

o momento, a União com ele não se ocupou. Se o fizerem, estarão indo para além das extremas da Constituição e, ao cabo de contas, produzirão atos nulos, incapazes de gerar quaisquer efeitos. Por quê? Porque cada pessoa política recebeu, da Carta da República, competências tributárias exclusivas, que não podem ser impunemente invadidas por outras pessoas políticas. Em suma: ou a União, no caso apontado, cria, ela própria, o imposto sobre o patrimônio, ou a nenhuma outra pessoa política será dado validamente fazê-lo.

Paulo de Barros Carvalho, em trabalho repassado de considerações pioneiras,[243] após analisar destramente o pensamento de Norberto Bobbio acerca das normas jurídicas que permitem a construção de outras normas jurídicas (normas de *sobrenível* ou *sobrenormas*), demonstra, de modo incontendível, que os dispositivos constitucionais que conferem, às pessoas políticas, competências tributárias não as obrigam a exercitá-las: apenas permitem-lhes que o façam.

Para não desvirtuarmos o pensamento deste brilhante autor, pedimos vênia para reproduzir-lhe a escorreita lição, que, a nosso juízo, esgota o assunto:

"Norberto Bobbio percorreu esse trâmite, esmiuçando o arcabouço jurídico italiano, para conseguir a redução das sobrenormas às expressões fundamentais do deôntico. Sua inestimável contribuição, por assumir foros de universalidade para o Direito, como objeto do mundo cultural, facilita a proposta que nos dispusemos a oferecer.

"Deveras, após encetar a formalização das regras de construção de outras regras, o mencionado teórico chega a encontrar a presença de dois modais deônticos justapostos, ambos voltados para o legislador (ou aplicador). O primeiro *permite*, *obriga* ou *proíbe* o exercício da própria atividade de edição normativa, enquanto o segundo, reduzido aos mesmos símbolos ('permitido', 'obrigado' ou 'proibido'), determina os elementos de conteúdo e/ou de forma que o preceito há de ter ou de evitar. Por meio de tal expediente, Bobbio distingue 9 (nove) categorias de normas de sobrenível, utilizando-as para enunciar disposições da Constituição Italiana. Vamos apresentá-las, em vernáculo, associando a cada qual a correspondente expressão simbólica:

"a) normas que *permitem obrigar* (PO);

"b) normas que *obrigam a obrigar* (OO);

"c) normas que *proíbem obrigar* (VO);

"d) normas que *permitem permitir* (PP);

"e) normas que *obrigam a permitir* (OP);

"f) normas que *proíbem permitir* (VP);

"g) normas que *permitem proibir* (PV);

"h) normas que *obrigam a proibir* (OV);

"i) normas que *proíbem proibir* (VV).

243. Paulo de Barros Carvalho, *Imunidades Tributárias*, trabalho inédito.

"Antes de mais nada, duas notações a respeito da classificação. Os símbolos (P), (O) e (V) querem dizer, respectivamente, *permitido*, *obrigado* e *proibido*, não constando da dicção original do acatado professor da Universidade de Turim. Demais, as diversas combinações não têm caráter comutativo, equivale a afirmar que (OP) e (PO) não são a mesma coisa. A ordem dos signos é importante para traduzir a exata compreensão da regra que declara como outras regras podem, devem ou não podem ser criadas.

"O momento não esconde o elevado grau de elaboração teorética. Nada obstante, a aplicação prática é pronta e imediata, o que nos traz à lembrança o ensinamento sempre vivo de Pontes de Miranda, de que não há diferença entre a teoria e a prática, pois o que existe, efetivamente, é o conhecimento do objeto.

"Deixando de lado os exemplos que Bobbio aduz, por se reportarem ao Direito Italiano, não é penoso verificar as inúmeras correlações entre as categorias expostas e prescrições explícitas de nosso Diploma Constitucional. Os dispositivos que outorgam a competência para instituir tributos estão, todos eles, contidos na letra 'a', isto é, são normas que permitem obrigar (PO), entendendo 'obrigar' por disciplinar, regular, criar direitos, obrigações e sanções. Os entes políticos, a quem é deferida a possibilidade de inovar a ordem jurídica, criando tributos, não estão obrigados a fazê-lo. Há, simplesmente, permissão constitucional determinada. Donde o simbolismo (PO), isto é, *normas que permitem obrigar*."[244]

A facultatividade do exercício das competências tributárias foi também admiravelmente apreendida e exposta por Geraldo Ataliba, que, comentando o art. 8º do CTN,[245] proferiu as seguintes palavras:

(*Este art. 8º*) "(...) enuncia uma grande verdade, uma consequência imediata, necessária e inarredável do princípio constitucional da improrrogabilidade das competências fixadas na Constituição.

"O fato de uma disposição constitucional estabelecer competência em favor de uma pessoa e esta exercê-la só parcialmente, ou até mesmo abster-se de exercê-la, não autoriza a revogação do princípio de discriminação de competências, que estão fixadas na própria Constituição. Em outras palavras, a atribuição de competência, por obra de disposição constitucional, a uma determinada pessoa, abre para ela uma faculdade de maneira irrestrita, a qual pode ou não ser usada, sem sofrer esta competência qualquer influência, pela circunstância de a pessoa usá-la ou não."[246]

Por igual modo, o genial Amílcar de Araújo Falcão argumentou: "Da atribuição de competência (*tributária*) privativa a uma unidade federada resulta a exclusão das demais unidades federadas quanto ao exercício de competência idêntica. Não importa que a unidade contemplada na outorga exerça ou não a sua competência. Como foi dito, a outorga de tal competência tem um efeito negativo ou uma eficácia inibitória

244. Idem, ibidem, pp. 39-41 (os grifos são do autor).

245. CTN, art. 8º: "O não exercício da competência tributária não a defere a pessoa jurídica de direito público diversa daquela a que a Constituição a tenha atribuído".

246. Geraldo Ataliba, *Comentários* ..., cit., p. 93 (esclarecemos).

– impedir que unidades outras que não a destinatária da competência tributária, em qualquer caso, possam exercitá-la".[247]

Corretíssimas e insofismáveis as lições. Em todas elas as ideias engastam-se perfeitamente, conduzindo-nos, com segurança, à certeza de que as pessoas políticas não estão obrigadas a exercitar suas competências tributárias.

I – Pensamos que a única exceção a esta facultatividade – e, ainda assim, em termos – é a que toca ao imposto sobre operações relativas à circulação de mercadorias e serviços (ICMS), que os Estados e o Distrito Federal estão obrigados a instituir e a arrecadar, em decorrência do que dispõe o art. 155, § 2º, XII, "g", da CF: "Cabe à lei complementar: (...) regular a forma como, mediante deliberação dos Estados e do Distrito Federal, isenções, incentivos e benefícios fiscais serão concedidos e revogados".

Aliás, a Constituição atual, ao utilizar a palavra "deliberações" (ao contrário da anterior, que usava a palavra "convênios"), reforçou a ideia de que tais "isenções, incentivos e benefícios fiscais" dependem da manifestação de vontade da pessoa política, o que pressupõe a participação não só do Executivo, como, também, do Legislativo.

No caso, os Estados e o Distrito Federal só poderão deixar de instituir o ICMS (descrevendo legislativamente sua hipótese de incidência, seu sujeito ativo, seu sujeito passivo, sua base de cálculo e sua alíquota) e de percebê-lo se celebrarem *deliberações* neste sentido (firmadas pelos Governadores e ratificadas, por meio de decreto legislativo, pelas respectivas Assembleias Legislativas ou, no caso do Distrito Federal, por sua Câmara Legislativa).

Por demais, este mandamento constitucional não pode ser desobedecido nem diretamente (por meio da não tributação, pura e simples), nem por via oblíqua (através da adoção de um sistema de reduções, remissões, devoluções, parcelamentos etc.).

Ia – Ainda assim, não vemos como compelir o Poder Legislativo de um Estado (ou do Distrito Federal) a criar o ICMS. O máximo que podemos aceitar é que as demais pessoas políticas competentes para criar este imposto podem bater às portas do Poder Judiciário (STF, *ex vi* do art. 102, I, "f", da CF) e, lá, postular o ressarcimento dos prejuízos (sofridos ou iminentes) causados por tal omissão. O Judiciário, porém, nem determinará ao Estado (ou ao Distrito Federal) inerte que legisle, nem, muito menos, legislará por ele. Esta é uma das consequências do princípio da separação dos Poderes, um dos sustentáculos do nosso regime republicano e representativo.[248]

247. Amílcar de Araújo Falcão, *Sistema ...*, cit., p. 39 (esclarecemos).

248. Rui Barbosa, tratando de questão paralela, afirma: "Os tribunais só revogam sentenças de tribunais; o que eles fazem aos atos inconstitucionais de outros Poderes é coisa tecnicamente diversa. Não os revogam; desconhecem-nos. Deixam-nos subsistir no corpo das leis, ou dos atos do Executivo; mas a cada indivíduo por eles agravado, que vem requerer contra eles proteção ou reparação, que demanda a manutenção do direito ameaçado, ou a restituição de um direito extorquido, a cada litigante que usa, com esse fim, do meio judicial, os magistrados, em homenagem à lei violada pelo governo, ou à Constituição violada pelo Congresso, têm obrigação de ouvir e deferir" (*Obras Completas de Rui Barbosa*, vol. XX, t. V, Rio de Janeiro, MEC, 1958, p. 99).

Daí, cremos ser correto dizer que o exercício da competência tributária, no Brasil, é, de regra, facultativo. Isso, se por mais não fosse, porque a exceção estampada no art. 155, § 2º, XII, "g", da CF serve para confirmar a regra geral. Vale, a respeito, a conhecida parêmia *exceptio probat regulam de rebus non exceptis* ("a exceção confirma a regra em relação aos casos não excepcionados").

Enfim, com exceção do que ocorre com o ICMS, as pessoas políticas podem deixar de exercitar suas competências tributárias (não criando o tributo), bem como podem exercitá-las apenas em parte (criando o tributo *aquém* dos limites constitucionais).

Ib – Evidentemente, ao Poder Executivo é vedado, seja com o emprego da analogia, seja socorrendo-se da *interpretação extensiva*, alongar o alcance do tributo, ainda que a lei o pudesse ter feito. A *decisão política* de utilizar apenas parcialmente a competência tributária só pode ser alterada por meio de uma nova lei. Nunca por intermédio de ato administrativo, que, de resto, em matéria tributária, está sempre vinculado à lei.

II – Ainda a propósito da facultatividade do exercício das competências tributárias, temos por inconstitucional o art. 11 da Lei de Responsabilidade Fiscal (Lei Complementar 101, de 4.5.2000),[249] enquanto obriga à "instituição (...) de todos os tributos da competência constitucional do ente da Federação".[250]

Com efeito, na medida em que a Constituição – com a única ressalva (implícita) do ICMS – nada dispõe a respeito, não poderia tê-lo feito uma lei complementar, ainda que a pretexto de estabelecer normas gerais de finanças públicas.

Explicitando a ideia, os princípios federativo, da autonomia municipal e da autonomia do Distrito Federal impedem que lei complementar nacional estipule como as pessoas políticas exercitarão suas competências tributárias (aí compreendida a faculdade de não tributar ou de tributar apenas parcialmente), que este é assunto sobre o qual elas próprias, como lhes faculta a Constituição, devem livremente deliberar.

É dentro deste quadro constitucional que precisa ser analisada a Lei de Responsabilidade Fiscal, editada, como consta de seu próprio "Preâmbulo", com o escopo de veicular *normas de finanças públicas, voltadas para a responsabilidade na ges-*

249. Nossa Lei de Responsabilidade Fiscal reproduz, quase que integralmente, o *Responsability Fiscal Act* da Nova Zelândia. Esta circunstância, por si só, explica as inúmeras incompatibilidades existentes entre a Lei de Responsabilidade Fiscal e nosso Texto Supremo, como – diga-se de passagem – bem o notou Ricardo Lobo Torres, *verbis*: "De feito, pelo menos três orientações passariam a se superpor: a americana (até 1967/1969) e a alemã (1988) e, agora, a neozelandesa. A recepção do *Responsability Fiscal Act* da Nova Zelândia, a se sobrepor aos modelos que já nos trouxeram inúmeros modelos de adaptação, pode provocar sensíveis contradições com a normatividade vigente na temática do orçamento e da gestão financeira, despertando forte suspeita de inconstitucionalidade de diversos de seus dispositivos" (*Tratado de Direito Constitucional, Financeiro e Tributário*, vol. V, "O Orçamento na Constituição", Rio de Janeiro, Renovar, 2000, p. 42).

250. Literalmente, o art. 11 da Lei de Responsabilidade Fiscal dispõe:

"Art. 11. Constituem requisitos essenciais da responsabilidade na gestão fiscal a instituição, previsão e efetiva arrecadação de todos os tributos da competência constitucional do ente da Federação.

"Parágrafo único. É vedada a realização de transferências voluntárias para o ente que não observe o disposto no *caput*, no que se refere aos impostos."

tão fiscal da União, dos Estados, dos Municípios e do Distrito Federal. Esta ideia encontra-se solenemente proclamada no § 2º de seu art. 1º [251] e reiterada no inciso I de seu art. 2º.[252]

IIa – E nem se diga que a Lei Complementar 101/2000 foi buscar *fundamento de validade* (como reza o *caput* de seu art. 1º) no Capítulo II do Título VI da Constituição ou, mais especificamente, em seu art. 163, que dispõe: "Art. 163. Lei complementar disporá sobre: I – finanças públicas; II – dívida pública externa e interna, incluída a das autarquias, fundações e demais entidades controladas pelo Poder Público; III – concessão de garantias pelas entidades públicas; IV – emissão e resgate de títulos da dívida pública; V – fiscalização das instituições financeiras; VI – operações de câmbio realizadas por órgãos e entidades da União, dos Estados, do Distrito Federal e dos Municípios; VII – compatibilização das funções das instituições oficiais de crédito da União, resguardadas as características e condições operacionais plenas das voltadas ao desenvolvimento regional".

É que, na realidade, estes versículos constitucionais apenas autorizam a União a, por meio de lei complementar, estabelecer *normas gerais*, inclusive sobre *finanças públicas* (inciso I). Ora, *normas gerais* são justamente as que, pela sua amplitude, valem para *todas* as pessoas políticas, aí incluída a própria União. Nunca normas específicas, que digam respeito a assuntos da *economia interna* de cada pessoa política.

IIb – Ademais, o art. 163 em pauta há de ser entendido em sintonia com os dispositivos da Constituição Federal que conferem ampla autonomia, inclusive tributária, às pessoas políticas. Por isso, a Lei Complementar 101/2000 só é válida enquanto observa estas diretrizes constitucionais.

Não nos esqueçamos de que, enquanto a Constituição estiver produzindo efeitos, é terminantemente vedada a edição de *lei complementar nacional* que, ainda que por via transversa, venha a amesquinhar a autonomia das pessoas políticas.

IIc – Estas colocações crescem de ponto quando se está – como agora – diante de assuntos tributários. São as próprias pessoas políticas que, por meio de suas respectivas leis, devem deliberar acerca do *modus* de tributar, aí compreendido o não exercício (ou o exercício apenas parcial) da competência tributária.

IId – A mesma linha de raciocínio leva-nos a concluir pela inconstitucionalidade do art. 14 da mesma Lei de Responsabilidade Fiscal, que estabelece:

"Art. 14. A concessão ou ampliação de incentivo ou benefício de natureza tributária da qual decorra renúncia de receita deverá estar acompanhada de estimativa do impacto orçamentário financeiro no exercício em que deva iniciar sua vigência e nos dois seguintes, atender ao disposto na lei de diretrizes orçamentárias e a pelo menos uma das seguintes condições: I – demonstração pelo proponente de que a renúncia foi considerada na estimativa de receita da lei orçamentária, na forma do art. 12, e

251. Lei Complementar 101/2000, art. 1º, § 2º: "As disposições desta Lei Complementar obrigam a União, os Estados, o Distrito Federal e os Municípios".

252. Lei Complementar 101/2000: "Art. 2º. Para efeitos desta Lei Complementar, entende-se como: I – ente da Federação: a União, cada Estado, o Distrito Federal e cada Município".

de que não afetará as metas de resultados fiscais previstas no anexo próprio da lei de diretrizes orçamentárias; II – estar acompanhada de medidas de compensação, no período mencionado no *caput*, por meio do aumento de receita, proveniente da elevação de alíquotas, ampliação da base de cálculo, majoração ou criação de tributo ou contribuição.

"§ 1º. A renúncia compreende anistia, remissão, subsídio, crédito presumido, concessão de isenção em caráter não geral, alteração de alíquota ou modificação de base de cálculo que implique redução discriminada de tributos ou contribuições, e outros benefícios que correspondam a tratamento diferenciado.

"§ 2º. Se o ato de concessão ou ampliação do incentivo ou benefício de que trata o *caput* deste artigo decorrer da condição contida no inciso II, o benefício só entrará em vigor quando implementadas as medidas referidas no mencionado inciso.

"§ 3º. O disposto neste artigo não se aplica: I – às alterações das alíquotas dos impostos previstos nos incisos I, II, IV e V do art. 153 da Constituição, na forma do seu § 1º; II – ao cancelamento de débito cujo montante seja inferior ao dos respectivos custos de cobrança."

Sem embargo da oportunidade destas disposições, que visam, incontendivelmente, a coibir a multiplicação, sem critério nem método, de benefícios e incentivos tributários, temos para nós que elas não podem alcançar a competência para isentar, que, como veremos no cap. III, deste Título, é a contrapartida da competência para tributar.

Fosse o Brasil um Estado Unitário e sem dúvida o problema apresentado já estaria resolvido. Caberia à lei do Ente Central dar ordens, a que os Estados (na realidade, meras Províncias) e os Municípios (meros Departamentos) não poderiam recusar-se a obedecer.

Ocorre que, como vimos e revimos, o Brasil é uma Federação, na qual os Estados Federados, os Municípios e o Distrito Federal, observada a partilha constitucional de competências, gozam de prerrogativas legislativas e administrativas, que a União não pode anular, nem mesmo por meio de lei complementar.

IIe – Sob outro prisma, o art. 14 da *Lei de Responsabilidade Fiscal* revela um *espírito centralizador* do legislador nacional (a lei complementar não é uma *lei federal*, mas uma *lei nacional*), que, ao arrepio da Constituição, esvazia o princípio federativo. Ora, não se pode aceitar que este dispositivo prevaleça, enquanto atinge prerrogativas e disciplina assunto posto na Constituição Federal como de alçada de cada pessoa política.

Deu-se, pois, *in casu*, inconstitucionalidade material, por vulneração do *princípio federativo*.

IIf – Enfim, instituindo, ou não, os tributos de sua competência ou concedendo, a seu talante, isenções, benefícios e incentivos fiscais, as pessoas políticas fazem valer sua autonomia. Para que fiquem dentro da ordem jurídica basta que observem as diretrizes e restrições contidas na própria Carta Magna.

4. *Repartição das receitas tributárias*

4.1 *Colocação do problema*

Estamos chegando ao fim deste capítulo. Há, ainda, espaço, todavia, para desenvolvermos questão que consideramos importantíssima, qual seja, a da repartição das receitas tributárias. Esbocemo-la em traços largos.

Como se sabe, a tributação é o principal meio de o Estado se financiar, isto é, de obter os recursos necessários ao atingimento dos fins que justificam sua própria existência (propiciar segurança, saúde, lazer, cultura, bem-estar social etc.).[253]

Com efeito, na medida em que, por determinação constitucional (art. 173 da CF), praticamente todas as atividades econômicas foram confiadas aos particulares e às empresas privadas em geral, o Estado acaba encontrando nesta forma de participação no enriquecimento privado a fonte por excelência de abastecimento de seus cofres.[254]

Normalmente, a pessoa política fica com o produto da arrecadação de seus tributos, com o quê obtém os meios econômicos necessários à realização dos objetivos que a Carta Magna e as leis lhe assinalam.

Frequentes vezes, porém, a Constituição determina que uma pessoa política deve partilhar do produto da arrecadação de determinados tributos de outra.

Quando isto acontece, alguns supõem, erroneamente, que a entidade beneficiada tem o direito de exigir a criação e a cobrança destes tributos, ou – o que é pior – até de "sub-rogar-se" na competência tributária da pessoa política "omissa".

Este despautério jurídico precisa, de logo, ser afastado. É o que tentaremos fazer.

4.2 *Hipótese em que nasce o direito à participação nas receitas tributárias*

Pensamos que não influi na privatividade das competências tributárias a circunstância de, em alguns casos, a Lei Máxima haver estabelecido que uma dada pessoa política participará do produto da arrecadação dos tributos de outra.

Na verdade, tal participação faz nascer uma relação jurídica de direito público, em tudo diversa da relação jurídica tributária, até porque a ela ulterior.

Tratemos mais miudamente do tema. Só há falar em participação no produto da arrecadação do tributo após ele ter sido instituído pela pessoa política competente e nascido, com a ocorrência do fato imponível. Sem a criação, *in abstracto*, do tributo

253. Os demais meios são a atividade econômica que o próprio Estado leva a cabo (a intervenção direta no domínio econômico), a emissão de moeda e a colocação no mercado de títulos e outros papéis similares.

254. O fenômeno foi bem observado por Luís Eduardo Schoueri: "A expressão *Estado do Imposto* (*Steuerstaat*) realça uma das características do Estado contemporâneo: sua fonte de financiamento é, predominantemente, de origem tributária, e, especialmente, proveniente dos impostos" (*Contribuição ao Estudo do Regime Jurídico das Normas Tributárias Indutoras como Instrumento de Intervenção sobre o Domínio Econômico*, tese para Professor Titular da Faculdade de Direito da USP, São Paulo, 2002, p. 9).

e seu real nascimento, não pode existir o direito subjetivo à participação nas receitas tributárias. Decorre daí que a pessoa política "participante" não adquire o direito de tributar, em nome e por conta da pessoa política competente, se esta permaneceu inerte, isto é, não criou o tributo. Melhor dizendo, a *expectativa de direito à participação* só se transforma em *efetivo direito* ao depois da criação do tributo "partilhável" (pela pessoa política competente, é claro) e da ocorrência do fato imponível.[255]

Em rigor, o que a Constituição faz é estipular que, *na hipótese de ser criado* o tributo, pela pessoa política competente, o produto de sua arrecadação será total ou parcialmente destinado a outra pessoa política. Evidentemente, se não houver o nascimento da relação jurídica tributária (*prius*), não poderá surgir a relação jurídica financeira (*posterius*). Esta é logicamente posterior à relação jurídica tributária (cujo nascimento depende do exercício da competência tributária).

Este nosso pensar conta com o prestigioso abono de Amílcar de Araújo Falcão: "A participação na arrecadação é questão a ser considerada, apenas, quando já criado, decretado pela unidade competente o *shared tax*. Se essa unidade competente não decretou o tributo, não há participação: claro está que, por isso mesmo, não se comunicará à unidade participante a competência para tributar a hipótese excluída da sua área impositiva".[256]

Frisamos, porém, que, quando nasce o tributo, nasce, igualmente, para a pessoa política beneficiada, o direito subjetivo à participação no produto arrecadado. Nenhuma "razão de ordem pública", nenhum subjetivismo da pessoa política arrecadante, nenhum pacto entre o Fisco e o contribuinte, podem sobrepor-se à vontade constitucional. Em última análise, cabe ao Poder Judiciário, quando invocado pela pessoa política preterida, fazer cumprir a Constituição.

Remarcamos que a cobrança dos tributos é sempre vinculada à lei (cf. art. 150, I, da CF). Logo, a menos que a *renúncia* de que aqui estamos tratando esteja amparada em *lei remissiva*, ela absolutamente não pode prejudicar o direito à participação das pessoas políticas, que, por injunção constitucional, ficam com parte (ou com a totalidade) do produto da arrecadação de tributos alheios.[257]

255. Pensamos, porém, que, nascido o tributo que a Constituição quer ver partilhado, sua eventual não arrecadação não faz desaparecer o direito da pessoa política beneficiada (a menos, evidentemente, que ela se dê por força de uma lei remissiva). Como a arrecadação do tributo é estritamente vinculada à lei, a *renúncia* do Fisco (sem o amparo de uma lei) absolutamente não pode prejudicar a plena fruição do direito constitucional à participação nas receitas tributárias.

256. Amílcar de Araújo Falcão, *Sistema ...*, cit., p. 40.

257. Este prejuízo foi causado, a nosso ver, pela União, quando editou as Resoluções CMN-644/1980, 1.853/1991 e 2.012/1993, que, *isentando* de IR uma série de investimentos, diminuíram indevidamente a arrecadação do tributo, em detrimento dos Estados, dos Municípios e do Distrito Federal.

Como é público e notório, o País, desde a década de 70 do século passado, vem se empenhando em incessante batalha para atrair capitais e investimentos estrangeiros, tidos como essenciais e indispensáveis para alicerçar seu desenvolvimento.

Dentre os múltiplos expedientes concebidos e postos a serviço deste propósito podemos mencionar o art. 9º do Decreto-lei 1.351, de 24.10.1974, alterado pelo Decreto-lei 1.411, de 31.7.1975: "Art. 9º. Atendendo ao interesse da política financeira e cambial, *o Conselho Monetário Nacional poderá reduzir, temporariamente, o imposto de renda* incidente sobre juros, comissões, despesas e descontos remetidos, creditados, pagos ou entregues a residentes ou domiciliados no exterior, tendo em vista o tipo, prazo e as demais condições da operação de crédito que lhe deram origem" (grifamos).

Pois bem, fazendo uso da *delegação* instituída pelo preceito, o Conselho Monetário Nacional, através de sucessivas resoluções, "reduziu" o IR. Assim, a Resolução CMN-644/1980 *permitiu*: "1. Reduzir em 100% (cem por cento) o valor do imposto de renda que incida sobre remessas de juros, comissões e despesas decorrentes de coligações no exterior, previamente autorizadas pelo Banco Central, de títulos de créditos internacionalmente conhecidos como *commercial paper*". De seu turno, a Resolução CMN-1.853/1991 acabou por: "Art. 1º. Estender o benefício previsto no item I da Resolução 644, de 22 de outubro de 1980, às remessas de juros, comissões e despesas decorrentes de colocações, no exterior, previamente autorizadas pelo Banco Central de *Floating Rate Notes*, *Fixed Rate Notes*, *Floating Rate Certificates of Deposit*, *Fixed Rate Certificates of Deposit* e Bônus de Colocação Pública (*Public Issued Bonds*) e de Bônus de Colocação Privada (*Private Issued Bonds*)". No mesmo sentido, a Resolução CMN-2.012/1993 entendeu de: "Art. 1º. Permitir que as entidades de setor privado realizem, no exterior, com instituições financeiras ou em Bolsas, operações destinadas a proteção (*hedge*) contra o risco de variações de taxas de juros, de paridades entre moedas e de preços de mercadorias, no mercado internacional". Ao mesmo tempo, determinou que: "Art. 3º. Observado o disposto no art. 1º, § 1º, desta Resolução, fica reduzido em 100% (cem por cento) o valor do imposto de renda que incida sobre remessas ao exterior, desde que, comprovadamente, se caracterizem como necessárias, usuais e normais, inclusive quanto ao seu valor, à realização da cobertura de riscos de variações, no mercado internacional, de taxas de juros, de paridades entre moedas e de preços de mercadorias, e/ou delas decorram, obedecida a regulamentação pertinente".

Como vemos, estes atos administrativos, editados com base na mencionada *delegação*, determinaram, ao longo dos anos, expressiva diminuição na arrecadação do imposto sobre a renda e proventos de qualquer natureza.

Este fenômeno, como não poderia deixar de ser, teve direta repercussão na formação dos Fundos de Participação dos Estados e do Distrito Federal (art. 159, I, "a", da CF) e dos Municípios (art. 159, I, "b", da CF).

Em consequência, estas pessoas políticas, como titulares do direito de partilha previsto nos aludidos dispositivos constitucionais, experimentaram sensíveis e concretos prejuízos, consistentes na redução proporcional da parcela que a União tinha o dever constitucional de entregar-lhes.

A anômala situação aqui descrita persistiu até o ano-calendário de 1997, quando as reduções e exonerações fiscais, antes deliberadas por instrumentos de todo impróprios (resoluções editadas com base em competência *delegada*), passaram a sê-lo por lei, mais especificamente pelo art. 1º da Lei 9.481, de 13.8.1997, com a redação dada pelo art. 20 da Lei 9.532, de 10.12.1997.

Esta nova sistemática revelou, de modo inequívoco, a admissão pela própria União de que seus procedimentos, no tocante ao tema, não se pautavam, até então, pelos ditames constitucionais adequados.

Com isso, emerge o direito dos Estados, dos Municípios e do Distrito Federal de obterem em sede judicial o reconhecimento de seu direito de serem ressarcidos dos prejuízos que a União lhes causou em razão da redução indevida do volume de recursos carreados para os preditos Fundos de Participação.

Lembramos que num sistema de Constituição rígida, como o nosso, não se admite a delegação de funções. A única hipótese em que a Lei Maior excepciona esta regra é a que trata da possibilidade de edição de leis delegadas (art. 68), que, por óbvio, não se aplica ao caso presente.

No âmbito do Poder Executivo apenas seus mais expressivos representantes (o Presidente da República e os Ministros de Estado) estão autorizados a exercer função regulamentar (arts. 84, IV, e 87, parágrafo único, II). E, mesmo assim, nunca para *renunciar* à arrecadação de tributos, que a isto obstam o *princípio da indisponibilidade do interesse público* e o próprio *princípio da harmonia e independência dos Poderes da República* (art. 2º da CF).

Nenhuma competência, neste campo, é reservada a simples órgão administrativo, como o *Conselho Monetário Nacional*.

Nunca é demais repisar que em matéria tributária prevalece o *princípio da estrita legalidade*, inclusive quando se trata da concessão de isenções, renúncias ou outros tipos de favores fiscais.

Portanto, em assuntos desta natureza o *único* instrumento idôneo a discipliná-los é a lei (como, de resto, a própria União acabou entendendo, com a edição do art. 1º da Lei 9.481/1997, modificada pelo art. 20 da Lei 9.532/1997).

São, em suma, inconstitucionais, e, nesta medida, nulos e ineficazes, os atos de delegação que deram origem às Resoluções CMN-644/1980, CMN-1.853/1991 e CMN-2.012/1993, que reduziram em 100% a incidência do IR devido pela prática das operações nelas descritas.

4.3 Tema financeiro. A importância de seu estudo

A repartição das receitas tributárias não é um tema tributário. É um tema financeiro. Interessa, pois, ao direito financeiro,[258] que tem por objeto o estudo jurídico da chamada *atividade financeira do Estado*. Esta compreende a obtenção de recursos públicos, sua guarda, gestão e dispêndio. Deve ser desenvolvida com base na Constituição e na lei (especialmente na lei orçamentária). A obtenção de recursos públicos pode dar-se por via contratual ou por via coativa. Por via coativa, através da tributação ou da imposição de multas (penalidades pecuniárias).

O direito tributário ocupa-se, apenas, com a tributação. Não com o destino a ser dado ao dinheiro arrecadado por meio da tributação.

Como sabemos, o fenômeno tributário começa a entremostrar-se na *Constituição Federal*, que, embora não crie tributos: a) discrimina competências para que as pessoas políticas, querendo, venham a instituí-los; b) classifica-os em espécies e subespécies; c) traça a *regra-matriz* (a *norma-padrão de incidência*) das várias espécies e subespécies de tributos; e d) aponta as limitações ao exercício das competências tributárias, por parte das pessoas políticas.

O fenômeno tributário prossegue sua trajetória com a edição da *lei complementar tributária*, que, conquanto também não crie tributos, "reforça" as linhas, por vezes tênues, que separam as faixas tributárias da União, dos Estados, dos Municípios e do Distrito Federal. Contemplando-a, o legislador ordinário das várias pessoas políticas encontra – ou, pelo menos, deveria encontrar – melhor iluminado o campo tributário que a Constituição o autorizou a palmilhar.

O tributo é criado *in abstracto*, pela lei da pessoa política competente, que traça, em detalhes, a norma jurídica tributária (hipótese de incidência, sujeito ativo, sujeito passivo, base de cálculo e alíquota). Nasce, *in concreto*, com a ocorrência do *fato imponível tributário* (fato gerador *in concreto* do tributo), ou seja, quando se verifica, no mundo fenomênico, aquele fato, lícito e não voluntário, minudentemente descrito na hipótese de incidência da norma jurídica tributária.

O *lançamento* não cria o tributo, mas "declara" o montante do crédito tributário. É um ato administrativo de aplicação da norma tributária material ao caso concreto. Acrescenta ao crédito tributário os requisitos de liquidez e certeza, garantidores de sua exigibilidade.

A *notificação do lançamento* limita-se a adjudicar eficácia ao lançamento efetuado. Leva oficialmente ao conhecimento do contribuinte este ato administrativo.

O tributo só vai desaparecer com o *pagamento* (o cumprimento do objeto da prestação tributária) ou com a verificação de qualquer outra causa extintiva do crédito tributário (compensação, confusão, remissão, prescrição etc.).

Logo, o montante destas reduções haverá de ser integralmente reposto aos *Fundos de Participação* em tela, para que se cumpram, a preceito, os ditames do art. 159, I, "a" e "b", da CF.

258. É sempre oportuno encarecermos que a subdivisão do Direito em "ramos" é meramente didática. *O Direito é cientificamente uno*. Seu desmembramento em áreas é feito apenas para facilitar o aprendizado. Assim, o direito tributário, o direito financeiro, o direito administrativo – como, de resto, todos os demais "segmentos" do Direito –, abeberam-se e escoram-se na *Teoria Geral do Direito*.

Resumindo, o direito tributário cuida do fenômeno da tributação desde o momento em que é disciplinado, ainda que a traços largos, pela Constituição até o instante em que o tributo deixa de existir (graças ao pagamento ou à ocorrência de qualquer outra causa extintiva do crédito tributário).

Dessa explanação podemos concluir que, efetuado o pagamento do tributo, o que vai acontecer com o dinheiro arrecadado interessa não ao direito tributário, mas ao direito financeiro, ao direito administrativo e, eventualmente, ao direito penal (se houver peculato, emprego irregular de rendas públicas, excesso de exação etc.).

Realmente, como já estudamos no subitem 3.1.2.4, a destinação do produto da arrecadação do tributo não modifica sua natureza jurídica e, por isso mesmo, não é objeto das preocupações do direito tributário.

Com verdade, os tributaristas insistem em estudar a repartição das receitas tributárias – tema, como vimos, sabidamente financeiro – porque só quem tem autonomia financeira pode ter verdadeira autonomia política e jurídica. A autonomia financeira é pressuposto seja da autonomia política, seja da autonomia jurídica, conforme este escólio do renomado publicista Antônio Roberto Sampaio Dória: "O poder político, distribuído pelas camadas da Federação, encontra seu necessário embasamento na simultânea atribuição do poder financeiro, sem o qual de pouco vale: *autonomia na percepção, gestão e dispêndio das rendas próprias*".[259]

Como quer que seja, a Constituição Federal acolhe as duas modalidades de competência: a *tributária* (faculdade de instituir tributos) e a *financeira* (direito de participar do produto de sua arrecadação). Ambas ocupam a mesma hierarquia, é dizer, geram o mesmo tipo de direito às pessoas políticas que as possuem: o direito de obter fundos, seja por arrecadação própria, seja mediante participação no produto da arrecadação alheia.

Meditemos, um pouco mais, sobre este assunto.

4.4 As fórmulas adotadas pela Constituição brasileira na repartição das receitas tributárias

I – No que concerne à repartição das receitas tributárias, a regra geral é esta: a União fica com o produto da arrecadação de seus tributos (impostos, taxas e contribuição de melhoria), o mesmo acontecendo com os Estados, os Municípios e o Distrito Federal.

Além disso, nos termos do art. 147 da Carta Excelsa,[260] a União, nos Territórios Federais, fica com o produto da arrecadação dos impostos estaduais (que ela própria cria) e, se o Território não for dividido em Municípios (era o caso do antigo Territó-

259. Antônio Roberto Sampaio Dória, *Discriminação de Rendas Tributárias*, São Paulo, José Bushatsky Editor, 1972, p. 11 (os grifos são do autor).

260. CF, art. 147: "Competem à União, em Território Federal, os impostos estaduais e, se o Território não for dividido em Municípios, cumulativamente, os impostos municipais; ao Distrito Federal cabem os impostos municipais".

rio de Fernando de Noronha), também com o produto da arrecadação dos impostos municipais (que, neste caso, está igualmente credenciada a criar). Registramos, por oportuno, que, atualmente, não existe nenhum Território Federal, embora já se fale na criação do Território do Rio Negro e do Território do Alto Solimões.

II – A União arrecada, para si, igualmente, os empréstimos compulsórios (*tributos restituíveis*), instituídos com respaldo no art. 148, I e II, ambos da Lei Maior, e as "contribuições" (*tributos qualificados pela destinação*), conforme estatui o art. 149, sempre da Constituição da República.

Ainda, a União – agora com apoio no art. 154, II, do Texto Máximo – pode, no caso ou na iminência de guerra externa, criar "impostos extraordinários", compreendidos, ou não, como já vimos, em sua competência impositiva ordinária. A ela, naturalmente, pertence o produto de sua arrecadação.

Salientamos, outrossim, que, em matéria de *impostos*, a *competência residual* pertence à União (cf. art. 154, I, da CF) e, em matéria de *taxas* e *contribuição de melhoria*, aos Estados e ao Distrito Federal (cf. arts. 25, § 1º, e 32, § 1º, da CF). Destarte, o produto da arrecadação dos *impostos residuais* pertence à União, ao passo que, das *taxas* e *contribuição de melhoria residuais*, aos Estados ou ao Distrito Federal.

III – Conforme já estudamos, os Estados, o Distrito Federal e os Municípios ficam com o produto da arrecadação das "contribuições" que cobrarem de seus servidores para o custeio, em benefício destes, de sistemas de previdência e assistência social (art. 149, § 1º, da CF).

De outro lado, os Estados, o Distrito Federal e os Municípios ficam com "o produto da arrecadação do imposto da União sobre a renda e proventos de qualquer natureza, incidente na fonte, sobre rendimentos pagos, a qualquer título, por eles, suas autarquias e pelas fundações que instituírem e mantiverem" (arts. 157, I, e 158, I, da CF). Esta disposição constitucional tem a virtude de afastar a dúvida que reinava, a respeito, durante a vigência da Carta de 1967 em relação às autarquias e fundações instituídas e mantidas pelos Estados, pelo Distrito Federal e pelos Municípios. Agora, incontendivelmente, o imposto de renda (da União), retido na fonte, sobre rendimentos pagos por autarquias e fundações estaduais, do Distrito Federal ou municipais não deve ser remetido aos cofres federais, mas permanecer nos cofres da pessoa política que os pagou.

Os Estados e o Distrito Federal recebem, ainda, 20% do produto da arrecadação dos impostos que a União vier a instituir, com base em sua competência residual (art. 154, I, da CF). Tal regra financeira encontra-se estampada no art. 157, II, da Constituição da República.[261]

IV – Os Municípios também recebem 50% do produto da arrecadação do imposto territorial rural (ITR), incidente sobre os imóveis localizados em seus territórios e a totalidade deste produto (100%), caso optem por – sem favorecimentos indevidos

261. CF, art. 157: "Pertencem aos Estados e ao Distrito Federal: (...) II – vinte por cento do produto da arrecadação do imposto que a União instituir no exercício da competência que lhe é atribuída pelo art. 154, I".

aos contribuintes – fiscalizá-lo e cobrá-lo, na forma da lei, como lhes faculta o art. 153, § 4º, III, da CF.[262] É o que preceitua o art. 158, II, da CF, com a redação que lhe foi dada pela Emenda Constitucional 42/2003.[263] Apenas para nos situarmos melhor no assunto, a União tem competência para tributar o fato de uma pessoa (física ou jurídica) ser proprietária de imóvel localizado na *zona rural* do Município (cf. art. 153, VI, da CF) – o que realmente faz, por meio do ITR. Muito bem, a União deve entregar metade do produto da arrecadação deste tributo ao Município onde estiver localizado o imóvel rural. Caso, porém, o próprio Município opte por fiscalizar e cobrar o tributo, ficará com todo o produto de sua arrecadação.

Explicitando as ideias, agora, por força do disposto no art. 153, § 4º, III (acrescentado pela Emenda Constitucional 42, de 19.12.2003), da CF, o ITR "será fiscalizado e cobrado pelos Municípios que assim optarem, na forma da lei, desde que não implique redução do imposto ou qualquer outra forma de renúncia fiscal". Embora o ITR persista sendo um imposto de competência da União, o Município tem a faculdade – não o dever – de lançá-lo e cobrá-lo, hipótese em que ficará com a totalidade do produto de sua arrecadação (cf. o que dispõe o art. 158, II, parte final, da CF, com a redação que também lhe foi dada pela Emenda Constitucional 42/2003). Todavia, o Município que, mediante lei própria – isto é, votada por sua Câmara de Vereadores –, optar pela fiscalização e cobrança do tributo (que continua sendo livremente instituído pela União) não poderá, de modo algum, favorecer o contribuinte. Pelo contrário, deverá aplicar com rigor a lei federal, de modo a não reduzir a carga fiscal. Trata-se de uma novidade em nosso sistema constitucional tributário, já que pela primeira vez se permite que a pessoa política que partilha a receita tributária participe ativamente do lançamento e cobrança da exação.

V – Também, a União deve entregar, do produto da arrecadação dos impostos sobre a renda e proventos de qualquer natureza e sobre produtos industrializados: 1) ao "Fundo de Participação dos Estados e do Distrito Federal", "vinte e um inteiros e cinco décimos por cento"; 2) ao "Fundo de Participação dos Municípios", "vinte e dois inteiros e cinco décimos por cento"; 3) "três por cento, para aplicação em programas de financiamento ao setor produtivo das Regiões Norte, Nordeste e Centro-Oeste, através de suas instituições financeiras de caráter regional, de acordo com os planos regionais de desenvolvimento, ficando assegurada ao Semiárido do Nordeste a metade dos recursos destinados à Região, na forma que a lei estabelecer"; e 4) também ao "Fundo de Participação dos Municípios", "um por cento (...) que será entregue no primeiro decêndio do mês de dezembro de cada ano", e mais "um por cento (...) que será entregue no primeiro decêndio do mês de julho de cada ano", sendo que este último repasse se concretizará da seguinte forma: "0,5% (cinco déci-

262. CF, art. 153: "§ 4º. O imposto previsto no inciso VI do *caput*: *[imposto sobre a propriedade territorial rural]* (...) III – será fiscalizado e cobrado pelos Municípios que assim optarem, na forma da lei, desde que não implique redução do imposto ou qualquer outra forma de renúncia fiscal".

263. CF: "Art. 158. Pertencem aos Municípios: (...) II – cinquenta por cento do produto da arrecadação do imposto da União sobre a propriedade territorial rural, relativamente aos imóveis neles situados, cabendo a totalidade na hipótese da opção a que se refere o art. 153, § 4º, III".

mos por cento) do produto da arrecadação" dos mencionados impostos, no primeiro exercício em que a Emenda Constitucional 84/2014 "gerar efeitos financeiros, acrescentando-se 0,5% (cinco décimos por cento) a cada exercício, até que se alcance o percentual de 1% (um por cento)". É o que determina o art. 159, I, "a", "b", "c" e "d" (alínea acrescentada pela Emenda Constitucional 55, de 20.9.2007, publicada no *DOU* 21.9.2007), da Carta Suprema. As alíneas "a", "b" e "c" somente passaram a produzir todos os efeitos a partir de 1993.[264] Já, em relação à alínea "d", no exercício de 2007, as alterações somente se fizeram sentir "sobre a arrecadação dos impostos sobre a renda e proventos de qualquer natureza e sobre produtos industrializados realizada a partir de 1º de setembro de 2007" (cf. art. 2º da EC 55/2007). Salientamos que, para efeito da entrega em questão, "excluir-se-á a parcela da arrecadação do imposto de renda e proventos de qualquer natureza pertencente aos Estados, ao Distrito Federal e aos Municípios, nos termos do disposto nos arts. 157, I, e 158, I"[265] (art. 159, § 1º, da CF).

A propósito, prescreve o art. 76 do ADCT serem "desvinculados de órgão, fundo ou despesa, até 31 de dezembro de 2023, 30% (trinta por cento) da arrecadação da União relativa às contribuições sociais, sem prejuízo do pagamento das despesas do Regime Geral da Previdência Social, às contribuições de intervenção no domínio econômico e às taxas, já instituídas ou que vierem a ser criadas até a referida data" (redação determinada pela Emenda Constitucional 93, de 8.9.2016). Todavia, o § 2º, sempre deste artigo, estabelece: "Excetua-se da desvinculação de que trata o *caput* a arrecadação da contribuição social do salário-educação a que se refere o § 5º do art. 212 da Constituição Federal" (acrescentado pela Emenda Constitucional 27, de 21.3.2000). Por fim, o art. 2º da EC 93/2016 inseriu no ADCT os arts. 76-A e 76-B, que prescrevem:

264. ADCT, art. 34: "§ 2º. O Fundo de Participação dos Estados e do Distrito Federal e o Fundo de Participação dos Municípios obedecerão às seguintes determinações: I – a partir da promulgação da Constituição, os percentuais serão, respectivamente, de dezoito por cento e de vinte por cento, calculados sobre o produto da arrecadação dos impostos referidos no art. 153, III e IV, mantidos os atuais critérios de rateio até a entrada em vigor da lei complementar a que se refere o art. 161, II; II – o percentual relativo ao Fundo de Participação dos Estados e do Distrito Federal será acrescido de um ponto percentual no exercício financeiro de 1989 e, a partir de 1990, inclusive, à razão de meio ponto por exercício, até 1992, inclusive, atingindo em 1993 o percentual estabelecido no art. 159, I, 'a'; III – o percentual relativo ao Fundo de Participação dos Municípios, a partir de 1989, inclusive, será elevado à razão de meio ponto percentual por exercício financeiro, até atingir o estabelecido no art. 159, I, 'b'.

"(...).

"§ 10. Enquanto não entrar em vigor a lei prevista no art. 159, I, 'c', cuja promulgação se fará até 31 de dezembro de 1989, é assegurada a aplicação dos recursos previstos naquele dispositivo da seguinte maneira: I – seis décimos por cento na Região Norte, através do Banco da Amazônia S/A; II – um inteiro e oito décimos por cento na Região Nordeste, através do Banco do Nordeste do Brasil S/A; III – seis décimos por cento na Região Centro-Oeste, através do Banco do Brasil S/A."

265. CF, art. 157: "Pertencem aos Estados e ao Distrito Federal: I – o produto da arrecadação do imposto da União sobre a renda e proventos de qualquer natureza, incidente na fonte, sobre rendimentos pagos, a qualquer título, por eles, suas autarquias e pelas fundações que instituírem e mantiverem". Art. 158: "Pertencem aos Municípios: I – o produto da arrecadação do imposto da União sobre renda e proventos de qualquer natureza, incidente na fonte, sobre rendimentos pagos, a qualquer título, por eles, suas autarquias, e pelas fundações que instituírem e mantiverem".

"Art. 76-A. São desvinculados de órgão, fundo ou despesa, até 31 de dezembro de 2023, 30% (trinta por cento) das receitas dos Estados e do Distrito Federal relativas a impostos, taxas e multas, já instituídos ou que vierem a ser criados até a referida data, seus adicionais e respectivos acréscimos legais, e outras receitas decorrentes.

"Parágrafo único. Excetuam-se da desvinculação de que trata o *caput*: I – recursos destinados ao financiamento das ações e serviços públicos de saúde e à manutenção e desenvolvimento do ensino de que tratam, respectivamente, os incisos II e III do § 2º do art. 198 e o art. 212 da Constituição Federal; II – receitas que pertencem aos Municípios decorrentes de transferências previstas na Constituição Federal; III – receitas de contribuições previdenciárias e de assistência à saúde dos servidores; IV – demais transferências obrigatórias e voluntárias entre entes da Federação com destinação especificada em lei; V – fundos instituídos pelo Poder Judiciário, pelos Tribunais de Contas, pelo Ministério Público, pelas Defensorias Públicas e pelas Procuradorias-Gerais dos Estados e do Distrito Federal.

"Art. 76-B. São desvinculados de órgão, fundo ou despesa, até 31 de dezembro de 2023, 30% (trinta por cento) das receitas dos Municípios relativas a impostos, taxas e multas, já instituídos ou que vierem a ser criados até a referida data, seus adicionais e respectivos acréscimos legais, e outras receitas decorrentes.

"Parágrafo único. Excetuam-se da desvinculação de que trata o *caput*: I – recursos destinados ao financiamento das ações e serviços públicos de saúde e à manutenção e desenvolvimento do ensino de que tratam, respectivamente, os incisos II e III do § 2º do art. 198 e o art. 212 da Constituição Federal; II – receitas de contribuições previdenciárias e de assistência à saúde dos servidores; III – transferências obrigatórias e voluntárias entre entes da Federação com destinação especificada em lei; IV – fundos instituídos pelo Tribunal de Contas do Município."

Destacamos, ainda, que, como preceitua o art. 153, § 5º, da CF, o ouro, quando definido em lei como ativo financeiro ou instrumento cambial (e não, por exemplo, quando usado como matéria-prima de uma mercadoria), sujeita-se exclusivamente à incidência do imposto sobre operações de crédito, câmbio e seguro, ou relativas a títulos ou valores mobiliários, devido na operação de origem. A União deverá transferir o produto da arrecadação deste tributo da seguinte maneira: "I – trinta por cento para o Estado, o Distrito Federal ou o Território, conforme a origem; II – setenta por cento para o Município de origem". Esta é mais uma regra de repartição das receitas tributárias, embora geograficamente mal-localizada na Carta Suprema.

VI – A União está obrigada, ainda, a entregar, "do produto da arrecadação do imposto sobre produtos industrializados, 10% aos Estados e ao Distrito Federal, proporcionalmente ao valor das respectivas exportações de produtos industrializados" (art. 159, II).

Tal regra, evidentemente, privilegia os Estados exportadores de produtos industrializados (talvez para compensá-los da imunidade do ICMS às exportações de mercadorias que forem produtos industrializados).[266] Ao mesmo tempo, espicaça-lhes

266. CF, art. 155, § 2º: "O imposto previsto no inciso II (*ICMS*) atenderá ao seguinte: (...) X – não incidirá: a) sobre operações que destinem ao exterior produtos industrializados (...)" (esclarecemos).

o interesse de se associarem à União, no favorecimento das exportações de produtos industrializados.

Notamos que este percentual de 10% é sobre o total de IPI que vier a ser arrecadado pela União, inclusive sem se abater o que ela tiver que distribuir aos "Fundos de Participação", em obediência ao art. 159, I, da Lei das Leis.[267] Outra inteligência não nos parece possível, já que as exportações propriamente ditas de produtos industrializados estão *imunes* a este tipo de tributação, conforme preceitua o art. 153, § 3º, III, da CF ("O imposto previsto no inciso IV: *[IPI]*: ... não incidirá sobre produtos industrializados destinados ao exterior").

A Constituição, todavia, fixa um limite à partilha, pelos Estados, dos referidos 10% do produto da arrecadação do IPI. Com efeito, os que muito exportarem produtos industrializados não poderão receber mais do que 20% destes 10%. O que – numa rigorosa aplicação do art. 159, II, da CF – for além desta marca será rateado entre os demais e o Distrito Federal, conforme preceitua o art. 159, § 2º, do mesmo Diploma Magno.[268] Exemplificando, se o Estado de São Paulo tiver contribuído com 80% das exportações de produtos industrializados realizadas no País, durante um certo exercício, deveria, a prevalecer apenas a regra inserida no art. 159, II, receber 8% do produto da arrecadação do IPI (de fato, matematicamente, 80% de 10% é igual a 8%). No entanto, o máximo que o Estado, *in casu*, poderá receber, em função do § 2º do art. 159 do Código Fundamental, será *20% destes 10%*, que perfazem 2% do total arrecadado à guisa de IPI. Os 6% remanescentes (8% menos 2% é igual a 6%) deverão ser rateados entre os outros Estados-membros e o Distrito Federal.

Portanto, graças a este mecanismo de rateio, criado pela Constituição Federal, mesmo os Estados que não exportam (ou pouco exportam) produtos industrializados receberão parte dos 10% do IPI arrecadado pela União. Tal prática tem, por sem dúvida, o condão de institucionalizar o verdadeiro espírito nacional, porque cria um sistema de compensação de riquezas e deficiências entre as unidades federadas.

VII – Finalmente, por força do disposto no inciso III (acrescentado pela Emenda Constitucional 42, de 19.12.2003, e alterado pela Emenda Constitucional 44, de 30.6.2004) do art. 159 da CF, a União deverá entregar, "do produto da arrecadação da contribuição de intervenção no domínio econômico prevista no art. 177, § 4º, 29% (vinte e nove por cento) para os Estados e o Distrito Federal, distribuídos na forma da lei, observada a destinação a que refere o inciso II, 'c', do referido parágrafo".

267. CF, art. 159: "A União entregará: I – do produto da arrecadação dos impostos sobre a renda e proventos de qualquer natureza e sobre produtos industrializados, quarenta e sete por cento na seguinte forma: a) vinte e um inteiros e cinco décimos por cento ao Fundo de Participação dos Estados e do Distrito Federal; b) vinte e dois inteiros e cinco décimos por cento ao Fundo de Participação dos Municípios; c) três por cento, para aplicação em programas de financiamento ao setor produtivo das Regiões Norte, Nordeste e Centro-Oeste, através de suas instituições financeiras de caráter regional, de acordo com os planos regionais de desenvolvimento, ficando assegurada ao Semiárido do Nordeste a metade dos recursos destinados à Região, na forma que a lei estabelecer".

268. CF, art. 159, § 2º: "A nenhuma unidade federada poderá ser destinada parcela superior a vinte por cento do montante a que se refere o inciso II, devendo o eventual excedente ser distribuído entre os demais participantes, mantido, em relação a esses, o critério de partilha nele estabelecido".

Esclarecemos que a mencionada alínea "c" manda destinar os recursos arrecadados com tal contribuição também "ao financiamento de programas de infraestrutura de transportes".

4.4.1 Os Estados-membros e a partilha de suas rendas aos Municípios localizados em seus territórios

A Constituição Federal obriga os Estados a partilharem algumas de suas receitas tributárias com os Municípios localizados em seus territórios.

I – Assim, deverão entregar-lhes "cinquenta por cento do produto da arrecadação do imposto (...) sobre a propriedade de veículos automotores licenciados em seus territórios" (art. 158, III, da CF).

II – Deverão, igualmente, entregar aos Municípios localizados em seus territórios "vinte e cinco por cento do produto da arrecadação do imposto do Estado sobre operações relativas à circulação de mercadorias e sobre prestações de serviços de transporte interestadual e intermunicipal e de comunicação" (art. 158, IV, da CF).[269]

O parágrafo único do art. 158 da CF esmiúça este repasse: "Parágrafo único. As parcelas de receita pertencentes aos Municípios, mencionadas no inciso IV, serão creditadas conforme os seguintes critérios: I – três quartos, no mínimo, na proporção do valor adicionado nas operações relativas à circulação de mercadorias e nas prestações de serviços, realizadas em seus territórios; II – até um quarto, de acordo com o que dispuser lei estadual ou, no caso dos Territórios, lei federal".

Portanto, a lei do Estado onde nasceu o ICMS poderá disciplinar a distribuição, aos Municípios, de até 1/4 do produto da arrecadação deste tributo (sem, no entanto, ferir a *isonomia* que deve nortear o tratamento que a eles for dispensado). Os outros 3/4 serão repartidos de acordo com o estatuído no inciso I do parágrafo único do art. 158 da CF.

Lembramos que cabe à lei complementar nacional "definir valor adicionado para fins do disposto no art. 158, parágrafo único, I" (art. 161, I, da CF).

Cumprindo estes comandos constitucionais, a Lei Complementar 63, de 11.1.1990, considera *valor adicionado* aquele correspondente ao "das mercadorias saídas, acrescido do valor das prestações de serviços, no seu território, deduzido o valor das mercadorias entradas, em cada ano civil" (art. 3º, § 1º). Ao mesmo tempo,

269. Como há Estados-membros cujo IPVA é mais brando que em outros, alguns proprietários de veículos automotores licenciam-nos em Municípios diversos daqueles em que estão domiciliados ou sediados. Trata-se de uma fraude a coibir, que, evidentemente, não pode prejudicar nem o Estado, nem o Município, em cujo território o proprietário do veículo está deveras domiciliado ou sediado.

Registramos, no entanto, a possibilidade – agora, lídima – de a pessoa física, caso realmente tenha duplo domicílio, optar pelo licenciamento do veículo de sua propriedade em Município localizado em Estado-membro onde o IPVA é menos gravoso. Também nada impede que pessoa jurídica planeje suas atividades empresariais, elegendo sua sede em Município com tais características. Em ambas as hipóteses os contribuintes estarão se valendo da elisão fiscal, isto é, de um meio lícito para, no caso, diminuir a carga tributária.

adnumera, agora em seu art. 3º, §§ 2º a 13, os critérios para o correto cálculo de tal valor adicionado.

Note-se que tal lei complementar, meramente declaratória, materializou o "propósito de explicitação" dos acima referidos ditames constitucionais.

A partir deste quadro, podemos agora traçar os seguintes parâmetros: a) os Municípios têm o direito constitucional subjetivo de receber do Estado 25% do produto do ICMS arrecadado em seus respectivos territórios (art. 158, IV, da CF); b) três quartos, no mínimo, destes mesmos 25% corresponderão ao valor adicionado, ou seja, ao valor das mercadorias saídas, acrescido do das prestações de serviços, deduzido o das mercadorias entradas, em cada ano civil (cf. art. 158, parágrafo único, I, da CF, c/c o art. 3º, § 1º, da Lei Complementar 63/1990); c) até um quarto, sempre destes 25%, será creditado segundo critérios fixados em lei estadual (art. 158, parágrafo único, da CF); e d) é vedada, porém, aos Municípios, a retenção ou qualquer restrição à entrega e ao emprego, dos recursos a eles atribuídos (art. 160, *caput*, da CF).

À vista do exposto, resta mais do que evidente que da lei estadual não poderá decorrer, direta ou indiretamente, qualquer redução ou distorção do direito constitucional ora em análise, que a Lei Complementar 63/1990 operacionalizou, a nosso ver, de modo adequado.

Noutro giro verbal, os mencionados preceitos constitucionais e complementares investem os Municípios do direito subjetivo de exigir dos Estados, rigorosa e exatamente, as importâncias que lhes cabem à guisa de participação no produto da arrecadação do ICMS. Nem mais, nem menos.

Esta linha de pensamento, diga-se de passagem, vem sendo consagrada, de longa data, no STF. Tanto que já nos idos de 1976 o Min. Moreira Alves, tratando da quota do produto da arrecadação do então ICM, proclamava: "nada pode ser retirado, a título de ressarcimento de despesas com a atividade arrecadadora, que inclui, em sua complexidade, a fiscalização".[270]

Mais tarde, no mesmo Pretório Excelso, a ideia foi reiterada: "produto da arrecadação é tudo quanto foi arrecadado. Sem qualquer dedução, não autorizada pela Constituição".[271]

Esta corretíssima diretriz ganhou foros de universalidade, acabando por se converter na Súmula 578 do STF, que, conquanto atine ao ICM (da Carta de 1967/1969), aplica-se, *mutatis mutandis*, ao atual ICMS, *verbis*: "*Súmula 578*. Não podem os Estados, a título de ressarcimento de despesas, reduzir a parcela de 20% do produto da arrecadação do imposto de circulação de mercadorias, atribuída aos Municípios, pelo art. 23, § 8º, da CF".

Comentando tema análogo (participação dos Estados e Municípios no produto da arrecadação do hoje extinto imposto único sobre lubrificantes e combustíveis), os saudosos tributaristas Geraldo Ataliba e Cléber Giardino tiveram o ensejo de sustentar:

270. *RTJ* 82/200.

271. STF, RE 99.952-3-PR, rel. Min. Alfredo Buzaid, j. 16.12.1982.

"Foi ampla a discussão no Supremo, tendo sido a interpretação no sentido de que toda a dedução, retenção ou equivalente que importe reduzir direito que a Constituição conferiu – em termos de *produto da arrecadação de tributos* devidos por umas pessoas políticas a outras – é vedada por inconstitucionalidade irremediável.

"Relativamente a estas duas questões a jurisprudência do Supremo é clara e firme, não ensejando dúvida quanto a seu alcance, nem possibilidade de alteração."[272]

A orientação que permeia estas observações serve para indicar que o direito constitucional dos Municípios à participação no produto da arrecadação do ICMS deve ser dimensionado pelo total da arrecadação, seja a que título for, dos valores que ingressam nos cofres estaduais.

III – Os Estados também "entregarão aos respectivos Municípios vinte e cinco por cento dos recursos que receberem nos termos do inciso II (*10% do produto da arrecadação do IPI, proporcionalmente ao valor das respectivas exportações de produtos industrializados*), observados os critérios estabelecidos no art. 158, parágrafo único, I e II" (art. 159, § 3º, da CF – esclarecemos nos parênteses).

4.4.2 O "diferencial de alíquotas" no ICMS e a repartição das receitas tributárias decorrentes deste tributo

O chamado "diferencial de alíquotas" no ICMS encontra-se previsto e disciplinado no art. 155, § 2º, VII e VIII, da CF: "§ 2º. O imposto previsto no inciso II atenderá ao seguinte: (...); VII – nas operações e prestações que destinem bens e serviços a consumidor final, contribuinte ou não do imposto, localizado em outro Estado, adotar-se-á a alíquota interestadual e caberá ao Estado de localização do destinatário o imposto correspondente à diferença entre a alíquota interna do Estado destinatário e a alíquota interestadual; VIII – a responsabilidade pelo recolhimento do imposto correspondente à diferença entre a alíquota interna e a interestadual de que trata o inciso VII será atribuída: a) ao destinatário, quando este for contribuinte do imposto; b) ao remetente, quando o destinatário não for contribuinte do imposto".[273]

Assim, independentemente de o consumidor final ser, ou não, contribuinte do ICMS, sempre será adotada nas operações ou prestações interestaduais a alíquota interestadual. Além disso, caberá à Unidade Federada do destinatário da mercadoria ou do serviço "a diferença entre a alíquota interna do Estado destinatário e a alíquota interestadual".

Completando o assunto, porém, a EC 87/2015, em seu art. 2º, introduziu um art. 99 no ADCT, segundo o qual, "para efeito do disposto no inciso VII do § 2º do art. 155, no caso de operações e prestações que destinem bens e serviços a consumidor final não contribuinte localizado em outro Estado, o imposto correspondente à di-

272. Geraldo Ataliba e Cléber Giardino, "Direito dos Estados e Municípios à parte do produto da arrecadação do imposto único sobre lubrificantes e combustíveis", *RDP* 73/119 (os grifos estão no original).

273. Os incisos VII e VIII do § 2º do art. 155 da CF receberam esta redação da Emenda Constitucional 87/2015.

ferença entre a alíquota interna e a interestadual será partilhado entre os Estados de origem e de destino, na seguinte proporção: (...); III – para o ano de 2017: 60% (sessenta por cento) para o Estado de destino e 40% (quarenta por cento) para o Estado de origem; IV – para o ano de 2018: 80% (oitenta por cento) para o Estado de destino e 20% (vinte por cento) para o Estado de origem; V – a partir do ano de 2019: 100% para o Estado de destino".

Trata-se, como se vê, de mais uma forma de repartição de receitas tributárias, agora envolvendo Estados-membros (e estes e o Distrito Federal).

Resta saber, no entanto, se o sistema funcionará, mormente a partir deste ano de 2019, quando o Estado de origem nada receberá a título de ICMS quando houver operações ou prestações interestaduais.

Somente uma grande *lealdade federativa* levará os Estados de origem – normalmente localizados nas Regiões Sudeste e Sul do País – a fiscalizarem negócios jurídico-tributários que beneficiarão apenas os Estados de destino.

O tempo dirá se nossas preocupações são pertinentes.

4.4.3 Cautelas constitucionais

Os arts. 160, 161 e 162 da CF veiculam preceitos que, ao que tudo indica, facilitarão sobremodo a partilha das receitas tributárias.

Assim, o art. 160 da Lei Suprema veda "a retenção ou qualquer restrição à entrega e ao emprego dos recursos atribuídos, nesta Seção, aos Estados, ao Distrito Federal e aos Municípios, neles compreendidos adicionais e acréscimos relativos a impostos". Lamentavelmente, porém, o parágrafo único deste dispositivo, se aplicado, poderá esvaziar, pelo menos em parte, esta louvável regra ("A vedação prevista neste artigo não impede a União e os Estados de condicionarem a entrega de recursos: I – ao pagamento de seus créditos, inclusive de suas autarquias; II – ao cumprimento do disposto no art. 198, § 2º, incisos II e III"[274]). Ora, como os Estados, os Municípios

274. Redação dada pela Emenda Constitucional 29/2000. A mesma Emenda Constitucional acrescentou ao art. 198 da CF um § 2º, com a seguinte redação: "§ 2º. A União, os Estados, o Distrito Federal e os Municípios aplicarão, anualmente, em ações e serviços públicos de saúde recursos mínimos derivados da aplicação de percentuais calculados sobre: I – no caso da União, na forma definida nos termos da lei complementar prevista no § 3º; II – no caso dos Estados e do Distrito Federal, o produto da arrecadação dos impostos a que se refere o art. 155 e dos recursos de que tratam os arts. 157 e 159, inciso I, alínea 'a', e inciso II, deduzidas as parcelas que forem transferidas aos respectivos Municípios; III – no caso dos Municípios e do Distrito Federal, o produto da arrecadação dos impostos a que se refere o art. 156 e dos recursos de que tratam os arts. 158 e 159, inciso I, alínea 'b' e § 3º".

De seu turno, a EC 86/2015, em seus arts. 2º e 3º, estabeleceu:

"Art. 2º. O disposto no inciso I do § 2º do art. 198 da Constituição Federal será cumprido progressivamente, garantidos, no mínimo: I – 13,2% (treze inteiros e dois décimos por cento) da receita corrente líquida no primeiro exercício financeiro subsequente ao da promulgação desta Emenda Constitucional; II – 13,7% (treze inteiros e sete décimos por cento) da receita corrente líquida no segundo exercício financeiro subsequente ao da promulgação desta Emenda Constitucional; III – 14,1% (quatorze inteiros e um décimo por cento) da receita corrente líquida no terceiro exercício financeiro subsequente ao da promulgação desta Emenda Constitucional; IV – 14,5% (quatorze inteiros e cinco décimos por cento)

e o Distrito Federal são atualmente grandes devedores da União e os Municípios dos Estados, a União e os Estados, na prática, poderão negar-se a entregar-lhes as parcelas a que constitucionalmente têm jus. Com isto, ficam na dependência da "boa vontade" da União, e os Municípios, também dos Estados (justamente o que o *caput* do artigo pretendia evitar). Esperamos – é tudo o que, enquanto cultores do Direito, nos é dado fazer – que esta *condição* (verdadeira "válvula de escape" do sistema) seja aplicada com cautela. O mesmo podemos dizer em relação à aplicação de recursos mínimos em ações e serviços públicos de saúde (art. 198, § 2º, II e III, da CF). Nem sempre os Estados, os Municípios e o Distrito Federal terão condições objetivas de aplicar tais *recursos mínimos*. Se houver fundadas razões para que não o façam (o que dependerá da análise de cada caso concreto), parece-nos que a condição cai por terra.

Realmente, hoje é público e notório que os Estados, os Municípios e o Distrito Federal estão – uns mais, outros menos – sucumbindo à míngua, sendo obrigados a pedinchar as benesses da União. Os Municípios, de regra, também são grandes devedores dos Estados. Ora, o parágrafo único do art. 160 da CF acaba por anular-lhes ou, pelo menos, por comprometer-lhes as autonomias política e jurídica. Para que o fenômeno não se perpetue – agora sob a égide da Constituição de 1988 – é mister seja revogado sumariamente o parágrafo único do art. 160 da Lei Maior. A União que se valha de outros meios jurídicos para receber o que lhe é devido, dos Estados, Municípios e Distrito Federal. O mesmo podemos dizer dos Estados em relação aos Municípios localizados em seus territórios. Que não possam mais valer-se do meio extremo de negar-lhes a participação no produto de suas receitas tributárias, enquanto não honrarem seus débitos.

Caminhando em sentido contrário aos nossos anseios, a Emenda Constitucional 3, de 17.3.1993, *de modo inconstitucional* (porque atropelou a autonomia dos Estados, dos Municípios e do Distrito Federal), deploravelmente mandou acrescentar um § 4º ao art. 167, do seguinte teor: "É permitida a vinculação de receitas próprias geradas pelos impostos a que se referem os arts. 155 e 156, e dos recursos de que tratam os arts. 157, 158 e 159, I, 'a' e 'b', e II, para a prestação de garantia ou contragarantia à União e para pagamento de débitos para com esta" (art. 1º).

Prosseguindo nosso exame, o art. 161 da Carta Magna, com o escopo de facilitar a repartição das receitas tributárias, comete à lei complementar: "I – definir valor adicionado para fins do disposto no art. 158, parágrafo único, I; II – estabelecer normas sobre a entrega dos recursos de que trata o art. 159, especialmente sobre os critérios de rateio dos fundos previstos em seu inciso I, objetivando promover o equilíbrio socioeconômico entre Estados e entre Municípios; III – dispor sobre o acompanha-

da receita corrente líquida no quarto exercício financeiro subsequente ao da promulgação desta Emenda Constitucional; V – 15% (quinze por cento) da receita corrente líquida no quinto exercício financeiro subsequente ao da promulgação desta Emenda Constitucional.

"Art. 3º. As despesas com ações e serviços públicos de saúde custeados com a parcela da União oriunda da participação no resultado ou da compensação financeira pela exploração de petróleo e gás natural, de que trata o § 1º do art. 20 da Constituição Federal, serão computadas para fins de cumprimento do disposto no inciso I do § 2º do art. 198 da Constituição Federal."

mento, pelos beneficiários, do cálculo das quotas e da liberação das participações previstas nos arts. 157, 158 e 159".

Incumbirá ao TCU – coadjutor do Congresso Nacional, nos falares do art. 71 da CF – calcular "as quotas referentes aos fundos de participação a que alude o inciso II".

Finalmente, com o fito de prevenir possíveis controvérsias, o art. 162 da Carta Magna determina às pessoas políticas que divulguem, "até o último dia do mês subsequente ao da arrecadação, os montantes de cada um dos tributos arrecadados, os recursos recebidos, os valores de origem tributária entregues e a entregar e a expressão numérica dos critérios de rateio". Sempre animado por este propósito, o parágrafo único deste art. 162 preceitua que "os dados divulgados pela União serão discriminados por Estado e por Município; os dos Estados, por Município".

Postas as coisas neste pé, devemos reconhecer que muito foi feito pela Constituição da República no sentido de facilitar a repartição das receitas tributárias da União e dos Estados. Seja como seja, cabe a todos quantos militam no mundo jurídico fazer empenho para que esta partilha realmente se realize com exatidão.

4.5 Breve conclusão

Concluímos, *ex expositis*, que é destituída de qualquer fundamento a ideia de que a discriminação constitucional de rendas tributárias pode interferir no exercício da tributação, pelas pessoas políticas.

O tema, tornamos a repetir, não é tributário, mas financeiro, e foi muitíssimo bem estudado por Antônio Roberto Sampaio Dória, em sua obra clássica, já citada, *Discriminação de Rendas Tributárias*.

5. Tributação e defesa do meio ambiente

I – Por força do disposto no art. 170, VI (com a redação dada pela Emenda Constitucional 42, de 19.12.2003), da CF, a ordem econômica deverá, dentre outros princípios, observar a "defesa do meio ambiente, inclusive mediante tratamento diferenciado conforme o impacto ambiental dos produtos e serviços e de seus processos de elaboração e prestação".

O dispositivo tem repercussões tributárias de tomo. De fato, também os instrumentos tributários podem e devem ser utilizados para fins de defesa do meio ambiente.

Lembramos que a atividade financeira – dentro da qual se insere a tributária – não é um fim em si mesma. Neste sentido, é meramente instrumental, já que dá ao Estado os meios pecuniários de que necessita para atingir os fins que lhe são apontados pela Constituição (prover a educação, a cultura, o lazer; melhorar a saúde da população, dar-lhe segurança, prestar-lhe serviços públicos etc.).

A par disso, porém, os tributos prestam-se à consecução de outros objetivos econômicos e sociais, como se depreende da só leitura do art. 170 da CF, que, cuidando da ordem econômica, imprime ao Estado Brasileiro uma feição social e intervencionista.

Esta, de resto, é uma consequência natural de nosso *Estado Democrático de Direito*, que, mais do que tributos justos, exige que estimulem a criação e a proteção do emprego, a correção dos desequilíbrios sociais, a implantação de uma política urbanística adequada, e assim por diante.

Em suma, da concepção do tributo como meio de obtenção de recursos avançou-se para a ideia de que ele pode e deve ser utilizado para favorecer a realização dos mais elevados objetivos sociais, econômicos e políticos. Converteu-se, pois, num instrumento privilegiado de intervenção estatal, em ordem a possibilitar, por exemplo, uma melhor distribuição da renda do País.

Deveras, de há muito se percebeu que a lei tributária é melhor obedecida quando, em lugar de determinar condutas, vale-se de meios mais sutis de influenciá-las, outorgando aos contribuintes subvenções, isenções, créditos presumidos, bonificações etc. Com tal artifício, as pessoas ficam com a sensação de que são livres para conduzir seus negócios, e tendem a fazer o que delas a Nação espera.

Estas intervenções legislativas de incentivo ou dissuasão são legítimas desde que, evidentemente, não "esgotem" a riqueza dos contribuintes ou os impossibilitem de manter atividades econômicas lícitas – hipóteses em que estariam tornando confiscatório o tributo.

II – Por outro lado, ao utilizar o mecanismo da extrafiscalidade para estimular comportamentos (comissivos ou omissivos) dos contribuintes, o Estado quase sempre obtém vantagens maiores do que se previamente arrecadasse os tributos para, depois, aplicá-los aos gastos públicos. Realmente, com a supressão das instâncias burocráticas encarregadas de controlar a destinação do dinheiro obtido mediante o exercício da tributação, a despesa pública tende a diminuir, sem prejuízo do atendimento das exigências de estabilidade e progresso sociais.

Como se vê, a extrafiscalidade é importante instrumento de efetivação de políticas públicas. Deve, porém, ser utilizada de modo razoável e proporcional, de maneira a não violar direitos fundamentais dos contribuintes, como, por exemplo, o de não ser alvo de confisco.

III – Embora não existam artigos expressos na Constituição Federal que determinem a utilização dos tributos para fins extrafiscais, nela há um implícito reconhecimento da faculdade que o Estado tem de utilizá-los para "promover o equilíbrio do desenvolvimento socioeconômico entre as diferentes regiões do País" (art. 151, I, *in fine*), para "desestimular a manutenção de propriedades improdutivas" (art. 153, § 4º, primeira parte), para facilitar "a transmissão de bens ou direitos incorporados ao patrimônio de pessoa jurídica em realização de capital" (art. 156, § 2º, I, primeira parte), para garantir a "função social da propriedade" (art. 170, III), para ensejar "a redução das desigualdades regionais e sociais" (art. 170, VII), para dispensar "tratamento favorecido para as empresas de pequeno porte constituídas sob as leis brasileiras e que tenham sua sede e administração no País" (art. 170, IX), para favorecer "as operações de transferência de imóveis desapropriados para fins de reforma agrária" (art. 184, § 5º), para financiar "a seguridade social" (art. 195), e assim por diante.

Sobremais, a Constituição, ao estatuir, por exemplo, que as pessoas políticas devem "proteger os documentos, as obras e outros bens de valor histórico, artístico e cultural, os monumentos, as paisagens naturais notáveis e os sítios arqueológicos" (art. 23, III) e "proteger o meio ambiente e combater a poluição em qualquer de suas formas" (art. 23, VI), que a educação é "direito de todos e dever do Estado" (art. 205), que o "Estado garantirá a todos o pleno exercício dos direitos culturais e acesso às fontes da cultura nacional, e apoiará e incentivará a valorização e a difusão das manifestações culturais" (art. 215),[275] que é "dever do Estado fomentar práticas desportivas formais e não formais, como direito de cada um" (art. 217), que o "Estado promoverá e incentivará o desenvolvimento científico, a pesquisa e a capacitação tecnológica" (art. 218), que "todos têm direito ao meio ambiente ecologicamente equilibrado" (art. 225), que a "família, base da sociedade, tem especial proteção do Estado" (art. 226), indiretamente obriga que os tributos sejam ajustados a estes louváveis objetivos, que interessam à presente e às futuras gerações.[276]

IV – Salientamos que as citadas normas constitucionais e outras da mesma índole são de *aplicação efetiva*, e não, como querem alguns, meros programas de ação, a serem – um dia – desenvolvidos e implementados. De conseguinte, impõem aos Poderes Públicos o dever de prestigiá-las de todas as formas, inclusive na tributação.

V – Nesta trilha insere-se o art. 170, VI, da CF, que, buscando conciliar a atividade econômica com a defesa do meio ambiente, determina "tratamento diferenciado conforme o impacto ambiental dos produtos e serviços e de seus processos de elaboração e prestação".

Portanto, a tributação pode e deve ser utilizada para preordenar condutas, de modo a fazê-las prestigiar o desenvolvimento sustentável do meio ambiente.

Estava, pois, afinada neste diapasão a Lei 5.106/1966, que autorizava a dedução, da base de cálculo do imposto sobre a renda, das importâncias gastas pelo contribuinte em projetos de reflorestamento. Viria igualmente ao encontro da ideia de preservação ambiental lei que permitisse fossem deduzidas, da base de cálculo deste tributo, as despesas com tratamento de lixo industrial, com a preservação de imóveis revestidos de vegetação arbórea declarada de preservação permanente ou perpetuada, nos termos do art. 6º do Código Florestal, com aquisições de equipamentos e máquinas que impedem a contaminação de rios ou da atmosfera (catalisadores, filtros etc.), de produtos ecologicamente corretos (por exemplo, biodegradáveis), de materiais fabri-

275. Explicitando a ideia, a Emenda Constitucional 48, de 10.8.2005, inseriu um § 3º nesse art. 215, *verbis*: "§ 3º. A lei estabelecerá o Plano Nacional de Cultura, de duração plurianual, visando ao desenvolvimento cultural do País e à integração das ações do Poder Público que conduzem à: I – defesa e valorização do patrimônio cultural brasileiro; II – produção, promoção e difusão de bens culturais; III – formação de pessoal qualificado para a gestão da cultura em suas múltiplas dimensões; IV – democratização do acesso aos bens de cultura; V – valorização da diversidade étnica e regional".

276. Louvável, neste sentido, a lei que em *São Luis* (Maranhão) – patrimônio cultural da Humanidade – isenta de IPTU os proprietários que preservam os azulejos das fachadas de suas casas centenárias.

cados com a reciclagem de resíduos industriais ou que não causam danos à camada de ozônio, de bens não descartáveis (copos de vidro, talheres de metal), de dínamos (no lugar das pilhas comuns, que, lançadas no meio ambiente, acabam por degradá-lo).

No mesmo sentido, andaria bem a legislação do IPI caso tributasse minimamente (ou até deixasse de fazê-lo) a comercialização de produtos industrializados ecologicamente corretos (automóveis elétricos, ônibus movidos a gás, caminhões equipados com catalisadores eficientes etc.). Com isso, estaria atendendo também ao *princípio da seletividade* (art. 153, § 3º, I, da CF), que exige que operações jurídicas com produtos industrializados essenciais sejam menos oneradas pelo IPI que operações com produtos que não revistam esta condição (*v.g.*, voluptuários).[277]

Por igual modo, mereceria encômios legislação que dispensasse tratamento favorecido, em termos de IPTU, para o contribuinte que efetuasse a manutenção de parques e jardins públicos. Ou que isentasse de ICMS a comercialização de produtos agrícolas cultivados sem a utilização de agrotóxicos; ou de baterias recarregáveis, que evitam sua dispersão no meio ambiente.

Sempre a propósito, também o IPVA poderia ter alíquotas diferençadas, em função do potencial poluente do combustível utilizado pelo veículo automotor. Atenderia, pois, ao princípio constitucional em tela lei que isentasse deste tributo os proprietários de veículos elétricos.

Como vemos, as possibilidades de utilização dos instrumentos tributários para a defesa do meio ambiente são praticamente infinitas.

De qualquer modo, as pessoas políticas devem ter a preocupação constante de, a pretexto de proteger a ecologia, não virem a extravasar os lindes de suas competências tributárias, ferindo direitos fundamentais dos contribuintes.[278]

6. *Últimas considerações*

I – Do quanto ficou escrito, podemos inferir que as competências tributárias das pessoas políticas tiveram seu perfil acuradamente desenhado, por uma grande cópia de normas constitucionais. Tais normas – conquanto não instituam tributos – operam como marcos inafastáveis, orientando o legislador ordinário (federal, estadual, municipal ou do Distrito Federal) na criação, *in abstracto*, das várias exações.

O Código Magno, ao conferir, às pessoas políticas, competências tributárias, teve o cuidado de gizar-lhes todos os contornos. Em razão disto, o legislador ordiná-

277. A essencialidade, no IPI, refere-se não somente aos objetos que o contribuinte adquire e que dizem respeito à sua saúde, vestuário básico, alimentação essencial etc., mas também àqueloutros que, por preservarem o meio ambiente, lhe garantem melhor qualidade de vida. Pouco importa, no caso, se tais produtos são mais caros e, portanto, menos acessíveis à maioria da população. Ainda assim, se contribuem para um meio ambiente ecologicamente equilibrado, hão de merecer o beneplácito do princípio da seletividade.

278. Não há espaço jurídico no Brasil para a criação, por exemplo, de um imposto sobre vendas de baterias (objetos altamente poluentes), como existe na Bélgica, Estado Unitário, em que só o ente central tem competência para criar exações, e cuja Constituição, em matéria tributária, não tem a rigidez da nossa.

rio, ao descrever os vários aspectos da norma jurídica instituidora ou majoradora de cada tributo, deve observar os parâmetros constitucionais que disciplinam o exercício da competência tributária.

No mesmo sentido, Elizabeth Nazar Carrazza, pioneiramente, escreveu: "Deve (*o legislador*), portanto, verificar, na própria Carta Magna: a) qual o fato ou o conjunto de fatos sobre os quais pode incidir o tributo (balizas do aspecto material); b) até que ponto é livre na escolha do sujeito passivo da exação (contornos do aspecto pessoal); c) qual a validade espacial e quais as circunstâncias de lugar de ocorrência do fato imponível (limites do aspecto espacial); e d) quais os momentos que pode escolher para reputar concretizada a hipótese de incidência do tributo (parâmetros do aspecto temporal)".[279]

Permitimo-nos acrescentar que a base de cálculo e a alíquota de cada tributo (aspecto quantitativo) também encontram seus paradigmas na Constituição. Deveras, a base de cálculo haverá de ser, sempre, uma medida da materialidade da hipótese de incidência tributária, e a alíquota, embora possa variar, não pode transformar o tributo num instrumento de confisco (cf. art. 150, IV, da CF), ferindo de morte o direito de propriedade, constitucionalmente protegido (arts. 5º, XXII, e 170, II, da CF).

II – O legislador ordinário não é totalmente livre para instituir os tributos da competência de sua pessoa política (o imposto de renda, o imposto sobre serviços de qualquer natureza, o imposto sobre operações mercantis, o imposto sobre a importação, o imposto sobre operações de crédito, a taxa de serviço, a contribuição de melhoria, a taxa de polícia etc.). É que na própria Constituição há um conceito, ainda que implícito, de *renda*,[280] de *serviço de qualquer natureza*, de *operação mercantil*,

279. Elizabeth Nazar Carrazza, *O Imposto sobre Serviços na Constituição*, Dissertação de Mestrado apresentada na PUC/SP, 1976, p. 56 (esclarecemos no primeiro parêntese).

280. Equivocam-se, portanto, os juristas que sustentam que *renda*, para fins de tributação por via de "imposto sobre a renda e proventos de qualquer natureza" (IR), é tudo aquilo que a lei considera renda, não sendo dado ao aplicador desta mesma lei discutir os critérios por ela levados em conta, ao cuidar do assunto. Em suma, não haveria, para estes estudiosos – que perfilham a chamada teoria da "conceituação legalista de renda" –, uma noção constitucional de renda e proventos de qualquer natureza. A matéria gravitaria em torno do prudente arbítrio do legislador federal. A ele, sim, caberia, com total liberdade, definir a *hipótese de incidência* deste tributo. Seria como se o legislador federal, tendo recebido da Constituição uma "caixa vazia", pudesse preenchê-la, para desespero do contribuinte, com o que bem lhe aprouvesse. Desde que, é claro, tivesse a cautela de usar a *fórmula sacramental* "imposto sobre a renda".

Estamos convencidos, porém, de que há uma noção constitucional de *renda*, que não pode ser desconsiderada pelo legislador infraconstitucional (seja o complementar nacional, seja o ordinário federal).

Só para nos situarmos no assunto, vimos, estribados na melhor doutrina, que a *regra-matriz* (a *norma-padrão de incidência*) de todos os tributos está contida na Constituição. É o Texto Supremo que, direta ou indiretamente, aponta a *hipótese de incidência possível*, o *sujeito ativo possível*, o *sujeito passivo possível*, a *base de cálculo possível* e a *alíquota possível* dos vários impostos, das várias taxas, das várias contribuições. O legislador ordinário (federal, estadual, municipal ou do Distrito Federal) não pode fugir destes arquétipos constitucionais.

Transplantando estas ideias para o campo da tributação por via de IR, temos que este imposto tem por *hipótese de incidência possível* o fato de uma pessoa (física ou jurídica) auferir rendas e receber proventos. *A contrario sensu*, qualquer fato que não tipifique auferir *rendas e proventos* refoge à tributação por meio de IR.

Em suma, o legislador federal só tem competência para fazer incidir o IR sobre "as rendas e proventos de qualquer natureza".

É o caso, aqui, de perquirirmos: que são *rendas e proventos de qualquer natureza*? Ou, desdobrando a pergunta, pode o legislador ordinário federal intitular "renda" ou "provento" o que, por sua natureza jurídica, nem é "renda", nem "provento"?

Numa primeira resposta, temos que *renda e proventos de qualquer natureza* são *disponibilidades de riqueza nova, vale dizer, acréscimos patrimoniais experimentados pelo contribuinte num dado período de tempo*. São, se quisermos, o *resultado* de uma subtração que tem por minuendo todos os rendimentos tributáveis num dado período de tempo, fixado por lei, e por subtraendo todas as despesas dedutíveis no mesmo espaço temporal. São, em suma, os acréscimos patrimoniais líquidos verificados entre duas datas predeterminadas.

Efetivamente, tais acréscimos patrimoniais pressupõem que se levem em conta marcos temporais, e não, apenas, uma situação de momento. Deve haver, portanto, um aumento da riqueza econômica do contribuinte entre dois lapsos de tempo.

Logo, não é qualquer entrada de dinheiro nos cofres de uma pessoa (física ou jurídica) que pode ser alcançada pelo IR, mas, tão somente, aquilo que tipificar *ganhos efetivos* durante um determinado intervalo de tempo. Amílcar de Araújo Falcão sustentava que, nos termos da Constituição, só há renda tributável quando, num dado período de tempo, verifica-se um aumento do patrimônio do contribuinte, em razão do emprego do capital, do trabalho ou da combinação de ambos (in *Imposto de Renda e Lucros Extraordinários*, 1ª ed., Rio de Janeiro, Financeiras, 1963). Estamos sempre mais confirmando que a identificação do acréscimo patrimonial depende da comparação do patrimônio do contribuinte em duas datas distintas.

Com tais colocações já está ficando clara a ideia de que o legislador ordinário está longe de ter total liberdade para definir "renda" e "proventos de qualquer natureza".

Idêntica, aliás, a conclusão a que chegou o Juiz aposentado do TRF-5ª Região e Professor Titular de Direito Tributário da Universidade Federal do Ceará, Hugo de Brito Machado. Ouçamo-lo: "Entender que o legislador é inteiramente livre para fixar o conceito de *renda* e de *proventos* importa deixar sem qualquer significação o preceito constitucional respectivo (...) Entender-se que o legislador ordinário possa conceituar livremente essas categorias implica que esse legislador ordinário cuide da própria atribuição de competências, e tal não se pode conceber em um sistema jurídico-tributário como o brasileiro" ("O fato gerador do imposto sobre a renda e proventos de qualquer natureza", in *Cadernos de Pesquisas Tributárias* 11/248, São Paulo, Resenha Tributária – os grifos estão no original).

Tais colocações são extremamente importantes, já que prestigiam a rigidez do sistema constitucional tributário brasileiro.

Melhor explicitando, se admitirmos que o legislador federal é livre para colocar na hipótese de incidência da regra que cria *in abstracto* o IR um fato qualquer (por exemplo, o recebimento de indenizações), estaremos, por igual modo, admitindo que o Congresso Nacional pode alargar a competência tributária da União, definida na Carta Suprema. Isto é juridicamente um absurdo, em face da rigidez do sistema constitucional tributário brasileiro. Em função dela, as pessoas políticas – inclusive a União –, enquanto tributam, devem permanecer dentro das fronteiras que a Constituição lhes traçou. Em suma, não é dado ao legislador ordinário federal considerar o que quiser como sendo "renda" e "proventos", sob pena de ele próprio demarcar sua competência tributária, neste campo.

Como adverte, a propósito, Celso Antônio Bandeira de Mello, "se o legislador ou o aplicador da regra pudessem delinear, a seu talante, o campo de restrições a que estão submetidos, através da redefinição das palavras constitucionais, assumiriam, destarte, a função de constituintes" ("Imposto sobre a renda – Depósitos bancários – Sinais exteriores de riqueza", *RDTributário* 23-24/92).

Muito bem, ainda que possamos aceitar que o legislador federal possui alguma liberdade para definir *renda* e *proventos*, para fins de incidência do IR, o certo é que tal liberdade é sobremodo restrita.

Deveras, parece-nos que, dentre os diversos conceitos de "renda", fornecidos pela Ciência Econômica, pode o legislador ordinário apenas optar por um deles e, ainda assim, *desde que sua escolha permita compatibilizar a incidência com os princípios constitucionais que norteiam a tributação por via de IR, máxime o da capacidade contributiva*. É que, de acordo com a Constituição, a *renda* (tanto quanto os *proventos de qualquer natureza*) deve representar um ganho ou riqueza nova. Do contrário não será atendido o princípio da capacidade contributiva.

Realmente, o conceito de renda e proventos de qualquer natureza deve levar em conta a *capacidade contributiva* do sujeito passivo tributário. Por quê? Porque o princípio da capacidade contributiva informa a tributação por via de impostos (art. 145, § 1º, da CF). Nesse sentido a lição escorreita de Antonia Aguilló Agüero: "Una definición fiscal de renta ha de ser apta para medir la capacidad contributiva, y este rasgo es precisamente el que la diferencía de otras definiciones que, como la contable o la estrictamente económica, persiguen fines tales como la comparación entre los resultados de varios ejercicios económicos o el cómputo de valor agregado en un proceso de producción" ("Estructura de la imposición sobre la renta y el patrimonio y el principio de capacidad contributiva", *RDTributário* 41/38).

Raciocínio semelhante podemos desenvolver em relação aos proventos. *Proventos*, como observou Roberto Quiroga Mosquera, em trabalho de belíssima feitura (*Renda e Proventos de Qualquer Natureza*, 1ª ed., São Paulo, Dialética, 1996), são "rendimentos recebidos a título de aposentadoria", isto é, acréscimos patrimoniais resultantes de uma atividade profissional que já cessou, mas ainda produz benefícios pecuniários, por força do direito à Previdência Social, constitucionalmente assegurado.

Todavia, como bem percebeu este autor, a locução adjetiva "de qualquer natureza" amplia o conceito de proventos, de modo a alcançar "dinheiros, remunerações, valores, quantias, recebidos de qualquer espécie, de qualquer origem, sem que haja necessidade de que tais vantagens derivem, exclusivamente, do trabalho, do capital e da aposentadoria" (idem, ibidem, p. 66). Assim, por exemplo, o *imposto sobre a renda e proventos de qualquer natureza* pode incidir também sobre as *pensões* pagas pela Previdência ao cônjuge ou herdeiro do segurado ou do servidor público.

De qualquer modo, os *proventos* tributáveis são aqueles que *aumentam* a riqueza econômica do contribuinte. Têm, pois, juridicamente, a mesma acepção da *renda*, já que ambos levam em conta *acréscimos patrimoniais*.

Pois bem, a regra-matriz do IR, constitucionalmente traçada, já nos permite afastar da incidência deste imposto tudo quanto não seja nem "renda", nem "proventos". É o caso, *v.g.*, dos custos da empresa, do valor das depreciações, da energia elétrica consumida, do capital empregado, das indenizações recebidas etc.

Mas, para fugirmos da definição pela negativa, vejamos, sem maiores delongas, o que vem a ser, afinal, "renda e proventos de qualquer natureza".

A nosso pensar, o conceito de "renda e proventos de qualquer natureza", constitucionalmente abonado, pressupõe ações humanas que revelem *mais-valias*, isto é, acréscimos na capacidade contributiva (que a doutrina tradicional chama de "acréscimos patrimoniais"). Só quando há uma realidade econômica nova, que se incorpora ao patrimônio individual preexistente, traduzindo nova disponibilidade de riqueza, é que podemos falar em "renda e proventos de qualquer natureza". Vai daí que as indenizações recebidas, os custos da empresa, a energia elétrica consumida, o capital empregado etc. não são nem rendimentos, nem proventos de qualquer natureza. Escapam da tributação por via de IR.

Podemos, pois, afirmar que o *imposto sobre a renda*, por injunção constitucional, *deve ter* por *hipótese de incidência* o fato de uma pessoa (física ou jurídica) obter, ao cabo de certo período, renda (líquida) ou outros acréscimos patrimoniais de qualquer natureza.

Cabe ao legislador federal prefixar este período, os modos de apuração *in concreto* de tais rendimentos, bem assim o percentual (alíquota) que sobre eles incidirá. Isto tudo, é óbvio, observados os princípios constitucionais tributários, em especial o da *capacidade contributiva*.

Neste mesmo sentido, Geraldo Ataliba e Agostinho Sartin, em parecer conjunto sobre as indenizações por desapropriação, tiveram o ensejo de proclamar: "A doutrina autorizada identifica unanimemente o núcleo da competência atribuída à União pelo art. 21, IV, da CF (art. 153, III, da CF de 1988) na *aquisição da disponibilidade* de riqueza nova por parte do destinatário legal tributário, *riqueza nova* que se condensa na ideia de *acréscimos patrimoniais*. Ingressos ou receitas que não traduzem acréscimos patrimoniais não configuram renda ou provento de qualquer natureza. Ingressos sem incremento patrimonial põem-se a salvo do exercício da competência do legislador ordinário prevista no permissivo constitucional mencionado" ("Imposto de renda – Não incidência sobre indenizações por desapropriação", *RDTributário* 36/50 – atualizamos, no parêntese, a referência ao dispositivo constitucional – os grifos estão no original).

Em síntese, o imposto sobre a renda caracteriza-se por: a) seu *aspecto material* ser o acréscimo de patrimônio do contribuinte; e b) seu aspecto temporal exigir um termo inicial e um termo final. Sobremais, em relação a ele ganham especial importância os princípios da *progressividade*, da *universalidade* e da *generalidade* (art. 153, § 2º, I, da CF), que, conjugados, imprimem ao tributo caráter pessoal, graduando-o de acordo com a capacidade econômica de cada contribuinte (art. 145, § 1º, da CF).

Oportuno termos presente que é na Carta Constitucional, e não na legislação (complementar ou ordinária), que se hospedam os ditames superiores que norteiam a tributação por via de IR.

Mesmo cientes disto, observamos, de bom grado, que o próprio Código Tributário Nacional, cuidando do assunto, não foi além dos limites constitucionais. De fato, dispõe o CTN, em seu art. 43: "O imposto, de competência da União, sobre a renda e proventos de qualquer natureza tem como fato gerador a aquisição da disponibilidade econômica ou jurídica: I – de renda, assim entendido o produto do capital, do trabalho ou da combinação de ambos; II – de proventos de qualquer natureza, assim entendidos os acréscimos patrimoniais não compreendidos no inciso anterior".

A Lei Complementar 104, de 10.1.2001, introduziu dois parágrafos a este art. 43, *verbis*:

"§ 1º. A incidência do imposto independe da denominação da receita ou do rendimento, da localização, condição jurídica ou nacionalidade da fonte, da origem e da forma de percepção.

"§ 2º. Na hipótese de receita ou de rendimento oriundos do exterior, a lei estabelecerá as condições e o momento em que se dará sua disponibilidade, para fins de incidência do imposto referido neste artigo."

Em rigor, estes parágrafos apenas explicitaram o disposto no art. 43, I e II, do CTN. Nada de substancialmente novo lhe acrescentaram.

Quanto ao § 1º em foco, ele apenas reafirma verdade cediça, qual seja, a de que, em Direito, as realidades são reveladas pelo *regime jurídico* a que estão submetidas e, não, pela designação recebida. O que ele essencialmente preconiza é ser vedado, quer ao legislador, quer ao intérprete, tratar desigualmente rendimentos essencialmente iguais, ideia, diga-se de passagem, que segue na esteira da contida no art. 150, II, da Carta Magna.

O Código Tributário Nacional, pois, reforça a ideia de que o IR só pode incidir sobre a *aquisição de disponibilidade de riqueza nova*, em dinheiro ou equivalente, advinda do capital, do trabalho ou da combinação de ambos.

Observamos que a expressão "produto do capital, do trabalho ou da combinação de ambos" encerra a ideia de um *resultado*, advindo de um investimento (capital) ou de um esforço/atividade (trabalho), que leva, sempre, a um *plus* em relação à situação anterior, isto é, a uma *riqueza nova*, indicando maior capacidade contributiva daquele que a auferiu.

O inciso II do precitado art. 43 não infirma esta assertiva ao estatuir que são considerados proventos de qualquer natureza todos os demais "acréscimos patrimoniais" não compreendidos no conceito de renda. Com efeito, se aceitarmos que patrimônio é "o conjunto de bens e direitos", qualquer acréscimo a este conjunto traduz-se numa *riqueza nova*, o que nos reconduz à ideia imediatamente anterior.

Para nossa tranquilidade, o próprio Rubens Gomes de Sousa – eminente autor do anteprojeto do CTN – esgrime neste sentido: "Assim, a Comissão de 1964 julgou mais adequado à função prática de definir o fato gerador do imposto dar ênfase ao requisito da aquisição da disponibilidade. Mas, nem por isso, repito, o requisito de tratar-se de *riqueza nova* foi repudiado; pelo contrário, não só ele está implícito no conceito de disponibilidade, como já disse, mas está também expresso no art. 43, I, onde se diz que a renda é um 'produto' do capital, do trabalho ou da combinação de ambos, e no art. 43, II, onde se diz que os proventos de qualquer natureza são os 'acréscimos patrimoniais' não compreendidos no inciso anterior. A propósito, vale sublinhar que essa redação do inciso II implica que também a renda, de que trata o inciso I, é um acréscimo patrimonial, como já está dito pela palavra 'produto' constante desse inciso" (*Trabalhos da Comissão Especial do Código Tributário Nacional*, Rio de Janeiro, Ministério da Fazenda, 1974 – os grifos estão no original).

Parece claro que o citado dispositivo do Código Tributário Nacional está explicitando que o legislador federal, ao traçar a hipótese de incidência do imposto sobre a renda e proventos de qualquer natureza, só pode juridicizar situações que revelem o surgimento de *riqueza nova* ou *acréscimos patrimoniais*. Só podemos vislumbrar tais *acréscimos* se houver a incorporação de *riqueza nova* ao patrimônio preexistente. E *riqueza nova*, como é de compreensão intuitiva, pressupõe *valores líquidos*, vale dizer, expungidos dos gastos necessários à sua obtenção. Como estamos percebendo, *riqueza nova* e *valores líquidos* são os consectários naturais do *acréscimo patrimonial*.

Portanto, a *hipótese de incidência possível* do IR, inclusive das pessoas físicas (IRPF), é, em síntese, *auferir renda nova*. Ou, se preferirmos, obter *renda disponível*. Isto, não porque assim o recomende alguma teoria econômica, por mais respeitável que seja, mas por determinação constitucional.

Segue-se que não têm aptidão jurídica para suportar a incidência do IR – justamente por não revelarem *riqueza nova* ou *acréscimos patrimoniais* – os ingressos decorrentes de indenizações (por atos ilícitos, por desapropriação, por pagamento de férias e licenças-prêmios vencidas e não gozadas etc.), de permuta de bens ou direitos, de retorno de investimentos, e assim avante. Eventual lei federal que mande tributar tais ingressos será inconstitucional.

Nem se alegue que, através do mecanismo das ficções, presunções e equiparações, o legislador federal pode transformar indenizações em rendimentos tributáveis. Vejamos.

Somos os primeiros a concordar que o Direito cria suas próprias realidades, muita vez com o emprego de ficções, presunções e equiparações. Há, porém, um limite inafastável para isto: o emprego de ficções, presunções e equiparações não há de violar direitos constitucionais, como este de as pessoas só poderem ser tributadas, por via de IR, quando auferirem *rendas* e *proventos de qualquer natureza*. Exemplificando para melhor esclarecer, se, amanhã, lei federal "equiparar" à obtenção de rendimentos a prática de uma operação mercantil (que é uma das *hipóteses de incidência possíveis* do ICMS), ou a prestação, em caráter negocial, de um dado serviço (que é uma das *hipóteses de incidência possíveis* do ISS), estaremos diante de irremissíveis inconstitucionalidades. O mesmo ocorreria se uma lei considerasse depositário infiel, tornando-o passível de prisão civil por dívida, o contribuinte inadimplente. Com efeito, tal "equiparação" reduziria a pó o direito constitucional insculpido no art. 5º, LXVII, do Texto Supremo ("não haverá prisão civil por dívida, salvo a do responsável pelo inadimplemento voluntário e inescusável de obrigação alimentícia e a do depositário infiel").

O Código Tributário Nacional traz pelo menos dois dispositivos expressamente relacionados ao emprego das ficções, presunções e equiparações. São os arts. 109 e 110, que, em sua essência, vedam à lei instituidora da exação ignorar ou alterar conceitos e formas consagrados no direito privado, máxime quando com tais condutas se tem em mira dilargar o campo tributário da pessoa política.

Tudo considerado, a conclusão a que chegamos é que a potencialização da eficácia arrecadatória não tem força bastante para justificar o uso indiscriminado de ficções, presunções e equiparações no campo tributário, especialmente quando isto põe em risco os direitos constitucionais dos contribuintes.

Em suma, lei federal alguma pode validamente "equiparar" o recebimento de uma indenização, a permuta de um bem, o emprego de um capital etc., à obtenção de renda ou de proventos.

Insistimos: nos patamares do Direito, tais fatos não aumentam o patrimônio de quem os realiza. Neles, inexiste *riqueza nova* (*acréscimo patrimonial*) ou, se preferirmos, "renda ou proventos de qualquer natureza".

Ora, a União, neste passo, recebeu constitucionalmente competência para tributar, por via de imposto, apenas *a renda e os proventos de qualquer natureza* (art. 153, III).

Logo, fatos que não configurem nem rendas, nem proventos, não podem sofrer a incidência do tributo em pauta. Mesmo que o legislador queira alcançá-los. Por quê? Porque, como vimos e revimos, a Constituição impede que o IR incida onde não existe nem *renda*, nem *proventos*.

Evidentemente, tudo isto vale assim para o imposto sobre a renda da pessoa física que para o imposto sobre a renda da pessoa jurídica (IRPJ).

No que concerne ao IRPJ nem se diga que sua periodicidade anual leva ao abandono da comparação e identificação do concreto aumento patrimonial da empresa, desde seu nascedouro.

Pelo contrário, pressupõe-se que a empresa, quando constituída com prazo indeterminado de existência, perpetuar-se-á no tempo. Ora, a eventual proibição de, na quantificação do imposto sobre a renda a pagar, considerar-se seu patrimônio desde a data em que foi fundada ofende esta ideia de continuidade. Com efeito, se for considerado apenas o incremento patrimonial havido num ou, mesmo, em alguns exercícios financeiros há o sério risco de, com a progressiva depauperação de seu capital, vir a caminhar para o encerramento de suas atividades. Afinal, é da mantença de seu patrimônio que depende sua sobrevivência.

Impele para esta linha de raciocínio a especial proteção que a Carta Magna, especialmente em seus arts. 170 a 178, manda dispensar às empresas, com o intuito de preservar fonte produtora e distribuidora de riqueza para a sociedade.

É por isso que entendemos que são inconstitucionais as Leis 8.981, de 20.1.1995, e 9.065, de 20.6.1995, enquanto limitam em 30% a compensação dos prejuízos fiscais na apuração das bases de cálculo do imposto sobre a renda da pessoa jurídica (IRPJ) e da contribuição social sobre o lucro (CSLL).

Tal limitação é inconstitucional, porque acarreta a tributação de valores que não tipificam *acréscimos patrimoniais* experimentados num dado período de tempo (base de cálculo tanto do IRPJ como da CSLL). Para apurar tais *acréscimos* de modo adequado é preciso – ao contrário do que determinam os artigos em foco – que a empresa tenha assegurado o direito de abater, dos rendimentos obtidos no exercício financeiro, *todas* as despesas, aí incluídos os *prejuízos fiscais* sofridos nos exercícios anteriores.

Com a restrição de 30% a legislação está, em última análise, mandando encartar na base de cálculo do IRPJ e da CSLL elemento a ela estranho: parte do patrimônio da empresa. Com isso, distorce a *regra-matriz constitucional* destas exações, tornando-as *híbridas*, já que permite alcancem não apenas a *renda*, mas o próprio *patrimônio* da empresa, o que é absolutamente inaceitável ao lume de nosso direito positivo.

de *importação*, de *operação de crédito*, de *serviço público*, de *obra pública*, de *ato de polícia* etc., que ele é obrigado a considerar enquanto cria, *in abstracto*, tributos.

Inteira razão tinha, pois, o Min. Luiz Gallotti quando, em seu voto proferido no RE 71.758, observou: "Se a lei pudesse chamar de compra o que não é compra, de importação o que não é importação, de exportação o que não é exportação, de renda o que não é renda, ruiria todo o sistema tributário inscrito na Constituição".[281]

Portanto, quando a Constituição, ao discriminar competências tributárias, designa institutos de outras áreas do ordenamento jurídico (em particular do direito privado), empresta-lhes o significado originário, do qual as pessoas políticas não podem afastar-se. Por exemplo: se, nos termos da Constituição, um imposto deve alcançar a "propriedade de bens imóveis" (caso do IPTU), sua *hipótese de incidência* – construída pelo legislador ordinário – só pode aludir aos bens imóveis tal como definidos pelo Código Civil.

III – Tudo converge, pois, no sentido de que a Constituição, ao mesmo tempo em que distribuiu competências tributárias, indicou os padrões dentro dos quais o legis-

Daí por que os *prejuízos fiscais* – diferentemente do que determinam as Leis 8.981/1995 e 9.065/1995 – *devem necessariamente* ser abatidos da base de cálculo seja do IRPJ, seja da CSLL, para que se chegue à correta *renda tributável*.

Em resumo, a tributação, por meio de IRPJ e de CSLL, de *rendimentos* obtidos num único exercício sem a dedução da totalidade dos prejuízos fiscais experimentados nos anteriores: a) vulnera o conceito constitucional de renda, afrontando, destarte, a *regra-matriz* do IR (art. 153, III, da CF) e da CSLL (art. 195, I, "c", da CF); b) desatende aos princípios da *generalidade*, da *progressividade* e da *universalidade*, que informam a tributação por meio de imposto sobre a renda (art. 153, § 2º, I, da CF) e também irradiam efeitos sobre a CSLL; c) contraria o *princípio da igualdade tributária* (art. 150, II, da CF), além de atentar contra o caráter pessoal de que os tributos em tela devem revestir-se, por força do *princípio da capacidade contributiva* (art. 145, § 1º, da CF); d) leva a resultados que não refletem o conceito geral e universal de *renda tributável*, dando às exações em foco um colorido confiscatório, vedado pelo art. 150, IV, da CF; e) conspira contra o *princípio da continuidade da empresa*, pelo qual se presume que ela, quando constituída com prazo indeterminado, perpetuar-se-á no tempo; e f) cria, por via oblíqua (mas nem por isso menos censurável) um empréstimo compulsório teratológico, já que em descompasso com os ditames contidos no art. 148 da CF.

Estamos sempre mais convencidos de que nossa ordem jurídica consagra (*pressupõe*) a ideia de que, salvo disposição expressa em contrário, as empresas são sempre constituídas com prazo de existência indeterminado.

Pois bem, a eventual proibição de, na quantificação do montante de IRPJ a pagar, se considerar seu patrimônio desde a data em que foram fundadas ofende justamente esta ideia de continuidade (*princípio da continuidade da pessoa jurídica*).

Com efeito, como já dissemos, se for considerado apenas o incremento patrimonial havido num ou, em alguns poucos exercícios financeiros, nada impediria, em tese, que, com a progressiva depauperação de seu capital, a empresa caminhasse a passos rápidos para o encerramento de suas atividades. Afinal, não se pode, em sã consciência, negar que a sobrevivência da empresa depende, acima de tudo, da manutenção de seu patrimônio.

Em suma, pensamos que é a própria Constituição (e não a eventual boa vontade do legislador ordinário) que confere à empresa o direito de só ser tributada pelo *lucro*. E este se identifica pelas *mutações patrimoniais positivas* – circunstância que exige a plena dedutibilidade dos prejuízos fiscais amargados desde o início das atividades empresariais.

Portanto, a nosso sentir, o legislador tem, mais do que o dever de permitir, o de *não proibir* a compensação de *todos* os prejuízos fiscais da pessoa jurídica, desde seu nascedouro.

281. *RTJ* 66/165.

lador ordinário de cada pessoa política pode traçar os aspectos das normas jurídicas dos tributos que lhe dizem respeito. Como vimos, a Constituição reduziu cada tributo a um *arquétipo normativo* ou *regra-matriz*, que o legislador é obrigado a levar em conta quando cria *in abstracto* a exação.

Em boa técnica, não há propriamente "limitações constitucionais às competências tributárias", mas, apenas, "competências tributárias" com perfis perfeitamente traçados pela Carta Fundamental. Sustentar o contrário equivale a aceitar que, num primeiro momento, a Constituição concedeu, às pessoas políticas, poderes tributários ilimitados e, subsecutivamente, limitou seu exercício. Assim não nos parece. Em verdade, a competência tributária da União, dos Estados, dos Municípios e do Distrito Federal é a *resultante* (contida na Constituição) do poder tributário pleno e de suas limitações (ambos pré-constitucionais). A competência tributária nasce, pois, delimitada pela Constituição. É, se o desejarmos, o *somatório* da autorização e da limitação constitucional à instituição de tributos.

Celso Ribeiro Bastos é do mesmo pensar, *verbis*:

"Dá-se o nome de limitações constitucionais ao poder de tributar àquelas normas constantes da Constituição que, em vez de conferir competências positivas para tributar, cifram-se a fazer justamente o contrário, isto é, a proibir que determinadas situações por elas descritas sejam colhidas pela força tributária do Estado. *Pode-se dizer que as limitações constitucionais ao poder de tributar colaboram para a fixação do campo competencial das pessoas de direito público com capacidade política, no que diz respeito à criação de tributos*.

"Assim, por exemplo, peguemos uma norma outorgadora de competência que diga ser lícito ao Estado cobrar imposto sobre os produtos industrializados. De outra parte, tomemos a limitação constitucional ao poder de tributar – ou imunidade – que diz ser proibido ao Estado instituir imposto sobre o livro. Da confluência dessas duas normas vai resultar o seguinte: à lei ordinária só é facultado criar o imposto sobre todos os produtos industrializados, salvo o livro; se ela fosse além, sobre este também almejando estender o tributo, estaria agindo sem competência."[282]

IV – A propósito, salientamos, de caminho e às rápidas, que as regras de imunidade (com as quais nos ocuparemos no próximo capítulo) também demarcam as competências tributárias das pessoas políticas. Noutro dizer, estabelecem a *incompetência* das entidades tributantes para gravarem determinadas pessoas, seja em função da natureza jurídica que têm, seja porque coligadas com certos fatos, bens ou situações.

V – Mudando um pouco de assunto, observemos, agora, que, a despeito de toda a preocupação de nossa Lei Maior em partilhar rigidamente as competências tributárias, é comum o legislador chamar um imposto de taxa, ou vice-versa, quem sabe para com maior tranquilidade lesar direitos subjetivos dos contribuintes. Relembramos, todavia, que o que distingue entidades do mundo do Direito não é a denominação que

282. Celso Bastos, *Curso de Direito Financeiro e de Direito Tributário*, São Paulo, Saraiva, 1991, p. 129 (grifamos).

possuem, mas seus respectivos regimes jurídicos. Assim, se um tributo obedecer ao regime jurídico de imposto, como imposto deverá ser tratado, ainda que o legislador venha a batizá-lo de modo exótico ("depósito", "preço", "salário", "empréstimo restituível" etc.). É fora de qualquer dúvida que nem mesmo com o emprego de palavras ou expressões estranhas é válido ao Poder Público violentar direitos inalienáveis do contribuinte, como este de só ser tributado pela pessoa política competente.

Realmente, a partilha de competências tributárias conferiu vantagens às pessoas políticas (porquanto deu-lhes meios efetivos de sobrevivência), mas, mais do que isto, também aos virtuais contribuintes, que, graças a ela, só podem ser tributados por quem de direito. Assim, se "A" auferir rendimentos, só poderá ser tributado pela União; se "B" (comerciante) praticar uma operação mercantil, só poderá ser tributado pelo Estado onde ela se verificou; se "C" prestar, em caráter negocial, um serviço de qualquer natureza, só poderá ser tributado pelo Município onde este fenômeno ocorreu; etc.

Portanto, a discriminação constitucional de competências tributárias milita, acima de tudo, em favor dos contribuintes, já que obstaculiza a tributação *de forma* ou *por pessoa política* diversa da apontada na Lei das Leis.

VI – Cabe-nos ressaltar, à derradeira, que, enquanto a competência tributária não é exercitada, a pessoa política não pode sujeitar o contribuinte à tributação. Isto só há de ocorrer quando, já em vigor e eficaz a lei veiculadora da norma jurídica tributária, se verifica, no mundo físico, o fato nela hipoteticamente descrito. Tal exigência deriva de nosso Estado de Direito, pelo qual o exercício da competência tributária – como, de resto, de qualquer competência – está condicionado ao estrito cumprimento dos preceitos constitucionais (*v.g.*, legalidade,[283] anterioridade, segurança jurídica etc.).

283. Reafirmamos que, com exceção dos empréstimos compulsórios, dos impostos da competência residual da União e das contribuições sociais que criam novas fontes de custeio para a seguridade social (que devem ser criados ou aumentados por meio de *lei complementar*), somente a lei ordinária pode veicular a norma jurídica instituidora, *in abstracto*, dos tributos federais, estaduais, municipais e do Distrito Federal. Apenas ela, pois, pode descrever a *hipótese de incidência* (com todos os seus aspectos), os *sujeitos ativo* e *passivo* (da relação que vai surgir quando da ocorrência do *fato imponível*), a *base de cálculo* e a *alíquota* (aspectos quantitativos) dos impostos, taxas e contribuição de melhoria, bem como das figuras exacionais recondutíveis a uma destas espécies tributárias. Evidentemente, a lei ordinária não pode delegar, total ou parcialmente, esta atribuição privativa.

Capítulo IX

IMUNIDADES TRIBUTÁRIAS

1. Introdução

I – Como vimos, competência tributária é a faculdade que as pessoas políticas têm de criar, *in abstracto*, tributos. Para isto, devem descrever, legislativamente, suas hipóteses de incidência, seus sujeitos ativos, seus sujeitos passivos, suas bases de cálculo e suas alíquotas.

A competência tributária tem suas fronteiras perfeitamente traçadas pela Constituição Federal, que, inclusive, apontou, direta ou indiretamente, as *regras-matrizes* dos tributos.

Pois bem, a *imunidade tributária* ajuda a delimitar o campo tributário. De fato, as regras de imunidade também demarcam (no sentido negativo) as competências tributárias das pessoas políticas.

Noutras palavras, a competência tributária é desenhada também por normas negativas, que veiculam o que se convencionou chamar de *imunidades tributárias*.

II – Neste sentido, podemos dizer que a *competência tributária* se traduz numa *autorização* ou *legitimação* para a criação de tributos (aspecto positivo) e num *limite* para fazê-lo (aspecto negativo).

Assim, as pessoas políticas somente podem criar os tributos que lhes são afetos se os acomodarem aos respectivos escaninhos constitucionais, construídos pelo legislador constituinte com regras positivas (que autorizam tributar) e negativas (que traçam os limites materiais e formais da tributação).

De modo atilado, Eduardo Domingos Bottallo observa:

"(...) o campo de incidência da norma (*tributária*) é identificado mediante um processo de qualificação de fatos. Sob tal perspectiva, torna-se simples deduzir qual será, por oposição, a área de não incidência. Esta corresponderá ao plano integrado pelo grupo de fatos que – apesar de existentes – não foram alcançados pela disposição normativa. (...).

"Pois bem. Quando a não incidência decorre de expressa disposição constitucional, que vede ao legislador ordinário competente instituir determinado tributo, alcançando certa realidade, ou pessoa, estamos diante da figura da imunidade. Neste caso, a vedação – por estar contida no próprio texto da Lei Maior – apresenta-se como 'limitação constitucional do poder de tributar' de que são titulares União, Estados, Distrito Federal e Municípios".[1]

Logo, a imunidade tributária é um fenômeno de natureza constitucional. As normas constitucionais que, direta ou indiretamente, tratam do assunto fixam, por assim dizer, a *incompetência* das entidades tributantes para onerar, com exações, certas pessoas, seja em função de sua natureza jurídica, seja porque coligadas a determinados fatos, bens ou situações. Encerram limitações,[2] postas na própria Constituição Federal, à ação estatal de criar tributos e, assim, contribuem decisivamente para dar a conformação final das competências tributárias das pessoas políticas.

III – Por estabelecerem restrições à atividade legislativa, as regras de imunidade tributária envolvem aquilo que se convencionou chamar de *limitações de conteúdo*. É que tais regras não impõem, propriamente, ao Poder Legislativo o dever de deixar de legislar, mas determinam que qualquer legislação que as contrarie será nula. No dizer expressivo de Herbert Hart, as *limitações de conteúdo* veiculam "inabilitações jurídicas" (*legal disabilities)* para disciplinar, de certo modo, determinados temas.[3]

Portanto, as imunidades tributárias demarcam a extensão das regras constitucionais que permitem tributar, e, deste modo, somente revelam sua extensão, seu significado e alcance quando confrontadas com as normas constitucionais que outorgam competências tributárias às pessoas políticas.[4]

IV – Em razão disso, labora em equívoco quem apregoa que a imunidade é renúncia da pessoa política ao direito (poder) de tributar. Tal renúncia já foi feita pelo povo brasileiro, que, reunido em Assembleia Nacional Constituinte, editou a Constituição da República Federativa do Brasil. Portanto, como as regras de imunidade passam ao largo da competência tributária das pessoas políticas, estas não podem renunciar a direito que não possuem. Tal a lição de Ives Gandra da Silva Martins: "Quando as autoridades fiscais, ao tratarem do tema, falam em *renúncia fiscal*, esquecem que, por ser a imunidade uma vedação constitucional ao poder de tributar, não podem renunciar ao que não têm. Ninguém renuncia a algo que não possui".[5]

1. Eduardo Domingos Bottallo, *Fundamentos do IPI*, São Paulo, Ed. RT, pp. 107-108 (esclarecemos no parêntese).

2. O conceito jurídico de "limitação" foi bem precisado por Marco Aurélio Greco, *verbis*: "As limitações (como seu próprio nome diz) têm função *negativa*, condicionando o exercício do poder de tributar, e correspondem a barreiras que não podem ser ultrapassadas pelo legislador infraconstitucional; ou seja, apontam para algo que o constituinte quer ver *não atingido* ou *protegido*. Em suma, enquanto os princípios indicam um caminho a seguir, as limitações nos dizem para onde não seguir" ("Imunidade tributária", in Ives Gandra da Silva Martins (coord.), *Imunidades Tributárias*, São Paulo, Centro de Estudos de Extensão Universitária/Ed. RT, 1998, p. 710 – os grifos são do autor).

3. Herbert Hart, *El Concepto de Derecho*, 2ª ed. (reimpr.), trad. de Genaro R. Carrió, México, Editora Nacional, 1980, pp. 82 e ss.

4. Concordamos, pois, com Misabel Derzi quando observa (*Notas* ao *Limitações Constitucionais ao Poder de Tributar*, de Aliomar Baleeiro, 7ª ed., Rio de Janeiro, Forense, 1997, pp. 376-378) que as regras de imunidade só ganham sentido ao serem cotejadas com as que permitem tributar.

5. "Prefácio" ao livro *Imunidades Tributárias dos Templos e Instituições Religiosas*, de Roque Antonio Carrazza (São Paulo, Noeses, 2015, p. X).

De fato, as regras de imunidade protegem certas situações ou comportamentos que a ordem jurídica considera mais importantes do que o carreamento de dinheiro para os cofres públicos. Além disso, materializam direitos fundamentais, já que dotadas de forte carga axiológica.[6]

V – Conforme melhor veremos nas páginas subsequentes, *imunidade*, no contexto constitucional, é vedação absoluta à tributação. Diante de uma situação de imunidade, a pessoa política só tem um caminho a seguir: o da abstenção. Melhor dizendo: não pode criar legislativamente o tributo, nem, tampouco, lançá-lo, valendo-se de artifícios hermenêuticos. É o que, em inspirado lance, aduziu o Min. Celso de Mello, do STF, *verbis*:

"O exercício do poder tributário, pelo Estado submete-se, por inteiro, aos modelos jurídicos positivados no texto constitucional, que, de modo explícito ou implícito, institui em favor dos contribuintes decisivas limitações à competência estatal para impor e exigir, coativamente, as diversas espécies tributárias existentes.

"(...).

"Desde que existem para impor limitações ao poder de tributar do Estado, esses postulados têm por destinatário exclusivo o poder estatal, que se submete à imperatividade de suas restrições."[7]

VI – Vai daí que, por terem assento constitucional, as imunidades tributárias reclamam análise sob a exclusiva óptica da Carta Magna. Deveras, o alcance dessas desonerações não deve ser construído com base na normatividade infraconstitucional (*v.g.*, no Código Tributário Nacional), mas apenas com apoio na própria Constituição Federal, que há de ser entendida e aplicada de acordo com os *valores*[8] fundamentais do Estado, que ela consagra (segurança, liberdade, cidadania, solidariedade, educação, liberdade religiosa, desenvolvimento nacional etc.), muitos dos quais elencados já em seu "Preâmbulo".[9]

Aliás, a positivação dos valores na Carta Magna visa ao reconhecimento do Direito não só como *forma*, mas, especialmente, como *conteúdo*. Deste modo, as nor-

6. Cf. Regina Helena Costa, *Imunidades Tributárias: Teoria e Análise da Jurisprudência do STF*, 3ª ed., São Paulo, Malheiros Editores, 2015, p. 51.

7. STF, ADI 712-MG, rel. Min. Celso de Mello, *DJU* 19.2.1993.

8. *Valor* é um *querer da sociedade*, e sua relevância decorre do fato de aglutinar consensos. Para a Filosofia, é o objeto de preferência ou de escolha e, bem por isso, "digno de ser selecionado" (Cícero, *De finibus*, III, 6, 20). Para Nicola Abbagnano, "a melhor definição de *valor* é a que o considera como *possibilidade de escolha*, isto é, como uma disciplina inteligente das escolhas, que pode conduzir a eliminar algumas delas ou a declará-las irracionais ou nocivas, e pode conduzir (e conduz) a privilegiar outras, ditando a sua repetição sempre que determinadas condições se verifiquem" (*Dicionário de Filosofia*, 4ª ed., 2ª tir., trad. de Alfredo Bosi e Ivone Castilho Benedetti, São Paulo, Martins Fontes, 2003, p. 993 – os grifos são do autor).

9. O "Preâmbulo", embora não integre o *corpus dispositivo* da Constituição Federal, veicula uma especial pauta hermenêutica, que serve para iluminar a inteligência das normas constitucionais. Com efeito, nele o constituinte originário, por haver sintetizado os pontos capitulares do texto que iniciava sua vigência, deu valiosos subsídios para a interpretação doutrinária e jurisprudencial da Carta Magna.

mas imunizantes criam situações permanentes de não incidência,[10] que, ao contrário do que se dá com as que veiculam isenções tributárias, nem mesmo a lei pode anular. Definitivamente, a imunidade tributária é, em si mesma, um princípio constitucional, que protege os interesses fundamentais da sociedade.

VII – Muito bem. Fazendo um esforço analítico, temos que as imunidades tributárias (i) estão apontadas na Constituição Federal; (ii) delimitam as competências das pessoas políticas para que criem *in abstracto* tributos; e (iii) distinguem-se das isenções tributárias, que, tendo sede infraconstitucional, são passíveis de revogação, por meio de lei.

Como corolário, a Administração Fazendária não pode lançar e arrecadar tributos das categorias imunes, por impossibilidade jurídica de haver lei válida a respaldar tal pretensão.

VIII – Por outro lado, caso o ente detentor da competência tributária, ao exercitá-la, venha a tributar pessoa imune, esta terá legitimação ativa para ingressar em juízo e pleitear a invalidade da pretensão estatal.

Logo, a norma imunizante não tem apenas a função de traçar o perfil da competência tributária, mas também a de, por *efeito reflexo*, conferir aos destinatários, nas hipóteses que contempla, o direito de não serem alvo de tributação.[11]

Nesse sentido, diga-se de passagem, as lições clássicas de Ruy Barbosa Nogueira, *verbis*: "Tais imunidades inscritas na Constituição são limitações ao próprio poder impositivo, expressas por meio de proibições ou exclusões de competência, não apenas para impedir a cobrança de impostos (...), mas vedação *a priori* da competência do legislador ordinário, expressamente inscrita na Constituição Federal, por meio de textos proibitivos, normativos e autoaplicáveis das *hipóteses negativas de atribuição de competência*".[12]

IX – Nessa altura do nosso discurso sentimo-nos confortáveis para afirmar que as imunidades tributárias – que a doutrina mais tradicional, representada por Aliomar

10. As regras imunizantes criam situações de não incidência tributária que não podem ser ilididas; não, pelo menos, enquanto o Texto Magno não for alterado por novo *poder constituinte originário*. É que tais normas envolvem, sem exceção, *cláusulas pétreas*, e, por isso, sua eventual revogação viola direito fundamental e rompe a ordem constitucional vigente.

Não compartilhamos, como se vê, do entendimento de certo setor doutrinário no sentido de que as normas de imunidade tributária se subdividem em *próprias* e *impróprias*, conforme protejam o *núcleo imodificável da Constituição* (forma federativa de Estado, separação dos Poderes, direitos e garantias individuais etc.) ou se limitem a afastar da incidência tributária determinadas pessoas ou grupos sociais, que passam ao largo da *estrutura* do nosso Estado Democrático de Direito.

Tal subdivisão não se justifica porque, com ser arbitrária, atropela a decisão soberana do constituinte originário de declarar imunes situações jurídicas que ele, em nome do povo brasileiro, considerou tão relevantes que não quis fossem, de algum modo, prejudicadas pela tributação.

11. A regra imunizante confere à pessoa favorecida o direito público subjetivo de não sofrer a ação tributária do Estado, ou seja, de não ver seu patrimônio jurídico agredido fora dos lindes do campo aberto à tributação das pessoas políticas.

12. Ruy Barbosa Nogueira, *Imunidades Contra Impostos na Constituição Anterior e sua Disciplina Mais Completa na Constituição de 1988*, 2ª ed., São Paulo, Saraiva, 1992, pp. 22-23 (os grifos são do autor).

Baleeiro,[13] impropriamente define como sendo "hipóteses de não incidência tributária constitucionalmente qualificadas"[14] – conferem aos destinatários direitos públicos subjetivos[15] de não serem compelidos a recolher tributos nas hipóteses que elas apontam. Por criarem campos de não incidência tributária, dão às pessoas às quais se endereçam aquilo que poderíamos chamar de *garantia de não ser alvo de exações* enquanto praticam certos fatos ou atos jurídicos, pois – permitimo-nos reiterar – erigem barreiras intransponíveis à própria competência tributária das pessoas políticas.

Melhor dizendo, a imunidade tributária que a Constituição outorga, em certas hipóteses, a determinadas pessoas cria-lhes o direito de exigir que o Estado se abstenha de lhes exigir gravames fiscais. Caso o detentor da competência tributária, ao exercitá-la, vier a tributar pessoa imune, esta terá legitimação ativa para ingressar em juízo e pleitear a invalidade da pretensão estatal. Afinal, o direito que a pessoa tem de somente pagar tributo quando isso está previsto em lei não difere substancialmente do direito de não ser por ele alcançada quando presente a vedação constitucional em tela.

Vai daí que as regras de imunidade, além de explicitarem formalmente a incompetência do legislador ordinário (ou, em alguns casos, complementar[16]) para instituir tributos nas situações abarcadas por seus preceitos, conferem aos destinatários (*v.g.*, aos templos de qualquer culto) o direito fundamental de defesa, vale dizer, de bater às portas do Poder Judiciário para que ele, caso constatada a violação, ponha cobro à inconstitucionalidade.[17]

X – Lembramos, ainda, que as imunidades tributárias beneficiam, em última análise, pessoas.

É certo que a doutrina mais tradicional[18] classifica as imunidades em *subjetivas*, *objetivas* e *mistas*, conforme alcancem *pessoas*, *coisas* ou *ambas*.

Pensamos que esta classificação é útil e até a empregaremos mais adiante. Todavia, parece-nos que, em termos rigorosamente técnicos, *a imunidade é sempre subjetiva*, já que invariavelmente beneficia pessoas, quer por sua natureza jurídica, quer pela relação que guardam com determinados fatos, bens ou situações.

13. Aliomar Baleeiro, "Imunidades e isenções tributárias", *RDTributário* 1/70.

14. Na realidade, a competência tributária já nasce demarcada pelo Texto Magno, inclusive por meio das regras de imunidade que ele alberga. Ademais, tais regras incidem para vedar a tributação nas hipóteses que elas contemplam.

15. *Direitos públicos subjetivos*, na lição de Ricardo Guastini, são os que derivam de normas que conferem aos destinatários direitos oponíveis ao Estado.

16. Demandam lei complementar, para serem validamente instituídos, os *empréstimos compulsórios* (cf. art. 148 da CF), os *impostos residuais* (cf. art. 154, I, da CF) e as *contribuições sociais* que criam novas fontes de custeio para a seguridade social (cf. art. 195, § 4º, da CF).

17. No mesmo sentido, Heleno Taveira Torres observa: "As *imunidades tributárias* são garantias constitucionais dirigidas imediatamente à regulação das condutas dos legisladores, estabelecendo proibição de exercício da competência tributária no âmbito material autorizado pela Constituição, e, em contrapartida, destinadas mediatamente aos respectivos beneficiários, atribuindo a estes direito público subjetivo de não tributação sobre os bens, as pessoas, serviços ou situações declarados imunes" (*Teoria da Norma de Imunidade Tributária e sua Aplicação às Instituições de Educação*, estudo inédito, 2008, p. 1 – os grifos são do autor).

18. Por exemplo: Aliomar Baleeiro, *Direito ...*, cit., p. 87.

O que estamos querendo expressar é que mesmo a chamada *imunidade objetiva* alcança pessoas, só que não por suas qualidades, características ou tipo de atividade que desempenham, mas porque relacionadas com determinados fatos, bens ou situações (*v.g.*, a imunidade do art. 150, VI, "d", da CF). Já, a denominada *imunidade subjetiva* alcança pessoas pela sua própria natureza jurídica (por exemplo, a imunidade do art. 150, VI, "a", da CF). E, finalmente, a *imunidade mista* alcança pessoas por sua natureza jurídica *e* porque relacionadas com determinados fatos, bens ou situações (*e.g.*, a imunidade do art. 153, § 4º, da CF).

De qualquer modo, as normas constitucionais que veiculam imunidades contribuem para traçar o perfil das competências tributárias. A imunidade opera, pois, no plano da definição da competência tributária.[19]

XI – Insistimos que a imunidade tributária, por ter sede constitucional, não pode ter seu conceito construído com base na normatividade legal ou infralegal. É a própria Constituição Federal que, por meio das regras imunizantes, delimita as fronteiras das competências tributárias das pessoas políticas.

Por aí se vê que os preceitos imunizantes encerram *normas de sobredireito* (*Überrecht*), também chamadas *regras de estrutura*, vale dizer, que dispõem sobre a edição de outras regras.

Estas ideias vêm roboradas por Paulo de Barros Carvalho, *verbis*: "(...) a regra que imuniza é uma das múltiplas formas de demarcação de competência. Congrega-se às demais para produzir o campo dentro do qual as pessoas políticas poderão operar, legislando sobre matéria tributária. Ora, (...) a norma que firma a hipótese de imunidade colabora no desenho constitucional da faixa de competência adjudicada às entidades tributantes. Dirige-se ao legislador ordinário para formar, juntamente com outros mandamentos constitucionais, o feixe de atribuições entregue às pessoas investidas de poder político. Aparentemente, difere dos outros meios empregados por mera questão sintática".[20]

Portanto, também para este autor, as normas constitucionais que tratam das *imunidades tributárias* fixam a *incompetência* das pessoas políticas para fazerem incidir a tributação sobre determinadas pessoas, seja pela natureza jurídica que estas têm, seja porque realizam certos fatos, seja, ainda, por estarem relacionadas com dados bens ou situações.

Tudo isso porque – como já vimos – os preceitos imunizantes expressam a vontade do *constituinte originário* de preservar da tributação *valores* de particular significado político, social, religioso, econômico etc. Noutras palavras, protegem e promovem direitos fundamentais,moldados pela Constituição Federal, e, nessa medida, visam à manutenção de situações jurídicas por ela consideradas intocáveis.

19. O contrário dá-se com a isenção, que, como veremos no próximo capítulo, atua no campo do exercício da competência tributária.

20. Paulo de Barros Carvalho, *Imunidades Tributárias*, trabalho inédito, 1984, pp. 5-6.

XII – Sempre mais se nota, pois, que as regras imunizantes conferem aos destinatários o direito público subjetivo de não serem tributados, nas situações que elas descrevem. É o que, com propriedade, assinala José Wilson Ferreira Sobrinho: "A norma imunizante não tem apenas a função de delinear a competência tributária, senão que também outorga ao imune o direito público subjetivo de não sofrer a ação tributária do Estado. A norma imunizante, portanto, tem o duplo papel de fixar a competência tributária e de conferir ao seu destinatário um direito público subjetivo, razão que permite sua caracterização, no que diz com a outorga de um direito subjetivo, como norma jurídica atributiva, por conferir ao imune o direito referido".[21]

De fato, a Constituição não quer que certas pessoas venham a ser alvo de tributação, justamente para que não vejam perturbados seus direitos fundamentais. Por isso mesmo, estende sobre elas o manto da imunidade tributária. E, ao fazê-lo, cria-lhes direitos subjetivos inafastáveis.

XIII – Acerca desse assunto, Paulo de Barros Carvalho partiu da divisão das normas jurídicas em *normas de comportamento* e *normas de estrutura*,[22] para inserir nestas últimas as regras de imunidade, que ajudam a delimitar as competências tributárias.[23]

Daí ter conceituado a imunidade como sendo: "(...) a classe finita e imediatamente determinável de normas jurídicas, contidas no texto da Constituição Federal, e que estabelecem, de modo expresso, a incompetência das pessoas políticas de direito constitucional interno para expedir regras instituidoras de tributos que alcancem situações específicas e suficientemente caracterizadas".[24]

Seguindo na traça deste conceituado mestre, temos que, realmente, as imunidades são as explicitadas no Texto Magno, por meio de normas jurídicas que tolhem o legislador na tarefa de criar, *in abstracto*, tributos. Tanto que há quem diga que as normas de imunidade criam um campo de *incompetência tributária*.

É o caso de Misabel Derzi, para quem a imunidade não passa de "regra expressa da Constituição (ou implicitamente necessária), que estabelece a não competência das pessoas políticas da Federação para tributarem certos fatos ou situações, de forma amplamente determinada, delimitando negativamente, por meio de redução parcial, a norma de atribuição de poder tributário".[25]

21. José Wilson Ferreira Sobrinho, *Imunidade Tributária*, Porto Alegre, Sérgio Antônio Fabris Editor, 1996, p. 102.

22. Apenas para reforçarmos o que já foi exposto em outros trechos deste livro, as *normas de comportamento* visam, como o próprio nome já nos sinaliza, a disciplinar o comportamento dos homens na vida social. Assim, albergam, no consequente, um comando voltado para o agir humano. Já, as *normas de estrutura* têm por destinatário o legislador, e, por isso, contêm, no consequente, comandos que estabelecem o modo e as condições de produção de outras normas.

Para Norberto Bobbio, *normas de estrutura*, também chamadas *normas de competência*, "são aquelas normas que não prescrevem a conduta que se deve ter ou não ter, mas as condições e os procedimentos através dos quais emanam normas de conduta válidas" (*Teoria do Ordenamento Jurídico*, 6ª ed., trad. de Maria Celeste Cordeiro Leite dos Santos, Brasília, Polis/UnB, 1995, p. 33).

23. Paulo de Barros Carvalho, *Curso* ..., cit., p. 116.

24. Idem, ibidem, p. 117.

25. Misabel Derzi, *Notas* ao *Limitações Constitucionais ao Poder de Tributar*, de Aliomar Baleeiro (7ª ed., Rio de Janeiro, Forense, 1977), p. 16. Misabel Derzi, ao contrário de Paulo de Barros Carvalho,

Nessa linha, as normas imunizantes dispõem sobre matéria de ordem pública, que Vicente Ráo, com muita propriedade, chamava, em seu clássico *O Direito e a Vida dos Direitos*, de *matéria de interesse social predominante*.

Com efeito, as regras de imunidade ajudam a gizar as fronteiras do campo competencial tributário das pessoas políticas. Apontam os limites materiais e formais da atividade legiferante.

Como bem observa a mesma Misabel Derzi, "a imunidade é, portanto, regra de exceção, somente inteligível se conjugada à outra, que concede o poder tributário, limitando-lhe a extensão, de forma lógica e não sucessiva no tempo".[26] E, com a agudez de raciocínio que a caracteriza, observa que não dizemos que as pessoas são imunes à instituição de IPTU, por parte da União, justamente porque ela não tem competência para tributar a propriedade predial e territorial urbana. No entanto – continua a autora – "dizemos que o templo é 'imune' ao mesmo imposto se instituído pelo Município, porque essa pessoa estatal tem poder para criar o tributo".[27]

XIV – Impende notar que a imunidade é ampla e indivisível, não admitindo, nem por parte do legislador (complementar ou ordinário), nem do aplicador (juiz ou agente fiscal), "restrições ou meios-termos",[28] a não ser, é claro, aqueles que já estão autorizados na própria Lei Maior.

Sempre que a Constituição estabelece uma imunidade, está, em última análise, indicando a *incompetência* das pessoas políticas para legislarem acerca daquele fato determinado. Impõe-lhes, de conseguinte, o dever de se absterem de tributar, sob pena de irremissível inconstitucionalidade.

É imune a pessoa que, por sua natureza, pela atividade que desempenha ou por estar relacionada com determinados fatos, bens ou situações prestigiados pela Carta Magna, encontra-se fora do alcance da entidade tributante. Esta, em função da regra constitucional imunizante, é *incompetente* para tributá-la, até porque as normas imunizantes são de eficácia plena e aplicabilidade imediata.

Em suma, a imunidade, por assim dizer, reduz as dimensões do campo tributário das várias pessoas políticas.

É o que assinala Souto Maior Borges: "A regra jurídica de imunidade insere-se no plano das regras *negativas de competência*. O setor do social abrangido pela imunidade está *fora* do âmbito da tributação. Previamente excluído, como vimos, não poderá ser objeto de exploração pelos entes públicos".[29]

admite imunidades não expressas, "desde que implicitamente necessárias", como, por exemplo, a imunidade recíproca das pessoas políticas.

26. Misabel Derzi, *Notas* ..., p. 14.

27. Idem, ibidem.

28. Edgard Neves da Silva, "Imunidade e isenção", in *Curso de Direito Tributário*, 4ª ed., Belém, CEJUP, 1994, p. 247.

29. José Souto Maior Borges, *Teoria Geral da Isenção Tributária*, 3ª ed., 3ª tir., São Paulo, Malheiros Editores, 2011, p. 219 – os grifos são do autor.

XV – Voltando à ideia central, reiteramos que os casos de imunidade estão todos definidos, expressa ou implicitamente,[30] na própria Constituição Federal. Em vão, portanto, buscaremos em normas infraconstitucionais as diretrizes a seguir acerca desta matéria. Elas, quando muito, podem aclarar o assunto, que, repetimos, já foi esgotado pelo legislador constituinte.

Daí podermos dizer que as normas constitucionais que tratam das imunidades tributárias são de *eficácia plena e aplicabilidade imediata*, produzindo todos os seus efeitos, independentemente da edição de normas inferiores (leis, decretos, portarias, atos administrativos etc.) que as explicitem.[31]

Indisputável, neste sentido, que desobedecer a uma regra de imunidade equivale a incidir em inconstitucionalidade. Ou, diz, expressivamente, Aliomar Baleeiro, "imunidades tornam inconstitucionais as leis ordinárias que as desafiam".[32]

Aproveitando o mote, podemos acrescentar: *as imunidades tornam duplamente inconstitucionais as manifestações interpretativas e os atos administrativos que as desafiam.*

Nem a emenda constitucional pode anular ou restringir as situações de imunidade contempladas na Constituição.[33]

Por muito maior razão, a ação do legislador ordinário, neste campo, encontra limites insuperáveis na Constituição.

Ora, se até o constituinte derivado e o legislador ordinário não podem ignorar as imunidades tributárias, por muito maior razão não poderá fazê-lo o aplicador das leis tributárias, interpretando-as, a seu talante, de modo a costeá-las.

30. É o caso da imunidade implícita ao imposto sobre a renda da pessoa física que não tem como suportá-lo sem prejuízo do próprio sustento ou de seus dependentes econômicos. Tal desoneração constitucional decorre do princípio da capacidade contributiva (art. 145, § 1º, da CF).

31. José Carlos Vieira de Andrade assinala que, em relação a tais normas, "seu conteúdo é ou deve ser concretizado ao nível da Constituição, em última análise por intermédio de uma interpretação criadora" (*Os Direitos Fundamentais na Constituição Portuguesa de 1976*, Coimbra, Livraria Almedina, 1998, p. 140).

32. Aliomar Baleeiro, *Direito* ..., cit., p. 87.

33. Lamentavelmente, a Emenda Constitucional 3, de 17.3.1993, ferindo *cláusulas pétreas* (porque fez tábua rasa do *princípio federativo* e atropelou direitos inalienáveis de contribuintes), estabeleceu, em seu art. 2º, § 2º, que o *imposto sobre movimentação ou transmissão de valores e de créditos e direitos de natureza financeira* não precisaria obedecer ao disposto no art. 150, VI, da CF.

Buscando fundamento de validade neste dispositivo da Emenda Constitucional 3/1993, a Lei Complementar 77/1993 realmente determinou a incidência do tributo no mesmo exercício financeiro (art. 28), além de ter mandado desconsiderar as imunidades previstas no art. 150, VI, da CF (arts. 3º, 4º e 8º).

Nossas esperanças no sentido de que o Poder Judiciário, quando invocado, fulminaria tais irremissíveis inconstitucionalidades acabaram se confirmando com a decisão, por maioria de votos, do STF na ADI 939-7 (rel. Min. Sydney Sanches). Nesta decisão ficou consignado: "(...) é inconstitucional, também, a Lei Complementar n. 77, de 13.7.1993, sem redução de textos, nos pontos em que determinou a incidência do tributo no mesmo ano (art. 28) e deixou de reconhecer as imunidades previstas no art. 150, VI, 'a', 'b', 'c' e 'd', da CF (arts. 3º, 4º e 8º do mesmo diploma, Lei Complementar n. 77/1993)" (*DJU* 18.3.1994, p. 5.165).

Com o devido acatamento, sufragamos o voto vencido do Min. Marco Aurélio, que declarava a inconstitucionalidade de todo o art. 2º e seus §§ da mesma Emenda Constitucional e, por via de consequência, de toda a Lei Complementar 77/1993, que nela buscou respaldo de validade.

As normas infraconstitucionais (leis, regulamentos, portarias, atos administrativos, sentenças etc.) não podem, de nenhum modo, diminuir o conjunto de normas imunizantes contidas na Constituição.[34]

Em termos mais precisos, o direito à imunidade é uma garantia fundamental constitucionalmente assegurada ao contribuinte, que nenhuma lei, poder ou autoridade pode anular.[35]

Em suma, criar tributos, só a lei pode; violar imunidades tributárias, nem a lei pode. É que, no sistema constitucional tributário brasileiro, a materialidade das normas ordinárias instituidoras das *regras-matrizes de incidência* já se encontra qualificada no próprio Texto Supremo.

XVI – É sempre oportuno realçar que nem mesmo a lei, que pode criar tributos, tem a potencialidade de violar imunidades tributárias.

Nesta medida, a imunidade é uma incontornável garantia constitucional do contribuinte, que direciona a própria ação legislativa das pessoas políticas e – por muito maior razão – o exercício da função administrativa (aplicativa da lei) e o labor exegético.

XVII – Dando curso ao nosso pensamento, temos que, de acordo com a maior ou menor amplitude das imunidades tributárias, estas se dividem em (i) *genéricas* (*v.g.*, as apontadas no art. 150, VI, da CF, que alcançam todos os impostos); e (ii) *específicas* (*v.g.*, as apontadas no art. 150, § 2º, X, "a"-"d", da CF, que alcançam apenas o ICMS).

Entretanto, *genéricas* ou *específicas*, as imunidades sempre colocam fora do alcance da tributação as pessoas a que se referem. E, ao fazê-lo, veiculam direitos fundamentais, que, por integrarem o núcleo fundamental da Constituição (*Verfassungskern*), não podem ser anulados, nem mesmo por meio de emendas constitucionais (cf. art. 60, § 4º, IV, da CF).

XVIIa – Não ignoramos que tem prevalecido o entendimento – do qual, *data venia*, discrepamos – de que as regras de imunidade que não consagram direito ou garantia fundamental, mas apenas delimitam a competência tributária da pessoa política numa dada situação, podem ser restringidas ou até suprimidas.[36]

34. Por aí se vê que incidiu em manifesta inconstitucionalidade a Lei 9.532, de 10.12.1997, enquanto "restringiu" imunidades tributárias (*v.g.*, "retirando" da imunidade das instituições de educação ou de assistência social os rendimentos e ganhos de capital auferidos em aplicações financeiras de renda fixa ou de renda variável).

35. Com muita propriedade, Javier Luque Bustamante nota que os princípios constitucionais que limitam o exercício das competências tributárias – caso daqueles que veiculam imunidades tributárias – têm em mira preservar os direitos fundamentais do homem ("Algunas reflexiones sobre las relaciones entre los derechos humanos y la tributación", *RDTributário* 52/61).

36. Nessa direção decidiu o STF, *verbis*: "Imunidade – Art. 153, § 2º, II, da CF/1988 – Possibilidade. 1. Mostra-se impertinente a alegação de que a norma do art. 153, § 2º, II, da Constituição não poderia ter sido revogada pela Emenda Constitucional n. 20/1998, por se tratar de cláusula pétrea. 2. Esta norma não consagrava direito ou garantia fundamental, apenas previa a imunidade do imposto sobre a renda a um determinado grupo social. Sua supressão do texto constitucional, portanto, não representou a cassação ou o tolhimento de um direito fundamental e, tampouco, um rompimento da ordem constitucional vigente.

Todavia, mesmo que se aceite este modo de pensar, é incontestável que, quando a imunidade tributária prestigia *valores* consagrados na Constituição Federal, não há espaço jurídico para emendas constitucionais[37] que os fragilizem, restrinjam ou, pior, anulem.

De fato, a partir do momento em que a Constituição Federal consagrou a chamada *cláusula aberta de direitos fundamentais* (art. 5º, § 1º), eles devem ser submetidos a um regime especial de proteção, que leva ao *princípio da vedação ao retrocesso* (ou *do não regresso*).

Este princípio é uma garantia constitucional implícita, que encontra sua matriz axiológica na segurança jurídica e na dignidade da pessoa humana, e consagra a tese de que o Estado, após ter efetivado um direito fundamental, não pode voltar sobre os próprios passos sem uma medida compensatória correspondente.

XVIIb – Anote-se que o *princípio constitucional da vedação ao retrocesso* garante o progresso adquirido pela sociedade durante períodos de mudanças e transformações, o que proíbe o Estado, mesmo valendo-se de emendas constitucionais, de reverter tais avanços, eis que definitivamente incorporados ao patrimônio social das pessoas.

Em razão deste princípio, quando uma emenda constitucional instituir ou potencializar direitos fundamentais, eles se agregam irreversivelmente ao cabedal jurídico dos destinatários, não podendo, assim, ser suprimidos ou, mesmo, relativizados. Daí inexistir espaço para que uma nova emenda constitucional reponha o estado de coisas anterior.

Logo, quando, com a emenda constitucional que amplia uma situação de imunidade tributária, estão presentes direitos fundamentais, não há como contestar a aplicação do princípio da vedação ao retrocesso.

3. Recurso extraordinário conhecido e improvido" (2ª Turma, RE 372.600, rela. Min. Ellen Gracie, j. 16.12.2003, *DJU* 23.4.2004).

37. As emendas constitucionais são editadas no exercício do poder constituinte reformador (ou *poder constituinte derivado*, como preferem alguns) e se destinam a modificar a Constituição em vigor, seja alterando o conteúdo de disposições nela existentes, seja acrescentando-lhe ou suprimindo-lhe artigos, parágrafos, incisos ou alíneas.

No caso brasileiro tal poder é *constituído*, porquanto seu exercício deve obedecer a prescrições inseridas na própria Constituição Federal – do que decorre que a ela está subordinado. E nem poderia ser de outro modo, já que se manifesta por meio do Congresso Nacional, que é um órgão constituído, e não constituinte.

Conforme dispõe o art. 60, § 2º, do Texto Magno, as emendas constitucionais devem ser aprovadas em votação bicameral (Senado e Câmara dos Deputados) e em dois turnos, com *quorum* qualificado (com voto favorável de, pelo menos, três quintos, em cada Casa Legislativa, dos senadores e deputados federais). Além disso, tal aprovação, para ser válida, depende da estrita observância das *cláusulas pétreas*, materiais e formais, expressas e implícitas (para maiores detalhes, v., de Carlos Ayres Britto, "A Constituição e o monitoramento de suas emendas", in *Direito do Estado – Novos Rumos*, t. 1, São Paulo, Max Limonad, 2001).

Disto tudo decorre que as emendas constitucionais podem ter questionada sua validade perante a Constituição Federal. Noutras palavras: podem ter sua inconstitucionalidade decretada – evidentemente, pelas vias processuais adequadas.

Realmente, medidas deste tipo, conquanto não aumentem a arrecadação fiscal, contribuem, de modo decisivo, para a redução das desigualdades regionais do País – um dos objetivos fundamentais da nossa República, *ex vi* do disposto no art. 3º, III, da CF.

Demais disso, tais desonerações alavancam empregos, geram recursos e movimentam riquezas em regiões carentes do País, com o quê acabam por dar maior efetividade ao *princípio da dignidade da pessoa humana.*

XVIIc – Portanto, emendas constitucionais que, criando novas situações de imunidade tributária, ampliam o alcance de direitos fundamentais – caso da Emenda Constitucional 42/2003 – não permitem retrocessos, ainda que por intermédio de novas emendas constitucionais. Antes, demandam interpretação ampla e favorável, de modo a conferir a maior amplitude possível a estas ulteriores benesses, que, como não há duvidar, alavancam o desenvolvimento social, econômico e político do País.

XVIId – Acrescente-se que as imunidades tributárias que robustecem direitos fundamentais possuem a característica da *progressividade*, por isso que a alteração de seus âmbitos de abrangência por meio de emendas constitucionais só pode dar-se quando enseja acréscimos à sua carga de fruição ou, quando pouco, as ajusta, sem perda de substância, às inevitáveis mutações na vida cotidiana.

Assim, cada emenda constitucional que agrega uma imunidade tributária aos direitos fundamentais dos contribuintes produz um salto qualitativo, que, uma vez ocorrido, não admite retorno. É a partir deste novo patamar que deverão surgir novas conquistas, num movimento constante e irreversível rumo à tão almejada justiça fiscal.

Embora a imutabilidade não figure entre as características do mundo em que vivemos (Heráclito), uma relativa estabilidade das relações jurídicas é imprescindível num Estado Democrático de Direito. E tal estabilidade torna-se absoluta quando se está diante de medidas protetivas dos direitos fundamentais das pessoas físicas ou jurídicas.

Pelo menos nesta hipótese, nem mesmo por meio de emendas constitucionais as medidas protetivas podem ser suprimidas. É que a prospectividade, no que concerne à perda dos direitos fundamentais, representa grave retrocesso, não apenas sob a óptica dos direitos de cada pessoa, considerada em sua individualidade, como para a ordem jurídica e social como um todo considerada.

2. *A impossibilidade de serem ignoradas as situações de imunidade*

I – Pensamos ser oportuno frisar que a imunidade – ao contrário da isenção – não trata da fenomenologia da incidência, porquanto ocorre antes deste momento. De fato, ela antecede o próprio exercício, pela pessoa política, de sua competência tributária, até porque – como vimos – veicula *norma de estrutura*, que ajuda a delinear a regra-matriz da exação a que se refere.

O que estamos querendo exprimir é que, em razão de sua incompetência para tributar situações que já são imunes, as pessoas políticas não têm por que isentá-las. Também não lhes é dado ignorar ou costear situações de imunidade nem, tampouco, atropelar, por meio de interpretações restritivas, os comandos constitucionais que tratam do assunto. O melhor a fazer é interpretar teleologicamente as regras imunizantes, ou seja, buscar o sentido e os bens jurídicos que protegem.

II – Lembramos, por outro lado, que o louvável propósito de evitar a evasão tributária não tem força bastante para anular direitos constitucionais dos contribuintes, como o de verem respeitadas as imunidades tributárias que os favorecem.

Realmente, conforme vimos, a imunidade cria, em favor das pessoas envolvidas, direito subjetivo de exigir que o Poder Público se abstenha de cobrar-lhes certos tributos. Assim como as pessoas têm o direito de pagar apenas o tributo previsto em lei, têm o direito de não pagar o tributo do qual estão constitucionalmente imunes.

Reiteramos que a imunidade tributária possui, entre nós, assento constitucional, e, deste modo, não pode ter seu conceito destruído por normas infraconstitucionais.[38]

III – Abrindo um ligeiro parêntese, convém termos presente que a maioria das imunidades contempladas na Constituição é decorrência natural dos grandes princípios constitucionais tributários, que limitam a ação estatal de exigir tributos (igualdade, capacidade contributiva, livre difusão da cultura e do pensamento, proteção à educação, amparo aos desvalidos etc.). Portanto – permitimo-nos reiterar –, não podem ter seu alcance diminuído nem mesmo por meio de emendas constitucionais, quanto mais de atos normativos legais ou infralegais.

Calham, a propósito, estas argutas observações de Josaphat Marinho: "A ampliação excessiva de normas tributárias nas Constituições mutila a competência do legislador ordinário (...). A Constituição brasileira é manifestamente ampla e rígida na disciplina do sistema tributário, e por isso mesmo restritiva da competência do legislador ordinário".[39]

IV – As inibições de competência tributária plasmadas pela Constituição não podem ser neutralizadas nem pela lei, nem, muito menos, pelo aplicador da lei.

É que, de um modo geral, as regras de imunidade consagram valores que, por sua importância, foram postos pela Assembleia Nacional Constituinte, em nome do povo brasileiro, no próprio Preâmbulo da Constituição (igualdade, justiça, bem-estar, segurança, direitos individuais e sociais etc.).

Na mesma linha, pontificam Aires Fernandino Barreto e Paulo Ayres Barreto: "As tipificações constitucionais dos fatos, pessoas ou bens sobre os quais não têm as pessoas políticas competência tributária são reveladoras de valores privilegiados pela Constituição, porque decorrentes de princípios nela própria consagrados. O Constituinte, ao estabelecer, no art. 150, VI, da CF, que é vedado à União, aos Estados, ao

38. O contrário se dá com as isenções tributárias, que podem, por meio de lei, ser concedidas ou suprimidas pelas pessoas políticas.

39. Josaphat Marinho, "Princípios constitucionais tributários", in *Estudos de Direito Público em Homenagem a Aliomar Baleeiro*, Brasília, UnB, 1976.

Distrito Federal e aos Municípios instituir impostos sobre as situações ali expressamente indicadas, reafirma valores que hão de ser protegidos pela ordem jurídica: expressões de princípios reconhecidamente consagrados pela Constituição".[40]

V – Saliente-se, por outro lado, que a compreensão do alcance das imunidades, diferentemente do que ocorre com as isenções, transcende os lindes do direito tributário, para revelar-se própria do direito constitucional.

A respeito, é o caso de novamente invocarmos o sempre fecundo magistério de José Souto Maior Borges:

"Sistematicamente, através da imunidade resguardam-se princípios, ideias-força ou postulados essenciais ao regime político. Consequentemente, pode-se afirmar que as imunidades representam muito mais um problema do direito constitucional do que um problema do direito tributário.

"Analisada sob o prisma do fim, objetivo ou escopo, a imunidade visa a assegurar certos princípios fundamentais ao regime, a incolumidade de valores éticos e culturais consagrados pelo ordenamento constitucional positivo e que se pretende manter livres das interferências ou perturbações da tributação.

"*A imunidade, diversamente do que ocorre com a isenção, não se caracteriza como regra excepcional frente ao princípio da generalidade do tributo.*"[41]

VI – Por isso tudo, a interpretação dos preceitos imunizantes há de ser o quanto possível *ampla e generosa* (Geraldo Ataliba), isto é, favorável ao contribuinte, posto expressarem a vontade do Constituinte – explicitamente manifestada – de preservar da tributação *valores* de particular significado político, social, religioso, econômico etc.[42]

O exegeta e o aplicador devem, pois, identificar o bem jurídico tutelado pela imunidade tributária e optar pela interpretação que melhor o garanta.

Ademais, como já vimos, a consagração, pelo texto constitucional, de uma imunidade tributária é invariavelmente a consequência lógica de um direito fundamental. Para salvaguardá-lo, ela demanda *interpretação generosa*. Nessa linha temos o voto do Min. Dias Toffoli que, no julgamento do RE 38.509-DF, afirmou: "A imunidade é uma garantia constitucional outorgada pela Carta Política ao jurisdicionado. É um direito fundamental que deve, com tal predicação, ser interpretado extensivamente".[43]

Nesse e em outros julgados[44] o Pretório Excelso acolheu a tese de que as imunidades tributárias devem receber interpretação extensiva e teleológica, para que não

40. Aires Fernandino Barreto e Paulo Ayres Barreto, *Imunidades Tributárias: Limitações Constitucionais ao Poder de Tributar*, São Paulo, Dialética, 1999, p. 11.

41. José Souto Maior Borges, *Isenções Tributárias*, 2ª ed., São Paulo, Sugestões Literárias, 1980, pp. 184-185 (grifamos).

42. Mais um motivo, pois, para que se afastem, em matéria de imunidades tributárias, interpretações restritivas, que conflitam com a *intentio constitutionis*.

43. STF, 1ª Turma, rel. Min. Dias Toffoli, j. 6.8.2013, m.v., vencido o Min. Marco Aurélio, *DJe* 14.8.2013.

44. Por exemplo, na ADI 2.028-5.

aluam os escopos políticos que levaram o constituinte originário, em nome do povo brasileiro, a plasmá-las na Carta Magna.

VII – É o caso, pois, de aqui utilizar a velha fórmula positivista: algo (pessoa, bem, operação etc.) é imune à tributação porque o constituinte o quis. Diante de tal imperativo, devem cessar quaisquer discussões que tenham em mira reverter, ainda que parcialmente, qualquer imunidade tributária.

Em remate, nunca devemos perder de vista que as imunidades tributárias – máxime as que dão efetividade a direitos fundamentais –, por fazerem parte do núcleo inalterável da Constituição Federal, não podem ser fragilizadas, muito menos anuladas, nem mesmo por meio de emendas constitucionais, quanto mais de leis, decretos, portarias, atos administrativos etc.

3. *As acepções da expressão "imunidade tributária"*

A expressão *imunidade tributária* tem duas acepções.

Uma, ampla, significando a incompetência da pessoa política para tributar: a) pessoas que realizam fatos que estão fora das fronteiras de seu campo tributário; b) sem a observância dos princípios constitucionais tributários, que formam o chamado *estatuto do contribuinte*; c) com efeito de *confisco*; d) de modo a estabelecer limitações ao tráfego de pessoas ou bens (salvo a hipótese do *pedágio*); e) afrontando o *princípio da uniformidade geográfica*; e f) fazendo tábua rasa do *princípio da não discriminação tributária em razão da origem ou do destino dos bens*.

E, *outra*, restrita, aplicável às normas constitucionais que, de modo expresso, declaram ser vedado às pessoas políticas tributar determinadas pessoas, quer pela natureza jurídica que possuem, quer pelo tipo de atividade que desempenham, quer, finalmente, porque coligadas a determinados fatos, bens ou situações.

Tanto em sua acepção ampla como na restrita, a expressão "imunidade tributária" alcança, em princípio, quaisquer tributos: impostos, taxas e contribuição de melhoria.

Ao fazermos esta proclamação estamos nos correndo de uma tese que nas edições anteriores abraçamos com fervor, qual seja, a de que, em sua acepção restrita, a expressão "imunidade tributária" atina apenas aos impostos (tributos não vinculados a uma atuação estatal).

Neste ponto estávamos influenciados pela doutrina tradicional, que, de modo apriorístico, sustenta que as imunidades foram feitas sob medida para os impostos e os tributos que guardam esta característica (como, por exemplo, as contribuições patronais para a seguridade social).

Não tínhamos ainda percebido algo óbvio, ou seja, que nada impede que a Constituição de um País disponha de modo contrário às diretrizes doutrinárias.

E foi o que justamente fez nossa Carta de 1988 ao criar algumas situações de imunidade a taxas. Podemos, portanto, dizer que, embora, de regra, as imunidades tributárias (genéricas e específicas) girem em torno de *impostos*, há no Brasil algumas situações de imunidade a *taxas*, nada impedindo que, amanhã, venham constitucionalmente criadas também situações de imunidade à *contribuição de melhoria*.

Estamos com isto querendo significar que a atual Carta Magna, fazendo rosto às lições de muitos estudiosos do tema, rebelou-se contra o confinamento das imunidades tributárias no campo dos impostos. Antes, estendeu algumas delas às taxas.

Percebida a cinca, estamos fazendo as necessárias retificações. Com efeito, não somos daqueles que pensam que a coerência é sinônima da mumificação das ideias.

Levou-nos a mudar de opinião a leitura do excelente livro de Regina Helena Costa titulado *Imunidades Tributárias*.[45] Seguindo na esteira desta ilustre autora,[46] agora percebemos que concedem imunidades a taxas os seguintes dispositivos constitucionais, que, na parte que interessa ao assunto em pauta, foram por nós grifados: *1)* o art. 5º, XXXIV, "a" e "b" ("são a todos assegurados, *independentemente do pagamento de taxas*: a) o direito de petição aos Poderes Públicos em defesa de direitos ou contra ilegalidade ou abuso de poder; b) a obtenção de certidões em repartições públicas, para defesa de direitos e esclarecimento de situações de interesse pessoal"), porquanto o que se remunera no exercício do direito de petição e na expedição de certidões é a prestação de serviço público específico e divisível, que, pelo menos em tese, enseja a cobrança de taxas de serviço; *2)* o art. 5º, LXXIII ("qualquer cidadão é parte legítima para propor ação popular que vise a anular ato lesivo ao patrimônio público ou de entidade de que o Estado participe, à moralidade administrativa, ao meio ambiente e ao patrimônio histórico e cultural, ficando o autor, salvo comprovada má-fé, *isento de custas judiciais* e do ônus da sucumbência"), já que as chamadas *custas judiciais*, conforme a própria jurisprudência do STF, têm natureza jurídica de taxa de serviço, e a *prestação de jurisdição* (a expressão é de Regina Helena Costa) envolve serviços públicos específicos e divisíveis; *3)* o art. 5º, LXXIV ("o Estado prestará assistência jurídica integral e *gratuita* aos que comprovarem insuficiência de recursos"), uma vez que a assistência jurídica gira em torno de serviços públicos específicos e divisíveis prestados pelo Estado aos que querem defender seus direitos em juízo; *4)* o art. 5º, LXXVI, "a" e "b" ("são *gratuitos*, para os reconhecidamente pobres, na forma da lei: a) o registro civil de nascimento; b) a certidão de óbito"), pois os emolumentos que remuneram os serviços notariais e de registro (serviços públicos específicos e divisíveis), inclusive de registro civil de nascimento e de expedição de certidão de óbito, também têm natureza jurídica de taxa de serviço; *5)* art. 5º, LXXVII ("são *gratuitas* as ações de *habeas corpus* e *habeas data*, e, na forma da lei, os atos necessários ao exercício da cidadania"[47]), porque, como acima escrito (item "b"), as

45. Regina Helena Costa, *Imunidades Tributárias*, 3ª ed., São Paulo, Malheiros Editores, 2015.

46. Idem, ibidem, pp. 227-246.

47. Como observa Regina Helena Costa, "a Lei 9.265, de 12.2.1996, com a redação dada pela Lei 9.534, de 10.12.1997, regulamenta esse preceito constitucional e considera como atos necessários ao exercício da cidadania, para efeito da exoneração constitucional, nos termos de seu art. 1º, os seguintes: '(...) I – os que capacitam o cidadão para o exercício da soberania popular, a que se reporta o art. 14 da Constituição; II – aqueles referentes ao alistamento militar; III – os pedidos de informações ao Poder

custas judiciais são taxas de serviço; *6)* o art. 203, *caput* ("A assistência social será prestada a quem dela necessitar, *independentemente de contribuição à seguridade social* ..."), posto que, a nosso sentir, as contribuições para o custeio da seguridade social, quando exigidas das pessoas físicas em geral, isto é, dos não empregadores, revestem a natureza jurídica de taxa de serviço;[48] *7)* o art. 208, I ("O dever do Estado com a educação será efetivado mediante a garantia de: I – educação básica obrigatória e gratuita dos 4 (quatro) aos 17 (dezessete) anos de idade, assegurada inclusive sua oferta gratuita para todos os que a ela não tiveram acesso na idade própria"), uma vez que o serviço de educação também é público, específico e divisível, e, nesta medida, não fosse esta regra imunizante, poderia ser remunerado por meio de taxa de serviço; *8)* o art. 226, § 1º ("O casamento é civil e *gratuita* a celebração"), já que o serviço público de registro é específico e divisível e, como tal, poderia ensejar, não fosse este ditame, a cobrança de *emolumentos* (taxas de serviço); e *9)* o art. 230, § 2º ("Aos maiores de sessenta e cinco anos é garantida a *gratuidade* dos transportes coletivos urbanos"), porquanto o serviço de transporte coletivo urbano é específico e divisível, possibilitando a cobrança de taxas de serviço.

Agora estamos convencidos, pois, de que, ao lume de nosso direito constitucional positivo, não procede a assertiva de que a imunidade tributária, no Brasil, só alcança os impostos.

Todavia, continuamos entendendo que as situações de imunidade mais emblemáticas e significativas giram em torno dos impostos. De fato, forjadas pelo constituinte, em nome do povo brasileiro, objetivam preservar valores religiosos, educacionais, sociais etc., colocando a salvo de impostos algumas pessoas.

Assim, sem a pretensão de exaurir o assunto, vamos estudar, um a um, os casos de imunidade a impostos que nossa Carta Magna alberga.

4. *As imunidades do art. 150, VI, da CF*

Estatui o art. 150, VI, da CF: "Art. 150. Sem prejuízo de outras garantias asseguradas ao contribuinte, é vedado à União, aos Estados, ao Distrito Federal e aos Municípios: (...) VI – instituir impostos sobre: a) patrimônio, renda ou serviços, uns dos outros; b) templos de qualquer culto; c) patrimônio, renda ou serviços dos partidos políticos, inclusive suas fundações, das entidades sindicais dos trabalhadores, das instituições de educação e de assistência social, sem fins lucrativos, atendidos os requisitos da lei; d) livros, jornais, periódicos e o papel destinado a sua impressão".

Vamos analisar, com algum cuidado, todas estas alíneas.

Público, em todos os seus âmbitos, objetivando a instrução de defesa ou a denúncia de irregularidades administrativas na órbita pública; IV – as ações de impugnação de mandato eletivo por abuso do poder econômico, corrupção ou fraude; V – quaisquer requerimentos ou petições que visem às garantias individuais e à defesa do interesse público; VI – o registro civil de nascimento e o assento de óbito, bem como a primeira certidão respectiva'" (*Imunidades Tributárias*, cit., 3ª ed., p. 232, nota de rodapé 164).

48. V., neste Título II, cap. VIII, subitem 3.1.2.7, III.

4.1 As imunidades das pessoas políticas

I – As pessoas políticas são imunes à tributação por meio de impostos, *ex vi* do art. 150, VI, "a", da CF.

Esta é a chamada *imunidade recíproca* e decorre naturalmente seja do *princípio federativo*, seja do *princípio da isonomia* (igualdade formal) *das pessoas políticas*.

Decorre do princípio federativo porque, se uma pessoa política pudesse exigir impostos de outra, fatalmente acabaria por interferir em sua autonomia.[49] Sim, porque, cobrando-lhe impostos, poderia levá-la a situação de grande dificuldade econômica, a ponto de impedi-la de realizar seus objetivos institucionais. Ora, isto a Constituição absolutamente não tolera, tanto que inscreveu nas *cláusulas pétreas* que não será sequer objeto de deliberação a proposta de emenda constitucional tendente a abolir "a forma federativa de Estado" (art. 60, § 4º, I). Se nem a emenda constitucional pode tender a abolir a forma federativa de Estado, muito menos poderá fazê-lo a lei tributária, exigindo imposto de uma pessoa política.

Mas, conforme adiantamos, também o *princípio da isonomia das pessoas políticas* impede que se tributem, umas às outras, por meio de impostos.

De fato, a tributação por meio de impostos – justamente por independer de uma atuação estatal – pressupõe uma supremacia de quem tributa em relação a quem é tributado. Ou, se preferirmos, um *estado de sujeição* de quem é tributado, em relação a quem o tributa.

Ora, entre as pessoas políticas reina a mais absoluta igualdade jurídica. Umas não se sobrepõem às outras. Não, pelo menos, em termos jurídicos. É o quanto basta para afastarmos qualquer ideia de que podem sujeitar-se a impostos.

O que estamos querendo significar é que, ainda que inexistisse a alínea "a", acima citada, elas estariam igualmente proibidas de tributar-se reciprocamente por meio de impostos.

Aliás, a Constituição dos Estados Unidos da América (que também criou uma Federação, com autonomia recíproca entre a União e os Estados-membros) em nenhum de seus artigos ou emendas contém dispositivo expresso a respeito da imunidade tributária recíproca das pessoas políticas. E, no entanto, lá, depois de alguns titubeios iniciais, sempre se entendeu que nem a União pode exigir impostos dos Estados-membros, nem os Estados-membros da União, ou uns dos outros.

Apenas para registro, no início do século XIX, mais precisamente em 1819, o Estado de Maryland pretendeu cobrar *imposto sobre a selagem com estampilhas* de uma filial do banco oficial (*Bank of U.S.*). McCulloch (gerente deste banco, na sucursal de Baltimore), insurgiu-se contra isto, levando o caso à Corte Suprema (julgado McCulloch *vs*. Maryland), então presidida pelo legendário juiz John Marshall.

49. No mesmo sentido: Francisco Campos (*Direito Constitucional*, vol. 1º, Rio de Janeiro, Freitas Bastos, 1956, p. 18), Amílcar de Araújo Falcão ("Imunidade e isenção tributária – Instituição de assistência social", *RDA* 66/369) e Gilberto de Ulhôa Canto (*RDA* 52/35).

Sob a coordenação deste conceituado *Chief-Justice*, a Suprema Corte norte-americana, numa decisão que marcou época, transformando-se num autêntico *leading case*, deixou assentadas as seguintes ideias, que valem até hoje, inclusive para o Brasil, que, nesta matéria, adota o modelo estadunidense: I – a competência para tributar por meio de impostos envolve, eventualmente, a competência para destruir; II – não se deseja – e a própria Constituição não admite – nem que a União destrua os Estados-membros, nem que estes se destruam mutuamente ou à União; e III – destarte, nem a União pode exigir impostos dos Estados-membros, nem estes da União, ou uns dos outros.

De qualquer modo, quando Rui Barbosa foi chamado a redigir o anteprojeto daquela que veio a ser nossa primeira Constituição republicana (a de 1891), embora tenha confessadamente se inspirado na Carta dos EUA, preferiu, neste ponto, inovar.

Conhecedor das celeumas que a omissão causara, num primeiro momento, no País do Norte, e temendo que nossa Corte Suprema pudesse dar solução diversa para o mesmo problema, acaso surgisse no Brasil, deliberou inserir em seu anteprojeto proibição expressa à tributação, por meio de impostos, entre as pessoas políticas.

O anteprojeto de Rui foi, neste particular, aprovado, passando nossa CF de 1891 a registrar, em seu art. 11, § 1º, ser vedado aos Estados, como à União, "criar impostos de trânsito pelo território de um Estado, ou na passagem de um para outro, sobre produtos de outros Estados da República ou estrangeiros, e, bem assim, sobre os veículos de terra e água que os transportarem".

Este preceptivo didático acabou, com as devidas adaptações, sendo mantido nas Constituições seguintes. De fato, disposições análogas são encontráveis em todas as outras Constituições brasileiras, inclusive na atual.

Só considerações de ordem histórica explicam, pois, a inserção desta alínea "a" – como visto desnecessária, sob o aspecto técnico.

II – Postas estas ideias, fica fácil concluirmos que, no Brasil, a imunidade tributária da União, dos Estados, do Distrito Federal e dos Municípios estende-se a todos os impostos, e não apenas aos impostos sobre "patrimônio, renda ou serviços, uns dos outros".

Dois argumentos levam-nos a tal inteligência.

O primeiro: a Constituição usou, nesta passagem (como em tantas outras), de uma linguagem econômica e, portanto, não jurídica. Lembramos que, para a Economia, todos os impostos ou são sobre a renda, ou sobre o patrimônio ou sobre serviços. Assim, por exemplo, para a Economia, são impostos sobre o patrimônio, dentre outros: a) o imposto sobre grandes fortunas; b) o imposto territorial rural; c) o imposto sobre a propriedade de veículos automotores; e d) o imposto predial e territorial urbano. Já, para o Direito, eles são impostos diferentes: os dois primeiros, de *competência privativa* da União; o terceiro, dos Estados-membros; o último, dos Municípios. Em suma, quando aludiu aos impostos sobre o patrimônio, a renda e os serviços, ela, na verdade, fez referência a todos eles, sem exceção.

O segundo: conforme já vimos, ainda que a Constituição tivesse silenciado a respeito, as pessoas políticas não poderiam exigir, umas das outras, impostos, exatamente para não destruí-las ou criar-lhes dificuldades de funcionamento.

Vamos encontrar essa mesma ideia em Henry C. Black, que, comentando a Constituição norte-americana (igual, neste ponto, à brasileira), assim se pronunciou: "A necessária independência dos Estados Federados impõe uma limitação sobre o poder de tributar de cada um deles. Nenhum pode exercer seu próprio poder de tributar de modo a limitar os legítimos poderes do outro, ou interferir com a livre execução de suas funções constitucionais, ou obstruir, embaraçar ou anular suas operações legítimas ou, ainda, destruir os meios ou organismos por ele utilizados no exercício de seus poderes e funções".[50]

Portanto, não é dado a uma pessoa política, por meio de impostos, criar embaraços ou anular a ação de outra.

III – Acerca deste assunto, é imprescindível trazermos à colação o § 3º do art. 150 da CF, que dispõe: "§ 3º. As vedações do inciso VI, 'a' e do parágrafo anterior não se aplicam ao patrimônio, à renda e aos serviços relacionados com exploração de atividades econômicas regidas pelas normas aplicáveis a empreendimentos privados, ou em que haja contraprestação ou pagamento de preços ou tarifas pelo usuário, nem exoneram o promitente comprador da obrigação de pagar imposto relativamente ao bem imóvel".

Com a só leitura deste parágrafo já percebemos que, sempre que uma pessoa política explorar atividades econômicas, sujeita-se aos impostos pertinentes (IPI, ICMS, imposto sobre a importação etc.). O princípio da imunidade recíproca já não vale para ela. Assim, por exemplo, quando a União mantém *armazéns* para que seus funcionários neles adquiram produtos, não há como considerá-la imune ao ICMS. Pelo contrário, como qualquer empresa privada, é passível de ser colhida por este imposto.[51]

A respeito, observa Aliomar Baleeiro, com a lucidez que lhe é peculiar: "Não há, pois, razão nem cabimento para invocar-se imunidade recíproca nas operações de entidades públicas, cuja tributação deverá ser suportada por particulares. Se o órgão oficial vende, por exemplo, alimentos de sua produção ou adquiridos de terceiros, para melhoria das condições de vida de servidores públicos ou do povo em geral, nada justifica o benefício adicional da isenção do imposto pago por todos os habitantes".[52]

50. Henry C. Black, *Black's Constitucional Law – Second Edition*, p. 378 (tradução livre nossa). No original consta: "The necessary independence of the federal state governments imposes a limitation upon the taxing power of each. Neither can so exercise its own power of taxation as to curtail the rightful powers of the other, or interfere with the free discharge of its constitutional functions, or obstruct, embarrass, or nullify its legitimate operations, or destroy the means or agencies employed by it in the exercise of those powers and functions".

51. É preciso aqui distinguir, portanto, a atividade do Estado como *government* da atividade do Estado como *proprietary*. Noutros termos, é mister verificar se ele presta serviço público ou se explora atividade econômica, agindo como se fosse uma empresa privada. A imunidade fica restrita à primeira hipótese, vale dizer, quando o Estado exerce função governamental propriamente dita.

52. Aliomar Baleeiro, *Direito ...*, cit., p. 232.

Em suma, quando a pessoa política desempenha atividades tipicamente privadas o *princípio da imunidade recíproca* não a alcança. Ele só a alcança quando desempenha suas funções típicas (atividades públicas, isto é, estatais propriamente ditas).

A imunidade também não beneficia as pessoas políticas enquanto exercem atividades econômicas, mediante contraprestação ou recebimento de preços ou tarifas.

Invertendo o raciocínio, podemos afirmar que as pessoas políticas são imunes quando exercem atividades econômicas sem contrapartida ou pagamento de *preços* ou *tarifas* pelo destinatário.

É que, nestes casos, as exigências fiscais mutilariam, ainda que em parte, a renda ou o patrimônio destas pessoas, embaraçando o cumprimento de suas atividades públicas essenciais. O desempenho destas atividades econômicas corresponde à prestação de serviços públicos.

De fato, não havendo o *repasse*, aos usuários, dos *custos* dos serviços públicos que os beneficiam, qualquer imposto que a pessoa política suportasse (pela obtenção dos *meios necessários* à prestação destes mesmos serviços públicos) acabaria incidindo sobre sua renda ou capital (patrimônio), afrontando a letra e o espírito do art. 150, VI, "a", da CF.[53]

IV – A mesma ordem de raciocínio vale para as empresas estatais (empresas públicas e sociedades de economia mista), enquanto delegatárias de serviços públicos. Destarte, a elas também se aplica o *princípio da imunidade recíproca*, como bem o percebeu Geraldo Ataliba.[54]

Vamos logo adiantando que, quando a empresa estatal presta um serviço público ou pratica um ato de polícia, em seu favor incide o disposto no § 2º do art. 150 da CF,

53. Tal é o caso do *serviço de iluminação pública* (iluminação de ruas, praças, logradouros públicos em geral), que é incontendivelmente um serviço público municipal, já que diz de perto com o interesse predominantemente local (art. 30, I, da CF).

Ora, este serviço público, conforme vimos no cap. VIII, "Competência Tributária", não rende ensejo à cobrança de *preços ou tarifas* (taxas de serviço) dos usuários.

Logo, o Município, ao adquirir energia elétrica para prestar o serviço de iluminação pública, é imune ao ICMS que incide sobre sua aquisição (a nosso ver – e isto será melhor demonstrado no próximo capítulo –, o sujeito passivo do ICMS sobre a energia elétrica é o *consumidor final*).

Melhor explicitando, o Município, para prestar este serviço público, é obrigado a adquirir energia elétrica. É que ele, por determinação constitucional, não tem competência para gerá-la e distribuí-la. Tal competência foi outorgada à União (art. 21, XII, "b", da CF), que pode exercê-la diretamente ou mediante autorização, concessão ou permissão.

Pois bem: o Município não pode ser validamente compelido a recolher ICMS quando adquire energia elétrica para prestar o serviço de iluminação pública. É que, consoante procuramos demonstrar, os meios de ação de uma pessoa política não podem – e não devem – ser embaraçados pelos impostos de outra. E, no caso, não haverá *repercussão* do imposto, para os munícipes.

A equação não se altera ainda quando o Município adquire a energia elétrica de um distribuidor (que pode ser até um particular), já que este não passa da *longa manus* da União.

54. Geraldo Ataliba, parecer inédito, dado à SABESP. Dele consta a seguinte ementa: "Companhia de Saneamento Básico do Estado de São Paulo – SABESP, sociedade mista estadual, é delegada do Estado para exercer serviços públicos estaduais e não concessionária. Goza de imunidade a impostos por força do preceituado no art. 150, VI, da CF. O regime remuneratório de seus serviços é o de taxas".

sem as ressalvas do § 3º desse mesmo dispositivo. Irrelevante, pois, para o desfrute da imunidade em pauta, que a delegatária cobre *preço*, *tarifa* ou *taxa* do usuário.

Ademais, a empresa estatal, ainda que o faça, não determina livremente o valor da contraprestação, que é regulado por lei (no caso das *taxas*) ou por ato do Poder Executivo (no caso dos *preços* ou *tarifas*). Com isso, a contraprestação econômica pelo serviço público prestado ou pelo ato de polícia praticado nunca é a adequada, já que não há equivalência e equilíbrio entre o custo da atuação estatal e o valor desembolsado pelo usuário em razão dela.

Esta ideia mais se acentua se levarmos em conta que a delegatária não pode negar-se a prestar o serviço público ou a praticar o ato de polícia ainda que isto lhe seja economicamente desvantajoso. De fato, a ideia de serviço público ou de ato de polícia harmoniza-se com a persecução do bem comum, que é o fim precípuo do Estado.

Nas hostes do Direito, o que torna público um serviço ou caracteriza um ato de polícia não é sua natureza, nem qualquer propriedade intrínseca que eventualmente possuam, mas o *regime jurídico* a que submetidos.

IVa – Assim, por exemplo, se um serviço for prestado por determinação constitucional ou legal, será, por sem dúvida, público ainda que, eventualmente, não seja essencial à sobrevivência do homem. A natureza pública de um serviço depende de uma opção política, feita pelo Estado, num dado momento histórico.

Esclarecendo o assunto, o serviço de correio é um serviço público federal, *ex vi* do disposto no art. 21, X, da CF.[55] Pois bem, a *Empresa Brasileira de Correios e Telégrafos* (empresa pública a quem compete, por delegação legal, manter o serviço postal) é obrigada a encaminhar a correspondência da pessoa que procura seus serviços mesmo que – contas feitas – isto lhe cause assinalados prejuízos, pela dificuldade de acesso ao destinatário.[56]

É que o serviço público vem prestado por determinação legal; não porque foi remunerado por meio de *taxa*, *preço* ou *tarifa*. Logo, há de surdir, ainda que tal pagamento se revele insuficiente para manter o equilíbrio econômico-financeiro da delegatária. Dito de outro modo, recebendo remuneração insuficiente (ou até nada recebendo), a delegatária é obrigada a prosseguir em suas finalidades, legalmente estabelecidas.

Sobremais, o serviço público é indisponível. Melhor dizendo, a empresa estatal delegatária presta-o, nos termos da lei, para atender, conforme determina a Constituição, ao interesse público. Trata-se de um ônus, não de uma faculdade. *Res extra commercium*, é insuscetível de negociação, quer da parte da delegatária (que é obrigada a prestá-lo, nos termos da lei), quer do usuário (que, para a ele ter acesso, deve curvar-se às exigências legais pertinentes).

55. CF: "Art. 21. Compete à União: (...) X – manter o serviço postal e o correio aéreo nacional".

56. V., a respeito, nosso *A Imunidade Tributária das Empresas Estatais Delegatárias de Serviços Públicos*, São Paulo, Malheiros Editores, 2004.

Deste ponto de vista não discrepa Humberto Ávila, para quem "a entidade pública deve possuir a liberdade, total ou parcial, para determinar o valor da contraprestação".[57] Caso os valores a serem pagos pelo usuário do serviço público não sejam "livremente fixados, mas regulados por lei ou pelo Poder Executivo, não existe uma contraprestação adequada".[58] Com isso, "não estão presentes os elementos necessários à configuração de uma atividade econômica",[59] não se podendo falar, pois, em aplicação do § 3º do art. 150 da CF.

Além do mais, quando o serviço público está sob a égide do art. 175 da CF,[60] e vem prestado em regime de monopólio, a empresa estatal que o realiza equipara-se à pessoa política delegante, sendo, destarte, também beneficiária do *princípio da imunidade recíproca*, sem sofrer as injunções do § 3º do art. 150 do mesmo Diploma Magno.

O raciocínio recebeu o prestigioso endosso do STF, em acórdão que teve por relator o Min. Carlos Mário Velloso, *verbis*:

"*Ementa*: Constitucional – Tributário – Empresa Brasileira de Correios e Telégrafos – Imunidade tributária recíproca – CF, art. 150, VI, 'a' – Empresa pública que exerce atividade econômica e empresa pública prestadora de serviço público: distinção.

"I – As empresas públicas prestadoras de serviço público distinguem-se das que exercem atividade econômica. A Empresa Brasileira de Correios e Telégrafos é prestadora de serviço público de prestação obrigatória e exclusiva do Estado, motivo por que está abrangida pela imunidade tributária recíproca: CF, art. 150, VI, 'a'.

"II – Recurso extraordinário conhecido em parte e, nessa parte, provido."[61]

Observamos, ainda, que, no corpo do acórdão, o eminente Relator explicitou ideia. Ouçamo-lo:

"Dir-se-á que (...) à ECT não se aplicaria a imunidade mencionada, por isso que cobra ela preço ou tarifa do usuário.

"A questão não pode ser entendida dessa forma. É que o § 3º do art. 150 tem como destinatário entidade estatal que explore atividade econômica regida pelas normas aplicáveis a empreendimentos privados, ou em que haja contraprestação ou pagamento de preços ou tarifas pelo usuário. No caso, tem aplicação a hipótese inscrita no § 2º do mesmo art. 150."

O festejado jurista não poderia dizer mais, nem melhor.

Mais recentemente, o mesmo Pretório Excelso, no julgamento do RE 601.392-PR (rel. atual Min. Gilmar Mendes), reconheceu, com repercussão geral, que todas as atividades exercidas pela Empresa Brasileira de Correios e Telégrafos, mesmo as que

57. Humberto Ávila, *Sistema Constitucional Tributário*, São Paulo, Saraiva, 2004, p. 219.

58. Idem, ibidem, p. 220.

59. Idem, ibidem.

60. CF: "Art. 175. Incumbe ao Poder Público, na forma da lei, diretamente ou sob regime de concessão ou permissão, sempre através de licitação, a prestação de serviços públicos".

61. STF, RE 407.099-5-RS, rel. Min. Carlos Mário Velloso, j. 22.6.2004 (o grifo consta do original).

não têm características de serviços postais, gozam da imunidade tributária contemplada no art. 150, VI, "a", da CF. No que decidiu bem, já que todos os ganhos obtidos pela ECT revertem para o atingimento de suas *finalidades essenciais*.

De fato, quando as empresas estatais prestam, na condição de delegatárias, serviços públicos, a elas não se aplica a vedação do art. 150, § 3º, da CF, mas, sim, o *princípio da imunidade recíproca* (art. 150, VI, "a", da CF), que lhes garante o direito de não recolher impostos, ainda que haja contraprestação ou pagamento de *preços* ou *tarifas* pelo usuário.

Não há falar, pois, no caso, em desempenho de atividade econômica, quando – aí, sim (e somente aí) – o *princípio da imunidade recíproca* deixaria de se fazer sentir.

IVb – Somos os primeiros a concordar que as empresas públicas e as sociedades de economia mista, quando desempenham atividades econômicas, devem ser submetidas aos mesmos tributos que alcançam as empresas privadas em geral.[62]

62. O Estado – no Brasil, representado pelas pessoas políticas (União, Estados-membros, Municípios e Distrito Federal) – não deve, em princípio, explorar diretamente atividades econômicas. Dito de outro modo, não lhe compete atuar no chamado *domínio econômico*, reservado que foi, pela Carta Magna, à iniciativa privada. Tal decorre, em última análise, da circunstância de nossa Economia ser do tipo *capitalista* e, bem por isso, proteger – observada, é claro, a *função social* – a propriedade dos bens de produção e a própria liberdade de contratar.

De fato, não resta dúvida de que a intervenção do Estado no domínio econômico impacta sobre o regime jurídico dos contratos e, por via reflexa, acutila o próprio princípio da propriedade privada dos bens de produção.

Aos particulares, pois – ou, se preferirmos, à iniciativa privada –, é que compete primacialmente atuar neste importantíssimo setor de atividade.

Todavia, em nome de valores sobremodo importantes (imperativos da segurança nacional ou relevante interesse coletivo), é dado ao Estado, em caráter excepcional embora, agir operacionalmente no domínio econômico. Quando? Justamente quando a iniciativa privada falha ou não se interessa em atuar. Neste caso, o Estado tem, mais que a faculdade, o *dever* de operar nesta área de titularidade do setor privado.

Incontroverso, portanto, que o Estado pode exercer atividades econômicas, justamente para bem atender aos justos reclamos da coletividade.

Mas, afinal, o que vem a ser *atividade econômica*?

Temos para nós que *atividade econômica* é uma expressão aberta, que compreende não só as atividades negociais, como a própria atuação estatal. Neste sentido, também a prestação do serviço público (tipicamente estatal) envolve o desempenho de atividades econômicas.

Daí a necessidade de estabelecermos certos parâmetros de compreensão.

A propósito, Eros Roberto Grau considera, acertadamente, que *atividade econômica*, como gênero, compreende duas espécies: de um lado, o serviço público e, de outro, a que este autor denomina "atividade econômica em sentido estrito", cujo delineamento é dado pelo § 1º do art. 173 da CF. São suas palavras:

"Por certo que, no art. 173 e seu § 1º, a expressão conota *atividade econômica em sentido estrito*. Indica o texto constitucional, no art. 173, *caput*, as hipóteses nas quais é permitida ao Estado a exploração direta de *atividade econômica*. Trata-se, aqui, de atuação do Estado – isto é, da União, do Estado-membro e do Município – como agente econômico em área da titularidade do setor privado. Insista-se em que *atividade econômica em sentido amplo* é território dividido em dois campos: o do *serviço público* e o da *atividade econômica em sentido estrito*. As hipóteses indicadas no art. 173 do texto constitucional são aquelas nas quais é permitida a atuação da União, dos Estados-membros e dos Municípios neste segundo campo.

"Da mesma forma, na redação originária do § 1º do art. 173, alterado pela Emenda Constitucional 19/1998, a expressão conotava *atividade econômica em sentido estrito*: (...)" (*A Ordem Econômica na*

Chega-se a esta conclusão com a só leitura do art. 173, §§ 1º, II, e 2º, da CF:

"Art. 173. Ressalvados os casos previstos nesta Constituição, a exploração direta de atividade econômica pelo Estado só será permitida quando necessária aos imperativos da segurança nacional ou a relevante interesse coletivo, conforme definidos em lei.

"§ 1º. A lei estabelecerá o estatuto jurídico da empresa pública, da sociedade de economia mista e de suas subsidiárias que explorem atividade econômica de produção ou comercialização de bens ou prestação de serviços, dispondo sobre: (...) II – a sujeição ao regime jurídico próprio das empresas privadas, inclusive quanto aos direitos e obrigações civis, comerciais, trabalhistas e tributários; (...).

"§ 2º. As empresas públicas e as sociedades de economia mista não poderão gozar de privilégios fiscais não extensivos às do setor privado."

Incontroverso, portanto, que quando as empresas públicas e as sociedades de economia mista intervêm no domínio econômico devem vestir o figurino das empresas privadas, inclusive no que concerne à tributação.

Não podemos deixar de aplaudir a exigência constitucional, porquanto de pouco valeria o *caput* do precitado art. 173 declarar competir preferencialmente à iniciativa privada a exploração de atividades econômicas se as empresas públicas e as sociedades de economia mista, intervindo no mercado, pudessem desfrutar unilateralmente de privilégios fiscais. Com isto, acabariam fazendo uma verdadeira *concorrência desleal*, já que seus produtos ou serviços, livres dos custos da tributação, tenderiam a ser mais baratos que os das empresas privadas. Na prática, pois, a exploração preferencial das atividades econômicas pertenceria ao Estado (contrariando diretriz de nosso sistema constitucional).

Enfim, o art. 173 da CF impede que empresas públicas e sociedades de economia mista recebam tratamento tributário especial, em detrimento das empresas privadas.[63]

Até aqui não vai, pois, novidade alguma: as empresas públicas e as sociedades de economia mista não são imunes à tributação por meio de impostos. Devem, em exemplário armado ao propósito, pagar IR, enquanto auferem rendimentos; IPTU, enquanto são proprietárias de imóveis urbanos; ISS, enquanto prestam, em caráter negocial, serviços de qualquer natureza; e assim por diante.

IVc – Estamos, no entanto, convencidos de que as empresas públicas e as sociedades de economia mista, quando delegatárias de serviços públicos ou de atos

Constituição de 1988, 17ª ed., São Paulo, Malheiros Editores, 2015, pp. 101-102 – os grifos estão no original).

Como se vê, *atividade econômica* é gênero, que alberga duas espécies: a) o serviço público *lato sensu*; e b) a atividade econômica *stricto sensu*. Esta última é que vem indicada no § 1º do art. 173 da CF, compreendendo a produção de bens, sua comercialização e a prestação de serviços sob regime de direito privado. A vedação contida no *caput* deste mesmo art. 173 pesa *apenas* sobre tais atividades econômicas *stricto sensu*.

63. Implicitamente, o dispositivo em tela também veda que as empresas privadas sejam tributariamente discriminadas. Pelo contrário, todas devem receber tratamento tributário isonômico, exceção feita apenas às micro e pequenas empresas, que têm jus a "tratamento jurídico diferenciado" (art. 179 da CF).

de polícia, são tão imunes aos impostos quanto as próprias pessoas políticas, a elas se aplicando, destarte, o *princípio da imunidade recíproca*. Enquanto prepostas à atividade administrativa, não podem ser compelidas, nem mesmo por meio de lei, a efetuar o pagamento de impostos. É que a Constituição, neste particular, restringe, de modo indireto, as faculdades legislativas das pessoas políticas.[64]

Aprofundando o assunto, as empresas estatais, quando delegatárias de serviços públicos ou de atos de polícia – e que, portanto, não exploram atividades econômicas –, não se sujeitam à tributação por meio de impostos, justamente porque são a *longa manus* das pessoas políticas que, por meio de lei, as criam e lhes apontam os objetivos públicos a alcançar.

A circunstância de serem revestidas da natureza de *empresa pública* ou de *sociedade de economia mista* não lhes retira a condição de *pessoas administrativas*, que agem em nome do Estado, para a consecução do bem comum.

Valem, a respeito, as observações do mesmo mestre Geraldo Ataliba: "Há delegação (o que só cabe por decisão legislativa) quando a pessoa política (União, Estado ou Município) cria uma entidade sob forma de empresa (pública ou mista) e a incumbe de prestar um serviço público. Assim, a empresa estatal é delegada e (na forma da lei) exerce serviço público próprio da entidade política cuja lei a criou".[65]

A mesma ordem de raciocínio aplica-se às empresas estatais que praticam, na forma da lei, atos de polícia próprios da pessoa política que as criou.

Muito bem, as pessoas administrativas delegatárias de serviços públicos ou do poder de polícia titularizam interesses públicos, que lhes dão grande cópia de prerrogativas, inclusive no que concerne à tributação, a elas se aplicando, por inteiro, a imunidade do art. 150, VI, "a", da CF.

Sendo mais específicos, tais pessoas, enquanto, no exercício de suas funções típicas, auferem rendimentos, são imunes ao IR e aos demais tributos que incidem sobre lucros, receitas, rendimentos etc.; enquanto proprietárias dos imóveis que lhes dão *base material* para o desempenho de suas atividades típicas, são imunes ao IPTU; enquanto proprietárias de veículos automotores utilizados na prestação dos serviços públicos ou na prática de atos de polícia, são imunes ao IPVA; e assim avante.

Remarque-se que a circunstância de estas pessoas terem personalidade de direito privado não impede recebam especial proteção tributária, justamente para possibilitar a prestação de serviços públicos ou a prática de atos de polícia.

Reforçando estas ideias, é ponto bem averiguado que algumas atividades só podem ser exploradas pelo Estado, entre nós representado pelas pessoas políticas (a União, os Estados-membros, os Municípios e o Distrito Federal). É que a Cons-

64. Hart observa que a Constituição restringe os poderes legislativos do Estado, de modo indireto – vale dizer, dispondo que qualquer lei que contrarie certos postulados receberá a coima de nula (*El Concepto de Derecho*, 2ª ed., trad. de Genaro R. Carrió, México, Editora Nacional, 1980, pp. 82 e ss.).

65. Geraldo Ataliba, "Empresas estatais e regime administrativo (Serviço público – inexistência de concessão – delegação – proteção ao interesse público)", *RTDP* 4/67, 1993.

tituição entendeu que elas são tão essenciais ou dizem tão de perto com a soberania nacional, que não convém naveguem ao sabor da livre concorrência.

De fato, embora entre nós vigore o regime da livre iniciativa, aos particulares – e, por extensão, às empresas privadas – não é dado imiscuir-se em determinados assuntos. Quais assuntos? Basicamente os adnumerados nos arts. 21, 25, 30 e 32 da CF, que tratam, respectivamente, das competências administrativas da União, dos Estados-membros, dos Municípios e do Distrito Federal.

Assim, por exemplo, somente à União compete autorizar ou fiscalizar a produção e o comércio de material bélico (art. 21, VI, da CF), ou explorar os serviços de radiodifusão sonora e de sons e imagens (art. 21, XII, "a", da CF) ou, ainda, exercer a classificação, para efeito indicativo, de diversões públicas e de programas de rádio e televisão (art. 21, XVI, da CF); somente aos Estados-membros cabe explorar os serviços locais de gás canalizado (art. 25, § 2º, da CF); somente aos Municípios é permitido organizar e prestar os serviços públicos de interesse local (art. 30, V, da CF); e assim por diante.

Os particulares só ingressam no campo reservado aos serviços públicos ou aos atos de polícia quando contratados pelo Estado, segundo as fórmulas da concessão e permissão. Mas, mesmo quando isto acontece, o Estado não se desonera do dever e da titularidade de supervisioná-los. Afinal, os serviços e os atos de polícia continuam públicos. Não migram, por força da concessão ou da permissão, para as hostes do direito privado.

O que estamos querendo significar é que, do mesmo modo em que há um campo reservado à livre iniciativa (art. 170 da CF), há um outro reservado à atuação estatal (art. 175 da CF).

Excepcionalmente admite-se que o Estado intervenha no campo reservado à livre iniciativa, o que ele faz por intermédio de suas empresas públicas e de suas sociedades de economia mista. Quando isto acontece, deve submeter-se ao regime jurídico tributário aplicável às empresas privadas, conforme estatui o já estudado art. 173 da Carta Magna.

Quando, porém, a empresa pública ou a sociedade de economia mista são delegatárias de serviços públicos ou de poder de polícia, elas, por não concorrerem com as empresas privadas, não se sujeitam aos ditames do precitado art. 173.

O que estamos querendo significar é que as sociedades mistas e as empresas públicas, enquanto delegatárias de serviços públicos ou de atos de polícia, são instrumentos do Estado e, neste sentido, são entidades tão públicas quanto ele. Desempenham atividades que as empresas privadas jamais assumiriam, a não ser que contratadas pelo próprio Estado, sob a forma de concessão ou de permissão.

Podemos, pois, dizer que, neste caso, as sociedades de economia mista e as empresas públicas, pelas atribuições delegadas de poder público que exercitam, são, *tão só quanto à forma*, pessoas de direito privado. *Quanto ao fundo* são instrumentos do Estado, para a prestação de serviços públicos ou a prática de atos de polícia. Acabam fazendo as vezes das autarquias, embora – damo-nos pressa em proclamar – com elas não se confundam.

Neste sentido, enquanto atuam como se pessoas políticas fossem, as empresas públicas e as sociedades de economia mista não podem ter embaraçada ou anulada sua ação pública por meio de impostos. Esta é a consequência de uma interpretação sistemática do art. 150, VI, "a", da CF.

Não se deve distinguir entre a empresa estatal e a pessoa política que a instituiu, mas, simplesmente, se a hipótese de incidência (fato gerador *in abstracto*) do imposto provém da prestação de serviços públicos ou do exercício do poder de polícia, isto é, de atividades de competência governamental. Em caso afirmativo, são, s.m.j., alcançadas pelos benefícios do art. 150, VI, "a", da CF.

A nosso ver, o *princípio da imunidade recíproca* alcança as pessoas políticas (imunidade subjetiva) e os serviços e atos de polícia de que são titulares (imunidade objetiva).

Leciona, a propósito, Ruy Cirne Lima: "(...). E como administração se diz assim a atividade como o agente desta (...), também serviço público diz-se assim a prestação ao público como a organização de bens e pessoas, constituída para executá-lo (...)".[66]

Parafraseando o inolvidável mestre gaúcho: "e como administração se diz assim a atividade como o agente desta, também ato de polícia diz-se assim a prestação ao público, como a organização de bens e pessoas, constituída para praticá-lo".

Daí a entidade delegada, quer preste serviço público, quer exercite o poder de polícia, ser imune a impostos.

Em suma, as empresas públicas e as sociedades de economia mista, quando prepostas à atividade administrativa (*lato sensu*), isto é, enquanto desempenham funções estatais, não podem ser sujeitos passivos de impostos (federais, estaduais ou municipais).

IVd – De consequência, são imunes a impostos que incidam sobre o patrimônio, a renda ou os serviços diretamente relacionados com suas finalidades essenciais (cf. o art. 150, VI, "a", e § 3º, da CF). Os ganhos (receitas) que obtêm com o exercício do *poder de polícia* ou com a prestação de *serviços públicos* não podem ser tributados por meio de impostos (ou de *contribuições* que revistam esta característica). Tais ganhos são objetivamente imunes.[67]

Desenvolvendo um pouco melhor a ideia, temos que todo o agir de uma empresa estatal é preordenado na lei autorizadora de sua criação e definidora das finalidades que deve perseguir e, na medida do possível, alcançar.

66. Ruy Cirne Lima, *Princípios de Direito Administrativo*, 7ª ed., São Paulo, Malheiros Editores, 2007, p. 204.

67. Assim, por exemplo, as receitas que as empresas estatais auferem ao praticarem atos de polícia ou ao prestarem serviços públicos não podem ser alcançados pelo imposto sobre a renda e proventos de qualquer natureza.

É o que, em última análise, vem proclamado no art. 37 e seu inciso XIX da CF, *verbis*: "Art. 37. A Administração Pública Direta e Indireta de qualquer dos Poderes da União, dos Estados, do Distrito Federal e dos Municípios obedecerá aos princípios da *legalidade*, impessoalidade, moralidade, publicidade e eficiência e, também, ao seguinte: (...) XIX – somente por *lei específica* poderá ser criada autarquia e autorizada a instituição de empresa pública, de sociedade de economia mista e de fundação, cabendo à lei complementar, neste último caso, definir as áreas de sua atuação" (grifamos).

Note-se que o texto constitucional, acolhendo lições da doutrina e da jurisprudência, não mais alude à criação da empresa pública e de sociedade de economia mista por meio de lei, mas sim à autorização legal para sua criação.

E, obviamente, tal autorização legal pressupõe a fixação dos objetivos a serem alcançados pela estatal, como bem destaca Maria Sylvia Zanella Di Pietro: "(...) a *vinculação aos fins definidos na lei instituidora* é traço comum a todas as entidades da Administração indireta e que diz respeito ao princípio da especialização e ao próprio princípio da legalidade; se a lei as criou, fixou-lhes determinado objetivo, destinou-lhes um patrimônio afetado a este objetivo, não pode a entidade, por sua própria vontade, usar esse patrimônio para atender a finalidade diversa".[68]

A estas oportunas observações permitimo-nos acrescentar que nem mesmo ao Poder Executivo é dado alterar, *sponte propria*, tais finalidades, sob pena de incidir em manifesta ilegalidade.

IVe – Também quando se veem judicialmente compelidas a pagar seus débitos, tais pessoas administrativas não se sujeitam – pelo menos no que concerne à execução – às regras do direito privado, mas, sim, às do direito público.

Qualquer processo de execução contra elas intentado só poderá prosperar na forma dos arts. 534, 535 e 910 do CPC, que, de sua feita, se escoram no art. 100 da CF. Devem ser citadas para, querendo, apresentar impugnação (e não mais para opor embargos), suprimindo-se o incidente da penhora. Se não for apresentada no prazo legal, o Judiciário promoverá a expedição do precatório, salvo se a obrigação for de pequeno valor (nesta hipótese dispensa-se o precatório, a teor do disposto nos §§ 3º e 4º do art. 100 da CF).

É que, juridicamente falando, as empresas delegatárias de serviços públicos, pelas funções que desempenham, podem ser equiparadas à Fazenda Pública, inclusive e principalmente quando se veem constrangidas judicialmente ao pagamento de seus débitos.[69]

68. Maria Sylvia Zanella Di Pietro, *Direito Administrativo*, 5ª ed., São Paulo, Atlas, 1995, p. 333 (os grifos estão no original).

69. É ponto pacífico que os bens públicos são indisponíveis, imprescritíveis e impenhoráveis. É que as pessoas que os detêm – ainda que na qualidade de delegatárias – não elegem livremente seus fins, mas, pelo contrário, estão submetidas ao regime administrativo, cumprindo, destarte, a *vontade da lei* (cf. Jean Rivero).

Outra não é a lição do preclaro jurista Celso Antônio Bandeira de Mello: "*As pessoas administrativas não têm (...) disponibilidade sobre os interesses públicos confiados à sua guarda e realização*. Esta disponibilidade está permanentemente retida nas mãos do Estado (...) em sua manifestação legislativa. Por isso a administração e a pessoa administrativa, (...) têm caráter meramente instrumental" (*Natureza e Regime Jurídico das Autarquias*, São Paulo, Ed. RT, 1968, p. 298 – os grifos são do autor).

Também os bens de empresas públicas e de sociedades de economia mista, quando delegadas de serviço público, são – porque afetados ao uso público – *bens públicos*. Noutras palavras, por tornarem possível a atividade administrativa, ganham o *status* de *bens públicos*. Vai daí que também eles são impenhoráveis, inalienáveis e imprescritíveis.

Remarque-se que a circunstância destas pessoas terem personalidade de direito privado não impede recebam especial proteção para os serviços que prestam e para os bens que os tornam possíveis. Tais bens estão tão protegidos quanto os que pertencem ao próprio Estado.

Isto explica por que os bens destas entidades não podem ser submetidos à penhora. De fato, estando vinculados ao desempenho de uma função pública, não podem receber o mesmo tratamento jurídico dispensado aos bens das empresas privadas e dos particulares. É o interesse público, em última análise, que sinaliza neste sentido, já que tais pessoas partilham da atividade administrativa do Estado.

Estamos, com estas assertivas, querendo significar que o patrimônio das empresas públicas e das sociedades de economia mista, quando delegadas de serviço público, é *patrimônio público*, assim devendo ser tratado.

Tal linha de raciocínio recebe o prestigioso abono de Ruy Cirne Lima, para quem o patrimônio administrativo alberga "todos os bens, pertençam a quem pertencerem, que participam da atividade administrativa e se achem, por isso mesmo, vinculados aos fins desta" (*Princípios de Direito Administrativo*, cit., 7ª ed., p. 187).

Sobremais, o próprio *princípio da continuidade do serviço público* impede que os bens destas *empresas públicas* e *sociedades de economia mista* venham penhorados. Realmente, subtrair bens de tais entidades, fatalmente pode levar à paralisação – quando não à total cessação – do serviço público, fato que absolutamente nossa ordem jurídica não tolera.

Assim, diga-se de passagem, já se pronunciou o Pretório Excelso, ao decretar a impenhorabilidade de bens de empresa pública (Empresa de Correios e Telégrafos) que explora serviço monopolizado (RE 100.433-9-RJ, 1ª Turma, j. 17.12.1984, rel. Min. Sydney Sanches, v.u., *DJU* 8.3.1985, *RT* 604/260).

Em suma, os bens das empresas públicas e das sociedades de economia mista, quando delegatárias de serviços públicos, submetem-se ao regime de direito público próprio dos *bens públicos de uso especial*. São impenhoráveis.

Em decorrência do exposto, estas pessoas, conquanto de direito privado, não podem sofrer a execução comum, já que esta rende ensejo à penhora. De revés, só poderão ser executadas na forma do art. 100 da Constituição da República ("os pagamentos devidos pelas Fazendas ... em virtude de sentença judiciária, far-se-ão exclusivamente na ordem cronológica de apresentação dos precatórios e à conta dos créditos respectivos, proibida a designação de casos ou de pessoas nas dotações orçamentárias e nos créditos adicionais abertos para este fim"), que dá supedâneo aos arts. 534, 535 e 910 do CPC:

"Art. 534. No cumprimento de sentença que impuser à Fazenda Pública o dever de pagar quantia certa, o exequente apresentará demonstrativo discriminado e atualizado do crédito contendo: (...)".

"Art. 535. A Fazenda Pública será intimada na pessoa de seu representante judicial, por carga, remessa ou meio eletrônico, para, querendo, no prazo de 30 (trinta) dias e nos próprios autos, impugnar a execução, podendo arguir: (...)."

"Art. 910. Na execução fundada em título extrajudicial, a Fazenda Pública será citada para opor embargos em 30 (trinta) dias.

"§ 1º. Não opostos embargos ou transitada em julgado a decisão que os rejeitar, expedir-se-á precatório ou requisição de pequeno valor em favor do exequente, observando-se o disposto no art. 100 da Constituição Federal.

"§ 2º. Nos embargos, a Fazenda Pública poderá alegar qualquer matéria que lhe seria lícito deduzir como defesa no processo de conhecimento.

"§ 3º. Aplica-se a este Capítulo, no que couber, o disposto nos arts. 534 e 535."

Nota-se, pois, que, ao contrário do que se dava quando estava em vigor o Código de Processo Civil/1973, a execução contra a Fazenda Pública não pressupõe mais anterior decisão em *processo de conhecimento*, com ampla discussão do *mérito* da dívida. Melhor dizendo, à época, contra a Fazenda Pública, só era possível executar *decisão judicial* (*título executivo judicial*). Noutras palavras: até a entrada em vigor do atual Código de Processo Civil, sendo o devedor a Fazenda Pública, contra ela deveria haver

IVf – No mais das vezes, o próprio Estado (no Brasil representado, como vimos, pelas pessoas políticas) leva avante as atividades administrativas que lhe são constitucionalmente cometidas. Com frequência, porém, tais atividades vêm desempenhadas,

primeiro uma ação de conhecimento e depois uma execução (com base na decisão judicial nela obtida), observada a ordem de apresentação dos precatórios.

Agora, porém, a Fazenda Pública também pode ser executada com base num *título executivo extrajudicial*, observadas, no entanto, as restrições apontadas nos arts. 534 e 535 do CPC, entre as quais merece destaque a impossibilidade de atos extropriatórios.

Tais restrições são plenamente justificáveis, já que as pessoas políticas, porque titulares de interesses indisponíveis, não podem garantir seus débitos com seus bens, já que estes são exclusivamente preordenados, pela Constituição Federal, a promover funções públicas e tarefas administrativas (cf. Geraldo Ataliba, *Empréstimos Públicos e seu Regime Jurídico*, São Paulo, Ed. RT, 1973, pp. 234-235).

Todas estas considerações valem para as entidades estatais delegadas de serviço público, ainda que assumam a forma de empresas públicas ou de sociedades de economia mista.

Nem se diga que tais pessoas, porque constituídas sob a modalidade de direito privado, não podem ser subsumidas ao conceito de *Fazenda Pública*. É que, como já se proclamou, pelo tipo de função que desempenham, adquirem a natureza de entes públicos, sendo, pois, abrangidas pelos dispositivos acima citados.

O interesse público que norteia o agir destas pessoas impede venha derrogada a especial proteção que o Diploma Supremo dispensa ao patrimônio do Estado (*lato sensu*). Do contrário, o serviço público que elas prestam poderia vir a sofrer interrupções ou, mesmo, cessar, em detrimento dos incontornáveis direitos da coletividade.

Em remate, inadmissível a possibilidade de penhora de seus bens, porque isto fatalmente levaria à aplicação de verbas em pagamentos não programados em seu orçamento, fenômeno que, por sem dúvida, acarretaria o caos administrativo.

As empresas públicas e as sociedades de economia mista, quando delegadas de serviço público, estão debaixo da *relação de administração* (Ruy Cirne Lima) e, nesta medida, só podem agir nos limites e nos termos da lei. Mais: sendo prestadoras de serviços públicos, participam da atividade administrativa estatal.

Seus bens pertencem ao domínio público, vale dizer, integram o *patrimônio administrativo* do Estado e, em consequência, não podem ser penhorados. O interesse público, que exige que seus serviços não sofram solução de continuidade, impede sejam alvo de execução comum (que – torna-se a repetir – gira em torno da penhora).

Assim, elas não podem ser compelidas a garantir o direito patrimonial de seus credores (por mais privilegiados que sejam) com a penhora de seus bens, mas, apenas e tão somente, com a inclusão de verba prevista em seus orçamentos, que será paga observada a ordem de apresentação dos precatórios.

Ainda que condenadas, por sentença judicial, a pagar determinada dívida, estão submetidas – não porque *sociedades de economia mista* ou *empresas públicas*, mas porque *pessoas administrativas exercentes de funções públicas* – aos ditames do art. 100 da Lei Maior.

Em suma, o pagamento coativo de seus credores deve ser feito por via de precatório, e não por meio de *depósito direto*, à disposição do juízo.

Não devemos perder de vista que a norma insculpida no art. 100 da CF (*fundamento de validade* dos arts. 534, 535 e 910 do CPC), objetiva viabilizar a submissão do Poder Público ao princípio que confere preferência jurídica a quem dispuser de precedência cronológica, nos termos, aliás, da vetusta parêmia *prius in tempore, potior in jure*.

Recordemos, demais disso, que este mesmo art. 100 determina uma forma específica de satisfação de crédito contra a Fazenda Pública, ou a quem a ela estiver equiparado: o *precatório*, que, dando tempo para que o devedor organize suas finanças, garante a mantença do serviço público.

E, já que chegamos até aqui, calha afirmar que o precatório só é possível diante de decisão de segundo grau. Nunca de decisão monocrática, que, de resto, está submetida, quando desfavorável ao Poder Público, ao *duplo grau de jurisdição*. Por muito maior razão (argumento *a fortiori*), o precatório entremostra-se improsperável em execução provisória, prolatada antes da própria decisão de primeira instância.

sob sua supervisão, controle e responsabilidade, por pessoas dele distintas, como, por exemplo, as empresas estatais, que se subdividem em *empresas públicas* e *sociedades de economia mista.*

Ambas são pessoas jurídicas de direito privado, criadas por lei, como instrumento de ação do Estado. A principal diferença é que as empresas públicas podem assumir quaisquer das formas admitidas em Direito e seu capital é formado unicamente por recursos públicos, ou seja, provenientes das próprias pessoas políticas ou da chamada *administração indireta*. Já, as sociedades de economia mista são formadas com capitais governamentais e particulares e devem obrigatoriamente assumir a forma de sociedade anônima.

Um ponto, porém, precisa ser destacado: a natureza de *empresa pública* ou de *sociedade de economia mista* – que vai marcar, inclusive, a competência para processar e julgar as causas em que forem interessadas (nos termos do art. 109, I, da CF, compete à Justiça Federal processar e julgar "as causas em que a União, entidade autárquica ou empresa pública federal forem interessadas na condição de autoras, rés, assistentes ou oponentes, exceto as de falência, as de acidentes do trabalho e as sujeitas à Justiça Eleitoral e à Justiça do Trabalho") –, é revelada pelo *regime jurídico* a que uma e outra estão submetidas e, não, pela designação recebida da lei que as instituiu.

Portanto, se uma estatal receber o *nomen iuris* de *sociedade de economia mista*, mas seus capitais constitutivos forem exclusivamente governamentais, ou o capital privado for insignificante ou, ainda, meramente simbólico, será verdadeira *empresa pública* e, como tal deverá ser tratada, inclusive para fins processuais. No rigor dos princípios, só há falar em sociedade de economia mista quando, nela, efetivamente, somam-se capitais públicos e privados e vislumbra-se a *affectio societatis* entre o Poder Estatal e os particulares. Já, *há mera aparência*, quando ausentes o elemento subjetivo e o real aporte dos capitais privados.

Infelizmente, são muito comuns, em nosso País, sociedades de economia mista meramente simbólicas, com capital 90%, ou mais, estatal, e presença insignificante ou, mesmo, ficta, de privados. Tais entidades são, em tudo e por tudo, apesar de seu *nomen iuris*, *empresas públicas*, assim devendo ser consideradas, para todos os efeitos.

Voltamos a insistir que as empresas públicas e as sociedades de economia mista, quando prestam serviços públicos, são submetidas ao *regime jurídico administrativo*, acompanhado das prerrogativas e sujeições que colocam a Administração Pública numa posição de supremacia, em relação aos particulares. Absolutamente não se sujeitam às regras do art. 173 da CF, mas às de seu art. 175, que garante a continuidade do serviço público.

Em suma, a empresa estatal delegatária de serviço público *juridicamente **é*** Administração Pública, ***faz*** Administração Pública e ***tem os atributos*** (positivos ou negativos) da Administração Pública. Desfruta, pois, do *regime protetor* que a Constituição Federal reservou aos bens e dinheiros públicos, inclusive no pertinente à imunidade tributária.

V – Por fim, o titular de promessa de compra e venda de imóvel de uma pessoa política (depois, evidentemente, da imprescindível *desafetação*) se sujeita ao recolhimento do imposto específico (o ITBI). Do mesmo modo deve pagar ITBI quem adquire imóvel de pessoa política. É que a imunidade em tela está circunscrita às pessoas políticas; não se estende a terceiros.

4.2 As imunidades dos templos de qualquer culto

I – Os templos de qualquer culto são imunes à tributação por meio de impostos, *ex vi* do disposto no art. 150, VI, "b", da CF.

Esta imunidade – convém que de logo se frise – representa a extensão do direito fundamental à *liberdade de consciência e de crença*, consagrado no art. 5º, VI, VII e VIII, da CF, *verbis*: "Art. 5º. Todos são iguais perante a lei, sem distinção de qualquer natureza, garantindo-se aos brasileiros e aos estrangeiros residentes no País a inviolabilidade do direito à vida, à liberdade, à igualdade, à segurança e à propriedade, nos termos seguintes: (...) VI – é inviolável a liberdade de consciência e de crença, sendo assegurado o livre exercício dos cultos religiosos e garantida, na forma da lei, a proteção aos locais de culto e a suas liturgias; VII – é assegurada, nos termos da lei, a prestação de assistência religiosa nas entidades civis e militares de internação coletiva; VIII – ninguém será privado de direitos por motivo de crença religiosa ou de convicção filosófica ou política, salvo se as invocar para eximir-se de obrigação legal a todos imposta e recusar-se a cumprir prestação alternativa, fixada em lei; (...)".

Como facilmente se percebe, a *ratio essendi* destes dispositivos é garantir a todas as pessoas sua religiosidade e, mais que isso, permitir que a divulguem e manifestem livremente. A Constituição conferiu-lhes a titularidade ativa do direito à ampla e irrestrita liberdade religiosa.[70] Assim, qualquer medida, seja legislativa, seja administrativa, que, sem razão plausível, anule ou tolha a liberdade de culto padecerá de inconstitucionalidade.[71]

II – A liberdade religiosa, uma das manifestações dos direitos humanos em sociedade, tem três dimensões: individual, social e política. Com efeito, abrange (i) o direito de ter convicções sobre assuntos espirituais (dimensão individual), (ii) o

70. Nunca é demais lembrar, com Ricardo Lobo Torres, que "é por intermédio das imunidades que as liberdades se afirmam como direitos absolutos diante do poder tributário" (*Os Direitos Humanos e a Tributação – Imunidades e Isonomia*, Rio de Janeiro, Renovar, 1995, p. 50).

71. Concordamos com Ives Gandra da Silva Martins quando sustenta a inconstitucionalidade da aplicação, pura e simples, do art. 276 da Lei 9.503/1997 (Código de Trânsito Brasileiro) contra os sacerdotes católicos que, no exercício de suas atividades pastorais (*v.g.*, para ministrar os sacramentos a fiéis hospitalizados), dirigirem seus automóveis após ingerirem pequenas quantidades de vinho durante a celebração da missa. Este dispositivo, com a redação dada pela Lei 12.760/2012, prescreve severas sanções (as previstas no art. 165 da Lei 9.503/1997) ao condutor do veículo automotor que apresentar "qualquer concentração de álcool por litro de sangue ou por litro de ar alveolar".

Argumenta o douto Jurista que a penalização, nestas circunstâncias, do sacerdote católico representa "cerceamento de sua ação pastoral", a impor a decretação da inconstitucionalidade da norma, "sem redução do texto legal, que seria mantido, exceto nessa hipótese" ("Álcool, tolerância zero e Constituição", in *Diário do Comércio*, ed. de 5.2.2013).

direito de manifestá-las livremente (dimensão social) e (iii) o direito à objeção de consciência (dimensão política).

Desenvolvendo a ideia, o *direito de ter convicções* protege o foro íntimo das pessoas, permitindo que cultivem, sem qualquer empeço, suas crenças religiosas.

Já, o *direito de manifestar suas convicções* garante a todas as pessoas, individual ou coletivamente, em público ou em caráter privado (inclusive na prisão[72]), exercitar o culto, com seus dogmas e liturgias, bem como ensiná-los, sem vir sofrer, por isso, quaisquer constrangimentos ou danos.[73]

Por fim, o *direito à objeção de consciência* concede ao indivíduo a faculdade de, em nome das suas convicções espirituais, subtrair-se às obrigações legais (*v.g.*, ao serviço militar obrigatório) sem sofrer qualquer tipo de sanção, a menos que se recuse "a cumprir prestação alternativa, fixada em lei" (art. 5º, VIII, da CF).

Vai daí que não pode haver qualquer forma de discriminação (*princípio da não discriminação*)[74] fundada nas convicções religiosas das pessoas. Exige-se da parte do Estado uma postura pró-ativa, capaz de garantir a cada indivíduo a opção de, sem qualquer prejuízo ou ameaça, adotar, ou não, uma religião[75] ou, se entender oportuno, mudar para outra.

Como vemos, a liberdade religiosa, afirmada em nosso texto constitucional, reclama, máxime das autoridades públicas, o pleno respeito às convicções e à independência espiritual de cada indivíduo. Direito fundamental, consagrado na própria *Declaração Universal dos Direitos Humanos* (art. 18), da qual o Brasil é signatário, é, em nosso ordenamento constitucional, "cláusula pétrea", não podendo, pois, ser derrogado, nem mesmo por meio de emenda constitucional.

72. Evidentemente, o detento terá, apesar seu direito fundamental à liberdade religiosa, que suportar as limitações inerentes à condenação e às exigências próprias de sua execução. Não poderá, por exemplo, dirigir-se livremente ao templo de sua preferência, nem participar de procissões ou romarias. São as decorrências lógicas da própria privação da liberdade física a que, em razão da condenação criminal, está submetido.

73. Esse direito pode ser restringido, motivadamente (portanto, com possibilidade de controle judicial), por razões de ordem, saúde ou segurança pública, e sempre com base em lei.

74. Ana Maria Guerra Martins tece oportunas considerações acerca do *princípio da não discriminação, verbis*:

"Este princípio baseia-se na igualdade de todos os seres humanos e é uma decorrência da igual dignidade de todos os seres humanos. É afirmado no art. 1º, § 3º, da Carta das Nações Unidas, nos arts. 1º e 2º da DUDH (*Declaração Universal dos Direitos do Homem*) e em todos os instrumentos internacionais de direitos humanos, de entre os quais cumpre destacar o art. 2º, n. 1, do PIDCP (*Pacto Internacional de Direitos Civis e Políticos*).

"O princípio da não discriminação supõe que deve ser dado um tratamento igual a indivíduos e situações iguais e implica a existência de uma norma que prescreva essa igualdade de tratamento.

"As convenções de âmbito geral adoptam uma postura global e esforçam-se por levar em conta toda a discriminação, *proibindo as discriminações em função* do sexo, da raça, da língua, *da religião*, das opiniões, do nascimento, da origem nacional ou social, de pertencer a uma minoria nacional, da fortuna ou ainda qualquer outra situação" (*Direito Internacional dos Direitos Humanos*, Coimbra, Livraria Almedina, 2006, pp. 173-174 – esclarecemos nos parênteses e grifamos).

75. O Estado não pode obrigar as pessoas a terem uma crença religiosa ou a participarem, contra sua vontade, de atividades espirituais; tampouco pode prejudicar a quem delas se abstiver.

Em suma, o Estado Brasileiro tem a obrigação constitucional de respeitar as convicções religiosas – sejam quais forem – de seus habitantes, pelo quê deve manter neutralidade sobre o assunto e tratar com isonomia as múltiplas religiões existentes no País.[76]

III – Remarque-se que o País assegura a livre manifestação de qualquer culto. Daí o desafio constante de, sem perda do secularismo, proteger o direito fundamental à liberdade religiosa, que se imbrica num dos pilares do nosso ordenamento jurídico: a *dignidade da pessoa humana*.[77] É ela que justifica a atribuição de *direitos fundamentais* aos cidadãos, quando se defrontam com o Estado-Poder.[78]

Justamente em função de todos estes motivos, a imunidade do art. 150, VI, "b", da CF deve ser interpretada com vistas largas. Mais que o templo propriamente dito – isto é, o local destinado a cerimônias religiosas –, a desoneração constitucional alcança a própria entidade mantenedora (a Igreja), além de se estender a tudo quanto esteja vinculado às liturgias (batizados, celebrações religiosas, vigílias etc.).

E nem se diga que no texto constitucional está escrito "templos" (locais do culto) – e, portanto, o que foge disso é pura especulação dos interessados em dilargar o campo da imunidade em tela. Tal entendimento não se sustenta em face da interpretação sistemática dos dispositivos acima citados e do próprio "Preâmbulo" da Carta Suprema.[79]

Ademais, como os templos, em si mesmos considerados, não têm nem *renda* nem *patrimônio*, nem prestam *serviços*, segue-se, necessariamente, que a imunidade em tela se subjetiva na *Igreja* – vale dizer, na pessoa jurídica, regularmente constituída, que mantém, como *finalidade essencial* (art. 150, § 4º, da CF), atividades religiosas.[80]

76. Em consequência do *princípio da isonomia*, as vantagens, inclusive tributárias, que uma confissão religiosa recebe devem ser estendidas às demais.

77. Para não deixar qualquer dúvida a respeito, a CF, já em seu art. 1º, III, enuncia solenemente que a República Federativa do Brasil também se fundamenta na "dignidade da pessoa humana". O indivíduo é o limite e a base do domínio político da República, motivo pelo qual a ***dignitas*** *humana* é inviolável, ou seja, é um bem jurídico absoluto, que não pode ser lesado por pessoa alguma, seja de direito público, seja de direito privado. Também é inalienável e irrenunciável, já que a vida não pode ser degradada a um sem-valor, nem mesmo por seu titular.

78. Nessa linha, José de Melo Alexandrino acentua, com propriedade, que, "num ordenamento de Estado constitucional, *os direitos fundamentais constituem garantias jurídicas dirigidas contra o Estado ou principalmente contra o Estado*. Esta regra é inquestionável: tem uma justificação histórica e filosófica; tem justificação nos textos e na estrutura das Constituições, encontrando o mais amplo acolhimento na prática de todas as ordens jurídicas das sociedades abertas; tem uma justificação funcional e é defensável segundo os quadros da Ciência Jurídica" (*Direitos Fundamentais: Introdução Geral*, Estoril, Princípia, 2007, p. 96 – os grifos são do autor).

79. O "Preâmbulo" da Constituição Federal assim dispõe: "Nós, representantes do Povo Brasileiro, reunidos em Assembleia Nacional Constituinte para instituir um Estado Democrático, destinado a assegurar o exercício dos direitos sociais e individuais, a liberdade, a segurança, o bem-estar, o desenvolvimento, a igualdade e a justiça como valores supremos de uma sociedade fraterna, pluralista e sem preconceitos, fundada na harmonia social e comprometida, na ordem interna e internacional, com a solução pacífica das controvérsias, promulgamos, *sob a proteção de Deus*, a seguinte Constituição da República Federativa do Brasil" (grifamos).

80. No mesmo sentido, Regina Helena Costa observa: "Ora, os templos não possuem patrimônio, renda e serviços, mas sim a pessoa jurídica que os detém. Se a imunidade vincula-se ao patrimônio, à renda e aos serviços relacionados com as finalidades essenciais da *entidade* mencionada na alínea 'b' do

IIIa – A propósito, vale salientar que a expressão "templos de qualquer culto" há de receber interpretação abrangente, de modo que, no contexto constitucional, deve ser tomada no sentido de *Igrejas*, em suas várias formas organizacionais.[81]

Por *Igreja* entendemos a instituição religiosa que cultua, por meio de ritos próprios, um Ser Transcendental e que, no dizer expressivo de Del Giudice, "tende a conseguir o bem comum sobrenatural da santificação dos fiéis".[82]

Assentada esta premissa, é o caso de indagarmos: que impostos poderiam eventualmente alcançar os "templos de qualquer culto"?

Vários impostos, apressamo-nos em responder.

De fato, sobre o imóvel onde o culto se realiza incidiria o *imposto predial e territorial urbano*/IPTU; sobre o serviço religioso, o *imposto sobre serviços de qualquer natureza*/ISS; sobre as esmolas e dízimos, o *imposto sobre a renda da pessoa jurídica*/IRPJ; sobre a aquisição de bens imóveis destinados ao culto, o *imposto sobre a transmissão "inter vivos", por ato oneroso, de bens imóveis*/ITBI; e assim avante.

Ora, nenhum destes impostos – nem quaisquer outros que incidam sobre atos ou fatos coligados ao exercício das atividades religiosas – pode incidir sobre os "templos de qualquer culto", em consequência da regra imunizante em estudo.

IV – Sempre mais se revela que a alínea "b", em foco, visa a assegurar a livre manifestação da religiosidade das pessoas, isto é, da fé que elas têm em certos valores transcendentais. O Estado (aqui, tomado no sentido de pessoa política tributante) não pode, nem mesmo por meio de impostos, embaraçar o exercício dos cultos religiosos.

Portanto, o *fundamento* da imunidade dos templos de qualquer culto não é a ausência de capacidade contributiva (aptidão econômica para contribuir com os gastos da coletividade), mas a proteção da liberdade dos indivíduos, que restaria tolhida caso as Igrejas tivessem que suportar os impostos incidentes "sobre o patrimônio, a renda ou os serviços", mesmo quando tais fatos jurídico-econômicos fossem relacionados, na dicção do art. 150, IV, da Lei Maior, com as "finalidades essenciais" (art. 150, § 4º) do culto.

Aqui chegados, vale relembrar célebre decisão (caso "McCulloch *vs.* Maryland") expendida em 1819 pela Suprema Corte norte-americana, à época presidida pelo legendário John Marshall. Nesse autêntico *leading case* ficou assentada ideia que, sendo universal e atemporal, vale até hoje, inclusive para o Brasil, a saber: "A competência para tributar por meio de impostos envolve, eventualmente, a competência para destruir".

Ora, não se deseja – e a Constituição brasileira expressamente não o admite – que as pessoas políticas prejudiquem, muito menos destruam, os cultos religiosos, que devem ser livres.

inciso VI do art. 150 (§ 4º), trata-se da própria Igreja – esta, sim, possuidora de patrimônio, renda e serviços" (*Imunidades Tributárias – Teoria e Análise da Jurisprudência do STF*, 3ª ed., São Paulo, Malheiros Editores, 2015, p. 172).

81. V., infra, subitem 4.2.1.

82. Del Giudice, *Nociones de Derecho Canónico*, Pamplona, 1955, p. 44.

Assim, as pessoas políticas não podem exigir impostos dos "templos de qualquer culto". Insista-se: das Igrejas, com suas mantenedoras.

Mais e mais se robustece a ideia de que a Constituição garante, inclusive com a imunidade tributária em tela, a liberdade de culto e a igualdade entre as crenças religiosas (Sacha Calmon Navarro Coêlho) – o que, de resto, vem proclamado em seu já citado art. 5º, VI.

Pois bem. Uma das fórmulas encontradas para tanto foi justamente esta: vedar a cobrança de impostos sobre os templos de qualquer culto. A Constituição estende a imunidade tributária aos cultos religiosos, sem olhar para a Igreja que os promove, pelo quê fica vedada qualquer atividade legislativa capaz de submetê-la ao pagamento de tributos não vinculados.

V – Abrindo um ligeiro parêntese, a imunidade em estudo é decorrência natural da separação entre a Igreja e o Estado, decretada com a Proclamação da República (1889) e mantida até os dias atuais.

Sabemos que durante o Império (de 1822 a 1889) tínhamos uma religião oficial: a religião católica apostólica romana.[83] As outras religiões eram toleradas, mas apenas a católica recebia especial proteção do Estado.[84]

Com a proclamação da República, que se inspirou no *Positivismo* de Augusto Comte, foi imediatamente decretada a separação entre a Igreja e o Estado, que se tornou laico, deixando de privilegiar qualquer religião, ainda que majoritária; pelo contrário, passou a aceitar todas elas, a começar pelas minoritárias.[85]

83. O art. 5º da Constituição de 1824 consagrava privilégio para a religião católica apostólica romana: "Art. 5º. A religião católica apostólica romana continuará a ser a religião do Império. Todas as outras religiões serão permitidas com seu culto doméstico ou particular, em casas para isso destinadas, sem forma alguma exterior de templo". A situação perdurou até que, proclamada a República, o Governo Provisório determinou a liberdade de cultos e a igualdade das religiões, com a edição do Decreto 119-A, de 7.1.1890.

84. Isso era, a um tempo, bom e mau para a religião católica apostólica romana. *Bom*, porque a Igreja Católica tinha todas as facilidades (por exemplo, os bispos, sacerdotes e religiosos em geral eram considerados funcionários públicos do Império, fazendo jus a salário e aposentadoria). E *mau*, porque, apesar da benesse, e justamente em razão dela, perdeu quase que completamente sua autonomia. Para termos uma ideia deste aspecto negativo, basta lembrar que nenhum bispo católico podia ser ungido por Roma sem o *placet* do Imperador. Havia, pois, no Brasil da época, um verdadeiro cesaropapismo, à semelhança do que existiu na própria Roma sob o governo de Constantino, o Grande. Merece registro, neste passo, a célebre *Questão Religiosa*, quando alguns bispos católicos criticaram o Imperador, sendo, em consequência, encarcerados. Sob o aspecto jurídico, nenhuma arbitrariedade sofreram, já que, sendo funcionários do Império, tinham o dever de obediência ao Imperador, que os impedia de tecer, em público, comentários desairosos à sua pessoa.

85. Graças a essa inteligência, entendemos que também são *templos* a Loja Maçônica, a Igreja da Razão (Igreja Positivista) e o Centro Espírita. Mesmo cultos com poucos adeptos têm direito à imunidade, até porque a desoneração constitucional em tela é mais necessária às religiões incipientes que àquelas que, tendo grande número de fiéis, bem ou mal, sempre encontrariam meios de sobrevivência, ainda que compelidas a suportar pesadas cargas fiscais.

Em relação às lojas maçônicas, no entanto, o STF decidiu que não se enquadram na noção "templos de qualquer culto", porque nelas não se professaria "qualquer religião" (1ª Turma, RE 562.351, rel. Min. Ricardo Lewandowski, j. 4.9.2012, *DJe* 14.12.2012). O argumento que levou a douta maioria a afastar dessas entidades a imunidade do art. 150, VI, "b", da CF foi, ao que parece, o entendimento de que a Maçonaria seria uma simples filosofia de vida, e não verdadeiro culto, por lhe faltar uma liturgia.

Esta asserção vem confirmada pelo art. 19, I, da CF, que estabelece: "Art. 19. É vedado à União, aos Estados, ao Distrito Federal e aos Municípios: I – estabelecer cultos religiosos ou igrejas, subvencioná-los, embaraçar-lhes o funcionamento ou manter com eles ou seus representantes relações de dependência ou aliança, ressalvada, na forma da lei, a colaboração de interesse público".

Logo, o Estado Brasileiro é incontendivelmente laico – vale dizer, não confessional. Todavia, como já sinaliza o "Preâmbulo" de nossa Carta Magna (que invoca a proteção "de Deus", no sentido de "Ser Transcendental"), está longe de ser ateu ou inimigo da fé. Pelo contrário, respeita todas as religiões, conquanto delas se mantenha equidistante, e dá às pessoas a opção de, sem sofrerem gravames fiscais, virem a praticar qualquer delas ou, até, não praticarem nenhuma.

A *ratio essendi* do art. 150, VI, "b", da CF é o direito fundamental à liberdade religiosa, como bem o percebeu Ricardo Lobo Torres, *verbis*: "O fundamento jurídico da imunidade dos templos é a *liberdade religiosa*, um dos pilares do Liberalismo e do Estado de Direito. O cidadão pode praticar a religião que quiser – ou não praticar nenhuma – sem que esteja sujeito ao pagamento de qualquer tributo. A imunidade fiscal, no caso, é um atributo da própria pessoa humana, é condição de validade dos direitos fundamentais".[86]

Evidentemente, o Estado tolera as religiões que não ofendem nem a moral, nem os bons costumes, nem, tampouco, fazem perigar a segurança nacional. Há, no entanto, uma presunção no sentido de que toda religião é legítima – presunção, esta, que só cede passo diante de inequívoca prova em contrário, a ser produzida pelo Estado, perante o Poder Judiciário, assegurado à Igreja o exercício de seu direito constitucional à ampla defesa, com o contraditório e o devido processo legal.

Entretanto, como o Direito não se compadece com fraudes e abusos, é mister averiguar, com cuidado, se o "culto" atende aos requisitos mínimos de espiritualidade e transcendentalidade, para que venha guindado ao patamar de verdadeira religião.[87]

VI – Retornando à questão central, os "templos de qualquer culto" são, como vimos, imunes a impostos.

Mas a própria palavra "templos" tem sido entendida com certa dose de liberalidade. Assim, são considerados *templos* não apenas os edifícios destinados à celebração pública dos ritos religiosos – isto é, os locais onde o culto de professa –, mas também seus *anexos*, vale dizer, os imóveis que tornam possível ou, quando pouco, facilitam a prática da religião.[88] Exemplificando, consideram-se *anexos* dos templos, em termos de religião católica, a casa paroquial, o seminário, o convento, a abadia, o

Com o devido acatamento, pensamos que esta decisão merece ser revista, uma vez que de liturgia não carece essa sociedade, que tem ramificações em todo o mundo e se dedica fundamentalmente à prática do bem e ao aperfeiçoamento da Humanidade. Ademais, é requisito para integrar a Maçonaria crer num Ser Transcendental, que tudo vê e tudo governa, representado pelo "Olho da Providência".

86. Ricardo Lobo Torres, *Os Direitos Humanos e a Tributação* ..., cit., p. 211 (os grifos são do autor).

87. Pelo menos para os fins do disposto no art. 150, VI, "b", da CF, não revestiria a condição de *culto* uma hipotética "Igreja" que tivesse por objetivo "adorar" um grande herói do esporte.

88. Em sentido contrário, Pontes de Miranda entende que as próprias residências dos padres, pastores, rabinos etc. só são alcançadas pela imunidade se estiverem "dentro do próprio edifício do templo" (*Comentários* ..., cit., t. II, p. 425).

cemitério onde os religiosos ou os membros das ordens terceiras são sepultados[89] etc., desde que estes imóveis venham empregados – como observa Aliomar Baleeiro – nas atividades essenciais do culto. Implementada esta condição, também eles não podem sofrer a incidência do IPTU. Já, nas religiões protestante, evangélica ou pentecostal são *anexos* dos templos a casa do pastor (local, pertencente à confissão religiosa, onde o pastor reside, prepara suas prédicas, recebe os fiéis etc.), o centro de formação de pastores etc.; na israelita, a casa do rabino (observados os mesmos requisitos), o centro de formação de rabinos (o rabinato); na umbandista, a casa do "pai de santo", o terreiro onde são doutrinados os sacerdotes do culto; etc. Neste ponto não podemos ser preconceituosos, afrontando o desígnio constitucional.[90]

De fato, de pouco valeria considerar imune ao IPTU o templo propriamente dito e fazer incidir esse tributo sobre o imóvel pertencente à confissão religiosa onde o oficiante do culto reside, elabora suas homilias, atende aos interessados em obter assistência espiritual. Seria o mesmo que dar com a mão direita e tirar com a esquerda – o que, por óbvio, a Constituição não faz.

VII – Em relação ao imóvel rural, a Igreja regularmente constituída também goza de imunidade tributária quando nele se desenvolvem atividades essenciais ao culto – como, por exemplo, a formação de religiosos. A situação não se descaracteriza, ainda que presentes ali empreendimentos hortifrutigranjeiros ou agropastoris, desde que, no entanto, a produção se destine ao consumo interno, e não ao comércio.

Estão igualmente abrangidos pela imunidade em tela os rendimentos obtidos pela Igreja quando promove uma quermesse, desde que, comprovadamente, revertam em benefício do culto. O mesmo podemos dizer dos serviços de comunicação radiofônica e televisiva, se realizados com o propósito de evangelização.

Afinal, a própria existência do templo traz à sirga o reconhecimento de sua plena autonomia e, por via de consequência, o direito à criação e fruição dos meios materiais para a plena realização de seus fins espirituais.

VIII – De qualquer modo, a imunidade, como anota Luís Eduardo Schoueri, não pode atropelar o princípio constitucional da livre iniciativa; e, assim, não se estende às atividades que podem ser exercidas, com igual proveito, pela iniciativa privada.[91]

89. No julgamento do RE 578.562 (rel. Min. Eros Grau, j. 21.5.2008, v.u., *DJe* 12.9.2008) o Pleno do STF decidiu ser inconstitucional, por afronta ao disposto no art. 150, VI, "b", da Lei Maior, a incidência de IPTU sobre cemitério que é extensão de entidade de cunho religioso (no caso, de capela anglicana).

Todavia, acertadamente, no julgamento do RE 544.815, cujo processo foi extinto, com a homologação da renúncia ao direito em que se fundava a ação, a maioria dos Ministros que até então haviam votado deixou claro que a imunidade não alcança os cemitérios explorados comercialmente.

90. Valem, a propósito, as oportunas ponderações de Sacha Calmon Navarro Coêlho, *verbis*: "O templo, dada a isonomia de todas as religiões, não é só a catedral católica, mas a sinagoga, a casa espírita kardecista, o terreiro de candomblé ou de umbanda, a igreja protestante, shintoísta e a mesquita maometana. Pouco importa tenha a seita poucos adeptos. Desde que uns na sociedade possuam fé comum e se reúnam em lugar dedicado exclusivamente ao culto da sua predileção, este lugar há de ser um templo e gozará de imunidade tributária" (*Curso de Direito Tributário Brasileiro*, 9ª ed., Rio de Janeiro, Forense, 2006, pp. 303-304).

91. Luís Eduardo Schoueri, *Contribuição ao Estudo do Regime Jurídico das Normas Tributárias Indutoras como Instrumento de Intervenção sobre o Domínio Econômico*, tese de titularidade, São Paulo, Faculdade de Direito da USP, 2002, p. 381.

Portanto, a imunidade passa ao largo quando se demonstra a existência, no culto, da finalidade mercantil, isto é, de práticas típicas das entidades lucrativas, que levam ao enriquecimento pessoal dos membros da Igreja e que provocam desequilíbrio na concorrência.

Mas, *quid iuris* se os rendimentos obtidos por meio de atividades econômicas forem carreados às Igrejas e suas *finalidades essenciais*?

IX – No passado pronunciamo-nos no sentido de não estarem cobertas pela imunidade as rendas provenientes da comercialização de objetos sacros, da exploração econômica de estacionamentos e restaurantes, da venda de licores, vinhos, velas etc., ainda que revertessem em favor do culto. Justificávamos nossa posição argumentando que estas não são finalidades essenciais ao culto, mas meramente temporais, esbarrando, assim, na restrição veiculada no art. 150, § 4º, da CF ("as vedações expressas no inciso VI, alíneas 'b' e 'c', compreendem somente o patrimônio, a renda e os serviços relacionados com as finalidades essenciais das entidades nelas mencionadas").

Ocorre, porém, como tantas vezes se disse, que nada neste mundo foi suficientemente pensado, que não possa ser repensado. Sempre se pode voltar a encarar um assunto de modo renovado.[92]

Assim, hoje, depois de retrilhar os caminhos do nosso pensamento, estamos convencidos de que o supra-aludido parágrafo, por envolver restrições, há de ser interpretado com cautela (*exceptio est strictissimae interpretationis*), de modo a não afetar o núcleo essencial do preceito imunizante em pauta.

Em nosso atual ponto de vista, o § 4º do art. 150 da CF, ao aludir às "finalidades essenciais", não está a cuidar – ao contrário do que uma primeira leitura revela – do *modo* pelo qual os recursos são carreados para a Igreja, mas, sim, do *lugar* para onde devem ir. Desde que comprovadamente se destinem à mantença do culto e das atividades da Igreja, implementa-se o desígnio constitucional em pauta.

Noutras palavras, se as rendas obtidas, ainda que de forma atípica, pela instituição religiosa tiverem aplicação consentânea com as finalidades essenciais do culto, o reconhecimento da imunidade tributária é de rigor.

Concordamos, pois, com Regina Helena Costa quando observa: "Pensamos que o que a Lei Maior exige é uma correspondência entre a renda obtida pelo templo e sua aplicação; então, havendo relação entre a renda e as finalidades essenciais, satisfeita estará a vontade constitucional. Logo, é a 'destinação' dos recursos obtidos pela entidade o fator determinante do alcance da exoneração constitucional".[93]

92. Como acentua, com toda a propriedade, Ernest Bloch: "Tudo o que é sensato pode já ter sido sete vezes pensado. Todavia, quando foi novamente pensado, em outro tempo e lugar, não era mais o mesmo. Não apenas seu pensador, mas sobretudo aquilo a ser pensado alterou-se neste interregno" (cit. por Reinhard Singer em seu artigo "Direitos fundamentais no direito do trabalho", traduzido por Pedro Scherer de Mello Aleixo e publicado no livro *Direitos Fundamentais e Direito Privado – Uma Perspectiva de Direito Comparado*, Coimbra, Livraria Almedina, 2007, p. 327).

93. Regina Helena Costa, *Imunidades Tributárias* ..., cit., 3ª ed., p. 174.

No mínimo, o assunto há de ser examinado com cautela. Somente a análise despreconceituosa e imparcial de cada caso concreto revelará se as *finalidades essenciais* do culto estão, ou não, sendo atendidas com os rendimentos da Igreja. Caso se demonstre que a entidade religiosa, ainda que aufira recursos desenvolvendo atividades puramente temporais, os aplica para a consecução de seus objetivos espirituais, não há motivos jurídicos para retirar-lhe a imunidade do art. 150, VI, "b", da CF.

X – Segue-se, do exposto, que o patrimônio, as rendas e as atividades da Igreja, desde que de origem lícita e preordenados ao culto – finalidade essencial da instituição religiosa –, são imunes aos impostos.

O único limite que o § 4º do art. 150 da CF estabelece para o gozo da exoneração constitucional é a impossibilidade de a Igreja distribuir seus bens ou rendimentos aos que a dirigem ou a terceiros que desempenham atividades laicas.

Em suma, o que o dispositivo constitucional em foco veda é a apropriação dos haveres da Igreja para serem utilizados em finalidades distintas do culto.

Seguindo nesta trilha, temos por irrelevante a natureza da fonte dos recursos da Igreja (aluguéis, prestação onerosa de serviços, aplicações financeiras etc.). Basta que seja lícita e não conspire contra o princípio da livre concorrência.

Dignas de aplauso, a respeito, as percucientes observações de Aires Fernandino Barreto, *verbis*:

"Salvo se houver agressão ao princípio da livre concorrência, no mais podem as rendas ser provenientes de quaisquer fontes lícitas. Isto é até desejável juridicamente. Nada tem de repugnante. Pelo contrário, a simples presença no texto constitucional da imunidade para essas entidades já mostra ser desígnio constitucional claro que elas obtenham rendas, empreguem seu patrimônio e desempenhem serviços tendo em vista esse objetivo, que, por sua vez, irá suportar, custear financeiramente, aquelas finalidades realizadoras de valores constitucionalmente prestigiados. (...).

"Se essas entidades têm imóveis, não se espera que eles fiquem ociosos. Se elas possuem terrenos, é altamente desejável que os explorem, direta ou indiretamente, com estacionamentos ou qualquer outra forma. Se são titulares de prédios, é bom que os aluguem, desde que fortaleçam suas finanças. Se têm maquinaria e pessoal especializado, que invistam em editoras ou que prestem serviços de variada ordem. Suas finalidades são constitucionalmente queridas. E só são realizáveis com recursos financeiros. E esses recursos financeiros não existiriam se as entidades não alugassem, não prestassem serviços, não auferissem rendas. (...).

"*Seja em se tratando de templo*, de partido político, de suas fundações, de instituição de educação ou de assistência social, o que a Constituição protege são os fins consistentes na liberdade do exercício do culto religioso, na prestação de educação e no oferecimento de assistência social. O que a Constituição veda é a distribuição de 'lucros' (melhor seria 'superávits')."[94]

94. Aires Fernandino Barreto, *Curso de Direito Tributário Municipal*, São Paulo, Saraiva, 2009, pp. 62-63 (grifamos).

Não precisaria dizer mais, nem melhor.

Desdobrando estas ideias, as rendas (provenientes de lucros, ganhos de capital e alugueres de imóveis), desde que "relacionadas às finalidades essenciais" do culto, são imunes ao IRPJ; os serviços prestados a título oneroso, desde que também revertam em benefício do culto, imunes ao ISS; o patrimônio da Igreja, que lhe dá visibilidade material, imune ao IPTU; e assim avante.

A imunidade em tela só cede passo quando as rendas, os serviços e o patrimônio da Igreja estão a serviço de finalidades estranhas ao culto, cabendo ao Poder Público o ônus da prova deste desvirtuamento.

XI – Ao assim nos posicionarmos estamos a seguir tendência do próprio STF, manifestada na Súmula 724,[95] que, embora aluda às situações de imunidade traçadas no art. 150, VI, "c", da CF (partidos políticos e suas fundações, entidades sindicais dos trabalhadores, instituições de educação e de assistência social, sem fins lucrativos), revela que o que importa para usufruir da desoneração constitucional em tela não é o *modo* como os ganhos são obtidos, mas *como* vêm aplicados. Numa frase, o que se protege dos impostos são os valores que revertam em benefício da Igreja e dos seus objetivos espirituais, ainda que decorram de atividades não diretamente religiosas.

Em contranota, a imunidade somente cessa se for provado que as rendas dos templos são aplicadas em fim diverso que o de culto – como, por exemplo, no enriquecimento de seus líderes.

Assim, correndo-nos de posição anteriormente assumida, pensamos que os ganhos provenientes de alugueres de imóveis, da locação do salão de festas da Igreja, da participação em sociedades com fins lucrativos (depois de estas terem recolhido os tributos de estilo), da prestação onerosa de serviços etc. ajustam-se aos ditames do precitado art. 150, § 4º, da CF desde que – insistimos – revertam em benefício do culto, melhor assegurando a liberdade de crença. Em suma, é suficiente para a exoneração constitucional que haja comprovada relação entre as receitas auferidas e as "finalidades essenciais" da confissão religiosa.

Sem novos bens ou rendas, e estando eles estagnados ou inativos, a Igreja tenderá a desaparecer – ideia que briga com o ideário do Diploma Magno, que é exatamente o de permitir que ela se desenvolva e ajude a realizar o valor *liberdade religiosa*.

Depois, se as próprias pessoas políticas, sem perda de *status*, remuneram-se pelos serviços que prestam, obtendo, assim, os meios econômicos que lhes permitem alcançar os fins que a Constituição lhes aponta, *mutatis mutandis*, o mesmo podem fazer as Igrejas, sem que se lhes afaste a imunidade tributária. As rendas destas últimas, desde que aproveitadas em suas finalidades essenciais (religiosas), podem perfeitamente provir de serviços remunerados, que escaparão à incidência do ISS; de

95. STF, Súmula 724: "Ainda quando alugado a terceiros permanece imune ao IPTU o imóvel pertencente a qualquer das entidades referidas pelo art. 150, VI, 'c', da Constituição, desde que o valor dos aluguéis seja aplicado nas atividades essenciais de tais entidades".

aluguéis de imóveis e de doações em dinheiro, que refugirão ao IRPJ; de vendas de objetos sacros, que não serão alcançadas pelo ICMS; e assim por diante.

Logo, a adoção, pela Igreja, de medidas econômicas bem como a cobrança de preços – ainda que correspondam aos de mercado – pelos serviços prestados à comunidade não a transformam, como num passe de mágica, numa empresa privada, sujeita aos tributos em geral. Para que a imunidade continue presente basta que as rendas e receitas daí advindas venham empregadas na realização de suas finalidades essenciais.

XII – Também não há nenhuma regra constitucional que, implícita ou explicitamente, proíba as Igrejas de manterem seus patrimônios ou de tomarem as medidas conducentes à sua crescença e aperfeiçoamento, até porque, com tais cautelas, tenderão a ganhar um número maior de adeptos, além de se instrumentarem melhor para atingir seus objetivos transcendentais.[96]

De fato, na medida em que a Constituição Federal garante a liberdade de culto, todos os meios de assegurá-la e incrementá-la hão de ser protegidos.

Assim, nada impede que, para melhor difundirem seus ideários espirituais, as igrejas adquiram bens voltados a estimular a fé das pessoas.[97] Quando o fazem, não perdem a desoneração constitucional em exame. O que não lhes é permitido fazer é distribuir seu patrimônio ou mantê-lo como objetivo precípuo.

XIII – Demais disso, a Igreja, por "viver no mundo", tem o direito de nele buscar os meios que lhe garantirão a sobrevivência e a prosperidade. Tal a lição de Matteo de Mori, *verbis*: "A realidade humana e visível da Igreja postula que essa deva viver no mundo com os meios que o mundo coloca à disposição mesmo enquanto estes possam servir de atingimento dos próprios fins espirituais".[98]

Efetivamente, quanto o Direito dá os fins (no caso, a liberdade religiosa), *ipso facto*, dá os meios, inclusive os materiais, para alcançá-los (Rui Barbosa). Pois bem, os aportes financeiros da Igreja nada mais são que os *meios materiais* destinados a dar suporte econômico às suas – desinteressadas e de relevante interesse público – *finalidades essenciais*.

Noutros falares, se a Constituição assegura especial proteção aos templos de qualquer culto (tanto que sobre eles estende o manto da imunidade tributária), segue-se logicamente que tudo que licitamente possibilitar o atingimento de seus objetivos essenciais é abrangido por esta mesma proteção.

De fato, não faria o menor sentido que os cultos tivessem recebido da ordem jurídica tamanha proteção e as Igrejas, que afinal os viabilizam, vissem onerados com impostos os meios financeiros que os possibilitam.

96. O que não lhes é dado fazer é distribuir seus ganhos ou tê-los como objetivo precípuo.

97. Há objetos que, pelos seus aspectos culturais, históricos ou religiosos, são, aos olhos dos fiéis, *bens infungíveis*, vale dizer, insubstituíveis por outros que tenham as mesmas características e sirvam para satisfazer as mesmas necessidades. É o caso das pedras de Salt Lake City (EUA), com as quais os fiéis da Igreja de Jesus Cristo dos Santos dos Últimos Dias (Igreja Mórmon), atendendo à determinação de Joseph Smith Jr. (restaurador do Movimento dos Santos dos Últimos Dias), erigem os altares dos seus templos.

98. Matteo de Mori, *Il Tributo Ecclesiastico nella Normativa Codiciale Attuale*, Roma, Ponficium Athenaeum Antonianum, Facultas Iuris Canonici, 1997 (traduzimos).

XIV – Quanto aos livros religiosos (bíblias, livros de doutrina, missais, biografias de santos etc.), aos catecismos, às estampas sagradas, às revistas de formação cristã, aos "santinhos", que costumam ser comercializados no interior dos templos, contam com a imunidade tributária, só que agora em função do disposto no art. 150, VI, "d", da CF.[99]

Também estamos convencidos de que devem ser equiparados aos livros, para fins de *imunidade tributária*, os *veículos de ideias*, que hoje lhes fazem as vezes, isto é, os livros eletrônicos (*v.g.*, discos, disquetes, *CD-Roms*, *slides*, videocassetes, filmes e, mais recentemente, o produto denominado *kindle*, e outros a ele similares, que tem a função de possibilitar a leitura digital de livros, jornais e periódicos).

É que a expressão "livros, jornais e periódicos", como procuraremos demonstrar mais adiante,[100] está empregada em nosso Texto Magno no sentido de *meios de difusão da cultura*, pouco importando o meio que a realiza (impressão gráfica em papel, impressão magnética em disquete de computador, gravação em *CD-Rom* etc.). Positivamente, não é o suporte material do livro que a Constituição protege, mas a ampla divulgação do pensamento (*sentido finalístico*).

Demais disso, trata-se de *imunidade objetiva*, que visa a assegurar a todos os indivíduos não só a liberdade de pensamento e expressão, como o direito à educação, à cultura e à própria liberdade de crença.

De fato, na medida em que a Constituição Federal garante a liberdade de religião, todos os meios de assegurá-la, notadamente o modo de divulgação de suas doutrinas, hão de ser protegidos. Assim, para tornarem economicamente mais acessíveis tal difusão de ideias, as operações jurídicas com livros religiosos, inclusive os eletrônicos, gozam de imunidade aos impostos, não havendo a necessidade de virem preenchidos quaisquer requisitos ou condições.

XV – Dando seguimento ao nosso raciocínio, entendemos que os donativos ou aportes de capital realizados pelas pessoas físicas ou jurídicas em favor das confissões religiosas não trazem, para estas, encargos tributários, maiormente o de recolherem o *imposto sobre a renda da pessoa jurídica*/IRPJ. É que corretamente tem-se aceitado que estes rendimentos permitem que, ao recebê-los, melhor se instrumentem a levar avante suas atividades essenciais.

O mesmo se pode dizer das prestações que recebem de seus fiéis, por meio de oblações,[101] oferendas (esmolas ou coletas)[102] e liberalidades de uso.

99. CF: "Art. 150. Sem prejuízo de outras garantias asseguradas ao contribuinte, é vedado à União, aos Estados, ao Distrito Federal e aos Municípios: (...) VI – instituir impostos sobre: (...) d) livros, jornais, periódicos e o papel destinado à sua impressão".

100. V., infra, subitem 4.4.2.

101. *Oblações* são disposições patrimoniais, feitas por ato *inter vivos* ou *mortis causa*, em favor de entidades eclesiásticas, com finalidade sobrenatural.

102. *Oferendas* são doações manuais por meio das quais se atende às necessidades de entidades eclesiásticas e se facilita a realização de seus fins (de culto ou caritativos), sem que a relação jurídica entre o ofertante e o aceitante, completada com a *traditio*, origine posteriores efeitos jurídicos.

Nessa linha, também estamos convencidos de que estão abrangidas pela imunidade as aplicações financeiras, no Brasil e no exterior, dos rendimentos da Igreja (provenientes, por exemplo, de doações dos fiéis), porque, preservando-lhe o patrimônio, melhor garantem o culto religioso, sem caracterizar, no entanto, *ânimo de lucro*.

Relembramos que o que caracteriza o *ânimo de lucro* não é a mera obtenção de rendas (qualquer que seja sua origem), mas sua obtenção com o fito de reparti-las. Dito de outro modo – mais técnico –, o *lucro objetivo* (a obtenção de rendas) não alui a imunidade tributária em pauta; o que a afasta, sim, é o *lucro subjetivo* (a distribuição das rendas entre os dirigentes da Igreja), que – este, sim – tipifica *ânimo de lucro*.

Portanto, *sem ânimo de lucro*[103] não é a Igreja que deixa de perseguir ou obter rendas (*lucro objetivo*), mas a que, no caso de obtê-las, longe de distribuí-las entre seus líderes ou membros (*lucro subjetivo*), destina-as à consecução de fins espirituais.

XVI – A imunidade também alcança o veículo utilizado, comprovada e exclusivamente, na catequese ou nos serviços do culto. Sobre ele não incide o *imposto sobre a propriedade de veículos automotores*/IPVA. Também este imposto não pode ser exigido se o religioso transforma um ônibus, caminhão ou aeronave em "templo móvel" (a expressão é de Aliomar Baleeiro). São situações incomuns que, todavia, também encontram amparo constitucional para o reconhecimento da imunidade.

XVII – Ainda acerca do assunto, a imunidade das Igrejas não depende, para ser fruída – ao contrário do que se dá com as instituições assistenciais e educacionais sem fins lucrativos, que devem obedecer aos requisitos apontados em lei complementar (*ex vi* de uma interpretação sistemática do disposto nos arts. 150, VI, "c", *in fine*, e 195, § 7º, *in fine*, da CF) –, de que seus recursos sejam integralmente aplicados no País. Assim, elas podem perfeitamente aplicá-los no exterior, para a ampla difusão da fé e de seus valores espirituais, o que, de resto, vem ao encontro do disposto no já estudado art. 150, § 4º, da CF.

A questão foi bem estudada por Ives Gandra da Silva Martins, *verbis*:

"Fora a hipótese do § 4º, não há qualquer limitação imposta às Igrejas na aplicação de seus recursos, lembrando-se que as Igrejas históricas cristãs, de fundadores conhecidos, são Igrejas plurinacionais, em que os seus fiéis comungam da mesma crença e ideais, independentemente da Nação em que vivem, e se autoauxiliam na expansão da fé e dos princípios de caridade e benemerência.

Tais oferendas podem realizar-se seja de forma ocasional (esmolas), seja mediante coletas, e não se revestem de qualquer tipo de formalismo (entrega instantânea e ausência de um documento justificativo das mesmas).

103. Digno de encômios, pelo poder de síntese e pela exatidão, o seguinte comentário de Isidoro Martín Dégano: "Definitivamente, a entidade sem ânimo de lucro não é aquela que não persegue ou não obtém rendas, mas a que, no caso de obtê-las, não as pode distribuir entre seus membros, já que as destina a outro fim. Quer dizer, a falta de um lucro subjetivo, entendida como a proibição expressa de distribuir os ganhos auferidos, é o que define estas entidades" (*El Régimen Tributario de las Confesiones Religiosas y de sus Entidades en el Derecho Español*, Monografia Ciências Jurídicas, Madri, McGraw-Hill, 1999, p. 47 (traduzimos).

"O toque mais relevante de tais Igrejas é sua universalidade e sua autocomunicação, como acontece com a Igreja Católica Romana, cujas diretrizes de preservação da fé e de definição missionária se conformam em Roma, ou com a Igreja Adventista, cuja *General Conference Corporation of Seventh-Day Adventists* está sediada nos Estados Unidos.

"Em outras palavras, todas as Igrejas históricas são Igrejas universais, espalhando seus movimentos catequéticos e suas obras de benemerência e difusão da fé e de valores por todo o mundo."[104]

Portanto, desde que preencham suas finalidades essenciais, as Igrejas não precisam cumprir outros requisitos para continuarem sob o pálio do art. 150, VI, "b", da CF. Estão livres do IRF quando aplicam seus recursos no exterior a fim de propagar e disseminar, para todo o orbe, seu corpo de doutrinas.

XVIII – Também temos para nós que nada impede que, para melhor difundirem seu ideário espiritual, as Igrejas venham, com recursos próprios, a criar ou a estimular a criação de instituições assistenciais e educacionais, sem fins lucrativos,[105] voltadas ao ensino de pessoas carentes, à prevenção e recuperação dos males causados pelo alcoolismo, pelas drogas e pelo tabagismo, ao tratamento de doenças mentais, ao tratamento de moléstias ou de deformidades físicas etc. Quando o fazem, nem perdem a desoneração constitucional, nem se sujeitam à tributação por meio de IRF.

Há, porém, dois limites para isso; a saber: 1) é necessário que as instituições assistenciais ou educacionais sem fins lucrativos tenham objetivos consentâneos com os princípios religiosos da Igreja que as instituiu ou as mantém; e 2) não pode haver qualquer tipo de distribuição de patrimônio ou de recursos, ainda que a título de gratificações, dividendos ou participações, aos dirigentes da Igreja instituidora ou mantenedora.

Implementados esses dois requisitos, a Igreja continuará a fruir normalmente da imunidade do art. 150, VI, "b", da CF, porquanto, ainda que por interposta pessoa (a instituição educacional ou assistencial sem fins lucrativos, por ela patrocinada), continuará a atender às suas "finalidades essenciais".

XIX – Seguindo nesta trilha, entendemos que, embora a imunidade das Igrejas tenha sua extensão delimitada pelo § 4º do art. 150 da CF, que alude ao patrimônio, à renda e aos serviços relacionados com as *finalidades essenciais* do culto, tudo o que a este de algum modo se relacione – por estar posto a serviço da divulgação da fé religiosa – é abrangido pela desoneração tributária em foco. É o que se dá, por exemplo, com o custeio de viagens ao exterior de sacerdotes, pastores, presbíteros, rabinos etc. para que lá realizem os estudos que os qualificarão, ainda mais, para levarem avante suas missões espirituais.

104. Ives Gandra da Silva Martins, "Imunidades condicionadas e incondicionadas – Inteligência do art. 150, inciso VI e § 4º, e art. 195, § 7º, da Constituição Federal", *Revista Dialética de Direito Tributário* 28/68.

105. Estas instituições também serão imunes à tributação por meio de impostos, agora mercê do que estipula o art. 150, VI, "c", da CF, que mais adiante estudaremos.

Desse modo, é suficiente para a permanência da desoneração tributária em tela que as Igrejas não se afastem da ampla difusão da fé e que, em sintonia com o prescrito em suas doutrinas e valores espirituais, amparem, inclusive materialmente, as pessoas que a elas se dedicam prioritariamente, vale dizer, os ministros e os membros de institutos de vida consagrada.

XX – Esclarecemos, por fim, que quando a Constituição alude, para fins de imunidade, aos templos de qualquer culto está englobando as Convenções das Igrejas, isto é, a união das Igrejas-membros, registradas sob o mesmo nome e desenvolvendo o mesmo ministério.

Explicamo-nos melhor: a *Convenção das Igrejas* é formada pela reunião de vários templos do mesmo culto religioso. É, pois, em última análise, o somatório das Igrejas que a formam. Ora, se as *partes* (as Igrejas) são imunes a impostos, o *todo* (a *Convenção das Igrejas*) necessariamente também o é. Chega-se a essa conclusão utilizando o postulado lógico pelo qual o todo segue a sorte das partes que o formam.

Vejamos, agora, qual a noção jurídica de "culto".

4.2.1 A noção jurídica de "culto"

I – De uns tempos a esta parte, mais e mais se tem difundido a ideia de que, como a Constituição não define "culto", o assunto ficaria a depender exclusivamente da discricionariedade do legislador ou, até, do agente fiscal.

Dessa linha de pensamento ousamos divergir.

É certo que inexiste em nosso Diploma Magno um conjunto racional e articulado de normas que discipline, em todas as suas manifestações – ou, mesmo, nas mais importantes –, o fenômeno dos cultos religiosos.

Por outro lado, também não se contesta que a palavra "culto" é polissêmica, servindo para designar *seja* o conjunto de atitudes, cerimônias ou ritos desenvolvidos por uma *Igreja*, com o escopo de melhor pregar a mensagem divina, *seja* a própria "*confissão religiosa*".

Ia – No primeiro sentido, laico, o culto não passa de uma reverência a Deus ou a entes sobrenaturais. Nosso ordenamento jurídico inadmite que tal conduta seja perturbada ou escarnecida, quer quando realizada no interior dos templos, quer quando se dá em público, vale dizer, em cerimônias e festividades religiosas. Como consequência, nosso Direito não tolera que os objetos consagrados ao culto sejam profanados ou dolosamente destruídos.[106]

Ib – Todavia, a análise da Carta Constitucional como um todo facilmente revela que "culto", no contexto da alínea "b" do inciso VI do art. 150 desse Diploma Magno, tem o sentido de *confissão religiosa*, motivo pelo qual é dela que passamos a nos ocupar.

106. Tanto é assim, que o CP, em seu art. 208, sanciona quem, de qualquer modo, atenta contra o sentimento religioso ("Art. 208. Escarnecer de alguém publicamente, por motivo de crença ou função religiosa; impedir ou perturbar cerimônia ou prática de culto religioso; vilipendiar publicamente ato ou objeto de culto religioso: Pena – detenção, de 1 (um) mês a 1 (um) ano, ou multa").

II – *Confissão religiosa* nada mais é que uma entidade dotada de estrutura orgânica hierarquizada, instituída com o objetivo fundamental de agrupar, de modo permanente, pessoas que partilham das mesmas crenças transcendentais, vale dizer, que nutrem a mesma fé numa dada divindade. Nesse sentido, são confissões religiosas não só a Igreja Católica e as nascidas da Reforma Protestante, como as que adotam fórmulas mais elementares e variadas de organização (sinodal, congregacionista etc.). Também merecem esta qualificação as comunidades judaicas e muçulmanas, que, embora se caracterizem pela dispersão e multiplicidade e se relacionem mais por vínculos religiosos que jurídicos, têm uma fé comum.

Tal, inclusive, a lição de Motilla de la Calle, *verbis*: "(*confissão religiosa é a*) comunidade permanente de pessoas ligadas pelo vínculo da fé comum, caracterizada pela existência de uma organização própria e normas escritas, para a consecução dos fins religiosos, que se apresenta como unitária, frente ao ordenamento do Estado, e é dotada dos elementos próprios dos ordenamentos jurídicos".[107]

Segue-se, do exposto, que, para que se reconheça a existência de uma confissão religiosa, é preciso sejam identificáveis pelo menos quatro requisitos; a saber: a) uma crença comum em um Ser Supremo e Transcendente;[108] b) alguns atos de culto disciplinando a relação dos fiéis, que devem ser em número significativo, com o Ser Supremo e Transcendente, em que creem;[109] c) uma organização jurídica, por mínima que seja, indicando a designação da entidade, seu regime de funcionamento e seus órgãos representativos (ministério sacerdotal, pastoral ou hierárquico); e d) certa estabilidade, isto é, vontade de perdurar no tempo.[110]

III – A esses requisitos essenciais costumam agregar-se outros que, embora não obrigatórios, ajudam a reconhecer, quando presentes, a existência jurídica da confissão religiosa.

Dentre eles, podemos mencionar, exemplificativamente: a) um governo eclesiástico definido e distinto dos demais; b) um código formal de doutrina e disciplina; c) ministros selecionados, após haverem concluído estudos específicos; d) uma literatura própria; e) celebração de assembleias regulares; f) prestação de serviços religiosos com caráter regular; e g) escolas para o ensino religioso aos jovens.

A par disso, a diversidade de confissões existentes – consequência da aplicação do pluralismo ao âmbito religioso – impõe que cada uma delas tenha umas tantas características peculiares, que a diferenciem das demais.[111]

107. Motilla de la Calle, *Los Acuerdos Entre el Estado y las Confesiones Religiosas en el Derecho Español*, Barcelona, Bosch, 1985, pp. 305-306 (esclarecemos no parêntese e traduzimos).

108. Isso já aparta da confissão religiosa as entidades relacionadas com o estudo e a experimentação dos fenômenos psíquicos ou parapsicológicos ou da difusão de valores humanísticos ou espirituais e outros fins análogos, alheios aos religiosos.

109. Em qualquer religião há de existir um *culto*, entendido como forma de comunicação entre a pessoa e a divindade, por meio de práticas que tendam a uma finalidade de religação salvadora.

110. Para maior aprofundamento do assunto, v., de Isidoro Martín Dégano, *El Régimen Tributario* ..., cit., pp. 5-12.

111. Esta diferenciação, no entanto, não precisa ser tão acentuada a ponto de cada confissão religiosa dever apresentar características completamente distintas das demais. Isso, inclusive, é, em alguns casos, de todo em todo impossível, como, por exemplo, nas denominadas Igrejas Cristãs, que, dada sua origem comum, têm, com pequenas variações, fins coincidentes.

IV – Remarque-se que todas as confissões religiosas regularmente constituídas têm jus à imunidade de que trata o art. 150, VI, "b", da CF; circunstância que, de resto, rima com a característica do Estado Brasileiro de proteger os direitos e as liberdades fundamentais da pessoa humana e sua dignidade.

Isso reforça nossa convicção, já manifestada,[112] de que as regras imunizantes devem receber, no que concerne aos "templos de qualquer culto", uma interpretação ampliativa, até porque existem muitos outros direitos, menos antigos ou nobres, que o de estar *ligado a Deus*, que desfrutam, no Direito pátrio, de especial proteção tributária.

De fato, a Constituição reconhece e protege grande cópia de direitos, sem os quais hoje seria inconcebível uma vida razoável e civilizada. Alguns são recentíssimos, como o direito à proteção do meio ambiente ou o direito à proteção da intimidade em face das agressões informáticas. Ora, não se discute que o Estado, para protegê-los, venha a se utilizar, dentre outros, dos instrumentos tributários.

V – Pois bem. Desde tempos imemoriais o sentimento religioso é uma das marcas mais expressivas do gênero humano. Em que pese aos esforços do racionalismo para erradicar o elemento sobrenatural que toda religião encerra, é evidente que continua a integrar a natureza humana.

VI – Por outro lado, tem-se entendido que, com a realização das atividades estritamente religiosas, as confissões também beneficiam ao Estado, pois, com a divulgação de suas doutrinas, formam e educam seus membros, que, afinal, integram a sociedade e, assim, vão ajudar a transformá-la para melhor. Logo, os efeitos positivos da pregação não se esgotam em quem a recebe, mas se transferem, em maior ou menor medida, a outras pessoas, repercutindo no bem-estar geral.

Para não ficarmos na aridez da teoria, basta pensar no que representam para a comunidade as atividades da Igreja que se traduzem em ensino, cultura, saúde, benemerência, moralidade pública e privada, educação dos cidadãos na prática de virtudes eminentemente sociais (justiça, caridade, abnegação no serviço ao próximo etc.), tratamento de drogados, reabilitação de detentos, e assim avante.[113] A eficácia dessas condutas não se esgota nos fiéis, mas, pelo contrário, afeta, de forma positiva, toda a sociedade.

É quanto basta para justificar a imunidade tributária das Igrejas, que, além de serem – como quer Albiñana García-Quintana – "defensoras de valores humanos e de contribuírem, de um ou outro modo, para o bem temporal do homem",[114] garantem-lhe o direito fundamental à liberdade de consciência e de manifestação de suas crenças espirituais.

112. Supra, subitem 4.2, III.

113. Na Constituição brasileira muitos desses objetivos – que a doutrina italiana significativamente chama de *scopi* ou *interessi meritevoli* (Franco Gallo, "I soggetti del libro primo del codice civile e l'Irpeg: problematiche e possibili evoluzioni", *Rivista di Diritto Tributario* 4/354, 1993) – são da alçada do Poder Público, isto é, devem ser perseguidos e alcançados pelo Estado. Ora, na medida em que as Igrejas os perseguem e alcançam, não devem ser objeto de gravames tributários.

114. Albiñana García-Quintana, "La financiación de las Iglesias", *REDF* 14/331-332, 1977.

VII – Mas, afinal, a quem cabe declarar que uma pessoa reveste a condição de sacerdote, pastor, rabino, presbítero, ministro de confissão religiosa etc.?

Damo-nos pressa em responder: à própria Igreja (aí compreendida a Convenção à qual está vinculada), de acordo com seus critérios, doutrinas e ideários.

Aliás, esta resposta se impõe até por uma questão de bom-senso, que está longe de ser incompatível com o Direito. Pelo contrário, é um valor que deve ser considerado na solução de impasses, antinomias e litígios, ainda mais quando se está em face de dispositivos infralegais, quase sempre vazados em termos mais políticos do que jurídicos.

De fato, não faria sentido que um Estado como o nosso, cuja Constituição declara laico, se imiscuísse nesse assunto, para declarar quem é e quem não é ministro de confissão religiosa.

VIIa – Evidentemente, se o Fisco discordar do entendimento da Igreja, tem o *dever de provar* os fatos que deram origem à sua insurgência.[115] Se não o fizer, suas suspeitas aluirão.

De resto, seria rematado absurdo impedir que uma Igreja indicasse, ela própria, quem nela exerce as funções de sacerdote, pastor, presbítero, evangelista, obreiro etc.

Tratemos, agora, dos ganhos dos religiosos e do seu tratamento jurídico-tributário.

4.2.2 Dos ganhos dos religiosos e do seu tratamento jurídico tributário

I – Como vimos, as Igrejas, enquanto atendem às suas finalidades essenciais, são imunes aos impostos, não sendo dado nem ao legislador, nem à autoridade administrativa, deixar de reconhecer a desoneração constitucional em tela, sob pena de violação ao *princípio da liberdade religiosa* e aos direitos fundamentais que a concretizam.

Ao Poder Público compete, apenas e tão somente, aferir se em algum caso concreto houve abusos, ou seja, se foram ultrapassadas as raias da religiosidade.[116] Não lhe é dado, porém, avaliar seja os ensinamentos da entidade religiosa, seja os meios – desde que, evidentemente, lícitos – que elegeu como válidos, para propagar seu corpo de doutrinas e dar continuidade aos seus projetos de catequese e auxílio ao próximo, seja, ainda, quem é sacerdote, pastor, ministro de confissão religiosa, rabino etc.

II – Evidentemente, os rendimentos dos ministros de confissão religiosa[117] e membros de institutos de vida consagrada, de congregações ou de ordens religiosas,

115. Não há falar, *in casu*, em ônus de provar, já que esse pressupõe a disponibilidade – inexistente em matéria tributária – do direito de buscar a *verdade material*. Pelo contrário, a autoridade fiscal tem o *dever de provar* os fatos que imputa ao contribuinte, em ordem a vê-lo sancionado.

116. Tal se daria, por exemplo, se as doações dos fiéis fossem destinadas a atividades mercantis cujos frutos revertessem em benefício exclusivo dos líderes religiosos.

117. *Ministros de confissão religiosa* são pessoas que desempenham funções e divulgam práticas associadas a crenças sagradas, além de darem orientação espiritual e moral aos fiéis. Na lição abalizada de Miguel Horvath Jr.: "(...) são aqueles que consagram sua vida ao serviço de Deus e do próximo, com ou sem ordenação, dedicando-se ao anúncio de suas respectivas doutrinas e crenças, à celebração dos cultos próprios, à organização das comunidades e à promoção de observância das normas estabelecidas, desde

ainda que proporcionados pela própria entidade, se sujeitam à tributação por meio de imposto sobre a renda da pessoa física/IRPF.[118]

Tal entendimento encontra supedâneo no art. 150, II, da CF, que proclama ser vedado às pessoas políticas "dispensar tratamento desigual entre contribuintes que se encontrem em situação equivalente, proibida qualquer distinção em razão de ocupação profissional ou função por eles exercida, independentemente da denominação jurídica dos rendimentos, títulos ou direitos".

IIa – Este dispositivo reforça o *princípio republicano* – uma das vigas-mestras de nosso ordenamento constitucional[119] –, porquanto proíbe a concessão de vantagens tributárias fundadas em privilégios ou categorias de pessoas. Tal vedação endereça-se também ao imposto sobre a renda, como facilmente ressai do precitado tópico "independentemente da denominação jurídica dos rendimentos".[120]

Aliomar Baleeiro pensa de igual modo e, ainda por cima, faz oportuna consideração. Ouçamo-lo: "E a espórtula do sacerdote, padre, pastor, pelos atos remunerados do culto? Nenhuma regra se encontra na Constituição, de sorte que deve prevalecer o princípio geral da tributação, se não houver isenção por lei especial. Prevalece o imposto de renda, que, entretanto, não poderá ser discriminado quer para tratamento diferencial entre sacerdotes de cultos diversos, quer entre sacerdócio e trabalho da mesma categoria intelectual".[121]

Nada temos a acrescentar às palavras do Mestre.

IIb – Observe-se, sempre a propósito, que a imunidade das Igrejas, dos Institutos de Vida Consagrada, das Congregações e das Ordens Religiosas não as libera do encargo de descontar o imposto de renda na fonte/IRRF sobre os rendimentos pagos ou creditados aos seus ministros, sacerdotes e membros.

Este, de resto, o entendimento da Receita Federal do Brasil, contido na Solução de Consulta COSIT-254, de 26.5.2017, cuja ementa dispõe:

que devidamente aprovados para o exercício de suas funções pela autoridade religiosa competente" (*A Legislação Previdenciária e os Ministros Religiosos*, disponível em *http://www.professoramorim.com.br/amorim/dados/anexos/379.doc*).

Portanto, são igualmente consideradas *ministros de confissão religiosa* as pessoas que, mesmo não tendo sido ordenadas, os *coadjuvam* na pregação e propagação das doutrinas da Igreja. É o caso dos ministros da eucaristia, dos irmãos leigos e dos obreiros, entre outros.

118. Assim é porquanto este tributo, conforme prescreve o art. 153, § 2º, I, da CF, é informado, entre outros, pelo critério da *generalidade*.

119. A respeito do *princípio republicano*, v., de Geraldo Ataliba, *República e Constituição* (3ª ed., atualizada por Rosolea Miranda Folgosi, São Paulo, Malheiros Editores, 2011).

120. Eventuais isenções de imposto sobre a renda somente são admitidas quando rendem homenagens ao *princípio da igualdade* e, por extensão, ao da *capacidade contributiva*. Melhor explicando, somente podem ser concedidas quando levam em conta objetivos constitucionalmente consagrados (proteção à velhice, à família, à cultura, aos deficientes mentais, aos doentes incuráveis, aos economicamente mais fracos, isto é, que revelam incapacidade econômica para suportar o encargo fiscal sem se privarem do *mínimo vital*, e assim por diante).

121. Aliomar Baleeiro, *Limitações Constitucionais ao Poder de Tributar*, 11ª ed., atualização de Misabel Derzi, Rio de Janeiro, Forense, 1999, p. 503.

"Assunto: **Obrigações Acessórias**

"Retenção na fonte – Ministros de Confissão Religiosa. Estão sujeitos à incidência do imposto sobre a renda na fonte os valores despendidos pelas entidades religiosas com ministros de confissão religiosa, conforme a Tabela Progressiva do IRRF."

IIc – Tais entidades, no entanto, *são isentas* do pagamento de contribuições previdenciárias patronais sobre a remuneração (prebendas) que propiciam aos seus sacerdotes, pastores, presbíteros, rabinos etc. em razão de seus misteres espirituais *ou* para garantir-lhes a subsistência. É o que prescreve o art. 22, § 13, da Lei 8.212/1991:

"Art. 22. A contribuição a cargo da empresa, destinada à Seguridade Social, além do disposto no art. 23, é de:

(...).

"§ 13. Não se considera como remuneração direta ou indireta, para os efeitos desta Lei, os valores despendidos pelas entidades religiosas e instituições de ensino vocacional, com ministro de Confissão Religiosa, membros de Instituto de Vida Consagrada, de Congregação ou de Ordem Religiosa, em face do seu mister religioso ou para sua subsistência, desde que fornecidos em condições que independam da natureza e da quantidade do trabalho executado."[122]

Este dispositivo deve ser interpretado ao lume do § 14 (incluído pela Lei 13.137/2015) do mesmo art. 22; *verbis*:

"§ 14. Para efeito de interpretação do § 13 deste artigo:

"I – os critérios informadores dos valores despendidos pelas entidades religiosas e instituições de ensino vocacional aos ministros de Confissão Religiosa, membros de instituto de Vida Consagrada, de Congregação ou de Ordem religiosa não são taxativos e sim exemplificativos;

"II – os valores despendidos, ainda que pagos de forma e montante diferenciados, em pecúnia ou a título de ajuda de custo de moradia, transporte, formação educacional, vinculados exclusivamente à atividade religiosa não configuram remuneração direta ou indireta".

Portanto, a legislação de regência não especifica a natureza jurídica das importâncias pagas aos ministros de Confissão Religiosa e aos membros de Instituto de Vida Consagrada, de Congregação ou de Ordem Religiosa; apenas vincula a isenção (i) à atividade religiosa ou à subsistência dos que a ela se dedicam e (ii) a que os valores pagos independam da natureza e da quantidade do trabalho executado.

Noutros termos, a contribuição previdenciária patronal não incide quando os valores pagos têm em vista apenas a atividade religiosa ou a subsistência daqueles que a ela se dedicam.

122. Deflui, todavia, deste parágrafo serem juridicamente havidas como remuneração, direta ou indireta, para fins de salário-de-contribuição, as quantias que superam o necessário para o adequado sustento dos ministros de confissão religiosa (aí compreendidos seus dependentes econômicos) e membros de Institutos de Vida Consagrada, de Congregação ou de Ordem Religiosa.

Neste particular há que ser levada em conta a *razoabilidade*,[123] que impõe a utilização do senso comum para que se afira se os estipêndios do profissional religioso são suficientes para suprir suas necessidades naturais e as de seus dependentes econômicos (com alimentação, higiene, transporte, saúde, vestuário, habitação, educação, lazer etc.) ou, pelo contrário, levam ao seu enriquecimento pessoal.

Salientamos, porém, que o que acabamos de escrever está longe de significar que "garantir a subsistência" é simplesmente proporcionar ao religioso e seus dependentes econômicos o *mínimo existencial*, vale dizer, o indispensável para que sobrevivam. Pelo contrário, é dar-lhes uma vida digna e confortável, embora não luxuosa, o que pressupõe alimentação e vestuário adequados, tratamentos médico-hospitalares decentes, educação de qualidade, para ele e seus dependentes econômicos, etc.

IId – Um ponto, porém, é incontroverso: somente integram a base de cálculo das contribuições previdenciárias patronais os valores despendidos pela Confissão Religiosa, pelo Instituto de Vida Consagrada, pela Congregação ou pela Ordem Religiosa para o custeio de seus ministros ou assemelhados quando *comprovadamente* forem exorbitantes.

Eventuais controvérsias a respeito poderão ser dirimidas pelo Poder Judiciário – sempre observado, é claro, o *devido processo legal*.

Avancemos em nosso raciocínio.

III – A CF, em seu art. 195, estabeleceu que o custeio do Sistema de Seguridade Social será suportado por toda a sociedade, mediante as seguintes contribuições, entre outras: "I – do empregador, da empresa e da entidade a ela equiparada na forma da lei, incidentes sobre: a) a folha de salários e *demais rendimentos do trabalho* pagos ou creditados, a qualquer título, à pessoa física que lhe preste serviço, mesmo sem vínculo empregatício; (...)".[124]

Exercendo esta competência constitucional, a União criou a *contribuição previdenciária patronal*, por meio da Lei 8.212/1991, cujo art. 22, III, estabelece: "Art. 22. A contribuição a cargo da empresa, destinada à Seguridade Social, além do disposto no art. 23, é de: (...); III - vinte por cento sobre o total das remunerações pagas ou creditadas a qualquer título, no decorrer do mês, aos segurados contribuintes individuais que lhe prestem serviços".

Tal contribuição, como é fácil notar, tem por gênese o trabalho realizado pelo empregado ou pela pessoa física que presta serviço à empresa, mesmo sem vínculo empregatício. Noutro falar, ela incide quando tal remuneração se dá *pelo trabalho*.

123. Humberto Ávila foi sobremodo feliz ao observar: "(...) a razoabilidade atua como instrumento para determinar que as circunstâncias de fato devem ser consideradas com a presunção de estarem dentro da normalidade. A razoabilidade atua na interpretação dos fatos descritos em regras jurídicas. A razoabilidade exige determinada interpretação como meio de preservar a eficácia de princípios axiologicamente sobrejacentes" (*Teoria dos Princípios – Da Definição à Aplicação dos Princípios Jurídicos*, 18ª ed., São Paulo, Malheiros Editores, 2018, pp. 196-197).

124. Grifamos.

IIIa – Nada obstante, o § 13 do art. 22 da Lei 8.212/1991 isentou as Igrejas – aí compreendidas as Convenções de Igrejas – da contribuição previdenciária patronal sobre os valores que forem pagos aos seus ministros em função da atividade que exercem ou para garantir-lhes a subsistência, "desde que fornecidos em condições que independam da natureza e da quantidade do trabalho executado". Concedeu-lhes, portanto, uma isenção condicionada.[125]

Deveras, este dispositivo condicionou o desfrute da isenção em tela, aos valores despendidos pelas entidades religiosas para remunerar seus ministros (*v.g.*, os sacerdotes, os rabinos, os pastores etc.), garantindo-lhes, e a seus dependentes econômicos, a subsistência digna, *desde que* fornecidos independentemente (i) da natureza e (ii) da quantidade do trabalho executado.

Estas são as duas únicas condições a serem implementadas para o gozo da isenção em tela. Inexiste uma terceira condição, qual seja, que a remuneração não possa se dar *pelo trabalho religioso realizado.*

Então, vejamos.

IV – De regra, os ministros das Igrejas, embora não sejam seus empregados, na acepção do art. 3º da CLT,[126] são por elas remunerados.[127]

Não se questiona, portanto, que os valores que recebem (prebendas) exsurgem do trabalho religioso que prestam.

Todavia, desde que as prebendas não levem em consideração, nem a natureza, nem a quantidade dos trabalhos realizados, elas podem variar haver de religioso para religioso, sem que essa circunstância afaste a isenção tributária em tela.[128]

Com efeito, o benefício legal se mantém se as variações remuneratórias decorrerem das possibilidades financeiras das Igrejas a que os religiosos estão vinculados, bem como das qualificações destes (*v.g.*, do grau de importância na hierarquia eclesiástica), de suas necessidades pessoais (decorrentes da idade, da saúde, do estado civil, do número e idade de dependentes econômicos), do local onde exercem seus ministérios etc. Foi o que, de resto, já decidiu a Receita Federal do Brasil na Solução de Consulta COSIT-6, de 17.1.2018, cuja ementa dispõe:

"Assunto: **Contribuições Sociais Previdenciárias**

"Entidades religiosas – Instituições de ensino vocacional – Ministros e membros – Remuneração. Para os efeitos da Lei n. 8.212, de 1991, e desde que fornecidos em condições que independam da natureza e da quantidade do trabalho executado, não

125. *V.*, infra, cap. X, subitem 4.2.1, I.

126. CLT: "Art. 3º. Considera-se empregado toda pessoa física que prestar serviços de natureza não eventual a empregador, sob a dependência deste e mediante salário".

127. As relações jurídicas entre as Igrejas e seus ministros são marcadas por uma série de peculiaridades, entre as quais avulta o caráter espiritual, advindo dos votos que o religioso faz. Assim, mesmo quando este desempenha atividades econômicas em favor da Igreja não reveste a condição de empregado comum, mas, apenas, de servidor consagrado a uma causa transcendental.

128. As prebendas recebidas devem ser remuneradas exclusivamente pelo INSS individual, nos termos do art. 12, V, "c", da Lei 8.212/1991.

é considerado como remuneração direta ou indireta os valores despendidos pelas entidades religiosas e instituições de ensino vocacional com ministros de Confissão Religiosa, membros de Instituto de Vida Consagrada, de Congregação ou de Ordem Religiosa em face do seu mister religioso ou para sua subsistência, *ainda que no cálculo do **quantum** a ser pago sejam utilizados parâmetros relacionados às particularidades, características ou atributos do religioso, tais como estado civil, antiguidade, grau de escolaridade ou número e idade de filhos*".[129]

V – Cabe ao Fisco, caso discorde dos critérios utilizados pelas Igrejas na fixação das prebendas dos seus ministros, demonstrar, ponto por ponto, que elas não abrem espaço à isenção tributária de que aqui se cogita. Mas tudo, evidentemente, deve passar pelo crivo do contraditório e da ampla defesa.

4.3 *As imunidades dos partidos políticos e suas fundações, das entidades sindicais dos trabalhadores e das instituições de educação e assistência social*

4.3.1 Considerações gerais

I – Nos termos da alínea "c" do inciso VI do art. 150 da CF, são imunes à tributação por meio de impostos "o patrimônio, a renda ou os serviços dos partidos políticos, inclusive suas fundações, das entidades sindicais dos trabalhadores, das instituições de educação e de assistência social, sem fins lucrativos, atendidos os requisitos da lei".

Para evitar dúvidas, esclarecemos, desde já, que os requisitos da lei ali referida devem ser observados não só pelas instituições de educação e assistenciais, senão, também, pelos partidos políticos e suas fundações e pelas entidades sindicais dos trabalhadores.

Como veremos no capítulo derradeiro ("Normas Gerais em Matéria de Legislação Tributária"), tal lei só pode ser uma lei complementar, justamente porque ela vai regular *imunidades tributárias*, que são "limitações constitucionais ao poder de tributar". Ora, estas, a teor do art. 146, II, da CF, só podem vir reguladas por meio de lei complementar.[130]

Acrescentamos que a lei complementar deve, no caso, cuidar apenas de *aspectos formais*, isto é, limitar-se a apontar medidas aptas a assegurar a eficácia do mandamento constitucional em discussão. Não lhe é dado restringi-lo, deturpá-lo ou anulá-lo.

II – Faz as vezes de tal lei complementar o art. 14 do CTN, que prescreve: "Art. 14. O disposto na alínea IV do art. 9º é subordinado à observância dos seguintes requisitos pelas entidades nele referidas: I – não distribuírem qualquer parcela de seu

129. Grifamos.

130. Para maiores esclarecimentos, remetemos o leitor para o subitem 7.2 do cap. XI, "Normas Gerais em Matéria de Legislação Tributária".

patrimônio ou de suas rendas, a qualquer título;[131] II – aplicarem integralmente, no País, os seus recursos na manutenção dos seus objetivos institucionais; III – manterem escrituração de suas receitas e despesas em livros revestidos de formalidades capazes de assegurar sua exatidão".

Deste modo, os partidos políticos e suas fundações, os sindicatos de empregados e as instituições educacionais ou assistenciais só podem gozar da imunidade a impostos se: a) não tiverem fins lucrativos; b) aplicarem todos os seus recursos no País; e c) escriturarem suas receitas em livros próprios e de modo adequado.

Melhor elucidando, o próprio constituinte já indicou o *aspecto material* para o desfrute da imunidade: a ausência de fins lucrativos.[132] Absolutamente não atribuiu competência ao legislador complementar para abrir ou fechar as portas da tributação contra os partidos políticos e suas fundações, os sindicatos de empregados e as instituições de educação e assistência social; mas, pelo contrário, limitou-se a permitir *detalhe* os requisitos pertinentes e adequados à fruição da desoneração constitucional em tela.

IIa – Observamos que a ausência de fins lucrativos exige tanto a não distribuição de seu patrimônio ou de suas rendas[133] como o investimento dos resultados econômicos positivos obtidos na própria entidade.[134]

131. Redação dada pela Lei Complementar 104, de 10.1.2001. A redação original era: "I – não distribuírem qualquer parcela de seu patrimônio ou de suas rendas, a título de lucro ou participação no seu resultado". Segundo pensamos, houve, no caso, apenas um aperfeiçoamento redacional. Ressaltamos que este inciso I não cuida de aspecto substancial novo. E nem o poderia fazer, sob pena de reduzir o alcance do preceito constitucional em tela, que, implicitamente, já estabelece as condições da imunidade, dentre as quais figura a ausência de fins lucrativos, ou seja, o não favorecimento a interesses privados. Será inconstitucional qualquer interpretação deste dispositivo do Código Tributário Nacional que consagre nova restrição.

132. A imunidade tributária das instituições de educação ou de assistência social sem fins lucrativos é do tipo *condicionado*, já que seu reconhecimento depende do atendimento de um *requisito material*: não terem fins lucrativos. Sua comprovação será feita mediante a implementação de *requisitos formais*, apontados em lei complementar, que deve, no entanto, limitar-se a indicar os necessários e suficientes a demonstrar a vocação economicamente desinteressada da entidade.

Como quer que seja, a imunidade tributária das instituições de educação e de assistência social sem fins lucrativos, por ter sede constitucional, não pode ser "revogada", isto é, suprimida, com efeito retroativo, ainda que se comprove o não preenchimento de qualquer dos requisitos apontados em lei complementar.

De fato, tais requisitos são meras *condições suspensivas* da imunidade; e, assim, ainda que descumpridos, longe de cassarem a imunidade, apenas impedem, enquanto persistir a irregularidade, a fruição da desoneração constitucional.

133. Na medida em que o art. 150, VI, "c", da CF visa a preservar os valores "educação" e "assistência social", a eventual distribuição dos resultados econômicos positivos obtidos pela instituição é incompatível com o atingimento destas finalidades, por lhe reduzir a capacidade de manutenção e de crescimento.

134. No mesmo sentido a lição de Aires Barreto e Paulo Ayres Barreto: "(...) é instituição sem fins lucrativos toda entidade que não tenha por objetivo distribuir os seus resultados, nem o de fazer retornar seu patrimônio às pessoas que a instituíram. Para que sejam classificadas como 'sem fins lucrativos', é mister que as instituições preencham dois requisitos: a) não distribuam lucros (mais correto seria dizer seus superávits); e b) não revertam seu patrimônio às pessoas que as criaram. Preenchidos esses pressupostos, tem-se instituição sem fins lucrativos" (*Imunidades Tributárias: Limitações Constitucionais ao Poder de Tributar*, São Paulo, Dialética, 1999, p. 23).

Por aí se vê que a entidade não está proibida de obter superávits, mas, apenas, de distribuí-los, a qualquer título.

Irreprochável, a propósito, o seguinte raciocínio de Misabel Derzi, *verbis*: "O Código Tributário Nacional proíbe a distribuição de lucros, exatamente no pressuposto de que existam ou possam existir. Os *lucros*, o *excedente* da receita sobre os gastos, não estão proibidos. Apenas se coíbe distribuí-los ou tê-los como meta. Aliás, se a pobreza fosse o pressuposto da imunidade, inútil seria o dispositivo da Constituição Federal".[135]

Portanto, se as atividades econômicas servirem exclusivamente para financiar o *déficit* das *atividades-fim* de tais instituições de educação ou de assistência social, não vemos qualquer motivo jurídico para lhes suspender as imunidades tributárias. Simplesmente haverá uma louvável busca de fontes de recursos, preordenados à manutenção dos objetivos principais destas instituições, pelo que não estará presente, no caso, qualquer *desvio de finalidade*.

Ademais, equivale a exigir o impossível, pretender que a entidade seja autossustentável, isto é, que faça benemerência com recursos advindos exclusivamente da própria atividade filantrópica, no mais das vezes deficitária.

IIb – Sempre a propósito, a remuneração dos funcionários, dirigentes, administradores e gestores, desde que efetuada de acordo com as leis de mercado e que seja equivalente aos serviços laborais por eles prestados, não afasta a imunidade em tela. O que a afasta é a remuneração exorbitante ou sem causa, que mal consegue esconder a distribuição do patrimônio ou das rendas da entidade. Tal entendimento, de resto, entra em conflito com diretriz apontada no art. 7º, IV, da CF, qual seja, a garantia de salário a todos os trabalhadores.

Melhor dizendo, a imunidade somente cai por terra quando, sob a aparência de *salários*, os funcionários, dirigentes, administradores e gestores vêm a ser alvo de verdadeiras *distribuições disfarçadas de lucros*.

IIc – Em relação especificamente às instituições de educação e de assistência social sem fins lucrativos, nada justifica exigir que seus dirigentes não recebam remuneração por seus serviços – vale dizer, *salários*. O que não podem – insistimos – é partilhar o patrimônio ou a renda dessas entidades.

Ademais, é desejável que elas tenham dirigentes que atuem, em tempo integral, com profissionalismo e competência. Ora, como encontrar tais dirigentes, se não se puder remunerá-los de modo adequado?

As normas que dispõem de modo diverso (*v.g.*, as contidas no art. 12, § 2º, "a", da Lei 9.532/1997) cristalizam preconceito contra as instituições de educação e de assistência social sem fins lucrativos, qual seja, de que devem ser dirigidas com base no voluntariado – que, no mais das vezes, como é sabido e consabido, passa pelo amadorismo e pela incompetência.

135. Misabel Derzi, "A imunidade das instituições de educação e de assistência social", in Valdir de Oliveira Rocha (coord.), *Imposto de Renda – Alterações Fundamentais*, São Paulo, Dialética, 1998, pp. 175-176.

Reitere-se que remuneração de dirigentes não configura nem distribuição de lucros, nem apropriação do patrimônio da entidade, mas apenas contraprestação econômica pela atividade laboral realizada.

IId – De seu turno, a necessidade de *aplicação dos recursos no País*[136] impede que haja remessa definitiva de divisas ao exterior ou, mesmo, que a entidade auxilie financeiramente outras congêneres no exterior (partido político, instituição educacional, sindicato de empregados etc.).[137] No entanto, para aumentarem seu patrimônio, podem, sem perda da imunidade, fazer investimentos que eventualmente levem a aplicações financeiras no exterior. Basta que os dividendos assim obtidos venham, na consecução de suas finalidades, investidos integralmente no País.

Não arreda o direito à imunidade, porém, a concessão, a seus funcionários, de bolsas de estudos para o exterior. Conquanto o dinheiro não seja gasto no País, este acabará beneficiado com o retorno de um funcionário profissionalmente mais qualificado.

IIe – Finalmente, a exigência de escrituração, em livros próprios, das suas receitas fornece ao Fisco instrumentos aptos a averiguar o cumprimento dos requisitos anteriormente mencionados. Trata-se de dever instrumental tributário (*obrigação acessória*), que deve ser cumprido pela entidade interessada, sob pena de, se não o fizer ou o fizer de maneira incompleta, permanecer temporariamente alijada da imunidade.

Esta escrituração, no entanto, não precisa atender a todas as regras da boa técnica contábil. Basta que seja suficiente para comprovar o preenchimento dos requisitos apontados nos incisos I e II do art. 14 do CTN. Esta linha de pensamento, diga-se de passagem, foi sufragada pelo E. 1º Conselho de Contribuintes do Ministério da Fazenda (atualmente reformulado em Conselho Administrativo de Recursos Fiscais/CARF) quando decidiu não ser necessária "a adoção de escrituração comercial, segundo a boa técnica contábil, e com observância das normas constantes da legislação tributária, nos moldes em que é exigida das demais empresas submetidas ao regime de tributação, com base no lucro real ou presumido. A escrituração exigida objetiva, tão somente, a verificação pela Fiscalização do cumprimento dos requisitos contidos nos incisos I e II do art. 14 da Lei n. 5.172, de 1966".[138]

Sobremais, meras irregularidades contábeis não configuram razões suficientes para autorizar a suspensão da imunidade tributária, consoante também já decidiu o Conselho Administrativo de Recursos Fiscais/CARF,[139] *verbis*:

136. V., infra, subitem 4.3.5, IX.

137. Tal é a opinião também de Aliomar Baleeiro: "Os fins – educação, assistência social, orientação política ou religiosa – é que se devem realizar no País, aproveitando a este. Não gozará da imunidade o partido organizado no Brasil para restauração da Monarquia em Portugal, a congregação religiosa destinada à conversão dos chineses ao Catolicismo, a associação votada à prestação de socorros ou de recursos educacionais à Abissínia. Nem poderá permanecer no gozo da imunidade a confraria que remeter parte de suas rendas para a direção central em Roma ou para missões alhures. O fim específico há de ser procurado e realizado no Brasil" (*Limitações Constitucionais ao Poder de Tributar*, 3ª ed., Rio de Janeiro, Forense, 1974, pp. 187-188).

138. Processo 10283.001362/96-68, Acórdão 103-19.567, de 20.8.1998, rel. Cons. Edson Vianna de Brito.

139. CARF, Acórdão 107-05340, *DOU* 20.9.1999, p. 5.

"IRPJ – Instituição de educação e cultura – Irregularidades formais na Contabilidade – Afastamento da imunidade – Improcedência do lançamento. Instituição de assistência social, que se enquadre no texto constitucional e regulamentar, tem os seus resultados protegidos pela imunidade tributária; irregularidades detectadas na escrita de entidades imunes, a teor da jurisprudência desse Colegiado, não constitui razão bastante para o afastamento de sua imunidade.

"Por unanimidade de votos, dar provimento ao recurso".

Destarte, as imprecisões na Contabilidade não tipificam, por si sós, violação ao inciso III do art. 14 do CTN, consistente na exigência de que inclusive as instituições de assistência social, sem fins lucrativos, mantenham escrituração de suas receitas e despesas em livros revestidos de formalidades capazes de assegurar sua exatidão.

Evidentemente, tal requisito diz respeito à manutenção de documentos que comprovem os valores que ingressem nos cofres da entidade ou deles saiam, indicando as razões do movimento financeiro. Como acentuam Aires F. Barreto e Paulo Ayres Barreto, não se impõe a necessidade de escrituração comercial pormenorizada, *verbis*: "Sem embargo, é preciso destacar a circunstância de que as instituições sem fins lucrativos não estão obrigadas à escrituração comercial, mas tão só à chamada escrituração simplificada".[140]

Logo, tratando-se de pessoa jurídica sem fins lucrativos não há exigência de que os registros contábeis sejam feitos de forma rigorosa. É evidente que a autoridade administrativa, ao proceder à fiscalização em entidade sujeita a sistema contábil mais simples, não pode utilizar-se dos mesmos critérios e parâmetros aplicáveis a pessoas obrigadas a adotar demonstrações contábeis complexas. Por essas razões, as formalidades exigidas para uma pessoa jurídica sujeita à apuração pelo lucro real, sendo intrincadas e minuciosas, não podem ser aplicadas relativamente às entidades assistenciais sem fins lucrativos, das quais se pede apenas o registro simplificado de suas contas.

Consignamos, por fim, que eventual "suspensão" da imunidade, quando amparada em descumprimento de "escrituração de suas receitas e despesas em livros revestidos de formalidades capazes de assegurar sua exatidão", precisa vir *motivada*, de modo a demonstrar, ponto por ponto, a impossibilidade de se afirmar que a entidade não efetuou distribuição de lucros e reinvestiu nela própria seus excedentes financeiros.[141]

III – Em suma, o art. 14, I a III, do CTN dá plena eficácia e total aplicabilidade ao art. 150, VI, "c", da CF. Os partidos políticos e suas fundações, as entidades sindicais de trabalhadores e as instituições educacionais e de assistência social, sem fins lucrativos, que atenderem aos requisitos deste art. 14, I a III, têm o inafastável

140. Aires F. Barreto e Paulo Ayres Barreto, *Imunidades Tributárias: Limitações Constitucionais ao Poder de Tributar*, São Paulo, Dialética, 2001, p. 51.

141. Caso a contabilidade deixe de atender a estes requisitos, tal "suspensão" não cassa a imunidade mas retira, pelo tempo em que as irregularidades perdurarem, a exoneração aos impostos sobre o patrimônio, a renda ou os serviços do partido político, do sindicado de empregados ou da instituição educacional ou assistencial sem fins lucrativos.

direito de não serem alcançados por meio de tributos que revistam as características de imposto.

Para continuarem a fruir da desoneração constitucional em tela não é necessário que estas pessoas cumpram outros requisitos além dos indicados nos incisos I a III do art. 14 do CTN. Queremos com isto significar que, embora possam ser sancionados de outra forma (*v.g.*, com multas), não perdem nem têm suspensa a imunidade os partidos políticos e suas fundações, as entidades sindicais de trabalhadores e as instituições educacionais e de assistência social, sem fins lucrativos, que descumprirem o disposto no art. 9º, § 1º, do CTN (por exemplo, que deixarem de reter na fonte o IR devido por pagamentos efetuados a terceiros). O assunto será melhor desenvolvido no subitem 4.3.4.

Por todo o exposto, estamos percebendo que, se, por exemplo, uma entidade educacional efetuar remessa de lucros para o exterior, já perde o direito à desoneração constitucional. O mesmo podemos dizer de uma entidade assistencial que remunere seus quadros de modo excessivo, fazendo aquilo que se convencionou chamar de "distribuição disfarçada de lucros". Finalmente, não faz jus à imunidade uma entidade sindical de empregados que não esteja com seus livros fiscais em dia (enquanto não se organizar, terá que pagar impostos, como qualquer contribuinte).

IV – Evidentemente, para fins de imunidade, os serviços prestados por estas instituições devem estar relacionados, de modo direto, com seus objetivos institucionais, apontados nos respectivos estatutos ou atos constitutivos. É, diga-se de passagem, o que estipula o já mencionado § 4º do art. 150 da CF.

Logo, se, por exemplo, um partido político abrir uma loja, vendendo, ao público em geral, *mercadorias*, deverá pagar *ICMS*, ainda que os lucros revertam em benefício das suas atividades. Por quê? Porque a prática de operações mercantis não se relaciona, nem mesmo indiretamente, com as finalidades de um partido político.

V – Parece-nos oportuno asseverar, ainda, que a lei ordinária da pessoa política tributante não pode – sob pena de manifesta inconstitucionalidade – criar outros requisitos, que não os apontados na lei complementar, para o pleno desfrute desta imunidade. Muito menos o regulamento, a portaria, o parecer normativo etc.

Não é por outro motivo que padece de manifesta inconstitucionalidade o art. 12 da Lei 9.532, de 10.12.1997,[142] quando aponta novos requisitos para que as institui-

142. Lei 9.532/1997 (lei ordinária federal):

"Art. 12. Para efeito do disposto no art. 150, inciso VI, alínea 'c', da Constituição, considera-se imune a instituição de educação ou de assistência social que preste os serviços para os quais houver sido instituída e os coloque à disposição da população em geral, em caráter complementar às atividades do Estado, sem fins lucrativos.

"§ 1º. Não estão abrangidos pela imunidade os rendimentos e ganhos de capital auferidos em aplicações financeiras de renda fixa ou de renda variável.

"§ 2º. Para o gozo da imunidade, as instituições a que se refere este artigo, estão obrigadas a atender aos seguintes requisitos: a) não remunerar, por qualquer forma, seus dirigentes pelos serviços prestados; b) aplicar integralmente seus recursos na manutenção e desenvolvimento dos seus objetivos sociais; c) manter escrituração completa de suas receitas e despesas em livros revestidos das formalidades que assegurem a respectiva exatidão; d) conservar em boa ordem, pelo prazo de cinco anos, contado da data da emissão, os documentos que comprovem a origem de suas receitas e a efetivação de suas despesas, bem assim a realização de quaisquer outros atos ou operações que venham a modificar sua situação pações de educação ou de assistência social gozem da imunidade em tela. É que, sendo esta uma lei ordinária federal, não podia ter cuidado de matéria *sob reserva de lei complementar*.[143] Portanto, também para as instituições de educação e de assistência social continuam valendo, para fins de imunidade, apenas os requisitos do art. 14 do CTN.

VI – Ressaltamos, ademais, que os atos fiscalizatórios (atos administrativos) não podem – sob pena de irremissível inconstitucionalidade – exigir o cumprimento de outros requisitos que não os apontados no supramencionado art. 14 para o pleno desfrute das imunidades em tela. De fato, eles não são instrumentos próprios para veicular regras que condicionem sua fruição.

Aos atos fiscalizatórios é dado, apenas e tão somente, aferir a existência dos requisitos aqui analisados.

Neste sentido, diga-se de passagem, vale, uma vez mais, colacionar a posição do E. 1º Conselho de Contribuintes do Ministério da Fazenda (atualmente reformulado em Conselho Administrativo de Recursos Fiscais/CARF), que deixou assentado: "(...) a imunidade, por ser de ordem constitucional, está vinculada tão somente aos requisitos previstos em lei complementar, independendo, portanto, de qualquer ato de reconhecimento por parte da Administração Tributária".

VII – Em suma, apenas o comprovado descumprimento dos requisitos apontados no art. 14 do CTN pode levar à eventual suspensão da imunidade tributária contemplada no art. 150, VI, "c", da Lei Maior.

Portanto, outras supostas condutas, ainda que infracionais, do contribuinte não têm força jurídica bastante para acarretar a suspensão da imunidade em pauta. Podem, eventualmente, justificar outro tipo de sanção, mas não essa.

Posto isto, vamos em seguida esmiuçar, um pouco mais, todos estes assuntos.

4.3.2 Imunidades dos partidos políticos e suas fundações

Os partidos políticos são pessoas jurídicas de direito privado[144] que visam a assegurar a autenticidade do regime representativo, no interesse da democracia.

trimonial; e) apresentar, anualmente, Declaração de Rendimentos, em conformidade com o disposto em ato da Secretaria da Receita Federal; f) recolher os tributos retidos sobre os rendimentos por eles pagos ou creditados e a contribuição para a seguridade social relativa aos empregados, bem assim cumprir as obrigações acessórias daí decorrentes; g) assegurar a destinação de seu patrimônio a outra instituição que atenda às condições para gozo da imunidade, no caso de incorporação, fusão, cisão ou de encerramento de suas atividades, ou a órgão público; h) outros requisitos, estabelecidos em lei específica, relacionados com o funcionamento das entidades a que se refere este artigo.

"§ 3º. Considera-se entidade sem fins lucrativos a que não apresente *superávit* em suas contas ou, caso o apresente em determinado exercício, destine referido resultado integralmente ao incremento de seu ativo imobilizado."

143. É claro que, se houver abuso, que leve à fraude e à evasão fiscal, a conduta ilícita deve ser sancionada e, naturalmente, a imunidade não pode vingar. Mas isso porque não foram corretamente preenchidos os requisitos do art. 14 do CTN. Não porque houve o descumprimento do art. 12 da Lei 9.532/1997.

144. O assunto vem superiormente disciplinado no art. 17 da CF, que, em seus §§ 1º e 2º, estabelece:

Realmente, a democracia não pode prescindir dos partidos políticos. É por intermédio deles que todas as correntes de opinião pública têm reais condições de fazer-se representar na chefia dos Executivos e nas Casas Legislativas. É notório que os partidos políticos assumiram uma influência notável no funcionamento quotidiano da vida constitucional do País. Logo, a pluralidade partidária é não só altamente louvável, como necessária ao perfeito funcionamento das instituições. Os partidos políticos são, em suma, verdadeiros *instrumentos de governo*.

A Constituição Federal tratou de dispensar aos partidos políticos uma série de benefícios e vantagens, como esta, de não poderem ser alvo de impostos. Mas, quais impostos? O *imposto sobre a renda*, enquanto auferem rendimentos; o *imposto predial e territorial urbano*, sobre os imóveis onde funcionam; o *imposto sobre serviços*, em relação aos serviços que prestarem a terceiros; o *imposto sobre a transmissão, "inter vivos", por ato oneroso, de bens imóveis* (ITBI), enquanto adquirem imóveis, onde vão desenvolver suas atividades típicas; e assim por diante.

Em decorrência de seus fins marcadamente públicos, a imunidade tributária alcança os partidos políticos de modo *generoso*. Tanto que as situações de dúvida, que a respeito surgirem, devem ser solvidas em benefício deles, que, afinal, complementam a organização estatal.

Isto levou Aliomar Baleeiro a sustentar que "a imunidade do partido político é da mesma natureza daquela de que se revestem os próprios órgãos de governo. As dúvidas se resolverão sempre no sentido da imunidade".[145]

Uma coisa, porém, precisa ser dita: só têm direito à imunidade tributária os partidos políticos regularmente constituídos. Lembramos, de caminho, que um partido político está regularmente constituído quando seus estatutos têm registro, ainda que provisório, no *Tribunal Superior Eleitoral* (TSE).

Não merecem esta benesse os partidos políticos clandestinos ou criminosos (*v.g.*, o *Partido Nazista Brasileiro*, que, segundo reportagem recente, absurdamente existe na clandestinidade), que tenham em seus *programas* disposições que brigam com o ideário de liberdade, tolerância, igualdade, justiça etc., estampado no próprio Preâm-

"§ 1º. É assegurada aos partidos políticos autonomia para definir sua estrutura interna, estabelecer regras sobre escolha, formação e duração de seus órgãos permanentes e provisórios e sobre sua organização e funcionamento e para adotar os critérios de escolha e o regime de suas coligações nas eleições majoritárias, vedada a sua celebração nas eleições proporcionais sem obrigatoriedade de vinculação entre as candidaturas em âmbito nacional, estadual, distrital ou municipal, devendo seus estatutos estabelecer normas de disciplina e fidelidade partidária. *(redação dada pela Emenda Constitucional 7/2017)*

"§ 2º. Os partidos políticos, após adquirirem personalidade jurídica, na forma da lei civil, registrarão seus estatutos no Tribunal Superior Eleitoral."

Com isto, perdeu *fundamento de validade* o art. 2º da Lei 5.682/1971, que declarava serem os partidos políticos *pessoas jurídicas de direito público interno*.

De fato, eles não passam de organizações associativas formadas pela adesão voluntária de particulares, com o escopo de alcançar *fins políticos*. O registro no TSE é mero *instrumento constitutivo* dos partidos políticos e absolutamente não lhes confere natureza pública.

145. Aliomar Baleeiro, *Limitações* ..., cit., p. 331.

bulo de nossa Constituição. Antes, devem ser extintos pelo Estado, e seus dirigentes, quando for o caso, processados, inclusive criminalmente.

A matéria encontra-se superiormente tratada no art. 17 da CF, que declara ser "livre a criação, fusão, incorporação e extinção de partidos políticos", desde que resguardem a soberania nacional, o regime democrático, o pluripartidarismo, os direitos fundamentais da pessoa humana e observem os seguintes preceitos: "I – caráter nacional; II – proibição de recebimento de recursos financeiros de entidade ou governo estrangeiros ou de subordinação a estes; III – prestação de contas à Justiça Eleitoral; IV – funcionamento parlamentar de acordo com a lei".

Lembramos, à derradeira, que as fundações mantidas pelos partidos políticos (*v.g.*, a *Fundação Pedroso Horta*, do PMDB), tanto quanto estes, também são imunes a impostos desde que, por evidente, preencham os requisitos da lei complementar (por ora, do art. 14, I a III, do CTN).

4.3.3 As entidades sindicais dos trabalhadores

Também são imunes a impostos as entidades sindicais dos trabalhadores. Remarcamos: *dos trabalhadores*. Andou bem a Constituição ao excluir da desoneração em tela as entidades patronais.

O que a Carta Magna pretendeu, sem dúvida, foi favorecer a sindicalização dos trabalhadores, máxime daqueles que exercem misteres economicamente mais humildes (*v.g.*, barbeiros, empregados no comércio varejista, padeiros etc.).

Se estes pequenos sindicatos tivessem, ainda por cima, que suportar impostos, em pouco tempo ficariam inviáveis.

Assim, merece aplausos o constituinte ao estender sobre eles a proteção da imunidade aos impostos.

Um sindicato de empregados não pode ser compelido a pagar IPTU (sobre o imóvel onde tem sede), IR (sobre os rendimentos que aufere), ISS (sobre os serviços que presta aos seus filiados) etc.

Quando a Constituição, para fins de imunidade, alude às entidades sindicais dos trabalhadores está englobando igualmente as *federações* e *confederações*, isto é, as associações sindicais de segundo e terceiro graus. Só para registro, as federações, a teor do art. 534 da CLT, são formadas pela associação de, pelo menos, cinco sindicatos e são regionais e por Estado. As confederações, de seu turno, são formadas pela associação de, pelo menos, três federações, com sede na Capital da República, tendo âmbito nacional (art. 535 da CLT).

Consignamos, ainda, que a imunidade em tela alcança também as *centrais sindicais* (por exemplo, a *Central Única dos Trabalhadores*).

Explicamo-nos melhor: a *central sindical* é formada pela reunião de vários sindicatos de empregados. É, pois, em última análise, o somatório de entidades sindicais de trabalhadores.

Ora, se as *partes* (as entidades sindicais de trabalhadores) são imunes a impostos, o *todo* (a *central sindical*) necessariamente também o é. Chega-se a essa conclusão utilizando o postulado lógico pelo qual o todo segue a sorte das partes que o formam.

Poder-se-ia talvez sustentar que as centrais sindicais – meras associações de sindicatos de empregados – não são entidades sindicais de trabalhadores na acepção estrita do termo e, assim, não fazem jus à imunidade em estudo. Concordamos que elas não revestem a natureza nem de sindicatos (primeiro grau), nem de federações (segundo grau), nem de confederações (terceiro grau) de trabalhadores. Todavia, a inteligência dos textos constitucionais deve levar em conta aquilo que Paulo Bonavides chama de "ideologia do poder".[146] E esta, no caso, prestigia ao máximo os direitos dos trabalhadores.

Em suma, as *centrais sindicais*, tanto quanto as entidades sindicais de trabalhadores que as formam, não podem ser alcançadas pelos impostos.

4.3.4 As instituições de educação

I – Tendo presente que a Nação só se desenvolverá quando o povo tiver real acesso à educação, o Constituinte inseriu, no art. 205 da Magna Carta, a seguinte proclamação: "Art. 205. A educação, direito de todos e dever do Estado e da família, será promovida e incentivada com a colaboração da sociedade, visando ao pleno desenvolvimento da pessoa, seu preparo para o exercício da cidadania e sua qualificação para o trabalho".

Trata-se de norma cogente, que, embora de eficácia limitada, reforça um dos direitos sociais adnumerados no art. 6º da CF[147] e, por este motivo, não pode ser ignorada pelos Poderes Públicos, já que cuida de interesse social relevantíssimo. A lei, os atos administrativos e o labor exegético estão sujeitos às linhas diretoras traçadas no precitado versículo constitucional.

E nem poderia ser de outro modo. Sendo a educação um "direito de todos" e um "dever do Estado", carece de diuturno incentivo, de modo a proporcionar o pleno desenvolvimento das pessoas. Afinal, sem educação o povo não tem como progredir e o próprio Estado deixa de aprimorar-se.

Ora, a toda evidência, o Estado não reúne condições para, sozinho, assegurar o direito de todos à educação. Daí não poder prescindir do concurso de entidades não governamentais, que, vindo em seu auxílio, lhe supram as notórias deficiências no setor.

146. Paulo Bonavides, *Curso de Direito Constitucional*, 31ª ed., São Paulo, Malheiros Editores, 2016, p. 17. Literalmente, assim se expressa o grande Mestre do Ceará: "A chave da inteligência dos textos constitucionais está pois em eleger um método volvido para a análise de toda a realidade circunjacente ao exercício do poder, a qual determina, em cada época e a cada passo, o sentido e a natureza das regras inscritas no Código Supremo. (...)".

147. CF, art. 6º: "*São direitos sociais a educação*, a saúde, a alimentação, o trabalho, a moradia, o transporte, o lazer, a segurança, a previdência social, a proteção à maternidade e à infância, a assistência aos desamparados, na forma desta Constituição" (grifamos).

Assim, em face da relevância da educação, e cônscio das deficiências do Estado no setor, o Constituinte houve por bem autorizar fosse o ensino proporcionado também por meio de instituições privadas. Com efeito, o art. 209 da Carta Fundamental declara textualmente ser o ensino "livre à iniciativa privada", bastando que ela cumpra as "normas gerais da educação nacional" (inciso I) e tenha "autorização e avaliação de qualidade pelo Poder Público" (inciso II).

Impende notar que a educação de que aqui se cogita, longe de circunscrever-se à convencional transmissão de conhecimentos, mediante aulas expositivas, inclusive em cursos de pós-graduação (*stricto* e *lato sensu*), abrange toda e qualquer forma de acesso à cultura e à ciência, como, de resto, literalmente estipula o art. 23, V, da CF.[148]

Vai daí que, além das atividades acadêmicas propriamente ditas, a educação compreende a pesquisa, a realização de perícias, a órgãos ou instituições públicas ou privadas, a análise de áreas de risco, para fins de acionamento da defesa civil, a certificação da higidez, para fins de exportação, de produtos fabricados por micro e pequenas empresas, e outras atividades correlatas.

É o que fazem as instituições que, sem fins lucrativos, realizam os programas de ação previstos nos acima citados dispositivos constitucionais, sem prejuízo de fomentarem a ciência e a tecnologia.[149]

Muito bem. Para favorecer esta cooperação com o Estado, auxiliando-o a promover o desenvolvimento das pessoas, dando-lhes os meios intelectuais para o pleno exercício da cidadania, é que o art. 150, VI, "c", da CF estabelece serem imunes a impostos (e a tributos que revistam esta qualidade) "as instituições[150] de educação, sem fins lucrativos, atendidos os requisitos de lei".

148. CF, art. 23: "É competência comum da União, dos Estados, do Distrito Federal e dos Municípios: (...); V – propiciar os meios de acesso à cultura, à educação, à ciência, à tecnologia, à pesquisa e à inovação".

149. Ao assim procederem, tais instituições atendem ao disposto no art. 218 da CF, *verbis*:

"Art. 218. O Estado promoverá e incentivará o desenvolvimento científico, a pesquisa, a capacitação científica e tecnológica e a inovação.

"§ 1º. A pesquisa científica básica e tecnológica receberá tratamento prioritário do Estado, tendo em vista o bem público e o progresso da ciência, tecnologia e inovação.

"§ 2º. A pesquisa tecnológica voltar-se-á preponderantemente para a solução dos problemas brasileiros e para o desenvolvimento do sistema produtivo nacional e regional.

"§ 3º. O Estado apoiará a formação de recursos humanos nas áreas de ciência, pesquisa, tecnologia e inovação, inclusive por meio do apoio às atividades de extensão tecnológica, e concederá aos que delas se ocupem meios e condições especiais de trabalho.

"§ 4º. A lei apoiará e estimulará as empresas que invistam em pesquisa, criação de tecnologia adequada ao País, formação e aperfeiçoamento de seus recursos humanos e que pratiquem sistemas de remuneração que assegurem ao empregado, desvinculada do salário, participação nos ganhos econômicos resultantes da produtividade de seu trabalho.

"§ 5º. É facultado aos Estados e ao Distrito Federal vincular parcela de sua receita orçamentária a entidades públicas de fomento ao ensino e à pesquisa científica e tecnológica.

"§ 6º. O Estado, na execução das atividades previstas no *caput*, estimulará a articulação entre entes, tanto públicos quanto privados, nas diversas esferas de governo.

"§ 7º. O Estado promoverá e incentivará a atuação no exterior das instituições públicas de ciência, tecnologia e inovação, com vistas à execução das atividades previstas no *caput*."

150. O termo "instituições", a nosso ver, foi utilizado, nesta passagem constitucional, na acepção técnica de pessoas jurídicas criadas com o fito de servir ao bem comum, perseguindo finalidades públicas.

O próprio legislador constituinte já indicou o requisito básico para o desfrute da imunidade em tela: a ausência de fins lucrativos. Sobremais, a desoneração está restrita às finalidades essenciais da instituição educacional (art. 150, § 4º, da CF[151]).

Com sua proverbial didática, Geraldo Ataliba ajuda-nos em nosso estudo, *verbis*:

"A Constituição não pôs requisitos outros, além de tratar-se de instituição que cuide de matéria de educação ou assistência social e não ter fins lucrativos. Só poderá o Congresso Nacional cuidar de algumas outras características essenciais que decorram de outros princípios constitucionais, ou desse mesmo preceito deduzir explicitamente desdobramentos ou implicações que nele já se contenham.

"Parece visível que esta lei complementar específica está para a Constituição assim como o regulamento está para a lei. O que, além, é da teoria da lei complementar, dispensando, pelo menos por enquanto, a necessidade de maior esforço de demonstração (J. Afonso, Souto Maior, Manoel Gonçalves).

"Parece evidentemente ser melhor interpretação a que não dá à lei complementar o poder de alterar substancialmente a materialidade da norma contida na Constituição. Se se admitir essa possibilidade, corre-se o risco seja de anulação do desígnio máximo, por obra do Congresso, seja de ampliação desmedida do mesmo, contra o objetivo constitucional.

"O que o art. 150, VI, 'c', quer é a colaboração destas entidades – particulares por natureza – com o Estado. Quer a Constituição não só incentivar pessoas privadas a que criem instituições de educação e assistência suprindo as deficiências da ação estatal, aperfeiçoando-a ou melhorando-a, como ainda visa a assegurar que essas entidades existam desembaraçadamente, inclusive quanto a encargos tributários."[152]

E, mais adiante, o mesmo mestre: "Daí que, se a Constituição menciona, como o faz, 'lei complementar', só pode ser para cuidar de aspectos formais, porque os aspectos substanciais da normatividade já estão esgotados no próprio texto constitucional, sem necessidade de maiores esforços de demonstração, dado que se trata de preceito negativo ou proibitivo. Admitir o contrário (admitir que a lei complementar pode tratar desse conteúdo, ampliando-o ou reduzindo-o) é consentir que o legislador complementar possa anular, reduzir ou mesmo aniquilar o preceito constitucional".[153]

Portanto, a própria Constituição estabelece as condições da imunidade. Não pode a lei complementar, sob pena de irremissível inconstitucionalidade, erigir outras. É que ela tem caráter estritamente regulamentar e, nesta medida, deve, apenas, dar execução ao preceito do art. 150, VI, "c", do Diploma Magno.

II – São instituições (do latim *instituere*: fixar, construir, ensinar), para os fins aqui considerados, as entidades (associações, fundações ou sociedades), de caráter permanente, que, além de atuarem no campo educacional, preenchem os requisitos do já estudado art. 14 do CTN.

151. CF, art. 150: "§ 4º. As vedações expressas no inciso VI, alíneas 'b' e 'c', compreendem somente o patrimônio, a renda e os serviços, relacionados com as *finalidades essenciais* das entidades nelas mencionadas" (grifamos).

152. Geraldo Ataliba, "Imunidade de instituições de educação e assistência", *RDTributário* 55/139.

153. Idem, ibidem, pp. 141-142.

Temos, pois, que é instituição de educação, imune a impostos, a que, sem finalidade de lucro,[154] secunda o Estado no atingimento dos objetivos apontados no art. 205 da CF. Aliás, a imunidade em tela decorre logicamente da sua ausência de capacidade contributiva.

Quando dizemos "sem finalidade de lucro", absolutamente não estamos querendo significar que a gratuidade na prestação deste serviço é requisito essencial para o desfrute da imunidade.

De fato, a só circunstância de uma escola cobrar mensalidades de seus alunos não inviabiliza seu direito à imunidade. Pelo contrário, se, com o produto da arrecadação de tais mensalidades, limitar-se a remunerar, de acordo com as leis de mercado, seus funcionários e professores, bem como a investir em equipamentos e materiais, continua a ter pleno direito à desoneração constitucional.

Note-se que, se a gratuidade fosse *conditio sine qua non* ao desfrute da imunidade, praticamente restaria esvaziada, em relação às escolas, a norma contida nesta alínea "c". Deveras, as escolas públicas (obrigatoriamente gratuitas, por força do disposto no art. 206, IV, da CF), por prestarem *serviço público*, estariam alcançadas pela alínea "a" do mesmo inciso, que proclama imunes a impostos os serviços prestados por pessoas políticas. Assim, apenas alguns poucos educandários, mantidos por entidades filantrópicas ou por beneméritos, teriam direito à desoneração constitucional.

Não nos parece, porém, seja esta a melhor interpretação do texto constitucional.

A nosso sentir, mesmo as instituições de educação privadas, que cobram mensalidades de seus alunos, são abrangidas pela imunidade. Basta que, sem fins lucrativos, se associem ao Estado na consecução dos objetivos contemplados no art. 205 da Lei Maior e, é claro, cumpram os requisitos do art. 14 do CTN (ausência de intuito lucrativo,[155] aplicação integral de seus rendimentos no País[156] e escrituração correta de suas receitas[157]).

154. Aliomar Baleeiro, a respeito, aduz: "Não está coberto pela imunidade, em nossa opinião, o estabelecimento de ensino explorado profissionalmente pelos seus proprietários, ou que, pertencendo a uma instituição, proporcione percentagens, participação em lucros ou comissões a diretores e administradores" (*Limitações ...*, cit., p. 184). E, logo adiante, esclarece: "São instituições porque alheias ao intento de lucro individual dos seus promotores e associados, mas poderiam ser empresas particulares, tão nascidas do espírito de ganho quanto quaisquer outras" (idem, ibidem, pp. 188-189).

155. A ausência de intuito lucrativo exige que os recursos auferidos venham reinvestidos na própria instituição educacional. Não impede, porém, a remuneração *justa* de seus quadros.

Por outro lado, não afasta a imunidade a remuneração comutativa dos funcionários e administradores. O que afasta a desoneração constitucional é a remuneração exorbitante ou sem causa, que mal consegue esconder a distribuição do patrimônio ou das rendas da instituição.

156. Este requisito continua presente quando a instituição educacional fornece bolsas de estudo, para o exterior, a seus professores e funcionários. É que, em rigor, ela está qualificando sua mão de obra e, neste sentido, aplicando "integralmente no País, os seus recursos na manutenção dos seus objetivos institucionais".

Não arreda, também, o direito à imunidade a concessão, a seus funcionários e conselheiros, de *tratamento médico-hospitalar* no exterior. Conquanto o dinheiro não seja gasto no País, a entidade, de fora a parte os aspectos humanitários, acabará beneficiada com a recuperação da saúde – e, portanto, das plenas condições de trabalho – de seu colaborador.

Tal também o entendimento de Elizabeth Nazar Carrazza: "O legislador constituinte, fazendo uso da palavra 'instituições', quis imunizar as entidades formadas com o propósito de servir à coletividade, colaborando com o Estado ao suprir suas deficiências, no setor educacional. *Se*, apenas para argumentar, *as entidades particulares não gozassem de imunidade, pela só circunstância de não serem gratuitos os seus serviços, jamais este sentido da norma constitucional poderia ser alcançado*".[158]

III – Temos, portanto, que são alcançadas pela imunidade da alínea "c" as entidades que visam à formação ou à instrução das pessoas em geral[159] e preenchem os requisitos do art. 14 do CTN, máxime o da ausência de fins lucrativos. A desoneração também alcança – se, evidentemente, preencherem os mesmos requisitos – o museu, o centro de pesquisas, as academias de letras, artes e ciência e outras entidades congêneres, que, embora não tenham objetivos estritamente didáticos, contribuem para a educação.

Tornamos a insistir que faz as vezes da lei complementar, no caso, o art. 14, I a III, do CTN.

Aliás, este preceito apenas explicita os requisitos, postos na Constituição, para que as instituições educacionais usufruam da imunidade tributária em estudo: ausência de fins lucrativos e perseguição de suas finalidades essenciais.

O mesmo pensa Misabel de Abreu Machado Derzi: "Note-se que os requisitos alinhados pelo Código Tributário Nacional praticamente reproduzem os fundamentos essenciais dessa imunidade: não aproveitar a interesses privados (distribuição de lucros); aplicar as rendas no País; manter os meios adequados à comprovação do cumprimento desses requisitos (escrituração regular). A Constituição de 1988 refere-se expressamente à inexistência de fins lucrativos como *ratio essendi* da imunidade dessas atividades. Limita também a imunidade a suas finalidades essenciais, ou seja, (...) da instituição de educação (...), incorporando uma restrição apenas implícita no

157. A exigência de escrituração, em livros próprios, das receitas da instituição educacional não implica, conforme já reconheceu o próprio E. 1º Conselho de Contribuintes do Ministério da Fazenda (atualmente reformulado em Conselho Administrativo de Recursos Fiscais/CARF), "a adoção de escrituração comercial, segundo a boa técnica contábil, e com observância das normas constantes da legislação tributária, nos moldes em que é exigida das demais empresas submetidas ao regime de tributação, com base no lucro real ou presumido. A escrituração exigida objetiva, tão somente, a verificação pela Fiscalização do cumprimento dos requisitos contidos nos incisos I e II do art. 14 da Lei 5.172, de 1966" (Processo 10283.001362/96-68, Acórdão 103-19.567, de 20.8.1998, rel. Cons. Edson Vianna de Brito).

158. Elizabeth Nazar Carrazza, "Imunidade tributária das instituições de educação", *RDTributário* 3/170 – grifamos.

159. Para ter reconhecido seu direito à imunidade, o educandário deve estar aberto a todos os interessados, isto é, deve preencher o requisito da *generalidade* (universalidade). Assim, a escola que favorece apenas a restrito grupo de pessoas, como, por exemplo, somente aos descendentes do fundador de uma empresa, não é imune a impostos.

O requisito da generalidade, porém, deve ser entendido em termos. Não é preciso, para que ele seja preenchido, que a escola esteja aberta a toda a coletividade, mas, apenas, que não faça discriminações arbitrárias, restringindo demasiadamente o acesso a seus cursos. Por aí vemos que uma escola aberta apenas aos descendentes de alemães – mas sem especificar quais – tem direito à imunidade em questão. Não, porém, a escola criada para ministrar ensino apenas aos membros de uma determinada família alemã.

Texto Magno anterior, mas já determinada expressamente pelo Código Tributário Nacional (art. 14)".[160]

IV – Julgamos imperioso asseverar, ainda, que a lei ordinária não pode – sob pena de irremissível inconstitucionalidade – criar outros requisitos, que não os apontados na lei complementar, para o gozo desta imunidade. De fato, ela não é o instrumento próprio para veicular regras que condicionem a fruição da imunidade em tela.

É que, como é pacífico e assente, a lei ordinária não pode cuidar de matéria *sob reserva de lei complementar*.

Novamente Misabel Derzi vem em abono de nossas ideias: "Não cabe ao (...) legislador ordinário criar outros requisitos não previstos em lei complementar, tais como a declaração legal de utilidade pública; a exigência da constituição de fundação como único veículo formal ao desenvolvimento das atividades educacionais e assistenciais; a gratuidade dos serviços prestados por seus diretores e administradores, etc.".[161]

Reiteramos que a Constituição concede imunidade tributária às instituições educacionais *sem fins lucrativos*. A lei complementar, no caso, apenas pode *regulamentar* a desoneração. E, ao fazê-lo, deve limitar-se a apontar os requisitos estruturais a que estas entidades devem atender, vale dizer, aqueles que se referem diretamente à ausência de fins lucrativos.

Apenas o descumprimento destes requisitos acarretará a perda ou a suspensão da imunidade. Outros, que não se refiram à demonstração da ausência de fins lucrativos – como a retenção do IR na fonte –, podem, quando muito, ensejar sanções de natureza diversa (pagamento de multas, assunção do dever de recolher montante equivalente ao que deixou de ser retido etc.); nunca, porém, a retirada, ainda que temporária, da desoneração constitucional, que visa, em última análise, a resguardar e a promover a formação cultural do povo.

Em face do exposto, fica claro, portanto, que os requisitos do art. 9º, § 1º, do CTN (*v.g.*, a retenção, na fonte, do IR devido por pagamentos feitos a terceiros), justamente por não se referirem à demonstração da ausência de fins lucrativos, não têm força jurídica para ensejar a perda ou a suspensão da imunidade das instituições de educação.

Nunca se perca de vista que as instituições educacionais sem fins lucrativos foram declaradas imunes à tributação por meio de impostos justamente pelo relevantíssimo papel que cumprem, ou seja, pela colaboração que emprestam ao Estado no atendimento ao chamado "interesse público primário" (Renato Alessi), consistente, no caso, no resguardo de valores da formação didático-cultural do povo.

Acentue-se, ademais, que o dever de reter o IR na Fonte é uma "obrigação acessória" ("dever instrumental tributário"), na acepção do art. 113, § 2º, do CTN,[162] e seu

160. Misabel Derzi, "A imunidade das instituições de educação ou de assistência social", in Valdir de Oliveira Rocha (coord.), *Imposto de Renda – Alterações Fundamentais*, 2º vol., São Paulo, Dialética, 1998, pp. 146-147.

161. Idem, ibidem.

162. CTN:

descumprimento gera responsabilidade de cunho administrativo, que não interfere nas características intrínsecas da pessoa imune.

Sendo assim, a falta de retenção não pode retirar a proteção constitucional em exame.

Registramos, de logo, que apenas as *características intrínsecas* das instituições de educação, reveladoras da ausência de fins lucrativos, podem ser levadas em conta pela *lei* que fixa os *requisitos* (art. 150, VI, "c", *in fine*, da CF) à fruição desta imunidade. Não as *características extrínsecas*, vale dizer, que não se referem à comprovação da ausência de fins lucrativos.

O eventual descumprimento de requisitos que não se correlacionam com a ausência de fins lucrativos, posto sancionável, absolutamente não pode levar à perda ou à suspensão da imunidade.

Vai daí que os comandos contidos no art. 9º, § 1º, do CTN não podem ser considerados *requisitos inafastáveis* à fruição da imunidade das instituições de educação e de assistência social, já que não levam à comprovação da ausência de fins lucrativos. Inexiste qualquer vínculo entre este dispositivo e o art. 150, VI, "c", *in fine*, da CF.

V – Note-se, ainda, que, por uma questão de isonomia, não se pode condicionar a imunidade ora em estudo ao cumprimento de requisitos a que todos os contribuintes devem atender, como, por exemplo, o de reter IR na Fonte por pagamentos feitos a terceiros. Realmente, se uma empresa comercial não efetuar tal retenção ficará sujeita às sanções previstas na legislação (*v.g.*, ao pagamento de multa). A instituição assistencial sem fins lucrativos não pode, incorrendo na mesma falta, ainda por cima perder a desoneração constitucional. Tal acontecendo, sofrerá dupla sanção. Dupla sanção que absolutamente não se justifica, ainda mais se considerarmos que ela alcançará pessoa que, com objetivos altruístas, associa-se ao Estado na consecução do bem comum.

Retomando ideia há pouco exibida, a falta de retenção de IR na Fonte por pagamentos feitos a terceiros não guarda relação direta com a instituição educacional sem fins lucrativos. Ora, a perda ou suspensão da imunidade só pode ser determinada por infrações capazes de revelar que a instituição deixou de ser educacional ou que passou a ter fins lucrativos.

Portanto, caso não haja a retenção do IR na Fonte devido por terceiro, hão de ser aplicadas à instituição educacional sem fins lucrativos as penalidades concernentes à responsabilidade tributária propriamente dita, mas nunca a perda ou a suspensão da imunidade.

Em suma, para que continue a fruir da imunidade do art. 150, VI, "c", da CF basta que a instituição de educação não faça distribuição disfarçada de lucros, aplique

"Art. 113. A obrigação tributária é principal ou acessória.

"(...).

"§ 2º. A obrigação acessória decorre da legislação tributária e tem por objeto as prestações, positivas ou negativas, nela previstas no interesse da arrecadação ou da fiscalização dos tributos."

integralmente no País seus recursos e mantenha escrituração idônea a comprovar o preenchimento dos dois requisitos anteriores.

Registre-se, por oportuno, que o § 1º do art. 14 do CTN remete[163] a seu *caput*, que, conforme se viu, estabelece, em seus incisos I a III, os requisitos, necessários e suficientes, ao reconhecimento da imunidade contemplada no estudado art. 150, VI, "c", da CF.

Já, o § 1º do art. 9º do CTN (também referido no mesmo § 1º do art. 14 do CTN) não fixa requisito adicional à fruição da imunidade, mas apenas delimita seu alcance, ao permitir que a lei imponha às instituições educacionais a função de *fonte retentora* ou a prática de atos assecuratórios do cumprimento de obrigações tributárias por parte de terceiros.

Portanto, apenas o comprovado descumprimento dos requisitos previstos no art. 14, I a III, do CTN pode levar à eventual suspensão da desoneração constitucional em tela.

4.3.5 As instituições de assistência social

I – Nos termos da alínea "c" do inciso VI do art. 150 da CF, as *instituições de assistência social sem fins lucrativos* são imunes à tributação por meio de impostos.

Mas, que é uma *instituição de assistência social*?

Adiantamos que *instituição de assistência social* é a pessoa jurídica que secunda a atividade do Estado, buscando, sem finalidade lucrativa, atender aos direitos sociais, tais como enumerados no já citado art. 6º da CF.

Infelizmente, o Estado não tem condições de, sozinho, prestar os serviços que implementariam a fruição de todos estes direitos sociais. Daí precisar valer-se de entidades não governamentais, com finalidades de assistência social beneficente.[164] Tais entidades são justamente as instituições de assistência social sem fins lucrativos.

Observe-se, por outro lado, que a imunidade das instituições de assistência social, sem fins lucrativos, caracteriza-se como uma concretização normativa do direito fundamental da dignidade da pessoa humana (art. 1º, III, da CF).[165] Por girar em torno de um direito fundamental das pessoas, é *cláusula pétrea*, a teor do art. 60, § 4º, IV, da CF.

Podemos dizer que o preceito estampado no art. 150, VI, "c", da Lei Maior estimula a sociedade civil a, sem fins lucrativos, agir em benefício das pessoas carentes, suprindo, destarte, as insuficiências das pessoas políticas no campo da assistência

163. CTN, art. 14: "§ 1º. Na falta de cumprimento do disposto neste artigo, ou no § 1º do art. 9º, a autoridade competente pode suspender a aplicação do benefício".

164. Vem ao encontro desta ideia o inciso II do art. 204 da CF: "II – participação da população, por meio de organizações representativas, na formulação das políticas e no controle das ações *(governamentais na área da assistência social)* em todos os níveis" (esclarecemos no parêntese).

165. CF, art. 1º: "A República Federativa do Brasil, formada pela união indissolúvel dos Estados e Municípios e do Distrito Federal, constitui-se em Estado Democrático de Direito e tem como fundamentos: (...) III – a dignidade da pessoa humana".

social. Neste sentido, as instituições de assistência social, sem fins lucrativos, prestam um favor à sociedade, realizando o que Estado tinha a obrigação de fazer e, por falta de estrutura adequada e recursos, infelizmente, não faz. A imunidade a impostos, no caso, é uma pequena compensação do muito que estas entidades altruisticamente fazem em favor dos mais necessitados.

Noutro giro, as instituições de assistência social, sem fins lucrativos, foram declaradas, pela Constituição, imunes a impostos exatamente porque secundam o Estado na realização do bem comum. Melhor dizendo, avocam atribuições que são típicas do Estado (é o que fazem, por exemplo, as *Santas Casas de Misericórdia*, que dão assistência médico-hospitalar gratuita a pessoas carentes). Assim, é altamente louvável usufruam de certos benefícios, como o de não serem obrigadas a pagar impostos (IR, ISS, IPTU, imposto sobre a importação etc.). Aliás, não tendo finalidades lucrativas, não poderiam, mesmo, ser tributadas por meio de impostos, *ex vi* do art. 145, § 1º, da CF, que consagra o já estudado *princípio da capacidade contributiva.*

É imune, pois, a impostos a instituição assistencial sem fins lucrativos. Não, porém, como observa Aliomar Baleeiro, "a casa de saúde de que é proprietário médico, no exercício da profissão, ou empresário de sua exploração econômica".[166]

Também são havidas por instituições assistenciais as *instituições fechadas* e *de previdência privada*, também chamadas "fundos de pensão", que, por sua natureza orgânica e finalidades, estão abrangidas pela desoneração constitucional, já que: a) não têm *animus distribuendi* (embora, por vezes, tenham *animus lucrandi*); b) preenchem o requisito da *universalidade* (*generalidade*), ainda que restrita a uma categoria de pessoas (*v.g.*, os funcionários de uma grande empresa); e c) miram o interesse público. Desde que atendam aos requisitos estabelecidos na lei complementar ou do ato normativo que lhe faça as vezes (art. 14, I a III, do CTN), têm jus à imunidade. A desoneração absolutamente não desaparece, nem pode ser suspensa, no caso de descumprimento de outros requisitos, como os apontados no art. 9º, § 1º, do CTN. Vale, *mutatis mutandis*, o que escrevemos no item anterior, a propósito das instituições de educação sem fins lucrativos.

II – Sempre em face do exposto, não é necessário, para a mantença da imunidade, que a instituição assistencial sem fins lucrativos esteja aberta a qualquer pessoa que dela queira participar. Em linguagem mais técnica, é dispensável, para os fins do art. 150, VI, "c", da CF, o atributo da *generalidade do acesso* dos beneficiários. Basta que tal *acesso* seja marcado pela *impessoalidade* – é dizer, que todas as pessoas que preencham determinados requisitos ou pressupostos (como, por exemplo, que sejam servidores de uma dada autarquia) possam colocar-se sob o pálio da instituição assistencial.

Com base em tais considerações, podemos afirmar que não perde a imunidade a instituição de assistência social sem fins lucrativos cujo raio de atuação seja restrito a uma comunidade, a uma classe de pessoas, de empregados, de servidores públicos etc. O que não se admite é a *particularização*, isto é, que os favorecidos estejam

166. Aliomar Baleeiro, *Limitações ...*, cit., pp. 184-185.

antecipadamente individualizados, sendo vedado o ingresso de outras pessoas na instituição, ainda que preencham idênticos requisitos (*v.g.*, sejam também servidores da mesma pessoa política ou empregados da mesma fundação de direito privado ou da mesma empresa patrocinadora).

Neste sentido, não vemos como ou por quê apartar da imunidade em tela as *entidades fechadas* que garantem previdência pública, acessível a todos os servidores e dependentes, ainda que de uma única pessoa política. A mesma ordem de raciocínio vale para aquelas que dão previdência privada (complementação de aposentadoria) a empregados e dependentes de uma dada empresa.

Nunca é demais proclamar que o ideal é que as instituições assistenciais sem fins lucrativos se multipliquem, já que notórias as deficiências do Poder Público no setor. Mais um motivo para que se afastem interpretações restritivas, que conflitam com a *intentio constitutionis*.

III – A instituição assistencial sem fins lucrativos não perde tal característica – e, por via de consequência, o direito à imunidade – ainda que se dedique a atividades remuneradas, capazes de prover-lhe os recursos necessários à sua mantença e de seus programas desinteressados. Portanto, suas receitas não precisam ser negativas; tampouco limitar-se a cobrir-lhe os *custos operacionais*. Pode, ainda, ter sobras financeiras e aplicá-las no mercado financeiro, inclusive no exterior, evitando, assim, que, a médio ou longo prazo, feneça. Basta que os resultados obtidos sejam reinvestidos, no Brasil, na consecução de seus objetivos institucionais.[167]

167. Os resultados positivos obtidos pela instituição de assistência social sem fins lucrativos podem perfeitamente ser aplicados no mercado financeiro, inclusive internacional, para que frutifiquem. De fato, almejar a rentabilidade, mais que uma mera faculdade, é um verdadeiro dever destas instituições privadas. Quanto mais recursos tiverem, melhor atenderão aos ditames constitucionais.

É certo que o art. 14, II, do CTN prescreve que as instituições de assistência social sem fins lucrativos deverão aplicar integralmente no País os seus recursos, na manutenção de seus objetivos institucionais. Todavia, este dispositivo apenas determina que todo *superávit* obtido, ao invés de ser carreado para outras entidades localizadas no exterior, deve reverter em favor da entidade, para que ela mais e mais cresça, associando-se ao Estado na realização do bem comum.

Logo, a instituição assistencial sem fins lucrativos pode e deve aplicar, inclusive no exterior, seus excedentes financeiros, na louvável busca de melhores proveitos econômicos. O que importa, sim, para que a imunidade não seja suspensa, é que o *resultado final* desses investimentos seja integralmente aplicado no País, no atingimento dos objetivos da instituição assistencial.

Vai daí que não há perda de imunidade quando a instituição educacional sem fins lucrativos faz investimentos no exterior. Para que continue a fruir da desoneração constitucional, basta que aplique no Brasil os resultados econômicos positivos assim obtidos, em favor do desenvolvimento de suas finalidades institucionais.

Milita neste sentido a Súmula 724 do STF, *verbis*: "Ainda quando alugado a terceiros, permanece imune ao IPTU o imóvel pertencente a qualquer das entidades referidas pelo art. 150, VI, 'c', da Constituição, desde que o valor dos aluguéis seja aplicado nas atividades essenciais de tais entidades".

Esta Súmula, conquanto se refira expressamente ao IPTU, sinaliza, de modo inequívoco, que as mencionadas entidades (dentre as quais as instituições de assistência social sem fins lucrativos), enquanto exercem atividades econômicas, delas obtendo o máximo de resultados econômicos positivos, estão também a salvo dos impostos incidentes sobre suas rendas ou prestações onerosas de serviços. O fundamental é que tais atividades econômicas sejam preordenadas a assegurar a manutenção da entidade.

E nem se alegue que o § 4º do art. 150 da CF impede tal entendimento, ao estabelecer que "as vedações expressas no inciso VI, alíneas 'b' e 'c', compreendem somente o patrimônio, a renda e os serviços relacionados com as finalidades essenciais das entidades nelas mencionadas".

Segundo estamos convencidos, não decorre deste dispositivo que as instituições assistenciais sem fins lucrativos perdem o direito à imunidade se exercerem atividades econômicas. Também a imunidade não cai por terra se de tais atividades econômicas resultar *superávit*. Basta que "o patrimônio, a renda e os serviços" sejam relacionados às "finalidades essenciais" destas pessoas.

O que não pode haver – agora, sim – é a distribuição do *superávit* aos fundadores, dirigentes ou administradores. Noutros termos, não pode haver *apropriação particular* dos resultados positivos, ou, mesmo, a intenção de fazê-lo (*animus distribuendi*).

Todavia, se as preditas atividades econômicas forem exercidas tendo em mira a consecução dos objetivos públicos da instituição, assegurando-lhe a sobrevivência e a consecução de seus fins estatutários, o direito à imunidade permanecerá íntegro.

Portanto, são também abrangidas pela imunidade as *atividades-meio* da instituição assistencial, vale dizer, as medidas, inclusive financeiras, que tenham por escopo carrear-lhe novos recursos, para o melhor atingimento de seus fins. Afinal, graças a elas a entidade não se estiolará.

Com efeito, é deveras temerário depender, para continuar existindo, da sempre incerta caridade, seja ela oficial, seja particular. Por isso, cabe ao bom administrador tomar as medidas necessárias a que os eventuais resultados positivos venham reinvestidos e, assim, multiplicados.

Portanto, mantém a imunidade a instituição assistencial que aplica no mercado financeiro seus *superávits*, em ordem a preservar-lhes o valor econômico. A nosso ver, tais reinvestimentos, justamente porque preordenados ao atendimento das *finalidades essenciais* de tais pessoas jurídicas, estão a salvo do IOF, do IR, da COFINS e de outros tributos que nascem de aplicações financeiras. Realmente, estas exações, acaso exigidas, acabariam, por suas repercussões econômicas, desfalcando o patrimônio da instituição assistencial, afastando-a, sempre mais, dos objetivos que nortearam sua criação.

IV – Realçamos que mesmo as instituições assistenciais que obtêm *sobras financeiras*, desde que as reinvistam no atingimento de seus fins, são abrigadas pela imunidade em tela. Basta – tornamos a dizer – que se associem ao Poder Público, suprindo suas deficiências, na consecução dos valores contemplados especialmente no art. 203 da Lei Maior.

Enfim, provenham de onde provierem, os resultados econômicos de tais rendas ou serviços ficam desonerados da tributação por meio de impostos desde que sejam, a final, integralmente aplicados no País, no atendimento dos objetivos da instituição.

Afinal, é para favorecer esta cooperação com o Estado, auxiliando-o a promover o pleno desenvolvimento das pessoas, que o art. 150, VI, "c", da CF concede às *instituições assistenciais sem fins lucrativos* o atributo da imunidade tributária.

Desnecessário, pois, que a instituição assistencial nada cobre por seus serviços (até porque, quando tal se dá, nenhum imposto haverá a pagar, por ausência de base de cálculo). Tampouco que tal cobrança apenas baste para afastar o *déficit*, vale dizer, para manter o equilíbrio de suas contas. É suficiente que seus administradores, membros ou gestores não participem de eventuais resultados econômicos positivos.

Depois, o próprio art. 14 do CTN não veda a possibilidade de uma instituição assistencial sem fins lucrativos apresentar sobras financeiras; apenas proíbe sejam distribuídas, a qualquer título – aí compreendido o lucro.[168]

Em suma, continua a ser *sem fins lucrativos* a instituição assistencial que utiliza seus resultados econômicos positivos para, com a ampliação patrimonial, melhor alcançar seus elevados objetivos.

V – Calha referir, ainda, que, para uma instituição assistencial, seu patrimônio[169] é algo que não deve ser descurado. Por isso, haverá de ser não só mantido, como multiplicado, por meio de aplicações financeiras e investimentos de toda ordem. De fato,

168. A Constituição Federal não nos fornece definição alguma de *lucro*. O termo "lucro", porém, não é um simples "rótulo". Tampouco, *venia concessa*, é uma "caixa vazia", dentro da qual o legislador, o intérprete ou o aplicador podem colocar o que melhor lhes aprouver. Pelo contrário, "lucro" tem uma acepção técnica, revelada pelo direito societário.

O diploma normativo que define o lucro é a *Lei das Sociedades Anônimas* (Lei 6.404, de 15.12.1976), cujo art. 191 estabelece: "Art. 191. Lucro líquido do exercício é o resultado do exercício que remanescer depois de deduzidas as participações de que trata o art. 190".

Prescreve este art. 190: "Art. 190. As participações estatutárias de empregados, administradores e partes beneficiárias serão determinadas, sucessivamente e nessa ordem, com base nos lucros que remanescerem depois de deduzida a participação anteriormente calculada".

Também há de ser considerado, para o correto entendimento do assunto, o art. 186 da mesma Lei 6.404/1976, *verbis*:

"Art. 186. A demonstração dos lucros ou prejuízos acumulados discriminará: I – o saldo do início do período, os ajustes de exercícios anteriores e a correção monetária do saldo inicial; II – as reversões de reservas e o lucro líquido do exercício; III – as transferências para reservas, os dividendos, a parcela dos lucros incorporada ao capital e o saldo ao fim do período.

"§ 1º. Como ajustes de exercícios anteriores serão considerados apenas os decorrentes de efeitos da mudança de critério contábil, ou da retificação de erro imputável a determinado exercício anterior, e que não possam ser atribuídos a fatos subsequentes.

"§ 2º. A demonstração de lucros ou prejuízos acumulados deverá indicar o montante do dividendo por ação do capital social e poderá ser incluída na demonstração das mutações do patrimônio líquido, se elaborada e publicada pela companhia."

Deixando de lado detalhes, que não vêm para aqui, o fato é que da análise destes artigos ressai nitidamente que *lucro* é o *resultado positivo* experimentado pela pessoa jurídica, num dado período de apuração, abatidos os valores empregados para obtê-lo. O lucro enseja um acréscimo na capacidade econômica do contribuinte, ou, se preferirmos, revela disponibilidade de riqueza nova. E esta é fruto de um *resultado final*, que deve levar em conta não apenas as receitas da pessoa jurídica, mas as despesas necessárias à sua obtenção (custos, prejuízos, provisões, participações etc.).

169. Estamos tomando a palavra "patrimônio" no sentido de "conjunto de direitos de conteúdo econômico", abrangendo, destarte, a propriedade, a posse, os direitos obrigacionais, os direitos a prestações pecuniárias – enfim, todos os direitos cujo objeto tenha *valor de uso* ou *de troca*.

sem ele – ou, mesmo, com sua redução – fica mais difícil, quando não impossível, alcançar os fins sociais da entidade.

Mais uma razão para que se afaste da instituição assistencial sem fins lucrativos os impostos que a Economia rotula de "sobre o patrimônio" (ITR, ITBI, IPVA, IPTU etc.). Com tal cautela estar-se-á, por sem dúvida, protegendo a própria pessoa jurídica e, por extensão, a sociedade em geral.

VI – Seja-nos permitido reafirmar que os serviços prestados pelas instituições assistenciais sem fins lucrativos complementam as atividades essenciais do Estado, inclusive no campo do ensino e da pesquisa, como melhor perceberemos quando analisarmos o art. 203 da CF.

VII – A propósito, afigura-se-nos inconstitucional a Lei 9.532, de 10.12.1997, enquanto manda tributar, por meio de imposto sobre a renda, os juros e demais rendimentos de capital obtidos em aplicações financeiras realizadas por entidades fechadas de previdência privada. É que, como vimos no início deste capítulo, as situações de imunidade não podem ser desconstituídas por meio de lei.

Dentro do espírito da Constituição e dos propósitos do sistema, pensamos que a instituição assistencial que aplica os alugueres e outras rendas que recebe no atingimento de seus objetivos institucionais tem direito à imunidade. Neste caso, os rendimentos são os *meios* para o desempenho de suas funções típicas.

VIII – Estamos convencidos, por igual modo, de que a instituição de assistência social sem fins lucrativos é imune à tributação por meio de *imposto predial e territorial urbano* (IPTU) sobre os imóveis, de sua propriedade, que loca a terceiros, para atingir seus objetivos institucionais. O fundamental, no caso, é que as receitas assim obtidas se destinem ao custeio destes objetivos. Não há falar, neste passo, em *desvio de finalidade*, já que os ganhos daí provenientes, formando reservas capazes de manter seu equilíbrio financeiro e atuarial, facilitarão o pleno atingimento de seus fins.

IX – Em parecer jurídico que tivemos a honra de elaborar em parceria com o eminente jurista Robson Maia Lins sustentamos que uma organização não governamental de alcance transnacional/ONGAT está dispensada de cumprir o requisito do art. 14, II, do CTN para manter a imunidade do art. 150, VI, "c", da CF.

IXa – Entende-se por ONGAT a entidade que atua de maneira independente em locais em que o Estado ou os poderes políticos estão diante de situações de guerra ou de calamidade pública.

Mais especificamente, trata-se de uma união de particulares em associações que desconsideram barreiras nacionais, motivo pelo qual guardam algumas características próprias das pessoas jurídicas multinacionais, embora, é certo, não tenham caráter mercantil, ou seja, não visem ao lucro.

Em resumo, as ONGATs são organizações privadas, sem fins lucrativos, motivadas por vínculos de solidariedade transnacionais.

IXb – Pois bem, mesmo com o relevo que estas organizações vêm tendo no cenário global, há resistência dos Estados em conferir às ONGATs um estatuto jurídico diferenciado. Explica-se: elas não dispõem de personalidade jurídica internacional, devendo se adaptar aos ditames do Direito interno de cada País em que atuam, o que acaba criando embaraços diversos, inclusive no âmbito tributário.[170]

Por outro lado, as organizações internacionais/OIs, amplamente reconhecidas e mantidas por Estados – cujo exemplo máximo é a Organização das Nações Unidas/ONU –, dispõem de inúmeros órgãos que têm por desiderato fins análogos aos das ONGATs. Todavia, a infraestrutura que as OIs possuem é infinitamente maior. O ex--Secretário-Geral da ONU, Kofi Annan, já sustentou que a Organização não deve ser somente o resultado da vontade coletiva de seus sócios, ou seja, dos Estados que a compõem, mas "uma ponte entre os governos e a sociedade civil".[171]

Com esta posição, a ONU reforça a condição das ONGATs, colocando-as em pé de igualdade com seus próprios órgãos de defesa da causa humanitária, de modo a deixar clara a cooperação que deve existir entre ela e estas organizações transnacionais de socorro. A complementariedade entre os dois modelos – OIs e ONGATs – permite o surgimento de parcerias institucionais, financeiras e operacionais, em que a OI financia o trabalho, enquanto a ONGAT o operacionaliza. Esta, de resto, é uma tendência internacional de cooperação, corroborada pelo art. 71 da Carta das Nações Unidas.[172]

Aliás, esses atos de benemerência internacional levaram o então Secretário--Geral da ONU, Ban Ki-moon, a afirmar que "as funções desempenhadas por organizações como a Cruz Vermelha (CV) e a MSF são únicas e vitais no atendimento às pessoas em perigo e sofrimento em todo o mundo".[173]

IXc – Assinale-se, por oportuno, que a ONU e as suas agências (*v.g.*, a OMS), para que possam cumprir seu trabalho de harmonização global, levando paz e dignidade ao ser humano em todos os rincões do planeta, gozam de isenções tributárias no território dos Países signatários da Convenção de Genebra, cujos termos resultaram na Carta das Nações Unidas.

Regulamentando os arts. 104 e 105[174] desse documento, foi assinada a Convenção sobre Privilégios e Imunidades das Nações Unidas, cujo art. II e suas seções tratam da

170. Assim, as ONGATs, ao invés de dedicarem seus esforços em prol de casos humanitários, acabam tendo que dispor de seu tempo para afastar entraves burocráticos.

171. Cf. Ricardo Antônio Silva Seitenfus, *Manual das Organizações Internacionais*, 6ª ed., Porto Alegre, Livraria do Advogado, 2016, p. 384.

172. Carta das Nações Unidas: "Art. 71. O Conselho Econômico e Social poderá entrar nos entendimentos convenientes para a consulta com organizações não governamentais, encarregadas de questões que estiverem dentro da sua própria competência. Tais entendimentos poderão ser feitos com organizações internacionais e, quando for o caso, com organizações nacionais, depois de efetuadas consultas com o Membro das Nações Unidas".

173. Disponível em *https://nacoesunidas.org/conselho-de-seguranca-da-onu-exige-mais-protecao--para-hospitais-e-profissionais-de-saude-em-zonas-de-guerra*, acesso em 22.8.2016.

174. Carta das Nações Unidas:

"Art. 104. A Organização gozará, no território de cada um de seus Membros, da capacidade jurídica necessária ao exercício de suas funções e à realização de seus propósitos.

"Art. 105. 1. A Organização gozará, no território de cada um de seus Membros, dos privilégios e imunidades necessários à realização de seus propósitos.

isenção de tributação a que faz jus a ONU. O Brasil é signatário de ambas as Convenções, nos termos dos Decretos 19.841/1945 e 27.784/1950, respectivamente.[175]

IXd – Sendo assim, verifica-se que o auxílio humanitário, que não persegue finalidades mercantis, mas, pelo contrário, é prestado aos hipossuficientes de forma economicamente desinteressada, sem qualquer tipo de embaraço tributário, é diretriz almejada pela ONU justamente por se agregar ao direito transcendental de acesso à saúde, encartado no art. 25 da Declaração Universal dos Direitos do Homem.

Nesse toar, o trabalho desempenhado pelas ONGATs encontra-se em plena harmonia com os mais nobres tratados e convenções internacionais, assinados por grande parte dos Estados.

Enfim, tudo demonstra o grande apreço da sociedade civil pelas ONGATs, que costumam gozar das mesmas desonerações fiscais que alcançam as organizações internacionais estatais.[176]

IXe – O Brasil encontra-se no rol dos signatários dos supramencionados tratados internacionais, em sintonia – convém que se frise – com o que preconiza a Constituição da República em diversos dos seus artigos, como, por exemplo, os que tratam dos direitos fundamentais (arts. 4º e 5º).

É inegável, pois, pela dimensão e importância dos trabalhos humanitários desempenhados sem propósito de ganho, que as ONGATs. (*v.g.*, os "Médicos sem Fronteiras" e a "Cruz Vermelha") fazem jus – se por mais não fosse, por analogia *in bonam partem* – às mesmas desonerações fiscais que são dadas em território nacional às agências da ONU. Entre elas figura a imunidade tributária prevista no art. 150, VI, "c", da CF.

IXf – Já vimos que a fruição de tal imunidade depende do preenchimento de determinados requisitos, apontados em lei complementar. Faz as vezes desta lei complementar o CTN, que, em seu art. 14, II, estipula que as instituições de assistência social sem fins lucrativos, para terem direito à desoneração constitucional aos impostos, devem aplicar integralmente no País os seus recursos.

Esta condição tem, porém, caráter nitidamente instrumental: serve para garantir que a pessoa jurídica atue em prol do bem comum, exercendo atividade tipicamente estatal, sem escopo de lucro.

Portanto, só é lícita a suspensão do gozo da imunidade em pauta caso se verifique que a inobservância desta condição implicou efetivo desvirtuamento da finalidade da instituição assistencial.

E é justamente neste ponto que entram as ONGATs.

"2. Os representantes dos Membros das Nações Unidas e os funcionários da Organização gozarão, igualmente, dos privilégios e imunidades necessários ao exercício independente de sus funções relacionadas com a Organização."

175. Cópia da tradução da *Convenção sobre as Imunidades das Nações Unidas*, disponível em *http://www.planalto.gov.br/ccivil_03/decreto/1950-1969/anexo/an27784-50traducao.pdf*, acesso em 24.8.2016.

176. É o caso da já mencionada ONU, com todas as suas extensões (*braços operantes*), como a UNICEF, a UNESCO e a OIT.

Se não, vejamos.

IXg – Constitui verdadeiro truísmo que as imunidades tributárias têm por escopo o atingimento dos fins considerados relevantes pelo constituinte, entre os quais a promoção da Assistência Social, que deve ser prestada a todos os que dela necessitem (cf. art. 203 da CF).

Para ver alcançado tal objetivo, a Carta Suprema conferiu imunidade tributária às instituições de assistência social sem fins lucrativos.

O intuito constitucional, no entanto, não foi o de beneficiar, por meio da imunidade, determinado tipo de pessoa jurídica, mas, sim, a comunidade carente em geral, onde quer que ela se encontre.

A assertiva aplica-se às ONGATs autorizadas a operarar no Brasil.

IXh – Lembramos que o escopo da norma que proíbe a aplicação de recursos no exterior (art. 14, II, do CTN) outra não é senão o de assegurar a eficácia do mandamento contido no art. 150, VI, "c", da CF, evitando, assim, o desvirtuamento da função filantrópica inerente às instituições de assistência social sem fins lucrativos.

Sendo assim, não é plausível que esse requisito impeça a fruição da imunidade caso se comprove inexistir qualquer fim lucrativo na atividade desenvolvida pela instituição assistencial.

É justamente o que ocorre com as ONGATs, que, por possuírem natureza internacional, utilizam seus recursos em vários Países, neles fomentando políticas sociais e inclusivas. Tal, porém, não colide com os motivos que levaram à instituição da imunidade em pauta.

Examinemos o assunto um pouco mais curiosamente.

IXi – Incontendivelmente, o Estado Brasileiro não tem condições de prestar sozinho os serviços que concretizariam a fruição de todos os direitos sociais descritos no art. 6º da CF (educação, saúde, alimentação, trabalho, moradia, lazer, segurança, previdência social, proteção à maternidade e à infância, assistência aos desamparados). Daí sua necessidade de se valer de entidades não governamentais com finalidade de assistência social economicamente desinteressada.

Dada a importância de tais entidades, foi introduzida no ordenamento jurídico brasileiro a regra de imunidade em questão, com o fito de assegurar o direito fundamental de acesso às mencionadas *atividades essenciais*, que incumbiria ao Estado fornecer.

Logo, podemos afirmar que a imunidade das instituições de assistência social sem fins lucrativos colima assegurar a fruição de diversos direitos fundamentais garantidos constitucionalmente, entre os quais se inscreve o *da dignidade da pessoa humana* (cf. art. 1º, III, da CF).

Já, no que diz respeito às relações internacionais, a imunidade aqui discutida objetiva implementar o *princípio da prevalência dos direitos humanos* (art. 4º, II, da CF[177]), que rege as relações do Brasil com os demais Estados soberanos.

177. CF: "Art. 4º. A República Federativa do Brasil rege-se nas suas relações internacionais pelos seguintes princípios: (...); II – prevalência dos direitos humanos; (...)".

De seu turno, o art. 5º, § 2º, da CF[178] também incluiu entre os direitos protegidos pelo ordenamento jurídico os enunciados nos tratados internacionais de que o Brasil seja signatário.

Tudo converge, pois, no sentido de que a imunidade tributária concedida às instituições de assistência social sem fins lucrativos se inspira no chamado "Direito Internacional dos Direitos Humanos", que tem como fundamento a corrente proposta por Kant segundo a qual a dignidade é valor intrínseco à condição humana.[179]

IXj – Em face do exposto, é possível sustentar que os direitos fundamentais se projetam sobre todo o ordenamento jurídico, servindo de critério interpretativo para qualquer norma. Ocupam, portanto, papel relevantíssimo na determinação do significado e do alcance das normas de todo o sistema jurídico. Por isso que, como assevera Flávia Piovesan, "a dignidade humana simboliza (...) verdadeiro superprincípio constitucional, a norma maior a orientar o constitucionalismo contemporâneo, nas esferas local e global, dotando-lhe de especial racionalidade, unidade e sentido".[180]

É importante mencionar, ainda, que o art. 5º, § 1º, da Constituição da República[181] veicula o princípio da aplicabilidade imediata das normas que traduzem direitos e garantias fundamentais. Segundo esse princípio, os direitos e garantias fundamentais possuem eficácia máxima e imediata, e, em consequência, devem ser diretamente aplicáveis pelos Poderes Judiciário, Executivo e Legislativo.[182]

IXk – Destarte, é possível afirmar que a tributação de atividades filantrópicas, como a exercida pelas ONGATs, vai de encontro, ou seja, conflita abertamente, com o *superprincípio* da dignidade da pessoa humana, que informa todo o ordenamento jurídico pátrio.

178. CF:

"Art. 5º. Todos são iguais perante a lei, sem distinção de qualquer natureza, garantindo-se aos brasileiros e aos estrangeiros residentes no País a inviolabilidade do direito à vida, à liberdade, à igualdade, à segurança e à propriedade, nos termos seguintes: (....

"(...).

"§ 2º. Os direitos e garantias expressos nesta Constituição não excluem outros decorrentes do regime e dos princípios por ela adotados, ou dos tratados internacionais em que a República Federativa do Brasil seja parte."

179. A Constituição de 1988 inovou ao privilegiar, logo em seus primeiros capítulos, os direitos e garantias, alçando-os, inclusive, à condição de *cláusulas pétreas*, vale dizer, irremovíveis por meio de emendas constitucionais.

Nas Constituições brasileiras anteriores os temas concernentes ao Estado eram disciplinados antes dos relativos aos direitos, sendo que apenas os afetos a este eram *petrificados*.

Transitou-se, portanto, de um Direito inspirado pela óptica dos deveres dos súditos para outro, inspirado pela óptica dos direitos dos cidadãos.

Além disso, outra inovação trazida pela Carta Magna de 1988 consistiu na inclusão dos direitos sociais na seara dos direitos fundamentais, ao lado dos direitos civis e políticos.

180. Flávia Piovesan, *Direitos Humanos e o Direito Constitucional Internacional*, 16ª ed., São Paulo, Saraiva, 2016, p. 101.

181. CF: "Art. 5º. Todos são iguais perante a lei, sem distinção de qualquer natureza, garantindo-se aos brasileiros e aos estrangeiros residentes no País a inviolabilidade do direito à vida, à liberdade, à igualdade, à segurança e à propriedade, nos termos seguintes: (...).

"§ 1º. As normas definidoras dos direitos e garantias fundamentais têm aplicação imediata."

182. Cf. Flávia Piovesan, ob. cit., pp. 95-112.

Insistimos que as ONGATs lutam incessante e corajosamente pela dignidade daqueles que vivenciam situações de enorme crise humanitária. Buscam, pois, resguardar direitos fundamentais nos lugares onde eles são mais vilipendiados.

Sendo assim, força é convir que sua atividade precisa ser de todos os modos incentivada pelo Estado Brasileiro, uma vez que esta foi a vontade da Constituição da República ao instituir a imunidade prevista no art. 150, VI, "c". As situações de dúvida a respeito devem ser solvidas em favor da imunidade, nos termos da já mencionada regra *in dubio pro imunitatem*.

Estas observações crescem de ponto quando estamos diante de assuntos que foram objeto de tratados internacionais sobre direitos humanos, os quais, celebrados e ratificados pela República Federativa do Brasil, têm total prevalência sobre o art. 14, II, do CTN.

É o que a seguir se demonstrará.

IXl – Os tratados internacionais sobre direitos humanos passaram a ser incorporados ao nosso direito positivo em 1984, quando o Brasil ratificou a *Convenção sobre a Eliminação de Todas as Formas de Discriminação Contra a Mulher*. A partir daí, outros importantes tratados de direitos humanos foram ratificados, dentre os quais se destacam: a *Convenção Contra a Tortura e Outros Tratamentos Cruéis, Desumanos ou Degradantes* (em 1989), a *Convenção sobre os Direitos da Criança* (em 1990), o *Pacto Internacional dos Direitos Civis e Políticos* (em 1992), o *Pacto Internacional dos Direitos Econômicos, Sociais e Culturais* (em 1992) e a *Convenção sobre os Direitos das Pessoas com Deficiência* e seu Protocolo Facultativo (em 2008).[183]

O STF consolidou entendimento acerca da hierarquia destes tratados no ordenamento jurídico interno, decidindo que possuem *status* de norma supralegal. Decidiu, ainda, quanto aos demais tratados internacionais incorporados que não versam sobre direitos humanos, que sua hierarquia equivale à de uma norma infraconstitucional.[184]

IXm – Ademais, entre os vários argumentos para que os tratados sobre direitos humanos sejam incorporados como normas supralegais encontra-se o fato de vivermos em um "Estado Constitucional Cooperativo", ou seja, "que não mais se apresenta como um Estado Constitucional voltado para si mesmo, mas que se disponibiliza como referência para os outros Estados Constitucionais membros de uma comunidade, e no qual ganha relevo o papel dos direitos humanos e fundamentais",[185] conforme o Min. Gilmar Mendes constata em um de seus eruditos votos:

183. Idem, pp. 121-159.

184. "Ação direta de inconstitucionalidade – Provimento Conjunto n. 03/2015 do TJSP – Audiência de custódia. 1. A Convenção Americana sobre Direitos do Homem, que dispõe, em seu art. 7º, item 5, que 'toda pessoa presa, detida ou retida deve ser conduzida, sem demora, à presença de um juiz', *posto ostentar o **status** jurídico supralegal que os tratados internacionais sobre direitos humanos têm no ordenamento jurídico brasileiro*, legitima a denominada 'audiência de custódia', cuja denominação sugere-se 'audiência de apresentação'. (...)" (STF, Tribunal Pleno, ADI 5.240, rel. Min. Luiz Fux, j. 20.8.2015, *DJe* 29.1.2016; Tribunal Pleno, RE 349.703, rel. Min. Carlos Britto, rel. para o acórdão Min. Gilmar Mendes, j. 3.12.2008, *DJe* 4.6.2009).

185. "*Ementa:* Prisão civil – Depósito – Depositário infiel – Alienação fiduciária – Decretação da medida coercitiva – Inadmissibilidade absoluta – Insubsistência da previsão constitucional e das normas

"(...). Posteriormente, no importante julgamento da Medida Cautelar na ADI n. 1.480-3-DF, relator o Min. Celso de Mello (em 4.9.1997), o Tribunal voltou a afirmar que entre os tratados internacionais e as leis internas brasileiras existe mera relação de paridade normativa, entendendo-se as *leis internas* no sentido de simples leis ordinárias e não de leis complementares. (...).

"É preciso ponderar, no entanto, se no contexto atual, em que se pode observar a abertura cada vez maior do Estado Constitucional a ordens jurídicas supranacionais de proteção de direitos humanos, essa jurisprudência não teria se tornado completamente defasada.

"Não se pode perder de vista que, hoje, vivemos em um *Estado Constitucional Cooperativo*, identificado pelo professor Peter Häberle como aquele que não mais se apresenta como um Estado Constitucional voltado para si mesmo, mas que se disponibiliza como referência para os outros Estados Constitucionais membros de uma comunidade, e no qual ganha relevo o papel dos direitos humanos e fundamentais. (...).

"Importante deixar claro, também, que a tese da legalidade ordinária, na medida em que permite ao Estado Brasileiro, ao fim e ao cabo, o descumprimento unilateral de um acordo internacional, vai de encontro aos princípios internacionais fixados pela Convenção de Viena sobre o Direito dos Tratados, de 1969, a qual, em seu art. 27, determina que nenhum Estado pactuante *pode invocar as disposições de seu Direito interno para justificar o inadimplemento de um tratado*.

"Por conseguinte, parece mais consistente a interpretação que atribui a característica de supralegalidade aos tratados e convenções de direitos humanos. Essa tese pugna pelo argumento de que os tratados sobre direitos humanos seriam infraconstitucionais, porém, diante de seu caráter especial em relação aos demais atos normativos internacionais, também seriam dotados de um atributo de supralegalidade. Em outros termos, os tratados sobre direitos humanos não poderiam afrontar a supremacia da Constituição, mas teriam lugar especial reservado no ordenamento jurídico. Equipará-los à legislação ordinária seria subestimar o seu valor especial no contexto do sistema de proteção dos direitos da pessoa humana."

IXn – Diante disso, não há dúvidas de que o inciso II do art. 14 do CTN – que estabelece a necessidade de as instituições de assistência social sem fins lucrativos aplicarem seus recursos integralmente no País – pode e deve ser considerado *cum granum salis*, de sorte a não criar para as ONGATs encargos fiscais incompatíveis com nossa ordem jurídico-constitucional.

Realmente, considerando que os tratados internacionais de direitos humanos que consagram a dignidade da pessoa humana plasmam valores fundamentais, e levando-se em conta que as ONGATs têm como atividade essencial a ajuda humanitária

subalternas – Interpretação do art. 5º, inciso LXVII e §§ 1º, 2º e 3º, da CF, à luz do art. 7º, § 7º, da Convenção Americana de Direitos Humanos (Pacto de San José da Costa Rica) – Recurso improvido – Julgamento conjunto do RE n. 349.703 e dos HC n. 87.585 e n. 92.566. É ilícita a prisão civil de depositário infiel, qualquer que seja a modalidade do depósito" (STF, Tribunal Pleno, RE 466.343, repercussão geral – Mérito, rel. Min. Cézar Peluso, j. 3.12.2008, *DJe* 104, divulg. 4.6.2009, publ. 5.6.2009, *EMENT.* VOL-02363-06 PP-01106, *RTJ* 00210-02/00745, *RDECTRAB* vol. 17, n. 186, 2010, pp. 29-165).

aos que vivenciam situações que põem em xeque esta mesma dignidade da pessoa humana, o fato de remeterem recursos ao exterior não pode sobrepor-se às normas de direito internacional incorporadas ao ordenamento jurídico pátrio.

Dito de outro modo: o inciso II do art. 14 do CTN não prevalece sobre os tratados internacionais de direitos humanos, que – pede-se vênia para insistir – possuem *status* de norma supralegal, consoante pacífico entendimento do STF.

IXo – Dessa forma, dada sua natureza internacional, as doações recebidas pelas ONGATs aqui instaladas tanto podem ser aplicadas no Brasil como enviadas para ajuda humanitária em outros Países sem que esses episódios lhes retirem a imunidade tributária prevista no art. 150, VI, "c", da CF.

É que o fato de haver repasse de recursos ao exterior não configura ofensa às finalidades de tais instituições, já que elas os revertem integralmente no desenvolvimento de suas atividades sociais ao redor do mundo, onde a ajuda se faz mais necessária.

Vai daí que os princípios e valores que o art. 14, II, do CTN objetiva preservar são, nesse caso, integralmente mantidos, pelo quê não há falar em suspensão – muito menos em cassação – da imunidade tributária em tela.

IXp – Cumpre assinalar, ainda, que em situações excepcionais o STF relativizou a aplicação do inciso II do art. 14 do CTN, mantendo a imunidade tributária de instituições de assistência social sem fins lucrativos que concedem bolsas de estudos no exterior. Confira-se: "Sociedade civil sem fins lucrativos tendo por objeto o ensino – Imunidade tributária (art. 20, inciso III, alínea "c", da CF e art. 14, incisos I, II e III, do CTN) – Recurso extraordinário não conhecido".[186]

Neste caso o STF entendeu que, apesar de haver dispêndio de recursos no exterior, o benefício se faz sentir no Brasil, que colhe os resultados dos conhecimentos adquiridos alhures.

Ora, é plenamente possível aplicar ao assunto que está a merecer nossas atenções esta interpretação dada ao inciso II do art. 14 do CTN, uma vez que, apesar da remessa de recursos no exterior, inúmeras são as vantagens que as ONGATs propiciam ao Brasil.

Com efeito, além de se beneficiar das atividades filantrópicas das ONGATs (que avocam funções incontendivelmente estatais), o Brasil cumpre seu dever de cooperação internacional, sobretudo no setor dos direitos humanos (já que reforça o princípio constitucional da prevalência dos direitos humanos no âmbito internacional).

Definitivamente, inexiste, *in casu*, qualquer prejuízo ao Estado Brasileiro.

IXq – Tudo milita, portanto, no sentido de que, diante (i) do dever de cooperação humanitária entre as Nações, (ii) de todos os direitos garantidos constitucionalmente, (iii) da preservação da finalidade do art. 14, II, do CTN e (iv) das características in-

186. STF, 1ª Turma, RE 76297, rel. Min. Djaci Falcão, j. 11.9.1973, *DJU* 30.11.1973, P. 9.127, *EMENT.* VOL-00932-02 PP-00672.

ternacionais das ONGATs, não há por que considerar que suas remessas de recursos ao exterior sejam causa de perda (*rectius*, de suspensão) da imunidade constitucionalmente assegurada a essas entidades.

Enfim, para fazer jus à imunidade contemplada no art. 150, VI, "c", da CF o requisito do art. 14, II, do CTN (integral aplicação dos recursos no País) não deve ser aplicado a instituições de assistência social sem fins lucrativos que possuam natureza internacional.

4.3.6 Considerações adicionais

I – Ainda a respeito, há outro ponto a considerar: não raro os partidos políticos e suas fundações, os sindicatos de empregados e as instituições educacionais e assistenciais sem fins lucrativos, para atingirem seus elevados objetivos, adquirem materiais e equipamentos.

Daí a pergunta: quando o fazem, estas entidades imunes devem suportar a carga econômica dos tributos (IPI, ICMS, imposto de importação, PIS/COFINS etc.) que incidem sobre tais operações jurídicas? Ou, indagando de outro modo: as imunidades tributárias cedem passo diante dos chamados "tributos indiretos"?

Com Heleno Taveira Torres damo-nos pressa em responder que *não*.

Este brilhante jurista, partindo do pressuposto de que as imunidades tributárias existem para conservar e manter, e não para destruir, aduz que cobrar impostos e contribuições sociais sobre tais aquisições "equivale a tolher a imunidade e reduzi-la a limites incompatíveis com sua função constitucional".[187] E acrescenta: "Não persiste na Constituição nenhuma disposição que autorize excluir da imunidade do art. 150, VI, 'c', e § 4º, da CF os chamados *tributos indiretos*, pela distinção entre *contribuinte de direito* e *contribuinte de fato*, unicamente para afastar a imunidade das entidades por serem estas *contribuintes de fato*. Ora é justamente esse o motivo (...) que justifica a exclusão da incidência tributária. A imunidade não se limita ao *contribuinte de direito*, e não há nada na Constituição que justifique essa restrição".[188]

Corretíssima a lição, porquanto as operações de aquisição de bens e produtos que irão compor ou ampliar o patrimônio destas instituições auxiliam-nas a alcançar suas finalidades essenciais.

De fato, se, como não há duvidar, a Constituição pretende, ao desonerar de impostos e contribuições tais pessoas jurídicas de direito privado, justamente que melhor atinjam seus elevados objetivos, de modo algum pode prevalecer qualquer interpretação que as leve a assumir a carga econômica destes tributos, mesmo daqueles

187. Heleno Taveira Torres, "Imunidade tributária e tributos indiretos: o caso das entidades de saúde", in Fernanda Drummond Parisi, Heleno Taveira Torres e José Eduardo Soares de Melo (coords.), *Estudos de Direito Tributário em Homenagem ao Professor Roque Antonio Carrazza*, vol. 1, São Paulo, Malheiros Editores, 2014, p. 254.

188. Idem, pp. 256-257.

que a doutrina mais tradicional rotula de "indiretos", porque comportariam, por sua natureza, "transferência do respectivo encargo financeiro" (cf. art. 166 do CTN[189]).

II – Anote-se que esta referência aos tributos que comportam, por sua natureza, transferência do respectivo encargo financeiro (*tributos indiretos*) não é jurídica, já que para a Ciência do Direito é irrelevante saber quem suporta a carga econômica da exação. O que importa considerar, sim, sob este enfoque, é quem realizou o *fato imponível*, independentemente de haver, ou não, o repasse do ônus financeiro do tributo ao preço final do produto, da mercadoria, do serviço etc.

Seguimos, portanto, a mesma opinião de Edwin Robert Anderson Seligman[190] no sentido de que a questão da repercussão econômica é um falso problema, fruto daquilo que o Mestre da Universidade de Columbia, tomando por empréstimo expressão cunhada por De Parieu, chamava de "simplicidade da ignorância".

III – Acerca do assunto vêm a pelo os argutos comentários de Alfredo Augusto Becker, *verbis*: "*Simplicidade da ignorância: por sua própria natureza alguns tributos repercutem e outros não*. O raciocínio baseado nesta premissa é ingênuo e denuncia superficialíssima noção do fenômeno da repercussão, porque todos os tributos repercutem. Noutras palavras, os fatores decisivos da repercussão econômica do tributo são estranhos à natureza do tributo e determinados pela conjuntura econômico-social. Além disso, a previsibilidade da repercussão econômica e a constatação dos resultados efetivos da repercussão alcançam-se por aproximação, ainda distante e nebulosa, mediante utilização de princípios financeiros extremamente complexos e cujos resultados ainda são de natureza macroeconômica".[191]

Entre estes tributos – que ousaríamos chamar de "mágicos", porque somente eles repercutiriam economicamente – figurariam o IPI, o ICMS, o PIS e a COFINS.

Nada menos exato. Parafraseando Becker, sob o enfoque econômico, todo e qualquer tributo *repercute*, isto é, comporta "a transferência do respectivo encargo financeiro". Isso porque tipifica notório e incontestável *fato econômico* – ou seja, realidade de mercado – que as empresas, na composição de seus preços, necessariamente levam em consideração o custo de toda carga tributária incidente em suas cadeias produtivas.

E nem poderia ser de outro modo: as empresas, numa sociedade capitalista como a nossa, buscam o lucro, e para auferi-lo precisam considerar todos os custos, inclusive os fiscais.[192] Assim, o IPTU, o imposto sobre a renda, as taxas de limpeza,

189. CTN: "Art. 166. A restituição de tributos que comportem, por sua natureza, transferência do respectivo encargo financeiro somente será feita a quem prove haver assumido o referido encargo, ou, no caso de tê-lo transferido a terceiro, estar por este expressamente autorizado a recebê-la".

190. Edwin Robert Anderson Seligman, *Théorie de la Répercussion et de l'Incidence de l'Impôt*, trad. francesa de Louis Suret, Paris, V. Giard & E. Brière, 1910, p. 1.

191. Alfredo Augusto Becker, *Teoria Geral do Direito Tributário*, 2ª ed., São Paulo, Saraiva, 1972, pp. 492-493.

192. É ingênuo supor que as empresas, na composição dos preços de seus serviços, produtos ou mercadorias, levam em conta apenas os custos de produção (com matéria-prima, salários, maquinarias etc.), deixando de considerar os cada vez mais pesados custos fiscais. Caso assim procedessem, caminhariam a passos largos para a extinção (pela falência ou pelo encerramento de suas atividades), já que jamais teriam lucro.

de conservação etc. – que a própria Economia rotula de "tributos diretos" – integram os *custos fixos* das empresas, e sempre têm seus valores incorporados ao *preço final* dos produtos, mercadorias ou serviços que elas oferecem, em caráter negocial, a terceiros.[193]

IV – Todavia, expressivo segmento doutrinário, a partir de uma interpretação literal da locução "tributos que comportem, por sua natureza, transferência do respectivo encargo financeiro", contida no art. 166 do CTN, passou a sustentar que há tributos que repercutem economicamente e outros que não o fazem. Daí haver classificado os tributos em *diretos* (cuja carga econômica seria suportada pelo contribuinte *de iure*) e *indiretos* (cuja carga econômica seria suportada pelo contribuinte *de facto*).[194]

Nada menos exato, pois, como vimos, todos os tributos têm sua carga econômica repassada ao consumidor final. Dito de outra maneira: no plano econômico, todos os tributos suportados pelas pessoas jurídicas repercutem, vale dizer, transferem sua carga econômica para o consumidor final, já que a repassam ao preço da mercadoria, do bem ou do serviço.

Sendo assim, é preciso apreender o significado jurídico da mencionada locução "tributos que comportem, por sua natureza, transferência do respectivo encargo financeiro", e saber quem é o "terceiro" ao qual ela se refere ("ou, no caso de tê-lo transferido a *terceiro*, estar por este expressamente autorizado a recebê-la").

V – Vamos logo escrevendo que, juridicamente, este *terceiro* não é apenas quem suporta o encargo financeiro do tributo, mas quem, por expressa determinação legal, assume a responsabilidade pelo crédito tributário, substituindo o contribuinte e passando, assim, a ser parte legítima para reaver o indébito tributário caso comprove que assumiu o encargo de ter pagado a exação indevida.

Logo, a referência que o art. 166 do CTN faz a "tributos que comportem, por sua natureza, transferência do respectivo encargo financeiro" é jurídica, e não econômica.[195] De modo algum nega o fato de que todos os tributos economicamente repercutem no preço final dos produtos, mercadorias e serviços oferecidos ao consumidor.

193. No mesmo sentido, Marco Aurélio Greco observa: "Num regime econômico de liberdade e de mercado, os agentes econômicos buscam praticar preços em dimensão suficiente para suportar todos os custos e despesas a seu cargo e obter o respectivo lucro. Na medida em que, para continuar operando no mercado, é necessário honrá-los, o preço que a pessoa jurídica vai praticar junto a seus clientes deve ser em dimensão suficiente para gerar recursos que permitam pagar, a tempo e hora, todos os custos e despesas. (...). Isto abrange a folha de salários, o custo das matérias-primas, as despesas financeiras etc., bem como os tributos que oneram a empresa. Isto abrange desde as contribuições de seguridade social calculadas sobre a folha de salários até a CPMF que deve recolher sobre suas transações financeiras, passando pelo IPTU dos imóveis e o IPVA dos veículos etc." ("COFINS e PIS – Preço dos serviços de telecomunicação e ausência de repasse jurídico ao consumidor", *Revista Dialética de Direito Tributário* 85/134, São Paulo, Dialética, 2002).

194. Registre-se que o art. 166 do CTN não alude a tributos indiretos, mas a tributos "que comportem, por sua natureza, a transferência do encargo financeiro". Vai daí que a classificação dos tributos em diretos e indiretos, que reputamos juridicamente incorreta, não é sequer da lei, mas da doutrina.

195. Assim também pensa Sacha Calmon Navarro Coêlho, *verbis*: "O estudo da substituição é normativo, e não econômico. Está na estrutura da norma" (*Curso...*, cit., p. 684).

Destarte, o art. 166 do CTN, por tratar do *repasse* ***jurídico*** *do tributo* (e não do seu repasse *econômico*), tem relevância *apenas* para fins (i) de compensação com outros tributos ou (ii) de repetição do indébito tributário.[196]

Havendo *repasse* ***jurídico*** *do tributo* (caso do ICMS, do IPI, do PIS e da COFINS, entre outros) em *fatos imponíveis* que envolvem "uma dualidade de pessoas", a lei cria um direito de crédito do sujeito ativo (o contribuinte *de iure*) contra o sujeito passivo, tradicionalmente denominado de contribuinte *de facto*. Esse direito de crédito pode ser exercido mediante reembolso ou por retenção na fonte.[197]

Diferentemente, na mera repercussão econômica do tributo (caso do IPTU, do IPVA, do IRPJ etc.), a lei, conquanto não crie um direito a se ressarcir, permite que os custos tributários entrem na composição do preço a ser suportado pelo consumidor final, ao adquirir o bem (produto industrializado ou mercadoria) ou ao fruir, a título oneroso, o serviço de qualquer natureza.

VI – Tudo milita, pois, no sentido de que o disposto no art. 166 do CTN só pode ser aplicado quando presente a substituição tributária, ou seja, quando um terceiro ingressa, por força de lei, na relação jurídica tributária. Não quando há simples repercussão econômica, isto é, nas hipóteses em que a carga econômica do tributo onera o consumidor final, que, todavia, não possui nenhum direito próprio contra o sujeito ativo da obrigação tributária.

196. Discordamos desta tese, que, a nosso ver, leva a um inadmissível enriquecimento sem causa do Poder Público, à custa do contribuinte. E nunca é demais lembrar que ninguém, muito menos o Estado, pode locupletar-se em prejuízo de terceiro (*nemo locupletare cum aliena iniuria*).

Com efeito, o contribuinte tem o direito subjetivo de recolher exatamente o que deve a título de tributo: nem mais, nem menos. O Poder Público, de seu turno, tem o dever jurídico de arrecadar exatamente o que lhe é devido: nem mais, nem menos.

Tudo o que porventura vier pago a maior tipifica indébito tributário, que há de ser restituído ao contribuinte ou compensado com outros tributos.

Estamos convencidos, pois, de que mesmo nos chamados tributos indiretos o contribuinte, uma vez presente o indébito tributário, tem o inafastável direito de reavê-lo ou compensá-lo.

Infelizmente, porém, a ideia de que a compensação e a repetição dos tributos indiretos recolhidos a maior só são possíveis quando observados os ditames do art. 166 do CTN tem sido prestigiada pelo Poder Judiciário, a ponto de cristalizar-se nas Súmulas 71 ("Embora pago indevidamente, não cabe restituição de tributo indireto") e 546 ("Cabe a restituição do tributo pago indevidamente, quando reconhecido, por decisão, que o contribuinte *de iure* não recuperou do contribuinte *de facto* o *quantum* respectivo"), ambas do STF.

Como se vê, o Poder Judiciário tem considerado na compensação ou na repetição do indébito tributário a circunstância de ordem fática de ter ou não comprovadamente havido o repasse, a terceiro, do valor do tributo. Em caso negativo, reconhece ao contribuinte *de iure* o direito à compensação ou à repetição; em caso positivo, tem pautado suas decisões de acordo com os ditames do precitado art. 166 do CTN, vale dizer, exige a "autorização" do contribuinte *de facto*.

Enfim, ganhou foros de cidade a tese de que alguns tributos (os "indiretos"), ainda que comprovadamente indevidos, só são compensáveis ou repetíveis se observada a regra em tela (do art. 166 do CTN). Ainda mal.

197. É o "direito de crédito do sujeito ativo (...) contra o sujeito passivo" que faz com que o valor correspondente ao tributo a ser ressarcido (assim por reembolso que por retenção na fonte) venha destacado (no contrato, no caso de ressarcimento por reembolso; no comprovante de pagamento, quando houver ressarcimento por retenção).

Enfim, o fenômeno puramente econômico que há nome "contribuinte de fato" tem relevância jurídica, na melhor das hipóteses, quando se está diante de compensação tributária ou repetição de tributo recolhido a maior. Positivamente, não tem o condão de bulir na desoneração tributária concedida pelo art. 150, VI, "c", da CF.

VII – Deste modo, estamos sempre mais percebendo que os aludidos critérios econômicos são insuficientes para diminuir o alcance da imunidade tributária dos partidos políticos e suas fundações, dos sindicatos de empregados e das instituições educacionais ou assistenciais sem *animus lucrandi* e, com isso, afetar-lhes a capacidade de atender às suas *finalidades essenciais*.

Mas há outro argumento a reforçar, ainda mais, nosso ponto de vista.

VIII – Tais entidades, ao efetuarem importações diretas de bens ou produtos industrializados para, com eles, melhor desempenharem suas atividades estatutárias, são imunes ao IPI e ao ICMS, já que, como ninguém contesta, realizam o *fato imponível* destes tributos, sendo consideradas pela própria doutrina tradicional "contribuintes de direito".

Ora, como pretender que a entidade imune suporte a carga econômica destes tributos quando adquire, no mercado interno, o mesmo tipo de bens ou produtos industrializados só porque, agora, não passaria de "contribuinte de fato"? Tal inteligência, além de não ser *conforme à Constituição*, fere fundo o *princípio da isonomia tributária* e, por via oblíqua, o disposto no art. 219 da Carta Magna, que, após guindar o *mercado interno* ao patamar do patrimônio nacional, acrescenta que ele "será incentivado de modo a viabilizar o desenvolvimento cultural e socioeconômico, o bem-estar da população e a autonomia tecnológica do País, nos termos de lei federal". Insofismavelmente, não reconhecer a imunidade nas aquisições efetuadas no mercado interno implica incentivar as importações, o que prejudica nossa balança comercial, além de tirar a competitividade de nossos produtos.

A respeito, Heleno Taveira Torres é, como sempre, límpido e terminante, *verbis*: "É, pois, absolutamente inconstitucional a distinção, de há muito combatida, entre tributos *diretos* e *indiretos* para negar a extensão da imunidade tributária a todos os bens e mercadorias adquiridos no mercado interno (...) apenas pela distinção entre *contribuinte de direito* e *contribuinte de fato*. Essa distinção há de ter – como tem – relevância para permitir ou afastar a repetição de indébito ou compensação de tributos *indiretos*, mas nunca para definir a aplicação da imunidade tributária do art. 150, VI, 'c', e § 4º, da CF, garantia constitucional que tem por objetivo evitar que o custo dos tributos incidentes possa inibir o alcance dos direitos protegidos".[198]

Deveras, a distinção entre "contribuinte de direito" e "contribuinte de fato", que nem mesmo é jurídica, não tem a propriedade de afastar das pessoas jurídicas em questão a imunidade do art. 150, VI, "c", da CF nas aquisições internas de bens,

198. Heleno Taveira Torres, "Imunidade tributária e tributos indiretos: o caso das entidades de saúde", cit., in Fernanda Drummond Parisi, Heleno Taveira Torres e José Eduardo Soares de Mello (coords.), *Estudos de Direito Tributário em Homenagem ao Professor Roque Antonio Carrazza*, vol. 1, p. 257.

mercadorias ou serviços quando nas de importação envolvendo produtos ou serviços semelhantes ela é incontestável.

Definitivamente, não se pode aceitar que regras de imunidade tributária plasmadas na Constituição Federal, que tutelam interesses metaindividuais,[199] já que delimitam as competências tributárias das pessoas políticas, tenham seu âmbito normativo de aplicação restringido por classificações que, não estando sequer na lei, foram buscadas pela doutrina na Ciência Econômica.

4.4 Imunidades aos livros, jornais, periódicos e papel destinado à sua impressão

4.4.1 Considerações gerais

São igualmente imunes a impostos "os livros, jornais e periódicos e o papel destinado a sua impressão".

Com toda a facilidade notamos que o que a Constituição pretende, neste ponto, é garantir a liberdade de comunicação e de pensamento (aí compreendida a liberdade de imprensa) e, ao mesmo tempo, facilitar a difusão da cultura e a própria educação do povo. Em outras palavras, quer facilitar a busca do conhecimento, bem inefável que agrega dignidade à pessoa humana.

De fato, ninguém contesta que a Nação Brasileira só se desenvolverá quando todos tiverem real acesso à educação, à informação e à cultura.

É interessante notar que a liberdade de pensamento não se limita a permitir que as pessoas exprimam o que pensam. Garante-lhes, também, o direito de difundir suas ideias proferindo conferências, fazendo representar peças teatrais, publicando livros, jornais ou periódicos e assim por diante.

No Brasil, todos podem manifestar livremente o próprio pensamento,[200] seja pela palavra, seja pelo escrito, seja por quaisquer outros meios de comunicação. A liberdade de pensamento abrange, pois, todas as formas de comunicação entre pessoas, principalmente a escrita. Como vemos, a liberdade de pensamento é assegurada em sentido latíssimo, contemplando, destarte, qualquer meio idôneo a divulgá-lo.

Aliás, já se disse que da liberdade de pensamento derivam, de algum modo, todos os outros direitos fundamentais.

Tal o entendimento de Pontes de Miranda: "Se falta liberdade de pensamento, todas as outras liberdades humanas estão sacrificadas, *desde os fundamentos*. Foram os

199. O contrário se dá com as regras de isenção que tutelam interesses particulares, já que protegem o contribuinte individualmente considerado, reduzindo-lhe a carga tributária.

200. O pensamento é atividade íntima e incoercitível do espírito, que foge ao controle do Estado, até que se materializa em manifestações exteriores. A liberdade de pensamento garante justamente estas manifestações exteriores.

Carlo Ceretti fez, a respeito, oportunas observações: "O Estado deixa a cada homem a liberdade de pensamento, de criação e de opinião não porque lhe seja indiferente o que possam pensar os cidadãos, mas porque entende que o pensamento tenha o seu máximo e mais fecundo desenvolvimento quando seja livre de coações externas" (*Diritto Costituzionale Italiano*, 7ª ed., Turim, UTET, 1966, p. 187 – traduzimos).

alicerces mesmos que cederam. Todo o edifício tem de ruir. Dá-se a tentativa de fazer o homem parar: voltar ao infracultural, ou ao infra-humano. Todo Prometeu, que descubra o fogo, será punido. Como toda ordem vigente foi feita no passado, apertam-se as consciências para apequená-las ao tamanho, que era o delas, ao tempo em que a ordem vigente se criou, ou antes dela, por 'força de queda' de toda regressão".[201]

Como se isto não bastasse, a própria democracia de um País é diretamente proporcional ao grau de livre manifestação do pensamento que nele existe. É ponto bem averiguado, que um regime em que não seja possível às pessoas manifestar livremente o próprio pensamento não pode ser havido por democrático.

Não é por outro motivo que nos Estados democráticos procura-se garantir, o mais possível, a liberdade na formação e manifestação da opinião pública, que é tida na máxima conta.

A ideia não é nova. João Barbalho, o primeiro comentarista da Constituição de 1891, já a sustentava: "Não basta, com efeito, que a nação tenha representantes para a gestão dos negócios públicos, é preciso também que eles constantemente sejam influenciados por ela, ouçam sempre sua voz, acompanhem-na em seus anelos, estejam atentos ao seu aceno, retemperem-se de contínuo no pensamento que ela manifesta e que pode não ser mais o que prevalecia ao tempo da eleição que os investiu do mandato".[202]

Por outro lado, a liberdade de pensamento, contribuindo decisivamente para a difusão da cultura, reforça a própria educação do povo. E – é oportuno frisar – uma Nação só se desenvolve quando a maior parte das pessoas tem acesso à Educação.

Estamos sempre mais percebendo que o País não pode prescindir dos livros, dos jornais, dos periódicos e dos outros veículos de comunicação, que lhes fazem as vezes e, em muitos casos, até os substituem com vantagens. É por intermédio de todos eles que as pessoas têm acesso às informações, às artes, à cultura, ao lazer, às práticas religiosas, às ações governamentais etc.

Assim, quando a Constituição Federal prescreve serem imunes aos impostos o livro, o jornal, o periódico e o papel destinado à sua impressão (art. 150, VI, "d"), ela não está senão dando efetividade aos direitos fundamentais à livre "manifestação do pensamento" (art. 5º, IV) e de "expressão da atividade intelectual, artística, científica e de comunicação" (art. 5º, IX). Também tem em mira (i) assegurar a todos o "acesso à informação" (art. 5º, XIV), (ii) evitar venha de algum modo embaraçada a "plena liberdade de informação jornalística em qualquer veículo de comunicação

201. Pontes de Miranda, *Comentários à Constituição de 1967*, 2ª ed., 2ª tir., t. V, São Paulo, Ed. RT, 1974, pp. 155-156 – os grifos são do autor.

202. João Barbalho, *Constituição Federal Brasileira – Comentários*, Rio de Janeiro, F. Briguiet & Cia., 1924, p. 429. Na Itália, Pietro Virga tem idêntico modo de pensar: "Tanto mais um sistema é democrático, quanto maior deixa livre a formação e a manifestação da opinião pública; num regime de verdadeira democracia, os cidadãos devem ser postos em condições de poder formar uma clara e não preconceituosa noção das várias teses políticas em contraste, conhecendo e valorando livremente os argumentos adotados pelos sustentadores das mais variadas opiniões" (*Diritto Costituzionale*, 9ª ed., Milão, Giuffrè, p. 456 – traduzimos).

social" (art. 220, § 1º) e (iii) banir qualquer censura "de natureza política, ideológica e artística" (art. 220, § 2º).

Essa linha de raciocínio pode ser surpreendida do julgado a seguir transcrito:

"Imunidade – Impostos – Livros – Jornais e periódicos – Art. 150, inciso VI, alínea 'd', da CF.

"A razão de ser da imunidade prevista no texto constitucional, e nada surge sem uma causa, uma razão suficiente, uma necessidade, está no interesse da sociedade em ver afastados procedimentos, ainda que normatizados, capazes de inibir a produção material e intelectual de livros, jornais e periódicos".[203]

Como se vê, o próprio Pretório Excelso acolheu a tese de que as imunidades tributárias devem receber interpretação extensiva e teleológica, para que não aluam os escopos políticos que levaram o Constituinte originário a plasmá-las na Carta Magna.

Isto tudo explica porque nossa Lei Maior tratou de dar *meios materiais* para que as pessoas possam divulgar suas ideias.

Uma das fórmulas encontradas foi justamente esta: vedar a cobrança de qualquer imposto sobre o livro, o jornal, o periódico e o papel de imprensa. Estas imunidades não só são altamente louváveis, como necessárias ao perfeito funcionamento das instituições.

Graças ao disposto no art. 150, VI, "d", da CF, a importação de livros, jornais, periódicos e papel de imprensa está imune à tributação por via de *imposto sobre a importação*, de *ICMS* e de *IPI*; sua exportação, de *imposto sobre a exportação*, de *ICMS* e de *IPI*; sua comercialização, dentro do País, de *IPI* e de *ICMS*.

Vejamos, agora, o que vem a ser *livros*, para efeito de imunidade tributária.

4.4.2 A acepção da palavra "livros", para fins de imunidade

Todos nós sabemos que um livro é um objeto elaborado com papel, que contém, em várias páginas encadernadas, informações, narrações, comentários etc., impressos por meio de caracteres. Esta é a acepção corriqueira de *livro*, que qualquer dicionário registra.[204]

Não resta dúvida de que as operações com este tipo de livro são imunes a impostos.

203. STF, RE 190.761-4-SP, *DJU* 12.12.1997.

204. Laudelino Freire, por exemplo, em seu clássico *Grande e Novíssimo Dicionário da Língua Portuguesa* (3ª ed., vol. IV, Rio de Janeiro, Livraria José Olympio Editora, 1957, p. 3.214) define livro como sendo "reunião de cadernos manuscritos ou impressos, cosidos entre si e brochados ou encadernados". Idêntica definição (mesmas palavras e na mesma sequência) nos apresenta Caldas Aulete (*Dicionário Contemporâneo da Língua Portuguesa*, 4ª ed., vol. III, Rio de Janeiro, Delta, 1958, p. 3.010). Cândido de Figueiredo percorre idêntica trilha, porquanto, em seu *Novo Dicionário da Língua Portuguesa* (5ª ed., vol. II, Lisboa, Livraria Bertrand, 1939), considera livro a "reunião de cadernos manuscritos ou impressos, e cosidos ordenadamente".

A nosso ver, no entanto, devem ser equiparados ao livro, para fins de *imunidade*, os *veículos de ideias*, que hoje lhe fazem as vezes (*livros eletrônicos*) ou, até, o substituem. Tal é o caso – desde que didáticos ou científicos – dos discos, dos disquetes de computador, dos *CD-Roms*, dos *slides*, dos videocassetes, dos filmes etc.[205]

Segundo estamos convencidos, a palavra *livros* está empregada no Texto Constitucional não no sentido restrito de conjuntos de folhas de papel impressas, encadernadas e com capa, mas, sim, no de *veículos do pensamento*, isto é, de *meios de difusão da cultura*. Já não estamos na Idade Média, quando a cultura só podia ser difundida por intermédio de livros. Nem nos albores do Renascimento, na chamada *era de Gutemberg*, quando os livros eram impressos, tendo por base material o papel. Hoje temos os *sucedâneos dos livros*, que, mais dia menos dia, acabarão por substituí-los totalmente. Tal é o caso dos *CD-Roms* e dos demais artigos da espécie, que contêm, em seu interior, os textos dos livros, em sua forma tradicional.

Tem razão Hugo de Brito Machado quando observa que "a imunidade do livro, jornal ou periódico e do papel destinado a sua impressão há de ser entendida em seu sentido finalístico",[206] qual seja, garantir a difusão das ideias.

Deveras, *livro*, na acepção do art. 150, VI, "d", da CF, é o veículo de transmissão do pensamento, pouco importando o processo tecnológico que a realiza (impressão gráfica em papel, impressão magnética em disquete de computador, gravação em fita de vídeo etc.).

Só para darmos um exemplo, um livro convencional e um disquete de computador que contenha o seu texto operam o mesmo efeito: divulgar conhecimentos. Devem, pois, receber o mesmo tratamento fiscal.

Julgamos oportuno lembrar que, com a devastação das florestas e com os progressos da Informática, muito em breve não haverá mais livros do tipo convencional, isto é, impressos sobre um suporte material de papel. Por razões ecológicas (o papel é extraído das árvores) e por uma questão de espaço (os *CD-Roms*, além de terem dimensões reduzidas, possuem *memórias* imensas, conseguindo, assim, albergar, cada um, o texto de vários livros), muito em breve as bibliotecas serão totalmente informatizadas. O livro, tal qual estamos ainda habituados a manusear, será uma raridade. Quem viver, verá.

Aliás, já estão se tornando comuns, inclusive no Brasil, as *cyberlivrarias* (ou *megastores*), um novo tipo de *shopping cultural*, em que o livro tradicional, feito de papel, ocupa espaço cada vez mais reduzido. O que nelas se encontra, sempre mais, é o *CD-Rom*, a fita de vídeo, a fita cassete, o *videolaser*, o *CD* etc., fazendo as vezes dos livros tradicionais.

Os versados no assunto consideram absolutamente certo que nas livrarias do futuro não haverá mais livros do tipo comum. Estes só serão encontráveis em museus e em lojas de antiguidades.

205. No mesmo sentido Sacha Calmon Navarro Coêlho, *Comentários* ..., cit., p. 379.

206. Hugo de Brito Machado, *Curso de Direito Tributário*, 37ª ed., São Paulo, Malheiros Editores, 2016, p. 294.

Nas livrarias do futuro, no entanto, continuarão à venda, sem dúvida, livros, na acepção da alínea "d": meios de difusão de cultura. E as operações jurídicas, com eles realizadas, continuarão a ser *imunes* a impostos (a menos, é claro, que haja uma *involução* e a Carta Constitucional da época já não priorize mais a educação, a informação e a cultura, o que nos parece, senão impossível, pelo menos altamente improvável).

Mesmo as mentes que relutam em aceitar os avanços da Cibernética acabarão se habituando com tais avanços tecnológicos, que, tornamos a dizer, já começam a fazer-se sentir.

4.4.2.1 Desdobramento da ideia – I – Só para ilustrarmos nossa ideia, ilustre processualista (José Manoel de Arruda Alvim) comentou o Código de Defesa do Consumidor. Seus preciosos *Comentários* saíram em livro (do tipo convencional) e em *CD-Rom*. Assim, o consumidor mais conservador pode adquirir os *Comentários* em livro. Já, o mais afeiçoado aos novos tempos, desde que disponha, por exemplo, de um *PC* (*personal computer*), pode fazê-lo sob a forma de *CD-Rom*.

Na realidade, os dois compradores estão adquirindo o *mesmo* livro. O primeiro irá *lê-lo* visualizando os tipos impressos no papel. O outro também o lerá, só que, agora, fazendo uso de um computador pessoal. Este último, inclusive, valendo-se de uma impressora, poderá transformar os sinais magnéticos do *CD-Rom* num texto idêntico ao contido no livro convencional.

Ora, não é jurídico – nem justo – que só o primeiro seja alcançado pela imunidade, isto é, não veja embutido, no preço do produto que acaba de comprar, o valor dos impostos. Afinal, no fundo, os dois adquiriram a mesma coisa. Deveras, ambos os produtos contêm o mesmo texto. O que difere, entre eles, é apenas a *forma* pela qual as informações estão transmitidas. Esta só circunstância, a nosso ver, não afasta a imunidade.

II – Acrescentamos que os elevados objetivos da imunidade veiculada no art. 150, VI, "d", da CF seriam frustrados com a tributação do *livro eletrônico*, que, por sua finalidade de difundir a cultura, é tão livro quanto o confeccionado com papel.

Ademais, o livro, em si mesmo considerado, não passa de um objeto. Sua inegável utilidade deriva da circunstância de ele permitir que as pessoas, por meio de operações mentais, decifrem seu conteúdo, vale dizer, as mensagens nele contidas.

Sabemos que o ser humano pode captar as informações contidas nos livros de três modos: ou com os olhos,[207] ou com as mãos ou com os ouvidos. Nenhum destes modos é, em si mesmo, superior aos demais.

Muito bem, tais informações são decodificadas e entendidas pelo cérebro. Ele é que, afinal das contas, regula a compreensão das ideias veiculadas nos livros.

Ora, se a *mensagem* chega ao cérebro do indivíduo e é compreendida, pouco importa se ali foi ter pelos olhos (com a leitura do texto ou com a visualização do filme)

207. Pela teoria hoje universalmente aceita, os olhos captam a luz e a transformam em impulsos, que são transportados, por feixes nervosos, ao cérebro. Este processa a informação e *comunica* ao indivíduo que a mensagem foi compreendida.

ou, sendo ele cego, pela ponta de seus dedos (leitura *Braille*) ou por intermédio de seus ouvidos (fita gravada). Basta que o *conteúdo* do livro ou equivalentes chegue ao cérebro do destinatário e seja por ele compreendido.

Com isto, já percebemos que não só o livro, o jornal e o periódico convencionais são imunes a impostos, como, também, os objetos que lhes fazem as vezes. Deveras, a Constituição, como vimos, quando alude aos livros, jornais e periódicos, está se referindo aos meios idôneos de captação e transmissão do pensamento, pouco importando quais sejam seus suportes materiais (papel, celuloide, plástico, metal etc.).

III – Este não é, reconhecemos, o entendimento que predomina. De qualquer modo, uma interpretação teleológica do Texto Supremo só viria ao encontro dos objetivos constitucionais de democratizar a cultura e a divulgação do pensamento. Lembramos que o intérprete, ou o aplicador, se quiser evitar resultados absurdos, deverá guiar-se, sempre, pela *ratio juris*.

Ao invés, uma interpretação rígida e literal da alínea "d" pode ensejar decisões incompatíveis com os valores culturais protegidos, preservados e encorajados pela Constituição neste dispositivo.

Portanto, neste contexto, a palavra *livros* há que ser entendida em sentido lato. São considerados *livros* não apenas os tradicionais, feitos de papel, mas, também, os seus *sucedâneos*. Consideram-se "sucedâneos dos livros", para fins de imunidade, todos os objetos da espécie, que contêm os textos dos livros, em sua forma corriqueira.

4.4.2.2 Distinção importante – Nem todos os livros são abrangidos pela imunidade em tela. Realmente, só são considerados *livros*, para fins de imunidade tributária, os que se prestam para difundir ideias, informações, conhecimentos etc. Em apertada síntese, os que são *veículos do pensamento*.

Aliás, reforçando nossa opinião de que a palavra *livros* está empregada na Lei Maior no sentido de veículos do pensamento, a imunidade em tela, como observa Aliomar Baleeiro "não alcança os livros pautados para escrituração e fins análogos".[208] Por quê? Por uma razão muito simples: não se prestam à educação, à cultura, à liberdade de comunicação, mas servem, apenas, para registrar a ocorrência de fatos econômicos (*v.g.*, as entradas de mercadorias, no estabelecimento comercial). Não são, pois, livros, na acepção constitucional, embora revistam, incontendivelmente, esta natureza no mundo gráfico.

Igualmente não revestem a condição de livros, para os fins desta alínea "d", os *diários* (*livros em branco*), que servem para registrar o que acontece no dia a dia de seus donos, e não para terem seu conteúdo divulgado a terceiros. Também não são livros, nesta acepção, o *livro cartonado* (que serve para colagem de recortes, fotografias etc.), o *livro de espiral* (*caderno de espiral*), o *livro de ouro* (onde se registram nomes ilustres, doações, comentários elogiosos etc.), o *livro de ponto* (também chamado *livro da porta*, onde os empregados apõem suas assinaturas, para registrar a presença ao trabalho), o *livro de inscrição da dívida pública* (onde são apuradas

208. Aliomar Baleeiro, *Direito* ..., cit., p. 95.

a liquidez e certeza do crédito tributário vencido e não pago pelo contribuinte), o *livro de bordo* (onde se registram as mercadorias entradas, os nomes dos passageiros embarcados e as ocorrências várias, seja nos navios, seja nos aviões), o *livro mestre* (também chamado *livro-razão*, onde são anotadas as compras e vendas de mercadorias efetuadas), o *livro de atas* (onde são relatados os fatos ocorridos e as deliberações tomadas numa reunião) etc.

Nenhum gráfico titubearia em chamar de *livros* tais objetos. Entretanto, para fins de imunidade – tornamos a dizer – eles não são livros, exatamente porque não servem para entreter, educar, difundir a cultura e o pensamento e assim avante.

Portanto, é o ***fim*** a que se destina o *livro* – e, não a sua forma – que o torna imune a impostos. Do contrário, para aplicarmos corretamente esta alínea "d", teríamos que esmiuçar o que é realmente um *livro*, isto é, quando podemos dizer que temos diante de nós um verdadeiro livro.

4.4.2.3 A indeterminação da palavra "livro". Sua irrelevância, para fins de imunidade tributária – I – Nem se diga que quando a CF, em seu art. 150, VI, "d", empregou a palavra *livros*, consagrou a ideia que todos fazem destes objetos. Afinal, como diria o homem comum, "livro é livro" e "todos sabem o que é um livro".

A questão – damo-nos pressa em afirmar – não é tão simples como parece. Embora todos tenhamos a noção do que é um livro (nós mesmos, no topo deste subitem, apresentamos uma definição sumária de livro), esta palavra também padece de uma alta dose de indeterminação.

Em seu clássico *Introducción al Conocimiento Científico*, Ricardo A. Guibourg, Alejandro M. Ghigliani e Ricardo V. Guarinoni escreveram, a propósito:

"Tomemos, por exemplo, uma palavra bem conhecida, como 'livro', que se refere (*mais ou menos*, e aqui está a dificuldade) a um conjunto de muitas folhas impressas, encadernadas juntas e com capa. E comecemos a imaginar problemas:

"a) Muitas folhas? Quantas? Um conjunto de duas folhas não seria chamado livro, porém, claro está, duas folhas não são muitas. Cinco folhas, então? Dez? Duzentas folhas podem fazer um livro. E cento e cinquenta, oitenta, sessenta? Um conjunto de cinquenta folhas é um livro ou um folheto? Se é um folheto, que tal se supuséssemos cinquenta e cinco? Aqui chegaremos inexoravelmente a algum número que nos pareça duvidoso.

"b) Impressas? Na Idade Média havia livros escritos à mão. Claro que esta também é uma forma de *imprimir*, em sentido amplo. E se é perfurado no sistema *Braille* para cegos? E se apenas a metade de suas folhas estão escritas? Ademais, não existem também *livros em branco*, onde as folhas estão dispostas para serem preenchidas por seu dono com um diário pessoal, por exemplo?

"c) Encadernadas? Isto não quer dizer necessariamente *cosidas*: há livros em que as folhas vêm unidas com ganchos. Um conjunto de trezentas folhas com uma perfuração no topo e unidas com um simples arame seria um livro? E se as folhas estivessem soltas, porém devidamente numeradas e colocadas num estojo de couro com o nome da obra na capa?

"d) O requisito de levar capa dá lugar a reflexões semelhantes, que deixaremos ao critério do leitor."[209]

Não temos, porém, a necessidade de enveredar por estes tortuosos caminhos, dando resposta às questões acima propostas pelos notáveis jusfilósofos argentinos, para sabermos o que é livro, para fins de imunidade tributária. Basta que consideremos *livro*, o veículo, isto é, o *meio* de difusão do pensamento e da cultura. Pouco importa se ele tem cinquenta, cem ou quinhentas páginas; se está impresso em Braille ou em tipos convencionais; se tem forma usual de livro, ou se se apresenta sob a forma de *disquete* ou *CD-Rom*; se propicia entretenimentos adicionais aos que dele se aproximam; etc. Distinções neste campo, com serem inúteis, amesquinhariam a imunidade consagrada no art. 150, VI, "d", da CF.

II – A propósito, Lúcia Valle Figueiredo, quando Juíza da 16ª Vara Federal, em São Paulo, teve a oportunidade de decidir um interessante caso, que passamos a sumariar.

Empresa gráfica importou *livros-piano*, isto é, livros infantis com teclado, que, percutido sob a orientação de um texto, permite que a criança desperte para a música. Na hora do desembaraço aduaneiro, tais *livros-piano* foram considerados brinquedos. Em razão disso, a autoridade fazendária pretendeu fazer incidir sobre esta importação o imposto específico, com a elevada alíquota de 105%.

Inconformada, a empresa impetrou mandado de segurança.

Decidiu esta ilustre jurista, que foi titular da cadeira de Direito Administrativo da Universidade Católica de São Paulo, que a circunstância de a criança se divertir, enquanto aprende música, não retira destes *livros-piano* a natureza de livros, para fins de imunidade.

Atentemos para estas lúcidas considerações, contidas na sentença da saudosa mestra:

"A moderna Pedagogia (...) não pode prescindir dos recursos modernos, 'fotomagnéticos', ou outros tais que, tirando o lado árduo do aprendizado, deem-lhe a 'leveza' necessária para permitir sua aceitação.

"Já passou – e de há muito – a época em que o aprendizado de qualquer matéria deveria ser feito de maneira 'pesada', aborrecida, que 'estudar' ou 'conhecer' era 'mal necessário'. Hoje educa-se a criança, possibilitando-se-lhe o conhecimento da forma mais amena possível.

"Lástima que um método mais eficaz de ensino possa provocar celeuma e, sobretudo, se queira cobrar imposto de importação à elevada alíquota de 105%, o que tornará, claramente, o livro-piano (...), o festivo 'brinquedo' dos mais abastados, pois só a estes passará a ser acessível.

209. Ricardo A. Guibourg, Alejandro M. Ghigliani e Ricardo V. Guarinoni, *Introducción al Conocimiento Científico*, 12ª ed., Buenos Aires, Editorial Universitaria de Buenos Aires, 1995 – os grifos são dos autores (traduzimos).

"Em síntese: não cabe dúvida, a lume da peça apresentada, estarmos diante de um livro 'suave', pois adaptado a crianças pequenas.

"Não estamos, e certamente, diante de mero brinquedo, feito exclusivamente para provocar entretenimento, 'lazer', 'folga', sem finalidade de aprendizado."

Das entrelinhas desta decisão extraímos, com facilidade, a ideia de que livro, para os fins da alínea "d", é o meio de difusão de conhecimentos e cultura.

III – Nesse sentido, não deixam de ser livros os que encerram dobraduras, mais conhecidos como *pop ups* (literalmente, que "pulam para fora"). Explicando melhor, os *pop ups* são livros que, quando abertos, formam figuras (castelos, jardins, veículos etc.), que ilustram as histórias infantis ou facilitam o aprendizado da criança, dando-lhe, ao lado do texto descritivo, por exemplo, noções de perspectiva. O *pop up* intitulado *No mundo da arte*, de Ron van der Meer e Frank Whitford, quando aberto, reproduz, em três dimensões, a tela *Alegoria da Arte da Pintura*, de Jean Vermeer e, ao mesmo tempo, fornece informações sobre a vida e a obra deste importante artista. Acreditamos que ninguém negará, a este objeto, o caráter de livro.

IV – Também as inovações tecnológicas no setor estão abrangidas pela imunidade. É o caso, exemplificativamente, do *kindle*, que permite a leitura digital de livros e, assim, tanto quanto os impressos em papel, divulga ideias, pensamentos, mensagens. O que vale, neste passo – permitimo-nos reiterar –, é o *sentido finalístico* do art. 150, VI, "d", da CF.

V – É livro, pois, para fins de imunidade, qualquer objeto que transmita conhecimentos (ideias, informações, comentários, narrações reais ou fictícias etc.), pouco importando se isto se faz por caracteres alfabéticos, por imagens, por sons, por signos *Braille*, por impulsos magnéticos etc.

VI – Evidentemente, tudo o que escrevemos sobre os sucedâneos dos livros vale, *mutatis mutandis*, para os sucedâneos dos jornais e dos periódicos. Em relação a eles também se impõe a interpretação extensiva e teleológica, vale dizer, em favor da cultura, da difusão do pensamento, da liberdade de imprensa – como, de resto, reconheceu o próprio STF, *verbis*:

"*Ementa:* Agravo regimental em recurso extraordinário – Constitucional – Imunidade tributária – Importação de encartes e capas para livros didáticos a serem distribuídos em fascículos semanais aos leitores do jornal.

"1. O livro, como objeto da imunidade tributária, não é apenas o produto acabado, mas o conjunto de serviços que o realiza, desde a redação até a revisão da obra, sem restrição dos valores que o formam e que a Constituição protege – Precedente.

"2. Hipótese em que se pretende tributar a importação de encartes e capas para livros didáticos a serem distribuídos em fascículos semanais aos leitores do jornal, os quais, por disposição constitucional, estão excluídos do alcance do poder de tributar da autoridade estatal, em todas as fases de sua elaboração – Impossibilidade".[210]

210. *Lex-JSTF* 246/206.

Destarte, "livros, jornais, periódicos e o papel destinado à sua impressão" são sempre imunes a impostos, pouco importando quem os produza, sua extensão ou onde sejam comercializados. Basta que se prestem a divulgar o pensamento, a cultura ou, mesmo, informações genéricas.

Os *jornais*, também denominados *gazetas*, *folhas* ou *tabloides*, são publicações que noticiam fatos ocorridos e que divulgam informações sobre os mais variados assuntos (científicos, técnicos, de entretenimento, de moda, de gastronomia, esportivos, econômicos, literários, médicos, veterinários, políticos e assim por diante).

Periódicos, de seu turno, são publicações, técnicas ou não, lançadas a intervalos regulares, em dias fixos e determinados (de semana a semana, de mês a mês, de ano a ano etc.). Também são veículos de pensamento, de educação e de cultura.

Portanto, entendemos por *jornais ou periódicos* quaisquer publicações que registram notícias não só diárias, como semanais, quinzenais, mensais etc., independentemente do seu número de páginas, apresentação ou dimensões. São as informações que contêm, e não seus elementos acidentais – como o assunto principal ou o formato –, que estão amparadas pela imunidade do art. 150, VI, "d", da CF.

VIa – Também a inserção de propaganda nos jornais e periódicos não desnatura os veículos e, por via de consequência, não espanca a desoneração constitucional em tela.

Afinal, é a propaganda que vai garantir ou, quando pouco, contribuir substancialmente para que sobrevivam – como, de resto, argutamente anota Ives Gandra da Silva Martins, *verbis*:

"No caso do jornal, se se considerar que vai viver só de venda obviamente não há jornal nenhum que sobreviva. Pelo contrário, há jornais que vivem só de anúncios.

"O que os mantém é justamente essa propaganda, e consequentemente isso é que permite a sobrevivência desse tipo de publicação. Então, por isso se entende que a desoneração da publicidade diz com a essência da imunidade, porque sem isso não há publicação."[211]

Nessa linha, os escritos periféricos, como os contidos em encartes de jornais e periódicos, ainda que contenham somente publicidade paga, também são abrangidos pela imunidade tributária. É que essa publicidade viabiliza o próprio veículo de pensamento, que não teria como sobreviver caso dependesse das vendas em bancas de jornais.

Noutras palavras, os encartes estão tão intimamente ligados aos jornais e periódicos, que não há como realisticamente apartá-los. Assim, a incidência de impostos sobre os encartes recairia sobre os próprios jornais e periódicos – o que, a toda evidência, o art. 150, VI, "d", da CF não permite aconteça.

211. Ives Gandra da Silva Martins, "Imunidade do papel para jornais, revistas e periódicos abrange toda a cadeia de impostos desde a aquisição dos insumos (parecer)", *Cadernos de Direito Constitucional e Ciência Política* 12/277, Ano 3, São Paulo, Ed. RT, julho-setembro/1995.

Em resumo, como sempre mais estamos a confirmar, a interpretação da imunidade em tela deve ser o mais ampla possível, sob pena de esvaziar-se sua própria finalidade.

VIb – Sempre nesta louvável trilha, o STF já analisou a aplicabilidade da regra da imunidade tributária ao material propagandístico veiculado por empresa jornalística, para concluir pelo seu cabimento; a saber: "Jornais e periódicos – ISS – Imunidade tributária (exegese do art. 19, III, da Emenda Constitucional n. 1/1969). A imunidade estabelecida na Constituição é ampla, abrangendo os serviços prestados pela empresa jornalística na transmissão de anúncios e propaganda".[212]

Em voto-vista proferido no acórdão acima transcrito, o Min. Moreira Alves abriu divergência, acompanhada pelos demais Ministros, ao afirmar: "É notório que os jornais somente podem ser vendidos pelos preços que o são em virtude de terem a sua manutenção derivada, precipuamente, da propaganda estampada em suas folhas. Não fora isso, e mister seria o encarecimento sensível de seu preço de venda. Daí a razão por que a propaganda divulgada pelos jornais – e isso a par da circunstância de que não deixa ela de ser uma informação aos leitores – se tornou atividade indispensável a eles. Passou a ser serviço que lhes é ínsito, ao lado da comunicação das notícias e da divulgação de comentários, críticas e trabalhos culturais de toda ordem".

Na mesma manifestação o Min. Moreira Alves aproveitou a lição de Nabantino Ramos (*Dicionário do Imposto sobre Serviços*, p. 109) para proclamar a indissociabilidade entre o jornal e os materiais que lhe são encartados, *verbis*: "Proibida a tributação do todo – que é o exemplar do jornal –, está implicitamente proibida a tributação das partes que o compõem: a parte editorial e a parte ineditorial. Não há dúvida de que o jornal 'serve' aos leitores com informação e opinião, aos anunciantes com publicidade. Mas esse serviço é da natureza do jornal, que a Carta Magna põe a salvo de impostos. Se os jornais são intributáveis, é óbvio que também devem sê-lo as operações que conduzem imediatamente à sua feitura: a publicação de notícia, de opinião e de publicidade".

Em suma, também o material propagandístico e os encartes inseridos nos jornais e periódicos são, por força de uma interpretação teleológica do art. 150, VI, "d", da CF, imunes à tributação por meio de impostos.

4.4.2.4 A desvinculação do livro ao papel, para fins de imunidade tributária – Não nos parece sustentável que a Constituição, com os dizeres "e o papel destinado a sua impressão" (alínea "d", *in fine*), vinculou o livro ao papel, afastando, assim, da imunidade, os outros processos tecnológicos de transmissão de ideias.

Em abono à inteligência que estamos dando à alínea "d", começamos por ressaltar que o vetusto adágio "a lei, quando quis dizer, disse; quando não quis, calou"

212. STF, RE 87.049-SP, rel. Min. Xavier de Albuquerque, j. 13.4.1978, *RTJ* 87/608. Também: "Tributário – Imposto sobre Serviços. Não incide sobre anúncios e publicidade em jornal – Precedente: RE n. 87.049, Pleno de 13.4.1978, *RTJ* 87/608" (RE 91.662-8-SP, rel. Min. Décio Miranda, j. 4.11.1980, *RTJ* 98/802.

("lex, ubi voluit, dixit; ubi noluit tacuit") e seu conhecidíssimo correspondente "a lei não contém palavras inúteis" estão totalmente superados.

Na verdade, cabe ao intérprete, diante da lei (inclusive e principalmente diante da lei constitucional), tanto afastar termos inúteis ou redundantes, como nela entrever palavras ocultas, suprindo omissões do legislador, com base, é evidente, numa interpretação sistemática.

Deve, em suma, buscar o "espírito da lei", atendendo, inclusive, à celebérrima advertência de São Paulo, na Epístola II aos Coríntios, 3, 6: *littera enim occidit, spiritus autem vivificat* ("a letra mata; o espírito vivifica").

Estamos, com isso tudo, querendo significar que o intérprete tem a missão de corrigir equívocos e colmatar eventuais lacunas do político, que, como representante do povo, elabora a lei com atecnias. Deve, pois, substituir o vocábulo impróprio ou acrescentar o vocábulo próprio, sempre que esta for uma exigência do sistema jurídico. Isto, sem dúvida, vale também para a lei constitucional.

Realmente, a linguagem constitucional, veiculadora de diretrizes principiológicas, faz com que as normas contidas na Lei Maior apresentem maior grau de abstração e, de conseguinte, menor densidade jurídica. Isto faz com que o intérprete tenha um considerável espaço de discricionariedade.

Confira-se, nesse sentido, a didática exposição de Luís Roberto Barroso: "A interpretação constitucional exige, ainda, a especificação de um outro conceito relevante, que é o de *construção*. Por sua natureza, uma Constituição contém predominantemente normas de princípio ou esquema, com grande caráter de abstração. Destina-se a Lei Maior a alcançar situações que não foram expressamente contempladas ou detalhadas no texto. Enquanto a interpretação, ensina Cooley, é a arte de encontrar o verdadeiro sentido de qualquer expressão, *a construção significa tirar conclusões a respeito de matérias que estão fora e além das expressões contidas no texto e dos fatores nele considerados. São conclusões que se colhem no espírito, embora não na letra da norma.* A interpretação é limitada à exploração do texto, ao passo que a construção vai além e pode recorrer a considerações extrínsecas".[213]

O que não podemos tolerar – ainda mais na exegese de dispositivos constitucionais – é a afronta ao pensamento veiculado pela norma (*intentio legis*), ou, se preferirmos, o agravo à estrutura da mensagem, que se coloca na condição de pressuposto indeclinável para seu próprio entendimento.

Logo, deve haver entendimento quanto à arrumação lógica dos termos que compõem a mensagem legislativa. Este é o ponto de partida das interpretações jurídicas.

Tal, diga-se de passagem, o ensinamento de Alf Ross: "Toda interpretação do Direito legislado começa com um texto, isto é, uma fórmula linguística escrita. Se as linhas e pontos negros que constituem o aspecto físico do texto da lei são capazes de influir sobre o juiz, isto é assim, evidentemente, em razão de que eles possuem

213. Luís Roberto Barroso, *Interpretação ...*, cit., pp. 97-98 (tirante o primeiro grifo, que é do autor, os demais são nossos).

um significado que nada tem a ver com a substância física real. Esse significado é atribuído ao impresso pela pessoa que, mediante a faculdade da visão, tem experiência dos ditos caracteres. Sua função é a mesma de certos símbolos, vale dizer, eles *designam* ou *indicam* coisas distintas de si próprios".[214]

Fulcrados nas palavras do emérito professor da Universidade de Oxford, entendemos, em harmonia com a equação verbal da Lei Magna, que a regra imunizante contida no já citado art. 150, VI, "d", da CF alcança também os sucedâneos do livro (disquetes de computador, *CD-Roms*, vídeos etc.), que, embora não sejam fabricados com papel, também são veículos de propagação de ideias.

Fazemos questão de deixar consignado que absolutamente não estamos reescrevendo a Constituição, nem a estamos adaptando conforme nossas convicções. Estamos, sim, segundo pensamos, revelando seu significado, conteúdo e real alcance. Estamos, em síntese, desvendando a *intentio constitutionis*.

Sim, porque o dispositivo em apreço colima, acima de tudo, favorecer a cultura e a livre difusão do pensamento.

Logo, extraindo, em sua integralidade, a *substância* da comunicação escrita que o constituinte gravou no texto da Lei Maior, não temos dúvida em proclamar que, além do livro convencional, também outros meios de comunicação de ideias, conhecimentos e informações são abrangidos pela imunidade.

Como se tudo não bastasse, na medida em que qualquer imposto induz uma restrição ao *direito de propriedade*,[215] constitucionalmente assegurado, as imunidades que o alcançam devem ser interpretadas com certa dose de liberalidade, comportando extensão.

Ressaltamos que fazer interpretação extensiva não é acrescentar palavras à lei; é, tão somente, levar a aplicação de um texto normativo até os limites pretendidos pelo legislador. No caso, pelo legislador constituinte.

Carlos Maximiliano, num outro contexto, enquanto comentava a Constituição brasileira de 1946, acabou sinalizando no mesmo sentido:

"A palavra imprensa, no sentido constitucional, compreende todo o processo para reproduzir, mecanicamente, em número considerável de exemplares idênticos, textos escritos, desenhos, imagens, composições ou quaisquer sinais representativos de ideias (...).

"São muito variáveis os produtos da imprensa: livros, jornais, circulares, cartazes, brochuras, gravuras. *Pouco importa igualmente a substância ou matéria empregada: papel, pergaminho, tela, cartão, madeira, papelão ou metal*".[216]

214. Alf Ross, *Sobre el Derecho y la Justicia*, trad. de Genaro Carrió, Buenos Aires, Editorial Universitaria de Buenos Aires, 1974, pp. 108-109 (traduzimos – os grifos estão no original).

215. Cf., dentre outros, Rafael Bielsa (*Estudios de Derecho Público*, cit., p. 156) e Achille Donato Giannini (*Il Raporto Giuridico d'Imposta*, cit., p. 22).

216. Carlos Maximiliano, *Comentários à Constituição Brasileira*, 4ª ed., vol. III, Rio de Janeiro, Freitas Bastos, 1948, p. 67 (grifamos).

Aí está: o papel é só um dos *suportes materiais possíveis* do livro. Mas não o único.

O papel, apenas, foi, por largo tempo, o suporte material por excelência do *livro*, no sentido considerado pela Constituição, para fins de imunidade: veículo de transmissão de ideias. Inventado pelos chineses e trazido para a Europa nos fins da Idade Média, o papel, sendo muito mais barato, veio a substituir, com vantagens, o papiro, dos antigos egípcios. Mas, ninguém em sã consciência sustentará – mesmo nos dias que ora correm – que um papiro, contendo ideias, não é livro.

Muito bem, com a evolução dos tempos, surgiram outros suportes materiais para o livro. Hoje temos livros informatizados. Mas, sempre livros, isto é, veículos de transmissão de ideias e, nesta medida, amparados pela imunidade do art. 150, VI, "d", da CF.

Como bem observam Hugo de Brito Machado e Hugo de Brito Machado Segundo, foram a funcionalidade, a leveza, a falta de espaço etc. que fizeram com que, ao longo dos tempos, se passasse de um suporte físico para outro: das tábuas de argila para o papiro; do papiro para o papel; do papel para o *CD-Rom*; e assim avante.[217]

E, tornamos a repetir: livro, para fins de imunidade, não é qualquer livro, no sentido que lhe dão os dicionários ou os gráficos. Este, talvez, só possa ser feito de papel. Ocorre que livro, para fins de imunidade, é o meio de difusão do pensamento, pouco importando se, para isso, se vale de papel, de plástico, de celuloide, de impulsos magnéticos etc.

Salientamos, a propósito, que a lei – mesmo a lei constitucional –, uma vez editada, adquire um tipo de vida próprio. Seu significado não permanece estático, mas evolui com o passar do tempo, seguindo uma linha de desenvolvimento que vai atualizando suas virtualidades.

Cabe ao jurista indicar os passos desta evolução. Para tanto, com o instrumental teórico que lhe é fornecido pela Ciência do Direito, ele vai apontando, de modo lógico, coerente e sistemático, as novas maneiras de entender-se o dispositivo legal.

É isto que ora estamos fazendo com a alínea "d" do art. 150, VI, da CF. Na medida em que *livro*, para fins de imunidade, é o veículo do pensamento, são imunes, independentemente de sua *base material* (papel, celuloide, papiro, plástico, metal etc.), não só os atos jurídicos praticados com livros convencionais (impressos em papel), como os praticados com *livros eletrônicos* (*impressos* em disquetes de computador, fitas para videocassetes, fitas cassetes e assim por diante). Tais *livros* não se

217. Observam os mestres cearenses: "É evidente que alguma razão faz com que aconteça a passagem de um suporte físico para outro. O homem não teria deixado de usar as tábuas de argila se o papiro não fosse mais leve e funcional. Certamente o livro impresso, com páginas numeradas, não teria substituído o rolo manuscrito se, também, não fosse de melhor manuseio. Em suma, não seriam substituídos os suportes físicos se os que substituem não apresentassem inúmeras vantagens. Deste modo, o livro eletrônico, além de ocupar espaço físico cada vez menor, ainda é de pesquisa rápida, devido ao auxílio prestado pelo microcomputador na localização do texto desejado, por exemplo" (Hugo de Brito Machado e Hugo de Brito Machado Segundo, "Imunidade tributária do livro eletrônico", in *Coletânea*, São Paulo, IOB, 1998, pp. 94-95).

descaracterizam só porque diferem, pelo aspecto – mas não pela finalidade –, daquele impresso por Gutemberg.

Haverá, é certo, situações de dúvida, que deverão ser solvidas no sentido da imunidade, que, insistimos, garante a liberdade de pensamento. Neste particular, vigora o preceito *in dubio pro libertate*.

4.4.3 Ainda o papel de imprensa e outros "insumos"

A imunidade em tela não se restringe ao *papel de imprensa*, mas, segundo estamos convencidos, abrange outros *insumos* (componentes), como a tinta de impressão, os tipos gráficos, as máquinas impressoras etc.

De fato, a expressa alusão ao papel de imprensa deve-se a razões puramente históricas: o Governo, durante o Estado Novo, impedia que os jornais de oposição recebessem papel de imprensa. Tal prática arbitrária teria inspirado o Constituinte de 1946 a proibir que as pessoas políticas tributassem, por via de imposto, o "papel destinado exclusivamente a impressão de jornais, periódicos e livros" (art. 41, V, "c"). Foi, na verdade, o festejado escritor baiano Jorge Amado, então deputado constituinte pelo Partido Comunista Brasileiro, que – decerto por ter sentido na pele os rigores da censura getulista – teve a feliz ideia de propor, à Assembleia Nacional Constituinte, que fizesse inserir tal imunidade na Carta de 1946. A salutar norma foi reproduzida, embora com outras palavras, na Constituição de 1967/1969 e na atual (justamente em seu art. 150, VI, "d").

A menção ao papel de imprensa não pode, pois, servir de pretexto para levar a uma interpretação estritíssima das expressões "livros, jornais e periódicos", diminuindo, assim, o alcance da alínea "d", ora em exame.

É muito fácil notarmos que, declarando o papel de imprensa imune à tributação por via de impostos, a Lei Maior teve em mira facilitar a difusão da cultura, barateando os livros, jornais e periódicos. Ora, pela mesma razão, entendemos perfeitamente sustentável que a desoneração constitucional se estenda a outros *insumos* que também viabilizam o atingimento deste louvável objetivo.

4.4.3.1 Explicação necessária – Nem se diga que esta nossa interpretação atrita, às abertas e publicadas, com o art. 111, II, do CTN, que manda interpretar *literalmente* a legislação tributária que disponha sobre "outorga de isenção".

De fora a parte o despautério de uma lei complementar, pretensamente veiculadora de *normas gerais em matéria de legislação tributária*, querer "ensinar" os Poderes Executivo e Judiciário a cumprirem suas funções constitucionais de interpretar as leis, para aplicá-las aos casos concretos, o fato é que o precitado art. 111, II, não se refere à outorga de imunidade.

Assim, nada impede que uma regra imunizante receba uma interpretação *ampla*, sintonizada com os objetivos maiores da Carta Constitucional.

É justamente isto que estamos procurando aqui fazer, até porque, do contrário, uma interpretação restritiva da alínea "d", ora em exame, acabará esvaziando sua *razão de ser*. Melhor dizendo, quando já não houver livros, jornais e periódicos, em sua forma tradicional, a referida alínea transformar-se-á em *letra morta*, o que, por óbvio, nos parece inadmissível, já que a Constituição, mais do que proteger objetos (livros, jornais, periódicos, papel de imprensa), quer salvaguardar *valores* (cultura, educação, divulgação de ideias etc.).

José Souto Maior Borges pensa de modo idêntico: "A manipulação do tributo poderá envolver atentados à livre manifestação do pensamento; valor que a Constituição Federal de 1988 buscou preservar. Ora, o vertiginoso desenvolvimento tecnológico moderno, particularmente no campo da informática (e contra o qual nós nada podemos) vem provocando o fenômeno da substituição do livro (ou pelo menos a sua coexistência) por disquetes, CDs etc., que explorem funções tradicionalmente a ele reservadas. Dicionários, por exemplo, são, por essa via, ofertados ao público. Estarão eles fora do campo de aplicação do art. 150, VI, "d"? A resposta é negativa. Esse dispositivo historicamente insere-se numa tradição muito antecedente à eclosão da informática. Mas, como nos ensina a sabedoria imemorial 'onde está a mesma razão, está o mesmo dispositivo' (*ubi eadem ratio, ibi eadem legis dispositio*). Impedir a aplicação do art. 150, VI, "d", aos produtos de informática é condená-lo a uma esclerose precoce – dado que tudo leva à conclusão de que ele deveria aplicar-se também aos produtos novos, que coexistem com o livro e demandam o mesmo tratamento tributário. Até porque, do contrário, a interpretação e a aplicação da CF não seria, no particular, ***ampla***, mas restritiva e quando menos ***estrita***, contra os critérios preconizados pelo STF no tocante à exegese da imunidade constitucional do livro".[218]

Com tais ideias concorda Hugo de Brito Machado:

"Questão das mais relevantes consiste em saber se a imunidade dos livros, jornais e periódicos e do papel destinado à sua impressão abrange os produtos da moderna tecnologia, como os *CD-Roms* e os disquetes para computadores.

"A melhor interpretação das normas da Constituição é aquela capaz de lhes garantir a máxima efetividade. Toda imunidade tem por fim a realização de um princípio que o constituinte considerou importante para a Nação. A imunidade dos livros, jornais e periódicos tem por fim assegurar a liberdade de expressão do pensamento e a disseminação da cultura. Como é inegável que os meios magnéticos, produtos da moderna tecnologia, são hoje de fundamental importância para a realização desse mesmo objetivo, a resposta afirmativa se impõe. (...)."[219]

Ao lado de tão eminentes juristas sentimo-nos confortáveis para sustentar que o art. 150, VI, "d", da CF, mais do que baratear o livro, o jornal e o periódico, quer, na verdade, assegurar a Livre difusão do pensamento, que hoje também é feita por *CD-Roms*, filmes, *videotapes*, fitas cassetes etc.

218. José Souto Maior Borges, "Imunidade tributária dos produtos de informática", *Repertório IOB de Jurisprudência* 24/546, Caderno 1, 1996 – os grifos são do autor.

219. Hugo de Brito Machado, *Curso ...*, cit., 37ª ed., p. 295.

O STF, por maioria de votos (6 a 5), corroborou esta interpretação ao julgar recurso extraordinário interposto por empresa jornalística de São Paulo. Do voto decisivo, prolatado pelo Min. Sepúlveda Pertence, constam estas oportunas ponderações: "Evidentemente, não se pode ficar indiferente às considerações no sentido de que uma imunidade como esta representa mais do que a garantia de liberdade de pensamento, mas o estímulo à circulação de informação e cultura".

Merece, igualmente, registro o voto do Min. Marco Aurélio de Mello, que, ao depois de deplorar a tributação dos demais insumos do jornal, teceu o seguinte comentário: "(...) tal tipo de tributação diz com um modo ignóbil de manipular o que transparece ser direito inerente à cidadania: a liberdade de expressão e, por conseguinte, o acesso à informação".

Em remate, não só o papel de imprensa, mas tudo o que contribui para o fabrico do livro (ou de seus sucedâneos), do jornal e do periódico é abrangido pela imunidade (caso dos equipamentos que compõem o parque gráfico do jornal[220]). Esclarecemos que, em rigor, não são imunes nem o papel, nem o *CD-Rom*, nem o disquete de computador, nem, tampouco, a fita de vídeo, mas, sim, o *livro*, o *jornal* e o *periódico*, quando veiculados por qualquer destes meios materiais.

4.4.4 Considerações adicionais

Por outro lado, somos inclinados a aceitar – apesar de já termos sustentado o contrário, em edição anterior – que esta imunidade é *objetiva* e, por isso, não alcança a empresa jornalística, a empresa editorial, o livreiro, o autor etc., que, por exemplo, deverão pagar o imposto sobre os rendimentos que obtiverem com o livro, o jornal, o periódico e o papel destinado à sua impressão.

O próprio *princípio da igualdade* – com seu consectário, o da *capacidade contributiva* – reforça esta posição, que, aliás, é pacífica em nossos Tribunais. Não teria sentido jurídico que uma empresa que edita livros deixasse de pagar imposto sobre a renda, ao passo que outra que fabrica veículos tivesse que pagá-lo. Ambas, por explorarem atividade econômica, devem sujeitar-se a este imposto (e a outros).

Outro ponto digno de nota é o que atina ao livro e ao periódico luxuosos (com encadernação em percalina, iluminuras, papel velino etc.) e, por isso mesmo, caríssimos, que servem mais para o deleite dos bibliófilos que para a divulgação da cultura.

Também eles estão abrangidos pela imunidade, já que a Constituição não distingue o livro e o periódico populares dos luxuosos. Há, porém, aí, um limite intransponível: é preciso que o livro e o periódico não se descaracterizem, ou seja, não

220. A 1ª Turma do STF decidiu, por maioria, que a imunidade do art. 150, VI, "d", da CF não abrange os insumos e maquinários empregados na impressão de livros, jornais e periódicos. Com base nessa premissa, declarou constitucional a exigência do ICMS, sobre a importação de máquina automática grampeadeira utilizada para a impressão de jornais (AgR no ARE 1.100.204-SP).

Com o devido acatamento, esperamos que essa tese seja revista, porque, como pensamos haver demonstrado, a norma jurídica que veicula a imunidade em tela deve ser interpretada de forma ampla e irrestrita.

se convertam em pretextos para veicularem joias (*v.g.*, um *livro* com capa de ouro, incrustações de pedras preciosas e texto de ... uma página).

Pelas mesmas razões, tanto os livros e periódicos edificantes, científicos e de alta literatura quanto os fesceninos (que ferem os *bons costumes*) ou de nenhum mérito literário aceitam a imunidade em pauta. Afinal, o aplicador não pode distinguir onde a Constituição não distinguiu. Ademais, não lhe é dado arvorar-se em censor, decidindo que livros e periódicos merecem e que livros e periódicos não merecem a desoneração constitucional. Assim procedesse e, à sorrelfa, infligiria maus-tratos aos arts. 5º, IX, e 220, § 2º, da CF, que vedam qualquer forma de censura à produção intelectual, artística e científica.

Entendemos, igualmente, que são alcançados pela imunidade os periódicos que fornecem, apenas, informações (genéricas ou específicas) de utilidade pública, sem, porém, caráter noticioso, discursivo, literário, poético ou filosófico, ainda que neles exista publicidade paga (*e.g.*, as *listas telefônicas*). Neste sentido se pronunciou, por maioria de votos, o Pretório Excelso no RE 101.441-5-RS.

Registramos, porém, que não são *periódicos*, para os fins desta alínea "d", os folhetos distribuídos pelas empresas para divulgação de seus produtos ou negócios.

Cremos igualmente oportuno enfatizar que não é qualquer papel que é abrangido pela imunidade em tela, mas, tão somente, o que se destina à impressão de livros, jornais e periódicos. Assim, as operações com papel inadequado à impressão (*v.g.*, papel transparente) são perfeitamente tributáveis.

4.5 A imunidade do art. 150, VI, "e", da CF

I – A Emenda Constitucional 75/2013 introduziu uma alínea "e" ao inciso VI do art. 150 da CF, declarando imunes aos impostos os "fonogramas e videofonogramas musicais produzidos no Brasil contendo obras musicais ou literomusicais de autores brasileiros e/ou obras em geral interpretadas por artistas brasileiros bem como os suportes materiais ou arquivos digitais que os contenham, salvo na etapa de replicação industrial de mídias ópticas de leitura a *laser*".

Estão, pois, desoneradas de impostos as operações jurídicas com suportes materiais ou arquivos digitais que contenham os registros sonoros (fonogramas) ou de imagens e sons (videofonogramas) de obras musicais ou literomusicais de autores ou intérpretes brasileiros.

II – Esta Emenda Constitucional, que aprovou a chamada "PEC da Música", minimiza a informalidade ("pirataria"[221]) no setor, barateando a comercialização destes

221. A "pirataria", além de malferir o disposto no art. 5º, XXVII, da CF ("aos autores pertence o direito exclusivo de utilização, publicação ou reprodução de suas obras, transmissível aos herdeiros pelo tempo que a lei fixar"), tipifica o crime de violação de direito autoral, capitulado no art. 184, *caput* e §§ 1º, 2º e 3º, do CP, *verbis*:

"Art. 184. Violar direito de autor e os que lhe são conexos:

"Pena – detenção, de 3 (três) meses a 1 (um ano), ou multa.

objetos[222] e, com isso, facilitando a difusão da cultura e aprimorando a educação do povo.

Portanto, em boa hora, a imunidade, que já alcançava o livro, o jornal, o periódico e o papel destinado à sua impressão (art. 150, VI, "d", da CF), foi estendida às manifestações culturais, traduzidas na produção e comercialização de músicas brasileiras, gravadas em áudio e vídeo. Também as obras literomusicais (*v.g.*, os saraus gravados e postos à venda, por meio físico ou digital) foram abrangidas pela desoneração constitucional em tela.

III – Por outro lado, a nosso ver, a *imunidade musical*, por força de uma interpretação principiológica – vale dizer, que leve em conta sua *ratio* –, igualmente alcança os fonogramas editados em estúdio localizado no exterior. Basta que contenham obras musicais ou literomusicais de autores brasileiros.

O mesmo raciocínio vale para os videofonogramas feitos no exterior (*v.g.*, um DVD de um *show* musical gravado por brasileiros em Paris).

Também nos parece aceitável a ideia de que fonogramas e videofonogramas de obras artísticas não musicais (recitais, jograis, peças teatrais etc.) são abrangidos pela imunidade. Essa conclusão arrima-se no tópico "e/ou obras em geral interpretadas por artistas brasileiros", que logicamente tem um alcance maior do que a dicção "obras musicais ou literomusicais".

IV – Lamentavelmente, o constituinte derivado deixou ao largo da imunidade a *prensagem*, vale dizer, a "replicação industrial de mídias ópticas de leitura a *laser*"

"§ 1º. Se a violação consistir em reprodução total ou parcial, com intuito de lucro direto ou indireto, por qualquer meio ou processo, de obra intelectual, interpretação, execução ou fonograma, sem autorização expressa do autor, do artista intérprete ou executante, do produtor, conforme o caso, ou de quem os represente:

"Pena – reclusão, de 2 (dois) a 4 (quatro) anos, e multa.

"§ 2º. Na mesma pena do § 1º incorre quem, com o intuito de lucro direto ou indireto, distribui, vende, expõe à venda, aluga, introduz no País, adquire, oculta, tem em depósito, original ou cópia de obra intelectual ou fonograma reproduzido com violação do direito de autor, do direito de artista intérprete ou executante ou do direito do produtor de fonograma, ou, ainda, aluga original ou cópia de obra intelectual ou fonograma, sem a expressa autorização dos titulares dos direitos ou de quem os represente.

"§ 3º. Se a violação consistir no oferecimento ao público, mediante cabo, fibra ótica, satélite, ondas ou qualquer outro sistema que permita ao usuário realizar a seleção da obra ou produção para recebê-la em um tempo e lugar previamente determinados por quem formula a demanda, com intuito de lucro, direto ou indireto, sem autorização expressa, conforme o caso, do autor, do artista intérprete ou executante, do produtor de fonograma, ou de quem os represente:

"Pena – reclusão, de 2 (dois) a 4 (quatro) anos, e multa."

Embora esse crime seja socialmente tolerado, à sua prática não se aplica o *princípio da adequação social*, que preconiza a redução, via labor exegético, do âmbito de abrangência dos tipos penais quando as condutas do infrator têm menor potencial lesivo e são aceitas pela sociedade. Tanto isso é certo, que o STJ editou a Súmula 502, com o seguinte enunciado: "Presentes a materialidade e a autoria, afigura-se típica, em relação ao crime previsto no art. 184, § 2º, do CP, a conduta de expor à venda CDs e DVDs *piratas*".

222. Sem dúvida, um dos objetivos desta imunidade é baixar os preços dos CDs, dos discos de vinil, dos DVDs, dos *Blue-Rays* e de outros produtos similares que veiculem obras musicais ou literomusicais de autores brasileiros. Também visa a baratear a comercialização de tais obras, por meio da *Internet* ou do sistema telefônico (aplicativos para celular).

(reprodução das obras, a partir de uma matriz), o que frustra, em parte, a ideia de baratear a comercialização destes produtos.[223]

V – Mas ainda há um ponto a ser ressaltado.

Nada obstante os já mencionados e louváveis objetivos de erradicar a contrafação criminosa e de alavancar a cultura, máxime no que se refere à criação artística, o art. 150, VI, "e", da CF apresenta uma inconstitucionalidade, que pode ensejar retaliações ao País.

Deveras, esta alínea, ao consagrar medidas protecionistas apenas a produtos nacionais, malfere tratados e acordos internacionais de que o País é signatário (GATT, ALADI, OMC, MERCOSUL etc.) e que, tendo sido por ele ratificados, são de observância obrigatória (cf. art. 98 do CTN). Lembramos que esses diplomas normativos exigem que as operações jurídicas com produtos originários do exterior recebam o mesmo tratamento fiscal dispensado às realizadas com similares nacionais.

Neste particular, o STF e o STJ já decidiram, vezes iterativas, serem injurídicas normas que impõem tratamento tributário mais oneroso às operações praticadas com produtos importados do que o dispensado às praticadas com nacionais.[224]

Também o art. III do Acordo Geral sobre Tarifas e Comércio/GATT (abrangido, hoje, pela Organização Mundial do Comércio/OMC) estabelece que "os bens importados devem receber o mesmo tratamento concedido a equivalente de origem nacional".

Em suma, nosso ordenamento jurídico inadmite discriminações tributárias entre produtos nacionais e estrangeiros.

VI – Anotamos, por derradeiro, que a imunidade em foco é *objetiva*, vale dizer, alcança *apenas* os impostos diretamente relacionados à música (*lato sensu*) e aos bens a ela afetos. Assim, por exemplo, a comercialização de CDs que contenham obras musicais de autores brasileiros não pode ser tributada nem por meio de ICMS nem de IPI, mas a empresa gravadora terá que suportar o IPTU, o IRPJ, o IPVA etc. [225]

No mais, para não incidirmos em tautologia, remetemos o leitor ao subitem 4.4, *supra*.

223. Somente as *prensagens* feitas na Zona Franca de Manaus passam ao largo dos impostos. Todavia, mesmo com essa vantagem, o Estado do Amazonas ajuizou, em 2013, a ADI 5.058, sustentando a inconstitucionalidade da alínea "e" do inciso VI do art. 150 da CF, ao argumento de que violaria as "cláusulas pétreas" dos arts. 40 e 92 do ADCT, já que teria a potencialidade de prejudicar "o Modelo da Zona Franca de Manaus", diminuindo os estímulos fiscais que favorecem a região.

Sem razão, porém, já que os incentivos fiscais da Zona Franca de Manaus podem validamente ser diminuídos pela legislação federal e, *a fortiori*, por emendas constitucionais. Basta que não coloquem as empresas sediadas na Zona Franca de Manaus em situação de inferioridade em relação às localizadas em outros pontos do território nacional.

224. Seguindo nessa trilha, a Súmula 575 do STF proíbe tratar de modo tributariamente diferente operações jurídicas com produtos nacionais e estrangeiros.

225. Também nesse particular se assemelham a imunidade musical e a que alcança o livro, o jornal, o periódico e o papel destinado à sua impressão.

5. A imunidade do art. 150, § 2º, da CF

A imunidade à tributação por via de impostos estende-se às autarquias[226] e às fundações instituídas e mantidas pelo Poder Público (fundações públicas), *ex vi* do art. 150, § 2º, da CF:

"A vedação do inciso VI, 'a', é extensiva às autarquias e às fundações instituídas e mantidas pelo Poder Público, no que se refere ao patrimônio, à renda e aos serviços, vinculados a suas finalidades essenciais ou às delas decorrentes".

Este dispositivo constitucional veio resolver uma situação de dúvida que perdurou enquanto esteve em vigor a Carta anterior e que assim podia ser resumida: *as fundações públicas têm, ou não, direito à imunidade tributária?*

Pessoalmente, sempre entendemos, com Celso Antônio Bandeira de Mello, que as fundações públicas têm natureza autárquica, sendo, por isso mesmo, alcançadas pela imunidade em tela.

Há, porém, vozes igualmente respeitáveis (*v.g.*, Hely Lopes Meirelles) que pugnam em sentido oposto, isto é, que as fundações públicas não são autarquias.

Assim, a atual Constituição fez com que este dissídio fosse superado. As fundações públicas, tenham a natureza jurídica que tiverem, não podem, tanto quanto as pessoas políticas, ser alvo de tributação por via de impostos.

Dando seguimento ao nosso estudo, temos por *finalidades essenciais* as que inequivocamente (porque reveladas pela própria lei) conduziram à criação da autarquia ou da fundação instituída ou mantida pelo Poder Público. Já, a nosso ver, são *decorrentes* das *essenciais* as atividades que possibilitam o pleno atingimento destas últimas (*v.g.*, as aplicações financeiras que impedirão que as receitas obtidas pela autarquia ou pela fundação sofram os efeitos nefastos da desvalorização monetária).

Como quer Aliomar Baleeiro, a imunidade alcança "(...) tudo quanto for de caráter instrumental ou funcional da autarquia"[227] ou – acrescentamos nós – da fundação instituída e mantida pelo Poder Público. Por aí vemos que são imunes de *imposto sobre a renda* os rendimentos (*v.g.*, alugueres) que uma destas entidades emprega na realização de suas finalidades essenciais ou delas decorrentes. Refogem igualmente a tal tributação os resultados positivos advindos de aplicações financeiras e de investimentos correlatos, todos imprescindíveis ao pleno atingimento destas mesmas finalidades essenciais, pois sem eles não haveria como formar as *reservas* capazes de manter o *equilíbrio financeiro e atuarial* das autarquias e das fundações instituídas e mantidas pelo Poder Público. Também a imunidade alcança seus edifícios de direção

226. Autarquias, como se sabe, são pessoas jurídicas de direito público, de nível administrativo. Governam-se por si sós, ou seja, sem interferências externas, contanto, naturalmente, que não se afastem da lei e dos princípios cardeais da Constituição. Podem ocupar-se, pois, com assuntos de seu interesse, vale dizer, com os que atinam à condução de seus negócios típicos. Desde que permaneçam fiéis à lei que as criou, não carecem de auscultar órgãos ou autoridades estranhos, para saber como devem pautar seu agir.

227. Aliomar Baleeiro, *Direito* ..., cit., p. 102.

e, mesmo, "os hospitais, ambulatórios, ambulâncias etc., desde que utilizados exclusivamente na assistência dos indivíduos para os quais foi criado o serviço público".[228]

Em suma, a imunidade em tela alcança tudo quanto for de caráter instrumental ou funcional da autarquia. Assim, por exemplo, ela é imune ao IPVA (art. 155, III, da CF), enquanto proprietária de veículos automotores, desde que venham utilizados para o desempenho de suas atividades-fim.

Ressaltamos que, para ter jus à imunidade, a autarquia deve ser mantida pelo Poder Público, o que se dá seja quando dele recebe subvenções, seja quando fica, por força do fenômeno jurídico da *parafiscalidade*, com o produto da arrecadação de *contribuições corporativas*, taxas e outros tributos.

Já que tangenciamos o assunto, temos que o § 3º do art. 150 da Lei Suprema (já comentado no subitem 4.1, supra) também irradia efeitos sobre a imunidade outorgada às autarquias e às fundações instituídas e mantidas pelo Poder Público.

Portanto, enquanto explora atividade econômica regida por normas aplicáveis a empreendimentos privados (por exemplo, coloca à venda, para seus funcionários ou terceiros, mercadorias), a autarquia sujeita-se aos impostos que as empresas do setor pagam.

Também este parágrafo coloca ao largo da imunidade tributária os serviços públicos que ensejarem cobrança de *tarifa* ou *contraprestação* dos usuários (ou, em termos mais técnicos, cobrança de *taxa de serviço*). Todavia – como bem observou Marcelo de Oliveira Coelho, em missiva que teve a gentileza de nos enviar – autarquias que prestam, para terceiros, remuneradamente, serviços de transporte coletivo (indubitavelmente serviços públicos), interligando dois Municípios, não se sujeitam ao ICMS. É que, sendo a *longa manus* do Estado, titularizam interesses públicos, estando, tanto quanto este, imunes aos impostos. Valem, a propósito, as considerações que tecemos no subitem 4.1, supra.

Finalmente, o terceiro titular de promessa de compra e venda de imóvel pertencente a autarquia não se exime do pagamento do ITBI. Nem quem adquire imóvel de autarquia. Nestes casos, a Constituição inadmite que a imunidade vá além da própria autarquia.

6. Demais imunidades

Até aqui, tratamos das *imunidades gerais*, isto é, das imunidades que alcançam todos ou vários impostos. Como vimos, nos artigos que delas cuidam os impostos não estão explicitados.

Passemos, agora, a cuidar das *imunidades específicas*, ou seja, das que dizem respeito a um único imposto (ou exação que pode ser reconduzida a esta categoria tributária).

228. Idem, ibidem, pp. 102-103.

6.1 *A imunidade do art. 149, § 2º, I, da CF*

O art. 149, § 2º, I, da CF declara imunes às contribuições sociais e de intervenção no domínio econômico "as receitas decorrentes de exportação" (redação dada pela Emenda Constitucional 33/2001) – expressão que, como já adiantamos no cap. VIII (subitem 3.1.2.7, XI), deve ser interpretada com vistas largas, de modo a abarcar o faturamento e o lucro.

Lembramos que estas figuras exacionais, quando incidem sobre receitas, têm natureza jurídica de imposto (v., supra, cap. VIII, subitem 3.1.2.7, IX).

Tal imunidade – por nós já estudada no cap. VIII, subitem 3.1.2.7, XI – só merece elogios, porquanto vem ao encontro da louvável ideia de desonerar as exportações de qualquer carga tributária. Aliás, este espírito também permeia os arts. 153, § 3º, e 155, § 2º, X, "a", da CF. Teceremos maiores considerações a respeito do assunto quando examinarmos estes dispositivos constitucionais.

6.2 *A imunidade do art. 153, § 2º, II, da CF*

O imposto sobre a renda e proventos de qualquer natureza (IR), conforme dispõe o art. 153, § 2º, II, da CF, "não incidirá, nos termos e limites fixados em lei, sobre rendimentos provenientes de aposentadoria e pensão, pagos pela Previdência Social da União, dos Estados, do Distrito Federal e dos Municípios, a pessoa com idade superior a sessenta e cinco anos, cuja renda total seja constituída, exclusivamente, de rendimentos do trabalho".

Antes de analisarmos o citado versículo, precisamos dar uma explicação: a Emenda Constitucional 20/1998 *revogou*, pura e simplesmente (art. 17), o inciso II do § 2º do art. 153 da CF. Todavia, dentro da linha de pensamento que adotamos, estamos convencidos de que este dispositivo continua em vigor e irradiando efeitos. Realmente, tratando de imunidade tributária (*direito fundamental do contribuinte*), ele veicula *cláusula pétrea* (cf. art. 60, § 4º, IV, da CF), imodificável, pois, por meio de emenda constitucional, fruto do mero *poder constituinte derivado*.

Assim, continuamos entendendo que os maiores de sessenta e cinco anos que, apesar de aposentados, continuam trabalhando têm direito à imunidade (seus rendimentos são provenientes de *rendimentos do trabalho*).

Já, à primeira vista, os maiores de sessenta e cinco anos que têm *rendimentos do capital*, ainda que provenientes de caderneta de poupança ou aluguel de modestíssima casa, deixariam de ser alcançados pela imunidade em questão.

Não nos parece, porém, seja esta a melhor interpretação. A nosso sentir, *apenas estes rendimentos do capital* são tributáveis; não os rendimentos do trabalho.

Concordamos com Sacha Calmon Navarro Coêlho quando pondera: "Há, contudo, outra maneira de interpretar o texto posto em exame. A imunidade seria parcial. Imunes seriam apenas os *proventos* e *pensões* pagáveis aos maiores de 65 anos que tiverem nesses *rendimentos* a sua fonte de subsistência ou que, de todo modo, além dela vivessem exclusivamente de rendimentos do trabalho. É dizer, pelos rendimentos do trabalho, alcançado o limite mínimo, pagariam imposto mas o provento ou a pensão restariam imunes".[229]

Observamos que a lei à qual alude o dispositivo em exame – que deve ser uma *lei complementar* (porque cuida de imunidade, que é *limitação constitucional ao poder de tributar*, assunto regulável apenas por meio deste ato normativo, a teor do art. 146, II, da CF) – poderá restringir, sem anular, o alcance desta norma constitucional.

Tal norma constitucional é, destarte, de *eficácia contida*, segundo a sempre repetida classificação de José Afonso da Silva.[230] Assim, enquanto não sobrevier a lei complementar (restringindo seu alcance), produz todos os efeitos, como se fosse de eficácia plena.

Nesse sentido, é inconstitucional o art. 10, V, da Lei 8.383, de 30.12.1991 (lei ordinária), que, a pretexto de disciplinar a fruição desta imunidade, estabeleceu que, na determinação da base de cálculo sujeita à incidência mensal do imposto sobre a renda, poderá ser deduzido "o valor de mil UFIR, correspondente à parcela isenta dos rendimentos provenientes de aposentadoria e pensão, transferência para reserva remunerada ou reforma pagos pela Previdência Social da União, dos Estados, do Distrito Federal e dos Municípios, ou por qualquer pessoa jurídica de direito público interno, a partir do mês em que o contribuinte completar sessenta e cinco anos de idade".

De fora a parte impropriedades técnicas (*v.g.*, chamar de isenção o que é imunidade), a questão não poderia ter sido disciplinada por meio de lei ordinária, mas, apenas, de lei complementar.

6.3 A imunidade do art. 153, § 3º, III, da CF

Por força do que dispõe o art. 153, § 3º, III, da CF, as exportações de produtos industrializados são imunes ao IPI.

O dispositivo consagra o *princípio do destino* (também chamado *princípio do País do destino*), que regula, no que tange aos tributos que a Economia rotula *indiretos*, as operações internacionais de bens e serviços. De acordo com este princípio, a transação internacional deve ser tributada apenas uma vez, no País importador, com a consequente exoneração das imposições sofridas no País de origem, justamente para que não haja uma "exportação do imposto".

Temos para nós que essa desoneração constitucional alcança não apenas os exportadores de produtos industrializados, senão, também, todos quantos contribuem para que a exportação se verifique.

229. Sacha Calmon Navarro Coêlho, *Comentários ...*, cit., p. 402.

230. Para este autor, as normas constitucionais de eficácia contida remetem a uma legislação futura, que, uma vez editada, lhes restringirá os efeitos. Todavia, enquanto tal não se der, a eficácia destas normas é plena (cf. José Afonso da Silva, *Aplicabilidade das Normas Constitucionais*, 8ª ed., 2ª tir., São Paulo, Malheiros Editores, 2015, p. 91).

Parece óbvio que a imunidade em pauta visa a proteger não a pessoa do exportador, mas as exportações de produtos industrializados (manufaturados), fazendo com que cheguem ao mercado internacional com preços competitivos.

Realmente, a interpretação teleológica do art. 153, § 3º, III, da CF leva-nos à irretorquível conclusão de que a imunidade nele prevista há de obrigatoriamente abranger todas as operações que, de algum modo, concorram para que se perfaça a venda, para o exterior, de produtos industrializados. Ademais, o objetivo extrafiscal da proteção das exportações impõe uma interpretação ampla do dispositivo em análise.

Se assim é, como não podemos duvidar, temos que admitir que os que, de algum modo, tornaram possível a exportação do produto industrializado (por exemplo, fornecendo seus componentes) são alcançados pela imunidade tributária.

Em suma, o que estamos tentando deixar em evidência é que absolutamente não se pode restringir a diretriz constitucional de favorecer, com a imunidade ao IPI, as exportações de produtos industrializados.[231] Assim, o contribuinte que comprovar que o produto industrializado com o qual está praticando a operação jurídica irá, a final, para o exterior tem o direito subjetivo de não pagar o imposto específico. Se já o recolheu (*v.g.*, por ignorar, à época, a destinação do bem), pode, observados os prazos prescricionais, repetir o que pagou *ou*, se assim o preferir, compensar-se, com base no *princípio da não cumulatividade*, com outras parcelas de IPI a pagar pela prática de operações jurídicas que não visem à exportação.

6.4 *A imunidade do art. 153, § 4º, II, da CF*

Nos termos do art. 153, § 4º, II, da CF, o *imposto territorial rural* (ITR) "(...) não incidirá sobre pequenas glebas rurais, definidas em lei, quando as explore o proprietário que não possua outro imóvel" (redação dada pela Emenda Constitucional 42/2003).

A desoneração constitucional em tela alcança *apenas* o proprietário da pequena gleba rural que não possua outro imóvel (rural ou urbano) e o explore – isto é, o torne produtivo.

Em boa hora, o *constituinte derivado* mudou a diretriz que a imunidade originariamente tinha. Com efeito, até o advento da Emenda Constitucional 42/2003 o reconhecimento da imunidade dependia de o proprietário da pequena gleba rural cultivá-la, "só ou com sua família". Se contratasse pessoas para ajudá-lo, aumentando a oferta de empregos e liberando os familiares para o estudo ou para abraçarem outras profissões, perderia a imunidade. Agora, já não há mais este esdrúxulo requisito, que, atrelando a família do agricultor ao minifúndio, tendia a perpetuar, em tempos modernos, a figura do medieval "servo da gleba".

Deploramos, porém, que o proprietário da pequena gleba rural perca a imunidade caso amplie suas terras ou adquira um imóvel urbano, para dar maior conforto

231. Conforme assinalam os especialistas em *comércio internacional*, a Constituição quer que "se exportem produtos, e não tributos".

a seus familiares. Não é à toa que, a respeito, Sacha Calmon Navarro Coêlho, com a verve que o caracteriza, fala em "imunidade *Jeca Tatu*", numa oportuna alusão à triste personagem criada por Monteiro Lobato para retratar o típico rurícola brasileiro.

De qualquer modo, registramos que, enquanto a lei complementar não se ocupar com o assunto, pequena gleba rural, a nosso ver, é a de tamanho não superior a cinquenta hectares. Chegamos a esta conclusão examinando o art. 191 da CF, que, embora não trate especificamente deste tema, guarda uma certa semelhança com o supracitado dispositivo ("aquele que, não sendo proprietário de imóvel rural ou urbano, possua como seu, por cinco anos ininterruptos, sem oposição, área de terra, em zona rural, não superior a cinquenta hectares, tornando-a produtiva por seu trabalho ou de sua família, tendo nela sua moradia, adquirir-lhe-á a propriedade").

Deveras, neste art. 191, tanto quanto no art. 153, § 4º, II, há alusão à pequena gleba rural e à exploração da terra por quem não possua outro imóvel. O art. 191, no entanto, agrega mais um elemento: o tamanho da pequena gleba rural (não superior a cinquenta hectares).

Assim, enquanto não for editada lei específica, pequena gleba rural, para os fins do art. 153, § 4º, II, da CF, é aquela de tamanho não excedente a cinquenta hectares.

Evidentemente, a superveniência de lei complementar dispondo de modo diverso afastará – mas só para o futuro – esta interpretação.

Observamos que tal lei complementar pode estabelecer tamanhos diferentes para as pequenas glebas rurais conforme o ponto do território nacional em que estiverem localizadas. Assim, por exemplo, nada impede que, amanhã, uma lei complementar considere pequena, no Estado do Amazonas, uma gleba rural de tamanho não excedente a duzentos hectares, e, no Estado de São Paulo, uma gleba rural de tamanho não excedente a trinta hectares.

Do contrário, a Constituição já teria fixado uma dimensão para que uma gleba rural fosse havida por pequena (conforme, aliás, fez a Carta anterior).

É certo que, em 19.12.1996, foi editada a Lei 9.393/1996 (lei ordinária), que, em seu art. 2º, estabelece:

"Art. 2º. Nos termos do art. 153, § 4º, *in fine*, da Constituição, o imposto não incide sobre pequenas glebas rurais, quando as explore, só ou com sua família, o proprietário que não possua outro imóvel.

"Parágrafo único. Para os efeitos deste artigo, pequenas glebas rurais são os imóveis com área igual ou inferior a: I – *100ha* se localizado em Município compreendido na Amazônia Ocidental ou no Pantanal Mato-Grossense e Sul Mato-Grossense; II – *50ha* se localizado em Município compreendido no Polígono das Secas ou na Amazônia Oriental; III – *30ha* se localizado em qualquer outro Município."

Não fosse esta lei formalmente inconstitucional (porque trata de matéria *sob reserva de lei complementar*), ela teria dado tratamento adequado ao assunto, conferindo plena eficácia ao art. 153, § 4º, II, da CF. Sendo, porém, a lei ordinária instrumento inidôneo para "regular as limitações constitucionais ao poder de tributar" (art.

146, II, da CF), continua valendo a ideia acima desenvolvida, vale dizer, que pequena gleba rural, para os fins de que aqui se cogita, é aquela de tamanho não excedente a cinquenta hectares.

6.5 A imunidade do art. 155, § 2º, X, "a", da CF

I – Em sua redação originária, estipulava a alínea "a" do inciso X do § 2º do art. 155 da CF serem imunes ao ICMS as "operações que destinem ao exterior produtos industrializados, excluídos os semielaborados definidos em lei complementar".

Portanto, à época da promulgação da atual Carta Constitucional apenas eram imunes ao ICMS as exportações de mercadorias que fossem produtos industrializados. As demais exportações (de produtos primários e semielaborados) submetiam-se ao gravame em questão.

Evoluindo deste entendimento, o constituinte derivado, espelhando-se no modelo de outros Países, houve por bem ampliar o alcance da desoneração, de tal sorte que, após o advento da Emenda Constitucional 42/2003, a supramencionada alínea "a" passou a dispor serem imunes ao ICMS as "operações que destinem mercadorias para o exterior" bem como os "serviços prestados a destinatários no exterior", sempre "assegurada a manutenção e o aproveitamento do montante do imposto cobrado nas operações e prestações anteriores".

Portanto, com a entrada em vigor desta Emenda Constitucional, as exportações de mercadorias, serviços de transporte e de comunicação não podem ser alvo deste imposto.

II – O objetivo de tal imunidade tributária é patente: favorecer as exportações de mercadorias e serviços, fazendo com que cheguem ao exterior com preços atraentes, já que desoneradas da carga econômica do ICMS.

Nisso, diga-se de passagem, não vai nenhuma burla aos tratados internacionais que têm o Brasil por signatário. Pelo contrário, a desoneração fiscal de *tributos indiretos* (caso do ICMS) é expressamente autorizada pelo GATT/OMC, sendo largamente adotada pelos Países nossos concorrentes.

III – Como não é difícil perceber, a Emenda Constitucional 42/2003, alargando a imunidade em foco e garantindo aos contribuintes o direito à manutenção dos respectivos créditos de ICMS, refletiu a opção política do Brasil de garantir a competitividade dos seus produtos e serviços no mercado internacional, com – também nesse caso – a neutralização do tributo cobrado nas operações e prestações anteriores (internas).

IV – Demais disso, a imunidade em pauta consagra o *princípio do destino* (também chamado *princípio do País do destino*), que – tornamos a escrever – regula, em matéria de *tributos indiretos*, as operações internacionais de mercadorias e de serviços. De acordo com este princípio, a transação internacional deve ser tributada apenas uma vez, no País importador, com a consequente exoneração das imposições fiscais sofridas no País de origem, justamente para que não haja "exportações de tributos".

V – Por outro lado, em consonância com o postulado de que as imunidades tributárias devem receber interpretação que lhes dê a máxima efetividade, a desoneração em tela alcança não só o exportador imediato da mercadoria ou do serviço, como todas as pessoas que tornaram possível a exportação. Valem aqui, *mutatis mutandis*, as considerações que tecemos a respeito do art. 153, § 3º, III, da CF (supra, subitem 6.3).

De todo modo, remarcamos que fazem jus à imunidade, além do exportador imediato da mercadoria, as pessoas que viabilizam a exportação (fabricando os componentes da mercadoria, vendendo a matéria-prima utilizada no fabrico da mercadoria, praticando as operações mercantis que levam a mercadoria do produtor ao exportador – e assim avante).

Na mesma linha, a desoneração constitucional também alcança as pessoas prestadoras de serviços (*v.g.*, de transporte intermunicipal) que possibilitam a operação de exportação.

A nosso ver – e abstraindo o que logo adiante sustentaremos (inciso II) –, a extensão da imunidade a todas estas operações e prestações é direito *ex vi constitutionis*. Independe, para ser fruído, da edição de normas infraconstitucionais (leis, decretos, portarias etc.).

Já não mais estão excluídas da imunidade as exportações de produtos semielaborados e de mercadorias em geral. Quanto aos serviços de transporte e de comunicação internacionais, embora sempre tenha sido do nosso entendimento que estavam *fora* do campo de incidência do ICMS,[232] não há mais dúvidas no sentido de que se encontram a salvo desta tributação.

VI – Permitimo-nos ponderar, acerca da redação que foi dada ao art. 155, § 2º, X, "a", da CF, que ele veio encampar o que já dispunha o art. 32, I, da Lei Complementar 87/1996, que *isentou* de ICMS todas as exportações, inclusive de produtos primários e semielaborados e de serviços.[233]

Considerávamos, entretanto, *inconstitucional* o art. 32, I, da Lei Complementar 87/1996, por ofensa ao *princípio federativo*, já que diminuía a competência tributária dos Estados (e do Distrito Federal) e, por via de consequência, suas autonomias financeira, política e, até, jurídica. De fato, na medida em que, por força do *poder constituinte originário*, estas pessoas políticas podiam tributar, por meio de ICMS, exportações de mercadorias que não fossem produtos industrializados e prestações de serviços para o exterior, não podia uma lei complementar anular por completo tal faculdade, mesmo arrimada no art. 155, § 2º, XII, "e", da CF ("cabe à lei complementar: ... e) excluir da incidência do imposto, nas exportações para o exterior, serviços e outros produtos além dos mencionados no inciso X, 'a'").

232. V. nosso livro *ICMS*, 17ª ed., São Paulo, Malheiros Editores, 2015, pp. 231 e 278-281.

233. Lei Complementar 87/1996: "Art. 32. A partir da data de publicação desta Lei Complementar: I – o imposto não incidirá sobre operações que destinem ao exterior mercadorias, inclusive produtos primários e produtos industrializados semielaborados, bem como sobre prestações de serviços para o exterior".

Muito bem, na medida em que a Emenda Constitucional 42/2003, dando nova redação ao art. 155, § 2º, X, "a", da CF, "reiterou" o conteúdo do art. 32, I, da Lei Complementar 87/1996 – e, com isso, esvaziou, por completo, a competência que os Estados e o Distrito Federal originariamente tinham para tributar exportações de mercadorias que não fossem produtos industrializados –, também ela agrediu frontalmente a *cláusula pétrea* do princípio federativo (art. 60, § 4º, I, da CF).

Pensamos, pois, que tal imunidade irrestrita não passa pelo teste da constitucionalidade. Vai daí que os Estados e o Distrito Federal reúnem condições para pleitear e obter, junto ao STF, a anulação judicial do dispositivo em análise.

VIa – Todavia, é certo que o alargamento da imunidade em questão, levado a efeito pela Emenda Constitucional 42/2003, não suscitou controvérsias junto às pessoas políticas, as quais, pelo contrário, reconhecendo a sabedoria e a oportunidade da alteração constitucional,[234] imediatamente a aceitaram, deixando de propor qualquer ação, junto ao STF, em ordem a revertê-la. Além de tudo, a Lei Complementar 87/1996 criou mecanismos compensatórios que satisfazem aos Estados-membros e ao Distrito Federal.

Deste modo, perpassada mais de uma década da alteração normativa ora em estudo, restou superada, em termos práticos, a tese da inconstitucionalidade da Emenda Constitucional 42/2003 no ponto em que deu nova redação ao art. 155, § 2º, X, "a", da CF.

VII – A imunidade alcança também o transporte, ao longo do território nacional, até o ponto de embarque para o exterior: a) das próprias mercadorias (autotransporte); e b) de mercadorias de terceiro, ainda que por força de um contrato oneroso.

Em relação a esta última hipótese esclarecemos que não estamos aludindo à prestação do serviço de transporte internacional, autonomamente considerado, que sempre consideramos a salvo do ICMS; mas, sim, à prestação onerosa do serviço de transporte interestadual ou intermunicipal que leva mercadorias ao porto ou aeroporto, de onde seguem para o exterior. Tais serviços de transporte não passam de *atividades-meios*, necessárias à concretização da exportação (*atividade-fim*), devendo, por isso, receber o mesmo tratamento tributário a ela dispensado.

É que, segundo estamos convencidos, disponibilizar os meios e modos necessários à exportação das mercadorias (*v.g.*, transportando veículos até os portos de embarque) *não passa* de uma etapa deste processo, que se confunde, para fins de

234. Como é de conhecimento geral, o exportador no Brasil encontra toda sorte de dificuldades, que nem de longe se apresentam em outros Países. O insuficiente fluxo de navios, os fretes internacionais caríssimos, os portos e aeroportos deficientes, a burocracia sufocante, as múltiplas e onerosas *obrigações acessórias* a cumprir, o câmbio artificialmente valorizado, tudo contribui para tirar a competitividade dos produtos nacionais no mercado internacional.

Enquanto isso, no estrangeiro não se medem esforços para alavancar as exportações. Na China, por exemplo, de fora a parte o câmbio ser artificialmente desvalorizado, nenhum tributo incide sobre as operações de exportação – o que explica, pelo menos em parte, por que os produtos oriundos daquele País estão a invadir o mundo, chegando ao ponto de afetar até o funcionamento de nossas empresas, especialmente as industriais.

imunidade, com a própria exportação destes bens. Dada sua imprescindibilidade – já que, se nos for permitida a ousadia das imagens, as mercadorias não "brotam espontâneas" nas dependências portuárias ou aeroportuárias, nem a elas se dirigem por conta própria –, esta *atividade-meio* não pode ser apartada no que atina à desoneração fiscal em estudo, até por força da milenar regra *acessorium sequitur suum principale*.

Esta linha de pensamento vem abonada por Alberto Xavier e Nanci Gama: "Devemos, pois, distinguir, doutrinariamente, a par de um conceito de 'transporte internacional por natureza', conceito de 'transporte internacional por acessoriedade ou conexão': enquanto o primeiro é aquele que, atendendo ao critério físico do local da execução dos serviços, se inicia em um País e termina em outro, o segundo é aquele que, embora todo prestado dentro de um certo País, é acessório de um contrato internacional de compra e venda em que a exportação se traduz. Que o conceito de transporte internacional contido implicitamente no inciso II do art. 155 da CF (por contraposição ao transporte interestadual e intermunicipal) é o conceito econômico que atende ao destino das pessoas e bens, resulta claramente do objetivo da não tributação, consistente em libertar a exportação de bens de todo e qualquer ônus fiscal no País do exportador, incluindo eventuais impostos incidentes sobre os serviços acessórios de transporte, que, de outra forma, onerariam o exportador e seriam repercutidos para o País de destino".[235]

Em suma, o transporte realizado em vista à exportação da mercadoria não passa de *atividade-meio*, que, levando-a ao exterior, é alcançada pela imunidade do art. 155, § 2º, X, "a", da CF.

6.6 A imunidade do art. 155, § 2º, X, "b", da CF

I – O ICMS também não pode incidir sobre "operações que destinem a outros Estados petróleo, inclusive lubrificantes, combustíveis líquidos e gasosos dele derivados, e energia elétrica".

Estamos, aqui, diante de uma *imunidade objetiva*. As *operações interestaduais* com energia elétrica *e* com petróleo e seus derivados – ao contrário das *operações internas*, isto é, que se realizam dentro do território de um único Estado ou do Distrito Federal – são intributáveis por meio de ICMS.

Segundo os estudiosos da Ciência das Finanças, tal imunidade visa a reduzir os custos dos produtos e mercadorias que utilizam estes *insumos* (*imputs*).

Portanto, quando *Itaipu* (localizada no Estado do Paraná) vende energia elétrica à *CESP* (localizada no Estado de São Paulo), é imune ao ICMS.

Também são imunes a este imposto os negócios jurídicos (venda, troca, doação etc.) com petróleo e seus derivados que levam o produto de um Estado a outro (ou ao Distrito Federal) *e* do Distrito Federal a um Estado. A qualificação do *destinatário* do produto não tem força jurídica bastante para afastar a desoneração constitucional.

235. Alberto Xavier e Nanci Gama, *A Exoneração do ICMS no Transporte de Mercadorias Exportadas*, parecer inédito, 1996, p. 11.

É que esta é uma imunidade que, conquanto tópica (só se refere ao ICMS), é irrestrita, já que alcança *todas* as operações interestaduais (i) com petróleo, inclusive lubrificantes e combustíveis líquidos e gasosos dele derivados, *e* (ii) com energia elétrica.

Por outro lado, interpretação sistemática do preceito constitucional em exame revela que ele tem por objeto evitar a hegemonia de uns Estados (os produtores de petróleo e de energia elétrica) sobre os demais; exprime, pois, preocupação com a equidade federativa.

Assim, o contribuinte que adquire o petróleo e seus derivados em outro Estado – desde que, é claro, não cometa nenhuma fraude[236] – está se valendo de um meio lícito, abonado pela Constituição Federal (*elisão fiscal*), para reduzir custos tributários. É imune ao ICMS.

Também se uma distribuidora de derivados de petróleo prefere vender seus produtos a postos de combustíveis localizados em outros Estados, ela está se valendo de seu legítimo direito de fruir da imunidade. Também é imune ao ICMS se vende os produtos a consumidor final domiciliado ou sediado em outro Estado.

II – Inconstitucional, pois, o art. 3º, III, da Lei Complementar 87/1996, quando estipula: "Art. 3º. O imposto não incide sobre: (...) III – operações interestaduais relativas a energia elétrica e petróleo, inclusive lubrificantes e combustíveis líquidos e gasosos dele derivados, quando destinados à industrialização e à comercialização".

Isto significa que, a teor deste dispositivo, haverá incidência de ICMS se tais operações interestaduais destinam-se a consumidor final, o que, de resto, vem estipulado no art. 2º, § 1º, III, da mesma Lei Complementar 87/1996. Ora, não podia uma lei complementar ter restringido a desoneração que a Constituição concedeu sem reservas ou condições.

De fato, nos termos da Lei Maior, não pode haver incidência do ICMS seja nas operações interestaduais que têm por destinatários os que realizam, no âmbito interno (vale dizer, na própria Unidade Federada onde estão situados), operações mercantis, seja naquelas cujos destinatários são *consumidores finais*.

236. No que concerne ao petróleo e seus derivados, empresas, não raro, têm-se valido desta imunidade para perpetrar evasões fiscais.

Realmente, é comum empresa adquirir óleo diesel no Estado "A", para ser entregue em seu estabelecimento, localizado no Estado "B". Ato contínuo, porém, a empresa revende o produto para um posto de gasolina, localizado no mesmo Estado "A". Tais operações, porque interestaduais, são imunes ao ICMS. Ocorre, entretanto, que, *de fato*, o óleo diesel não chega a sair do território do Estado "A". A fraude se tipifica com a simples *troca* de notas fiscais (a mercadoria "sai" com a nota fiscal dirigida ao Estado "B", mas, durante o trajeto, antes de transpor os limites do Estado de origem, o próprio distribuidor "emite" nova nota fiscal, do estabelecimento localizado no outro Estado, e entrega o combustível, no mesmo Estado "A"). Esta prática leva ao locupletamento ilícito do fornecedor, do intermediário e do distribuidor.

Também, com relativa frequência, consumidor final (por exemplo, uma transportadora) adquire óleo diesel no próprio Estado em que opera, mas, para furtar-se ao pagamento do ICMS, vai buscar o produto em outra unidade federativa.

São práticas fraudulentas, que devem ser rigorosamente combatidas.

Tal inteligência não pode ser invalidada ao argumento de que o consumidor final que adquire o combustível ou a energia elétrica em outra Unidade Federada acaba levando vantagem econômica em relação ao que pratica uma operação interna – circunstância que vulneraria o *princípio da igualdade*.

Nunca se olvide que a Constituição, ao conceder imunidades tributárias, leva em conta critérios globais, que muita vez passam ao largo da igualdade material.[237]

III – É certo que a Emenda Constitucional 33, de 11.12.2001, acrescentou uma alínea "h" ao art. 155, § 2º, XII, da Carta Suprema, *permitindo* que a União, por meio de lei complementar, venha a "definir os combustíveis e lubrificantes sobre os quais o imposto incidirá uma única vez, qualquer que seja a sua finalidade, *hipótese em que não se aplicará o disposto no inciso X, 'b'*".[238]

Demais disso, a mesma Emenda Constitucional inseriu um § 4º e um § 5º ao art. 155 da CF; *verbis*:

"§ 4º. Na hipótese do inciso XII, 'h', observar-se-á o seguinte: I – nas operações com os lubrificantes e combustíveis derivados de petróleo, o imposto caberá ao Estado onde ocorrer o consumo; II – nas operações interestaduais, entre contribuintes, com gás natural e seus derivados, e lubrificantes e combustíveis não incluídos no inciso I deste parágrafo, o imposto será repartido entre os Estados de origem e de destino, mantendo-se a mesma proporcionalidade que ocorre nas operações com as demais mercadorias; III – nas operações interestaduais com gás natural e seus derivados, e lubrificantes e combustíveis não incluídos no inciso I deste parágrafo, destinadas a não contribuinte, o imposto caberá ao Estado de origem; IV – as alíquotas do imposto serão definidas mediante deliberação dos Estados e Distrito Federal, nos termos do § 2º, XII, 'g', observando-se o seguinte: a) serão uniformes em todo o território nacional, podendo ser diferenciadas por produto; b) poderão ser específicas, por unidade de medida adotada, ou *ad valorem*, incidindo sobre o valor da operação ou sobre o preço que o produto ou seu similar alcançaria em uma venda em condições de livre concorrência; c) poderão ser reduzidas e restabelecidas, não se lhes aplicando o disposto no art. 150, III, 'b'.

"§ 5º. As regras necessárias à aplicação do disposto no § 4º, inclusive as relativas à apuração e à destinação do imposto, serão estabelecidas mediante deliberação dos Estados e do Distrito Federal, nos termos do § 2º, XII, 'g'."[239]

Assim, uma leitura mais açodada deste dispositivos pode levar à conclusão de que, agora, é dado à lei complementar restringir o alcance da imunidade do art. 155,

237. Sirva-nos de exemplo a imunidade ao IPI sobre as exportações de produtos industrializados, que privilegia o consumidor estrangeiro em relação ao nacional – e, sob esse ângulo, deixa de levar em conta a isonomia – mas que, sem dúvida, é válida, porquanto favorece as exportações de manufaturados e traz divisas para o País.

238. Grifos nossos.

239. A propósito deste § 5º, a EC 33/2001 dispôs, em seu art. 4º: "Enquanto não entrar em vigor a lei complementar de que trata o art. 155, § 2º, XII, 'h', da Constituição Federal, os Estados e o Distrito Federal, mediante convênio celebrado nos termos do § 2º, XII, 'g', do mesmo artigo, fixarão normas para regular provisoriamente a matéria".

§ 2º, X, "b", da CF. Bastaria que apontasse os combustíveis e lubrificantes sobre os quais o imposto incidirá uma única vez. Com isto, inclusive, estariam "resgatados da inconstitucionalidade" de que padecem os arts. 2º, § 1º, III, e 3º, III, da Lei Complementar 87/1996.[240]

Tal, porém, não é nosso entendimento. Imunidade é direito fundamental do contribuinte, que só o *poder constituinte originário* – jamais o *derivado* – pode retirar ou, mesmo, restringir.

IV – Mas, ainda que aceitemos a plena higidez da Emenda Constitucional 33/2001 na parte em que inseriu uma alínea "h" ao inciso XII do § 2º do art. 155 da CF – o que fazemos apenas *ad argumentandum tantum* –, temos para nós que o art. 3º, III, da Lei Complementar 87/1996, por ser a ela anterior, não foi remido da inconstitucionalidade de que padecia.

Noutras palavras, na medida em que o art. 3º, III, da Lei Complementar 87/1996 era inconstitucional, por restringir imunidade tributária concedida de modo amplo pelo legislador constituinte originário, o vício jurídico não poderia ter sido elidido, *a posteriori*, nem mesmo por uma emenda constitucional.

É que, sendo o art. 3º, III, da Lei Complementar 87/1996 – repita-se – inconstitucional, ele estava fora da "pirâmide jurídica" e, em consequência, não poderia nela ter sido "metido à força" pela Emenda Constitucional 33/2001.

De qualquer modo, mesmo admitindo, por amor à controvérsia dialética, a constitucionalidade da restrição em tela, instituída – insista-se – pela *Lei Kandir*, "consumidor final" não é qualquer industrial que utiliza o combustível ou a energia elétrica,

240. Estamos convencidos de que emenda constitucional não dá novo *fundamento de validade* a normas que, como no caso em estudo, não se ajustavam, quando produzidas, à Constituição então em vigor. Do contrário, como inteligentemente observam Gomes Canotilho e Vital Moreira, poderia haver revisões constitucionais, por meio de normas infraconstitucionais, "feitas *à conta*" de futuras emendas (*Fundamentos da Constituição*, Coimbra, Coimbra Editora, 1991, p. 297).

É certo que, editada uma emenda constitucional (válida, é claro), podem, com apoio nela, surgir leis até mais gravosas para os contribuintes. O que não se afigura juridicamente possível, porém, é que venha a convalidar, ainda que para eventos futuros, leis a ela anteriores, que se encontravam eivadas de inconstitucionalidade.

Este o pensamento de Celso Antônio Bandeira de Mello, *verbis*: "(...) Emenda Constitucional – diferentemente de uma nova Constituição – não é ruptura com o ordenamento jurídico anterior, mas, pelo contrário, funda-se nele, nele se integra e representa sua continuidade, donde seria inadmissível entender que tem o efeito de 'constitucionalizar', ainda que daí para o futuro, leis originariamente inconstitucionais. Deveras, tal intelecção propiciaria fraude ao próprio ordenamento, pois ensejaria e confortaria sua burla, efetuável mediante produção de leis inconstitucionais em antecipação a emendas futuras ou, dito pelo inverso, ensejaria o bloqueio do reconhecimento de inconstitucionalidades, graças ao expediente de produzir emenda sucessiva. Inclinar-se por exegese conducente a tais resultados implicaria abraçar o contrassenso de reputar lógico que o ordenamento milite em seu próprio desfavor, isto é, o de que previamente assume que, se for burlado, tal burla será aprovada, validada e confortada por seu aval protetor. Nisto estaria, então, implicado que o Direito prestigia ou é indiferente à fraude, à burla, não apenas a si próprio como aos membros da sociedade, inobstante o Estado de Direito seja concebido como instrumento de proteção aos cidadãos contra o exercício desatado do Poder. Dessarte, ficaria afiançada a inanidade de tal proteção" ("Leis originariamente inconstitucionais compatíveis com emenda constitucional superveniente", in Heleno Taveira Torres (coord.), *Teoria Geral da Obrigação Tributária (Estudos em Homenagem ao Prof. José Souto Maior Borges)*, São Paulo, Malheiros Editores, 2005, p. 60).

mas apenas e tão somente aquele que não emprega um destes insumos na produção de novas mercadorias, que ensejarão a incidência do ICMS quando, mercê de negócios jurídicos onerosos, forem integradas ao "ciclo econômico".

Salientamos, ainda, que em relação à energia elétrica sequer houve, por parte da Emenda Constitucional 33/2001, a *exclusão* da imunidade de que aqui se cogita. Com efeito, nas operações interestaduais, este ato normativo, ao inserir uma alínea "h" no inciso XII do § 2º do art. 155 da CF, apenas apartou da imunidade ao ICMS as operações interestaduais *com combustíveis* destinados a consumidor final.

V – Seguindo na mesma linha de pensamento, entendemos que padecem de inconstitucionalidade os convênios que obrigam o industrial ou o comerciante remetente estabelecido em outra Unidade Federada a – na condição de *substituto tributário* – reter o ICMS que seria devido caso a operação com o combustível ou a energia elétrica fosse *interna*, isto é, realizada no território do próprio Estado. É que o regime de substituição tributária *para frente*, no ICMS, não anula, nem pode anular, a imunidade constitucional em análise.

Deveras, a substituição tributária *para frente* pressupõe a possibilidade de tributação da operação subsequente. Quando esta é imune (como no caso), segue-se logicamente que não há espaço para tal regime.

A ideia é simples: se o mecanismo da substituição tributária não fosse adotado nada poderia ser cobrado na operação subsequente (interestadual). Por quê? Justamente porque as operações interestaduais com "petróleo, lubrificantes e combustíveis líquidos e gasosos dele derivados" são imunes ao ICMS.

Ora, não se pode anular a imunidade simplesmente antecipando-se a cobrança de um ICMS que, nos termos da Constituição, não é devido.

Melhor explicitando, todos quantos defendem a constitucionalidade da *substituição tributária para a frente* (não é o nosso caso) valem-se da *quase certeza* da ocorrência do *fato gerador futuro*, daí extraindo a consequência de que, em nome de interesses arrecadatórios, nada impede a tributação antecipada.

No caso, porém, da imunidade objeto do art. 155, § 2º, X, "b", da CF há a *certeza constitucional* da inocorrência do *fato gerador futuro*.

Vai daí que, nesta hipótese, não há o que substituir, sendo a ela inaplicáveis, destarte, os dispositivos da Lei Complementar 87/1996 (arts. 5º a 10) que tratam da *substituição tributária para a frente* no ICMS.

Em suma, se a operação interestadual com petróleo e seus derivados é imune, não há espaço à *substituição tributária*.

Vejamos, agora, algumas especificidades da imunidade ao ICMS nas operações interestaduais com energia elétrica.

VI – Antes de tudo, destacamos que, dado o caráter unitário do termo "operações", que estamos a empregar, ele não pode ter restringido seu âmbito de abrangência, quer material, quer subjetivo. Deveras, nem a qualificação do fato jurídico nem a definição dos contribuintes e responsáveis podem apartar-se do texto constitucional, por meio de uma eventual incidência de ICMS na "entrada" da energia elétrica ou mediante o recurso ao estratagema da "substituição tributária".

Reiteramos, por vir de molde, que a imunidade das operações interestaduais com energia elétrica não se confunde com a das realizadas com combustíveis (petróleo e derivados), pois, ao contrário destas, ela (i) não é regra de divisão de competências tributárias, (ii) não trata do resultado da arrecadação e (iii) não permite a adoção do regime de *substituição tributária*.

De fato, nas operações interestaduais com combustíveis o próprio texto constitucional abre espaço à incidência de ICMS no *Estado do destino*, como, de resto, já decidiu o STF, *verbis*: "ICMS – Operações interestaduais – Art. 155, § 2º, X, 'b', da Constituição. O Plenário desta Corte, ao julgar o RE n. 198.088, assim decidiu: 'Tributário – ICMS – Lubrificantes e combustíveis líquidos e gasosos, derivados do petróleo – Operações interestaduais – Imunidade do art. 155, § 2º, X, 'b', da CF – Benefício fiscal que não foi instituído em prol do consumidor, mas do Estado de destino dos produtos em causa, ao qual caberá, em sua totalidade, o ICMS sobre eles incidente, desde a remessa até o consumo – Consequente descabimento das teses da imunidade e da inconstitucionalidade dos textos legais, com que a empresa consumidora dos produtos em causa pretendeu obviar, no caso, a exigência tributária do Estado de São Paulo – Recurso conhecido, mas desprovido'. Dessa orientação divergiu o acórdão recorrido – Recurso extraordinário conhecido e provido".[241]

O que estamos pretendendo pôr em destaque é que a CF, em seu art. 155, § 2º, X, "b", impede a incidência do ICMS no *Estado de origem* dos combustíveis e derivados de petróleo. Todavia, o art. 155, § 2º, XII, em sua alínea "h" (acrescentada pela Emenda Constitucional 33/2001), a autoriza em favor do *Estado de destino*, desde que se adote *ou* o regime monofásico de tributação, *ou* a sistemática da *substituição tributária*.

Já, nas operações interestaduais com energia elétrica o texto constitucional é peremptório: a imunidade é total, não sendo permitida a incidência do ICMS em hipótese alguma – vale dizer, nem no *regime periódico de apuração* (*conta-gráfica*), nem no *monofásico*, nem no de *substituição tributária*.

Noutras palavras, a imunidade das operações interestaduais com energia elétrica não teve seu alcance reduzido por nenhuma emenda constitucional – e, assim, não pode ser restringida por outro veículo normativo de hierarquia inferior a ela.

VIa – Não se ignora que as operações tipicamente *de consumo*, em que a energia elétrica é absorvida ou esgotada em suas funções ou utilidade, distinguem-se das operações *de industrialização*, em que o produto é adquirido para servir de *insumo*[242] na criação de bens.

241. STF, RE 201.703-ES, rel. Min. Moreira Alves, *DJU* 14.12.2001, p. 93, *Ement.* 02053-07/01.578.

242. *Insumo*, como quer Aliomar Baleeiro:

"(...) é uma algaravia de origem espanhola, inexistente em português, empregada por alguns economistas para traduzir a expressão inglesa *input*, isto é, o conjunto dos fatores produtivos, como matérias-

Pouco importa, porém, a finalidade da aquisição, porquanto o ICMS jamais incidirá sobre "operações que destinem a outros Estados (...) energia elétrica". Neste particular, absolutamente não se podem aceitar artifícios (*v.g.*, a adoção do mecanismo da *substituição tributária*) que levem à tributação.

Insistimos em que qualquer operação interestadual que envolva energia elétrica, ainda que destinada a industrialização ou comercialização, é, por determinação constitucional, imune ao ICMS. Como corolário, são inconstitucionais eventuais leis (complementares ou ordinárias) ou convênios que disponham de modo diverso.

VIb – É certo que, no que concerne ao ICMS, as leis dos Estados devem guardar sintonia com as leis complementares nacionais veiculadoras de *normas gerais em matéria de legislação tributária*, às quais cabe, no termos do art. 155, § 2º, XII, da CF, "definir seus contribuintes" (alínea "a"), "dispor sobre substituição tributária" (alínea "b"), "disciplinar o regime de compensação do imposto" (alínea "c") e "fixar, para efeito de sua cobrança e definição do estabelecimento responsável, o local das operações relativas à circulação de mercadorias e das prestações de serviços" (alínea "d").[243]

É igualmente certo, porém, que estas funções encontram-se sobremodo restringidas nas operações interestaduais com *energia elétrica*, na medida em que a própria Constituição determinou, sem reservas ou restrições, fossem excluídas da incidência do ICMS (art. 155, § 2º, X, "b").

VIc – Nada obstante, a Lei Complementar 87/1996, numa evidente tentativa de *flexibilizar* a imunidade constitucional em tela, acabou atropelando os desígnios constitucionais, pois "apontou", nas operações interestaduais com energia elétrica, (i) o momento e o local da ocorrência do *fato imponível* do ICMS, (ii) os casos de não incidência deste tributo, (iii) seu sujeito passivo e (iv) o regime de *substituição tributária* a ser adotado.

Houve, neste passo, um atentado contra o disposto no art. 155, § 2º, X, "b", da CF, o que se deu mediante aquilo que Marcelo Neves expressivamente chama de *constitucionalização simbólica*[244] da imunidade tributária do ICMS na "operação" que destinar, ao "Estado de destino", energia elétrica, independentemente do uso que a ela venha a ser dado.

Ora, nada disso se sustenta.

-primas, energia, trabalho, amortização do capital etc., empregados pelo empresário para produzir o *output* ou o produto final.

"(...).

"Insumos são os ingredientes da produção, mas há quem limite a palavra aos 'produtos intermediários' que, não sendo matérias-primas, são empregados ou se consomem no processo de produção" (*Direito Tributário Brasileiro*, 9ª ed., Rio de Janeiro, Forense, 1980, p. 214).

Adotamos o vocábulo *insumo* para designar especificamente os produtos que são consumidos ou absorvidos no processo industrial e desaparecem, deixando, assim, de integrar o produto final.

243. Como é fácil notar, essas normas foram previstas pelo constituinte para conferir, nas operações interestaduais, o máximo de segurança jurídica possível quer aos Estados-membros (de origem ou de destino), quer aos contribuintes envolvidos.

244. Marcelo Neves, *A Constitucionalização Simbólica*, São Paulo, Acadêmica, 1994, pp. 65-66.

Realmente, onde a Constituição Federal não impôs restrições, máxime tratando--se de imunidades tributárias, não o poderia ter feito o legislador complementar.

De qualquer modo, são estes os artigos da Lei Complementar 87/1996 que se apresentam em descompasso com a Constituição Federal:

"Art. 2º. (...).

"§ 1º. O imposto incide também: (...) III – *sobre a entrada, no território do Estado destinatário*, de petróleo, inclusive lubrificantes e combustíveis líquidos e gasosos dele derivados, e *de energia elétrica, quando não destinados à comercialização ou à industrialização*, decorrentes de operações interestaduais, cabendo o imposto ao Estado onde estiver localizado o adquirente."

"Art. 3º. O imposto não incide sobre: (...) III – *operações interestaduais relativas a energia elétrica* e petróleo, inclusive lubrificantes e combustíveis líquidos e gasosos dele derivados, *quando destinados à industrialização ou à comercialização*; (...)."

"Art. 9º. A adoção do regime de substituição tributária em operações interestaduais dependerá de acordo específico celebrado pelos Estados interessados.

"§ 1º. A responsabilidade a que se refere o art. 6º poderá ser atribuída: I – ao contribuinte que realizar operação interestadual com petróleo, inclusive lubrificantes, combustíveis líquidos e gasosos dele derivados, em relação às operações subsequentes; (...).

"§ 2º. Nas operações interestaduais com as mercadorias de que tratam os incisos I e II do parágrafo anterior, que tenham como destinatário consumidor final, o imposto incidente na operação será devido ao Estado onde estiver localizado o adquirente e será pago pelo remetente."

"Art. 11. O local da operação ou da prestação, para os efeitos da cobrança do imposto e definição do estabelecimento responsável, é: I – tratando-se de mercadoria ou bem: (...) g) o do *Estado onde estiver localizado o adquirente*, inclusive consumidor final, nas operações interestaduais com *energia elétrica* e petróleo, lubrificantes e combustíveis dele derivados, *quando não destinados à industrialização ou à comercialização*; (...)."

"Art. 12. Considera-se ocorrido o fato gerador do imposto no momento: (...) XII – *da entrada no território do Estado* de lubrificantes e combustíveis líquidos e gasosos derivados de petróleo e *energia elétrica* oriundos de outro Estado, *quando não destinados à comercialização ou à industrialização*; (...)" (redação dada pela Lei Complementar 102, de 11.7.2000).[245]

Como é fácil perceber, estas disposições restritivas, insertas na Lei Complementar 87/1996, desconsideram, às abertas e publicadas, o regime constitucional da não incidência do ICMS *em todas as operações interestaduais com energia elétrica*. De fato, ao atrelarem a imunidade aos fins de *comercialização e industrialização* e ao

245. Grifamos.

atribuírem o direito de emprego da *substituição tributária* nas operações sujeitas a *não incidência*, infligiram maus-tratos ao art. 155, § 2º, X, "b", da CF.

VId – Nunca é demais insistir: a imunidade assegurada pelo art. 155, § 2º, X, "b", da CF abrange todas as operações interestaduais com energia elétrica, independentemente da destinação que a ela vier a ser dada. Assim, pouco importa se for utilizada para consumo, para industrialização ou para comercialização.

Além de tudo, *consumo* é uma realidade que, dependendo das circunstâncias, pode integrar o conceito de *industrialização*. Tal ocorre quando um bem se esgota na produção de outros bens, eliminando, pois, qualquer possibilidade de "operação" subsequente.

6.7 A imunidade do art. 155, § 2º, X, "c", da CF

O ICMS igualmente não pode alcançar operações com ouro, nas hipóteses definidas no art. 153, § 5º, da CF: "§ 5º. O ouro, quando definido como ativo financeiro ou instrumento cambial, sujeita-se exclusivamente à incidência do imposto de que trata o inciso V do *caput* deste artigo, devido na operação de origem; a alíquota mínima será de um por cento, assegurada a transferência do montante da arrecadação nos seguintes termos: I – trinta por cento para o Estado, o Distrito Federal ou o Território, conforme a origem; II – setenta por cento para o Município de origem".

Portanto, o ouro, quando usado como ativo financeiro ou instrumento cambial, sujeita-se exclusivamente à incidência do imposto sobre operações de crédito, câmbio e seguro, ou relativas a títulos ou valores mobiliários (IOF).

É que, nestas hipóteses, ele não é utilizado como mercadoria, mas como moeda ou título financeiro.

A Constituição autoriza a tributação, por via de ICMS, apenas de operações com o *ouro-mercadoria*; não, porém, de operações com o chamado *ouro-ativo financeiro*, que – reiteramos – só pode ser alcançado pelo IOF.

A Lei federal 7.766/1989 – de constitucionalidade no mínimo duvidosa – definiu o que vem a ser *ouro-ativo financeiro*. Registramos, de passagem, que, por se estar diante de uma *limitação constitucional ao poder de tributar*, a matéria deveria ter sido disciplinada por meio de lei complementar, a teor do já citado art. 146, II, da CF.

De qualquer modo, ainda que se ignore tal inconstitucionalidade, a Lei federal 7.766/1989 ultrapassou as raias da Carta Suprema, porque estabeleceu que o ouro é *ativo financeiro* desde sua extração (arts. 1º, *caput*, e 4º). Ora, não é nenhuma propriedade intrínseca deste mineral que o torna ativo financeiro, mas, exclusivamente, sua destinação ao mercado financeiro (para ser utilizado como aplicação financeira ou instrumento cambial).

O IOF só pode ser exigido quando o ouro é objeto de aplicação financeira. Em contrapartida, as operações com ele realizadas (quer em estado natural, quer depois de submetido a processo de industrialização), tendo por escopo a prática da mercancia, estão no campo de incidência do ICMS.

Logo, cabe ICMS (e não IOF) quando o ouro é posto *in commercium*, para, por exemplo, ser utilizado na fabricação de joias. Aí, sim, ele assume a natureza jurídica de *mercadoria* e, por via de consequência, as operações com ele realizadas passam a ser *mercantis*.

6.8 A imunidade do art. 155, § 2º, X, "d", da CF

O ICMS também não poderá incidir "nas prestações de serviço de comunicação nas modalidades de radiodifusão sonora e de sons e imagens de recepção livre e gratuita" (art. 155, § 2º, X, "d", da CF).

Ao acrescentar esta alínea "d", a Emenda Constitucional 42/2003 apenas veio explicitar uma situação de não incidência.

Com efeito, como de há muito vínhamos sustentando, tais prestações passam ao largo do *ICMS-Comunicação*.[246]

Vejamos.

I – Como se sabe, a CF, em seu art. 155, II, outorgou competência aos Estados-membros e ao Distrito Federal para criar impostos sobre "operações relativas à circulação de mercadorias e sobre prestações de serviços de transporte interestadual e intermunicipal e de comunicação, ainda que as operações e prestações se iniciem no exterior".

O ICMS, portanto, também pode incidir sobre prestações de serviços de comunicação. É o *ICMS-Comunicação*.

II – Abrindo um ligeiro parêntese, a Constituição prevê vários impostos sobre prestações de serviços; a saber: a) o imposto sobre a prestação de serviços de transporte interestadual e intermunicipal (*ICMS-Transporte*); b) o imposto sobre a prestação de serviços de comunicação (*ICMS-Comunicação*); e c) os impostos sobre prestações de serviços de outras naturezas, mais conhecidos como impostos sobre serviços de qualquer natureza (*ISS*). Os dois primeiros a Carta Magna reservou aos Estados-membros; os últimos, aos Municípios.[247]

Ressalte-se, de logo, que as referidas pessoas políticas estão constitucionalmente credenciadas a tributar, por meio de impostos, *não propriamente* o transporte transmunicipal, a comunicação ou quaisquer outros serviços, *mas, sim*, as *prestações onerosas* destes serviços.

Queremos, com tal assertiva, significar que, em si mesmos considerados, o transporte transmunicipal, a comunicação ou qualquer outro serviço não fazem nascer qualquer dos tributos em tela.

246. Cf. nosso livro *ICMS*, cit., 17ª ed., pp. 317-320.

247. Em seu território, o Distrito Federal pode instituir todos os impostos sobre serviços, por força do que estatuem os arts. 147 e 155, *caput*, da CF.

Na realidade, o *ICMS-Transporte*, o *ICMS-Comunicação* e o *ISS* somente serão devidos quando, respectivamente, o transporte transmunicipal, a comunicação ou outro serviço resultarem – isto é, forem objeto – de contrato oneroso firmado entre um prestador e um tomador.[248]

Em linguagem mais técnica, o *fato imponível* destes impostos somente ocorre quando, em razão de negócio jurídico firmado entre particulares, sob regime de direito privado (mas não trabalhista),[249] os aludidos serviços forem efetivamente prestados.

Notamos, pois, ser necessária a detida análise do contrato de prestação de serviços para se saber qual tributo será devido (se o *ICMS-Transporte*; se o *ICMS-Comunicação*; se o *ISS*). Os fatos físicos *transporte*, *comunicação* e *serviços de outra natureza* são de per si irrelevantes para fazer, ou não, incidir quaisquer destes impostos. É o fim (*telos*) pretendido pelas partes contratantes que – refletindo o próprio objeto do negócio jurídico – determinará, ou não, a incidência de um destes impostos.

III – Retomando o fio do raciocínio, o ICMS também pode incidir "sobre prestações de serviços (...) de comunicação, ainda que as (...) prestações se iniciem no exterior", a teor do disposto no art. 155, II, *in fine*, da CF.

Reiteramos que *este* ICMS não alcança simplesmente a *comunicação*, mas *a prestação* (onerosa) *de serviços de comunicação*. Deveras, a comunicação só ganha relevância jurídica, para fins de ICMS, quando decorre de um contrato de prestação de serviços.

O dever de recolher ICMS só surge quando, em razão de um negócio jurídico, há comunicação no sentido de "transmissão de uma mensagem de uma pessoa a outra, que a compreende".[250] A comunicação idônea a ensejar a tributação em tela envolve, pois, um *ato de conhecimento* e um *ato de consciência do outro*. Pressupõe a existência de um *emissor* (conhecedor e consciente do destinatário da mensagem) e de um *receptor* (certo, identificável e apto a figurar no polo oposto do processo comunicacional).

Insistimos, porém, que, para que haja ICMS a recolher, tal comunicação deve resultar (ser o objeto) de um contrato oneroso de prestação de serviços.

248. O "querer" – ou se preferirmos, a "vontade" – do tomador (titular do direito de exigir o cumprimento da obrigação) e do prestador do serviço (o obrigado a fazer o que foi pactuado), manifestado no contrato oneroso entre eles firmado, é que identifica qual destes impostos vai incidir.

249. Concordamos com Marçal Justen Filho, para quem serviço é "prestação de uma utilidade (material ou não) de qualquer natureza, efetuada sob o regime de direito privado mas não sob regime trabalhista, qualificável juridicamente como execução de obrigação de fazer, decorrente de um contrato bilateral" (*O Imposto sobre Serviços na Constituição*, São Paulo, Ed. RT, 1985, p. 177).

250. Como observa Nicola Abbagnano, em seu famoso *Dicionário de Filosofia* (4ª ed., 2ª tir., trad. de Alfredo Bosi e Ivone Castilho Benedetti, São Paulo, Martins Fontes, 2003, pp. 161-162), só pode haver comunicação entre pessoas que coexistam e se compreendam. Para este pensador, a comunicação "nunca é automática e não pode subsistir entre os autômatos ou entre as peças de um autômato". Não existe comunicação, pois, entre homem e máquina, ou entre máquina e máquina. Uma máquina, com não tem vontade própria, é incapaz de pensar e, destarte, de gerar conhecimento. Eis por que é inapta a produzir ou receber comunicação.

IV – Temos, pois, que a *hipótese de incidência possível* do ICMS é prestar, a terceiros (um tomador e um receptor), em caráter negocial, serviços de comunicação.

A *onerosidade*, no caso, é essencial, já que qualquer imposto (e o ICMS é um imposto), por força do *princípio da capacidade contributiva*, só pode advir de fatos econômicos – ou seja, apreciáveis em pecúnia.

Portanto, o tributo em estudo nasce da circunstância de uma pessoa prestar, a terceiros, mediante contraprestação econômica, serviços de comunicação. Ou, se preferirmos: o *fato imponível* do ICMS ocorre quando duas pessoas, valendo-se *diretamente* do concurso – obtido em caráter negocial – de um terceiro, passam a interagir, trocando mensagens.[251] Reduzindo a ideia à sua dimensão mais simples, o *ICMS-Comunicação* só nasce quando, em razão de um contrato oneroso de prestação de serviços, "A" (o prestador), valendo-se de meios materiais próprios ou alheios, intermedeia a comunicação entre "B" e "C".

V – Adiantamos que não se confundem com os serviços de comunicação, não podendo, destarte, ser tributados por meio de ICMS, os *serviços de propaganda*, ainda que levados a efeito por empresas ligadas ao setor das comunicações. Afinal, o que se tributa, por meio de ICMS, são as prestações de serviços de comunicação, e não as prestações de quaisquer serviços, por empresas de comunicação.

Positivamente, a simples divulgação de propaganda e publicidade (por *out-doors*, *banners*, painéis, alto-falantes, emissoras de rádio, emissoras de televisão etc.) não tipifica prestação de serviço de comunicação, seja porque a empresa que a realiza não coloca à disposição de terceiros os meios e modos para que troquem mensagens, seja porque o destinatário (tomador do serviço) não é identificado, seja, enfim, porque não interage com o emissor.

Posto isto, vamos demonstrar melhor que os serviços de radiodifusão sonora e de sons e imagens (*rádios e televisões abertas*) não se amoldam ao arquétipo constitucional do *ICMS-Comunicação*.

VI – Os serviços de radiodifusão, prestados pelas rádios e TVs abertas, que alcançam o público em geral, não se sujeitam ao ICMS.

Com efeito, as rádios e TVs abertas remuneram-se junto aos anunciantes, e não junto aos usuários.

Demais disso, não há, no caso, serviço algum de comunicação, já que o usuário (radiouvinte ou telespectador) apenas tem acesso à programação que lhe é preparada pela empresa de radiodifusão sonora e de sons e imagens.

Aprofundando a ideia, o radiouvinte (no caso das *rádios abertas*) e o telespectador (no caso das *TVs abertas*) limitam-se a *ouvir* e/ou *assistir* a esta mesma programação. Eles, por assim dizer, *ligam-se* à programação, *ouvindo* as mensagens radiofônicas ou *vendo/ouvindo* as imagens televisivas.

251. Pelo menos para fins de ICMS, mensagem que não é captada e que não é passível de ensejar resposta, pelo mesmo meio, não é comunicação.

Portanto, as empresas de radiodifusão sonora e de sons e imagens de recepção livre e gratuita não prestam aos usuários qualquer serviço de comunicação (não, pelo menos, no sentido que a CF emprega em seu art. 155, II). Apenas difundem (divulgam, transmitem) gratuitamente mensagens. Não podem – insistimos – ser alvo de ICMS.

De nosso entendimento não discrepa Hugo de Brito Machado: "Também a atividade de radiodifusão não se pode incluir no conceito de comunicação. Enquanto esta estabelece uma ligação entre quem comunica e o destinatário da comunicação, aquela consiste na expedição de mensagem a destinatários incertos, não identificados. Consiste na difusão da mensagem, e não no envio desta a destinatário certo e determinado".[252]

Logo, quando uma mensagem é transmitida para pessoas indeterminadas, via rádio ou TVs abertas, há mera difusão de mensagens, intributável por via de ICMS.

Sobremais, ainda que serviço houvesse (o que só admitimos *ad argumentandum tantum*), o tributo seria inexigível, por falta de base de cálculo, porquanto os serviços de radiodifusão sonora e de sons e imagens sabidamente são gratuitos.

VII – Como vemos, a alínea "d", em foco, positivamente não criou, de direito, qualquer nova imunidade. Simplesmente aclarou hipótese que já não era passível de tributação por meio de ICMS. De fato, desde o advento da Carta de 1988 as empresas prestadoras de serviços de radiodifusão sonora e de sons e imagens nunca puderam, em razão deles, ser validamente compelidas a recolher o *ICMS-Comunicação*. Nesse sentido, a Emenda Constitucional 42/2003 foi meramente expletiva. Mas, de fora a parte sua inocuidade, o perigo está em que, numa – muito a propósito – interpretação *a contrario sensu* do dispositivo, as autoridades fazendárias venham *equivocadamente* a apregoar que outros episódios que, tanto quanto os serviços "de radiodifusão sonora e de sons e imagens de recepção livre e gratuita", também não tipificam prestações onerosas de serviços de comunicação (serviço de provedor de Internet, habilitação de aparelho celular, serviço de TV por assinatura etc.) se sujeitam ao ICMS.

Portanto, não colhe o argumento de que, tendo a Emenda Constitucional 42/2003 acrescentado uma alínea "d" no inciso X do § 2º do art. 155 da CF, que excluiu expressamente do ICMS a "radiodifusão sonora e de sons e imagens de recepção livre e gratuita", quaisquer outros fenômenos ligados à divulgação de mensagens estariam, agora, no campo de incidência deste tributo.

Com efeito, em matéria tributária não se pode extrair de uma *regra negativa* (não há incidência de ICMS sobre "a radiodifusão sonora e de sons e imagens de recepção livre e gratuita") outra, *positiva* (nas demais divulgações de mensagens há incidência de ICMS). Tal argumentação *a contrario sensu* é de todo em todo inaceitável,[253]

252. Hugo de Brito Machado, *Aspectos Fundamentais do ICMS*, São Paulo, Dialética, 1997, p. 38.

253. Ademais, como bem observa Tercio Sampaio Ferraz, o argumento *a contrario sensu não é lógico, mas* simplesmente *retórico*, já que "uma consequência verdadeira pode resultar de um princípio falso, bem como duas hipóteses contrárias podem ter a mesma consequência" (*Introdução ao Estudo do Direito – Técnica, Decisão, Dominação*, São Paulo, Atlas, 1988, p. 309).

porquanto fere de morte a principal característica de nosso sistema constitucional tributário, que é a de haver traçado, com retoques à perfeição, o alcance possível de cada figura exacional e, ao fazê-lo, a de haver dado previsibilidade e segurança aos contribuintes acerca dos fatos aptos a levá-los a suportar a carga fiscal.

Ademais, como é pacífico e assente, as pessoas políticas – ao contrário dos particulares, para quem "tudo o que não está juridicamente proibido está juridicamente facultado" – só podem fazer o que o ordenamento jurídico lhes ordena. Logo, não há como extrair de uma *pseudonorma imunizante* – a que, em caráter expletivo, declara a salvo do *ICMS-Comunicação* "a radiodifusão sonora e de sons e imagens de recepção livre e gratuita" – a competência para que os Estados-membros tributem a propagação de quaisquer informações ainda que para um número indeterminado de pessoas e independentemente de elas trocarem entre si mensagens ou pagarem pelos meios mecânicos, elétricos, eletrônicos etc. que terceiros lhes disponibilizariam para que interajam.

Tudo se conjuga, pois, no sentido de que a comunicação, para fins de ICMS, exige, além da difusão da mensagem, a prestação do serviço remunerado que propicia a troca de informações entre um emissor e um receptor, perfeitamente identificados.

Também não procede a tese, esgrimida por alguns, de que, na medida em que a Lei Complementar 116/2003 deixou de listar como serviço tributável pelos Municípios (por meio de ISS) a veiculação (divulgação) de materiais de publicidade (ao contrário do que faziam o Decreto-lei 406/1968, o Decreto-lei 834/1969 e a Lei Complementar 56/1987), este evento teria migrado para o campo tributário do *ICMS-Comunicação*.

Deveras, como vimos,[254] a repartição de competências tributárias foi levada a cabo pelo próprio constituinte, não sendo dado ao legislador, complementar ou ordinário, alterar as fronteiras do campo exacional reservado a cada uma das pessoas políticas.

Não bastasse isso, um serviço de outra natureza (divulgação de propaganda) – reservado, pois, à tributação municipal – não se transforma, *ipso facto*, num serviço de comunicação apenas porque a lei complementar não o listou entre os passíveis de tributação por meio de ISS. Afinal, como já referimos, a competência dos Estados-membros para tributarem prestações onerosas de serviços cinge-se aos de transporte transmunicipal e de comunicação, que foram constitucionalmente excluídos do rol dos serviços tributáveis pelos Municípios.

Em suma, a exclusão, da *Lista*, do serviço de divulgação (veiculação) de publicidade, até então tributável pelos Municípios, não tem a propriedade de sujeitar a pessoa que o presta em caráter negocial ao *ICMS-Comunicação*.

Como vemos, mais do que nunca, caberá ao Poder Judiciário, quando provocado, manter nos devidos rumos o art. 155, II, da CF.

254. Cap. VIII.

6.9 A imunidade do art. 155, § 3º, da CF

O § 3º do art. 155 da CF determina que, sobre as operações relativas a energia elétrica, serviços de telecomunicações, derivados de petróleo, combustíveis e minerais do País, não poderá incidir "nenhum outro imposto" (redação dada pela EC 33/2001), além do ICMS e dos *impostos sobre comércio exterior* (impostos sobre a importação e a exportação).

Assim, nada impede que estas mesmas empresas venham a ser alvo de taxas e de contribuições. Estão, porém, a salvo das *contribuições* que têm por *hipótese de incidência* a prática de operações relativas a energia elétrica, serviços de telecomunicações, derivados de petróleo, combustíveis e minerais do País ***ou*** quaisquer atos resultantes destas mesmas operações.

E é precisamente esta *limitação constitucional ao poder de tributar*, que nos leva a sustentar que não sofrem – e nem podem sofrer – a incidência da COFINS e do PIS, quando estes tributos se originam da prática de operações relativas a energia elétrica, serviços de telecomunicações, derivados de petróleo, combustíveis e minerais do País. É que a COFINS e o PIS são *contribuições sociais* (*previdenciárias*) que tomam por base de cálculo o *faturamento* (*renda bruta*) da empresa. Como o *faturamento* de tais empresas deriva da prática das apontadas operações, o § 3º do art. 155 da CF impede venham exigidas tais contribuições.

Explicitando a ideia, quando a Constituição traçou a competência tributária dos Estados e do Distrito Federal, estabeleceu que sobre a prática de operações relativas a energia elétrica, serviços de telecomunicações, derivados de petróleo, combustíveis e minerais do País, só poderão incidir – quando ocorrerem, evidentemente, seus *fatos imponíveis* – o ICMS e os impostos aduaneiros. Nenhum outro tributo (tenha a natureza jurídica que tiver) as poderá alcançar.

Lembramos que as "contribuições" em foco (PIS e COFINS) assumiram nitidamente o caráter de *imposto*. Deveras, a análise dos fatos jurígenos que as fazem nascer revela que elas têm por *hipótese de incidência* comportamento do contribuinte, independente de qualquer atuação estatal: o fato de empresa *faturar*, ou, se preferirmos, de obter *receita bruta*. E, por *base de cálculo*, uma dimensão deste fato (o *faturamento* obtido em cada período de apuração).

Como vemos, o cotejo da *hipótese de incidência* e da *base de cálculo* das exações em análise confirma-nos sua natureza de imposto (*tributo não vinculado*), sob a modalidade de "contribuição para o custeio da seguridade social".[255]

Ora, quando os tributos têm por *hipótese de incidência* a prática das operações de que aqui estamos cogitando – ou quando haja uma correlação com elas –, a pessoa que as realiza pode ter contra si lançados ***apenas*** o ICMS, o imposto sobre a importação e o imposto sobre a exportação, nos precisos limites do § 3º do art. 155 da CF.

255. Ressaltamos, em jeito de parênteses, que a nova redação que recebeu o art. 195, I, da CF (por força da Emenda Constitucional 20/1998) não repercutiu no assunto ora em questão.

Na medida em que o PIS e a COFINS nascem do *faturamento* (ou da *receita bruta*)[256] das empresas, são a eles imunes aquelas que os obtêm por via de operações relativas a energia elétrica, serviços de telecomunicações, derivados de petróleo, combustíveis e minerais do País.

Depois, a *ratio essendi* da imunidade albergada no § 3º do art. 155 da CF, é beneficiar as operações relativas a energia elétrica, serviços de telecomunicações, derivados de petróleo, combustíveis e minerais do País.

Parece-nos bem dizer que estamos, *in casu*, diante de uma *imunidade objetiva* (tanto quanto a do livro, do jornal, do periódico e do papel destinado a sua impressão).

Só para nos situarmos melhor no assunto, este tipo de imunidade – como leciona Aliomar Baleeiro – "protege objetivamente a coisa apta ao fim, sem referir-se à pessoa ou entidade".[257]

Portanto, o § 3º do art. 155 da CF veda outros impostos (mesmo os que recebem o tratamento de *contribuições*) sobre as aludidas operações, mas não exclui o imposto sobre a renda, o imposto sobre a propriedade predial e territorial urbana, o imposto sobre a transmissão de bens imóveis e de direitos a eles relativos, que nascem de outros fatos econômicos e, mais do que isso, são *pessoais*.[258]

A norma constitucional em foco colima reduzir o *custo* da energia elétrica, dos serviços de telecomunicações, dos derivados de petróleo, dos combustíveis e dos minerais, que, como se sabe, acaba suportado pelo *consumidor final*. Isto favorece o progresso do País, que depende, em boa dose, destas operações e serviços, para ingressar no chamado *Primeiro Mundo*.

Não é preciso termos conhecimentos econômicos mais sólidos para sabermos que o *consumidor final* é quem sofre, pelo mecanismo dos preços, a transferência da carga financeira suportada em tais operações. Esta transferência, embora não seja tributariamente relevante, assume invulgar destaque no que concerne à *Política Fiscal*, que orientou o Constituinte na concessão da desoneração tributária de que aqui se cogita.

256. O *faturamento* (ou *receita bruta*) não passa do *fator de exteriorização* da hipótese de incidência dos tributos que nascem de operações relativas a energia elétrica, serviços de telecomunicações, derivados de petróleo, combustíveis e minerais do País.

257. Aliomar Baleeiro, *Limitações Constitucionais ao Poder de Tributar*, 7ª ed., Rio de Janeiro, Forense, 1977, p. 338.

258. É claro que as empresas, enquanto praticam as aludidas operações, poderão ser sujeitadas à tributação ***até*** por via de impostos. De fato, como a imunidade em tela é objetiva (e, não, subjetiva), nada impede venham alcançadas pelo imposto sobre a renda, enquanto auferem rendimentos, pelo IPTU (imposto predial e territorial urbano), enquanto são proprietárias de imóveis localizados na zona urbana do Município, pelo ITBI (imposto sobre a transmissão de bens imóveis e de direitos a eles relativos) enquanto adquirem bens imóveis e assim avante. Só não podem, enquanto realizam, por exemplo, o fato *praticar operações com derivados de petróleo*, ser alcançadas por outros tributos que tenham hipótese de incidência correlata ou base de cálculo dimensionada por grandeza ínsita a esta mesma hipótese (*v.g.*, o *faturamento* decorrente da prática de negócios jurídicos com lubrificantes e combustíveis líquidos e gasosos).

Muito bem, reduzindo o custo da energia elétrica, dos serviços de telecomunicações, dos derivados de petróleo, dos combustíveis e dos minerais do País, ficam favorecidos os transportes (que permitem o pleno exercício do *direito de ir e vir*), a indústria (cujas máquinas deles dependem, para serem movimentadas) e a própria alimentação do povo (porquanto os alimentos, quase que invariavelmente, são transportados em veículos automotores). A exceção constitucional, como vemos, considera um interesse superior do País: o de progredir, em todos os sentidos, rumo ao *bem-estar geral*, tal como preconizado no *Preâmbulo* de nossa Carta Magna.

A Constituição, neste passo, veda, em síntese, que terceiros suportem, ao consumirem estes serviços ou produtos, outros encargos financeiros que não os oriundos do ICMS e dos impostos alfandegários. Em atenção à *repercussão econômica*, exige o Texto Supremo que a imunidade em estudo seja ampla, abrangendo, pois, todos os demais tributos que, direta ou indiretamente, derivem do consumo de energia elétrica, serviços de telecomunicações, derivados de petróleo, combustíveis e minerais do País. Como, economicamente, tais tributos acabariam transferidos para os adquirentes, pelo mecanismo dos preços, não podem ser validamente exigidos.[259]

Em suma, exigir COFINS e PIS de empresas cujo *faturamento* (*receita bruta*) é obtido por meio de uma das mencionadas operações, equivale a malferir o texto constitucional, extrapassando as raias da competência tributária da União.[260]

Do contrário, apesar da imunidade ampla e irrestrita que o § 3º do art. 155 da Carta Magna lhes confere, estariam sob abrigo constitucional enganoso, que protege, sem proteger, que restringe, para ampliar.

A imunidade de que aqui se cogita não pode ser anulada, mas, pelo contrário, deve ser neutra, concreta e efetiva, irradiando efeito sobre todos os outros impostos (tenham a denominação e a destinação que tiverem) que derivam da prática de operações relativas a energia elétrica, combustíveis líquidos e gasosos, lubrificantes e minerais do País. Enfatizamos, à derradeira, que a interpretação dos preceitos imunizantes da Constituição há de ser sempre *generosa*, como ensinava Geraldo Ataliba.

6.10 A imunidade do art. 156, II, "in fine", da CF

Os Municípios e o Distrito Federal, graças a este dispositivo, não poderão exigir o *imposto sobre transmissão "inter vivos", a qualquer título, por ato oneroso, de bens imóveis, por natureza ou acessão física, e de direitos reais sobre imóveis* (ITBI) das pessoas que realizam hipotecas e anticreses.

Lembramos que a hipoteca e a anticrese são direitos reais de garantia sobre imóveis. Num giro de mão, temos que *hipoteca* é o direito real de garantia, de natureza civil (cf. art. 1.473 do CC), incidente sobre imóvel do devedor ou de terceiro, sem

259. Sobre a diferença entre a *translação econômica* e a *translação jurídica* de tributos, v., de Eduardo D. Bottallo, "Restituição de impostos indiretos", *RDP* 22/314 e ss.

260. Para maior aprofundamento deste assunto, v., em nosso livro *ICMS*, o cap. XV ("O § 3º do Art. 155 da CF. A Não Incidência da 'COFINS' e do 'PIS' nas Operações e Prestações Ali Referidas").

transmissão de sua posse ao credor. Já, *anticrese* é o direito real sobre coisa imóvel pelo qual o devedor transfere sua posse ao credor, para que este perceba e retenha seus frutos, imputando-os no pagamento da dívida (cf. art. 1.506 do CC).

Muito bem, tanto sobre a hipoteca como sobre a anticrese não pode haver a incidência do ITBI.

Apenas à guisa de curiosidade, o ITBI descende do antigo *imposto sobre a transmissão de bens imóveis e de direitos a eles relativos*, que, à época da Carta anterior, era da competência dos Estados.

Hoje – isto é, a partir do advento da Constituição Federal de 1988 –, os Estados têm competência para criar o *imposto sobre transmissão "causa mortis" e doação de quaisquer bens ou direitos* (art. 155, I, da CF) e, os Municípios, o *imposto sobre transmissão "inter vivos", por ato oneroso, de bens imóveis* (art. 156, II, da CF).

Esta alusão ao ato oneroso justifica-se exatamente pela circunstância de ter sido reservada aos Estados a competência para, por via de imposto, tributar as doações (transmissões *inter vivos*, por ato gratuito), inclusive de bens imóveis. Para que não houvesse um *bis in idem* tributário, ou seja, para que as transmissões, por atos *inter vivos*, de bens imóveis não fossem, em alguns casos, concomitantemente tributadas pelos Estados e pelos Municípios, a Constituição houve por bem fazer esta distinção: as transmissões *inter vivos* a título oneroso são tributáveis pelos Municípios; as transmissões *inter vivos* a título gratuito, pelos Estados.

Tentando sistematizar o assunto, temos que o ITBI pode incidir sobre: a) a transmissão *inter vivos*, a qualquer título, por ato oneroso, de bens imóveis, por natureza ou acessão física; b) a transmissão de direitos reais sobre imóveis (exceto os de garantia); e c) a cessão de direitos à sua aquisição.

Ou, por outro giro verbal, se pessoa (física ou jurídica) transmitir *inter vivos* bens imóveis e direitos reais sobre eles ou ceder direitos à sua aquisição, poderá, em tese, vir a ser tributada por meio de ITBI. Em rigor, o que se transmite é o *direito de propriedade* imobiliária (e não, propriamente, o bem imóvel): este é que se translada do patrimônio de uma pessoa (o transmitente) para o patrimônio de outra (o adquirente). E tal transmissão só ocorrerá com o registro (transcrição) do título aquisitivo da propriedade.

Entretanto, a própria Constituição ordena que não se considerem, para fins de ITBI, os direitos reais de garantia sobre imóveis (anticrese e hipoteca).

6.11 A imunidade do art. 156, § 2º, I, da CF

O ITBI também não pode incidir "sobre a transmissão de bens ou direitos incorporados ao patrimônio de pessoa jurídica em realização de capital, nem sobre a transmissão de bens ou direitos decorrentes de fusão, incorporação, cisão ou extinção de pessoa jurídica, salvo se, nesses casos, a atividade preponderante do adquirente for a compra e venda desses bens ou direitos, locação de bens imóveis ou arrendamento mercantil" (art. 156, § 2º, I, da CF).

Não são, pois, tributáveis por meio de ITBI as transmissões de bens ou direitos: I – incorporados ao patrimônio de pessoa jurídica em realização de capital; e II – decorrentes de fusão, incorporação, cisão ou extinção de pessoa jurídica. Estas duas últimas imunidades, todavia, caem por terra se a atividade preponderante[261] do adquirente for a compra e venda desses bens ou direitos, a locação de bens imóveis ou o arrendamento mercantil (*"leasing" imobiliário*). Frisamos, por oportuno, que a atividade preponderante do transmitente ou cedente é de todo em todo irrelevante para a fruição da imunidade em tela.

I – Entendemos que também está abrangida pela imunidade a redução do capital (*desincorporação*) de uma empresa, isto é, a restituição aos sócios (pessoas físicas ou jurídicas) de parte do valor de suas ações.

É que tal redução opera, *grosso modo*, a parcial extinção da empresa. Deveras, havendo extinção da sociedade, dá-se a redução total do seu capital social, retornando aos sócios o patrimônio societário (cada sócio recebe a parcela do patrimônio líquido da companhia correspondente ao número de ações de que é detentor). Já, ocorrendo a redução do capital societário, verifica-se basicamente o mesmo processo; apenas a restituição do patrimônio da sociedade aos sócios é parcial (e não integral). No mais, inexistem diferenças essenciais entre os dois fenômenos jurídicos, que – insistimos – variam apenas de grau. Daí falarmos em *extinção parcial* quando aludimos à redução do capital social de uma empresa.

Tentaremos nos explicar melhor.

Quando se reduz o capital de uma sociedade, na verdade, parte da própria sociedade se extingue.

É o caminho inverso da capitalização. Quando pessoas pretendem desenvolver atividades civis ou mercantis, de forma estruturada e por intermédio de terceira pessoa, faz-se necessário aportar recursos numa entidade, que terá vida própria e personalidade jurídica distinta da de seus sócios criadores.

São noções cediças estas, que não espertam maiores dúvidas ou controvérsias.

Ao capitalizar determinados recursos nessa pessoa, denominada *jurídica*, eles passam a pertencer a esta última, e não mais às pessoas fundadoras. Em contrapartida, as pessoas que levaram bens ao capital social da referida sociedade passam a deter participações societárias desta e, como tais, recebem o título de *sócios*. Os sócios nada mais fazem do que permutar seus bens. Exemplificando para melhor esclarecer, deixam de ser proprietários de determinados montantes de dinheiro para serem proprietários de quotas sociais.

261. A atividade é considerada *preponderante* sempre que a receita operacional da pessoa jurídica adquirente, nos dois anos anteriores e posteriores à aquisição, decorrer de tais transações (art. 37, § 1º, do CTN). Quando a pessoa jurídica adquirente iniciar suas atividades após a aquisição, ou a menos de dois anos antes de ela se efetivar, a preponderância será aferida tomando-se por base os três primeiros anos seguintes à data de aquisição (art. 37, § 2º, do CTN). O assunto, como vemos, foi esmiuçado no Código Tributário Nacional, que faz as vezes da *lei complementar* a que se refere o art. 146, II, da CF.

Na hipótese de redução de capital, a operação descrita no parágrafo acima dá-se de modo inverso. Realmente, a redução traduz um processo de extinção parcial da sociedade, em que parcela dos direitos patrimoniais da pessoa jurídica retorna ao patrimônio de seus sócios. Os sócios voltam ao *status quo* anterior à capitalização no que se refere à propriedade de seus bens. Esse retorno poderá implicar acréscimo, ou não, de patrimônio, dependendo da *performance* da sociedade, em termos financeiros e econômicos.

Estamos, portanto, percebendo que a redução de capital representa uma verdadeira *desincorporação* do patrimônio da pessoa jurídica.

Muito bem: assim como a incorporação de um bem imóvel à sociedade é imune ao ITBI, entendemos que o fenômeno oposto, isto é, a retirada de um bem imóvel do patrimônio da empresa (que poderíamos chamar de *desincorporação*), também o é.

De fato, é incontroverso que a incorporação – que, em última análise, fortalece a sociedade – não sofre a incidência do ITBI. Esta é a própria dicção constitucional.

Ora, a *desincorporação* – que a enfraquece – por muito maior razão (argumento *a fortiori*) também deve ser alvo da desoneração constitucional em tela.

Chega-se a esta conclusão até por uma questão de *simetria jurídica*. Se a Constituição protege a *situação máxima* (a *incorporação*, com o consequente fortalecimento da empresa) e a *situação mínima* (a *extinção*, com o automático desaparecimento da empresa), também protege a *situação intermédia* (a *desincorporação*, com o inevitável enfraquecimento da empresa).

Tal entendimento só seria improsperável se houvesse disposição constitucional expressa em sentido contrário, o que, absolutamente, não é o caso.

Portanto, o imposto não incide sobre a transmissão dos bens imóveis, aos mesmos alienantes, em decorrência de sua desincorporação do patrimônio da pessoa jurídica a que foram conferidos.

O direito público subjetivo dos sócios de não serem tributados por via de ITBI exsurge como *efeito reflexo* da norma imunizante que os favorece. Trata-se, portanto, de um direito fundamental, que não pode ser ignorado, sob pena de manifesta inconstitucionalidade.

Por outro lado, sendo a imunidade ampla e indivisível, uma vez presente, ela é insusceptível de meios-termos. Assim, a imunidade em análise vai da *incorporação* (fenômeno máximo) à *extinção* (fenômeno mínimo) de pessoa jurídica, passando pela sua *desincorporação* (fenômeno intermediário entre a incorporação e a extinção).

Discorrendo a propósito, Sacha Calmon Navarro Coêlho averbou: "*O objetivo da regra* (*isto é, do art. 156, § 2º, I, da CF*) colima facilitar a *mobilização* dos bens de raiz e a sua posterior *desmobilização*, de modo a facilitar a formação, a transformação, a fusão, a cisão e a extinção de sociedades civis e comerciais, não embaraçando com o ITBI a movimentação dos imóveis, quando comprometidos com tais situações".[262]

262. Sacha Calmon Navarro Coêlho, *Comentários* ..., cit., p. 408 (esclarecemos no parêntese – os grifos estão no original).

Destarte, na formação do capital das empresas há imunidade ao ITBI, quando os sócios realizam as partes a eles cabentes com imóveis. O mesmo ocorre na extinção das empresas, passando pelas demais situações compreendidas entre estes dois fenômenos extremos (*fusão*, *incorporação*, *cisão* e, segundo entendemos, também a *desincorporação*).

A imunidade só não se aplica quando os adquirentes tiverem por atividade preponderante a compra e venda de bens imóveis ou de direitos a eles relativos ou, ainda, a locação, *lato sensu*, de bens imóveis.

Assim, a desincorporação está amparada pela imunidade tributária.

Aliomar Baleeiro, comentando dispositivo análogo contido na Carta de 1967/1969 (art. 23, § 3º[263]), que se referia ao imposto sobre a transmissão (*inter vivos* ou *causa mortis*) de bens imóveis – *e que também não fazia referência expressa à desincorporação* –, teve o ensejo de lecionar: "A exclusão do imposto nas transmissões para formação de empresas, sob a forma de pessoas jurídicas, notadamente sociedades anônimas, é uma delas (*isto é, é uma das formas de se incentivar o desenvolvimento econômico do País*), *protegendo-se também a desincorporação, desde que os bens voltem ao patrimônio dos que as incorporaram à firma*".[264]

Ora, na medida em que a transmissão de bens imóveis decorrente de extinção de pessoa jurídica é imune ao ITBI, é irrazoável e ilógico que a transmissão de bens imóveis decorrente de desincorporação de pessoa jurídica não o seja.

Efetivamente, na desincorporação opera-se uma diminuição das atividades da pessoa jurídica, que, à falta de termo mais adequado, estamos denominando *extinção parcial*. Pois bem, se a extinção total é imune, a *extinção parcial* também o é – se por mais não fosse, em decorrência do postulado lógico de que a parte segue necessariamente a sorte do todo.

Observe-se que, havendo extinção total da pessoa jurídica, todos os bens revertem em benefício dos sócios, que desfrutam, portanto, de um benefício máximo. Na extinção parcial da pessoa jurídica, apenas uma parte dos bens torna ao patrimônio dos sócios, que desfrutam, destarte, de um benefício menor. Não tem sentido pretender-se que os mais favorecidos (os sócios da sociedade que se extinguiu) sejam beneficiados com a imunidade e os menos favorecidos (os sócios da sociedade que apenas reduziu seu capital, com a desincorporação de bens imóveis) tenham que suportar o ITBI.

Impõe-se, assim, também por esta via, a conclusão de que é imune ao ITBI a redução parcial, em favor dos sócios, do capital social de empresa que se dedica à

263. Carta de 1967/1969, art. 23, § 3º: "O imposto a que se refere o item I não incide sobre a transmissão de bens ou direitos incorporados ao patrimônio de pessoa jurídica em realização de capital, nem sobre a transmissão de bens ou direitos decorrentes de fusão, incorporação ou extinção de capital de pessoa jurídica, salvo se a atividade preponderante dessa entidade for o comércio desses bens ou direitos ou a locação de imóveis".

264. Aliomar Baleeiro, *Direito* ..., cit., p. 157 (esclarecemos no parêntese e grifamos a última parte da citação).

prática de operações imobiliárias (desde que, é claro, tais sócios não tenham como atividade preponderante a mesma da sociedade).

II – A nosso ver, a imunidade ao ITBI também se faz sentir na transmissão do direito de superfície, tendo em vista a formação, fusão, incorporação, desincorporação, cisão ou extinção de pessoa jurídica. De fato, nos termos do art. 1.369 do CC, "o proprietário pode conceder a outrem o direito de construir ou de plantar em seu terreno, por tempo determinado, mediante escritura pública devidamente registrada no Cartório de Registro de Imóveis". Ora, a concessão da superfície tem, incontroversamente, valor econômico, a teor do art. 1.370 do mesmo diploma legal. Assim, ainda que o legislador municipal insira na hipótese de incidência do ITBI a transmissão *inter vivos*, a qualquer título, por ato oneroso, do direito de superfície, a regra não incidirá nas circunstâncias previstas no art. 156, § 2º, I, da CF. A razão disso é patente: o direito de superfície está contido no direito de propriedade. Pois bem, se, na situação ora em estudo, a transmissão do direito de propriedade é imune ao ITBI, a transmissão do direito de superfície também o é – se por mais não fosse, em razão do postulado lógico pelo qual a parte segue necessariamente a sorte do todo.

6.12 A imunidade do art. 184, § 5º, da CF

São imunes a impostos federais, estaduais, municipais e do Distrito Federal as operações de transferência de imóveis desapropriados para fins de reforma agrária (art. 184, § 5º, da CF).

A Constituição, nesta passagem, usa a expressão "são isentas", quando deveria usar a expressão, mais técnica, "são imunes" (já que, segundo a unanimidade da doutrina, a imunidade advém da Constituição, ao passo que a isenção surge da lei).

Também entendemos que, apesar da amplitude da dicção constitucional ("impostos federais, estaduais e municipais"), as operações de transferência de imóveis desapropriados para fins de reforma agrária somente poderiam ser alcançadas pelo ITBI. Não o são, em consequência do dispositivo em tela.

6.13 A imunidade do art. 195, § 7º, da CF

I – Estabelece o art. 195, § 7º, da CF serem "isentas de contribuição para a seguridade social as entidades beneficentes de assistência social que atendam às exigências estabelecidas em lei".

Aqui também a palavra "isentas" está empregada, no texto constitucional, no sentido de "imunes".

É que, no caso, está-se diante de uma hipótese constitucional de não incidência tributária. Ora, isto tem um nome técnico: *imunidade*.

Assim, onde o leigo lê "isentas", deve o jurista interpretar "imunes". Melhor explicitando, a Constituição, nesta passagem, usa a expressão "são isentas", quando, em boa técnica, deveria usar a expressão "são imunes".

De fato, uma interpretação rígida e literal deste dispositivo pode acarretar decisões incompatíveis com os valores sociais protegidos pela Constituição. Ao invés, uma interpretação sistemática do Texto Supremo vem ao encontro e preserva estes mesmos valores.

Temos, portanto, que são imunes à tributação por meio de *contribuição para a seguridade social* as "entidades beneficentes de assistência social, que atendam às exigências estabelecidas em lei".

Com isto, longe de estarmos reescrevendo a Carta Magna, estamos revelando a *intentio constitutionis*, que é a de favorecer, o quanto possível, as entidades beneficentes de assistência social.

Esta inteligência, de resto, foi abonada pelo eminente Min. Celso de Mello, do STF: "A cláusula inscrita no art. 195, § 7º, da Carta Política – não obstante referir-se impropriamente à isenção de contribuição para a seguridade social – contemplou as entidades beneficentes de assistência social com o favor constitucional da imunidade tributária, desde que por elas preenchidos os requisitos fixados em lei".[265]

Como vemos, o próprio Pretório Excelso já tem por assente que o art. 195, § 7º, da CF regula uma situação de imunidade tributária.

II – Também é importante destacar que as expressões "instituições de assistência social sem fins lucrativos" e "entidades beneficentes de assistência social" – contidas, respectivamente, no art. 150, VI, "c", e no art. 195, § 7º, da CF – seguem na mesma trilha, já que, com ligeiro alcance mais amplo da última, ambas se referem às pessoas jurídicas de direito privado que, sem espírito de ganho, desempenham atividades voltadas à concretização do princípio da dignidade da pessoa humana e dos valores presentes ao longo de toda a Carta Magna, máxime em seus arts. 3º, IV, 6º, 196 e 203.

Realmente, enquanto o art. 150, VI, "c", da CF, ao aludir às instituições de assistência social, faz menção ao "patrimônio, renda ou serviços", o art. 195, § 7º, do mesmo diploma silencia a respeito, o que *de per si* indica que a imunidade das entidades beneficentes de assistência social tem abrangência maior.

De qualquer modo, repisamos que são *imunes* "de contribuição para a seguridade social as entidades beneficentes de assistência social que atendam às exigências estabelecidas em lei".

IIa – O sentido desta imunidade salta aos olhos: trazer para nosso Estado Democrático de Direito a garantia de que não incidirão *contribuições* para a seguridade social quando tais entidades privadas colaborarem com o Poder Público no exercício das relevantíssimas funções de assistência social.

A Carta Magna, neste passo, colocou as entidades beneficentes de assistência social sem fins lucrativos no rol daquelas em favor das quais o Estado solicita a colaboração de toda a sociedade, oferecendo-lhes, em contrapartida, a prerrogativa de não serem submetidas à tributação por meio de contribuições para a seguridade social.

265. STF, 1ª Turma, ROMS 22.192-9, j. 28.11.1995, *DJU* 19.12.1996, p. 51.802.

Endossamos, pois, a lição de Ives Gandra da Silva Martins, *verbis*:

"É que a imunidade, nas hipóteses constitucionais, constitui o instrumento que o constituinte considerou fundamental para, de um lado, manter a democracia, a liberdade de expressão e a ação dos cidadãos e, por outro lado, atrair os cidadãos a colaborarem com o Estado, nas suas atividades essenciais, em que muitas vezes o próprio Estado atua mal ou insuficientemente, como na educação, na assistência social etc. (...).

"(...) as imunidades relativas a entidades de educação e assistência social objetivam atrair os cidadãos a suprir as ineficiências do Poder Público, decorrentes, na maior parte das vezes, da incompetência administrativa, dos desperdícios, da corrupção e da luta sem ética pelo poder."[266]

De fato, justamente porque o Estado não reúne condições objetivas para levar avante, de modo satisfatório, a assistência social (*lato sensu*) é que "entidades" de direito privado foram estimuladas a suprir-lhe as deficiências, concedendo-lhes, em troca, a imunidade que ora faz nossos cuidados.

Isto vem confirmado pelo art. 204, I, *in fine*, da CF, que expressamente prevê que a assistência social, coordenada pelo Poder Público, venha *também* executada por "entidades beneficentes e de assistência social".[267] O Poder Público – de quem são exigidas ações que demandam aportes financeiros mais expressivos (por exemplo, para atender ao disposto no art. 203, V, da CF) – é financiado pelas contribuições de seguridade social. Já, às entidades beneficentes e de assistência social sem fins lucrativos é assegurado pela ordem jurídica o direito de não terem expropriados seus recursos por meio desses tributos.

IIb – Além de tudo, na medida em que o art. 194 da CF estabelece que também a sociedade pode consorciar-se aos Poderes Públicos, com eles colaborando, sem intuito econômico, para a seguridade social,[268] seria um rematado contrassenso retirar recursos das entidades beneficentes de assistência social, que nela investem todos os seus recursos. Deste modo, a imunidade de que tais pessoas jurídicas gozam explica-se por si só.

IIc – Esclarecemos, outrossim, que o termo "entidades" tem no art. 195, § 7º, da CF a acepção técnica de pessoas jurídicas de direito privado, criadas em caráter permanente, com o objetivo de atender ao interesse coletivo, vale dizer, de perseguir finalidades públicas. Noutras palavras: ele se refere a pessoas jurídicas que colimam

266. Ives Gandra da Silva Martins (coord.), *Imunidades Tributárias*, São Paulo, Ed. RT/Centro de Extensão Universitária, Pesquisas Tributárias, Nova Série, n. 4, 1998, pp. 32-33.

267. CF: "Art. 204. As ações governamentais na área da assistência social serão realizadas com recursos do orçamento da seguridade social, previstos no art. 195, além de outras fontes, e organizadas com base nas seguintes diretrizes: I – descentralização político-administrativa, cabendo a coordenação e as normas gerais à esfera federal e a coordenação e a execução dos respectivos programas às esferas estadual e municipal, *bem como a entidades beneficentes e de assistência social*; (...)" (grifamos).

268. CF: "Art. 194. A seguridade social compreende um conjunto integrado de ações de iniciativa dos Poderes Públicos *e da sociedade*, destinadas a assegurar os direitos relativos à saúde, à previdência e à assistência social"(grifamos).

dar efetividade, de modo economicamente desinteressado, a *valores* ligados ao vasto campo da assistência social.

Neste âmbito, as "entidades beneficentes de assistência social" podem assumir a natureza jurídica de associações civis, fundações privadas, serviços sociais autônomos etc.,[269] bastando que sejam preordenadas a garantir às pessoas, físicas ou jurídicas, a fruição dos direitos sociais em sentido lato, tal como definidos na Constituição Federal.

III – Aqui chegados, abrimos um rápido parêntese para afirmar que tal imunidade tributária estende-se, na realidade, *a todas* as contribuições para a seguridade social.[270]

Não colhe a eventual objeção de que no texto constitucional está simplesmente escrito "contribuição para a seguridade social", e, portanto, o emprego desta expressão no plural é pura especulação dos interessados em dilargar o campo da imunidade em tela. Tal entendimento não se sustenta em face da interpretação sistemática dos dispositivos acima citados e do próprio "Preâmbulo" da Carta Suprema.

IIIa – Destarte, a expressão "contribuição para a seguridade social" há de receber interpretação abrangente, pelo quê alude a "todas as contribuições para a seguridade social", e não apenas a "contribuições previdenciárias".

Incensuráveis, a respeito, as seguintes ponderações de Heleno Taveira Torres, *verbis*: "Toda e qualquer interpretação da norma de imunidade deve ir além da simples paráfrase do Direito posto. A realização de justiça exige as garantias de isonomia e de segurança, mas não só. Exige que o ato de aplicação reconheça os valores fixados pela sociedade no ordenamento jurídico e os garanta com efetividade".[271]

Observe-se, ademais, que, sem prejuízo do que já foi sustentado, a assistência social, financiada pelas contribuições para a seguridade social, ao ser atendida por entidades beneficentes sem fins lucrativos, diminui o custo a ser suportado pelo Estado, sendo natural, pois, que haja a renúncia fiscal em tela, como forma de compartilhamento de despesas.

Logo, as entidades beneficentes de assistência social são imunes a todas as contribuições para a Seguridade Social, bastando, para tanto, "que atendam às exigências estabelecidas em lei", conforme estipula o art. 195, § 7º, *in fine*, da CF.

269. A nosso ver, o vocábulo "entidade" não alude a nenhum particular tipo de ente jurídico, mas, pelo contrário, tem a ver apenas com a *função* e os *fins* que a pessoa jurídica exerce e busca. Deste modo, pode revestir a natureza jurídica de fundação, associação, serviço social – e assim por diante.

270. Nessa linha, o STF, ao julgar o RE 636.941-RS, ao qual foi dada repercussão geral (com eficácia *erga omnes* e *ex tunc*), decidiu, por unanimidade, que as entidades filantrópicas são imunes à contribuição para o PIS.

271. Heleno Taveira Torres, "Imunidade tributária e tributos 'indiretos'", in Fernanda Drummond Parisi, Heleno Taveira Torres e José Eduardo Soares de Mello (coords.), *Estudos de Direito Tributário em Homenagem ao Professor Roque Antonio Carrazza*, vol. 1, São Paulo, Malheiros Editores, 2014, p. 252.

IV – Retomando o fio do raciocínio, *entidades beneficentes de assistência social* são pessoas jurídicas de direito privado que se ombreiam ao Estado em ordem a atender, sem *animus lucrandi*, aos supramencionados direitos sociais.

Ora, diante da já referida incapacidade do Poder Público para sozinho realizar tais objetivos, há espaço para a ação de pessoas jurídicas.

Daí podermos reafirmar que as entidades beneficentes de assistência social prestam um favor à sociedade, levando a efeito aquilo que o Estado teria a obrigação de fazer mas, verdade seja, infelizmente não faz, por falta de estrutura adequada e de recursos. A imunidade a contribuições para a seguridade social, no caso, é uma pequena compensação pelo muito que elas altruisticamente fazem em favor da comunidade.

V – Do exposto, é fácil notar que as entidades beneficentes de assistência social foram declaradas pela Constituição imunes a contribuições para a seguridade social exatamente porque secundam o Estado na realização do bem comum. Por avocarem atribuições a ele típicas, é altamente justificável e louvável usufruam de certas benesses, como a de não serem compelidas a recolher tais tributos.

A propósito, nunca é demais proclamar que o ideal é que as entidades beneficentes de assistência social sem fins lucrativos se multipliquem. Mais um motivo, pois, para que se afastem interpretações restritivas, que conflitem com a *intentio constitutionis*.

Evidentemente, elas não precisam atender – até porque a Constituição Federal não dispõe nesse sentido – às necessidades básicas de todas as pessoas (o que, de resto, seria impossível), mas apenas de segmentos expressivos da comunidade.

Em resumo: as entidades beneficentes de assistência social foram declaradas pela Carta Suprema imunes a contribuições para a seguridade social porque avocam atribuições típicas do Estado, coadjuvando-o na realização do *interesse público primário* (Renato Alessi).

VI – Frise-se, também, que as entidades beneficentes de assistência social não perdem tal característica – e, por via de consequência, o direito à imunidade em estudo – ainda que se dediquem a atividades remuneradas, capazes de prover-lhes os recursos necessários à sua manutenção e à de seus programas desinteressados. Destarte, podem perfeitamente ter sobras financeiras, até para evitar que, a médio ou longo prazo, feneçam.

Desnecessário, pois, para a permanência da desoneração constitucional em tela, que a entidade beneficente de assistência social nada cobre por seus serviços ou, caso o faça, que se limite a receber o suficiente para garantir o equilíbrio de suas contas. É suficiente, para que a imunidade continue existindo, que seus fundadores, administradores e gestores não se apropriem dos eventuais resultados econômicos positivos da pessoa jurídica, mas os reapliquem no *munus* institucional (*princípio do reinvestimento obrigatório*).

VIa – Positivamente, as entidades beneficentes de assistência social não perdem o direito à imunidade se exercerem atividades econômicas. É que ele está se referindo, no ponto que ora nos interessa, *não* ao *modo* pelo qual os recursos são para elas carreados, mas, *sim*, ao *lugar* para onde devem ir. Desde que comprovadamente se destinem à mantença das atividades essenciais da entidade, cumpre-se o desígnio constitucional em análise.

Para que melhor se compreenda: se as receitas obtidas tiverem aplicação consentânea com as finalidades essenciais da entidade beneficente de assistência social, o reconhecimento da imunidade tributária é de rigor. O que a Lei Maior exige, neste particular, é apenas a correspondência entre a receita obtida e sua aplicação.

Pedimos vênia para enfatizar: o que importa para a fruição da imunidade em tela não é a forma de obtenção dos ganhos, mas o modo como vêm aplicados.

VIb – Portanto, o *fator determinante* da imunidade contemplada no art. 195, § 7º, da CF é a *destinação* dos recursos obtidos pela entidade beneficente de assistência social. Caso se demonstre que ela os aplica para a consecução de seus objetivos, não há motivos jurídicos para retirar-lhe o direito em pauta.

VIc – Insistimos que o único limite para o desfrute da exoneração constitucional em exame é a impossibilidade de a entidade beneficente de assistência social distribuir seus bens ou receitas aos que a dirigem, aos seus fundadores ou a terceiros que a ela estejam de algum modo vinculados – tirantes, evidentemente, os funcionários, se e enquanto recebem salários compatíveis com as *leis de mercado*.

VId – Em suma: o que o dispositivo constitucional em foco veda é a apropriação dos haveres da entidade beneficente de assistência social sem fins lucrativos para serem utilizados em finalidades divorciadas dos seus estatutos.

VII – Ressalte-se, outrossim, que não há nenhuma regra constitucional, nem mesmo implícita, que proíba a entidade beneficente de assistência social de tomar as medidas conducentes à sua crescença ou aperfeiçoamento, até porque com a adoção de tais cautelas ela tenderá a melhor atingir seus objetivos altruísticos.

Demais disso, até prova em contrário, tal entidade, se regulamente constituída, tem em seu favor a presunção de que leva avante suas finalidades sociais. E o ônus de derrubar tal presunção é do Fisco, a quem cabe demonstrar, pelos meios em Direito admitidos, eventuais desvios.

VIII – A imunidade tributária não cai por terra se tais atividades econômicas causarem *superávits*. Basta que os ganhos auferidos se destinem às *finalidades essenciais* da entidade beneficente de assistência social.

O que a Constituição Federal não aceita – agora, sim – é a distribuição dos *superávits* aos fundadores, dirigentes ou administradores. Noutros termos: não pode haver *apropriação particular* dos resultados positivos; ou, se preferirmos, *animus distribuendi*.[272]

272. Não faz desaparecer a imunidade, no entanto, a circunstância de os dirigentes da entidade beneficente de assistência social serem remunerados de acordo com os valores de mercado. O mesmo podemos dizer do reembolso que estes mesmos dirigentes venham a receber de despesas de viagem, nacionais ou internacionais, desde que as locomoções sejam realizadas a bem das atividades filantrópicas e sem luxos desnecessários – o que será aferido, em última análise, pelo Poder Judiciário.

No entanto, se as preditas atividades econômicas forem exercidas tendo em mira a consecução dos objetivos públicos da entidade, assegurando-lhe a sobrevivência, o direito à imunidade permanecerá íntegro.

Depois, como logo adiante veremos, o próprio art. 14 do CTN não veda a possibilidade de uma entidade beneficente de assistência social apresentar sobras financeiras; apenas proíbe que sejam, a qualquer título, distribuídas entre os fundadores, membros e/ou administradores.

Logo, continua a ser entidade beneficente de assistência social a que utiliza seus resultados econômicos positivos para, com a ampliação de seu patrimônio, melhor alcançar seus elevados objetivos.

IX – Fazendo um esforço analítico, temos que para a permanência da imunidade em tela não é necessário que a entidade beneficente de assistência social (i) nada cobre por seus serviços ou, caso o faça, (ii) que a cobrança apenas baste para afastar o *déficit*, vale dizer, para manter o equilíbrio de suas contas. É suficiente que seus administradores, membros ou gestores não partilhem dos eventuais resultados econômicos positivos.[273]

X – Por outro lado, também são abrangidas pela imunidade as *atividades-meio* da entidade beneficente de assistência social, isto é, as medidas, inclusive financeiras, que tenham por escopo carrear-lhe novos recursos, para o melhor atingimento de seus fins. Afinal, graças a elas a entidade não se estiolará.

Com efeito, cabe ao bom administrador tomar as medidas necessárias a que eventuais resultados positivos venham reinvestidos e, assim, multiplicados.

Os reinvestimentos, justamente porque preordenados ao atendimento das *finalidades essenciais* destas pessoas jurídicas, estão a salvo da tributação, que acabaria, por suas repercussões econômicas, desfalcando o patrimônio da entidade, afastando-a dos objetivos que nortearam sua criação.

XI – Calha referir, ainda, que, para uma entidade beneficente de assistência social, seu patrimônio[274] é algo que não deve ser descurado. Por isso, haverá de ser não só mantido, como multiplicado, por meio de aplicações financeiras e investimentos de toda ordem. De fato, sem ele – ou, mesmo, com sua redução – fica mais difícil, quando não impossível, alcançar os nobres fins da entidade.

Mais um motivo, portanto, para que se afastem as *contribuições para a seguridade social* da entidade beneficente de assistência social. Com tal cautela estar-se-á, sem dúvida, protegendo a própria pessoa jurídica e, por extensão, a sociedade em geral.

Assim, podem perfeitamente desempenhar atividades empresárias, desde que – nunca é demais repisar – não haja, por parte de seus fundadores, dirigentes ou

273. Isso está longe de significar, no entanto, que os administradores, membros ou gestores da entidade beneficente de assistência social não possam ser contratados para prestar-lhe serviços assalariados; basta que a remuneração seja compatível com as condições usuais de mercado.

274. Estamos tomando o termo "patrimônio" no sentido de "conjunto de direitos de conteúdo econômico", abrangendo, destarte, a propriedade, a posse, os direitos obrigacionais, os direitos a prestações pecuniárias – enfim, todos os direitos cujo objeto tenha *valor de uso* ou *de troca*.

administradores, apropriação dos resultados econômicos positivos (*superávits*) alcançados.

Noutras palavras: se tais atividades econômicas visarem a melhor alcançar os objetivos da entidade beneficente de assistência social, esta não perde a imunidade tributária contemplada no art. 195, § 7º, da CF.

Aliás, o desenvolvimento de atividades econômicas até se impõe, pelas atuais e preocupantes circunstâncias em que vive o País. É deveras temerário depender, para continuar existindo, do sempre incerto auxílio, seja particular,[275] seja – e especialmente – oficial. A este último propósito, seria até um paradoxo – e o Direito não se compadece com paradoxos – que o mesmo Estado, que tem dificuldades em levar avante a assistência social que o Texto Magno lhe impõe, tivesse o encargo de contribuir com valores expressivos para que ela fosse realizada por entidades beneficentes.

XIa – Vai daí que cabe ao bom administrador tomar as medidas necessárias para que eventuais resultados positivos da entidade beneficente de assistência social venham reinvestidos e, assim, multiplicados.

De fato, os reinvestimentos, justamente porque preordenados ao atendimento das *finalidades essenciais* de tais pessoas jurídicas, estão a salvo das contribuições para a seguridade social, que acabariam, por suas repercussões econômicas, desfalcando seus patrimônios – afastando-as, assim, dos objetivos que levaram à sua instituição.

As entidades beneficentes de assistência social podem, portanto, sem o risco de serem alijadas da imunidade em estudo, realizar aplicações financeiras, com o quê garantirão a mantença de sua atividade principal.

XII – Em remate: as entidades beneficentes de assistência social são imunes a todas as contribuições para a seguridade social, bastando, para tanto, "que atendam às exigências estabelecidas em lei" (cf. art. 195, § 7º, da CF) – assunto do qual nos ocuparemos em seguida.

XIII – Fixadas estas premissas, vamos sucessivamente verificar: *a)* como deve ser interpretado o tópico "que atendam às exigências estabelecidas em lei"; *b)* quando uma pessoa jurídica pode ser havida por entidade beneficente de assistência social; e *c)* em que medida é inconstitucional a Lei 9.732/1998.

XIIIa – A natureza e o alcance da "lei" a que alude o art. 195, § 7º, *in fine*, da CF: consoante procuramos demonstrar, são *imunes* de contribuição para a seguridade social as entidades beneficentes de assistência social "que atendam às exigências estabelecidas em lei" (art. 195, § 7º, da CF).

A referida *lei* só pode ser *complementar* (nunca *ordinária*), justamente porque vai regular uma *imunidade tributária*, que é uma "limitação constitucional ao poder de tributar". Ora, como já vimos, as limitações constitucionais ao poder de tributar, nos termos do art. 146, II, da CF, só podem ser reguladas por meio de lei complementar.

275. Constitui verdade cediça que, nos tempos atuais, são cada vez mais raras as doações para entidades filantrópicas.

Ao argumento de que a Carta Suprema não empregou, em seu art. 195, § 7º, a expressão "lei complementar" contrapomos o de que ela também não utilizou a expressão "lei ordinária". Antes, limitou-se a fazer uma referência genérica à lei, deixando aos doutrinadores a tarefa de dilucidar que tipo de lei é esta. Em suma, a Hermenêutica Jurídica revela-nos que tal lei *só pode ser* uma *lei complementar nacional* (editada, pois, pelo Congresso Nacional).

XIIIa.1 – Acrescentamos que a lei complementar deve, no caso, cuidar apenas de *aspectos formais*, isto é, limitar-se a apontar medidas aptas a assegurar a eficácia do mandamento constitucional em discussão. Não lhe é dado restringi-lo, deturpá-lo ou anulá-lo.

Queremos com isso deixar assentado que a Constituição absolutamente não atribuiu ao legislador complementar competência para abrir ou fechar as portas da tributação das entidades beneficentes de assistência social, por meio de contribuições sociais para a seguridade social. Pelo contrário, apenas permitiu *detalhe* os requisitos e limites pertinentes e adequados à fruição da imunidade em tela, sem, no entanto, frustrá-la.

Ademais, a lei complementar em questão apenas especificará as *condições* para o gozo da imunidade. Não lhe é dado alterar o conceito de *entidade beneficente de assistência social*, que, como veremos adiante, encontra-se traçado na própria Constituição Federal.

XIIIa.2 – Tal lei complementar não pode também estabelecer requisitos esdrúxulos para a fruição da desoneração em tela.

A este último respeito, impende relembrar que as imunidades tributárias moldam as competências tributárias, que só podem ser exercitadas dentro dos limites postos pela Lei Maior.

Ora, tendo as imunidades tributárias sede constitucional e tendo elas demarcado os campos reservados à tributação, nem a inércia do legislador complementar as torna inócuas,[276] nem sua ação positiva tem o condão de diminuir-lhes o alcance. À lei complementar é reservado, no caso, apenas o *propósito de explicitação*, afastando incertezas quanto ao alcance de tais desonerações.

Portanto, a circunstância de a CF estabelecer, em seu art. 195, § 7º, *in fine*, que a imunidade ora em estudo se dará atendidas as exigências estabelecidas em lei está longe de significar que o legislador complementar recebeu "carta branca" para cuidar do assunto. Deve fazê-lo com toda a cautela, para que não haja a *subversão normativa* a que alude José Joaquim Gomes Canotilho, *verbis*: "No caso do agente do reenvio (e respectivo acto) se situar num plano hierarquicamente superior ao do agente para o qual se reenvia (caso da remissão da Constituição para a lei) há o perigo de uma inversão da hierarquia normativa, através da introdução, pela entidade reenviada, de

276. A nosso sentir, os dispositivos constitucionais que tratam de imunidades tributárias são autoaplicáveis e, bem por isso, produzem efeitos independentemente da edição de lei complementar integrativa, pouco importando se esta é exigida, de modo expresso, pela Carta Suprema.

objectos normativos que o *âmbito normativo* da norma constitucional *reenviante* não contempla. A lei constitucional *reenviante* degrada-se em *lei sem Constituição*, porque, encapuçada ou expressamente, o agente que é objeto do reenvio preenche o conteúdo da remissão através de juízos e valores exclusivamente infraconstitucionais".[277]

Enfim, inexiste, no caso, qualquer delegação do poder constituinte ao legislador complementar. Este, ao apontar os requisitos para a fruição da imunidade em pauta, deve nortear-se pelo texto constitucional, afastando as eventuais incertezas acerca de seus parâmetros, mas sempre prestigiando a inteligência que dele já se poderia extrair.

XIIIa.3 – Muito bem: estamos plenamente convencidos de que faz as vezes de tal lei complementar o já citado art. 14 do CTN. Portanto, as entidades beneficentes, para terem jus à imunidade do art. 150, VI, "c", da CF, devem: a) abster-se de distribuir seu patrimônio ou renda; b) aplicar integralmente no País seus rendimentos, na manutenção dos seus objetivos institucionais (isto é, não efetuar, sob qualquer pretexto, remessa de divisas para o exterior); e c) manter, em livros próprios, a escrituração adequada de suas receitas e despesas.

Melhor elucidando, uma entidade beneficente de assistência social não pode remeter lucros ao exterior, até porque não deve ter fins lucrativos.

A ausência de fins lucrativos exige tanto a não distribuição de seu patrimônio ou de suas rendas (nem quando encerradas suas atividades, nem no curso delas) como o investimento na própria entidade dos resultados econômicos positivos obtidos.

Não arreda, porém, o direito à imunidade a concessão de *bolsas de estudo*, no País e até para o exterior, aos empregados da entidade. Neste último caso, conquanto os recursos não sejam despendidos no País, ela acabará beneficiada com o retorno de funcionários profissionalmente mais bem qualificados.

Também podem estas entidades, para aumentar seu patrimônio, fazer, sem perda da imunidade, investimentos que eventualmente levem a aplicações financeiras no exterior. Basta que os dividendos assim obtidos venham, na consecução de suas finalidades, investidos integralmente no País.

As entidades beneficentes de assistência social, conforme já vimos, igualmente não estão impedidas de desempenhar outras atividades de cunho econômico, contanto que os recursos com elas angariados revertam na manutenção de seus objetivos institucionais.

XIIIa.4 – Isto não significa, porém, que os serviços assistenciais prestados devam ser necessariamente gratuitos. Deveras, a só circunstância de cobrar por eles, dos que podem pagar, não desnatura a entidade beneficente de assistência social. Muito menos para os fins do art. 195, § 7º, da CF.

A gratuidade apenas é fundamental, no caso, quando os instituidores doam os bens que formarão o patrimônio da entidade beneficente de assistência social *e*

277. José Joaquim Gomes Canotilho, *Constituição Dirigente e Vinculação do Legislador*, Coimbra, Coimbra Editora, 1994, pp. 403-404.

quando seus diretores a administram. Em resumo, doadores e dirigentes devem agir desinteressadamente. Todavia, diretores contratados (profissionais) podem ser remunerados, desde que, é claro, de acordo com as leis de mercado.

Nada impede, todavia, obtenha receitas positivas, exatamente para reinvesti-las na consecução de seus elevados objetivos. Insistimos que ela só não pode dar vantagens pecuniárias a seus instituidores e dirigentes. Assim, a existência de *superávit*, além de não ser proibida, é sinal inequívoco de boa administração, devendo ser estimulada. Afinal, auferindo receitas e, em razão disso, fazendo crescer seu patrimônio, a entidade privada de beneficência disporá de maiores e melhores meios materiais para atingir os fins que nortearam sua criação.

Além disso, fossem os serviços gratuitos, não haveria nenhuma necessidade de a Constituição declará-los imunes. Com efeito, sendo gratuitos, isto é, sem contraprestação econômica, não gerariam nenhuma riqueza nova, não podendo, evidentemente, ensejar tributação por meio de impostos (ou contribuições que, como no caso ora em estudo, revistam características de imposto), se por mais não fosse, em razão do princípio da capacidade contributiva.

XIIIa.5 – Também não afasta a imunidade a remuneração dos funcionários. Basta que esteja de acordo com as chamadas "leis de mercado".

XIIIa.6 – Anote-se que a escrituração adequada documentará os preenchimentos dos requisitos acima citados.

O que estamos querendo significar é que o art. 14 do Código Tributário Nacional dá plena eficácia e total aplicabilidade ao art. 195, § 7º, da CF. A entidade beneficente de assistência social que atender aos requisitos deste art. 14 tem o inafastável direito de não ser tributada por meio de contribuições sociais para a seguridade social.

XIIIa.7 – Julgamos imperioso asseverar, ainda, que a lei ordinária não pode – sob pena de irremissível inconstitucionalidade – criar outros requisitos que não os apontados na lei complementar, para o pleno desfrute desta imunidade. De fato, ela não é o instrumento próprio para veicular regras que condicionem a fruição da imunidade em tela.[278]

É que, como é pacífico e assente, a lei ordinária não pode cuidar de matéria *sob reserva de lei complementar*.

Mas vamos esmiuçar, um pouco mais, o tema *entidades beneficentes de assistência social*.

XIIIb – Noção de "entidade beneficente de assistência social": a CF louvavelmente estabeleceu, em seu art. 203: "Art. 203. A assistência social será prestada a quem dela necessitar, independentemente de contribuição à seguridade social, e tem por objetivos: I – a proteção à família, à maternidade, à infância, à adolescência e à velhice; II – o amparo às crianças e adolescentes carentes; III – a promoção da integração ao mercado de trabalho; IV – a habilitação e reabilitação das pessoas

278. Por muito maior razão (argumento *a fortiori*), também não se prestam para isso o regulamento, a portaria, o parecer normativo, a ordem de serviço etc.

portadoras de deficiência e a promoção de sua integração à vida comunitária; V – a garantia de um salário-mínimo de benefício mensal à pessoa portadora de deficiência e ao idoso que comprovem não possuir meios de prover à própria manutenção ou de tê-la provida por sua família, conforme dispuser a lei".

Portanto, nos termos da Constituição Federal, a assistência social abrange a proteção e o amparo à família, à maternidade, à infância, à adolescência e à velhice, máxime quando estas medidas favorecem os economicamente mais fracos. Compreende, por igual modo, a promoção da integração ao mercado de trabalho, bem como a habilitação e reabilitação das pessoas portadoras de deficiência física, bem como a promoção da integração ao mercado de trabalho.

XIIIb.1 – Como facilmente podemos notar, a assistência social tem um sentido sobremodo amplo, que vai muito além da *previdência social*, tal como definida nos arts. 149 e 194 da Carta Magna. Pelo contrário, abarca todas as medidas protetivas dos hipossuficientes, pouco importando se estes são indivíduos, grupos, classes, categorias profissionais, microempresas etc. A ideia é que ela deve estar voltada para a redução – quando não a eliminação – de desigualdades, carências e injustiças.

Com tais condutas a instituição assistencial sem fins lucrativos associa ao desenvolvimento econômico do País o bem-estar de segmentos expressivos da população mais carente, dando-lhes tranquilidade, justiça e equidade – valores que formam o que Amartya Sen, Prêmio Nobel de Economia de 1998, expressivamente chamou de "capital social".

Além disso, para que se atinja um dos mais importantes objetivos de nosso Estado Democrático de Direito, qual seja, o de "promover o bem de todos, sem preconceitos de origem, raça, sexo, cor, idade (...)" (art. 3º, IV, da CF), é imprescindível uma *ação positiva* não só do Poder Público, como de quem a seu lado desinteressadamente se posiciona – ação, esta, capaz de garantir que as pessoas tenham uma existência digna.

Como se sabe, os bens da Terra são abundantes, mas muito maldistribuídos, por isso que alguns os têm em demasia ao passo que outros, lamentavelmente, sucumbem à míngua.

Assim, para minimizar essa berrante injustiça, o Estado e as entidades que se dispõem a terçar lanças ao seu lado devem adotar medidas capazes de atender às necessidades básicas das pessoas carentes (saúde, lazer, educação, cultura, trabalho, bem-estar social etc.).

XIIIb.2 – Convém que se destaque que a assistência social vai além da *oficial*, isto é, daquela que é prestada pelo Poder Público. Pelo contrário, engloba a caridade, a benemerência, a filantropia e outros valores do mesmo tope, que, por sua nobreza, podem perfeitamente ser buscados por particulares e pessoas jurídicas de direito privado.

Assim, a assistência social tanto pode ser prestada pelo Estado ou suas autarquias como, complementarmente, por entidades filantrópicas.[279] Estas, quando real-

279. É o que, diga-se de passagem, estatui o art. 204, I, *in fine*, da CF: "Art. 204. As ações governamentais na área da assistência social serão realizadas com recursos do orçamento da seguridade social,

mente cumprem seus objetivos institucionais – vale dizer, provêm, sem finalidade de lucro, o atendimento às necessidades básicas das pessoas (saúde, educação, reabilitação física, integração ao mercado de trabalho etc.) –, devem ser, de todas as formas, amparadas e incentivadas.

É que tais entidades coadjuvam o Poder Público no atendimento aos interesses coletivos. Melhor dizendo, avocam atribuições que são típicas do Estado.

XIIIb.3 – Por outro lado, constitui um equívoco supor que só são entidades de assistência social as que amparam pessoas físicas. Também revestem esta condição as que fomentam e incentivam as microempresas e as de pequeno porte (pessoas jurídicas).[280]

E nem se diga que esta é uma tarefa exclusiva do Poder Público. A própria Constituição, quando define os objetivos da assistência social, em nenhum momento declara que ela só será prestada pelo Estado.

Admitir o contrário importaria reconhecer que as funções de apoio à educação, à tecnologia e à cultura somente se revestiriam de relevância institucional, suficiente para torná-las imunes aos impostos, se exercidas diretamente pelo Estado. Se descentralizadas, perderiam o direito à imunidade, mesmo continuando a vir ao encontro do superior interesse público. Ora, a tributabilidade, neste caso, não atenderia a qualquer critério de razoabilidade.

Aliás, os próprios arts. 150, VI, "c", e 195, § 7º, da Carta Magna, ao concederem imunidades às entidades de assistência social, deixam implícito que elas só podem ser pessoas jurídicas de direito privado. Com efeito, o Estado já é imune aos impostos,

previstos no art. 195, além de outras fontes, e organizadas com base nas seguintes diretrizes: I – descentralização político-administrativa, cabendo a coordenação e as normas gerais à esfera federal e a coordenação e a execução dos respectivos programas às esferas estadual e municipal, bem como a *entidades* beneficentes e *de assistência social*" (grifamos).

280. É o que faz o SEBRAE (ente paraestatal, que reveste a modalidade de *serviço social autônomo*), na medida em que realiza os propósitos previstos nos arts. 170, IX, e 179 da CF. As finalidades por ele perseguidas revestem-se, indubitavelmente, de elevados objetivos de ordem pública, podendo ser qualificadas como benemerentes e de assistência social. As metas fundamentais desta entidade (amparar as micro e pequenas empresas) vêm ao encontro de relevantes princípios e programas eleitos pela Constituição Federal em seu Título VII, que trata da "Ordem Econômica e Financeira" (busca do pleno emprego, tratamento favorecido e diferenciado às microempresas e empresas de pequeno porte, apoio e estímulo a todas as formas de associativismo etc.).

Tanto em termos estruturais como no pertinente a seus objetivos e atuações, o SEBRAE materializa importante instrumento de auxílio à consecução do ideário consagrado no art. 203, III, da CF. Daí poder ser reconhecido como entidade de assistência social. De fato, a assistência às micro e pequenas empresas reverte em benefício dos que nelas trabalham e, com isso, atende ao propósito de integração ao mercado de trabalho, previsto no inciso III do art. 203 da CF.

Inteira razão assiste, pois, a José Souto Maior Borges quando, acerca do mesmo assunto, pondera: "Admitir o contrário importaria em reconhecer que as funções estatais de apoio à pequena e microempresa somente se revestiriam de relevância institucional suficiente para torná-las insusceptíveis aos impostos se exercidas direta e centralizadamente pelo Estado. Se descentralizadas, perderia a instituição o direito à imunidade, mesmo quando essa descentralização caracterizadamente consultasse o superior interesse público – instrumento de viabilização do exercício eficaz da própria competência constitucional da União. A pretensa tributabilidade não atenderia a nenhum critério de razoabilidade. Desatende à lógica da prudência, conatural à ciência do Direito (jurisprudência)" (Parecer inédito, datado de 5.5.1999, p. 9).

por força seja dos princípios federativo e da isonomia das pessoas políticas, seja do disposto no art. 150, VI, "a", da Lei Maior.

XIIIb.4 – Pois bem, é dentro deste espírito que o art. 195, § 7º, da CF declara "isentas" (na verdade, "imunes") de contribuição para a seguridade social as entidades beneficentes de assistência social (desde que, evidentemente, preencham os requisitos do art. 14 do CTN, que faz as vezes da lei complementar a que alude o art. 146, II, da CF).

Tais pessoas secundam o Estado na realização do bem comum. Melhor dizendo, avocam atribuições que são típicas do Estado (é o que fazem, por exemplo, as *Santas Casas de Misericórdia*, que dão assistência médico-hospitalar gratuita a pessoas carentes). Nascem, como quer Aliomar Baleeiro, do "espírito de cooperação com os Poderes Públicos, em suas atividades específicas".[281]

XIIIb.5 – Temos, pois, que é entidade beneficente de assistência social, para os fins do predito art. 195, § 7º, da CF, aquela que, sem "espírito de ganho" (isto é, "caritativamente"), auxilia o Estado no atingimento de pelo menos um dos objetivos apontados no art. 203 do mesmo Diploma Magno. Há, pois, uma noção constitucional de *entidade beneficente de assistência social*: é a que, sem *animus lucrandi*, atende a uma ou mais necessidades do ser humano (saúde, educação, reabilitação física etc.), arroladas especialmente – mas não de modo taxativo – no art. 203 da CF.

XIIIb.6 – Voltamos a insistir que a gratuidade na prestação dos serviços assistenciais não é requisito essencial para o desfrute da imunidade em apreço.

De fato, a só circunstância de a pessoa jurídica de direito privado cobrar por estes serviços não ilide seu direito à imunidade às contribuições sociais para a seguridade social. Pelo contrário, se com o que cobra limita-se a remunerar seus quadros de acordo com as leis de mercado, bem como a investir em equipamentos e materiais, continua a ter pleno direito ao favor constitucional.

Note-se que, caso a gratuidade fosse *conditio sine qua non* ao gozo da imunidade, praticamente estaria esvaziada a norma contida no art. 195, § 7º, da CF. Apenas algumas poucas entidades privadas, mantidas por beneméritos ou por verbas públicas, nela se enquadrariam.

Positivamente, não nos parece seja esta a melhor interpretação.

A nosso sentir, mesmo as entidades beneficentes privadas que cobram por seus serviços são abrangidas pela imunidade. Basta – repetimos – que, sem fins lucrativos, se associem ao Poder Público, suprindo suas deficiências, na consecução dos objetivos contemplados no art. 203 da Lei Maior (e, é claro, cumpram os requisitos do art. 14 do CTN).

XIV – Ressalte-se que, para que uma entidade beneficente veja reconhecida sua condição de imune, terá que atender *apenas* a estes requisitos, apontados no art. 14 do CTN (que – nunca sobeja insistir – faz as vezes de lei complementar). Luís Eduardo Schoueri é, a respeito, incisivo, *verbis*: "Importa esclarecer, neste ponto, que *esses*

281. Aliomar Baleeiro, *Direito ...*, cit., p. 177.

são os únicos requisitos que devem ser observados para que se goze a imunidade. Não pode a lei ordinária apresentar outros requisitos, já que, uma vez cumpridos os da lei complementar, a entidade já está imune, por mandamento constitucional, a qualquer interferência do poder tributante ordinário".[282]

Portanto, é vedado à lei ordinária (e, por maior razão, ao ato normativo infralegal) impor outros requisitos para que uma entidade beneficente de assistência social desfrute da imunidade às contribuições para a seguridade social.

XV – É dentro deste contexto que deve ser entendida a Lei 12.101, de 27.11.2009 (lei ordinária),[283] regulamentada pelo Decreto 8.242/2014 (que revogou o Decreto 7.237/2010). Ela também "estabeleceu" uma série de restrições para a fruição da imunidade de que trata o art. 195, § 7º, da CF. Tais restrições praticamente inviabilizam a desoneração constitucional, o que não pode ser aceito.

Lembramos que as situações de imunidade das entidades beneficentes de assistência social não podem ser desconstituídas por meio de lei ordinária.

De fato, qualquer lei ordinária que venha a disciplinar o assunto terá, na melhor das hipóteses, caráter exclusivamente declaratório. Se repetir a Constituição e a lei complementar pertinente, será inócua; se as restringir, inconstitucional.

Mas vamos por etapas.

XVa – Nos artigos que dizem respeito a entidades beneficentes de assistência social a Lei 12.101/2009 (com a redação das Leis 12.453, de 21.7.2011, e 12.868, de 15.10.2013) dispõe:

"Art. 1º. A certificação das entidades beneficentes de assistência social e a *isenção* de contribuições para a seguridade social serão concedidas às pessoas jurídicas de direito privado, sem fins lucrativos, reconhecidas como entidades beneficentes de assistência social com a finalidade de prestação de serviços nas áreas de assistência social, saúde ou educação, e que atendam ao disposto nesta Lei.

"Parágrafo único. *(Vetado).*

"Art. 2º. As entidades de que trata o art. 1º deverão obedecer ao princípio da universalidade do atendimento, sendo vedado dirigir suas atividades exclusivamente a seus associados ou a categoria profissional.

"Art. 3º. A certificação ou sua renovação será concedida à entidade beneficente que demonstre, no exercício fiscal anterior ao do requerimento, observado o período mínimo de 12 (doze) meses de constituição da entidade, o cumprimento do disposto nas Seções I, II, III e IV deste Capítulo, de acordo com as respectivas áreas de atuação, e cumpra, cumulativamente, os seguintes requisitos: I – seja constituída como pessoa jurídica nos termos do *caput* do art. 1º; e II – preveja, em seus atos constitutivos, em caso de dissolução ou extinção, a destinação do eventual patrimônio remanescente a entidades sem fins lucrativos congêneres ou a entidades públicas.

282. Luís Eduardo Schoueri, *Direito Tributário*, São Paulo, Saraiva, 2011, pp. 397-398 (grifamos).

283. A Lei 12.101/2009 revogou o art. 55 da Lei 8.212/1991, que, embora não fosse tão minucioso, cuidava do mesmo assunto.

"Parágrafo único. O período mínimo de cumprimento dos requisitos de que trata este artigo poderá ser reduzido se a entidade for prestadora de serviços por meio de contrato, convênio ou instrumento congênere com o Sistema Único de Saúde (SUS) ou com o Sistema Único de Assistência Social (SUAS), em caso de necessidade local atestada pelo gestor do respectivo sistema.

"(...).

"Art. 4º. Para ser considerada beneficente e fazer jus à certificação, a entidade de saúde deverá, nos termos do regulamento: I – celebrar contrato, convênio ou instrumento congênere com o gestor do SUS; II – ofertar a prestação de seus serviços ao SUS no percentual mínimo de 60% (sessenta por cento); III – comprovar, anualmente, da forma regulamentada pelo Ministério da Saúde, a prestação dos serviços de que trata o inciso II, com base nas internações e nos atendimentos ambulatoriais realizados.

§ 1º. O atendimento do percentual mínimo de que trata o *caput* pode ser individualizado por estabelecimento ou pelo conjunto de estabelecimentos de saúde da pessoa jurídica, desde que não abranja outra entidade com personalidade jurídica própria que seja por ela mantida.

"§ 2º. Para fins do disposto no § 1º, no conjunto de estabelecimentos de saúde da pessoa jurídica, poderá ser incorporado aquele vinculado por força de contrato de gestão, na forma do regulamento.

"§ 3º. Para fins do disposto no inciso III do *caput*, a entidade de saúde que aderir a programas e estratégias prioritárias definidas pelo Ministério da Saúde fará jus a índice percentual que será adicionado ao total de prestação de seus serviços ofertados ao SUS, observado o limite máximo de 10% (dez por cento), conforme estabelecido em ato do Ministro de Estado da Saúde.

"Art. 5º. A entidade de saúde deverá ainda informar, obrigatoriamente, ao Ministério da Saúde, na forma por ele estabelecida: I – a totalidade das internações e atendimentos ambulatoriais realizados para os pacientes não usuários do SUS; II – a totalidade das internações e atendimentos ambulatoriais realizados para os pacientes usuários do SUS; e III – as alterações referentes aos registros no Cadastro Nacional de Estabelecimentos de Saúde – CNES.

"Parágrafo único. A entidade deverá manter o Cadastro Nacional de Estabelecimentos de Saúde – CNES atualizado, de acordo com a forma e o prazo determinado pelo Ministério da Saúde.

"Art. 6º. A entidade de saúde que presta serviços exclusivamente na área ambulatorial deverá observar o disposto nos incisos I e II do art. 4º, comprovando, anualmente, a prestação dos serviços no percentual mínimo de 60% (sessenta por cento).

"Art. 6º-A. Para os requerimentos de renovação de certificado, caso a entidade de saúde não cumpra o disposto no inciso III do *caput* do art. 4º no exercício fiscal anterior ao exercício do requerimento, o Ministério da Saúde avaliará o cumprimento do requisito com base na média do total de prestação de serviços ao SUS de que trata o inciso III do *caput* do art. 4º pela entidade durante todo o período de certificação em curso, que deverá ser de, no mínimo, 60% (sessenta por cento).

"§ 1º. Para fins do disposto no *caput*, apenas será admitida a avaliação pelo Ministério da Saúde caso a entidade tenha cumprido, no mínimo, 50% (cinquenta por cento) da prestação de seus serviços ao SUS de que trata o inciso III do *caput* do art. 4º em cada um dos anos do período de certificação.

"§ 2º. A comprovação da prestação dos serviços, conforme regulamento do Ministério da Saúde, será feita com base nas internações, nos atendimentos ambulatoriais e nas ações prioritárias realizadas.

"Art. 7º. Quando a disponibilidade de cobertura assistencial da população pela rede pública de determinada área for insuficiente, os gestores do SUS deverão observar, para a contratação de serviços privados, a preferência de participação das entidades beneficentes de saúde e das sem fins lucrativos.

"Art. 7º-A. As instituições reconhecidas nos termos da legislação como serviços de atenção em regime residencial e transitório, incluídas as comunidades terapêuticas que prestem ao SUS serviços de atendimento e acolhimento, a pessoas com transtornos decorrentes do uso, abuso ou dependência de substância psicoativa poderão ser certificadas, desde que: I – sejam qualificadas como entidades de saúde; e II – comprovem a prestação de serviços de que trata o *caput*.

"§ 1º. O cumprimento dos requisitos estabelecidos nos incisos I e II do *caput* deverá observar os critérios definidos pelo Ministério da Saúde.

"§ 2º. A prestação dos serviços prevista no *caput* será pactuada com o gestor local do SUS por meio de contrato, convênio ou instrumento congênere.

"§ 3º. O atendimento dos requisitos previstos neste artigo dispensa a observância das exigências previstas no art. 4º.

"Art. 8º. Não havendo interesse do gestor local do SUS na contratação dos serviços de saúde ofertados pela entidade de saúde ou de contratação abaixo do percentual mínimo a que se refere o inciso II do art. 4º, a entidade deverá comprovar a aplicação de percentual da sua receita em gratuidade na área da saúde, da seguinte forma: I – 20% (vinte por cento), quando não houver interesse de contratação pelo gestor local do SUS ou se o percentual de prestação de serviços ao SUS for inferior a 30% (trinta por cento); II – 10% (dez por cento), se o percentual de prestação de serviços ao SUS for igual ou superior a 30% (trinta por cento) e inferior a 50% (cinquenta por cento); ou III – 5% (cinco por cento), se o percentual de prestação de serviços ao SUS for igual ou superior a 50% (cinquenta por cento).

"Parágrafo único. *(Vetado)*.

"§ 2º. A receita prevista no *caput* será a efetivamente recebida da prestação de serviços de saúde.

"Art. 8º-A. Excepcionalmente, será admitida a certificação de entidades que atuem exclusivamente na promoção da saúde sem exigência de contraprestação do usuário pelas ações e serviços de saúde realizados, nos termos do regulamento.

"§ 1º. A oferta da totalidade de ações e serviços sem contraprestação do usuário dispensa a observância das exigências previstas no art. 4º.

"§ 2º. A execução de ações e serviços de gratuidade em promoção da saúde será previamente pactuada por meio de contrato, convênio ou instrumento congênere com o gestor local do SUS.

"§ 3º. Para efeito do disposto no *caput*, são consideradas ações e serviços de promoção da saúde as atividades voltadas para redução de risco à saúde, desenvolvidas em áreas como: I – nutrição e alimentação saudável; II – prática corporal ou atividade física; III – prevenção e controle do tabagismo; IV – prevenção ao câncer, ao vírus da imunodeficiência humana (HIV), às hepatites virais, à tuberculose, à hanseníase, à malária e à dengue; V – redução da morbimortalidade em decorrência do uso abusivo de álcool e outras drogas; VI – redução da morbimortalidade por acidentes de trânsito; VII – prevenção da violência; e VIII – redução da morbimortalidade nos diversos ciclos de vida.

"Art. 8º-B. Excepcionalmente, será admitida a certificação de entidades que prestam serviços de atenção em regime residencial e transitório, incluídas as comunidades terapêuticas, que executem exclusivamente ações de promoção da saúde voltadas para pessoas com transtornos decorrentes do uso, abuso ou dependência de drogas, desde que comprovem a aplicação de, no mínimo, 20% (vinte por cento) de sua receita bruta em ações de gratuidade.

"§ 1º. Para fins do cálculo de que trata o *caput*, as receitas provenientes de subvenção pública e as despesas decorrentes não devem incorporar a receita bruta e o percentual aplicado em ações de gratuidade.

"§ 2º. A execução das ações de gratuidade em promoção da saúde será previamente pactuada com o gestor local do SUS, por meio de contrato, convênio ou instrumento congênere.

"§ 3º. O atendimento dos requisitos previstos neste artigo dispensa a observância das exigências previstas no art. 4º.

"Art. 9º. *(Vetado)*.

"Art. 10. Em hipótese alguma será admitida como aplicação em gratuidade a eventual diferença entre os valores pagos pelo SUS e os preços praticados pela entidade ou pelo mercado.

"Art. 11. A entidade de saúde de reconhecida excelência poderá, alternativamente, para dar cumprimento ao requisito previsto no art. 4º, realizar projetos de apoio ao desenvolvimento institucional do SUS, celebrando ajuste com a União, por intermédio do Ministério da Saúde, nas seguintes áreas de atuação: I – estudos de avaliação e incorporação de tecnologias; II – capacitação de recursos humanos; III – pesquisas de interesse público em saúde; ou IV – desenvolvimento de técnicas e operação de gestão em serviços de saúde.

"§ 1º. O Ministério da Saúde definirá os requisitos técnicos essenciais para o reconhecimento de excelência referente a cada uma das áreas de atuação previstas neste artigo.

"§ 2º. O recurso despendido pela entidade de saúde no projeto de apoio não poderá ser inferior ao valor da isenção das contribuições sociais usufruída.

"§ 3º. O projeto de apoio será aprovado pelo Ministério da Saúde, ouvidas as instâncias do SUS, segundo procedimento definido em ato do Ministro de Estado.

"§ 4º. As entidades de saúde que venham a se beneficiar da condição prevista neste artigo poderão complementar as atividades relativas aos projetos de apoio com a prestação de serviços ambulatoriais e hospitalares ao SUS não remunerados, mediante pacto com o gestor local do SUS, observadas as seguintes condições: I – a complementação não poderá ultrapassar 30% (trinta por cento) do valor usufruído com a isenção das contribuições sociais; II – a entidade de saúde deverá apresentar ao gestor local do SUS plano de trabalho com previsão de atendimento e detalhamento de custos, os quais não poderão exceder o valor por ela efetivamente despendido; III – a comprovação dos custos a que se refere o inciso II poderá ser exigida a qualquer tempo, mediante apresentação dos documentos necessários; e IV – as entidades conveniadas deverão informar a produção na forma estabelecida pelo Ministério da Saúde, com observação de não geração de créditos.

"§ 5º. A participação das entidades de saúde ou de educação em projetos de apoio previstos neste artigo não poderá ocorrer em prejuízo das atividades beneficentes prestadas ao SUS.

"§ 6º. O conteúdo e o valor das atividades desenvolvidas em cada projeto de apoio ao desenvolvimento institucional e de prestação de serviços ao SUS deverão ser objeto de relatórios anuais, encaminhados ao Ministério da Saúde para acompanhamento e fiscalização, sem prejuízo das atribuições dos órgãos de fiscalização tributária.

"(...).

"Art. 18. A certificação ou sua renovação será concedida à entidade de assistência social que presta serviços ou realiza ações socioassistenciais, de forma gratuita, continuada e planejada, para os usuários e para quem deles necessitar, sem discriminação, observada a Lei n. 8.742, de 7 de dezembro de 1993.

"§ 1º. Consideram-se entidades de assistência social aquelas que prestam, sem fins lucrativos, atendimento e assessoramento aos beneficiários abrangidos pela Lei n. 8.742, de 7 de dezembro de 1993, e as que atuam na defesa e garantia de seus direitos.

"§ 2º. Observado o disposto no *caput* e no § 1º, também são consideradas de assistência social: I – as que prestam serviços ou ações socioassistenciais, sem qualquer exigência de contraprestação dos usuários, com o objetivo de habilitação e reabilitação da pessoa com deficiência e de promoção da sua inclusão à vida comunitária, no enfrentamento dos limites existentes para as pessoas com deficiência, de forma articulada, ou não, com ações educacionais ou de saúde; II – as de que trata o inciso II do art. 430 da Consolidação das Leis do Trabalho (CLT), aprovada pelo Decreto-lei n. 5.452, de 1º de maio de 1943, desde que os programas de aprendizagem de adolescentes, de jovens ou de pessoas com deficiência sejam prestados com a finalidade de promover a integração ao mercado de trabalho, nos termos da Lei n. 8.742, de 7 de dezembro de 1993, observadas as ações protetivas previstas na Lei n. 8.069, de 13 de julho de 1990; e III – as que realizam serviços de acolhimento institucional provisório de pessoas e de seus acompanhantes, que estejam em trânsito e sem condições de autossustento, durante o tratamento de doenças graves fora da localidade de residência, observada a Lei n. 8.742, de 7 de dezembro de 1993.

"§ 3º. Desde que observado o disposto no *caput* e no § 1º deste artigo e no art. 19, exceto a exigência de gratuidade, as entidades referidas no art. 35 da Lei n. 10.741, de 1º de outubro de 2003, poderão ser certificadas, com a condição de que eventual cobrança de participação do idoso no custeio da entidade se dê nos termos e limites do § 2º do art. 35 da Lei n. 10.741, de 1º de outubro de 2003.

"§ 4º. As entidades certificadas como de assistência social terão prioridade na celebração de convênios, contratos ou instrumentos congêneres com o Poder Público para a execução de programas, projetos e ações de assistência social.

"Art. 19. Constituem ainda requisitos para a certificação de uma entidade de assistência social: I – estar inscrita no respectivo Conselho Municipal de Assistência Social ou no Conselho de Assistência Social do Distrito Federal, conforme o caso, nos termos do art. 9º da Lei n. 8.742, de 7 de dezembro de 1993; e II – integrar o cadastro nacional de entidades e organizações de assistência social de que trata o inciso XI do art. 19 da Lei n. 8.742, de 7 de dezembro de 1993.

"§ 1º. Quando a entidade de assistência social atuar em mais de um Município ou Estado ou em quaisquer destes e no Distrito Federal, deverá inscrever suas atividades no Conselho de Assistência Social do respectivo Município de atuação ou do Distrito Federal, mediante a apresentação de seu plano ou relatório de atividades e do comprovante de inscrição no Conselho de sua sede ou de onde desenvolva suas principais atividades.

"§ 2º. Quando não houver Conselho de Assistência Social no Município, as entidades de assistência social dever-se-ão inscrever nos respectivos Conselhos Estaduais.

"Art. 20. A comprovação do vínculo da entidade de assistência social à rede socioassistencial privada no âmbito do SUAS é condição suficiente para a concessão da certificação, no prazo e na forma a serem definidos em regulamento.

"(...).

"Art. 29. A entidade beneficente certificada na forma do Capítulo II fará jus à *isenção* do pagamento das contribuições de que tratam os arts. 22 e 23 da Lei n. 8.212, de 24 de julho de 1991, desde que atenda, cumulativamente, aos seguintes requisitos: I – não percebam, seus dirigentes estatutários, conselheiros, sócios, instituidores ou benfeitores, remuneração, vantagens ou benefícios, direta ou indiretamente, por qualquer forma ou título, em razão das competências, funções ou atividades que lhes sejam atribuídas pelos respectivos atos constitutivos; II – aplique suas rendas, seus recursos e eventual *superávit* integralmente no território nacional, na manutenção e desenvolvimento de seus objetivos institucionais; III – apresente certidão negativa ou certidão positiva com efeito de negativa de débitos relativos aos tributos administrados pela Secretaria da Receita Federal do Brasil e certificado de regularidade do Fundo de Garantia do Tempo de Serviço – FGTS; IV – mantenha escrituração contábil regular que registre as receitas e despesas, bem como a aplicação em gratuidade de forma segregada, em consonância com as normas emanadas do Conselho Federal de Contabilidade; V – não distribua resultados, dividendos, bonificações, participações ou parcelas do seu patrimônio, sob qualquer forma ou pretexto; VI – conserve em boa ordem, pelo prazo de 10 (dez) anos, contado da data da emissão, os documentos que comprovem a origem e a aplicação de seus recursos e os relativos a atos ou operações realizados que impliquem modificação da situação patrimonial; VII – cumpra as obrigações acessórias estabelecidas na legislação tributária; VIII – apresente as demonstrações contábeis e financeiras devidamente auditadas por auditor independente legalmente habilitado nos Conselhos Regionais de Contabilidade quando a receita bruta anual auferida for superior ao limite fixado pela Lei Complementar n. 123, de 14 de dezembro de 2006.

"§ 1º. A exigência a que se refere o inciso I do *caput* não impede: I – a remuneração aos diretores não estatutários que tenham vínculo empregatício; II – a remuneração aos dirigentes estatutários, desde que recebam remuneração inferior, em seu valor bruto, a 70% (setenta por cento) do limite estabelecido para a remuneração de servidores do Poder Executivo Federal.

"§ 2º. A remuneração dos dirigentes estatutários referidos no inciso II do § 1º deverá obedecer às seguintes condições: I – nenhum dirigente remunerado poderá ser cônjuge ou parente até 3º (terceiro) grau, inclusive afim, de instituidores, sócios, diretores, conselheiros, benfeitores ou equivalentes da instituição de que trata o *caput* deste artigo; e II – o total pago a título de remuneração para dirigentes, pelo exercício das atribuições estatutárias, deve ser inferior a 5 (cinco) vezes o valor correspondente ao limite individual estabelecido neste parágrafo.

"§ 3º. O disposto nos §§ 1º e 2º não impede a remuneração da pessoa do dirigente estatutário ou diretor que, cumulativamente, tenha vínculo estatutário e empregatício, exceto se houver incompatibilidade de jornadas de trabalho ".[284]

XVb – Ressai, já ao primeiro súbito de vista, que estes artigos apresentam-se pontilhados de inconstitucionalidades, porquanto tratam como isenção o que, em boa verdade científica, imunidade é. Induvidoso que nenhuma lei pode submeter a imunidade a uma *capitis deminutio*, transformando-a em mera isenção. De fato, a errônea qualificação legislativa não tem o condão de transmudar um instituto de assento constitucional (a imunidade) noutro de fonte meramente legal (a isenção).

XVc – Tais inconstitucionalidades crescem de ponto na medida em que o precitado ato normativo, a pretexto de "isentar" o que é imune, restringe o alcance do art. 195, § 7º, da Carta Magna, impondo exigências juridicamente descabidas às entidades beneficentes de assistência social.

284. Grifamos.

Ora, já vimos que nem a lei complementar, quanto mais a lei ordinária, pode restringir o alcance de imunidades tributárias; muito menos transformá-las em meras isenções ou, mesmo – o que é pior –, em *isenções parciais*, já que, a prevalecerem os novos e draconianos critérios, apenas pouquíssimas entidades beneficentes de assistência social continuariam a fazer jus à desoneração constitucional.

XVd – Percebemos nitidamente que, a pretexto de afastar a imunidade em tela das *falsas entidades beneficentes de assistência social* (instituições *de fachada*, que visam apenas ao enriquecimento de seus fundadores e dirigentes), a Lei 12.101/2009 acabou, na realidade, por prejudicar – de modo inconstitucional, frise-se – todas as verdadeiras.

Apenas para realçar a afirmação, pontuamos que este ato normativo alterou substancialmente as condições para o desfrute do favor constitucional. E, como se isso não bastasse, modificou o próprio conceito de entidade beneficente de assistência social, sobrepondo-se, deste modo, à Carta Magna.

Nunca se perca de vista que a expressão "entidade beneficente de assistência social" tem uma *significação de base*, contida no Diploma Supremo, que normas infraconstitucionais – mormente quando veiculadas por meio de lei ordinária – não podem esvaziar.

XVe – Remarcamos que não era dado ao legislador ordinário da União *reduzir* o conceito constitucional de *entidade beneficente de assistência social*.

Foi o que, lamentavelmente, fez por intermédio da Lei 12.101/2009, que, por exemplo, *não considera* entidade beneficente de assistência social a que presta seus serviços ao SUS em percentual inferior a 60% (art. 4º, II).

Ora, como este não é, nos termos do art. 14 do CTN, requisito essencial para que uma pessoa jurídica seja havida por entidade privada de beneficência, houve, também neste ponto, usurpação de competência constitucional.

Realmente, é vedado à União, por meio de lei ordinária, impedir que entidades beneficentes de assistência social que cumpram os requisitos do art. 14 do CTN desfrutem da imunidade às contribuições para a seguridade social.

XVf – Como se vê, a Lei 12.101/2009 apresenta-se inquinada, a um tempo, (i) de *inconstitucionalidade material*, porque, com os novos requisitos que impôs às entidades beneficentes de assistência social, acabou por restringir significativamente, a ponto de quase anular, a imunidade tributária do art. 195, § 7º, do Texto Magno, e (ii) de *inconstitucionalidade formal*, já que, por ser lei ordinária, absolutamente não poderia ter cuidado do assunto; não é instrumento jurídico adequado para isso.

Assim, seja por amesquinhar dispositivo constitucional imunizante, seja porque lei ordinária, a Lei 12.101/2009 há que ser posta em olvídio. Independentemente da razoabilidade, ou não, deste ato normativo, não tem eficácia.[285]

285. Idêntico é o entendimento de Luís Eduardo Schoueri (*Direito Tributário*, cit., pp. 399-400).

XVg – Registre-se, sempre a propósito, que, se a lei ordinária, neste assunto, está tolhida por tão formidáveis peias, por muito maior razão os decretos, as portarias, as instruções normativas, os comunicados etc., que dentro da *pirâmide jurídica* ocupam posição a ela inferior.

Definitivamente, estes atos normativos infralegais não podem enovelar ainda mais o assunto, como lamentavelmente fez o Decreto 8.242, de 23.5.2014, que, a pretexto de regulamentar a Lei 12.101/2009, dispôs, "inovando", acerca do processo de *certificação* das entidades beneficentes de assistência social, que sem tal documento "perderiam" o direito à imunidade contemplada no art. 195, § 7º, da CF. Sirva-nos de exemplo o art. 39 do Decreto 8.242/2014, que para a obtenção ou renovação do *certificado* aponta requisitos não contemplados sequer na Lei 12.101/2009.

Em definitivo, tais novas exigências são absurdas, descabidas, ilegais e – como se isso não bastasse – inconstitucionais.

XVh – Logo, as entidades beneficentes de assistência social, independentemente de terem ou não o *certificado*, continuam investidas do direito constitucional subjetivo de não recolher contribuições para a seguridade social, desde que – novamente afirmamos – atendam aos requisitos do supramencionado art. 14, I a III, do CTN.

Ademais, o *certificado* não possui natureza constitutiva, mas meramente declaratória de condição preexistente, pelo quê, também por isso, sua expedição não é requisito essencial para o reconhecimento da imunidade em pauta.

XVI – Em suma, a despeito das "inovações" normativas acima indicadas, as entidades beneficentes de assistência social continuam a ter o direito constitucional subjetivo de não recolher as contribuições sociais para a seguridade social, bastando para tanto que cumpram os ditames do art. 14 do CTN.

7. As imunidades e os deveres instrumentais tributários

As pessoas alcançadas por imunidades tributárias nem por isso se desobrigam de cumprir deveres instrumentais tributários (*obrigações acessórias*). Noutros termos, as imunidades não dispensam o cumprimento dos deveres instrumentais dependentes da obrigação principal (imune), ou dela consequentes.

Só para reavivarmos nossa memória, a relação jurídica tributária refere-se não só à obrigação tributária *stricto sensu* (obrigação tributária principal), como ao conjunto de deveres instrumentais (positivos ou negativos) que a viabilizam.

Pois bem, as imunidades são restritas à obrigação tributária principal; não aos deveres instrumentais tributários a ela concernentes. Segue-se, assim, que uma entidade imune pode perfeitamente ser compelida pela lei a escriturar livros, emitir faturas, fornecer declarações etc.[286]

286. É o que, aliás, didaticamente proclama o art. 9º, § 1º, do CTN: "O disposto no inciso IV não exclui a atribuição, por lei, às entidades nele referidas, da condição de responsáveis pelos tributos que lhes caiba reter na fonte, e não as dispensa da prática de atos, previstos em lei, assecuratórios do cumprimento de obrigações tributárias por terceiros".

Capítulo X

ISENÇÕES TRIBUTÁRIAS

1. Observações introdutórias

I – O estudo da competência tributária leva-nos, naturalmente, ao estudo da competência para conceder isenções tributárias. Assim é, pois a aptidão para tributar alberga a faculdade de isentar, consequência lógica daquela.

De fato, quem cria tributos pode, por igual modo, aumentar a carga tributária (agravando a alíquota ou a base de cálculo da exação), diminuí-la (adotando o procedimento inverso) ou, até, suprimi-la, por intermédio da não tributação pura e simples. Pode, ainda, isentar tributos. Tudo vai depender de uma *decisão política*, a ser tomada, de regra (há exceções[1]), pela própria entidade tributante.

Merecem encômios, a propósito, os precisos ensinamentos de José Souto Maior Borges, contidos no prólogo de seu clássico *Isenções Tributárias*: "O poder de isentar apresenta certa simetria com o poder de tributar. Tal circunstância fornece a explicação do fato de que praticamente todos os problemas que convergem para a área do tributo podem ser estudados sob ângulo oposto: o da isenção. Assim como existem limitações constitucionais ao poder de tributar, há limites que não podem ser transpostos pelo poder de isentar, porquanto ambos não passam de verso e reverso da mesma medalha".[2]

No mesmo sentido, dogmatiza Miguel Seabra Fagundes: "A competência constitucional para tributar supõe a opção entre criar tributos, ou não, e implica, por igual, a faculdade de isentar da incidência tributária determinadas pessoas, coisas ou situações".[3]

A importância, pois, do tema "isenções tributárias" é inequívoca. Deveras, a Constituição brasileira, ao mesmo tempo em que discriminou as competências tributárias entre as pessoas políticas, deu-lhes a faculdade de não as exercitar, inclusive pela utilização do sistema de isenções (arts. 151, III, 155, § 2º, XII, "g",[4] e 156, § 3º,

1. É o caso da isenção ao ISS (tributo municipal) que a União, mediante lei complementar, pode conceder às "exportações de serviços para o exterior" (art. 156, § 3º, II, da CF).

2. José Souto Maior Borges, *Isenções Tributárias*, 2ª ed., São Paulo, Sugestões Literárias, 1980, p. 2.

3. Miguel Seabra Fagundes, "Revogabilidade das isenções tributárias", *RDA* 58/1.

4. A Emenda Constitucional 42, de 19.12.2003, dando nova redação ao art. 155, § 2º, X, "a", da CF, estabeleceu que o ICMS não incidirá "sobre operações que destinem mercadorias para o exterior, nem sobre serviços prestados a destinatários no exterior (...)" – *esvaziando*, assim, a alínea "e" do inciso XII do § 2º do art. 155 do mesmo Diploma Magno, que dispunha caber à lei complementar "excluir da incidência

II). Assim, por integrarem o sistema constitucional tributário brasileiro, elas precisam também submeter-se aos seus princípios diretores (legalidade, igualdade, segurança jurídica etc.).[5]

II – Destacamos que tanto a competência para tributar como a competência para isentar estão submetidas ao princípio da legalidade (arts. 5º, II, e 150, I, da CF). Deveras, a Constituição não deixa dúvidas no sentido de que ninguém deve recolher o tributo ou deixar de fazê-lo (isenção), total ou parcialmente, senão em virtude de lei.[6]

Observamos, a propósito, que as isenções de algum modo aumentam os encargos tributários dos contribuintes não isentos. De fato, havendo menos pessoas submetidas à tributação, a tendência do legislador é majorar a carga fiscal dos contribuintes. Mais uma razão, pois, para que venham submetidas ao princípio da legalidade.

III – Demais disso, as isenções tributárias só podem ser concedidas quando, ao mesmo tempo em que favorecem pessoas, têm em conta objetivos constitucionalmente consagrados (proteção à velhice, à família, à cultura, aos que apresentam desenvolvimento mental precário, aos economicamente mais fracos, isto é, que revelam ausência de capacidade econômica para suportar o encargo fiscal, e assim avante).

IV – Mas também o princípio da igualdade paira sobre as isenções tributárias. De fato, elas devem alcançar, de modo isonômico, todos os que se encontram em situação juridicamente análoga (*v.g.*, os contribuintes que recolhem o PIS e a COFINS, pouco importando se alcançados pelos regimes de apuração cumulativo ou não cumulativo).

A nosso sentir, o Judiciário, em homenagem a este princípio, deve, sempre que validamente provocado: a) anular uma isenção que privilegia apenas pessoas que se encontram em situação mais favorável (*v.g.*, os grandes proprietários de terras); b) estender o benefício a contribuintes que se encontram em situação equivalente à

do imposto, (*o ICMS*) nas exportações para o exterior, serviços e outros produtos além dos mencionados no inciso X, 'a'" (esclarecemos no parêntese). Com efeito, se todas as exportações, de quaisquer produtos ou serviços, são imunes ao ICMS, não há mais espaço jurídico para que lei complementar venha a isentar algumas delas (pela redação originária do art. 155, § 2º, X, "a", da CF, estavam excluídos da imunidade em tela apenas os serviços a destinatários no exterior, bem como as mercadorias que fossem produtos primários ou "semielaborados, definidos em lei complementar").

Portanto, entendemos que a alínea "e" do art. 155, § 2º, XII, da CF foi implicitamente revogada, já que incompatível com a nova redação dada ao art. 155, § 2º, X, "a", do mesmo Diploma Magno.

5. Calham bem as seguintes observações de Souto Maior Borges:

"Ao atribuir a competência para tributar, a Constituição Federal não apenas permite, mas às vezes propugna, ela própria (...) a abstenção do exercício dessa competência pela via da isenção, em determinadas circunstâncias excepcionais.

"Além disso, a Constituição estabelece princípios expressos, como o de legalidade tributária (...) e implícitos, como o de isonomia fiscal ou de igualdade perante o Fisco (...) que vinculam a legislação ordinária e complementar (...) na instituição de isenções.

"Consequentemente, estão sujeitas as isenções, pelo ordenamento constitucional tributário, a condicionamentos idênticos aos que são estabelecidos para a instituição de tributos. Torna-se manifesta, assim, a interligação entre o regime jurídico do tributo e o das isenções" (*Isenções Tributárias*, cit., 2ª ed., p. 21 – retiramos, dos parênteses, as referências à Constituição de 1967/1969).

6. No plano infraconstitucional, o CTN corrobora esta asserção ao proclamar, em seu art. 97, VI, que só à lei é dado "estabelecer as hipóteses de exclusão do crédito tributário", uma das quais é justamente a "isenção" (cf. art. 175, I).

dos isentos (*v.g.*, aos laringologistas, ainda que a lei isentiva favoreça expressamente aos pneumologistas); e c) estender o benefício aos que não foram alcançados pela isenção exclusivamente pela inércia das autoridades públicas (tal ocorreria se uma lei apenas isentasse do imposto específico contribuintes que, já tendo importado uma mercadoria, obtivessem o desembaraço aduaneiro até determinada data).

V – Registramos, ainda, neste breve introito, que a isenção tributária encontra fundamento na falta de capacidade econômica do beneficiário ou nos objetivos de utilidade geral ou de oportunidade política que o Estado pretende venham alcançados. Nisto difere do privilégio, que se funda unicamente no favor que se pretende outorgar a contribuintes (ou a classes de contribuintes) que reúnem todas as condições para suportar a tributação.

Benedetto Griziotti esgrime muito bem a ideia: "A esta circunstância que justifica a isenção tributária (*o autor refere-se à ausência de capacidade econômica do contribuinte*) agregam-se motivos de interesse geral sugeridos por determinados fins econômicos e sociais, que justificam, no interesse do País, que algumas classes de contribuintes não paguem tributos, ou os paguem em menor quantia que outras, com o fito de promover uma nova atividade, ou, ainda, que não se gravem determinadas classes de contribuintes que carecem de aumentar seu nível de vida, sua cultura ou suas potencialidades econômicas".[7]

É por isso tudo que julgamos imprescindível tratar, neste capítulo, das isenções tributárias.[8] Advertimos, porém, que este é um tema no qual não nos embrenharemos

7. Benedetto Griziotti, *Principios de Política, Derecho y Ciencia de la Hacienda*, Madri, Instituto de Estudios Reus, 1958, p. 179 (traduzimos e esclarecemos no parêntese).

8. Não devemos confundir os *incentivos fiscais* (também chamados *estímulos fiscais*) com as *isenções tributárias*. Estas são, apenas, um dos meios de concedê-los, ao lado das bases de cálculo ou alíquotas reduzidas, dos créditos presumidos e dos descontos pela antecipação do recolhimento de tributos, dentre outras manifestações do chamado direito premial.

Os incentivos fiscais materializam, pois, ou recompensas à prática de uma ação desejada pelo Estado, ou facilitações à ação dos contribuintes, tornando-a menos onerosa. E estão, como é fácil perceber, no campo da *extrafiscalidade*, que, como ensina Geraldo Ataliba, é o emprego dos instrumentos tributários para fins não fiscais, mas ordinatórios (isto é, para condicionar comportamentos de virtuais contribuintes, e não, primacialmente, para abastecer de dinheiro os cofres públicos).

Por meio de incentivos fiscais, a pessoa política tributante estimula os contribuintes a fazerem algo que a ordem jurídica considera conveniente, interessante ou oportuno (por exemplo, instalar indústrias em região carente do País). Este objetivo é alcançado por intermédio da diminuição ou, até, da supressão da carga tributária. Os incentivos fiscais manifestam-se sob a forma quer de *imunidade* (*v.g.*, imunidade de ICMS às exportações de produtos industrializados), quer de *isenções tributárias* (por exemplo, isenção de IPI sobre as vendas de óculos).

Frisamos que, exceção feita aos casos de imunidade (previstos na própria Constituição), os incentivos fiscais que se traduzem em mitigações ou supressões da carga tributária só são válidos se, observados os limites constitucionais, surgirem do exercício ou do não exercício da competência tributária da pessoa política que os concede.

Já que aqui estamos, a extrafiscalidade também se manifesta por meio de *desestímulos fiscais*, que induzem os contribuintes a não assumirem condutas que, embora lícitas, são havidas por impróprias, sob os aspectos político, econômico ou social. Este objetivo é alcançado por meio da exacerbação da carga tributária, respeitado, evidentemente, o *estatuto do contribuinte* (v. subitem 3.1 do capítulo "Segurança Jurídica e Tributação"). Exemplificando, a fixação de alíquotas altíssimas para o imposto de importação

em profundidade. Pelo contrário, embora reconheçamos que ele, por sua riqueza, demandaria um tratado, vamos percorrê-lo de rota batida, apenas o suficiente para podermos prosseguir no estudo da competência tributária.

2. *Conceito*

O conceito de isenção tributária não é estreme de dúvidas. Existem várias teorias que procuram explicar este fenômeno jurídico.

2.1 *Isenção como "dispensa legal do pagamento do tributo"*

A doutrina mais tradicional, representada, dentre outros, por Rubens Gomes de Sousa[9] e Amílcar de Araújo Falcão,[10] tem feito empenho em afirmar que a isenção é a dispensa legal do pagamento do tributo.

Para seus arautos, no fenômeno jurídico da isenção tributária ocorre o fato imponível (o fato gerador *in concreto*), e, nestes termos, nasce a obrigação tributária; apenas, o pagamento do tributo é dispensado pela lei.

Embora o Código Tributário Nacional não encampe esta erronia, ela acabou encontrando abrigo no *Modelo de Código Tributário para a América Latina*, que em seu art. 65, estabelece: "Exención es la dispensa legal de la obligación tributaria". Esclarecemos, por oportuno, que este *Modelo* foi elaborado pelo mesmo Rubens Gomes de Sousa, de parceria com Ramón Valdés Costa e Giuliani Fonrouge.

Na verdade, a ideia de "dispensa legal do pagamento do tributo devido" não se aplica à isenção tributária, mas à *remissão tributária*, como bem o percebeu João Augusto Filho: "Se, nos casos de isenção, já ocorreu antes o 'fato gerador', se, portanto, o tributo já é devido, seria um contrassenso analisar o fato isento sob o prisma do surgimento dos fatos jurídicos. Ao contrário, tal postura somente ensejaria a abordagem do tema das isenções sob o aspecto errôneo e restrito da exclusão do crédito

quando incide sobre produtos voluptuários (*e.g.*, perfumes), mais do que aumentar a receita tributária, visa a inibir a aquisição destes produtos e, não raro, proteger a indústria nacional.

Frise-se, ainda, que os incentivos fiscais exigem da parte do contribuinte uma contrapartida, e, nessa medida, estimulam a realização, pelos contribuintes, de determinadas condutas, que vêm ao encontro dos superiores interesses nacionais.

O contrário se dá com os benefícios fiscais, que são concedidos "de mão beijada", isto é, sem que o contribuinte tenha que fazer algo, em favor do Estado, para usufruí-los. Destarte, por não passarem de favores fiscais, demandam, para serem validamente concedidos, sólido respaldo no princípio da igualdade e nos valores ínsitos a nosso sistema jurídico.

9. Para Rubens Gomes de Sousa, "isenção é o favor fiscal concedido por lei, que consiste em dispensar o pagamento de um tributo devido" (*Compêndio de Legislação Tributária*, ed. póstuma, São Paulo, Resenha Tributária, 1975, p. 97).

10. Amílcar de Araújo Falcão assim se pronunciou, acerca do assunto: "Na isenção, diversa é a hipótese. Nela, há incidência, ocorre o fato gerador. O legislador, todavia, seja por motivos relacionados com a apreciação da capacidade econômica do contribuinte, seja por considerações extrafiscais, determina a inexigibilidade do débito tributário" (*Fato Gerador da Obrigação Tributária*, 1ª ed., Rio de Janeiro, Financeiras, 1964, p. 132).

tributário. E, como consequência fatal, confundem-se num só os conceitos de isenção e remissão tributária".[11]

2.2 *Isenção como "hipótese de não incidência tributária, legalmente qualificada"*

Insurgindo-se contra esta posição, Souto Maior Borges, estribado nas ensinanças de Alfredo Augusto Becker,[12] demonstrou, com bons argumentos, que na isenção não há incidência da norma jurídica tributária e, portanto, não ocorre o nascimento do tributo. Para este autor, a norma isentiva incide justamente para que a norma tributária não possa incidir. Daí ter definido a isenção como sendo uma *hipótese de não incidência tributária, legalmente qualificada.*

11. João Augusto Filho, *Isenções e Exclusões Tributárias*, São Paulo, José Bushatsky Editor, 1979, p. 61.

12. Alfredo Augusto Becker foi extremamente feliz ao escrever:

"Poderia parecer que a regra jurídica tributária, que estabelece a *isenção* do tributo, estaria estruturada como regra desjuridicizante total, isto é, haveria uma *anterior* relação jurídica tributária atribuindo ao sujeito passivo a obrigação de pagar o tributo; a incidência da regra jurídica de isenção teria como consequência o desfazimento daquela preexistente relação jurídica tributária. Aliás, este é o entendimento de grande parte da doutrina tributária, a qual costuma conceituar a isenção do seguinte modo: 'Na isenção, o tributo é devido, porque existe a obrigação, mas a lei dispensa o seu pagamento; por conseguinte, a isenção pressupõe a incidência, porque é claro que só se pode dispensar o pagamento de um tributo que seja efetivamente devido'. A lógica desta definição estará certa *apenas no plano pré-jurídico da Política Fiscal quando o legislador raciocina para criar a regra jurídica de isenção.*

"Uma vez criada a regra jurídica de isenção, portanto, já agora no plano jurídico do direito tributário, quando o jurista interpreta aquela regra jurídica e examina os efeitos resultantes de sua incidência, aquele conceito de isenção *falece de lógica e contradiz a ciência jurídica* que investigou a fenomenologia da incidência das regras jurídicas.

"Na verdade, não existe aquela anterior relação jurídica e respectiva obrigação tributária que seriam desfeitas pela incidência da regra jurídica de isenção. Para que pudesse existir aquela anterior relação jurídica tributária, seria indispensável que, antes da incidência da regra jurídica de isenção, houvesse ocorrido a incidência de regra jurídica da tributação. Porém, esta nunca chegou a incidir porque faltou, ou excedeu, um dos elementos da composição de sua hipótese de incidência, sem o qual, ou com o qual, ela não se realiza. Ora, aquele elemento faltante, ou excedente, é justamente o elemento que, entrando na composição da hipótese de incidência da regra jurídica de isenção, permitiu diferençá-la da regra jurídica de tributação, de modo que aquele elemento sempre realizará uma única hipótese de incidência: a da isenção, e desencadeará uma única incidência: a da regra jurídica da isenção, cujo efeito jurídico é negar existência de relação jurídica tributária. A regra jurídica de isenção incide para que a de tributação não possa incidir.

"A regra jurídica que prescreve a isenção, em última análise, consiste na formulação negativa da regra jurídica que estabelece a tributação.

"A realização da hipótese de incidência da regra jurídica de isenção faz com que esta regra jurídica incida justamente para negar a existência de relação jurídica tributária. Por sua vez, as hipóteses não enquadráveis dentro da hipótese de incidência da regra jurídica *explícita de isenção* tributária são precisamente as hipóteses de incidência de regras jurídicas *implícitas de tributação*" (*Teoria Geral do Direito Tributário*, cit., pp. 276-277 – os grifos são do autor).

De modo mais prosaico, Gilberto de Ulhôa Canto parece enveredar pelo mesmo caminho: "Isenção é a expressa, deliberada e taxativa omissão, pelo ente público que tem competência para instaurar determinado tributo, do exercício desta competência, quanto a fatos, atos ou pessoas. A lei que emana do próprio ente público dotado de competência renuncia, em razão de circunstâncias de ordem vária (social, política, econômica), ao respectivo exercício" (*Temas de Direito Tributário*, vol. III, Rio de Janeiro, Alba, 1964, p. 190).

Esta definição, bem mais científica do que a anterior, ganhou foros de universalidade, se mais não fosse, pelo inegável gabarito intelectual de seu autor.

Positivamente, soa absurdo que a lei tributária que concede uma isenção dispense o pagamento do tributo. Afinal, a lei de isenção é logicamente *anterior* à ocorrência do fato que, se ela não existisse, aí, sim, seria *imponível*.

Estas ideias encontram-se bem travejadas em artigo de Pedro Luciano Marrey Júnior:

"(...) a lei de isenção, no momento em que surge, já retirou do campo de incidência determinados fatos; a obrigação tributária não chega a nascer pois a lei de isenção suprimiu determinadas situações do campo da tributação.

"A norma de isenção, impedindo o nascimento da obrigação tributária para o seu beneficiário, produz o que Sainz de Bujanda denominou de *fato gerador isento*, essencialmente distinto do fato gerador do tributo.

"O efeito principal da isenção é o de *impedir o nascimento da obrigação tributária*.

"Portanto, não há falar em 'dispensa legal do pagamento de tributo devido', pois que, conforme demonstramos, não se pode dispensar aquilo que não existe, aquilo que nem chegou a nascer."[13]

Enveredando pelo mesmo caminho, Héctor Villegas teve a oportunidade de escrever:

"Na hipótese legal condicionante tributária (fato imponível) estão descritos fatos ou situações que, realizados ou produzidos faticamente por uma pessoa, em determinado lugar e tempo, tornam aplicável a consequência jurídica, consistente na obrigação de pagar um tributo. O direito tributário material, entretanto, não se ocupa apenas de fatos imponíveis, mas também compreende *outros fatos ou situações* que são descritos hipoteticamente em outras normas dos ordenamentos tributários e que, acontecidos no mundo fenomênico, produzem o peculiar efeito de *neutralizar* a consequência jurídica normal, derivada da configuração do fato imponível, ou seja, o mandamento de pagar o tributo, cujos elementos de mensuração pecuniária são também normativamente estabelecidos.

"Tais fatos ou situações que embotam a eficácia geradora do fato imponível se denominam 'isenções e benefícios tributários'. Têm a virtude de (a exemplo de uma metafórica tesoura) poder 'cortar' o nexo normal entre a hipótese como causa e o mandamento como consequência. Com efeito, quando se configuram isenções ou benefícios tributários, a realização do fato imponível já não se traduz no mandamento de pagar, que a norma tributária originariamente previu.

"Temos, destarte, uma hipótese legal condicionante tributária (fato imponível), que não está só, *mas escoltada por uma hipótese legal neutralizante tributária*.

13. Pedro Luciano Marrey Júnior, "Natureza jurídica das isenções tributárias", *RDP* 25/177 (os grifos são do autor).

A consequência da realização da primeira hipótese é o preceito de pagar o exato montante tributário que a lei ordena. Já a consequência da segunda é impedir (total ou parcialmente) que a realização da primeira se traduza no originário preceito.

"Em outros termos e fazendo uso, didaticamente, de uma metáfora, *a hipótese legal neutralizante tributária é a inimiga do fato imponível*. Sua missão é a de *destruir*, de forma total ou parcial, a consequência habitual da realização do fato imponível."[14]

Também Pontes de Miranda endossa esta posição, proclamando: "A regra jurídica de isenção é de direito excepcional, que põe fora do alcance da lei a pessoa (isenção subjetiva) ou o bem (isenção objetiva) que – sem essa regra jurídica – estaria atingido".[15]

E, com sua vasta erudição, esclarece, noutra obra: "Se apenas há isenção, o corpo legislativo que podia tributar deixa, *sponte sua*, de criar o imposto. 'Isento' veio de *exceptus*, através de *eisento*, que foi a forma entre *exceto* e *isento*. Significa 'tirado', de *ex-imo*, tirar para fora".[16]

Em suma, para esta corrente doutrinária a isenção é um fato jurídico impeditivo da tributação. Graças a ela, o tributo não recai na pessoa ou no bem a que alude a norma jurídica tributante.

2.3 Posição de Paulo de Barros Carvalho

As coisas estavam neste pé quando Paulo de Barros Carvalho, querendo fugir do pecado lógico da definição pela negativa, partiu da divisão das normas jurídicas em *normas de comportamento* e em *normas de estrutura*,[17] para inserir, nestas últimas, as regras de isenção. Observando que as isenções tributárias são veiculadas por meio de *regras de estrutura*, luminosamente deduziu que a "regra de isenção investe contra um ou mais dos critérios da norma-padrão de incidência mutilando-os, parcialmente".[18]

A este respeito, prossegue o ilustre Titular de Direito Tributário da Universidade Católica de São Paulo: "É óbvio que não pode haver supressão total do critério, porquanto equivaleria a destruir a regra-matriz, inutilizando-a como norma válida do sistema. O que o preceito de isenção faz é subtrair parcela do campo de abrangência do critério do antecedente ou do consequente. Vejamos um modelo: estão isentos do imposto sobre a renda e proventos de qualquer natureza os rendimentos do trabalho assalariado dos servidores diplomáticos de governos estrangeiros. É fácil notar que

14. Héctor Villegas, *Curso de Direito Tributário*, cit., pp. 129-130 (os grifos estão no original).

15. Pontes de Miranda, *Comentários à Constituição de 1946*, t. 2º, p. 156.

16. Pontes de Miranda, *Questões Forenses*, t. VII, p. 70 (os grifos estão no original).

17. Apenas para nos situarmos no assunto, recordamos que as *normas de comportamento* albergam, no consequente, um comando voltado para o agir humano, enquanto as *normas de estrutura* contêm, no consequente, comandos que alcançam outras normas, isto é, "prescrevem o relacionamento que as normas de conduta devem manter entre si, dispondo também sobre sua produção e acerca das modificações que se queiram introduzir nos preceitos existentes, incluindo-se a própria expulsão de regras do sistema (ab-rogação)" (Paulo de Barros Carvalho, *Curso de Direito Tributário*, cit., 1ª ed., 1985, p. 301).

18. Paulo de Barros Carvalho, *Curso ...*, cit., 1ª ed., p. 303 (os grifos são do autor).

a norma jurídica de isenção do IR (pessoa física) vai de encontro à regra-matriz de incidência daquele imposto, alcançando-lhe o critério pessoal do consequente, no ponto exato do sujeito passivo. Mas não o exclui totalmente, subtraindo, apenas, no domínio dos possíveis sujeitos passivos, o subdomínio dos servidores diplomáticos de governos estrangeiros, e mesmo assim quanto aos rendimentos do trabalho assalariado. Houve uma diminuição do universo dos sujeitos passivos, que ficou desfalcado de uma pequena subclasse".[19]

E, mais adiante, esclarece:

"Consoante o entendimento que adotamos, a regra de isenção pode inibir a funcionalidade da regra-matriz tributária, comprometendo-a para certos casos, de oito maneiras distintas: quatro pela hipótese e quatro pelo consequente.

"I – *Pela hipótese*

"a) atingindo-lhe o critério material, pela desqualificação do verbo;

"b) atingindo-lhe o critério material, pela subtração do complemento;

"c) atingindo-lhe o critério espacial;

"d) atingindo-lhe o critério temporal.

"II – *Pelo consequente*

"e) atingindo-lhe o critério pessoal, pelo sujeito ativo;

"f) atingindo-lhe o critério pessoal, pelo sujeito passivo;

"g) atingindo-lhe o critério quantitativo, pela base de cálculo;

"h) atingindo-lhe o critério quantitativo, pela alíquota."[20]

Ainda, a respeito, o mesmo mestre:

"Algumas advertências, contudo, devem ser aduzidas. A diminuição do campo de abrangência dos critérios, ou de elementos que os compõem, não pode ser total. O timbre de parcialidade há de estar presente. Se porventura o legislador vier a desqualificar, semanticamente, todos os verbos; se subtrair a integralidade dos complementos; se anular, por inteiro, toda a amplitude do critério espacial; ou se retirar todas as unidades da escala do critério temporal, evidentemente que o fato jurídico jamais acontecerá no mundo físico exterior, o que equivale à revogação da regra-matriz, por ausência do descritor normativo. Também no consequente, se ficar totalmente comprometido o sujeito ativo; se extratarmos o conjunto global dos sujeitos passivos; se reduzirmos todas as bases de cálculo ou todas as alíquotas ao valor zero, é óbvio que nunca surdirá à luz uma relação jurídica daquele tributo, o que significa a inutilização cabal da norma-padrão de incidência. (...).

"Não confundamos subtração do campo de abrangência do critério da hipótese ou da consequência com mera redução da base de cálculo ou da alíquota, sem anulá-las. A diminuição que se processa no critério quantitativo, mas que não conduz ao

19. Idem, ibidem.

20. Idem, ibidem, pp. 304-305 (os grifos são do autor).

desaparecimento do objeto, não é isenção, traduzindo singela providência modificativa que reduz o *quantum* de tributo que deve ser pago. O nome atribuído pelo direito positivo e pela doutrina é isenção parcial."[21]

Portanto, para Paulo de Barros Carvalho, a regra de isenção investe contra um ou mais critérios da norma jurídica tributária, mutilando-os parcialmente.

O ilustre professor titular da PUC/SP e da USP acentua que não pode haver supressão total do critério, pois isto equivaleria a destruir a regra-matriz do tributo, inutilizando-a como norma válida no sistema.

De modo que, em síntese, para Paulo de Barros Carvalho, isenção é a limitação do âmbito de abrangência de critério do antecedente ou do consequente da norma jurídica tributária, que impede que o tributo nasça (naquele caso abrangido pela norma jurídica isentiva).

Semelhante o entendimento de Onaldo Franco Jannotti, que, partindo de Kelsen, conceituou a isenção como "a redução do âmbito de validade da norma jurídica tributária, em decorrência ou de modificação introduzida em critério (ou critérios) de sua hipótese de incidência (fato gerador *in abstracto*) ou de supressão de sua base de cálculo ou de sua alíquota (elementos quantitativos)".[22]

Conquanto tenhamos aprendido, com Agustín Gordillo,[23] que sempre há várias definições possíveis e certas (devendo, pois, cada uma ser prestigiada mais por sua conveniência, clareza e oportunidade, que por sua verdade ou falsidade), reconhecemos que as colocações de Paulo de Barros Carvalho, acompanhadas por Onaldo Jannotti, "explicam bem" o fenômeno jurídico sob enfoque.

Alguns exemplos possivelmente esclarecerão melhor este assunto.

I – Se uma lei municipal preceitua: "os prestadores de serviços médicos não pagarão ISS", ela, atacando o *aspecto pessoal* da hipótese de incidência deste tributo, está, em outros termos, estatuindo: *não se consideram prestadores de serviços, para fins de incidência do ISS, os prestadores de serviços médicos* (e, portanto, os prestadores de serviços médicos estão isentos do pagamento do ISS).

II – Se uma lei federal estabelece: "as indústrias que se instalarem no Nordeste do País não pagarão imposto sobre a renda", ela, investindo contra o *aspecto espacial* da hipótese de incidência deste tributo, está, por outro giro, dispondo: *estão fora do campo de incidência do IR as indústrias que, mesmo obtendo rendimentos, estiverem instaladas na região Nordeste do País* (e, destarte, as indústrias instaladas no Nordeste do País estão isentas do pagamento do IR).

III – Se uma lei municipal determina: "durante este ano, os proprietários de imóveis urbanos de dimensões reduzidas não pagarão IPTU", ela, acutilando o *aspecto*

21. Idem, ibidem, pp. 307-308 (os grifos são do autor).

22. Onaldo Franco Jannotti, *Isenção Tributária*, trabalho inédito apresentado no Programa de Pós-Graduação em Direito Tributário da PUC/SP, 1981, p. 12.

23. Agustín Gordillo, *Princípios Gerais de Direito Público*, 1ª ed., trad. de Marco Aurélio Greco, São Paulo, Ed. RT, 1977, pp. 7-11.

temporal da hipótese de incidência deste tributo, está, por via oblíqua, consignando: *no corrente ano, não ocorrerá o fato imponível do IPTU para os proprietários de imóveis de pequena dimensão* (e, assim, os proprietários de tais imóveis urbanos, por este ano, estão isentos do pagamento do IPTU).

IV – Se um decreto legislativo estadual, ratificando um convênio interestadual, proclama: "as vendas de leite não estão sujeitas ao pagamento do ICMS", ele, arremetendo contra o *aspecto material* da hipótese de incidência deste tributo, está, reflexamente, deixando assentado: *não se considera mercadoria, para fins de incidência do ICMS, o leite* (e, de conseguinte, as operações mercantis com leite estão isentas do pagamento do ICMS).

V – Se uma lei federal ordena: "o imposto sobre a renda só será devido por quem tiver auferido mais de R$ X de rendimentos líquidos anuais", ela, acometendo contra a *base de cálculo* deste tributo, está, por meios indiretos, proclamando: *não integrará a base de cálculo do IR a renda líquida inferior a R$ X anuais* (e, desta forma, os rendimentos inferiores a R$ X anuais estão isentos do pagamento do IR).

VI – Finalmente, se uma lei federal prescreve: "o importador de aparelhos cirúrgicos pagará 0% sobre o valor do bem importado, a título de imposto de importação", ela, atingindo a *alíquota* deste tributo, está, com palavras diversas, divulgando: *será submetida à alíquota zero, para fins de incidência do imposto de importação, a importação de aparelhos cirúrgicos* (e, em razão disto, a importação de aparelhos cirúrgicos está isenta do pagamento do *imposto de importação*).

Em rigor, este exemplário demonstra que o legislador pode utilizar-se de várias técnicas para conceder a isenção tributária. Como observamos, ele pode, para atingir tal objetivo, valer-se de qualquer elemento, seja do *antecedente*, seja do *consequente*, da norma jurídica tributária.

Muito bem, tornando ao nosso rumo, as ideias originais de Paulo de Barros Carvalho sensibilizaram, dentre outros, juristas do porte de um Cléber Giardino, de uma Misabel Machado Derzi e de um Sacha Calmon Navarro Coêlho. Como se isto não bastasse, foram bem acolhidas pelo próprio Souto Maior Borges, como inferimos deste tópico do "Prefácio" da 2ª edição de seu sempre citado *Isenções Tributárias*:

"À época em que este livro foi escrito predominavam, com aceitação a crítica e por isso mesmo, em não pequena medida, ingênua, certos preconceitos teóricos e consequentes descaminhos doutrinários em torno da isenção tributária. Produto sobretudo da velha e surrada concepção que definia a isenção como uma hipótese legal de dispensa do pagamento do tributo devido. Insurgindo-se contra essa proposta teórica, fundamento de toda a teoria tradicional da isenção, a sua caracterização neste livro como uma hipótese de não incidência da norma que prescreve a obrigação tributária não deve ser entendida senão como uma teoria de circunstâncias. Não pretende entretanto ser a melhor, nem definitiva – que isto não existe –, proposta teórica de explicação da isenção tributária. Mas é uma teoria de circunstâncias, precisamente porque foram aquelas equivocadas contingências teóricas que provocaram a reação suscitada por este livro.

"Nada obstante, houve até quem pretendesse – sem embasamento no que nele está escrito e antes deformando a sua formulação expressa – que o autor houvera a isenção como hipótese de não incidência pura e simples. É falsear o pensamento do autor tal como está formalizado ao longo da obra. Até porque fora absurdo supor-se norma que não incidisse. Não incidência, nas hipóteses de isenção, é só da norma tributária geral e abstrata. Precisamente porque sobre essa hipótese incide a norma isentante. Nem é possível cogitar-se de obrigação tributária desfeita *a posteriori* pela norma de isenção. Alguém só está obrigado a um determinado comportamento se e enquanto o comportamento oposto é o pressuposto para a aplicação de uma sanção qualquer, por hipótese, uma sanção tributária. Nada disso ocorre nas hipóteses de isenção."[24]

Como quer que seja, os dois conceitos (o de Souto Maior e o de Barros Carvalho) não se excluem; antes, se completam. Apenas captam o fenômeno da isenção tributária por ângulos diversos. Conjugados, permitem uma melhor visualização deste interessante e ainda tão pouco explorado assunto.

2.4 Novas ideias

Eliud José Pinto da Costa, nosso ex-orientando no Programa de Pós-Graduação em Direito da PUC/SP, desenvolveu, a respeito, um raciocínio original, que merece ser divulgado.

Este estudioso, ao depois de lembrar que a norma jurídica tributária é integrada por vários critérios (material, espacial, pessoal, temporal e quantitativo), que podem estar contidos tanto numa como em várias leis, observou, com argúcia, que a lei isentiva não forma uma *norma jurídica posterior*, impedindo que a anterior (a norma jurídica tributária) produza todos os seus efeitos. Pelo contrário, ela integra a norma jurídica tributária, conferindo-lhe novas características.

Para ilustrar sua ideia, exemplifica: lei que isenta do pagamento do IPTU os proprietários de imóveis localizados em determinado bairro, na verdade, não está mutilando a norma jurídica deste imposto; apenas lhe está dando nova configuração. São suas as seguintes palavras: "Ao excluir determinada localidade da incidência tributária, o legislador não reduz o aspecto espacial da norma, mas compõe outra norma tributária, diversa da anterior".[25]

Esta teoria, sem demérito das outras, demonstra que a lei isentiva confere uma nova fisionomia à norma jurídica tributária, que, assim, deixa de alcançar certos fatos. O tributo não mais recairá sobre a situação a que se refere tal lei.

Logo, não há uma norma jurídica tributária (anterior) e uma norma jurídica isentiva (posterior). O que há, sim, é a *resultante* das leis tributárias e das leis isentivas, que é a *norma jurídica tributária* com a conformação que estas lhe imprimiram.

24. José Souto Maior Borges, *Isenções Tributárias*, 2ª ed., São Paulo, Sugestões Literárias, 1980, p. 6.

25. José Pinto da Costa, *A Norma Jurídica Tributária e as Isenções Tributárias*, trabalho apresentado no Programa de Pós-Graduação em Direito da PUC/SP, inédito, 1988, p. 66.

Percebemos, pois, que a lei isentiva, ao contrário do que se apregoa, não mutila (senão metaforicamente) a norma jurídica tributária. Apenas lhe empresta novas feições.

Portanto, desenvolvendo o raciocínio do jovem mestre maranhense, a isenção dá um novo feitio à norma jurídica tributária, impedindo que certos fatos sejam alvo de tributação. Não investe contra a norma jurídica tributária, mas lhe comunica nova catadura.

Ademais – acrescentamos –, nem sempre a lei isentiva é posterior à que "cria" o tributo. Por vezes, é concomitante: a mesma lei que cria o tributo, dele isenta determinados fatos. Assim, por exemplo, a Lei paulistana 6.989, de 29.12.1966, que criou o IPTU no Município de São Paulo, isentou, em seu art. 18, dentre outros, "os imóveis construídos pertencentes ao patrimônio de agremiações desportivas". Como vemos, a mesma lei criou o tributo e dele isentou certas entidades.

Não raro, também, o legislador, instituindo um gravame, ao invés de esgotar a competência tributária que a Constituição outorgou à sua pessoa política, deixa ao largo da tributação determinados fatos que poderiam ser por esta alcançados.

Ora, a nosso sentir, tanto é isentiva a lei que expressamente coloca certos fatos fora do campo de incidência de um dado tributo como aqueloutra que, ao descrever a norma jurídica tributária, só considera *pressupostos da exação* alguns dos vários fatos que, em tese, seriam tributáveis.

Em síntese, temos para nós que a lei que não esgota a competência tributária da pessoa política que a editou também está isentando, ainda que de modo oblíquo. Tentaremos ser mais claros, com o seguinte exemplo: os Estados e o Distrito Federal, por força do que estipula o art. 155, II, da CF, têm competência para tributar as pessoas que, em caráter negocial, prestam serviços de transporte transmunicipal, de passageiros ou de cargas. Estes serviços de transporte podem ser rodoviários, ferroviários, aéreos, fluviais, lacustres, marítimos ou subterrâneos. Ora, se o legislador estadual ou do Distrito Federal considerar relevantes, para fins de tributação, apenas os serviços transmunicipais de transporte rodoviário, estará, indiretamente, isentando deste imposto os demais serviços transmunicipais de transporte. Ele poderia, é certo, ter começado por estatuir que *todos* os serviços de transporte transmunicipal seriam tributados, para, depois, isentar, do imposto em exame, os prestados por via ferroviária, aérea, fluvial etc. O resultado, porém, seria sempre o mesmo: os serviços de transporte transmunicipal prestados por via ferroviária, aérea, fluvial etc. estariam isentos do imposto a que alude o art. 155, II, da CF.

Em suma, submetemos à meditação dos doutos a seguinte ideia: a *lei isentiva* e a *lei tributante* convivem harmonicamente, formando uma única norma jurídica tributária (diferente da que existia antes de a isenção ser criada).

Portanto, isenção é uma limitação legal do âmbito de validade da norma jurídica tributária, que impede que o tributo nasça. Ou, se preferirmos, é a nova configuração que a lei dá à norma jurídica tributária, que passa a ter seu âmbito de abrangência restringido, impedindo, assim, que o tributo surja *in concreto* (evidentemente, naquela hipótese descrita na lei isentiva).

Posto isto, vejamos como podem ser concedidas as isenções tributárias no Brasil.

3. Competência para isentar, no Brasil

As isenções tributárias podem ser concedidas: a) por *lei ordinária*; b) por *lei complementar*; c) por *tratado internacional*, devidamente aprovado, ratificado e promulgado; e d) por *decreto legislativo* estadual ou do Distrito Federal, em matéria de ICMS.

Estudemos cada um destes fenômenos jurídicos.

3.1 Isenções concedidas por meio de lei ordinária

I – No mais das vezes, as isenções tributárias são concedidas por meio de lei ordinária (lei, é claro, da pessoa política tributante).

Só a pessoa que validamente criou (ou pode criar), por meio de lei, o tributo é que pode criar a isenção, desde que o faça, também, por meio de lei.[26] Assim, só a lei federal pode conceder isenções de tributos federais; só a lei estadual, de tributos estaduais; só a lei municipal, de tributos municipais; só a lei do Distrito Federal, de tributos desta pessoa política.

Assim, em princípio, as isenções tributárias são *autonômicas*, vale dizer, promanam da mesma pessoa política titular da competência para criar o tributo. São, em angusta síntese, *isenções de tributos de competência própria* (em contraposição às *isenções heterônomas*, isto é *isenções de tributos de competência alheia*).

Aliás, a própria CF encarregou-se de afastar dúvidas sobre este assunto, ao estatuir, em seu art. 151, III: "É vedado à União: (...) instituir isenções de tributos da competência dos Estados, do Distrito Federal ou dos Municípios".[27]

Este versículo da Lei Suprema aplica-se, por extensão, às demais pessoas políticas (os Estados, os Municípios e o Distrito Federal). Realmente, não faria sentido jurídico que só a União estivesse impedida de isentar tributos da competência de outras pessoas políticas. Na medida em que, juridicamente, as pessoas políticas são isônomas, este impedimento tolhe a todas.

Estamos, assim, percebendo que o regime jurídico dos tributos se confunde com o regime jurídico das isenções tributárias. Isto fez com que Souto Maior Borges, ba-

26. Recordamos, a propósito, que a pessoa política que pode isentar pode perfeitamente exercitar apenas em parte sua competência tributária. Basta, para tanto, que não inclua na lei instituidora do tributo determinados fatos, pessoas, atos ou situações. Com esta *omissão* o resultado é idêntico ao alcançado quando uma lei isentiva expressamente os menciona, vale dizer, a tributação não os poderá alcançar.

27. Ainda que inexistisse dispositivo deste teor, os princípios federativo, da autonomia municipal e da autonomia do Distrito Federal impediriam que a União, *por meio de lei ordinária federal*, concedesse isenções de tributos de competência dos Estados, dos Municípios ou do Distrito Federal.

seado em Sainz de Bujanda, proclamasse que "o poder de isentar é o próprio poder de tributar visto ao inverso".[28]

Em rigor, a competência para tributar e a competência para isentar são como o verso e o anverso de uma mesma moeda. Ou, dito de outro modo (menos metafórico), se só a lei pode validamente tributar, só a lei pode validamente isentar (esta, pelo menos, é a regra geral).

Isenções concedidas por meio de decreto, embora frequentes, são descabidas e injurídicas. É verdade que os contribuintes tendem a suportar bem as injuridicidades que os favorecem; mas, diante de um decreto que "isentou", qualquer cidadão mais zeloso será parte legítima para propor uma ação popular, que viria a pôr cobro a este ato detrimentoso ao patrimônio público. Sobremais, a autoridade que o edita comete, em tese, *crime de responsabilidade*, *ex vi* do art. 85, VII, da CF, sujeitando-se, assim, às sanções cabíveis (*v.g.*, perda do cargo, com inabilitação para o exercício de funções públicas, durante certo lapso de tempo).

Aproveitamos o ensejo para salientar que as isenções tributárias concedidas por meio de lei ordinária podem alcançar não só os impostos, como, também, as taxas e a contribuição de melhoria. Podem alcançar, pois, quaisquer tributos.

II – Realçamos que a União, ao conceder isenções, não pode privilegiar, *sem causa jurídica*, uma região do País, em relação a outra. É o que deduzimos analisando o art. 151, I, da CF, que veicula o chamado *princípio da uniformidade geográfica da tributação*: "Art. 151. É vedado à União: I – instituir tributo que não seja uniforme em todo o território nacional ou que implique distinção ou preferência em relação a Estado, ao Distrito Federal ou a Município, em detrimento de outro, admitida a concessão de incentivos fiscais destinados a promover o equilíbrio do desenvolvimento socioeconômico entre as diferentes regiões do País".

Este artigo confirma que as pessoas políticas são juridicamente iguais (princípio da isonomia das pessoas políticas) e, por isso, devem receber o mesmo tratamento tributário. Só na medida de suas desigualdades econômicas – e ainda assim por região – é que se admite que as pessoas políticas mais carentes venham a desfrutar de vantagens fiscais.

Vemos que a União não pode criar, senão em nome do superior interesse nacional, quaisquer distinções ou preferências tributárias em favor ou contra os Estados, os Municípios e o Distrito Federal.

Em tese, portanto, os tributos federais deverão ser uniformes em todo o território nacional (o que, diga-se de passo, reafirma a pujança dos princípios federativo, da autonomia municipal e da autonomia do Distrito Federal). Só serão constitucionais as isenções que colimem "promover o equilíbrio do desenvolvimento socioeconômico entre as diferentes regiões do País". Caberá, evidentemente, ao Judiciário, quando provocado pelas partes interessadas, dizer a última palavra a respeito.

28. José Souto Maior Borges, *Isenções* ..., cit., 2ª ed., p. 39. Sainz de Bujanda, a respeito, chega a dizer que a isenção é a outra face da moeda da tributação (*XI Semana de Estudios de Derecho Financiero*, vol. 2, p. 1.142).

Ressaltamos que os incentivos a que alude este inciso devem beneficiar a *região* como um todo (*v.g.*, a Região Norte); nunca apenas pessoas ou categorias de pessoas que a habitam. Não podem, pois, ser *setoriais*, favorecendo, por exemplo, apenas aos criadores de gado ou aos usineiros, sem repercutir, de modo positivo, na região carente.[29]

Também estes incentivos devem favorecer as regiões mais pobres do País e, não, às mais desenvolvidas. Não podem, por igual modo, prejudicar pessoas ou categorias de pessoas que atuam nas regiões mais prósperas. Finalmente, não lhes é dado incidir sobre regiões novas, artificialmente criadas, que não se identificam com as já existentes e reconhecidas pela própria Constituição Federal (*v.g.*, no art. 159, I, "c").

O art. 151, I, da CF aplica-se, feitas as necessárias adaptações, aos Estados, aos Municípios e ao Distrito Federal. Também a eles é vedado conceder isenções tributárias sem critério nem método; pelo contrário, só poderão fazê-lo tendo em mira a obtenção do interesse público, promovendo "o equilíbrio do desenvolvimento socioeconômico" entre suas diferentes regiões (no caso dos Estados) ou bairros (no caso dos Municípios ou do Distrito Federal).

III – Aliás, esta prescrição completa-se com o art. 152 da CF: "É vedado aos Estados, ao Distrito Federal e aos Municípios estabelecer diferença tributária entre bens e serviços, de qualquer natureza, em razão de sua procedência ou destino".

Este dispositivo, como é fácil perceber, veicula o *princípio da não discriminação tributária em razão da origem ou do destino dos bens e serviços*, que visa, em última análise, a assegurar, no mercado nacional, tratamento tributário isonômico a todas as pessoas físicas ou jurídicas que desenvolvam suas atividades econômicas no âmbito interestadual ou intermunicipal.

Destarte, os Estados, os Municípios e o Distrito Federal não podem graduar, para mais ou para menos, seus tributos em razão da região de procedência ou destino dos bens e serviços de qualquer natureza. O art. 152 da Carta Magna consagra a ideia de que o território nacional forma uma só unidade econômica – e, destarte, as pessoas que nele residem ou têm sede não podem sujeitar-se a regime tributário mais ou menos gravoso conforme seus bens ou serviços tenham, ou não, sido produzidos numa dada região do País.

A propósito, Aliomar Baleeiro dilucida: "Toda retaliação para proteger da concorrência de fora o produtor, comerciante ou, enfim, contribuinte da pessoa de direito público tributante é inconstitucional, seja onerando o produto acabado que entre, seja restringindo a saída de matérias-primas destinadas a competidores situados fora".[30]

29. V., a respeito, as excelentes *Notas* de Misabel Derzi ao livro *Limitações Constitucionais ao Poder de Tributar*, de Aliomar Baleeiro (7ª ed., Rio de Janeiro, Forense, 1997), nas pp. 378-389. A autora, inclusive, demonstra, com argumentos de peso, a inconstitucionalidade das alíquotas diferenciadas da Lei 8.383/1991, que, a seu sentir "somente beneficiam os produtores do Norte e do Nordeste, sem propiciarem o desenvolvimento socioeconômico dessas regiões, penalizando as camadas mais pobres do povo brasileiro" (p. 386).

30. Aliomar Baleeiro, *Direito Tributário Brasileiro*, 11ª ed., Rio de Janeiro, Forense, 1999, p. 163.

No mesmo sentido, Sacha Calmon Navarro Coêlho observa que as referidas pessoas políticas "não podem estabelecer *barreiras fiscais* dentro do território nacional, eis que o mercado brasileiro é comum".[31] E completa, com a argúcia que o caracteriza, que, não fosse a vedação do predito art. 152, "é bem possível que os Estados, para proteger suas respectivas economias, imaginassem fórmulas fiscais discriminatórias, em verdadeira 'guerra fiscal' onde não faltariam leilões de favores tributários".[32]

Vai daí que a origem dos bens ou serviços, ou o local para onde se destinam, absolutamente, não autorizam a alteração das alíquotas ou das bases de cálculo dos tributos estaduais, municipais ou do Distrito Federal; tampouco a concessão de isenções, benefícios ou incentivos fiscais, privilegiando contribuintes de uma dada região do País, em detrimento dos de outra.

Em boa verdade científica, a Constituição Federal proíbe que se criem "aduanas internas". Muito pelo contrário, quer que os bens e serviços circulem livremente por todo o território nacional e – mais do que isso – que, saindo do Estado ou do Município de origem, ou do Distrito Federal, possam concorrer, em clima de igualdade, com os bens produzidos no território local.

IV – Salientamos que o art. 152 da Carta Magna está afinado no mesmo diapasão do precitado art. 151, I, deste Diploma.

Ambos consagram o *princípio da uniformidade geográfica da tributação* – e, nesta medida, confirmam que os entes federados são juridicamente iguais (*princípio da isonomia dos entes federados*) e, por via de consequência, que não podem dispensar tratamento fiscal anti-isonômico às pessoas físicas ou jurídicas neles respectivamente domiciliadas ou sediadas.

Esta igualdade de tratamento – diga-se de passagem – desdobra uma série de princípios constitucionais, quais o federativo e o da igualdade entre brasileiros e estrangeiros residentes ou em trânsito no Brasil, bem como entre empresas sediadas nas várias regiões no País.

Observe-se que, a teor do art. 151, I, *in fine*, da CF, à União é dado conceder, às pessoas físicas ou jurídicas, "incentivos fiscais destinados a promover o equilíbrio do desenvolvimento socioeconômico entre as diferentes regiões do País". Noutro giro verbal, admite-se que, na medida de suas desigualdades econômicas – e ainda assim por região –, as pessoas mais carentes venham a desfrutar de vantagens fiscais federais. A rigidez do dispositivo foi, é certo, atenuada, mas o permissivo constitucional deve ser utilizado com parcimônia, para não descambar em privilégios que, ao invés de promover, romperiam o equilíbrio socioeconômico de diferentes regiões do País e, em razão disso, vulnerariam – o que seria irremissível – o magno *princípio federativo*.

Se, porém, a União, em nome do superior interesse nacional, pode privilegiar tributariamente pessoas domiciliadas ou sediadas numa dada região carente do País,

31. Sacha Calmon Navarro Coêlho, *Curso de Direito Tributário Brasileiro*, Rio de Janeiro, Forense, 1999, p. 305 (os grifos estão no original).

32. Idem, ibidem.

em ordem a alavancar-lhe o progresso socioeconômico, os Estados, os Municípios e o Distrito Federal, à míngua de autorização constitucional expressa, estão impedidos de enveredar pela mesma trilha. Não lhes é permitido, pois, seja qual for o motivo, estatuir tributação diferençada em face do local onde os bens foram produzidos.

V – É certo que, eventualmente, uma norma tributária poderá apenas em parte vulnerar o disposto no art. 152 da CF. Neste caso, cabe ao intérprete envidar seus melhores esforços para remover as antinomias existentes na norma tributária, a fim de harmonizá-la com o Texto Magno.

Assim procedendo, estará sendo fiel ao propósito – sempre louvado pelos constitucionalistas – de preservar a parte hígida da lei tributária, compatibilizando-a, ao mesmo tempo, com os princípios constitucionais que protegem os contribuintes de eventuais excessos ou desvios fiscais.

O próprio Poder Judiciário, antes de decretar a inconstitucionalidade de uma norma jurídico-tributária, deve fazer o possível para, mediante exegese adequada, preservá-la, ainda que em parte.

Nesse sentido, vale colacionar a clássica exortação de Lúcio Bittencourt, *verbis*: "(...) os tribunais, antes de fulminar a lei com a declaração de inconstitucionalidade, devem procurar interpretá-la de tal modo que se torne possível harmonizá-la com a Constituição. E somente no caso de se tornar isso de todo impraticável é que se poderá reconhecer a ineficácia do diploma impugnado".[33]

Em suma, apenas deve ser afastada a parte da norma tributária que entrar em testilhas com o art. 152 da CF. As demais partes continuarão a irradiar efeitos.

VI – Mudando de assunto e antes de finalizarmos este item, queremos deixar registrado que a medida provisória, a nosso sentir, é inidônea para conceder isenções tributárias. A precariedade deste ato normativo (que, mesmo quando editado de acordo com os ditames do art. 62 da CF, só revoga a legislação anterior depois de transformado em lei) não se compadece com o regime jurídico das isenções, em muito semelhante, como vimos, ao regime jurídico do tributo. Depois, se aceitarmos que a lei isentiva integra a norma jurídica tributária, teremos mais uma razão para não admitirmos que medidas provisórias concedam isenções.

Acrescentamos que a revogação de isenções também deve, de regra, ser feita por meio de lei ordinária. Nunca por atos do Executivo, que a isto obsta o *princípio da legalidade*.

3.2 Isenções concedidas por meio de lei complementar

I – As isenções tributárias também podem ser concedidas por meio de lei complementar, nos termos do art. 156, § 3º, II, da CF.[34] Este é, atualmente, o único caso em

33. Lúcio Bittencourt, *O Controle Jurisdicional da Constitucionalidade das Leis*, 2ª ed., Rio de Janeiro, Forense, 1968, p. 93.

34. Ficam, aqui, prejudicadas as referências e considerações exegéticas ao art. 155, § 2º, XII, "e", da CF, porque a Emenda Constitucional 42, de 19.12.2003, dando nova redação ao art. 155, § 2º, X,

que nosso ordenamento jurídico admite *isenções heterônomas*, isto é, isenções concedidas por pessoa política diversa daquela que tem competência constitucional para instituir o tributo. Relembramos que, de regra, as isenções são *autonômicas*, conforme se infere da só leitura do art. 151, III, da Carta Magna ("é vedado à União instituir isenções de tributos da competência dos Estados, do Distrito Federal ou dos Municípios").

De acordo com o supramencionado art. 156, § 3º, II, da Carta Magna, a União, por meio de lei complementar, pode conceder isenções de ISS sobre serviços prestados a destinatários no exterior.[35]

Portanto, as pessoas que prestarem, em caráter negocial, para destinatários no exterior, serviços de qualquer natureza, não compreendidos no art. 155, II, da CF, poderão, por meio de lei complementar, ser isentadas da tributação em pauta.

Exemplificando, para melhor esclarecer: a pessoa (física ou jurídica) que, em caráter negocial, presta, para destinatários no exterior, serviços de urbanismo será tributada, por meio de ISS, no Município onde foram produzidos (ou no Distrito Federal, caso os serviços aí tenham sido implementados), salvo se, com apoio no art. 156, § 3º, II, da CF, vier editada lei complementar concedendo-lhe uma isenção.

Note-se que é a própria Constituição Federal que autoriza a incidência do ISS sobre exportações de serviços, na medida em que dá competência à União para isentá-las, por meio de lei complementar. Afinal, aptidão para isentar pressupõe competência para tributar.

Ainda a respeito, cremos que a lei complementar que isenta a *exportação* de determinado serviço alcança não só o *exportador* imediato, como todos quando concorreram para que ela se efetivasse. De fato, a nosso juízo, as pessoas que, em caráter negocial, realizaram *atividades-meios*, que levaram a tal *exportação*, também são alcançadas pela benesse.

II – Recordamos, por outro lado, caber à lei complementar (e só a ela) conceder isenções de empréstimos compulsórios (art. 148 da CF), de impostos residuais (art. 154, I, da CF) e das contribuições sociais que criam novas fontes de custeio para a seguridade social (art. 195, § 4º, da CF). A razão disso é simples: criados por lei complementar, estes tributos só podem ser isentados por meio deste ato normativo.[36]

"a", do mesmo Diploma Magno, *esvaziou* a mencionada alínea, que dispunha caber à lei complementar "excluir da incidência do imposto, (*o ICMS*) nas exportações para o exterior, serviços e outros produtos além dos mencionados no inciso X, 'a'" (esclarecemos). Agora, são imunes ao ICMS todas as "operações que destinem mercadorias para o exterior", bem como os "serviços prestados a destinatários no exterior".

O açodamento e a falta de técnica de nosso *constituinte derivado* foram tamanhos, que literalmente ele se "esqueceu" de, no art. 155, § 2º, XII, da CF, revogar expressamente a alínea "e", em questão. A nosso ver, porém, tal revogação deu-se implicitamente, por força da incompatibilidade desta alínea com o que agora preceitua o art. 155, § 2º, X, "a", da CF.

35. De modo atécnico, o art. 156, § 3º, II, da CF comete à lei complementar a aptidão para excluir da incidência do ISS as "exportações de serviços para o exterior". Na realidade, os serviços são produzidos no Brasil, *para destinatários no exterior*, quando – aí, sim – se ultimam, ou seja, são dados por efetivamente prestados, já que atendem à necessidade que levou os tomadores a contratar sua execução.

36. Ao contrário do que se dava à época da Carta de 1967/1969, já não é mais possível à União, por meio de lei complementar, conceder isenções de impostos estaduais e municipais. Com efeito, aquela Lei

Neste passo, porém, está-se, novamente, no campo das *isenções autonômicas* (isenções de tributos de competência própria).

3.3 Isenções concedidas por meio de tratados internacionais

Os tratados internacionais ocupam posição de particular relevo dentro do direito tributário brasileiro.

Como já observamos em outro trecho desta obra,[37] a coexistência, no mundo atual, de uma pluralidade de Nações soberanas enseja, muitas vezes, o surgimento de tratados (acordos) internacionais, disciplinando os limites em que elas poderão tributar sem que surjam atritos fiscais ou situações de injustiça para os contribuintes.

Os tratados internacionais podem, inclusive, estipular (e frequentemente estipulam) isenções tributárias.

Vale lembrar que, em nosso País, tais isenções nascem só depois de o tratado internacional que as prevê ser confirmado pelo Congresso Nacional e ratificado e promulgado pelo Presidente da República. Neste caso, o tratado obriga a Nação, internacionalmente, com a ratificação, e, no âmbito interno, com a promulgação.

Insistimos: para que as normas contidas em tratados que concedem isenções tributárias se tornem eficazes em nosso ordenamento jurídico, é imprescindível venham aprovados (pelo Congresso Nacional) e ratificados e promulgados (pelo Presidente da República).

Desenvolvamos, agora, uma questão pouco versada pelos doutrinadores.

Sabemos que a União costuma celebrar tratados internacionais sobre as mais variadas matérias, inclusive tributárias. A maioria dos tratados de conteúdo tributário tem por objeto o imposto sobre a renda (mais especificamente, a eliminação ou atenuação da dupla tributação da renda auferida por pessoas físicas ou jurídicas); alguns destes tratados tributários, porém, alcançam tributos de competência estadual, municipal ou do Distrito Federal.[38]

Suprema dispunha, em seu art. 19, § 2º: "A União, mediante lei complementar e atendendo a relevante interesse social ou econômico nacional, poderá conceder isenções de impostos estaduais e municipais".

Na 1ª edição deste livro escrevemos, a propósito:

"De acordo com o art. 19, § 2º, da Lei Maior, a União, por meio de lei complementar, pode conceder isenções de impostos (e só de impostos) estaduais e municipais, desde que haja relevante interesse nacional, neste sentido.

"Por sem dúvida, esta lei complementar só vai ter cabida quando estiver presente o *interesse público nacional* (perquirível, em última análise, pelo Poder Judiciário).

"Parece-nos claro que o art. 19, § 2º, do Texto Magno não se sobrepõe nem ao princípio federativo, nem ao princípio da autonomia municipal. Deve, portanto, ser interpretado e aplicado em sintonia com eles" (p. 224).

37. "Princípio da Anterioridade e Tributação", subitem 5.3.

38. Foi o que se deu, por exemplo, com o Tratado de Itaipu (aprovado pelo Decreto Legislativo 23, de 30.5.1973), pelo qual a União se comprometeu, com a República do Paraguai, dentre outras coisas, a não cobrar impostos, taxas e empréstimos compulsórios, de qualquer natureza, sobre os materiais, equipamentos e serviços adquiridos pela *Itaipu Binacional* (empresa criada por este Acordo Internacional, destinada ao aproveitamento hidrelétrico dos recursos hídricos do rio Paraná). Este Tratado impede, pois,

Pois bem, a pergunta que formulamos é a seguinte: pode a União, por meio de tratados internacionais, dispor sobre tributos estaduais, municipais ou do Distrito Federal? Ou, se preferirmos, tratados internacionais que preveem isenções de ICMS, ISS, IPTU etc. obrigam os Estados, os Municípios e o Distrito Federal?

Entendemos que não, porque a Constituição Federal proíbe expressamente a União de conceder isenções de tributos estaduais, municipais ou do Distrito Federal (art. 151, III).

Ao argumento de que não é a União, enquanto *ordem jurídica parcial central*, que firma o tratado internacional, mas, sim, a República Federativa do Brasil, *enquanto ordem jurídica global* (o Estado Brasileiro), contrapomos que, no plano interno, mesmo quando esta pessoa política representa a Federação, não pode conceder isenções heterônomas, com exceção das expressamente autorizadas nos arts. 155, § 2º, XII, "e", e 156, § 3º, II, ambos da CF.

Ora, se a União, como ordem jurídica global (nacional), está impedida de conceder isenções heterônomas (tirantes as já apontadas exceções), nada autoriza concluir – à míngua de qualquer ressalva neste sentido – que lhe é permitido fazê-lo quando comparece no cenário internacional, firmando tratados.

É que a União, mesmo no plano internacional, está subordinada à Constituição; e, diferentemente das Cartas norte-americana, mexicana e argentina (só para citarmos alguns exemplos), a brasileira não prescreve a supremacia dos tratados internacionais sobre as leis estaduais, municipais ou do Distrito Federal (salvo quando versarem sobre direitos humanos e forem aprovados por meio de processo legislativo análogo ao das emendas constitucionais – hipótese em que passam a ocupar o mesmo plano jurídico destas, *ex vi* do disposto no art. 5º, § 4º, da CF). E, em face dos princípios federativo, da autonomia municipal e da autonomia do Distrito Federal, nem esta supremacia pode ser inferida. A nosso juízo, pois, o tratado internacional não pode obrigar os Estados, os Municípios e o Distrito Federal a abrirem mão de parte ou da totalidade de suas competências tributárias. Nem mesmo quando aprovado, ratificado e promulgado. Temos por incontroverso que à União é vedado usurpar competências que a Lei das Leis outorgou aos Estados, ao Distrito Federal e aos Municípios.[39]

a tributação por via de ICMS e de ISS quando houver, respectivamente, operações jurídicas com mercadorias e prestações de serviços de qualquer natureza para a Itaipu Binacional.

39. Neste sentido, devemos receber com cautela o art. 7º do Tratado de Assunção, mais conhecido como Tratado do Mercosul – Mercado Comum do Sul, quando estabelece que, em matéria de impostos, taxas e outros gravames internos, os produtos originários do Estado-parte gozarão, nos outros Estados-partes, do mesmo tratamento que se aplique ao produto nacional.

Não temos dúvidas em proclamar que, em relação aos tributos federais, é inegável que existem isenções entre os produtos que circulam do Brasil para a Argentina, para o Uruguai e para o Paraguai (demais Países signatários do predito Tratado, celebrado em 26.3.1991).

Mas, em relação aos tributos estaduais, municipais e do Distrito Federal continuamos entendendo, *data venia*, que tais isenções não valem. Os Estados-membros, os Municípios e o Distrito Federal, em que pese aos elevados objetivos deste Tratado, não estão obrigados a respeitar o que, neste ponto, foi pactuado pela União.

Aliás, o próprio Governo Federal, coadjuvado por juristas de altos predicados, como o eminente Alcides Jorge Costa, num certo sentido está encampando nossa tese. Deveras, um dos vários *Projetos de*

Tais ideias foram encampadas pelo STJ no acórdão prolatado no REsp 90.871-PE, que tem a seguinte *ementa*: "Tributário – Isenção – ICMS – Tratado internacional. 1. O sistema tributário instituído pela Constituição Federal/1988 vedou a União Federal de conceder isenção a tributos de competência dos Estados, do Distrito Federal e Municípios (art. 151, III). 2. Em consequência, não pode a União firmar tratados internacionais isentando o ICMS de determinados fatos geradores, se inexiste lei estadual em tal sentido. 3. A amplitude da competência outorgada à União para celebrar tratados sofre os limites impostos pela própria Carta Magna. 4. O art. 98 do CTN há de ser interpretado com base no panorama jurídico imposto pelo novo sistema tributário nacional. 5. Recurso especial improvido" (rel. Min. José Delgado, *DOU* 20.10.1997, p. 52.977).

3.4 *Isenções concedidas por meio de decreto legislativo estadual ou do Distrito Federal (ICMS)*

Como vimos no cap. V, "Princípio da Anterioridade e Tributação" (subitem 5.2), as isenções de ICMS caracterizam-se por uma série de peculiaridades. Ao que já escrevemos, permitimo-nos acrescentar que, unilateralmente, nem os Estados nem o Distrito Federal podem concedê-las. Não há, portanto, *isenções autonômicas* em matéria de ICMS.

A CF cuida do assunto em seu art. 155, § 2º, XII, "g", *verbis*: "XII – cabe à lei complementar: (...) g) regular a forma como, mediante deliberação dos Estados e do Distrito Federal, isenções, incentivos e benefícios fiscais serão concedidos ou revogados".

A só leitura deste dispositivo constitucional revela que a lei complementar, no que concerne ao ICMS, pode dispor sobre a forma de deliberação interestadual para a concessão de isenções, incentivos e benefícios fiscais.

Fiquemos com esta última hipótese, que é a que agora particularmente nos interessa.

A forma de deliberação interestadual para a concessão de isenções em matéria de ICMS é o *convênio*. Vejamos.

Os Estados e o Distrito Federal podem conceder (ou revogar) isenções, em matéria de ICMS, não por meio de lei ordinária,[40] mas de *decreto legislativo*, ratificando *convênio* entre eles firmado. Só após aprovados, legislativamente, os convênios que concedem isenções de ICMS passam a ter eficácia. Tal aprovação deve ser feita por meio de *decreto legislativo*.

Reforma Fiscal propunha nova redação para o art. 151, III, da CF ("é vedado à União conceder isenções de tributos estaduais, municipais e distritais"), que passaria a estabelecer: "É vedado à União conceder isenção de tributo da competência dos Estados, do Distrito Federal ou dos Municípios, *salvo quando previsto em tratado, convenção ou ato internacional do qual o Brasil seja signatário*" (grifos nossos).

40. A lei ordinária estadual ou do Distrito Federal não pode criar ou extinguir isenções de ICMS. O assunto deve ser regulado por meio de *convênio* entre as entidades tributantes (os Estados e o Distrito Federal). Tal convênio, como vimos, só surtirá efeitos *pro foro interno* após ser aprovado por meio de decreto legislativo (da Assembleia Legislativa de cada Estado e da Câmara Legislativa do Distrito Federal).

A Constituição exige que todos os Estados-membros da Federação, bem assim o Distrito Federal, se coloquem de acordo, mediante convênio, para que as isenções de ICMS surjam ou venham abolidas. Este ditame visa evitar a "guerra fiscal" entre as diversas regiões do País, que são muito díspares, já que, algumas, são industrializadas, outras não; poucas são prósperas; a maioria, nem tanto. Só o consenso entre todas as pessoas políticas interessadas – consubstanciado no convênio – abre caminho à outorga ou retirada de isenções de ICMS.

Portanto, para que isenções de ICMS surjam validamente, é preciso que os Estados e o Distrito Federal celebrem entre si *convênios*, que, ao depois, para se transformarem em *Direito interno* de cada uma destas pessoas políticas, deverão ser por elas ratificados. O instrumento idôneo da ratificação, longe de ser o decreto do Governador, é o *decreto legislativo* (estadual ou do Distrito Federal, conforme o caso).

A celebração dos convênios – relembramos – deve ser levada a efeito pelo Poder Executivo, e sua ratificação, pelo Poder Legislativo (a Assembleia Legislativa de cada Estado e a Câmara Legislativa do Distrito Federal). Portanto, os convênios que concedem isenções de ICMS só entrarão a fazer parte do ordenamento jurídico interno dos Estados ou do Distrito Federal após serem aprovados pelas respectivas Casas Legislativas. Isto, aliás, nos levou a sustentar, em outra passagem desta obra, que, em rigor, o convênio é, apenas, o pressuposto para a concessão da isenção do ICMS. Esta surgirá do decreto legislativo (estadual ou do Distrito Federal) que confirma o convênio.

Observamos, ainda, que é preciso que *todos* os Estados e o Distrito Federal ratifiquem o convênio para que a isenção em tela nasça. Reforçando a ideia, se uma única destas entidades tributantes deixar de fazê-lo, o benefício não surgirá.

Reiteramos, neste item, que a lei complementar prevista no art. 155, § 2º, XII, "g", da CF (cabe à lei complementar regular a forma como, mediante deliberação dos Estados e do Distrito Federal, isenções, incentivos e benefícios fiscais serão concedidos e revogados) não poderá estabelecer o *conteúdo* dos convênios, mas, apenas, os *mecanismos jurídicos* que nortearão sua celebração. Tal lei complementar deverá, apenas, dar operatividade técnica ao sistema de celebração de convênios. Não poderá, sob hipótese alguma, dificultar sua celebração, nem, muito menos, estipular seu conteúdo. Tem, pois, caráter meramente formal, devendo, evidentemente, respeitar os princípios e normas constitucionais.

O assunto continua sob a égide da Lei Complementar 24, de 7.1.1975, já que o art. 27 da Lei Complementar 87, de 13.9.1996, que dele tratava, foi vetado pelo Presidente da República.[41]

Evidentemente, os convênios de que aqui estamos cogitando devem limitar-se a dispor sobre isenções de ICMS. Não lhes é dado, a este pretexto, cuidar de questões estranhas. Muito menos possibilitar o descumprimento de princípios constitucionais, máxime se isto vier em detrimento dos contribuintes.[42]

41. As *razões de veto* declaram textualmente que a matéria continua regulada pela Lei Complementar 24/1975.

42. V. próximo subitem.

Milita neste sentido a própria Lei Complementar 24/1975, que, além de estatuir que os convênios deverão versar apenas sobre a concessão ou extinção de incentivos fiscais (arts. 1º e 2º), declara nulos os que inobservarem estes limites (art. 8º).

Em suma, as isenções de ICMS, longe de poderem ser concedidas (ou revogadas) pelas próprias unidades federativas interessadas, devem ser objeto de convênios, celebrados e ratificados pelos Estados e pelo Distrito Federal.[43]

3.5 Revogação de isenção tributária e anterioridade

Para darmos fecho ao raciocínio que estamos desenvolvendo, relembramos que "a revogação de uma lei que concede isenção equivale à criação de tributo".[44] De conseguinte, quando isto ocorre, deve ser observado o princípio da anterioridade, como procuramos demonstrar quando tratamos especificamente deste tema.

4. Questões paralelas

Vamos, em seguida, estudar, sucessivamente: a) as modalidades de isenções tributárias; b) o campo de incidência das leis isentivas; e c) o desaparecimento das isenções de ICMS concedidas por lei complementar antes do advento da atual Constituição.

4.1 Modalidades de isenções tributárias

As isenções tributárias podem ser *transitórias* ou *permanentes*, estas e aquelas concedidas de modo *condicional* ou *incondicional*. Desenvolvamos estas ideias.

4.1.1 Isenções transitórias e permanentes. Consequências jurídicas de sua revogação

I – As *isenções transitórias*, também chamadas *isenções com prazo certo* têm seu termo final de existência prefixado na lei que as cria. Enquanto tal prazo não tiver transcorrido o contribuinte tem o direito subjetivo de continuar gozando do benefício fiscal.[45]

Já, sendo com prazo indeterminado a isenção (*isenção permanente*), a pessoa política que a concede pode revogá-la, total ou parcialmente, a qualquer tempo, a

43. Na prática têm havido muitas isenções de ICMS concedidas por meio de lei ordinária – quando não de decreto – da própria unidade federativa interessada. Estas *isenções autonômicas* são manifestamente inconstitucionais, e a qualquer tempo podem ser contestadas, perante o STF (art. 102, I, "f", da CF), pelas unidades federativas que se sentirem prejudicadas.

44. Hugo de Brito Machado, *Curso de Direito Tributário*, 35ª ed., São Paulo, Malheiros Editores, 2014, p. 236.

45. Como veremos mais adiante (subitem 4.1.3), se a isenção tributária for transitória e condicionada, sua revogação antes de fluído o prazo apontado na lei que a concedeu gera para o contribuinte que cumpriu o encargo o direito de continuar a fruir do benefício, até que se esgote tal prazo.

seu alvedrio, desde que, naturalmente, o faça por meio de lei, respeitado, quando for o caso, o *princípio da anterioridade*. Tal revogação poderá ser *expressa* ou *tácita*. *Expressa*, quando a lei da pessoa política competente declara, simplesmente, que o benefício deixou de existir ("fica revogada a isenção ..."). *Tácita*, quando cria (ou "recria") tributo idêntico àquele que fora objeto da isenção.

A revogação de isenção *com prazo indeterminado*, ainda que *onerosa* (condicional), não gera, para o contribuinte, nem o direito de ser indenizado, nem, muito menos, o de continuar fruindo, pura e simplesmente, do benefício. O contribuinte tem, apenas, o direito de ver respeitado o *princípio da anterioridade* (em relação, obviamente, aos tributos sobre os quais ele incide).

Pensamos que também a isenção *com prazo certo* (por tempo determinado) pode ser revogada ou modificada livremente, antes de expirado o tempo de duração da medida.

II – Abrindo um parêntese, permitimo-nos dissentir dos doutrinadores que entendem que a isenção por tempo determinado não pode ser revogada antes de expirado o prazo da lei que a criou. Vejamos.

A lei não pode vincular o legislador futuro. Senão, com o tempo, o exercício da função legislativa poderia ficar seriamente comprometido, quando não inviabilizado. Aliás, é exatamente por isto que a lei *irrevogável* padece de inconstitucionalidade.

Estas colocações, que parecem pioneiras, são, pelo contrário, muito antigas. Tanto que, já no século retrasado, Thomas Cooley prelecionava: "Nenhum corpo legislativo, em virtude da autoridade que lhe é inerente, poderá produzir alguma lei que venha limitar ou derrogar a autoridade dos seus sucessores. Se uma legislatura pudesse em qualquer grau limitar a competência (*power*) dos seus sucessores, tal processo poder-se-ia repetir periodicamente, até que o Estado ficasse espoliado da sua autoridade legislativa e da sua própria soberania. Por este motivo é que nenhum Estado pode sancionar lei irrevogável, porque uma lei irrevogável deve necessariamente tolher até certo ponto a competência dos futuros legisladores".[46]

Aí está: não podendo o Estado ser impedido de legislar, a lei que concede uma isenção com prazo certo é passível de revogação antes de fluído o prazo nela apontado. A lei revocatória, no entanto, só produzirá efeitos no exercício seguinte (a menos, é claro, que estejamos diante de um daqueles poucos tributos que a Constituição colocou a salvo das exigências do princípio da anterioridade).

III – Temos para nós, ainda, que a revogação prematura de isenção com prazo certo, *desde que esta seja gratuita* (*incondicional*), além de inindenizável, não faz nascer, para o contribuinte, qualquer direito adquirido de continuar gozando da vantagem que a lei isentiva lhe dava. Em rigor, o contribuinte tinha, apenas, uma expectativa de direito – afinal frustrada pelo legislador – de ser beneficiado pela isenção durante certo lapso de tempo.

46. Thomas Cooley, *Princípios Gerais de Direito Constitucional dos Estados Unidos da América do Norte*, 2ª ed., trad. de Alcides Cruz, São Paulo, Ed. RT, 1982, pp. 116-117 (atualizamos a redação).

É evidente que a lei revocatória nunca alcançará as isenções (seja as com prazo certo, seja as com prazo indeterminado) que se perfizeram juridicamente, produzindo os efeitos que lhes eram próprios. Deveras, ela, em razão da norma constitucional que protege o ato jurídico perfeito, não poderá alterar ou destruir os benefícios fiscais auferidos sob o império da antiga lei isentiva.

4.1.2 Isenções condicionais e incondicionais

I – Além da isenção pura e simples (*incondicional*), é perfeitamente viável a feita com condição (*condicional*).

Ia – As isenções condicionais também são chamadas *bilaterais* ou *onerosas*, porque, para serem fruídas, exigem uma contraprestação do beneficiário. Ele é que deve decidir se vale, ou não, a pena fruir desta vantagem. Bastará, para tanto, que preencha, ou não, os requisitos apontados na lei isentiva.

É importante remarcar, a respeito, que tais requisitos devem ser apontados na lei (da pessoa política isentante), e somente nela. Jamais em ato infralegal, ainda que por delegação da própria lei isentiva.

É que a competência para isentar (tanto quanto a competência para tributar) é exclusivamente legislativa. Só a lei pode isentar, não lhe sendo dado transferi-la, no todo ou em parte, para o Poder Executivo.

Com efeito, não se pode aceitar que leis tenham a faculdade de transpassar ao Poder Executivo competências que lhes são exclusivas. Isto porque é próprio das competências concedidas a um Poder o atributo da *indelegabilidade* (*delegatur delegare non potest*).

Ademais, a validade de qualquer ato público – aí compreendidas as leis tributárias – depende de ter sido emitido pelo respectivo órgão, dentro das atribuições que lhe são próprias.

Ib – Valem, a propósito, uma vez mais, os ensinamentos de Pontes de Miranda, *verbis*:

"Quem faz a lei é o Poder Legislativo. No sistema jurídico brasileiro, não há sequer a delegabilidade do Poder Legislativo (...). O Poder Executivo só 'regulamenta' leis, ou pratica atos administrativos.

"Regulamentos, avisos, instruções e portarias não podem conter regras legais. O grande mal da economia brasileira está nas portarias. (...).

"Os atos públicos, ainda concebidos como enunciados de regras jurídicas, se ofendem a lei, são ilegais, e, pois, nulos. Nulo é o regulamento que, no regulamentar, se afasta da lei, inserindo regra jurídica que o sistema jurídico não tem, ou alterando a que ele tem, ou excluindo-a. Nula é a portaria no que contém regra jurídica que somente em lei se poderia editar.

"Leis e decretos legislativos são atos que podem limitar liberdades e direitos fundamentais limitáveis. Os atos que não foram elaborados pelo Poder Legislativo não podem chegar até aí. Os regulamentos são regras que somente podem adaptar ao texto legal a atividade humana, e não à atividade humana o texto legal. Não podem alterar a lei, nem criar regra jurídica – podem revelar regra jurídica que está implícita no sistema jurídico, o que todo intérprete pode fazer".[47]

Em suma, a faculdade regulamentar *lato sensu* deve limitar-se a prover a fiel execução das leis. Ora, *prover a fiel execução das leis* significa apenas explicitar o que porventura nelas já se encontra estatuído, de sorte a facilitar-lhes a correta aplicação.

Quando muito, ao Executivo é dado averiguar se os ditames legais foram cumpridos no caso concreto. Neste caso, praticará um *ato administrativo vinculado*.[48]

Aprofundemos o raciocínio.

Ic – Conforme já vimos, a norma de isenção atua sobre a regra-matriz de incidência tributária, investindo contra um ou mais critérios de sua estrutura, mutilando--os, parcialmente.

Vislumbra-se, aí, o encontro de duas normas jurídicas, que tem por resultado (i) a inibição da incidência da hipótese tributária sobre os eventos abstratamente qualificados pela norma isentiva ou (ii) o tolhimento de sua consequência, de modo a comprometer os efeitos prescritivos da conduta.

Deveras, se o fato é isento, sobre ele não se opera a incidência, e, portanto, não há falar em fato jurídico tributário; tampouco em obrigação tributária. Já, se a isenção se der pelo consequente, a ocorrência fática encontrar-se-á tolhida juridicamente, já que sua eficácia não poderá se fazer sentir.

De qualquer maneira, guardando sua autonomia normativa, a regra de isenção ataca a própria esquematização formal da *norma-padrão de incidência*, para destruí--la em casos particulares sem, no entanto, aniquilar a regra-matriz, que continua atuando regularmente para outras situações.

Tem, portanto, efeito liberatório em relação aos casos por ela alcançados, sendo instrumento eficaz para calibrar o impacto da percussão dos tributos, atenuando distorções e aperfeiçoando os microssistemas de incidência.

Id – Como não é difícil perceber, a isenção conforma-se no cálculo normativo de duas disposições contraditórias: *uma*, imputando o tributo a uma classe genérica de condutas ou situações; e *outra*, extirpando-o de uma subclasse daquela.

47. Pontes de Miranda, *Dez Anos de Pareceres*, vol. 3, Rio de Janeiro, Livraria Francisco Alves Editora, 1974, pp. 217-218.

48. *Ato administrativo vinculado* é aquele que a Administração Pública – aí compreendida a Administração Fazendária – é obrigada a expedir exatamente do modo preestabelecido pela lei, sempre que se verifica a situação nela descrita. Nenhum critério de conveniência e oportunidade norteia, no caso, o agir da autoridade competente (ao contrário do que se dá com o ato administrativo discricionário), que, portanto, não tem autonomia de escolhas; simplesmente (i) verifica se estão presentes os pressupostos legais; e, em caso afirmativo, (ii) cumpre e faz cumprir, sem subjetivismos, a *voluntas legis*.

Em matéria tributária a questão ganha tomo, já que, como preceitua o parágrafo único do art. 142 do CTN, "a atividade administrativa de lançamento é vinculada e obrigatória, sob pena de responsabilidade funcional".

Sendo impossível a aplicação concomitante de ambas, resolve-se o conflito com a preferência pela prescrição mais específica, e, deste modo, impede-se a incidência da exação, nas circunstâncias delimitadas nas cláusulas excepcionais.

Ie – Acrescentamos que, se considerarmos o fenômeno da incidência tributária, haverá, em adição a ele, um conjunto de situações que formam seu complemento, qual seja, a não incidência.

Nessa classe podemos inserir todo e qualquer acontecimento em que não se verifiquem a incidência de tributos e, consequentemente, a formação da obrigação e do crédito tributários.

Além disso, dados o caráter vinculado da atividade administrativa tributária e a tipologia empregada para a distribuição das competências exacionais, é fácil perceber que nos elementos do supramencionado conjunto há verdadeira proibição para que incidam tributos.

If – Nesse toar, divisamos, desde logo, duas categorias de proibição: (1) aquelas que vedam o exercício da competência para construir normas inaugurais, gerais e abstratas, dos mecanismos de incidência tributária e (2) aqueloutras que, já no exercício regular da competência tributária, excluem algumas situações do âmbito de incidência do tributo, vedando a construção de normas individuais e concretas.

Ig – De fato, ao estabelecer determinada isenção, pode o legislador condicionar sua fruição a uma contraprestação do beneficiário, cabendo a este verificar se é, ou não, interessante cumprir estes pressupostos para gozar da benesse.

Em razão disso, os teóricos do Direito costumam dividir as regras de isenção em dois grandes grupos: "isenções condicionadas" e "isenções incondicionadas". O critério que as distingue é justamente a necessidade, ou não, do cumprimento de certos *requisitos especiais* para seu desfrute.

Ih – Evidentemente, ao examinar a forma como atuam as regras de isenção, fica claro que, qualquer que seja sua espécie, será necessário o cumprimento de certos requisitos.

Isso porque para restringir o campo de aplicação da norma que institui o tributo, e, com isso, evitar que determinadas pessoas sejam obrigadas a efetuar seu recolhimento, a regra isentiva sempre faz referência a determinada categoria (de pessoas, coisas, lugares, tempo etc.). Portanto, para gozar da isenção é indispensável comprovar, logo de início, o enquadramento nesta classe.

Ii – Outra coisa, bem diferente, porém, é condicionar o gozo da isenção ao cumprimento de encargos, ou seja, impor um ônus àqueles que se enquadram na categoria mencionada na regra isentiva. Isso porque, agora, será necessária a observância de dois tipos de requisitos: os genéricos, relacionados à categoria abrangida pela isenção, e os específicos, que representam um encargo para o beneficiário.

Nesse contexto, estaremos diante de verdadeiras isenções condicionadas apenas quando a legislação autorizar seu gozo, mediante a realização de alguma condição especial por parte do contribuinte.

Ij – Evidentemente, as isenções condicionais, sob pena de invalidade, não podem frustrar o benefício fiscal. Dito de outra forma: as condições para a fruição da isenção devem ser adequadas e pertinentes.

Assim, a norma isentiva não pode impor aos contribuintes o preenchimento de requisitos absurdos ou incumpríveis. Tenhamos presente, a propósito, que, como ensina a sabedoria jurídica imemorial, nenhuma pessoa, física ou jurídica, pode ser obrigada a fazer o impossível, nos termos, diga-se de passagem, da clássica parêmia *ad impossibilia nemo tenetur*.

Também não é juridicamente aceitável a condição que aumentar, por via oblíqua, a carga fiscal, estabelecendo encargos mais onerosos do que o próprio tributo. Tal se dá quando o patrimônio do contribuinte é mais atingido com o cumprimento do encargo do que com o pagamento da exação.

Não é dado, outrossim, à condição, por força do *princípio da reserva das competências tributárias*, criar, à sorrelfa, novos tributos, não compreendidos na competência tributária da pessoa política tributante.

Entendemos igualmente inadmissível que a condição preveja modos exóticos ou inusuais de adimplemento do tributo (*v.g.*, pagamento *em serviços* ou *em espécie*, ao invés de *em moeda*).

Finalmente, parece-nos incontroverso que o cumprimento da condição não pode costear outros princípios constitucionais, como o que exige licitação para a contratação pelo Poder Público, em seu benefício, de prestações de serviços (art. 37, XXI, da CF).

Vejamos alguns exemplos.

Ik – Criará uma isenção condicionada uma lei que prescreva que os médicos que instalarem seus consultórios na periferia do Município estarão à salvo da incidência do ISS. Isso porque somente terão jus a este benefício os médicos que implementarem tal condição, isto é, que transferirem seus consultórios para os bairros periféricos.

Também se estará diante de uma isenção condicionada se uma lei estabelecer que não se sujeitam à contribuição patronal para a Previdência Social as Igrejas que pagarem *prebendas* aos seus sacerdotes, pastores, evangelistas, rabinos etc. em razão de seus misteres espirituais *ou* para lhes garantir a subsistência (V., supra, cap. IX, subitem 4.2.2, IIc.).

No mesmo sentido, haverá isenção condicionada se uma lei dispensar do pagamento de IPTU o proprietário de imóvel que o conservar em sua arquitetura original.

Assim, a norma isentiva não pode impor aoscontribuintes o preenchimento de requisitos absurdos ou incumpríveis. Tenhamos presente, a propósito, que, como ensina a sabedoria jurídica imemorial, nenhuma pessoa, física ou jurídica, pode ser obrigada a fazer o impossível, nos termos, diga-se de passagem, da clássica parêmia *ad impossibilia nemo tenetur*.

Também não é juridicamente aceitável a condição que aumentar, por via oblíqua, a carga fiscal, estabelecendo encargos mais onerosos do que o próprio tributo. Tal se dá quando o patrimônio do contribuinte é mais atingido com o cumprimento do encargo do que com o pagamento da exação.

Não é dado, outrossim, à condição, por força do *princípio da reserva das competências tributárias*, criar, à sorrelfa, novos tributos, não compreendidos na competência tributária da pessoa política tributante.

Entendemos igualmente inadmissível que a condição preveja modos exóticos ou inusuais de adimplemento do tributo (*v.g.*, pagamento *em serviços* ou *em espécie*, ao invés de *em moeda*).

Finalmente, parece-nos incontroverso que o cumprimento da condição não pode costear outros princípios constitucionais, como o que exige licitação para a contratação, pelo Poder Público, em seu benefício, de prestações de serviços (art. 37, XXI, da CF).

II – Já, as isenções incondicionais, também conhecidas como *unilaterais* ou *gratuitas*, não dependem, para serem desfrutadas, do cumprimento de qualquer requisito especial por parte do beneficiário. Este, portanto, não tem de suportar nenhum ônus em troca da vantagem fiscal. O isento não assume, no caso, nenhuma obrigação em troca da outorga do benefício. É suficiente seja colhido pela hipótese de incidência da isenção.

Voltemos ao exemplo há pouco apontado: se a lei simplesmente estatuísse que os médicos estão isentos do pagamento do ISS, todos os médicos que clinicassem no Município estariam alcançados pela benesse.

4.1.3 Isenções condicionais, com prazo certo. Consequências jurídicas de sua revogação

I – Normalmente, as isenções tributárias são *incondicionais, com prazo indeterminado*. Nada impede, porém, sejam *condicionais, com prazo certo*. Estas últimas, se revogadas prematuramente, geram, para os contribuintes prejudicados, isto é, para os que implementaram a condição, o direito subjetivo de continuarem desfrutando do benefício fiscal, até a fluição do prazo assinalado na lei isentiva.[49]

49. Já sustentamos, inclusive na 1ª edição deste livro, que a revogação, antes do prazo, da isenção transitória, condicional (onerosa), gera, para o contribuinte, direito subjetivo à indenização. Hoje, depois de repensarmos o assunto e ouvirmos, a respeito, as judiciosas ponderações de Geraldo Ataliba e Eduardo Domingos Bottallo, mudamos de opinião.

Estamos agora convencidos, com estes mestres, de que a revogação de isenção com prazo certo, condicional, só vale para os casos futuros. Os pendentes continuam sob a égide da lei isentiva.

De qualquer modo, apenas para registro, escrevemos, na oportunidade:

"Este, aliás, é um dos poucos casos de responsabilidade do Estado por ato legislativo que nosso ordenamento jurídico aceita. Sabemos que, em princípio, o Estado não pode ser compelido a indenizar as pessoas a que prejudica, no exercício de suas regulares funções legislativas.

"Excepcionalmente, porém (e eis aqui um caso excepcional), por ter legislado sem causa jurídica, ele pode ser chamado a indenizar aqueles a quem prejudicou; no caso, os contribuintes que sofreram comprovados danos ao cumprirem a condição legal" (p. 231).

E, em nota de rodapé, dilucidando melhor o assunto, deixamos consignado:

II – Parece-nos insuficiente que a questão se resolva em perdas e danos. A nosso sentir, o princípio da segurança jurídica não aceita que se obrigue o contribuinte prejudicado a ir ao Judiciário (com todos os ônus que isto acarreta, inclusive a supliciante aguarda do pagamento, pela ordem de apresentação dos precatórios judiciários, como determina o art. 100 da CF[50]), para ter jus ao equivalente em dinheiro do benefício abruptamente cortado pelo legislador.

"No mais das vezes, aplica-se a regra da irresponsabilidade do Estado por seus atos legislativos, porque eles emanam de sua soberania (cf. Themístocles Brandão Cavalcanti, *Tratado de Direito Administrativo e Ciência da Administração*, 3ª ed., vol. I, Rio, Borsói, 1955, p. 437). Não raro, entretanto, a lei acaba voltando-se contra reduzido número de pessoas, prejudicando-as, *sem causa jurídica*.

"A doutrina veio progredindo a remo surdo até fixar-se na ideia de que, aí, é perfeitamente aplicável o princípio genérico da responsabilidade pública, pelo qual o Estado compartilha dos ônus e dos encargos sociais. E isto, ainda que a lei prejudicial esteja em perfeita harmonia com a Constituição. Basta que se demonstre o efetivo dano.

"Incensuráveis, a respeito, as ensinanças de Menegale, para quem: 'Toda vez que o ato legislativo ofende direito individual é lícito ao prejudicado chamar o Estado à responsabilidade pelo ato de um de seus poderes constituídos e em todos os graus de hierarquia estatal ou qualquer que seja a espécie do ato legislativo' (*Direito Administrativo*, 3ª ed., 1957, p. 509). Isto pode acontecer, com relativa frequência. É o caso de quando o legislador, sem indenização, transforma atividade privada, exercida por uma única pessoa, em serviço público explorado sob a forma de monopólio. Ou quando, sem razão aparente de interesse público, veda o fabrico de certo produto, que era feito por uma única empresa (caso ocorrido em França). Em suma, o Estado, a nosso ver, deve responder civilmente pelos danos causados por ato legislativo, na aparência genérico, impessoal, mas que, em verdade, atinge uma pessoa ou uma classe de pessoas, prejudicando-as *sem razão jurídica*" (p. 231 – os grifos estavam no original).

50. CF:

"Art. 100. Os pagamentos devidos pelas Fazendas Públicas Federal, Estaduais, Distrital e Municipais, em virtude de sentença judiciária, far-se-ão exclusivamente na ordem cronológica de apresentação dos precatórios e à conta dos créditos respectivos, proibida a designação de casos ou de pessoas nas dotações orçamentárias e nos créditos adicionais abertos para este fim.

"§ 1º. Os débitos de natureza alimentícia compreendem aqueles decorrentes de salários, vencimentos, proventos, pensões e suas complementações, benefícios previdenciários e indenizações por morte ou por invalidez, fundadas em responsabilidade civil, em virtude de sentença judicial transitada em julgado, e serão pagos com preferência sobre todos os demais débitos, exceto sobre aqueles referidos no § 2º deste artigo.

"§ 2º. Os débitos de natureza alimentícia cujos titulares, originários ou por sucessão hereditária, tenham 60 (sessenta) anos de idade, ou sejam portadores de doença grave, ou pessoas com deficiência, assim definidos na forma da lei, serão pagos com preferência sobre todos os demais débitos, até o valor equivalente ao triplo fixado em lei para os fins do disposto no § 3º deste artigo, admitido o fracionamento para essa finalidade, sendo que o restante será pago na ordem cronológica de apresentação do precatório.

"§ 3º. O disposto no *caput* deste artigo relativamente à expedição de precatórios não se aplica aos pagamentos de obrigações definidas em leis como de pequeno valor que as Fazendas referidas devam fazer em virtude de sentença judicial transitada em julgado.

"§ 4º. Para os fins do disposto no § 3º, poderão ser fixados, por leis próprias, valores distintos às entidades de direito público, segundo as diferentes capacidades econômicas, sendo o mínimo igual ao valor do maior benefício do regime geral de previdência social.

"§ 5º. É obrigatória a inclusão, no orçamento das entidades de direito público, de verba necessária ao pagamento de seus débitos, oriundos de sentenças transitadas em julgado, constantes de precatórios judiciários apresentados até 1º de julho, fazendo-se o pagamento até o final do exercício seguinte, quando terão seus valores atualizados monetariamente.

"§ 6º. As dotações orçamentárias e os créditos abertos serão consignados diretamente ao Poder Judiciário, cabendo ao Presidente do Tribunal que proferir a decisão exequenda determinar o pagamento integral e autorizar, a requerimento do credor e exclusivamente para os casos de preterimento de seu direito de precedência ou de não alocação orçamentária do valor necessário à satisfação do seu débito, o sequestro da quantia respectiva.

"§ 7º. O Presidente do Tribunal competente que, por ato comissivo ou omissivo, retardar ou tentar frustrar a liquidação regular de precatórios incorrerá em crime de responsabilidade e responderá, também, perante o Conselho Nacional de Justiça.

"§ 8º. É vedada a expedição de precatórios complementares ou suplementares de valor pago, bem como o fracionamento, repartição ou quebra do valor da execução para fins de enquadramento de parcela do total ao que dispõe o § 3º deste artigo.

"§ 9º. No momento da expedição dos precatórios, independentemente de regulamentação, deles deverá ser abatido, a título de compensação, valor correspondente aos débitos líquidos e certos, inscritos ou não em dívida ativa e constituídos contra o credor original pela Fazenda Pública devedora, incluídas parcelas vincendas de parcelamentos, ressalvados aqueles cuja execução esteja suspensa em virtude de contestação administrativa ou judicial.

"§ 10. Antes da expedição dos precatórios, o Tribunal solicitará à Fazenda Pública devedora, para resposta em até 30 (trinta) dias, sob pena de perda do direito de abatimento, informação sobre os débitos que preencham as condições estabelecidas no § 9º, para os fins nele previstos.

"§ 11. É facultada ao credor, conforme estabelecido em lei da entidade federativa devedora, a entrega de créditos em precatórios para compra de imóveis públicos do respectivo ente federado.

"§ 12. A partir da promulgação desta Emenda Constitucional, a atualização de valores de requisitórios, após sua expedição, até o efetivo pagamento, independentemente de sua natureza, será feita pelo índice oficial de remuneração básica da caderneta de poupança, e, para fins de compensação da mora, incidirão juros simples no mesmo percentual de juros incidentes sobre a caderneta de poupança, ficando excluída a incidência de juros compensatórios.

"§ 13. O credor poderá ceder, total ou parcialmente, seus créditos em precatórios a terceiros, independentemente da concordância do devedor, não se aplicando ao cessionário o disposto nos §§ 2º e 3º.

"§ 14. A cessão de precatórios somente produzirá efeitos após comunicação, por meio de petição protocolizada, ao Tribunal de origem e à entidade devedora.

"§ 15. Sem prejuízo do disposto neste artigo, lei complementar a esta Constituição Federal poderá estabelecer regime especial para pagamento de crédito de precatórios de Estados, Distrito Federal e Municípios, dispondo sobre vinculações à receita corrente líquida e forma e prazo de liquidação.

"§ 16. A seu critério exclusivo e na forma de lei, a União poderá assumir débitos, oriundos de precatórios, de Estados, Distrito Federal e Municípios, refinanciando-os diretamente.

"§ 17. A União, os Estados, o Distrito Federal e os Municípios aferirão mensalmente, em base anual, o comprometimento de suas respectivas receitas correntes líquidas com o pagamento de precatórios e obrigações de pequeno valor.

"§ 18. Entende-se como receita corrente líquida, para os fins de que trata o § 17, o somatório das receitas tributárias, patrimoniais, industriais, agropecuárias, de contribuições e de serviços, de transferências correntes e outras receitas correntes, incluindo as oriundas do § 1º do art. 20 da Constituição Federal, verificado no período compreendido pelo segundo mês imediatamente anterior ao de referência e os 11 (onze) meses precedentes, excluídas as duplicidades, e deduzidas: I – na União, as parcelas entregues aos Estados, ao Distrito Federal e aos Municípios por determinação constitucional; II – nos Estados, as parcelas entregues aos Municípios por determinação constitucional; III – na União, nos Estados, no Distrito Federal e nos Municípios, a contribuição dos servidores para custeio de seu sistema de previdência e assistência social e as receitas provenientes da compensação financeira referida no § 9º do art. 201 da Constituição Federal.

"§ 19. Caso o montante total de débitos decorrentes de condenações judiciais em precatórios e obrigações de pequeno valor, em período de 12 (doze) meses, ultrapasse a média do comprometimento percentual da receita corrente líquida nos 5 (cinco) anos imediatamente anteriores, a parcela que exceder esse percentual poderá ser financiada, excetuada dos limites de endividamento de que tratam os incisos VI e VII do art. 52 da Constituição Federal e de quaisquer outros limites de endividamento previstos, não se aplicando a esse financiamento a vedação de vinculação de receita prevista no inciso IV do art. 167 da Constituição Federal.

"§ 20. Caso haja precatório com valor superior a 15% (quinze por cento) do montante dos precatórios apresentados nos termos do § 5º deste artigo, 15% (quinze por cento) do valor deste precatório serão pagos até o final do exercício seguinte e o restante em parcelas iguais nos 5 (cinco) exercícios subsequentes, acrescidas de juros de mora e correção monetária, ou mediante acordos diretos, perante Juízos Auxiliares de Conciliação de Precatórios, com redução máxima de 40% (quarenta por cento) do valor do crédito atualizado, desde que em relação ao crédito não penda recurso ou defesa judicial e que sejam observados os requisitos definidos na regulamentação editada pelo ente federado."

I – A Emenda Constitucional 62/2009 acrescentou um art. 97 ao ADCT, *verbis*:

"Art. 97. Até que seja editada a lei complementar de que trata o § 15 do art. 100 da Constituição Federal, os Estados, o Distrito Federal e os Municípios que, na data de publicação desta Emenda Constitucional, estejam em mora na quitação de precatórios vencidos, relativos às suas Administrações direta e indireta, inclusive os emitidos durante o período de vigência do regime especial instituído por este artigo, farão esses pagamentos de acordo com as normas a seguir estabelecidas, sendo inaplicável o disposto no art. 100 desta Constituição Federal, exceto em seus §§ 2º, 3º, 9º, 10, 11, 12, 13 e 14, e sem prejuízo dos acordos de juízos conciliatórios já formalizados na data de promulgação desta Emenda Constitucional.

"§ 1º. Os Estados, o Distrito Federal e os Municípios sujeitos ao regime especial de que trata este artigo optarão, por meio de ato do Poder Executivo: I – pelo depósito em conta especial do valor referido pelo § 2º deste artigo; ou II – pela adoção do regime especial pelo prazo de até 15 (quinze) anos, caso em que o percentual a ser depositado na conta especial a que se refere o § 2º deste artigo corresponderá, anualmente, ao saldo total dos precatórios devidos, acrescido do índice oficial de remuneração básica da caderneta de poupança e de juros simples no mesmo percentual de juros incidentes sobre a caderneta de poupança para fins de compensação da mora, excluída a incidência de juros compensatórios, diminuído das amortizações e dividido pelo número de anos restantes no regime especial de pagamento.

"§ 2º. Para saldar os precatórios, vencidos e a vencer, pelo regime especial, os Estados, o Distrito Federal e os Municípios devedores depositarão mensalmente, em conta especial criada para tal fim, 1/12 (um doze avos) do valor calculado percentualmente sobre as respectivas receitas correntes líquidas, apuradas no segundo mês anterior ao mês de pagamento, sendo que esse percentual, calculado no momento de opção pelo regime e mantido fixo até o final do prazo a que se refere o § 14 deste artigo, será: I – para os Estados e para o Distrito Federal: a) de, no mínimo, 1,5% (um inteiro e cinco décimos por cento), para os Estados das regiões Norte, Nordeste e Centro-Oeste, além do Distrito Federal, ou cujo estoque de precatórios pendentes das suas Administrações direta e indireta corresponder a até 35% (trinta e cinco por cento) do total da receita corrente líquida; b) de, no mínimo, 2% (dois por cento), para os Estados das regiões Sul e Sudeste, cujo estoque de precatórios pendentes das suas Administrações direta e indireta corresponder a mais de 35% (trinta e cinco por cento) da receita corrente líquida; II – para Municípios: a) de, no mínimo, 1% (um por cento), para Municípios das regiões Norte, Nordeste e Centro-Oeste, ou cujo estoque de precatórios pendentes das suas Administrações direta e indireta corresponder a até 35% (trinta e cinco por cento) da receita corrente líquida; b) de, no mínimo, 1,5% (um inteiro e cinco décimos por cento), para Municípios das regiões Sul e Sudeste, cujo estoque de precatórios pendentes das suas Administrações direta e indireta corresponder a mais de 35 % (trinta e cinco por cento) da receita corrente líquida.

"§ 3º. Entende-se como receita corrente líquida, para os fins de que trata este artigo, o somatório das receitas tributárias, patrimoniais, industriais, agropecuárias, de contribuições e de serviços, transferências correntes e outras receitas correntes, incluindo as oriundas do § 1º do art. 20 da Constituição Federal, verificado no período compreendido pelo mês de referência e os 11 (onze) meses anteriores, excluídas as duplicidades, e deduzidas: I – nos Estados, as parcelas entregues aos Municípios por determinação constitucional; II – nos Estados, no Distrito Federal e nos Municípios, a contribuição dos servidores para custeio do seu sistema de previdência e assistência social e as receitas provenientes da compensação financeira referida no § 9º do art. 201 da Constituição Federal.

"§ 4º. As contas especiais de que tratam os §§ 1º e 2º serão administradas pelo Tribunal de Justiça local, para pagamento de precatórios expedidos pelos tribunais.

"§ 5º. Os recursos depositados nas contas especiais de que tratam os §§ 1º e 2º deste artigo não poderão retornar para Estados, Distrito Federal e Municípios devedores.

"§ 6º. Pelo menos 50% (cinquenta por cento) dos recursos de que tratam os §§ 1º e 2º deste artigo serão utilizados para pagamento de precatórios em ordem cronológica de apresentação, respeitadas as preferências definidas no § 1º, para os requisitórios do mesmo ano e no § 2º do art. 100, para requisitórios de todos os anos.

"§ 7º. Nos casos em que não se possa estabelecer a precedência cronológica entre 2 (dois) precatórios, pagar-se-á primeiramente o precatório de menor valor.

"§ 8º. A aplicação dos recursos restantes dependerá de opção a ser exercida por Estados, Distrito Federal e Municípios devedores, por ato do Poder Executivo, obedecendo à seguinte forma, que poderá ser aplicada isoladamente ou simultaneamente: I – destinados ao pagamento dos precatórios por meio do leilão; II – destinados a pagamento à vista de precatórios não quitados na forma do § 6º e do inciso I, em ordem única e crescente de valor por precatório; III – destinados a pagamento por acordo direto com os credores, na forma estabelecida por lei própria da entidade devedora, que poderá prever criação e forma de funcionamento de Câmara de Conciliação.

"§ 9º. Os leilões de que trata o inciso I do § 8º deste artigo: I – serão realizados por meio de sistema eletrônico administrado por entidade autorizada pela Comissão de Valores Mobiliários ou pelo Banco Central do Brasil; II – admitirão a habilitação de precatórios, ou parcela de cada precatório indicada pelo seu detentor, em relação aos quais não esteja pendente, no âmbito do Poder Judiciário, recurso ou impugnação de qualquer natureza, permitida por iniciativa do Poder Executivo a compensação com débitos líquidos e certos, inscritos ou não em dívida ativa e constituídos contra devedor originário pela Fazenda Pública devedora até a data da expedição do precatório, ressalvados aqueles cuja exigibilidade esteja suspensa nos termos da legislação, ou que já tenham sido objeto de abatimento nos termos do § 9º do art. 100 da Constituição Federal; III – ocorrerão por meio de oferta pública a todos os credores habilitados pelo respectivo ente federativo devedor; IV – considerarão automaticamente habilitado o credor que satisfaça o que consta no inciso II; V – serão realizados tantas vezes quanto necessário em função do valor disponível; VI – a competição por parcela do valor total ocorrerá a critério do credor, com deságio sobre o valor desta; VII – ocorrerão na modalidade deságio, associado ao maior volume ofertado cumulado ou não com o maior percentual de deságio, pelo maior percentual de deságio, podendo ser fixado valor máximo por credor, ou por outro critério a ser definido em edital; VIII – o mecanismo de formação de preço constará nos editais publicados para cada leilão; IX – a quitação parcial dos precatórios será homologada pelo respectivo Tribunal que o expediu.

"§ 10. No caso de não liberação tempestiva dos recursos de que tratam o inciso II do § 1º e os §§ 2º e 6º deste artigo: I – haverá o sequestro de quantia nas contas de Estados, Distrito Federal e Municípios devedores, por ordem do Presidente do Tribunal referido no § 4º, até o limite do valor não liberado; II – constituir-se-á, alternativamente, por ordem do Presidente do Tribunal requerido, em favor dos credores de precatórios, contra Estados, Distrito Federal e Municípios devedores, direito líquido e certo, autoaplicável e independentemente de regulamentação, à compensação automática com débitos líquidos lançados por esta contra aqueles, e, havendo saldo em favor do credor, o valor terá automaticamente poder liberatório do pagamento de tributos de Estados, Distrito Federal e Municípios devedores, até onde se compensarem; III – o chefe do Poder Executivo responderá na forma da legislação de responsabilidade fiscal e de improbidade administrativa; IV – enquanto perdurar a omissão, a entidade devedora: a) não poderá contrair empréstimo externo ou interno; b) ficará impedida de receber transferências voluntárias; V – a União reterá os repasses relativos ao Fundo de Participação dos Estados e do Distrito Federal e ao Fundo de Participação dos Municípios, e os depositará nas contas especiais referidas no § 1º, devendo sua utilização obedecer ao que prescreve o § 5º, ambos deste artigo.

"§ 11. No caso de precatórios relativos a diversos credores, em litisconsórcio, admite-se o desmembramento do valor, realizado pelo Tribunal de origem do precatório, por credor, e, por este, a habilitação do valor total a que tem direito, não se aplicando, neste caso, a regra do § 3º do art. 100 da Constituição Federal.

"§ 12. Se a lei a que se refere o § 4º do art. 100 não estiver publicada em até 180 (cento e oitenta) dias, contados da data de publicação desta Emenda Constitucional, será considerado, para os fins referidos, em relação a Estados, Distrito Federal e Municípios devedores, omissos na regulamentação, o valor de: I – 40 (quarenta) salários-mínimos para Estados e para o Distrito Federal; II – 30 (trinta) salários-mínimos para Municípios.

"§ 13. Enquanto Estados, Distrito Federal e Municípios devedores estiverem realizando pagamentos de precatórios pelo regime especial, não poderão sofrer sequestro de valores, exceto no caso de não liberação tempestiva dos recursos de que tratam o inciso II do § 1º e o § 2º deste artigo.

"§ 14. O regime especial de pagamento de precatório previsto no inciso I do § 1º vigorará enquanto o valor dos precatórios devidos for superior ao valor dos recursos vinculados, nos termos do § 2º, ambos deste artigo, ou pelo prazo fixo de até 15 (quinze) anos, no caso da opção prevista no inciso II do § 1º.

"§ 15. Os precatórios parcelados na forma do art. 33 ou do art. 78 deste Ato das Disposições Constitucionais Transitórias e ainda pendentes de pagamento ingressarão no regime especial com o valor atualizado das parcelas não pagas relativas a cada precatório, bem como o saldo dos acordos judiciais e extrajudiciais.

"§ 16. A partir da promulgação desta Emenda Constitucional, a atualização de valores de requisitórios, até o efetivo pagamento, independentemente de sua natureza, será feita pelo índice oficial de remuneração básica da caderneta de poupança, e, para fins de compensação da mora, incidirão juros simples no mesmo percentual de juros incidentes sobre a caderneta de poupança, ficando excluída a incidência de juros compensatórios.

"§ 17. O valor que exceder o limite previsto no § 2º do art. 100 da Constituição Federal será pago, durante a vigência do regime especial, na forma prevista nos §§ 6º e 7º ou nos incisos I, II e III do § 8º deste artigo, devendo os valores dispendidos [*sic*] para o atendimento do disposto no § 2º do art. 100 da Constituição Federal serem [*sic*] computados para efeito do § 6º deste artigo.

"§ 18. Durante a vigência do regime especial a que se refere este artigo, gozarão também da preferência a que se refere o § 6º os titulares originais de precatórios que tenham completado 60 (sessenta) anos de idade até a data da promulgação desta Emenda Constitucional."

Ia – Este esdrúxulo regime de pagamento, criado pelo art. 97 do ADCT, devia ser implantado em até 90 dias, contados de 12.12.2009 (cf. art. 3º da EC 62/2009).

Ib – Note-se que, a teor do art. 4º da EC 62/2009, a pessoa política deverá voltar a observar somente o disposto no art. 100 da CF: "I – no caso de opção pelo sistema previsto no inciso I do § 1º do art. 97 do Ato das Disposições Constitucionais Transitórias, quando o valor dos precatórios devidos for inferior ao dos recursos destinados ao seu pagamento"; e "II – no caso de opção pelo sistema previsto no inciso II do § 1º do art. 97 do Ato das Disposições Constitucionais Transitórias, ao final do prazo".

Ic – A mesma EC 62/2009 convalidou, em seu art. 5º, "todas as cessões de precatórios efetuadas antes da promulgação desta Emenda Constitucional, independentemente da concordância da entidade devedora"; e, em seu art. 6º, "todas as compensações de precatórios com tributos vencidos até 31 de outubro de 2009 da entidade devedora, efetuadas na forma do disposto no § 2º do art. 78 do Ato das Disposições Constitucionais Transitórias, realizadas antes da promulgação desta Emenda Constitucional".

Como se vê, a Emenda Constitucional 62/2009, por meio de caminhos tortuosos, atropelou o direito fundamental das pessoas de verem satisfeitos com celeridade seus créditos contra a Fazenda Pública.

II – Por fim, a EC 94/2016 estabeleceu, em seu art. 2º, que o ADCT passa a vigorar acrescido dos seguintes arts. 101 a 105, *verbis*:

"Art. 101. Os Estados, o Distrito Federal e os Municípios que, em 25 de março de 2015, se encontravam em mora no pagamento de seus precatórios quitarão até 31 de dezembro de 2024 seus débitos vencidos e os que vencerão dentro desse período, atualizados pelo Índice Nacional de Preços ao Consumidor Amplo Especial (IPCA-E) ou por outro índice que venha a substituí-lo, depositando, mensalmente, em conta especial do Tribunal de Justiça local, sob única e exclusiva administração desse, 1/12 (um doze avos) do valor calculado percentualmente sobre suas receitas correntes líquidas, apuradas no segundo mês anterior ao mês de pagamento, em percentual suficiente para a quitação de seus débitos e, ainda que variável, nunca inferior, em cada exercício,ao percentual praticado na data da entrada em vigor do regime especial a que se refere este artigo, em conformidade com plano de pagamento a ser anualmente apresentado ao Tribunal de Justiça local.

"§ 1º. Entende-se como receita corrente líquida, para os fins de que trata este artigo, o somatório das receitas tributárias, patrimoniais, industriais, agropecuárias, de contribuições e de serviços, de transferências correntes e outras receitas correntes, incluindo as oriundas do § 1º do art. 20 da Constituição Federal, verificado no período compreendido pelo segundo mês imediatamente anterior ao de referência e os 11 (onze) meses precedentes, excluídas as duplicidades, e deduzidas: I – nos Estados, as parcelas entregues aos Municípios por determinação constitucional; II – nos Estados, no Distrito Federal e nos Municípios, a contribuição dos servidores para custeio de seu sistema de previdência e assistência social e as receitas provenientes da compensação financeira referida no § 9º do art. 201 da Constituição Federal.

"§ 2º. O débito de precatórios será pago com recursos orçamentários próprios provenientes das fontes de receita corrente líquida referidas no § 1º deste artigo e, adicionalmente, poderão ser utilizados recursos dos seguintes instrumentos: I – até 75% (setenta e cinco por cento) dos depósitos judiciais e dos depósitos administrativos em dinheiro referentes a processos judiciais ou administrativos, tributários ou não tributários, nos quais sejam parte os Estados, o Distrito Federal ou os Municípios, e as respectivas autarquias, fundações e empresas estatais dependentes, mediante a instituição de fundo garantidor em montante equivalente a 1/3 (um terço) dos recursos levantados, constituído pela parcela restante dos depósitos judiciais e remunerado pela taxa referencial do Sistema Especial de Liquidação e de Custódia

(SELIC) para títulos federais, nunca interior aos índices e critérios aplicados aos depósitos levantados; II – até 30% (trinta por cento) dos demais depósitos judiciais da localidade, sob jurisdição do respectivo Tribunal de Justiça, mediante a instituição de fundo garantidor em montante equivalente aos recursos levantados constituídos pela parcela restante dos depósitos judiciais e remunerados pela taxa referencial do Sistema Especial de Liquidação e de Custória (SELIC) para títulos federais, nunca inferior aos índices e critérios aplicados aos depósitos levantados, destinando-se: a) no caso do Distrito Federal, 100% (cem por cento) desses recursos ao próprio Distrito Federal; b) no caso dos Estados, 50% (cinquenta por cento) desses recursos ao próprio Estado e 50% (cinquenta por cento) a seus Municípios, conforme a circunscrição judiciária onde estão depositados os recursos, e, se houver mais de um Município na mesma circunscrição judiciária, os recursos serão rateados entre os Municípios concorrentes, proporcionalmente às respectivas populações, utilizado como referência o último levantamento censitário ou a mais recente estimativa populacional da Fundação Instituto Brasileiro de Geografia e Estatística (IBGE); III – empréstimos, excetuados para esse fim os limites de endividamento de que tratam os incisos VI e VII do *caput* do art. 52 da Constituição Federal e de quaisquer outros limites de endividamento previstos em lei, não se aplicando a esses empréstimos a vedação de vinculação de receita prevista no inciso IV do *caput* do art. 167 da Constituição Federal; IV – a totalidade dos depósitos em precatórios e requisições diretas de pagamento de obrigações de pequeno valor efetuados até 31 de dezembro de 2009 e ainda não levantados, com o cancelamento dos respectivos requisitórios e a baixa das obrigações, assegurada a revalidação dos requisitórios pelos juízos dos processos perante os tribunais, a requerimento dos credores e após a oitiva da entidade devedora, mantidas a posição de ordem cronológica original e a remuneração de todo o período.

"§ 3º. Os recursos adicionais previstos nos incisos I, II e IV do § 2º deste artigo serão transferidos diretamente pela instituição financeira depositária para a conta especial referida no *caput* deste artigo, sob única e exclusiva administração do Tribunal de Justiça local, e essa transferência deverá ser realizada em até 60 (sessenta) dias contados a partir da entrada em vigor deste parágrafo, sob pena de responsabilização pessoal do dirigente da instituição financeira por improbidade.

"§ 4º. No prazo de até 6 (seis) meses contados da entrada em vigor do regime especial a que se refere este artigo, a União, diretamente, ou por intermédio das instituições financeiras oficiais sob seu controle, disponibilizará aos Estados, ao Distrito Federal e aos Municípios, bem como às respectivas autarquias, fundações e empresas estatais dependentes, linha de crédito especial para pagamento dos precatórios submetidos ao regime especial de pagamento de que trata este artigo, observadas as seguintes condições: I – no financiamento dos saldos remanescentes de precatórios a pagar a que se refere este parágrafo serão adotados os índices e critérios de atualização que incidem sobre o pagamento de precatórios, nos termos do § 12 do art. 100 da Constituição Federal; II – o financiamento dos saldos remanescentes de precatórios a pagar a que se refere este parágrafo será feito em parcelas mensais suficientes à satisfação da dívida assim constituída; III – o valor de cada parcela a que se refere o inciso II deste parágrafo será calculado percentualmente sobre a receita corrente líquida, respectivamente, do Estado, do Distrito Federal e do Município, no segundo mês anterior ao pagamento, em percentual equivalente à média do comprometimento percentual mensal de 2012 até o final do período referido no *caput* deste artigo, considerados para esse fim somente os recursos próprios de cada ente da Federação aplicados no pagamento de precatórios; IV – nos empréstimos a que se refere este parágrafo não se aplicam os limites de endividamento de que tratam os incisos VI e VII do *caput* do art. 52 da Constituição Federal e quaisquer outros limites de endividamento previstos em lei

"Art. 102. Enquanto viger o regime especial previsto nesta Emenda Constitucional, pelo menos 50% (cinquenta por cento) dos recursos que, nos termos do art. 101 deste Ato das Disposições Constitucionais Transitórias, forem destinados ao pagamento dos precatórios em mora serão utilizados no pagamento segundo a ordem cronológica de apresentação, respeitadas as preferências dos créditos alimentares, e, nessas, as relativas à idade, ao estado de saúde e à deficiência, nos termos do § 2º do art. 100 da Constituição Federal, sobre todos os demais créditos de todos os anos,

"§ 1º. A aplicação dos recursos remanescentes, por opção a ser exercida por Estados, Distrito Federal e Municípios, por ato do respectivo Poder Executivo, observada a ordem de preferência dos credores, poderá ser destinada ao pagamento mediante acordos diretos, perante Juízos Auxiliares de Conciliação de Precatórios, com redução máxima de 40% (quarenta por cento) do valor do crédito atualizado, desde que em relação ao crédito não penda recurso ou defesa judicial e que sejam observados os requisitos definidos na regulamentação editada pelo ente federado.

"§ 2º. Na vigência do regime especial previsto no art. 101 deste Ato das Disposições Constitucionais Transitórias, as preferências relativas à idade, ao estado de saúde e à deficiência serão atendidas até o valor equivalente ao quíntuplo fixado em lei para os fins do disposto no § 3o do art. 100 da Constituição

Assim, as vantagens da isenção transitória condicional incorporam-se ao patrimônio de seu destinatário (quem cumpriu a condição), que passa a ter o *direito adquirido* de continuar desfrutando do benefício, até a expiração do prazo fixado na lei isentiva. O patrimônio da pessoa beneficiada por esta modalidade de isenção não pode ser prejudicado, sob pena de burla ao inciso XXXVI do art. 5º da CF ("a lei não prejudicará o direito adquirido, o ato jurídico perfeito e a coisa julgada").

III – É o caso de, aqui, indagarmos: que vem a ser *direito adquirido*?

A resposta a esta intrincada questão é-nos dada, com propriedade, pelo grande Gabba. Ouçamo-lo: "É adquirido cada direito que: a) é consequência de um fato idô-

Federal, admitido o fracionamento para essa finalidade, e o restante será pago em ordem cronológica de apresentação do precatório.

"Art. 103. Enquanto os Estados, o Distrito Federal e os Municípios estiverem efetuando o pagamento da parcela mensal devida como previsto no *caput* do art. 101 deste Ato das Disposições Constitucionais Transitórias, nem eles, nem as respectivas autarquias, fundações e empresas estatais dependentes poderão sofrer sequestro de valores, exceto no caso de não liberação tempestiva dos recursos.

"Parágrafo único. Na vigência do regime especial previsto no art. 101 deste Ato das Disposições Constitucionais Transitórias, ficam vedadas desapropriações pelos Estados, pelo Distrito Federal e pelos Municípios, cujos estoques de precatórios ainda pendentes de pagamento, incluídos os precatórios a pagar de suas entidades da Administração indireta, sejam superiores a 70% (setenta por cento) das respectivas receitas correntes líquidas, excetuadas as desapropriações para fins de necessidade pública nas áreas de saúde, educação, segurança pública, transporte público, saneamento básico e habitação de interesse social.

"Art. 104. Se os recursos referidos no art. 101 deste Ato das Disposições Constitucionais Transitórias para o pagamento de precatórios não forem tempestivamente liberados, no todo ou em parte: I – o Presidente do Tribunal de Justiça local determinará o sequestro, até o limite do valor não liberado, das contas do ente federado inadimplente; II – o chefe do Poder Executivo do ente federado inadimplente responderá, na forma da legislação de responsabilidade fiscal e de improbidade administrativa; III – a União reterá os recursos referentes aos repasses ao Fundo de Participação dos Estados e do Distrito Federal e ao Fundo de Participação dos Municípios e os depositará na conta especial referida no art. 101 deste Ato das Disposições Constitucionais Transitórias, para utilização como nele previsto; IV – os Estados reterão os repasses previstos no parágrafo único do art. 158 da Constituição Federal e os depositarão na conta especial referida no art. 101 deste Ato das Disposições Constitucionais Transitórias, para utilização como nele previsto.

"Parágrafo único. Enquanto perdurar a omissão, o ente federado não poderá contrair empréstimo externo ou interno, exceto para os fins previstos no § 2º do art. 101 deste Ato das Disposições Constitucionais Transitórias, e ficará impedido de receber transferências voluntárias.

"Art. 105. Enquanto viger o regime de pagamento de precatórios previsto no art. 101 deste Ato das Disposições Constitucionais Transitórias, é facultada aos credores de precatórios, próprios ou de terceiros, a compensação com débitos de natureza tributária ou de outra natureza que até 25 de março de 2015 tenham sido inscritos na Dívida Ativa dos Estados, do Distrito Federal ou dos Municípios, observados os requisitos definidos em lei própria do ente federado.

"§ 1º. Não se aplica às compensações referidas no *caput* deste artigo qualquer tipo de vinculação, como as transferências a outros entes e as destinadas à educação, à saúde e a outras finalidades.

"§ 2º. Os Estados, o Distrito Federal e os Municípios regulamentarão nas respectivas leis o disposto no *caput* deste artigo em até 120 (cento e vinte) dias a partir de 1º de janeiro de 2018.

"§ 3º. Decorrido o prazo estabelecido no § 2º deste artigo sem a regulamentação nele prevista, ficam os credores de precatórios autorizados a exercer a faculdade a que se refere o *caput* deste artigo."

III – A todos estes obstáculos devem ser acrescentados os inerentes ao "Novo Regime Fiscal" instituído pela Emenda Constitucional 95/2016, que acrescentou ao ADCT os extensos arts. 106, 107, 108, 109, 110, 111, 112, 113 e 114, cuja reprodução não vem para aqui.

Como se vê, o recebimento de valores devidos pelo Poder Público é sobremodo complicado, o que confirma o cabimento da palavra "supliciante", que utilizamos no texto.

neo a produzi-lo, em virtude de a lei do tempo no qual o fato se consumou, embora a ocasião de fazê-lo valer não se tenha apresentado antes da atuação de uma lei nova em torno do mesmo; e que b) nos termos da lei sob cujo império ocorre o fato do qual se origina, passou imediatamente a fazer parte do patrimônio de quem o adquiriu".[51]

Enveredando por trilha análoga, Celso Antônio Bandeira de Mello também pontifica: "Entende-se adquirido o direito, consolidado, quando o direito derivado da disposição legal concessiva não tenha outra razão de ser, outra significação lógica, outro conteúdo racional, senão exata e precisamente perlongar-se no tempo, cristalizadamente, pois o dispositivo legal atributivo do direito perderia sentido se não fosse para esse fim".[52]

Como vemos, o *direito adquirido* não apenas obstaculiza a retroatividade da lei nova, mas, por impedir também a projeção de efeitos imediatos e futuros desta, garante a ultratividade da lei velha. Melhor dizendo, impede que a lei nova, mesmo incidindo para o futuro, desconstitua situações consolidadas sob a égide da lei velha.

IV – Também gera controvérsias o significado da expressão "ato jurídico perfeito".

A nosso ver, *ato jurídico perfeito* é aquele que está concluído e acabado, segundo a lei que vigorava, ao tempo em que se consumou, e que, portanto, está apto a produzir seus regulares efeitos, tudo conforme, aliás, vem estatuído no art. 6º, § 2º, da Lei de Introdução às Normas do Direito Brasileiro (Decreto-lei 4.657, de 4.9.1942 – denominação dada à *Lei de Introdução ao Código Civil* pela Lei 12.376, de 30.12.2010).[53]

Os efeitos que ele gerou não podem ser atingidos por lei nova.

V – É interessante notar, com Maria Helena Diniz, que o ato jurídico perfeito garante o direito adquirido. A respeito, ensina esta notável jurista: "A segurança do ato jurídico perfeito é um modo de garantir o direito adquirido pela proteção que se concede ao seu elemento gerador, pois se a nova norma considerasse como inexistente, ou inadequado, ato já consumado sob o amparo da norma precedente, o direito adquirido dele decorrente desapareceria por falta de fundamento".[54]

Permitimo-nos acrescentar que, para produzir *direito adquirido*, o ato jurídico deverá ter-se consumado em tempo hábil, vale dizer, na vigência da lei que contemplava aquele direito.

VI – Em remate, convém assinalarmos que o direito adquirido e o ato jurídico perfeito mais do que imunes ao efeito retroativo da lei nova, impedem que esta, de algum modo, os desconstitua. É o que, com grande perspicácia, notou José Eduardo

51. Gabba, *Teoria della Retroattività delle Leggi*, 3ª ed., Turim, UTET, 1891, p. 191 (traduzimos).

52. Celso Antônio Bandeira de Mello, *Ato Administrativo e Direitos dos Administrados*, cit., p. 115.

53. Lei de Introdução às Normas do Direito Brasileiro, art. 6º: "§ 2º. Consideram-se adquiridos assim os direitos que o seu titular, ou alguém por ele, possa exercer, como aqueles cujo começo do exercício tenha termo prefixo, ou condição preestabelecida inalterável, a arbítrio de outrem".

54. Maria Helena Diniz, *Lei de Introdução ao Código Civil Brasileiro Interpretada*, São Paulo, Saraiva, 1994, p. 180.

Martins Cardozo: "(...) o 'direito adquirido' e as demais figuras jurídicas que o acompanham no art. 5º, XXXVI, da Lei Maior, são realidade que quando verificadas *in concreto* inibem a projeção contra si de efeitos imediatos da lei nova. Incorre, pois, em lamentável equívoco quem afirma que o respeito ao direito adquirido se define apenas como um limite à própria retroatividade. Em essência, qualifica este um limite a quaisquer efeitos temporais de um novo diploma legislativo, sejam estes pretéritos, imediatos ou futuros".[55]

Neste sentido, o *direito adquirido* e o *ato jurídico perfeito* asseguram a *ultratividade* da lei velha, que continuará a disciplinar as situações que sob sua égide se consumaram, mesmo depois da entrada em vigor da lei nova. Tudo em homenagem ao superno *princípio da segurança jurídica*.

Daí a conclusão, que endossamos em gênero, número e grau, do mesmo mestre José Eduardo Martins Cardozo: "Forçoso concluir, portanto, que da mesma forma que é possível existir uma lei retroativa que não ofenda o art. 5º, XXXVI, da Constituição Federal (basta que esta não prejudique direitos adquiridos, atos jurídicos perfeitos ou a coisa julgada), é possível existir uma lei não retroativa que ofenda este dispositivo constitucional. Esta última hipótese ocorrerá quando a lei nova, sem previsão expressa da sua retroatividade, pretender prejudicar, com efeitos imediatos ou futuros, tais realidades resguardadas pela Constituição Federal, desrespeitando, desta forma, a exigida ultratividade da lei velha que não poderia ser violada *in casu*".[56]

Por força do dispositivo constitucional que manda respeitar o *direito adquirido* e o *ato jurídico perfeito*, a lei antiga, posto revogada, ***sobrevive***, continuando a disciplinar as situações que se consolidaram enquanto esteve em vigor. A lei nova absolutamente não pode prejudicar tais situações pré-constituídas.

VII – Pensamos ser justamente este o caso em pauta. Presume-se que a lei que concede uma isenção com prazo certo, condicional, traduz o anseio da pessoa política que a editou de obter, dos virtuais contribuintes, um dado comportamento, reputado de interesse geral. Ora, tal lei isentiva não tem outro significado senão o de proteger, para o futuro, seus beneficiários, isto é, aquelas pessoas que cumpriram os requisitos para não serem tributadas (ou para serem tributadas de modo mais brando). Se entendermos que ela pode, sem nenhuma consequência jurídica, ser revogada antes do prazo, estaremos, *ipso facto*, admitindo que ao legislador é dado iludir os contribuintes, levando-os, por meio de artimanhas, a certas condutas para, depois, atingido o desiderato, retirar-lhes o benefício.

Tamanha burla à boa-fé dos administrados não pode ser admitida num Estado de Direito.

Se não entendermos que a isenção com prazo certo, condicional, tem a garantia da permanência no tempo (para os que cumprem a condição), não há como compreendê-la.

55. José Eduardo Martins Cardozo, *Da Retroatividade da Lei*, São Paulo, Ed. RT, 1995, p. 325.
56. Idem, ibidem, p. 326.

Portanto, as leis que prematuramente revogam isenções com prazo certo, condicionais, devem respeitar os direitos adquiridos sob a vigência das leis anteriores (que outorgaram tais benefícios).

Realmente, se uma pessoa suportou ônus e despesas, preenchendo os requisitos legais, para gozar da vantagem de não pagar certo tributo, durante determinado lapso de tempo, uma nova lei não pode turbar a fruição deste direito, sob pena de gerar uma situação de caos e de desconfiança, inadmissível em nossa ordem constitucional.

Com o cumprimento da condição, o direito ao benefício, durante todo o prazo concedido pela lei isentiva, passa, imediatamente, a pertencer ao patrimônio do contribuinte que o adquiriu.

VIIa – Aliás, é o que sustentam os maiores juristas que se debruçaram sobre o assunto.

Seabra Fagundes, por exemplo, leciona: "Quando a isenção exprima uma abstenção legítima do poder de tributar, com ela nasce para o beneficiário o direito a usufruí-la, no tempo e com o conteúdo da lei institucional, desde que a situação se ajuste às exigências feitas pelo legislador para outorgá-la. Satisfeitas essas exigências, o legislador não é livre de, sem mais nem menos, declará-la revogada".[57]

Também a respeito, Pedro Luciano Marrey Júnior observa: "(...) neste caso (*o da revogação da isenção com prazo certo, condicional*), as vantagens da isenção se incorporam ao patrimônio de seu beneficiário, que tem direito adquirido a gozar da vantagem econômica estipulada".[58]

VIIb – Na tentativa de sermos mais claros, retornemos ao exemplo dado no item precedente, introduzindo-lhe mais um dado: digamos que uma lei estabeleça que os médicos que se mudarem, com seus consultórios, para a periferia do Município estão isentos do pagamento do ISS *por cinco anos*. Se, um ano depois de editada, a lei for revogada, os médicos que já tiverem atendido integralmente ao chamamento legal têm o direito de continuar gozando do benefício, até a expiração do prazo. Com o implemento da condição (mudança do consultório para a periferia), nasce, para eles, o direito subjetivo ao gozo integral da isenção tributária.

VIIc – Vamos, agora, a partir de um novo exemplo, figurar algumas situações que, estamos convictos, reforçarão nossa tese.

Uma lei municipal prescreve: os médicos que, no período compreendido entre 1º e 31 de maio próximo, instalarem seus consultórios no bairro "A" do Município estarão isentos do Imposto sobre Serviços durante cinco anos.

Situação "1": após 31 de maio, os médicos que tiverem implementado a predita condição têm o direito subjetivo de fruir totalmente do benefício fiscal. Nenhuma lei posterior poderá turbar-lhes o desfrute da isenção.

57. Seabra Fagundes, "Revogabilidade ...", cit., *RDA* 58/2.
58. Pedro Luciano Marrey Júnior, "Natureza jurídica ...", cit., *RDP* 25/182 (esclarecemos).

O problema, aí, como facilmente percebemos, não é de irrevogabilidade de lei, nem de necessidade de se respeitar o direito adquirido, mas, sim, de imutabilidade do ato jurídico perfeito.

Situação "2": a lei em questão é revogada antes do dia 31 de maio (por exemplo, em 20 de maio). Os médicos que preencheram o requisito até a data da entrada em vigor da lei revocatória têm o direito subjetivo à fruição total do benefício. Já, os que ainda não haviam preenchido os requisitos da isenção não podem agora pretendê-la. Por quê? Porque tinham uma mera *expectativa de direito*,[59] que não se confirmou (exatamente porque a lei fora revogada antes do prazo). Por fim, pelas mesmas razões, não têm direito ao gozo da isenção os médicos que, na data da revogação do benefício, embora tenham dado início ao cumprimento do requisito legal, não chegaram a completá-lo. A razão disto é óbvia: sua conduta não se subsumiu à descrita na lei isentiva, e por ela considerada imprescindível à fruição do benefício tributário. De fato, para que o direito à isenção nasça, é mister tenham se verificado os pressupostos contidos na lei que concede a isenção condicional. Se eles não se apresentarem perfeitos e acabados, não nasce o direito ao desfrute do benefício fiscal.

VIII – Em resumo, a lei que revoga a isenção condicional, com prazo certo, regulará as situações futuras. As alcançadas pela lei isentiva incorporam-se ao patrimônio de seu titular, que, pelo prazo nela assinalado, fica a salvo da tributação.

4.2 O campo de incidência das leis isentivas

É oportuno ressaltar que as leis isentivas sempre preveem hipóteses em que a tributação ocorreria, caso elas não existissem. Melhor dizendo, nunca se ocupam com hipóteses que não estão dentro da regra-matriz do tributo (constitucionalmente traçada).

Exemplificando, nenhuma lei municipal estabelece (e nem teria por que estabelecer) que "ficam isentos de ISS os *rendimentos* obtidos pelos prestadores de serviços". Por quê? Simplesmente porque os rendimentos, na atual sistemática constitucional, absolutamente não podem ser tributados por meio de ISS. O ISS só alcança as prestações, em caráter negocial, de serviços de qualquer natureza (não os rendimentos que os prestadores de serviços auferem). Portanto, lei deste teor seria, mais do que inócua, juridicamente absurda.

O que a lei municipal poderia, *in casu*, eventualmente estabelecer é que "ficam isentos de ISS os prestadores de serviços médicos". Por quê? Porque os prestadores de serviços médicos estão contidos no *rol* das pessoas que o Município está constitucionalmente autorizado a submeter à tributação por via de ISS.

59. Segundo Scuto, a expectativa de direito "ocorre quando não se verificou o fato produtor do direito, ou algum dos elementos indispensáveis para a aquisição; a expectativa é, apenas, uma esperança de que o direito *possa* nascer, esperança baseada em elementos que só em parte se realizaram (ex.: a esperança de suceder, em herança, a um parente ainda vivo)" (*apud* Vicente Ráo, *O Direito e a Vida dos Direitos*, vol. 1º, t. II, São Paulo, Max Limonad, 1952, pp. 438-439 – o grifo está no original).

Por igual modo, a legislação do IR não prevê isenções de indenizações. A razão disto é patente, já que as indenizações não são rendimentos[60] e, nesta medida, refogem à tributação por via de imposto sobre a renda. Não há por que uma lei isentiva federal vir a ocupar-se com o assunto.

Invertamos o raciocínio: se, amanhã, uma lei federal pretender submeter as indenizações à tributação por via de imposto sobre a renda, será inconstitucional.

O problema todo, portanto, não é de nível legal ou infralegal, mas constitucional. A Constituição não outorgou à União competência para tributar indenizações. Qualquer lei federal neste sentido é ou será (no caso de não existir, ainda) inconstitucional.

Na verdade, as isenções de IR só se justificam quando aludem a rendimentos que, em tese, nos termos da Constituição, podem ser tributados. Lembramos, de passagem, que há rendimentos que não podem, constitucionalmente, ser tributados (*v.g.*, os rendimentos obtidos pelas pessoas políticas, *ex vi* do art. 150, VI, "a", da CF).

Em suma, as isenções de IR perderiam por completo a razão jurídica de ser acaso se referissem a hipóteses que a Constituição não admite sejam alcançadas por este tributo (isto é, a hipóteses que estão *fora* do campo de incidência do imposto sobre a renda, que, como já não podemos duvidar, foi delimitado pela Constituição).

Irrelevante, destarte, não estejam as indenizações legalmente isentas de IR (como irrelevante não estejam isentas do IR as prestações de serviços ou a propriedade de um imóvel urbano ou, ainda, as operações mercantis). Por que irrelevante? Porque, como frisamos, o IR só pode alcançar os rendimentos (nunca as indenizações, que apenas recompõem o patrimônio das pessoas).

60. Realmente, as indenizações não são rendimentos. Elas apenas recompõem o patrimônio das pessoas. Nelas, não há geração de rendas ou acréscimos patrimoniais (proventos) de qualquer espécie. Não há riquezas novas disponíveis, mas reparações, em pecúnia, por perdas de direitos.

Na indenização, como é pacífico, há *compensação, em pecúnia, por dano sofrido*. Noutros termos, o direito ferido é transformado numa quantia de dinheiro. O patrimônio da pessoa lesada não aumenta de valor, mas simplesmente é reposto no estado em que se encontrava antes do advento do gravame (*status quo ante*).

Portanto, nas indenizações há simples reparações, em pecúnia, por perdas de direitos. Quem indeniza desfaz o dano que causou a terceiro. Recompõe a situação primitiva, anulando os efeitos da lesão jurídica que praticou.

Neste sentido a lição clássica de De Plácido e Silva: "Derivado do latim *indemnis* (indene), de que formou no vernáculo o verbo 'indenizar' (reparar, recompensar, retribuir), em sentido genérico quer exprimir toda *compensação* ou *retribuição monetária* feita por uma pessoa a outrem, para a *reembolsar* de despesas feitas ou para a *ressarcir* de perdas tidas" (*Vocabulário Jurídico*, 3ª ed., Rio de Janeiro, Forense, 1991, pp. 452-453 – os grifos estão no original).

O renomado autor assinala, ainda, que uma pessoa está indene quando "foi recompensada com alguma coisa em substituição de outra" (idem, ibidem, p. 452) e, por isso mesmo, não sofreu nenhuma perda, isto é, saiu livre, sem qualquer prejuízo material ou moral.

Destas ponderações ressai que na indenização inexiste *riqueza* nova. E, sem riqueza nova, não pode haver incidência do IR ou de qualquer outro imposto da competência residual da União (neste último caso, por ausência de indício de *capacidade contributiva*, que é o princípio que informa a tributação por meio de impostos).

Logo, as indenizações não são – nem podem vir a ser – tributáveis por meio de IR.

Arrematando a ideia, temos, assim, que as leis isentivas só podem alcançar fatos que, em princípio, estão dentro do campo tributário da pessoa política que as edita. Só se pode isentar o que se pode tributar.

Quando não há incidência possível (porque a Constituição não a admite), não há espaço para a isenção.

Aqui chegados, queremos consignar que a isenção não se confunde com a *não incidência*.

A *não incidência* é simplesmente a explicitação de uma situação que ontologicamente nunca esteve dentro da *hipótese de incidência possível* do tributo.

Deveras, não há incidência quando não ocorre fato algum ou quando ocorre um fato tributariamente irrelevante, isto é, que não se ajusta (subsome) a nenhuma hipótese de incidência tributária.

O saudoso mestre Geraldo Ataliba equiparava, com sua extraordinária didática, a situação de *não incidência tributária* ao *não crime*. Chegava, até, a falar em *fato não imponível*, para aludir ao acontecimento que não realizava a *hipótese de incidência tributária*.

Reforçando o que já escrevemos acima, não há como nem por que isentar uma situação de *não incidência*. *Venia concessa*, tomando por empréstimo a sabedoria popular, é o mesmo que "chover no molhado".

Fica claro, deste modo, que, enquanto a isenção depende de lei (*lato sensu*) para validamente surgir, a não incidência decorre da própria natureza das coisas, podendo – e devendo – ser deduzida por mero labor exegético. Ou, se preferirmos, enquanto a isenção deriva da lei, a não incidência deriva da falta de lei (em alguns casos) ou da impossibilidade jurídica de tributar-se certos fatos, em face de a regra-matriz constitucional do tributo a eles não se ajustar.

Neste último caso, lei que mande tributar situação de não incidência constitucionalmente qualificada[61] é inconstitucional. *A contrario sensu*, lei que *isente* tal situação é inócua.

É que as pessoas políticas não precisam (e nem devem) isentar o que já está imune, ou seja, o que já se encontra coberto pelo manto da imunidade, que – reiteramos – tem sede constitucional.

Temos, pois, em remate, que as situações de não incidência de qualquer tributo independem de lei para serem reconhecidas.

4.3 Isenções de ICMS, concedidas por lei complementar, antes do advento da atual Constituição. Seu desaparecimento

Como procuramos demonstrar no subitem 3.1, a União não pode, por meio de lei ordinária, instituir isenções de tributos da competência dos Estados, do Distrito

61. Como vimos, situação de não incidência tributária constitucionalmente qualificada tem um nome técnico: *imunidade*.

Federal ou dos Municípios. É, aliás, o que prescreve, com todas as letras, o art. 151, III, da Carta Suprema.

Do mesmo modo, à União, por meio de lei complementar, só é dado conceder isenções: a) de ICMS, sobre as exportações para o exterior de serviços de transporte interestadual e intermunicipal e de comunicação, e de mercadorias que não forem produtos industrializados (art. 155, § 2º, XII, "e", da CF); e b) de ISS, sobre as exportações de serviços para o exterior (art. 156, § 3º, II, da CF). Não lhe é dado conceder, por intermédio deste ato normativo, isenções de outros impostos estaduais e municipais (ao contrário do que podia fazer à época da Carta de 1967/1969). Este assunto foi escandido no subitem 3.2.

Assim instrumentados, perguntamos: perderam a validade as isenções de ICMS concedidas antes do advento da atual Constituição por meio de leis complementares ou equivalentes (*v.g.*, pelo Decreto-lei 406/1968,[62] pela Lei Complementar 4/1969, pela Lei Complementar 44/1984)?

Pensamos que sim, porquanto nenhum destes atos normativos versava sobre exportações de mercadorias que não fossem produtos industrializados (hipótese em que continuariam encontrando respaldo na atual Constituição Federal).

Realmente, com o advento da Constituição de 1988, só foram recepcionadas, pelo novo ordenamento, as normas jurídicas que com ela não conflitavam.

As demais, isto é, as que não passaram pelo *teste da compatibilidade*, perderam a validade.

Foi o que se deu com os supramencionados atos normativos. Não encontrando fundamento de validade na atual Carta Suprema, deixaram de produzir efeitos a partir da entrada em vigor do novo sistema tributário nacional.[63]

As isenções de ICMS (à época, ICM) que eles concediam desapareceram.[64]

Mutatis mutandis, o mesmo podemos dizer das eventuais isenções de ISS que, ao lume da Carta anterior, haviam sido concedidas pela legislação federal (*v.g.*, pelo Decreto-lei 406/1968). Também elas caíram por terra.

62. O Decreto-lei 406/1968 bem assim o Decreto-lei 834/1969, que parcialmente o alterou, fazem as vezes de lei complementar veiculadora de *normas gerais em matéria de legislação tributária*, porquanto foram editados quando o Congresso Nacional estava em *recesso forçado*, em razão de atos revolucionários. Deste modo, o Executivo da União enfeixava em suas mãos todos os poderes do Estado, inclusive os legislativos.

63. Aliás, esta afirmação encontra apoio no próprio ADCT, que, no § 5º de seu art. 34, estatui: "Vigente o novo sistema tributário nacional, fica assegurada a aplicação da legislação anterior, no que não seja incompatível com ele e com a legislação referida nos §§ 3º e 4º".

Apenas para registro, os §§ 3º e 4º deste mesmo art. 34 assim dispunham: "§ 3º. Promulgada a Constituição, a União, os Estados, o Distrito Federal e os Municípios poderão editar as leis necessárias à aplicação do sistema tributário nacional nela previsto"; e: "§ 4º. As leis editadas nos termos do parágrafo anterior produzirão efeitos a partir da entrada em vigor do sistema tributário nacional previsto na Constituição". O sistema tributário nacional entrou totalmente em vigor no dia 1.3.1989 (*ex vi* do art. 34, *caput*, do ADCT).

64. Agora só poderão ser renovadas por meio de *convênios*, celebrados e ratificados pelos Estados e pelo Distrito Federal.

Todavia, leis complementares (ou que lhes faziam as vezes) que apenas explicitavam a Constituição da época e que não entraram em testilhas com a atual continuam irradiando efeitos.[65]

5. *Isenção, remissão e anistia tributárias. Suas diferenças jurídicas*

Aqui chegados, tomamos a liberdade de destacar que a *isenção* não se confunde nem com a *remissão*, nem com a *anistia*.

Isenção, como vimos de ver, é uma limitação legal do âmbito de validade da norma jurídica tributária que impede que o tributo nasça. Ou, se preferirmos, é a nova configuração que a lei dá à norma jurídica tributária, que passa a ter seu âmbito de abrangência restringido, impedindo, assim, que o tributo nasça (evidentemente naquela hipótese descrita na lei isentiva).

Já, a *remissão* é o perdão legal do débito tributário. É, na terminologia do Código Tributário Nacional, uma causa extintiva do crédito tributário (art. 156, IV). Faz desaparecer o tributo já nascido e só pode ser concedida por lei da pessoa política tributante. Fazemos esta última proclamação baseados no princípio da indisponibilidade do interesse público, de largo trânsito no direito tributário brasileiro. A Fazenda Pública não é a "dona" do tributo. Ela o lança e o arrecada, nos estritos termos da lei. Não lhe é dado abrir mão, *sponte propria*, de seu recolhimento. Pelo contrário, só poderá deixar de arrecadá-lo em cumprimento a uma lei autorizadora (praticará, pois, também neste caso, um ato administrativo vinculado).

A remissão – se for total – faz desaparecer o objeto do tributo (o pagamento), pondo termo, assim, à obrigação tributária. Tornamos a repetir que esta figura se distingue da isenção, que, como referimos, evita o nascimento da própria obrigação tributária (pelo menos na hipótese contemplada na lei isentiva).

65. Tal é o caso do art. 9º, § 2º, "b", do Decreto-lei 406/1968, que determina que não se incluem na base de cálculo do ISS sobre prestações de serviços de construção civil os valores das subempreitadas já tributadas.

Este preceito jamais veiculou uma isenção, mas, apenas, uma *norma geral de direito tributário*, pertinente à determinação da base de cálculo do ISS. Encontra, agora, *fundamento de validade* no art. 146, III, "a", da CF.

Com efeito, o mencionado art. 9º, § 2º, "b", tem caráter meramente declaratório e visa a eliminar incertezas, tornando explícita a *base de cálculo possível* do ISS sobre serviços de construção civil, de sorte a impedir o indesejável fenômeno do *bis in idem* tributário.

Embora o Texto Supremo não haja explicitamente determinado a base de cálculo do ISS, os Municípios estão longe de ter total liberdade para elegê-la.

É que sua base de cálculo deve necessariamente guardar uma referibilidade com as *prestações de serviços de qualquer natureza*. A Constituição dá uma diretriz acerca da *base de cálculo possível* do ISS: uma *medida* da prestação de serviço realizada. Estamos notando, pois, que a *base de cálculo possível* do ISS é o *valor da prestação de serviço efetuada*, isto é, o *preço do serviço prestado*, conforme, aliás, segundo nos foi dado constatar, consta da legislação ordinária de todos os Municípios.

Em apertada síntese, a base de cálculo do ISS é o *preço* da contrapartida auferida pelo prestador do serviço, que *se define no momento em que a prestação se concretiza*. Assim, valores estranhos a esta remuneração (como, por exemplo, o preço pago para as subempreitadas já tributadas pelo ISS) não integram – e nem podem integrar – a base de cálculo do ISS, porque não fazem parte do preço do serviço prestado.

Em apertada síntese, pois, a isenção impede que o tributo nasça e a remissão faz desaparecer o tributo já nascido.

Os efeitos são os mesmos: a não arrecadação do tributo.

Só que a lei isentiva é lógica e cronologicamente anterior ao nascimento do tributo (quando ele nasce), ao passo que a lei remissiva é lógica e cronologicamente posterior ao nascimento deste mesmo tributo. Portanto, a lei de isenção é um *prius* e a lei remissiva um *posterius*, no que se refere ao nascimento do tributo.

Com a isenção e com a remissão não devemos confundir a *anistia*. Esta diz respeito às penalidades pecuniárias, como leciona Hugo de Brito Machado: "Anistia é a exclusão do crédito tributário relativo a penalidades pecuniárias. O cometimento de infração à legislação tributária enseja a aplicação de penalidades pecuniárias, multas, e estas ensejam a constituição do crédito tributário correspondente. Pela anistia, o legislador extingue a punibilidade do sujeito passivo infrator da legislação tributária, impedindo a constituição do crédito. Se já está o crédito constituído, o legislador poderá dispensá-lo pela *remissão*, mas não pela *anistia*. Esta diz respeito exclusivamente a penalidade e há de ser concedida antes da constituição do crédito. (...)".[66]

A anistia, pois, perdoa, total ou parcialmente, a sanção tributária, isto é, a multa decorrente do ato ilícito tributário. Incide sobre a infração tributária, desconstituindo sua antijuridicidade, como observa Paulo de Barros Carvalho.[67] Por evidente, aparta-se do tributo, que não compreende a sanção de ato ilícito.

Em linguagem leiga (que ousaríamos chamar de "jornalística"), é comum dizer-se que uma lei concedeu "anistia de tributos". Com verdade, ela concedeu uma remissão tributária.

A lei de anistia, em termos técnico-jurídicos, portanto, faz desaparecer as multas decorrentes da prática de infrações tributárias (cf., inclusive, o art. 180 do CTN).

Por óbvio, as remissões e as anistias só poderão ser concedidas por meio de lei editada pela pessoa política tributante. Só quem tributou – tendo competência constitucional para fazê-lo – pode remitir ou anistiar. Vale, a respeito, *mutatis mutandis*, o que escrevemos no subitem 3.1 acerca das isenções concedidas por lei ordinária.

Verdade seja, a Carta Magna afasta qualquer possibilidade de testilhas doutrinais sobre este assunto, já que, em seu art. 150, § 6º, estabelece, com todas as letras: "Qualquer subsídio ou isenção, redução de base de cálculo, concessão de crédito presumido, anistia ou remissão, relativos a impostos, taxas ou contribuições, só poderá ser concedido mediante lei específica, federal, estadual ou municipal, que regule exclusivamente as matérias acima enumeradas ou o correspondente tributo ou contribuição, sem prejuízo do disposto no art. 155, § 2º, XII, 'g'" (redação da Emenda Constitucional 3/1993).[68] Observamos, de passagem, que houve uma involuntária

66. Hugo de Brito Machado, *Curso* ..., cit., 37ª ed., p. 239.

67. Paulo de Barros Carvalho, *Curso* ..., cit., p. 283.

68. Nada obstante as várias críticas que a Emenda Constitucional 3/1993 sem dúvida merece, o supracitado dispositivo é digno de louvores, por haver aperfeiçoado a redação original, que se limitava a aludir aos fenômenos da anistia e da remissão tributárias, deixando ao largo outras modalidades de bene-

omissão do constituinte em relação ao Distrito Federal. Estamos em crer, porém, que este defeito da cláusula averiguada não impede que qualquer anistia ou remissão que envolva matéria tributária ou previdenciária no âmbito do Distrito Federal deva ser concedida por meio de lei editada por esta pessoa política. Isto porque, como vimos e revimos, o Distrito Federal também desfruta de autonomia jurídica, tendo sido posto, pela Lei Fundamental, na posição de pessoa política (igual, em dignidade constitucional, à União, aos Estados e aos Municípios). Qualquer questão tributária (inclusive a anistia e a remissão de tributos) concernente ao Distrito Federal só poderá ser regulada por meio de lei própria.

6. Conclusão

Após o largo registro que fizemos, cremos, retomando o fio do discurso, que nenhuma dúvida pode remanescer no sentido de que as competências para tributar e para isentar não se repelem; antes, harmonizam-se, devendo, por isto mesmo, ser estudadas em conjunto.

fícios fiscais ("Qualquer anistia ou remissão que envolva matéria tributária ou previdenciária só poderá ser concedida através de lei específica, federal, estadual ou municipal").

Com sua atual redação, o art. 150, § 6º, da CF impôs às pessoas políticas uma exigência sobremodo importante e oportuna: qualquer vantagem fiscal ("subsídio ou isenção, redução de base de cálculo, concessão de crédito presumido, anistia ou remissão") só será válida se objeto de "lei específica" da pessoa política, isto é, que "regule exclusivamente" tal matéria. Daí podermos falar em *princípio da especificidade e exclusividade das leis tributárias benéficas*.

Portanto, nenhum benefício fiscal pode ser disciplinado em lei voltada a outros temas. Graças à determinação constitucional, evita-se que emendas capciosas induzam parlamentares menos avisados a aprovar, sem que o percebam, favores fiscais que nada têm a ver com o assunto central do ato normativo que estiver em votação.

O STF, ao analisar pedido de providência cautelar, na ADI 1.376-9-DF (rel. Min. Ilmar Galvão), deu importante contribuição à boa inteligência da expressão "lei específica", ao decidir que o que "o § 6º do art. 150 da CF veda é a oportunista introdução de norma de isenção fiscal no contexto de lei que cuide de matéria de natureza diversa" – de tal sorte que o requisito em tela é atendido quando "o benefício fiscal acha-se inter-relacionado ao objetivo da lei". O que a Carta Magna veda, em verdade, é o caviloso artifício de emendas que enxertam – quase sempre *na calada da noite* –, no texto das leis (mormente as orçamentárias) que se encontram em processo de elaboração, benefícios tributários casuísticos.

Capítulo XI

NORMAS GERAIS EM MATÉRIA DE LEGISLAÇÃO TRIBUTÁRIA

1. Introdução

A CF brasileira, em seu art. 146, prescreve:

"Art. 146. Cabe à lei complementar: I – dispor sobre conflitos de competência, em matéria tributária, entre a União, os Estados, o Distrito Federal e os Municípios; II – regular as limitações constitucionais ao poder de tributar; III – estabelecer normas gerais em matéria de legislação tributária, especialmente sobre: a) definição de tributos e de suas espécies, bem como, em relação aos impostos discriminados nesta Constituição, a dos respectivos fatos geradores, bases de cálculo e contribuintes; b) obrigação, lançamento, crédito, prescrição e decadência tributários; c) adequado tratamento tributário ao ato cooperativo praticado pelas sociedades cooperativas; d) definição de tratamento diferenciado e favorecido para as microempresas e para as empresas de pequeno porte, inclusive regimes especiais ou simplificados no caso do imposto previsto no art. 155, II, das contribuições previstas no art. 195, I e §§ 12 e 13, e da contribuição a que se refere o art. 239.

"Parágrafo único. A lei complementar de que trata o inciso III, 'd', também poderá instituir um regime único de arrecadação dos impostos e contribuições da União, dos Estados, do Distrito Federal e dos Municípios, observado que: I – será opcional para o contribuinte; II – poderão ser estabelecidas condições de enquadramento diferenciadas por Estado; III – o recolhimento será unificado e centralizado e a distribuição da parcela de recursos pertencentes aos respectivos entes federados será imediata, vedada qualquer retenção ou condicionamento; IV – a arrecadação, a fiscalização e a cobrança poderão ser compartilhadas pelos entes federados, adotado cadastro nacional único de contribuintes.

"Art. 146-A. Lei complementar poderá estabelecer critérios especiais de tributação, com o objetivo de prevenir desequilíbrios da concorrência, sem prejuízo da competência de a União, por lei, estabelecer normas de igual objetivo."

Este artigo, a bem da verdade, está longe de ter aquele estilo lapidar e conciso que, no dizer de Rui Barbosa, deve caracterizar as leis em geral. Com efeito, ele alude, por exemplo, ao "adequado tratamento tributário", como se a Constituição, noutras passagens, permitisse fosse dispensado aos contribuintes um "inadequado tratamento tributário". Demais disso, faz referência ao "ato cooperativo praticado pelas sociedades cooperativas", redundância que, talvez, nem o Conselheiro Acácio – personagem impagável por seus truísmos – tivesse coragem de perpetrar.

Mas, deixando de lado estas questões menores, que poderíamos chamar de "redacionais" (e, portanto, superáveis pela interpretação sistemática), o fato é que, analisando o art. 146 da CF, alguns estudiosos já proclamaram que, agora, a União, por meio de lei complementar, pode alterar o rígido esquema de repartição das competências tributárias das pessoas políticas e, mais do que isto, pode condicionar a validade de suas leis.[1]

Deveras, a CF, em seu art. 146, aparentemente contradiz o que escrevemos ao longo deste livro. Entendemos, porém, que tal contradição não é real.

Eis o assunto que, a partir deste momento, merecerá nossas considerações. Com ele faremos o chamado "teste de verificabilidade" tão necessário à comprovação das teorias científicas, como demonstrou José Souto Maior Borges.[2]

1. Como procuramos demonstrar em nosso livro *O Regulamento no Direito Tributário Brasileiro* (São Paulo, Ed. RT, 1981), inexiste hierarquia jurídica material entre a lei complementar e os demais atos normativos de nível legal (lei ordinária, lei delegada, medida provisória, decreto legislativo e resolução), já que todos eles encontram *fundamento de validade* diretamente na Carta Suprema, que lhes outorgou campos competenciais próprios.

Reconhecemos, todavia, que em alguns poucos casos a lei complementar prescreve os *conteúdos de forma* – não de matéria – dos demais atos normativos de nível legal. É o que ocorre quando, por expressa determinação constitucional, ela estabelece os *requisitos procedimentais* que as leis ordinárias, as leis delegadas, as medidas provisórias etc. devem necessariamente observar.

Nestes casos realmente se pode falar em *superioridade hierárquica formal* da lei complementar sobre os demais veículos introdutórios primários de normas jurídicas. Assim, p. ex., a lei ordinária deverá observar os ditames da Lei Complementar 95/1998, que, atendendo à determinação contida no parágrafo único, do art. 59 da CF, aponta as formas de produção, alteração, modificação e consolidação das leis *lato sensu*.

Adiantamos, porém, que as leis complementares que veiculam *normas gerais em matéria de legislação tributária* não fundamentam a validade das leis editadas pelos entes tributantes, e, nessa medida, não lhes apontam o conteúdo (a matéria).

Há, é certo, matérias tributárias que, por expressa determinação constitucional, somente podem ser versadas por lei complementar, como, p. ex., as que dizem respeito à criação de empréstimos compulsórios. Isso não significa, no entanto, que as leis ordinárias que delas incidentalmente vierem a tratar (*v.g.*, criando *obrigações acessórias*) estarão em posição de inferioridade hierárquica. Pelo contrário: ocuparão espaços jurídicos que constitucionalmente não lhes são vedados, estabelecendo, destarte, uma *relação de coordenação* (jamais de subordinação) com a lei complementar.

2. No "Prefácio" de sua instigante obra *Obrigação Tributária (Uma Introdução Metodológica)* (2ª ed., São Paulo, Malheiros Editores, 1999 e 2001, p. 15) este erudito jurista escreveu: "Como opção metodológica básica, parte-se do reconhecimento da unidade entre os métodos das ciências da natureza e os métodos das ciências do normativo, como a Ciência do Direito. Sem esse reconhecimento, as categorias metodológicas tomadas por empréstimo às ciências naturais não poderiam ter sido transpostas para o campo jurídico. E essa transposição corrobora a tese da unidade metodológica de todas as ciências. Porque elas partem de certas proposições explicativas do seu objeto de conhecimento que não passam de meras hipóteses, conjecturas doutrinárias, asserções prévias ao dado da experiência. E devem ser testadas, tanto e tão rigorosamente quanto possível, pela sua aplicação ao objeto do conhecimento de que se trate. Essa testabilidade opera uma espécie de seleção darwiniana das teorias jurídicas. Persistem e sobrevivem apenas as que se mostrem mais resistentes à agressão de experimentos cruciais, nada mais que tentativas, malogradas ou não, de sua refutação. Se refutadas conclusivamente, deverão ser substituídas por outras de melhor e mais abrangente conteúdo de explicação".

2. *A Constituição e as normas gerais em matéria de legislação tributária*

I – *Ab initio*, insistimos que a Constituição deve ser interpretada com vistas largas, justamente para que desapareçam as aparentes contradições de seus dispositivos, quando considerados em estado de isolamento. Exige-se, assim, a concordância de cada um de seus artigos com os princípios informadores, com as normas estruturais, de nosso ordenamento jurídico.

Outra, inclusive, não é a lição do magistral Carlos Maximiliano: "O todo deve ser examinado com o intuito de obter o verdadeiro sentido de cada uma das partes. 'A Constituição não destrói a si própria. Em outros termos, o poder que ela confere com a mão direita não retira, em seguida, com a esquerda.' Conclui-se deste postulado não poder a garantia individual, a competência, a faculdade ou a proibição, encerrada num dispositivo, ser anulada praticamente por outro; não procede a exegese incompatível com o espírito do estatuto, nem com a índole do regime".[3]

Ora, só com estas colocações já podemos dizer que o art. 146 da Lei Maior deve ser entendido em perfeita harmonia com os dispositivos constitucionais que conferem competências tributárias privativas à União, aos Estados, aos Municípios e ao Distrito Federal, pois a autonomia jurídica destas pessoas políticas envolve princípios constitucionais incontornáveis.

II – A lei complementar em questão – tanto quanto as leis complementares que tratam de outras matérias – subordina-se à Constituição e a seus grandes postulados. Deste modo, em sua edição devem imperar os padrões que disciplinam a feitura das normas jurídicas infraconstitucionais, em geral. Ela será válida na medida em que observar, na forma e no conteúdo, os princípios e as indicações emergentes da Carta Fundamental da Nação.

Na verdade, o que pretendemos pôr em destaque é que esta lei complementar não possui o apanágio de buscar nela própria seu fundamento de validade. Muito pelo contrário: ela só poderá irradiar efeitos se e enquanto estiver contida na "pirâmide jurídica", em cuja cúspide encontram-se as normas constitucionais, verdadeiras matrizes de todas as manifestações normativas do Estado, já que representam "o nível mais alto dentro do Direito nacional", como observou, com propriedade, Hans Kelsen.

III – Para bem entendermos este art. 146, temos, pois, que partir das premissas de que o Brasil é uma Federação (art. 1º da CF), em que os Estados, os Municípios e o Distrito Federal desfrutam de ampla autonomia político-administrativa (arts. 18, 25, 29, 30 e 32 da CF), legislando, concorrentemente, inclusive em matéria tributária (art. 24, I, da CF). Também não podemos ignorar o art. 24, § 1º, da Lei Suprema, que só permite que a União, "no âmbito da legislação concorrente" estabeleça *normas gerais*. Ora, *normas gerais* são justamente as que valem para *todas* as pessoas políticas, aí incluída a própria União. Nunca normas peculiares, que só valham para os Estados, os Municípios ou o Distrito Federal.

3. Carlos Maximiliano, *Comentários à Constituição Brasileira de 1946*, 5ª ed., vol. I, pp. 133-134 (os apóstrofos estão no original).

IV – Ora, estabelecer *normas gerais* é apontar as diretrizes, os lineamentos básicos; é operar por sínteses, indicando e resumindo. Nunca descendo a assuntos da economia interna, do peculiar interesse das pessoas políticas.

Logo, a lei complementar que está a merecer nossos cuidados só será válida quando se entrosar com as linhas mestras do Texto Supremo. Admitimos, num esforço de arranjo, que tal lei poderá iluminar os pontos mais ou menos obscuros de nosso sistema constitucional tributário, desde que, no entanto, não os desloque, não os altere, nem os anule.

Se a lei complementar tributária referida no art. 146 do Diploma Magno se afastar dos *nortes* da Constituição, perderá, por completo, a razão jurídica de existir e, destarte, a ninguém poderá obrigar, muito menos aos legisladores das pessoas políticas, para os quais deve apenas dar orientação, e não fundamento de validade.

As normas gerais em matéria tributária, tratadas no art. 146 da CF, devem, portanto, apresentar um conteúdo não exauriente, mas ancilar, na linha de pensamento de Diogo de Figueiredo Moreira Neto, *verbis*: "*[as normas gerais]*: a) estabelecem princípios, diretrizes, linhas mestras e regras jurídicas gerais; b) não podem entrar em pormenores ou detalhes, nem, muito menos, esgotar o assunto legislado; c) devem ser regras nacionais, uniformemente aplicáveis a todos os entes públicos; d) devem ser regras uniformes para todas as situações homogêneas; e) só cabem quando preencham lacunas constitucionais ou disponham sobre áreas de conflito; f) devem referir-se a questões fundamentais; g) são limitadas, no sentido de não poderem violar a autonomia dos Estados; h) não são normas de aplicação direta".[4]

V – Assim, proclamamos, desde agora, que tal lei complementar só pode explicitar o que está implícito na Constituição. *Não pode inovar, mas, apenas, declarar*. Para além destas angustas fronteiras, o legislador complementar estará arrogando-se atribuições que não lhe pertencem e, deste modo, desagregando princípios constitucionais que deve acatar, máxime os que concedem autonomia jurídica às pessoas políticas no que concerne à decretação e arrecadação dos tributos de suas competências.

VI – Para aceitarmos melhor estas posições é necessário termos em conta que as competências tributárias das pessoas políticas foram perfeitamente traçadas e distribuídas pela Constituição. Vai daí que a lei complementar prevista no art. 146 da CF não pode, de nenhum modo, alterar as faculdades privativas que a União, os Estados, os Municípios e o Distrito Federal têm para tributar. Dito de outro modo, é vedado ao legislador complementar criar não só proibições, mas até limitações ou perturbações ao exercício das competências tributárias, porque, do contrário, absurdamente ser-lhe-ia admitido *nulificar* garantias expressamente asseguradas, pelo Texto Supremo, às pessoas políticas.

VII – Temos por incontroverso que a Constituição não conferiu ao legislador complementar um "cheque em branco" para, por meio da edição deste ato normativo,

4. Diogo de Figueiredo Moreira Neto, "Competência concorrente limitada", *Revista de Informação Legislativa do Senado Federal* 100/149-150.

traçar as competências tributárias, com suas limitações, da União, dos Estados, dos Municípios e do Distrito Federal. Apenas concedeu que ele, de duas, uma: ou dispusesse sobre conflitos de competência entre as entidades tributantes, ou regulasse as limitações constitucionais ao exercício da competência tributária.

VIIa – A lei complementar a que alude o inciso I do art. 146 da CF tem o papel de orientar a produção legislativa das pessoas políticas em matéria tributária, de modo a evitar conflitos de competência entre elas. Com isso, prestigia os princípios *federativo*, da *autonomia municipal* e da *autonomia do Distrito Federal*, de fora a parte contribuir para que venham reforçados os direitos e garantias dos contribuintes.

É certo que a esta lei complementar não é dado redesenhar as competências tributárias outorgadas às pessoas político-constitucionais. Tem, todavia, a importante função de remarcar as fronteiras dos campos tributários da União, de cada um dos Estados-membros, de cada um dos Municípios e do Distrito Federal.

Realmente, embora a Carta Magna tenha tido extremo cuidado ao distribuir e delimitar as competências tributárias das pessoas políticas, o fato é que nela há pontos que podem suscitar insuficiências intelectivas. É aí que há espaço para que a lei complementar explicite os relatos constitucionais, prevenindo conflitos e, assim, evitando invasões de competência tributária.

Ora, justamente para superar tais conflitos o sistema jurídico conta com o concurso da lei complementar tributária prevista no art. 146, I, da Carta Magna, que tem a relevante tarefa de reforçar o perfil constitucional de cada tributo, desenhando-o mais em detalhe e circunscrevendo seus exatos contornos.

Contemplando-a, o legislador ordinário das várias pessoas políticas encontra, enquanto cria *in abstracto* os tributos de sua competência, melhor mapeado o caminho que a Constituição o autoriza a palmilhar.

VIII – Observamos, ainda, que o inciso III do art. 146 da CF ("cabe à lei complementar: (...) estabelecer normas gerais em matéria de legislação tributária, especialmente sobre: a) definição de tributos e de suas espécies, bem como, em relação aos impostos discriminados nesta Constituição, a dos respectivos fatos geradores, bases de cálculo e contribuintes; b) obrigação, lançamento, crédito, prescrição e decadência tributários; c) adequado tratamento tributário ao ato cooperativo praticado pelas sociedades cooperativas; d) definição de tratamento diferenciado e favorecido para as microempresas e para as empresas de pequeno porte, inclusive regimes especiais ou simplificados no caso do imposto previsto no art. 155, II, das contribuições previstas no art. 195, I, e §§ 12 e 13, e da contribuição a que se refere o art. 239") não autoriza a lei complementar a modificar a "norma-padrão de incidência" (a "regra-matriz", o "arquétipo genérico") dos tributos. De fato, ela foi constitucionalmente traçada e, por isto mesmo, não poderá ter seus confins alterados pela lei em foco.

IX – Ademais, estamos certos de andar bem avisados sustentando que a Constituição delimitou as competências tributárias das pessoas políticas. A lei complementar apenas pode facilitar a compreensão das normas constitucionais pertinentes. Mal comparando, podemos dizer que, aqui, a lei complementar funciona, em relação à Carta Magna, como o regulamento em relação à lei, estabelecendo os *pormenores normativos* que vão ensejar a correta aplicação da regra superior.

Deveras, o art. 146 da CF, se interpretado sistematicamente, não dá margem a dúvidas: a competência para editar normas gerais em matéria de legislação tributária desautoriza a União a descer ao detalhe, isto é, a ocupar-se com peculiaridades da tributação de cada pessoa política. Entender o assunto de outra forma poderia desconjuntar os princípios federativo, da autonomia municipal e da autonomia do Distrito Federal.

Portanto, somos de opinião que a lei complementar em exame só poderá veicular normas gerais em matéria de legislação tributária, as quais ou disporão sobre conflitos de competência, em matéria tributária, ou regularão "as limitações constitucionais ao poder de tributar".

X – Reafirmamos, deste modo, que só será válida a lei complementar que vier a dispor sobre conflitos de competência tributária ou a regular limitações constitucionais "ao poder de tributar". Tal conclusão, posto não deflua naturalmente da mera leitura do invocado art. 146, é a única possível se levarmos em conta, em sua exegese, dentre outros, os precitados princípios federativo, da autonomia municipal e da autonomia do Distrito Federal.

A respeito, perfilhamos a denominada *corrente dicotômica*, liderada por Geraldo Ataliba, e cujas linhas mestras estão otimamente expostas em seu artigo "Normas gerais de direito financeiro e tributário".[5]

Desenvolvamos, porém, algumas outras ideias.

A – Vimos que a legislação complementar não pode alterar as *regras-matrizes* dos tributos, que foram cuidadosamente traçadas pela Constituição Federal. Não pode, igualmente, criar, majorar ou reduzir tributos, nem conceder remissões, isenções ou anistias tributárias.[6] Para isto há, na Constituição Federal, mecanismos próprios, já estudados.

5. *RDP* 10/15 e ss.

6. Entendemos que as Constituições estaduais, as Leis Orgânicas dos Municípios e a Lei Orgânica do Distrito Federal também não podem criar, majorar ou reduzir tributos, nem conceder remissões, isenções ou anistias tributárias. Tais assuntos devem ser regulados por meio de lei ordinária (editada, é claro, pela pessoa política competente).

Do contrário, *não sendo* as Cartas locais submetidas à sanção, promulgação e publicação do Chefe do Executivo (são promulgadas pelos constituintes das pessoas políticas que as elaboraram), ele se veria alijado – ao arrepio dos ditames da Constituição da República – da tomada das decisões referentes à tributação.

Dito de outro modo, o Governador do Estado, o Prefeito do Município ou o Governador do Distrito Federal estariam despidos do *status* de senhores das conveniências e possibilidades do Erário e da Administração, que a Constituição da República lhes outorgou (e que nenhuma Carta local pode amesquinhar ou anular), se as Constituições estaduais, as Leis Orgânicas dos Municípios e a Lei Orgânica do Distrito Federal, respectivamente, dispusessem livremente sobre criação, majoração, redução, remissão, isenção ou anistia tributária.

Com efeito, é o Chefe do Executivo que, num primeiro momento, aprecia o projeto de lei já aprovado pelo Legislativo, devendo sancioná-lo (se com ele aquiescer) ou vetá-lo (se o considerar inconstitucional ou inconveniente, e desde que o faça de modo fundamentado). Havendo veto, ele naturalmente

A lei complementar veiculadora de "normas gerais em matéria de legislação tributária" poderá, quando muito, sistematizar os princípios e normas constitucionais que regulam a tributação, orientando, em seu dia a dia, os legisladores ordinários das várias pessoas políticas, enquanto criam tributos, deveres instrumentais tributários, isenções tributárias etc. Ao menor desvio, porém, desta função simplesmente explicitadora, ela deverá ceder passo à Constituição.

De fato, como tantas vezes temos insistido, as pessoas políticas, enquanto tributam, só devem obediência aos ditames da Constituição. Embaraços porventura existentes em normas infraconstitucionais – como, por exemplo, em lei complementar editada com apoio no art. 146 da Carta Magna – não têm o condão de tolhê-las na criação, arrecadação, fiscalização etc. dos tributos de suas competências.

B – Daí por que, em rigor, não será a lei complementar que definirá "os tributos e suas espécies", nem "os fatos geradores, bases de cálculo e contribuintes"[7] dos impostos discriminados na Constituição. A razão desta impossibilidade jurídica é muito simples: tais matérias foram disciplinadas, com extremo cuidado, em sede constitucional. Ao legislador complementar será dado, na melhor das hipóteses, detalhar o assunto, olhos fitos, porém, nos rígidos postulados constitucionais, que nunca poderá acutilar. A função da lei complementar, a respeito, é meramente *declaratória*, devendo materializar, apenas, o "propósito de explicitação" dos ditames constitucionais tributários. Se for além disso, será inconstitucional, e os legisladores ordinários das pessoas políticas, bem como os "operadores do Direito", deverão simplesmente desconsiderar seus "comandos" (já que desbordantes dos lindes constitucionais).

poderá ser derrubado pelo Legislativo, mas só por meio do voto da *maioria absoluta* de seus membros, a teor do art. 66, § 4º, da CF, de observância obrigatória por todas as pessoas políticas.

Em suma, nada pode ser legislado, que envolva tributação (*lato sensu*), sem a coparticipação do Chefe do Executivo (Governador do Estado, Prefeito do Município ou Governador do Distrito Federal). Tal matéria está fora do *poder constituinte decorrente* dos Estados, dos Municípios e do Distrito Federal, e, assim, não pode ser regulada de modo diverso pela Carta local.

Deveras, quando a Constituição Federal proclama ser vedado às pessoas políticas "exigir ou aumentar tributo sem lei que o estabeleça" (art. 150, I), implicitamente está estatuindo que a criação e o aumento de tributos dependem de lei votada com a participação não só do Legislativo, como, também, do Executivo (por meio da sanção, promulgação e publicação).

Mutatis mutandis, a mesma ordem de raciocínio vale para qualquer anistia ou remissão que envolva matéria tributária e para qualquer isenção tributária (art. 150, § 6º, da CF). A respeito, convém esclarecer que, sendo vedado à União "instituir isenções de tributos da competência dos Estados, do Distrito Federal ou dos Municípios" (art. 151, III, da CF), cada pessoa política, *a contrario sensu*, deve conceder isenções dos tributos de sua competência (salvo as expressas exceções adnumeradas na Constituição da República). Logo, só lei específica, estadual, do Distrito Federal ou municipal, poderá criar isenções de tributos estaduais, do Distrito Federal ou municipais, respectivamente. Tal lei deverá ser editada com a imprescindível colaboração do Chefe do Executivo, que, garantida pela Constituição da República, não poderá vir a ser diminuída ou eliminada pela Carta local.

Em suma, tirantes as poucas exceções constitucionalmente previstas, só a lei ordinária local pode cuidar de criação, majoração, redução, remissão, isenção ou anistia tributária.

7. Sobre o tema "sujeito passivo da obrigação tributária", v. o excelente *Reflexões sobre a Arquitetura do Direito Tributário*, de Eduardo Marcial Ferreira Jardim (2ª ed., São Paulo, Institutas, 1989, pp. 97-122).

Por igual modo, não cabe à lei complementar em análise determinar às pessoas políticas como deverão legislar acerca da "obrigação, lançamento, crédito, prescrição e decadência tributários". Elas, também nestes pontos, disciplinarão tais temas com a autonomia que lhes outorgou o Texto Magno. Os princípios federativo, da autonomia municipal e da autonomia do Distrito Federal, que se manifestam com intensidade máxima na "ação estatal de exigir tributos", não podem ter suas dimensões reduzidas ou, mesmo, alteradas por normas infraconstitucionais.

C – Ademais, com lei complementar ou sem ela, parece-nos evidente que as pessoas políticas devem dispensar "adequado tratamento tributário ao ato cooperativo praticado pelas sociedades cooperativas". Entretanto, é a própria Constituição, sistematicamente interpretada e aplicada, que determina em que consiste tal tratamento tributário adequado. Esta lei complementar não poderá, *v.g.*, considerar o "ato cooperativo praticado pelas sociedades cooperativas" como sendo uma operação mercantil, de modo a permitir que sobre ele incida o ICMS.[8] O legislador complementar não está mais autorizado do que o legislador ordinário das várias pessoas políticas tributantes a captar, também neste passo, o desígnio constitucional. Não poderá igualmente vincular, acerca deste tema, as decisões judiciais. O Poder Judiciário – como já sustentamos no capítulo "Legalidade e Tributação" – julga com supedâneo em critérios próprios, que haure especialmente da Constituição; nunca dos que o legislador complementar ou o Executivo pretendam lhe impor.

A propósito deste assunto, temos a dizer que a Constituição de 1988 reconheceu e mandou proteger o *cooperativismo*, isto é, o sistema que rege as cooperativas. Inclusive em matéria tributária.

C.1 – Mas manda proteger o cooperativismo de que modo?

Em primeiro lugar, mencionando o assunto, *explicitamente*, em sete dispositivos e, *de modo implícito*, em pelo menos um, que repercute no campo de atuação das cooperativas de trabalho médico. Vejamos quais são, tecendo, acerca de cada um deles, breves comentários.

C.1.1 – O art. 5º, XVIII, da CF estatui: "Art. 5º. (...): XVIII – a criação de associações e, na forma da lei, a de cooperativas independem de autorização, sendo vedada a interferência estatal em seu funcionamento".

Como vemos, já no capítulo que cuida dos "direitos e deveres individuais e coletivos", a Constituição proclama que a criação, na forma da lei, de cooperativas

8. Em artigo ("Cooperativas de consumo", *RDTributário* 40/223 e ss.), procuramos demonstrar que: I – o ICMS recai sobre *atos mercantis* (atos que impulsionam juridicamente a mercadoria, da produção para o consumo); II – um ato só configura operação mercantil quando, regido pelo direito comercial, tem por finalidade o lucro e por objeto uma mercadoria; III – nenhum destes requisitos é preenchido pelas cooperativas que: a) têm natureza civil (sendo, assim, regidas pelo direito civil); b) não visam ao lucro (ao proveito, ao sobrepreço), mas, apenas, ao favorecimento de seus associados; e c) não entregam aos cooperados mercadorias, mas, apenas, *coisas* (*res extra commercium*); IV – as cooperativas, enquanto se limitam a entregar bens a seus associados (isto é, a praticar atos cooperativos típicos), por não efetuarem "operações relativas à circulação de mercadorias", estão a salvo da tributação por via de ICMS (só as vendas a terceiros, isto é, a não cooperados, é que estão sujeitas a este imposto). Evidentemente, nenhuma lei complementar poderá alterar este quadro, que foi criado pela Constituição.

independe de autorização, "sendo vedada a interferência estatal em seu funcionamento".

Esta norma é altamente louvável, porque veio acabar com o ranço ditatorial que impregnava alguns artigos da Lei 5.764, de 16.2.1971, editada sob a égide da Carta Federal de 1967/1969, que exigiam autorização estatal para que as cooperativas funcionassem (arts. 17 e 18[9]), além de permitirem fossem dissolvidas por vontade exclusiva da autoridade pública, ou seja, independentemente de terem viabilidade econômica ou do desejo de seus partícipes (arts. 63, VI, e 64, *caput*[10]). Com a edição da Constituição de 1988 esses dispositivos de perfil totalitário, incompatíveis com a liberdade das cooperativas e a não interferência estatal em sua atuação, perderam *fundamento de validade* – e, portanto, caducaram.

C.1.2 – O art. 146, III, "c", da CF determina que a *lei complementar* deve dispensar "adequado tratamento tributário ao ato cooperativo praticado pelas sociedades cooperativas".

Observamos que, ao assim dispor, o Constituinte originário sinalizou que o assunto não vinha merecendo, por parte das pessoas políticas, o devido tratamento. Noutras palavras, ele se sensibilizou com a necessidade de a legislação tributária ser ajustada – o que até então não se dava – às características e ao modo de atuação das sociedades cooperativas. Isto explica até a redundância "ato cooperativo praticado pelas sociedades cooperativas": a ânsia de eximir de tributação, o quanto possível, o ato cooperativo fez com que fosse esquecida a verdade cediça de que este só pode ser praticado "pelas sociedades cooperativas".

C.1.3 – O art. 174, § 2º, da CF prescreve que "a lei apoiará e estimulará o cooperativismo".

Adiantamos que o cooperativismo não passa de uma forma de organização econômica, com forte traço coletivo, social, de participação ativa e voluntária das pessoas, notadamente as físicas. Ele se insere numa visão mais aberta e solidária da

9. Lei 5.764/1971:

"Art. 17. A cooperativa constituída na forma da legislação vigente apresentará ao respectivo órgão executivo federal de controle, no Distrito Federal, Estados ou Territórios, ou ao órgão local para isso credenciado, dentro de 30 (trinta) dias da data da constituição, para fins de autorização, requerimento acompanhado de 4 (quatro) vias do ato constitutivo, estatuto e lista nominativa, além de outros documentos considerados necessários.

"Art. 18. Verificada, no prazo máximo de 60 (sessenta) dias, a contar da data de entrada em seu protocolo, pelo respectivo órgão executivo federal de controle ou órgão local para isso credenciado, a existência de condições de funcionamento da cooperativa em constituição, bem como a regularidade da documentação apresentada, o órgão controlador devolverá, devidamente autenticadas, 2 (duas) vias à cooperativa, acompanhadas de documento dirigido à Junta Comercial do Estado, onde a entidade estiver sediada, comunicando a aprovação do ato constitutivo da requerente."

10. Lei 5.764/1971:

"Art. 63. As sociedades cooperativas se dissolvem de pleno direito: (...) VI – pelo cancelamento da autorização para funcionar; (...).

"Art. 64. Quando a dissolução da sociedade não for promovida voluntariamente, nas hipóteses previstas no artigo anterior, a medida poderá ser tomada judicialmente a pedido de qualquer associado ou por iniciativa do órgão executivo federal."

sociedade, bem de acordo com o clima de mudança vivenciado pelo País, em seu processo de redemocratização.

As cooperativas auxiliam – e muito – na descentralização das riquezas e na melhor distribuição da renda.

Daí haver andado bem a Constituição Federal ao mandar que o Estado (no Brasil, representado pelas pessoas políticas) apoiasse e estimulasse o cooperativismo.

No campo fiscal este auxílio há de traduzir-se numa legislação que desonere ao máximo as cooperativas da carga tributária ou, quando pouco, que lhes determine uma incidência menos gravosa que a experimentada pelas pessoas jurídicas em geral, aí compreendidas as microempresas e as empresas de pequeno porte. Tal previsão constitucional visa a facilitar a atuação destas entidades, que, verdade seja, têm condições de atender, melhor até do que o próprio Poder Público, a uma série de objetivos de grande alcance social, como, por exemplo, a promoção do pleno emprego.

Também estamos convencidos de que a lei deverá sempre mais facilitar a contratação das cooperativas pelo Poder Público, afrouxando as amarras e excessos burocráticos que, nos processos licitatórios, ainda tolhem o pleno funcionamento de tais sociedades.

C.1.4 – O art. 174, § 3º, da CF estabelece que "o Estado favorecerá a organização da atividade garimpeira em cooperativas, levando em conta a proteção do meio ambiente e a promoção econômico-social dos garimpeiros".

Neste passo também se nota a preocupação com o cooperativismo, associando-o à Ecologia, já que o garimpo precisa ser bem fiscalizado para que não degrade, de modo irremediável, o meio ambiente.

C.1.5 – O art. 174, § 4º, do Diploma Magno prioriza as cooperativas "na autorização ou concessão para pesquisa e lavra dos recursos e jazidas de minerais garimpáveis, nas áreas onde estejam atuando, e naquelas fixadas de acordo com o art. 21, XXV,[11] na forma da lei".

C.1.6 – O art. 187, VI, da CF manda levar em conta, em matéria de política agrícola, "especialmente o cooperativismo" – circunstância que vem ao encontro da ideia de que o amanho da terra há de ser favorecido e incentivado.

C.1.7 – Finalmente, a CF, em seu no art. 192, *caput*, prescreve que o Sistema Financeiro Nacional, "estruturado de forma a promover o desenvolvimento equilibrado do País e a servir aos interesses da coletividade, em todas as partes que o compõem, abrangendo as cooperativas de crédito, será regulado por leis complementares que disporão, inclusive, sobre a participação do capital estrangeiro nas instituições que o integram".

C.2 – Muito bem. Com a só leitura destes dispositivos, já estamos percebendo que o Constituinte não só *acreditou* no cooperativismo, como determinou que esta

11. CF: "Art. 21. Compete à União: (...) XXV – estabelecer as áreas e as condições para o exercício da atividade de garimpagem, em forma associativa".

peculiar forma associativa fosse, por todos os títulos, prestigiada e protegida pela ordem jurídica.

Podemos, pois, afirmar que o cooperativismo é um *valor* que, por seu particular significado político, social e econômico, foi consagrado, pela Assembleia Nacional Constituinte, em repetidas passagens da Constituição da República.

Consequentemente, tudo que diga respeito às cooperativas deve receber uma interpretação *generosa*, posto ser vontade do Constituinte – explicitamente manifestada – incentivá-las e submetê-las a uma tributação mitigada, mais branda, até, que aquela que alcança as microempresas e as empresas de pequeno porte.

C.3 – Mas, consoante acima registramos, há um artigo na Constituição Federal que influi decisivamente nas cooperativas médicas, que se associam ao *Sistema Único de Saúde* (SUS) e não têm *espírito de ganho*, vale dizer, finalidades lucrativas. Trata-se do art. 199, que dispõe:

"Art. 199. A assistência à saúde é livre à iniciativa privada.

"§ 1º. As instituições privadas poderão participar de forma complementar do Sistema Único de Saúde, segundo diretrizes deste, mediante contrato de direito público ou convênio, *tendo preferência* as entidades filantrópicas e *as sem fins lucrativos*.

"§ 2º. É vedada a destinação de recursos públicos para auxílios ou subvenções às instituições privadas com fins lucrativos.

"§ 3º. É vedada a participação direta ou indireta de empresas ou capitais estrangeiros na assistência à saúde no País, salvo nos casos previstos em lei.

"4º. A lei disporá sobre as condições e os requisitos que facilitem a remoção de órgãos, tecidos ou substâncias humanas para fins de transplante, pesquisa e tratamento, bem como a coleta, processamento e transfusão de sangue e seus derivados, sendo vedado todo tipo de comercialização."[12]

Note-se que, neste passo, a Constituição permite participem de forma preferencial do Sistema Único de Saúde as instituições privadas sem fins lucrativos (art. 199, § 1º). É o caso, também, das cooperativas médicas, que não perseguem o lucro.

Ademais, se é proibida a destinação de recursos públicos para favorecer "as instituições privadas com fins lucrativos" (art. 199, § 2º, da CF), segue-se, *a contrario sensu*, que podem recebê-los as cooperativas médicas, que não têm este objetivo.

Além disso, terão preferência como entidades de apoio e complementação do SUS. Assim, por exemplo, deverão ser mais favorecidas em licitações públicas para contratação de planos de saúde suplementar para os servidores públicos. Também poderão receber aportes de recursos públicos, como auxílio e subvenção de suas atividades.

Chegamos a estas conclusões combinando o dispositivo ora em foco com o precitado art. 174, § 2º, que – reiteramos – manda a própria lei privilegiar o *cooperativismo*, aí compreendido o que atina à consecução da assistência médico-hospitalar.

12. Grifamos.

C.4 – Voltemos, porém, ao art. 146, III, "c", da CF.

Temos para nós que a Lei Maior, ao mandar dispensar "adequado tratamento tributário ao ato cooperativo, praticado pelas sociedades cooperativas", não incidiu em qualquer cinca, nem, tampouco, proclamou verdade acaciana.

Simplesmente determinou que lei complementar veiculasse "normas gerais em matéria de legislação tributária", de modo a fazer com que em todas as unidades federativas (União, Estados-membros, Distrito Federal e Municípios) as cooperativas venham a receber tratamento tributário privilegiado, vale dizer, mais favorável que o dispensado às instituições privadas com fins lucrativos.

Neste contexto, portanto, *dispensar adequado tratamento tributário* é reconhecer as peculiaridades do ato cooperativo e, ao fazê-lo, eximi-lo, o quanto possível, de tributação. Afinal, como é de comum sabença, a tributação lanha a propriedade dos contribuintes, já que fica com uma parcela, por vezes significativa, de suas riquezas.

Então, já podemos deixar assentada a seguinte premissa: as normas tributárias devem ser editadas, interpretadas e aplicadas de tal modo, que o *ato cooperativo* sofra um mínimo de tributação.

Neste sentido, diga-se de passagem, a lição de Pedro Einstein dos Santos Anceles, ilustre Delegado de Julgamento da Receita Federal em Santa Maria/RS, *verbis*: "Trata-se, em verdade, de comando dirigido ao legislador infraconstitucional para que este contemple o ato cooperativo com base de cálculo, alíquotas ou outro expediente tributário que prestigie o sistema cooperativo, onerando menos as cooperativas, em razão de sua função social, do que as demais sociedades".[13]

Insistimos que as cooperativas proveem o atendimento às necessidades básicas dos cooperativados, que, por injunção constitucional, devem ser sempre amparados e incentivados. Elas colimam, em última análise, facilitar-lhes a atuação e o desenvolvimento pessoal e profissional.

Vêm ao encontro desta linha de pensamento as seguintes ponderações de Renato Lopes Becho: "Mundialmente reconhecida é a hipossuficiência das cooperativas, tema tratado por diversos doutrinadores. Preferimos dizer que as particularidades do sistema (fugindo de uma síndrome de inferioridade que não ajuda, posto que guarda uma dívida moral desnecessária) necessitam, muitas vezes, de ajuda externa para sua sobrevivência. Semelhantes em vários aspectos aproximativos com as microempresas, com as sociedades filantrópicas e com as organizações não governamentais, as cooperativas fazem jus a tratamento diferenciado em relação às sociedades de fins lucrativos. O Constituinte originário quis, no que nem sempre é respeitado pelos governos, que as leis de organização da ordem econômico-financeira apoiassem e incentivassem o cooperativismo".[14]

13. Pedro Einstein dos Santos Anceles, "O adequado tratamento ao ato cooperativo. O imposto de renda da pessoa jurídica e a contribuição social sobre o lucro líquido incidentes nas operações realizadas por cooperativas", in *Ato Cooperativo e seu Adequado Tratamento Tributário*, Belo Horizonte, Mandamentos, 2004, p. 276.

14. Renato Lopes Becho, "Direito constitucional tributário aplicado às cooperativas", in *Direito Tributário Constitucional*, São Paulo, Max Limonad, 1999, p. 25.

Exatamente por isso, as cooperativas titularizam uma série de faculdades e prerrogativas que, em princípio, as empresas privadas não possuem. Embora não sejam imunes à tributação, devem receber um tratamento tributário diferençado daquele que alcança as pessoas jurídicas de direito privado em geral. Quando possível, a legislação deve outorgar-lhes isenções tributárias. E as situações de dúvida que surgirem haverão de ser solvidas em favor da não tributação.

Em resumo, o já citado art. 146, III, "c", da CF traduz o reconhecimento de que as cooperativas somente reúnem condições de sobreviver, num mercado dominado pelas empresas de grande porte (nacionais e internacionais), se receberem especial amparo. Este – tornamos a dizer – é um *valor* que o Estado é obrigado a perseguir.

C.5 – Corrobora este entendimento a alínea "d" do inciso III do art. 146 da CF: "Art. 146. Cabe à lei complementar: (...) III – estabelecer normas gerais em matéria de legislação tributária, especialmente sobre: (...) d) definição de tratamento diferenciado e favorecido para as microempresas e para as empresas de pequeno porte, inclusive regimes especiais ou simplificadores no caso do imposto previsto no art. 155, II, das contribuições previstas no art. 195, I, e §§ 12 e 13, e da contribuição a que se refere o art. 239".

Esta alínea "d", acrescentada pela Emenda Constitucional 42, de 19.12.2003, vem ao encontro da ideia de que as cooperativas devem receber tratamento tributário mais benéfico que o dispensado às empresas lucrativas em geral.

Note-se que o legislador constituinte derivado, fugindo da imprecisa expressão "adequado tratamento" – que, no caso da alínea "c", tantas controvérsias interpretativas suscitou –, empregou a locução, mais técnica, "tratamento diferenciado e mais favorecido", inclusive no que se refere a alguns tributos, às microempresas e empresas de pequeno porte.

Ora, mais que estas empresas – que, sem embargo de sua importância social, visam ao lucro –, demandam tratamento fiscal favorecido as cooperativas, que não ostentam "espírito de ganho" e, assim, melhor descentralizam rendas. De fato, sendo entidades não lucrativas, possibilitam que as riquezas não fiquem nas mãos de alguns poucos (como nas microempresas e nas empresas de pequeno porte), mas, pelo contrário, que transitem pelo patrimônio de um grande universo de pessoas: todos os cooperativados.

Conforme se sabe, os resultados econômicos positivos das cooperativas são distribuídos a todos os associados, na proporção da participação de cada um, independentemente da parcela de detenção do capital. Daí se nota como essas sociedades são mais solidárias e justas.

Em suma, a alínea "d" do inciso III do art. 146 da CF reforçou o grau de intensidade da alínea "c" do mesmo inciso, dando-lhe o exato significado, conteúdo e alcance: as cooperativas, embora não imunes à tributação (ao contrário das instituições educacionais e assistenciais, sem fins lucrativos), sobrepairam às microempresas e às empresas de pequeno porte, devendo, destarte, receber tratamento tributário ainda mais favorecido que elas.

C.6 – Mas, afinal, que é *cooperativa*?

Em termos infraconstitucionais, ou seja, em nível legal, a resposta deve ser buscada a partir do Código Civil de 2002, que traz todo um capítulo dedicado às sociedades cooperativas.[15]

Como se sabe, o atual Código Civil, em seu art. 982, classificou as sociedades em *empresárias* e *simples*.[16] As cooperativas, independentemente de seu objeto, são sempre *sociedades simples* (cf. art. 982, parágrafo único, do CC[17]).

Ora – ensina-nos Maria Helena Diniz –, as *sociedades simples* não passam de *sociedades civis*, *verbis*: "As pessoas jurídicas de direito privado, instituídas por iniciativa de particulares, conforme o art. 44, I a III, do CC, dividem-se em: fundações particulares, associações, sociedades (*civis ou simples* e empresárias) e, ainda, partidos políticos".[18]

E, mais adiante: "A sociedade simples, por sua vez, é a que visa fim econômico ou lucrativo, que deve ser repartido entre os sócios, sendo alcançado pelo exercício de certas profissões ou pela prestação de serviços técnicos (CC, arts. 997 a 1.038). Por exemplo: uma sociedade imobiliária (...); uma sociedade que presta serviços de pintura (...); que explora o ramo hospitalar ou escolar; que presta serviços de terraplenagem (...); *uma sociedade cooperativa* (CC, arts. 982, parágrafo único, 1.093 a 1.096). Mesmo que uma sociedade civil venha a praticar, eventualmente, atos de comércio, tal fato não a desnatura, pois o que importa para identificação da natureza da sociedade é a atividade principal por ela exercida (...)".[19]

Logo, as cooperativas são sociedades simples (civis).

Distinguem-se de outras formas associativas por uma série de traços característicos, positivados no art. 1.094[20] do CC e no art. 4º[21] da ainda em vigor Lei

15. Parte Especial, Livro II ("Do Direito de Empresa"), Título II ("Da Sociedade"), Capítulo VII ("Da Sociedade Cooperativa").

16. CC: "Art. 982. Salvo as exceções expressas, considera-se empresária a sociedade que tem por objeto o exercício de atividade própria de empresário sujeito a registro (art. 967); e, simples, as demais".

17. CC, art. 982, parágrafo único: "Parágrafo único. Independentemente de seu objeto, considera-se empresária a sociedade por ações; e, simples, a cooperativa".

18. Maria Helena Diniz, *Curso de Direito Civil Brasileiro*, 9ª ed., vol. 1, São Paulo, Saraiva, 1993, p. 210.

19. Idem, ibidem, p. 227 (grifamos).

20. CC: "Art. 1.094. São características da sociedade cooperativa: I – variabilidade, ou dispensa do capital social; II – concurso de sócios em número mínimo necessário a compor a administração da sociedade, sem limitação de número máximo; III – limitação do valor da soma de quotas do capital social que cada sócio poderá tomar; IV – intransferibilidade das quotas do capital a terceiros estranhos à sociedade, ainda que por herança; V – *quorum*, para a assembleia-geral funcionar e deliberar, fundado no número de sócios presentes à reunião, e não no capital social representado; VI – direito de cada sócio a um só voto nas deliberações, tenha ou não capital a sociedade, e qualquer que seja o valor de sua participação; VII – distribuição dos resultados, proporcionalmente ao valor das operações efetuadas pelo sócio com a sociedade, podendo ser atribuído juro fixo ao capital realizado; VIII – indivisibilidade do fundo de reserva entre os sócios, ainda que em caso de dissolução da sociedade".

21. Lei 5.764/1971: "Art. 4º. As cooperativas são sociedades de pessoas, com forma e natureza jurídica próprias, de natureza civil, não sujeitas à falência, constituídas para prestar serviços aos associados, distinguindo-se das demais sociedades pelas seguintes características: I – adesão voluntária, com número ilimitado de associados, salvo impossibilidade técnica de prestação de serviços; II – variabilidade do

5.764/1971.[22] Cumpre ressaltar que, embora desempenhem atividades financeiras, não têm fins lucrativos, já que os resultados econômicos positivos, obtidos com a prática dos atos cooperativos, não são integrados ao patrimônio da entidade, mas distribuídos entre os cooperativados, na proporção das atividades por eles desenvolvidas.

Nada impede, portanto, que as cooperativas obtenham ingressos, exatamente para atenderem às necessidades e expectativas de seus associados. Visam a propiciar-lhes vantagens econômicas, na proporção do esforço que cada um despendeu para o atingimento dos objetivos da entidade.

Noutros termos, os valores arrecadados pela cooperativa são transferidos aos cooperativados, deduzidas, apenas, as despesas de administração.

Isso já indica que as cooperativas não obtêm lucro, isto é, não auferem proveito próprio, pelo resultado econômico positivo das atividades que promovem, em nome de seus associados.[23]

capital social, representado por quotas-partes; III – limitação do número de quotas-partes do capital para cada associado, facultado, porém, o estabelecimento de critérios de proporcionalidade, se assim for mais adequado para o cumprimento dos objetivos sociais; IV – incessibilidade das quotas-partes do capital a terceiros, estranhos à sociedade; V – singularidade de voto, podendo as cooperativas centrais, federações e confederações de cooperativas, com exceção das que exerçam atividade de crédito, optar pelo critério da VI – *quorum* para funcionamento e deliberação da assembleia-geral baseado no número de associados e não no capital; VII – retorno das sobras líquidas do exercício, proporcionalmente às operações realizadas pelo associado, salvo deliberação em contrário da assembleia-geral; VIII – indivisibilidade dos Fundos de Reserva e de Assistência Técnica, Educacional e Social; IX – neutralidade política e indiscriminação religiosa, racial e social; X – prestação de assistência aos associados e, quando prevista nos estatutos, aos empregados da cooperativa; XI – área de admissão de associados limitada às possibilidades de reunião, controle, operações e prestação de serviços".

22. Tirante um que outro dispositivo, a Lei 5.764/1971 ainda se encontra em vigor; se por mais não fosse, em razão da ressalva contida no art. 1.093 do CC ("A sociedade cooperativa reger-se-á pelo disposto no presente Capítulo, ressalvada a legislação especial").

23. *Lucro*, como é pacífico e assente, é o resultado positivo, esperado e perseguido pela sociedade comercial, na realização de seus objetivos sociais.

Todas as empresas comerciais perseguem o lucro. Os caminhos para atingi-lo, porém, variam de acordo com os objetivos sociais da pessoa jurídica: exploração de petróleo, montagem de veículos, comercialização de produtos, e assim avante.

Para as sociedades cooperativas, porém, o quadro se altera. Com efeito, no cooperativismo o fim perseguido não é o lucro. É, sim, se nos for permitido o neologismo, o "não lucro".

Expliquemo-nos melhor.

O cooperativismo existe justamente para não produzir lucro. Todo o resultado positivo alcançado pelas cooperativas deve retornar a seus associados, na proporção em que cada um para ele contribuiu. O *não lucro*, no cooperativismo, é o grande traço distintivo dessa forma societária, em cotejo com as demais, sendo, inclusive, uma exigência legal, porquanto ordenada no art. 3º da Lei 5.764/1971, *verbis*: "Art. 3º. Celebram contrato de sociedade cooperativa as pessoas que reciprocamente se obrigam a contribuir com bens ou serviços para o exercício de uma atividade econômica, de proveito comum, sem objetivo de lucro".

Os resultados econômicos – quer positivos, quer negativos – não permanecem na sociedade; antes, sempre retornam ao associado. Noutros falares, o associado partilha quer dos *superávits*, quer dos *déficits* – tudo conforme, de resto, vem disciplinado na lei de regência, mais especificamente em seus arts. 80, 81 e 89, *verbis*:

"Art. 80. As despesas da sociedade serão cobertas pelos associados mediante rateio, na proporção direta da fruição de serviços.

Em face do exposto, podemos dizer, com Renato Lopes Becho, que "cooperativas são sociedades de pessoas, de cunho econômico, sem fins lucrativos, criadas para prestar serviços aos sócios, de acordo com princípios jurídicos próprios e mantendo seus traços distintivos intactos".[24]

C.7 – É o caso, agora, de assinalarmos que, a teor do art. 5º da Lei 5.764/1971, "as sociedades cooperativas poderão adotar por objeto qualquer gênero de serviço, operação ou atividade".

Comentando este artigo, novamente Renato Lopes Becho averbou: "Na verdade, as cooperativas poderão adotar por objeto qualquer gênero de serviço, operação ou atividade que permitam a estrutura empresarial e, basicamente, que congreguem pessoas ou profissionais que possam atuar autonomamente ou, pelo menos, que possam compor-se em associação ou sociedade. Assim, por rigor no discurso, devemos salientar a impossibilidade de estruturação de cooperativa para fins militares, ou para prestação de serviço público obrigatório e indelegável, como os diplomáticos, judiciais, legislativos etc. Fora desse quadro restritíssimo de impossibilidade, a abertura para as cooperativas é muito grande, como deve ser".[25]

Neste sentido, o art. 10 da Lei 5.764/1971 permite não só a criação de vários tipos de cooperativa, como sua classificação por ramos de atividades, *verbis*:

"Art. 10. As cooperativas se classificam também de acordo com o objeto ou pela natureza das atividades desenvolvidas por elas ou por seus associados.

"§ 1º. Além das modalidades de cooperativas já consagradas,[26] caberá ao respectivo órgão controlador[27] apreciar e caracterizar outras que se apresentem.

"Parágrafo único. A cooperativa poderá, para melhor atender à equanimidade de cobertura das despesas da sociedade, estabelecer: I – rateio, em partes iguais, das despesas gerais da sociedade entre todos os associados, quer tenham ou não, no ano, usufruído dos serviços por ela prestados, conforme definidas no estatuto; II – rateio, em razão diretamente proporcional, entre os associados que tenham usufruído dos serviços durante o ano, das sobras líquidas ou dos prejuízos verificados no balanço do exercício, excluídas as despesas gerais já atendidas na forma do item anterior.

"Art. 81. A cooperativa que tiver adotado o critério de separar as despesas da sociedade e estabelecido o seu rateio na forma indicada no parágrafo único do artigo anterior deverá levantar separadamente as despesas gerais.

"(...).

"Art. 89. Os prejuízos verificados no decorrer do exercício serão cobertos com recursos provenientes do Fundo de Reserva e, se insuficiente este, mediante rateio, entre os associados, na razão direta dos serviços usufruídos, ressalvada a opção prevista no parágrafo único do art. 80."

Pois bem, na medida em que não visam ao lucro, as cooperativas têm por finalidade simplesmente prestar serviços aos associados (art. 4º), sem acrescentar, a estes mesmos serviços, *mais-valias*. Caso estas se verifiquem, haverá o retorno dos *valores superavitários* aos associados, na medida das operações que cada um deles tiver realizado.

Em contrapartida, se a cooperativa experimentar resultados economicamente negativos, os associados é que os deverão ilidir, por meio de aportes de seus próprios capitais (o que será feito também na medida das operações que tiverem realizado).

24. Renato Lopes Becho, *Tributação das Cooperativas*, 3ª ed., São Paulo, Dialética, 2005, p. 95.

25. Renato Lopes Becho, *Elementos de Direito Cooperativo*, São Paulo, Dialética, 2002, p. 140.

26. A lei de regência dessas sociedades não indica quais são "as modalidades de cooperativas já consagradas".

27. Tal "órgão controlador" foi, num primeiro momento, o *Conselho Nacional do Cooperativismo*, substituído, após o advento da Carta de 1988, pela *Organização das Cooperativas Brasileiras – OCB*.

"§ 2º. Serão consideradas mistas as cooperativas que apresentarem mais de um objeto de atividade."

Assim, em exemplário armado ao propósito, poderão ser criadas *cooperativas de consumo, de vendas em comum, de produção agrícola, de produção industrial e artesanal, de beneficiamento, de crédito, de saúde* – e outras que a vida econômica e a vida social vierem a exigir.[28]

C.8 – Parece-nos bem assinalar, ainda, que o associado de uma cooperativa reveste, a um tempo, a condição de *sócio* e de *principal usuário* da entidade. A isso se convencionou chamar *princípio da dupla qualidade*.

A existência deste princípio, em nosso direito positivo, vem revelada no já mencionado art. 4º da Lei 5.764/1971, que enfatiza serem as cooperativas "constituídas para prestar serviços aos associados".

Logo, como é fácil perceber, o associado é, a um tempo, proprietário e cliente da cooperativa. De fato, enquanto esta, desenvolvendo sua atividade primacial, serve ao associado (*v.g.*, distribuindo-lhe os *resultados econômicos*), ele é seu proprietário. Já, é seu cliente quando se vale dos meios que a entidade lhe disponibiliza para melhor poder levar avante suas atividades (acesso a advogados e contadores, utilização de serviços de terceiros, entrega de formulários, divulgação de campanhas etc.).

C.9 – Detalhando o assunto, há sempre duas relações jurídicas interligando o associado à cooperativa.

A primeira é a relação societária propriamente dita, ou seja, a relação de dono: a pessoa física une-se à jurídica, passando a fazer parte de seu quadro associativo e fazendo jus a todas as prerrogativas de sócio.[29]

28. A *Organização das Cooperativas Brasileiras* – OCB alude às cooperativas que atuam nos seguintes setores: "*Agropecuário* – composto pelas cooperativas de produtores rurais ou agropastoris e de pesca, cujos meios de produção pertençam ao cooperante. *Consumo* – composto pelas cooperativas dedicadas à compra em comum de artigos de consumo para seus cooperantes. *Crédito* – composto pelas cooperativas destinadas a promover a poupança e financiar necessidades ou empreendimentos dos seus cooperantes. *Educacional* – composto por cooperativas de professores, cooperativas de alunos de escola agrícola, cooperativas de pais de alunos e cooperativas de atividades afins. *Especial* – composto pelas cooperativas constituídas por pessoas que precisam ser tuteladas. *Habitacional* – composto pelas cooperativas destinadas à construção, à manutenção e à administração de conjuntos habitacionais para seu quadro social. *Infraestrutura* – composto pelas cooperativas cuja finalidade é atender direta e prioritariamente ao próprio quadro social com serviços de infraestrutura. *Mineral* – composto pelas cooperativas com a finalidade de pesquisar, extrair, lavrar, industrializar, comercializar, importar e exportar produtos minerais. *Produção* – composto pelas cooperativas dedicadas à produção de um ou mais tipos de bens e mercadorias, sendo os meios de produção propriedade coletiva, através da pessoa jurídica, e não propriedade individual do cooperante. *Saúde* – composto pelas cooperativas que se dedicam à preservação e à recuperação da saúde humana. *Trabalho* – composto pelas cooperativas de trabalhadores de qualquer categoria profissional, para prestar serviços como autônomos, organizados num empreendimento próprio. *Turismo e Lazer* – composto pelas cooperativas que desenvolvem atividades na área do turismo e lazer. *Outro* – composto pelas cooperativas que não se enquadrarem nos ramos acima definidos".

Essa classificação por setores de atividade, além de marcada por alta dose de subjetivismo, não brotou da pena do legislador, não tendo, destarte, caráter vinculante. Mesmo assim, é útil, porque evidencia o amplo campo de atuação dessas sociedades.

29. O associado poderá participar, com voz e voto, de uma assembleia-geral, aceitando ou recusando o que nela estiver sendo proposto e, destarte, definindo os rumos da cooperativa.

A segunda é a relação do associado enquanto usuário dos serviços da cooperativa, e que está sujeita a variações, dependendo do tipo, das características e do modelo de atividade econômica da sociedade.

Estas duas relações estão dentro do ato cooperativo, devendo ambas receber o retroaludido "adequado tratamento tributário".

Ademais, nunca devemos perder de vista que o associado está no centro das atividades cooperativadas. Assim, por exemplo, a cooperativa da área médica atua para facilitar o trabalho do profissional, que, afinal, é seu dono. Sendo mais específicos, o médico, para tratar e curar seu paciente, precisa lançar mão de diversos meios de apoio (que lhe são fornecidos pela cooperativa), seja *diretos* (serviços de clínicas, laboratórios, hospitais etc.), seja *indiretos* (serviços administrativos, contábeis, advocatícios etc.). Tais meios, preordenados ao bom desempenho da atividade da cooperativa, não podem ser alvo de tributação, porque se integram ao próprio ato cooperativo.

C.10 – Voltamos a insistir que todos os tipos de cooperativa devem receber o "adequado tratamento tributário" a que estamos aludindo.

Note-se que numa cooperativa (qualquer que seja) os associados visam a incrementos econômicos entre si. Mas isto não é lucro.

Com efeito, nenhuma cooperativa existe para criar riqueza e depois distribuí--la entre seus associados, na proporção de sua participação societária. Não. Visa, apenas, a obter uma vantagem econômica para todos os membros do grupo que se uniu. Noutras palavras, os valores arrecadados pela cooperativa são transferidos aos cooperativados, deduzidas, apenas, as despesas de administração.

Isto já indica que as cooperativas, além de não obterem lucro, *também juridicamente não faturam*, isto é, não auferem *proveito próprio*, pelo resultado das atividades que promovem, em nome de seus associados.

Daí, a nosso ver, não incidirem sobre os atos cooperativos nem o IR, nem o PIS, nem a COFINS.

C.11 – Insistimos que a legislação tributária deve ser interpretada e aplicada de modo a favorecer as atividades desenvolvidas pelas sociedades cooperativas e, por via reflexa, as das empresas que com elas negociam. Melhor esclarecendo, empresas que negociam com cooperativas não podem desfrutar de privilégios menores (*v.g.*, de um crédito presumido) que quando operam com empresas privadas comuns. Do contrário sentir-se-iam desestimuladas a fazê-lo, o que arremete contra o comando do art. 146, III, "c", da CF, dirigido ao legislador infraconstitucional e, também, ao aplicador da legislação. Assim, os casos omissos deverão ser solucionados de modo a prestigiar o cooperativismo, que é – como vimos e revimos – uma modalidade de organização econômica que privilegia o coletivo e o social, com a participação ativa e voluntária das pessoas, notadamente as físicas.

Em resumo, os assuntos que gravitam em torno das cooperativas devem ser encaminhados e resolvidos de modo a, por um lado, incentivar-lhes o funcionamento e, por outro, não desestimular as empresas a contratar com elas.

2.1 Os prazos de decadência e prescrição das "contribuições previdenciárias"

Diante do disposto no art. 146, III, "b", da CF, muito se discutia acerca dos prazos de decadência e prescrição das chamadas "contribuições previdenciárias".

Alguns sustentavam que somente a lei complementar podia cuidar do assunto, pelo quê os arts. 45 e 46 da Lei 8.212/1991 (lei ordinária) eram inconstitucionais e, portanto, também a decadência e a prescrição das "contribuições previdenciárias" continuavam sob a égide dos arts. 173 e 174 do CTN (lei materialmente complementar).

Outros – como nós – não anteviam qualquer inconstitucionalidade nos preditos arts. 45 e 46 da Lei 8.212/1991, já que partiam da premissa de que a lei complementar veiculadora de normas gerais em matéria de legislação tributária deve limitar-se a estabelecer os lineamentos básicos do assunto, sem, no entanto, descer a assuntos da *economia interna* dos entes tributantes, como a fixação dos prazos de decadência e prescrição tributárias.

A matéria hoje se encontra superada pela Súmula Vinculante 8, aprovada por unanimidade na sessão plenária do STF de 12.6.2008, com o seguinte enunciado: "São inconstitucionais o parágrafo único do art. 5º do Decreto-lei n. 1.569/1977 e os arts. 45 e 46 da Lei n. 8.212/1991, que tratam de prescrição e decadência do crédito tributário".

Tendo sido publicada na Imprensa Oficial, a Súmula Vinculante em questão não pode ser descumprida pelos demais órgãos do Poder Judiciário, nem pela Administração Pública direta e indireta, nas esferas federal, estadual e municipal (cf. art. 103-A da CF). Eventual ato administrativo ou decisão judicial que a contrariar ou a aplicar indevidamente ensejará "reclamação ao Supremo Tribunal Federal que, julgando-a procedente, anulará o ato administrativo ou cassará a decisão judicial reclamada, e determinará que outra seja proferida com ou sem a aplicação da Súmula, conforme o caso" (cf. art. 103-A, § 1º, da CF).

Sendo assim, está consagrada pelo Pretório Excelso a tese de que a decadência e a prescrição tributárias, inclusive no que concerne às contribuições previdenciárias, operam-se em cinco anos, a teor do disposto, respectivamente, nos arts. 173 e 174 do CTN. ***Esta a posição a ser adotada seja nas lides forenses, seja em concursos públicos, embora,* data maxima venia, *ela não nos pareça a mais científica.***[30]

30. Conquanto superada a ideia de que os arts. 45 e 46 da Lei 8.212, de 24.7.1991, não padeciam de qualquer inconstitucionalidade, permitimo-nos, por amor ao debate e em nome da Ciência Jurídica, reproduzir o raciocínio que, a propósito do tema, desenvolvemos em edições anteriores:

"(...) estabelecem os arts. 45 e 46 da Lei 8.212, de 24.7.1991:

"'Art. 45. O direito da seguridade social apurar e constituir seus créditos extingue-se após 10 (dez) anos contados: I – do primeiro dia do exercício seguinte àquele em que o crédito poderia ter sido constituído; II – da data em que se tornar definitiva a decisão que houver anulado, por vício formal, a constituição de crédito anteriormente efetuada.

"'§ 1º. Para comprovar o exercício de atividade remunerada, com vistas à concessão de benefícios, será exigido do contribuinte individual, a qualquer tempo, o recolhimento das respectivas contribuições. *(Redação dada pela Lei 9.876, de 26.11.1999)*

"'§ 2º. Para apuração e constituição dos créditos a que se refere o parágrafo anterior, a seguridade social utilizará como base de incidência o valor da média aritmética simples dos 36 (trinta e seis) últimos salários-de-contribuição do segurado. *(Parágrafo incluído pela Lei 9.032, de 28.4.1995)*

"'§ 3º. No caso de indenização para fins da contagem recíproca de que tratam os arts. 94 a 99 da Lei n. 8.213, de 24 de julho de 1991, a base de incidência será a remuneração sobre a qual incidem as contribuições para o regime específico de previdência social a que estiver filiado o interessado, conforme dispuser o regulamento, observado o limite máximo previsto no art. 28 desta Lei. *(Parágrafo incluído pela Lei 9.032, de 28.4.1995)*

"'§ 4º. Sobre os valores apurados na forma dos §§ 2º e 3º incidirão juros moratórios de 0,5% ao mês, capitalizados anualmente, e multa de dez por cento. *(Redação dada pela Lei 9.876, de 26.11.1999)*

"'§ 5º. O direito de pleitear judicialmente a desconstituição de exigência fiscal fixada pelo Instituto Nacional do Seguro Social – INSS no julgamento de litígio em processo administrativo fiscal extingue-se com o decurso do prazo de cento e oitenta dias, contado da intimação da referida decisão. *(Parágrafo incluído pela Lei 9.639, de 25.5.1998)*

"'§ 6º. O disposto no § 4º não se aplica aos casos de contribuições em atraso a partir da competência abril de 1995, obedecendo-se, a partir de então, às disposições aplicadas às empresas em geral." *(Parágrafo incluído pela Lei 9.876, de 26.11.1999)*

"'Art. 46. O direito de cobrar os créditos da seguridade social, constituídos na forma do artigo anterior, prescreve em 10 (dez) anos.'

"Em contranota, os arts. 173 e 174 do CTN prescrevem:

"'Art. 173. O direito de a Fazenda Pública constituir o crédito tributário extingue-se após 5 (cinco) anos, contados: I – do primeiro dia do exercício seguinte àquele em que o lançamento poderia ter sido efetuado; II – da data em que se tornar definitiva a decisão que houver anulado, por vício formal, o lançamento anteriormente efetuado.

"'Parágrafo único. O direito a que se refere este artigo extingue-se definitivamente com o decurso do prazo nele previsto, contado da data em que tenha sido iniciada a constituição do crédito tributário pela notificação, ao sujeito passivo, de qualquer medida preparatória indispensável ao lançamento.

"'Art. 174. A ação para a cobrança do crédito tributário prescreve em 5 (cinco) anos, contados da data da sua constituição definitiva.'

"Há, pois, um conflito entre a Lei 8.212/1991 e o Código Tributário Nacional, que só a interpretação sistemática pode afastar.

"II – Alguns estudiosos já se debruçaram sobre o assunto e chegaram à conclusão de que, a despeito do que estabelecem os precitados arts. 45 e 46 da Lei 8.212/1991, a decadência e a prescrição das contribuições previdenciárias continuam regidas pelos arts. 173 e 174 do CTN.

"Assim entendem por força do seguinte raciocínio:

"a) As contribuições previdenciárias são tributos e, nos termos do art. 149 da CF, devem observar o disposto no art. 146, III, 'b', do mesmo Diploma Magno.

"b) Estatui o art. 146, III, 'b', da CF que 'cabe à lei complementar estabelecer normas gerais em matéria de legislação tributária, especialmente sobre (...) prescrição e decadência'.

"c) Ora, a Lei 8.212/1991 é uma lei ordinária e, por isso, não poderia ter derrogado o Código Tributário Nacional (que, se não é lei complementar, faz as vezes de lei complementar). E:

"d) logo, a decadência e a prescrição das 'contribuições previdenciárias' continuam se operando em cinco anos, a teor dos já mencionados arts. 173 e 174 do CTN.

"Em suma, para estes juristas, os arts. 45 e 46 da Lei 8.212/1991 seriam inconstitucionais, já que entrariam em testilhas com o art. 146, III, 'b', da Lei Maior.

"Com o devido acatamento, este modo de pensar não nos convence. Vejamos.

"III – Concordamos em que as chamadas 'contribuições previdenciárias' são tributos, devendo, por isso mesmo, obedecer às 'normas gerais em matéria de legislação tributária'.

"Também não questionamos que as normas gerais em matéria de legislação tributária devem ser veiculadas por meio de lei complementar.

"Temos, ainda, por incontroverso que as normas gerais em matéria de legislação tributária devem disciplinar a prescrição e a decadência tributárias.

"O que, porém, pomos em dúvida é o alcance destas 'normas gerais em matéria de legislação tributária', que, para nós, nem tudo podem fazer, inclusive nestas matérias.

2.2 *O tratamento diferenciado e favorecido para as microempresas e para as empresas de pequeno porte*

I – Também a lei complementar, ao definir o "tratamento diferenciado e favorecido para as microempresas e para as empresas de pequeno porte, inclusive regimes especiais ou simplificados no caso do imposto previsto no art. 155, II, das contribuições previstas no art. 195, I, e §§ 12 e 13, e da contribuição a que se refere o art. 239" (art. 146, III, "d", da CF), deverá limitar-se a explicitar a regra cogente contida no art. 179 da CF ("A União, os Estados, o Distrito Federal e os Municípios dispensarão às microempresas e às empresas de pequeno porte, assim definidas em lei, tratamento jurídico diferenciado, visando a incentivá-las pela simplificação de suas obrigações administrativas, previdenciárias e creditícias, ou pela eliminação ou redução destas por meio de lei").

Parece-nos certo, no entanto, que tal lei complementar não poderá impor, acerca do assunto, regras de observância obrigatória para as pessoas políticas, sob pena de atropelar irremissivelmente os magnos princípios federativo e da autonomia municipal e do Distrito Federal.

"De fato, também a alínea 'b' do inciso III do art. 146 da CF não se sobrepõe ao sistema constitucional tributário. Pelo contrário, com ele deve se coadunar, inclusive obedecendo aos princípios *federativo*, da *autonomia municipal* e da *autonomia do Distrito Federal*.

"O que estamos tentando dizer é que a lei complementar, ao regular a prescrição e a decadência tributárias, deverá limitar-se a apontar diretrizes e regras gerais. Não poderá, por um lado, abolir os institutos em tela (que foram expressamente mencionados na Carta Suprema) nem, por outro, descer a detalhes, atropelando a autonomia das pessoas políticas tributantes. O legislador complementar não recebeu um 'cheque em branco' para disciplinar a decadência e a prescrição tributárias.

"Melhor esclarecendo, a lei complementar poderá determinar – como de fato determinou (art. 156, V, do CTN) – que a decadência e a prescrição são causas extintivas de obrigações tributárias. Poderá, ainda, estabelecer – como de fato estabeleceu (arts. 173 e 174 do CTN) – o *dies a quo* destes fenômenos jurídicos, não de modo a contrariar o sistema jurídico, mas a prestigiá-lo. Poderá, igualmente, elencar – como de fato elencou (arts. 151 e 174, parágrafo único, do CTN) – as causas impeditivas, suspensivas e interruptivas da prescrição tributária. Neste particular, poderá, aliás, até criar causas novas (não contempladas no Código Civil brasileiro), considerando as peculiaridades do direito material violado. Todos estes exemplos enquadram-se, perfeitamente, no campo das *normas gerais em matéria de legislação tributária*.

"Não é dado, porém, a esta mesma lei complementar entrar na chamada 'economia interna', vale dizer, nos assuntos de peculiar interesse das pessoas políticas.

"Estas, ao exercitarem suas competências tributárias, devem obedecer, apenas, às diretrizes constitucionais. A criação *in abstracto* de tributos, o modo de apurar o crédito tributário e a forma de se extinguirem obrigações tributárias, inclusive a decadência e a prescrição, estão no campo privativo das pessoas políticas, que lei complementar alguma poderá restringir, nem, muito menos, anular. Em reforço a esta posição, atente-se a que, segundo a doutrina mais autorizada (*v.g.*, Antônio Carlos Marcato), decadência e prescrição são questões relacionadas a *direito material*.

"Eis por que, segundo pensamos, a fixação dos prazos prescricionais e decadenciais depende de lei da própria entidade tributante. Não de lei complementar.

"Nesse sentido, os arts. 173 e 174 do CTN, enquanto fixam prazos decadenciais e prescricionais, tratam de matéria reservada à lei ordinária de cada pessoa política.

"Portanto, nada impede que uma lei ordinária federal fixe novos prazos prescricionais e decadenciais para um tipo de tributo federal. No caso, para as 'contribuições previdenciárias'.

"Falando de modo mais exato, entendemos que os prazos de decadência e de prescrição das 'contribuições previdenciárias' são, agora, de 10 (dez) anos, a teor, respectivamente, dos arts. 45 e 46 da Lei 8.212/1991, que, segundo procuramos demonstrar, passam pelo teste da constitucionalidade."

Os mesmos princípios constitucionais, se adequadamente interpretados, vedam, a nosso ver, que tal lei complementar venha a compelir as pessoas políticas a adotar "um regime único de arrecadação dos impostos e contribuições", com as *determinações* e *faculdades* veiculadas nos arts. 146, parágrafo único, e 146-A da CF.[31] Tais *determinações* e *faculdades* extrapassaram os limites do poder de reforma da Constituição, e, nesta medida, devem ser aplicadas com as devidas cautelas, de modo a preservar o livre exercício das competências tributárias, tal como assegurado pelo constituinte originário.

Positivamente, sem embargo de eventuais opiniões em contrário dos leigos em Ciência Jurídica, uma lei complementar não pode ser credenciada, por uma emenda constitucional, a dar "ordens" às pessoas políticas cujo cumprimento venha, como no caso em tela, a restringir o pleno desfrute dos direitos que a Constituição lhes deu para instituírem e arrecadarem os tributos de suas competências.

II – Com o propósito de dispensar tratamento tributário favorecido às microempresas e às empresas de pequeno porte – tal como estipulado no art. 146, III, "d", e parágrafo único, da CF –, a Lei Complementar 123, de 14.12.2006, instituiu o *Regime Especial Unificado de Arrecadação de Tributos e Contribuições*, mais conhecido como *Simples Nacional* (ou *Super Simples*).

Consoante dispõe o art. 13 da Lei Complementar 123/2006, a adesão, pela microempresa ou pela empresa de pequeno porte, ao *Simples Nacional* implica recolhimento mensal, por intermédio de documento único de arrecadação, do *imposto sobre a renda da pessoa jurídica* (IRPJ), do *imposto sobre produtos industrializados* (IPI), da *contribuição para o financiamento da seguridade social* (COFINS), da *contribuição para o Programa de Integração Social* (PIS), das *contribuições para a seguridade social* a cargo da pessoa jurídica, de que trata o art. 22 da Lei 8.212/1991, do *imposto sobre operações relativas à circulação de mercadorias e sobre prestações de serviços de transporte interestadual e intermunicipal e de comunicação* (ICMS) *e* do *imposto sobre serviços de qualquer natureza* (ISS).

Deixando de lado detalhes, que não vêm para aqui, o montante destes tributos, a ser mensalmente recolhido pelas microempresas e pelas empresas de pequeno porte optantes pelo *Simples Nacional*, será obtido mediante a aplicação, sobre a receita bruta mensal por elas auferida, de alíquotas progressivas, variáveis conforme o montante da receita bruta acumulada, dentro do ano-calendário, até o próprio mês da incidência. A cobrança dá-se por meio da incidência de alíquotas específicas, ou seja, sobre as receitas decorrentes da atividade industrial, comercial e de prestação de serviços, contabilizadas em separado (cf. art. 18, § 4º, da Lei Complementar 123/2006).

31. O art. 146-A, de fora a parte sua redação canhestra, mal consegue esconder a infundada e incorreta ideia de que a União tem o direito de dar "ordens" às demais pessoas políticas.

Todavia, se a questão da constitucionalidade do art. 146-A da Lei Maior (acrescentado pela Emenda Constitucional 42, de 19.12.2003) for superada (o que só a prática constitucional vai revelar), uma "lei complementar poderá estabelecer critérios especiais de tributação" por meio – por exemplo – de ISS "com o objetivo de prevenir desequilíbrios da concorrência".

Em meio a todas estas questões, uma ideia, porém, precisa ficar clara: a Lei Complementar 123/2006 não instituiu qualquer novo tributo, mas apenas abriu espaço, em favor das microempresas e das empresas de pequeno porte que voluntariamente aderirem ao *Simples Nacional*, à unificação da fiscalização, do lançamento e da arrecadação de determinados impostos e contribuições.[32] Em nenhum momento – convém que se frise – atropelou as garantias formais e materiais, plasmadas pela Constituição Federal, que protegem o contribuinte contra eventuais excessos fazendários.

Noutras palavras, o *Simples Nacional* não criou – para as microempresas e as empresas de pequeno porte que a ele voluntariamente aderirem – novas incidências tributárias, mas, pelo contrário, mitigou as existentes, por meio de uma série de reduções de bases de cálculo e de alíquotas, de simplificações contábeis, de isenções e de benefícios fiscais em geral.

Assim, nenhuma interpretação da Lei Complementar 123/2006 será havida por jurídica – e, portanto, por boa – se fizer *tabula rasa* de direitos fundamentais destes contribuintes, como o de só serem tributados na forma da Constituição Federal, maiormente como determinado em seus arts. 146, III, "d", e parágrafo único, e 179.

IIa – Para dirimir eventuais dúvidas, controvérsias ou conflitos acerca do microssistema tributário forjado pelo *Simples Nacional*, o art. 2º, I, da Lei Complementar 123/2006 criou o "Comitê Gestor de Tributação das Microempresas e Empresas de Pequeno Porte", que, no exercício desta verdadeira *função explicitadora* (que há de ser desempenhada estritamente *secundum legem*),[33] editou várias *resoluções*, dentre as quais a de n. 5/2007, que, em seu art. 14, estabelece: "Art. 14. Sobre a parcela das receitas sujeitas a imunidade, serão desconsiderados os percentuais dos tributos sobre os quais recaia a respectiva imunidade, conforme o caso".

Muito bem. O que se deseja saber, em última análise, é se esta correta diretriz vale também nas hipóteses de não incidência dos tributos.

Estamos convencidos de que *sim*.

Realmente, nas hipóteses em que o tributo (*v.g.*, o ISS) não incide, não há como nem por quê compelir a microempresa ou a empresa de pequeno porte aderente ao *Simples Nacional* a se submeter ao gravame fiscal.

32. James Marins e Marcelo M. Bertoldi assim conceituam o *Simples Nacional*: "Regime especial de tributação por estimação objetiva, constituído em microssistema tributário, material, formal e processual, que unifica a fiscalização, o lançamento e a arrecadação de determinados impostos e contribuições de competência da União, Estados, Municípios e Distrito Federal, aplicável opcionalmente às microempresas e empresas de pequeno porte, com o escopo de atribuir a estes contribuintes tratamento fiscal diferenciado e favorecido, em caráter parcialmente substitutivo ao regime geral e compulsório" (*Simples Nacional – Estatuto da Microempresa e da Empresa de Pequeno Porte Comentado*, São Paulo, Ed. RT, 2007, p. 68).

33. Registramos, *en passant*, que a Lei Complementar 123/2006 conferiu ao *Comitê Gestor* atribuições regulamentares que, para dizer pouco, são de duvidosa constitucionalidade, até porque arremetem contra o *princípio da legalidade tributária*. Como, porém, o assunto é estranho aos propósitos deste subitem, deixaremos de aprofundá-lo.

Aliás, seria um rematado contrassenso exigir tributo da microempresa ou da empresa de pequeno porte quando a média e a grande empresa, que exercem a mesma atividade, dele estão a salvo. Assim, deve ser afastado de plano o entendimento de que mesmo quando a atividade da microempresa ou da empresa de pequeno porte não está sujeita à exação o tributo deverá ser recolhido, caso ela venha a aderir ao *Simples Nacional*.[34]

Aqui chegados, convém analisarmos, com maior detença, o art. 146-A da CF.

III – O art. 146-A da CF, estatui: “A lei complementar poderá estabelecer critérios especiais de tributação, com o objetivo de prevenir desequilíbrios da concorrência, sem prejuízo da competência de a União, por lei, estabelecer normas de igual objetivo”.[35]

Nota-se, ao primeiro súbito de vista, que este dispositivo confere à União competência para, por meio de lei complementar, condicionar o agir das pessoas políticas a fim de que estas, ao criarem os tributos que lhes foram constitucionalmente outorgados, não causem desequilíbrios concorrenciais. Ao prevenir estas distorções, tem por escopo reafirmar o *princípio da neutralidade fiscal*.[36]

Assinale-se, ainda, que a lei complementar em questão deve atuar *ex ante*, e não *ex post facto* (isto é, para corrigir desequilíbrios de concorrência já verificados). Noutros termos, a conduta individual de dado contribuinte é inidônea para ensejar contra ele qualquer medida constritiva baseada na lei complementar a que alude o art. 146-A da CF.

IIIa – Relembramos que o Poder Público não pode interferir na livre concorrência, que foi sobremodo prestigiada por nossa ordem econômica. Daí decorre, nas palavras de Tércio Sampaio Ferraz Jr., “a exigência de imparcialidade dos atos impositivos (soberanos) do Estado em face dos concorrentes”.[37] Assim, os concorrentes não podem encontrar na tributação privilégios que, por si sós, lhes permitam ou, mesmo, facilitem a conquista do mercado. Esta há de ser obtida em função da eficiência dos competidores; jamais de uma tributação desigual.

Positivamente a disputa do mercado deve ser feita em igualdade de condições tributárias, o que inibe a concessão de benefícios fiscais acriteriosos, calha referir, que não tenham por base o *princípio da isonomia*.

IIIb – Somos os primeiros a concordar que o tributo, por repercutir no preço das mercadorias, dos produtos ou dos serviços, acaba, de algum modo, afetando o mercado. Não lhe é permitido, entretanto, sob pena de inconstitucionalidade, abalar a

34. Assim, por exemplo, a situação de não incidência de ISS sobre a prestação de serviços de veiculação de publicidade por emissoras de rádio e televisão – decorrente da não inclusão de tais atividades na *Lista* veiculada pela Lei Complementar 116/2003 – é extensiva às optantes pelo *Simples Nacional*.

35. Acrescentado pela Emenda Constitucional 42/2003.

36. Em função do *princípio da neutralidade tributária*, não pode s lei prever diferentes cargas tributárias para situações análogas.

37. Tércio Sampaio Ferraz Jr., “Obrigação tributária acessória e limites de imposição: razoabilidade e neutralidade concorrencial do Estado”, in Heleno Taveira Torres (coord.), *Teoria Geral da Obrigação Tributária – Estudos em Homenagem ao Professor José Souto Maior Borges*, São Paulo, Malheiros Editores, 2005, p. 277.

concorrência, privilegiando, com vantagens fiscais indevidas, apenas alguns segmentos de um mesmo setor econômico.

Dito de outro modo: pessoas jurídicas que estão em semelhante situação econômica devem receber, o quanto possível, semelhante tratamento fiscal. Para tanto, o art. 146-A da CF abre espaço a que uma lei complementar nacional preveja critérios especiais de tributação justamente para que as empresas de dado setor econômico tenham como competir entre si em igualdade de condições.

IIIc – Mas o benefício concorrencial também pode decorrer de abusos cometidos pelo próprio contribuinte na condução desleal de seus negócios.

Esse tipo de comportamento censurável, no entanto, deve ser coibido de outras formas (*v.g.*, pela Lei 12.529/2011); não por meio da lei complementar a que alude o art. 146-A da CF.

Mas há novos aspectos a serem considerados.

IV – Como já vimos, nosso ordenamento jurídico veda a aplicação de sanções políticas em matéria tributária; se por mais não fosse, porque, não raro, constrangem o contribuinte a recolher aos cofres públicos quantias indevidas.

Apesar disso, na prática elas são constantes e se manifestam da forma mais variada; a saber: (a) retaliando o contribuinte com fiscalizações quando esse se atreve a bater às portas do Poder Judiciário para fazer valer seus direitos constitucionais; (b) negando-lhe certidões negativas de débitos fiscais extintos por causas diversas do pagamento; (c) recusando autorização para imprimir notas fiscais, o que, por via oblíqua, impede o exercício das atividades econômicas habituais; e assim por diante.

Ora, nada disso se sustenta, já que a pessoa política, para receber seus créditos tributários, deve se valer dos meios em Direito admitidos, dentre os quais sobreleva o ajuizamento da execução fiscal.

IVa – Pois bem. O art. 146-A da CF não foi introduzido em nosso sistema jurídico com o fito de aumentar a arrecadação ou de convalidar as sanções políticas, mas, sim, de evitar que falhas na legislação tributária causem danos à livre concorrência.

Realmente, o dispositivo constitucional em tela "serve como matriz normativa para a criação de normas gerais que previnam a criação de distúrbios concorrenciais exógenos".[38] Visa a combater falhas estruturais da legislação tributária, capazes de causar distúrbios concorrenciais.

Estas ideias crescem de ponto quando se está diante de tributos que pretendam alcançar efeitos indutores, como, por exemplo, desestimular o consumo de cigarros.

V – Dando curso ao nosso raciocínio, temos que é da ponderação dos valores prestigiados por nosso direito positivo bem como dos princípios *da livre iniciativa*, *da livre concorrência* e *da neutralidade tributária* que exsurge a possibilidade de se aplicar a lei complementar que, na dicção do precitado art. 146-A da CF, se destinará a "prevenir desequilíbrios da concorrência".

38. Diego Bonfim, *Tributação & Livre Concorrência*, São Paulo, Saraiva, 2011, p. 221.

Va – Mas a quais "desequilíbrios da concorrência" se refere o aludido dispositivo constitucional?

Damo-nos pressa em responder que, em primeiro lugar, também os que podem ser corrigidos por meio dos mecanismos próprios para a prevenção de distorções do mercado, previstos na Carta Suprema, máxime no capítulo dedicado à "Ordem Econômica", bem como na Lei 12.529/2011, que lhe dá efetividade.

É de nossa convicção, portanto, que a correção de distúrbios concorrenciais causados por atos de natureza não tributária também está no campo de incidência da lei complementar a que alude o art. 146-A da CF.[39]

Vb – Primacialmente, porém, este artigo visa a prevenir a guerra fiscal entre as pessoas políticas e os desequilíbrios de concorrência advindos da tributação. Para isso, autoriza o legislador complementar nacional a dar *diretrizes gerais* às pessoas políticas para que criem, por meio de lei ordinária, *regimes especiais de tributação*.[40]

O que se pretende, *in casu*, é impedir que falhas no sistema de tributação, ou dele decorrentes, possam atingir o mercado, acutilando sua estrutura concorrencial. As falhas do próprio mercado são basicamente corrigíveis pelas "normas tributárias indutoras" (Luís Eduardo Schoueri), que encontram respaldo no art. 173, § 4º, da CF.[41]

Assim, a lei complementar em foco veiculará *normas gerais* sobre critérios especiais de tributação, apontando os limites que cada pessoa política, por meio de suas leis tributárias, poderá impor aos respectivos contribuintes para prevenir distúrbios concorrenciais. Não lhe é dado, porém, prescrever, em cada caso concreto, a observância de determinado critério especial de tributação, ainda que "para prevenir desequilíbrios da concorrência".[42]

Vc – Por óbvio, se tal lei complementar tratar diretamente de tributos de competência dos Estados, do Distrito Federal ou dos Municípios será inconstitucional, por afronta aos princípios *federativo* e *da rigidez das competências tributárias*. O que lhe é dado, sim, é apontar as diretrizes básicas aptas a uniformizar, nas leis tributárias das várias pessoas políticas, os critérios de prevenção dos desequilíbrios da concorrência.

39. Em sentido contrário Luís Eduardo Schoueri, para quem tal lei complementar tem o escopo de simplesmente corrigir desvios concorrenciais de origem tributária ("Livre concorrência e tributação", in Valdir de Oliveira Rocha (coord.), *Grandes Questões Atuais do Direito Tributário*, vol. 11, São Paulo, Dialética, 2006, p. 267).

40. A lei complementar prevista no art. 146-A da CF de forma alguma autoriza as pessoas políticas a criar novos tributos para prevenir distúrbios concorrenciais ou para compensar os já ocorridos. Também não lhes é dado indicar quais serão as hipóteses de incidência, os sujeitos ativos, os sujeitos passivos, as bases de cálculo e as alíquotas dos tributos, já que todos esses elementos da obrigação tributária se encontram apontados, direta ou indiretamente, mas sempre com força cogente, nas respectivas *regras-matrizes constitucionais*.

41. CF, § 4º do art. 173: "§ 4º. A lei reprimirá o abuso do poder econômico que vise à dominação dos mercados, à eliminação da concorrência e ao aumento arbitrário dos lucros".

42. Naturalmente, é permitido à União, por meio de lei ordinária, criar, com base no precitado art. 173, § 4º, da CF, outros instrumentos preventivos de defesa da livre concorrência.

Vd – Em suma, a lei complementar a que alude o art. 146-A da Carta Magna tem a função não de sancionar, mas de prevenir comportamentos tributários capazes de malferir o *princípio da livre concorrência.*

E tudo, evidentemente, observados os princípios e regras constitucionais que informam a tributação. Afinal, nem mesmo *razões de Estado* têm o condão de atropelar direitos fundamentais dos contribuintes.

VI – Tenhamos presente, porém, que ainda não foi editada a lei complementar nacional em exame, o que inviabiliza, por ora, a criação dos aludidos *regimes especiais de tributação.*

E nem se diga que, neste caso, há espaço jurídico para que os Estados editem, com base no art. 24, I e § 3º, da CF,[43] leis complementares locais criando *regimes especiais de tributação* em ordem a proteger a livre concorrência; tampouco para que os Municípios o façam, com base no art. 30, I e II, do mesmo Diploma Magno.[44]

Tal não é juridicamente possível, uma vez que estas leis estaduais e municipais somente são editáveis quando as *normas gerais* a serem veiculadas tiverem alcance isolado ou local ("para atender a suas peculiaridades" ou "tratar de assuntos de interesse local"); não quando, como no assunto que ora faz nossos cuidados, estiver em jogo o inter-relacionamento de várias unidades federadas. Absolutamente não é permitido a qualquer delas estender sua *manus* fiscal sobre atuação havida *fora* de seu território, já que lá suas leis não têm voga, por força do *princípio da territorialidade.*

Definitivamente, o assunto não pode ser tratado por meio de lei ordinária estadual, municipal ou do Distrito Federal, já que a matéria em foco está sob reserva de lei complementar nacional.

Logo, a conduta abusiva das empresas – evidentemente, de caráter não tributário – que venha a causar desequilíbrios concorrenciais deve ser coibida com apoio nos princípios *da livre iniciativa* e *da livre concorrência.*

VII – Reiteramos que "prevenir desequilíbrios da concorrência" é o mesmo que indicar as medidas necessárias para que não advenham efeitos anticompetitivos da tributação ou de falhas do mercado. É, se preferirmos, inibir comportamentos anticoncorrenciais futuros (ainda não verificados); e não, jamais, punir a empresa que infringiu a legislação tributária.

Reforça nossa convicção a circunstância de que o tributo não pode se constituir em sanção por ato ilícito (cf. art. 3º do CTN), vale dizer, ter por hipótese de incidência o cometimento de uma infração penal (*v.g.*, uma sonegação fiscal).

43. CF:

"Art. 24. Compete à União, aos Estados e ao Distrito Federal legislar concorrentemente sobre: I – direito tributário, financeiro, penitenciário, econômico e urbanístico; (...).

"(...)..

"§ 3º. Inexistindo lei federal sobre normas gerais, os Estados exercerão a competência legislativa plena, para atender a suas peculiaridades."

44. CF: "Art. 30. Compete aos Municípios: I – legislar sobre assuntos de interesse local; II – suplementar a legislação federal e a estadual, no que couber".

3. O caráter declaratório das normas gerais em matéria de legislação tributária

Indubitavelmente, as normas gerais em matéria de legislação tributária, em nosso ordenamento jurídico, configuram matéria sob reserva de lei complementar.[45] É sempre conveniente insistirmos que o Congresso Nacional, ao exercitar a competência que lhe conferiu o art. 146 da Carta Magna, deve cintar-se de inúmeras cautelas, para acomodá-la no exíguo espaço jurídico que nosso direito positivo lhe reservou.

É evidente que a lei complementar veiculadora de normas gerais em matéria de legislação tributária não cria (e nem pode criar) limitações ao "poder de tributar". Disto se ocupou o próprio Texto Máximo. O que ela pode fazer é regular as limitações constitucionais "ao poder de tributar", para a salvaguarda dos direitos subjetivos dos contribuintes e para prevenir a ocorrência de conflitos de competência entre as pessoas credenciadas a legislar acerca da matéria.

Daí não procederem as ensinanças dos que, indo contra todas as evidências jurídicas, renitem em que a esta lei complementar comete "regular o sistema constitucional tributário nacional". Assim não pode ser porque, além de o constituinte já se haver disso exaustivamente ocupado, a disciplina tributária está confiada à iniciativa das pessoas políticas. A lei complementar outra coisa não fará senão *dispor* sobre o sistema tributário nacional, seja desdobrando normas constitucionais, seja editando regras que espanquem os possíveis conflitos de competência entre as entidades tributantes.

Ressalta, à simples contemplação do quanto acabamos de escrever, que as leis complementares devem "colorir", de novos e mais intensos matizes, as linhas, por vezes tênues, que a Carta das Cartas traça ao impor "limitações ao poder de tributar" e ao distribuir competências tributárias, privativas e indelegáveis, entre a União, os

45. A expressão "lei complementar" pode ser tomada em dois sentidos; a saber: um *lato*, agasalhando todas as leis que completam normas constitucionais não autoexecutáveis (sentido ontológico), e outro *restrito*, referindo-se às leis que, sobre possibilitarem a plena eficácia de preceitos da Lei Maior, têm conteúdo (matéria) e processo de elaboração (forma) especiais (sentido ontológico-formal).

Deveras, normas constitucionais há que não abrigam todos os elementos indispensáveis à implementação da vontade nelas contida. Esta, por assim dizer, recai sobre uma área muito mais ampla do que lhes permitem alcançar os elementos técnicos contidos em suas estruturas normativas. Ora, é exatamente por isso que Celso Bastos proclama: "Este descompasso entre a vontade legal, que se vislumbra com uma determinada extensão, e os efeitos jurídicos produzidos, que lhe ficam aquém, este espaço carente de normatividade, é preenchível pela categoria normativa denominada *lei complementar* (em sentido ontológico)" (*Elementos de Direito Constitucional*, 1ª ed., São Paulo, EDUC/Saraiva, 1975, p. 121). Deste modo entendida, podemos afiançar que qualquer lei é complementar na medida em que, sempre, de uma maneira ou de outra, completa dispositivos constitucionais.

Neste capítulo, no entanto, estamos aludindo às leis formalmente complementares à Constituição, que, previstas no art. 59, II, do Código Supremo ("O processo legislativo compreende a elaboração de: ... II – leis complementares"), versam matérias próprias da espécie e são aprovadas com obediência ao *quorum* especial e qualificado do art. 69 do mesmo Diploma ("As leis complementares serão aprovadas por maioria absoluta"). Tais leis, não podemos negar, são complementares segundo um prisma *formal*, já que obedecem a um regime jurídico diverso do das demais leis.

Lei complementar, em suma, é aquela prevista, expressa ou implicitamente, no Código Máximo e editada mediante especial processo de elaboração.

Estados, os Municípios e o Distrito Federal. Tais linhas divisórias (intransponíveis) já existem: foram traçadas pelas mãos cuidadosas do constituinte. A lei complementar, referida no art. 146 em pauta, só pode torná-las mais nítidas.

A lei complementar, como vimos de relance, não cria limitações constitucionais ao poder de tributar, mas as regula, esmerando-se em impossibilitar conflitos nesse setor. Deste modo, não nos demasiamos em arrojada hipótese admitindo que ela se volta, precipuamente, aos Poderes Legislativos de cada pessoa política, melhor orientando-os no exercício da grave função de instituir tributos. Nisto estamos com Pontes de Miranda, para quem tal lei complementar é "uma lei sobre leis de tributação". Mirando-a, o legislador ordinário mais facilmente foge do afogado das sombras da incompetência tributária, porque nela encontra valiosos subsídios para bem cumprir os implexos e abundantes princípios e regras constitucionais que tratam de assuntos tributários.

4. O alcance das normas gerais em matéria de legislação tributária

Já demonstramos que a Constituição outorgou, às pessoas políticas, competências tributárias privativas, inampliáveis e indelegáveis.

Relembramos, agora, com Ernest Forsthoff, que toda atribuição de competência envolve, ao mesmo tempo, uma autorização e uma limitação. Autorização, em nosso caso, para tributar. Limitação, para não ultrapassar as fronteiras além das quais o exercício desta competência torna-se indevido e, portanto, inconstitucional.

De fato, no dizer expressivo de Pedro Calmon, "toda enumeração é eminentemente restritiva".[46]

Assim, sem medo de erro, podemos sustentar que, ao lado das competências tributárias das pessoas políticas, encontram-se, fazendo-lhes contraste, as "limitações constitucionais ao poder de tributar" (para empregarmos a terminologia do Código dos Códigos). Destacamos que as limitações à utilização das competências tributárias são constitucionais, e não pré-constitucionais, extraconstitucionais ou infraconstitucionais (Souto Maior Borges).[47]

A Lei Suprema, pois, ao permitir que a União, os Estados, os Municípios e o Distrito Federal exercitem suas competências tributárias, demarcou-lhes as fronteiras, num verdadeiro jogo de luzes e sombras, ao qual os Poderes de cada uma destas pessoas políticas devem se submeter.

Em suma, é a Constituição que prescreve as limitações ao desfrute das competências tributárias.

46. Pedro Calmon, *Curso de Direito Público*, Rio de Janeiro, Freitas Bastos, 1938, p. 341.

47. De consequência, em nosso País, nem as leis (*lato sensu*) nem, muito menos, os regulamentos podem validamente impor novas limitações ao exercício das competências tributárias federais, estaduais, municipais ou do Distrito Federal.

Estas limitações hão de ser entendidas em dois sentidos. Num primeiro, *lato*, albergando os princípios que, direta ou indiretamente, pautam o exercício da tributação, entre nós. Num outro, *mais restrito*, compreendendo as normas constitucionais que delineiam, negativamente, as competências tributárias. São, no pensamento sempre oportuno de Souto Maior Borges, "as que estabelecem a imunidade tributária recíproca (...) e as que, em geral, referem-se às chamadas vedações constitucionais tributárias, que nada mais significam senão proibições do ordenamento constitucional aplicáveis ao campo da tributação".[48] É este último significado que parece rimar melhor com a dicção do art. 146 do Estatuto Magno.

Depois de tudo o que vimos, podemos agora inferir, sem sinal de dúvida, que os possíveis conflitos de competência em matéria tributária já se encontram resolvidos na própria Constituição. Sendo esta premissa verdadeira, temos, necessariamente, que também as limitações ao exercício das competências tributárias vêm todas encartadas na Lei Superior, não sendo dado ao legislador infraconstitucional (*e.g.*, o complementar) delas se ocupar, a não ser no intuito de reafirmá-las.

Assim é porque a competência tributária e as limitações a seu exercício são como os dois lados de uma mesma moeda. O tratamento jurídico dispensado a uma aproveita à outra. Separá-las (a não ser para fins didáticos) equivale a destruí-las.

Daí entendermos que as normas gerais em matéria de legislação tributária, referidas no art. 146 da Lei Maior, têm caráter meramente declaratório. Em outros termos, elas visam a retirar da incerteza aparentes conflitos de competência tributária entre as pessoas políticas.[49] Por igual modo, pretendem reafirmar as "limitações constitucionais ao poder de tributar", que vêm contidas em regras proibitivas, isto é, em mandamentos autoaplicáveis, que, por isso mesmo, prescindem de integração legal ou infralegal para terem plenas condições de operatividade. Este pensamento esforça-se nas lições de Rui Barbosa, para quem as normas constitucionais proibitivas são sempre autoexecutáveis.

Segue-se do considerado que a lei complementar veiculadora de normas gerais em matéria de legislação tributária possui, incontendivelmente, efeitos *ex tunc*, vale dizer, retroage sua eficácia até a data da promulgação da Magna Carta.

Com que, então, as pessoas políticas, mesmo ante eventuais omissões do legislador complementar, não podem ser inibidas de virem a usar, em toda a latitude, suas competências tributárias. A razão disto é translúcida e já foi por nós acenada: as competências tributárias estão tão bem determinadas no Diploma Supremo que independem, para se tornarem exercitáveis, da edição de normas gerais em matéria de legislação tributária. Ademais, a Carta Constitucional em nenhum momento exige ou sugere o implemento deste tipo de condição.[50]

48. José Souto Maior Borges, parecer sobre "Aspectos diversos da taxa florestal", *Vox Legis* 134/67 (retiramos a alusão, no parêntese, à Carta de 1967/1969).

49. Dizemos *aparentes* porque, na realidade, as competências tributárias, com suas limitações, são ontologicamente constitucionais e não admitem gradação (competência tributária, ou se tem ou se não tem).

50. A condição (ao contrário da causa) é um princípio negativo, na medida em que contribui para a existência de um ser, afastando os obstáculos que o impedem de surgir. Cumprida, as causas (princípios positivos) podem verificar-se e o ser torna-se uma realidade.

É também evidente que as normas gerais em matéria de legislação tributária só devem ser havidas por tais se observarem as balizas que a Constituição lhes prefixou. Não pode haver outro entendimento: ou a lei complementar veiculadora de "normas gerais em matéria de legislação tributária" limita-se a declarar a Constituição, nas matérias a que está autorizada, ou a afronta, e, neste caso, há que ser afastada, em última análise, pelo Poder Judiciário. Além do quê, só o Judiciário, em nosso Direito, é competente para declarar, quando provocado, a vontade constitucional, definitivamente e com força de coisa julgada.

Aliás, as normas gerais em matéria de legislação tributária, em rigor, não obrigam nem ao Poder Legislativo (que busca suas competências diretamente na Constituição), nem ao Poder Executivo (que, com maior ou menor grau de liberdade, cumpre as determinações válidas do Legislativo), nem, tampouco, ao Poder Judiciário, que – convém sublinhemos – abdica de sua majestade sempre que, comodamente endentado na entrosagem das leis complementares que as veiculam, não as submete ao indispensável crivo da constitucionalidade, mas, rendendo-lhes homenagens, manda simplesmente ... que se cumpram.[51]

Mas, vamos por diante.

Graças ao registro que fizemos, percebemos, até intuitivamente, que a lei complementar que dá à publicidade normas gerais em matéria de legislação tributária possui *natureza simplesmente preventiva.*

Entendamos corretamente o sentido da expressão: usamos o adjetivo *preventivo* para destacar que nosso sistema jurídico quer que, por meio de normas gerais em matéria de legislação tributária, previnam-se litígios entre as pessoas políticas ou entre estas e os contribuintes. Destarte, as normas gerais em matéria de legislação tributária existem para dificultar, ainda mais, os conflitos (logicamente impossíveis, na prática verificáveis) nesta matéria tão malcompreendida e, por isso mesmo, tão propensa a dissídios e violações de direitos.

Esteando-nos nas colocações anteriores, podemos, agora, numa dedução talvez ousada, sustentar que as normas gerais em matéria de legislação tributária não criam nenhuma nova situação jurídica: têm natureza declaratória, em sentido absoluto.

E, assim, desvenda-se nuamente, pouco a pouco, a diminuta relevância jurídica das "normas gerais em matéria de legislação tributária".[52]

Se não, vejamos.

Quando afirmamos que um ato é declaratório, estamos reconhecendo que, conquanto não altere uma dada situação jurídica, ele, necessariamente, modifica outra situação mais ou menos coligada com esta primeira (é, pois, constitutivo destoutra situação). Tal se dá, por exemplo, com o lançamento tributário: ao enfatizarmos sua

51. E, no entanto, análise mais íntima demonstra-nos que, no Brasil, é muito raro uma lei complementar (ou um ato normativo que lhe queira fazer as vezes) pretensamente veiculadora de normas gerais em matéria de legislação tributária condizer com a Constituição.

52. Esta colocação provavelmente não coincide com a *mens legislatoris*, mas, a nosso ver, é a única que atende às exigências do sistema constitucional tributário brasileiro, vale referir, à *mens legis*.

natureza declaratória[53] não estamos querendo significar que ele não produz nenhum efeito no mundo do Direito, mas, ao reverso, que ele não determina o nascimento do tributo. O lançamento, nestes termos – como percebeu Antonio Berliri –, ainda que reconheça uma obrigação já surgida (daí seu caráter declaratório), é constitutivo de outras situações jurídicas (*v.g.*, ele formaliza o crédito tributário, revelando-nos o *quantum debeatur*).

No rigor da verdade científica, pensamos que a lei complementar veiculadora de normas gerais em matéria de legislação tributária, sem suprir a Constituição, nem limitá-la ou retificá-la, pode validamente (porque o sistema jurídico a tanto a autoriza) revestir seu arcabouço com detalhes que escaparam à pena – não ao espírito – do constituinte.[54] Cingindo-se a estas providências, contribui, segundo entendemos, para que a Lei Maior, em matéria de conflitos de competência tributária e de limitações a seu regular exercício, seja mais bem compreendida e aplicada.

5. Novos argumentos

Como nossas posições chocam-se contra a corrente do uso, precisamos reforçá-las.

Assim, começaremos por reduzir a multidão dos fenômenos jurídicos, versados na segunda parte desta obra, a uma síntese rigorosa. *Brevitatis causae*, podemos dizer que: a) a Constituição elegeu os fatos que, acontecidos, poderão acarretar, para alguém, a obrigação de pagar tributos; b) ao fazê-lo, discriminou quais fatos poderão, em caráter exclusivo, ser tributados pela União, pelos Estados, pelos Municípios ou pelo Distrito Federal (isto é, outorgou competências tributárias às pessoas políticas); c) a pessoa política, ao exercitar sua competência tributária (por meio de lei), faz surgir, potencialmente, no universo jurídico, o tributo; d) o tributo nasce, *in concreto*, quando alguém realiza aquela situação hipoteticamente descrita como idônea a gerá-lo, na lei da pessoa tributante; e e) a Administração Fazendária (ou quem legalmente lhe faça as vezes) leva a cabo o *lançamento* do tributo, declarando, formal e solenemente, quem é seu sujeito passivo e qual o *quantum debeatur* que ele deve suportar.[55]

53. Em sentido contrário: José Souto Maior Borges, *Lançamento Tributário*, 2ª ed., Malheiros Editores, 1999 e 2001.

54. É inconstitucional a ação do Congresso que, pretendendo exercer a competência que lhe foi dada pelo art. 146 do Texto Supremo, se interna no campo tributário, seja da União, seja dos Estados, seja dos Municípios, seja do Distrito Federal.

55. A doutrina tradicional sustenta que, de acordo com a maior ou menor participação do contribuinte na prática do ato administrativo de lançamento, este pode ser: a) *direto* (*de ofício*); b) *misto* (*por declaração*); ou c) *por homologação* (*autolançamento*). O lançamento *direto* seria o realizado exclusivamente pela autoridade fazendária competente; o *lançamento misto*, com o somatório dos esforços da autoridade fazendária competente e do contribuinte ou de terceiro; o *lançamento por homologação*, exclusivamente pelo contribuinte, *ad referendum* da autoridade fazendária competente, que o chancelaria.

Tal entendimento é juridicamente equivocado, pois, segundo estamos convencidos, o lançamento é sempre *direto* (*de ofício*), sendo realizado em alguns tributos com total prescindência da colaboração do contribuinte ou de terceiro a ele relacionado, e em outros com o concurso de um destes, que, no cumprimento de deveres instrumentais tributários (obrigações acessórias), fornece ao Fisco os dados e documentos necessários à apuração do *quantum debeatur*.

Deveras, tributos há em que o Fisco, por intermédio apenas de seus agentes competentes, identifica o contribuinte e discerne o *quantum debeatur* (cf. art. 149, I a VII, do CTN) ou o revê, desde que não tenha decaído o direito de lançar (cf. art. 149, parágrafo único, do CTN). É o que se dá com o IPTU e o IPVA.

Todavia, o contribuinte ou terceiro a ele relacionado também podem ser compelidos pela lei a coadjuvar o Fisco, vale dizer, a cumprir deveres instrumentais tributários que levem à apuração do *quantum debeatur* – ou, como estatui o art. 147 do CTN, a prestar informações à autoridade administrativa sobre *matéria de fato*, que levem à prática do lançamento. Observe-se que, mesmo nesse caso – do qual, atualmente, não conhecemos nenhum exemplo concreto –, quem pratica o lançamento é o Fisco, que, diga-se de passagem, se houver ausência, inidoneidade ou incompletude de tais informações, vale-se do recurso do arbitramento para quantificar o montante de tributo a ser pago.

Mas, conforme referimos, a formalização do crédito tributário também pode dar-se por meio de um comportamento do sujeito passivo da exação, hipótese em que se costuma falar, sem maior compromisso com a cientificidade, em *lançamento por homologação*.

É que o denominado *lançamento por homologação* não é, em rigor, verdadeiro lançamento, mas apenas um ato praticado pelo contribuinte ou terceiro que, em cumprimento à lei, apura o *quantum debeatur*. Anote-se que a *homologação* – ato administrativo que atesta a regularidade formal do comportamento do contribuinte ou do terceiro – pode, até, ser tácita se, ao cabo de cinco anos, contados da data da ocorrência do *fato imponível*, a Fazenda Pública permanecer em estado de inércia (art. 150, § 4º, do CTN), que – convém que se diga – é o que habitualmente acontece.

Repudiamos, pois, a tese – que costuma passear entre nós como verdade absoluta – de que o lançamento é imprescindível à formalização do crédito tributário e, por isso, até o contribuinte pode ser chamado pela lei a realizá-lo, aplicando, ele próprio, a lei tributária ao caso concreto e recolhendo a quantia que supõe devida. Sempre de acordo com essa linha de pensamento – que, seja-nos permitido insistir, não é a nossa –, a Administração Fazendária limitar-se-ia, no caso, a averiguar a regularidade dos cálculos e pagamentos efetuados, homologando-os, quando os considerasse corretos, e glosando-os, quando neles detectasse equívocos ou omissões.

Contribui para a perpetuação dessa erronia a letra do art. 150, *caput*, do CTN, que estabelece: "Art. 150. O lançamento por homologação, que ocorre quanto aos tributos cuja legislação atribua ao sujeito passivo o dever de antecipar o pagamento sem prévio exame da autoridade administrativa, opera-se pelo ato em que a referida autoridade, tomando conhecimento da atividade assim exercida pelo obrigado, expressamente a homologa".

É certo que no mais das vezes a eficácia do tributo fica suspensa até a autoridade administrativa formalmente reconhecer e qualificar o *fato imponível*, declarando sua subsunção à *hipótese de incidência*, identificando o sujeito passivo e calculando o *quantum debeatur* (cf. Renato Alessi, *Istituzioni di Diritto Tributario*, Turim, UTET, s/d, p. 15).

Por vezes, no entanto, o ordenamento jurídico dispõe que certos tributos sejam exigíveis desde logo, vale dizer, assim que nascem (em razão da ocorrência, é claro, do *fato imponível*). São os *tributos sem lançamento*, aos quais aludem Paulo de Barros Carvalho e Alberto Xavier.

Logo, no impropriamente chamado *lançamento por homologação* o contribuinte ou o terceiro não se sub-rogam na função administrativa de lançar, mas simplesmente executam, por imposição legal, os atos materiais conducentes à realização dos efeitos próprios desta mesma função administrativa.

Valem, a respeito, as seguintes anotações de Estevão Horvath: "O 'autolançamento' é o ato, ou o conjunto de atos do particular, que, materialmente, tem o mesmo conteúdo do lançamento, mas não pode produzir os efeitos próprios deste – uma vez que não provém da Administração – a não ser mediante uma ficção jurídica, ou equiparação ao ato de lançamento, o que ocorrerá no caso de ser confirmado (o autolançamento) pela Administração, expressamente, ou pelo decurso de tempo apto a provocar os efeitos do silêncio positivo do Fisco" (*Lançamento Tributário e "Autolançamento"*, São Paulo, Dialética, 1997, p. 79).

De fato, há no *lançamento por homologação* uma estrita colaboração do contribuinte ou de terceiro para com a Fazenda Pública, que se traduz na apuração do *quantum debeatur* e no "pagamento antecipado" (art. 150, § 1º, do CTN) do tributo. O que se homologa, portanto, é o "pagamento antecipado"; não o lançamento, que é ato privativo da Administração Fazendária (cf. art. 142, parágrafo único, do CTN). Tal "pagamento antecipado" produz uma *quitação provisória*, que só se tornará definitiva após a "homologação", ainda que tácita (por decurso de prazo), da Fazenda Pública.

Entretanto, inexistindo "pagamento antecipado", nada há que homologar, pelo quê descabe falar em *lançamento por homologação*. Haverá espaço, nesse caso, apenas para o *lançamento direto*, obedecidos os prazos do art. 173 do CTN.

Diante deste quadro (no qual só destacamos os traços mais importantes), somos obrigados a reconhecer, uma vez mais, que os conflitos de competência em matéria tributária logicamente não existem e nem podem existir. A rígida divisão de competências tributárias, levada a efeito pela Lei das Leis, sumariamente afastou-os. Com efeito, se o fato "A" só pode ser tributado pela pessoa política "X", não há de haver conflitos entre ela e as pessoas políticas "W", "Y", "Z" etc.

Por aí se vê que os conflitos de competência tributária surgem de situações fáticas, vale dizer, da inobservância das limitações que, em matéria fiscal, a Constituição da República impôs às pessoas políticas.

Em verdade, o impropriamente denominado "conflito de competência tributária" é provocado: I – por uma lei tributária inconstitucional; II – por uma pretensão admi-

Adaptando para o campo tributário a conhecida *teoria dos níveis de eficácia das relações jurídicas*, temos que as exações que aceitam "lançamento por homologação" nascem em *grau eficacial médio*, e, deste modo, o contribuinte, aplicando a lei ao caso concreto, tem condições de saber *quanto*, *quando*, *como*, *onde* e *a quem pagar*.

A trajetória destes tributos é bastante simples: ocorrido o *fato imponível*, o contribuinte deve – de imediato ou com a maior brevidade, dependendo do que a lei de regência estipular – extinguir a obrigação tributária. Assim, entre a ocorrência do *fato imponível* e a *solutio* da obrigação tributária não medeia nenhum lançamento da Administração Pública.

Como sempre mais se nota, estes tributos prescindem da celebração do ato administrativo do lançamento para se tornarem exigíveis. Neles, o próprio sujeito passivo – pelo menos em circunstâncias normais – realiza as operações necessárias e suficientes à formalização do crédito tributário. Nesses casos, a autoridade fazendária apenas confere a regularidade formal dos cálculos e recolhimentos, o que faz por meio da *homologação* – ato administrativo distinto, que não se confunde com o lançamento tributário.

Regina Helena Costa descreve bem este *iter*, *verbis*: "(...) o sujeito passivo, dispondo de todos os elementos necessários à apuração do crédito tributário, efetua o respectivo cálculo e antecipa o pagamento correspondente. A extinção da obrigação somente ocorrerá após sua homologação pelo Fisco, usualmente de natureza tácita, consumada com o decurso do prazo de cinco anos da data da ocorrência do fato jurídico tributário" (*Curso de Direito Tributário*, São Paulo, Saraiva, 2009, p. 229).

Apenas para ilustrarmos a ideia, o ICMS é um tributo deste tipo. É, pois, um *tributo sem lançamento*, já que se torna pagável por iniciativa do próprio contribuinte, ou seja, sem que a Fazenda Pública tenha a necessidade de apurar o *quantum debeatur*, mediante a prática do ato administrativo de lançamento. Ou, se preferirmos, o ICMS, como tem sido dito e redito, não depende do lançamento para se tornar exigível; tanto não, que o próprio contribuinte apura o montante a pagar (dá-se, aqui, o fenômeno que Ferreiro Lapatza chama de "privatização da gestão tributária"). Somente se ele se omite é que é dado à Fazenda Estadual entrar em ação, lavrando o competente auto de infração e praticando o *lançamento de ofício*.

Em circunstâncias normais, portanto, o ICMS prescinde do lançamento para ser exigível. Isso, obviamente, não impede que a lei atribua (como de fato atribuiu) à Fazenda Pública um instrumento idôneo para reafirmar a exigibilidade do tributo quando vem a saber que, apesar da ocorrência do *fato imponível* (e, assim, do consequente nascimento de seus direitos e pretensões), ele, no momento oportuno, não foi recolhido, ou foi recolhido *a menor*, pelo devedor. Este instrumento idôneo outro não é senão o auto de infração *lato sensu*.

Podemos ter por assente, pois, que quando, nos tributos sem lançamento, o contribuinte se torna inadimplente, o Fisco tem o dever-poder de lavrar, contra ele, o auto de infração *lato sensu*, reabrindo-lhe o prazo para que salde o débito fiscal – só que, agora, acrescido de encargos (multa, juros moratórios, correção monetária etc.). Sendo mais específicos, a Fazenda Pública, uma vez constatado o inadimplemento do contribuinte, ratifica, por meio do auto de infração *lato sensu*, deveres tributários que já deveriam ter sido satisfeitos pelo devedor, a eles acrescentando os ônus e penalidades previstos em lei.

Em remate: se nos *tributos sem lançamento* houve, a critério do Fisco, irregularidades que impediram a correta formalização e extinção do crédito tributário, a Fazenda Pública promoverá o *lançamento direto*, mediante a lavratura de auto de infração *lato sensu*.

nistrativa ilegal (ou inconstitucional) da pessoa tributante; e III – por uma insurgência do apontado sujeito passivo, que vai ao Judiciário para tentar demonstrar que: a) a lei que criou, *in abstracto*, o tributo é inconstitucional; b) o fato por ele praticado não é *imponível*; e c) o fato por ele praticado subsumiu-se à hipótese de incidência de tributo que, nos termos da Constituição, pertence a pessoa diversa daquela que dele o quer exigir.

Nos três casos (I, II e III), caberá ao Poder Judiciário – e só a ele –, quando invocado, "dizer o direito". Transitada em julgado a decisão judicial e produzida a coisa julgada, o pretenso conflito desaparece. Dizemos *pretenso* pois, perante o Direito, ele nunca havia existido. Tanto que o Poder Judiciário, conhecendo do caso, expediu uma norma de efeitos concretos (Kelsen) e declarou a quem assistia razão, segundo o Código Supremo.

Não são, positivamente, estes "conflitos" que a lei complementar tributária, prevista no art. 146 da CF, fará desaparecer. O que ela pode fazer, eventualmente, é reforçar o perfil constitucional de cada tributo, para que, se possível, não surjam.

Fernando Albino de Oliveira, seguindo esta linha de raciocínio, concluiu, em lapidar lanço, que a lei complementar em apreço só pode situar-se "no campo da matriz constitucional do tributo, desenhando-a mais em detalhe e circunscrevendo seus exatos contornos".[56]

Como o "conflito" ao qual alude o art. 146 da CF é potencial, abstrato, hipotético, a lei complementar que vai dispor sobre ele deve limitar-se a reforçar o arquétipo genérico (a norma-padrão de incidência) dos tributos que, eventualmente, podem ensejar um dos três fenômenos há pouco referidos. A experiência revelou, por exemplo, que podem, na prática, surgir "conflitos" entre o ISS e o ICMS. A lei complementar, de que ora cogitamos, tentará evitá-los, "declarando", com maior riqueza de detalhes, a Constituição Federal, na parte em que ela cuida destes impostos.

Por aí notamos, facilmente, que a lei complementar que veicula normas gerais em matéria de legislação tributária de pouca coisa pode ocupar-se.

Para nossa satisfação, Rubens Gomes de Sousa, provando, uma vez mais, seu altíssimo espírito científico, não se pejou em reconhecer: "Mas temo, depois de feita esta interpretação (...) que acabaremos por reconhecer a inutilidade ou a desnecessidade, quando não a inconveniência, da própria limitação em si. Nada resta para o Código. (...). Resta tão pouca coisa, que equivale a nada. Mesmo quanto aos conflitos de competência. Eu diria que normas para dirimir conflitos de competência são difíceis de conceber-se, dentro de um Código de normas gerais, antes que os conflitos ocorram. E, se é para resolver um conflito já ocorrido, então (...) é deixar ao Judiciário, e não à lei, imaginar um hipotético conflito e editar uma norma para resolvê-lo. Este conflito, que se imaginou, pode nunca ocorrer. Ao passo que ocorrerá outro, que o legislador não previu e que então, no Estado normativizado, irá acabar, tanto quanto

56. Fernando Albino de Oliveira, *ICMS e ISS – Solução para os Supostos Conflitos*, estudo inédito, p. 7.

o primeiro, no Judiciário. Então, melhor seria deixar toda a matéria de conflitos de competência para o Judiciário".[57]

E, alguns parágrafos mais à frente: "Eu diria que diante de uma codificação a respeito de normas gerais sobre conflitos de competência inverte-se a posição que os autores de Teoria Geral do Direito admitem, pois a norma passa a preceder o fato, quando o importante é que o fato preceda a norma. A norma jurídica é uma solução para resolver um problema destacado, para atender uma necessidade de ordem social constatada; não para criar artificialmente um problema e dar-lhe uma solução, e nem tampouco para antecipar a solução de alguma coisa que ainda não se sabe se ocorreu, ou em que termos ocorrerá, e se ocorrerá de todo. E isso é um dado sobre o qual todos estão de acordo, sobretudo Ripert, quando, em 1937, escreveu sobre o declínio do Direito e os riscos de marginalização que o Direito sofre; com isso ele previu o que está acontecendo hoje. Enfim, dentre as razões com que Ripert, em 1937, alertava contra uma eventual marginalização da ciência jurídica, uma era este formalismo, de se pretender resolver tudo *a priori* por meio de normas elaboradas pela cabeça do legislador e não pela realidade dos fatos, pelas necessidades da vida".[58]

Também a nós parece que a lei complementar veiculadora de normas gerais em matéria de legislação tributária pode, quando muito, tentar evitar os "conflitos de competência tributária" que, no sentido já referido, por vezes ocorrem.

Expliquemos melhor esta proposição.

5.1 Conflitos de competência tributária. Como as normas gerais em matéria de legislação tributária devem evitá-los

Se a Constituição da República outorgou à União, por exemplo, a competência exclusiva para tributar a propriedade territorial rural, não podem fazê-lo nem os Estados, nem os Municípios, nem o Distrito Federal. Do mesmo modo, se a Constituição conferiu aos Estados (e, em seu território, ao Distrito Federal) a competência, também exclusiva, para tributar as operações mercantis, não podem fazê-lo nem a União, nem os Municípios. Ainda se, sempre a Constituição, concedeu aos Municípios (e, em seu território, ao Distrito Federal) a competência exclusiva para tributar as prestações de serviços, não podem fazê-lo nem a União, nem os Estados. Em face disto, resulta claro que, no plano lógico-jurídico, não há qualquer possibilidade de surgirem conflitos de competência tributária entre a União, os Estados, os Municípios e o Distrito Federal.

Na prática, porém, como já vimos, podem surgir certas situações que, afinal, irão traduzir-se em "conflitos" de competência tributária. Uma delas dilucidará melhor o que estamos procurando significar.

57. Rubens Gomes de Sousa, *Comentários ao Código Tributário Nacional*, 2ª ed., São Paulo, Ed. RT, 1985, p. 14.

58. Idem, ibidem, p. 18.

Tomemos a situação criada pela recauchutagem de pneumáticos. Algumas pessoas podem entrever, neste fato, um processo de industrialização; outras, uma prestação de serviços, com aplicação de matérias-primas e emprego de maquinarias.

A questão está longe de ser meramente bizantina. Tanto não é que, se a recauchutagem de pneumáticos for considerada *uma industrialização*, competente para tributá-la será a União, por meio de IPI; se, pelo contrário, *uma prestação de serviços*, competente para tributá-la será o Município, por meio de ISS.

Muito bem, com o fito de afastar este previsível "conflito" entre a União e o Município, aqui tem cabimento e utilidade a lei complementar que, baixando uma "norma geral em matéria de legislação tributária", estabelecerá (como, aliás, estabeleceu) que a recauchutagem de pneumáticos é um serviço e que, destarte, só pode ser tributada pelo Município, por via de ISS (item 71 do art. 8º do Decreto-lei 406/1968, com a redação determinada pela Lei Complementar 56/1987).

Agora, porém, perguntamos: e se tal ato normativo tivesse estabelecido que recauchutagem de pneumáticos é processo de industrialização e, como tal, tributável pela União, por meio de IPI?

Apressamo-nos em responder que ele seria inconstitucional, porque teria dilargado o campo tributário da União (nele enxertando uma prestação de serviços) e, em contrapartida, restringido o campo tributário dos Municípios (impedindo-os de virem a tributar uma modalidade de prestação de serviços).[59]

Aliás, uma lei deste teor, caso tivesse sido editada, deveria ser desconsiderada, seja pelos legisladores municipais (que buscam suas competências tributárias diretamente no Texto Supremo), seja pelo Poder Judiciário, que, dentre outras relevantíssimas funções, exerce, repetimos, o controle da constitucionalidade dos atos normativos.

Com tais assertos, verificamos, uma vez mais, que a lei complementar veiculadora de normas gerais em matéria de legislação tributária está voltada para o Poder Legislativo das várias pessoas políticas tributantes, cabendo-lhe, apenas, "explicitar o que, por vezes, está implícito", assim no mundo fenomênico que no âmago do sistema constitucional tributário brasileiro.

Por aí sempre mais se vê que a lei complementar a que alude o inciso I do art. 146 da CF tem basicamente o papel de orientar a produção legislativa das pessoas po-

59. Em nosso livro *Conflitos de Competência – Um Caso Concreto* (São Paulo, Ed. RT, 1984), cuidando desta problemática, tentamos provar que o fornecimento de alimentação, bebidas etc. em restaurantes, bares, cafés e estabelecimentos similares tipifica uma *prestação de serviço*, sendo tributável, pois, apenas pelo Município (por meio do ISS) onde ela se verificou.

Para nós, o art. 1º, III, do Decreto-lei 406/1968, ao estabelecer que era "fato gerador" do ICMS (imposto estadual) "o fornecimento de alimentação, bebidas e outras mercadorias em restaurantes, bares, cafés e estabelecimentos similares", longe de veicular uma "norma geral em matéria de legislação tributária", era *inconstitucional*, porquanto invadia o campo (privativo) da competência tributária dos Municípios.

Da mesma inconstitucionalidade padece o art. 2º, I, 2ª parte, da Lei Complementar n. 87/1996, que para fins de tributação por meio de ICMS, "equipara" a operações relativas à circulação de mercadorias, "o fornecimento de alimentação e bebidas em bares, restaurantes e estabelecimentos similares".

líticas em matéria tributária, de modo a evitar conflitos de competência (na acepção supra) entre elas. Com isso, prestigia os princípios *federativo*, da *autonomia municipal* e da *autonomia do Distrito Federal*, de fora parte contribuir para que venham reforçados os direitos e garantias dos contribuintes.

6. O Código Tributário Nacional e as normas gerais em matéria de legislação tributária

I – Do quanto expusemos, evidencia-se que o Código Tributário Nacional (Lei nacional 5.172/1966)[60] só trata de normas gerais em matéria de legislação tributária enquanto dispõe sobre conflitos de competência entre as entidades tributantes ou regula as limitações constitucionais ao exercício da competência tributária.[61]

Algumas palavras, ainda, a este respeito.

"Dispor sobre conflitos de competência" não significa dirimi-los. Evidentemente, os conflitos que surgirem, envolvendo a União, os Estados e Municípios ou o Distrito Federal, quando exercitarem suas competências tributárias, serão dirimidos pelo Poder Judiciário, observadas, é claro, as regras *nemo iudex sine actore* e *ne procedat iudex ex officio*. Apreciar definitivamente o mérito desses conflitos não é atribuição das "normas gerais em matéria de legislação tributária".

Por outro lado, "regular as limitações ao poder de tributar" não é o mesmo que criar, ampliar, restringir ou anular essas limitações, que, sendo constitucionais, estão

60. Ainda se encontra em tramitação no Senado Federal o Projeto de Lei Complementar 173/1989, que pretende instituir o novo Código Tributário Nacional. O referido projeto, de autoria do então senador Fernando Henrique Cardoso, vem sendo analisado por alguns estudiosos do direito tributário. Nada indica, porém, que será proximamente votado.

61. Sem embargo da utilidade didática deste Diploma Normativo – até porque seu anteprojeto é da lavra do inesquecível Prof. Rubens Gomes de Sousa, o grande fomentador dos estudos jurídico-tributários, no Brasil –, muito poucos são seus artigos que, realmente, veiculam normas gerais em matéria de legislação tributária.

A propósito, indagamos: qual a natureza jurídica da Lei 5.172, de 25.10.1966, que é veículo legislativo do Código Tributário Nacional?

Apesar de seu nunca negado caráter nacional, ela foi votada como lei ordinária, uma vez que, à época, inexistia no processo legislativo pátrio a lei formalmente complementar à Constituição.

Pois bem, quer a doutrina mais tradicional que, implantados, primeiro em 1967 e, depois, em 1988, novos regimes constitucionais, a lei em exame, mesmo não tendo sido aprovada com o *quorum* especial e qualificado do art. 69 da Carta Suprema, assumiu, *ipso facto*, a natureza de lei complementar, por versar sobre matérias que estão hoje reservadas a esta modalidade de ato normativo. *Data maxima venia*, assim não nos parece.

A nosso ver, a Lei 5.172/1966 continua, sim, sendo formalmente uma simples lei ordinária: materialmente, entretanto, é lei de cunho nacional. Nem poderia ser de outra forma, como escorreitamente sustenta Paulo de Barros Carvalho, ao inferir que o raciocínio ortodoxo "(...) representaria o mesmo dislate de conceber-se como Emenda Constitucional um decreto-lei que versasse matéria agora privativa do legislador constituinte, por virtude de ordem jurídica adventícia" ("Considerações críticas sobre o art. 1º do CTN", *Revista de Estudos Tributários* 1/37, São Paulo, 1977).

Evidentemente, a matéria de que a lei em questão cuida (normas gerais em matéria de legislação tributária) passou a ser privativa de lei complementar, por determinação, primeiro, do art. 18, § 1º, da Carta de 1967/1969 e, agora, do art. 146 da atual CF. Desta forma, a Lei nacional 5.172/1966 só poderá ser revogada ou modificada por lei formalmente complementar.

sob reserva de emenda constitucional. A lei complementar pode, apenas, *regulá-las*, isto é, dar-lhes condições de plena eficácia, e, ainda assim, quando instada a fazê-lo, pela Constituição Federal.

As *limitações ao poder de tributar* já existem na Constituição. A lei complementar em tela deve apenas dar-lhes fiel cumprimento, facilitando-lhes a execução.

Portanto, às "normas gerais em matéria de legislação tributária" cabe, tão somente, desdobrar os comandos constitucionais pertinentes, que, de onde em onde, se apresentam embaciados (pelo menos aos olhos leigos). Acresce notar, com Rubens Gomes de Sousa, que tais normas gerais só poderão "regular aquelas (*limitações*) que a Constituição autoriza sejam reguladas".[62] De fato, só alguém muito afoito há de pretender que esta lei complementar regule o alcance do princípio federativo, do princípio republicano, do princípio da anterioridade, do princípio da legalidade, do princípio da igualdade, do princípio da autonomia municipal e de outros que, manifestamente, hospedam limitações constitucionais ao exercício da competência tributária das pessoas políticas. Não: apenas quando a Constituição, expressa ou implicitamente, exige tal lei complementar é que ela poderá validamente vir à luz.

II – É o caso de aqui registrarmos que no Brasil a Lei Fundamental Tributária não é o Código Tributário Nacional. A Lei Fundamental Tributária é a própria Constituição da República.

De fato, a Constituição da República disciplinou o exercício da atividade tributária – imprescindível ao custeio das despesas públicas –, garantindo, no entanto, a liberdade e o patrimônio dos contribuintes. O Código Tributário Nacional não pode, ainda que por *razões de Estado*, imiscuir-se nesses assuntos, sob pena de resvalar para o inaceitável autoritarismo.

Também nos parece certo que o Código Tributário Nacional não pode estabelecer o modo pelo qual deverão ser entendidas e aplicadas, aos casos concretos, as leis tributárias federais, estaduais, municipais e do Distrito Federal. Noutras palavras, não lhe é dado disciplinar "a interpretação e a integração da legislação tributária".

Observamos, em primeiro lugar, que as chamadas "normas interpretativas", por se apresentarem despidas de imperatividade (já que nem proíbem, nem mandam, nem facultam), não são verdadeiras normas jurídicas.

De outro lado, o legislador complementar – justamente por não ter recebido aptidão constitucional para tanto – não pode determinar o *método de interpretação* a ser observado pelo aplicador do Direito. Logo, norma que se ocupe com este assunto não possui valor vinculante, nem para o Executivo, nem, muito menos, para o Judiciário.

Relembramos, por fim, que as leis que criam ou aumentam tributos, impõem deveres instrumentais tributários ou descrevem infrações tributárias, cominando-lhes sanções, devem ser absolutamente precisas. Suas eventuais lacunas jamais poderão ser supridas pela "norma interpretativa", que a isto obsta o princípio da segurança

62. Rubens Gomes de Sousa, *Comentários ao Código Tributário Nacional*, cit., 2ª ed., p. 96 (esclarecemos no parêntese).

jurídica da tributação. Só à lei da pessoa política competente é dado restringir a liberdade e a propriedade dos contribuintes ou direcionar a atuação do Fisco, e, ainda assim, dentro dos limites constitucionais. Também o Poder Judiciário, ao dizer o direito aos casos concretos submetidos à sua apreciação, não está jungido aos meios de interpretação eleitos pelo legislador complementar.

Em suma, o contribuinte, o Fisco e, acima de tudo, o Judiciário não poderão ter sua atuação disciplinada por eventual "norma interpretativa" contida na lei complementar ora em exame. O ideal seria que um eventual Código Tributário Nacional – ao contrário do atual[63] – não cuidasse deste tema, até para evitar possíveis inconstitucionalidades na aplicação das leis tributárias.

III – De qualquer modo, sentimo-nos confortáveis para reconhecer que o Código Tributário Nacional, desde sua entrada em vigor (1.1.1966), vem contribuindo, a contento, para o bom funcionamento do nosso sistema constitucional tributário.

Deveras, a Constituição da República Federativa do Brasil, mesmo em matéria tributária, carece de desdobramentos.[64] E é exatamente neste ponto que entra o Código Tributário Nacional.

Graças ao elevado grau de cientificidade com que foi vazado, o Código Tributário Nacional vem, ao longo dos anos: a) especificando as *regras-matrizes* constitucionais de cada tributo, ou seja, desenhando-as mais em detalhe, com todos os seus contornos; b) ressaltando as fronteiras dos campos tributários que a Constituição Federal traçou, nem sempre de modo nítido, para cada uma das pessoas políticas; c) facilitando a compreensão dos institutos tributários; d) mapeando o alcance dos grandes princípios constitucionais tributários; e e) regulando as limitações constitucionais ao poder de tributar.

À semelhança do regulamento em relação à lei, o Código Tributário Nacional estabelece os *pormenores normativos* que facilitam a correta aplicação das regras constitucionais tributárias. Tal se dá porque lhes aumenta o *grau de concreção*, e, nesse sentido, também inova a ordem jurídica, aproximando as normas constitucionais da realidade.

Como se vê, o Código Tributário Nacional cumpre a preceito o importante papel de *mecanismo de ajuste*, induzindo a legislação ordinária das várias pessoas políticas a se submeter às disposições constitucionais que informam a tributação.

Enfim, da excelência deste diploma normativo fala a circunstância de nenhum de seus artigos ter sido, até hoje, declarado inconstitucional por nossa Corte Suprema.

63. Arts. 107 a 112.

64. No relacionamento sintático entre norma superior (no caso, a norma constitucional) e norma inferior (no caso, a contida no Código Tributário Nacional) há sempre naquela, como bem o demonstrou Hans Kelsen (*Teoria Pura do Direito*, trad. de João Baptista Machado, São Paulo, Martins Fontes, 1987), uma porção indeterminada, a dar respaldo de validade à inferior. Fosse de outro modo e a norma inferior seria inútil, já que mera duplicação supérflua da norma superior.

Assim, o Código Tributário Nacional, apesar de seu inegável caráter declaratório, tem alguma *constitutividade*. Todavia, não pode fugir das diretrizes traçadas na Lei Maior, sob pena de inconstitucionalidade.

IV – Por todos esses motivos, o Código Tributário Nacional pode, sim, ser atualizado, até para que se afastem algumas discrepâncias entre ele e a Constituição de 1988.

Também alguns novos artigos nele podem e devem ser introduzidos, para ajustá-lo aos novos tempos. Entenda-se melhor: há cinquenta anos não se cogitava sequer de operações mercantis efetuadas por meio da *Internet* ou de cessões onerosas do direito de uso de *software* – só para dar dois exemplos. Ora, é justamente para adaptar este diploma normativo às recentes mudanças tecnológicas que ele carece de alguns ajustes.

Ademais, é razoável supor que um eventual novo Código Tributário Nacional não tenha a coerência interna e a solidez científica do atual, cujo Projeto, ao ser discutido no Congresso Nacional, passou pelo crivo de juristas extraordinários, entre os quais merece destaque a figura ímpar de Aliomar Baleeiro, à época deputado federal e que mais tarde se tornou ministro do STF, que chegou a presidir.

Por todos estes motivos, não há por que substituir um diploma normativo que continua a operar de maneira mais do que adequada.

Fixadas estes pontos, examinaremos a função das outras leis complementares tributárias.

7. *Outras leis complementares tributárias*

Após termos cuidado da lei complementar a que alude o art. 146 da CF, vamos, agora, fazer breves referências às demais leis complementares tributárias. Como algumas delas já foram estudadas nos capítulos precedentes, limitar-nos-emos a lançar algumas ideias que acreditamos possam ser úteis aos que se ocupam com o estudo do sistema constitucional tributário brasileiro.

7.1 *A lei complementar prevista no art. 148 da CF*

O art. 148 da CF exige que os empréstimos compulsórios sejam criados (e, por via de consequência, aumentados, diminuídos ou isentados) por meio de lei complementar. Sem a pretensão de descermos a detalhes, parece-nos evidente que a Constituição pretendeu não só evitar a proliferação de empréstimos compulsórios como, também, condicionar sua aprovação à vontade da maioria absoluta dos congressistas. Em razão disto, prescreveu que estes tributos só poderiam vir a lume por meio de lei complementar, ato normativo que, como sabemos, requer *quorum* de aprovação qualificado.

7.2 *A lei complementar prevista (implicitamente) no art. 150, VI, "c", da CF*

O art. 150, VI, "c", da CF estabelece serem imunes à tributação por via de impostos os partidos políticos, inclusive suas fundações, as entidades sindicais dos trabalhadores (aqui compreendidas as *centrais sindicais*), as instituições de educação e de assistência social sem fins lucrativos, "atendidos os requisitos da lei". Temos para nós que tal lei deve ser, necessariamente, *complementar*. Com efeito, ela é que especificará os pressupostos, necessários e suficientes, para que as mencionadas entidades tenham reconhecido o direito à imunidade tributária, não só por parte da União como, também, dos Estados, dos Municípios e do Distrito Federal. Esta *lei* vinculará, pois, todas as pessoas políticas. É o quanto basta para inferirmos que deverá ter caráter nacional. Ora, a lei tributária de caráter nacional é a lei complementar votada pelo Congresso Nacional; nunca a lei ordinária (federal, estadual, municipal ou do Distrito Federal), que, por força dos princípios federativo, da autonomia municipal e da autonomia do Distrito Federal, só vincula a pessoa política que a editou e seus jurisdicionados. Ao argumento de que a Carta Suprema não empregou a expressão "lei complementar" contrapomos o de que ela também não empregou a expressão "lei ordinária". Antes, limitou-se a fazer uma referência genérica à lei, deixando aos doutrinadores a tarefa de dilucidar que tipo de lei é esta. Em suma, a interpretação sistemática nos revela que tal lei só pode ser uma *lei complementar nacional* (editada, pois, pelo Congresso Nacional). Ademais, sendo a imunidade uma *limitação constitucional ao poder de tributar*, deve, nos termos do art. 146, II, da CF, ser regulada por meio de lei complementar.[65]

7.3 A lei complementar prevista (implicitamente) no art. 150, § 5º, da CF

I – O art. 150, § 5º, da CF estatui que "a lei determinará medidas para que os consumidores sejam esclarecidos acerca dos impostos que incidam sobre mercadorias e serviços".

Este dispositivo, aparentemente inócuo, visa, na verdade, a fazer com que os consumidores tenham uma noção exata da carga tributária que estão suportando, na condição de *contribuintes de fato*, nos chamados *impostos indiretos*. Com isto, serão induzidos a assumir uma postura menos tolerante no que concerne à sonegação fiscal habitualmente realizada por maus comerciantes e inescrupulosos prestadores de serviços, que costumam deixar de emitir notas fiscais, não documentando, assim, a ocorrência do *fato imponível tributário*. Os consumidores finalmente perceberão que o maior beneficiário – quando não o único – desta prática irregular é o próprio sonegador.

Como é fácil perceber, este § 5º dá transparência e publicidade aos impostos, mormente aos *indiretos*, permitindo que os contribuintes, além de receber informa-

65. Pensamos que, até que seja editado o novo Código Tributário Nacional, faz as vezes desta lei complementar o art. 14 do atual CTN. Este artigo prescreve, em síntese, que, para terem jus ao benefício da imunidade, os partidos políticos, inclusive suas fundações, as entidades sindicais dos trabalhadores, as instituições assistenciais e educacionais devem: a) aplicar integralmente no País seus rendimentos, *na manutenção dos seus objetivos institucionais* (isto é, não efetuar, sob nenhum pretexto, remessa de lucros para o exterior); b) não ter fins lucrativos (embora possam remunerar seus quadros de acordo com as condições usuais de mercado); e c) manter a escrituração em dia, isto é, escriturar suas receitas em livros próprios e de modo adequado.

ções mais detalhadas, enquanto consumidores de bens ou serviços, se associem ao Poder Público no combate à fraude e à evasão fiscal.[66]

Embora a Constituição aluda, apenas, à *lei*, estamos convencidos de que tal lei só pode ser uma *lei complementar*, já que haverá de irradiar efeitos sobre todas as unidades federativas, abarcando o IPI, o ICMS, o ISS etc. Uma lei federal não teria força jurídica para irradiar efeitos no âmbito dos Estados, dos Municípios e do Distrito Federal. *Mutatis mutandis*, a mesma ordem de raciocínio vale para a lei estadual, a lei municipal e a lei do Distrito Federal. Na realidade, somente uma lei nacional poderá determinar as medidas preconizadas no dispositivo constitucional em tela. Na era de informática em que vivemos e afastado – pelo menos por enquanto – o espectro da *inflação galopante*, ela poderia, por exemplo, prever uma *etiqueta* a ser afixada às mercadorias, detalhando informações sobre o assunto.

II – A pretexto de dar cumprimento ao disposto no art. 150, § 5º, da CF, foi editada, em 8.12.2012, a Lei federal 12.741,[67] que estabelece, ao lado de questões conexas,

66. Para Ricardo Lobo Torres o art. 150, § 5º, da CF veicula o "princípio da transparência fiscal", que propicia maior controle dos gravames tributários, não só por parte do contribuinte como do próprio eleitor (*Curso de Direito Financeiro e Tributário*, Rio de Janeiro, Renovar, 1993, p. 105).

67. Lei 12.741/2012:

"Art. 1º. Emitidos por ocasião da venda ao consumidor de mercadorias e serviços, em todo o território nacional, deverá constar, dos documentos fiscais ou equivalentes a informação do valor aproximado correspondente à totalidade dos tributos federais, estaduais e municipais cuja incidência influi na formação dos respectivos preços de venda.

"§ 1º. A apuração do valor dos tributos incidentes deverá ser feita em relação a cada mercadoria ou serviço, separadamente, inclusive nas hipóteses de regimes jurídicos tributários diferenciados dos respectivos fabricantes, varejistas e prestadores de serviços, quando couber.

"§ 2º. A informação de que trata este artigo poderá constar de painel afixado em local visível do estabelecimento, ou por qualquer outro meio eletrônico ou impresso, de forma a demonstrar o valor ou percentual, ambos aproximados, dos tributos incidentes sobre todas as mercadorias ou serviços postos à venda.

"§ 3º. Na hipótese do § 2º, as informações a serem prestadas serão elaboradas em termos de percentuais sobre o preço a ser pago, quando se tratar de tributo com alíquota *ad valorem*, ou em valores monetários (no caso de alíquota específica); no caso de se utilizar meio eletrônico, este deverá estar disponível ao consumidor no âmbito do estabelecimento comercial.

"§ 4º. *(Vetado)*.

"§ 5º. Os tributos que deverão ser computados são os seguintes: I – Imposto sobre Operações Relativas à Circulação de Mercadorias e sobre Prestações de Serviços de Transporte Interestadual e Intermunicipal e de Comunicação (ICMS); II – Imposto sobre Serviços de Qualquer Natureza (ISS); III – Imposto sobre Produtos Industrializados (IPI); IV – Imposto sobre Operações de Crédito, Câmbio e Seguro, ou Relativas a Títulos ou Valores Mobiliários (IOF); V – *(vetado)*; VI – *(vetado)*; VII – Contribuição Social para o Programa de Integração Social (PIS) e para o Programa de Formação do Patrimônio do Servidor Público (PASEP) – PIS/PASEP; VIII – Contribuição para o Financiamento da Seguridade Social (COFINS); IX – Contribuição de Intervenção no Domínio Econômico, incidente sobre a importação e a comercialização de petróleo e seus derivados, gás natural e seus derivados, e álcool etílico combustível (CIDE).

"§ 6º. Serão informados ainda os valores referentes ao Imposto de Importação, PIS/PASEP-Importação e COFINS/Importação, na hipótese de produtos cujos insumos ou componentes sejam oriundos de operações de comércio exterior e representem percentual superior a 20% (vinte por cento) do preço de venda.

"§ 7º. Na hipótese de incidência do Imposto sobre a Importação, nos termos do § 6º, bem como da incidência do Imposto sobre Produtos Industrializados – IPI, todos os fornecedores constantes das

que a partir de junho/2013 deve ser informado aos consumidores, em documentos fiscais ou equivalentes, o valor total *aproximado* dos seguintes tributos embutidos nos preços das mercadorias e dos serviços: o ICMS, o ISS, o IPI, o IOF, a COFINS e a CIDE. O referido ato legislativo também determina seja indicado, no caso de produtos cujos insumos ou componentes importados representem percentual superior a 20% do preço de venda, o valor do imposto sobre a importação/II, das contribuições para o PIS/PASEP e da COFINS incidentes sobre as importações (cf. art. 1º, § 6º). O descumprimento destas determinações "sujeitará o infrator às sanções previstas no Capítulo VII do Título I da Lei n. 8.078, de 1990"[68] (cf. art. 5º).

Em que pese aos custos e às dificuldades operacionais a serem enfrentadas pelos comerciantes e prestadores de serviços para pôr em prática tais ditames, não negamos os louváveis objetivos desta lei ordinária federal, já que, aplicada, revelará, em toda a latitude, a escorchante e injusta tributação incidente no Brasil sobre operações jurídicas com mercadorias e sobre prestações onerosas de serviços. *Escorchante*, porque os chamados *tributos indiretos* chegam a duplicar o preço das mercadorias e serviços. E *injusta*, uma vez que, relativamente à sua renda, os pobres despendem em mercadorias e serviços uma porcentagem maior de sua renda do que os ricos.

diversas cadeias produtivas deverão fornecer aos adquirentes, em meio magnético, os valores dos 2 (dois) tributos individualizados por item comercializado.

"§ 8º. Em relação aos serviços de natureza financeira, quando não seja legalmente prevista a emissão de documento fiscal, as informações de que trata este artigo deverão ser feitas em tabelas afixadas nos respectivos estabelecimentos.

"§ 9º. *(Vetado)*.

"§ 10. A indicação relativa ao IOF (prevista no inciso IV do § 5º) restringe-se aos produtos financeiros sobre os quais incida diretamente aquele tributo.

"§ 11. A indicação relativa ao PIS e à COFINS (incisos VII e VIII do § 5º) limitar-se-á à tributação incidente sobre a operação de venda ao consumidor.

"§ 12. Sempre que o pagamento de pessoal constituir item de custo direto do serviço ou produto fornecido ao consumidor, deve ser divulgada, ainda, a contribuição previdenciária dos empregados e dos empregadores incidente, alocada ao serviço ou produto.

"Art. 2º. Os valores aproximados de que trata o art. 1º serão apurados sobre cada operação, e poderão, a critério das empresas vendedoras, ser calculados e fornecidos, semestralmente, por instituição de âmbito nacional reconhecidamente idônea, voltada primordialmente à apuração e análise de dados econômicos.

"Art. 3º. O inciso III do art. 6º da Lei n. 8.078, de 11 de setembro de 1990, passa a vigorar com a seguinte redação: 'Art. 6º. (...) III – a informação adequada e clara sobre os diferentes produtos e serviços, com especificação correta de quantidade, características, composição, qualidade, tributos incidentes e preço, bem como sobre os riscos que apresentem; (...)'.

"Art. 4º. *(Vetado)*.

"Art. 5º. O descumprimento do disposto nesta Lei sujeitará o infrator às sanções previstas no Capítulo VII do Título I da Lei n. 8.078, de 1990.

"Art. 6º. Esta Lei entra em vigor 6 (seis) meses após a data de sua publicação."

68. A Lei 8.078/1990, que veicula o Código de Defesa do Consumidor, prevê, no Capítulo VII do Título I, as seguintes sanções administrativas, a serem aplicadas pela autoridade administrativa, no âmbito de sua atribuição: multa; apreensão do produto; inutilização do produto; cassação do registro do produto junto ao órgão competente; proibição de fabricação do produto; suspensão de fornecimento de produtos ou serviço; suspensão temporária de atividade; revogação de concessão ou permissão de uso; cassação de licença do estabelecimento ou de atividade; interdição, total ou parcial, de estabelecimento, de obra ou de atividade; intervenção administrativa; e imposição de contrapropaganda.

Sem embargo, porém, a Lei 12.741/2012 se nos afigura inconstitucional, porque trata, como acima exposto, de matéria sob reserva de lei complementar. Atropela, pois, o *princípio federativo*, chancelando a errônea tese de que a União pode sobrepor-se aos Estados, aos Municípios e ao Distrito Federal, criando, para os contribuintes destas pessoas políticas, obrigações acessórias concernentes a tributos que não são de competência federal.[69] Nunca é demais insistir em que, a teor do art. 146 da CF, "normas gerais em matéria de legislação tributária" somente podem ser veiculadas por meio de lei complementar nacional. Assim, pelo menos em relação ao ICMS e ao ISS a norma, a nosso ver, não colhe.

Imaginamos que, a menos que o pragmatismo prevaleça – o que cria insegurança jurídica, já que o Direito vive de formas –, esta inconstitucionalidade, caso questionada, será acolhida pelo Poder Judiciário.

7.4 A lei complementar prevista no art. 153, VII, da CF

O art. 153, VII, da CF autoriza a União a instituir o imposto sobre grandes fortunas, "nos termos de lei complementar". Portanto, a União, por meio de lei ordinária, poderá instituir o imposto sobre grandes fortunas (ou sobre ele dispor). A lei complementar apenas irá definir as *diretrizes básicas* que nortearão a criação deste imposto (que, a nosso ver, é um imposto sobre o patrimônio). Assim, *v.g.*, é ela que definirá a "grande fortuna", explicitará a forma de apuração da base de cálculo deste tributo, e assim por diante. Não será, porém, a lei complementar que instituirá, *in abstracto*, este imposto, nem, muito menos, disciplinará seu lançamento, processo de arrecadação e fiscalização. Em rigor, tal lei complementar apenas evitará que uma maioria episódica de legisladores inverta, num dado ano-base, as características deste imposto e, especialmente, a situação entendida como sendo de *grande fortuna*. O constituinte, com atilada prudência, estabeleceu que a definição de grande fortuna depende da manifestação da maioria absoluta dos congressistas. Só a vontade nacional pode alterar os critérios de apuração da situação de grande fortuna.

7.5 A lei complementar prevista (implicitamente) no art. 153, § 2º, II, da CF

Nos termos do art. 153, § 2º, II, da CF – já comentado no capítulo anterior –, o imposto sobre a renda e proventos de qualquer natureza "não incidirá, *nos termos e limites fixados em lei*, sobre rendimentos provenientes de aposentadoria e pensão, pagos pela Previdência Social da União, dos Estados, do Distrito Federal e dos Municípios, a pessoa com idade superior a 65 anos, cuja renda total seja constituída, exclusivamente, de rendimentos do trabalho".[70]

69. V., supra, cap. VI, item 7, VII.

70. Reiterando o que já aduzimos no subitem 6.3 do cap. IX ("Imunidades Tributárias"), permitimo-nos alertar os leitores no sentido de que ***para fins de concurso esta imunidade deve ser desconsiderada***, porque, sem embargo de nossa opinião em sentido contrário, prevalece o entendimento de que o benefício em tela foi afastado pela Emenda Constitucional 20/1998.

Estamos convencidos de que esta lei, por girar em torno de uma situação de *imunidade tributária*, só poderá ser uma lei complementar, a teor do art. 146, que determina competir a este ato normativo "regular as limitações constitucionais ao poder de tributar". Ora, como vimos, a imunidade é, *grosso modo*, uma "limitação constitucional ao poder de tributar". Segue-se, portanto, que a lei que vier a, de algum modo, regulá-la só pode ser uma lei complementar.

7.6 A lei complementar prevista no art. 154, I, da CF

Conforme já vimos, a União desfruta da chamada competência impositiva residual. Nos termos do art. 154, I, da CF, poderá criar novos impostos, desde que sejam *não cumulativos* e não tenham *hipótese de incidência* ou *base de cálculo* próprios dos discriminados nos arts. 153, 155 e 156. O exercício de tal competência tributária, entretanto, deverá efetivar-se por meio de lei complementar. Também neste particular, o constituinte quis pôr freios à multiplicação de impostos federais. A fórmula que encontrou foi justamente esta: exigir que os novos impostos só pudessem ser validamente instituídos por meio de lei complementar, ato normativo que exige *quorum* qualificado de aprovação.

7.7 A lei complementar prevista no art. 155, § 1º, III, da CF

I – Estabelece o art. 155, § 1º, III, da CF: "§ 1º. O imposto previsto no inciso I: (...) III – terá a competência para sua instituição regulada por lei complementar: a) se o doador tiver domicílio ou residência no exterior; b) se o *de cujus* possuía bens, era residente ou domiciliado ou teve o seu inventário processado no exterior; (...)".

Apenas para registro, o art. 155, I, da CF atribui aos Estados e ao Distrito Federal competência para instituir impostos sobre "transmissão *causa mortis* e doação, de quaisquer bens ou direitos". Desdobrando esta disposição constitucional, os Estados e o Distrito Federal estão credenciados a instituir impostos: I – *sobre transmissão "causa mortis" de quaisquer bens ou direitos*; e II – *sobre doação de quaisquer bens ou direitos*.[71] Em verdade, ambos os impostos incidem sobre transmissões derivadas não onerosas.[72]

Tais exações podem alcançar, em tese, a transmissão de todo e qualquer bem (móvel ou imóvel) ou direito (ações, dinheiro, bens incorpóreos em geral, direitos

71. Conforme preceitua o art. 538 do CC, "considera-se doação o contrato em que uma pessoa, por liberalidade, transfere do seu patrimônio bens ou vantagens para o de outra".

Admissível, pois, tanto a doação de bens ou de direitos. Sobre ambas poderá incidir o imposto em tela. A doação de direitos enquadra-se na ideia de *vantagens*, acenada no precitado art. 538. É necessário, porém, que tais vantagens tenham natureza patrimonial (é dizer, possam ser reduzidas ao denominador comum da moeda) e que o patrimônio do donatário experimente um aumento (cf. Agostinho Alvim, *Da Doação*, 3ª ed., São Paulo, Saraiva, 1980, p. 11).

72. O ITCMD não incide sobre transmissões originárias, como, por exemplo, a usucapião (art. 1.238 do CC) e a acessão (art. 1.248 do CC).

reais sobre imóveis, exceto os de garantia, etc.). Basta que tal se dê em razão (i) da morte do titular[73] *ou* (ii) de doação.

Os impostos competem, em princípio, "em relação aos bens imóveis e seus respectivos direitos", "ao Estado da situação do bem" (ou ao Distrito Federal, se o bem nele se encontrar) (CF, art. 155, § 1º, I) e, "relativamente a bens móveis, títulos e créditos", "ao Estado onde se processar o inventário ou arrolamento, ou tiver domicílio o doador" (ou ao Distrito Federal, se nele se processar o inventário ou arrolamento, ou tiver domicílio o doador) (CF, art. 155, § 1º, II).

Todavia, como acima referido, se o doador tiver domicílio ou residência no exterior ou se o *de cujus*[74] possuía bens, era residente ou domiciliado ou teve o seu inventário processado no exterior, é a lei complementar que, desempenhando a função que lhe foi atribuída pelo art. 146, I, da Carta Magna ("dispor sobre conflitos de competência, em matéria tributária", entre as pessoas políticas), vai disciplinar o assunto, dando critérios para que se saiba, com exatidão, a qual unidade federativa competem os impostos em tela.[75] Observamos que *regular a competência para a instituição do imposto*, como consta do art. 155, § 1º, III, da CF, não é modificá-la ou transferi-la para outras pessoas políticas, mas, simplesmente, declará-la.

Assim, pensamos que tal lei complementar não pode fugir do critério básico dos incisos I e II do § 1º do art. 155 da CF: os impostos competem ao Estado (ou ao Distrito Federal) relacionado, de algum modo, à doação ou à transmissão *causa mortis*. Estando os bens no exterior ou tendo o inventário nele sido processado, o melhor critério, salvo engano, é a lei complementar atribuir esta competência à unidade federativa onde tem domicílio ou reside o donatário ou o herdeiro. Do contrário restarão feridos os princípios federativo e da autonomia do Distrito Federal, abrindo espaço à "guerra fiscal", cujos efeitos nefastos nenhum constitucionalista ignora.

Aprofundemos o assunto.

II – A finalidade desta lei complementar – que, diga-se de passagem, ainda não foi dada à estampa – salta aos olhos: evitar que mais de uma unidade federada exija o tributo se, por exemplo, os bens móveis transmitidos, a título gratuito, por residente no exterior a pessoa domiciliada no Brasil estiverem localizados em várias unidades federadas.[76]

73. Com o advento da Constituição de 1988 estão dentro do campo competencial do imposto sobre a transmissão *causa mortis* não apenas os bens imóveis, mas quaisquer bens ou direitos, concretos e abstratos, mobiliários e imobiliários.

74. A expressão *de cujus* é uma abreviação da sentença latina *de cujus sucessione agitur* (aquele de cuja sucessão se trata).

75. Lembramos que, morto o hereditando, a titularidade de bens e direitos transmissíveis em função deste evento migra, *ipso facto*, aos herdeiros, legítimos ou testamentários.

Todavia, a meação do cônjuge sobrevivente passa ao largo do ITCMD, pois, no caso, a parte do supérstite não é transmitida, mas apenas revelada, no momento da partilha. É que inexiste, nestas hipótese, transmissão *causa mortis*, que somente se dará em relação à parte pertencente aos herdeiros, legatários ou cessionários.

76. É o que inconstitucionalmente se dá com a Lei paulista 10.705/2000, cujo art. 4º, I, "a", prescreve que o ITD, quando o doador estiver no exterior, deve ser pago ao Estado de São Paulo se os bens

Para evitar impasses desse jaez, já que, em razão do *princípio federativo*, a vontade legislativa de um Estado-membro não pode prevalecer sobre a de outro, é que a solução do potencial conflito foi atribuída ao legislador complementar da União.

IIa – Evidentemente, em face da baixa densidade normativa do art. 155, § 1º, III, da CF, que, pelos motivos já enumerados, não reúne condições para sozinho atuar, entremostra-se inaplicável, na espécie, o disposto no § 3º do art. 34 do ADCT ("Promulgada a Constituição, a União, os Estados, o Distrito Federal e os Municípios poderão editar as leis necessárias à aplicação do sistema tributário nacional nela previsto").

Vai daí que em matéria de ITCMD os Estados e o Distrito Federal estão impedidos de exercitar plenamente suas competências tributárias enquanto não for editada a lei complementar nacional prevista no precitado art. 155, § 1º, III, da Constituição da República. Justamente para que, em face da omissão legislativa (*vacuum legis*), *de um lado*, não se enfraqueça a Federação, com os fatais embates entre as unidades federadas, e, *de outro*, se impeça a bitributação.

IIb – Subsidiariamente, a lei complementar, no caso, objetiva ajustar a legislação tributária das várias unidades federadas aos convênios e tratados internacionais dos quais o Brasil é signatário.

Essa colocação cresce de ponto porque, de uns tempos a essa parte, se tem notado a tendência de se superar a divisão do mundo em Estados nacionais, extremamente zelosos de suas soberanias.[77]

III – Como se vê, nosso sistema tributário inadmite que, sendo o doador residente ou domiciliado no exterior, ou se o *de cujus* possuía bens, era residente ou domiciliado ou teve seu inventário processado no exterior, a lei ordinária instituidora do ITCMD busque *fundamento de validade* diretamente na Constituição Federal. Pelo contrário, a possível plurilocalização do *fato imponível* (*fato tributário* ou *fato gerador **in concreto***) ou do sujeito passivo destas exações exige a intermediação de uma lei complementar nacional, em ordem a (i) dar segurança aos contribuintes e (ii) evitar conflitos entre os Estados-membros e entre estes e o Distrito Federal.

IIIa – Melhor explicitando, a lei complementar nacional a que alude o art. 155, § 1º, III, da CF não tem a função de simplesmente definir limites ou parâmetros para que o ITCMD venha instituído *in abstracto* pelos Estados-membros (ou, em seu território, pelo Distrito Federal). Pelo contrário, ela é fundamental para fixar as próprias balizas da competência tributária em questão.

Razão assiste, pois, a Marco Aurélio Greco quando observa, *verbis*: "A lei complementar do dispositivo tem natureza integrativa da competência examinada por

móveis doados ali se encontrarem, pouco importando se o donatário for domiciliado em outra unidade federada (*v.g.*, no Rio de Janeiro). Em contrapartida, a Lei fluminense 7.174/2015, em seu art. 5º, II, "b", estabelece que a exação deverá ser recolhida ao Estado do Rio de Janeiro se o donatário ali tiver domicílio, ainda que os bens móveis doados se encontrem em outra unidade federada (*v.g.*, em São Paulo) ou no exterior.

77. Assim, por exemplo, com o advento da União Europeia já é possível as pessoas fazerem valer seus direitos, inclusive fiscais, perante uma jurisdição internacional caso eles venham a ser desrespeitados pelos Países onde residem ou estão sediadas.

anteceder a própria instituição do imposto, que só poderá se dar nos seus termos. Não é mera limitação à competência; é condicionante do seu exercício".[78]

Corretíssima a lição. Conquanto, de regra, *não haja* necessidade de edição de lei complementar para que a pessoa política crie *in abstracto* o tributo de sua competência, no caso em foco, em que ele é exigível por qualquer ente da Federação (todos os Estados-membros mais o Distrito Federal), não pode o legislador ordinário local regular livremente o assunto, como se este fosse exclusivamente de sua alçada.

IIIb – Em suma, a instituição do ITCMD estando os bens no exterior ou tendo o inventário nele sido processado, se deixada ao talante dos Estados-membros e do Distrito Federal, pode levar ao esboroamento do sistema tributário nacional. Assim, para manter o harmonioso inter-relacionamento das unidades federadas, impõe-se que o assunto venha disciplinado pela lei complementar a que alude o art. 155, § 1º, III, da Constituição da República.

Enquanto tal ato normativo não for editado passam ao largo da tributação por meio de ITCMD as doações efetuadas por pessoas domiciliadas no exterior a donatários residentes no Brasil, bem como as transmissões *causa mortis* se o *de cujus* possuía bens, era residente ou domiciliado ou teve seu inventário processado no exterior. Isso porque é a lei complementar que vai concluir a tarefa do constituinte, apontando os *possíveis sujeitos ativo e passivo* dessas exações.

7.8 A lei complementar prevista no art. 155, § 2º, XII, da CF

O art. 155, § 2º, XII, dispõe: "§ 2º. O imposto previsto no inciso II atenderá ao seguinte: (...) XII – cabe à lei complementar: a) definir seus contribuintes; b) dispor sobre substituição tributária; c) disciplinar o regime de compensação do imposto; d) fixar, para efeito de sua cobrança e definição do estabelecimento responsável, o local das operações relativas à circulação de mercadorias e das prestações de serviços; e) excluir da incidência do imposto, nas exportações para o exterior, serviços e outros produtos além dos mencionados no inciso X, 'a';[79] f) prever casos de manutenção de crédito, relativamente à remessa para outro Estado e exportação para o exterior, de serviços e de mercadorias;[80] g) regular a forma como, mediante deliberação dos Esta-

78. Marco Aurélio Greco, "Comentários ao art. 155, I, da Constituição Federal", in J. J. Gomes Canotilho, Gilmar Mendes, Ingo Sarlet e Lenio Streck (coords.), *Comentários à Constituição do Brasil*, 1ª ed., 3ª tir., São Paulo, Saraiva/Almedina, 2014, p. 1.709.

79. Segundo nos parece, esta alínea está implicitamente revogada, por força da nova redação que a Emenda Constitucional 42/2003 deu ao art. 155, § 2º, X, "a", da CF. De fato, como, atualmente, o ICMS não incide "sobre operações que destinem mercadorias para o exterior, nem sobre serviços prestados a destinatários no exterior", inexiste espaço jurídico para lei complementar "excluir da incidência do imposto, nas exportações para o exterior, serviços e outros produtos além dos mencionados no inciso X, 'a'".

80. Pensamos que esta alínea encontra-se implicitamente revogada na parte atinente à previsão de "casos de manutenção de crédito, relativamente à (...) exportação para o exterior, de serviços e de mercadorias". Explicamo-nos melhor: na medida em que o art. 155, § 2º, X, "a", com a redação que lhe foi dada pela Emenda Constitucional 42/2003, assegura, nas "operações que destinem mercadorias para o exterior" e nos "serviços prestados a destinatários no exterior", "a manutenção e o aproveitamento do montante do imposto cobrado nas operações e prestações anteriores", não há como, nem por quê,

dos e do Distrito Federal, isenções, incentivos e benefícios fiscais serão concedidos e revogados; h) definir os combustíveis e lubrificantes sobre os quais o imposto incidirá uma única vez, qualquer que seja a sua finalidade, hipótese em que não se aplicará o disposto no inciso X, 'b'; i) fixar a base de cálculo, de modo que o montante do imposto a integre, também na importação do exterior de bem, mercadoria ou serviço".

Preliminarmente, lembramos que o inciso II do art. 155 da CF prevê, na verdade, pelo menos *cinco* impostos diferentes;[81] a saber: I – o imposto sobre operações mercantis (operações relativas à circulação de mercadorias); II – o imposto sobre serviços de transporte interestadual e intermunicipal; III – o imposto sobre serviços de comunicação; IV – o imposto sobre produção, importação, circulação, distribuição ou consumo de energia elétrica;[82] e V – o imposto sobre extração, circulação, distri-

lei complementar cuidar desse assunto. Realmente, caso reproduza a Constituição, será inócua; caso a restrinja, inconstitucional.

81. Dizemos *pelo menos* cinco impostos, porque poderíamos considerar, *v.g.*, o imposto sobre a produção de lubrificantes diferente do imposto sobre consumo de energia elétrica. Neste caso, seriam mais de 20 impostos diferentes (por terem hipóteses de incidência e bases de cálculo diferentes). Sobre este assunto, v. nosso livro *ICMS* (17ª ed., São Paulo, Malheiros Editores, 2015).

82. O ICMS incide, também, sobre operações relativas à energia elétrica (*ex vi* do art. 155, §§ 2º, X, "b", e 3º, da CF). Noutros termos, a energia elétrica, para fins de tributação por via de ICMS, foi considerada pela Constituição uma mercadoria, o que, aliás, não é novidade em nosso direito positivo, que, para que se caracterize o furto, de há muito vem equiparando a energia elétrica à coisa móvel (art. 155, § 3º, do CP).

A lei que veicular sua hipótese de incidência deverá descrever uma operação jurídica que possibilite o consumo deste tipo de mercadoria.

Embora as operações de consumo de energia elétrica tenham sido equiparadas a operações mercantis, elas se revestem de algumas especificidades, que não podem ser ignoradas.

O consumo de energia elétrica pressupõe, logicamente, sua produção (pelas usinas e hidrelétricas) e sua distribuição (por empresas concessionárias ou permissionárias). De fato, só se pode *consumir* uma energia elétrica anteriormente *produzida* e *distribuída*.

A distribuidora de energia elétrica, no entanto, não pode ser equiparada a um comerciante atacadista, que revende a mercadoria de seu estoque para o varejista ou, mesmo, para o consumidor final.

De fato, energia elétrica não é um bem suscetível de ser "estocado" pela empresa distribuidora, para ulterior revenda, quando surjam possíveis interessados em adquiri-la.

Na verdade, só há falar em operação jurídica relativa à circulação de energia elétrica no preciso instante em que o interessado, consumindo-a, vem a transformá-la em outra espécie de bem da vida (calor, frio, força, movimento ou qualquer outro tipo de utilidade).

Portanto, apenas por mera *ficção* é que se pode entrever na "circulação" de energia elétrica duas operações distintas: uma, da fonte geradora até a rede distribuidora; outra, desta ao consumidor final.

Logo, o tributo levará em conta todas as fases anteriores (produção, circulação, distribuição) que tornaram possível o consumo da energia elétrica. Estas fases anteriores, entretanto, não são dotadas de autonomia suficiente para ensejar *incidências* isoladas, mas *apenas uma*, tendo por sujeito passivo o consumidor final da energia elétrica.

A distribuidora, conquanto importante neste contexto, não é – e nem pode vir a ser – contribuinte do imposto, justamente porque, a rigor, não pratica qualquer operação mercantil, mas, apenas, a viabiliza, nos termos acima expostos. Obviamente, a distribuidora de energia elétrica é passível de tributação por via de ICMS quando consome, para uso próprio, esta *mercadoria*. Não, porém, quando se limita a *interligar* a *fonte produtora* ao *consumidor final*. Este é que é o *sujeito passivo* da obrigação tributária, na condição de *contribuinte de direito* e, ao mesmo tempo, de *contribuinte de fato*.

O elo existente entre a usina geradora e a empresa distribuidora não tipifica, para fins fiscais, uma *operação autônoma* de circulação de energia elétrica. É, na verdade, o *meio necessário* à prestação de um único serviço público ao consumidor final, abrindo espaço à cobrança, junto a este, de um único ICMS.

Esta ideia foi abonada pelo próprio constituinte, quando, no já mencionado art. 34, § 9º, do ADCT, estatuiu que as empresas distribuidoras "serão as responsáveis" pelo pagamento do ICMS, "desde a produção ou importação até a última operação, calculado o imposto sobre o preço então praticado na operação final". De que ICMS? Do único devido pela operação praticada: a que levou – por intermédio da distribuidora – a energia elétrica da fonte produtora ao consumidor final.

Não se desconhece que cada etapa deste *iter* acrescenta riquezas novas, isto é, aumenta o *custo* da energia elétrica fornecida ao consumidor final. Mas isto só repercute na base de cálculo do ICMS, que será, a teor do dispositivo transitório em exame, *o preço então praticado na operação final*.

Com isto absolutamente não estamos sustentando que a distribuição de energia elétrica é intributável por meio de ICMS. Isto, diga-se de passagem, contrariaria a própria Carta Magna. Estamos simplesmente enfatizando que tal tributação, em face das peculiaridades que cercam a *circulação de energia elétrica*, só é juridicamente possível no momento em que a energia elétrica é consumida.

A distribuidora, ao colocar a energia elétrica à disposição do consumidor final, assume a condição de *responsável* pelo recolhimento do ICMS. Melhor explicando, ela, no caso, *paga tributo a título alheio*, isto é, por conta do consumidor final. Este, na verdade, o contribuinte do ICMS, nas duas acepções possíveis: *contribuinte de direito* (porque integra o polo passivo da obrigação tributária correspondente) e *contribuinte de fato* (porque suporta a carga econômica do tributo).

Reforçando argumentos já exibidos, a distribuidora "adianta" o ICMS devido – agora, sim – pelo verdadeiro sujeito passivo: o consumidor final. É, em linguagem mais técnica, responsável tributária, na exata acepção do art. 121, parágrafo único, II, do CTN ("O sujeito passivo da obrigação principal diz-se: ... responsável, quando, sem revestir a condição de contribuinte, sua obrigação decorra de disposição expressa de lei").

Observamos, ademais, que, embora isto não seja usual, nada impediria que o complexo *geração/distribuição* de energia elétrica se concentrasse numa só pessoa. E, neste caso, ninguém sustentaria, por absurda, a tese da *duplicidade* da incidência do ICMS.

Vai daí que a empresa distribuidora, quando distinta da usina geradora (hipótese mais comum), não paga ICMS a título próprio, mas, sim, nos termos acima expostos.

Muito bem, na medida em que o sujeito passivo (contribuinte de direito) é o consumidor final da energia elétrica, segue-se, por imperativo lógico, que, se este for imune à tributação, dele não poderá ser cobrado ICMS, salvo na hipótese do art. 150, § 3º, que foi estudada no capítulo anterior (imunidades tributárias).

Vejamos, agora, um outro ponto importante.

A *base de cálculo possível* deste ICMS é o valor da operação da qual decorra a entrega da energia elétrica (mercadoria) ao consumidor. Noutro giro, é o preço da energia elétrica efetivamente consumida, vale dizer, o valor da operação da qual decorra a entrega desta mercadoria ao consumidor final. Isto corresponde, na dicção do art. 34, § 9º, do ADCT, ao "preço então praticado na operação final".

A *alíquota possível* deste ICMS é um porcentual do valor do fornecimento de energia elétrica, fixado pela lei de cada pessoa política tributante, observados os *tetos* de resolução do Senado.

Em face do até aqui exposto, percebemos, com facilidade, que o art. 33 da Lei paulista 6.374/1989, ao estabelecer que "o montante do imposto integra sua própria base de cálculo, constituindo o respectivo destaque mera indicação para fins de controle", é flagrantemente inconstitucional.

Deveras, ao estabelecer que a base de cálculo é o valor da operação, somado ao próprio valor do tributo, extrapolou os limites constitucionais e determinou, por meio deste estratagema, a cobrança de ICMS sobre alíquotas superiores às legislativamente fixadas.

Melhor esclarecendo, o fornecimento de energia elétrica é tributado, no Estado de São Paulo, por meio de ICMS, observadas as seguintes alíquotas: a) 12% para consumo mensal residencial de até 200 kWh, para transporte público eletrificado de passageiros e para consumo em propriedade rural, desde que mantida exploração agrícola e pastoril, apresentada inscrição no cadastro de contribuintes da Secretaria da Fazenda (cf. art. 34, "a", "c" e "d", da Lei 6.374/1989); b) 25% para consumo mensal residencial superior a 200 kWh (cf. art. 34, "b", da Lei 6.374/1989); c) 17% nos demais casos (cf. art. 34, I, da Lei 6.374/1989).

Está isento o consumo mensal residencial de até 50 kWh.

Ora, ao determinar uma indevida elevação na base de cálculo do ICMS, com a inclusão do próprio tributo, a lei em questão, por via indireta, exacerbou estas alíquotas.

Como já vimos, a base de cálculo do ICMS, *in casu*, é o valor da operação da qual decorra a entrega do produto ao consumidor, apurado nos termos da legislação aplicável às concessionárias de serviços públicos de energia elétrica.

Pensamos – como melhor será demonstrado, em seguida – que o montante de ICMS não pode integrar sua própria base de cálculo, sob pena de se desnaturar o tributo e, o que é pior, de se infligir maus-tratos ao *estatuto do contribuinte*, constitucionalmente traçado.

Na verdade, tudo está em se saber se é possível inserir na base de cálculo do ICMS a sua própria incidência, ensejando a cobrança de imposto sobre imposto.

Pensamos que não, sob pena de não se respeitar a regra contida na parte final do § 9º do art. 34 do ADCT.

Para melhor ilustrarmos nossa ideia, digamos que o valor do consumo de energia elétrica seja R$ 100,00 e que a alíquota aplicável seja 25%. A equação correta seria:

ICMS = base de cálculo x 25/100; ou ICMS = 100 x 25/100 = 25.

Com a aplicação desta singela e correta fórmula, impossível seria cobrar o ICMS em valor superior a 25% de sua base de cálculo.

De seu turno, a Fazenda do Estado de São Paulo propõe, com apoio no art. 33 da Lei paulista 6.374/1989, outra equação, que se nos afigura inaceitável:

ICMS = base de cálculo x 25/base de cálculo - 25; ou

ICMS = 100 x 25/100 - 25 = 2.500/75 = 33,33.

Da primeira equação resulta que a alíquota empregada corresponde a 25% *ad valorem*; a segunda, ao revés, leva a uma alíquota de 33,33%, o que, a todas as luzes, tipifica uma burla (por excesso) à pauta máxima fixada no § 9º do art. 34 do ADCT.

Na hipótese, tendo a lei estadual adotado a alíquota máxima de 25%, não poderá desenhar a base de cálculo com a inserção do *quantum* referente à primeira incidência da norma tributária, sob pena de saltar fora dos trilhos do sistema, exigindo o pagamento de imposto sobre imposto.

Isto é, por evidente, um absurdo, que, se por mais não fosse, deixa de levar em conta a capacidade econômica dos contribuintes. Tivesse a Constituição desejado fossem instituídos "impostos sobre impostos", teria expressamente atribuído tal competência às pessoas políticas (ou, pelo menos, a uma delas). Como não o fez – nem mesmo na faixa residual reservada à União (art. 154, I, da CF) –, nenhum tributo pode incidir sobre qualquer outro ou sobre si próprio.

Quando a Constituição quis excepcionar esta regra, ela o fez de modo expresso. Tal ocorreu, por exemplo, quando ela permitiu (*expressamente*) que a contribuição social sobre o lucro, prevista no art. 195, I, daquele Diploma, tivesse por base de cálculo *expressão econômica* já tributável por meio de imposto sobre a renda.

Como, em relação ao ICMS, a Carta Magna quedou silente acerca deste assunto, não é dado nem ao legislador nem, muito menos, ao aplicador da lei dilargar o âmbito de abrangência da base de cálculo deste tributo.

Ressaltamos que, quando o § 9º do art. 34 do ADCT estabeleceu que a base de cálculo do ICMS sobre consumo de energia elétrica seria o preço praticado na operação final, implicitamente estatuiu que este teto não poderia ser superado através de artifícios, como o adotado no art. 33 da Lei paulista 6.374, de 1.3.1989.

Nem se argumente que, na prática, o ICM (à época da Carta de 1967/1969) e o ICMS (a partir do advento da nova Constituição) sempre foram cobrados assim, sem qualquer insurgência dos contribuintes. Em primeiro lugar, é óbvio que não podemos justificar uma inconstitucionalidade presente com inconstitucionalidades passadas. A reiteração da inconstitucionalidade não a torna constitucional, como é cediço.

Depois, este aparente "conformismo" tem uma explicação lógica: quem, na quase totalidade dos casos, suporta a carga tributária do ICMS não é o realizador de seu fato imponível (vale dizer, o comerciante, o industrial ou o produtor), mas o *consumidor final* da mercadoria. Este vê incluído no preço da mercadoria que adquire o *quantum* de ICMS recolhido nas operações mercantis com ela praticadas. Não é por outra razão que o ICMS é considerado, pela Economia, um "imposto indireto". Na medida em que o tributo é suportado economicamente por terceiro (o consumidor final), facilmente se explica o motivo de, até hoje, não ter havido inconformismos maiores contra esta forma esdrúxula de se calcular o tributo, que acarreta um percentual superior ao previsto em sua alíquota.

Na hipótese em exame, tendo sido adotada, por exemplo, a alíquota de 25%, não poderia a lei estadual desenhar a base de cálculo do ICMS sobre a energia elétrica de modo a, na prática, afrontar o preceito que fixa a alíquota máxima na base de 25% do valor desta "mercadoria". Isto provoca uma majoração do tributo efetivamente pago, burlando o art. 34, § 9º, do ADCT.

buição ou consumo de minerais. A lei complementar em questão poderá, portanto, referir-se a qualquer destes impostos.

Fugindo às sutilezas, que, neste item, viriam fora de propósito, faremos, em seguida, algumas observações.

I – A lei complementar, ao "definir seus contribuintes", não poderá desfigurar nenhum destes cinco impostos. Tal ocorreria se ela "autorizasse" a tributação de pessoas que não estão envolvidas com as hipóteses de incidência dos vários ICMS.

Melhor elucidando, só poderá autorizar a inserir, de modo válido, no polo passivo da obrigação de pagar o imposto pessoa que realmente estiver envolvida com a prática de operações mercantis ou com a prestação de serviços de transporte interestadual ou intermunicipal e de comunicação.

De fato, se o imposto é sobre operações mercantis, só quem as pratica poderá ser compelido a pagá-lo. Assim, *v.g.*, o comerciante e o industrial; não, porém, o advogado, o professor, o dentista, o escultor etc. (que positivamente não praticam, no desempenho de seus misteres, operações mercantis).

O mesmo podemos dizer do imposto sobre serviços de transporte interestadual e intermunicipal. Apenas quem prestar, a terceiros, em caráter negocial, tais serviços poderá ser havido por sujeito passivo desta exação.

Por igual modo, somente quem presta serviços de comunicação não estritamente municipais a terceiros, com conteúdo econômico, poderá ser considerado, pela lei complementar, contribuinte do imposto específico.

Também só pode ser tido pela lei complementar por contribuinte de ICMS quem produz, importa, faz circular, distribui ou consome energia elétrica.

Finalmente, a lei complementar só pode considerar contribuinte quem extrai, faz circular, distribui ou consome minerais.

Vemos, pois, com hialina clareza, que a lei complementar em exame só poderá "explicitar" os "sujeitos passivos possíveis" dos vários ICMS cujas regras-matrizes – repetimos – foram traçadas, com retoques à perfeição, pela própria Carta Magna, de modo a vincular toda a legislação infraconstitucional.

Neste sentido, a lei complementar em tela não "define" propriamente os contribuintes do ICMS. Apenas apresenta "sugestões" ao legislador dos Estados e do

Vale dizer, se exigida a alíquota pela pauta máxima, não poderá ser cobrado o imposto cumulativamente, sob pena de verdadeira afronta ao preceito que fixa a alíquota na base de 25% do valor da energia elétrica consumida.

É incontendível que nenhuma fórmula matemática ou ardil legislativo poderá fazer tábua rasa do preceito constitucional que estabelece que a base de cálculo do ICMS, no caso, é o "preço praticado na operação final".

Os direitos do contribuinte, máxime os constitucionalmente traçados, não podem soçobrar em função de artifícios legislativos ou fazendários.

Diante do considerado, impõe-se, pois, o reconhecimento da inconstitucionalidade do art. 33 da Lei paulista 6.374/1989, que, exigindo a inclusão do próprio valor do ICMS sobre a energia elétrica em sua base de cálculo, acarreta uma elevação de alíquota (e, portanto, burla, por via oblíqua, as diretrizes do § 9º do art. 34 do ADCT).

Distrito Federal. Sugestões que só serão encampáveis na medida em que se harmonizarem com os arquétipos constitucionais do ICMS.

Em rigor, os contribuintes do ICMS são apontados pela lei ordinária local (estadual ou do Distrito Federal), que deve obediência apenas à Constituição da República.

II – Ao "dispor sobre substituição tributária" para os impostos em estudo, o legislador complementar deverá armar-se de grandes cautelas, para, em nome de uma hipotética conveniência arrecadatória, não direcionar as cargas tributárias sobre quem não está, de nenhum modo, juridicamente relacionado com os realizadores dos *fatos imponíveis* (fatos geradores *in concreto*) de quaisquer destes ICMS.

De um modo geral, a doutrina concorda que, sempre que possível, os impostos devem ser exigidos do contribuinte, que, afinal, é o realizador do fato imponível. É ele que deve figurar no polo passivo da obrigação tributária. Mais: sempre que possível, é seu patrimônio que deve ser atingido pela carga econômica do tributo.

Em circunstâncias especialíssimas, porém, admite-se que a carga tributária seja suportada, num primeiro momento, por terceira pessoa, juridicamente relacionada com o contribuinte: o *substituto tributário*.

Como, no entanto, o substituto tributário paga o tributo *a título alheio*, vale dizer, em nome e por conta do contribuinte (o realizador do fato imponível), a lei deve assegurar-lhe reais condições para ressarcir-se de plano, sem maiores ônus. Com o prestigioso abono de Geraldo Ataliba, entendemos que o substituto tributário não pode se ver na contingência de ingressar em juízo com uma ação de regresso contra o contribuinte. Isso, positivamente, não é ressarcir-se de plano.

Logo, a lei complementar não pode, sem reserva nem restrição, ir elegendo substitutos tributários para estes ICMS. Muito ao invés, deve fazê-lo de forma a resguardá-los do "empobrecimento sem causa" (a que, por força, corresponderia o "enriquecimento sem causa" dos verdadeiros contribuintes).

O que estamos tentando dizer é que o leque de opções da lei complementar, também neste ponto, é bastante restrito e, a nosso ver, não vincula nem os legisladores estaduais, nem o do Distrito Federal. Apenas, pode eventualmente inspirá-los.

É o caso de remarcarmos que as conveniências arrecadatórias nunca jamais poderão se sobrepor aos direitos constitucionais dos contribuintes.

III – Obviamente, ao "disciplinar o regime de compensação do imposto" (interpretemos: *dos cinco impostos*), o legislador complementar não poderá fazer tábua rasa da não cumulatividade,[83] regra que o ICMS deverá obedecer, por força do determinado no art. 155, § 2º, I, da Lei Fundamental.

83. Pela *regra da não cumulatividade* (que a doutrina, de um modo geral, chama de *princípio da não cumulatividade*), o montante de ICMS recolhido em cada operação mercantil ou prestação de serviço de transporte interestadual e intermunicipal e de comunicação transforma-se num *crédito fiscal*, que será deduzido do *quantum* de imposto a pagar quando da prática de novas operações mercantis ou prestações de serviços, por novos comerciantes ou industriais. Ressaltamos, neste passo, que tal montante só tem uma vocação: servir – como expressivamente dizia Cléber Giardino – de *moeda de pagamen*to do ICMS. A imagem é oportuna, já que a quantia em dinheiro que o contribuinte deve desembolsar, à guisa de

IV – Ao "fixar, para efeito de sua cobrança e definição do estabelecimento responsável, o local das prestações relativas à circulação de mercadorias e das prestações de serviços", a lei complementar não poderá desvirtuar a *norma-padrão de incidência* destes tributos (apontada na Constituição), nem, muito menos, o *critério territorial* de repartição de competências impositivas entre os Estados e entre estes e o Distrito Federal. Só para reavivarmos nossa memória, exceção feita aos poucos casos em que a Constituição Federal (e só ela) dispõe de modo diverso, as leis tributárias que instituem impostos têm voga, no Brasil, apenas sobre os fatos verificados no território da pessoa política que as editou. Assim, conforme já demonstramos no capítulo "Competência Tributária", se um dos *fatos imponíveis* do ICMS (*v.g.*, a prática de operação mercantil ou a prestação de serviços de transporte interestadual e intermunicipal e de comunicação) ocorrer no território do Estado de São Paulo, apenas a lei paulista poderá incidir e irradiar efeitos. Seria inconstitucional eventual lei complementar que dispusesse de modo diverso, atropelando o *princípio da territorialidade* das leis tributárias.

V – Em face da nova redação dada ao art. 155, § 2º, X, "a", da CF (pela Emenda Constitucional 42/2003), não cabe mais à lei complementar – como já adiantamos – "excluir da incidência do imposto, nas exportações para o exterior, serviços e outros produtos, além dos mencionados no inciso X, 'a'", porquanto, agora, são imunes ao ICMS todas as "operações que destinem mercadorias para o exterior", bem como todos os "serviços prestados a destinatários no exterior".

ICMS, é o *resultado* de uma subtração em que o *minuendo* é o *quantum debeatur*, e o *subtraendo*, o total dos créditos acumulados nas operações mercantis (ou nas prestações de serviços de transporte interestadual e intermunicipal e de comunicação) anteriores.

Em suma, na apuração do total de ICMS a recolher, compensa-se "o que for devido em cada operação relativa à circulação de mercadorias ou prestação de serviços com o montante cobrado nas anteriores pelo mesmo ou por outro Estado ou pelo Distrito Federal" (CF, art. 155, § 2º, I). É evidente que esta regra só encontra limitações na própria Constituição. Melhor dizendo, não pode ser restringida nem por lei complementar, nem por lei ordinária, nem por convênio, nem, muito menos, por ato administrativo. As restrições à não cumulatividade do ICMS estão contidas no art. 155, § 2º, II, "a" e "b", da CF ("a isenção ou não incidência, salvo determinação em contrário da legislação: a) não implicará crédito para compensação com o montante devido nas operações ou prestações seguintes; b) acarretará a anulação do crédito relativo às operações anteriores"). Tais restrições, como visto, só se aplicam à isenção e à não incidência, não atingindo, destarte, as imunidades.

Ainda a propósito, a Emenda Constitucional 33/2001 teria criado a possibilidade de restrição ao princípio da não cumulatividade do ICMS, na medida em que inseriu uma alínea "h" ao art. 155, § 2º, XII, da Carta Magna "autorizando" a lei complementar a "definir os combustíveis e lubrificantes sobre os quais o imposto incidirá uma única vez, qualquer que seja a sua finalidade (...)". Sem adentrar o mérito desta fórmula – que, para muitos, surgiu em função de pressões das grandes distribuidoras de petróleo –, o fato é que, estando contida numa Emenda Constitucional, não pode prevalecer. O direito à não cumulatividade do ICMS é "cláusula pétrea", que só poderia ter sido anulada ou restringida pelo poder constituinte originário; nunca pelo derivado.

Só para registro, também devem obedecer à regra da não cumulatividade o imposto sobre produtos industrializados (IPI), por força do estatuído no art. 153, § 3º, II, da CF, os *novos impostos* que a União vier a instituir, por meio de lei complementar, com supedâneo no art. 154, I, do mesmo Diploma Excelso, e as contribuições sociais a que alude o § 4º do art. 195, sempre da Lei Maior.

Em obediência a esta regra, deve-se subtrair, do montante do imposto devido numa dada operação jurídica, a quantia exigida na anterior (ou nas operações jurídicas anteriores).

Cientificamente, no entanto, é sempre possível sustentar que não era dado a uma emenda constitucional declarar imunes ao ICMS todas as exportações de mercadorias e serviços, quando o constituinte originário se limitara a excluir da incidência do imposto as exportações de produtos industrializados. Neste particular, portanto, a Emenda Constitucional 42/2003 ofendeu os princípios federativo e da autonomia do Distrito Federal, já que diminuiu a competência tributária dos Estados e do Distrito Federal – e, por via reflexa, suas autonomias financeira, política e, até, jurídica.

VI – Como já acenamos, não mais cabe à lei complementar "prever casos de manutenção de crédito, relativamente à (...) exportação para o exterior, de serviços e de mercadorias" (redação originária do art. 155, § 2º, XII, "f", da CF), porque a Emenda Constitucional 42/2003, ao dar nova redação ao art. 155, § 2º, X, "a", da CF, assegurou, nestes episódios, "a manutenção e o aproveitamento do montante do imposto cobrado nas operações e prestações anteriores".

De qualquer modo, continua sendo dado à lei complementar "prever casos de manutenção de créditos, relativamente à remessa para outro Estado, de serviços e de mercadorias". Todavia, ao fazê-lo, deverá levar em conta o relevante interesse nacional (averiguável, em última instância, pelo Poder Judiciário), não podendo, sob pretexto algum, acutilar a autonomia dos Estados e do Distrito Federal, que se reforça enquanto arrecadam livremente os tributos de suas competências.

VII – Ao "regular a forma como, mediante deliberação dos Estados e do Distrito Federal, isenções, incentivos e benefícios fiscais serão concedidos e revogados", a lei complementar deve limitar-se a estabelecer a forma e a oportunidade – nunca o conteúdo – dos convênios interestaduais e do Distrito Federal em matéria de ICMS. O assunto foi mais bem investigado no subitem 5.2 do cap. V, "Princípio da Anterioridade e Tributação". Insistimos, porém, em que esta lei complementar é de feitio adjetivo, determinando o *modus faciendi*, isto é, a operatividade técnica dos convênios. Não poderá, no entanto, suprimir o controle das casas legislativas dos Estados e do Distrito Federal.

VIII – A Emenda Constitucional 33/2001 autorizou a lei complementar a "definir os combustíveis e lubrificantes sobre os quais o imposto incidirá uma única vez, qualquer que seja a sua finalidade, hipótese em que não se aplicará o disposto no inciso X, 'b'".

Como vemos, a Emenda Constitucional em foco "permite" que lei complementar faça tábula rasa da imunidade do ICMS às operações interestaduais com combustíveis e lubrificantes sempre que apontar em quais deles o imposto incidirá uma única vez.

Com isto, a alínea "h", em exame, abre espaço à anulação de uma imunidade constitucional e do próprio *princípio da não cumulatividade* do ICMS. Entendemos que está acutilando dois direitos fundamentais dos contribuintes e, nesta medida, é inconstitucional, assim devendo ser declarada pelo Poder Judiciário.

Note-se que, não bastasse isso, a mesma Emenda Constitucional 33/2001 acrescentou ao art. 155 da CF os §§ 4º e 5º, que já foram transcritos no capítulo "Imunidades Tributárias".

A respeito deles acrescentamos, agora, que o constituinte derivado travestiu-se em constituinte originário e, numa única pincelada, derribou, dentre outras, as "cláusulas pétreas" do princípio da tipicidade fechada da tributação (no § 4º, IV, "b") e da anterioridade (no § 4º, IV, "c"). Além, é claro, de haver, como vimos, "convalidado", de modo sub-reptício (no § 4º, III) – mas, nem por isso, menos censurável –, os inconstitucionais arts. 2º, § 1º, III, e 3º, III, ambos da Lei Complementar 87/1996.[84]

Tudo isto está a merecer sérios reparos. Nossa esperança é que o Poder Judiciário não se deixe submeter com tais manobras que alteraram partes substanciais do núcleo imodificável da Constituição. Do contrário o Governo já saberá o caminho: quando o Judiciário "não corresponder às suas expectativas", simplesmente alterará a Constituição e o "problema", como num passe de mágica, estará resolvido.

IX – Por fim, a mesma Emenda Constitucional 33/2001 autorizou a lei complementar a "fixar a base de cálculo, de modo que o montante do imposto a integre, também na importação do exterior de bem, mercadoria ou serviço".

Uma vez mais tenta-se, por meio do *dócil* poder constituinte derivado, alterar a regra-matriz do ICMS, desvirtuando-lhe a base de cálculo. E, o que é pior: capciosamente (com os dizeres "também na importação do exterior de bem") tenta-se legitimar o "cálculo por dentro" do ICMS, que continuamos entendendo flagrantemente inconstitucional.[85]

7.9 A lei complementar prevista no art. 156, III, da CF

I – Estabelece o art. 156, III, da CF: "Art. 156. Compete aos Municípios instituir impostos sobre: (...) III – serviços de qualquer natureza, não compreendidos no art. 155, II, *definidos em lei complementar*" (grifamos).

Portanto, o Município,[86] em nosso País, é competente para tributar, por meio de ISS, os serviços de qualquer natureza (exceto os de transporte interestadual e intermunicipal e de comunicação) prestados em seu território.

Esclarecemos que, em rigor, não são os serviços que vêm tributados por meio de ISS, mas as pessoas físicas ou jurídicas que, em caráter negocial, os prestam. Só por amor à brevidade dizemos que o tributo alcança serviços. Alcança, na verdade, as pessoas que, mediante contraprestação econômica, vêm a prestá-los. Ou, se preferirmos, nascem do cumprimento de obrigações de fazer, isto é, do fato *prestar serviços*. Os serviços não passam do objeto, do aspecto material da hipótese de incidência deste tributo.

Como vimos em obra específica,[87] serviço de qualquer natureza, para fins de tributação por via de ISS, é a prestação, a terceiro, de uma utilidade (material ou

84. V., no cap. IX, "Imunidades Tributárias", subitem 6.7.

85. A respeito deste assunto escrevemos todo um capítulo em nosso livro *ICMS* (17ª ed., pp. 366-386).

86. Não devemos perder de vista que, em seu território, o Distrito Federal também pode instituir e arrecadar o ISS, *ex vi* do art. 147, *in fine*, da CF. Do mesmo modo, a União, no caso ou na iminência de guerra externa, pode, dentre outros, criar um adicional deste imposto (art. 154, II, da CF).

87. Nosso *Conflitos de Competência – Um Caso Concreto*, cit., pp. 55-60.

imaterial), com conteúdo econômico, sob regime de direito privado (em caráter negocial), mas não trabalhista.

II – É o caso, aqui, de verificarmos o que significa o tópico *definidos em lei complementar*, contido no art. 156, III, *in fine*, da CF.

Será que é a lei complementar que deve estabelecer quais o serviços tributáveis pelos Municípios?

Evidentemente, se levarmos em consideração apenas as palavras da lei, a resposta à pergunta supra será positiva. Talvez por isso, a grande maioria dos doutrinadores sustenta que, diante da "clareza" da parte final do art. 156, III, da CF, aos Municípios é facultado tributar, apenas, os serviços de qualquer natureza adnumerados em lei complementar. De fato, a interpretação gramatical só pode conduzir a este entendimento.

Ocorre, todavia, que, como querem os grandes mestres da Hermenêutica Jurídica, a interpretação gramatical não é uma verdadeira interpretação, mas um *pressuposto de interpretação* (Paulo de Barros Carvalho). Só se consegue desvendar o significado, o conteúdo e o alcance de uma norma jurídica com a interpretação sistemática, ou seja, levando em conta, no labor exegético, o ordenamento jurídico como um todo. É o que procuramos fazer, até porque o art. 156, III, em exame, não se apresenta, em nosso Direito, pairando sozinho no espaço jurídico, mas, pelo contrário, entremostra-se em íntima conexão com outras normas e princípios (máxime com o da autonomia municipal, que sob nenhuma hipótese deve ser desconsiderado).

Relembramos que o Município é pessoa política, dotada de ampla autonomia. Ora, se o Município é autônomo e se sua autonomia é assegurada principalmente com a decretação e arrecadação dos tributos de sua competência (art. 30, III, da CF), já vemos que o campo do ISS não pode ter suas dimensões aumentadas, diminuídas ou, muito menos, anuladas por uma lei complementar. Senão, estaremos implicitamente aceitando que é o Congresso Nacional, por meio de lei complementar, que confere aos Municípios competências para que tributem os serviços de qualquer natureza.

Diante do exposto, somos de parecer que a lei complementar a que alude o art. 156, III, *in fine*, da CF só pode dispor sobre conflitos de competência entre o ISS e outros tributos federais, estaduais, municipais e do Distrito Federal e regular as limitações constitucionais ao exercício da competência para, por via de imposto, tributar as prestações de serviços de qualquer natureza. Sua atuação deve concentrar-se exclusivamente naquela *região fugidia* que se situa entre os serviços tributáveis pelo Município e outros fatos tributáveis pelas demais pessoas políticas.

Depois, a norma albergada no art. 156, III, da Lei das Leis é de *eficácia plena e aplicabilidade imediata* (José Afonso da Silva). Como tal, produz todos os seus efeitos independentemente da edição de qualquer lei complementar.

Como corolário disto, temos que a competência municipal para tributar serviços independe da edição de lei complementar que os defina. Segue-se, daí, que o legislador complementar *não pode* fixar rol de serviços tributáveis pelos Municípios. De fato, não é dado ao legislador complementar estabelecer quais serviços o Município pode e quais serviços o Município não pode tributar por meio de ISS.

IIa – Apesar de tudo, a Lei Complementar 116, de 31.7.2003 (que revogou, dentre outros dispositivos, o art. 8º do Decreto-lei 406/1968, com suas ulteriores modificações), veiculou uma *lista de serviços* tributáveis pelos Municípios. Esta *lista* contém 40 itens, subdivididos em vários subitens, que referem mais de 500 serviços, sendo considerada, pela maioria da doutrina, *taxativa*. Com isto, *data venia*, não podemos concordar.

Realmente, é inconcebível aceitarmos que a chamada "lista de serviços" seja taxativa. Ela não pode ser taxativa, sob pena de – como lucidamente observou Geraldo Ataliba – termos de sustentar, contra todas as evidências jurídicas, que a União pode até mesmo esvaziar a competência que os Municípios receberam da Carta Constitucional para tributarem, por via de imposto, os serviços de qualquer natureza.[88]

Será, então, a *lista de serviços* exemplificativa? Entendemos que também *não*, porquanto muitos dos tópicos nela contidos não aludem a serviços de qualquer natureza (é o caso da cessão de direito de uso de marcas e sinais de propaganda, típica cessão de direitos, que, nada obstante, é considerada serviço tributável pelo subitem 3.02 da *lista*).

Portanto, a *lista* é apenas sugestiva e, por isso mesmo, perfeitamente dispensável, tanto pelo legislador municipal quanto pelo juiz e pelo administrador público. Melhor esclarecendo, ela contém sugestões que poderão, ou não, ser levadas em conta pela Câmara de Vereadores de cada Município ao instituir, *in abstracto*, o ISS.

A nosso ver, serviços não mencionados em tal *lista* poderão perfeitamente ser tributados por meio de ISS. É o caso, dentre outros, dos serviços de "fornecimento de alimentação e bebidas em bares, restaurantes e estabelecimentos similares", que continuam inconstitucionalmente considerados pelo art. 2º, I, 2ª parte, da CF como operações relativas à circulação de mercadorias, e, nessa medida, tributáveis por meio de ICMS.

IIb – De conseguinte, porque assim o quer a interpretação sistêmica, a lei complementar prevista no art. 156, III, da CF não pode lanhar o princípio da autonomia municipal. Deste modo, só tem cabida no campo dos possíveis conflitos de competência entre o ISS e outros tributos federais e estaduais e nos conflitos que podem

88. O raciocínio de Geraldo Ataliba assim pode ser resumido: se aceitarmos que a "lista" pode elencar mais de 500 serviços tributáveis, distribuídos por 100 itens, devemos, por amor à coerência, admitir que ela enumere 200, 150, 80, 50, 30, 10, 5, 2, 1 ou, mesmo, nenhum serviço. De fato, a lei complementar que enumera os serviços tributáveis pelos Municípios pode ser pura e simplesmente revogada. Que aconteceria, neste caso (improvável, na prática, mas juridicamente possível)? Uma norma infraconstitucional teria paralisado a eficácia de uma norma constitucional (e de uma norma constitucional que realiza um princípio: o princípio da autonomia municipal). Teria subvertido todo o sistema jurídico, já que, por via reflexa (ou seja, pelo esvaziamento de uma competência impositiva), teria desconsiderado o importante princípio da autonomia municipal. Ou, por outra, a competência do art. 156, III, da CF tornar-se-ia inoperante e o imposto deixaria de ser instituível e cobrável. O absurdo jurídico que esta conclusão encerra é suficiente para indicar que a posição dos que defendem a "taxatividade da lista de serviços" está enfraquecida, quando não superada, pela interpretação sistemática.

advir do exercício da competência tributária de um Município em relação a outro (ou a outros).

Em suma, é manifestamente claro que a aptidão que o Município recebeu da Carta Suprema, de modo tão amplo, para instituir o ISS não pode ser atrofiada por nenhum ato normativo de inferior hierarquia (*v.g.*, por uma lei complementar), sob pena de insanável inconstitucionalidade.

Todas estas observações nos reconduzem à nossa observação inicial de que o Município pode tributar, por via de ISS, os serviços de qualquer natureza (não compreendidos no art. 155, II, da CF) prestados, em seu território, em caráter negocial.

IIc – Mas, já que tocamos no assunto parágrafos acima, entendemos que *a lei complementar não pode prever* "serviços por definição legal", *tributáveis pelo ISS*.

Por outro giro verbal, a lei complementar não pode considerar serviços, para fins de tributação por via de ISS, fatos que não os sejam. Isto feriria, dentre outros, o direito subjetivo do contribuinte de só ser tributado pela pessoa política competente e nos estritos termos da Constituição.

Já sabemos que a partilha constitucional de competências tributárias, se, por um lado, favoreceu as pessoas políticas, por outro, veio ao encontro dos interesses dos virtuais contribuintes, que só podem ser tributados por quem de direito (a pessoa política competente) e na forma prevista no Diploma Magno.

Transplantando estas ideias para nosso campo, só os serviços de qualquer natureza (exceção feita aos serviços de transporte interestadual e intermunicipal e de comunicação, ambos aludidos no art. 155, II, da CF) podem ser alvo de tributação por meio do ISS. Como corolário disso, fatos que não tipificarem serviços estão fora do alcance deste imposto.

Impende notar que nem mesmo *a lei complementar nacional pode alterar o precitado esquema constitucional*.

De fato, as pessoas políticas, enquanto tributam, buscam *fundamento de validade* para seus atos jurídicos (leis, decretos, portarias etc.) exclusivamente na Constituição. Obedecem à lei complementar nacional circunstancialmente, vale dizer, apenas quando ela explicita comandos constitucionais. Ampliações ou restrições de competências tributárias levadas a efeito por lei complementar nacional, porque inconstitucionais, não vinculam nem a União, nem os Estados, nem o Distrito Federal, nem os Municípios.

Estas considerações confirmam a proposição de que a lei complementar nacional não pode criar, para fins de ISS, a figura do "serviço por definição legal". Se o fizer, será inconstitucional, por dilatar competências tributárias municipais e, o que é pior, por atropelar direitos inalienáveis dos contribuintes.

IId – Saliente-se, ainda, que alguns itens da *Lista de Serviços* comportam interpretação extensiva, isto é, aplicação a serviços *congêneres* ou *correlatos*. A providência, na verdade, longe de ampliar a Lista, acaba por cerrá-la ainda mais, sem, no entanto, imobilizar a tributação por meio de ISS.

De feito, a interpretação extensiva extrai do item listado um conteúdo que vai além da formulação literal, mas permanece dentro do preceito que está sendo considerado. Noutras palavras, permite que o item incida sobre casos que, embora não expressamente referidos, encontram-se implícitos no âmbito de validade da norma.

Como é fácil perceber, o aplicador, ao valer-se da interpretação extensiva, estará, em última análise, declarando o real sentido e alcance do item da Lista submetido a exame e, com isso, penetrando em seu espírito, em ordem a desvendar a *mens legis*.

Ademais, a interpretação extensiva da Lista de Serviços é necessária, pois do contrário – como bem observou a Min. Eliana Calmon, ao julgar o REsp 325.344-PR[89] – ter-se-ia, pela simples mudança da nomenclatura de um serviço, a incidência ou não do ISS.

IIe – Também não é dado ao aplicador da legislação criar *serviços tributáveis* por analogia ou equiparação a qualquer um dos mencionados na Lista.

Desdobrando a ideia: quando um serviço não está expressamente referido na Lista, a pessoa que o presta não pode ser submetida, por analogia, à tributação por meio de ISS. Afinal, como bem proclama o art. 108, § 1º, do CTN, "o emprego da analogia não poderá resultar na exigência de tributo não previsto em lei".

Depois, na medida em que cada item da atual Lista de Serviços vem desdobrado em subitens, foi criado um verdadeiro *número cerrado*, que protege o contribuinte. Assim, tudo o que nos aludidos subitens expressamente não se contiver, escapa à tributação por meio de ISS.

De fato, a Lei Complementar 116/2003, ao listar os serviços tributáveis, valeu-se – ao contrário do que faziam o Decreto-lei 406/1968 e a Lei Complementar 56/1987, que se limitavam a enumerá-los taxativamente – de *itens* e *subitens*. Nisto foi acompanhada pela legislação, ao que saibamos, de todos os Municípios e do Distrito Federal.

Os *itens* não têm caráter normativo, mas simplesmente interpretativo. Noutros falares, incidem não sobre os serviços prestados pelos contribuintes, mas sobre os *subitens*, que – estes, sim – descrevem os *tipos tributários* do ISS.

Dito de outro modo, os *itens* da Lista apontam o *gênero*; e os *subitens*, as *espécies*. Assim, os *itens* aclaram a compreensão dos *subitens*, já que traçam, por assim dizer, as "molduras" dentro das quais os *subitens* incidem. São estes últimos, pois, que revestem caráter normativo; e, por força dos princípios da *estrita legalidade* e da *tipicidade fechada da tributação*, não comportam extensão, vale dizer, devem receber interpretação e aplicação estrita.

IIf – Incontroverso, ainda, que, como o ISS incide sobre a *efetiva* prestação do serviço, para cada prestação só pode corresponder uma incidência do tributo.

Realmente, como a ordem jurídico-tributária do Estado Brasileiro constitui um sistema lógico, composto de elementos que se articulam harmonicamente, é inaceitá-

89. Decisão datada de 8.9.2003.

vel a possibilidade de uma mesma prestação de serviços estar sujeita a duas ou mais incidências, contrastantes entre si.

Mas qual incidência haverá de prevalecer? A que mais se aproxima do fato descrito na Lista de Serviços; se por mais não fosse, em razão do *critério da especialidade*.

Então, vejamos.

IIg – No enquadramento da atividade do prestador de serviços num dos itens da Lista deve-se buscar o que mais de perto descreve o esforço que o contribuinte, em execução a contrato oneroso, fez em favor de terceiro.

O critério hermenêutico há de ser, pois, o da *lex specialis* ou *lex stricta*.

Nunca é demais insistir que a interpretação de qualquer ato normativo – aí compreendida a Lista de Serviços tributáveis por meio de ISS – pressupõe seu exame em cotejo com o ordenamento jurídico globalmente considerado – como, de resto, leciona José de Oliveira Ascensão, *verbis*:

"(...) o que vulgarmente se chama interpretação da lei (...) é sempre interpretação não de uma lei ou norma singular, mas de uma lei ou norma que se examina atendendo à posição que ocupa no ordenamento jurídico em globo: o que quer dizer que o que efetivamente se interpreta é esse ordenamento e, como consequência, a norma singular.

"De facto, a interpretação é sempre revelação de um trecho da ordem global, pelo quê esta é condição de relevância de cada elemento, e termina o seu significado."[90]

Assim, em relação ao prestador do serviço, o item da Lista mais específico prefere ao mais genérico, isto é, afasta a aplicação deste último.

É que, salvo disposição em contrário, quando várias disposições de uma mesma lei tributária regulam dada matéria, a disposição especial derroga a geral.

A propósito, é juridicamente irrelevante o item mais específico da Lista, neutralizando o mais genérico, impor gravame maior ou menor ao contribuinte. Sempre o específico sobrepor-se-á ao genérico. E, como corolário, é logicamente impossível um mesmo serviço ser enquadrado em mais de um item da Lista.

Observamos, ainda, que, a exemplo do que ocorre em outras searas do Direito, a norma tributária é *especial* quando traz em sua tipificação, além de todos os elementos da norma geral, mais alguns, que tanto podem ser de natureza objetiva como subjetiva. São os chamados *elementos especializantes*. Com isso, estabelece-se, entre as normas geral e especial, uma relação do tipo *minus* e *plus*.

Insistimos que o item específico, por conter acréscimos à descrição legal prevista no item genérico, prefere a este último, valendo, no caso, a clássica parêmia *lex specialis derogat generali*; *semper specialia generalibus insunt*; *generi per speciem derogantur*.

90. José de Oliveira Ascensão, *O Direito – Introdução e Teoria Geral*, Lisboa, Fundação Calouste Gulbenkian, p. 347.

Lembramos, em remate, que o lançamento tributário é ato administrativo plenamente vinculado à lei (cf. art. 142 do CTN), não sendo dado ao Fisco formalizá-lo senão na forma e nos estritos limites desta. Assim, há de ser efetuado sem qualquer dose de subjetivismo – ou, se preferirmos, de discricionariedade.

IIh – O que acabamos de escrever mais se robustece em face da Lista de Serviços veiculada pela Lei Complementar 116/2003, que, inovando o assunto, sempre traz um item genérico, que circunscreve o alcance dos subitens, específicos, que – estes, sim – apontam os serviços tributáveis.

Só para exemplificar, o *item 1* da Lista refere serem tributáveis por meio de ISS os "serviços de informática e congêneres", quando se traduzirem em "1.01 – Análise e desenvolvimento de sistemas"; "1.02 – Programação"; "1.03 – Processamento de dados e congêneres"; "1.04 – Elaboração de programas de computadores, inclusive em jogos eletrônicos"; e assim por diante. Detalhando o assunto, o *serviço de programação*, por exemplo, só será tributável por meio de ISS se e enquanto estiver conectado a "serviços de informática e congêneres".

Abona este entendimento o *item 2* da Lista ("serviços de pesquisas e desenvolvimento de qualquer natureza"), que compreende um único subitem (*2.01*), exatamente com a mesma redação. Esta tautologia – que aparentemente briga com o vetusto brocardo "a lei não contém palavras inúteis" – só faz sentido na medida em que o item é *meramente indicativo* e o subitem veicula – este, sim – o serviço efetivamente tributado. Fosse de outro modo, não haveria por que o subitem reproduzir, *ipsis verbis*, o item.[91]

Em suma, na medida em que cada item da Lista de Serviços vem desdobrado em subitens, foi criada uma verdadeira "rede de proteção" em favor do contribuinte, de tal sorte que tudo o que não se contiver expressamente nos aludidos subitens escapa à tributação por meio de ISS.

Como corolário, se um dado serviço não estiver expressamente referido num dos subitens da Lista, a pessoa que o prestar não pode, por analogia, ser submetida à tributação por meio de ISS.

III – Ainda dentro do assunto, temos que *a lei complementar nacional não pode definir local, para fins de ISS, alterando critérios constitucionais*.

Como vimos, a Constituição traçou a regra-matriz de todos os tributos. Esta regra-matriz – que vincula o Poder Legislativo das várias pessoas políticas – indica, dentre outras coisas, o *aspecto espacial possível* da hipótese de incidência de cada exação (ou seja, os limites do aspecto espacial da hipótese de incidência dos tributos).

O postulado vale também para o ISS. De acordo com a Constituição, este imposto só pode alcançar os serviços de qualquer natureza (exceto os referidos no art. 155, II, da CF) prestados no território do Município tributante. Por quê? Porque nosso Estatuto Magno adotou um *critério territorial* de repartição das competências impo-

91. Esta, diga-se de passagem, é a metodologia adotada, de longa data, pela *TIPI* (*Tabela de Incidência do IPI*).

sitivas que exige que a única lei tributária aplicável seja a da pessoa política em cujo território o *fato imponível* ocorreu.

De conseguinte, por injunção constitucional, a lei que cria, *in abstracto*, o ISS só pode irradiar efeitos sobre os serviços prestados no território do Município que a editou.

Nem mesmo a lei complementar nacional pode alterar a seguinte diretriz da Lei das Leis: "o ISS é sempre devido no Município onde o serviço for efetivamente prestado, ainda que seu prestador esteja domiciliado ou sediado em outro Município".

Do exposto, claro estava que a "norma" contida no art. 12 do Decreto-lei 406/1968 – que, para alguns, fazia as vezes de lei complementar nacional –, estipulando que o ISS era devido (exceção feita à construção civil) ao Município onde o estabelecimento prestador estivesse sediado (mesmo quando o serviço era prestado em outro Município), consagrava a absurda ideia de que a lei do Município "A", ao definir a *hipótese de incidência* desta exação, podia prever, como circunstância de lugar relevante à configuração do *fato imponível tributário* (aspecto espacial), a prestação de serviço em qualquer outro Município. Deste modo, a lei deste Município "A" teria plena eficácia nos Municípios "B", "C", "D"... "N", afrontando totalmente o princípio constitucional da territorialidade das leis tributárias.

Segundo à época sustentávamos, esta lei, para evitar eventuais conflitos de competência tributária entre os Municípios, só podia dispor no sentido de que o ISS seria devido àquele onde o serviço de qualquer natureza fosse prestado. E, mais: que acordos entre o prestador e o fruidor do serviço não teriam força jurídica bastante para alterar este quadro, plasmado em inafastável postulado constitucional.

Este ponto de vista acabou acolhido pelo STJ, cuja 1ª Seção "cassou eficácia", em termos de efeitos concretos, ao aludido art. 12, "a", do Decreto-lei 406/1968. Deveras, ao decidir os EDiv no REsp 130.792-CE, proclamou: "Para fins de incidência do ISS – imposto sobre serviços –, importa o local onde foi concretizado o fato gerador, como critério da fixação de competência do Município arrecadador e exigibilidade do crédito tributário, *ainda que se releve o teor do art. 12, alínea 'a', do Decreto-lei n. 406/1968*".[92]

Em termos práticos, portanto, o STJ, embora não tenha declarado a inconstitucionalidade do art. 12, "a", do Decreto-lei 406/1968, acabou por proclamá-lo *letra morta*.

Infelizmente, a Lei Complementar 116/2003 (que revogou, dentre outros, o art. 12 do Decreto-lei 406/1968) perdeu uma boa oportunidade de restabelecer, neste aspecto, o primado da Constituição. Com feito, embora tenha aberto uma série de exceções (incisos I-XIX do art. 3º), manteve (art. 3º, *caput*) a regra geral, afrontosa ao *critério territorial de repartição de competências tributárias*,[93] no sentido de que o imposto é devido "no local do estabelecimento prestador".

92. Rela. Min. Nancy Andrighi, j. 7.4.2000, *DJU* 12.6.2000, p. 66 (grifamos).

93. V., no cap. VIII, "Competência Tributária", o subitem 3.1.3.

7.10 A lei complementar prevista no art. 156, § 3º, I, da CF

O art. 156, § 3º, I, da CF, com a redação que lhe foi dada pela Emenda Constitucional 37/2002, atribui à lei complementar competência para fixar as alíquotas máximas e mínimas do imposto sobre serviços de qualquer natureza (ISS).

Salientamos, desde logo, que tal lei complementar não poderá fixar as alíquotas do ISS, mas, apenas, suas *alíquotas máximas e mínimas*. Noutros termos, ela irá estabelecer *tetos máximos* e *pisos mínimos*, que o legislador municipal não poderá ultrapassar.

Este é um nítido caso de lei complementar reguladora de "limitações constitucionais ao poder de tributar". Melhor explicando, a Constituição, no dispositivo sob exame, contém duas limitações à competência municipal para tributar por meio de ISS, que a lei complementar poderá regular.

É evidente que as alíquotas do ISS são estabelecidas pelo legislador ordinário de cada Município. Apenas, a Constituição deu à União a possibilidade de, para evitar eventuais abusos, estabelecer parâmetros máximos e mínimos que a legislação municipal deverá observar.

I – No caso das alíquotas máximas esta verdadeira "válvula de escape" do sistema foi concebida para ser utilizada se houver interesse nacional em evitar grandes disparidades entre os Municípios, na tributação das prestações de serviços de qualquer natureza ou, ainda, no caso de eles virem a se exceder na fixação das alíquotas deste imposto.

De qualquer modo, enquanto tal lei complementar não foi editada, os Municípios eram livres para, atendidos seus peculiares interesses, estabelecer as alíquotas do ISS que bem lhes aprouvessem. Só não poderiam, por óbvio, imprimir a tal imposto feições confiscatórias, para que não houvesse infringência ao art. 150, IV, da CF.

O art. 156, § 3º, I, da CF encerra, pois, uma norma constitucional de eficácia limitada, na lição primorosa de José Afonso da Silva. Sua aplicabilidade é indireta, mediata e reduzida, já que, enquanto não expedida a lei complementar não produz seus efeitos essenciais. A superveniência de lei complementar fixando as alíquotas máximas deste imposto tem o efeito de *cassar eficácia* às leis locais que o ultrapassarem, havendo a necessidade da edição de novas, ajustadas aos novos percentuais. Ao contrário do que sustentamos em edições anteriores, agora, remeditando sobre o assunto, não nos parece que as leis municipais continuarão a irradiar efeitos até o ponto em que há compatibilidade. Nosso antigo entendimento partia da premissa, falsa, de que a lei complementar é hierarquicamente superior à lei local. Na verdade, tanto uma quanto outra buscam seu *fundamento de validade* diretamente na Constituição e têm âmbitos de incidência nela perfeitamente delimitados.

Ainda a respeito do assunto, fixadas tais alíquotas máximas, os Municípios só não as podem ultrapassar. Podem, no entanto, estabelecer alíquotas menores do que as autorizadas na lei complementar ou, mesmo, conceder isenções de ISS.[94] É que,

94. V., infra, neste subitem 7.10, o n. II.

em relação a este imposto, não vigora o princípio da uniformidade das alíquotas em todo o território nacional.

Naturalmente, a União não pode, abusando do permissivo do art. 156, § 3º, I, da CF, destruir (ou, mesmo, diminuir, sem necessidade) a competência que os Municípios receberam da Lei Maior para tributarem, por meio de impostos, as prestações de serviços de qualquer natureza. O princípio da autonomia exige que a fixação de suas alíquotas máximas se perfaça com critério e sempre tendo em vista o interesse nacional. O Judiciário, em última instância, decidirá se estas leis complementares preservaram, ou não, a autonomia dos Municípios.

A Lei Complementar 116, de 31.7.2003, em seu art. 8º, II, fixou a alíquota máxima do ISS em 5%. A redação do dispositivo, para dizer pouco, ficou canhestra, *verbis*: "Art. 8º. As alíquotas máximas do imposto sobre serviços de qualquer natureza são as seguintes: (...) II – demais serviços, 5% (cinco por cento)". E não consta quais são os "demais". A explicação para a cinca é simples: o Presidente da República houve por bem vetar o art. 8º, I, da mesma lei complementar, que estipulava uma alíquota máxima de 10% para algumas prestações de serviços de diversão pública. Como o veto não foi derrubado, somente uma interpretação sistemática do inciso II consegue revelar que "demais serviços" tem, no contexto, a acepção de "todos os serviços".

II – Como vimos, o art. 156, § 3º, I, *in fine*, da CF, deu à lei complementar competência para estabelecer o *percentual mínimo* das alíquotas do ISS, que o legislador municipal – deixando por ora de lado as considerações, que a seguir faremos, acerca das eventuais inconstitucionalidades que permeiam a Emenda Constitucional 37/2002 – deverá observar.[95]

Reiteramos que compete ao legislador ordinário de cada Município fixar as alíquotas do ISS. Apenas, a Constituição autorizou a União a indicar, em caráter vinculante e cogente, as alíquotas mínimas deste tributo.

IIa – Tal acabou acontecendo com a edição da Lei Complementar 157, de 29.12.2016, que inseriu um art. 8º-A à Lei Complementar 116/2003, *verbis*: "Art. 8º-A. A alíquota mínima do imposto sobre serviços de qualquer natureza é de 2% (dois por cento)".

Anote-se que o § 1º do art. 8º-A da Lei Complementar 116/2003 estabelece que o ISS "não será objeto de concessão de isenções, incentivos ou benefícios tributários ou financeiros, inclusive de redução de base de cálculo ou de crédito presumido ou outorgado, ou sob qualquer outra forma que resulte, direta ou indiretamente, em carga tributária menor que a decorrente da aplicação da alíquota mínima estabelecida no *caput*, exceto para os serviços a que se referem os subitens 7.02, 7.05 e 16.01 da Lista anexa a esta Lei Complementar". Estes subitens dizem respeito aos serviços de construção civil.

95. Este é um dos poucos casos de lei complementar reguladora de "limitações constitucionais ao poder de tributar". Melhor explicando, a Constituição, no dispositivo sob exame, contém uma limitação à competência municipal para tributar por meio de ISS, que a lei complementar poderá regular.

De seu turno, o § 2º deste art. 8º-A dispõe ser nula a lei ou o ato do Município ou do Distrito Federal que não respeite as disposições relativas à referida alíquota mínima "no caso de serviço prestado a tomador ou intermediário localizado em Município diverso daquele onde está localizado o prestador do serviço".

Por fim, o § 3º, sempre deste art. 8º-A, estipula que a mencionada nulidade "gera, para o prestador do serviço, perante o Município ou o Distrito Federal que não respeitar as disposições deste artigo, o direito à restituição do valor efetivamente pago do imposto sobre serviços de qualquer natureza calculado sob a égide da lei nula".

IIb – Todavia, como acima adiantamos, estamos convencidos de que estas imposições e vedações amesquinham o *princípio da autonomia municipal* – e, nesta medida, padecem de irremissível inconstitucionalidade, até porque, impedindo o pleno exercício da competência tributária do Município, têm a potencialidade de impedi-lo de, na perseguição dos objetivos de interesse prevalentemente local, utilizar o ISS como instrumento de extrafiscalidade (*v.g.*, aumentando a oferta de empregos), reduzindo, destarte, as desigualdades sociais.

IIc – E nem se diga que o art. 156, § 3º, II, da CF surgiu com o propósito de opor embargos à "guerra fiscal" entre Municípios – máxime os que gravitam em torno das Capitais dos Estados –, que, mediante a estratégia de diminuir ou, até, zerar as alíquotas de ISS, "atraem" para seus territórios empresas que, *de fato*, prestam serviços de qualquer natureza na "cidade grande".

Pensamos, em suma, que o caminho escolhido pela Emenda Constitucional 37/2002 é juridicamente inadequado. Deveras, para evitar-se a "guerra fiscal" bastaria fosse obedecido o *princípio da territorialidade das leis municipais*, conforme exposto no subitem 7.9, III, supra.

Como quer que seja, ainda que se aceite a constitucionalidade da Emenda (o que admitimos apenas para argumentar), enquanto lei municipal específica não lhe der cumprimento, fixando, no âmbito local, a "alíquota mínima" de que aqui se cogita, o contribuinte poderá continuar a fruir de eventuais vantagens fiscais (*v.g.*, de alíquotas menores ou, até, de isenções tributárias). E, mesmo quando tal lei venha editada, há que se observar, caso isto implique majoração do ISS, o *princípio da anterioridade*. Em suma, enquanto não editada o contribuinte não poderá ser alcançado pelo disposto no art. 88, I e II, do ADCT.

IId – Independentemente disso, observamos que a Emenda Constitucional 37/2002 não anulou – nem poderia ter anulado – a *garantia fundamental* (*cláusula pétrea*) do art. 5º, XXXVI, da CF, que impede que a lei – aí compreendida a emenda constitucional – prejudique o direito adquirido, a coisa julgada e o ato jurídico perfeito. Assim, nos Municípios onde, antes do advento da Emenda Constitucional 37/2002, foram concedidas isenções condicionadas e com prazo certo de ISS, os contribuintes que implementaram os encargos legais têm o direito de continuar usufruindo do benefício, até que flua o lapso temporal.

Já, se a isenção de ISS era simplesmente condicionada ou se era incondicionada, com prazo indeterminado, ela continuará a fazer-se sentir, até que a lei local a revogue. Nestes casos, porém, deverá ser observado o *princípio da anterioridade*, conforme procuramos demonstrar no item 5 do capítulo "Princípio da Anterioridade e Tributação".

Por derradeiro, se a isenção de ISS foi incondicionada mas com prazo certo continuará valendo até que ele se escoe, a menos que a lei local a revogue – hipótese em que também deverá ser observado o *princípio da anterioridade*.

7.11 A lei complementar prevista no art. 156, § 3º, II, da CF

I – Consoante dispõe o art. 156, § 3º, II, da Lei Maior, a União, por meio de lei complementar, pode conceder isenções de ISS sobre as "exportações de serviços para o exterior", isto é, de serviços de qualquer natureza, não compreendidos no art. 155, II, da CF.

Destarte, as pessoas que prestarem, em caráter negocial, serviços de qualquer natureza a destinatários no exterior poderão, por meio de lei complementar, ser isentadas da tributação por via de ISS.

A propósito, quer-nos parecer que a lei complementar que isenta a exportação de determinado serviço beneficia, além do exportador imediato, todos os que contribuem para que ela se realize. De fato, por vezes, pessoas prestam, em caráter negocial, serviços a uma outra, os quais acabam fazendo parte integrante do serviço exportado. Exemplificando, pequenas empresas prestam serviços de fotografia, levantamento topográfico, aerofotogrametria etc. a uma outra, maior, contratada para realizar um serviço de planejamento urbano de cidade localizada no exterior. Se tal modalidade de exportação de serviço vier a ser isentada de ISS, por meio de lei complementar, as pessoas que prestaram, à empresa exportadora, serviços que tornaram possível o planejamento urbano também são alcançadas pelo benefício fiscal em tela. Na hipótese de terem recolhido o ISS, poderão repetir o que inadvertidamente pagaram, observados, apenas, os lapsos prescricionais.

Ressaltamos, à derradeira, que a lei complementar em exame deverá ser editada apenas quando o interesse nacional o exigir. Outro entendimento desconsideraria o magno princípio da autonomia municipal.

II – A Lei Complementar 116, de 31.7.2003, dispôs, em seu art. 2º, I: "Art. 2º. O imposto (*ISS*) não incide sobre: I – as exportações de serviços para o exterior do País".[96]

Como é fácil perceber, este dispositivo, ao isentar de ISS as prestações de serviços a destinatários localizados no exterior, encontrou *fundamento de validade* no precitado art. 156, § 3º, II, da CF.

III – Todavia, prescreve o parágrafo único do aludido art. 2º da Lei Complementar 116/2003: "Parágrafo único. Não se enquadram no disposto no inciso I os serviços desenvolvidos no Brasil, cujo resultado aqui se verifique, ainda que o pagamento seja feito por residente no exterior".

96. Esclarecemos no parêntese.

Tudo está em saber-se, portanto, qual a exata significação da ressalva "serviços desenvolvidos no Brasil, cujo resultado aqui se verifique".

A nosso sentir, "serviços desenvolvidos no Brasil, cujo resultado aqui se verifique" são justamente aqueles que trazem utilidade para o tomador aqui mesmo, no território nacional. Não há, no caso, *exportação* – e, portanto, os serviços não estão abrangidos pela norma isentiva em análise, já que o "resultado do serviço é experimentado no Brasil.

A contrario sensu, ocorre a situação isentiva prevista no art. 2º, parágrafo único, da Lei Complementar 116/2003 quando os destinatários dos serviços só têm como usufruí-los no exterior. Realmente, só com a plena disponibilidade, por parte dos tomadores, dos *resultados* (*efeitos*) dos serviços prestados é que se pode dizer que houve a *execução da obrigação de fazer* e que, portanto, ocorreu o *fato imponível* do ISS.

O que estamos procurando significar é que a expressão "cujo resultado", inserida no parágrafo único do art. 2º da Lei Complementar 116/2003, há de ser entendida como sinônima da expressão "cuja fruição".

Assim, adequadamente entendido, o aludido parágrafo único prescreve: "Não se enquadram no disposto no inciso I os serviços desenvolvidos no Brasil, *cuja fruição* aqui se verifique, ainda que o pagamento seja feito por residente no exterior" (grifamos).

Observamos, de caminho e às rápidas, que não estamos reescrevendo o parágrafo único do art. 2º da Lei Complementar 116/2003, nem o adaptando às nossas conveniências ou idiossincrasias. Estamos, simplesmente, submetendo-o a uma interpretação jurídica, a única que, a nosso ver, rima com o *princípio do destino*,[97] consagrado em nossa Constituição para o IPI e o ICMS[98] e por ela admitido para o ISS.

IV – De fato, se a Carta Magna permite, em seu art. 156, § 3º, II, que lei complementar exclua da incidência do ISS "exportações de serviços para o exterior", segue-se que estas operações, *em princípio*, são tributáveis. Como tributáveis, em tese, são as *importações de serviços*, vale dizer, as prestações de serviços que vêm do

97. O *princípio do destino* (também chamado *princípio do País do destino*) regula, no que tange aos tributos que a Economia rotula *indiretos*, as operações internacionais de bens e serviços. De acordo com este princípio, a transação internacional deve ser tributada apenas uma vez, no País importador, com a consequente exoneração das imposições sofridas no País de origem (onde o serviço foi prestado ou o bem produzido), justamente para que não haja "exportação do imposto".

Como é fácil perceber, o *princípio do destino* conduz ao *princípio da não discriminação em razão da nacionalidade*, pelo qual o País importador deve ajustar sua legislação, para que os bens e serviços estrangeiros suportem a mesma *carga fiscal* dos nacionais.

98. O *princípio do destino* foi prestigiado também no IPI e no ICMS, por força do disposto, respectivamente, nos arts. 153, § 3º, III (o IPI "não incidirá sobre produtos industrializados destinados ao exterior") e 155, § 2º, X, "a" (o ICMS "não incidirá sobre operações que destinem mercadorias para o exterior, nem sobre serviços prestados a destinatários no exterior, assegurada a manutenção e o aproveitamento do montante do imposto cobrado nas operações e prestações anteriores"), ambos da CF. Estes tributos não incidem, pois, sobre operações com produtos industrializados e mercadorias e sobre prestações de serviços de transporte interestadual e intermunicipal e de comunicação a destinatários no exterior.

exterior ou lá se iniciam (agrediria o *princípio da livre concorrência*[99] desfavorecer as prestações de serviços nacionais, desonerando as realizadas ou iniciadas no exterior).

Andou bem, pois, a Lei Complementar 116/2003 quando determinou a incidência do ISS sobre a importação de serviços (art. 1º, § 1º[100]) e sua não incidência sobre a exportação dos mesmos (art. 2º, I). Assim estatuindo, consagrou, de uma vez por todas, também no âmbito deste tributo, o *princípio do destino*.[101]

V – Reafirmamos que as exportações de serviços apresentam-se, por força do disposto no art. 156, § 3º, II, da CF e no art. 2º, I, da Lei Complementar 116/2003, totalmente desoneradas do ISS, o que, além de facilitar os negócios com o exterior, traz a vantagem adicional de evitar a "guerra fiscal" entre os Municípios, que decorreria de eventuais diferenças de alíquotas.

Mas, afinal, quando se dá a exportação do serviço?

A nosso ver, sempre que o tomador do serviço, sendo um não residente, satisfizer, no exterior, a *necessidade* que o levou a contratar o prestador.

Chegamos a esta conclusão contrapondo ao conceito de "exportação de serviço" o seu antônimo, o de "importação", já que ambos navegam ao sabor do mesmo assunto – qual seja, a passagem de um serviço de um País para outro.

Pois bem. A teor do mencionado art. 1º, § 1º, da Lei Complementar 116/2003, há, para fins de ISS, *importação de serviço* quando este, desenvolvido no exterior, apresenta resultado (efeitos) no País, ainda que seu pagamento seja efetuado no exterior.

Assim, *a contrario sensu*, há, também para fins de ISS, *exportação de serviço* quando este, encetado no Brasil, apresenta resultado (efeitos) no exterior, ainda que seu pagamento seja feito por residente no Brasil.

Pouco importa, para fins de isenção de ISS, se o serviço foi totalmente prestado no Brasil, se sua prestação aqui apenas se iniciou, ou se foi integralmente executado no exterior. Em qualquer destas hipóteses não haverá incidência, porque o *resultado* da prestação se fez sentir no exterior.

99. O princípio da livre concorrência também é garantido pela uniformidade do regime tributário aplicável às empresas públicas e às empresas privadas (arts. 150, § 3º, e 173, §§ 1º, II, e 2º, da CF). Este princípio só não se aplica às microempresas e às empresas de pequeno porte, assim definidas em lei (arts. 170, IX, e 179 da CF).

100. Lei Complementar 116/2003, art. 1º, § 1º: "O imposto incide também sobre o serviço proveniente do exterior do País ou cuja prestação se tenha iniciado no exterior do País".

101. Esta peculiaridade não passou despercebida a Misabel Derzi, *verbis*: "A Lei Complementar 116/2003 altera para melhor o citado decreto-lei, (*Decreto-lei 406/1968*) exonerando as exportações e fazendo incidir o imposto nas importações de serviços. Como sabemos, em mercados não integrados adota-se o princípio do destino. A Lei Complementar 116/2003, nesta parte, foi correta. Manteve o princípio do destino nas prestações de serviço internacionais. Ela exonera totalmente do ISS as exportações, submetendo as importações à incidência do tributo, para isso elegendo a competência do Município onde se localizar o estabelecimento do tomador" ("O aspecto espacial do imposto municipal sobre serviços de qualquer natureza", in *ISS na Lei Complementar 116/2003 e na Constituição*, Barueri/SP, Manole, 2004, pp. 67-68 – esclarecemos no parêntese).

Apenas haverá incidência quando uma prestação de serviços avençada entre um nacional e um estrangeiro (pessoa domiciliada ou sediada no exterior) irradie seus efeitos no Brasil.

E isto por uma razão muito simples: é que, neste caso, não terá havido uma operação de exportação de serviço, já que ele terá sido fruído (consumido) – embora por não residente – em nosso País.

Va – De consequência, sempre mais confirmamos que a expressão "cujo resultado aqui se verifique" tem a acepção de local onde ocorre a fruição do serviço, ou seja, o local onde ele é ou pode vir a ser *utilizado*.

Se o serviço irradiar efeitos no Brasil não há exportação – e, portanto, há, em tese, incidência de ISS. Já, há exportação – e, portanto, não incidência de ISS – quando o serviço for desfrutado, isto é, produzir resultados, no exterior.

O que, em resumo, estabelece o parágrafo único do art. 2º da Lei Complementar 116/2003 é que haverá incidência de ISS caso o serviço venha a ser consumido ou utilizado (pelo tomador) no Brasil, ainda que pago por não residente.[102]

Tal a opinião de Mariana Oiticica Ramalho, que, em notável síntese, averba: "(...) para caracterizar a exportação de serviços não basta que o serviço seja pago por não residente; é necessário que seja prestado para não residente".[103]

O termo "resultado", agora em foco, tem a acepção, pois, de prestação de serviço *em favor de não residente* – vale dizer, de pessoa que, no exterior, dele se beneficia diretamente. Em suma, o tomador do serviço deve ser não residente para que o prestador tenha reconhecida sua isenção ao ISS.

VI – A situação de incidência perdura "ainda que o pagamento seja feito por residente no exterior", o que se nos afigura corretíssimo, pois o pagamento não compõe o *fato gerador* ***in abstrato*** (hipótese de incidência) do ISS, que só se positiva quando é satisfeita, pelo tomador,[104] a necessidade que levou à contratação do serviço, afinal prestado.

Nisto estamos com Aires Barreto, para quem: "(...) não se há de confundir o momento da conclusão com o momento do pagamento do preço do serviço. O ISS é

102. Nesta hipótese, é evidente, não há falar em *princípio do destino*, subjacente ao art. 2º, I, da Lei Complementar 116/2003, já que o tomador do serviço dele se aproveita integralmente no Brasil. É no território nacional que aproveita o serviço que encomendou. O Brasil, neste caso, é o País do destino. A utilidade econômica do serviço prestado é satisfeita dentro de nossas fronteiras – circunstância que enseja a incidência do ISS, ainda que o tomador seja sediado ou domiciliado no exterior.

103. Mariana Oiticica Ramalho, "ISS – Serviços de importação e exportação", in *Imposto sobre Serviços (de acordo com a Lei Complementar 116/2003)*, São Paulo, Quartier Latin, 2004, p. 121.

104. A posição do tomador do serviço é que deve ser levada em conta para que se comprove a exportação do serviço. É o tomador que deve ser não residente; não a pessoa que simplesmente paga pelo serviço. Do contrário estaria aberta a porta para a fraude – como, ao fazer a exegese do parágrafo único do art. 2º da Lei Complementar 116/2003, bem o percebeu João Luiz Coelho da Rocha: "O desiderato (*deste parágrafo único*) terá sido o de evitar talvez certos planejamentos pelos quais empresas multinacionais supram serviços necessitados por suas bases brasileiras por meio de prestadores seus sediados no exterior, mesmo que remetendo valores ao Brasil para este fim" ("O novo trato legal do imposto sobre serviços e os problemas que permanecem", *Revista Dialética de Direito Tributário* 99/80-81 – esclarecemos no parêntese).

devido pela prestação de serviço. Ocorrida esta, nasce a obrigação tributária, em que pese, por circunstâncias várias, o pagamento do preço do serviço venha a dar-se em momento posterior (ou até, eventualmente, não ocorrer). Prestado o serviço é devido o imposto. Mesmo que o valor contratado não venha a ser pago pelo tomador (usuário, encomendante), há a incidência do imposto".[105]

Logo, como a obrigação de recolher o ISS nasce com o efetivo desfrute do serviço prestado, são irrelevantes para implementá-la tanto a ocorrência do pagamento (por parte do tomador do serviço) como o local onde este se efetiva. Utilizado o serviço no Brasil, ele não se desloca para o exterior apenas porque o pagamento lá ocorreu (ou a ordem de pagamento de lá partiu).[106]

Daí ser pertinente e até louvável, desde que submetido a uma interpretação "conforme a Constituição", o parágrafo único do aludido art. 2º da Lei Complementar 116/2003.

VII – Observamos, em reforço à argumentação expendida, que a isenção prevista no art. 2º, I, da Lei Complementar 116/2003 só se justifica quando o serviço for ultimado no Brasil e o destinatário do mesmo encontrar-se no exterior.

Deveras, ainda que não existisse o dispositivo legal ora em foco, serviço prestado no exterior não abre espaço – por força do *princípio da territorialidade* – à incidência do ISS no Brasil (dependendo das circunstâncias, o prestador teria que recolher tributo análogo no País de destino).

Exemplificando, para melhor esclarecer: uma pessoa que, em viagem de férias na Itália, lá prestasse, em caráter negocial, um serviço de marcenaria nunca poderia ser chamada no Brasil a, por este fato, recolher o ISS. Recolheria, eventualmente, o IVA, só que na Itália.

Portanto, o art. 2º, I, da Lei Complementar 116/2003 só faz sentido jurídico quando o serviço é prestado no Brasil *para* destinatário localizado no exterior.

Entender que somente há isenção de ISS quando o serviço for realizado no exterior equivale a negar eficácia ao art. 156, § 3º, II, da CF, já que a lei complementar nele prevista seria completamente desnecessária. De fato, como vimos, nenhum serviço prestado no exterior, ainda que mediante contraprestação econômica, pode ser tributado em Município brasileiro.

Assim, o art. 2º, I, com seu parágrafo único, da Lei Complementar 116/2003 está a cuidar apenas de *aspectos formais*, isto é, a apontar medidas aptas a assegurar a eficácia do mandamento constitucional em tela de discussão. Absolutamente não deve ser interpretado e aplicado de modo a deturpar ou, pior, anular o ditame constitucional em pauta.

105. Aires Barreto, *O ISS na Constituição e na Lei*, 2ª ed., São Paulo, Dialética, 2005, p. 306.

106. Assiste razão a Mariana Oiticica Ramalho quando observa que "o pagamento da prestação por não residente por si não caracteriza a exportação; deve-se vislumbrar o fruto da prestação dos serviços no exterior para caracterizar a exportação" ("ISS ...", cit., in *Imposto sobre Serviços (de Acordo com a Lei Complementar 116/2003)*, p. 122).

O próprio constituinte já indicou o *aspecto material* para o desfrute da isenção ao ISS: a prestação, em caráter negocial, de serviços a destinatário localizado no exterior. Quando o legislador complementar anima-se a conceder a isenção autorizada no art. 156, § 3º, II, da CF, deve limitar-se a *detalhar* os requisitos pertinentes e adequados à fruição do benefício em tela. E isto foi corretamente feito pelo art. 2º, I, e seu parágrafo único, da Lei Complementar 116/2003, que, para atingir seus objetivos, apenas está a demandar – tornamos a repetir – uma interpretação "conforme a Constituição".

7.12 A lei complementar prevista no art. 156, § 3º, III, da CF

O inciso III do § 3º do art. 156 da CF (introduzido pela Emenda Constitucional 37/2002) determina caber à lei complementar "regular a forma e as condições como isenções, incentivos e benefícios fiscais serão concedidos e revogados", em matéria de ISS.

Evidentemente, tal lei complementar não poderá conceder ou revogar tais "isenções, incentivos e benefícios fiscais", mas apenas estabelecer a forma e a oportunidade destas medidas. Ela só poderá ter, pois, caráter adjetivo, determinando o *modus faciendi* da concessão ou da revogação das benesses tributárias em tela. Positivamente, não lhe será dado atropelar o princípio da autonomia municipal.

7.13 A lei complementar prevista no art. 195, § 4º, da CF

A teor do art. 195, § 4º, da CF, "a lei poderá instituir outras fontes destinadas a garantir a manutenção ou expansão da seguridade social, obedecido o disposto no art. 154, I".

Ora, o art. 154, I, do Texto Magno, como vimos, autoriza à União, por meio de lei complementar, criar impostos não previstos no art. 153 desse diploma, "desde que sejam não cumulativos e não tenham fato gerador ou base de cálculo próprios dos discriminados nesta Constituição".

Vai daí que a União, caso queira criar novas contribuições sociais para o custeio da seguridade social, deverá fazê-lo por meio de lei complementar, observados os demais ditames do art. 154, I, da CF.

7.14 A lei complementar prevista (implicitamente) no art. 195, § 7º, da CF

Literalmente estabelece o art. 195, § 7º, da CF serem "isentas de contribuição para a seguridade social as entidades beneficentes de assistência social que atendam às exigências estabelecidas em lei".

Uma interpretação sistemática do dispositivo em foco revela seu real sentido: "são imunes" de contribuição para a seguridade social as entidades beneficentes de assistência social que atendam às exigências estabelecidas em "lei complementar". Muito bem; faz as vezes de tal lei complementar o art. 14 do CTN.

Para maiores detalhes, v., no capítulo "Imunidades Tributárias", o subitem 6.13.

7.15 A lei complementar prevista no art. 195, § 11, da CF

A Emenda Constitucional 20/1998 acrescentou ao art. 195 da CF o seguinte § 11: "É vedada a concessão de remissão ou anistia das contribuições sociais de que tratam os incisos I, "a", e II deste artigo, para débitos em montante superior ao fixado em lei complementar".

Apenas para reavivar nossa memória, o referido inciso I, "a", estipula que as *contribuições sociais para a seguridade social* podem, agora, vir exigidas "do empregador, da empresa e da entidade a ela equiparada na forma da lei", sendo-lhes permitido incidir sobre "a folha de salários e demais rendimentos do trabalho pagos ou creditados, a qualquer título, à pessoa física que lhe preste serviço, mesmo sem vínculo empregatício".

Deixando de lado a manifesta inconstitucionalidade do dispositivo supra (cuja redação foi dada pela mesma Emenda Constitucional 20/1998), até porque ela já foi objeto de nossa análise no capítulo "Competência Tributária", o fato é que uma lei complementar poderá fixar um *teto máximo* para remissões ou anistias que envolvam as aludidas *contribuições sociais*. Este teto, a teor do § 11 do art. 195 da CF, não poderá ser superado pelo legislador ordinário.

Precisamos, porém, pôr as coisas em seus devidos lugares. Estamos convencidos de que, tendo este parágrafo brotado de emenda constitucional, ele não é válido, já que afronta *cláusula pétrea*. Com efeito, os contribuintes têm o direito constitucional subjetivo de, por meio de lei ordinária, ser isentados ou remitidos das contribuições sociais para a seguridade social. Tal *decisão política* do Congresso Nacional não poderia ser restringida, em detrimento dos contribuintes, pelo chamado *poder constituinte derivado*.

7.16 A lei complementar prevista no art. 2º da EC 3/1993

Nos termos do art. 2º da Emenda Constitucional 3, de 17.3.1993, a União podia instituir, por meio de lei complementar, o *imposto sobre movimentação ou transmissão de valores e de créditos e direitos de natureza financeira*. A lei complementar instituidora deste tributo (já estudado várias vezes, ao longo deste *Curso*) teve vigência até 31.12.1994.

8. Lei complementar estadual veiculadora de "normas gerais em matéria de legislação tributária". Sua possibilidade

I – Embora caiba à União, nos termos do já analisado art. 146 da CF, veicular *normas gerais em matéria de legislação tributária*, pensamos que aos Estados também é dado fazê-lo, em caráter suplementar, nas hipóteses dos §§ 1º, 2º, 3º e 4º do art. 24 da CF.

Só para nos situarmos no assunto, o art. 24, I, da CF permite que os Estados, tanto quanto o Distrito Federal, legislem concorrentemente sobre direito tributário. De fato, estabelece este dispositivo: "Art. 24. Compete à União, aos Estados e ao Distrito Federal legislar concorrentemente sobre: I – *direito tributário*, financeiro, penitenciário, econômico e urbanístico" (grifamos).

E os supramencionados parágrafos estatuem:

"Art. 24. (...)

"§ 1º. No âmbito da legislação concorrente, a competência da União limitar-se-á a estabelecer normas gerais.

"§ 2º. A competência da União para legislar sobre normas gerais não exclui a competência suplementar dos Estados.

"§ 3º. *Inexistindo lei federal sobre normas gerais, os Estados exercerão a competência legislativa plena, para atender a suas peculiaridades.*

"§ 4º. A superveniência de lei federal sobre normas gerais suspende a eficácia da lei estadual, no que lhe for contrário" (grifamos).[107]

II – Abrimos um ligeiro parêntese para frisar que a expressão "lei federal" (contida no § 3º do art. 24 da CF) não deve ser tomada em sentido literal, mas, sim, no de "lei da União" – aí compreendida, pois, a "lei complementar". Do contrário o *caput* do mesmo art. 24 ficaria sem sentido em relação à competência concorrente da União para legislar sobre direito tributário. Deveras, a prevalecer a interpretação gramatical do dispositivo, ainda que a União deixasse de veicular "normas gerais em matéria de

107. Nas palavras de José Afonso da Silva:

"(...) esse inciso I do art. 24 tem íntima relação com o disposto nos arts. 145 e ss., que tratam do sistema tributário nacional, especialmente o art. 146, que, de certo modo, complementa a competência legislativa federal aqui prevista, estatuindo que as normas gerais da União hão de ser veiculadas por meio de *lei complementar* (...).

"(...).

"(...). Os §§ 1º a 4º trazem a disciplina normativa de correlação entre normas gerais e suplementares, pelos quais se vê que a União produz normas gerais sobre a matéria arrolada no art. 24, enquanto aos Estados e Distrito Federal compete suplementar, no âmbito do interesse estadual, aquelas normas. Tem sido uma questão tormentosa definir o que são *normas gerais*, para circunscrever devidamente o campo de atuação da União. Diremos que *normas gerais* são normas de leis, ordinárias ou complementares, produzidas pelo legislador federal nas hipóteses previstas na Constituição, que estabelecem princípios e diretrizes da ação legislativa da União, dos Estados, do Distrito Federal e dos Municípios. Por regra, elas não regulam diretamente situações fáticas, porque se limitam a definir uma normatividade genérica a ser obedecida pela legislação específica federal, estadual e municipal: direito sobre direito, normas que traçam diretrizes, balizas, quadros, à atuação legislativa daquelas unidades da Federação. 'Suplementares' são as normas estaduais ou do Distrito Federal que, no âmbito de suas respectivas competências, suplementam com pormenores concretos as normas gerais (§§ 1º e 2º). Tudo isso é uma técnica de repartição de competência federativa; os §§ 3º e 4º complementam sua normatividade, estabelecendo, em primeiro lugar, que os Estados e o Distrito Federal exercerão a competência legislativa plena se não forem produzidas as normas gerais e, em segundo lugar, que a 'superveniência de lei federal sobre normas gerais suspende a eficácia da lei estadual, no que lhe for contrário. (...)" (*Comentário Contextual à Constituição*, 9ª ed., São Paulo, Malheiros Editores, 2014, pp. 281 e 284-285).

legislação tributária", aos Estados-membros jamais seria dado suprir a omissão, porque estas demandam, para serem validamente dadas à estampa, "lei complementar", e não "lei federal".

A interpretação sistemática, porém, sinaliza noutro sentido.

III – De fato, por levar a uma conclusão juridicamente inconsistente – já que entraria em testilhas com o inciso I do art. 24 da CF –, deve ser afastado de plano o entendimento de que a lei da União que deixou de veicular *normas gerais* só pode ser *federal*.

Melhor, enfim, entender e aplicar a aludida expressão em harmonia com o sistema jurídico como um todo considerado – circunstância que nos reconduz à ideia de que, à falta de lei complementar da União sobre *normas gerais em matéria de legislação tributária*, é dado aos Estados-membros suprir a lacuna, desde que o façam também por meio de lei complementar (agora, *lei complementar estadual*[108]).

IV – Tércio Sampaio Ferraz Jr., em estudo sobre o tema, ensina, *verbis*:

"10. Pelo art. 24, § 2º e § 3º, duas situações, ademais, merecem atenção. O § 3º regula o caso de inexistência de lei federal sobre normas gerais, ou seja, de lacuna. A Constituição Federal, ocorrendo a mencionada inexistência, autoriza o Estado Federado a preenchê-la, isto é, a legislar sobre normas gerais, mas apenas para atender a suas peculiaridades. *O Estado, assim, passa a exercer uma competência legislativa plena, mas com função colmatadora de lacuna, vale dizer, apenas na medida necessária para exercer sua competência própria de legislador sobre normas particulares*. Ele pode, pois, legislar sobre normas gerais naquilo em que elas constituem condições de possibilidade para a legislação própria sobre normas particulares. Tais normas gerais estaduais com função colmatadora por isso mesmo só podem ser gerais quanto ao conteúdo, mas não quanto aos destinatários: só obrigam nos limites da autonomia estadual.

"11. Diferente, a nosso ver, é a situação do § 2º, em que, inobstante a competência privativa da União e até supondo-a exercida (não há, pois, inexistência ou lacuna de normas gerais), garante aos Estados a chamada competência suplementar. Esta competência, aliás, também é conferida aos Municípios (art. 30, II), que, no entanto, não participam da competência concorrente. Que significa, então, o constituinte com esta competência?

"12. *A competência suplementar não se confunde com o exercício da competência plena "para atender a suas peculiaridades", conforme consta do § 2º, que é competência para editar normas gerais em caso de lacuna (inexistência) na legislação federal*. Não se trata, pois, de competência para editar normas gerais eventualmente concorrentes. Se assim fosse, o § 3º seria inútil ou o § 3º tornaria inútil o § 2º. Além

108. Tal lei complementar estadual é uma *lei complementar de delegação*. Melhor esclarecendo, advém de uma delegação constitucional aos Estados-membros para que, atendendo a suas peculiaridades, baixem, no âmbito local, *normas gerais em matéria de legislação tributária*, que prevalecerão enquanto não sobrevier uma lei complementar nacional tratando do assunto.

disso, é competência também atribuída aos Municípios, que estão, porém, excluídos da legislação concorrente. *Isto nos leva a concluir que a competência suplementar não é para a edição de legislação concorrente, mas para a edição de legislação decorrente*, que é uma legislação de regulamentação, portanto, de normas gerais que regulam situações já configuradas na legislação federal e às quais não se aplica o disposto no § 4º (ineficácia por superveniência de legislação federal), posto que com elas não concorrem (se concorrem, podem ser declaradas inconstitucionais). É pois competência que se exerce à luz de normas gerais da União e não na falta delas."[109]

Como sustenta esse renomado autor, a tônica da competência concorrente cinge-se à delimitação da expressão *normas gerais*.

V – Portanto, em matéria tributária, a União, *no exercício de sua competência concorrente*, só pode estabelecer normas gerais (o que vem depois confirmado no art. 146 do Diploma Magno).

Mas, se a União se omitir, isto é, deixar de estabelecer *normas gerais em matéria de legislação tributária*, aos Estados é dado, como já referimos, suprir a lacuna.[110] Poderão, por meio de lei complementar (estadual), veiculá-las, "para atender a suas peculiaridades", mormente às que se referem à dirimição de conflitos de ordem local (*interna corporis*).

Va – Assim, a lei complementar estadual somente poderá estabelecer *normas gerais* se observar todas as restrições apontadas no presente capítulo. Aí, sim, tais normas gerais valerão para os Municípios localizados no território do Estado.

Do contrário, isto é, se, a pretexto de veicular "normas gerais em matéria de legislação tributária", a lei complementar estadual descer a detalhes, ingressando no campo reservado à lei ordinária, será inconstitucional, a ninguém podendo obrigar. Muito menos aos Municípios, que, como vimos no capítulo "Autonomia Municipal", gozam de ampla autonomia.

VI – Insistimos que o § 3º do art. 24 da CF só é aplicável quando a *norma geral* tiver alcance local ("para atender a suas peculiaridades"); não, portanto, quando estiver em jogo o inter-relacionamento de vários Estados-membros.

De modo algum, porém, é permitido, a qualquer deles, estender sua *manus* fiscal sobre atuação havida *fora* de seu território, já que, lá, suas leis não têm voga, por força do já estudado *princípio da territorialidade*.

Também é importante termos presente que tais *normas gerais* prevalecerão até que sobrevenha lei complementar da União tratando do assunto, hipótese em que restará suspensa "a eficácia da lei estadual, no que lhe for contrário".

109. Tércio Sampaio Ferraz Jr., "Normas gerais e competência concorrente. Uma exegese do art. 24 da Constituição Federal", *Revista da Faculdade de Direito da USP* 90/245-251, São Paulo, janeiro/1995.

110. Tais *normas gerais* prevalecerão até que sobrevenha lei complementar da União, hipótese em que restará suspensa "a eficácia da lei estadual, no que lhe for contrário". Logo, se a União editar uma lei ordinária regulando a matéria, a eficácia da lei estadual permanecerá intacta, porque "normas gerais em matéria de legislação tributária" só podem ser veiculadas por meio de lei complementar (*ex vi* do disposto no art. 146 da CF).

Logo, se a União editar uma lei ordinária regulando a matéria, a eficácia da lei estadual permanecerá intacta, porque "normas gerais em matéria de legislação tributária" só podem ser veiculadas por meio de lei complementar (*ex vi* do art. 146 da CF).

9. *Últimas considerações*

Todas as ideias contidas neste *Curso* mereceriam novos e mais aprofundados desdobramentos, num nunca acabar de dissertações acadêmicas. Escusamo-nos de fazê-los, impressionados pela célebre advertência de Montaigne: "Nossas reflexões úteis tornam-se mais embaraçantes e difíceis, na medida em que se fazem mais sérias e profundas".

Outros, mais experimentados nas lides tributárias, que assumam o encargo e esmiúcem, em troco miúdo, os problemas que, aqui, não foram resolvidos.

Capítulo XII

CONCLUSÕES

Sem a pretensão de sermos repetitivos, mas querendo apenas sintetizar o que foi visto ao longo deste livro, elencaremos, em seguida, sob a forma de itens, algumas das principais conclusões a que chegamos.

Iremos, em última análise, apresentar uma súmula do trabalho que, certamente, auxiliará quem não dispõe de muito tempo a ter uma visão panorâmica da obra.

Ademais, como as conclusões serão divididas por títulos e capítulos, o leitor, interessando-se por um dado assunto, poderá facilmente ir ao ponto exato em que ele foi esmiuçado e demonstrado.

Título I – Princípios constitucionais tributários

Capítulo I

1. As normas jurídicas de mais alto grau encontram-se na Constituição Federal. Tais normas, ao contrário do que pode parecer à primeira vista, não possuem todas a mesma relevância, já que algumas veiculam simples *regras*, ao passo que, outras, verdadeiros *princípios*.

2. Princípio jurídico é um enunciado lógico, implícito ou explícito, que, por sua grande generalidade, ocupa posição de preeminência nos vastos quadrantes do Direito e, por isso mesmo, vincula, de modo inexorável, o entendimento e a boa aplicação das normas jurídicas que com ele se conectam.

3. Os princípios jurídicos são encontráveis em todos os escalões da "pirâmide jurídica". De fato, há princípios *constitucionais*, *legais* e, até, *infralegais*. Dentre eles, os constitucionais, sem dúvida alguma, são os mais importantes, já que sobrepairam aos outros princípios e regras (inclusive as contidas na Lei Máxima).

4. Os princípios jurídicos atuam como "vetores para soluções interpretativas", e os constitucionais compelem o jurista a direcionar seu trabalho para as *ideias-matrizes* contidas na Carta Magna. As próprias normas constitucionais, sempre que possuem pluralidade de sentidos, devem ser interpretadas e aplicadas em harmonia com os princípios da Carta Fundamental, que, justamente por sua superior importância, lhes servem de balizas.

5. A supremacia dos princípios constitucionais está acentuada na Carta Magna, que em várias passagens impõe severas sanções pelo descumprimento de qualquer

deles. Muita vez, uma lei é inconstitucional não por ferir a letra da Constituição, mas porque está em antagonismo com os princípios nela insertos.

6. Os princípios constitucionais são, a um tempo, *direito positivo* e *guias* seguros das atividades interpretativa, legislativa, administrativa e judicial. São, ainda, *fonte de Direito* e *ideias-base* de normas jurídicas.

7. Os princípios *republicano*, *federativo*, da *autonomia municipal*, da *anterioridade*, da *legalidade* e da *segurança jurídica*, ao lado de outros, influem decisivamente no exercício das competências tributárias por parte das pessoas políticas.

Capítulo II

8. *República* é o tipo de governo fundado na igualdade formal das pessoas, em que os detentores do poder político exercem-no em caráter eletivo, representativo, transitório e com responsabilidade.

9. Em face do princípio republicano, é proibida a concessão de vantagens tributárias fundadas em privilégios de pessoas (ou de categorias de pessoas). Com o advento da República, foi-se o tempo em que as normas tributárias podiam ser editadas em proveito das classes dominantes, até porque, nela, extintos os títulos nobiliárquicos, os privilégios de nascimento e os foros de nobreza, "todos são iguais perante a lei".

10. A República reconhece a todas as pessoas o direito de só serem tributadas em função do superior interesse do Estado. Os tributos só podem ser criados e exigidos por razões públicas. Em consequência, o dinheiro obtido com a tributação deve ter destinação pública. Portanto, o princípio republicano traz à sirga o *princípio da destinação pública do dinheiro obtido mediante o exercício da tributação*.

11. O princípio republicano, leva ao princípio da generalidade da tributação, pelo qual a carga tributária deve alcançar a todos (os que realizam o *fato imponível tributário*), com *isonomia* e *justiça*.

12. Em razão do princípio republicano, é vedado às pessoas políticas conceder *isenções tributárias* levando em conta, exclusiva e arbitrariamente, a profissão, o sexo, o credo religioso, as convicções políticas etc. dos contribuintes. Tais isenções são permitidas, mas só quando autorizadas pelo interesse público e observado o princípio da isonomia.

13. Também no exercício da tributação a ideia de República deve predominar. Deveras, se as pessoas políticas receberam competências tributárias da Constituição e se esta brotou da vontade soberana do povo, é evidente que a tributação não deve operar-se apenas em benefício do Poder Público ou de uma determinada categoria de pessoas. Seria um contrassenso aceitarmos, de um lado, que o povo outorgou competências tributárias às pessoas políticas e, de outro, que estas podem exercitá-las em qualquer sentido, até em desfavor do próprio povo.

14. Reforça o princípio republicano o da *capacidade contributiva* (art. 145, § 1º, da CF). De fato, o princípio da capacidade contributiva – que informa a tributação por meio de imposto – hospeda-se nas dobras do princípio da igualdade e ajuda a realizar,

no campo tributário, os ideais republicanos (é justo e jurídico que quem, em termos econômicos, tem muito pague, proporcionalmente, mais imposto do que quem tem pouco).

Capítulo III

15. *Federação* (de *foedus*, *foederis*, aliança, pacto) é uma associação, uma união institucional de Estados, que dá lugar a um novo Estado (o *Estado Federal*) diverso dos que dele participam (*Estados-membros*). Nela, a União e os Estados-membros são *autônomos*, mas não soberanos, já que encontram limites em seu agir na Constituição, que, encimando-os, dá validade aos atos jurídicos que praticam.

16. O Brasil é um *Estado Federal* em que a União e os Estados-membros ocupam, juridicamente, o mesmo plano hierárquico. Daí por que devem receber tratamento jurídico-formal isonômico. Esta igualdade jurídica não significa que a União e os Estados se confundem, mas, apenas, que suas atribuições, conquanto diversas, correspondem a feixes de competência postos em atuação mediante princípios e normas estatuídos na *Lex Major*. As diferenças entre eles não estão, repetimos, nos níveis hierárquicos que ocupam; estão, sim, nas competências (inclusive tributárias) distintas que receberam da própria Constituição.

17. A Federação Brasileira é indissolúvel. Isto de modo algum implica o desaparecimento dos Estados que a compõem, nem lhes retira a autonomia que a Carta Magna lhes outorgou. Antes, a preservação dos Estados e de seus peculiares interesses está tão assegurada quanto a própria indestrutibilidade do Estado Federal.

18. Os Estados-membros, no Brasil, são entidades públicas territoriais, dotadas de autonomia legislativa e constitucional. São, também juridicamente iguais entre si. Não importa se mais ou menos vastos, ricos ou populosos: perante a Ciência Jurídica são todos isônomos, possuindo, portanto, os mesmos direitos e deveres e participando, de idêntico modo, da formação da vontade nacional.

19. A autonomia dos Estados é realçada pelo art. 25 do Código Fundamental quando, ao depois de estipular que "organizam-se e regem-se pelas Constituições e leis que adotarem", acrescenta, em seu § 1º, que a eles são reservadas "as competências que não lhes sejam vedadas por esta Constituição". A Constituição brasileira conferiu aos Estados não só as competências que expressamente enunciou, como, também, as que não atribuiu à União, aos Municípios e ao Distrito Federal. A teoria clássica do *federalismo* chama tais competências não enumeradas de *residuais* ou *remanescentes*.

20. O princípio federativo é uma das vigas mestras de nosso ordenamento jurídico, *ex vi* do art. 60, § 4º, I, da CF.

21. Cada Estado deve, sem quaisquer interferências (federais ou de outros Estados), prover as necessidades de seu governo e administração. Para isso, a Lei Maior conferiu-lhe o direito de regular suas despesas e de instituir e arrecadar, em caráter privativo, os tributos que as atenderão.

22. Cada Estado-membro, no Brasil, está autorizado a elaborar livremente sua Constituição, atendendo a suas características geográficas, sociais e históricas, bem como aos desejos ou aptidões do povo que o habita. É da índole de nosso regime federativo a capacidade dos Estados de votarem suas próprias Constituições, reafirmando, destarte, suas autonomias. Ao se auto-organizarem devem, apenas, acatar os *princípios jurídicos sensíveis* da Constituição da República.

23. Por exigência do princípio federativo, nem a União pode invadir a competência tributária dos Estados, nem estes a da União. Do mesmo modo, aos Estados, porque juridicamente iguais entre si, é defeso se apossarem das competências tributárias uns dos outros. Demais disso, a União não pode estipular – nem mesmo por meio de lei – como os Estados exercitarão suas competências tributárias, que este é tema acerca do qual eles próprios, com a autonomia que possuem, devem decidir.

Capítulo IV

24. O Município, no Brasil, é entidade autônoma. Pessoa política, legisla para si, de acordo com as competências que a Carta Magna lhe deu. Nenhuma lei que não a emanada de sua Câmara tem a possibilidade jurídica de ocupar-se com assuntos de interesse local, como, por exemplo, "instituir e arrecadar os tributos de sua competência" (art. 30, III, da CF).

25. *Assunto de interesse local* não significa interesse "privativo", mas *peculiar interesse*. Os interesses locais dos Municípios são os que atendem, de modo imediato, às suas peculiaridades, ainda que com alguma repercussão sobre as necessidades gerais do Estado ou do País.

Como corolário disto, cada Município, por seu Legislativo, estipulará livremente o que é de seu interesse local (obedecida somente a Constituição da República).

26. Os Municípios brasileiros são juridicamente iguais entre si. Um não pode se impor a outro (ou a outros). Todos buscam o fundamento de validade de seus atos jurídicos na própria Constituição, sem qualquer ingerência de outras pessoas políticas.

27. Os Municípios elaboram suas "Leis Orgânicas", que são verdadeiras "Constituições Municipais". No desempenho desta tarefa, os *constituintes municipais* devem obediência aos *princípios jurídicos sensíveis* contidos na Constituição da República e aos preceitos referidos nos incisos I a XII do art. 29 da mesma Carta Magna.

28. Instituindo e arrecadando livremente seus tributos (IPTU, ITBI, ISS, taxas de serviço, taxas de polícia, contribuição de melhoria e contribuição, cobrada de seus servidores, para o custeio, em benefício destes, de sistemas de previdência e assistência social), o Município reafirma sua ampla autonomia em relação às demais pessoas políticas. Nem o Governo Federal, nem o Estadual, nem o do Distrito Federal podem interferir no exercício da competência tributária dos Municípios.

29. Com a atual Constituição, o Distrito Federal deixou de ser mera sede administrativa da União, para assumir o *status* de pessoa política (pessoa jurídica pública de capacidade política).

Capítulo V

30. Por injunção do princípio da anterioridade (contido no art. 150, III, "b", da CF), a lei que cria ou aumenta um tributo – esta é a regra geral –, ao entrar em vigor, fica com sua *eficácia paralisada* até o início do próximo exercício financeiro, quando, aí sim, *incidirá*, ou seja, passará a produzir todos os efeitos, na ordem jurídica. A lei que cria ou aumenta um tributo entra em vigor num exercício financeiro mas só se torna eficaz no próximo. Por força do que dispõe o art. 150, III, "c", da CF, para que um tributo seja validamente exigido (ou exigido com aumento) a partir de 1º de janeiro é mister que a lei que o instituiu (ou aumentou) esteja em vigor há, pelo menos, noventa dias, ou seja, até o dia 2 de outubro do exercício financeiro anterior.

31. Alguns tributos não precisam, necessariamente, obedecer ao princípio da anterioridade. Obedecerão, ou não, ao princípio conforme a vontade da lei que os instituir ou aumentar. São eles: a) os arrolados no § 1º do art. 150 da CF (o imposto sobre a importação de produtos estrangeiros, o imposto sobre a exportação, para o exterior, de produtos nacionais ou nacionalizados, o imposto sobre produtos industrializados, o imposto sobre operações de crédito, câmbio e seguro, ou relativas a títulos ou valores mobiliários e os impostos extraordinários, previstos no art. 154, I, da CF); e b) os empréstimos compulsórios para atender a despesas extraordinárias, decorrentes de calamidade pública, de guerra externa ou sua iminência (art. 148, I, da CF). As contribuições sociais para a seguridade social devem obedecer a uma *anterioridade especial*, já que "só poderão ser exigidas após decorridos noventa dias da data da publicação da lei que as houver instituído ou modificado" (art. 195, § 6º, da CF).

32. As "contribuições" referidas no art. 149 e seu § 1º da CF (com exceção das contribuições sociais para a seguridade social), os empréstimos compulsórios "no caso de investimento público de caráter urgente e de relevante interesse nacional" (art. 148, II, da CF) e os impostos residuais da União (art. 154, I, da CF) também devem obedecer ao princípio da anterioridade.

33. Os princípios da *anualidade* e da *anterioridade* não se confundem. Enquanto este se limita a exigir que a cobrança do tributo se perfaça de acordo com as leis vigentes no exercício anterior, aquele requer, também, a autorização orçamentária para que esta providência administrativa ocorra de modo válido. Assim, o princípio da anualidade compreende a anterioridade da lei e a autorização orçamentária. Em função dele, o tributo, ainda que criado ou aumentado por meio de lei, só poderá ser exigido quando expressamente previsto, qualitativa e quantitativamente, na *Lei de Meios*.

34. Atualmente, no plano federal, vige, apenas, o princípio da anterioridade. Nada obsta, porém, a que os Estados, os Municípios e o Distrito Federal, no exercício de seus *poderes constituintes decorrentes*, inscrevam em suas Cartas a exigência da *anualidade*, para os tributos locais.

35. O princípio da anterioridade impede que em meio a um exercício financeiro venham a ser alterados – com reflexos negativos no patrimônio do contribuinte – as formas e os prazos de pagamento dos tributos.

36. A *lei* que extingue ou reduz uma isenção tributária deve obedecer ao princípio da anterioridade e, portanto, somente poderá ser aplicada no exercício seguinte ao de sua entrada em vigor. No caso do ICMS, a solução jurídica é a mesma: revogada a isenção (por meio de *decreto legislativo estadual*), deve-se, por igual modo, obedecer ao art. 150, III, "b" e "c", da CF, que veiculam direito irrenunciável do contribuinte.

Capítulo VI

37. No Brasil, a instituição e a cobrança de tributos estão limitadas pelo *princípio da legalidade*, uma das traves mestras de nosso direito tributário.

38. O princípio da legalidade – que não é exclusivamente tributário, pois que se projeta sobre todos os domínios do Direito – vem enunciado no art. 5º, II, da CF. Neste dispositivo, contido no rol dos direitos individuais, encontra-se formulado o conceito de liberdade, de modo o mais amplo possível. Esta liberdade consiste, de um modo geral, no fato de a atividade das pessoas não poder encontrar outro óbice além do contido na lei.

39. É da essência de nosso regime republicano que as pessoas só devem pagar os tributos em cuja cobrança consentirem. Tal consentimento há de ser dado por meio de lei (*ordinária*, na maioria dos casos, e *complementar*, no caso dos empréstimos compulsórios e dos impostos de competência residual da União). Não é por outro motivo que se tem sustentado que, em nosso ordenamento jurídico, vigora, mais do que o princípio da legalidade tributária, o *princípio da estrita legalidade tributária*.

40. Em nosso País, o contribuinte tem, em relação ao Fisco, *duas ordens de garantias*: uma *material* e outra *formal*. *Material*, na medida em que ele só pode ser compelido a pagar tributos que tenham sido criados por meio de lei ordinária (da pessoa política competente). E *formal*, já que, quando assim o desejar, poderá bater às portas do Judiciário (*princípio da universalidade da jurisdição*), a fim de que este Poder averigue se a Administração Fazendária agiu ou está agindo de conformidade com a Constituição e a lei na cobrança dos tributos. Portanto, *a garantia formal viabiliza a garantia material*.

41. O princípio da legalidade, no pertinente à instituição ou ao aumento de tributos, manifesta-se, entre nós, como *princípio da reserva absoluta da lei formal*, entendido no sentido de que a lei ordinária (federal, estadual, municipal ou do Distrito Federal), necessariamente minuciosa, deve indicar, a seu aplicador, não só o fundamento da decisão, como o critério de decidir e as medidas que está autorizado a adotar para que a arrecadação do tributo se processe com exatidão.

42. *Todos os elementos essenciais do tributo* devem ser erigidos abstratamente pela lei. São *elementos essenciais* do tributo os que, de algum modo, influem no *an* e no *quantum* da obrigação tributária (hipótese de incidência, sujeito ativo, sujeito passivo, base de cálculo e alíquota).

43. No Brasil, só o Poder Legislativo (portanto, só o *Congresso Nacional*, na esfera federal; só a *Assembleia Legislativa*, na esfera estadual; só a *Câmara de Verea-*

dores, na esfera municipal; e só a *Câmara Legislativa*, na esfera do Distrito Federal), por meio de lei (*ordinária* ou, no caso dos empréstimos compulsórios e dos impostos da competência residual da União, *complementar*) pode criar ou aumentar tributos.

44. O princípio da legalidade tributária não admite exceções (nem mesmo nos casos apontados no art. 153, § 1º, da CF).

45. A medida provisória e a lei delegada não podem, em nenhuma hipótese, nem criar, nem aumentar tributos.

46. Apenas a *lei ordinária* (lei em sentido orgânico-formal) pode criar ou aumentar tributos.

47. O princípio da legalidade exige, outrossim, que a lei descreva rigorosamente os procedimentos a serem adotados pela Fazenda Pública para o lançamento do tributo, bem como as medidas que esta deve tomar para seu recolhimento e fiscalização.

48. Inacolhível o entendimento de que, para prevenir a fraude e a evasão fiscais, a Administração Fazendária pode passar por cima da lei do sigilo bancário, violar o domicílio, a correspondência e as comunicações telefônicas do contribuinte, perquirir, a qualquer tempo e hora, a origem de seus sinais exteriores de riqueza, solicitar-lhe informações detalhadas sobre seu estoque, produção, margem de lucro etc. Eventual "lei" que permitisse tais práticas arbitrárias seria inconstitucional, por burla a *direitos individuais* do contribuinte (art. 145, § 1º, da CF).

49. A lei não pode condicionar a discussão da pertinência jurídica de um tributo a seu prévio pagamento. Isto afetaria as garantias do contribuinte, porque não tomaria na devida conta o legítimo interesse que ele tem de não pagar antecipadamente ao Estado uma dívida tributária litigiosa. Ademais, a regra *solve et repete* fere os princípios da *universalidade da jurisdição* e da *igualdade*.

50. Em decorrência do princípio da legalidade, o prazo e as condições de recolhimento dos tributos só podem ser fixados ou alterados por meio de lei da pessoa política tributante. A *reserva de lei* exige que apenas o Poder Legislativo disponha a respeito, observados os princípios da *irretroatividade* e – quando exigido pela Carta Suprema – também da *anterioridade*. Entretanto, nem mesmo a lei pode estabelecer (sob pena de burla ao princípio da segurança jurídica) que o *quantum* de tributo a pagar variará de acordo com indexadores.

51. Por força do princípio da legalidade, também os *deveres instrumentais tributários* (obrigações acessórias) só podem advir de lei (*lato sensu*).

52. A lei tributária deve ser irretroativa. Tratando-se de lei que cria ou aumenta um tributo, esta regra é absoluta, isto é, inadmite exceções. Todavia, por razões ideológicas, que nosso Direito encampou, aceita-se que algumas leis tributárias retroajam, *desde que elas assim o estipulem*: são as que, de alguma forma, beneficiam o contribuinte (*lex mitior*). Retroagem, ainda, as leis tributárias que corrigem situações de inconstitucionalidade, desde que não prejudiquem o direito adquirido, a coisa julgada e o ato jurídico perfeito (art. 5º, XXXVI, da CF).

53. A lei é o fundamento da faculdade regulamentar. De fato, os regulamentos, no Brasil, sujeitam-se ao princípio da legalidade, só podendo surgir para executar alguma lei (*regulamentos executivos*). Também em matéria tributária, o único regulamento aceito por nossa Constituição é o *executivo*, que, subordinando-se inteiramente à lei (*lato sensu*), limita-se a prover sua fiel execução, isto é, a dar-lhe condições de plena eficácia, sem, porém, criar ou modificar tributos, instituir deveres instrumentais tributários, descrever infrações tributárias, cominando-lhes as sanções cabíveis, ou impor quaisquer encargos que possam repercutir na liberdade ou no patrimônio dos contribuintes.

54. O decreto regulamentar baixado pelo Chefe do Executivo (Presidente da República, Governador do Estado, Governador do Distrito Federal ou Prefeito do Município) deve, sob pena de inexistência jurídica, ser referendado por seu auxiliar imediato (Ministro de Estado, Secretário de Estado, Secretário do Distrito Federal ou Secretário do Município).

Capítulo VII

55. No Brasil, a ação de tributar excepciona o princípio jurídico que manda proteger a propriedade privada. Isto explica, em parte, a razão pela qual nossa Carta Magna disciplinou de modo tão rígido o *mecanismo de funcionamento* da tributação, ao mesmo tempo em que amparou o contribuinte com grande plexo de direitos e garantias contra eventuais excessos do Poder Público. Além disso, na medida em que a Constituição brasileira reconhece e garante o *direito de propriedade* (embora o submeta ao *princípio da função social*) – proibindo, inclusive, o confisco (art. 150, IV) –, é evidente que a tributação não pode, por via indireta, torná-lo ilusório.

56. Tributo, ao lume de nosso Estatuto Supremo, é a relação jurídica que se estabelece entre o Fisco e o contribuinte (pessoa colhida pelo direito positivo), tendo por base a lei, igualitária, decorrente de um fato lícito qualquer, avaliável em pecúnia e de ocorrência possível, e cujo adimplemento é exigido compulsoriamente e em moeda. A partir destas linhas mestras é que o legislador complementar, o legislador ordinário e a doutrina poderão ocupar-se com o assunto.

57. O *Estado de Direito* confere aos indivíduos a titularidade de direitos públicos subjetivos, e, portanto, de posições jurídicas ativas, que podem ocupar, nos eventuais confrontos que venham a ter com a autoridade pública (e, mesmo, com outros particulares).

58. A Constituição brasileira também acolheu esta ideia central de sujeição e acomodamento do Estado ao Direito. Aliás, seu Título II, principalmente o Capítulo I nele contido, que há nome "Dos Direitos e Deveres Individuais e Coletivos" (art. 5º), se inspira no famosíssimo *Bill of Rights* (imposto, em 1688, à realeza da Inglaterra) e na célebre "Declaração Universal dos Direitos do Homem e do Cidadão", de 26.8.1789, que os revolucionários franceses, não sem uma ponta de orgulho, consideraram "a reaquisição dos títulos perdidos pela Humanidade". Este capítulo, conjugado com outros, dá a tônica de nosso Estado de Direito, não podendo ser objeto de emenda constitucional *in pejus*.

59. A Constituição brasileira, ao tratar dos "direitos fundamentais", garantiu a igualdade de todos perante a lei, a inviolabilidade da propriedade privada, a liberdade de opinião, a liberdade de ir e vir da pessoa, a liberdade de consciência, a liberdade de associação e reunião etc. Estas garantias apresentam-se como proibições ao Estado de lesar, por meio de leis, atos administrativos ou decisões judiciais, estes valores prestigiados por nossa Carta Magna. As leis, os atos administrativos e as decisões judiciais que, eventualmente, contrariarem estes valores supremos podem, observados os procedimentos cabíveis, ser anulados, por inconstitucionais.

60. A pessoa política, ao levar a cabo a tributação, deve observar os limites que a ordem jurídica lhe impôs, inclusive no que atina aos direitos subjetivos públicos dos contribuintes. Com estes preceitos, a Constituição determinou de modo negativo, isto é, por meio de proibições, o *conteúdo possível* das leis tributárias e, indiretamente, dos regulamentos, das portarias, dos atos administrativos tributários etc. Noutros termos, a União, os Estados, os Municípios e o Distrito Federal, ao exercitarem suas competências tributárias, devem respeitar os direitos individuais e suas garantias. O contribuinte, de seu turno, tem a faculdade de, mesmo sendo tributado pela pessoa política competente, ver respeitados seus direitos públicos subjetivos, constitucionalmente garantidos.

61. O princípio constitucional da *segurança jurídica* exige que os contribuintes tenham condições de antecipar objetivamente seus *direitos e deveres tributários*, que, por isto mesmo, só podem surgir de lei, igual para todos, irretroativa e votada pela pessoa política competente.

62. A *certeza* e a *igualdade* são indispensáveis à obtenção da segurança jurídica. No campo tributário, tais objetivos são alcançados quando a lei, longe de abandonar o contribuinte aos critérios subjetivos e cambiantes da Fazenda Pública, traça uma ação-tipo (abstrata) que: a) descreve o fato que, acontecido, fará nascer o tributo; e b) prevê todas as ações concretas que o Fisco deverá realizar para recebê-lo.

63. O *princípio da tipicidade* determina que o tributo só seja exigido quando se realiza, no mundo fenomênico, o pressuposto de fato (hipótese de incidência) a cuja ocorrência a lei vincula o nascimento da obrigação tributária.

64. O *direito de defesa*, que se manifesta no livre acesso ao Poder Judiciário, alcança também os casos em que a Fazenda Pública exige, das pessoas, tributos, declarações, documentos etc. Daí ser manifestamente inconstitucional qualquer lei que subordine o ingresso do contribuinte ao Judiciário ao prévio exaurimento das vias administrativas.

Título II – Competência tributária

Capítulo VIII

65. Competência tributária é a aptidão jurídica para criar, *in abstracto*, tributos, descrevendo, legislativamente, suas hipóteses de incidência, seus sujeitos ativos, seus sujeitos passivos, suas bases de cálculo e suas alíquotas.

66. *A* competência tributária pode ser colocada no plano da atividade tributária em sentido primário (abstrato, legislativo), sendo lógica e cronologicamente anterior ao nascimento do tributo. De fato, o tributo só vai irromper, *in concreto*, quando, tendo uma lei traçado, cuidadosamente, todos os aspectos da norma jurídica tributária, ocorrer, no mundo fenomênico, o *fato imponível tributário* (*fato gerador* ***in concreto***).

67. A competência tributária não é só para criar tributos, senão, também, para aumentá-los, para diminuí-los e para isentá-los. É, por igual modo, para criar deveres instrumentais tributários ("obrigações acessórias"), para descrever infrações tributárias e para cominar-lhes as respectivas sanções.

68. Têm competência tributária, no Brasil, as *pessoas políticas* (União, Estados, Municípios e Distrito Federal), já que só elas possuem Poder Legislativo. É ele, em caráter exclusivo, que cria todas as modalidades de exações.

69. A competência tributária é um tema exclusivamente constitucional. O assunto foi esgotado por nosso constituinte. Em vão, pois, buscaremos nas normas infraconstitucionais as diretrizes a seguir sobre a criação, *in abstracto*, de tributos. Neste particular, quando muito, elas podem esmiuçar a Constituição. Nada de substancialmente novo, porém, lhe podem agregar ou subtrair.

70. A Constituição da República não criou tributos, mas discriminou competências para que as pessoas políticas, querendo, viessem a instituí-los.

71. Os *tributos*, no Brasil, ou são *impostos*, ou são *taxas* (de serviço ou de polícia), ou são *contribuição de melhoria*. De fato, os *empréstimos compulsórios* são *tributos restituíveis*, as *contribuições parafiscais*, *tributos arrecadados por pessoa diversa daquela que os instituiu*, e os *impostos extraordinários*, simples *impostos* que, criados pela União, no caso ou na iminência de guerra externa, *não precisam respeitar o princípio da reserva das competências impositivas*. Já, as *contribuições* referidas no art. 149, § 1º, da CF são *tributos* federais (impostos ou taxas), *qualificados por sua finalidade*. À derradeira, a *contribuição* prevista no art. 149-A da CF não passa de um *imposto* que tem por finalidade custear o serviço de iluminação pública dos Municípios e do Distrito Federal.

72. São traços característicos da competência tributária no Brasil: a) a *privatividade*; b) a *indelegabilidade*; c) a *incaducabilidade*; d) a *inalterabilidade*; e) a *irrenunciabilidade*; e f) a *facultatividade*.

72*a* A União, os Estados, os Municípios e o Distrito Federal receberam do Texto Supremo competências *privativas* (exclusivas), seja para criar impostos, seja para criar taxas e contribuição de melhoria.

72*b* As competências tributárias são *indelegáveis*. Cada pessoa política recebeu da Constituição a sua e não pode delegá-la a terceiros.

72*c* A competência tributária é *incaducável*, já que seu não exercício, ainda que prolongado no tempo, não impede que a pessoa política, querendo, venha a criar, por meio de lei, os tributos que lhe foram constitucionalmente deferidos.

72*d* A competência tributária não pode ser alterada pela própria pessoa política que a detém. Falta-lhe titulação jurídica para isto. O que a União, os Estados, os Municípios e o Distrito Federal podem fazer, sim, é utilizar, em toda a amplitude, as competências tributárias que receberam da Constituição. Só uma emenda constitucional (à Constituição da República) é que, eventualmente, pode ampliá-las (ou restringi-las).

72*e* Da mesma maneira pela qual as pessoas políticas não podem delegar suas competências tributárias, também não podem renunciá-las, nem no todo, nem em parte.

72*f* As pessoas políticas, conquanto não possam delegar suas competências tributárias, por força da rigidez de nosso sistema constitucional tributário, são livres para delas se utilizarem, ou não (*facultatividade*). Donde, podendo o mais (não criar o tributo), podem o menos, isto é, ou usar apenas em parte suas competências tributárias, ou, até, transferir, mediante lei, o direito subjetivo à prestação tributária (capacidade tributária ativa) a pessoas públicas ou privadas (que persigam finalidades públicas ou de interesse público).

73. Não influi na privatividade das competências tributárias a circunstância de, em alguns casos, a Lei Máxima haver estabelecido que uma dada pessoa política participará do produto da arrecadação dos tributos de outra. Na verdade, tal participação faz nascer uma relação jurídica de direito público, em tudo diversa da relação jurídica tributária, até porque a ela ulterior.

74. As competências tributárias das pessoas políticas tiveram seu perfil desenhado, com retoques à perfeição, por uma grande cópia de normas constitucionais. Tais normas – conquanto não instituam tributos – operam como balizas intransponíveis, guiando o legislador (federal, estadual, municipal ou do Distrito Federal), na criação, *in abstracto*, das várias exações.

Capítulo IX

75. A *imunidade tributária* ajuda a delimitar o campo tributário. De fato, as regras de imunidade também demarcam (no sentido negativo) as competências tributárias das pessoas políticas. Apontam os limites materiais e formais da atividade legiferante.

76. A imunidade tributária é um fenômeno de natureza constitucional. As normas constitucionais que, direta ou indiretamente, tratam do assunto fixam a *incompetência* das entidades tributantes para onerarem, com exações, certas pessoas, seja em função de sua natureza jurídica, seja porque coligadas a determinados fatos, bens ou situações.

77. Por *efeito reflexo*, as regras imunizantes conferem aos beneficiários direito público subjetivo de não serem tributados. O direito à imunidade é uma garantia fundamental, constitucionalmente assegurada ao contribuinte, que nenhuma lei, poder ou autoridade pode anular.

78. A imunidade é ampla e indivisível, não admitindo, nem por parte do legislador (complementar ou ordinário), nem do aplicador (juiz ou agente fiscal), restrições ou meios-termos, a não ser, é claro, aqueles que já estão autorizados na própria Lei Maior.

79. Os casos de imunidade estão todos definidos na própria Constituição Federal. Em vão, portanto, buscaremos em normas infraconstitucionais as diretrizes a seguir acerca desta matéria. Elas, quando muito, podem aclarar o assunto, que já foi esgotado pelo legislador constituinte.

80. A expressão *imunidade tributária* tem duas acepções. *Uma, ampla*, significando a incompetência da pessoa política para tributar: a) pessoas que realizam fatos que estão fora das fronteiras de seu campo tributário; b) sem a observância dos princípios constitucionais tributários que formam o chamado *estatuto do contribuinte*; c) com efeito de *confisco*; d) de modo a estabelecer limitações ao tráfego de pessoas ou bens (salvo a hipótese do *pedágio*); e) afrontando o *princípio da uniformidade geográfica*; e f) fazendo tábula rasa do *princípio da não discriminação tributária em razão da origem ou do destino dos bens*. E, *outra, restrita*, aplicável às normas constitucionais que, de modo expresso, declaram ser vedado às pessoas políticas tributar determinadas pessoas, quer pela natureza jurídica que possuem, quer pelo tipo de atividade que desempenham, quer, finalmente, porque coligadas a determinados fatos, bens ou situações. Tanto em sua acepção ampla como na restrita, a expressão *imunidade tributária* alcança, em princípio, quaisquer tributos: impostos, taxas e contribuição de melhoria.

81. Concedem imunidades a taxas os seguintes artigos da Constituição Federal: 5º, XXXIV, "a" e "b"; 5º, LXXIII; 5º, LXXIV; 5º, LXXVI, "a" e "b"; 5º, LXXVII; 203, *caput*; 208; 226, § 1º; e 230, § 2º.

82. As situações de imunidade mais emblemáticas e significativas giram em torno dos impostos e foram forjadas pelo constituinte, em nome do povo brasileiro, para preservar valores religiosos, educacionais, sociais etc. Estão apontadas na CF em seus arts. 149, § 2º, I (as *contribuições sociais* e *de intervenção no domínio econômico* que incidem sobre as receitas decorrentes de exportação têm natureza jurídica de *imposto*); 150, VI, "a" a "d"; 150, § 2º; 153, §§ 2º, II, 3º, III, e 4º; 155, § 2º, X, "a" a "c"; 156, II, *in fine*; 156, § 2º, I; 184, § 5º; e 195, § 7º (as *contribuições para a seguridade social*, pagas pelas *entidades beneficentes de assistência social*, têm natureza jurídica de *imposto*).

83. As pessoas beneficiadas por imunidades tributárias nem por isso se desobrigam de cumprir deveres instrumentais tributários (*obrigações acessórias*). Noutros termos, as imunidades não dispensam o cumprimento dos deveres instrumentais dependentes da obrigação principal (imune), ou dela consequentes.

Capítulo X

84. A competência para tributar alberga, também, a competência para isentar, consequência lógica daquela. Deveras, a Constituição brasileira, ao mesmo tempo em

que discriminou as competências tributárias entre as pessoas políticas, facultou-lhes não as exercitar, inclusive através da utilização do sistema de isenções (arts. 151, III, 155, § 2º, II, e 155, § 2º, XII, "e" e "g"). Assim, por integrarem o sistema constitucional tributário brasileiro, elas precisam também submeter-se a seus princípios diretores (legalidade, igualdade, segurança jurídica etc.).

85. Isenção é uma limitação legal do âmbito de validade da norma jurídica tributária que impede que o tributo nasça. Se preferirmos, é a nova configuração que a lei dá à norma jurídica tributária, que passa a ter seu âmbito de abrangência restringido, impedindo, assim, que o tributo nasça *in concreto* (naquela hipótese descrita na lei isentiva).

86. As isenções tributárias podem ser concedidas: a) por *lei ordinária*; b) por *lei complementar*; c) por *tratado internacional*, devidamente aprovado, ratificado e promulgado; e d) por *decreto legislativo* estadual ou do Distrito Federal, em matéria de ICMS.

86*a* No mais das vezes, as isenções tributárias são concedidas por meio de *lei ordinária* (da pessoa política tributante). Esta é a regra geral: só a pessoa política que validamente criou (ou pode criar), por meio de lei ordinária, o tributo é que pode criar a isenção, desde que o faça, também, por meio de lei ordinária.

86*b* As isenções tributárias também podem ser concedidas por meio de *lei complementar*, nos termos dos arts. 148 (*empréstimos compulsórios*), 154, I (impostos da competência residual da União) 156, § 3º, II (ISS, sobre exportações de serviços para o exterior), e 195, § 4º (*contribuições* que criam novas fontes de custeio para a seguridade social), todos da CF.

86*c* Os tratados internacionais podem prever isenções tributárias. No Brasil, tais isenções só nascem, no plano interno (*in foro domestico*), depois de aprovados pelo Congresso Nacional, por meio de *decretos legislativos*, e ratificados e promulgados pelo Presidente da República, por meio de *decretos*.

86*d* As isenções, em matéria de ICMS, devem ser concedidas (ou revogadas) *não* por meio de lei ordinária, mas de *decreto legislativo* (*estadual* ou do *Distrito Federal*), que ratifica *convênio* celebrado pelos Estados e pelo Distrito Federal.

87. As isenções tributárias podem ser concedidas *com prazo certo* e *com prazo indeterminado*, estas e aquelas de modo *condicional* ou *incondicional*.

88. As *isenções tributárias condicionais*, *com prazo certo*, se revogadas prematuramente, geram, para os contribuintes prejudicados (isto é, para os que implementaram a condição), o direito subjetivo de continuarem desfrutando do benefício fiscal até a fluição do prazo assinalado na lei isentiva.

89. As leis isentivas sempre preveem hipóteses em que a tributação ocorreria caso elas não existissem. Melhor dizendo, nunca se ocupam com hipóteses que não estão dentro da regra-matriz do tributo (constitucionalmente traçada).

90. As isenções de ICMS concedidas por meio de lei complementar antes de ser promulgada a Constituição de 1988 desapareceram, por não terem sido recepcionadas pela ordem constitucional adventícia.

91. A isenção não se confunde nem com a *remissão* (perdão legal do débito tributário), nem com a *anistia* (perdão legal das multas decorrentes da prática de infrações tributárias).

Capítulo XI

92. As "normas gerais em matéria de legislação tributária" só podem explicitar o que está implícito na Constituição. *Não podem inovar, mas apenas declarar*. Para além destas angustas fronteiras, o legislador complementar estará arrogando-se atribuições que lhe não pertencem e, deste modo, desagregando princípios constitucionais que deve acatar, máxime os que concedem autonomia jurídica à União, aos Estados, aos Municípios e ao Distrito Federal no que respeita à decretação e à arrecadação dos tributos de suas competências.

93. O inciso III do art. 146 da Carta Magna não autoriza a lei complementar a modificar as "regras-matrizes" dos tributos, nem a definir com critérios novos *os tributos e suas espécies*, nem, muito menos, *os fatos geradores*, *bases de cálculo e contribuintes* dos vários impostos, já que todos estes assuntos foram disciplinados, com extremo cuidado, em sede constitucional. Também tal lei complementar não poderá determinar às pessoas políticas o modo de legislar sobre *obrigação* e *crédito tributários*, que a isso obsta a autonomia que a Constituição lhes deu, inclusive para regular tais matérias. Por fim, o "adequado tratamento tributário ao ato cooperativo praticado pelas sociedades cooperativas" é indicado pela Constituição Federal. A lei complementar poderá, quando muito, aclará-lo.

94. A lei complementar veiculadora de normas gerais em matéria de legislação tributária é uma lei sobre leis de tributação. Não pode criar limitações ao "poder de tributar" (assunto do qual se ocupou o próprio Texto Máximo), nem dirimir conflitos de competência em matéria tributária (tarefa precípua do Poder Judiciário). O que ela pode, sim, é regular as limitações constitucionais "ao poder de tributar", para a salvaguarda dos direitos subjetivos dos contribuintes e para prevenir a ocorrência de conflitos de competência tributária entre as pessoas políticas.

95. As *normas gerais em matéria de legislação tributária* têm caráter declaratório, em sentido absoluto. Assim, produzem efeitos *ex tunc*, isto é, retroagem sua eficácia à data da promulgação da Carta Magna, elucidando, quando necessário, algumas de suas normas tributárias. Não determinam, porém, o sentido em que elas devem ser entendidas, em sua aplicação.

96. O Código Tributário Nacional (Lei nacional 5.172/1966) só trata de "normas gerais em matéria de legislação tributária" enquanto dispõe sobre conflitos de competência entre as entidades tributantes ou regula as limitações constitucionais ao exercício das competências tributárias.

97. *Dispor sobre conflitos de competência em matéria tributária* não significa dirimi-los, e *regular as limitações ao poder de tributar* não é o mesmo que criar, ampliar, restringir ou anular essas limitações, que, sendo constitucionais, estão *sob*

reserva de emenda constitucional (a lei complementar pode, apenas, *regulá-las*, isto é, dar-lhes condições de plena eficácia, e, ainda assim, quando instada a fazê-lo, pela Constituição Federal).

98. A Lei Fundamental Tributária não é o Código Tributário Nacional, mas a própria Constituição Federal.

99. O Código Tributário Nacional – repositório de "normas gerais em matéria de legislação tributária" – não deve disciplinar "a interpretação e a integração da legislação tributária".

100. Em matéria tributária, compete, ainda, à lei complementar: a) criar empréstimos compulsórios (art. 148 da CF); b) fixar os requisitos a serem observados pelos partidos políticos e suas fundações, pelas entidades sindicais dos trabalhadores e pelas instituições de educação e assistência social para terem reconhecido o direito à imunidade à tributação por via de impostos (art. 150, VI, "c", da CF); c) fixar os termos e os limites para que os maiores de 65 anos desfrutem da imunidade à tributação por via de IR "sobre os rendimentos provenientes de aposentadorias e pensões, pagos pela Previdência Social da União, dos Estados, do Distrito Federal e dos Municípios" (art. 153, § 2º, II, da CF); d) enumerar as *diretrizes básicas* que nortearão a criação do imposto sobre grandes fortunas (art. 153, VII, da CF); e) criar os impostos da competência residual da União (art. 154, I, da CF); f) regular a competência para a instituição dos impostos sobre transmissão *causa mortis* e doações quando o doador tiver domicílio ou residência no exterior e quando o *de cujus* possuía bens, era residente ou domiciliado ou teve seu inventário processado no exterior (art. 155, § 1º, III, da CF); g) disciplinar aspectos da tributação por via de ICMS, nos termos do art. 155, § 2º, XII, "a" a "i" (excluída a alínea "e", implicitamente revogada pela Emenda Constitucional 42/2003), da CF; h) sugerir os serviços tributáveis pelos Municípios por via de ISS (art. 156, III, da CF); i) fixar as alíquotas máximas do ISS (art. 156, § 3º, I, da CF); j) conceder isenções de ISS sobre as "exportações de serviços para o exterior" (art. 156, § 3º, II, da CF); k) fixar as alíquotas mínimas do ISS (art. 156, § 3º, III, da CF); l) criar novas contribuições sociais (além das previstas no art. 195, I-III, da CF) destinadas a "garantir a manutenção ou expansão da seguridade social" (art. 195, § 4º, da CF); e m) impedir, para débitos em montantes superiores aos que fixar, "a concessão de remissão ou anistia das contribuições sociais de que tratam os incisos I, 'a', e II" do art. 195 da CF (art. 195, § 11, da CF). Com o advento da Emenda Constitucional 3/1993 (art. 2º) também deveria ser criado por lei complementar o *imposto sobre movimentação ou transmissão de valores e de créditos e direitos de natureza financeira*, o que, de fato, aconteceu, com a edição da Lei Complementar 77/1993 (este tributo deixou de existir em 31.12.1994).

101. Lei complementar dos Estados também pode, em caráter suplementar, veicular *normas gerais em matéria de legislação tributária* sempre que a União deixar de fazê-lo (art. 24, §§ 2º e 3º, da CF). Tais *normas gerais* prevalecerão até que venha a ser editada lei complementar da União, hipótese em que restará suspensa "a eficácia da lei estadual, no que lhe for contrário" (art. 24, § 4º, da CF).

102. Tais normas gerais, no entanto, deverão limitar-se a atender às peculiaridades locais (questões *interna corporis*), sempre respeitada a autonomia dos Municípios existentes no território do Estado.

BIBLIOGRAFIA

ABBAGNANO, Nicola. *Dicionário de Filosofia*. 4ª ed., 2ª tir., trad. de Alfredo Bosi e Ivone Castilho Benedetti. São Paulo, Martins Fontes, 2003.

AFTALIÓN, Enrique R., OLANO, Fernando García, e VILANOVA, José. *Introducción al Derecho*. Buenos Aires, Cooperadora de Derecho y Ciencias Sociales, 1972.

AGUILLÓ AGÜERO, Antonia. "Estructura de la imposición sobre la renta y el patrimonio y el principio de capacidad contributiva". *RDTributário* 41/36.

AGUILÓ, Josep. *Sobre la Derogación: Ensayo de Dinámica Jurídica*. México, Fontamara, 1995.

ALESSI, Renato. *Instituciones de Derecho Administrativo*. ts. I e II, trad. de Buenaventura Pellisé Prates. Barcelona, Bosch, Casa Editorial, 1970.

_________, e STAMMATTI, Gaetano. *Istituzioni di Diritto Tributario*. 1ª ed. Turim, UTET, s/d.

ALEXANDRINO, José de Melo. *Direitos Fundamentais: Introdução Geral*. Estoril, Princípia, 2007.

_________, e MIRANDA, Jorge. In: *Les Grandes Décisions des Courts Constitutionnelles Européennes*. Obra ainda inédita, organizada e coordenada pelos professores Didier Maus e Pierre Bon.

ALEXY, Robert. *Teoría de los Derechos Fundamentales*. Trad. de Ernesto Garzón Valdés. Madri, Centro de Estudios Constitucionales, 1993.

ALLEGRETTI, Umberto. "Legge generale sui procedimenti e moralizzazione amministrativa". In: *Scriti in Onore di Massimo Severo Giannini*. vol. 3. Milão, Giuffrè, 1988.

ALLORIO, Enrico. *Diritto Processuale Tributario*. 5ª ed. Turim, UTET, 1969.

AMARO, Luciano da Silva. "Conceito e classificação de tributos". *RDTributário* 55/284-285.

_________. *Direito Tributário Brasileiro*. 1ª ed. São Paulo, Saraiva, 1997.

_________. "O imposto de renda e os princípios da irretroatividade e da anterioridade". *RDTributário* 25-26/140-158. São Paulo, Ed. RT, 1983.

AMORÓS RICA, Narciso. *Anaes da Assembleia Constituinte de 1823*. t. V.

_________. *Derecho Tributario*: *Explicaciones*. 2ª ed. Madri, Editorial de Derecho Financiero, 1970.

ANCELES, Pedro Einstein dos Santos. *Ato Cooperativo e seu Adequado Tratamento Tributário*. Belo Horizonte, Mandamentos, 2004.

ANDERSON, George. *Federalismo: uma Introdução*. Trad. de Ewandro Magalhães Júnior e Fátima Guerreiro. Rio de Janeiro, FGV, 2009.

ANDRADE, José Carlos Vieira de. *Os Direitos Fundamentais na Constituição Portuguesa de 1976*. Coimbra, Livraria Almedina, 1998.

ANDRADE, Odilon C. "A Constituição do Estado de Minas Gerais e a autonomia municipal". *RDA* 19/20 e ss.

ARAÚJO CASTRO. *Manual da Constituição Brasileira*. Rio de Janeiro, Leite Ribeiro & Maurílio, 1918.

ARRUDA ALVIM, José Manoel de. *Código de Processo Civil Comentado*. 1ª ed., vol. 1. São Paulo, Ed. RT, 1975.

________. *Comentários ao Código Civil Brasileiro – Direito das Coisas*. vol. XI, ts. I e II. Rio de Janeiro, Forense, 2009.

ASCENSÃO, José de Oliveira. *O Direito – Introdução e Teoria Geral*. Lisboa, Fundação Calouste Gulbenkian.

________. "Revogação da lei". *Enciclopédia Saraiva de Direito*. vol. 66. São Paulo, Saraiva (p. 320).

ASSUMPÇÃO, Antônio de Castro. *Estado Federal*. Rio de Janeiro, 1963.

ATALIBA, Geraldo. "Competência legislativa supletiva estadual". *RDP* 62/26.

________. "Conteúdo e alcance da competência para editar normas gerais de direito tributário (art. 18, § 1º, do texto constitucional)". *Revista de Informação Legislativa* 75. Ano 19. Julho-setembro/1982.

________. *Convênios Interestaduais*. Separata, s/d.

________. *Empréstimos Públicos e seu Regime Jurídico*. São Paulo, Ed. RT, 1973.

________. *Hipótese de Incidência Tributária*. 6ª ed., 16ª tir. São Paulo, Malheiros Editores, 2016.

________. "Imposto predial e taxas urbanas". *RDP* 11/119.

________. "Imunidade de instituições de educação e assistência". *RDTributário* 55/136-142.

________. *Instituições de Direito Público e República*. Tese de concurso. São Paulo, 1984.

________. "IOF – Princípio da anterioridade – Alcance". *RDTributário* 13-14/391.

________. *Lei Complementar na Constituição*. 1ª ed. São Paulo, Ed. RT, 1971.

________. "Normas gerais de direito financeiro e tributário". *RDP* 10/45 e ss.

________. Parecer inédito para a SABESP.

________. "Princípio federal – Rigidez constitucional e Poder Judiciário". In: *Estudos e Pareceres de Direito Tributário Brasileiro*. vol. 3. São Paulo, Ed. RT, 1980.

________. *República e Constituição*. 3ª ed., atualizada por Rosolea Miranda Folgosi. São Paulo, Malheiros Editores, 2011.

________. *Sistema Constitucional Tributário Brasileiro*. 1ª ed. São Paulo, Ed. RT, 1966.

________. "Taxa de polícia – Localização e funcionamento". In: *Estudos e Pareceres de Direito Tributário*. vol. 3. São Paulo, Ed. RT, 1980.

________. "Taxa pelo exercício do poder de polícia – Fato gerador – Base de cálculo". *RDA* 102/488 e ss.

________. "Taxas e preços no novo texto constitucional". *RDTributário* 47/142.

________, BARROS CARVALHO, Paulo de, e SOUSA, Rubens Gomes de. *Comentários ao Código Tributário Nacional*. São Paulo, EDUC/Ed. RT, 1975.

________, e GIARDINO, Cléber. "Direito dos Estados e Municípios à parte do produto da arrecadação do imposto único sobre lubrificantes e combustíveis". *RDP* 73/119.

________, e GONÇALVES, José Arthur Lima. "Carga tributária e prazo de recolhimento de tributos". *RDTributário* 45/24.

________, e SARTIN, Agostinho. "Imposto de renda – Não incidência sobre indenizações por desapropriações". *RDTributário* 36/49.

________, GIARDINO, Cléber, e BARRETO, Aires Fernandino. "Imposto de renda – Correção monetária – Irretroatividade". *RDTributário* 41/85.

AUGUSTO FILHO, João. *Isenções e Exclusões Tributárias*. 1ª ed. São Paulo, José Bushatsky Editor, 1979.

AULETE, Caldas. *Dicionário Contemporâneo da Língua Portuguesa*. 4ª ed., vol. III. Rio de Janeiro, Delta, 1958.

ÁVILA, Humberto. *Competências Tributárias: um Ensaio sobre a Compatibilidade com as Noções de Tipo e Conceito*. São Paulo, Malheiros Editores, 2018.

_________. *Medida Provisória na Constituição de 1988*. 1ª ed. Porto Alegre, Sérgio Antônio Fabris Editor, 1996.

_________. "Proporcionalidade e direito tributário". In: *Direito Tributário*. vol. I. São Paulo, Quartier Latin.

_________. *Segurança Jurídica (Entre Permanência, Mudança e Realização no Direito Tributário)*. 2ª ed. São Paulo, Malheiros Editores, 2012.

_________. *Sistema Constitucional Tributário*. São Paulo, Saraiva, 2004; 3ª ed. São Paulo, Saraiva, 2008.

_________. *Teoria dos Princípios – Da Definição à Aplicação dos Princípios Jurídicos*. 18ª ed. São Paulo, Malheiros Editores, 2018.

BADÍA, Juan Ferrando. *El Estado Unitario, el Federal y el Estado Regional*. 1ª ed. Madri, Editorial Tecnos, 1978.

BALEEIRO, Aliomar. *Direito Tributário Brasileiro*. 1ª ed. Rio de Janeiro, Forense, 1970; 7ª ed. Rio de Janeiro, Forense, 1975; 9ª ed. Rio de Janeiro, Forense, 1980; 11ª ed. (atualização de Misabel Derzi). Rio de Janeiro, Forense, 1999.

_________. "Imunidades e isenções tributárias". *RDTributário* 1. São Paulo, Ed. RT.

_________. *Limitações Constitucionais ao Poder de Tributar*. 2ª ed. Rio de Janeiro, Forense, 1960; 3ª ed. Rio de Janeiro, Forense, 1974; 7ª ed. Rio de Janeiro, Forense, 1997; 11ª ed. Rio de Janeiro, Forense, 1999.

BALERA, Wagner. *A Seguridade Social na Constituição de 1988*. São Paulo, Ed. RT, 1989.

_________. "Consulta em matéria tributária". *RDTributário* 45/223.

_________. In: *Cadernos de Pesquisas Tributárias* 14. São Paulo, CEEU/Resenha Tributária, 1989.

BANDEIRA DE MELLO, Celso Antônio. "Abastecimento de água. Serviço público. Regime jurídico. Tarifas". *RDP* 55/56.

_________. *Ato Administrativo e Direitos dos Administrados*. 1ª ed. São Paulo, Ed. RT, 1981.

_________. "Controle judicial dos atos administrativos". *RDP* 65/27.

_________. *Curso de Direito Administrativo*. 33ª ed. São Paulo, Malheiros Editores, 2016.

_________. *Discricionariedade e Controle Jurisdicional*. 2ª ed., 11ª tir. São Paulo, Malheiros Editores, 2012.

_________. *Eficácia das Normas Constitucionais e Direitos Sociais*. 1ª ed., 4ª tir. São Paulo, Malheiros Editores, 2015.

_________. "Imposto sobre a renda – Depósitos bancários – Sinais exteriores de riqueza". *RDTributário* 23-24/91.

_________. "Leis originariamente inconstitucionais compatíveis com emenda constitucional superveniente". In: TORRES, Heleno Taveira (coord.). *Teoria Geral da Obrigação Tributária: Estudos em Homenagem ao Professor José Souto Maior Borges*. São Paulo, Malheiros Editores, 2005 (pp. 45-61).

_________. *O Conteúdo Jurídico do Princípio da Igualdade*. 3ª ed., 24ª tir. São Paulo, Malheiros Editores, 2015.

_________. *Prestação de Serviços Públicos e Administração Indireta*. São Paulo, Ed. RT, 1973.

_________. "Taxas de serviço". *RDTributário* 9-10/29 e ss.

BANDEIRA DE MELLO, Oswaldo Aranha. *A Teoria das Constituições Rígidas*. 2ª ed. São Paulo, José Bushatsky Editor, 1980.

_________. *Natureza Jurídica do Estado Federal*. São Paulo, Ed. RT, 1937.

_________. *Princípios Gerais de Direito Administrativo*. vol. I. Rio de Janeiro, Forense, 1969; 3ª ed., 2ª tir., vol. I. São Paulo, Malheiros Editores, 2010.

BARBALHO, João. *Constituição Federal Brasileira – Comentários*. 2ª ed. Rio de Janeiro, F. Briguiet & Cia., 1924.

BARBOSA, Rui. *O Direito do Amazonas ao Acre Septentrional*. vol. I. Rio de Janeiro, Jornal do Comércio, 1913.

_________. *Excursão Eleitoral aos Estados da Bahia e Minas Gerais*. São Paulo, 1910.

_________. *Obras Completas de Rui Barbosa*. vol. XX, t. V. Rio de Janeiro, MEC, 1958.

_________. *Oração aos Moços*. Rio de Janeiro, Ediouro, 1964.

BARCELOS, Ana Paula de. *A Eficácia Jurídica dos Princípios Constitucionais*. Rio de Janeiro, Renovar, 2002.

BARRETO, Aires Fernandino. "Ausência de subsunção diante de fato insuficiente". *RDTributário* 63/264-267.

_________. *Base de Cálculo, Alíquota e Princípios Constitucionais*. São Paulo, Ed. RT, 1987.

_________. *Curso de Direito Tributário Municipal*. São Paulo, Saraiva, 2009.

_________. *O ISS na Constituição e na Lei*. 2ª ed. São Paulo, Dialética, 2005.

(coord.). *Direito Tributário Contemporâneo – Estudos em Homenagem a Geraldo Ataliba*. São Paulo, Malheiros Editores, 2011.

_________, ATALIBA, Geraldo, e GIARDINO, Cléber. "Imposto de renda – Correção monetária – Irretroatividade". *RDTributário* 41/85.

_________, e BARRETO, Paulo Ayres. *Imunidades Tributárias: Limitações Constitucionais ao Poder de Tributar*. São Paulo, Dialética, 1999 e 2001.

BARRETO, Paulo Ayres. "Imposto sobre a renda: pessoa física, pessoa jurídica e regime de fonte". In: *Curso de Iniciação em Direito Tributário*. São Paulo, Dialética, 2004.

_________, e BARRETO, Aires Fernandino. *Imunidades Tributárias: Limitações Constitucionais ao Poder de Tributar*. São Paulo, Dialética, 1999 e 2001.

BARRETO, Vicente de Paulo. "Reflexões sobre os direitos sociais". In: *Direitos Fundamentais Sociais: Estudos de Direito Constitucional, Internacional e Comparado*. Rio de Janeiro, Renovar, 2003 (pp. 117-121).

BARROS CARVALHO, Paulo de. *A Regra-Matriz do ICM*. São Paulo, Saraiva, 1998.

_________. "Considerações críticas sobre o art. 1º do CTN". *Revista de Estudos Tributários* 1. São Paulo, 1977.

_________. *Curso de Direito Tributário*. São Paulo, Saraiva, 1985; 3ª ed. São Paulo, Saraiva, 1988; 4ª ed. São Paulo, Saraiva, 1991; 7ª ed. São Paulo, Saraiva, 1996.

_________. *Decadência e Prescrição*. São Paulo, Resenha Tributária, 1976.

_________. "Estatuto do Contribuinte. Direitos, garantias individuais em matéria tributária e limitações constitucionais nas relações entre o Fisco e contribuinte". *Vox Legis* 141/36.

_________. *Fundamentos Jurídicos da Incidência Tributária*. Tese de cátedra. São Paulo, 1996; São Paulo, Saraiva, 1998.

_________. *Imunidades Tributárias*. Trabalho inédito. 1984.

_________. "Interpretação sistemática". Parecer inédito. 1984.

_________. "ISS – Diversões públicas". *RDTributário* 17-18/183.

_________. "Sujeição passiva e responsáveis tributários". *Direito n. 2* (Revista do Programa de Pós-Graduação em Direito da PUC/SP).

_________. *Teoria da Norma Tributária*. 1ª ed. São Paulo, Lael, 1974.

_________, ATALIBA, Geraldo, e SOUSA, Rubens Gomes. *Comentários ao Código Tributário Nacional*. São Paulo, EDUC/Ed. RT, 1975.

BARROSO, Luís Roberto. "Disposições constitucionais transitórias (natureza, eficácia e espécies)". *RDP* 96/68 e ss.

________. *Interpretação e Aplicação da Constituição*. 1ª ed. São Paulo, Saraiva, 1996.

BASTOS, Celso Seixas R. *Curso de Direito Constitucional*. 1ª ed. São Paulo, Saraiva, 1972; 13ª ed. São Paulo, Saraiva, 1991.

________. *Curso de Direito Financeiro e de Direito Tributário*. São Paulo, Saraiva, 1991.

________. *Elementos de Direito Constitucional*. São Paulo, EDUC/Saraiva, 1975.

________. In: MARTINS, Ives Gandra da Silva (org.). *Comentários ao Código Tributário Nacional*. 3ª ed., vol. II. São Paulo, Saraiva, 2002.

________. "Rua, a maior expressão do bem público". *Folha de S. Paulo* 9.3.1999, 1º Caderno (p. 3).

BECHO, Renato Lopes. "Direito constitucional tributário aplicado às cooperativas". In: *Direito Tributário Constitucional*. São Paulo, Max Limonad, 1999 (pp. 49-98).

________. *Elementos de Direito Cooperativo*. São Paulo, Dialética, 2002.

________. *Lições de Direito Tributário*. São Paulo, Saraiva, 2011.

________. *Sujeição Passiva e Responsabilidade Tributária*. São Paulo, Dialética, 2000.

________. *Tributação das Cooperativas*. 2ª ed. São Paulo, Dialética, 1999; 3ª ed. São Paulo, Dialética, 2005.

BECKER, Alfredo Augusto. *Teoria Geral do Direito Tributário*. 2ª ed. São Paulo, Saraiva, 1972.

BERGSON, Henry. "A consciência e a vida". In: *Os Pensadores – Bergson*. 2ª ed., trad. de Franklin Leopoldo e Silva. São Paulo, Abril Cultural, 1979.

BERLIRI, Antonio. *Principii di Diritto Tributario*. vol. 1. Milão, 1957.

________. *Principios de Derecho Tributario*. 1ª ed., vol. II, trad. de Amorós Rica e Eusebio González García. Madri, Editorial de Derecho Financiero, 1971.

BERTOLDI, Marcelo M., e MARINS, James. *Simples Nacional – Estatuto da Microempresa e da Empresa de Pequeno Porte Comentado*. São Paulo, Ed. RT, 2007.

BEVILÁQUA, Clóvis. *Comentários ao Código Civil*. 8ª ed., vol. I. Rio de Janeiro, Livraria Francisco Alves, 1949; 11ª ed., vol. I. Rio de Janeiro, Livraria Francisco Alves, 1956.

________. *Direito Público Internacional*. t. II. Rio de Janeiro, Livraria Francisco Alves, 1911.

________. *Teoria Geral do Direito Civil*. 4ª ed. Rio de Janeiro, Serviço de Documentação do Ministério da Justiça, 1972.

BIELSA, Rafael. *Derecho Constitucional*. 3ª ed. Buenos Aires, Depalma, 1959.

BILAC PINTO, Olavo. *Estudos de Direito Público*. 1ª ed. Rio de Janeiro, Forense, 1953.

BISCARETTI DI RUFFIA, Paolo. *Diritto Costituzionale*. 9ª ed. Nápoles, Casa Editrice Dott. Eugenio Jovene, 1972.

BITTENCOURT, Lúcio. *O Controle Jurisdicional da Constitucionalidade das Leis*. 2ª ed. Rio de Janeiro, Forense, 1968.

BITTENCOURT, Pedro Calmon Moniz de. *Curso de Direito Público*: *Programa Universitário*. Rio de Janeiro, Freitas Bastos, 1938.

BLACK, Henry Campbell. *Black's Constitutional Law – Second Edition*.

BLACK, Max. "Definition, pressuposition and assertion". In: *Problems of Analysis*. Londres, Routledge and Kegam Paul, 1954 (cap. II).

BOBBIO, Norberto. *Teoria dell'Ordinamento Giuridico*. Turim, G. Giappichelli Editore.

________. *Teoria della Norma Giuridica*. Turim, G. Giappichelli Editore, 1958.

________. *Teoria do Ordenamento Jurídico*. 1ª ed., trad. de Maria Celeste Cordeiro Leite dos Santos. Brasília, Polis/UnB, 1989; 6ª ed., trad. de Maria Celeste Cordeiro Leite dos Santos, Brasília, UnB, 1995.

BONAVIDES, Paulo. *Curso de Direito Constitucional.* 31ª ed. São Paulo, Malheiros Editores, 2016.

BONFIM, Diego. *Tributação & Livre Concorrência.* São Paulo, Saraiva, 2011.

BORGES, José Souto Maior. "A fixação em lei complementar das alíquotas máximas do imposto sobre serviços". *Projeção – Revista Brasileira de Tributação e Economia* 10. Ano I. Agosto/1976.

________. "Alterações procedidas na CF de 1988 pela Emenda Constitucional n. 33/2001. Contribuição de intervenção no domínio econômico. Lei n. 10.336/2001". In: SOUZA, Hamilton Dias de (coord.). *Tributação Específica.* São Paulo, Quartier Latin, 2007.

________. "Aspectos diversos da taxa florestal". *Vox Legis* 134/67.

________. *Curso de Direito Comunitário.* São Paulo, Saraiva, 2005.

________. "Eficácia e hierarquia da lei complementar". *RDP* 25/93.

________. "Imunidade tributária dos produtos de informática". *Repertório IOB de Jurisprudência* 24. Caderno 1, 1996 (p. 546).

________. In: NASCIMENTO, Carlos Valder do (coord.). *Direito Tributário.* Rio de Janeiro, Forense, 1997.

________. "IPTU: progressividade". *RDTributário* 59/73.

________. *Isenções Tributárias.* 2ª ed. São Paulo, Sugestões Literárias, 1980.

________. *Lançamento Tributário.* 2ª ed. São Paulo, Malheiros Editores, 1999 e 2001.

________. *Lei Complementar Tributária.* 1ª ed. São Paulo, Ed. RT, 1975.

________. *O Problema Fundamental da Base Empírica para a Ciência do Direito e seus Reflexos em Questões Indecidíveis pela Doutrina do Direito Tributário.* Inédito. 1984.

________. *Obrigação Tributária (Uma Introdução Metodológica).* 3ª ed. São Paulo, Malheiros Editores, 2015.

________. "Princípio constitucional da legalidade e as categorias obrigacionais". *RDTributário* 23-24/83.

________. "Princípio da segurança jurídica na criação e aplicação do tributo". *RDTributário* 63/206-207.

________. "Segurança jurídica: sobre a distinção entre competências fiscais para orientar e autuar o contribuinte". *RDTributário* 100/20.

________. "Sobre a atualização de créditos do sujeito passivo contra o Fisco". *Revista Dialética de Direito Tributário* 32. São Paulo, Dialética.

________. "Sobre a preclusão da faculdade de rever resposta pró-contribuinte em consulta fiscal e descabimento de recurso pela Administração Fiscal". *Revista Dialética de Direito Tributário* 154/81.

________. *Teoria Geral da Isenção Tributária.* 3ª ed., 3ª tir. São Paulo, Malheiros Editores, 2011.

BOTTALLO, Eduardo Domingos. *Curso de Processo Administrativo Tributário.* 2ª ed. São Paulo, Malheiros Editores, 2009.

________. *Fundamentos do IPI.* São Paulo, Ed. RT, 2002.

________. "Limitações do poder de tributar". *RDTributário* 48/51-52.

________. "Natureza normativa das súmulas do STF, segundo as concepções de Direito e de norma de Kelsen, Ross, Hart e Miguel Reale". *RDP* 29/21-22.

________. "Restituição de impostos indiretos". *RDP* 22/314 e ss.

BRITTO, Carlos Ayres. "A Constituição e o monitoramento de suas emendas". In: *Direito do Estado – Novos Rumos.* t. 1. São Paulo, Max Limonad, 2001.

________. "Inidoneidade do decreto-lei para instituir ou majorar tributo". *RDP* 66/45.

BÜHLER, Ottmar. *Principios de Derecho Internacional Tributario.* Madri, Editorial de Derecho Financiero, 1988.

BUSTAMANTE, Javier Luque. "Algunas reflexiones sobre las relaciones entre los derechos humanos y la tributación". *RDTributário* 52/61.

CACHAPUZ DE MEDEIROS, Antônio Paulo. *O Poder de Celebrar Tratados*. Porto Alegre, Sérgio Antônio Fabris Editor, 1995.

CAETANO, Marcello. *Manual de Direito Administrativo*. 1ª ed. brasileira, vol. II. Rio de Janeiro, 1970.

CALMON DE PASSOS, José Joaquim. *Mandado de Segurança Coletivo, Mandado de Injunção, "Habeas Data": Constituição e Processo*. 1ª ed. Rio de Janeiro, Forense, 1989.

CAMPOS, Antônio J. Franco. *Interpretação, Hermenêutica e Exegese no Direito Tributário*. São Paulo, José Bushatsky Editor, 1977.

CAMPOS, Francisco. *Direito Constitucional*. 1ª ed. Rio de Janeiro, Freitas Bastos, 1956.

__________. "Parecer". *RDA* 73/380.

CANARIS, Claus-Wilhelm. *Pensamento Sistemático e Conceito de Sistema na Ciência do Direito*. 3ª ed., trad. de A. Menezes Cordeiro. Lisboa, Fundação Calouste Gulbenkian, 2002.

CANOTILHO, J. J. Gomes, MENDES, Gilmar, SARLET, Ingo, e STRECK, Lenio (coords.). *Comentários à Constituição do Brasil*. 1ª ed., 3ª tir. São Paulo, Saraiva/Almedina, 2014.

CANTÚ, Cesare. *História Universal*. vol. 6. São Paulo. Ed. das Américas, 1961.

CARDOSO DA COSTA, José Manuel M. *Curso de Direito Fiscal*. 2ª ed. Coimbra, Livraria Almedina, 1972.

CARDOZO, José Eduardo Martins. *Da Retroatividade da Lei*. São Paulo, Ed. RT, 1995.

CARNEIRO DA FRADA, Manuel. *Da Boa-Fé no Direito Civil*. Coimbra, Livraria Almedina, 2007.

CARRAZZA, Roque Antonio. *A Imunidade Tributária das Empresas Estatais Delegatárias de Serviços Públicos*. São Paulo, Malheiros Editores, 2004.

__________. "Breves considerações sobre o art. 12 do Decreto-lei 406/1968". *Vox Legis* 135/75.

__________. *Conflitos de Competência – Um Caso Concreto*. São Paulo, Ed. RT, 1984.

__________. "Cooperativas de consumo". *RDTributário* 40/223 e ss.

__________. "Empréstimo compulsório sobre veículos". *RDTributário* 40/268.

__________. "Entidades beneficentes de assistência social (filantrópicas) – Imunidade do art. 195, § 7º, da CF – Inconstitucionalidades da Lei 9.732/1998 – Questões conexas". In: *Direito Tributário Constitucional*. São Paulo, Max Limonad, 1999 (pp. 8-48).

__________. *ICMS*. 17ª ed. São Paulo, Malheiros Editores, 2015.

__________. *Imposto sobre a Renda (Perfil Constitucional e Temas Específicos)*. 3ª ed. São Paulo, Malheiros Editores, 2009.

__________. *Impostos Municipais*. Notas taquigráficas de aula proferida em 5.4.1990 no Centro de Estudos de Extensão Universitária, no 10º Curso de Especialização em Direito Tributário, realizado em São Paulo.

__________. *Imunidades Tributárias dos Templos e Instituições Religiosas*. São Paulo, Noeses, 2015.

__________. "O chamado 'empréstimo-calamidade'". *Revista Trimestral de Jurisprudência dos Estados* 23/21 e ss. e *RDTributário* 27-28/193.

__________. *O Regulamento no Direito Tributário Brasileiro*. São Paulo. Ed. RT, 1981.

__________. *O Sujeito Ativo da Obrigação Tributária*. São Paulo, Resenha Tributária, 1977.

__________. *Princípios Constitucionais Tributários e Competência Tributária*. São Paulo, Ed. RT, 1986.

__________. *Reflexões sobre a Obrigação Tributária*. São Paulo, Noeses, 2010.

CARRIÓ, Genaro R. *Derecho y Lenguaje*. 1ª ed., 5ª reimpr. Buenos Aires, Abeledo-Perrot, 1973.

CARVALHO SANTOS, J. M. de (coord.). *Repertório Enciclopédico do Direito Brasileiro*. vol. XII. Rio de Janeiro, Borsói.

CARVALHOSA, Modesto. *Comentários à Lei das Sociedades Anônimas*. São Paulo, Saraiva, 1977.

CASTRO ASSUMPÇÃO, Antônio de. *Estado Federal*. Rio de Janeiro, 1963.

CASTRO CARNEIRO, Manuel António Portugal de. *Da Boa-Fé no Direito Civil*. Coimbra, Livraria Almedina, 2007.

CATARINO, João Ricardo. *Princípios de Finanças Públicas*. Coimbra, Livraria Almedina, 2011.

CAVALCANTE, Amaro. *Regimen Federativo e a Republica Brazileira*. Rio de Janeiro, Imprensa Nacional, 1900.

CAVALCANTI, Themístocles Brandão. *Tratado de Direito Administrativo*. 3ª ed., vol. 1. Rio de Janeiro, Freitas Bastos, 1955.

CERETTI, Carlo. *Diritto Costituzionale Italiano*. 7ª ed. Turim, UTET, 1966.

CIRNE LIMA, Ruy. *Princípios de Direito Administrativo*. 7ª ed. São Paulo, Malheiros Editores, 2007.

CLÈVE, Clèmerson Merlin. *Atividade Legislativa do Poder Executivo*. 2ª ed. São Paulo, Ed. RT, 2000.

_________. *Medidas Provisórias*. 2ª ed. São Paulo, Max Limonad, 1999.

COCIVERA, Benedetto. *Principii di Diritto Tributario*. Milão, Giuffrè, 1959.

COÊLHO, Sacha Calmon Navarro. *Comentários à Constituição de 1988*: *Sistema Tributário*. 2ª ed. Rio de Janeiro, Forense, 1990.

_________. *Contribuições no Direito Brasileiro – Seus Problemas e Soluções*. São Paulo, Quartier Latin, 2007.

_________. *Curso de Direito Tributário Brasileiro*. Rio de Janeiro, Forense, 1999; 9ª ed. Rio de Janeiro, Forense, 2006; 10ª ed. Rio de Janeiro, Forense, 2009.

_________. *ICM – Competência Exonerativa*. São Paulo, Ed. RT, 1982.

_________. "O fato gerador". In: *Obrigação Tributária*. São Paulo, Ed. RT, 1986.

COELHO DA ROCHA, João Luiz. "O novo trato legal do imposto sobre serviços e os problemas que permanecem". *Revista Dialética de Direito Tributário* 99. São Paulo, Dialética.

COLACINO, Vicenzo. "*Fictio juris*". In: *Novissimo Digesto Italiano*. 3ª ed. Turim, 1957.

CONDILLAC, Étienne Bonnot de. "Tratado dos sistemas". In: *Os Pensadores – Condillac*. 2ª ed., trad. de Luiz Roberto Monzani. São Paulo, Abril Cultural, 1980.

COOLEY, Thomas. *Princípios Gerais de Direito Constitucional dos Estados Unidos da América do Norte*. 2ª ed., trad. de Alcidez Cruz. São Paulo, Ed. RT, 1982.

CORREIA, J. M. Sérvulo. *Legalidade e Autonomia Contratual nos Contratos Administrativos*. Coimbra, Livraria Almedina, 1987.

CORTÉS DOMINGUES, Matias. *Ordenamiento Tributario Español*. Madri, Tecnos, 1968.

COSTA, Alcides Jorge. *ICM na Constituição e na Lei Complementar*. São Paulo, Resenha Tributária, 1979.

COSTA, Eliud José Pinto da. *A Norma Jurídica Tributária e as Isenções Tributárias*. Trabalho inédito. São Paulo, 1988.

COSTA, Regina Helena. *Curso de Direito Tributário*. São Paulo, Saraiva, 2009.

_________. *Imunidades Tributárias – Teoria e Análise da Jurisprudência do STF*. 3ª ed. São Paulo, Malheiros Editores, 2015.

_________. "O princípio da moralidade e a tributação". In: FIGUEIREDO, Marcelo, e PONTES FILHO, Valmir (orgs.). *Estudos de Direito Público em Homenagem a Celso Antônio Bandeira de Mello*. São Paulo, Malheiros Editores, 2006 (p. 702).

_________. *Praticabilidade e Justiça Tributária*. São Paulo, Malheiros Editores, 2007.

_________. "Tributação e direitos fundamentais: uma visão contemporânea". In: MELO, José Eduardo Soares de, PARISI, Fernanda Drummond, e TORRES, Heleno Taveira (coords.). *Estudos de Direito Tributário em Homenagem ao Professor Roque Antonio Carrazza*. vols. 1 e 2. São Paulo, Malheiros Editores, 2014.

COUTURE, Eduardo. *Vocabulário Jurídico*. Verbete "Princípio Jurídico".

CRISAFULLI, Vezio. *Lezioni di Diritto Costituzionale*. 2ª ed. Pádua, CEDAM, 1970.

D'ALESSIO, Francesco. *Istituzioni di Diritto Amministrativo Italino*. 3ª ed., vol. I. Turim, UTET, 1943.

DALLARI, Adílson Abreu. *Desapropriação para Fins Urbanísticos*. Rio de Janeiro, Forense, 1981.

DALLARI, Dalmo de Abreu. "Competências municipais". In: *Estudos de Direito Público – Revista da Associação dos Advogados da Prefeitura do Município de São Paulo*. São Paulo, 1983.

_________. *O Controle da Constitucionalidade das Leis Municipais*. Parecer inédito.

DANIEL NETO, Carlos Augusto. *Tolerância Fiscal*. São Paulo, Editora CEDES, 2018.

DANTAS, San Tiago. "Normas do Direito singular e sua revogação. Lei e regulamento". In: *Problemas de Direito Positivo*. Rio de Janeiro, Forense, 1953.

DE LA CALLE, Motilla. *Los Acuerdos Entre el Estado y las Confesiones Religiosas en el Derecho Español*. Barcelona, Bosch, 1985.

DE LA GARZA, Sergio. *Derecho Financiero Mexicano*. México, Editorial Porrúa, 1969.

DE PLÁCIDO E SILVA. *Vocabulário Jurídico*. 3ª ed., vols. I a IV. Rio de Janeiro, Forense, 1991.

DÉGANO, Isidoro Martín. *El Régimen Tributario de las Confesiones Religiosas y de sus Entidades en el Derecho Español*. Monografia Ciências Jurídicas. Madri, McGraw-Hill, 1999.

DEL GIUDICE. *Nociones de Derecho Canónico*. Pamplona, 1955.

DERZI, Misabel de Abreu Machado. "A imunidade das instituições de educação ou de assistência social". In: ROCHA, Valdir de Oliveira (coord.). *Imposto de Renda – Alterações Fundamentais*. 2º vol. São Paulo, Dialética, 1998.

_________. "Contribuições". *RDTributário* 48/228-229.

_________. *Direito Tributário, Direito Penal e Tipo*. 2ª ed. São Paulo, Ed. RT, 2007.

_________. "Medidas provisórias – Sua absoluta inadequação à instituição e majoração de tributos". *RDTributário* 45/130.

_________. *Notas* ao livro *Limitações Constitucionais ao Poder de Tributar*, de Aliomar Baleeiro. 7ª ed. Rio de Janeiro, Forense, 1997.

_________. "O aspecto espacial do imposto municipal sobre serviços de qualquer natureza". *ISS na Lei Complementar 116/2003 e na Constituição*. Barueri/SP, Manole, 2004.

_________. *Os Conceitos de Renda e Patrimônio (Efeitos da Correção Monetária Insuficiente no Imposto de Renda)*. Coleção Momentos Jurídicos. Belo Horizonte, Del Rey, 1992.

DI PIETRO, Maria Sylvia Zanella. *Direito Administrativo*. 5ª ed. São Paulo, Atlas, 1995.

DIEZ, Manuel María. *El Acto Administrativo*. 2ª ed. Buenos Aires, Depalma, 1961.

DINAMARCO, Cândido Rangel. "Relativizar a coisa julgada material". In: NASCIMENTO, Carlos Valder do (coord.). *Coisa Julgada Inconstitucional*. 5ª ed. Rio de Janeiro, América Jurídica, 2005.

DINIZ, Maria Helena. *As Lacunas do Direito*. São Paulo, Ed. RT, 1981.

_________. *Curso de Direito Civil Brasileiro*. 9ª ed., vol. 1. São Paulo, Saraiva, 1993.

_________. *Lei de Introdução ao Código Civil Brasileiro Interpretada*. 1ª ed. São Paulo, Saraiva, 1994.

DONATI, Donato. *Principii Generali di Diritto Amministrativo e Scienza dell'Amministrazione*. 3ª ed. Pádua, CEDAM, s/d.

DROMI, José Roberto. *Instituciones de Derecho Administrativo*. Buenos Aires, Astrea de Rodolfo Depalma e Hnos., 1973.

DUGUIT, Léon. *Traité de Droit Constitutionnel*. 3ª ed., vol. I. Paris, E. de Boccard, 1921; t. IV. Paris, E. de Boccard, 1924.

DWORKIN, Ronald. *A Raposa e o Porco-Espinho: Justiça e Valor*. Trad. de Marcelo Brandão Cipolla. São Paulo, WMF Martins Fontes, 2014.

EISENMANN. "O direito administrativo e o princípio da legalidade". *RDA* 56/57.

ENGISH, Karl. *Introdução ao Pensamento Jurídico*. 2ª ed., trad. de João Baptista Machado. Lisboa, Fundação Calouste Gulbenkian, 1970.

FALCÃO, Amílcar de Araújo. "Conceito e espécies de empréstimo compulsório". *RDP* 14/42 e ss.

_________. *Fato Gerador da Obrigação Tributária*. 1ª ed. Rio de Janeiro, Financeiras, 1964.

_________. *Imposto de Renda e Lucros Extraordinários*. 1ª ed. Rio de Janeiro, Financeiras, 1963.

_________. "Imunidade e isenção tributária – Instituição de assistência social". *RDA* 66.

_________. *Introdução ao Direito Tributário*. 4ª ed. Rio de Janeiro, Forense, 1993.

_________. *Sistema Tributário Brasileiro*. 1ª ed. Rio de Janeiro, Financeiras, 1965.

FERNANDES, Simone Lemos. *As Contribuições Neocorporativas na Constituição e nas Leis*. Belo Horizonte, Del Rey, 2005.

FERRARA, Francesco. *La Simulazione nei Negozi Giuridici*. 5ª ed. Turim, 1922.

FERRARI. "Elezioni (teoria generale)". In: *Enciclopedia del Diritto*. vol. XIV (pp. 610-629).

FERRAZ, Anna Cândida da Cunha. "Apontamentos sobre o controle de constitucionalidade". *Revista da Procuradoria-Geral do Estado de São Paulo* 34-35.

_________. *Poder Constituinte do Estado-Membro*. 1ª ed. São Paulo, Ed. RT, 1979.

FERRAZ, Sérgio. "O Direito na década de 80". In: *Estudos em Homenagem a Hely Lopes Meirelles*. São Paulo, Ed. RT, 1985.

FERRAZ JÚNIOR, Tercio Sampaio. "Equiparação – Código Tributário Nacional, art. 151". *Cadernos de Direito Tributário e Finanças Públicas* 28/11 e ss.

_________. *Introdução ao Estudo do Direito – Técnica, Decisão, Dominação*. São Paulo, Atlas, 1988; 2ª ed. São Paulo, Atlas, 1994.

_________. "Normas gerais e competência concorrente. Uma exegese do art. 24 da Constituição Federal". *Revista da Faculdade de Direito da USP* 90/245-251. São Paulo, janeiro/1995.

_________. "Obrigação tributária acessória e limites de imposição: razoabilidade e neutralidade concorrencial do Estado". In: TORRES, Heleno Taveira (coord.). *Teoria Geral da Obrigação Tributária: Estudos em Homenagem ao Professor José Souto Maior Borges*. São Paulo, Malheiros Editores, 2005.

_________. "Segurança jurídica e normas tributárias". *RDTributário* 17-18/51.

FERREIRA FILHO, Manoel Gonçalves. *Comentários à Constituição Brasileira*. 2ª ed., vols. 1 a 3. São Paulo, Saraiva, 1977.

_________. *Curso de Direito Constitucional*. 18ª ed. São Paulo, Saraiva, 1990.

_________. "Parecer". *Diário Oficial do Município de São Paulo* 18.10.1988 (p. 22).

FERREIRA PINTO, Maria da Glória. *Considerações sobre a Reclamação Prévia ao Recurso Contencioso*. Lisboa, Cadernos de Ciência e Técnica Fiscal, 1983.

FERREIRA SOBRINHO, José Wilson. *Imunidade Tributária*. Porto Alegre, Sérgio Antônio Fabris Editor, 1996.

FERREIRO LAPATZA, José Juan. *Curso de Derecho Financiero Español*. 12ª ed. Madri, Marcial Pons, 1990.

________. "El estatuto del contribuyente y las facultades normativas de la Administración (derecho tributario y orden democrático)". *RDTributário* 76/24.

________. "El principio de legalidad y la reserva de ley". *RDTributário* 50/7.

FIGUEIREDO, Cândido de. *Dicionário da Língua Portuguesa*. 5ª ed., vol. II. Lisboa, Livraria Bertrand, 1939.

FIGUEIREDO, Lúcia Valle. *Curso de Direito Administrativo*. 9ª ed. São Paulo, Malheiros Editores, 2008.

________. *Disciplina Urbanística da Propriedade*. São Paulo, Ed. RT, 1980; 2ª ed. São Paulo, Malheiros Editores, 2005.

________. *Empresas Públicas e Sociedades de Economia Mista*. São Paulo, Ed. RT, 1978.

________. "Imunidades e isenções tributárias". In: *Estudos de Direito Tributário*. São Paulo, Malheiros Editores, 1996.

________. "Reflexões sobre a intervenção do Estado no domínio econômico e as contribuições interventivas". In: MACHADO, Hugo de Brito (coord.). *As Contribuições no Sistema Tributário Brasileiro*. São Paulo, Dialética/ICET, 2003.

________. "Sentença". *RDTributário* 43/252 e ss.

FIGUEIREDO, Marcelo. *O Mandado de Injunção e a Inconstitucionalidade por Omissão*. São Paulo, Ed. RT, 1991.

FIGUEIREDO, Marcelo, e PONTES FILHO, Valmir (orgs.). *Estudos de Direito Público em Homenagem a Celso Antônio Bandeira de Mello*. São Paulo, Malheiros Editores, 2006 (p. 702).

FONSECA, Aníbal Freire da. *Do Poder Executivo na República Brasileira*. Brasília, UnB (Biblioteca do Pensamento Político Republicano), 1981.

FONROUGE, C. M. Giuliani. *Conceitos de Direito Tributário*. Trad. de Geraldo Ataliba e Marco Aurélio Greco. São Paulo, Lael, 1973.

________. *Derecho Financiero*. 2ª ed., vol. I. Buenos Aires, Depalma, 1970.

FREIRE, Laudelino. *Grande e Novíssimo Dicionário da Língua Portuguesa*. 3ª ed., vol. IV. Rio de Janeiro, Livraria José Olympio Editora, 1957.

FREITAS DO AMARAL, Diogo. *A Execução das Sentenças dos Tribunais Administrativos* (cit. por Marcello Caetano. *Manual de Direito Administrativo*. 1ª ed. brasileira, vol. II. Rio de Janeiro, Forense, 1970).

FUSTEL DE COULANGES. *A Cidade Antiga*. 1ª ed., 2 vols., trad. de Rilando Azzi. São Paulo, Ed. das Américas, 1961.

GABBA, C. F. *Teoria della Retroattività delle Leggi*. 3ª ed. Turim, UTET, 1891.

GALLO, Franco. "I soggetti del libro primo del codice civile e l'Irpeg: problematiche e possibili evoluzioni". *Rivista di Diritto Tributario* 4. 1993.

GAMA, Nanci, e XAVIER, Alberto. *A Exoneração do ICMS no Transporte de Mercadorias Exportadas*. Parecer inédito. 1996.

GAMA, Tácio Lacerda. *Contribuição de Intervenção no Domínio Econômico*. São Paulo, Quartier Latin, 2003.

GARCÍA DE ENTERRÍA, Eduardo. *Curso de Derecho Administrativo*. vol. I. Madri, Civitas (trad. brasileira: *Curso de Direito Administrativo*. Trad. de Arnaldo Setti. São Paulo, Ed. RT, 1991).

GARCÍA-QUINTANA, Albiñana. "La financiación de las Iglesias". *REDF* 14. 1977.

GARNER, James W. *Idées et Institutions Politiques Américaines*. Paris, 1921.

GHIGLIANI, Alejandro M., GUIBOURG, Ricardo A., e GUARINONI, Ricardo V. *Introducción al Conocimiento Científico*. 12ª ed. Buenos Aires, Editorial Universitaria de Buenos Aires, 1995.

GIANNINI, Achille Donato. *Trattato di Diritto Tributario*. vol. I. Turim, UTET, 1956.

GIARDINO, Cléber. "Instituto da consulta em matéria tributária – Declaração de ineficácia". *RDTributário* 39/223.

_________. "ISS – Competência municipal". *O Estado de S. Paulo* 16.12.1984 (p. 68).

_________, ATALIBA, Geraldo, e BARRETO, Aires Fernandino. "Imposto de renda – Correção monetária – Irretroatividade". *RDTributário* 41/85.

_________, e ATALIBA, Geraldo. "Direito dos Estados e Municípios à parte do produto da arrecadação do imposto único sobre lubrificantes e combustíveis". *RDP* 73/119.

GOLDSCHMIDT, Fábio Brun. *O Princípio do Não Confisco no Direito Tributário*. São Paulo, Ed. RT, 2004.

GOMES, Nuno Sá. "O princípio da segurança jurídica na criação e aplicação do tributo". In: *Estudos sobre a Segurança Jurídica na Tributação e as Garantias dos Contribuintes*. Lisboa, Cadernos de Ciência e Técnica Fiscal, 1993.

GOMES CANOTILHO, José Joaquim. *Direito Constitucional*. Coimbra, Livraria Almedina, 1977; 4ª ed. Coimbra, Livraria Almedina, 1986; 5ª ed. Coimbra, Livraria Almedina, 1991.

_________. *Direito Constitucional e Teoria da Constituição*. Coimbra, Livraria Almedina, 1998 (3ª ed.) e 2000.

_________, e MOREIRA, Vital. *Constituição da República Portuguesa Anotada*. Coimbra, Coimbra Editora, 1978.

_________, MENDES, Gilmar Ferreira, SARLET, Ingo Wolfgang, e STRECK, Lenio Luiz (coords.). *Comentários à Constituição do Brasil*. 1ª ed., 3ª tir. São Paulo, Saraiva/Almedina, 2013.

_________. *Fundamentos da Constituição* 1ª ed. Coimbra, Coimbra Editora, 1991.

GONÇALVES, José Arthur Lima, e ATALIBA, Geraldo. "Carga tributária e prazo de recolhimento de tributos". *RDTributário* 45/24.

GONZÁLEZ GARCÍA, Eusebio. "El principio de legalidad tributaria en la Constitución Española de 1978". *RDP* 17-18/7 e ss.

GONZÁLEZ PEREZ, Jesús. *El Principio General de la Buena Fe en el Derecho Administrativo*. Madri, Real Academia de Ciencias Morales y Políticas, 1983.

GORDILLO, Agustín. *Introducción al Derecho de la Planificación*. Colección Monografías Jurídicas n. 20 (Caps. IV e V).

_________. *Princípios Gerais de Direito Público*. Trad. de Marco Aurélio Greco. São Paulo, Ed. RT, 1977.

_________. *Tratado de Derecho Administrativo*. ts. 1 e 2. Buenos Aires, Macchi, 1980.

GOUVEIA, Jorge Bacelar. *Manual de Direito Constitucional*. vol. I. Coimbra, Livraria Almedina, 2005.

GRAU, Eros Roberto. *A Ordem Econômica na Constituição de 1988*. 17ª ed. São Paulo, Malheiros Editores, 2015.

GRECO, Marco Aurélio. "COFINS e PIS – Preço dos serviços de telecomunicação e ausência de repasse jurídico aos consumidores". *Revista Dialética de Direito Tributário* 85/131-155. São Paulo, Dialética, 2002.

_________. "Comentários ao art. 155, I, da Constituição Federal". In: CANOTILHO, J. J. Gomes, MENDES, Gilmar, SARLET, Ingo, e STRECK, Lenio (coords.). *Comentários à Constituição do Brasil*. 1ª ed., 3ª tir. São Paulo, Saraiva/Almedina, 2014.

________. *Contribuições (Uma Figura "Sui Generis")*. São Paulo, Dialética, 2000.

________. "Contribuição de intervenção no domínio econômico – Parâmetros para a sua criação". In: *Contribuições de Intervenção no Domínio Econômico e Figuras Afins*. São Paulo, Dialética, 2001.

________. *Dívidas Fiscais I*. São Paulo, Saraiva, 1997.

________. "Imunidade tributária". In: MARTINS, Ives Gandra da Silva (coord.). *Imunidades Tributárias*. São Paulo, CEEU/Ed. RT, 1998.

________. In: GOMES CANOTILHO, J. J., MENDES, Gilmar Ferreira, SARLET, Ingo Wolfgang, e STRECK, Lenio Luiz (coords.). *Comentários à Constituição do Brasil*. 1ª ed., 3ª tir. São Paulo, Saraiva/Almedina, 2013.

________. *Norma Jurídica Tributária*. 1ª ed. São Paulo, Saraiva/EDUC, 1974.

GRINOVER, Ada Pellegrini. *As Garantias Constitucionais do Direito de Ação*. São Paulo, Ed. RT, 1973.

GRIZIOTTI, Benedetto. *Principios de Política, Derecho y Ciencia de la Hacienda*. Madri, Instituto de Estudios Reus, 1958.

GUARINONI, Ricardo V., GHIGLIANI, Alejandro M., e GUIBOURG, Ricardo A. *Introducción al Conocimiento Científico*. 12ª ed. Buenos Aires, Editorial Universitaria de Buenos Aires, 1995.

GUASTINI, Ricardo. *Das Fontes às Normas*. Trad. de Edison Bini. São Paulo, Quartier Latin, 2005.

GUIBOURG, Ricardo A., GHIGLIANI, Alejandro M., e GUARINONI, Ricardo V. *Introducción al Conocimiento Científico*. 12ª ed. Buenos Aires, Editorial Universitaria de Buenos Aires, 1995.

GUSMÃO, Paulo Dourado de. *Introdução ao Estudo do Direito*. 13ª ed. Rio de Janeiro, Forense, 1988.

HÄBERLE, Peter. *Hermenêutica Constitucional*. Trad. de Gilmar Ferreira Mendes. Porto Alegre, Sérgio Antônio Frabris Editor, 1997.

HART, Herbert. *El Concepto de Derecho*. 2ª ed. (reimpr.), trad. de Genaro R. Carrió. México, Editora Nacional, 1980.

HAURIOU, Maurice. *Précis de Droit Constitutionnel*. 2ª ed. Paris, 1929.

HENSEL, Albert. *Diritto Tributario*. Trad. de Dino Jarach. Milão, Giuffrè, 1956.

HESSE, Konrad. *A Força Normativa da Constituição*. Trad. de Gilmar Ferreira Mendes. Porto Alegre, Sérgio Antônio Fabris Editor, 1991.

HORVATH, Estevão. *Lançamento Tributário e "Autolançamento"*. São Paulo, Dialética, 1997.

________. *O Princípio do Não Confisco no Direito Tributário*. São Paulo, Dialética, 2002.

HORVATH JR., Miguel. *A Legislação Previdenciária e os Ministros Religiosos*. Disponível em *http://www.professoramorim.com.br/amorim/dados/anexos/379.doc*.

HOSPERS. *Introducción al Análisis Filosófico*. t. I. Buenos Aires, 1966.

IVO, Gabriel. *Constituição Estadual (Competência para Elaboração da Constituição do Estado-Membro)*. São Paulo, Max Limonad, 1997.

JANNOTTI, Onaldo Franco. *Isenção Tributária*. Trabalho inédito apresentado no Programa de Pós-Graduação em Direito Tributário da PUC/SP. São Paulo, 1981.

JARACH, Dino. *Curso Superior de Derecho Tributario*. Buenos Aires, Liceo Profesional Cima, 1969.

__________. *El Hecho Imponible*. 2ª ed. Buenos Aires, Abeledo-Perrot, 1971.

JARDIM, Eduardo Marcial Ferreira. *Manual de Direito Financeiro e Tributário*. 7ª ed. São Paulo, Saraiva, 2005.

__________. *Reflexões sobre a Arquitetura do Direito Tributário*. 2ª ed. São Paulo, Institutas, 1989.

JESUS, Damásio E. de. "Os arts. 213 e 214 do CP têm parágrafo único?". Artigo inédito. 1992.

JUSTEN FILHO, Marçal. *Curso de Direito Administrativo*. São Paulo, Saraiva, 2005.

__________. *O Imposto sobre Serviços na Constituição*. São Paulo, Ed. RT, 1985.

__________. "O princípio da moralidade pública e o direito tributário". *RDTributário* 67/73.

KELSEN, Hans. "La garantie jurisdictionnelle de la Constitution". *Revue du Droit Public* 1928 (pp. 204-205).

__________. *Teoría General del Derecho y del Estado*. 3ª ed., trad. de Eduardo García Maynes. México, Textos Universitarios, 1969.

__________. *Teoría General del Estado*. Trad. de Luís Legaz y Lacambra. Madri, Editorial Labor, 1934.

__________. *Teoria Geral das Normas*. Trad. de José Florentino Duarte. Porto Alegre, Sérgio Antônio Fabris Editor, 1986.

__________. *Teoria Pura do Direito*. 2ª ed., vol. II, trad. de João Baptista Machado. Coimbra, Arménio Amado Editor, 1962; 3ª ed., trad. de João Baptista Machado. Coimbra, Arménio Amado Editor, 1974; trad. de João Baptista Machado. São Paulo, Martins Fontes, 1987.

LAMARÃO, Patrícia. "O princípio da lealdade federativa como cláusula geral nas relações federativas". *Revista Consulex* agosto/2010.

LARENZ, Karl. *Metodologia da Ciência do Direito*. 3ª ed., trad. de José Lamego. Lisboa, Fundação Calouste Gulbenkian, 1997.

LAUBADÈRE, André de. *Traité de Droit Administratif*. 3ª ed., vol. 1. Paris, LGDJ, 1963.

LAVAGNA, Carlo. *Istituzioni di Diritto Pubblico*. vol. I. Turim, UTET, 1970.

__________. *La Costituzione Italiana*. Turim, UTET, 1971.

LEAL, Victor Nunes. *Problemas de Direito Público*. 1ª ed. Rio de Janeiro, Forense, 1960.

LEGUINA VILLA, Jesus. "Principios generales del Derecho y Constitución". *Jornadas de Estudio sobre el Titulo Preliminar de la Constitución*. vol. 5º. Madri, Dirección General del Servicio Jurídico del Estado, 1986.

LEITE, Luciano Ferreira. *Discricionariedade Administrativa e Controle Judicial*. São Paulo, Ed. RT, 1981.

LEME, Ernesto. *O Art. 63 da Constituição*. Tese de cátedra. São Paulo, São Paulo Editora, 1926.

LIEBMAN, Enrico Tulio. *Manuale di Diritto Processuale Civile*. 3ª ed., vol. 2. Milão, Giuffrè, 1974.

LIMA, Maria Ednalda de. "A contribuição de intervenção no domínio econômico criada pela Lei n. 10.168/2000". *Revista Dialética de Direito Tributário* 69. São Paulo, Dialética.

LINARES QUINTANA, Segundo V. *Derecho Constitucional e Instituciones Políticas*. 1ª ed., t. I. Buenos Aires, Abeledo-Perrot, 1970.

LINS, Robson Maia. *Curso de Direito Tributário*. São Paulo, Noeses, 2018.

LUCIFREDI, Roberto. "Atti complessi". In: *Novissimo Digesto Italiano*. 3ª ed., vol. I, t. II. Turim, 1957.

LUPI, Raffaello. *Diritto Tributario*. 5ª ed. Milão, Giuffrè, 1998.

LUHMANN, Niklas. *Confianza (Vertrauen)*. Trad. de Amanda Flores. Barcelona, Anthopos, 1996.

MACHADO, Hugo de Brito. *Aspectos Fundamentais do ICMS*. São Paulo, Dialética, 1997.

________. *Curso de Direito Tributário*. 37ª ed. São Paulo, Malheiros Editores, 2016.

________. "Mandado de segurança e consulta fiscal". *RDTributário* 61/109.

________. "O fato gerador do imposto sobre a renda e proventos de qualquer natureza". *Cadernos de Pesquisas Tributárias* 11/245. São Paulo, Resenha Tributária.

________. *Os Princípios Jurídicos da Tributação na Constituição de 1988*. São Paulo, Ed. RT, 1989.

________. "Tributação autônoma de operações de renda fixa e operações em Bolsa". *Repertório IOB de Jurisprudência* 8/160. São Paulo, IOB, abril/1993 (2ª quinzena).

(coord.). *As Contribuições no Sistema Tributário Brasileiro*. São Paulo, Dialética/ICET, 2003.

________, e MACHADO SEGUNDO, Hugo de Brito. "Imunidade tributária do livro eletrônico". *Coletânea*. São Paulo, IOB, 1998.

MANGABEIRA, João. *Em Torno da Constituição*. São Paulo, Nacional, 1934.

________. "Empréstimo compulsório é tributo e deve obedecer ao regime jurídico tributário". *RDP* 19/309.

MARINHO, Josaphat. "Princípios constitucionais tributários". In: *Estudos de Direito Público em Homenagem a Aliomar Baleeiro*. Brasília, UnB, 1976.

MARINS, James. *Direito Processual Tributário Brasileiro (Administrativo e Judicial)*. São Paulo, Dialética, 2001.

________, e BERTOLDI, Marcelo M. *Simples Nacional – Estatuto da Microempresa e da Empresa de Pequeno Porte Comentado*. São Paulo, Ed. RT, 2007.

MARIZ DE OLIVEIRA, Ricardo. *Cadernos de Pesquisas Tributárias* 14. São Paulo, CEEU/Resenha Tributária, 1989.

________. "Processo administrativo fiscal federal – Alterações introduzidas pela Medida Provisória 1.621-30 e 31". In: *Processo Administrativo Fiscal*. vol. 3º. São Paulo, Dialética.

MARNOCO E SOUZA. *Constituição Política da República Portuguesa*. Coimbra, F. França Amado, 1913.

MARREY JÚNIOR, Pedro Luciano. "Natureza jurídica das isenções tributárias". *RDP* 25/169.

MARTINS, Ana Maria Guerra. *Direito Internacional dos Direitos Humanos*. Coimbra, Livraria Almedina, 2006.

MARTINS, Ives Gandra da Silva. "Álcool, tolerância zero e Constituição". *Diário do Comércio*. Ed. de 5.2.2013.

________. "Imunidade do papel para jornais, revistas e periódicos abrange toda a cadeia de impostos desde a aquisição dos insumos" (parecer)". *Cadernos de Direito Constitucional e Ciência Política*. São Paulo, RT, 1995 (p. 227).

________. "Imunidades condicionadas e incondicionadas – Inteligência do art. 150, inciso VI e § 4º, e art. 195, § 7º, da CF". *Revista Dialética de Direito Tributário* 28. São Paulo, Dialética.

(coord.). *Imunidades Tributárias*. São Paulo, CEEU/Ed. RT, 1998.

________. (org.). *Comentários ao Código Tributário Nacional*. 3ª ed., vol. II. São Paulo, Saraiva, 2002.

________. "Prefácio" ao livro *Imunidades Tributárias dos Templos e Instituições Religiosas*, de Roque Antonio Carrazza. São Paulo, Noeses, 2015.

MARTINS, Leonardo (org.). *Cinquenta Anos de Jurisprudência do Tribunal Constitucional Federal Alemão*. Trad. de Beatriz Hennig, Leonardo Martins, Mariana Bigelli de Carvalho, Tereza Maria de Castro e Vivianne Geraldes Ferreira. Uruguai, Konrad-Adenauer-Stiftung, 2005.

MAURER, Hartmut. *Contributos para o Direito do Estado*. Trad. de Luís Afonso Heck. Porto Alegre, Livraria do Advogado, 2007.

MAXIMILIANO, Carlos. *Comentários à Constituição Brasileira*. 3ª ed. Porto Alegre, 1929.

________. *Comentários à Constituição Brasileira* (de 1946). 5ª ed., vol. I. Rio de Janeiro, Freitas Bastos, 1954.

________. *Hermenêutica e Aplicação do Direito*. 2ª ed. Porto Alegre, Ed. do Globo, 1933.

MAZZUOLI, Valério de Oliveira. *Direitos Humanos, Constituição e os Tratados Internacionais*. São Paulo, Juarez de Oliveira Editor, 2002.

MEIRELLES, Hely Lopes. *Direito Administrativo Brasileiro*. 42ª ed. São Paulo, Malheiros Editores, 2016.

________. *Direito Municipal Brasileiro*. 17ª ed., 2ª tir. São Paulo, Malheiros Editores, 2014.

MEIRELLES TEIXEIRA, José Horácio. *Curso de Direito Constitucional*. 1ª ed. Rio de Janeiro, Forense Universitária, 1991.

________. *Estudos de Direito Administrativo*. t. I. 1947.

MELLO, Julcira Maria de. "A possibilidade de cobrança de *hidrágio* nas hidrovias interestaduais e intermunicipais". In: MELO, José Eduardo Soares de, PARISI, Fernanda Drumond, e TORRES, Heleno Taveira (coords.). *Estudos de Direito Tributário em Homenagem ao Professor Roque Antonio Carrazza*. vol. 2. São Paulo, Malheiros Editores, 2014 (pp. 371-394).

MELLO FILHO, José Celso de. *Constituição Federal Anotada*. São Paulo, Saraiva, 1984.

MELO, José Eduardo Soares de. "Sigilo de dados bancários – Limites da fiscalização – Presunções tributárias". In: BARRETO, Aires Fernandino (coord.). *Direito Tributário Contemporâneo – Estudos em Homenagem a Geraldo Ataliba*. São Paulo, Malheiros Editores, 2011.

________, PARISI, Fernanda Drummond, e TORRES, Heleno Taveira (coords.). *Estudos de Direito Tributário em Homenagem ao Professor Roque Antonio Carrazza*. vols. 1 e 2. São Paulo, Malheiros Editores, 2014.

MELO FRANCO, Afonso Arinos de. *Curso de Direito Constitucional Brasileiro*. 2ª ed., vol. I. Rio de Janeiro, Forense, 1968.

________. *Estudos de Direito Constitucional*. 1ª ed. Rio de Janeiro, Forense, 1957.

MENDES, Amelia González. *Buena Fe y Derecho Tributario*. Madri, Marcial Pons, 2001.

MENDES, Gilmar Ferreira. "A proporcionalidade na jurisprudência do STF". *Repertório IOB de Jurisprudência* 23/475. São Paulo, IOB, 1994.

________. "Questões fundamentais de técnica legislativa". *RTDP* 1/257. 1993.

________, CANOTILHO, J. J. Gomes, SARLET, Ingo, e STRECK, Lenio (coords.). *Comentários à Constituição do Brasil*. 1ª ed., 3ª tir. São Paulo, Saraiva/Almedina, 2014.

MENEGALE, J. Guimarães. *Direito Administrativo e Ciência da Administração*. Rio de Janeiro, Borsói, 1957.

MENEZES CORDEIRO, António Manuel da Rocha. *Da Boa-Fé no Direito Civil*. Coimbra, Livraria Almedina, 2001.

MICHELI, Gian Antonio. *Corso di Diritto Tributario*. 1ª ed. Turim, UTET, s/d.

MIRANDA, Jorge. *Manual de Direito Constitucional*. 2ª ed., t. II. Coimbra, Coimbra Editora, 1983; 2ª ed., t. V. Coimbra, Coimbra Editora, 2000.

________, e ALEXANDRINO, José de Melo. In: *Les Grandes Décisions des Courts Constitutionnelles Européennes*. Obra ainda inédita, organizada e coordenada pelos professores Didier Maus e Pierre Bon.

MONTESQUIEU. *O Espírito das Leis*. Trad. de Pedro Vieira Mota. São Paulo, Saraiva, 1996.

MORANDO, Thaís Helena. *A Natureza Jurídica da Obrigação Acessória e os Princípios Constitucionais Informadores*. Tese (Doutorado). Programa de Pós-Graduação em Direito da PUC/SP, São Paulo, 2010.

MORAES, Alexandre de. *Direito Constitucional*. 3ª ed. São Paulo, Atlas, 1998.

MOREIRA, Vital, e GOMES CANOTILHO, José Joaquim. *Constituição da República Portuguesa Anotada*. Coimbra, Coimbra Editora, 1978.

__________. *Fundamentos da Constituição* 1ª ed. Coimbra, Coimbra Editora, 1991.

MOREIRA NETO, Diogo de Freitas. "Competência concorrente limitada". *Revista de Informação Legislativa do Senado Federal* 100/149-150. 1988.

MORI, Matteo de. *Il Tributo Ecclesiastico nella Normativa Codiciale Attuale*. Roma, Ponficium Athenaeum Antonianum/Facultas Iuris Canonici, 1997.

MOUSSALLEM, Tárek Moysés. *Revogação em Matéria Tributária*. São Paulo, Noeses, 2005.

NABAIS, José Casalta. *Direito Fiscal*. Coimbra, Livraria Almedina, 2000.

NASCIMENTO, Carlos Valder do (coord.). *Coisa Julgada Inconstitucional*. 5ª ed. Rio de Janeiro, América Jurídica, 2005.

__________. *Direito Tributário*. Rio de Janeiro, Forense, 1997.

NAWIASKI, Hans. *Cuestiones Fundamentales de Derecho Tributario*. 1ª ed., trad. para o castelhano de Juan Ramallo Massannet. Madri, Instituto de Estudios Fiscales, 1982.

NAZAR CARRAZZA, Elizabeth. "Imunidade tributária das instituições de educação". *RDTributário* 3.

__________. *O Imposto sobre Serviços na Constituição*. Dissertação de Mestrado apresentada na Faculdade de Direito da PUC/SP. São Paulo, 1976.

__________. *Progressividade e IPTU*. Curitiba, Juruá, 1992.

NEVES, Marcelo. *A Constitucionalização Simbólica*. São Paulo, Acadêmica, 1994.

__________. *Teoria da Inconstitucionalidade das Leis*. São Paulo, Saraiva, 1988.

NOGUEIRA, Ruy Barbosa. "Aspectos do direito tributário na profissão do contabilista e exame de alguns problemas tributários da atualidade". *RT* 313/25.

__________. *Imunidades Contra Impostos na Constituição Anterior e sua Disciplina Mais Completa na Constituição de 1988*. 2ª ed. São Paulo, Saraiva, 1992.

NOVELLI, Flávio Bauer. "O princípio da anualidade tributária". *RF* 267. Rio de Janeiro, Forense.

NOVOA, César García. *El Principio de Seguridad Jurídica en Materia Tributaria*. Madri, Marcial Pons, 2000.

OLANO, Fernando García, AFTALIÓN, Enrique, e VILANOVA, José. *Introducción al Derecho*. Buenos Aires, Cooperadora de Derecho y Ciencias Sociales, 1972.

OLIVEIRA, Fernando Albino de. *ICM e ISS – Solução para os Supostos Conflitos*. Trabalho apresentado no Curso de Pós-Graduação em Direito da PUC/SP. Inédito. São Paulo, 1981.

OLIVEIRA, José Marcos Domingues de. *Contribuições Sociais – Problemas Jurídicos*. São Paulo, Dialética, 1999.

OLIVEIRA, Régis Fernandes de. *Taxas de Polícia*. São Paulo, Ed. RT, 1980.

OLIVEIRA, Yonne Dolácio de. *A Tipicidade no Direito Tributário Brasileiro*. São Paulo, Saraiva, 1980.

PACE, Alexandro. *Problematica delle Libertà Costituzionali*. Pádua, CEDAM, 1984.

PALLIERI, Giorgio Balladore. *Diritto Costituzionale*. 11ª ed. Milão, Giuffrè, 1976.

__________. *Dottrina dello Stato*. Pádua, CEDAM, 1958.

PARISI, Fernanda Drummond, MELO, José Eduardo Soares de, e TORRES, Heleno Taveira (coords.). *Estudos de Direito Tributário em Homenagem ao Professor Roque Antonio Carrazza*. vol. 2. São Paulo, Malheiros Editores, 2014.

PAULLICK, Heinz. "La ordenanza tributaria de la República Federal Alemana. Su función y significado para el derecho tributario". In: *Ordenanza Tributaria Alemana*. Trad. para o castelhano de Carlos Palao Taboada. Madri, Instituto de Estudios Fiscales, 1980.

PAULSEN, Leandro. *Capacidade Colaborativa: Princípio de Direito Tributário para Obrigações Acessórias e de Terceiros*. Porto Alegre, Livraria do Advogado, 2014.

PAUPÉRIO, A. Machado. *Teoria Geral do Estado*. 8ª ed. Rio de Janeiro, Forense, 1983.

PENSOVECCHIO LI BASSI. *L'Interpretazione delle Norme Costituzionali*. Milão, Giuffrè, 1972.

PEREIRA, Lafayette Rodrigues. *Princípios de Direito Internacional*. vol. I. Rio de Janeiro, 1902.

PÉREZ DE AYALA, José Luís. *Derecho Tributario*. 1ª ed., vol. I. Madri, Editorial de Derecho Financiero, 1970.

________. *Las Ficciones en el Derecho Tributario*. 1ª ed. Madri, Editorial de Derecho Financiero, 1970.

PERGOLESI, Ferrucio. *Diritto Costituzionale*. 15ª ed., 2 vols. Pádua, CEDAM, 1968.

PIMENTA BUENO, José Antônio. *Direito Público e Análise da Constituição do Império*. Rio de Janeiro, Ministério da Justiça e Negócios Interiores/Serviço de Documentação, 1958; Rio de Janeiro, 1857.

PIOVESAN, Flávia. *Direitos Humanos e o Direito Constitucional Internacional*. 16ª ed. São Paulo, Saraiva, 2016.

PIZZORUSSO, Alessandro. *Fonte del Diritto*. Roma, 1987.

POLLARD. *Evolution of Parliament*. 1938.

PONTES DE MIRANDA, F. C. *Comentários à Constituição de 1967 com a Emenda n. 1 de 1969*. 1ª ed., 2ª tir., e 2ª ed., 2ª tir., ts. II a V. São Paulo, Ed. RT, 1973.

________. *Dez Anos de Pareceres*. vol. 3. Rio de Janeiro, Livraria Francisco Alves Editora, 1974.

________. "Incidência e aplicação da lei". *Revista da Ordem dos Advogados de Pernambuco* 1. Ano I.

________. *Questões Forenses*. Rio de Janeiro, Borsói, 1957-1959.

________. *Tratado de Direito Privado*. vol. 22. Rio de Janeiro, Borsói, 1958; *Parte Geral*. vol. I. Rio de Janeiro, Borsói, 1954.

PONTES FILHO, Valmir, e FIGUEIREDO, Marcelo (orgs.). *Estudos de Direito Público em Homenagem a Celso Antônio Bandeira de Mello*. São Paulo, Malheiros Editores, 2006 (p. 702).

PORTO, Odyr. "Mandado de injunção". *RJTJSP* 115/8. São Paulo, Lex.

PULIDO, Carlos Bernal. *O Direito dos Direitos: Escritos sobre a Aplicação dos Direitos Fundamentais*. Trad. de Thomas da Rosa de Bustamante. São Paulo, Marcial Pons, 2013.

QUEIRÓ, Afonso Rodrigues. *Reflexões sobre a Teoria do Desvio de Poder em Direito Administrativo*. Coimbra, Coimbra Editora, 1940.

QUEIROZ, Mary Elbe. *Imposto sobre a Renda e Proventos de Qualquer Natureza*. Barueri/SP, Manole, 2004.

QUIROGA MOSQUERA, Roberto. *Renda e Proventos de Qualquer Natureza – O Imposto e o Conceito Constitucional*. São Paulo, Dialética, 1996.

RABELLO FILHO, Francisco Pinto. *O Princípio da Anterioridade da Lei Tributária*. São Paulo, Ed. RT, 2002.

RAMALHO, Mariana Oiticica. "ISS – Serviços de importação e exportação". In: *Imposto sobre Serviços (de Acordo com a Lei Complementar 116/2003)*. São Paulo, Quartier Latin, 2004.

RAMOS, Saulo. "Medidas provisórias no direito constitucional brasileiro". *O Estado de S. Paulo* 8.4.1990.

RANELETTI, Oreste. *Istituzioni di Diritto Pubblico*. 1ª ed. Milão, Giuffrè, 1948.

RÁO, Vicente. *O Direito e a Vida dos Direitos*. vol. 1, t. II. São Paulo, Max Limonad, 1952; São Paulo, Resenha Universitária, 1976.

REALE, Miguel. *Lições Preliminares de Direito*. 5ª ed. São Paulo, Saraiva, 1978.

REZEK, José Francisco. *Direito Internacional Público*. 4ª ed. São Paulo, Saraiva, 1994.

RIBAS, Lídia Maria Lopes Rodrigues. *Direito Penal Tributário – Questões Relevantes*. 2ª ed. São Paulo, Malheiros Editores, 2004.

RIBEIRO, Maria de Fátima. *A Natureza Jurídica do Empréstimo Compulsório no Sistema Tributário Nacional*. Rio de Janeiro, Forense, 1985.

RIVERO, Jean. *Droit Administratif*. 13ª ed. Paris, Dalloz, 1990.

ROCHA, Cármen Lúcia Antunes. *Princípios Constitucionais da Administração Pública*. Belo Horizonte, Del Rey, 1994.

ROCHA, Valdir de Oliveira (coord.). *A Consulta Fiscal*. São Paulo, Dialética, 1996.

_________. *Imposto de Renda – Alterações Fundamentais*. 2º vol. São Paulo, Dialética, 1998.

_________. *Grandes Questões Atuais do Direito Tributário*. vols. 11 e 12. São Paulo, Dialética, 2006 e 2008.

ROSS, Alf. *Sobre el Derecho y la Justicia*. Trad. de Genaro Carrió. Buenos Aires, Editorial Universitaria de Buenos Aires, 1974.

RUSSO, Pasquale. *Manuale di Diritto Tributario*. 1ª ed. Milão, Giuffrè, 1994.

SAINZ DE BUJANDA, Fernando. Trabalho apresentado na *XI Semana de Estudios de Derecho Financiero*. vol. 2.

_________. "Poder financiero". In: *Notas de Derecho Financiero*. t. I, vol. 2. Madri, Universidade de Madri/Seção de Publicações e Intercâmbio, 1967.

SAMPAIO, Nélson de Sousa. *O Poder de Reforma Constitucional*. 2ª ed. Salvador, Livraria Progresso, 1961.

_________. *O Processo Legislativo*. São Paulo, Saraiva, 1968.

SAMPAIO DÓRIA, Antônio de. "Autonomia dos Municípios". *Revista da Faculdade de Direito de São Paulo* 24.

_________. *Da Lei Tributária no Tempo*. São Paulo, Obelisco, 1968.

_________. *Direito Constitucional*. vol. 3. São Paulo, Max Limonad, 1960.

_________. *Princípios Constitucionais*. São Paulo, São Paulo Editora, 1926.

_________. *Problemas de Direito Público*. 1ª ed. São Paulo, EGRT, 1919.

SAMPAIO DÓRIA, Antônio Roberto. *Da Lei Tributária no Tempo*. Tese de concurso à Cadeira de Direito Tributário da Faculdade de Ciências Econômicas e Administrativas da USP. São Paulo, 1968.

_________. *Discriminação de Rendas Tributárias*. 1ª ed. São Paulo, José Bushatsky Editor, 1972.

_________. *Elisão e Evasão Fiscal*. 1ª ed. São Paulo, Lael, 1971.

_________. *Princípios Constitucionais Tributários e a Cláusula "Due Process of Law"*. Tese de concurso à Livre-Docência. São Paulo, 1964.

SANCHES, J. L. Saldanha. *Manual de Direito Fiscal*. Lisboa, Lex, 1998.

_________. *Princípios do Contencioso Tributário*. Lisboa, Editorial Fragmentos, 1987.

SANTI ROMANO. *Principii di Diritto Costituzionale Generale*. Milão, Giuffrè, 1974.

SARLET, Ingo, CANOTILHO, J. J. Gomes, MENDES, Gilmar, e STRECK, Lenio (coords.). *Comentários à Constituição do Brasil*. 1ª ed., 3ª tir. São Paulo, Saraiva/Almedina, 2014.

SARTIN, Agostinho, e ATALIBA, Geraldo. "Imposto de renda – Não incidência sobre indenizações por desapropriações". *RDTributário* 36/49.

SCAFF, Fernando Facury. "Duração razoável do processo administrativo fiscal federal". In: ROCHA, Valdir de Oliveira (coord.) *Grandes Questões Atuais do Direito Tributário*. vol. 12. São Paulo, Dialética, 2008 (pp. 116-130).

SCHOUERI, Luís Eduardo. *Contribuição ao Estudo do Regime Jurídico das Normas Tributárias Indutoras como Instrumento de Intervenção sobre o Domínio Econômico*. Tese de titularidade. São Paulo, Faculdade de Direito da USP, 2002.

_________. *Direito Tributário*. São Paulo, Saraiva, 2011.

_________. "Livre concorrência e tributação". In: ROCHA, Valdir de Oliveira (coord.), *Grandes Questões Atuais do Direito Tributário*. vol. 11. São Paulo, Dialética, 2006.

SEABRA FAGUNDES, Miguel. *O Controle dos Atos Administrativos pelo Poder Judiciário*. 4ª ed. Rio de Janeiro, Forense, 1967.

_________. "Revogabilidade das isenções tributárias". *RDA* 58/1 e ss.

SEITENFUS, Ricardo Antônio Silva. *Manual das Organizações Internacionais*. 6ª ed. Porto Alegre, Livraria do Advogado, 2016.

SELIGMAN, Edwin Robert Anderson. *Théorie de la Répercussion et de l'Incidence de l'Impôt*. Trad. francesa de Louis Suret. Paris, V. Giard & Brière, 1910.

SERRANO, Pedro Estevam A. P. *O Desvio de Poder na Função Legislativa*. 1ª ed. São Paulo, FTD, 1997.

SILVA, Carlos Medeiros. "Intervenção do Estado na ordem econômica – Produção e comércio de borracha – Lei e regulamento". *RDA* 33/455.

SILVA, Edgard Neves. "Imunidade e isenção". In: *Curso de Direito Tributário*. 4ª ed. Belém, CEJUP, 1994.

SILVA, José Afonso da. *Aplicabilidade das Normas Constitucionais*. 8ª ed., São Paulo, Malheiros Editores, 2015.

_________. *Comentário Contextual à Constituição*. 9ª ed. São Paulo, Malheiros Editores, 2014.

_________. *Controle da Constitucionalidade das Leis Municipais*. Parecer inédito.

_________. *Curso de Direito Constitucional Positivo*. 39ª ed. São Paulo, Malheiros Editores, 2016.

_________. *Mandado de Injunção e "Habeas Data"*. São Paulo, Ed. RT, 1989.

_________. *Manual do Vereador*. 5ª ed. São Paulo, Malheiros Editores, 2004.

SINGER, Reinhard. "Direitos fundamentais no direito do trabalho". Trad. de Pedro Scherer de Mello Aleixo. In: *Direitos Fundamentais e Direito Privado – Uma Perspectiva de Direito Comparado*. Coimbra, Livraria Almedina, 2007.

SORIANO DE SOUZA, José. *Princípios Gerais de Direito Público e Constitucional*. São Paulo, Casa Editora Empresa d'A Província, 1893.

SOUSA, Domingos Pereira de. *As Garantias dos Contribuintes*. Lisboa, Universidade Lusíada, 1991.

SOUSA, Rubens Gomes de. *Compêndio de Legislação Tributária*. Ed. póstuma. São Paulo, Resenha Tributária, 1975.

_________. "Consulta ao Fisco". In: CARVALHO SANTOS, J. M. de (coord.). *Repertório Enciclopédico do Direito Brasileiro*. vol. XII (p. 95). Rio de Janeiro, Borsói.

_________. *Pareceres-3 – Imposto de Renda*. São Paulo, Resenha Tributária, 1976.

_________. *Trabalhos da Comissão Especial do Código Tributário Nacional*. Rio de Janeiro, Ministério da Fazenda, 1974.

_________, ATALIBA, Geraldo, e CARVALHO, Paulo de Barros. *Comentários ao Código Tributário Nacional*. São Paulo, EDUC/Ed. RT, 1975.

SOUZA, Hamilton Dias de (coord.). *Tributação Específica*. São Paulo, Quartier Latin, 2007.

STAMMATTI, Gaetano, e ALESSI, Renato. *Istituzioni di Diritto Tributario*. 1ª ed. Turim, UTET, s/d.

STRECK, Lenio, CANOTILHO, J. J. Gomes, MENDES, Gilmar, e SARLET, Ingo (coords.). *Comentários à Constituição do Brasil*. 1ª ed., 3ª tir. São Paulo, Saraiva/Almedina, 2014.

SUNDFELD, Carlos Ari. "Mandado de injunção". *RDP* 94/145-151.

TÁCITO, Caio. "Desvio de poder legislativo". *RTDP* 1/66. 1993.

_________. *Direito Administrativo*. 1ª ed. São Paulo, Saraiva, 1975.

TEMER, Michel. *Elementos de Direito Constitucional*. 24ª ed. 3ª tir. São Paulo, Malheiros Editores, 2015.

_________. "Limites do mandado de injunção". *Revista da Procuradoria-Geral do Estado de São Paulo* 34/107.

TIPKE, Klaus. *Direito Tributário*. Trad. de Luiz Dória Furquim. Porto Alegre, Sérgio Antônio Fabris Editor, 2008.

_________. "Princípio da igualdade e ideia de sistema no direito tributário". In: *Direito Tributário: Estudos em Homenagem ao Prof. Ruy Barbosa Nogueira*. São Paulo, Saraiva, 1994 (pp. 520-521).

_________. "Sobre a unidade da ordem jurídica tributária". In: *Direito Tributário – Estudos em Homenagem a Brandão Machado*. Trad. de Luís Eduardo Schoueri. São Paulo, Dialética, 1998 (p. 64).

TORRES, Heleno Taveira. *Direito Constitucional Tributário e Segurança Jurídica*. São Paulo, Ed. RT, 2011.

_________. "Imunidade tributária e tributos indiretos: o caso das entidades de saúde". In: MELO, José Eduardo Soares de, PARISI, Fernanda Drummond, e TORRES, Heleno Taveira (coords.). *Estudos de Direito Tributário em Homenagem ao Professor Roque Antonio Carrazza*. vol. 1. São Paulo, Malheiros Editores, 2014 (pp. 247-308).

_________. *Teoria da Norma de Imunidade Tributária e sua Aplicação às Instituições de Educação*. Estudo inédito. 2008.

_________ (coord.). *Teoria Geral da Obrigação Tributária: Estudos em Homenagem ao Professor José Souto Maior Borges*. São Paulo, Malheiros Editores, 2005.

_________, MELO, José Eduardo Soares de, e PARISI, Fernanda Drummond (coords.). *Estudos de Direito Tributário em Homenagem ao Professor Roque Antonio Carrazza*. vols. 1 e 2. São Paulo, Malheiros Editores, 2014.

TORRES, Ricardo Lobo. *Curso de Direito Financeiro e Tributário*. Rio de Janeiro, Renovar, 1993.

_________. "*O mínimo existencial e os direitos fundamentais*". *RDA* 117/20-49. 1989.

_________. *Os Direitos Humanos e a Tributação – Imunidades e Isonomia*. Rio de Janeiro, Renovar, 1995.

_________. *Tratado de Direito Constitucional, Financeiro e Tributário*. vols. II, III e V. Rio de Janeiro, Renovar, 2000, 1999 e 2005.

TRAMONTANA, D. *Diritto Pubblico*. vol. 1. Milão, Edizioni Cetim, 1972.

TREVES, Giuseppino. *Principii di Diritto Pubblico*. Turim, UTET, 1971.

TRIGUEIRO, Osvaldo. *Direito Constitucional Estadual*. 1ª ed. Rio de Janeiro, Forense, 1980.

UCKMAR, Victor. *Princípios Comuns de Direito Constitucional Tributário*. 2ª ed., trad. de Marco Aurélio Greco. São Paulo, Malheiros Editores, 1999.

ULHÔA CANTO, Gilberto de. *Temas de Direito Tributário*. vols. II e III. Rio de Janeiro, Alba, 1964.

VALENTE, Manuel Monteiro Guedes. *Conhecimentos Fortuitos – A Busca de um Equilíbrio Apuleiano*. Coimbra, Livraria Almedina, 2006.

VEDEL, Georges. *Droit Administratif*. 2ª ed., vol. I. Paris, 1958.

VELLOSO, Andrei Pitten. "Justiça tributária". In: ÁVILA, Humberto (org.). *Fundamentos do Direito Tributário*. São Paulo, Marcial Pons, 2012 (pp. 35-86).

VILANOVA, José, AFTALIÓN, Enrique, e OLANO, Fernando García. *Introducción al Derecho*. Buenos Aires, Cooperadora de Derecho y Ciencias Sociales, 1972.

VILANOVA, Lourival. *Causalidade e Relação no Direito*. 2ª ed. São Paulo, Noeses, 2005.

________. "Proteção jurisdicional dos direitos numa sociedade em desenvolvimento". *Anais da IV Conferência da Ordem dos Advogados do Brasil*.

________. *Sobre o Conceito de Direito*. Recife, Imprensa Oficial, 1947.

VILLEGAS, Héctor B. *Curso de Direito Tributário*. Trad. de Roque Antonio Carrazza. São Paulo, Ed. RT, 1980.

________. *Régimen Penal Tributario Argentino*. 1ª ed., reimpr. Buenos Aires, Depalma, 1995.

________. "Verdades e ficções em torno da taxa". *RDP* 17/336.

VIRGA, Pietro. *Diritto Costituzionale*. 9ª ed. Milão, Giuffrè, 1979.

WEIL, Prosper. *O Direito Administrativo*. Trad. de Maria da Glória Ferreira Pinto. Coimbra, Livraria Almedina, 1977.

XAVIER, Alberto. *Conceito e Natureza do Acto Tributário*. Coimbra, Livraria Almedina, 1972.

________. *Direito Tributário e Empresarial – Pareceres*. Rio de Janeiro, Forense, 1982.

________. *Do Lançamento – Teoria Geral do Ato, do Procedimento e do Processo Tributário*. 2ª ed. Rio de Janeiro, Forense, 1997.

________. "Imposto predial e territorial urbano – Determinação da base de cálculo". *RDTributário* 13-14/87.

________. "Liberdade fiscal, simulação e fraude". *RDTributário* 11-12/298 e 299.

________. "Notas sobre o problema das nulidades no direito tributário". *Revista de Estudos Tributários* 1.

________. *O Negócio Indirecto em Direito Fiscal*. Lisboa, Cadernos de Ciência e Técnica Fiscal, 1971.

________. *Os Princípios da Legalidade e da Tipicidade da Tributação*. 1ª ed. São Paulo, Ed. RT, 1978.

________. *Princípios do Processo Administrativo e Judicial Tributário*. Rio de Janeiro, Forense, 2005.

________. *Tipicidade da Tributação, Simulação e Norma Antielisiva*. São Paulo, Dialética, 2001.

________, e GAMA, Nanci. *A Exoneração do ICMS no Transporte de Mercadorias Exportadas*. Parecer inédito. 1996.

ÍNDICE ALFABÉTICO-REMISSIVO

(Os números romanos antes da barra remetem aos capítulos; os demais, depois da barra, aos itens e subitens dentro dos capítulos.)

* * *